A TUTELA "PONDERADA" DO DIREITO À SAÚDE

Proporcionalidade e seu uso na defesa contra a insuficiência de proteção estatal

LUIZ ANTÔNIO FREITAS DE ALMEIDA

Prefácio
David Duarte

Apresentação
Ingo Wolfgang Sarlet

A TUTELA "PONDERADA" DO DIREITO À SAÚDE

Proporcionalidade e seu uso na defesa contra a insuficiência de proteção estatal

Belo Horizonte

2021

© 2021 Editora Fórum Ltda.

É proibida a reprodução total ou parcial desta obra, por qualquer meio eletrônico, inclusive por processos xerográficos, sem autorização expressa do Editor.

Conselho Editorial

Adilson Abreu Dallari
Alécia Paolucci Nogueira Bicalho
Alexandre Coutinho Pagliarini
André Ramos Tavares
Carlos Ayres Britto
Carlos Mário da Silva Velloso
Cármen Lúcia Antunes Rocha
Cesar Augusto Guimarães Pereira
Clovis Beznos
Cristiana Fortini
Dinorá Adelaide Musetti Grotti
Diogo de Figueiredo Moreira Neto (*in memoriam*)
Egon Bockmann Moreira
Emerson Gabardo
Fabrício Motta
Fernando Rossi
Flávio Henrique Unes Pereira

Floriano de Azevedo Marques Neto
Gustavo Justino de Oliveira
Inês Virgínia Prado Soares
Jorge Ulisses Jacoby Fernandes
Juarez Freitas
Luciano Ferraz
Lúcio Delfino
Marcia Carla Pereira Ribeiro
Márcio Cammarosano
Marcos Ehrhardt Jr.
Maria Sylvia Zanella Di Pietro
Ney José de Freitas
Oswaldo Othon de Pontes Saraiva Filho
Paulo Modesto
Romeu Felipe Bacellar Filho
Sérgio Guerra
Walber de Moura Agra

FÓRUM
CONHECIMENTO JURÍDICO

Luís Cláudio Rodrigues Ferreira
Presidente e Editor

Coordenação editorial: Leonardo Eustáquio Siqueira Araújo
Aline Sobreira de Oliveira

Av. Afonso Pena, 2770 – 15º andar – Savassi – CEP 30130-012
Belo Horizonte – Minas Gerais – Tel.: (31) 2121.4900 / 2121.4949
www.editoraforum.com.br – editoraforum@editoraforum.com.br

Técnica. Empenho. Zelo. Esses foram alguns dos cuidados aplicados na edição desta obra. No entanto, podem ocorrer erros de impressão, digitação ou mesmo restar alguma dúvida conceitual. Caso se constate algo assim, solicitamos a gentileza de nos comunicar através do *e-mail* editorial@editoraforum.com.br para que possamos esclarecer, no que couber. A sua contribuição é muito importante para mantermos a excelência editorial. A Editora Fórum agradece a sua contribuição.

Dados Internacionais de Catalogação na Publicação (CIP) de acordo com a AACR2

A447t	Almeida, Luiz Antônio Freitas de
	A tutela "ponderada" do direito à saúde: proporcionalidade e seu uso na defesa contra a insuficiência de proteção estatal / Luiz Antônio Freitas de Almeida. – Belo Horizonte : Fórum, 2021.
	597 p.
	ISBN: 978-65-5518-170-8
	1. Direito à Saúde. 2. Direito Constitucional. 3. Direitos Humanos. I. Título.
	CDD 341.2
	CDU 342.7

Elaborado por Daniela Lopes Duarte – CRB-6/3500

Informação bibliográfica deste livro, conforme a NBR 6023:2018 da Associação Brasileira de Normas Técnicas (ABNT):

ALMEIDA, Luiz Antônio Freitas de. *A tutela "ponderada" do direito à saúde*: proporcionalidade e seu uso na defesa contra a insuficiência de proteção estatal. Belo Horizonte: Fórum, 2021. ISBN 978-65-5518-170-8.

Dedico este trabalho a quatro pessoas, que representam meu passado-presente-futuro em um fluxo contínuo e ininterrupto de amor. À minha mãe Rita da Glória, a qual me ama incondicionalmente, orientou-me a buscar a retidão nos meus passos e que foi, é e será essencial em todos os aspectos da minha trajetória. À Kellyne, a quem agradeço e amo por ser meu Ar, ao mesmo tempo que espero permanecer como seu Sol: os dias passam e a certeza da melhor escolha da minha vida fortalece-se com uma simples troca de olhar. Você é a inspiração que me dá força para buscar meus sonhos. Ao meu filho Luiz Eduardo, cuja existência revolucionou a minha e é a causa dessa nova felicidade que inunda meus dias. E, por fim, ao meu filho Luiz Guilherme, muito aguardado e amado desde já.

AGRADECIMENTOS

Como sói acontecer, um empreendimento intelectual com esse grau de desafio, coroado com a sua publicação, só é possível mediante a contribuição e o auxílio de muita gente, a quem agradeço de modo geral. No entanto, preciso frisar algumas pessoas e instituições, ciente de que posso eventualmente cometer alguma injustiça pelo esquecimento.

Minha gratidão à Faculdade de Direito da Universidade de Lisboa, na pessoa de seus funcionários e mestres, com quem tanto aprendi. Dos mestres que tive e tenho, quero destacar, em primeiro lugar, o Professor Doutor David Duarte, meu orientador. O doutorado era um sonho adormecido em meu espírito, mas o professor, com seu modo carismático de sempre, insistiu que eu não podia parar agora nos estudos. Daquela conversa ficou a "coceira" que culminou nesta tese. Obviamente, sou muito grato pelo seu voto de confiança ao sugerir ao Conselho Científico que eu fosse dispensado da parte escolar, bem como aos ilustres membros daquele colegiado, que me prestigiaram com a admissão diretamente na fase de elaboração de tese. O Professor David Duarte lidou, da melhor maneira, com minhas naturais ansiedades: foi por ele que soube mais sobre a trajetória do Dr. Alf Ross, o que me ajudou a lidar com a pressão do estudo; por fim, também registro como seu conselho de não me enveredar por pesquisa de natureza sociológica foi importante para clarear minha visão. A leitura da obra mostrará como sou bebedor da sua matriz teórica, sem embargo ressalvo que, obviamente, as falhas do trabalho são de minha exclusiva responsabilidade. De qualquer modo, ainda devo citar o Professor Doutor José de Melo Alexandrino, um exemplo como pesquisador e jurista, sempre disposto a ensinar. Devo-lhe a compreensão da importância de precisão dos conceitos na ciência jurídica, da busca pelo rigor metodológico, da percepção de que nem sempre o direito será a tábua de salvação para todos os problemas. Nunca se furtou a ouvir-me e, como acompanhou meu desenvolvimento pessoal desde o mestrado, sei que o professor genuinamente torce pelo meu aprendizado; não me esqueço de sua presença em meu júri de mestrado e da sua satisfação com a minha aprovação. Finalmente, também quero agradecer à Professora Doutora Cláudia Monge, por sua gentil recepção e conselhos ainda na etapa inicial da minha pesquisa.

Meu júri de doutoramento foi composto pelos Professores Doutores José Artur Anes Duarte Nogueira, André Gonçalo Dias Pereira (arguente), Alessandra Aparecida Souza da Silveira, David José Peixoto Duarte (notável orientador), Miguel José Pinto Tavares Moura e Silva, Cláudia Sofia Oliveira Dias Monge e Vitalino José Ferreira Prova Canas (arguente). Agradeço aos professores pela oportunidade de me ouvirem. Em especial, agradeço as considerações elogiosas feitas ao trabalho ao Professor Dr. André Gonçalo Dias Pereira. Também a ele e ao Professor Dr. Vitalino Canas, agradeço o proveitoso debate no júri e a cuidadosa e desafiadora arguição.

Aos meus verdadeiros amigos, tenho muito a agradecer. Cada um, a sua maneira, foi muito importante no progresso de meus estudos. Seja pela palavra de incentivo, seja pela torcida sincera, seja pelas orações ou por um momento de descontração, tudo ajudou. Referência faço aos amigos do Jardim São Lourenço, com quem passei momentos inesquecíveis; aos amigos do tempo de escola e de faculdade, também com recordações nostálgicas; aos amigos feitos durante minha trajetória profissional e de vida, com menção especial àqueles feitos em Campo Grande, Coxim e Rio Brilhante. Mais diretamente ligados ao meu percurso acadêmico, aqui agradeço a todos os amigos do período do mestrado científico em Lisboa, inclusive os integrantes da chamada "rede solidária": amizade construída ou fortalecida nessa trajetória acadêmica, caracterizada pela generosidade de compartilhar materiais e ideias, algo fundamental para nosso crescimento intelectual. Ainda aguardo um "Sábado Sem Lei" para o nosso reencontro. De qualquer maneira, preciso destacar duas pessoas maravilhosas que me auxiliaram com a remessa de artigos de Portugal a Campo Grande sempre que precisei: Arthur Maximus e Ana Orgette. Esse auxílio foi inestimável. Nesse ponto, acrescento também o amigo que fiz após meu ingresso no doutoramento, o Marcelo Ribeiro, o qual, da mesma forma, também me remeteu artigos jurídicos de que precisei e que foram essenciais para a tese.

Ao Ministério Público Estadual de Mato Grosso do Sul, pelo incentivo ao aperfeiçoamento intelectual. Em especial, quero agradecer aos Procuradores de Justiça que votaram pela concessão da minha licença e aos integrantes da Administração Superior, que sempre me apoiaram quando precisei, fazendo-o em nome dos Ex-Procuradores-Gerais de Justiça, Dr. Paulo Cezar dos Passos e Dr. Humberto de Matos Brittes, e do relator do meu pedido no Conselho Superior do Ministério Público, Dr. Hudson Shiguer Kinashi. Em que pesem alguns percalços, sei que muitos torceram por mim. Vou registrar o nome de dois Procuradores de Justiça cujas manifestações foram um grande conforto pessoal: Drª Ariadne de Fátima Cantú da Silva e Dr. Aroldo José de Lima. Friso também a inestimável compreensão e cordialidade de meu colega Dr. Celso Antonio Botelho de Carvalho. Não posso esquecer o meu assessor, Lucyan Lacchi, nem a equipe das Promotorias de Justiça em Campo Grande por onde passei, meu obrigado pela compreensão e auxílio.

Agradeço à Editora Fórum, por aceitar publicar minha tese, valorizando um trabalho acadêmico. Agradeço, ainda, ao Instituto de Direito Administrativo de Mato Grosso do Sul, nas pessoas do seu presidente e vice, Dr. João Paulo Lacerda e Dr. Jean Phierre Vargas, pelo incentivo à publicação.

Como é bom possuir uma família tão especial como a minha. Por um lado, tenho minha família ampliada, composta por Ana Lúcia e Elias, Lívia e Mauro. Cada palavra de consolo ou de carinho foi importante; muitos lanches, almoços e jantares compartilhados num ambiente sadio de alegria e confraternização. Aqui preciso destacar minha sogra Ana Lúcia, que tanto fez pelo nosso Luiz Eduardo, o que me propiciou um maior tempo para dedicar-me aos estudos; várias foram as noites em que ela saiu de sua casa para vir à minha ficar com o pequenino enquanto estudava, sempre com a compreensão de meu sogro. E a Lívia, com suas encomendas repentinas, quanta bondade.

À minha família como um todo e, em especial, aos meus pais, Rita e José Carlos, aos meus irmãos e cunhadas, Leonardo e Ana Carolina (e aqui incluo meu sobrinho Fernando), Gabriel e Kamila. Minha mãe, com seu amor incondicional e carinho inesgotável, zelou e orou por mim de longe, sempre com bons conselhos; meu segundo pai, padrasto só no documento, também sempre esteve na torcida. Aliás, esses dois nos ajudaram no mês que estiveram de férias em Campo Grande, saindo quase todo dia para cuidar do Luiz Eduardo, o que foi importantíssimo para o avanço da tese. Meu irmão militar e minha cunhada sempre traziam uma alegria indescritível quando os reencontrávamos. Meu irmão caçula e sua esposa sempre nos proporcionaram ótimos momentos enquanto estivemos juntos na mesma cidade, com nossas reuniões semanais festivas; esse ambiente de incentivo foi fundamental na minha empreitada. Por fim, não posso esquecer a memória de meu pai Luiz Carlos e de meus avós Maria da Glória e Raimundo. Meu primeiro pai proporcionou segurança para que eu estudasse na minha infância e adolescência; minha avó tinha uma força e um carinho que deixam saudade. A respeito de meu avô Raimundo, lembro seu exemplo marcante de dedicação ao trabalho e responsabilidade pela família; fiquei feliz por conseguir retornar de Portugal, após a defesa da tese, a tempo de alegrá-lo com as boas novas.

As linhas escritas são incapazes de representar tudo o que sinto agora; o mais próximo possível seria se estivessem borradas. Pois como posso agradecer à Kellyne Laís? Não sei por onde começar. Fez-me o mais feliz dos homens quando se casou comigo. Acompanhou-me na minha jornada, assim como eu a acompanho na dela, e juntos vamos construindo um lar de amor, carinho e ternura. Nesse ninho nasceu o Luiz Eduardo e nascerá também o Luiz Guilherme, que são os maiores presentes que recebi na vida. Os três juntos são o que tenho de mais valioso na minha existência. O Luiz Eduardo foi o maior incentivo que tive para terminar o doutoramento quando as forças me faltavam; abdiquei muito tempo de brincar com ele e foi especialmente por ele que arranjei vigor para finalizá-lo, sabedor de que poderia, se não a volta ao passado, curti-lo mais intensamente a partir de agora. Quanto à minha amada esposa, obrigado por cada gesto seu, cada abraço ou beijo, cada vez que parou tudo o que fazia para ouvir minhas angústias ou para debater ideias na tese, entusiasmada com meu progresso e auxiliadora até na revisão da escrita; devo-lhe o amparo que deu ao Luiz Eduardo quando eu precisei faltar. Obrigado por todo esse suporte emocional, intelectual e passional. Por tudo e por nada, até que a "Indesejada das gentes" nos separe!

Finalizo com o agradecimento a Deus. O dom da vida e da saúde são dádivas que Sua Mão me concedeu. Hoje sou pai e imagino minimamente o tamanho de seu amor por nós ao entregar Jesus Cristo pela redenção de nossos pecados. Obrigado, meu Deus, obrigado. O Senhor sabe o esforço que fiz e a sinceridade das minhas intenções. Todo o mérito deste trabalho, se houver, só foi possível por sua inspiração divina. Eu sei que o Senhor é o Deus de milagres e que capacita os pequeninos como eu. Tenho percebido Seus Sinais em incontáveis momentos de minha vida, por ter-me livrado de perigos e de ciladas montadas, bem como nas vitórias que tenho recebido por Sua graça, a exemplo da minha aprovação no vestibular e no concurso de promotor de justiça, da minha promoção para Campo Grande, da minha escolha pelo CDEMP para cursar o mestrado na Faculdade de Direito da Universidade de Lisboa, da minha aprovação no mestrado e agora da finalização desta tese, entre tantas outras. Cada embaraço que vi ruir foi obra de Suas Mãos. Toda honra e glória ao seu Nome!

SUMÁRIO

PREFÁCIO
David Duarte... 13

APRESENTAÇÃO
Ingo Wolfgang Sarlet 17

INTRODUÇÃO 19

CAPÍTULO 1
A PONDERAÇÃO NA SOLUÇÃO DE CONFLITOS NORMATIVOS E AS NORMAS DE
DIREITOS FUNDAMENTAIS... 31

1.1   O constitucionalismo e os direitos fundamentais: o fim do positivismo jurídico? ... 32

1.1.1   Jusnaturalismo, positivismo e realismo jurídicos........................... 32

1.1.2   Os ataques ao positivismo moderno tradicional e a resposta positivista 42

1.1.3   Pós-positivismo? Três jusfilósofos: Alexy, Müller e Ferrajoli 49

1.1.4   Posição adotada... 53

1.2   A estrutura das normas de direitos fundamentais......................... 77

1.3   A distinção entre princípios e regras.. 91

1.4   Ponderação e interpretação 112

1.5   Ponderação, conflitos normativos e derrotabilidade.................... 126

1.6   Críticas à ponderação 150

CAPÍTULO 2
O PRINCÍPIO DA PROPORCIONALIDADE NA PROTEÇÃO CONTRA
INSUFICIÊNCIA ESTATAL: A ESTRUTURAÇÃO DA PONDERAÇÃO NA TUTELA
DOS DIREITOS FUNDAMENTAIS 181

2.1   Breve escorço histórico sobre o princípio da proporcionalidade............ 183

2.2   Proporcionalidade, razoabilidade e *balancing*: aproximações e diferenças
conceituais... 189

2.2.1   O teste de não razoabilidade de Wednesbury 190

2.2.2   O teste de razoabilidade empregado pela Corte Constitucional da África do Sul
no escrutínio de direitos sociais... 199

2.2.3   O teste de *balancing* da Suprema Corte dos Estados Unidos 209

2.3   A justificação jurídico-positiva do princípio da proporcionalidade............ 220

2.3.1   Sistema da Convenção Europeia de Proteção aos Direitos do Homem e das
Liberdades Fundamentais.. 221

2.3.2   Canadá... 227

2.3.3	Portugal	232
2.3.4	Brasil	236
2.4	Justificação teórico-normativa da proporcionalidade	238
2.4.1	Estado de Direito	238
2.4.2	Democracia	239
2.4.3	O regime jurídico contemporâneo dos direitos fundamentais	240
2.4.4	Teoria dos princípios de Alexy	243
2.4.5	Posição adotada	244
2.5	A natureza jurídica do princípio da proporcionalidade	245
2.6	A intensidade de controle judicial e a infiltração de princípios formais no sopesamento: pré-ponderação?	248
2.7	A estruturação da proporcionalidade	265
2.7.1	Legitimidade do fim e do meio estatal	266
2.7.2	Adequação ou idoneidade da medida: a conexão racional entre meio e fim	278
2.7.3	Necessidade da medida: a possibilidade de meios menos impactantes ao direito fundamental	285
2.7.4	Proporcionalidade em sentido estrito	296
2.7.5	A proteção contra a insuficiência pela proporcionalidade	317
2.8	A igualdade e a proporcionalidade	340

CAPÍTULO 3

A TUTELA JUDICIAL "PONDERADA" DO DIREITO FUNDAMENTAL À SAÚDE: PROPORCIONALIDADE E CONTEÚDO MÍNIMO COMO EXIGÊNCIAS DE

RACIONALIDADE		347
3.1	A dimensão individual e coletiva da saúde	349
3.2	Conceito de saúde	354
3.3	Escassez, racionamento e justiça na saúde	370
3.4	*Nomen iuris*: direito à saúde, à proteção da saúde ou a cuidados sanitários?	385
3.5	Direito à saúde no quadro de direitos humanos	387
3.6	Regências jurídico-constitucionais do direito à saúde: Portugal e Brasil	403
3.6.1	O direito à saúde na Constituição portuguesa	410
3.6.2	O direito à saúde na Constituição brasileira	441
3.6.2.1	A judicialização da saúde no Brasil: hidrólise judicial das políticas públicas sanitárias?	476
3.6.2.2	Tratamentos e medicamentos não ofertados pelo SUS	505
3.6.2.3	A Emenda Constitucional nº 95/2016	520
3.7	A defesa de um conteúdo mínimo do direito à saúde no Brasil	523

CONCLUSÕES DA TESE	537

REFERÊNCIAS	561

DECISÕES E VOTOS CONSULTADOS	595

PREFÁCIO

A progressiva extensão dos ordenamentos jurídicos contemporâneos tem conduzido, como é compreensível, a uma divisão cada mais compartimentada do direito enquanto objecto de conhecimento: com base em critérios mais ou menos racionais, mas cientificamente incoerentes na sua sobreposição histórica, multiplicam-se os diferentes ramos do direito e, consequentemente, com objectivos de simplificação, as divisões que nele se fazem. O efeito mais directo que daqui decorre é a correlativa multiplicação das ciências jurídicas especiais, que têm, cada uma delas, uma dessas divisões como objecto. Assim, a um subconjunto de normas de um ordenamento corresponde uma ciência jurídica especial, havendo tantas destas quanto os subconjuntos que, como acima referido, se autonomizam.

A multiplicação de ciências jurídicas especiais está na base, deste modo, de um significativo aumento da especialização dos juristas, incluindo os académicos. A complexidade de cada ramo do direito, a distância que cada um tem relativamente aos demais ou as exigências de conhecimento empírico próprio que cada um suscita levam, tudo considerado, a que o jurista, à falta de capacidades ilimitadas, tenha de se circunscrever a um reduzido número de normas, sabendo cada vez mais destas e cada vez menos das demais. A especialização torna-se, assim, e tal como se verifica noutras áreas do conhecimento, uma condição necessária de uma profundidade indispensável, sem a qual não se chega a compreender os problemas jurídicos, nem, menos ainda, a dar-lhes soluções tecnicamente correctas.

Acontece, porém, que os ordenamentos jurídicos, para além dessas áreas compartimentadas, compreendem ainda normas comuns a todos os ramos, que também devem ser percebidas e aplicadas independentemente do subconjunto normativo que um problema jurídico específico convoca. A identificação destas normas gerais não é complexa: são normas interpretativas, normas sobre a resolução de conflitos normativos, ou as normas que, de uma forma ou de outra, podem ser relevantes sempre que uma consequência deôntica vai moldar uma circunstância da vida. Ao conhecimento destas normas gerais, se no cumprimento de requisitos de cientificidade, pode atribuir-se a designação de ciência jurídica geral (ou teoria do direito): o capítulo da ciência jurídica que tem por objecto as normas comuns do direito.

Acresce ainda que entre os vários ordenamentos jurídicos existem propriedades comuns a todos e cujo conhecimento tem necessariamente de fazer parte do arsenal que compõe o entendimento sobre o direito. As invariantes do direito, como podem ser referidas essas propriedades não marcadas pela contingência dos conteúdos, são muitas e variadas e abrangem aspectos tão diversificados como a relação do direito com a linguagem, a própria compreensão da norma enquanto morfologia ou a hierarquia em que as normas correntemente se encadeiam. Naturalmente, tudo isto é essencial para essa ciência jurídica geral e dela tem necessariamente de fazer parte: não se resolvem conflitos sem perceber a hierarquia e não se interpreta sem saber como o direito recebe as convenções linguísticas.

A existência de uma ciência jurídica geral, na qual reside todo o acervo de conhecimento relevante sobre o direito, ao lado de múltiplas ciências jurídicas especiais, em que a especialização é levada à exaustão, criou uma linha divisória no conhecimento: regra geral, o jurista, e o académico talvez ainda mais, ou se dedica a uma ciência jurídica especial ou, então, e à margem dessa, foca-se na ciência jurídica geral. Este quadro traça na ciência jurídica, assim, uma fractura evidente entre, e por exemplo, quem sabe de direito da contratação pública ou de direitos reais, por um lado, e quem sabe de interpretação ou de conflitos normativos, por outro. É uma fractura que se expressa numa incomunicabilidade de conhecimentos que, bem vistas as coisas, não são reciprocamente irrelevantes.

O prejuízo é maior, evidentemente, para as ciências jurídicas especiais. Se o teórico do direito se acomoda relativamente bem com o desconhecimento das várias especificidades de um qualquer subconjunto de normas nos confins do ordenamento, o jurista especializado, mesmo para a sua actividade corrente, depende das normas comuns, sem as quais não pode sequer aplicar correctamente as suas normas especiais. Se várias outras razões poderiam fundamentar este desequilíbrio, o ponto aqui essencial é, no entanto, que se torna cada vez mais evidente que a especialização não pode continuar desacompanhada de uma formação teórica de base: uma ciência jurídica especial sem sustento numa sólida teoria do direito tende a torna-se um conhecimento deficitário e incompleto.

A questão é tanto mais séria quanto se constata que a ciência jurídica geral está a passar por uma clara transição de paradigma científico. O progressivo afinamento do conhecimento na lógica deôntica, na aproximação à filosofia da linguagem, na absorção da derrotabilidade como propriedade disposicional de todas as normas, por exemplo, tem conduzido a uma mutação de quadros mentais que não se limita a ser mais um passo numa linha de evolução. Muito mais do que isso, é uma efectiva transição de paradigma de ciência, que tem aproximado o conhecimento que tem o direito por objecto das ciências *hardcore*, fazendo do positivismo metodológico a sua ideologia epistémica um terreno oposto e inconciliável com uma certa «rétorica» que tem dominado o entendimento do direito.

A fractura fica, por tudo isto, muito exposta. E cria para as ciências jurídicas especiais uma opção particularmente exigente: ou continua a ignorar a transição de paradigma por ignorar a ciência jurídica geral, com o eventual resultado de um desfasamento cada vez maior com o que «já se sabe sobre o direito»; ou percebe que é necessário entrar em um mundo novo, procurando uma especialização teoricamente fundada, que lhe permitirá produzir resultados de ciência muito mais consistentes. O desafio não é pequeno, como não o são todos os que envolvem práticas enraizadas. Mas é, no entanto, decisivo: fazer conciliar o conhecimento nas ciências jurídicas especiais com o da ciência jurídica geral é condição necessária para superar um certo arcaísmo em que aquelas se encontram.

No presente contexto, estas considerações têm, evidentemente, um propósito: salientar o relevo que tem para a ciência do direito constitucional, em geral, e para a dos direitos fundamentais, em particular, os ainda relativamente escassos casos de produção científica em que o conhecimento de problemas específicos de determinado subconjunto de normas (aqui as de direitos fundamentais) está suportado num sólido conhecimento geral do direito, actualizado com os saberes de vanguarda de um novo paradigma científico; no qual, e só em jeito de exemplo, não se confundem linguagem e normas, nem ponderação com neoconstitucionalismo indefinidos. Ou seja, uma produção científica com sólidas fundações numa teoria do direito actual, inserida num novo paradigma de ciência.

É isso que se verifica, como se entende, com o trabalho que agora se prefacia. Um excelente exemplo de rigor metodológico, de atenção analítica e de descrição cuidada do objecto de conhecimento, o que tem a consequência, para o leitor, de não ser apenas uma fonte de informação, mas, mais do que isso, um instrumento de aprendizagem com proposições de ciência metodologicamente fundadas. A obra de Luiz Almeida que agora se publica é, por isso, um trabalho de ciência jurídica especial que soube fazer a ponte com a teoria do direito no seu novo paradigma, devendo colocar-se, como se entende, na prateleira dos livros de qualidade: isto é, daqueles que consultamos quando queremos saber de fonte segura ou quando queremos confrontar com valor as nossas próprias hipóteses explicativas.

Naturalmente, nem tudo merece concordância, quanto mais não seja porque são ainda muitas as áreas da ciência jurídica em que a verdade se procura através de inferências à melhor explicação, sem que seja ainda certa qual possa esta ser. Mas isso é, evidentemente, o que menos importa aqui. O que efectivamente importa é que se trata de um livro em que os conteúdos são estruturalmente pensados e têm, nomeadamente pelo que já se disse, uma inegável *reliability* científica. É, por tudo isto, um livro importante para a ciência jurídica brasileira. Num cenário em que os direitos fundamentais estão sempre no fio da navalha (em particular os direitos sociais e mais ainda o direito à saúde), uma obra com a solidez da que agora se publica não pode deixar de ser vista como um ponto de referência necessário.

Sempre se entendeu que a seriedade científica tem um lugar privilegiado que deve ser reconhecido. À falta de outra oportunidade, e no que ao presente livro diz respeito, este é um pequeno reconhecimento pessoal disso mesmo.

Lisboa, março de 2020.

David Duarte
Professor da Faculdade de Direito da Universidade de Lisboa.

APRESENTAÇÃO

Por mais que se derramem rios de tinta em prol de determinados temas – e esse é o caso, também, do direito à proteção e promoção da saúde –, disso não decorre nem a perda da atualidade, tampouco o déficit em relevância do assunto. Aliás, sequer a impossibilidade de se escrever, senão algo de completamente novo, pelo menos algo que de fato contribua para uma reflexão crítica e permita, de tal sorte, o desenvolvimento – no sentido de avanço em relação ao "estado da arte" – da teoria e da práxis, verifica-se nesse caso, o que justamente demonstra a obra que ora tenho a honra e a alegria de sumariamente apresentar, da lavra do Doutor Luiz Antônio Freitas de Almeida.

O texto, em boa hora levado ao conhecimento público, ostenta o título *A tutela "ponderada" do direito à saúde – Proporcionalidade e seu uso na defesa contra a insuficiência de proteção estatal*, que, por si só, já indica a complexidade da matéria e gera elevadas expectativas em relação ao conteúdo, as quais, calha sublinhar, foram – pelo menos no que toca ao signatário – amplamente atendidas, sem que isso signifique integral concordância com o pensamento do autor, mas sim que a pesquisa por este desenvolvida ao longo do seu doutoramento na prestigiada Faculdade de Direito da Universidade de Lisboa, bem como a tese daí resultante, preenchem, com folga, os requisitos qualitativos, formais e materiais respectivos.

A despeito de depositada em junho de 2017, transcorrido portanto período superior a dois anos e meio até sua publicação, os ajustes e notas inseridos pelo autor lograram manter a atualidade do texto, inclusive – e especialmente – por duas razões: a) a abordagem é acima de tudo focada em questões vinculadas à teoria geral do direito, dogmática dos direitos fundamentais, teoria da decisão, entre outras; b) de lá para cá não se verificaram grandes mudanças nos rumos da literatura jurídica, legislação e jurisprudência, pelo menos no cenário brasileiro, porquanto as decisões do STF sobre o direito à saúde proferidas nesse interregno, embora tenham agregado alguns critérios para aplicar na esfera da ponderação sobre o reconhecimento, ou não, de direitos subjetivos a prestações de saúde, não rompeu com a essência de sua orientação anterior.

Na sua alentada tese, seguindo a tradição das melhores teses doutorais lusitanas, o autor inicia com um bem elaborado capítulo sobre a ponderação e sua utilização na solução de conflitos normativos em matéria de direitos fundamentais, dialogando com os principais autores na temática, sem deixar de se comprometer, assumindo uma posição pessoal. Altamente elogiável também a simultânea latitude e verticalidade da pesquisa doutrinária e jurisprudencial, analisando o sistema da Convenção Europeia de Proteção aos Direitos do Homem e das Liberdades Fundamentais, ademais de comparar as ordens jurídicas de diversos países – destaque para o Brasil e Portugal –, discorrendo sobre a estruturação da proporcionalidade, seja como proibição de excesso de intervenção, seja na condição de proibição de proteção insuficiente, comparando a técnica da proporcionalidade com outras metódicas de realizar a ponderação (como é o caso da razoabilidade), preparando, de tal sorte, o terreno para enfrentar o problema central do trabalho, que é o da correta aplicação da proporcionalidade aos casos judiciais envolvendo a prestação estatal de bens e serviços de saúde.

Ao fim e ao cabo, é possível afirmar que o autor logrou, guardando estrita coerência com a parte introdutória, apresentar um conjunto de conclusões sistematizadas que dão suporte à tese de que o recurso à ponderação – no momento certo e do modo correto – e, nessa perspectiva, à técnica da proporcionalidade, é não apenas útil, como necessária para uma resposta constitucionalmente adequada ao problema submetido ao crivo do Poder Judiciário.

Nessa quadra, nada melhor do que dar voz ao próprio Luiz Antônio:

> o esforço investigativo não foi de blindar a ponderação de qualquer dardo crítico, muito menos de torná-la absolutamente racional e objetiva, mesmo após sua estruturação pelo princípio da proporcionalidade. Também não se pretendeu produzir o construto de um método capaz de, por si só, levar apenas a respostas corretas no prisma material, sobretudo em terreno tão movediço como é a relação de embate entre Parlamento e Judiciário. Afinal, o que este modesto contributo procurou sugerir é que a proporcionalidade é a melhor ferramenta disponível ao aplicador das normas jurídicas.

Outro aspecto altamente positivo a ser enfatizado é não só a riqueza, em termos quantitativos e qualitativos, da pesquisa bibliográfica realizada pelo autor sobre todos os tópicos versados no texto, mas também a efetiva presença da literatura, seja no corpo do trabalho, seja nas notas de rodapé, o que, somado ao rigor científico e qualidade da linguagem, por si só já indicariam a leitura como cogente.

Assim, não sendo o caso de distanciar o público leitor ainda mais do contato com o texto, o que se deseja é que a obra venha a alcançar ampla acolhida e cumpra a sua vocação como tese doutoral, que é a de suscitar inquietudes e reflexão, quiçá mesmo contribuir para a superação de tantos desafios e solução de tantos problemas que impedem uma plena (no sentido de a melhor possível) eficácia e efetividade do direito à proteção e promoção da saúde.

Munique, 23 de fevereiro 2020.

Ingo Wolfgang Sarlet
Professor Titular e Coordenador do PPGD da Escola de Direito da PUCRS. Desembargador aposentado do TJRS. Advogado.

INTRODUÇÃO

A presente obra é a tese com a qual obtive o título de doutor em Ciências Jurídico-Políticas pela Faculdade de Direito da Universidade de Lisboa, defesa realizada em 29.3.2019 na capital portuguesa perante um qualificado e desafiador júri, composto pelos Professores doutores José Artur Anes Duarte Nogueira, André Gonçalo Dias Pereira (arguente), Alessandra Aparecida Souza da Silveira, David José Peixoto Duarte (notável orientador), Miguel José Pinto Tavares Moura e Silva, Cláudia Sofia Oliveira Dias Monge e Vitalino José Ferreira Prova Canas (arguente), a quem agradeço pela atenção ao meu trabalho. Agradeço as considerações críticas e indagações formuladas na banca (júri) de doutoramento pelos arguentes e, também, agradeço ao Dr. André Gonçalo Dias Pereira pelos elogios tecidos sobre a qualidade desta tese durante o júri.

Deixei intocada a estrutura da tese e não modifiquei o texto, à exceção de pequenas correções linguísticas e poucas adaptações para o formato de livro. Outrossim, como no interregno entre o depósito da tese, feito em junho de 2017, e a presente publicação foram proferidas algumas decisões judiciais ligadas ao tema, introduzi nas notas de rodapé algumas atualizações, as quais serão precedidas do asterisco. Da mesma forma procedi em relação ao direito português, pois houve a promulgação de uma nova Lei de Bases da Saúde em 2019, publicada em 4.9.2019. Como o aprofundamento implicaria uma reescrita de grande parte do tópico 3.6.1, optei apenas por referir a revogação do diploma legal anterior no rodapé e relatar sinteticamente algumas das alterações. Em relação às portarias do gabinete do ministro da saúde, no caso brasileiro, conforme informação do *site* do Ministério da Saúde, após trabalho de pesquisa desenvolvido pelo Programa de Direito Sanitário da Fiocruz na análise de 18 mil portarias daquele tipo, com a participação de diferentes atores (pesquisadores da Faculdade de Direito da UNB, servidores das secretarias do Ministério da Saúde, entre outros), encontraram-se 749 portarias aptas para serem sistematizadas e consolidadas, o que resultou na publicação de 6 portarias de consolidação. Por essa razão, será referido o veículo normativo consolidado quando for o caso. Por fim, incluí na bibliografia dois artigos sobre temas tratados nesta tese publicados após sua defesa. Agora segue o restante da tese.

Campo Grande, outubro de 2020.

α) Importância do tema

Por toda a parte entra, com efeito, o doutor; penetra no interior das famílias, verdadeiros gineceus; tem o melhor lugar a mesa dos hóspedes, a mais macia cama; é, enfim, um personagem caído do céu e junto ao qual acodem logo, de muitas léguas em torno, não já enfermos, mas fanatizados crentes, que durante largos anos se haviam medicado ou por conselhos de vizinhos ou por suas próprias inspirações e que na chegada desse Messias depositam todas as ardentes esperanças do almejado restabelecimento.

Este pequeno excerto, retirado da célebre obra da literatura brasileira *Inocência*, de Visconde de Taunay, bem representa a importância que sempre angariou a saúde como bem individual e o elevado prestígio social gozado pelos profissionais de saúde.

No entanto, dentro de um contexto hodierno de grande expansão da ciência médica, de novas tecnologias em saúde, do contínuo aumento das necessidades e desejos a respeito dessa riqueza, tudo aliado à carência de recursos, o texto de Taunay poderia ser estendido para abarcar o fascínio que tem provocado em boa parte da doutrina a sedimentação em textos constitucionais de direitos fundamentais sociais, com interrogações várias, a começar pela efetividade dessas normas e a responsabilidade correspondente do Poder Judiciário. Entre os direitos fundamentais sociais, o direito à saúde é aquele feixe de situações, posições e pretensões jurídicas de vantagem que seguramente ostenta os aspectos mais complexos e desafiadores, mas é justamente o que mais tem proporcionado experiências de judicialização no Brasil e em algumas partes do globo terrestre. Isto é, o interesse de estudar juridicamente os direitos sociais está em congruência com o caráter altamente simbólico cristalizado nas normas dos direitos fundamentais e com os reptos que a titularidade de um direito dessa natureza gera, em função da dificuldade de efetuar um controle jurídico sobre deveres positivos que ficam a cargo do Estado.

No entanto, e com retorno ao texto de Taunay, merecem ser os direitos sociais, em geral, e o direito à saúde, em particular, tratados com a especial deferência no "seio familiar" do direito constitucional e dispor do "melhor lugar à mesa" das normas jurídicas, que representa a sua positivação como direito fundamental? Seriam o recurso ao discurso dos direitos, a outorga da competência jurídica de controle aos tribunais e a sua maciça judicialização um "Messias", a conclamar os crentes na autonomia do direito a esperar uma verdadeira revolução social em que o funcionamento do sistema político não se revelou capaz de diminuir as desigualdades sociais?

A judicialização dos direitos sociais, em especial do direito à saúde, tem gerado uma safra de estudos empíricos para verificar a bondade ou a maldade desse fenômeno e as setas críticas, em sua maioria, contestam a eficiência do Poder Judiciário e realçam maus resultados como consequência dessa litigação, a começar pela realocação de recursos de maneira menos equitativa. Já que se inspirou no texto de Taunay, que descreveu a exuberante fauna e flora do sul da então Província de Mato Grosso, hoje estado de Mato Grosso do Sul, então seria o direito à saúde um "direito-curupira",[1] um direito que, a despeito de conteúdo simbólico, teria um efeito altamente regressivo em justiça social, ao privilegiar as prestações individuais em detrimento do coletivo,

---

[1] O Curupira é uma figura do folclore brasileiro, defensor das matas, descrito como possuidor de cabelos de um vermelho vivo e de pés invertidos, isto é, com os calcanhares voltados para a frente, o qual usava desse recurso para enganar os caçadores, confundindo-os em suas pegadas na mata. Logo, a metáfora faz algum sentido ao comparar o caráter simbólico de um direito fundamental com o mito folclórico e, ademais, com sua cabeleira escarlate, ao passo que o efeito regressivo de justiça social encontraria similitude ao formato físico dos pés do ente, bem como no modo como os usava para ludibriar os adversários.

a enganar a todos mediante as pistas falsas de suas pegadas? Um direito que iludiria por sugerir caminhar rumo à construção de uma sociedade livre, justa e solidária, não obstante seu efeito prático seja de dar passos na direção oposta?

Obviamente, o expansionismo do Poder Judiciário e as dúvidas sobre o correto exercício da jurisdição constitucional não se limitam apenas aos direitos sociais. O controle jurídico de respeito e proteção aos direitos fundamentais tem propiciado inúmeras reflexões sobre as possibilidades de praticar esse mister sem desaguar numa usurpação da competência de outros poderes, como conflagrar essa atribuição de modo harmônico, haja vista a ausência de legitimidade democrática dos tribunais.[2]

---

[2] Aliás, como será referido na tese, das aguilhoadas teóricas disparadas contra a ponderação às críticas sobre o controle dos demais poderes políticos pelo Judiciário nos direitos sociais, tudo termina por retomar a celeuma nunca adormecida sobre a "politização da justiça", a qual tem a roupagem mais cintilante no tema da jurisdição constitucional: seria o Judiciário legítimo para ser o "guardião da constituição"? A pergunta, obviamente, é inspirada no célebre debate entre Kelsen (KELSEN, Hans. Quem deve ser o guardião da Constituição? *In*: KELSEN, Hans. *Jurisdição constitucional*. Tradução de Alexandre Krug. 2. ed. São Paulo: Martins Fontes, 2007. p. 228 e seguintes) e Schmitt (SCHMITT, Carl. *O guardião da Constituição*. Tradução de Gerado de Carvalho. Belo Horizonte: Del Rey, 2007. p. 19-53; 229 e seguintes). Como é cediço, Carl Schmitt pretendeu situar que em Estados legislativos, como seria o alemão na vigência da Constituição de Weimar, o guardião da Constituição não seriam os tribunais; particularmente, defendeu o presidente do *Reich* como o defensor da Constituição weimariana, responsável pela unidade política do povo alemão e detentor de independência político-partidária, a funcionar como contrapeso do pluralismo de interesses econômicos e sociais; Schmitt afirmava que unicamente normas que permitissem a subsunção – afastando a aplicação de princípios gerais, que não a permitiriam –, dariam oportunidade de controle jurisdicional, de sorte que os tribunais seriam apenas guardiões de uma parcela da constituição, somente no que diz respeito à posição institucional do Judiciário e a relativa à sua independência; do contrário, a resolução judicial de todas as questões políticas levaria não a uma "juridicização da política", mas a uma "politização da justiça". Kelsen critica Schmitt ao mostrar que o presidente do *Reich* participava do governo e que essa condição inviabilizaria um controle neutro dos próprios atos; Kelsen ressalta que a jurisdição também possui um componente político inegável, mesmo que na aplicação de normas sem "conteúdo duvidoso": afinal, a função de aplicar normas também representa criação do direito e não meramente a reprodução de decisões já tomadas inteiramente no conteúdo da norma. No entanto, o próprio Kelsen mostrou-se favorável à restrição do caráter político da jurisdição constitucional mediante a diminuição da margem de discricionariedade concedida no texto constitucional; os textos não deveriam ser formulados em termos demasiadamente gerais – Kelsen mesmo fala de evitar "chavões vagos" como liberdade ou igualdade –, para impedir uma transferência de poder do Parlamento ao Tribunal Constitucional, muito coerente com a visão kelseniana de que o controle de constitucionalidade torna o Tribunal Constitucional um "legislador negativo". Certamente a tese kelseniana não era favorável politicamente à lapidação nos textos de enunciados que abriguem normas de direitos fundamentais de natureza de princípio e, talvez, com maior razão seria contra a constitucionalização de direitos sociais como direitos fundamentais que vinculem o Legislativo. Para lembrar, ainda, de outro clássico, com o olhar para a experiência estadunidense, Tocqueville (TOCQUEVILLE, Alexis de. *Da democracia na América*. Tradução de Carlos Correia Monteiro de Oliveira. São João do Estoril: Princípia, 2007. p. 139-144) comenta que a jurisdição constitucional é uma das barreiras mais poderosas contra a tirania de uma maioria parlamentar, no entanto a faceta política desse exercício judicial seria limitada pela inércia e pelo efeito inter partes da decisão; porém, Tocqueville fica em dúvida se o controle de constitucionalidade era mais favorável à liberdade. No sentido de a jurisdição constitucional ser uma função republicana e não da democracia, ZAGREBELSKY, Gustavo. Jueces constitucionales. *In*: CARBONELL, Miguel (Ed.). *Teoría del neoconstitucionalismo* – Ensayos escogidos. Madrid: Trotta, 2007. p. 100-102. Finalmente, a notar que a relação de tensão entre Legislativo e Tribunal no exercício da função da jurisdição constitucional deve pautar-se nas normas constitucionais e tendo em conta a separação de poderes, embora reconheça que esse exercício termina por conferir ao controlador da norma constitucional uma função criadora do direito, menciona-se STERN, Klaus. Jurisdicción constitucional y legislador. *In*: STERN, Klaus. *Jurisdicción constitucional y legislador*. Tradução de Alberto Oehling de los Reyes. Madrid: Dykinson, 2009. p. 56-70, o qual, avaliando a jurisprudência do Tribunal Constitucional Federal alemão, cita como possibilidades de decisão de controle a anulação da norma legal, a interpretação conforme a Constituição, o labor de aperfeiçoamento legislativo ou criação normativa – embora aqui entenda afetado um elemento essencial da separação de poderes –, e as decisões "moldura", em que o Tribunal oferece uma gama de possibilidades ao Legislativo, para que este modifique a norma conforme uma dessas possibilidades conferidas. Com o comentário acertado de que a garantia exclusivamente política da constituição dificilmente teria o condão de zelar pela pretensão normativa das normas constitucionais, menciona-se BOTELHO, Catarina Santos. Quem deve ser o guardião da constituição? Animosidade ou cooperação entre o tribunal constitucional e os demais tribunais. *In*: OTERO, Paulo; ARAÚJO,

Dentro desse quadro de maior força jurídica das normas de direitos fundamentais e da outorga de competência de controle de constitucionalidade, uma ferramenta metodológica tem despontado com sua crescente utilização por tribunais constitucionais, a avivar adesões e rejeições: o cânone da proporcionalidade. O controle dos excessos estatais pela via da proporcionalidade permite, na visão dos defensores, conceber uma ferramenta metodológica capaz de estruturar a ponderação que definirá a solução do caso.

Sem embargo, por que recorrer à ponderação? Qual a sua conexão teórica com a distinção entre regras e princípios jurídicos, que teima em não encontrar consenso doutrinário? Essas questões autorizam uma digressão a respeito de diferentes escolas e teorias do direito, justamente para buscar uma matriz teórica que acomode os pressupostos seguidos neste trabalho, sem desbordar da pretensão de coerência que almeja uma pesquisa científica. Afinal, se o apelo ao sopesamento mostra-se indisfarçável em muitos quadrantes constitucionais, há quem aposte no definhar definitivo do positivismo jurídico justamente por isso. A despeito de todos os prognósticos, mesmo os pós-positivistas, defende-se um positivismo inclusivo, capaz de acomodar em suas regras de reconhecimento princípios que, não obstante sua dimensão moral, são incorporados ao sistema jurídico como normas jurídicas.

Não é preciso muito esforço para pressupor que o uso da ponderação não pode ser um mero capricho do intérprete ou um disfarce para a arbitrariedade e abuso de poder, o que, aliás, tem sido uma das críticas dirigidas ao sopesamento em função de seu uso inflacionado e ametódico, mormente no Brasil, divorciado de qualquer pressuposto teórico e sem preocupação em desenvolver os passos analíticos que permitem uma maior racionalidade. Não por outra razão é primordial que a academia invista esforços para mostrar os equívocos de uma ponderação atabalhoada, que dedique estudos para traçar parâmetros e diretrizes que guiem os aplicadores a objetivá-la e formatá-la dentro de um discurso estruturado o qual lhe dê transparência, coerência e a maior previsibilidade possível.

Nesse escopo, torna-se imperioso distinguir a atividade de solucionar conflitos normativos com a atividade de interpretação. O que é interpretar? Casam-se uma percepção da interpretação como atividade com a concepção de que, a despeito da relevância do problema concreto para o desenrolar da lide, o ofício do jurista deve partir da norma jurídica, pelas próprias peculiaridades que diminuem a importância do contexto na comunicação do Legislativo ao aplicador. Ainda assim, existe um plano na interpretação que atrai o sopesamento, inevitável quando a interpretação literal não consegue descodificar as incertezas semânticas e sintáticas, mesmo que apoiada nas normas de interpretação sistemática, hierárquica, teleológica e de unidade de conjunto.

De qualquer forma, tendo em conta a prevalência da positivação dos direitos fundamentais como princípios jurídicos, que albergam um pressuposto implícito de expandir-se a todas as situações de qualquer gênero, invariavelmente será no âmbito dos conflitos normativos que haverá maior espaço de incidência para o sopesamento. O balanceamento é uma resposta do sistema jurídico – ou melhor, uma falta de resposta – para solucionar impasses normativos, em especial na hipótese de conflitos normativos,

---

Fernando; GAMA, João Taborda da (Org.). *Estudos em memória do Prof. Doutor J. L. Saldanha Sanches*. Coimbra: Coimbra Editora, 2011. v. 1. p. 105-110.

sempre que o sistema tolher a possibilidade de o juiz não decidir por falta de norma aplicável (*non liquet*). Em casos de conflitos abstratos, a ponderação será a via caso não haja metanormas capazes de solucionar o conflito; no caso de conflitos concretos, em função de que esse conflito se ativa apenas no preenchimento de uma particular condicionalidade fática, não há outro remédio disponível para resolver o problema.

O escorço bifurcado, com uma trilha a tratar do direito à saúde e a outra senda a desbravar o terreno do sopesamento, resulta na união dessas vias na mesma vereda investigativa de como estruturar a ponderação pela norma de proporcionalidade, uma vez que àquelas dificuldades de controle do excesso estatal somam-se os problemas referentes à sindicação das omissões e da insuficiência de tutela. Justamente por isso um capítulo inteiro foi dedicado ao princípio da proporcionalidade, na ânsia de identificar caminhos para que essa norma seja utilizada, com as devidas adaptações na sua estrutura, ao controle das omissões totais e parciais que violem os direitos sociais na sua dimensão positiva. No entanto, seria inviável tratar apenas dessa modificação estrutural, que se julgou necessária, sem trabalhar seus estágios conforme o desenvolvimento padrão para sindicar os excessos, justamente para salientar as diferenças.

Nesse diapasão, não se deixa de registrar que, por ser a utilização da proporcionalidade para o controle da realização de deveres positivos a faceta menos estudada dessa norma, haverá nisso mais uma razão para o percurso investigativo, o qual explorará em especial o campo do direito à saúde e a realização dos deveres positivos que emanam dessa norma de direito fundamental, os quais são os mais marcantes do seu conteúdo heterogêneo, a motivar a pecha de tratá-lo como direito social.

A assunção da saúde como um bem coletivo levanta disquisições várias sobre o papel do Estado e do direito, mormente o constitucional, em coadunar os diferentes anseios na proteção desse bem numa realidade de escassez, o que seduz o pesquisador a enveredar-se por diferentes teorias da justiça e substratos filosóficos, na tentativa de conceituar a saúde e trabalhar a melhor forma de distribuir esses recursos. Ou poderia justificar o uso de pesquisas empíricas, para examinar a efetividade da norma do direito à saúde no contexto de judicialização. No entanto, a empreitada que se pretendeu abraçar foi muito mais modesta, coerente com a predominância do método técnico-jurídico que permeou todo o texto. No fecho da tese, focou-se no direito à saúde, tendo como ponto de referência o direito constitucional, com exame das Constituições portuguesa e brasileira e da jurisprudência do Tribunal Constitucional e do Supremo Tribunal Federal, posto que não se tenha descartado por completo a incursão ligeira a algumas linhas filosóficas e históricas sobre a evolução da percepção desse bem até seu reconhecimento como uma riqueza coletiva.

É no último capítulo que se aninha o desejo de construir uma ponderação metodicamente estruturada pela proporcionalidade para o escrutínio da (in)suficiência de tutela estatal, em relação aos deveres positivos do Estado referentes ao direito à saúde. As etapas derradeiras do Capítulo 3 aproveitam-se do desenvolvimento mais pormenorizado da estrutura da proporcionalidade efetuado no Capítulo 2 e de posicionamentos explicitados com mais pormenor no próprio Capítulo 3, a exemplo do conceito de saúde perfilhado, da função reconhecida ao direito à saúde em particular e aos direitos sociais em geral e do próprio óbice fático que a finitude alocativa de recursos impõe à satisfação das necessidades sanitárias. Esse aproveitamento leva ao exame de proporcionalidade de alguma maneira mais sintetizado, haja vista a referência às posições assumidas anteriormente, com motivação para cada reprovação/aprovação em cada um dos subtestes e explicitação das razões que apoiam e contrapõem-se às normas em embate, o que justificará o resultado ponderativo aplicado a problemas levados aos tribunais.

Finalmente, cabe considerar que a judicialização da saúde é um tema candente no cenário brasileiro, conquanto não o seja, em geral, em relação ao quadro português. Nesse compasso, talvez a utilidade da pesquisa encontre maior ressonância para dificuldades provenientes do quadrante brasileiro. Ainda assim, diante do profícuo diálogo científico entre as academias portuguesa e brasileira e dos históricos laços que unem os dois países, pode-se motivar o debate dessa questão numa academia portuguesa por um ideal perene de reflexão.

β) Objeto de estudo e metodologia

A tese tem por objeto nodal a ponderação judicial no controle da dimensão positiva do direito fundamental à saúde, por intermédio da aplicação da norma da proporcionalidade sempre que se configurar um conflito normativo, no desiderato de proporcionar a maior transparência e racionalidade possíveis.

Para quem conhece os anseios e a linha de pesquisa seguida desde o mestrado científico por este discente, é inocultável que esta tese de doutoramento guarda consonância com aquela proposta desenvolvida inicialmente no mestrado, ou melhor, é um desdobramento da investigação seguida no mestrado. Obviamente, a tese não se limitou ao mero reproduzir das impressões anteriores; diante do aprofundamento da pesquisa e do espaço de maior reflexão e diálogo científico, houve pontos em que se fizeram refinamentos e reconsiderações, conquanto os primordiais alicerces não tenham sido abalados. Seja como for, em especial nos capítulos 2 e 3, houve a predominância de reflexões inteiramente novas, mesmo que não divorciadas das linhas gerais assumidas em outros textos.

O maior objetivo é averiguar o cenário de colisão da norma do direito à saúde com outros objetivos constitucionais ou direitos fundamentais e verificar a viabilidade da estruturação da ponderação pela norma da proporcionalidade. Logo, existe notória ênfase na dimensão positiva, mormente nas prestações de natureza material a cargo do Estado, em que pese a possibilidade de utilizar a ferramenta para avaliar eventual regresso no nível de proteção já desenvolvido pelo Legislativo. Embora sem um maior aprofundamento nos deveres de normatização e criação de instituições e procedimentos, a pesquisa não decai de importância e pode ser defendida dessa crítica pela constatação de que aos deveres de prestações materiais associam-se mais comumente os argumentos de limitação de recursos.

Da mesma forma que fora preconizado no mestrado, apresentaram-se orientações para construção do conteúdo mínimo do direito fundamental à saúde como complemento à proporcionalidade na adjudicação no ordenamento brasileiro, padrão jurídico capaz de categorizar o nível de intensidade de controle e, assim, aumentar a previsibilidade e racionalidade das ponderações judiciais. Entrementes, também foi indispensável tecer alguns comentários sobre o Ministério Público, suporte institucional disponível ao Judiciário para a tutela dos direitos fundamentais.

Emprega-se o método técnico-jurídico, com o recurso a textos, decisões judiciais e doutrina do direito. É evidente, sem embargo, que os problemas levantados ao longo da investigação conclamam diferentes perspectivas, como as da ciência médica, da economia, da filosofia, da política, da ética, da sociologia, sem mencionar os discursos morais, ideológicos e contextos culturais que poderiam ser trazidos à baila para elucubração. Mesmo que as estacas intelectivas do Capítulo 1 sejam embasamentos de teoria e filosofia do direito, os demais capítulos orientam-se por um estudo precipuamente dogmático e não interdisciplinar, de maneira que eventuais colocações e leituras nessas lentes são com o azo único de situar a opinião do pesquisador dentro do contexto investigativo.

Com efeito, embora no Capítulo 2 examinem-se alguns padrões de controle usados por alguns ordenamentos jurídicos particulares, o Capítulo 3 concentra-se nos quadrantes português e brasileiro e verifica a interpretação e a resolução de problemas jurídico-constitucionais ligados ao direito à saúde dadas pelos respectivos guardiões judiciários. Sem embargo, a coloração do pano de fundo da tese em geral é de uma aquarela normativa existente nas modernas democracias ocidentais, com normas constitucionais a possuir eficácia normativa e a vincular todos os poderes do Estado, cujo zelo foi confiado a um tribunal, observado um contexto de justificação. Afinal, sempre que um sistema aceite princípios jurídicos com força normativa vinculante e outorgue sua aplicação a um corpo judiciário, encontram-se problemas de impasse normativo por razões semânticas, sintáticas ou pragmáticas, o que culmina com a solução pelo aplicador dada por ponderação, com um caráter estipulativo do conteúdo semântico, no caso da interpretação, ou mesmo sem o amparo de uma norma jurídica, na hipótese de conflito normativo. Portanto, o sopesamento, mesmo que tomado como o último recurso, é inevitável e decorre dos próprios sistemas jurídicos.

A tese situa-se no plano do direito constitucional. Não obstante, uma vez que o direito social pinçado para a lente de pesquisa tenha sido o direito à saúde, entendeu-se útil, ainda que com um enfoque mais descritivo, fazer um percurso no plano das normas de direito internacional relativas a esse direito, inclusive no âmbito dos sistemas regionais de proteção. Motiva-se essa decisão na utilidade encontrada para explicar ou mesmo ajudar a entender alguma percepção de contexto replicável na órbita brasileira e portuguesa, a par da óbvia internormatividade entre o plano comunitário europeu e o arcabouço doméstico português. Outrossim, a menção aos tratados também serviu para situar a discussão e a gênese de algumas convicções endereçadas ao direito à saúde, particularmente no que tange ao próprio conceito de saúde, dado, por exemplo, na Constituição da Organização Mundial de Saúde.

Entrementes, justamente por situar-se no plano do direito constitucional, mesmo na parte da pesquisa em que se delimitou o campo aos ordenamentos jurídico-constitucionais português e brasileiro, não se avançaram a textos ou observações de cunho infraconstitucional além de um limiar suficiente para exigir a compreensão das ideias. Também não se incluiu na preocupação da pesquisa o estudo dos remédios e mecanismos processuais para controle da constitucionalidade de atos e omissões legislativas, tema que seguramente motivaria outra tese.[3] Mesmo em relação a questões debatidas no

---

[3] A começar pela eficácia da decisão judicial e (im)possibilidades de controle da omissão em controle ou fiscalização concentrada e difusa de constitucionalidade, inclusive no que tange aos remédios constitucionais disponíveis para

âmago de uma teoria geral de direitos fundamentais, como restrições e limites, teorias externas e internas, âmbito de proteção das normas de direitos fundamentais, entre outros, optou-se na maior parte das vezes por posicionar-se sobre a linha seguida, com referência a autores que disso trataram com acuidade.

A proposta seguida não lidará com a avaliação das possíveis consequências no plano da validade normativa causadas pela solução para um impasse antinômico por meio da ponderação, isto é, se há invalidade normativa, aditamento de sentido normativo ou criação de exceção à regra. Da mesma forma, pressupõe-se a existência de um conflito normativo não resolúvel no sistema, de sorte que não se propõe a estudar o tema de lacunas e integração do sistema jurídico.[4]

---

tanto. Com efeito, nota-se a afirmação de SANDU, Gabriel; KUOKKANEN, Martti. On social rights. *Ratio Juris*, v. 3, n. 1, p. 89-94, 1990. p. 93-95, no sentido de que os direitos sociais terminam por ser, na maioria dos sistemas, direitos "fracos" ou mais similares a desejos, ante a falta de controle da omissão, o que se coaduna com a percepção de MOLFESSIS, Nicolas. La dimension constitutionnelle des libertés et droits fondamentaux. *In*: CABRILLAC, Rémy; FRISON-ROCHE, Marie-Anne; REVET, Thierry (Dir.). *Libertés et droits fondamentaux*. 16. ed. Paris: Dalloz, 2010. p. 94-96, conquanto com foco no arcabouço francês, da menor proteção dos direitos sociais. Veja-se que, na Constituição portuguesa, no art. 283º, é admitida a figura da fiscalização concentrada da inconstitucionalidade por omissão legislativa, cuja decisão de inconstitucionalidade somente comunica o Parlamento da necessidade de cumprir seu dever de legislar, não sendo admitida pela doutrina a possibilidade de uma ordem impositiva ou uma injunção do Tribunal Constitucional ante a clareza do texto constitucional, como a estipulação de um prazo para o adimplemento da obrigação normativa ou a própria criação de um regime normativo, ainda que provisoriamente, para suprir a omissão detectada. Da mesma forma, na fiscalização de constitucionalidade sucessiva difusa, parece a doutrina não aceitar a possibilidade de controle da omissão, uma vez que enumera como pressuposto desse controle a existência de uma norma incompatível com a Constituição. Essas inferências são feitas com base nos escritos de OTERO, Paulo. *Direito constitucional português*. Coimbra: Almedina, 2010. v. II. p. 448-460; MORAIS, Carlos Blanco de. O controlo de constitucionalidade por omissão no ordenamento brasileiro e a tutela dos direitos sociais: um mero ciclo activista ou uma evolução para o paradigma neoconstitucionalista? *Revista de Direito Constitucional e Internacional*, v. 78, p. 153-227, jan./mar. 2012; MORAIS, Carlos Blanco de. *Justiça constitucional* – Garantia da Constituição e controlo da constitucionalidade. 2. ed. Coimbra: Coimbra Editora, 2006. t. I. p. 330-331; MORAIS, Carlos Blanco de. *Justiça constitucional* – O contencioso constitucional português entre o modelo misto e a tentação do sistema de reenvio. Coimbra: Coimbra Editora, 2005. t. II. p. 483-493; 545-570, ainda que com a posição parcialmente dissonante de SILVA, Jorge Pereira da. *Dever de legislar e protecção jurisdicional contra omissões legislativas* – Contributo para uma teoria da inconstitucionalidade por omissão. Lisboa: Universidade Católica, 2003. p. 225-240. Na Constituição brasileira, ao revés, além do instituto análogo da ação direta de inconstitucionalidade por omissão, com regime similar previsto ao português, há possibilidade de a omissão ser controlada em arguição de descumprimento de preceito fundamental, como sustenta CUNHA JÚNIOR, Dirley da. Argüição de descumprimento de preceito fundamental. *In*: DIDIER JR., Fredie (Org.). *Ações constitucionais*. Salvador: JusPodivm, 2007. p. 462-465, o que findou por reconhecer o próprio Supremo Tribunal Federal na Arguição de Descumprimento de Preceito Fundamental nº 4. Aliás, o próprio Supremo Tribunal Federal, apesar do texto claro da Constituição brasileira, tem um precedente em que chegou a impor um prazo para a superação da omissão, embora sem acoplar-lhe uma sanção (Ação Direta de Inconstitucionalidade nº 3.682/MT, relator Ministro Gilmar Mendes, publicado o acórdão no *Diário de Justiça da União* em 6.9.2007). No âmbito do controle difuso, há o mandado de injunção, remédio com a finalidade específica de suprir omissões que impeçam o exercício de direitos e liberdades ou a efetividade de prerrogativas inerentes à nacionalidade, à soberania e à cidadania. Em relação à possibilidade de controle da insuficiência de tutela estatal no âmbito de controle concentrado de constitucionalidade e ao exame, ainda que sumário, dos remédios e à dúvida sobre a existência propriamente de omissão legislativa ou mera omissão administrativa, com a percepção de que não se trata, todavia, de uma lacuna, remete-se a ALMEIDA, Luiz Antônio Freitas de. *Direitos fundamentais sociais e ponderação* – Ativismo irrefletido e controle jurídico racional. Porto Alegre: Sergio Antonio Fabris, 2014. p. 281 e seguintes.

[4]   Para um compêndio de algumas posições sobre lacunas, remete-se a COSSIO, Carlos. *El derecho en el derecho judicial* – Las lagunas del derecho – La valoración judicial. Buenos Aires: Librería "El Foro", 2002. p. 221-250. O jusfilósofo enumera cinco posições, das quais é adepto da última: 1) existem lacunas ante a capacidade finita do legislador em prever e regular todas as condutas humanas; 2) não existem lacunas, uma vez que o sistema prevê norma de que estará permitido tudo o que não estiver proibido; 3) existem lacunas na legislação, mas não no direito, cujos princípios gerais, entre eles o da permissão de tudo o que não estiver proibido, impedem seu surgimento; 4) embora haja lacunas, deve o aplicador comportar-se como se não houvesse; 5) não existem lacunas,

A despeito das utilidades de uma pesquisa empírica, como a tese caminha no plano dogmático e de teoria do direito, excluem-se do objeto de estudo a coleta de dados, as entrevistas, as estatísticas e a pesquisa de campo, inclusive porque a suposta ineficiência propalada ao controle judicial retrata críticas doutrinárias conhecidas e que merecem apuramento no responsável exercício do controle de constitucionalidade, uma vez que se parte do pressuposto de que existe uma competência de tutela de direitos sociais outorgada pelo ordenamento ao Judiciário.

γ) Estrutura da tese: plano e percurso discursivo

Esta tese tem três capítulos, acrescidos de introdução, conclusões, referências e lista de decisões lidas. Fez-se a opção por um apartado das referências bibliográficas, a conter as decisões judiciais consultadas, com o escopo de facilitar ao leitor a consulta da pesquisa efetuada sobre a jurisprudência de diversos tribunais.

O Capítulo 1 dedicou-se ao estudo da ponderação e dos conflitos normativos. Esboçaram-se linhas para justificar a adoção de um positivismo inclusivo, com uma digressão das ideias-chave das principais escolas teóricas do direito, o que era necessário para visitar os alicerces da pesquisa. Na sequência, conforme nítida inspiração na obra do Professor Doutor David Duarte, efetua-se um exame analítico dos elementos da estrutura das normas jurídicas, no intuito de compreender as nuances apresentadas na distinção entre regras e princípios seguida nesta tese. Feita a separação conceitual das duas espécies normativas, adentrou-se no tema da interpretação das normas jurídicas, com a defesa da noção de interpretação como atividade e verificação do espaço ponderativo aí existente. Avançou-se para uma etapa analítica distinta, a do plano dos conflitos normativos e do raciocínio ponderativo, inclusive no prisma da aceitação da derrotabilidade, defendendo-o das críticas que lhe são lançadas. Fica evidente que o primeiro capítulo é, em boa parte, uma retomada dos debates avançados na dissertação de mestrado deste doutorando, de sorte que se almejou aqui um aprofundamento naquelas discussões.

O Capítulo 2 foi inspirado numa das críticas feitas pelo arguente do júri da dissertação de mestrado, Professor Doutor Miguel Nogueira de Brito, durante a cuidada e desafiadora arguição oral. Na percepção do professor, era censurável haver poucas páginas dedicadas ao princípio da proporcionalidade – aqui se defende que sua natureza é de princípio e não de regra –, diante da importância dada a este princípio por aquele trabalho acadêmico. Por conseguinte, dando a mão à palmatória, o princípio da proporcionalidade e sua estrutura analítica foram o cerne da preocupação deste capítulo, com leve retrospectiva histórica do seu trasladar do direito administrativo ao direito constitucional. Em seguida, o princípio da proporcionalidade foi comparado e diferenciado de outros padrões de controle: o teste de não razoabilidade de Wednesbury, o de razoabilidade da Corte Constitucional da África do Sul e o *balancing test* da Suprema Corte dos Estados Unidos. Esboçou-se um exame de algumas justificações jurídico-positivas e apresentou-se uma justificação jurídico-normativa que se pressupôs a mais escorreita para apregoar a necessidade da adoção da norma da proporcionalidade

---

uma vez que o sistema deve ser visto como uma estrutura totalitária, de forma que a existência de juízes fulmina o vácuo normativo, pois tanto os casos previstos como os não previstos deverão ser decididos.

como o teste que mais bem permite um sopesamento estruturado, a outorgar maior legitimidade argumentativa às instâncias aplicadoras do direito. Dividindo a norma da proporcionalidade numa disquisição de quatro estágios (legitimidade dos fins e meios, idoneidade, necessidade e proporcionalidade em sentido estrito), deteve-se sobre a possibilidade de a norma da proporcionalidade servir para o controle do déficit de tutela, cuja resposta foi positiva, com as devidas adaptações na sua estrutura analítica. Ao final, relacionaram-se as normas da igualdade e da proporcionalidade, com o apontar das diferenças entre elas.

O Capítulo 3, o qual também conta com algumas linhas de conformação defendidas na dissertação de mestrado em relação aos direitos fundamentais sociais em geral, ocupa-se do direito à saúde. À saúde, vista como bem individual e coletivo, é dado um conceito positivo, mais limitado que o polêmico conceito fornecido pela Organização Mundial de Saúde. Reflete-se sobre a escassez de recursos e o problema que esse tipo de limitação fática leva para questões de justiça em saúde, com inequívoco papel conferido ao direito como aparato organizador dos esquemas de distribuição de cuidados sanitários e de medidas preventivas em saúde. Ainda que o plano de referência seja o direito constitucional, visitam-se os principais tratados internacionais de direitos humanos que tratam do direito à saúde, com extensão aos planos regionais africano, europeu e interamericano. Subsequentemente, o olhar é dirigido para os arcabouços constitucionais português e brasileiro, com exame do texto e decisões do Tribunal Constitucional e do Supremo Tribunal Federal relacionados ao direito à saúde. Por fim, faz-se um exame das críticas sociológicas em relação à judicialização do direito à saúde no Brasil, as quais deságuam no potencial que ostenta o Judiciário de subverter a racionalidade de uma política de saúde que demanda conhecimento técnico e especializado. A inferir um papel de tutela desse direito pelo Judiciário, com diálogo interinstitucional e com escoro na proibição do déficit desproporcional, investigam-se os problemas da integralidade do acesso ao Sistema Único de Saúde que são debatidos atualmente no Supremo Tribunal Federal, consistentes na oferta de medicamentos não incorporados nas políticas sanitárias ou sem registro na Agência Nacional de Vigilância Sanitária. Outro problema tocado na tese, com foco exclusivo em eventual violação ao direito à saúde, é uma possível inconstitucionalidade da Emenda Constitucional nº 95/2016. Por fim, dentro da realidade brasileira, propõem-se critérios para delimitar o conteúdo mínimo do direito à saúde, tendo este âmbito nuclear a função de divisar um ônus argumentativo ao Estado, o qual, acoplado ao princípio da proporcionalidade, pode conferir um caráter mais racionalizador da ponderação judicial.

Com efeito, o esforço investigativo não foi de blindar a ponderação de qualquer dardo crítico, muito menos de torná-la absolutamente racional e objetiva, mesmo após sua estruturação pelo princípio da proporcionalidade. Também não se pretendeu produzir o construto de um método capaz de, por si só, levar apenas a respostas corretas no prisma material, sobretudo em terreno tão movediço como é a relação de embate entre Parlamento e Judiciário. Afinal, o que este modesto contributo procurou sugerir é que a proporcionalidade é a melhor ferramenta disponível ao aplicador das normas jurídicas.

Nesse vértice, tanto essa assertiva supramencionada como os passos analíticos sugeridos e as suas configurações pensadas estão, como é evidente, sempre sujeitos a críticas e refutações, que são essenciais ao aperfeiçoamento intelectual e ao próprio progresso da ciência jurídica. Nesse ponto a lembrança da visão "falibilista" de ciência de Karl Popper vem a calhar: se o máximo que a teoria pode oferecer são razões que motivem sua verossimilhança, então elas devem ser postas à prova, no intuito de examinar se resistem a objeções decorrentes do diálogo científico. No entanto, mesmo a refutação exitosa dos alicerces teóricos desta tese ainda a coroariam de mérito, haja vista que propiciou, mesmo indiretamente, o contraponto mais abalizado.[5]

Em clausura desta seção propedêutica, em torno da inquietação de saber se foram satisfatórias as tintas gastas para defender um controle jurídico racional ou, com o perdão do trocadilho, uma tutela ponderada do direito à saúde pelo Estado-Juiz, como se acredita possível, pode-se rememorar passagem da obra *A Montanha Mágica*, de Thomas Mann, em que Hans Castorp resolve, mesmo diante da alta dada pelo médico Behrens, permanecer no sanatório Berghof, ao contrário do primo Joachim. Aclimatado ao ambiente e à rotina febril da Montanha, o retorno à planície antes da "cura completa" parecia-lhe uma deserção, o que só termina por ocorrer involuntariamente ao estouro da 1ª Guerra. De igual modo, a despeito das inevitáveis críticas que este estudo mereça e, por certo, das gigantes dificuldades impostas aos tribunais e àqueles que lhes auxiliam nesse controle, mormente o Ministério Público, é certo que é hora de esses atores baixarem do refúgio isolado e montanhoso da liturgia e abstração jurídicas se quiserem cumprir sua missão a contento. É salutar que invistam na capacitação teórica de seus membros, na contínua reflexão e maturação das proposições acadêmicas e, principalmente, na sua *práxis*; que ampliem o diálogo interinstitucional e auscultação de especialistas, a fim de qualificar tecnicamente suas decisões e angariar para si maior autoridade. Do contrário, a pretexto de remediar violações ao direito à saúde, atuarão no sentido de tornar as políticas públicas sanitárias mais debilitadas por uma ilegítima redistribuição de recursos.

---

[5] POPPER, Karl. *Conjecturas e refutações* – O desenvolvimento do conhecimento científico. Tradução de Benedita Bettencourt. Coimbra: Almedina, 2006. p. 310-328. Evidentemente, o (de)mérito maior ou menor da tese também agora será aquilatado pelo leitor.

CAPÍTULO 1

A PONDERAÇÃO NA SOLUÇÃO DE CONFLITOS NORMATIVOS E AS NORMAS DE DIREITOS FUNDAMENTAIS

O presente capítulo, como sói ocorrer com os prolegômenos, é de capital importância para a compreensão do alicerce dogmático que norteia esta tese: apreender a função da ponderação no raciocínio decisório do aplicador do direito, seu fundamento e utilidade na tomada de decisões jurídicas.

O descortinar do raciocínio ponderativo no processo de aplicação normativa exige um exame analítico das normas de direitos fundamentais, o enfrentamento da distinção entre os dois tipos ideais de normas, o estudo dos conflitos normativos, além das objeções que são dirigidas à ponderação, que atrelam ao sopesamento a pecha da irracionalidade e da extrapolação de competências pelos tribunais e de lesão ao princípio democrático, a par da crítica da hermenêutica filosófica na subjetividade do "método" de balanceamento, de forma a desconsiderar o giro linguístico na suposta consolidação da filosofia da linguagem em superação à filosofia da consciência.

Todavia, é fato que o ardor da crítica, se amparado em notórias dificuldades angariadas no cursar do processo decisório, está em descompasso com o crescente uso da ponderação na argumentação jurídica e na estruturação das decisões judiciais efetuadas em vários Estados de Direito onde o constitucionalismo contemporâneo criou raízes normativas.[6] O que justifica esse percurso?

A pretensão da tese, longe de tangenciar os problemas que se apresentam ao jurista na utilização do sopesamento, está em defendê-lo por meio de aplicação estruturada, lastreada metodicamente no exame de proporcionalidade, mormente em função das virtualidades presentes, especialmente a do preenchimento do requerimento de maior transparência ao desvelar os reais motivos da decisão, fator que amplia a crítica e o controle político-social dos éditos judiciais proferidos, a propiciar, no fundo, uma maior proteção dos direitos fundamentais. Portanto, tende a explicar o porquê da exponencial utilização

---

[6]   Bruce Ackerman (ACKERMAN, Bruce. The rise of world constitutionalism. *Virginia Law Review*, v. 83, p. 771-797, 1997. p. 771-797) descreveu o renovar hodierno da "esperança iluminista" da importância de constituições escritas e o destacado papel das cortes constitucionais no mundo como o advento do "constitucionalismo mundial" (*world constitutionalism*), o qual, todavia, ainda não tivera o condão de despertar nos juristas estadunidenses a consciência desse fenômeno, os quais, em grande parte, manteriam ainda um pensamento provincial a fechar-se ao estudo do direito comparado e às decisões de cortes constitucionais de outros países. Por outro lado, Peter Häberle (HÄBERLE, Peter. La ética en el estado constitucional – La relación de reciprocidad y tensión entre la moral y el derecho. Tradução de Carlos Ruiz Miguel. *Derecho*, v. 5, n. 2, p. 159-165, 1996. p. 162-165) aponta a consolidação do "mínimo ético" pela acentuada positivação de direitos fundamentais em várias matrizes constitucionais de "sociedades abertas" também por razões da derrocada do projeto de planificação econômica socialista.

da ponderação nas democracias constitucionais que revestem seu texto constitucional de direitos fundamentais, garantidos por um controle de constitucionalidade repressivo e confiado aos areópagos e/ou aos tribunais constitucionais, sem prejuízo de outras justificativas culturais envolvidas.

Deve-se começar, porém, por um ponto essencial de teoria e filosofia do direito que está no âmago da discussão e do embate acadêmico: está o positivismo superado na atual quadra da história? É o que se anseia perscrutar no subitem a seguir.

1.1 O constitucionalismo e os direitos fundamentais: o fim do positivismo jurídico?

Conquanto de suma importância para o desenvolvimento deste estudo, o presente subitem tem uma pretensão modesta: sem ansiar por uma digressão histórica e detalhada sobre os arquétipos das correntes que buscaram descrever, conceituar o direito ou buscar sua essência, o escopo presente é simplesmente enquadrá-los em um exame sistematizado, com o objetivo de tomada de posição, conquanto se reconheça que dificilmente trará um ponto de vista substancialmente novo que consiga escudar-se de críticas já realizadas ou dar solução satisfatória a todos os pontos de indagação trazidos em tão persistente celeuma.

De outro norte, é preciso registrar que serão gastas tintas com as escolas mais marcantes da teoria do direito: direito natural, positivismo jurídico, realismo jurídico, com a eleição de alguns autores influentes do pós-positivismo para analisar sua doutrina. Consequente e obviamente, não tem esta tese a pretensão de esgotar todas as teorias e concepções da teoria do direito surgidas na história. Além do critério da influência, acrescenta-se que norteou o recorte proposto a decisão de evitar, tirante o realismo, concepções sociológicas de direito, que rejeitam, de forma geral, a autonomia do direito, a apostar na radical indeterminação do direito e a asseverar um caráter totalmente político da administração da justiça, como sói ocorrer com as ditas teorias críticas do direito.[7] De mais a mais, se o paradigma do realismo jurídico for rejeitado, como de fato será nesta pesquisa, de algum modo as críticas que lhe são dirigidas poderão ser reaproveitadas quanto a esses movimentos.

1.1.1 Jusnaturalismo, positivismo e realismo jurídicos

Efetuados esses prévios esclarecimentos, saliente-se que o nó górdio da liça entre o positivismo jurídico, ao menos na sua vertente mais tradicional, e o direito natural está

---

[7] *Ad ilustrationem*, as escolas marxistas de direito concebiam-no como instrumento para a manutenção do *status quo* de dominação da elite sobre a classe obreira, ao contrário dos realistas, que o viam como ferramenta de mudança social. De algum modo, traços das escolas marxistas do direito são encontrados nas teorias críticas e de direito alternativo, tais como o *critical legal studies*. Essas teorias são encorpadas pela concepção de radical indeterminação do direito do movimento realista acrescida da ideologia feminista e de minorias, de teses quanto à pluralidade de poder jurídico-político, negando o monismo estatal na produção de normas jurídicas, e da rejeição do racionalismo cientificista do pensamento moderno, o que, tomado em conjunto, vem a negar a possibilidade de justificação racional no direito. Sobre isso, remete-se a ATIENZA, Manuel. *El derecho como argumentación*. 4. reimpr. Barcelona: Ariel, 2009. p. 11-60; e a PÉREZ LUÑO, Antonio Enrique; ALARCÓN CABRERA, Carlos; GONZÁLEZ-TABLAS, Rafael; RUIZ DE LA CUESTA, Antonio. *Teoría del derecho* – Una concepción de la experiencia jurídica. 9. ed. Madrid: Tecnos, 2010. p. 87-104, que apontam, por sua vez, que as concepções sociológicas do direito, ao focar muito na sua efetividade social, trazem os riscos de reduzi-lo apenas à eficácia das normas e de desconsiderar o aspecto normativo.

radicado na relação entre o direito e a moral, uma vez que, em asserção simplificadora, o jusnaturalismo sustenta haver uma imbricação intrínseca entre direito e moral, ao passo que o positivismo, em geral, rejeita essa linha de pensamento.[8] Afinal, a validade do direito depende de uma conformidade moral?

No entanto, é preciso frisar que dentro desses rótulos de "direito natural" e "positivismo jurídico" estão movimentos com teses autônomas, as quais não necessariamente se implicam, de sorte ser possível que nem todos os positivistas sustentem todas as teses tachadas de positivistas, bem como nem todos os jusnaturalistas afiancem todas as ideias consideradas como de direito natural.[9] Da mesma forma, é preciso recordar que a etiquetagem dos pensadores entre esses movimentos pode ser simplificadora e, eventualmente, padecer de dificuldades inerentes a qualquer classificação, conquanto seja perceptível a utilidade didático-pedagógica desse propósito; seja como for, deve ser destacado o grau de dificuldade acentuado nessa empreita, em razão de o embate do positivismo *versus* jusnaturalismo (ou de correntes pós-positivistas) ser um dos pontos de renomada importância da filosofia e teoria do direito.[10]

Em relação ao jusnaturalismo, pode-se agrupá-lo como uma corrente de pensamento que se compõe de duas vertentes principais: i) uma filosofia ética, ancorada na percepção de que há princípios morais de validade universal, acessíveis pela razão, e que está focada na natureza do bem comum intrínseco ao ser humano – por força dos ideais éticos que são inerentes às pessoas, o bem comum deve ser promovido pelo direito e consubstanciar-se nas leis humanas; ii) uma linha de raciocínio que almeja descrever e conceituar o direito como um sistema ou ordenamento que deva satisfazer uma exigência moral mínima, o que açambarca a pretensão de conexão necessária entre o direito e a moral – o apartar-se desses princípios morais ou de justiça engendra a negação de que a norma ou o sistema analisados sejam considerados "jurídicos".[11] Carlos Nino relembra que o jusnaturalismo teve várias correntes como a do jusnaturalismo teológico, o jusnaturalismo racionalista, o jusnaturalismo historicista, todos a defender

---

[8] SANTIAGO NINO, Carlos. *Introdução à análise do direito*. Tradução de Elza Maria Gasparoto. São Paulo: Martins Fontes, 2010. p. 17-41.

[9] SANTIAGO NINO, Carlos. *Introdução à análise do direito*. Tradução de Elza Maria Gasparoto. São Paulo: Martins Fontes, 2010. p. 17-41; WEST, Robin. *Normative jurisprudence* – An introduction. New York: Cambridge University Press, 2011. p. 12-59. A referência a este último autor é tomada no tocante ao direito natural.

[10] A respeito da dificuldade de rotulagem, remete-se a PINO, Giorgio. Positivism, legal validity, and the separation of law and morals. *Ratio Juris*, v. 27, n. 2, p. 190-217, jun. 2014; e a RAZ, Joseph. About morality and the nature of law. *In*: RAZ, Joseph. *Between authority and interpretation* – On the theory of law and pratical reason. Oxford/New York: Oxford University Press, 2009. p. 167-168. Raz, porém, aparentemente escreve em sentido parcialmente distinto quanto à conclusão do parágrafo, ao advertir que não é o ponto mais importante na filosofia a divisão entre jusnaturalistas e juspositivistas. Em realidade, o que se pretende afirmar não é que classificar os autores entre esses dois movimentos seja um ponto-chave da teoria do direito e sim que o mérito das teses atreladas a cada corrente o é, de sorte que se interpreta a advertência de Raz como não contraditória ao que fora afirmado neste tocante.

[11] SANTIAGO NINO, Carlos. *Introdução à análise do direito*. Tradução de Elza Maria Gasparoto. São Paulo: Martins Fontes, 2010. p. 17-41; WEST, Robin. *Normative jurisprudence* – An introduction. New York: Cambridge University Press, 2011. p. 12-59. Robin West rotula os dois movimentos de direito natural ético e direito natural jurisprudencial, que corresponderiam, respectivamente, à incorporação dos *dicta* de Tomás de Aquino de que a lei justa é a que promove o bem comum e de que a lei injusta não é direito.

uma metafísica, que seria apreensível pela razão humana e estaria inspirada ou alicerçada em um imperativo divino, na essência do ser humano ou no caminhar da história.[12]

Entrementes, a conjugação dessas duas linhas de orientação resulta na adoção de um realismo[13] moral objetivo – a pressupor uma realidade moral objetiva independente do nosso conhecimento –, a tornar a validade de todo e qualquer sistema jurídico umbilicalmente dependente da sua correção moral, passível de ser aferida por princípios morais atemporais ou intertemporais; em suma, enevereda-se em um otimismo epistemológico, o qual segue uma metaética cognitivista,[14] a defender que é possível ao sujeito cognoscente, pelo intermédio da racionalidade, aceder à verdade ou à falsidade dos valores morais, metafisicamente objetivos, não afetados pelo curso da história ou pelo contexto social; logo, seria possível examinar o conteúdo de juízos morais e determinar sua correção por meio de evidências, provas ou argumentos racionais, da mesma forma que os juízos sobre os fatos.

Como antagonista do movimento de direito natural, o positivismo jurídico – reforça-se a advertência de que o juspositivismo é marcado por ambiguidade em relação a teses consideradas positivistas, já que existem autores que se veem como positivistas e que não sustentam todas as teses consideradas como tais – surge como movimento doutrinário especialmente preocupado em dar ares de ciência à jurisprudência e, para tanto, era imprescindível, na visão positivista, afastar as incompreensões e más compreensões que adviriam da indevida mistura ou amálgama entre o direito e a moral.

Em geral, Herbert Hart traz cinco teses atribuídas ao positivismo: i) normas jurídicas são comandos dos seres humanos; ii) inexistência de conexão necessária entre direito e moral ou o "direito como é" e o "direito como deve ser"; iii) o estudo do significado dos conceitos jurídicos deve ser distinguido de investigações históricas sobre as causas ou origens do direito, de investigações sociológicas a respeito das relações entre o direito e os fenômenos sociais e da crítica do direito em termos morais, funções ou objetivos sociais; iv) sistema jurídico é um sistema no qual decisões são deduzidas logicamente de regras jurídicas predeterminadas, sem necessidade de referência a padrões políticos ou morais, ou seja, é um "sistema fechado" e coerente; v) a defesa de um não cognitivismo ético em relação a juízos morais, ao contrário do que se verificaria com os juízos fáticos.[15]

---

[12] SANTIAGO NINO, Carlos. *Introdução à análise do direito*. Tradução de Elza Maria Gasparoto. São Paulo: Martins Fontes, 2010. p. 17-41.

[13] Para uma definição de realismo moral adotada no texto, conferir BULYGIN, Eugenio. Objectivity of law in the view of legal positivism. *In*: COMANDUCCI, Paolo; GUASTINI, Riccardo (Org.). *Analisi i diritto*. Ricerche di giurisprudenza analitica. [s.l.]: [s.n.], 2004. p. 220; e CARACCIOLO, Ricardo. Realismo moral vs. positivismo jurídico. *In*: COMANDUCCI, Paolo; GUASTINI, Riccardo (Org.). *Analisi i diritto*. Ricerche di giurisprudenza analitica. [s.l.]: [s.n.], 2000. p. 37.

[14] Por uma definição *a contrario sensu* de cognitivismo, a subentender que é a convicção de que as pretensões morais têm significado cognitivo e de que o positivismo entalharia uma metaética não cognitivista, remete-se a SPAAK, Torben. Legal positivism and objectivity of law. *In*: COMANDUCCI, Paolo; GUASTINI, Riccardo (Org.). *Analisi i diritto*. Ricerche di giurisprudenza analitica. [s.l.]: [s.n.], 2004. p. 256; a HART, Herbert L. A. Positivism and the separation of law and morals. *Harvard Law Review*, v. 71, n. 4, p. 593-629, 1958. p. 602; e a BRUNET, Pierre. Bobbio et le positivisme. *In*: COMANDUCCI, Paolo; GUASTINI, Riccardo (Org.). *Analisi i diritto*. Ricerche di giurisprudenza analitica. [s.l.]: [s.n.], 2005. p. 160.

[15] HART, Herbert L. A. Positivism and the separation of law and morals. *Harvard Law Review*, v. 71, n. 4, p. 593-629, 1958. p. 601-602 e seguintes.

As tendências positivistas apontadas por Hart podem ser comparadas ao esquema proposto por Carlos Nino,[16] que enumera algumas posturas atribuídas a juspositivistas: i) como já decantado, um ceticismo ético, o qual advoga a inexistência de princípios morais e de justiça universalmente válidos e cognoscíveis por meios racionais e objetivos, como fica bem patente em Hans Kelsen;[17] ii) positivismo ideológico, tese que defende que o direito positivo tem sua normatividade – isto é, sua força obrigatória que impende sobre os indivíduos e vinculam os juízes na sua aplicação – sem perscrutar o conteúdo dessas normas, se conforme à moral ou não; juízes devem adotar uma feição de neutralidade moral, com aplicação do direito vigente; à partida, apenas um princípio moral deveria ser observado: obediência aos comandos legais, qualquer que seja seu escrúpulo moral; iii) formalismo jurídico, o qual verbera o predomínio ou exclusividade da fonte legislativa na produção/criação do direito, com idealização da ordem jurídica como completa e coerente, livre de contradições, ambiguidades e lacunas; iv) positivismo metodológico ou conceitual, o qual defende que o conceito de direito deve ter talhado de si qualquer propriedade valorativa; o âmbito da ciência jurídica reside na descrição das normas que compõem o sistema jurídico examinado; as proposições jurídicas – as afirmações da ciência jurídica a respeito do sistema jurídico ou das normas desse sistema – são essencialmente descritivas e, como tais, passíveis de serem logicamente analisadas e classificadas de verdadeiras ou falsas.

Das cinco teses organizadas por Hart, é nítido que a primeira tese remonta à teoria do comando do soberano de Austin, devidamente refutada pelo próprio Hart;[18] a quarta é conceituadora do movimento mais radical e primevo do positivismo, o formalismo jurídico, que atualmente não tem encontrado juristas de escol em seu regimento intelectual.

Como forma de sistematização da exposição, passar-se-á a discorrer sobre o formalismo jurídico, em função de ser a tese mais ingênua e a mais bem situada temporalmente, no sentido de ter sido considerada superada; na sequência, a trabalhar com as escolas de pensamento – mesmo que não integrantes de um jusnaturalismo – que fizeram os devidos contrapontos, os quais, por sua vez, foram o estopim de réplicas por parte do positivismo. Alerte-se, porém, que a aparência de linearidade não é bem exata,

---

[16] SANTIAGO NINO, Carlos. *Introdução à análise do direito*. Tradução de Elza Maria Gasparoto. São Paulo: Martins Fontes, 2010. p. 17-41.

[17] KELSEN, Hans. *Teoria pura do direito*. Tradução de João Baptista Machado. 7. ed. Coimbra: Almedina, 2008. p. 78-79. Todavia, há elementos na visão kelseniana a apontar não propriamente um ceticismo, mas um relativismo axiológico ou mesmo um pluralismo, pois defendeu existir não uma moral absoluta, mas várias linhas morais diferentes. A conceber o pensamento kelseniano ancorado em um relativismo ético, menciona-se ALEXY, Robert. Law, morality, and the existence of human rights. *Ratio Juris*, v. 25, n. 1, p. 2-14, mar. 2012. p. 1-5. A defender que o positivismo não precisa assumir um postulado ético cético ou realista moral, havendo uma alternativa que torne compatível realismo moral e o positivismo, CARACCIOLO, Ricardo. Realismo moral vs. positivismo jurídico. *In*: COMANDUCCI, Paolo; GUASTINI, Riccardo (Org.). *Analisi i diritto*. Ricerche di giurisprudenza analitica. [s.l.]: [s.n.], 2000. p. 37-44.

[18] HART, Herbert L. A. *O conceito de direito*. Tradução de A. Ribeiro Mendes. 5. ed. Lisboa: Fundação Calouste Gulbenkian, 2007. p. 23-129; HART, Herbert L. A. Positivism and the separation of law and morals. *Harvard Law Review*, v. 71, n. 4, p. 593-629, 1958. p. 602-606. Hart mostra que a construção de um sistema jurídico sob o tripé de soberano, comando e sanção não diferencia um sistema jurídico de um malfeitor armado que ameace uma pessoa; por isso o hábito de obedecer e a ameaça de sanção não conseguem explicar regras de competência e que conferem direitos; percebe-se nessa afirmação uma clara linha de conexão com a crítica à teoria imperativista da norma jurídica.

com fluxos e refluxos naturais a uma evolução e enriquecimento teórico propiciado por tão elementar e difícil debate.

Diz-se ser o formalismo a mais vetusta forma de positivismo jurídico e várias correntes de pensamento que povoaram as mentes dos juristas de antanho podem ser enquadradas sob esse epíteto formalista, embora possam minudenciar algumas divergências pontuais entre si: a jurisprudência dos conceitos, na Alemanha, a escola da exegese, na França, o formalismo langdelliano, que norteou o pensamento jurídico norte-americano no começo do século XIX.[19] Ao pressupor um ordenamento racionalmente coerente e sem contradições, fechado a outras normas jurídicas de outros sistemas ou extrajurídicas, o formalismo trazia como consectário a presunção de que a atividade de aplicação de direito era perfeitamente lógica e resumia-se à declaração do direito preexistente, sem nenhum cunho inovador ou criador. Logo, a decisão judicial seria a conclusão de uma espécie de silogismo e alcançada pelo método dedutivo, em que a norma legal era a premissa maior e os fatos *sub judice* eram a premissa menor, os quais deveriam ser subsumidos àquela premissa.[20] Permeava a simplicidade desse raciocínio a visão de que era essa a função judicial, sob pena de violação à separação de poderes, uma vez que a atividade criadora do direito deveria ser concentrada somente em mãos dos legisladores.[21]

O formalismo foi severamente desafiado por movimentos antiformalistas que se desenvolveram no final do século XIX e início do século XX. A jurisprudência dos interesses, a escola do direito livre e o realismo jurídico apontaram questões problemáticas incidentes no âmago da percepção formalista: a aplicação do direito não se resume a

---

[19] ATIENZA, Manuel. *El derecho como argumentación*. 4. reimpr. Barcelona: Ariel, 2009. p. 11-60. Sobre o formalismo em geral e especialmente de Langdell, remete-se a WEST, Robin. *Normative jurisprudence – An introduction*. New York: Cambridge University Press, 2011. p. 177-203; COHEN-ELIYA, Moshe; PORAT, Iddo. American balancing and german proportionality: the historical origins. *International Journal of Constitutional Law*, v. 8, n. 2, p. 263-286, 2010. p. 276-284, os quais alicerçam a ideia de que havia 3 características na teoria do direito de Christopher Langdell: i) direito era determinado e a conclusão poderia ser alcançada com certeza, com sujeição apenas a uma mínima discricionariedade; ii) coerência sistemática e autonomia do direito, organizado em torno de limitado conjunto de princípios abstratos; iii) separação de outras esferas sociais, como política, por exemplo. Sobre a escola da exegese francesa, Carlos Nino (SANTIAGO NINO, Carlos. *Introdução à análise do direito*. Tradução de Elza Maria Gasparoto. São Paulo: Martins Fontes, 2010. p. 377-386) aponta como característica principal a assertiva de que a legislação é fonte única do direito válido, a par de ser a intenção do legislador o único critério legítimo para interpretar as normas do ordenamento. Em relação à jurisprudência dos conceitos, referido jusfilósofo traz alguns traços que caracterizaram o movimento alemão: i) adesão ao direito legislado como fonte quase exclusiva do direito; ii) suposição de que o sistema é preciso, completo e coerente; iii) método "construtivo", no sentido de que a combinação de certos conceitos jurídicos fundamentais podem revelar regras contidas implicitamente nos enunciados legislativos; iv) papel do juiz é uma atividade puramente cognoscitiva, sem necessidade de sopesar as consequências práticas das decisões, as quais são inferidas mecanicamente das normas do direito legislado.

[20] ATIENZA, Manuel. *El derecho como argumentación*. 4. reimpr. Barcelona: Ariel, 2009. p. 11-60; ALEXY, Robert. *Teoria da argumentação jurídica*: a teoria do discurso racional como teoria da fundamentação jurídica. Tradução de Zilda Hutchinson Schilde Silva. 2. ed. São Paulo: Landy, 2005. p. 244-264, conquanto se refira apenas à jurisprudência dos conceitos.

[21] HART, Herbert L. A. Positivism and the separation of law and morals. *Harvard Law Review*, v. 71, n. 4, p. 593-629, 1958. p. 609-611. Hart classifica como pueril a percepção de Blackstone de que os juízes meramente declaram o direito preexistente, não tendo o formalismo percebido as "zonas de penumbra" da linguagem e afirma retroagir a ideia a Montesquieu. Montesquieu (MONTESQUIEU, Charles de Secondat. *O espírito das leis*. Tradução de Cristina Murachco. São Paulo: Martins Fontes, 1996. p. 166-169), como é cediço, defendeu a concepção de juízes como *les bouches de la loi*, no sentido de que meramente "pronunciavam" as palavras já contidas nas normas jurídicas criadas pelo legislador. A respeito da crítica ao positivismo nesse tocante, remete-se também a ROSS, Alf. *Teoria de las fuentes del derecho* – Una contribución a la teoría del derecho positivo sobre la base de investigaciones histórico-dogmáticas. Tradução de José Luis Muñoz de Baena Simón, Aurelioi de Prada García e Pablo López Pietsch. 1. reimpr. Madrid: Centro de Estudios Políticos y Constitucionales, 2007. p. 384-385; 391-393.

um raciocínio mecânico e dedutivo, porquanto seria incapaz de explicar a valoração consistente na eleição da premissa maior do silogismo – o realismo, especialmente sua versão norte-americana, pretendia uma mudança na percepção do direito, para percebê-lo como uma prática social.[22] Nos Estados Unidos, Oliver Wendell Holmes Jr., que pode ser considerado um dos inspiradores do movimento realista que posteriormente se desenvolveu em solo estadunidense a partir da década de 20 do século XX, sustentou que a "ciência" jurídica deveria ser encarada como um estudo sistemático de um objeto muito particular, a saber: a previsão do que os órgãos "aplicadores" decidirão a respeito das questões jurídicas. Em outras palavras, os juristas seriam "oráculos" que prediriam o que as cortes decidirão a respeito dos deveres e direitos da órbita jurídica.[23] A decisão judicial, segundo Holmes, não poderia ser pensada em meios meramente lógico-dedutivos, tendo em vista que nela estariam subjacentes juízos valorativos, muitas vezes inarticulados, que seriam o fator decisivo para a tomada de posição do sodalício; logo, deveriam os juízes considerar os interesses em competição, sopesar vantagens adquiridas em contraste com o sacrifício imposto pela medida legislativa.[24]

O realismo jurídico também foi pautado por um ceticismo axiológico. Por um lado, admite que os juízos valorativos sejam importantes na tomada de decisões jurídicas, mas, por outro prisma, advoga a tese de que esses escrutínios de valor não são passíveis de uma pauta racional. Ou seja, em relação a esses juízos, não seria viável justificá-los racionalmente, somente admiti-los e explicá-los do ponto de vista do seu matiz de persuasão. Tangente a esse raciocínio, está a ilação de que faltaria método apto a enquadrar a aplicação das normas aos casos concretos, a qual, longe de refletir uma dedução de normas previamente existentes no sistema, seria mais bem explicável a partir do perfil biográfico do decisor ou da sua idiossincrasia. O direito, na sua vertente de solução prática dos problemas, não seria lógico, mas psicologia judicial, em função da sua radical indeterminação advogada por parte dos juristas realistas. Nesse tocante, a "dogmática" jurídica dever-se-ia preocupar com a investigação sistemática do que os juízes realmente fazem, ao invés de fiar-se apenas no que argumentam fazer.[25]

Em função das críticas das escolas antiformalistas, o formalismo foi abandonado e parte dos juristas positivistas concebeu o positivismo normativista, o qual reconhecia a presença de juízos valorativos não regidos pelo sistema jurídico, porém os restringiam apenas a hipóteses de incompletude do sistema. Somente se não houvesse norma legal expressa a regular a hipótese fática, é que o sistema confiava aos aplicadores a possibilidade de integrá-lo, colmatando suas lacunas geralmente pela analogia, costume ou princípios gerais do direito e, desse modo, introduzindo a discricionariedade na tomada de decisões pelos órgãos aplicadores jurídicos.[26]

---

[22] ATIENZA, Manuel. *El derecho como argumentación*. 4. reimpr. Barcelona: Ariel, 2009.p. 11-60.

[23] HOLMES JR., Oliver Wendell. The path of the law. *Harvard Law Review*, v. 10, n. 8, p. 457-478, 1897. p. 457-461.

[24] HOLMES JR., Oliver Wendell. The path of the law. *Harvard Law Review*, v. 10, n. 8, p. 457-478, 1897. p. 465-478.

[25] Ideias do parágrafo são alicerçadas em, entre outros, Atienza (ATIENZA, Manuel. *El derecho como argumentación*. 4. reimpr. Barcelona: Ariel, 2009. p. 11-60) e DWORKIN, Ronald. *Levando os direitos a sério*. Tradução de Nelson Boeira. 2. ed. São Paulo: Martins Fontes, 2007. p. 5-7.

[26] ROSS, Alf. *Teoría de las fuentes del derecho* – Una contribuición a la teoría del derecho positivo sobre la base de investigaciones histórico-dogmáticas. Tradução de José Luis Muñoz de Baena Simón, Aurelioi de Prada García e Pablo López Pietsch. 1. reimpr. Madrid: Centro de Estudios Políticos y Constitucionales, 2007. p. 384-385.

Hans Kelsen propugnou um positivismo normativista algo além do normativismo referido no parágrafo anterior. Como já propalado, desde os fundadores do positivismo jurídico (Bentham e Austin), havia uma preocupação com a consolidação do direito como forma de ciência e Kelsen foi um dos que mais se preocupou com essa temática, sobretudo quando procura diferenciar as ciências sociais das ciências naturais por estarem aquelas sujeitas especialmente ao "princípio da imputação" e estas ao da causalidade – dois elementos eram ligados pela proposição jurídica não com base numa relação de causa e efeito, como ocorria com as "leis naturais", mas como relação de dever-ser, por intermédio de uma norma, que nada mais representaria que um ato de vontade.[27] Kelsen buscou "purificar" a ciência jurídica para evitar intrusão de juízos valorativos, os quais produziriam equívocos na compreensão da matéria objeto de estudo da dogmática. Nesse desiderato, Kelsen trouxe à centralidade da concepção de direito a norma jurídica, a realçar sua normatividade, e *pari passu* limitou a ciência jurídica à tarefa de conhecer e descrever as normas jurídicas e as relações constituídas entre os fatos por elas regulados.[28] Kelsen criticou a doutrina realista por descurar da diferença entre norma jurídica e proposição – asserção do cientista do direito sobre uma norma válida da ordem jurídica; o jurista austríaco insistia que a tarefa descritiva a ser desempenhada pelo cientista jurídico deveria abster-se de ser normativa, no sentido de expressar chancela ou reprovação por parte do estudioso ao conteúdo normativo do sistema, justamente para não imiscuir juízos valorativos que seriam estranhos ao papel da dogmática jurídica.[29] Por sua vez, a validade de uma norma do sistema – Kelsen conceitua a existência específica da norma como validade – decorre da sua criação em conformidade à forma prevista na norma de hierarquia superior no ordenamento, com recondução desse processo dinâmico até a *grundnorm*, de modo que o conteúdo normativo não dependeria, para ser válido, de uma conformidade moral.[30]

A diferença entre norma jurídica e proposição jurídica era fundamental para a refutação de Kelsen da tese realista de que a doutrina deveria fazer previsões sobre decisões futuras das cortes. Afinal, as proposições jurídicas são asserções de caráter geral e são normativas, por referirem-se ao dever-ser das normas jurídicas; descrevem fatos passados e já ocorridos e não se voltam ao futuro, pois, do contrário, seriam asserções sobre o ser e não dever-ser; pautam-se não apenas pelas decisões dos tribunais, mas também pela produção normativa dos órgãos competentes e pelo costume, de forma que seria impossível efetuar qualquer previsão sobre a criação do direito, ainda que efetuada no Judiciário. Por fim, eventuais contradições fáticas com as normas jurídicas

---

[27] KELSEN, Hans. *Teoria pura do direito*. Tradução de João Baptista Machado. 7. ed. Coimbra: Almedina, 2008. p. 88 e seguintes.

[28] KELSEN, Hans. *Teoria pura do direito*. Tradução de João Baptista Machado. 7. ed. Coimbra: Almedina, 2008. p. 88 e seguintes.

[29] KELSEN, Hans. *Teoria pura do direito*. Tradução de João Baptista Machado. 7. ed. Coimbra: Almedina, 2008. p. 88-104.

[30] KELSEN, Hans. *Teoría general de las normas jurídicas*. Tradução de Hugo Carlos Delory Jacobs. 1. reimpr. Cidade do México: Trillas, 2007. Col. Pedro María Anaya. p. 19-26; 63-64; 74-79; KELSEN, Hans. *Teoria pura do direito*. Tradução de João Baptista Machado. 7. ed. Coimbra: Almedina, 2008. p. 78-79; 220-224. Eugenio Bulygin, a propósito, nota acertadamente uma ambiguidade no conceito kelseniano de validade, no sentido de defini-la como "existência específica da norma", trazendo por vezes um sentido de validade normativa, correspondente à força obrigatória da norma (BULYGIN, Eugenio. An antimony in Kelsen's pure theory of law. *Ratio Juris*, v. 3, n. 1, p. 29-45, 1990. p. 36-45).

não demandariam, a não ser que fossem em grau significativo, a revisão das proposições jurídicas, que permaneceriam verdadeiras, ao contrário do que ocorre com as leis naturais, cuja contradição empírica resulta no afastamento da referida lei natural.[31]

De todo esse apanhado global das teses kelsenianas, fica nítido que o jurista austríaco defendia três dos eixos restantes do positivismo já enumerados por Hart: ceticismo axiológico, positivismo metodológico e positivismo ideológico, conquanto que, em relação a este último, a rigor, pode-se afirmar que Kelsen era adepto de uma forma débil de positivismo ideológico. Ele previa a possibilidade de que juízes não aplicassem normas jurídicas por critérios morais, apenas negando que, quando assim o faziam, decidiam com base no direito.[32]

Por seu turno, Herbert Hart focou numa teoria do direito de cunho "generalista", a qual não se preocupava com a concepção do direito particularizada em determinada ordem ou cultura jurídica.[33] Hart pretendia retomar a distinção que remontava a Bentham e a Austin, que apartava nitidamente o direito como ele é do direito como deveria ser, fator essencial para manter uma *censorial jurisprudence* benthaniana, ou seja, imprescindível para a crítica moral do direito vigente, a justificar uma desobediência moral ou impulsionar sua reforma.[34]

O sistema jurídico de sociedades complexas, para Hart, compunha-se de uma reunião entre regras primárias e secundárias e, entre estas, haveria ao menos uma regra de reconhecimento, com a função primordial de identificar as normas que integram determinado sistema jurídico;[35] Hart diferenciou claramente um ponto de vista interno, isto é, aquele de alguém submetido a um sistema jurídico e que percebe as normas dessa ordem jurídica como impositivas de um padrão de comportamento, do ponto de vista externo, o de um observador, sem implicar sua aceitação das normas regentes da referida ordem jurídica.[36]

Conectados à aludida divisão entre os pontos de vista interno e externo, Hart descortina três fatores que distinguem regras sociais de meros hábitos: i) a presença de uma regra faz com que sua violação, ao contrário do que ocorre com os hábitos, seja considerada erro sujeito à crítica, de forma a existir uma pressão para sua conformidade; ii) a existência da regra impõe por si uma boa razão para a cumprir; iii) o "aspecto

---

[31] KELSEN, Hans. *Teoria pura do direito*. Tradução de João Baptista Machado. 7. ed. Coimbra: Almedina, 2008. p. 88-104.

[32] KELSEN, Hans. *Teoría general de las normas jurídicas*. Tradução de Hugo Carlos Delory Jacobs. 1. reimpr. Cidade do México: Trillas, 2007. Col. Pedro María Anaya. p. 123-129; 138-139; 210-223. Em sentido parcialmente diverso, a defender, pelo mesmo argumento, a injustiça de rotular Kelsen de positivista ideológico, caminha Carlos Nino (SANTIAGO NINO, Carlos. *Introdução à análise do direito*. Tradução de Elza Maria Gasparoto. São Paulo: Martins Fontes, 2010. p. 11-60).

[33] HART, Herbert L. A. Pós-escrito. Tradução de A. Ribeiro Mendes. *In*: HART, Herbert L. A. *O conceito de direito*. 5. ed. Lisboa: Fundação Calouste Gulbenkian, 2007. p. 300-301.

[34] HART, Herbert L. A. *O conceito de direito*. Tradução de A. Ribeiro Mendes. 5. ed. Lisboa: Fundação Calouste Gulbenkian, 2007. p. 226-228; HART, Herbert L. A. Positivism and the separation of law and morals. *Harvard Law Review*, v. 71, n. 4, p. 593-629, 1958. p. 594 e seguintes. Essa diferenciação e a possibilidade de crítica moral trariam uma "honestidade" e "clareza", justamente por ensejar a desobediência a normas jurídicas imorais não como argumento jurídico, mas fundada na moralidade.

[35] HART, Herbert L. A. *O conceito de direito*. Tradução de A. Ribeiro Mendes. 5. ed. Lisboa: Fundação Calouste Gulbenkian, 2007. p. 101-109.

[36] HART, Herbert L. A. *O conceito de direito*. Tradução de A. Ribeiro Mendes. 5. ed. Lisboa: Fundação Calouste Gulbenkian, 2007. p. 89-101.

interno" das regras, qual seja, o espírito crítico e reflexivo possuído por ao menos alguns membros do grupo social, os quais devem visualizar a regra como um padrão de comportamento que se impõe a todos os integrantes do conjunto – com censura dirigida aos desvios da regra e pressão para seu acatamento por todos os alcançados pela regra –, algo além do fato relativo ao comportamento observável da maioria do grupo (aspecto externo).[37]

Hart combate o realismo, conquanto mais voltado à versão realista dos países escandinavos, ao repelir a tese de que o sistema jurídico poderia ser descrito em termos de previsibilidade, uma vez que falha em descrever a função das regras de guia de conduta aos agentes oficiais do sistema, que tomam a regra como razão e justificação para aplicação da consequência prevista na norma – e, assim, distancia-se também de Kelsen, que via na sanção o elemento componente essencial do direito; uma aposta em termos de previsibilidade poderia, quando muito, ser efetuada apenas do ponto de vista externo.[38]

Aqui um ponto capital da teoria de Hart: a validade jurídica é visualizada como a anuência do ponto de vista interno ou como uma afirmação interna de que a norma tenha satisfeito todos os critérios permitidos pela regra de reconhecimento do sistema, a qual pode ser examinada tanto do ponto de vista interno (perspectiva daqueles que a usam para identificar o direito) como externo (a de um observador que visualiza o fato de que a regra existe na prática efetiva do sistema).[39] Portanto, Hart nega que um sistema jurídico cujas normas desatendam às normas morais deixe de ser, como tal, considerado jurídico: Hart rejeita uma relação necessária entre direito e moral, conquanto não desconsidere que o desenvolvimento do direito nos diferentes tempos e lugares do mundo tenha sido influenciado pela moral nem que existam alguns "truísmos" sobre a conexão entre direito e moral, que comporiam o "conteúdo mínimo de direito natural" presente em praticamente todo o ordenamento jurídico: i) exigências comuns ao direito e à moral para restringir o uso da violência, traduzidas, na maior parte, na exigência de abstenções e não em "serviços ativos" do Estado; ii) necessidade tanto da base moral como da base jurídica de um compromisso que construa uma igualdade aproximada, no intuito de evitar a subjugação dos demais por alguém eventualmente mais poderoso. A essa igualdade pode ser adicionada a isonomia na aplicação das regras do sistema, o que garante uma imparcialidade na administração da justiça; iii) indispensabilidade contingente de regras a respeito da propriedade e regras que afetem a celebração de negócios jurídicos, de forma a preservar a cooperação humana diante da escassez de recursos.[40]

Esse "conteúdo mínimo" não desata o nó da autoridade do sistema, pois a motivação da obediência às normas do sistema é estranha ao objeto da teoria do direito

---

[37] HART, Herbert L. A. *O conceito de direito*. Tradução de A. Ribeiro Mendes. 5. ed. Lisboa: Fundação Calouste Gulbenkian, 2007. p. 62-70.

[38] HART, Herbert L. A. *O conceito de direito*. Tradução de A. Ribeiro Mendes. 5. ed. Lisboa: Fundação Calouste Gulbenkian, 2007. p. 92-101.

[39] HART, Herbert L. A. *O conceito de direito*. Tradução de A. Ribeiro Mendes. 5. ed. Lisboa: Fundação Calouste Gulbenkian, 2007. p. 111-129.

[40] HART, Herbert L. A. Positivism and the separation of law and morals. *Harvard Law Review*, v. 71, n. 4, p. 593-629, 1958. p. 615-629; HART, Herbert L. A. *O conceito de direito*. Tradução de A. Ribeiro Mendes. 5. ed. Lisboa: Fundação Calouste Gulbenkian, 2007. p. 201-228.

para Hart, pois os indivíduos podem seguir as regras por razões diferentes, seja por valorarem o sistema como moralmente válido, seja por interesse pessoal ou egoísta, por tradição ou recepção acrítica da sua autoridade ou por simples receio da sanção. O que importa é uma aceitação das normas em grau suficiente pelas pessoas do grupo social, o que explicaria o predicado de "jurídico" do sistema que se baseasse na injusta exploração de parcela da sociedade ou impusesse-lhe agressão a seus "direitos morais", a exemplo de um Estado que admitisse a escravidão ou mesmo o Estado nazifascista.[41] Em suma, Hart mantém, dos eixos positivistas por ele enumerados alhures, a inexistência de relação necessária entre direito e moral e a distinção epistemológica da teoria do direito doutras ciências sociais.[42]

Com base na congruência de partes das doutrinas de expoentes dessa fase do "positivismo moderno tradicional", especialmente o hartiano, podem-se extrair duas teses principais do positivismo tradicional que ainda influenciam os pensadores da atualidade, as quais seriam o "conteúdo mínimo do juspositivismo":[43] a tese dos fatos sociais ou da fonte social (*social facts thesis* ou *social thesis*) e a tese da separação ou separabilidade entre direito e moral.[44] Essas teses, embora não necessária ou logicamente interligadas, derivam da assunção de um positivismo metodológico.[45] A primeira reflete a percepção de que o conhecimento do direito, isto é, a identificação das normas que compõem o sistema jurídico, pode ser feita com base no conhecimento de fatos sociais, haja vista o direito ser produto de atos humanos – todo sistema e norma jurídica são

---

[41] HART, Herbert L. A. Positivism and the separation of law and morals. *Harvard Law Review*, v. 71, n. 4, p. 593-629, 1958. p. 615-629; HART, Herbert L. A. *O conceito de direito*. Tradução de A. Ribeiro Mendes. 5. ed. Lisboa: Fundação Calouste Gulbenkian, 2007. p. 201-228. A alheação do problema da autoridade do direito da teoria do direito por positivistas tradicionais como Kelsen e Hart é destacada por ITZCOVICH, Giulio. Law, social change and legal positivism. Some remarks to Marmor on constitutional legitimacy and interpretation. *In*: COMANDUCCI, Paolo; GUASTINI, Riccardo (Org.). *Analisi i diritto*. Ricerche di giurisprudenza analitica. [s.l.]: [s.n.], 2007. p. 299-304, o qual inclui Ross entre os positivistas tradicionais.

[42] Giorgio Pino (PINO, Giorgio. Positivism, legal validity, and the separation of law and morals. *Ratio Juris*, v. 27, n. 2, p. 190-217, jun. 2014) argumenta convincentemente que, não obstante o foco do positivismo metodológico de positivistas continentais como Kelsen e Bobbio ser o intuito de propalar um cientificismo ao direito, enquanto que em Hart o foco primário pretendia descrever e explicar os elementos conceituais do direito, as divergências nas empreitadas intelectuais desses juristas devem ser consideradas mais como uma questão de grau e ênfase do que propriamente uma divergência no campo de investigação.

[43] Expressão usada por Vittorio Villa (VILLA, Vittorio. Alcune chiarificazioni concettuali sulla nozione di inclusive positivism. *In*: COMANDUCCI, Paolo; GUASTINI, Riccardo (Org.). *Analisi i diritto*. Ricerche di giurisprudenza analitica. [s.l.]: [s.n.], 2000. p. 258-265), conquanto este autor utilize-a para acoplar duas teses: uma tese ontológica ou sobre o direito e outra metodológica ou sobre o conhecimento do direito; Villa refuta que a tese da separabilidade entre direito e moral seja um alicerce fundamental do positivismo e, por conseguinte, componha o conteúdo mínimo do positivismo jurídico, porquanto seria mero corolário lógico da tese ontológica.

[44] O "positivismo moderno tradicional", nomenclatura adotada no trabalho, reflete o conceito de *standard positivism* de Giorgio Pino (PINO, Giorgio. Positivism, legal validity, and the separation of law and morals. *Ratio Juris*, v. 27, n. 2, p. 190-217, jun. 2014). Em realidade, pensa-se que a nomenclatura trazida é mais coerente ao fato de que Kelsen e Hart podem ser considerados juristas "modernos", em razão de seus pensamentos terem sido forjados em meados do século passado, ao menos mais recentes que as correntes formalistas. Evitou-se o uso do adjetivo "contemporâneo", por acreditar que poderia gerar confusão com as teses do "positivismo pós-hartiano" (inclusive *positivism* e *exclusive positivism*) – expressão também usada por Pino.

[45] Em sentido parcialmente diverso, Vittorio Villa (VILLA, Vittorio. Alcune chiarificazioni concettuali sulla nozione di inclusive positivism. *In*: COMANDUCCI, Paolo; GUASTINI, Riccardo (Org.). *Analisi i diritto*. Ricerche di giurisprudenza analitica. [s.l.]: [s.n.], 2000. p. 258-265) e Pierre Brunet (BRUNET, Pierre. Bobbio et le positivisme. *In*: COMANDUCCI, Paolo; GUASTINI, Riccardo (Org.). *Analisi i diritto*. Ricerche di giurisprudenza analitica. [s.l.]: [s.n.], 2005. p. 164-167). Villa, como já comentado, entende a tese da separabilidade entre direito e moral como derivada da tese ontológica, e não metodológica, sobre o direito. Brunet, a sua vez, defende que o positivismo metodológico pressupõe um positivismo teórico sobre as fontes do direito.

criação humana e, logo, não precisam ser examinados da perspectiva de considerações morais. A segunda advoga a inexistência de relação necessária, conceitual ou lógica entre direito e moral.[46] Delineadas as duas teses ainda influentes do positivismo tradicional, examinam-se as críticas dirigidas ao positivismo e as respostas dessa "escola".

1.1.2 Os ataques ao positivismo moderno tradicional e a resposta positivista

A aparente solidez do positivismo moderno tradicional da matriz hartiana teve seus alicerces desafiados por movimentos jusnaturalistas e anti ou pós-positivistas. Lon Fuller enfatiza que uma teoria meramente descritiva do direito seria frustrante, pois não traria as ferramentas para resolver as questões mais problemáticas da aplicação jurídica ou da própria autoridade do direito em tempos nefastos.[47] Fuller defende que, se o fundamento da fidelidade ao direito não está no poder coercitivo estatal, como Hart mesmo reconhece, mas em regras últimas, as quais fornecem a estrutura dos procedimentos e os procedimentos de criação do direito, seria preciso assentir que essas regras não eram jurídicas, mas de moralidade, aceitas pela comunidade em função da sua necessidade e correção.[48] Toda norma jurídica ou sistema que se desviassem dos propósitos do direito, da sua "moralidade interior" (*inner morality*), não poderiam ser considerados norma ou ordenamento jurídicos: direito e tirania não eram compatíveis.[49]

---

[46] A respeito das duas teses do positivismo moderno tradicional, conferir PINO, Giorgio. Positivism, legal validity, and the separation of law and morals. *Ratio Juris*, v. 27, n. 2, p. 190-217, jun. 2014; BULYGIN, Eugenio. Objectivity of law in the view of legal positivism. *In*: COMANDUCCI, Paolo; GUASTINI, Riccardo (Org.). *Analisi i diritto*. Ricerche di giurisprudenza analitica. [s.l.]: [s.n.], 2004. p. 219-220; CARACCIOLO, Ricardo. Realismo moral vs. positivismo jurídico. *In*: COMANDUCCI, Paolo; GUASTINI, Riccardo (Org.). *Analisi i diritto*. Ricerche di giurisprudenza analitica. [s.l.]: [s.n.], 2000. p. 37-38; SPAAK, Torben. Legal positivism and objectivity of law. *In*: COMANDUCCI, Paolo; GUASTINI, Riccardo (Org.). *Analisi i diritto*. Ricerche di giurisprudenza analitica. [s.l.]: [s.n.], 2004. p. 256-258, o qual inclui uma terceira tese, a da existência, a qual erige a efetividade como pressuposto de existência do direito; PATTERSON, Dennis. Alexy on necessity in law and morals. *Ratio Juris*, v. 25, n. 1, p. 47-58, mar. 2012. p. 47; VILLA, Vittorio. Alcune chiarificazioni concettuali sulla nozione di inclusive positivism. *In*: COMANDUCCI, Paolo; GUASTINI, Riccardo (Org.). *Analisi i diritto*. Ricerche di giurisprudenza analitica. [s.l.]: [s.n.], 2000. p. 258 e seguintes, com a advertência de que, quanto a este pensador, há parcial divergência da linha adotada no texto.

[47] FULLER, Lon L. Positivism and fidelity to law – A reply to Professor Hart. *Harvard Law Review*, v. 71, n. 4, p. 630-672, 1958. p. 630-661. Ainda a respeito de uma relação interna entre direito e moral, uma vez que a legitimidade da sua força obrigatória não se fundaria na racionalidade de um sistema jurídico autônomo, isento de moralidade, remete-se HABERMAS, Jürgen. Derecho y moral. *In*: HABERMAS, Jürgen. *Facticidad y validez*. Tradução de Manuel Jiménez Redondo. 4. ed. Madrid: Trotta, 2005. p. 536-545; HABERMAS, Jürgen. *Facticidad y validez*. Tradução de Manuel Jiménez Redondo. 4. ed. Madrid: Trotta, 2005. p. 90 e seguintes. Nesta última referência, Habermas põe em manifesto que a força vinculante do direito deriva da positividade e de sua pretensão de legitimidade (faticidade e validez).

[48] FULLER, Lon L. Positivism and fidelity to law – A reply to Professor Hart. *Harvard Law Review*, v. 71, n. 4, p. 630-672, 1958. p. 630-661.

[49] FULLER, Lon L. Positivism and fidelity to law – A reply to Professor Hart. *Harvard Law Review*, v. 71, n. 4, p. 630-672, 1958. p. 630-661. O debate Hart-Fuller perpassa o regime nazista, se era ou não jurídico, bem como pela postura positivista diante das arbitrariedades cometidas, se foram ou não de algum modo incentivadas ou toleradas pela comunidade jurídica pela adoção do positivismo jurídico. Hart (HART, Herbert L. A. Positivism and the separation of law and morals. *Harvard Law Review*, v. 71, n. 4, p. 593-629, 1958. p. 616 e seguintes) critica a "conversão" de Gustav Radbruch do positivismo ao jusnaturalismo após a Segunda Guerra Mundial e a inferência de Radbruch da ingenuidade ou cegueira positivista como fator importante para a não contestação ao regime nazista, o que é replicado por Fuller, que defende a ilação de Radbruch.

Ronald Dworkin, quando teceu críticas ao positivismo, arrolou a doutrina hartiana como seu alvo principal.[50] Dworkin – que rejeita a noção de discricionariedade judicial no sentido forte, isto é, de que o órgão aplicador poderia, não havendo regra jurídica específica a regular a hipótese, decidir conforme sua avaliação subjetiva –,[51] aguilhoa o positivismo hartiano por descurar dos padrões usados pelas cortes nas decisões que não teriam o condão de ser regras jurídicas; esses padrões são princípios jurídicos, os quais constrangem e vinculam os intérpretes na tomada de decisão, de sorte a não existir espaço para uma discricionariedade, mesmo que direitos e obrigações jurídicas deles decorrentes fossem incertos.[52] Essa questão está intimamente imbricada com a "responsabilidade política"[53] defendida por Dworkin como imperativo ao ofício judicial, de modo que os aplicadores são politicamente responsáveis pela melhor decisão que possam dar ao caso, o que contrariaria a visão de que haveria um vácuo jurídico a ser preenchido pelas opções pessoais do operador do direito.

Dworkin nitidamente rejeita a tese positivista dos fatos sociais, pois ela implica a adoção de um teste de *pedigree* – em Hart seria a regra de reconhecimento – para identificar o que é ou não integrante do sistema jurídico, que se basearia apenas em fatos ou decisões humanas, mas que não dá conta de explicar satisfatoriamente justamente a presença de princípios jurídicos.[54] A resolução de casos difíceis é dirigida pela manutenção da integridade e coerência do direito, por intermédio da aplicação dos princípios jurídicos no adequado uso da responsabilidade política do julgador.[55]

Por suposto, a comunhão com a tese dworkiniana reflete a percepção de que os juízes, ao resolverem casos difíceis com a utilização de princípios jurídicos, aplicam direito preexistente e não criam direito novo; não agem os magistrados como legisladores por delegação (*deputy legislators*),[56] mas atuam no exercício dessa responsabilidade política inerente e inexpugnável do direito. Se o sistema não fornece uma regra específica para resolver o caso, a decisão deve ser tomada com base num princípio do direito. A teoria jurídica é pensada por Dworkin no âmago de uma prática interpretativa, com uma conotação política, de sorte que as asserções sobre as normas e o sistema jurídico, isto é, as proposições jurídicas, não são tão somente descritivas da história ou tradição jurídicas

---

[50] DWORKIN, Ronald. *Levando os direitos a sério*. Tradução de Nelson Boeira. 2. ed. São Paulo: Martins Fontes, 2007. p. XI e seguintes.

[51] DWORKIN, Ronald. *Levando os direitos a sério*. Tradução de Nelson Boeira. 2. ed. São Paulo: Martins Fontes, 2007. p. 52-54 e seguintes. Não obstante, o próprio Dworkin salienta que a discricionariedade em sentido forte não significa licenciosidade ou arbitrariedade, mas unicamente que o operador não está vinculado a um padrão fornecido por alguma autoridade, de forma a recorrer a seu discernimento ou bom senso pessoal.

[52] DWORKIN, Ronald. *Levando os direitos a sério*. Tradução de Nelson Boeira. 2. ed. São Paulo: Martins Fontes, 2007. p. 27-72; 127-128.

[53] DWORKIN, Ronald. *Levando os direitos a sério*. Tradução de Nelson Boeira. 2. ed. São Paulo: Martins Fontes, 2007. p. 137 e seguintes; DWORKIN, Ronald. Hard cases. *Harvard Law Review*, v. 88, n. 6, p. 1.057-1.079, 1975. p. 1.064 e seguintes.

[54] DWORKIN, Ronald. *Levando os direitos a sério*. Tradução de Nelson Boeira. 2. ed. São Paulo: Martins Fontes, 2007. p. 27-35 e seguintes.

[55] A respeito da dimensão de integridade e coerência do direito, DWORKIN, Ronald. *Uma questão de princípio*. Tradução de Luís Carlos Borges. 2. ed. São Paulo: Martins Fontes, 2005. p. 188-216.

[56] DWORKIN, Ronald. *Levando os direitos a sério*. Tradução de Nelson Boeira. 2. ed. São Paulo: Martins Fontes, 2007. p. 127-135 e seguintes; DWORKIN, Ronald. Hard cases. *Harvard Law Review*, v. 88, n. 6, p. 1.057-1.079, 1975. p. 1.058 e seguintes. O jurista estadunidense apresenta a distinção entre argumentos de política, próprio dos legisladores, e argumentos de princípios, adequados ao mister jurisdicional. Essa distinção será retomada algures adiante.

nem apenas valorativas, mas devem combinar elementos de descrição e valoração: em suma, o direito é um conceito interpretativo, um *tertium genus* além da pura descrição e da valoração.[57]

É claro que Dworkin, nos seus primeiros escritos, conquanto criticasse o positivismo, escreveu dentro de um pano de fundo familiar ao positivismo, uma vez que, à partida, considerava a moral e o direito como sistemas independentes de normas, embora com flagrantes interações.[58] Contudo, Dworkin findou por reconhecer que o direito é um ramo da moralidade política; com isso, Dworkin parece definitivamente não incluir no seu projeto doutrinal da teoria do direito a identificação de critérios de pertencimento ao sistema jurídico, uma vez que seu interpretativismo – direito como interpretação – assume-se como inevitavelmente controverso, sem que possam os oficiais do sistema e os operadores compartilhar, sem desacordo substancial, quais proposições são ou não jurídicas.[59]

Os ataques dworkinianos ao positivismo moderno tradicional receberam diversos contrapontos. O próprio Hart rejeitou a objeção de Dworkin de que sua teoria não permitiria a inclusão de princípios jurídicos entre os padrões de direito aplicados pelo sistema. Inicialmente, Hart almeja blindar-se dos torpedos dworkinianos ao salientar que as teorias desses dois juristas buscavam objetivos diferentes; Hart alegou oferecer uma concepção generalista de direito, ocupando-se com o seu conceito ou com os elementos essenciais do direito sem vinculação a uma comunidade jurídica particular, ao passo que Dworkin, na visão de Hart, pretendeu relatar a prática jurídica no cenário estadunidense.[60]

Sem embargo, o mais importante ponto de sua defesa está na assertiva de que nada em sua teoria – o que é objetado por Dworkin[61] – impede que a regra de reconhecimento identifique os padrões conceituados por Dworkin como princípios: a própria regra de reconhecimento pode "incorporar" princípios morais ou valores substantivos como critério de validade.[62] Ou seja, o próprio sistema jurídico pode explicitamente encorpar princípios de justiça ou político-morais. Como a identificação do direito pode não se restringir a elementos empíricos, aliada à tese da penumbra na interpretação das normas existentes e da sua inafastável textura aberta, Hart insiste na discricionariedade como caminho a solucionar problemas de indeterminação parcial do direito.[63]

---

[57] DWORKIN, Ronald. *Uma questão de princípio*. Tradução de Luís Carlos Borges. 2. ed. São Paulo: Martins Fontes, 2005. p. 217-221 e seguintes.

[58] DWORKIN, Ronald. *Justice for hedgehogs*. Cambridge-London: The Belknap Press of Harvard University Press, 2011. p. 400-415.

[59] DWORKIN, Ronald. *Justice for hedgehogs*. Cambridge-London: The Belknap Press of Harvard University Press, 2011. p. 400-415. A perceber o mesmo cariz, COLEMAN, Jules L. Beyond inclusive legal positivism. *Ratio Juris*, v. 22, n. 3, p. 359-364, set. 2009. p. 359 e seguintes.

[60] HART, Herbert L. A. Pós-escrito. Tradução de A. Ribeiro Mendes. *In*: HART, Herbert L. A. *O conceito de direito*. 5. ed. Lisboa: Fundação Calouste Gulbenkian, 2007. p. 299-339.

[61] DWORKIN, Ronald. *Levando os direitos a sério*. Tradução de Nelson Boeira. 2. ed. São Paulo: Martins Fontes, 2007. p. 64-70.

[62] HART, Herbert L. A. Pós-escrito. Tradução de A. Ribeiro Mendes. *In*: HART, Herbert L. A. *O conceito de direito*. 5. ed. Lisboa: Fundação Calouste Gulbenkian, 2007. p. 299-339.

[63] HART, Herbert L. A. Pós-escrito. Tradução de A. Ribeiro Mendes. *In*: HART, Herbert L. A. *O conceito de direito*. 5. ed. Lisboa: Fundação Calouste Gulbenkian, 2007. p. 299-339.

Não obstante, as críticas de Dworkin despertaram intenso dissenso entre os seguidores do positivismo de matriz hartiana. Esse dissenso suscitou a divisão dos seus seguidores em duas grandes correntes positivistas: o "positivismo includente" (*inclusive positivism*), professado entre outros por Jules Coleman, e o "positivismo excludente" (*exclusive positivism*), que tem como principal expositor Joseph Raz.

Em síntese, conquanto haja quem saliente que as discordâncias centrais entre essas duas ramificações do positivismo moderno tradicional alcancem as suas duas teses-chave centrais,[64] é fato que o âmbito fulcral de divergência está na tese dos fatos sociais.[65] A tese da separabilidade entre direito e moral, no embate entre esses positivistas, ou é vista como um truísmo pouco interessante ou mesmo é peremptoriamente excluída como um alicerce positivista, conquanto haja alguma consequência nesta tese a depender da postura em relação à tese dos fatos sociais.

Na primeira fase de seu pensamento, Jules Coleman aduziu que o "positivismo negativo" – baseado na tese da separabilidade entre direito e moral, no sentido de que é possível que, ao menos em alguma comunidade jurídica, a regra de reconhecimento não imponha um princípio ou norma moral como critério de verdade de uma proposição jurídica – por ser uma tese negativa, não poderia ser refutada, porém não era um caminho interessante a seguir.[66] Nessa etapa, Coleman propôs um positivismo "positivo", a retirar a incontrovérsia do conhecimento das normas que integram o sistema como pretensão conceitual de direito (*law-as-hard facts*), como supunha o positivismo moderno tradicional, e a comprometer-se com um direito que seja convencional e cuja aceitação das regras convencionais pelos oficiais do sistema componha a base de sua autoridade.[67] Para tanto, Coleman defendia que era possível (e não necessário) que a regra de reconhecimento – entendida de forma semântica e não epistêmica – de alguma comunidade jurídica explicitasse princípios morais como critérios de validade jurídica. Ou seja, o positivismo de primeira fase de Coleman (*law-as-convention*) propugnava que toda regra de reconhecimento deve ser entendida como regra social e que, na hipótese contingente de a regra de reconhecimento prever em suas cláusulas princípios morais como critérios de validade jurídica, sua obrigatoriedade ou cogência aos oficiais do sistema não provinha do conteúdo ou do mérito moral dessas normas, porém da prática

---

[64] PATTERSON, Dennis. Alexy on necessity in law and morals. *Ratio Juris*, v. 25, n. 1, p. 47-58, mar. 2012. p. 49-50.

[65] COLEMAN, Jules L. Beyond inclusive legal positivism. *Ratio Juris*, v. 22, n. 3, p. 359-364, set. 2009. p. 383. Em sentido diverso, ALEXY, Robert. Law, morality, and the existence of human rights. *Ratio Juris*, v. 25, n. 1, p. 2-14, mar. 2012. p. 3-4, do qual se subentende que o ponto especial de dissonância entre o positivismo inclusivo e exclusivo está na tese da separabilidade entre direito e moral; Alexy, nesse aspecto, refere-se à "tríade necessária" (*necessity triad*) para ilustrar a relação de exclusão entre o positivismo includente, o excludente e o não positivismo.

[66] COLEMAN, Jules L. Negative and positive positivism. *Journal of Legal Studies*, v. XI, p. 139-164, jan. 1982. p. 139-143. A comentar sobre a separação entre a tese da falibilidade e a tese da neutralidade, dicotomia desenvolvida por Füβer, logicamente independentes uma da outra, conquanto teça críticas em relação às duas correntes, está o magistério de SCHIAVELLO, Aldo. Accettazione del diritto e positivismo giuridico. *In*: COMANDUCCI, Paolo; GUASTINI, Riccardo (Org.). *Analisi i diritto*. Ricerche di giurisprudenza analitica. [s.l.]: [s.n.], 2001. p. 296 e seguintes. O positivismo negativo de Coleman assemelha-se à tese da falibilidade interpretada *a contrario sensu*.

[67] COLEMAN, Jules L. Negative and positive positivism. *Journal of Legal Studies*, v. XI, p. 139-164, jan. 1982. p. 143-148 e seguintes. Conforme Coleman (p. 141 e seguintes), a regra de reconhecimento em sentido semântico é entendida como uma que fixa os critérios de validade jurídica, isto é, estabelece "condições de verdade" para que uma norma pertença ao ordenamento jurídico de uma comunidade, ao passo que o sentido epistêmico da regra é de um padrão pelo qual se poderia determinar, descobrir ou validar o sistema jurídico de uma comunidade.

dos agentes do sistema de aceitarem a referida convenção como a ditar a forma prática de resolução das disputas jurídicas.[68]

Atualmente, Jules Coleman renega tanto a essencialidade da regra de reconhecimento e da existência de um critério de validade ou legalidade do direito, bem como rejeita a veracidade da tese da separabilidade entre direito e moral; ele propõe que o positivismo inclusivo se compromete somente com a tese de que necessariamente os fatos sociais precisam os determinantes do conteúdo jurídico.[69] Com a premissa de que é possível distinguir, mas não separar, os aspectos sociais dos normativos da juridicidade, Coleman mantém a tese de que os fatos sociais determinam que tipo de situações fáticas compõe o conteúdo jurídico do sistema, isto é, os fatos sociais podem incluir fatos ou normas morais a compor esse conteúdo, no entanto refuga a pretensão de que a regra de reconhecimento fosse uma convenção na interpretação de Lewis, uma vez que esse tipo de convenção fora pensado para problemas de coordenação de jogos e não é logicamente necessário que os oficiais do sistema tenham uma estrutura de preferências como necessária condição para a existência do direito.[70]

Coleman conclui que não é necessário pensar em uma regra de reconhecimento ou mesmo em critérios de juridicidade, pois ainda que fosse preciso pressupor algum critério para que se possa dimensionar e diferenciar determinado domínio (jurídico) de outros, não é imprescindível para a jurisprudência e a compreensão de suas tarefas que seja adotada uma regra de reconhecimento.[71] Sem embargo, Coleman acentua que a tese da regra de reconhecimento hartiana teve o mérito de ocupar-se com a socialidade (institucionalidade) do direito, como um meio de coordenação e organização fundacional de uma sociedade.[72]

Joseph Raz, a sua vez, não nega que haja relações necessárias entre direito e moral, como exemplificam a necessidade do sistema de haver alguma proteção para vida e propriedade, no intuito de preservar a estabilidade da ordem jurídica, a punição do estupro e a percepção de que nenhum Estado de Direito possa, no mais alto grau, manifestar todas as virtudes ou vícios conforme uma moral determinada, em função do pluralismo axiológico.[73] O jusfilósofo também concede que o direito só possuirá força obrigatória caso seja moralmente legítimo, no sentido de que a vinculação jurídica implica a legitimidade moral do direito e, logo, que seja moralmente obrigatório.[74]

---

[68] COLEMAN, Jules L. Negative and positive positivism. *Journal of Legal Studies*, v. XI, p. 139-164, jan. 1982. p. 148-164.

[69] COLEMAN, Jules L. Beyond inclusive legal positivism. *Ratio Juris*, v. 22, n. 3, p. 359-364, set. 2009. p. 359 e seguintes.

[70] COLEMAN, Jules L. Beyond inclusive legal positivism. *Ratio Juris*, v. 22, n. 3, p. 359-364, set. 2009. p. 359-368 e seguintes.

[71] COLEMAN, Jules L. Beyond inclusive legal positivism. *Ratio Juris*, v. 22, n. 3, p. 359-364, set. 2009. p. 373-394. O que, a princípio, permite projetos de filosofia de direito diversos; o próprio Coleman não diz que seu projeto seja a melhor via. Para evitar ambiguidades, é preciso registrar que Coleman entende como correta a pressuposição de que existam critérios de juridicidade, porém não se compromete com uma regra de reconhecimento nem entende que seja vital para a teoria do Direito descrever esses critérios.

[72] COLEMAN, Jules L. Negative and positive positivism. *Journal of Legal Studies*, v. XI, p. 139-164, jan. 1982. p. 380-382 e seguintes.

[73] RAZ, Joseph. About morality and the nature of law. *In*: RAZ, Joseph. *Between authority and interpretation* – On the theory of law and pratical reason. Oxford/New York: Oxford University Press, 2009. p. 167-169.

[74] RAZ, Joseph. Incorporation by law. *In*: RAZ, Joseph. *Between authority and interpretation* – On the theory of law and pratical reason. Oxford/New York: Oxford University Press, 2009. p. 191 e seguintes. Raz, porém, ressalva

Não obstante, Raz alerta que eleger a questão de que se há alguma necessária relação entre direito e moral como divisor de águas das correntes jusnaturalistas e positivistas é um mau teste.[75] Raz alicerça seu pensamento na distinção entre as "qualidades morais sistêmicas" do direito como um todo, ou seja, enquanto sistema jurídico, e as "qualidades morais agregadas" dos componentes desse sistema, de suas normas jurídicas, uma vez que a maioria delas está impregnada de propriedades morais. O que ocorre que é uma relativa autonomia entre a qualidade moral sistêmica do conteúdo moral individualizado das partes ou componentes do sistema jurídico: aquela é definida por uma observação de uma média ou padrão geral seguido pelas propriedades agregadas das normas do sistema.[76] O caráter moral do direito é buscado mais pelas suas propriedades sistêmicas do que pela procura pelas propriedades morais de cada um de seus padrões obrigatórios; é a justificativa moral para existirem autoridades que criem e apliquem normas jurídicas de determinada ordem jurídica.[77] Todavia, assumir essa postura não refuta a juridicidade de um sistema jurídico que contenha leis moralmente más.[78]

Raz mantém que a identificação do direito prescinde de elementos morais,[79] de forma a manter a tese dos fatos sociais. Na base dessa conclusão, está o formato da teoria e filosofia do direito pensada por Raz: ela não cria o conceito de direito, mas descreve-o, porquanto ele, como produto humano, evolui historicamente e recebe naturalmente a influência das práticas jurídicas desempenhadas ao longo do tempo, da cultura das comunidades onde essa prática é desenvolvida e até das teorias jurídicas então dominantes.[80] Ocorre que o direito, segundo Raz, realiza a preempção ou a exclusão da moral, ele resolve a disputa sem precisar chegar a um consenso ou realizar um juízo moral sobre haver ou não razões de outra ordem para realizar ou proibir determinada conduta; se um comportamento é juridicamente imposto ou permitido, é porque moralmente já o era – tomando como ponto de partida que o referido sistema é moralmente legítimo.[81] Assim, ao invés de existir uma "incorporação" de elementos morais no conteúdo do direito, haveria, metaforicamente, um tipo de exclusão ou, de maneira mais clara, uma modificação no modo como as considerações morais são aplicadas aos indivíduos; mas

---

que não afirma que a vinculação jurídica dependa somente da legitimidade moral. Do mesmo autor, RAZ, Joseph. On the nature of law. *In*: RAZ, Joseph. *Between authority and interpretation* – On the theory of law and pratical reason. Oxford/New York: Oxford University Press, 2009. p. 111 e seguintes.

[75] RAZ, Joseph. About morality and the nature of law. *In*: RAZ, Joseph. *Between authority and interpretation* – On the theory of law and pratical reason. Oxford/New York: Oxford University Press, 2009. p. 167-169.

[76] RAZ, Joseph. About morality and the nature of law. *In*: RAZ, Joseph. *Between authority and interpretation* – On the theory of law and pratical reason. Oxford/New York: Oxford University Press, 2009. p. 169-181.

[77] RAZ, Joseph. About morality and the nature of law. *In*: RAZ, Joseph. *Between authority and interpretation* – On the theory of law and pratical reason. Oxford/New York: Oxford University Press, 2009. p. 169-181.

[78] RAZ, Joseph. About morality and the nature of law. *In*: RAZ, Joseph. *Between authority and interpretation* – On the theory of law and pratical reason. Oxford/New York: Oxford University Press, 2009. p. 175-179.

[79] RAZ, Joseph. On the nature of law. *In*: RAZ, Joseph. *Between authority and interpretation* – On the theory of law and pratical reason. Oxford/New York: Oxford University Press, 2009.p. 114; RAZ, Joseph. Postscript. *In*: RAZ, Joseph. *The concept of a legal system* – An introduction to the theory of legal system. 2. ed. reprint. Oxford/New York: Clarendon Press/Oxford University Press, 2003. p. 209-224.

[80] RAZ, Joseph. Two views of the nature of the theory of law: a partial comparison. *In*: RAZ, Joseph. *Between authority and interpretation* – On the theory of law and pratical reason. Oxford/New York: Oxford University Press, 2009. p. 77-86.

[81] RAZ, Joseph. On the nature of law. *In*: RAZ, Joseph. *Between authority and interpretation* – On the theory of law and pratical reason. Oxford/New York: Oxford University Press, 2009. p. 110.

a referência ou o endosso por instituições oficiais do sistema jurídico não seria suficiente para fazer dessas propriedades morais elementos juridicamente internalizados da ordem jurídica. Destarte, tal como a referência por normas de um sistema a leis ou normas de sistemas estrangeiros ou de direito internacional não implicam a incorporação destas normas ao aludido sistema, o mesmo acontece com as referências a normas morais.[82]

Sem embargo da rearrumação dada às teses positivistas tanto por adeptos do positivismo moderno tradicional como dos seus desdobramentos teóricos (positivismo excludente e includente), é fato que o repto ao positivismo permanece a fomentar a mente dos juristas e está longe de estar terminado.[83] O fenômeno ocorrido especialmente desde o segundo pós-guerra,[84] que resultou na difusão de modelos constitucionais que previram em suas cartas magnas direitos fundamentais e controle repressivo de constitucionalidade, criaram um ambiente de renovação das críticas aos alicerces das estruturas teóricas positivistas. O positivismo excludente e includente são, ao seu modo, tentativas de adequar a matriz positivista tradicional a esses ataques.

No entanto, há quem aposte – ancorados em diversos argumentos que, de alguma maneira, conectam-se com essa perspectiva constitucionalista que pulula em várias democracias ao redor do globo – no fim ou esgotamento do positivismo, sem retornar ao jusnaturalismo; seria inadiável avançar rumo a um pós-positivismo. De outra parte, ressurgem pensadores alinhados ao jusnaturalismo, com reposicionamento das linhas temáticas do jusnaturalismo clássico.

É inviável e extrapolaria o escopo da presente subseção da tese esmiuçar todas as correntes neojusnaturalistas, pós ou antipositivistas. Muitos pensadores propõem um neoconstitucionalismo, a reforçar os novos ares que a teoria do direito respira em função desse amplo reforço de normatividade das normas de direitos fundamentais. Outros seguem pela senda do interpretativismo normativista dworkiniano como melhor resposta para alcançar a clareira da coerência acadêmica e há quem lhe agregue a hermenêutica filosófica.

Em que pesem os pontos de contatos semelhantes entre essas várias correntes, ao menos nas setas desferidas contra o positivismo, não é possível agrupá-las de forma coerente como uma grande linha de pensamento, tal como ocorreu, ao menos razoavelmente, em relação aos jusnaturalistas clássicos, aos realistas e aos positivistas. Logo, o critério a ser seguido é pontuar, naquilo que interessa ao afã deste tópico, a doutrina de três jusfilósofos contemporâneos de grande influência hodierna e que não estão afiliados ao positivismo inclusivo e exclusivo.[85] Deveras, nesse rol de notáveis deveria

---

[82] RAZ, Joseph. Incorporation by law. *In*: RAZ, Joseph. *Between authority and interpretation* – On the theory of law and pratical reason. Oxford/New York: Oxford University Press, 2009. p. 190-200.

[83] Mauro Barberis (BARBERIS, Mauro. Dispute razionalmente interminabili. Ancora su giuspositivismo e giusnaturalismo. *In*: COMANDUCCI, Paolo; GUASTINI, Riccardo (Org.). *Analisi i diritto*. Ricerche di giurisprudenza analitica. [s.l.]: [s.n.], 2006. p. 1; 17), aliás, acrescenta que é uma disputa racionalmente interminável.

[84] Não é possível ser esquecido que a Constituição estadunidense de 1787 já previa normas de direitos fundamentais e que, desde 1803, mormente por construção jurisprudencial, as normas constitucionais foram consideradas como a vincular os demais ramos do Estado norte-americano, inclusive o legislador, o que, de certa maneira, antecipou parcialmente o presente quadro de embate acadêmico. Porém, inegavelmente que o fenômeno foi acentuado com o advento das cartas constitucionais que dispunham de *bill of rights* e um controle de constitucionalidade e seu espraiar em várias democracias do mundo.

[85] Escolheram-se três juristas a abordar: Robert Alexy, Friedrich Müller e Luigi Ferrajoli. A rigor, dos três, infere-se que Ferrajoli poderia até mesmo ser classificado como um positivista includente: é assumidamente positivista

CAPÍTULO 1
A PONDERAÇÃO NA SOLUÇÃO DE CONFLITOS NORMATIVOS E AS NORMAS DE DIREITOS FUNDAMENTAIS | 49

ser também lembrado Ronald Dworkin, mas como seu pensamento já foi sinteticamente referido anteriormente, será debalde repetir. Após essa empreitada, serão expostos os argumentos que justificam a escolha do pensamento de base filosófico-jurídica que norteia esta tese.

1.1.3 Pós-positivismo? Três jusfilósofos: Alexy, Müller e Ferrajoli

Robert Alexy filia-se ao pós-positivismo[86] e propõe uma teoria analítico-normativo-discursiva do direito, uma teoria da argumentação jurídica; a jurisprudência é percebida como uma forma de discurso, a qual é um caso especial do discurso prático geral e que trata da estrutura lógica dos argumentos utilizados e possíveis, bem como propositiva de critérios para que um discurso seja considerado racional.[87] Nesse desiderato, Alexy defende que as regras do discurso sejam possibilidade de comunicação linguística, com maior liberdade na ciência jurídica que na atividade de aplicação de normas jurídicas, em função de que esta pode ser mais restringida por força de regras ou circunstâncias que tolhem a ampla possibilidade de debate.[88] Como é nítido, Alexy estabelece uma *border line* entre a atividade científico-jurídica (a dogmática) e o empreendimento de solução de problemas jurídicos concretos sob a égide de normas do ordenamento.

Dentro desse modo de raciocinar, alega Alexy que sua teoria compreende a visão de uma dimensão ou caráter duplo do direito, que não se resume ao aspecto factual, como pretendido pelo positivismo, mas que encorpa também um componente idealístico, uma pretensão de correção moral.[89] Porém, o jurista alemão defende que não é uma pretensão de correção absoluta, a pressupor uma única resposta correta – antagoniza-se com Ronald Dworkin nesse pormenor –, porém haveria somente um matiz de racionalidade derivado do seguimento das regras procedimentais do discurso jurídico e do discurso prático geral.[90]

---

e defende que, no paradigma do Estado Constitucional, existiu incorporação ao direito de princípios morais. Contudo, em que pesem os pontos de contato, a enunciação das teses ferrajolianas mostra que ele almeja ofertar uma teoria do direito positivo dentro dessa quadratura constitucional, o que se afasta da concepção mais generalista do positivismo includente.

[86] ALEXY, Robert. Law, morality, and the existence of human rights. *Ratio Juris*, v. 25, n. 1, p. 2-14, mar. 2012. p. 4-7. O jusfilósofo rotula-se de "não positivista inclusivo", na finalidade de diferenciar-se de jusnaturalistas clássicos – "não positivistas exclusivos", para quem toda a desconformidade com a Moral resultaria na invalidação jurídica de normas, atos ou do próprio sistema –, e de não positivistas "superinclusivos", os quais proclamam que qualquer desconformidade moral de normas torna o sistema meramente defeituoso, porém remanesce jurídico.

[87] ALEXY, Robert. *Teoria da argumentação jurídica*: a teoria do discurso racional como teoria da fundamentação jurídica. Tradução de Zilda Hutchinson Schilde Silva. 2. ed. São Paulo: Landy, 2005. p. 35-56; 181-208; 209-217.

[88] ALEXY, Robert. *Teoria da argumentação jurídica*: a teoria do discurso racional como teoria da fundamentação jurídica. Tradução de Zilda Hutchinson Schilde Silva. 2. ed. São Paulo: Landy, 2005. p. 33-56. O discurso jurídico-científico não é limitado para Alexy pelas regras do ordenamento processual, o que não ocorre na prática aplicativa de normas; ambos, porém, devem considerar os precedentes, a sujeição à lei e a influência contributiva da própria dogmática (p. 46).

[89] ALEXY, Robert. On the thesis of a necessary connection between law and morality: Bulygin's critique. *Ratio Juris*, v. 13, n. 2, p. 138-147, jun. 2000. p. 138 e seguintes. Alexy (p. 146) salienta que a pretensão de correção do direito, conquanto não seja idêntica à pretensão de correção moral, inclui-a.

[90] ALEXY, Robert. *Teoria da argumentação jurídica*: a teoria do discurso racional como teoria da fundamentação jurídica. Tradução de Zilda Hutchinson Schilde Silva. 2. ed. São Paulo: Landy, 2005. p. 274-281; ALEXY, Robert. Posfácio. *In*: ALEXY, Robert. *Teoria da argumentação jurídica*: a teoria do discurso racional como teoria da fundamentação jurídica. Tradução de Zilda Hutchinson Schilde Silva. 2. ed. São Paulo: Landy, 2005. p. 289-308.

O que interessa é que, à diferença de Kelsen e Hart, que marcavam a distinção entre *law as it is* e *law as it ought to be* como forma de evitar manipulação ideológica da ciência jurídica, Alexy arquiteta a pretensão de correção num sentido objetivo-institucional para o sistema jurídico, de modo que um sistema que contrariasse escancaradamente essa pretensão incidiria em contradição performativa e, portanto, não seria um sistema jurídico.[91] Portanto, na teoria alexyana essa pretensão de correção resulta em dois tipos de conexão entre direito e moral: i) conexão conceitual ou classificatória: só será jurídico o sistema que possuir essa pretensão de correção, pois, do contrário, será mero sistema de força; ii) conexão qualificatória: se o sistema como um todo gerar a pretensão, mas não cumprir com essa correção em normas ou atos particularizáveis ou individualizáveis, será um sistema defeituoso; em relação a essas normas ou atos individualizados, serão ainda considerados jurídicos a não ser que ultrapassem um limite de injustiça extrema.[92]

De outro lado, Friedrich Müller também se proclama um pós-positivista e critica o positivismo por ter apartado a compreensão conglobada entre normas jurídicas e fatos, bem como por ter insistido no tratamento da norma como algo autônomo e preexistente à realidade empírica.[93] A norma não existe como coisa intangível prévia à interpretação e, portanto, a norma é produto de interpretação, de sorte que o positivismo a reduziu ao confundir texto e norma.[94] Müller quer pontuar que a tarefa positivista epistemológica da teoria do direito de distanciar-se do naturalismo ou realismo das ciências naturais deve ser deixada de lado, porquanto o desiderato maior dessa teoria é indagar de que forma acontece a interação com a realidade na concretização do direito, encargo que só pode ser bem executado se a filosofia do direito preocupar-se em primeiro plano com as condições essenciais de realização prática do direito e não com exame lógico-formal, por si mesmo muito limitado.[95]

No plano metodológico,[96] Friedrich Müller aposta na falência da matriz neokantiana que propunha a adequação do objeto científico pela tarefa e método de pesquisa, pois o objeto não poderia ser desconectado do próprio método e este não deve ter uma

---

[91] ALEXY, Robert. Posfácio. *In*: ALEXY, Robert. *Teoria da argumentação jurídica*: a teoria do discurso racional como teoria da fundamentação jurídica. Tradução de Zilda Hutchinson Schilde Silva. 2. ed. São Paulo: Landy, 2005. p. 308-314; ALEXY, Robert. On the thesis of a necessary connection between law and morality: Bulygin's critique. *Ratio Juris*, v. 13, n. 2, p. 138-147, jun. 2000. p. 144-146. Neste último trabalho, Alexy destaca que a pretensão não pode ser percebida no sentido individual do agente público, mas no senso oficial ou objetivo de um agente que exerce sua competência dentro de um contexto institucional.

[92] ALEXY, Robert. On the thesis of a necessary connection between law and morality: Bulygin's critique. *Ratio Juris*, v. 13, n. 2, p. 138-147, jun. 2000. p. 144 e seguintes; ALEXY, Robert. Law, morality, and the existence of human rights. *Ratio Juris*, v. 25, n. 1, p. 2-14, mar. 2012. p. 4-8.

[93] MÜLLER, Friedrich. *Teoria estruturante do Direito*. Tradução de Peter Naumann e Eurides Avance de Souza. 3. ed. São Paulo: Revista dos Tribunais, 2011. p. 19-26. Para Müller, a concepção da norma como um dado preexistente equiparar-se-ia a metafísica "de má qualidade"; é fato que Müller define positivismo numa acepção do formalismo jurídico, porém esse ponto em especial de sua crítica pode ser ampliado a outras formas de positivismo.

[94] MÜLLER, Friedrich. *Teoria estruturante do Direito*. Tradução de Peter Naumann e Eurides Avance de Souza. 3. ed. São Paulo: Revista dos Tribunais, 2011. p. 57-82.

[95] MÜLLER, Friedrich. Tesis acerca de la estructura de las normas jurídicas. Tradução de Luis Villacorta Mancebo. *Revista Española de Derecho Constitucional*, n. 27, p. 111-126, set./dez. 1989. p. 112-120 e seguintes. Ainda sobre o problema da redução lógico-formal do direito pelo positivismo, MÜLLER, Friedrich. *Teoria estruturante do Direito*. Tradução de Peter Naumann e Eurides Avance de Souza. 3. ed. São Paulo: Revista dos Tribunais, 2011. p. 47-55.

[96] As considerações do parágrafo encontram-se em MÜLLER, Friedrich. *Teoria estruturante do Direito*. Tradução de Peter Naumann e Eurides Avance de Souza. 3. ed. São Paulo: Revista dos Tribunais, 2011. p. 83-93. De qualquer maneira, no aludido trabalho Müller não advoga uma pura exclusão dos métodos positivistas de interpretação, porém fala a respeito de entendê-los como de relativa utilização (p. 57-82).

pretensão de validade universal; mudam-se as lentes para o problema da situação jurídica concreta. O novo foco permite compreender que, em vez de eliminar a existência de valorações, a busca pela objetividade deveria ao revés revelá-las e isso seria consequência da apreensão da remissão reflexa entre método e objeto científico, a qual se consubstancia não só por uma inter-referência entre eles, mas por uma coconstituição de ambos, um pelo outro, em cada processo de concretização.

Friedrich Müller estipula a perspectiva de uma hermenêutica jurídica que se abebera na hermenêutica filosófica, especialmente na visualização das pré-compreensões e da historicidade de sentido compartilhado intersubjetivamente.[97] Nesse diapasão, na terminologia própria de sua teoria, o jusfilósofo alemão apregoa uma teoria estruturante da norma, que não se fia em pontos de referência tradicionais da teoria do direito (como hipótese ou suporte fático e consequência jurídica), mas que se reveste da ótica de um "programa" e "âmbito" da norma: a normatividade não busca uma objetividade absoluta e sim relativa, em que se incorpora na teoria do direito uma racionalidade verificável do debate jurídico e alinhamento do objeto à justiça material.[98] Destarte, o "programa normativo" é a "norma" provisória extraída dos textos normativos dirigidos a um âmbito material – parcela da realidade ou fatos – que se pretende ordenar, que se obtém com base numa interpretação apenas dos dados linguísticos, e o "âmbito normativo" é o conjunto de todos esses dados empíricos em ligação com a ótica seletiva do "programa normativo", vale dizer que aquele é resultado por meio da submissão do âmbito material a um exame baseado no "programa", o qual almeja verificar se os fatos continuam relevantes para a perspectiva do "programa normativo" e se são compatíveis com o seu conteúdo.[99] Por isso, a normatividade é considerada predicado de dinamicidade da norma, que tanto ordena a realidade subjacente quanto é condicionada e estruturada por esse substrato empírico.[100]

Luigi Ferrajoli oferece uma teoria do direito suscetível de ser analisada nos planos semântico, pragmático e sintático, a qual oferece um modelo de garantismo constitucional, em superação ao modelo tradicional por ele chamado de "paleojuspositivismo", o qual não consegue, em sua opinião, visualizar o fenômeno jurídico no contexto atual de inserção de direitos de substrato moral nas cartas das democracias constitucionais, porque está preso ao paradigma do Estado Legislativo ou Estado de Direito liberal.[101]

---

[97] MÜLLER, Friedrich. *Teoria estruturante do Direito*. Tradução de Peter Naumann e Eurides Avance de Souza. 3. ed. São Paulo: Revista dos Tribunais, 2011. p. 57-82.

[98] MÜLLER, Friedrich. *Teoria estruturante do Direito*. Tradução de Peter Naumann e Eurides Avance de Souza. 3. ed. São Paulo: Revista dos Tribunais, 2011. p. 11-17.

[99] MÜLLER, Friedrich. Tesis acerca de la estructura de las normas jurídicas. Tradução de Luis Villacorta Mancebo. *Revista Española de Derecho Constitucional*, n. 27, p. 111-126, set./dez. 1989. p. 120-126; MÜLLER, Friedrich. *Teoria estruturante do Direito*. Tradução de Peter Naumann e Eurides Avance de Souza. 3. ed. São Paulo: Revista dos Tribunais, 2011. p. 289-293.

[100] MÜLLER, Friedrich. *Teoria estruturante do Direito*. Tradução de Peter Naumann e Eurides Avance de Souza. 3. ed. São Paulo: Revista dos Tribunais, 2011. p. 11-17; MÜLLER, Friedrich. Tesis acerca de la estructura de las normas jurídicas. Tradução de Luis Villacorta Mancebo. *Revista Española de Derecho Constitucional*, n. 27, p. 111-126, set./dez. 1989. p. 120-126.

[101] FERRAJOLI, Luigi. *Principia iuris* – Teoria del diritto e della democrazia. Roma-Bari: Laterza, 2007. v. 1. p. 3-11 e seguintes; FERRAJOLI, Luigi. El constitucionalismo entre principios y reglas. *Doxa – Cuadernos de Filosofía del Derecho*, n. 35, 2012. p. 791 e seguintes.

No plano semântico, diferencia 3 pontos de vista ou interpretações semânticas da teoria do Direito: i) uma análise empírica dos conceitos e proposições a respeito das normas jurídicas instituídas no sistema jurídico, baseada no "ponto de vista interno", efetuada por meio do discurso da dogmática jurídica; ii) uma análise empírica tomada por um observador externo sobre os comportamentos regulados pelas normas e a correspondência factual daqueles a estas, adotada por um discurso da sociologia do direito; iii) um exame crítico externo por meio de valorações sobre o universo dos discursos dogmático e sociológico – não só o conjunto de normas e instituições, mas também os fatos relacionados a esses produtos normativos –, oferecido por uma filosofia política ou teoria da justiça, em busca da sua revisão, defesa, transformação ou aperfeiçoamento.[102] Ferrajoli entende existir uma ambivalência natural do fenômeno normativo, pois, no paradigma do Estado constitucional, as normas permitem uma abordagem normativista, enquanto prescrições ideais que, de um prisma geral, regulam comportamentos, como aceitam uma abordagem realista ou sociológica, haja vista que, diante da relação sobreordenada entre normas constitucionais e normas infraconstitucionais, estas são fatos, produtos do legislador emanados em observância dos comandos constitucionais.[103]

No plano pragmático, em primeiro lugar, Ferrajoli destaca que, ao contrário do que ocorre no contexto dogmático, cujo discurso examina os signos e proposições das normas jurídicas numa perspectiva de linguagem comum ou não convencional, os conceitos e proposições elaborados pela teoria do direito são convencionais em larga escala, estipulados por razões várias que se atrelam ao escopo do teórico, entre elas a de maior precisão terminológica ou clareza do discurso científico.[104] Ainda nesse prisma, o jurista italiano revela que a dimensão pragmática da teoria do direito vislumbra a inverdade da pretensão metodológica de neutralidade plena do método técnico-jurídico, porquanto essa concepção ocultava, sob o manto da pretensão puramente descritiva, distorções ideológicas; é inevitável, ao lado da vertente explicativa e descritiva da teoria do direito, uma vertente prescritiva.[105] Logo, no plano pragmático deve-se vislumbrar o papel da teoria do direito de oferecer um ponto de encontro entre esses diversos discursos (dogmático, sociológico e filosófico), seus principais objetos (validade, efetividade e justiça) e consequentemente dos métodos próprios a cada um dos respectivos discursos, conquanto mantenha a clareza de que eles são distintos, o que evita as falácias ideológicas.[106]

---

[102] FERRAJOLI, Luigi. *Principia iuris* – Teoria del diritto e della democrazia. Roma-Bari: Laterza, 2007. v. 1. p. 3-20.

[103] FERRAJOLI, Luigi. *Principia iuris* – Teoria del diritto e della democrazia. Roma-Bari: Laterza, 2007. v. 1. p. 3-20 e seguintes.

[104] FERRAJOLI, Luigi. *Principia iuris* – Teoria del diritto e della democrazia. Roma-Bari: Laterza, 2007. v. 1. p. 26-32.

[105] FERRAJOLI, Luigi. *Principia iuris* – Teoria del diritto e della democrazia. Roma-Bari: Laterza, 2007. v. 1. p. 26-32.

[106] FERRAJOLI, Luigi. Teoria dos direitos fundamentais. Tradução de Hermes Zaneti Júnior e de Alexandre Salim. *In*: FERRAJOLI, Luigi. *Por uma teoria dos direitos e dos bens fundamentais*. Porto Alegre: Livraria do Advogado, 2011. p. 89-97; FERRAJOLI, Luigi. *Principia iuris* – Teoria del diritto e della democrazia. Roma-Bari: Laterza, 2007. v. 1. p. 42. Ferrajoli identifica 4 falácias, decorrentes da "lei" de Hume de que não se deriva um dever-ser de um ser: i) falácia idealista ou jusnaturalista, a qual confunde validade da norma com a sua justiça; ii) falácia ético-legalista, a qual confunde justiça da norma com sua validade, a igualar o direito vigente como se justo fosse; iii) falácia normativista, a qual opera um achatamento do prisma jurídico pelo fático, a confundir o vigor da norma com sua efetividade, a não permitir o reconhecimento da existência de normas vigentes, porém inválidas; iv) falácia realista, a qual impede de reconhecer a existência de normas vigentes, mas não efetivas ou, ao revés, que defende vigência e existência de uma norma apenas porque há efetividade.

Finalmente, no plano sintático, Ferrajoli arquiteta uma teoria do direito de cunho empírico-formal, que se limita a definir e perscrutar conceitos e interconectá-los em rede coesa de postulados, definições e teoremas, sem prescrever-lhes essências; ela é organizada pelo método axiomático, com uso de uma linguagem observacional e uma linguagem teórica: linguagem de observação para os discursos dogmáticos e sociológicos, com utilização do vocabulário e regras linguísticas da linguagem comum e técnica; já a linguagem teórica, construída artificialmente no bojo da teoria, é usada para formular conceitos e asserções que devem explicar e sistematizar resultados da experiência observada, embora sem ser diretamente conectada a ela, de forma a permitir a derivação ou dedução de proposições e conceitos dos conceitos e proposições primitivos formulados no âmbito do sistema teórico.[107] A consequência dessa assunção revela-se plenamente na diferença entre o discurso dogmático e o discurso teórico. Enquanto o primeiro incumbe-se da interpretação e redefinição, baseadas no léxico técnico e nos demais métodos de interpretação, dos significados e conceitos enunciados na legislação, fator que permite a classificação das proposições dogmáticas lexicais como verdadeiras ou falsas, conforme correspondência ao uso empírico dos termos pelo legislador, o discurso teórico constrói conceitos e definições por meio de estipulações do próprio jurista, assumidos por ele conforme a finalidade subjacente à construção do sistema teórico; logo, as asserções, hipóteses e abstrações do discurso teórico podem ser formuladas e desenvolvidas sob a regência do método axiomático.[108] Assim, os conceitos e proposições da teoria do direito devem ser criticados e examinados conforme coerência e consistência com os "postulados" e conceitos-chaves da própria teoria.

1.1.4 Posição adotada

Exposto o apanhado doutrinário até aqui coletado, é tempo de posicionar-se e defender criticamente o posicionamento adotado nesta tese.

À partida, percebe-se que as questões aqui suscitadas remetem ao estudo de outras disciplinas extrajurídicas, como a ética e a filosofia da linguagem. Sem embargo, como já alinhavado em linhas pretéritas, diante dos escopos desta pesquisa e do recorte metodológico, seria descabido enveredar-se por esses temas com a profundidade da lente dessas outras disciplinas, de sorte que as percepções aqui lançadas, naquilo que tocarem o seu objeto, terão o cunho meramente complementar e, justamente por isso, padecerão inevitavelmente da limitação de uma pesquisa que almeja ser técnico-jurídica.

De outro prisma, conquanto para a teoria e a filosofia do direito possa existir acentuado interesse em uma jurisprudência de alcance mais generalista, como pretendeu Hart, ao escopo desta pesquisa convém, tal como fez Ferrajoli, trabalhar dentro do arquétipo das democracias constitucionais cujos textos arrolem direitos fundamentais e

---

[107] FERRAJOLI, Luigi. *Principia iuris* – Teoria del diritto e della democrazia. Roma-Bari: Laterza, 2007. v. 1. p. 43-67. É nesse sentido – axiomatização do método e dedução de teses de postulados e conceitos primitivos – que o jurista italiano se aventura a falar de um "cálculo jurídico".

[108] FERRAJOLI, Luigi. *Principia iuris* – Teoria del diritto e della democrazia. Roma-Bari: Laterza, 2007. v. 1. p. 43-67. É claro que Ferrajoli ressalta que essas diferenças de discurso também existem em relação às interpretações semânticas dos discursos sociológico e filosófico, bem como que a fronteira entre dogmática e teoria do direito não é fixada de modo rígido, o que igualmente sucede com relação às demais interpretações semânticas (sociologia e filosofia).

vinculem todas as funções estatais ao seu respeito e proteção, com instituição de garantias jurídicas contra sua violação. Assim é preciso, pois, conquanto não se ponha ainda a ênfase dentro de alguns ordenamentos jurídicos particularizados, como terminará por ocorrer nas etapas finais da tese, é fato que restringir a análise dentro desse modelo de Estado Constitucional de Direito reduz a generalidade a um menor grau.

Não é debalde registrar que, quando se pensa nas relações entre direito e moral, é fato que elas podem ser enquadradas tanto dentro do fenômeno de produção de normas gerais pelos órgãos competentes quanto no de aplicação de normas individuais pelas instituições de adjudicação ao caso concreto.[109] Uma teoria do direito que pretendesse ser o mais completa possível deveria incluir como seu objeto a ponta de criação das normas jurídicas pelo Legislativo, sob pena de desenvolver apenas uma teoria da adjudicação ou da aplicação do direito. É nisso que incorre Ronald Dworkin, pois sua teoria pode ser enquadrada como uma teoria adjudicatória, que descura das proposições mais gerais de direito, isto é, "direito" no sentido de sistema jurídico.[110] Seja como for, não se nega que o interesse prático maior resida justamente na fase aplicativa das normas pelas instituições de adjudicação.

Por sua vez, e nessa senda já caminhava Coleman, não se vê ganho nem interesse acadêmico, conquanto em tese seja possível, em trabalhar com o conceito de "positivismo negativo", isto é, asseverar ser viável em abstrato uma ordem jurídica que não detenha nenhuma conexão com a moral.

Mormente diante desse quadro de Estado Constitucional de Direito, há que se reconhecer que, em última instância, Lon Fuller acerta ao perceber que o fundamento último para a autoridade do direito, o dever de fidelidade ou a sua força obrigatória aos sujeitos da ordem jurídica, deve fundar-se em razões morais, sob pena de um regresso ao infinito: a pirâmide hierárquica kelseniana das normas deixaria de ter um cume ou ele seria inalcançável aos olhos humanos, com nuvens a toldá-lo no céu da normatividade. Com efeito, a derivação da validade jurídica de uma norma do sistema de outra hierarquicamente superior termina por encontrar um teto ou fronteira, para além do qual se navega em águas extrajurídicas. No entanto, isso não é de espantar, porquanto a finitude da hierarquia do ordenamento jurídico é também consequência lógica das dificuldades impostas pelo trilema de Münchhausen:[111] qualquer procura por um fundamento sólido de enunciados normativos ou empíricos fatalmente conduz ora ao regresso ao infinito, ora a um círculo vicioso na argumentação lógica por transigir com a aceitação de uma petição de princípio, ora à cessação da argumentação para adoção acrítica de certas premissas axiomáticas. Assim, essa observação isolada não

---

[109] MOORE, Michael S. The various relations between law and morality in contemporary legal philosophy. *Ratio Juris*, v. 25, n. 4, p. 435-471, dez. 2012. p. 436; WALDRON, Jeremy. Judges as moral reasoners. *International Journal of Constitutional Law*, v. 7, n. 1, p. 2-24, 2009. p. 2 e seguintes.

[110] MOORE, Michael S. The various relations between law and morality in contemporary legal philosophy. *Ratio Juris*, v. 25, n. 4, p. 435-471, dez. 2012. p. 442-443 e seguintes.

[111] A respeito do trilema de Münchhausen, remete-se a ALEXY, Robert. *Teoria da argumentação jurídica*: a teoria do discurso racional como teoria da fundamentação jurídica. Tradução de Zilda Hutchinson Schilde Silva. 2. ed. São Paulo: Landy, 2005. p. 181-208; e a STRECK, Lenio Luiz. *Jurisdição constitucional e decisão jurídica*. 3. ed. São Paulo: Revista dos Tribunais, 2013. p. 198-274. Alexy salienta que uma saída para o trilema é substituir a exigência de fundamentar uma proposição em outra por uma série de exigências na atividade de fundamentação (regras do discurso prático e do discurso jurídico).

pode percutir gravemente o positivismo, que pode formular respostas satisfatórias de acordo com essa concepção. Em realidade, qualquer insistência em pedir uma justificação regressiva para obedecer ao direito não pode esperar outra resposta que não uma calcada na moral, justamente porque as razões morais são consideradas instâncias últimas de justificação – a não ser que se admita que haja razões ulteriores às razões morais.[112]

Porém, não é de todo descabida a observação de Hart a essa crítica. A perspectiva da autoridade do direito pode dar-se tanto na ótica dos destinatários das regras primárias como pelos destinatários das regras secundárias e é sobre esses últimos, em geral, que reside o teste decisivo para a existência do sistema jurídico institucionalizado. Ora, um sistema jurídico injusto moralmente pode ser respeitado pelos cidadãos por inúmeros motivos, inclusive por medo ou receio de sanção, conquanto a existência e a eficácia do sistema dependam do assentimento e replicação das regras secundárias pelas instituições aplicadoras primárias e secundárias, ainda que por razões egoístas do ponto de vista moral.[113] Em tempos de crise de segurança provocada pelo terrorismo e pelo contra-ataque dos Estados nacionais no endurecimento de leis penais e restrição das liberdades em geral, diante do ressurgimento do ambiente crescente de discórdias interestatais motivadas pela disputa de poder político e econômico no contexto geopolítico, por força do aumento da sociedade comunicativa de massas em plataformas digitais e virtuais e com o advento de modernas tecnologias, inclusive as ligadas à atividade de vigilância, o cenário orwelliano de um *Big Brother* não pode ser mais considerado uma pura ficção ou uma utopia às avessas e isso robustece a sensação de que os motivos para a aceitação da autoridade do direito, ainda que o regime seja de força, são mesmo indiferentes para cravar a existência ou não de um sistema jurídico. De qualquer sorte e trazendo a discussão ao quadrante talhado (paradigma do Estado de Direito das democracias constitucionais), é fato que *ultima ratio* para a força obrigatória do sistema jurídico reside na legitimação moral que o sistema almeja por meio de sua correção moral ou, ao menos, pela percepção política de que ele permite um pacto social estável e moralmente aceitável.

Entre o filiar-se às fileiras jusnaturalistas clássicas ou às positivistas, inegavelmente terá influência a adoção de uma metaética particular.

Logo, é preciso pronunciar-se: no campo da metaética, rejeita-se um niilismo moral, no sentido de que não haja obrigações morais impostas por uma(s) ordem(ns) moral(is) independente(s).[114] Porém, isso resulta na defesa de um realismo moral, isto é, preconizar a verdade ontológica[115] de fatos morais na realidade independente da

---

[112] VILAJOSANA, Josep M. Una defensa del convencionalismo jurídico. *Doxa – Cuadernos de Filosofía del Derecho*, v. 33, p. 471-501, 2010. p. 492 e seguintes.

[113] Em sentido contrário, defendendo que o positivismo deveria ter assentido que a existência da aceitação do sistema não se atém às instituições, mas depende do assentimento também dos cidadãos comuns, além dos juristas já expostos ao longo do texto, pode-se mencionar também SCHIAVELLO, Aldo. Accettazione del diritto e positivismo giuridico. *In*: COMANDUCCI, Paolo; GUASTINI, Riccardo (Org.). *Analisi i diritto*. Ricerche di giurisprudenza analitica. [s.l.]: [s.n.], 2001. p. 308 e seguintes.

[114] CIANCIARDO, Juan. The paradox of the moral irrelevance of the governement and the law: a critique of Carlos Nino's approach. *Ratio Juris*, v. 25, n. 3, p. 368-380, set. 2012. p. 371 e seguintes.

[115] A respeito dos conceitos de verdade lógica (adequação do entendimento com o objeto), de verdade formal (conformidade do pensamento com ele mesmo, sem contradições na operação intelectual), de verdade material (conformidade do entendimento e do seu objeto) e de verdade ontológica (conformidade da realidade com o pensamento), direciona-se a PUIGARNAU, Jaime M. Mans. *Logica para juristas*. Barcelona: Bosch, 1978. p. 167-179.

percepção individual? Se existem, é possível que sejam conhecidos objetivamente e, portanto, passíveis de serem considerados verdadeiros ou falsos (cognitivismo moral)? Responder-se afirmativamente a essas duas indagações seria caminhar em direção à defesa do jusnaturalismo clássico.

O jusnaturalismo clássico não consegue, porém, apresentar resposta a críticas sérias que alcançam as premissas desse pensamento. A pretensão de uma metafísica objetiva e imutável não se coaduna com a historicidade dos direitos fundamentais, como apontou Gregorio Peces-Barba;[116] a normatividade do direito escorada em valores ou princípios morais universais e atemporais importa em aceitar um sistema jurídico estático, sem se coadunar com a necessidade dinâmica do ordenamento de transformar-se, a fim de regular e normatizar os novos problemas que surgem no seio social; um ceticismo ético sobre a existência ou a possibilidade de alcançar a compreensão correta de valores objetivos enfraquece a tese jusnaturalista.[117] Embora, como mostrado por Caracciolo, o positivismo possa ser compatível com o realismo moral, é fato que as críticas positivistas tecidas contra o jusnaturalismo clássico de basear-se em um realismo moral e de falhar quanto à percepção da historicidade dos direitos fundamentais devem ser acatadas. Ora, é difícil perceber do que seria composta essa realidade moral que planaria no etéreo; como se poderia alcançar, diante da diversidade de mundividências, juízos ontologicamente verdadeiros ou falsos confiáveis e objetivos. É, em suma, amparar-se na metafísica, o que não se entende viável.

É evidente que um alicerce metafísico espiritual ou axiológico é perfeitamente defensável dentro de uma doutrina religiosa ou de uma ética moral professada por fé individual ou por um grupo homogêneo de pessoas que compartilhe as mesmas crenças. Todavia, dentro do arquétipo constitucional que ancore o pluralismo axiológico, com o cimentar de diversas crenças e valores muitas vezes conflitantes entre si, fatalmente falharia pretender que haja uma única ordem moral objetiva a reger a vida social ou, se for admitida uma única ordem, que haja uma concepção monista dos valores albergados nessa ordem moral, capaz de hierarquizá-los de forma estanque e definitiva para todas as situações da vida.[118]

De outra sorte, nada impede que alguém creia em realidades metafísicas, porém tenha tolerância com o outro e reconheça que o Estado não imponha a doutrina moral professada por aquele ou alguma outra particular.[119] É fato que o Estado se legitima

---

[116] PECES-BARBA MARTÍNEZ, Gregorio. Fundamental rights: between morals and politics. *Ratio Juris*, 14, n. 1, p. 64-74, 2001. Peces-Barba chama a doutrina do direito natural de ilusória. Sobre a historicidade, desta vez dos direitos humanos, menciona-se Norberto Bobbio (BOBBIO, Norberto. *A era dos direitos*. Tradução de Carlos Nelson Coutinho. 7. reimpr. Rio de Janeiro: Elsevier/Campus, 2004. p. 4-5).

[117] ITZCOVICH, Giulio. Law, social change and legal positivism. Some remarks to Marmor on constitutional legitimacy and interpretation. *In*: COMANDUCCI, Paolo; GUASTINI, Riccardo (Org.). *Analisi i diritto*. Ricerche di giurisprudenza analitica. [s.l.]: [s.n.], 2007. p. 300-305. Esse autor levanta a tese de que o ceticismo ético e o problema da dinâmica ou estática do direito foram fortes argumentos, entre outros, a explicar a difusão do positivismo metodológico ou ideológico nas culturas ocidentais.

[118] A respeito das teorias monistas, tais como o utilitarismo e a ética kantiana, ÁLVAREZ, Silvina. Pluralismo moral y conflicto de derechos fundamentales. *Doxa – Cuadernos de Filosofía del Derecho*, v. 31, p. 21-54, 2008. p. 24 e seguintes.

[119] Particularmente, como se deduz já do agradecimento desta tese, acredito em Deus e na existência de normas e valores morais divinamente revelados ao homem, alguns, inclusive, com hierarquia imutável (amar Deus acima de tudo). No entanto, inclusive porque um dos valores morais concedidos ao homem por Deus é o livre arbítrio, percebe-se que nada incompatibiliza a minha fé com a defesa do pluralismo jurídico e do pluralismo

e funda-se, dentro do paradigma do constitucionalismo democrático, em princípios morais, mas Ferrajoli está correto quando preconiza que não é necessário que o Estado reconheça a validade moral de todos os valores existentes, a bastar-lhe a eleição daqueles capitais que satisfaçam condições de convívio social.[120]

Portanto, rejeita-se um realismo moral dentro do arquétipo constitucionalista plural,[121] pois as normas morais em geral não existem no mundo de forma independente a uma cultura, mas decorrem em parte de práticas sociais aceitas por determinada comunidade em determinado tempo e espaço: possuem uma dependência social. É possível que haja fatos morais que advenham de forma particularizada, autônoma a essas práticas e que até caminhem em direção oposta às práticas aceitas na comunidade. Nesse caso, os princípios e normas morais adviriam da percepção estética ou subjetiva dos fenômenos naturais ou proviriam do resultado de promoção ou capacitação de

---

moral. Sobre a passagem do texto do corpo da tese, poder-se-ia perceber uma semelhança com o construtivismo político preconizado por John Rawls, cuja teoria contratualista da sociedade política baseia-se na adoção de um consenso reticulado, sobreposto ou intercompartilhado pelos indivíduos representantes (*overlapping consensus* ou *consenso entrecruzado*), os quais seriam dotados de razoabilidade e racionalidade, numa posição original hipotética, cobertos por um "véu de ignorância" sobre as funções e posições que ocupariam na sociedade, salvo informações gerais sobre o funcionamento dessa mesma sociedade, o que os faria adotar os dois princípios básicos de justiça apregoados por Rawls, estruturados em forma serial ou léxica. Rawls constrói a ideia de construtivismo político baseado no construtivismo moral kantiano, o qual seria substancialmente diverso daquele, a começar por não se portar como uma doutrina moral compreensiva; a teoria da justiça como equidade, defendida por Rawls, pretende fornecer uma base pública de justificação para questões de "justiça política" com a incorporação de um pluralismo razoável; o construtivismo político não se fia, destarte, em nenhuma doutrina moral compreensiva, que pretenda dar a resposta definitiva para as questões morais, mas numa concepção política que permita a atração de um acordo livre e razoável, com estabilidade suficiente a ponto de conquistar a adesão de um consenso em rede, sobreposto ou compartilhado por quem professa doutrinas morais compreensivas razoáveis. O que é "construído", para Rawls, são justamente os princípios da justiça, os quais determinam o conteúdo do que seja correto e justo politicamente. A respeito do construtivismo político, remete-se a RAWLS, John. *El liberalismo político*. Tradução de Antoni Domènech. 1. reimpr. Barcelona: Crítica, 2006. p. 120-161; sobre as ideias principais de Rawls a respeito de sua teoria da justiça, mencionam-se, da mesma obra, p. 165-205, 245-290, 326-347, 361-372; RAWLS, John. *Uma teoria da justiça*. Tradução de Jussara Simões. 3. ed. São Paulo: Martins Fontes, 2008. p. 1-79; 113-119; 239-252; 376; 668-776. Todavia, é bom frisar que esta tese parte do paradigma de um Estado de Direito das modernas democracias ocidentais, cujos alicerces pluralistas são incontestes, de sorte que, ao contrário de Rawls, não se pretende fazer uma reconstrução do modelo pluralista com base em intuições supostamente irrecusáveis por pessoas racionais; de outro vértice, esta tese também não se coaduna ou se compromete com um suposto consenso em rede, uma vez que é factível que, ainda que com o uso da "razão pública", o dissenso seja um resultado natural tanto para questões teóricas como para as práticas; por fim, fica sempre a dúvida se, para chegar-se a um acordo sobre o que seria uma vida boa, não seria preciso carregar uma determinada concepção de bem e de projeto de vida pressuposto como válido. Em suma, esta tese segue por trilha em que o pluralismo está enraizado institucionalmente no sistema jurídico, a começar por normas constitucionais, ou seja, trata precipuamente da dimensão institucional do Direito e não se fundamenta, ao contrário de Rawls, numa teoria ética que recomendasse o pluralismo como forma de vida boa. As considerações efetuadas, a par de marcar as diferenças entre os projetos e discursos teóricos (o discurso teórico rawlsiano situa-se predominantemente no terreno da filosofia da justiça), são alicerçadas nas críticas de Jürgen Habermas a Rawls (HABERMAS, Jürgen. *Facticidad y validez*. Tradução de Manuel Jiménez Redondo. 4. ed. Madrid: Trotta, 2005. p. 121 e seguintes), e servem para, de algum modo, blindar-se do contraponto habermasiano. Aliás, é pertinente a afirmação de Sartorius (SARTORIUS, Rolf E. The enforcement of morality. *Yale Law Journal*, v. 81, p. 891-910, 1971-1972. p. 906-907), no sentido de que numa sociedade democrática pluralista, o princípio da tolerância deve ser adotado mesmo por "moralistas jurídicos" como uma forma de autoproteção, uma vez que a maioria do dia pode ser a minoria do amanhã.

[120] FERRAJOLI, Luigi. El constitucionalismo entre principios y reglas. *Doxa – Cuadernos de Filosofía del Derecho*, n. 35, 2012. p. 795-800.

[121] Veja-se que, num arquétipo constitucional diverso, como o de uma ordem jurídica teocrática, a conclusão pode ser bem a oposta. Para ilustrar, conquanto conclua pela falha da tese positivista da fonte social para dar conta da correta caracterização do Direito em sociedades religiosas ou costumeiras, a despeito de ter utilidade para acomodar visões de ordens "jurídicas" minoritárias albergadas no interior do Estado, EEKELAAR, John. Positivism and plural legal systems. *Ratio Juris*, v. 25, n. 4, p. 513-526, dez. 2012.

ações que esses valores provocariam ou, finalmente, até da compreensão singularizada do valor das outras pessoas em relação a quem avalia. Porém, é preciso registrar que a autonomia desses valores em relação às práticas sociais – sua não dependência social – não os deixa imunes a conflitos axiológicos nem os absolutiza, pois os valores dependentes e independentes socialmente interagem e relacionam-se, sem que se possa ranqueá-los de forma definitiva; aliás, os valores dependentes socialmente podem ser, por um lado, independentes dos valores mais gerais (independentes socialmente), a ponto de intercruzarem-se bidirecionalmente: os valores gerais refletem-se nas práticas sociais ou nelas se manifestam e as práticas sociais mais específicas acabam por gizar o alcance dos princípios mais gerais. Essa relação termina por resultar na ilação de que alguns valores mais específicos mais não são que instâncias de valores mais gerais; destarte, dentro de um pluralismo compreensivo, abarcam-se valores gerais, não dependentes das práticas sociais, e outros mais específicos, gerados no bojo de práticas sociais ou culturais, os quais se realizam paralelamente.

Em virtude de não se advogar um realismo moral, o jusnaturalismo clássico seria, a princípio, descartado, uma vez que não seriam possíveis juízos morais objetivos. Porém, afiança Michael Moore que é possível defender a metafísica, ou melhor, que as relações de conteúdo entre direito e moral são necessárias e verdadeiras de modo metafísico e não analítico.[122] Moore entrevê cinco espécies de conexões entre direito e moral: i) explícita incorporação da moralidade por normas jurídicas, como as que estabelecem direitos fundamentais ou explicitamente conclamem juízes a decidir baseado em premissas morais; ii) autoridade ou força obrigatória do direito, uma vez que a norma jurídica superior do sistema vincula por alguma razão moral; iii) inevitável indeterminação das normas jurídicas para a solução de alguns casos concretos, notadamente quando não houver regramento específico a regê-la ou, se houver, padecer a regra de vagueza, ambiguidade, textura aberta ou existir mais de uma norma aplicável à hipótese em situação de conflito normativo; iv) caso haja padrão jurídico a reger a hipótese concreta em exame, se sua aplicação de acordo com o sentido literal puder frustrar os propósitos para os quais a norma foi concebida; v) no mesmo caso anterior, se a aplicação da

---

[122] MOORE, Michael S. The various relations between law and morality in contemporary legal philosophy. *Ratio Juris*, v. 25, n. 4, p. 435-471, dez. 2012. p. 437 e seguintes. Conforme preleciona o jurista, uma conexão entre direito e moral quanto ao conteúdo da obrigação imposta pela norma pode ser encarada como necessidade analítica ou necessidade metafísica. Uma verdade necessária analiticamente decorre unicamente do próprio significado dos termos da proposição, é uma noção semântica de verdade. No exemplo do próprio autor, o enunciado "um solteiro é um homem não casado" consubstancia uma verdade necessária analiticamente. De outro lado, a necessidade metafísica, segundo o autor, baseado em Kripke, é uma verdade necessária que depende de como o mundo é, sem ser exclusivamente dependente de convenções sobre o uso da linguagem. A ficar com o exemplo do autor, o enunciado "água é H2O" consubstancia uma verdade necessária metafisicamente, pois não decorre de semântica, mas de um fato quimicamente comprovado que a água é composta de moléculas integradas por dois átomos de hidrogênio para um de oxigênio. Com efeito, percebe-se um paralelo muito estreito entre os conceitos de necessidade analítica e de necessidade metafísica, de um lado, e os de proposições analíticas e sintéticas, de outro, muito empregadas pelos positivistas lógicos e empiristas, para referir-se às proposições que seriam empiricamente verificáveis (proposições fáticas ou sintéticas) e às proposições cuja verdade depende unicamente de sua forma lógica. Sobre essas últimas proposições e as críticas dirigidas aos positivistas ideológicos, remete-se a MORESO, José Juan. Teoría del derecho y neutralidad valorativa. *Doxa – Cuadernos de Filosofía del Derecho*, v. 31, p. 177-200, 2008. p. 178 e seguintes.

norma conduzir a resultados manifestamente absurdos ou injustos, ainda que esse seja o escopo da criação da norma.[123]

Michael Moore defende que essas conexões são necessárias metafisicamente e que o positivismo, ao procurar enquadrar-se como ciência puramente descritiva, terminou por tentar captar conexões ou desconexões entre moral e direito como verdades meramente analíticas. Na base desse proceder, está uma teoria do significado convencionalista, que pressupõe que haja três coisas distintas: o objeto no mundo, a palavra convencional que representa o objeto e o conceito desse objeto. Isto é, gato, o animal, a palavra "gato" e o conceito de "gato", sendo que este normalmente é formado por uma lista de critérios para que algo possa ser considerado um gato, por exemplo: mamífero, felino, doméstico, entre outras especificações possíveis. Qualquer objeto ou animal que não seja um mamífero, mais precisamente um felino e domesticado, não será, pelo conceito elaborado, um gato. Moore, ancorado em Putnam, sustenta linha diversa, qual seja, uma teoria do significado de referência direta, em que seja possível a eliminação dos conceitos ou de uma lista de critérios ou propriedades, bastando a coisa no mundo e a palavra que lhe faz referência. Com isso, compreender-se-ia a essência ou a substância desse objeto, pois o vocábulo empregado na sua representação traduziria o que existe no mundo.

Trazendo a ideia para o direito, Moore esquematiza uma pretensão de descrição da essência ou natureza do que seja o direito, a qual estaria firmada nas conexões metafísicas entre este e a natureza da moral. A consequência dessa posição seria de abandonar a ideia de conceituar o que seja o direito – não se busca um conceito, uma lista de propriedades do que seja o direito, para que se possa examinar conexões de verdade analíticas –, de sorte que a tarefa da jurisprudência não está na descrição dessas propriedades. Nesse ponto, o pensamento de Moore parece aproximar-se de Coleman e de Dworkin, não obstante as enormes diferenças da doutrina desses juristas, naquilo que se refere a excluir do escopo da teoria do direito a preocupação com um critério de identificação daquilo que componha o sistema jurídico.

O que Moore não consegue satisfatoriamente responder é como uma teoria do significado que almeja uma referência direta ao significante, a princípio possível para objetos físicos ou existentes na natureza, possa ser validamente utilizada para "objetos" culturais, construídos artificialmente pelo engenho humano, como é o direito, que é bem retratado por Neil MacCormick como uma ordem normativa institucional, a salientar o aspecto social ou institucionalizado do sistema jurídico e de seus oficiais.[124] Moore tenta escapar dessa encruzilhada ao aduzir uma confusão entre as convenções como parte da

---

[123] MOORE, Michael S. The various relations between law and morality in contemporary legal philosophy. *Ratio Juris*, v. 25, n. 4, p. 435-471, dez. 2012. p. 437-456. Ainda sobre os propósitos ou fins da norma como etapa imprescindível para uma correta interpretação e, assim, resguardar o dever de fidelidade ao direito, já caminhava FULLER, Lon L. Positivism and fidelity to law – A reply to Professor Hart. *Harvard Law Review*, v. 71, n. 4, p. 630-672, 1958. p. 661 e seguintes. Conferir, ainda, WALDRON, Jeremy. Judges as moral reasoners. *International Journal of Constitutional Law*, v. 7, n. 1, p. 2-24, 2009. p. 8 e seguintes, no aspecto em que critica o positivismo e, de algum modo, o positivismo inclusivo, por outorgarem um papel institucional "dual" aos juízes, aduzindo que, de um modo ou outro, eles necessariamente tomam significantes decisões de cunho moral.

[124] MACCORMICK, Neil. *Institutions of law* – An essay in legal theory. reprint. Oxford/New York: Oxford University Press, 2009. p. 11-20; MACCORMICK, Neil. *Rhetoric and the rule of law*. reprint. Oxford/New York: Oxford University Press, 2010. p. 2-5. Aqui também é pertinente a crítica de Habermas a Rawls, por olvidar a dimensão institucional do direito, já referida anteriormente.

natureza de algo e as convenções linguísticas (conceitos) que fixam a natureza da coisa como uma questão de necessidade analítica. Ou seja, Moore não nega que as convenções sejam parte da essência do direito, porém isso refoge de convenções linguísticas que estabeleçam aquilo que se entende por "direito"; o que ocorreria é que a natureza da coisa (do direito) é que guiaria o significado de "direito" como comumente referido nas convenções linguísticas adotadas na comunidade.[125]

A tentativa de Moore contorna o problema e não o resolve. O conceito de direito ou aquilo que linguisticamente é convencionado como sendo "direito", por depender de fatos institucionais, é produto de uma específica cultura e pode, por isso, estar sujeito a variações ao longo do tempo e conforme o espaço geográfico em que se desenvolvem as práticas sociais.[126] Se a pretensão de Moore estivesse correta, e isso vale para a posição jusnaturalista, como negar o epíteto de "jurídico" a sistemas jurídicos passados que destoaram da concepção do justo do presente, ou mesmo a sistemas jurídicos que entalharam valores diversos dos comungados nos Estados de Direito democráticos? Logo, se a institucionalização do direito, isto é, se as convenções a respeito das práticas sociais são parte da natureza do direito, automaticamente conformam as próprias convenções linguísticas ou conceitos que uma teoria do direito pode pretender cunhar ou explicitar. Uma pretensão de referência direta do significado ao significante "direito" soçobra diante do contexto cultural em que a prática é desenvolvida. O sofisticado argumento de Moore é circular no fundo, pois, ao admitir que a "essência" do direito possa guiar as convenções linguísticas daquilo conceituado de "direito", nada mais faz que reproduzir implicitamente a profunda dependência do contexto cultural da socialidade ou institucionalização do direito, sem eliminar a possibilidade de proposições analiticamente verdadeiras sobre os critérios a formar o conceito de direito.

É evidente, e Raz aponta isso muito bem, que a formulação de conceitos não é só importante para o entendimento das práticas sociais e instituições da própria comunidade, mas também de culturas estranhas; para tanto, relacionam-se as práticas e instituições de comunidades de base cultural diversa com as existentes na comunidade do observador; os conceitos forjados servirão para fazer essa interface entre práticas interculturais.[127]

Entrementes, por adotar-se uma concepção convencionalista do significado e por força das reflexões supramencionadas, refutam-se as ilações de Coleman, Dworkin e mesmo Moore sobre a desnecessidade ou ausência de importância de propriedades ou critérios para identificação do direito, pois, do contrário, sequer seria possível reconhecer instituições que são juridicamente competentes para decidir, criar normas ou praticar quaisquer atos jurídicos. Deve estar entre as atividades desenvolvidas por uma teoria do direito a tarefa de descrever justamente essas propriedades ou conjuntos de critérios pelos quais se reconhece algum elemento com o *status* de jurídico, e nisso Hart e Kelsen estão corretos. No entanto, o ininterrupto fluxo cultural que incide sobre o direito como

---

[125] MOORE, Michael S. The various relations between law and morality in contemporary legal philosophy. *Ratio Juris*, v. 25, n. 4, p. 435-471, dez. 2012. p. 438-440.

[126] RAZ, Joseph. On the nature of law. *In*: RAZ, Joseph. *Between authority and interpretation* – On the theory of law and pratical reason. Oxford/New York: Oxford University Press, 2009. p. 91-99.

[127] RAZ, Joseph. On the nature of law. *In*: RAZ, Joseph. *Between authority and interpretation* – On the theory of law and pratical reason. Oxford/New York: Oxford University Press, 2009. p. 91-99. O direito seria um dos "conceitos de construção de ponte" entre diversas culturas (*bridge-building concepts*).

CAPÍTULO 1
A PONDERAÇÃO NA SOLUÇÃO DE CONFLITOS NORMATIVOS E AS NORMAS DE DIREITOS FUNDAMENTAIS | 61

sistema jurídico também alcança a teoria do direito, ela mesma um produto cultural sujeito a câmbios de paradigmas a depender do contexto histórico e espacial de dada sociedade, o que faz com que a teoria do direito não se resuma à mera descrição neutra da realidade. Os juristas e teóricos do direito conquistam influência por meio de suas teorias, a modificar sensivelmente o próprio conceito que se tem de "direito". Eis os motivos plausíveis para, na companhia de Joseph Raz, defender que seja uma empreitada possível e útil de uma teoria do direito apresentar elementos criteriais, universais ou essenciais do objeto "direito", sem incorrer na falácia de irrogar-se a pretensão de que esses elementos ou lista de propriedades sejam esgotados, definitivos e imutáveis.[128]

Em realidade a tarefa descritiva da teoria do direito não é seriamente contestada por quase ninguém, à exceção, talvez, de realistas jurídicos ou teóricos críticos mais propensos a defender a tese de radical indeterminação do direito. O que se indaga é se é possível, como propalado pelo positivismo metodológico mais estrito, uma pura descrição da realidade, sem qualquer juízo valorativo a respeito. É justamente o positivismo metodológico que alicerça, com o postulado neutral do jurista, a diferenciação do direito como ele é do direito que deveria ser, o que permite a crítica político-moral dos sistemas jurídicos e dos seus elementos, a concentrar a teoria do direito na pura descrição daquilo que existe juridicamente. Deveras, a neutralidade plena do jurista ou de qualquer cientista já é motivo de ceticismo, inclusive no campo de ciências empíricas e exatas. Não se entrevê um jurista absolutamente neutro, porquanto isso é humanamente impossível. Com efeito, Carlos Nino bem pontuou que as palavras possuem uma carga afetiva, o que calca o risco de que isso possa turvar o seu significado cognoscitivo, com a ampliação ou diminuição de fenômenos denotados ou com aporte ou retirada de significados consoante posição político-ideológico-moral do intérprete;[129] José Moreso fala de "conceitos densos", a exemplo de "razoável", "justo", "honesto", "cruel", nos quais existe uma imbricação entre a dimensão fática e axiológica e que sem a compreensão de ambas não se apreenderia na totalidade o significado do vocábulo empregado.[130] Trazida a problemática ao estudo dos direitos fundamentais e de suas normas, cujos conceitos e termos trazem a lume a história de lutas e positivação dos direitos ante o domínio opressor do Estado, com reflexos nos discursos políticos, históricos, sociológicos, morais, teológicos, é sensível a preocupação de que se perca a objetividade do cientista nas turvas névoas da emoção, a obscurecer sua apreciação dogmática crítica e coerente.[131]

---

[128] RAZ, Joseph. On the nature of law. *In*: RAZ, Joseph. *Between authority and interpretation* – On the theory of law and pratical reason. Oxford/New York: Oxford University Press, 2009. p. 91-99. Raz adverte, porém, que não se pode misturar teoria, que busca o entendimento, com advocacia, embora o jurista reconheça que não há linha demarcatória nítida entre ambas e que toda teoria tem uma pitada de advocacia. Coleman (COLEMAN, Jules L. Beyond inclusive legal positivism. *Ratio Juris*, v. 22, n. 3, p. 359-364, set. 2009. p. 380 e seguintes), por sua vez, acredita que Raz, conquanto parta da tese da regra de reconhecimento, não tem a sua teoria voltada para a identificação dos critérios de pertencimento ao sistema jurídico, razão pela qual vislumbra que, ainda que irrefletidamente, o jurista britânico não lhe conceda peso, do que se discorda.

[129] SANTIAGO NINO, Carlos. *Introdução à análise do direito*. Tradução de Elza Maria Gasparoto. São Paulo: Martins Fontes, 2010. p. 16-17.

[130] MORESO, José Juan. Teoría del derecho y neutralidad valorativa. *Doxa – Cuadernos de Filosofía del Derecho*, v. 31, p. 177-200, 2008. p. 181 e seguintes.

[131] DUARTE, David. *A norma da legalidade procedimental administrativa* – A teoria da norma e a criação de normas de decisão na discricionariedade instrutória. Coimbra: Almedina, 2006. p. 731 e seguintes; PECES-BARBA

Todas essas considerações são aptas a, por um lado, renegar o positivismo ideológico, uma vez que é perceptível que valorações morais acabam por entrar na tarefa de decidir lides jurídicas em algumas situações – sem entrar ainda no mérito de saber se essas considerações morais incorporam-se ou fazem parte do direito ou não – e, portanto, uma plena neutralidade do jurista não é sustentável e os órgãos aplicadores fatalmente as usarão no ofício judicante para certos casos; por outro prisma, elas resultam no abrandamento da tese do positivismo metodológico que concebe o papel do jurista de unicamente descrever o direito como é. É plenamente viável adstringir ao jurista o ofício de descritor do sistema jurídico vigente; ocorre que ele não exercerá esse encargo de forma absolutamente neutra, porém é perfeitamente plausível que ele, ao adotar uma posição de observador externo, conforme apregoa Hart, ou na condição de um observador "destacado" (*detached*), de Raz, elabore proposições jurídicas que especifiquem o conteúdo de normas jurídicas sem qualquer comprometimento com a correção moral dessas normas ou com a ilação de que elas imponham, pelo fato de serem jurídicas, uma razão moral para agir em sua conformidade.[132]

O que é preciso registrar é que, contrariamente ao que parecem sugerir muitos, a exemplo de Ferrajoli, Alexy, Müller, Atienza e, em geral, os neoconstitucionalistas, seria um erro supor que unicamente após a inclusão de um rol de direitos fundamentais com previsão de tutela judicial é que o positivismo se viu obrigado a explicar o fenômeno de validade material ou substancial. Ora, é um equívoco pretender que o positivismo submetesse a validade das normas apenas ao aspecto formal atinente à produção dessas normas. Mesmo no paradigma do Estado Legislativo, é inegável que leis cujo texto empregasse "termos densos" já serviam de parâmetro de controle de conteúdo dos atos administrativos e de normas infralegais sob o prisma da validade material. O fundamento de invalidade, porém, não eram considerações morais sobre a correção ou justiça do ato infralegal, e sim o argumento lógico de que houve contradição normativa com norma de hierarquia superior.[133] É claro que a positivação de direitos fundamentais acentua essa questão, mas ela já existia antes da sedimentação do constitucionalismo.

Estabelecida a ideia de que o conhecimento e a descrição do conteúdo do direito por meio de proposições "destacadas", que esclareçam o que exige determinada norma jurídica sem submissão a razões adicionais para obedecer a essa exigência, resta a ser enfrentada, no entanto, a crítica de Lon Fuller de que uma teoria do direito que se preocupasse com a mera descrição seria frustrante demais, por propor muito pouco. É evidente que a crítica moral do direito pode ser efetuada por uma teoria da justiça ou por meio de um discurso filosófico-político metajurídico, a enriquecer a teoria do direito,

---

MARTÍNEZ, Gregorio. Fundamental rights: between morals and politics. *Ratio Juris*, 14, n. 1, p. 64-74, 2001. p. 64 e seguintes, que acentua a dimensão política dos direitos fundamentais.

[132] RAZ, Joseph. On the nature of law. *In*: RAZ, Joseph. *Between authority and interpretation* – On the theory of law and pratical reason. Oxford/New York: Oxford University Press, 2009. p. 100 e seguintes.

[133] GUASTINI, Riccardo. Rigidità costituzionale e normatività della scienza giuridica. *In*: COMANDUCCI, Paolo; GUASTINI, Riccardo (Org.). *Analisi i diritto*. Ricerche di giurisprudenza analitica. [s.l.]: [s.n.], 2002-2003. p. 413-416. O autor sublinha que, em razão do conflito normativo por força do exame do conteúdo das normas, o controle de conteúdo não importa juízo de valor, mas reconhecimento da antinomia, fenômeno que não é exclusivo dos Estados de constituições rígidas. No sentido de que o positivismo não se compromete com uma validade meramente formal, também caminha PINO, Giorgio. Positivism, legal validity, and the separation of law and morals. *Ratio Juris*, v. 27, n. 2, p. 190-217, jun. 2014.

CAPÍTULO 1
A PONDERAÇÃO NA SOLUÇÃO DE CONFLITOS NORMATIVOS E AS NORMAS DE DIREITOS FUNDAMENTAIS | 63

porém é preciso que esse discurso obedeça a um postulado de transparência, isto é, que ele seja esclarecido e metodologicamente diferenciado do discurso jurídico de direito positivo; de forma hialina, deve o jurista apresentar suas contribuições normativas nessa seara sem incorrer na confusão metodológica de tratá-las como se fossem um discurso único. Assim, comunga-se da opinião de Ferrajoli de que é possível que uma teoria do direito propicie um ponto de encontro dos discursos do direito positivo, do sociológico e do crítico-normativo, porém deva ter a clareza de diferenciá-los e não os mesclar ametodicamente, sob pena de incorrer em "falácias ideológicas".

Há que se observar que há dois níveis ou dimensões que podem ser avaliados no tocante ao conhecimento e descrição do direito: uma teoria do direito que identifique os critérios de reconhecimento de normas jurídicas no sistema, vale dizer, que se ocupe com as fontes de produção das normas; e uma teoria que identifique os critérios para reconhecer normas jurídicas na missão de adjudicação, desenvolvida dentro de uma teoria da interpretação. A esse respeito, Christian Dahlman comenta sobre uma regra de reconhecimento epistêmica e uma regra de reconhecimento de adjudicação: a primeira propicia o reconhecimento do fato social de a norma ser praticada no bojo de determinado sistema, a segunda permite que uma norma seja considerada pelos órgãos adjudicativos como a reger-lhe o ofício decisório.[134] Ora, é possível, portanto, formatar uma teoria do conhecimento jurídico, preocupado com o reconhecimento epistêmico do sistema, e uma teoria da adjudicação, voltada ao reconhecimento adjudicativo das normas que regem o ofício judicial e que fornecem parâmetros que guiam e limitam de algum modo a discricionariedade dos órgãos de aplicação jurídica.[135]

Num tom que pode se aproximar do matiz gizado por Dahlman, Eugenio Bulygin comenta sobre dois conjuntos de normas do mesmo sistema, que existem de forma paralela, em níveis diferentes, embora relacionados entre si: o sistema primário e secundário. Este pressupõe aquele, por isso a correlação; o primeiro é endereçado aos indivíduos em geral, ao passo que o último tem como destinatário as cortes.[136] Eis aqui o problema apontado por Moore: têm os juízes obrigação de aplicar só o direito ou existem outras obrigações que os vinculam e que não são normas jurídicas e, portanto, interiores ao direito?

Essa reflexão é necessária para a abordagem do problema: o jusnaturalismo – e mesmo o interpretativismo de Dworkin, que, para alguns, é considerado um jusnaturalista

---

[134] DAHLMAN, Christian. Adjudicative and epistemic recognition. *In*: COMANDUCCI, Paolo; GUASTINI, Riccardo (Org.). *Analisi i diritto*. Ricerche di giurisprudenza analitica. [s.l.]: [s.n.], 2004. p. 229-237.

[135] DAHLMAN, Christian. Adjudicative and epistemic recognition. *In*: COMANDUCCI, Paolo; GUASTINI, Riccardo (Org.). *Analisi i diritto*. Ricerche di giurisprudenza analitica. [s.l.]: [s.n.], 2004. p. 229-237.

[136] BULYGIN, Eugenio. Norms and logic – Kelsen and Weinberger on the ontology of norms. *In*: AARNIO, Aulis; MACCORMICK, Neil. *Legal reasoning*. Aldershot; Hong Kong; Singapore; Sydney: Dartmouth, 1992. v. 1. p. 443 e seguintes. Eis a explicação encontrada por Bulygin para mostrar que algumas decisões, em que pesem válidas do ponto de vista das normas secundárias – aplicaram adequadamente as normas de adjudicação e procedimentais disponíveis no sistema –, acabaram por malferir normas pertencentes ao conjunto primário. O exemplo usado pelo autor é ilustrativo: a existir uma regra que proíba e sancione o homicídio a determinada sanção, integrante do conjunto primário, é possível que uma norma secundária do sistema imponha a absolvição do autor de um delito – a que prescreva a absolvição na falta de provas da autoria ou da materialidade do crime. Logo, ainda que ele seja o autor do ilícito e, por conseguinte, haja violação da norma primária, o agente restará impune, pela aplicação da norma do conjunto secundário.

disfarçado –[137] apregoa que suas teses explicariam melhor a função de aplicação do direito, pois os juízes, quando decidem casos concretos, reconheceriam e aplicariam direito preexistente e não criariam direitos que regeriam a lide retroativamente. Michael Moore, um jusnaturalista contemporâneo, escreve que a argumentação moral usada pelos julgadores na decisão de um caso – seja para ajustar a interpretação de normas jurídicas aos propósitos para os quais foram criadas, seja para retificar normas que conduzam a iniquidades (ainda que elas tenham sido o resultado planejado), seja para resolver casos quando não há determinação clara por meio das normas existentes – faz parte do direito e, como tal, vincula os aplicadores, o que implica que os juízes devem seguir o direito e não o aplicar de modo retroativo, já que uma prática diversa jurídica constante seria normativamente criticável, sobretudo com foco na perspectiva dos litigantes;[138] Dworkin, como já referido, recusa competência dos juízes de agirem como legisladores e proclama não ser a percepção ordinária das pessoas considerar que os órgãos aplicadores estejam submetidos a outro dever que não o de aplicar o direito. Essa ideia retoma uma distinção entre obrigações jurídicas e obrigações judiciais: estariam os aplicadores submetidos a outras obrigações que não as jurídicas?

De pronto, como é conatural a qualquer tipo de produto cultural, o sistema jurídico vale-se de uma linguagem e recepciona no sistema regras semânticas e sintáticas da linguagem natural utilizada na comunidade, sem prejuízo de que possa até alterar essas regras em pontos específicos de forma artificial, para propósitos exclusivos.[139] Ora, à partida, regras da linguagem, em que pese serem utilizadas pela ordem jurídica, não podem ser consideradas normas jurídicas, mas os juízes a ela estão sujeitos, senão se fecharia a possibilidade de comunicação. Da mesma forma, regras matemáticas e de cálculo utilizadas em alguma decisão que contabiliza algum valor a ser desembolsado não são normas jurídicas, porém vinculam as instituições de aplicação do direito,[140] o que permite o prosseguimento da comunicação. Logo, nem todos os padrões que são usados nas decisões e que guiam os órgãos adjudicadores na prestação da jurisdição são, por isso, jurídicos. E as considerações morais utilizadas na solução de casos, especialmente para casos de indeterminação do direito?

---

[137] Há debate sobre Dworkin ser ou não jusnaturalista. Riccardo Guastini (GUASTINI, Riccardo. *Distinguiendo –* Estudios de teoría y metateoría del derecho. Tradução de Jordi Ferrer i Beltrán. Barcelona: Gedisa, 1999. p. 277-286) expressamente diz que a teoria de Dworkin é um "avatar" sofisticado de direito natural mesclado com o formalismo clássico. Com efeito, é inegável que há pontos muito próximos entre o interpretativismo dworkiniano e o jusnaturalismo, contudo seria apropriado resumir aquele a este, ao menos não no sentido clássico ou tradicional, justamente porque Dworkin não opera de um parâmetro de transcendência absoluta dos valores morais a excluir uma historicidade dos direitos, com aquiescência ao que escreveu Castanheira Neves (NEVES, A. Castanheira. *O actual problema metodológico da interpretação jurídica*. reimpr. Coimbra: Coimbra Editora, 2010. t. I. p. 349-362).

[138] MOORE, Michael S. The various relations between law and morality in contemporary legal philosophy. *Ratio Juris*, v. 25, n. 4, p. 435-471, dez. 2012. p. 458-463. Senão, do contrário, os litigantes seriam meros suplicantes de um favor judicial e não pretendentes de reconhecimento de direitos. É preciso registrar que Moore não se contenta com um argumento formal ou descritivo, mas pensa ser essencial um argumento normativo para defender essa posição.

[139] DUARTE, David. Linguistic objectivity in norm sentences: alternatives on literal meaning. *Ratio Juris*, v. 24, n. 2, p. 112-139, jun. 2011. p. 112-115.

[140] DONNELLY-LAZAROV, Bebhinn. The figuring of morality in adjudication: not so special? *Ratio Juris*, v. 24, n. 3, p. 284-303, set. 2011. p. 284-303. Este jurista usa como exemplo "leis" da matemática e da lógica.

É aqui que o debate sobre positivismo includente e excludente é deveras pertinente. Como visto, Raz tem um forte argumento em salientar que as normas morais usadas na decisão dos casos não são incorporadas às normas do sistema da mesma forma que normas de direito internacional, eventualmente aplicadas e referidas pelas instâncias adjudicadoras, não se internalizam; antes são referidas e autorizam os aplicadores a decidir com base nelas, sem as juridicizar, contudo. Em seu apoio, pode-se mencionar Donnely-Lazarov, o qual sustenta que os juízes arrazoam sobre moralidade como fundamentam sobre quaisquer outros assuntos, como comércio, política criminal etc., sem os internalizar dentro do sistema.[141] Para Coleman e outros positivistas inclusivos, a tese dos fatos sociais permite verificar que empiricamente agentes encarregados de aplicar normas jurídicas aceitam normas morais no seu mister adjudicatório, de modo que elas passam a integrar o sistema não pelo acerto de seu conteúdo moral, mas pela situação fática de terem sido "reconhecidas" como vinculantes pelas instituições judicantes.

Ambas as teses possuem argumentos razoáveis, com desdobramentos coerentes com seus axiomas, mas o positivismo excludente tem a seguinte inconveniência: se as normas morais não se incorporam no sistema jurídico, ainda que tenham recebido positivação explícita em normas desse ordenamento, como boa parte das normas que positivam direitos fundamentais, não se poderia falar, a rigor, de princípios jurídicos, mas meramente de princípios morais referidos por normas jurídicas a autorizar o juiz a deles fazer uso na solução dos casos de sua competência.[142] Essa conclusão, não obstante óbvia, não é notada por Raz, que já aceitou a existência de princípios jurídicos em alguns de seus escritos, ao preconizar que alguns princípios morais poderiam juridicizar-se em função de um costume judicialmente criado.[143]

A par dessa inconsistência de Raz, é difícil rejeitar o fato de que os princípios jurídicos são normas jurídicas e não meras normas morais, seja por receberem o reconhecimento institucional próprio,[144] seja por vincularem juridicamente decisões das instâncias aplicadoras ainda que os juízes delas componentes particularmente discordem da correção moral da decisão; esse fenômeno fica mais nítido em princípios reconhecidos por cortes superiores, os quais geram razões jurídicas para sua reaplicação em situações análogas, mesmo que moralmente os juízes rejeitem aquele padrão moral ou extraiam deles consequências diversas. O próprio Raz admitiu que é possível a criação de princípios jurídicos por meio de um costume judicial, o que implica por óbvio não apenas um único precedente. Em suma, se são admitidos princípios jurídicos e não meramente princípios morais usados na solução de casos concretos pelos órgãos judiciais, dessume-se que eles fornecem guias jurídicos para a conduta dos órgãos aplicadores, e não simplesmente autorizam os juízes a buscar na moralidade a solução do caso.

---

[141] DONNELLY-LAZAROV, Bebhinn. The figuring of morality in adjudication: not so special? *Ratio Juris*, v. 24, n. 3, p. 284-303, set. 2011. p. 284-303.

[142] A referida tese de que não existiriam princípios jurídicos foi exposta por ALEXANDER, Larry; KRESS, Ken. Against legal principles. *Iowa Law Review*, v. 82, p. 739-786, 1996-1997. p. 739 e seguintes. Esse ponto será retomado em tópico mais adiante.

[143] RAZ, Joseph. Legal principles and the limits of law. *Yale Law Journal*, v. 81, p. 823-854, 1971-1972. p. 852 e seguintes.

[144] AARNIO, Aulis. *Reason and authority*: a treatise on the dynamic paradigm of legal dogmatics. Cambridge: Ashgate, 1997. p. 183-185.

Ademais, conquanto Raz reconheça que o direito pode normatizar condutas de modo diverso da moralidade, fica sem explicação satisfatória o *status* da norma que "modifica" o padrão moral: ora, como já aludido em relação às regras da linguagem, é possível que normas do ordenamento alterem as regras da linguagem natural, por exemplo, ao estipularem um conceito de conotação mais ampla ou de significado semântico diverso daquele empregado pelos falantes da comunidade linguística. Mas, nesse caso, não se discute que a norma do sistema é jurídica. Da mesma forma, caso as instituições legislativas positivem um princípio moral em sentido mais amplo ou diverso da forma que ele é compreendido pela moralidade convencional da comunidade, não se pode pretender que a norma que o encampa não seja jurídica ou, dito de outra maneira, mas de idêntico efeito prático, que seja uma simples permissão jurídica ao órgão judicante de buscar na moralidade a solução da controvérsia. Como buscar na moralidade convencional aquilo que o próprio direito terminou por modificar? Análogas razões servem para refutar parcialmente a posição de Donnely-Lazarov, para quem o juiz arrazoa sobre moralidade, mas a moralidade que figura na argumentação jurídica não faz parte do direito. Isso é correto em alguma medida, porém não é correto se o princípio moral for explicitamente positivado no sistema jurídico institucionalmente por meio do canal adequado: legislação ou costume judicial.

Um caminho para refutação da tese da incorporação institucional, a qual é aceita neste trabalho, seria a objeção de Giorgio Pino. Segundo ele, não seria plausível defender o argumento incorporacionista, que, no fundo, seria algo como um "toque de Midas". Pino coloca que esse tipo de argumentação ou é trivial, no sentido de que a norma que "incorpora" o padrão é jurídica, ou é implausível, na conotação de que o princípio moral, após incorporado, perde sua referência moral e passa a ter um significado jurídico. Segundo o jurista italiano, a inclusão de valores em cláusulas constitucionais não significa que o direito possa exaurir seu conteúdo moral. O texto constitucional não remete a fatos sociais ou ao modo socialmente compreendido desses valores, mas sim aos próprios valores, exige-se dele uma argumentação sobre seu significado e importância; ademais, interpretar esses valores do modo convencional poderia debilitar a função contramajoritária dos direitos fundamentais, pois esses valores seriam dimensionados de acordo com a percepção majoritária da sociedade. Por fim, o próprio pluralismo defenestraria a pretensão da tese de incorporação, ante a percepção de que não existiria uma única concepção desse valor.[145] Os argumentos de Pino, porém, não prosperam inteiramente ou devem ser devidamente contextualizados. Embora Pino diga ser trivial, acaba por reconhecer que é correto dizer que a positivação incorpora padrões morais ao direito. De mais a mais, repise-se que o direito pode muito bem modificar, após a institucionalização, determinado padrão moral do modo como é visto na sociedade; numa sociedade pluralista, pode muito bem a institucionalização incorporá-lo de jeito a consubstanciar um significado diverso daquele existente nas diversas concepções, professadas pelos vários segmentos a respeito desse valor. É evidente que introduzir a argumentação moral na fase de aplicação do direito não dista de reconhecer, como fez Donnely-Lazarov, que os juízes podem argumentar sobre moralidade. Porém, a partir

---

[145] PINO, Giorgio. Positivism, legal validity, and the separation of law and morals. *Ratio Juris*, v. 27, n. 2, p. 190-217, jun. 2014.

do momento que há um discurso institucionalizado apto pela regra de reconhecimento de adjudicação do sistema a internalizar a norma moral, há a incorporação, com as suas inevitáveis consequências. Isso não afasta a percepção de que o sistema jurídico não possa sofrer novos influxos advindos da moralidade por meio da abertura dada pelas instituições aplicadoras, em observância da regra de reconhecimento adjudicatória; ora, um costume judicial generalizado, passível de internalizar novos princípios morais, pode justamente desfazer a própria alteração jurídica ocorrida pela positivação ou incorporação da norma moral. Do contrário, seria impensável que determinados princípios, incorporados no sistema por meio de um costume judicial sacramentado por decisões de cortes superiores, vinculem juridicamente os magistrados de tribunais inferiores, ainda que haja desacordo moral sobre o padrão utilizado. Logo, não se crê que as razões de Pino sejam suficientes para negar a incorporação nem a existência de princípios jurídicos, conquanto o jurista não as use para refutar a possibilidade de pertencimento dos princípios ao sistema jurídico.

Entrementes, qualquer teoria que se preocupe com a aplicação de normas jurídicas vê-se no dilema de justificar as decisões concretas tomadas pelas instituições competentes. É um pouco irônico, contudo, observar que o interpretativismo dworkiniano e o jusnaturalismo aproximam-se do formalismo, embora por diferentes fundamentos, na seguinte tese: a de que o ofício judicial se resume a meramente "aplicar" o direito, sem nunca o modificar ou alterar. Mas tanto o jusnaturalismo e, nessa parte, o interpretativismo dworkiniano deparam-se com a dificuldade a respeito dos "limites" do sistema jurídico, a sua indeterminação, cuja causa não é apenas linguística (vagueza, ambiguidade, textura aberta), mas também por eventual contradição normativa, seja por um conflito abstrato ou concreto de normas.

Torben Spaak tem razão em pontuar que o epicentro do debate sobre criação ou mera aplicação do direito está na discussão de ser ou não possível pensar em objetividade sobre as proposições jurídicas.[146] E esse ponto é de vital importância também para uma refutação da tese de radical indeterminação do direito feita pelas teorias críticas e pelo realismo jurídico, porquanto a construção de proposições jurídicas objetivamente verdadeiras é consectário de que possam elas ser classificadas como verdadeiras ou falsas e, por conseguinte, não é o sistema jurídico indeterminado, de sorte a permitir previsibilidade dos comportamentos permitidos, proibidos ou impostos aos destinatários das normas do sistema.

De particular interesse é a ideia de objetividade trabalhada por Andrei Marmor. Marmor forja três conceitos de objetividade: objetividade semântica, objetividade metafísica e objetividade discursiva.

A objetividade semântica toca os atos de discurso e nela não está em causa a verdade ou a falsidade da declaração, mas puramente o significado da asserção discursiva emanada. Uma afirmação ou declaração será semanticamente objetiva quando se refere a um fato, estado de coisas ou evento e, ao revés, será semanticamente subjetiva quando

---

[146] SPAAK, Torben. Legal positivism and objectivity of law. *In*: COMANDUCCI, Paolo; GUASTINI, Riccardo (Org.). *Analisi i diritto*. Ricerche di giurisprudenza analitica. [s.l.]: [s.n.], 2004. p. 254 e seguintes.

reflete a percepção mental, gostos ou desejos do falante a respeito do fato, estado de coisas ou evento aludidos.[147]

No sentido metafísico, a objetividade é característica das asserções descritivas, pois uma declaração será metafisicamente objetiva quando a descrição diz respeito a um objeto existente na realidade que possua as propriedades a ele imputadas pelo falante. Ao contrário, será metafisicamente subjetiva quando isso não ocorrer, quando não houver o objeto da descrição na realidade. Marmor adverte que, não obstante certa sobreposição entre a metaética do realismo moral e a objetividade no sentido metafísico, elas não se confundem, conquanto a objetividade metafísica pressuponha uma teoria da correspondência da verdade. O realismo, como já fora aduzido, pressupõe uma realidade objetiva com independência ontológica ao seu conhecimento; a objetividade metafísica no sentido marmorniano pode comprometer-se com alguns objetos que não satisfaçam essa condição de independência, não implica a assunção de verdades verificáveis transcendentalmente dentro do seu âmbito. Convenções ou objetos construídos pela cultura são o ponto principal em que a diferença fica mais clara: por exemplo, uma regra de trânsito que fixa o limite de velocidade de circulação em via não seria ontologicamente independente do seu conhecimento e da cultura jurídica, porém poderia ser pensada, pela nomenclatura teórica de Marmor, como metafisicamente objetiva.[148]

No sentido discursivo, o qual não se reduz apenas às afirmações descritivas, uma declaração é objetiva sempre que for possível imputar-lhe um valor de verdade sobre o conteúdo afirmado. Por conseguinte, será subjetiva quando isso não for possível.[149]

Com espeque no conceito de objetividade metafísica de Marmor, o qual, repise-se, não se identifica com a tese de objetividade proposta pelo realismo moral,[150] percebe-se que a formulação de proposições jurídicas verdadeiras é factível para a descrição de realidades, mesmo que elas sejam produto de uma cultura. Nenhum sistema jurídico não fugaz pode sofrer de uma radical indeterminação, porquanto se assim o fosse haveria quebra da estabilidade institucional e não haveria nenhuma geração de guia de condutas e de expectativas de comportamentos de seus destinatários.[151] Dentro dos sistemas jurídicos vislumbrados de modo individualizado, é plenamente possível descrever se o sistema adota uma forma de Estado unitário ou federal, se o regime político desse Estado é uma república ou monarquia ou, para retomar a ilustração já fornecida no texto, qual o limite de velocidade para as vias de tráfego por veículos motorizados. Proposições descritivas desta natureza são objetivas metafisicamente,

---

[147] MARMOR, Andrei. *Positive law and objective values*. Oxford; New York: Oxford University Press, 2001. p. 112-125. A ideia do parágrafo baseia-se na aludida obra.

[148] MARMOR, Andrei. *Positive law and objective values*. Oxford; New York: Oxford University Press, 2001. p. 112-125. A ideia do parágrafo baseia-se na aludida obra.

[149] MARMOR, Andrei. *Positive law and objective values*. Oxford; New York: Oxford University Press, 2001. p. 112-125. A ideia do parágrafo baseia-se na obra telada.

[150] Também não se deve sobrepor o conceito de objetividade metafísica de Marmor, usado para proposições descritivas somente, com o de conexão metafísica proposto por Michael Moore entre moral e direito, exposto alhures, como premissa para extrair a conclusão de que as considerações morais necessariamente fazem parte do direito.

[151] Sobre a estabilidade e previsibilidade, mas no sentido de que um sistema não pode funcionar se os critérios de validade estiverem sempre em causa, VILAJOSANA, Josep M. Una defensa del convencionalismo jurídico. *Doxa – Cuadernos de Filosofía del Derecho*, v. 33, p. 471-501, 2010. p. 495.

CAPÍTULO 1
A PONDERAÇÃO NA SOLUÇÃO DE CONFLITOS NORMATIVOS E AS NORMAS DE DIREITOS FUNDAMENTAIS | 69

passíveis de serem consideradas verdadeiras ou falsas, consoante correspondam ou não à realidade do ente cultural positivado no sistema.

Deveras, construir proposições descritivas como as acima colocadas é viável no âmbito da identificação das fontes do direito, já que identificar as fontes é objeto de exame empírico ou fático e, portanto, suscetível de descrição, mas na fase de interpretação e aplicação das normas jurídicas isso não é possível em todos os casos, uma vez que, de forma eventual e contingente, é possível que as instituições competentes de adjudicação utilizem argumentação moral na fundamentação de suas decisões.[152]

Tudo o que se está a dizer não mais refoge da verificação de que a interpretação dos enunciados convoca uma determinação semântica dos vocábulos constantes dos enunciados, bem como uma determinação sintática. A ciência jurídica pode, em relação a essa tarefa, formular proposições jurídicas metafisicamente objetivas ou, o que dá no mesmo, proposições descritivas que ostentam um valor de verdade – verdade-correspondência –, com a tarefa precípua de descodificar e explicar o conteúdo da norma, ainda que a função explicativa seja de somenos importância e valha-se de sinonímias; no entanto, em havendo situação de incerteza linguística, inclusive com o uso de conceitos densos e palavras com grande carga afetiva a compor os enunciados, o cientista tentará formular proposições em que ele estipulará um significado determinado, ocasião em que se percebe que a operação intelectual de explicação do conteúdo normativo proposto terá por missão esclarecer a funcionalidade da proposta efetuada pelo jurista e, paralelamente, persuadir a comunidade jurídica relevante de que é a melhor proposta para representar o significado linguístico da norma. Nesse último caso, em que não há qualquer atividade descritiva, é atribuível um valor de verdade se a proposta encontrar relativo consenso na comunidade jurídica relevante, isto é, é uma verdade convencional. Num segundo momento, o jurista procura verificar, entre as demais normas do ordenamento, eventuais situações de conflito, a fim de dirimi-lo e, também nessa etapa subsequente, elabora uma proposição que, em existindo choque antinômico, pode voltar-se a um aspecto lógico-formal no caso da sua solução por normas de prevalência (uma proposição analítica na essência) ou, em o conflito não sendo aí sanado, elabora uma proposição sintética, estipulativa, de uma norma de decisão para o conflito, a qual pretende que obtenha consenso na comunidade científica.[153]

Não é um despropósito, como se poderia supor, utilizar a expressão "ciência jurídica" para referir-se à atividade desempenhada pela jurisprudência, mesmo tendo em conta as complexidades advindas da compreensão de que o ofício dos juristas também se vale de proposições estipulativas, que almejam a recepção consensual na comunidade jurídica relevante. É nítido que há uma dimensão pragmática da jurisprudência, que utiliza a retórica e a dialética como instrumentos de persuasão, no intuito de fortalecer a

---

[152] SPAAK, Torben. Legal positivism and objectivity of law. *In*: COMANDUCCI, Paolo; GUASTINI, Riccardo (Org.). *Analisi i diritto*. Ricerche di giurisprudenza analitica. [s.l.]: [s.n.], 2004. p. 258 e seguintes. Cabe considerar que a proposta de Spaak pode ser compatibilizada com o positivismo inclusivo, especialmente na primeira fase de pensamento de Coleman, outrora referido, uma vez que a adoção de princípios morais por uma regra de reconhecimento não retira, no âmbito da identificação das fontes, o caráter empírico da inquirição, justamente porque a aceitação prática dos oficiais do sistema da convenção que assim disponha não deixa de ser um material fático.

[153] DUARTE, David. *A norma da legalidade procedimental administrativa* – A teoria da norma e a criação de normas de decisão na discricionariedade instrutória. Coimbra: Almedina, 2006. p. 161 e seguintes.

justeza especialmente das proposições estipulativas. Mas o direito não pode ter excluído de si essa vertente de atividade científica, para representar mero saber técnico: o afã maior da ciência do direito deve ser a correta realização dos efeitos previstos em suas normas, isto é, a realização do direito, o que, nem por isso, retira o molde de cientificidade que, como é perceptível, é conferido também pelo cunho universalizante das proposições geradas na atividade científica, a abranger mesmo as proposições estipulativas.[154]

O tirocínio, em alguma medida, ajusta-se ao encargo de realizar o direito, de aplicá-lo, o qual também se abebera da divisão metodológica aludida (determinação linguística dos enunciados em normas e verificação de situações de antinomia). As instituições estatais formulam, em vez de proposições, decisões ou, na terminologia kelseniana, normas individuais, as quais, como é óbvio, são enunciadas em linguagem. Assim, *a grosso modo*, a aplicação de normas jurídicas tem um componente de reconhecimento de direito preexistente toda vez que o enunciado não comportar incerteza semântica ou a resolução de antinomia for possível mediante aplicação de uma regra de prevalência; terá, porém, um cariz criativo sempre que a interpretação não puder ser desenvolvida sem resolver uma incerteza linguística ou, na fase de resolução de antinomias, ela não puder ser realizada independentemente de uma ponderação. E, tal qual ocorre com a dogmática jurídica, existe uma "dimensão pragmática" de retórica e dialética no ofício decisório e na construção do processo de decisão, tanto pelos atores jurídicos que levaram argumentos prós e contra determinado resultado, como pelas próprias instituições, que buscam justificar a decisão com a finalidade de persuadir os atores diretamente envolvidos, a comunidade jurídica e a ciência do direito, bem como almejam mantê-la sem revisão posterior.[155]

Ora, ao adotar a separação de uma regra de reconhecimento epistêmica e uma regra de reconhecimento de aplicação ou adjudicação, conforme proposto por Dahlmann, é perceptível que as instituições judiciais, ao desempenharem sua atividade-fim, acabam por obrigar-se a outras normas eventualmente não positivadas no sistema. Os próprios

---

[154] DUARTE, David. *A norma da legalidade procedimental administrativa* – A teoria da norma e a criação de normas de decisão na discricionariedade instrutória. Coimbra: Almedina, 2006. p. 161 e seguintes. Sobre a retórica e a dialética, numa dimensão instrumental e pragmática, e as diferentes dimensões (normativa, sociológica e axiológica), remete-se a Manuel Atienza (ATIENZA, Manuel. *El derecho como argumentación*. 4. reimpr. Barcelona: Ariel, 2009. p. 247-287; ATIENZA, Manuel. *Derecho y argumentación*. reimpr. Bogotá: Universidad Externado de Colombia, 2005. p. 19-37 e seguintes), com a observação de que ele não assina em baixo em tudo o que foi colocado no parágrafo, em especial por uma certa descrença na cientificidade do Direito em privilégio de seu saber instrumental. Ainda sobre o pensar axiomático, considerado científico por excelência, em contraposição ao dialético (tópico), voltado ao problema, remete-se a VIEHWEG, Theodor. *Tópica e jurisprudência* – Uma contribuição à investigação dos fundamentos jurídico-científicos. Tradução de Kelly Susane Alflen da Silva. Porto Alegre: Sergio Antonio Fabris, 2008. p. 17-20; 33-46. É bem de ver que o que se encampa nesta tese não trata de um pensar axiomático e dedutivo fechado a valorações no campo de aplicação de normas, algo mais próximo de um positivismo formalista, não adotado como referencial teórico. A par desse vislumbre, na linha do que advoga David Duarte na passagem comentada anteriormente, existem problemas considerados pelas instituições e pela ciência que não estão, em primeira linha, contidos no universo jurídico em si, mas em pontuações alheias ao objeto de suas atividades: o problema da justificação externa da premissa (a bem de ver, a própria seleção dos enunciados normativos, a escolha dos fatos relevantes para apreciação e da questão jurídica a ser resolvida), os quais possuem uma vertente também de retórica e dialética, o que já autoriza observar que, mesmo na parte em que há descrição do direito ou reconhecimento de direito preexistente, não se pode pretender que seja o raciocínio aí utilizado como equiparável a uma simples subsunção.

[155] A construção do parágrafo abeberou-se em DUARTE, David. *A norma da legalidade procedimental administrativa* – A teoria da norma e a criação de normas de decisão na discricionariedade instrutória. Coimbra: Almedina, 2006. p. 161 e seguintes.

cânones de interpretação não deixam de ser normas de adjudicação. Ocorre que, na tarefa adjudicatória, justamente porque as situações da vida são complexas e escapam da lógica binária, é impensável fixar uma hierarquia rígida entre eles. Logo, mesmo que sejam os cânones pensados como normas jurídicas a obrigar o aplicador a decidir o caso consoante sua consequência, é indiscutível que a previsão da norma é deveras aberta e os cânones podem gerar ordinariamente resultados concretos diversos consoante aquele que preponderar na solução da hipótese *in decidendo*.

Outrossim, no que toca aos princípios jurídicos, admitir o fato de que internalizam normas morais no interior do sistema, tornando-as jurídicas, como propugna o positivismo inclusivo, serve muito para reconhecer que há maior balizamento da discricionariedade judicial no campo de indeterminação semântica, sintática ou pragmática das normas jurídicas. Ora, o que deve ficar claro é que o positivismo nunca se posicionou a favor de arbitrariedade, sequer sustentou que, mesmo nesse resíduo de indeterminação, o juiz era totalmente livre para decidir conforme quisesse. Hart é expresso em defender que o poder de criação concedido às instâncias aplicadoras ou adjudicatórias jurídicas é limitado pelo senso de dar a melhor resposta ao seu alcance, sem ter um amplo poder reformador do sistema, e Raz expressamente reconhece que isso é um dever jurídico imposto aos operadores do sistema.[156] Com isso, a crítica da retroatividade perde muito de sua força apriorística, pois se quebra o aparente paradoxo do objetivo positivista de apostar na determinação e previsibilidade do conteúdo das normas jurídicas, de modo a servirem de guias de conduta aos seus destinatários, cujo radicalismo das teorias críticas nega por completo, e do espaço que resta à discricionariedade, que não teria nenhum alcance guiador. Ora, justamente no além-direito, em que o sistema não dita uma única resposta correta, não é possível fornecer uma pretensão de previsibilidade, mas esse problema é comum ao interpretativismo dworkiniano, uma vez que a solução ditada por princípios, mesmo na ótica de reconhecimento de um direito preexistente, não era passível de ser vislumbrada pelos destinatários das normas primárias.[157]

Antes de finalizar esse ponto sobre interpretação, é prudente, em arremate mais compreensivo, definir, de modo claro, qual a relação entre direito e moralidade. Não se nega existirem relações entre direito e moral nesta tese, que sustenta um positivismo inclusivo, alicerçado na tese dos fatos sociais, com retomada das observações de Coleman e do próprio Raz – aliás, este pensador, não aderente dessa faceta do positivismo, comenta que uma separabilidade necessária entre direito e moral é um mau teste. Hart já pensava em um "conteúdo mínimo de direito natural" existente nos sistemas jurídicos. É preciso frisar que o positivismo não elide um controle material ou de conteúdo das normas jurídicas para a validade jurídica, isto é, como Riccardo Guastini e Giorgio Pino já haviam demonstrado.

---

[156] HART, Herbert L. A. Pós-escrito. Tradução de A. Ribeiro Mendes. *In*: HART, Herbert L. A. *O conceito de direito*. 5. ed. Lisboa: Fundação Calouste Gulbenkian, 2007. p. 299-339; RAZ, Joseph. Legal principles and the limits of law. *Yale Law Journal*, v. 81, p. 823-854, 1971-1972. p. 847 e seguintes. Raz aduz que uma decisão arbitrária, tal como decidir um caso com base no lançamento à sorte de uma moeda, violaria o dever jurídico imposto ao juiz. Do mesmo autor, RAZ, Joseph. *Pratical reason and norms*. reprint. Oxford/New York: Oxford University Press, 2002. p. 132-141.

[157] HART, Herbert L. A. Pós-escrito. Tradução de A. Ribeiro Mendes. *In*: HART, Herbert L. A. *O conceito de direito*. 5. ed. Lisboa: Fundação Calouste Gulbenkian, 2007. p. 299-339.

As várias relações entre direito e moralidade podem ser sistematizadas teoricamente de modo perfeitamente compatível com o positivismo jurídico. Na elucidativa sistematização de Giorgio Pino, podem-se arrolar várias relações entre direito e moralidade, como as relações de identificação do direito, relações metodológicas ou epistemológicas, justificatórias, funcionais, causais, psicológicas, de conteúdo, estruturais, valorativas, incorporativas e semânticas.[158]

Algumas dessas relações já foram tratadas ao longo do texto e outras são praticamente truísmos, de modo que serão mencionadas com brevidade. A relação metodológica, por exemplo, já foi comentada, de sorte que já se pontuou que uma posição absolutamente neutra do jurista, a conceber uma "teoria pura do direito", não é encampada nessa pesquisa; ao contrário, uma posição "destacada", tal qual propõe Joseph Raz, parece plausível e permite uma crítica do direito existente, sem que possa o jurista, ao pretender exercer um discurso normativo, deixar de transparecer o postulado de transparência, sob pena de falácia ideológica. A relação de justificação, por sua vez, trata da questão de se há uma obrigação política para a normatividade ou força obrigatória do direito: conforme já exposto, rechaçou-se o positivismo ideológico. As relações de conteúdo são, de alguma forma, nada especiais ou mesmo truísmo: os sistemas normativos – no sentido de que obrigam, proíbem ou permitem comportamentos aos seus destinatários – do direito e da moral sobrepõem-se em alguns pontos, mas nem tudo que é regulado pelo sistema jurídico encontra correspondente no sistema moral e vice-versa. As relações causais não revelam nada de especial: podem-se criar normas jurídicas para atender a anseios morais dos cidadãos, de uma elite dominante ou dos componentes dos corpos legislativos. As relações psicológicas são também um truísmo: a criação do direito por órgãos legislativos e sua aplicação aos casos concretos fatalmente tem efeito na mentalidade e atitude de um grupo social, inclusive para influenciar ou moldar a moralidade social convencional. As relações estruturais estão ligadas também a alguma sorte de "conteúdo mínimo do direito natural" de que falava Hart, no sentido de que a forma e a estrutura, sua institucionalização, traz alguns contributos para a cooperação social, como segurança e estabilidade das relações, a aplicação de normas gerais pode trazer uma noção embrionária de justiça formal; Kelsen percebia que o direito poderia muito bem favorecer a paz e a segurança jurídica, o que seria moral ou politicamente valioso (um valor moral relativo pelo fato de ser norma), mas negava que fosse necessário um mínimo moral para que uma ordem coercitiva fosse vista como um sistema jurídico.[159] Corolário a esses argumentos, podem-se mencionar as relações de valoração e de semântica entre direito e moral e que nada têm de fantástico: o direito, como qualquer coisa, é suscetível de ser valorado moralmente; e compartilha o direito com a moral alguns termos com mesma terminologia deôntica: dever, direitos e obrigações. Finalmente, as relações de incorporação também já foram tratadas ao longo da exposição, uma vez que se defendeu um positivismo includente, e não excludente ou um jusnaturalismo.

---

[158] PINO, Giorgio. Positivism, legal validity, and the separation of law and morals. *Ratio Juris*, v. 27, n. 2, p. 190-217, jun. 2014.

[159] KELSEN, Hans. *Teoria pura do direito*. Tradução de João Baptista Machado. 7. ed. Coimbra: Almedina, 2008. p. 75-76.

Dignas de maior interesse para o momento são as relações de identificação do conteúdo do direito. É preciso esclarecer que a identificação do direito comporta três interpretações diante da ambiguidade da expressão: identificação do conceito de direito, identificação das fontes do direito e identificação de normas jurídicas ou relações de interpretação dessas normas. Tratando do primeiro item, tem-se que o conceito de direito pode ou não incorporar um aspecto normativo, a depender da positivação de princípios jurídicos que tenham substância moral; seja como for, a admitir-se, como Hart, um conteúdo mínimo de direito natural, fatalmente haverá alguma conexão entre ambos os ramos, sem que haja debilitação do positivismo jurídico. No que se refere à identificação das fontes do direito, é inegável que a moral não pode, dentro da concepção positivista, ser fonte do direito; as fontes do sistema são fatos sociais apenas, os quais, todavia, podem bem prever a incorporação de normas morais, por força da aceitação pelos oficiais do sistema. Logo, é uma questão empírica se esses oficiais passaram a aplicar esses padrões morais ou se há um texto jurídico promulgado que incorpore no seu corpo esses padrões; afinal, mesmo decisões que acolhem padrões morais não juridicizados passam a ser jurídicos não por meio de uma única decisão, todavia com a criação de um costume judicial, objeto de perquirição empírica e não normativa. Por fim, tangente às relações de interpretação ou de identificação do conteúdo de normas jurídicas, um jusnaturalista da estirpe de Michael Moore defenderá, como já foi mostrado, que as argumentações desenvolvidas no bojo da atividade interpretativa invariavelmente trazem considerações morais consigo e que elas fazem parte do direito.

É aqui que a sistematização de Pino se revela útil para a retomada do problema da interpretação e sobre a indeterminação do direito. Giorgio Pino não considera problema para um positivista admitir todas essas possíveis relações ou advogar um positivismo que tome algumas delas como conexões necessárias entre moral e direito sem entrar em contradição; a única separabilidade absolutamente necessária para um positivista reside na relação de identificação das fontes do direito, de modo que a moral, *per se*, jamais poderá ser considerada uma fonte.[160] Sem embargo, para Pino, o problema real do positivismo é a consideração de que a admissão de uma validade material implica a aceitação de que encorpa uma dimensão factual e formal, por um lado, mas também uma dimensão material e interpretativa, o que demanda do intérprete algum juízo moral ou valorativo, sobretudo dentro de um paradigma de um Estado de Direito com direitos fundamentais constitucionalizados e com tutela judicial.[161] Em suma, o intérprete fatalmente adentrará o campo da argumentação ou arrazoamento moral; a bem da verdade, Pino não rejeita o positivismo nem a tese da separação entre direito e moral, porém insiste que ela se restringe ao campo da apreciação da validade formal e não material.[162] Em realidade, essa compreensão é de algum modo compartilhada nesta tese e é pressuposta na admissão de que um sistema jurídico particular tenha uma regra de reconhecimento epistêmica e uma regra de reconhecimento adjudicatória,

---

[160] PINO, Giorgio. Positivism, legal validity, and the separation of law and morals. *Ratio Juris*, v. 27, n. 2, p. 190-217, jun. 2014.

[161] PINO, Giorgio. Positivism, legal validity, and the separation of law and morals. *Ratio Juris*, v. 27, n. 2, p. 190-217, jun. 2014. p. 210-217.

[162] PINO, Giorgio. Positivism, legal validity, and the separation of law and morals. *Ratio Juris*, v. 27, n. 2, p. 190-217, jun. 2014. p. 210-217.

conforme asseverou Dahlman, e é congruente com a construção de Spaak de que na tarefa adjudicatória eventualmente considerações morais serão utilizadas pelos órgãos de aplicação. Tão somente se restringe o âmbito proposto por Pino, uma vez que essas considerações morais adentraram no ofício adjudicatório de modo mais controlado e menos recorrente do que o aduzido por ele, em consequência da rejeição pelo jurista italiano da tese de incorporação de princípios morais no direito.

Posicionada a tese dentro da concepção de positivismo includente e renegado o jusnaturalismo, é chegado o momento de abordar, sucintamente, a opinião dos juristas pós-positivistas.

Inicia-se com Friedrich Müller. *Ab ovo*, Müller, ao detratar o positivismo, identifica-o com uma de suas vetustas formas e confessadamente não defendida por nenhum dos juristas positivistas da atualidade: o formalismo jurídico. O pensamento de que o sistema jurídico é um sistema fechado e coerente, sem contradições ou lacunas, cujo mister judicial resume-se em encontrar conclusões por meio de silogismos, encampa o formalismo jurídico de há muito abandonado mesmo por adeptos do positivismo. Ora, aqui os realistas acertaram ao perceber que as decisões judiciais não poderiam ser consubstanciadas como resultado de um mero silogismo formal. Mas isso não é descurado pelo positivismo moderno tradicional, tanto que o próprio Kelsen já defendia que a interpretação era ato de vontade e de conhecimento, cujo âmbito situar-se-ia na esfera da política jurídica e não da ciência jurídica naquilo em que o direito positivo fosse indeterminado.[163]

De outra sorte, a teoria pós-positivista de Müller corrobora-se na sua construção de norma jurídica, feita caso a caso, com conjugação da realidade do âmbito normativo e do programa normativo. Veja-se que Müller tem razão em pontuar que a norma não é o texto ou seu enunciado, porém isso também não é defendido por positivistas modernos tradicionais. A propalada "confusão" entre texto e norma, imputada aos positivistas por Müller, está relacionada com o conceito de norma jurídica de sua teoria, a qual indevidamente obscurece o significado de norma jurídica, uma vez que amplia demasiadamente esse conceito ao embutir-lhe fatores ideológicos ou empíricos que, conquanto levados em consideração na decisão concreta, são estranhos à norma em si. Müller confunde com norma tudo que possa ter sido importante argumentativamente e possa ter influenciado o agente aplicador a dar determinada decisão concreta. Além de perder clareza conceitual, perde-se inevitavelmente racionalidade com um conceito amplo dessa magnitude, uma vez que permite a formação de concepções polêmicas e múltiplas a respeito da norma em análise.[164] E mais, a confusão opera-se não apenas no conceito de norma, mas descamba também no de interpretação; Müller parece

---

[163] KELSEN, Hans. *Teoria pura do direito*. Tradução de João Baptista Machado. 7. ed. Coimbra: Almedina, 2008. p. 275-279.

[164] ALEXY, Robert. *Teoria dos direitos fundamentais*. Tradução de Virgílio Afonso da Silva. São Paulo: Malheiros, 2008. p. 78-83. Essa concepção de Müller está a, no fundo, operar um amálgama entre ser e dever-ser, ao inculcar às normas aspectos de "relevância normativa". Esse ponto será retomado posteriormente. Essa mesma conclusão foi feita por mim em ALMEIDA, Luiz Antônio Freitas de. *Direitos fundamentais sociais e ponderação* – Ativismo irrefletido e controle jurídico racional. Porto Alegre: Sergio Antonio Fabris, 2014. p. 34-35.

sustentar que a interpretação, entendida como concretização, é atividade e produto dessa atividade, o que é metodologicamente negado nesta tese.[165]

O que é admitido nesta tese, por tudo o que já foi exposto em relação à assunção de uma norma de reconhecimento adjudicatória, é a afirmação de Müller de que, no âmbito de aplicação, é inviável pretender sempre uma racionalidade objetiva absoluta.[166] Mas isso é possível também dentro de uma moldura positivista includente, nos moldes já salientados.

Abre-se uma conexão para examinar a teoria da argumentação jurídica de Robert Alexy, formatada dentro de um quadro pós-positivista. De pronto, é perfeitamente compatível com o espectro teórico defendido nesta tese perceber o discurso jurídico como um caso especial do discurso prático geral. Tal qual Müller, Alexy também rejeita uma pretensão de racionalidade absoluta e plena, mas constrói uma racionalidade discursiva, conforme se sigam as regras procedimentais do discurso jurídico e do discurso prático geral. Do mesmo modo, não há aí nenhuma contradição insuperável com o positivismo includente aqui tratado, mormente em função das colocações concessivas a respeito das relações entre direito e moral efetuadas no bojo do texto.

O que destoa da teoria da argumentação alexyana com o diapasão seguido nesta tese está na pretensão idealística de correção do discurso jurídico, na finalidade de retirar o *status* de jurídico caso não exista uma conexão conceitual (em relação ao sistema como um todo) nem qualificatória (em relação às normas individualizadas do sistema) entre direito e moral. Por um lado, a conexão conceitual proposta por Alexy como necessária retoma a indagação última sobre a força obrigatória do direito ou sua autoridade. Já foi concedido nesta tese que o caráter vinculante do direito se ampara, em última razão, em argumentos morais e não jurídicos. No entanto, repise-se que o teste decisivo são as razões dos agentes do sistema e não dos destinatários das normas primárias. Ademais, é um passo além e sem calço firme reconhecer que o sistema ilegítimo deixa de ser jurídico. A saída de Alexy ao defender que um sistema em que desfaleça a pretensão de correção moral do tipo conceitual seria mero sistema de força só pode ser, pelas razões expostas alhures, aceita apenas dentro de um marco de Estado constitucional no parâmetro das modernas democracias ocidentais. Do contrário, remanescem sem explicação satisfatória do ponto de vista teórico sistemas jurídicos que certamente não satisfaziam essa pretensão de correção conceitual. Por outro lado, especialmente no que toca à conexão qualificatória entre direito e moral, abrangida pela pretensão de correção alexyana em relação a normas individuais do sistema, é pertinente a crítica de Bulygin a respeito de que isso pode muito bem representar uma norma jurídica defeituosa ou falha do sistema, mas não uma norma jurídica "não jurídica".[167]

---

[165] A respeito do conceito de interpretação e a separação entre o processo interpretativo e o produto desse processo, remete-se a DUARTE, David. Linguistic objectivity in norm sentences: alternatives on literal meaning. *Ratio Juris*, v. 24, n. 2, p. 112-139, jun. 2011. p. 112-115.

[166] MÜLLER, Friedrich. *Teoria estruturante do Direito*. Tradução de Peter Naumann e Eurides Avance de Souza. 3. ed. São Paulo: Revista dos Tribunais, 2011. p. 83-93.

[167] Além de Hart, Bulygin (BULYGIN, Eugenio. Alexy's thesis of the necessary connection between law and morality. *Ratio Juris*, v. 13, n. 2, p. 133-137, jun. 2000. p. 133-137) retoma a questão dos sistemas jurídicos que, para Alexy, seriam meros sistemas de força, como sistema jurídico do imperador Nero ou Calígula. Em sentido contrário e até mais próximo do jusnaturalismo que Alexy, MCILROY, David H. When is a regime not a legal system? Alexy on moral correctness and social efficacy. *Ratio Juris*, v. 26, n. 1, p. 65-84, mar. 2013. p. 61-83. Alicerçado

É curial perceber que todo o debate até aqui travado sobre o direito e sua relação com a moral traz questões múltiplas, não sendo possível tratá-las todas; mesmo nas examinadas, certamente houve desdobramentos não pincelados e que talvez merecessem maiores pormenores. Porém, diante do escopo adiantado de situar a posição deste trabalho sobre o assunto, tem-se que o objetivo proposto foi alcançado. Outrossim, como é intuitivo, nos próximos subtópicos serão vislumbrados argumentos e correntes que retomam ou reconduzem, em última medida, a essa discussão. Por isso, em arremate a este subitem, resta, portanto, pontuar sinteticamente as posições assumidas na pesquisa.

É fato que a consagração do constitucionalismo e a importância capital dada aos princípios jurídicos pelos tribunais constitucionais e pela doutrina hodierna, longe de serem um capítulo fechado da história, são uma tendência que põe alguns desafios à concepção positivista do direito e renova o fôlego jusnaturalista ou mesmo pós-positivista. No entanto, o positivismo inclusivo ou includente, assumido nesta pesquisa, trouxe um aparato teórico capaz de fazer-lhes frente, especialmente aos contrapontos de Dworkin a respeito do positivismo moderno tradicional. O positivismo ideológico e o formalista são rejeitados; o positivismo metodológico é redimensionado, com adesão, nesse ponto, da posição de Ferrajoli de que é possível uma construção que permita uma "foz" teórica comum entre os cursos (e discursos) de direito positivo, filosófico-crítico e sociológico, observado o postulado de transparência; a tarefa de descrição do direito é enquadrada como a de adotar, pelo descritor, a posição "destacada" de Raz. Dentro do positivismo inclusivo, várias relações entre direito e moral são possíveis; o positivismo inclusivo compromete-se com a tese da separabilidade apenas no campo da identificação das fontes do direito. A aplicação de normas jurídicas pode trazer à tona considerações morais que adentram na argumentação, de forma que se pode perceber regras de reconhecimento com diferentes instâncias: uma existente na identificação das fontes e normas do sistema e outra, no ofício de aplicação das normas do sistema (regras de reconhecimento epistêmica e adjudicatória).

A historicidade dos direitos fundamentais e o dinamismo do direito enquanto produto cultural, mais precisamente como realidade convencional,[168] a gerar expectativas contrafáticas dos participantes da comunidade de que os demais agirão com base na crença delas, a par do reconhecimento de uma ordem plural de valores, são bases consistentes para rejeitar o jusnaturalismo.

De outro lado, a concepção pós-positivista de Müller é rejeitada, especialmente por seu criticável conceito de norma jurídica. No que tange a Alexy, em que pese sua oposição ao positivismo, tem-se que a teoria da argumentação jurídica que ele propõe é

---

especialmente em Fuller, McIlroy aponta que um sistema, para ser jurídico, precisa obedecer a quatro pretensões: i) ser possível para seus destinatários seguir as regras, o que as pressupõe coerentes e inteligíveis; ii) a expectativa de que os outros sigam as regras do sistema, inclusive os governantes; iii) expectativa de proteção contra a violência estatal caso os destinatários sigam as normas; iv) a proteção jurídica concedida aos destinatários caso outros, mesmo os governantes, ajam de modo violento contra eles, conforme previsão das regras. Como fica claro, McIlroy entende relevante não apenas o ponto de vista dos destinatários das normas secundárias, contudo também o dos destinatários das normas primárias; não um ponto de vista do observador externo hartiano, mas o do participante do sistema, agente institucional ou não.

[168] VILAJOSANA, Josep M. Una defensa del convencionalismo jurídico. *Doxa – Cuadernos de Filosofia del Derecho*, v. 33, p. 471-501, 2010. p. 472 e seguintes. Com efeito, esse jurista adota a concepção de convenção de Lewis, posição hoje abandonada por Coleman, consoante exposto no texto.

passível de compatibilizar-se também dentro de uma estrutura de pensamento positivista, nos moldes aqui defendidos, com a equalização da pretensão de correção alexyana às observações tecidas no texto. Por fim, quanto ao interpretativismo dworkiniano, seja ou não um "avatar sofisticado" do jusnaturalismo, também é rejeitado, pela adoção das teses do positivismo inclusivo, que refuta as críticas do jurista estadunidense; mas sua teoria do direito será de algum modo abordada em pontos posteriores deste trabalho, no que se refere à pretensão dworkiniana de uma única resposta correta, utilizada por alguns como base para rejeição da ponderação.

Destarte, o passo seguinte consiste em tecer algumas impressões sobre as normas de direitos fundamentais.

1.2 A estrutura das normas de direitos fundamentais

Este tópico almeja pincelar algumas impressões sobre o universo das normas jurídicas, suas espécies e componentes estruturais, com nítida feição propedêutica, não exaustiva.

As normas de direitos fundamentais são compostas, em geral, por enunciados linguísticos carregados de potencial simbólico,[169] vocábulos "densos" povoam os textos normativos, com poderosa carga afetiva. Portanto, não é tautológico repetir que as normas de direitos fundamentais são, em primeira mão, normas jurídicas e, destarte, não divergem na essência das demais normas integrantes do ordenamento jurídico. Entrementes, essa asserção procura escoimar a pesquisa da perda de objetividade científica por intermédio da infiltração despercebida e acrítica de um discurso emocional permeado de visões morais ou político-ideológicas subjacentes ao campo dos direitos fundamentais. No subitem precedente, já foi reforçado que o dogma de neutralidade absoluta é uma quimera, porém se acredita na premência da busca pela objetividade, de forma a não diluir o senso crítico do investigador e retirar-lhe a coerência científica. Seja como for, é imperioso ressaltar que a coerência teórica será sempre uma questão de grau, uma vez que não se percebe, mesmo jungido aos mais rigorosos critérios de coerência, que ela leve sempre a uma única resposta correta ou que diga tudo a respeito do conteúdo do sistema.[170]

Retoma-se a classificação efetuada por Herbert Hart, já mencionada no subitem anterior, entre regras primárias e secundárias,[171] no intuito de enunciar classificação

---

[169] Conforme preleciona Marcelo Neves (NEVES, Marcelo. *A constitucionalização simbólica*. 3. ed. São Paulo: Martins Fontes, 2011. p. 5-31), num sentido filosófico mais abrangente, o termo "simbólico" é passível de ser usado para toda a ferramenta de intermediação entre sujeito e realidade. O aludido jurista brasileiro destaca a ambiguidade do termo e fornece um sumário das concepções na sociologia, na lógica, na psicanálise. No texto, porém, é empregado no sentido mais próximo de ideológico, algo distinto e não assimilável ao sentido de "legislação simbólica", tratado pelo autor na obra.

[170] Sobre a estrutura das normas de direitos fundamentais e o conceito do parágrafo, ALMEIDA, Luiz Antônio Freitas de. *Direitos fundamentais sociais e ponderação* – Ativismo irrefletido e controle jurídico racional. Porto Alegre: Sergio Antonio Fabris, 2014. p. 27-39. No que tange ao conceito de coerência, mencionam-se ALEXY, Robert; PECZENIK, Aleksander. The concept of coherence and its significance for discursive rationality. *Ratio Juris*, v. 3, n. 1, p. 130-147, 1990. p. 145 e seguintes.

[171] HART, Herbert L. A. *O conceito de direito*. Tradução de A. Ribeiro Mendes. 5. ed. Lisboa: Fundação Calouste Gulbenkian, 2007. p. 101-109. Com efeito, embora Hart refira-se apenas a regras, o pós-escrito de sua obra deixa claro que também tratou dos padrões e dos princípios em sua obra (HART, Herbert L. A. Pós-escrito. Tradução

útil a esta tese: i) normas primárias; ii) normas secundárias. As normas primárias regem a conduta dos destinatários ao preverem o que podem, devem ou estão proibidos de realizar. As normas secundárias remetem à forma de reconhecimento, criação, eliminação, modificação, interpretação e solução de antinomias das normas primárias. Como se percebe, essa classificação expande o conceito proposto por Hart, uma vez que inclui algumas características adicionais às referidas por esse jurista às propriedades das normas primárias e secundárias.[172]

A importância das normas secundárias para um sistema jurídico, conquanto não se dirijam diretamente ao comportamento das pessoas, está justamente em outorgar o caráter institucionalizado que dá coesão ao ordenamento, com instituições ou organismos reconhecidos pelo próprio sistema para criação e aplicação de normas jurídicas. Um sistema é institucionalizado quando se percebe que existem instituições responsáveis para aplicar as normas do sistema, com o uso da coação se preciso for.[173] Entre essas instituições responsáveis pela aplicação das normas, a par da inegável importância das instituições que criam as normas, a identificação e individualização do sistema remanescem com as instituições primárias, organismos oficiais cuja competência mescla a aplicação e a criação de normas.[174]

A partir desses dois grupos de normas (primárias e secundárias), é possível destacar algumas espécies de normas, em razão das diferentes funções desempenhadas no sistema normativo. Ao falar de funções das normas, é impossível não relembrar Hans Kelsen, o qual enumerava quatro delas: prescrever, permitir, autorizar competência e derrogar.[175] Sobreleva notar, porém, que não há consenso na terminologia empregada pelos juristas sobre os tipos de normas. Em que pese essa discrepância doutrinal a respeito, arrolam-se entre as normas primárias as normas prescritivas e as normas permissivas, enquanto no segundo grupo enumeram-se as normas potestativas ou competenciais e normas regulativas. Advirta-se, também, que a classificação proposta observa o rol de funções das normas dado por Kelsen, mas a função derrogatória foi embutida nas

---

de A. Ribeiro Mendes. *In*: HART, Herbert L. A. *O conceito de direito*. 5. ed. Lisboa: Fundação Calouste Gulbenkian, 2007. p. 299-339). Por sua vez, Alf Ross (ROSS, Alf. *Sobre el derecho y la justicia*. Tradução de Genaro R. Carrió. 2. ed. Buenos Aires: Editorial Universitaria de Buenos Aires, 1997. p. 58 e seguintes) traz classificação próxima, com separação em dois grupos: normas de conduta, as quais prescrevem certa linha de ação, e normas de competência, as quais geram competências na finalidade de que as normas de conduta, arquitetadas no exercício dessas atribuições, sejam assim consideradas. Também menciona sucintamente a distinção Aulis Aarnio (AARNIO, Aulis. *Reason and authority*: a treatise on the dynamic paradigm of legal dogmatics. Cambridge: Ashgate, 1997. p. 156).

[172] Esta classificação já tinha sido efetuada em ALMEIDA, Luiz Antônio Freitas de. *Direitos fundamentais sociais e ponderação* – Ativismo irrefletido e controle jurídico racional. Porto Alegre: Sergio Antonio Fabris, 2014. p. 28 e seguintes, de modo que se retomam os conceitos ali apresentados.

[173] MACCORMICK, Neil. *Institutions of law* – An essay in legal theory. reprint. Oxford/New York: Oxford University Press, 2009. p. 1-7; 11-20. MacCormick comenta que o fator institucional do Direito prende-se ao fato de que ele é "administrado" por meio de "instituições", como cortes, parlamentos, forças policiais e agências administrativas etc. Também comenta a respeito de fatos institucionais, fatos dependentes de interpretação das coisas, os quais existiriam ao lado dos fatos físicos no mundo.

[174] RAZ, Joseph. *Pratical reason and norms*. reprint. Oxford/New York: Oxford University Press, 2002. p. 123-131; 132-141; 141-146. Raz divide as instituições aplicadoras em meramente executivas (*norm-enforcing institutions*), responsáveis pelo uso dos mecanismos de força na obediência às normas, e as instituições primárias, que aplicam e também criam as normas, a exemplo dos tribunais. Estaria nestas a propriedade especial de identificar um sistema jurídico.

[175] KELSEN, Hans. *Teoría general de las normas jurídicas*. Tradução de Hugo Carlos Delory Jacobs. 1. reimpr. Cidade do México: Trillas, 2007. Col. Pedro María Anaya. p. 19-26.

normas regulativas, como ficará claro a seguir. De outro lado, a classificação não possui fim exaustivo.[176]

As normas prescritivas, passíveis de serem denominadas normas jurídicas em sentido estrito, são normas primárias que preveem condutas em modo de comando ou ordem, com a imposição de deveres aos destinatários, ou seja, estatuem ou proscrevem determinada ação ou comportamento.[177]

Normas permissivas são normas primárias que concedem ao destinatário a prática de certo comportamento ou que lhe facultam a omissão, sem que isso seja motivo de sanção.[178] A autonomia dessa modalidade normativa das normas prescritivas é objeto de liça teórica, posto que deva ser mantida como categoria à parte destas últimas, pois, entre outras razões, há notável diferença pragmática na existência de uma norma expressa que permita ou não determinada conduta, seja para remover incertezas sobre o *status* deôntico da ação (se ela é proibida, imposta ou permitida de fato no sistema) ou conferir-lhe um posicionamento destacado a exigir, para sua derrogação, uma qualificação da norma que a derroga.[179] É interessante notar que existem doutrinadores que salientam

---

[176] A esse respeito, poder-se-ia lembrar as normas puramente constitutivas, conforme denominação dada por Manuel Atienza e Juan Manero (ATIENZA, Manuel; RUIZ MANERO, Juan. *Las piezas del derecho*. Teoría de los enunciados jurídicos. 4. ed. Barcelona: Ariel, 2007. p. 89-95; 96-99), que condiciona alterações normativas a determinado e mero estado de coisas, e não a comportamentos ou ações. No mesmo prisma do texto, Joseph Raz (RAZ, Joseph. Postscript to second edition: rethinking exclusionary reasons. *In*: RAZ, Joseph. *Pratical reason and norms*. reprint. Oxford/New York: Oxford University Press, 2002. p. 208) admitia outras espécies normativas no sistema, ao passo que se limitara em seu trabalho tratar de regras de mandado, permissivas e de competência. A despeito da possibilidade de outras espécies normativas, crê-se que foram tratadas as primordiais e mais recorrentes no sistema.

[177] AARNIO, Aulis. *Reason and authority*: a treatise on the dynamic paradigm of legal dogmatics. Cambridge: Ashgate, 1997. p. 160 e seguintes; GUASTINI, Riccardo. *Distinguiendo* – Estudios de teoría y metateoría del derecho. Tradução de Jordi Ferrer i Beltrán. Barcelona: Gedisa, 1999. p. 92-109; RAZ, Joseph. *Pratical reason and norms*. reprint. Oxford/New York: Oxford University Press, 2002. p. 49-50. Guastini usa a expressão "normas jurídicas em sentido estrito", ao passo que Raz utiliza normas de mandado ou obrigatórias. Por sua vez, Aarnio comenta que as prescrições são o "tipo básico" de normas jurídicas, embora as denomine de normas comportamentais ou regulativas. Como se percebe, a expressão "normas regulativas" é deixada para espécie distinta de normas jurídicas daquela referida por Aarnio.

[178] Alguns autores destacam a facultatividade como propriedade algo distinta da permissão, o que, em tese, permitiria a construção de normas facultativas como unidades autônomas. Kelsen (KELSEN, Hans. *Teoria pura do direito*. Tradução de João Baptista Machado. 7. ed. Coimbra: Almedina, 2008. p. 5) separou expressamente as duas propriedades ao referir-se à faculdade como uma a adjudicação especial de competência ao destinatário da norma. A seu turno, na notação de lógica deôntica empregada por Carlos Alchourrón (ALCHOURRÓN, Carlos E. Logic of norms and logic of normative propositions. *In*: AARNIO, Aulis; MACCORMICK, Neil (Org.). *Legal reasoning*. Aldershot; Hong Kong; Singapore; Sydney: Dartmouth, 1992. v. 1. p. 401 e seguintes), a definição da permissão é "$P\alpha = \sim O \sim \alpha$" e a definição do facultativo é "$F\alpha = (P\alpha.P\sim\alpha)$", o que se interpreta que a permissão é a não obrigação de um não comportamento qualquer (variável "α"), enquanto a faculdade engloba, ao mesmo tempo, a permissão da prática e ou não desse mesmo comportamento. No texto da tese, permissão e faculdade são tratadas no conjunto como normas permissivas.

[179] A defender um conceito "normativo" e não meramente "descritivo" de permissão, com a sustentação da pertinência de conferir-lhe um caráter normativo por razões pragmáticas, aponta-se Ota Weinberger (WEINBERGER, Ota. The expressive conception of norms – An impasse for the logic of norms. *In*: AARNIO, Aulis; MACCORMICK, Neil (Org.). *Legal reasoning*. Aldershot; Hong Kong; Singapore; Sydney: Dartmouth, 1992. v. 1. p. 470 e seguintes), a qual enumera outras razões para a defesa da autonomia das permissões. Raz destaca também o papel diferenciado de permissões expressas no discurso prático, a indicar a ausência de constrangimentos (RAZ, Joseph. *Pratical reason and norms*. reprint. Oxford/New York: Oxford University Press, 2002. p. 85-97), bem como explica que não há equivalência entre um ato expressamente permitido por uma norma permissiva (na sua nomenclatura, *M-laws*) de um ato não proibido ou imposto por norma de mandado (RAZ, Joseph. *The concept of a legal system* – An introduction to the theory of legal system. 2. ed. reprint. Oxford/New York: Clarendon Press/Oxford University Press, 2003. p. 172 e seguintes). Em sentido contrário a uma autonomia das normas permissivas, advogam Manuel Atienza e Juan Manero (ATIENZA, Manuel; RUIZ MANERO, Juan. *Las piezas del derecho*. Teoría de los

a diferença entre permissões fracas e fortes, a situar a diferença na existência ou não de normas permissivas que permitam a conduta ou facultem a sua abstinência.[180] A importância dessa distinção atrai o tema de lacunas em direito, uma vez que, em geral, a existência de lacunas importa na defesa do argumento de não existirem permissões fracas no sistema.[181]

Normas potestativas ou competenciais são normas secundárias que dão competência ou conferem poderes, isto é, autorizam os destinatários à realização de atos jurídicos previstos no sistema normativo. Outorgam poderes a certos órgãos ou instituições do sistema para modificação, criação ou cancelamento de atos normativos ou relações jurídicas, ou mesmo podem conceber condições suficientes ou necessárias, a fim de que determinadas consequências jurídicas desejadas pelo indivíduo possam ingressar no mundo jurídico.[182] Não se pode negar a autonomia dessa espécie de normas, afinal mesmo Alf Ross, o qual prelecionou que as normas de competência eram, em última instância, normas de conduta indiretamente formuladas, não pôs em causa a separação das normas de conduta das normas de competência.[183]

---

enunciados jurídicos. 4. ed. Barcelona: Ariel, 2007. p. 115-128) a inexistência de normas puramente permissivas, porquanto a permissão é consequência de uma exceção ou derrogação de normas de mandado (prescritivas) ou então é formulação indireta dessas normas – endereçada, pois, a destinatários distintos daqueles explícitos da norma supostamente permissiva.

[180] Sobre a diferença entre permissões fortes, nas quais existe uma norma que concede ao destinatário a realização ou não de certa conduta, e fracas, em que não há essa norma e, portanto, interpreta-se o comportamento como permitido se existir a ausência concomitante de normas prescritivas que imponham ou proíbam a aludida ação, mencionam-se GUASTINI, Riccardo. *Distinguiendo* – Estudios de teoría y metateoría del derecho. Tradução de Jordi Ferrer i Beltrán. Barcelona: Gedisa, 1999. p. 110-126; KELSEN, Hans. *Teoría general de las normas jurídicas*. Tradução de Hugo Carlos Delory Jacobs. 1. reimpr. Cidade do México: Trillas, 2007. Col. Pedro María Anaya. p. 106-111. Kelsen também distingue entre permissões positivas e negativas e comenta que aquelas permissões poderiam ser reduzidas a uma função indireta da norma derrogatória, mas não fecha a questão ao assumir que não se poderia de modo peremptório afastar a possibilidade de que existam normas de conteúdo permissivo. De outra banda, Joseph Raz pontua que a diferença entre permissão forte e fraca não é de força normativa, mas de fonte, mesmo que trace uma diferença entre a fraqueza ou força da permissão pela presença ou não de razões excludentes, razão pela qual é crítico dessa diferenciação (RAZ, Joseph. *Pratical reason and norms*. reprint. Oxford/ New York: Oxford University Press, 2002. p. 85-97).

[181] WRIGHT, Georg Henrik von. Is there a logic of norms? *In*: AARNIO, Aulis; MACCORMICK, Neil (Org.). *Legal reasoning*. Aldershot; Hong Kong; Singapore; Sydney: Dartmouth, 1992. v. 1. p. 393-394; WEINBERGER, Ota. The expressive conception of norms – An impasse for the logic of norms. *In*: AARNIO, Aulis; MACCORMICK, Neil (Org.). *Legal reasoning*. Aldershot; Hong Kong; Singapore; Sydney: Dartmouth, 1992. v. 1. p. 469 e seguintes. Raz, por sua vez, adota a tese de que em todo o sistema jurídico um ato que não seja proibido ou imposto é consequentemente permitido, seja pela existência de uma norma permissiva expressa ou ainda que o próprio sistema possua uma metanorma geral que proíba a realização de ações não expressamente permitidas, pois, a rigor, haverá uma proibição geral dada pelo próprio sistema (RAZ, Joseph. *The concept of a legal system* – An introduction to the theory of legal system. 2. ed. reprint. Oxford/New York: Clarendon Press/Oxford University Press, 2003. p. 170 e seguintes).

[182] O adjetivo empregado ("potestativas") reputa-se adequado, uma vez que é utilizado para relações de poder, conquanto não tenha sido encontrada essa terminação na doutrina pesquisada. A respeito dessa espécie de normas, remete-se a AARNIO, Aulis. *Reason and authority*: a treatise on the dynamic paradigm of legal dogmatics. Cambridge: Ashgate, 1997. p. 163 e seguintes; ATIENZA, Manuel; RUIZ MANERO, Juan. *Las piezas del derecho*. Teoría de los enunciados jurídicos. 4. ed. Barcelona: Ariel, 2007. p. 69-81; GUASTINI, Riccardo. *Distinguiendo* – Estudios de teoría y metateoría del derecho. Tradução de Jordi Ferrer i Beltrán. Barcelona: Gedisa, 1999. p. 92-109; KELSEN, Hans. *Teoría general de las normas jurídicas*. Tradução de Hugo Carlos Delory Jacobs. 1. reimpr. Cidade do México: Trillas, 2007. Col. Pedro María Anaya. p. 112-114; RAZ, Joseph. *Pratical reason and norms*. reprint. Oxford/New York: Oxford University Press, 2002. p. 97-106; ROSS, Alf. *Sobre el derecho y la justicia*. Tradução de Genaro R. Carrió. 2. ed. Buenos Aires: Editorial Universitaria de Buenos Aires, 1997. p. 58 e seguintes.

[183] ROSS, Alf. *Sobre el derecho y la justicia*. Tradução de Genaro R. Carrió. 2. ed. Buenos Aires: Editorial Universitaria de Buenos Aires, 1997. p. 58 e seguintes. A contestar a tese de Ross de que as normas de competência são normas de

Normas regulativas[184] são normas secundárias incumbidas de eliminar outras normas do sistema, esclarecer seus conceitos ou resolver seus conflitos. Particularmente em relação aos conceitos jurídicos, há autores que lhes negam o caráter de normas verdadeiras,[185] no entanto, a interpretação dos enunciados normativos que contenham definições permite a reconstrução do conteúdo em linguagem deôntica, cujos destinatários são as instituições encarregadas de aplicar as normas do sistema; ocorre, sem embargo, que o comando dado no conceito normalmente depende também da conjugação com uma segunda norma para ter operacionalidade (outra norma que preveja como condição de aplicação uma situação que caracterize a definição). Aliás, a percepção de que as normas regulativas de conflitos normativos, as que estabelecem critérios de interpretação ou as que definem conceitos podem ser reconstruídas por meio de interpretação em formato deontológico, endereçadas às instituições de aplicação do direito – como devem esses órgãos resolver os conflitos, interpretar os critérios ou conceitos positivados no ordenamento – parece dar força ao pensamento de Kelsen, que apontou como função autônoma da norma apenas a derrogação. No entanto, o desiderato de apontá-las com caráter autônomo e separado das normas prescritivas é o de sublinhar o elo funcional relativo a esse grupo de normas: são normas voltadas ao próprio sistema, usadas na aplicação do direito objetivo pelas instituições competentes.[186]

Quando se escreve sobre formato deontológico ou deôntico, deve-se esclarecer que é conteúdo de uma norma prescritiva o comandar ou o proibir alguma ação, isto é, os enunciados deônticos são aqueles que usam o verbo "dever" ou termos ou expressões traduzíveis em dever ou obrigação.[187] Ora, somente as normas prescritivas, justamente porque determinam ações ou omissões aos destinatários, são passíveis de cumprimento ou descumprimento.[188] As demais normas não admitem logicamente a possibilidade de violação pelo destinatário imediato, porém são ou não apenas aplicadas ou utilizadas. Se alguém possui uma permissão para agir, não pode violar a norma por não ter usado a faculdade a ele atribuída. De igual modo, uma norma que confere competência ou

---

conduta indiretamente formuladas está AARNIO, Aulis. *Reason and authority*: a treatise on the dynamic paradigm of legal dogmatics. Cambridge: Ashgate, 1997. p. 163-164.

[184] Claro está que o nome "regulativas" refere-se ao fato de essas normas secundárias "regularem" a aplicação, conflitos ou conceitos de outras normas. Esse aclaramento é feito para evitar eventual confusão de tomar-lhe como uma norma primária, que regule condutas. De pronto, deixa-se anotado não ser a terminologia mais usual que é dada a esse tipo de norma.

[185] ATIENZA, Manuel; RUIZ MANERO, Juan. *Las piezas del derecho*. Teoría de los enunciados jurídicos. 4. ed. Barcelona: Ariel, 2007. p. 89-95 e 96-99; SANTIAGO NINO, Carlos. *Introdução à análise do direito*. Tradução de Elza Maria Gasparoto. São Paulo: Martins Fontes, 2010. p. 117-125; este último reconhece como normas as autorizações, permissões e prescrições, p. 73-77. De outra banda, Aarnio (AARNIO, Aulis. *Reason and authority*: a treatise on the dynamic paradigm of legal dogmatics. Cambridge: Ashgate, 1997. p. 165) traz as definições jurídicas como espécie de normas jurídicas constitutivas, razão pela qual parece seguir a mesma senda aqui percorrida.

[186] Essa conclusão havia sido apresentada em ALMEIDA, Luiz Antônio Freitas de. *Direitos fundamentais sociais e ponderação* – Ativismo irrefletido e controle jurídico racional. Porto Alegre: Sergio Antonio Fabris, 2014. p. 27-39.

[187] Sobre o formato deôntico, ATIENZA, Manuel; RUIZ MANERO, Juan. *Las piezas del derecho*. Teoría de los enunciados jurídicos. 4. ed. Barcelona: Ariel, 2007. p. 69-81; GUASTINI, Riccardo. *Distinguiendo* – Estudios de teoría y metateoría del derecho. Tradução de Jordi Ferrer i Beltrán. Barcelona: Gedisa, 1999. p. 92-109.

[188] ATIENZA, Manuel; RUIZ MANERO, Juan. *Las piezas del derecho*. Teoría de los enunciados jurídicos. 4. ed. Barcelona: Ariel, 2007. p. 69-81 e 115-128; GUASTINI, Riccardo. *Distinguiendo* – Estudios de teoría y metateoría del derecho. Tradução de Jordi Ferrer i Beltrán. Barcelona: Gedisa, 1999. p. 92-126; KELSEN, Hans. *Teoría general de las normas jurídicas*. Tradução de Hugo Carlos Delory Jacobs. 1. reimpr. Cidade do México: Trillas, 2007. Col. Pedro María Anaya. p. 106-114; RAZ, Joseph. *Pratical reason and norms*. reprint. Oxford/New York: Oxford University Press, 2002. p. 85-106.

poder de realizar determinado ato jurídico não é quebrada caso a instituição não o exerça. Ficaria, no entanto, duvidoso em relação às normas regulativas de conflitos normativos, às que estabelecem conceitos ou critérios de interpretação, já que elas poderiam ser reconstruídas de maneira interpretativa em uma formulação deôntica. A bem da verdade, conquanto ainda não se tenha posição fechada a respeito, é factível a defesa do ponto de vista de que elas podem ser violadas pelos órgãos de aplicação do direito em decisões isoladas;[189] no entanto, se essas violações pelos órgãos aplicativos cristalizarem um costume judiciário, como já falava Joseph Raz, ocorrerá mesmo uma alteração da norma regulativa pelas instituições primárias.

No fundo, existe uma controvérsia acadêmica a respeito do caráter prescritivo das normas jurídicas em geral. A teoria imperativista sustenta que todas as normas jurídicas necessariamente são reconduzidas, em última ótica, a prescrições ou proibições de condutas. Outras teorias, como a teoria das normas de valoração, criticam a teoria imperativista pela ausência de respostas satisfatórias em relação à admissão da existência de normas permissivas, normas explicativas, normas que atribuem direitos subjetivos ou que determinam a caducidade de algum direito. Entende-se mais correta a posição de Karl Larenz, de modo a reconhecer que as normas jurídicas são sentidos de dever-ser, são proposições dispositivas e não simplesmente enunciativas, conquanto não as restrinja unicamente a imperativos de conduta ou prescrições, haja vista a existência de outras categorias normativas, a exemplo de normas de competência, metanormas de revogação e vigência.[190]

Por que as demais espécies normativas – e não somente as normas prescritivas – são também normas? Joseph Raz trouxe resposta adequada ao identificar a propriedade comum às normas jurídicas: serem guias diretos ou indiretos de conduta e a contribuição para inferências práticas. As normas consubstanciam razões de primeira ordem para a ação e, ao mesmo tempo, razões excludentes que vencem razões contrárias à obediência dessas normas. Esses são traços essenciais para que se esteja diante de uma norma jurídica.[191]

---

[189] Não seria bem o caso de comentar que, pelo sistema primário, a decisão estaria incorreta, a despeito de adequada pelo conjunto de normas do sistema secundário, para voltar à abordagem de Eugenio Bulygin descrita anteriormente (BULYGIN, Eugenio. Norms and logic – Kelsen and Weinberger on the ontology of norms. *In*: AARNIO, Aulis; MACCORMICK, Neil. *Legal reasoning*. Aldershot; Hong Kong; Singapore; Sydney: Dartmouth, 1992. v. 1. p. 443 e seguintes). Isso porque as normas regulativas são consideradas normas secundárias e, a compatibilizar com a terminologia desse jurista, seriam normas do segundo nível do sistema.

[190] LARENZ, Karl. *Metodologia da ciência do direito*. Tradução de José Lamego. 5. ed. Lisboa: Fundação Calouste Gulbenkian, 2009. p. 353-359. Em prisma mitigado da teoria imperativista, Karl Engisch (ENGISCH, Karl. *Introdução ao pensamento jurídico*. Tradução de J. Batista Machado. 10. ed. Lisboa: Fundação Calouste Gulbenkian, 2008. p. 35 e seguintes) aceita que nem todas as normas são imperativos de conduta, mas sugere que, na essência, o ordenamento fique voltado a essa função de normatizar condutas. Em tom crítico quanto à recondução de todas as normas à imposição de deveres sob ameaça de sanção, lembra-se de Hart (HART, Herbert L. A. *O conceito de direito*. Tradução de A. Ribeiro Mendes. 5. ed. Lisboa: Fundação Calouste Gulbenkian, 2007. p. 34 e seguintes).

[191] RAZ, Joseph. *Pratical reason and norms*. reprint. Oxford/New York: Oxford University Press, 2002. p. 50-53, 85-97 e 97-106. Raz recusa a teoria imperativista, uma vez que nem todas as normas guiariam o comportamento humano (p. 50-53), no entanto admite que o *leitmotiv* de toda a norma é servir para guiar um ato (p. 97-106). Quanto às normas permissivas, o jurista inglês coloca que, conquanto não sirvam de guia direto do comportamento humano, sua força normativa está na contribuição para inferência práticas, enquanto que as normas potestativas servem de norte para o exercício do poder. A seu turno, David Duarte (DUARTE, David. *A norma da legalidade procedimental administrativa* – A teoria da norma e a criação de normas de decisão na discricionariedade instrutória. Coimbra: Almedina, 2006. p. 72-74) considera a propriedade raziana da norma de ser "razões para ação" ou o comentário

Evidencia-se da tipologia apresentada que as normas de direitos fundamentais são essencialmente normas prescritivas e permissivas, de modo que a lupa analítica focará essas categorias de normas.

A opção metodológica da tese traz a abordagem do tema a partir da norma jurídica, cuja estrutura se compõe de uma previsão, uma estatuição e um operador deôntico, a ordenar uma permissão, uma imposição ou uma proibição. As normas regulam o que deve ser, em suma, aquilo que foi proibido, permitido ou imposto pelo seu conteúdo. São unidades ideais e não fáticas, não se ocupam da descrição do mundo empírico, por isso não possuem o valor de verdade ou falsidade,[192] conquanto possam ser dissecadas em um elemento "descritivo" (o conteúdo de ação normatizada) e um elemento normativo (a permissão, proibição ou obrigação de realizar essa conduta).[193] Atrelam-se ao "reino" do dever-ser e não ao do ser.[194]

A caracterização da norma jurídica dada no parágrafo antecedente pode, de algum modo, ser reconectada às teorias imperativista e de valoração das normas, outrora abordadas. E, imbricado ao mesmo assunto, é vez de explicar a concepção ontológica de norma jurídica defendida neste trabalho. Eugenio Bulygin afirma existir uma dicotomia

---

de que as normas buscam regular a vida social como perspectivas redutoras, porquanto há normas que sequer se dirigem ao homem, já que o essencial é o sentido deôntico da norma jurídica.

[192] Sobre a ausência de valor de verdade em normas de conduta, remete-se a BULYGIN, Eugenio. Norms and logic – Kelsen and Weinberger on the ontology of norms. *In*: AARNIO, Aulis; MACCORMICK, Neil. *Legal reasoning*. Aldershot; Hong Kong; Singapore; Sydney: Dartmouth, 1992. v. 1. p. 434; a KELSEN, Hans. *Teoría general de las normas jurídicas*. Tradução de Hugo Carlos Delory Jacobs. 1. reimpr. Cidade do México: Trillas, 2007. Col. Pedro María Anaya. p. 70-74; a WRIGHT, Georg Henrik von. Is there a logic of norms? *In*: AARNIO, Aulis; MACCORMICK, Neil (Org.). *Legal reasoning*. Aldershot; Hong Kong; Singapore; Sydney: Dartmouth, 1992. v. 1. p. 383 e seguintes. Essa questão está no âmago de um debate sobre a existência de uma lógica deôntica, uma lógica de normas. Kelsen expressamente rejeita a relação lógica entre normas, uma vez que a lógica proposicional se ocupa da verdade ou falsidade das proposições, conformem derivem ou não logicamente uma da outra (p. 70 e seguintes). Georg von Wright, a seu turno, defende uma lógica entre normas, com a substituição do valor de verdade ou falsidade pelo de racionalidade (não seria "lógico", por exemplo, supor que uma norma proíba e outra prescreva a mesma ação ao mesmo tempo, de forma que a racionalidade derivaria da consistência, não contradição e da implicação, esta também entendida num sentido diferente da lógica proposicional tradicional) (p. 390 e seguintes); Alchourrón (ALCHOURRÓN, Carlos E. Logic of norms and logic of normative propositions. *In*: AARNIO, Aulis; MACCORMICK, Neil (Org.). *Legal reasoning*. Aldershot; Hong Kong; Singapore; Sydney: Dartmouth, 1992. v. 1. p. 399 e seguintes) defende uma lógica normativa, a lógica entre proposições normativas, diferenciando-a da lógica deôntica – lógica entre normas –, uma vez que aquela poderia refletir adequadamente a noção de consistência e completude do sistema, que não poderia ser traduzida apropriadamente na lógica deôntica; Weinberger, por sua vez, critica a posição kelseniana e também sustenta uma relação lógica entre normas (WEINBERGER, Ota. The expressive conception of norms – An impasse for the logic of norms. *In*: AARNIO, Aulis; MACCORMICK, Neil (Org.). *Legal reasoning*. Aldershot; Hong Kong; Singapore; Sydney: Dartmouth, 1992. v. 1. p. 474 e seguintes).

[193] BULYGIN, Eugenio. Norms and logic – Kelsen and Weinberger on the ontology of norms. *In*: AARNIO, Aulis; MACCORMICK, Neil. *Legal reasoning*. Aldershot; Hong Kong; Singapore; Sydney: Dartmouth, 1992. v. 1. p. 429 e seguintes.

[194] KELSEN, Hans. *Teoria pura do direito*. Tradução de João Baptista Machado. 7. ed. Coimbra: Almedina, 2008. p. 4-8; KELSEN, Hans. *Teoría general de las normas jurídicas*. Tradução de Hugo Carlos Delory Jacobs. 1. reimpr. Cidade do México: Trillas, 2007. Col. Pedro María Anaya. p. 19-26; DUARTE, David. *A norma da legalidade procedimental administrativa* – A teoria da norma e a criação de normas de decisão na discricionariedade instrutória. Coimbra: Almedina, 2006. p. 29-30; 75-86. Kelsen comenta sobre a distinção entre os mundos do Ser e Dever-Ser, enquanto que de Duarte se aproveita a análise estrutural da norma, os três modais deônticos referidos, bem como a primeira propriedade da norma de ser uma indicação de sentido relativo à ordenação de um estado de coisas independente da realidade. Essa concepção de norma fora defendida também em ALMEIDA, Luiz Antônio Freitas de. *Direitos fundamentais sociais e ponderação* – Ativismo irrefletido e controle jurídico racional. Porto Alegre: Sergio Antonio Fabris, 2014. p. 27-39.

entre duas concepções ontológicas das normas jurídicas: hilética e expressiva.[195] Os precursores de uma concepção ontológica hilética das normas visualizam o seu componente normativo como parte do conteúdo conceitual da norma, o que faz com que a norma seja o significado de um enunciado normativo do mesmo modo que uma proposição é considerada o significado de um enunciado descritivo; o conteúdo dos enunciados normativos difere daquele pertencente aos enunciados descritivos, pois o elemento normativo, que integra a norma, produz um significado prescritivo, o de que algo deva ser. Aqueles que professam uma concepção expressiva das normas, por sua vez, rejeitam a visão de que haja um significado prescritivo resultado da interpretação de enunciados de certo tipo – enunciados normativos. Os expressivistas teorizam que não há divergência alguma entre os significados de diferentes tipos de enunciados. A explicação para o componente normativo de um enunciado não está na estrutura da norma em si, mas na força ilocucionária do texto. Em suma, as normas não são resultado de um tipo especial de enunciados, mas o resultado de certo tipo de ação do enunciador do texto. Assim, na ontologia expressivista, do mesmo texto é possível extrair uma norma, um conselho, uma pergunta, uma afirmação ou conjectura, tudo a depender do uso da frase ou da expressão linguística pelo falante. Logo, o componente prescritivo não é um operador que integre a norma – tese hilética –, e sim um simples indicador da força ou da ação realizada pelo agente que usa a expressão linguística. As duas teses teriam peculiaridades que poderiam ser defendidas coerentemente com o exame analítico de normas proposto nesta tese. Em realidade, se fosse para discordar de Bulygin, não se entreveria propriamente uma dicotomia: seria possível defender uma concepção hilética das normas e simultaneamente reconhecer a força ilocucionária de enunciados normativos. O reconhecimento da força ilocucionária poderia auxiliar a identificar normas jurídicas em contextos de incertezas pragmáticas, no entanto, de

---

[195] As ideias do parágrafo foram retiradas da lição de Eugenio Bulygin (BULYGIN, Eugenio. Norms and logic – Kelsen and Weinberger on the ontology of norms. *In*: AARNIO, Aulis; MACCORMICK, Neil. *Legal reasoning*. Aldershot; Hong Kong; Singapore; Sydney: Dartmouth, 1992. v. 1. p. 430 e seguintes). Um exemplo ajuda a facilitar a compreensão entre a distinção ontológica. Imaginem-se dois textos com a seguinte redação "é proibido pescar em rios na época de piracema", um constante de um enunciado jurídico ambiental e outro de um artigo acadêmico escrito por um biólogo. A concepção expressivista defenderá que o componente normativo do primeiro texto está na sua força ilocucionária, isto é, a ação praticada pelo enunciador dos textos (legislador em um caso e um acadêmico em outro), de modo que o significado em si de ambos os textos é o mesmo. A concepção hilética aposta no significado prescritivo do primeiro texto após interpretação, inexistente no segundo, o qual só pode ser interpretado não como uma proibição jurídica, mas como uma constatação sociológica de que tal ação é de fato proibida pelo direito objetivo brasileiro ou até como uma proposição acadêmica que busca influenciar a ciência biológica e o legislador, seja para proibir a conduta, caso isso ainda não tivesse ocorrido, ou mantê-la vedada. Bulygin, que já expressou a concepção hilética, diz-se cético acerca de seu acerto, conquanto esclareça que não haja teste que auxilie a decidir entre as duas concepções. Ota Weinberger, a seu turno, rejeita a afirmação de Bulygin de que defenda a concepção hilética, ao aduzir que não há significados prescritivos como unidades platônicas independentes da linguagem, mas sim que o significado é um elemento, entre outros, da linguagem; significados não são entidades objetivas pré-formadas na realidade, mas construtos intelectuais que moldam conceitos e outras estruturas significativas da linguagem subjacente à argumentação e ao discurso (WEINBERGER, Ota. The expressive conception of norms – An impasse for the logic of norms. *In*: AARNIO, Aulis; MACCORMICK, Neil (Org.). *Legal reasoning*. Aldershot; Hong Kong; Singapore; Sydney: Dartmouth, 1992. v. 1. p. 449 e seguintes). No entanto, o argumento usado por Weinberger para rejeitar a concepção hilética não parece ter força para desconstruí-la peremptoriamente. Mesmo que pareça satisfatório filosoficamente não advogar a existência de unidade ideais independentes da linguagem, que existam no mundo por si e em si, com a consequência de rejeitar o mundo das ideias platônico como realidade ôntica, como fez Weinberger, a concepção ontológica hilética pode sobreviver dentro desse panorama. Afinal, o significado prescritivo decorre da interpretação usada sobre a formulação linguística e, assim, de modo geral, compõe conceitualmente a própria norma. Porém, também a concepção expressivista tem atrativos e, como será exposto no texto, parece ser a melhor resposta.

modo geral, o componente normativo é perceptível da interpretação dos enunciados normativos e, assim, está na própria estrutura linguística. Isso decorreria, de outro lado, do exame analítico da estrutura da norma: apregoar a existência de um operador deôntico como elemento autônomo pareceria, no mínimo, coadunar-se com a não rejeição da concepção hilética. Sem embargo, pensa-se que, mesmo que a questão precisasse de maior maturação, a concepção expressivista tende a enfrentar mais satisfatoriamente o problema, uma vez que a autonomia do operador deôntico, como elemento ideal, adviria expressamente da força ilocutória do uso enunciativo da norma.

O recorte metodológico proposto de iniciar pela própria norma jurídica não é imune a críticas. A começar porque a divisão entre os mundos ou reinos do ser e dever-ser é disputada na doutrina. Entre muitos, pode-se rememorar Friedrich Müller, cuja síntese teórica foi apresentada no tópico antecedente. Müller critica essa separação por considerá-la paradigmaticamente positivista. Na defesa de seu pós-positivismo, amparado na sua teoria da norma e na sua teoria estruturante do direito, Müller sustenta uma independência relativa entre fato e norma. De outro vértice, uma perspectiva derivada da hermenêutica filosófica poderia questionar a própria normatividade prévia da norma jurídica, como fazem Hans-Georg Gadamer e Castanheira Neves.[196]

Não é o caso de repetir os argumentos principais de Müller nem ressoar a antítese apresentada ao seu pensamento, porém é preciso assinalar que a admissão de um atributo ideal da norma e, assim, apartando-a do mundo empírico, não pode significar uma dissolução ou incomunicabilidade entre os reinos do ser e dever-ser. A separação radical entre eles, decorrência da primeira fase do pensamento kelseniano, deve ser reinterpretada,[197] uma vez que a conexão entre os dois mundos é evidente nos seguintes pontos: i) a existência da norma oriunda de ato legislativo depende de publicação e aprovação do ato que a prescreve pelo órgão competente; ii) o cancelamento ou a derrogação da norma devem ser considerados pelo jurista; iii) o próprio Kelsen reconheceu que a eficácia social é condição necessária para sua existência (conceito kelseniano de validade). No mais, remete-se ao subitem anterior, em que foram esgrimidas razões contrárias à concepção de norma jurídica de Müller, especialmente pela confusão proporcionada ao conceito de norma ao inculcar-lhe argumentos relevantes a determinada decisão concreta. Arremata-se com conclusão de que a expressão normativa é fator substancialmente diverso do juízo do ser, a validade da norma independe da validade deste.[198]

---

[196] GADAMER, Hans-Georg. *Verdade e método* – Traços fundamentais de uma hermenêutica filosófica. Tradução de Flávio Paulo Meurer. 6. ed. Petrópolis/Bragança Paulista: Vozes/Editora Universitária São Francisco, 2004. p. 411-446; NEVES, A. Castanheira. O sentido actual da metodologia jurídica. *In*: NEVES, A. Castanheira. *Digesta* – Escritos acerca do Direito, do pensamento jurídico, da sua metodologia e outros. Coimbra: Coimbra, 2008. v. 3. p. 388-411. Gadamer faz a defesa de uma situação hermenêutica que não olvide a situação concreta do caso e a própria situação do intérprete, de modo a não se conter apenas numa compreensão de sentido universal; Castanheira Neves rejeita a normatividade prévia somente da exegese textual. Defende-se que o ponto de partida da interpretação é o enunciado normativo, o que será abordado mais adiante em outro tópico, especialmente no item 1.4 e 1.6.

[197] BULYGIN, Eugenio. An antimony in Kelsen's pure theory of law. *Ratio Juris*, v. 3, n. 1, p. 29-45, 1990. p. 30-35.

[198] ROSS, Alf. *Teoría de las fuentes del derecho* – Una contribuición a la teoría del derecho positivo sobre la base de investigaciones histórico-dogmáticas. Tradução de José Luis Muñoz de Baena Simón, Aurelioi de Prada García e Pablo López Pietsch. 1. reimpr. Madrid: Centro de Estudios Políticos y Constitucionales, 2007. p. 341 e seguintes. Ross mostra que separação entre ser e dever-ser não é apta a contrapor os dois mundos, mas a diferenciá-los, pois a definição do direito como puro dever-ser inviabiliza a apreensão da sua realidade (sua positividade).

Impende diferenciar normas dos enunciados normativos.[199] Os enunciados normativos podem ser expressos por meio de textos linguísticos, gráficos ou mesmo comportamentos. As normas são as unidades ideais de sentido deontológico e estão contidas nos enunciados linguísticos, gráficos ou comportamentais; estes são a roupagem ou o revestimento simbólico, mormente linguístico, por meio dos quais aquelas, as quais são sentidos de dever-ser,[200] são declaradas. Isso explica porque os comandos jurídicos podem ser exprimidos pela via oral, sinais gráficos, sons ou gestos: o exemplo do policial que determina a parada no trânsito é sempre cabível. Esse revestimento visível da norma – o enunciado normativo – não deve ser confundido com a norma, já que esta é o significado ou o construto intelectivo da agregação concatenada dos signos expressos no enunciado. Esse ponto, longe de ser irrelevante ou meramente terminológico, permite compreender algumas nuances e inferências sobre as normas daí derivadas.

Uma primeira inferência é que é possível que uma mesma norma venha a ser construída mediante diferentes enunciados normativos. Como bem explica David Duarte, diferentes formas de expressão desse enunciado podem produzir uma única norma jurídica, haja vista que ela é o significado interpretado do enunciado normativo.[201] Isso fica singularmente claro quando se trata de enunciados linguísticos. É o caso, por exemplo, de textos normativos emitidos em mais de um idioma oficial: a tradução fiel muda as palavras que integram o enunciado, mas é indiferente em relação ao conteúdo normativo, eis que a norma é a mesma qualquer que seja o idioma empregado – esse raciocínio permanece válido ainda que se refira a uma tradução para um idioma não oficial.[202] Atrelado a isso está o fenômeno da "reversibilidade do enunciado normativo":[203]

---

[199] A ideia do parágrafo foi construída com base em AARNIO, Aulis. *Reason and authority*: a treatise on the dynamic paradigm of legal dogmatics. Cambridge: Ashgate, 1997. p. 144; KELSEN, Hans. *Teoria pura do direito*. Tradução de João Baptista Machado. 7. ed. Coimbra: Almedina, 2008. p. 3 e seguintes; e, especialmente, em DUARTE, David. *A norma da legalidade procedimental administrativa* – A teoria da norma e a criação de normas de decisão na discricionariedade instrutória. Coimbra: Almedina, 2006. p. 61 e seguintes. Veja-se que a nomenclatura não é de todo pacífica na doutrina; enquanto Aarnio fala da distinção entre norma e formulação normativa, Marcelo Neves (NEVES, Marcelo. *Entre Hidra e Hércules* – Princípios e regras constitucionais como diferença paradoxal do sistema jurídico. São Paulo: Martins Fontes, 2013. p. 1-11) adota duas divisões incongruentes ao exposto neste trabalho: uma dicotomia entre norma e texto normativo, sendo que este é denominado no trabalho de enunciado normativo, e entre enunciado normativo e proposição normativa, esta como significado do enunciado normativo. Na terminologia de Neves, proposição normativa é o significado de um texto por meio de um enunciado normativo. A diferença entre texto e norma já tinha sido apresentada em ALMEIDA, Luiz Antônio Freitas de. *Direitos fundamentais sociais e ponderação* – Ativismo irrefletido e controle jurídico racional. Porto Alegre: Sergio Antonio Fabris, 2014. p. 27-39.

[200] Já foi explicado no texto que a expressão "dever-ser" é considerada no texto em acepção mais ampla que a de um imperativo de conduta.

[201] DUARTE, David. *A norma da legalidade procedimental administrativa* – A teoria da norma e a criação de normas de decisão na discricionariedade instrutória. Coimbra: Almedina, 2006. p. 55 e seguintes. Por exemplo, uma norma cujo enunciado tenha por texto "é proibido matar, sob pena de prisão de 6 a 20 anos" é a mesma de um enunciado encontrado comumente nas leis penais, a exemplo do artigo 121 do Código Penal brasileiro "Matar alguém – Pena: 6 a 20 anos". Em ambos os textos, proíbe-se a conduta de matar, com a cominação de sanção na hipótese de sua violação.

[202] Exemplo também lembrado por David Duarte (DUARTE, David. *A norma da legalidade procedimental administrativa* – A teoria da norma e a criação de normas de decisão na discricionariedade instrutória. Coimbra: Almedina, 2006. p. 65 e seguintes).

[203] Expressão usada por David Duarte (DUARTE, David. *A norma da legalidade procedimental administrativa* – A teoria da norma e a criação de normas de decisão na discricionariedade instrutória. Coimbra: Almedina, 2006. p. 68-70). O jurista português adverte, porém, que essas lições não autorizam a dedução de irrelevância do enunciado normativo quanto à produção de efeitos jurídicos. Os enunciados estão inseridos em um conjunto, a formar uma unidade de enunciados, o conjunto da lei x ou do regulamento y, por exemplo. Assim, essa unidade de

como os enunciados linguísticos podem ser construídos por diversos operadores de linguagem e, ainda assim, representar não mais que uma única e mesma norma, é possível que a alteração dos signos linguísticos não modifique em nada a norma. É claro que há limites nessa reversibilidade, a depender do termo de linguagem modificado, porém é fato que ela existe.

Outra ilação é que não é correta uma parametrização no sentido de que a cada enunciado corresponda necessariamente uma norma. A norma pode decorrer da conjugação interpretada de mais de um enunciado normativo ou de um mesmo enunciado pode-se extrair mais de uma norma.[204]

Sob diferente prisma classificatório, podem-se distinguir as normas individuais das gerais, consoante haja individualização e determinação do comportamento exigido.[205] No entanto, mesmo essa classificação pode ser posta em causa, uma vez que o atributo da generalidade é considerado uma das propriedades das normas jurídicas, a consistir na indeterminação dos seus destinatários.[206]

Outro atributo pertencente às normas jurídicas é a hipoteticidade. As normas são hipotéticas, porquanto os efeitos estatuídos devem ocorrer sempre que estejam presentes os pressupostos condicionais engendrados na previsão normativa.[207] O sentido de dever-ser ganha autonomia quando preenchidas as condições exigidas pela norma para sua aplicação, fator que não é previamente determinável. A hipoteticidade, por suposto, não alcança a norma individual, porque seus pressupostos condicionais já foram preenchidos e já ativaram as consequências gizadas na estatuição, razão pela qual poderiam, em terminologia kantiana, ser consideradas normas categóricas, que constituem um fim em si.[208]

---

enunciados consubstancia, à partida, o exercício de uma norma de competência; em segunda mão, o conjunto de enunciados representa também uma delimitação de normas com importância para a determinação de efeitos de outras normas, a exemplo de uma norma do início da vigência da lei x, representada no artigo final da referida lei, que espraia seus efeitos a todas as normas presentes no conjunto de enunciados que integra a lei x.

[204] Sobre a existência de normas alternativas a um mesmo enunciado, conferir AARNIO, Aulis. *Reason and authority*: a treatise on the dynamic paradigm of legal dogmatics. Cambridge: Ashgate, 1997. p. 144, o qual diferencia entre norma e formulação normativa; DUARTE, David. Linguistic objectivity in norm sentences: alternatives on literal meaning. *Ratio Juris*, v. 24, n. 2, p. 112-139, jun. 2011. p. 122-131; KELSEN, Hans. *Teoria pura do direito*. Tradução de João Baptista Machado. 7. ed. Coimbra: Almedina, 2008. p. 379 e seguintes, que trata da "moldura" com diversas possibilidades de aplicação; NEVES, Marcelo. *Entre Hidra e Hércules* – Princípios e regras constitucionais como diferença paradoxal do sistema jurídico. São Paulo: Martins Fontes, 2013. p. 89-112, que comenta o fato de que um mesmo enunciado (disposição) possua várias normas, regras ou princípios. Sobre as afirmações restantes contidas no parágrafo, remete-se a DUARTE, David. *A norma da legalidade procedimental administrativa* – A teoria da norma e a criação de normas de decisão na discricionariedade instrutória. Coimbra: Almedina, 2006. p. 66-68.

[205] KELSEN, Hans. *Teoría general de las normas jurídicas*. Tradução de Hugo Carlos Delory Jacobs. 1. reimpr. Cidade do México: Trillas, 2007. Col. Pedro María Anaya. p. 19-26.

[206] DUARTE, David. *A norma da legalidade procedimental administrativa* – A teoria da norma e a criação de normas de decisão na discricionariedade instrutória. Coimbra: Almedina, 2006. p. 75; 129-133. Assim, o jurista português parece não aceitar que haja "normas individuais", pois o sentido de dever-ser individual não é reconduzido a uma norma jurídica por faltar-lhe a propriedade da generalidade. Em que pese comungar-se do conceito de generalidade utilizado por David Duarte, não se posiciona taxativamente a favor da tese de que o sentido de dever-ser individual não possa ser considerado como norma jurídica, mesmo que individualizada.

[207] DUARTE, David. *A norma da legalidade procedimental administrativa* – A teoria da norma e a criação de normas de decisão na discricionariedade instrutória. Coimbra: Almedina, 2006. p. 72-75; ENGISCH, Karl. *Introdução ao pensamento jurídico*. Tradução de J. Batista Machado. 10. ed. Lisboa: Fundação Calouste Gulbenkian, 2008. p. 35.

[208] KELSEN, Hans. *Teoría general de las normas jurídicas*. Tradução de Hugo Carlos Delory Jacobs. 1. reimpr. Cidade do México: Trillas, 2007. Col. Pedro María Anaya. p. 63-64.

Previsão, operador deôntico e estatuição são os três elementos estruturais presentes em todas as normas jurídicas.

A previsão é formada pelas condições positiva ou negativamente estipuladas na norma, cuja satisfação autoriza o desencadeamento dos efeitos ou consequências jurídicas nela idealizados. Entrementes, tem a função de condicionar de maneira antecipada a própria aplicação da norma às hipóteses enunciadas, além de restringir o campo de atuação da norma a essas mesmas condições estipuladas.[209]

O operador deôntico é o que conecta normativamente a previsão e a estatuição, permitindo identificar a modalidade de dever-ser que a norma estipula (o que está permitido, imposto ou proibido, isto é, os três modais deônticos). Esse elemento estrutural é o próprio sentido da norma e é de composição única, ao contrário da estatuição e da previsão, passíveis de cisão, conforme o número de efeitos ou pressupostos que aí se encontrem.[210] Não é debalde rememorar a lição kelseniana de que não existe aí uma relação natural de causa e efeito, mas meramente de imputação de um efeito jurídico,[211] de sorte que o operador deôntico é um conectivo não no sentido causal, mas meramente estipulativo. De outro vértice, como se deduz da afirmação de reversibilidade dos enunciados deônticos e da diferenciação entre enunciado e norma jurídica, pensa-se ser corolário lógico dessas premissas teóricas que haja interdefinibilidade dos modais deônticos, isto é, determinada norma pode ser reescrita com outro operador deôntico, desde que se preserve o sentido idealizado de dever-ser. Em realidade, dizer que os modos deônticos são interdefiníveis nada mais representa que aduzir que as noções de proibido, imposto e permitido podem ser compreendidas uma em relação a outra. A interdefinibilidade representa a possibilidade de que a proibição de uma conduta (PR α, em que a letra grega represente uma conduta variável qualquer) seja outro modo de dizer que há uma imposição de não fazer essa conduta ($I \sim \alpha$), logo $PR\alpha = I \sim \alpha$; e que a permissão (P, operador deôntico da permissão) de α seja obtida com a não imposição do mesmo conteúdo, logo $P\alpha = \sim I \alpha$.[212]

---

[209] DUARTE, David. *A norma da legalidade procedimental administrativa* – A teoria da norma e a criação de normas de decisão na discricionariedade instrutória. Coimbra: Almedina, 2006. p. 75-86. Com efeito, além das funções referidas no texto, David Duarte (DUARTE, David. An experimental essay on the antecedent and its formulation. *Scienze Giuridiche, Scienze Cognitive e Intelligenza artificiale*, v. 7, n. 16, p. 37-60, 2012. Disponível em: http://www.i-lex.it/articles/volume7/issue16/duarte.pdf. p. 46 e seguintes) traz as funções da hipótese normativa de mapear os conflitos normativos e de desenhar as "não condições", isto é, delinear as condutas humanas ou os estados de coisas que ativam as consequências jurídicas previstas na estatuição e os que não as espoletam.

[210] Adota-se a tripartição dos operadores deônticos preconizada por Duarte (DUARTE, David. *A norma da legalidade procedimental administrativa* – A teoria da norma e a criação de normas de decisão na discricionariedade instrutória. Coimbra: Almedina, 2006. p. 75-86) e Carlos Nino (SANTIAGO NINO, Carlos. *Introdução à análise do direito.* Tradução de Elza Maria Gasparoto. São Paulo: Martins Fontes, 2010. p. 77-90).

[211] Conforme mencionado no subitem 1.1.1.

[212] Como se nota, "~" simboliza a negação. Sobre a interdefinibilidade dos modos deônticos, remete-se a AARNIO, Aulis. *Reason and authority*: a treatise on the dynamic paradigm of legal dogmatics. Cambridge: Ashgate, 1997. p. 160 e seguintes; a DUARTE, David. Drawing up the boundaries of normative conflicts that lead to balances. *In*: SIECKMANN, Jan-Reinard (Ed.). *Legal reasoning*: the methods of balancing. Proceedings of the special workshop "Legal Reasoning. The Methods of Balancing" held at the 24th World Congress of the International Association for Philosophy of Law and Social Philosophy (IVR), Beijing, 2009. Stuttgart: Franz Steiner Verlag/Nomos, 2010. p. 52-53; e a WRIGHT, Georg Henrik von. Is there a logic of norms? *In*: AARNIO, Aulis; MACCORMICK, Neil (Org.). *Legal reasoning*. Aldershot; Hong Kong; Singapore; Sydney: Dartmouth, 1992. v. 1. p. 389 e seguintes. Se a interdefinibilidade ocorre sem problemas entre imposição e proibição, poderia ser questionada a interdefinibilidade em relação ao modo deôntico de permissão, a depender ou não da admissão de lacunas no sistema e de estar em jogo uma permissão fraca ou forte. Weinberger (WEINBERGER, Ota. The expressive conception of norms – An

Finalmente, a estatuição é o elemento da estrutura da norma que prevê o que deve ocorrer quando satisfeitos os pressupostos da previsão normativa. Tanto como a previsão, a estatuição possui uma descrição, a fim de situar o contexto de realidade em que são produzidos os efeitos jurídicos; há, pois, um campo de incidência material estabelecido pela estatuição, o qual, porém, não se mistura com os efeitos jurídicos nela existentes.[213]

Os três elementos estruturais estão presentes, mesmo que alguns enunciados normativos não disponham assim expressamente, o que sói ocorrer mais facilmente com a previsão e o operador deôntico. O que é de relevo sublinhar nessa situação não é a ausência de algum dos elementos, os quais estão presentes sempre, mas o seu subentendimento: os elementos implícitos foram camuflados na formulação linguística. Tomem-se ilustrações singelas do que se afirma. Veja-se o enunciado normativo do art. 15 do Código Civil brasileiro, com a seguinte redação: "Ninguém pode ser constrangido a submeter-se, com risco de vida, a tratamento médico ou a intervenção cirúrgica". A norma representada nesse enunciado é claramente uma regra proibitiva: em situação de enfermidade e sem anuência do paciente, é proibido impor ao paciente tratamento médico ou intervenção cirúrgica que lhe ponha em risco a vida. Há de se perceber que parte da previsão da norma estava oculta na expressão linguística utilizada pelo legislador. A facilitar a exposição, essa norma será chamada de norma N. Pode-se fazer uma notação nos seguintes termos da norma N: $a \land b \, PR \, c \lor d$, em que se lê: em casos de enfermidade (condição a da previsão normativa, que estava implícita) e ($\land$) sem consentimento do paciente (condição b, expressa no enunciado linguístico) proíbem-se (operador deôntico de proibição PR) tratamentos médicos arriscados de morte (consequência c prevista na estatuição) ou ($\lor$) intervenções cirúrgicas arriscadas de morte (consequência d da estatuição). O exemplo mostra a norma N com dois pressupostos na previsão, um deles implícito, e duas condutas objeto de proibição na estatuição. Veja-se, agora, o enunciado normativo redigido no art. 129 do Código Penal brasileiro: "Ofender a integridade corporal ou a saúde de outrem: Pena – detenção, de três meses a um ano". Aqui se percebe que estão implícitos tanto a previsão como o operador deôntico da norma primária prescritiva, aquela composta de uma única condição. A norma representada nesse enunciado, doravante denominada N1, é a de que nas situações da vida (previsão normativa e) proíbe-se (operador deôntico da proibição PR) ofender a integridade corporal ou a saúde de outrem (estatuição f), logo $N1 = e \, PR \, f$.[214]

---

impasse for the logic of norms. *In*: AARNIO, Aulis; MACCORMICK, Neil (Org.). *Legal reasoning*. Aldershot; Hong Kong; Singapore; Sydney: Dartmouth, 1992. v. 1. p. 472 e seguintes) diz que não há interdefinibilidade entre permissão e proibição em sistemas abertos, pois não haveria equivalência entre validade de uma permissão de α e a e ausência de permissão de α, além de que a interdefinibilidade pressuporia sistemas jurídicos consistentes, o que pode não ser o caso. Seja como for, não se vê problema em afirmar ser o modo deôntico de permissão interdefinível quando em causa estiver uma norma permissiva.

[213] DUARTE, David. *A norma da legalidade procedimental administrativa* – A teoria da norma e a criação de normas de decisão na discricionariedade instrutória. Coimbra: Almedina, 2006. p. 75-86.

[214] Utilizou-se uma consequência na estatuição para facilitar, mas poderia ser também notada com dois pressupostos: integridade corporal de outrem (consequência da estatuição f) ou ($\lor$) saúde de outrem (consequência da estatuição g), ficando assim notada: $N1 = e \, PR \, f \lor g$. O enunciado contém também a própria sanção que deve ser imposta ao violador da norma prescritiva aludida, o que pode ser interpretado como uma segunda norma, impositiva ao Estado de punir o agressor nos limites cominados na pena.

A tripartição desses elementos estruturantes da norma em relação a uma concepção binária,[215] que não autonomiza o operador deôntico – aparentemente preconizadas por Karl Larenz, Neil MacCormick e Karl Engisch –, possui a vantagem de representar a importância desse elemento, porquanto a sua modificação muda o sentido de dever-ser e, por conseguinte, a própria norma jurídica.

Em arremate a este subitem, é preciso apenas anotar que a percepção de que as normas de direitos fundamentais eram simplesmente normas, não tendo nenhum atributo que as singularizasse nesse particular, não desconsidera outras particularidades inerentes que motivam sua classificação como uma categoria jurídica: i) são normas formal ou materialmente constitucionais, de sorte a ostentar posição ápice na hierarquia normativa, conquanto as normas não integrantes formalmente do catálogo constitucional possam estar submetidas a um regime menos reforçado, inclusive no tocante à revisão constitucional; ii) são normas de conduta[216] ou normas primárias, pois regulam comportamentos e não têm por objeto outras normas;[217] iii) são normas que conferem posições jurídicas basilares das pessoas garantidas em face do e pelo Estado.[218]

---

[215] ENGISCH, Karl. *Introdução ao pensamento jurídico*. Tradução de J. Batista Machado. 10. ed. Lisboa: Fundação Calouste Gulbenkian, 2008. p. 55-57; MACCORMICK, Neil. *Institutions of law* – An essay in legal theory. reprint. Oxford/New York: Oxford University Press, 2009. p. 21-37; LARENZ, Karl. *Metodologia da ciência do direito*. Tradução de José Lamego. 5. ed. Lisboa: Fundação Calouste Gulbenkian, 2009. p. 351 e seguintes. MacCormick trata as regras com dois elementos: fatos operativos e consequência jurídica. A concepção binária de Engisch tem uma hipótese legal e uma consequência, as quais seriam análogas aos conceitos lógicos de prótase e apódase.

[216] Na terminologia de Ross (ROSS, Alf. *Sobre el derecho y la justicia*. Tradução de Genaro R. Carrió. 2. ed. Buenos Aires: Editorial Universitaria de Buenos Aires, 1997. p. 58 e seguintes).

[217] Aqui se reformulam algumas das propriedades atributivas das normas de direitos fundamentais, com parcial dissonância da lição de David Duarte (DUARTE, David. *A norma da legalidade procedimental administrativa* – A teoria da norma e a criação de normas de decisão na discricionariedade instrutória. Coimbra: Almedina, 2006. p. 727-735). À partida, sacou-se a referência à dignidade humana. Em primeiro lugar, a aceitação de que existem direitos fundamentais pertencentes a pessoas coletivas (pessoas jurídicas) tornaria a referência à dignidade humana algo exagerada, porquanto a norma da dignidade humana somente é referida de modo remoto quando em jogo direitos de pessoas coletivas. Outrossim, haveria um desdobramento não imprescindível da primeira propriedade, apreendida a noção de materialidade formal e material, de modo que mesmo normas não integrantes do catálogo constitucional, contudo que tenham contato em algum ponto com a dignidade humana, pertencem ao bloco de constitucionalidade. Com efeito, isso não significa uma equiparação de efeitos entre as normas formal e materialmente constitucionais. A abertura do sistema a outras normas não constantes do texto constitucional é viável pela cláusula de abertura, a exemplo do art. 16, 1, da Constituição portuguesa, e art. 5º, §2º, da Constituição Federal brasileira. A respeito da fundamentalidade material e formal e a ligação com a cláusula de abertura, mencionam-se ALEXANDRINO, José de Melo. *A estruturação do sistema de direitos, liberdades e garantias na Constituição portuguesa* – A construção dogmática. Coimbra: Almedina, 2006. v. II. p. 369 e seguintes; ANDRADE, José Carlos Vieira de. *Os direitos fundamentais na Constituição portuguesa de 1976*. 4. ed. Coimbra: Almedina, 2009. p. 73-93; CANOTILHO, José Joaquim Gomes. *Direito constitucional e teoria da Constituição*. 7. ed. Coimbra: Almedina, 2003. p. 403-407 e seguintes; MIRANDA, Jorge. *Manual de direito constitucional*. Coimbra: Coimbra, 2009. t. IV. p. 9-16; 141-143. A propósito, Canotilho fala da cláusula aberta como uma "norma de *fattispecie* aberta". Repete-se, pois, a ilação já tecida em ALMEIDA, Luiz Antônio Freitas de. *Direitos fundamentais sociais e ponderação* – Ativismo irrefletido e controle jurídico racional. Porto Alegre: Sergio Antonio Fabris, 2014. p. 38-39. Apenas por dever de precisão, essas considerações não representam afirmar que Duarte opõe-se à tese de titularidade de direitos fundamentais por pessoas jurídicas, consoante fica evidente em DUARTE, David. A norma da universalidade de direitos e deveres fundamentais: esboço de uma anotação. *Boletim da Faculdade de Direito da Universidade de Coimbra*, v. LXXVI, p. 413-431, 2000. p. 421 e seguintes, conquanto, com razão, o jurista português anote que o acervo de posições jurídicas fundamentais dependa de uma valoração material da suscetibilidade de ter situações jurídicas ativas e da situação jurídica concreta.

[218] Não se intenta adentrar no debate sobre a eficácia horizontal de direitos fundamentais, uma vez que isso extrapolaria o objeto do trabalho. De qualquer forma, é possível afirmar uma eficácia apenas mediata e não imediata com base no espectro constitucional brasileiro. No que tange à Constituição portuguesa, com norma a vincular os privados contida no enunciado do art. 18, nº 1, a questão é mais sensível e complexa. A respeito da questão da eficácia horizontal de direitos fundamentais, remete-se a MENDES, Gilmar; BRANCO, Paulo Gustavo

Crê-se que bastam esses sumários apontamentos a respeito das normas jurídicas para que se avance no próximo tópico sobre a distinção entre regras e princípios, importante para credenciar o argumento ponderativo como técnica de decisão em caso de colisão normativa. Mais adiante será verificada a temática da relação entre a ponderação e a interpretação e das críticas dirigidas à ponderação.

1.3 A distinção entre princípios e regras

É deveras tormentosa a distinção das normas entre princípios e regras. Doutrinariamente são arrolados muitos critérios: generalidade, determinabilidade dos casos de aplicação, forma de surgimento, conteúdo axiológico explícito, grau de importância para a ordem jurídica, a referência à ideia de direito, serem normas de comportamento ou normas de argumentação, serem regras ou razões para regra.[219] Destarte, o desiderato deste subitem da pesquisa é posicionar-se sobre o critério diferenciador aqui adotado, após algumas notas a respeito de outros critérios diferenciadores, o que permitirá a construção de um dos alicerces da investigação.

É inegável que, mesmo que se reconheça a carga axiológica imanente dos princípios jurídicos, o exame estrutural dos elementos das normas de princípios revela a existência de um atributo deôntico, o qual as faz determinar a solução de casos com a construção de uma regra de prevalência em caso de concurso com princípios e regras conflitantes. Se isso, à partida, distancia os princípios jurídicos de meros valores, a dar-lhe o caráter normativo, de qual cunho seriam as normas de princípio?

A compreensão dos princípios como normas jurídicas era algo estranho à concepção formalista do direito. Mesmo com a derrocada do formalismo mais ingênuo, a exemplo da escola da jurisprudência dos conceitos, e a ascensão do positivismo normativista, ainda se percebia que, como regra geral, a solução corriqueira e maciça dos problemas de aplicação do direito era por intermédio de um simples silogismo judicial, cuja conclusão mecânica adviria por meio de uma operação mental de dedução, com a subsunção dos fatos às normas gerais. Nessa operação, quase matemática, os princípios eram considerados fator extrajurídico, assimiláveis a valores morais, que eram empregados na interpretação de regras jurídicas e possibilitavam uma coerência sistêmica. Em suma, eram "dados" pré-jurídicos admitidos na regulação do sistema, a servir de orientação na criação de normas jurídicas. Karl Larenz conceituou princípios como pensamentos

---

Gonet. *Curso de direito constitucional.* 12. ed. São Paulo: Saraiva, 2017. p. 174 e seguintes; e a MAZUR, Maurício. A dicotomia entre os direitos da personalidade e os direitos fundamentais. *In:* MIRANDA, Jorge; RODRIGUES JÚNIOR, Otávio Luiz; FRUET, Gustavo Ronato (Org.). *Direitos da personalidade.* São Paulo: Atlas, 2012. p. 36 e seguintes. A propugnar a aplicação de uma teoria de eficácia mediata atenuada nas relações versando direitos de personalidade, VIEIRA, Ana Orgette de Souza Fernandes. *O direito à vida privada e a sua limitação voluntária nas relações particulares.* Análise do ordenamento jurídico brasileiro. Tese (Mestrado em Direitos Fundamentais) – Faculdade de Direito, Universidade de Lisboa, Lisboa, 2012. p. 108 e seguintes, com o intuito de valorizar mais as escolhas do legislador e conferir maior segurança jurídica.

[219] A respeito da distinção entre princípios e regras, ALMEIDA, Luiz Antônio Freitas de. *Direitos fundamentais sociais e ponderação* – Ativismo irrefletido e controle jurídico racional. Porto Alegre: Sergio Antonio Fabris, 2014. p. 40-56, sendo esta parte da tese uma ampliação e reformulação, em alguma medida, de parte daquilo outrora defendido. Sobre os critérios de distinção entre regras e princípios, conferir também ALEXY, Robert. *Teoria dos direitos fundamentais.* Tradução de Virgílio Afonso da Silva. São Paulo: Malheiros, 2008. p. 87-89; ATIENZA, Manuel; RUIZ MANERO, Juan. *Las piezas del derecho.* Teoría de los enunciados jurídicos. 4. ed. Barcelona: Ariel, 2007. p. 24-28; GUASTINI, Riccardo. Les principes de droit en tant que source de perplexité théorique. *In:* COMANDUCCI, Paolo; GUASTINI, Riccardo (Org.). *Analisi i diritto.* Ricerche di giurisprudenza analitica. [s.l.]: [s.n.], 2007. p. 1 e seguintes.

diretores de uma regulação jurídica existente. Na visão de Larenz, os princípios não são suscetíveis de aplicação, a não ser que sejam transformados em regras, porquanto não possuem o caráter formal de proposições jurídicas, atributo das regras, caracterizado pela conexão da hipótese fática prevista na norma e a consequência jurídica permitida, proibida ou imposta.[220] Porém, Larenz admite excepcionalmente que alguns princípios poderiam ter forma de proposições jurídicas, uma vez que condensados em regras aplicáveis, bem como que não há fronteira fixa entre esses últimos princípios e os demais princípios, chamados por ele de "princípios abertos".[221]

O papel e o lugar dos princípios na teoria do direito começam a ser revigorados com as contundentes críticas de Ronald Dworkin ao positivismo jurídico tradicional (vale lembrar que seu alvo principal de ataque era Herbert Hart e sua tese de discricionariedade judicial). Todavia, é incorreto atrelar a visão subalterna dos princípios estritamente ao positivismo jurídico em todas as suas vertentes;[222] o positivismo inclusivo, por exemplo, dá reconhecida importância aos princípios jurídicos, como ficou patente no tópico 1.1. Em função de adoção do pensamento de matriz positivista includente, evidentemente que se rejeita a noção de positivismo formalista e normativista de princípios e, assim, a sua não juridicidade ou juridicidade subalterna.

Com base em alguns precedentes judiciais estadunidenses, Dworkin nega que os juízes, mesmo nos chamados *hard cases*,[223] nos quais não dispõem de regras claras e inequívocas que rejam os fatos submetidos a sua apreciação, decidam de forma discricionária. As decisões nos casos difíceis serão lastreadas em princípios jurídicos, sem que seja preciso recorrer a dados extrajurídicos.[224] Dworkin distingue uma noção ampla de princípio, em contraposição às regras, a qual abrange os princípios jurídicos e as políticas (*policies*); estas são padrões cuja finalidade é de alcançar melhorias em aspectos econômicos, políticos ou sociais de dada comunidade ou então buscar manter

---

[220] LARENZ, Karl. *Derecho justo*: fundamentos de etica jurídica. Tradução de Luis Díez-Picazo. Madrid: Civitas, 1985. p. 33-34. Larenz aduz que isso ocorre ainda que os princípios remetam a um conteúdo intelectivo que conduza a uma regulação, a consubstanciar princípios materiais. Larenz também cita uma função positiva e negativa dos princípios, sendo que a função positiva consiste na inflexão que exercem em decisões subsequentes e em conteúdo de regulações que essas decisões criam.

[221] LARENZ, Karl. *Metodologia da ciência do direito*. Tradução de José Lamego. 5. ed. Lisboa: Fundação Calouste Gulbenkian, 2009. p. 674-686.

[222] Como faz, por exemplo, ZAGREBELSKY, Gustavo. *El derecho dúctil* – Ley, derechos, justicia. Tradução de Marina Gascón. 9. ed. Madrid: Trotta, 2009. p. 116-126.

[223] Além do conceito dworkiniano de "caso difícil", contraposto ao de caso fácil, vale mencionar as posições de Ota Weinberger (WEINBERGER, Ota. Prima facie ought. A logical and methodological enquiry. *Ratio Juris*, v. 12, n. 3, 1999, p. 239-251. p. 244), que conceitua caso difícil como aquele não solúvel por regras de comportamento, a exigir adicionalmente a argumentação por princípios; de Manuel Atienza (ATIENZA, Manuel. Sobre lo razonable en el derecho. *Revista Española de Derecho Constitucional*, año 9, n. 7, p. 93-110, 1989. p. 99-102), o qual diferencia casos difíceis dos trágicos, em que, independentemente da decisão tomada, haverá sacrifício desproporcional a um dos princípios em disputa, sem possibilidade de existir um "equilíbrio mínimo"; e de Neil MacCormick (MACCORMICK, Neil. *Rhetoric and the rule of law*. reprint. Oxford/New York: Oxford University Press, 2010. p. 49-77), que, com razão, prefere a terminologia "casos claros" a "casos fáceis", oferecendo uma definição pragmática dos *clear cases*: os casos serão claros a depender da inexistência de problematização em nível teorético ou do próprio processo judicial.

[224] DWORKIN, Ronald. *Levando os direitos a sério*. Tradução de Nelson Boeira. 2. ed. São Paulo: Martins Fontes, 2007. p. 127-131; KLATT, Mathias. Taking rights less seriosuly. A structural analysis of judicial discretion. *Ratio Juris*, v. 20, n. 4, p. 506-529, 2007. p. 506-514. Klatt concorda com Dworkin sobre a natureza jurídica dos princípios, em nítida conexão entre direito e moral, mas nega a tese dworkiniana de uma única resposta correta.

o *status quo* desses aspectos contra mudanças, ao passo que aqueles são padrões de observância social, demandados por critérios de moralidade, justiça ou equidade.[225]

Dworkin defendeu uma distinção de natureza "lógica" entre as regras e princípios. As regras aplicam-se "à maneira tudo ou nada", porque, se válidas, possuem força obrigatória e vinculante e, pois, ensejam sua incidência ao caso regulado; se inválidas, não podem ser aplicadas. Os princípios, porém, possuem uma "dimensão do peso" ou importância; caso haja choque entre princípios, é preciso que o intérprete considere o peso relativo de cada um. Segundo Dworkin, é evidente que uma regra deixe de ser aplicada também em caso de existir outra regra que a excepcione, sem desnaturar sua validade, razão pela qual entendeu ser possível reconstrução do enunciado correto da regra com a inclusão de todas as suas exceções existentes.[226] Assim, parece que a concepção de Karl Larenz de princípios com forma de proposição jurídica receberia, na terminologia de Dworkin, a denominação de regras.[227]

Com o entendimento de Dworkin esposado no texto, especialmente sobre a sua concepção da dimensão de peso dos princípios jurídicos, é interessante retornar ao primeiro embate deste tópico: seriam os princípios normas jurídicas ou normas morais?

Isso porque há interessante argumento desenvolvido por Larry Alexander e Ken Kress contra o caráter de norma jurídica dos princípios. Aludidos autores sustentam que o sistema jurídico é integrado por regras, normas passíveis de formulação canônica e pertencentes ao mundo ontológico dos fatos, e por princípios morais, utilizados eventualmente pelos órgãos aplicadores. Aceitar a existência de princípios jurídicos seria admitir o "pior dos mundos": princípios jurídicos seriam supérfluos ou desaconselháveis normativamente, uma vez que seriam inábeis em ser corretos em todos os casos, virtude dos princípios morais, e em guiar a conduta dos destinatários das normas e de possuir clareza, atributo das regras jurídicas. Crer em princípios jurídicos seria crer em unicórnios ou no éter, mas esse tipo de crença sabidamente não os torna realidade ontológica.[228] Alexander e Kress argumentam que a inclusão de normas principais expressas em enunciados normativos legislativos no ordenamento jurídico não as transforma em normas jurídicas. Segundo eles, a dimensão do peso dos princípios não é passível de positivação, o que resulta na permanência dessas normas no campo exclusivamente moral. Caso o princípio supere as razões contrárias e seja aplicado ao caso, ele terá peso absoluto ou infinito e funcionará, portanto, como regra e não como princípio, haja vista que não seria aplicado por ponderação.[229]

---

[225] DWORKIN, Ronald. *Levando os direitos a sério*. Tradução de Nelson Boeira. 2. ed. São Paulo: Martins Fontes, 2007. p. 36.

[226] DWORKIN, Ronald. *Levando os direitos a sério*. Tradução de Nelson Boeira. 2. ed. São Paulo: Martins Fontes, 2007. p. 39-43. Comungam da diferenciação "lógica" dworkiniana entre princípios e regras Jeremy Waldron (WALDRON, Jeremy. The need of legal principles. *Iowa Law Review*, n. 82, 1996-1997. p. 857-865) e Gustavo Zagrebelsky (ZAGREBELSKY, Gustavo. *El derecho dúctil* – Ley, derechos, justicia. Tradução de Marina Gascón. 9. ed. Madrid: Trotta, 2009. p. 116-126).

[227] Idêntica é a conclusão de Marcelo Neves a respeito (NEVES, Marcelo. *Entre Hidra e Hércules* – Princípios e regras constitucionais como diferença paradoxal do sistema jurídico. São Paulo: Martins Fontes, 2013. p. 89-112), conquanto o jurista brasileiro pareça enquadrá-los como uma espécie de híbrido, porquanto passível de tornarem-se princípios se estiverem em colisão com outros princípios contrapostos no decorrer do processo de concretização.

[228] ALEXANDER, Larry; KRESS, Ken. Against legal principles. *Iowa Law Review*, v. 82, p. 739-786, 1996-1997. p. 739-761.

[229] ALEXANDER, Larry; KRESS, Ken. Against legal principles. *Iowa Law Review*, v. 82, p. 739-786, 1996-1997. p. 739-746.

Essa questão já foi abordada parcialmente no tópico 1.1, razão pela qual será tratada agora de modo mais sucinto, com apontamento de argumentos os quais refutam a tese desses juristas: i) a tese defendida por Alexander e Kress não explica o porquê de, na aplicação do direito, alguns órgãos institucionalizados sentirem-se vinculados a princípios que embasaram decisões pretéritas, especialmente de cortes superiores, ainda que divirjam do acerto da sua utilização na fundamentação usada nos casos anteriores; ii) se os princípios foram positivados em enunciados normativos de índole legislativa, há um suporte institucional adicional do próprio Parlamento, inclusive com a modificação da compreensão no sistema jurídico do princípio moral alterado;[230] iii) a derrotabilidade das regras jurídicas em virtude de aplicação de princípios, implícitos ou explícitos, representa paulatina incorporação na constelação normativa de padrões jurídicos capazes de dirimir controvérsias.

Tangente ao argumento da vinculação aos precedentes, deve-se observar que é um fator que é verificável, em graus variados, também em países tributários da tradição romano-germânica de *civil law*. A propósito, Carlos Nino já mostrava que a principal diferença entre as duas matrizes jurídicas era em função de um espaço coberto por normas de índole legislativa em maior medida e uma força menor outorgada aos precedentes judiciais.[231] Sem embargo, especialmente pelo fenômeno de "globalização jurídica",[232] com incremento do constitucionalismo e expansão da justiça constitucional, a representar uma aproximação desse sistema com o do *common law*, é nítido que essas discrepâncias vêm sendo atenuadas, o que torna até possível pensar num progressivo amálgama entre os paradigmas do Estado de Direito e da *Rule of Law*,[233] o que, evidentemente, não é um processo linear e encontra, por certo, variados graus de aproximação.[234]

---

[230] Remete-se ao debate acerca do argumento do "toque de Midas", desenvolvido no item 1.1.4. A rejeição da tese de Kress e Alexander também tinha sido adotada em ALMEIDA, Luiz Antônio Freitas de. *Direitos fundamentais sociais e ponderação* – Ativismo irrefletido e controle jurídico racional. Porto Alegre: Sergio Antonio Fabris, 2014. p. 40-56, porém sem a reflexão enriquecida com a objeção de Pino e a contra-argumentação ali empreendida.

[231] SANTIAGO NINO, Carlos. *Introdução à análise do direito*. Tradução de Elza Maria Gasparoto. São Paulo: Martins Fontes, 2010. p. 346-360. Por sua vez, Alf Ross (ROSS, Alf. *Sobre el derecho y la justicia*. Tradução de Genaro R. Carrió. 2. ed. Buenos Aires: Editorial Universitaria de Buenos Aires, 1997. p. 145-146) comentava que um traço diferenciador entre as duas matrizes de sistemas jurídicos reside na preponderância do método comparativo na aplicação do direito no *common law*, uma vez que nele existiriam menos textos normativos gerais emanados de autoridades legislativas, ao passo que no *civil law* predomina o método interpretativo de "descoberta" do significado da lei.

[232] GROSSI, Paolo. *Prima lezione di diritto*. 14. ed. Roma/Bari: Laterza, 2009. p. 65-71.

[233] CHEVALLIER, Jacques. *L'État de droit*. 5. ed. Paris: Montchrestien, 2010. p. 9-12; 50-66; 67-84. O jurista francês mostra que os sistemas construídos sob a égide do Estado de Direito, de origem franco-germânica, e o da *Rule of Law*, de origem inglesa, não são sinônimos, mas restam poucas diferenças materiais significativas. Em relação ao Estado de Direito, foi concebido diante da necessidade de fundar e organizar de forma coerente o direito público, de submeter o poder estatal ao império da lei, de modo que a existência de uma hierarquia normativa e a previsão de tribunais, administrativos ou comuns a depender da adoção do sistema monista de jurisdição, tinham a finalidade de controle da Administração Pública, com diapasão mais procedimentalista e formal. Já o *Rule of Law* foi desenvolvida com o escopo específico de proteção de liberdades, direitos e garantias individuais, de cariz mais substancialista, portanto. Mormente no segundo pós-guerra mundial, o Estado de Direito vem recebendo verniz substancialista mediante a inclusão de direitos fundamentais nos catálogos constitucionais. A seu turno, Christian Starck (STARCK, Christian. Droits fondamentaux, état de droit et principe démocratique en tant que fondements de la procédure administrative non contentieuse. *In*: STARCK, Christian. *La constitution cadre et mesure du droit*. Paris; Aix-en-Provence: Econômica; Presses Universitaires d'Aix-Marseille, 1994. p. 126-129) revela a congruente aproximação entre *Rule of Law* e Estado de Direito, com a advertência de que é mais conectada àquele paradigma a clássica ideia de soberania do parlamento.

[234] No Brasil, conquanto se note também a tendência de aproximação das funções judiciais desempenhadas em ambas as matrizes, em razão do controle de constitucionalidade, existe a forte tendência de não prestar respeito aos

No item 1.1, também foi mencionado que se encampa a tese raziana de que seja possível que princípios morais sejam incorporados no ordenamento jurídico por meio de um costume jurisprudencial. Não obstante, tal qual já exposto, não se exclui a viabilidade de que o próprio sistema, por meio de suas instituições primárias ou de aplicação de normas jurídicas, supere o próprio princípio anteriormente incorporado mediante reformulação de sua jurisprudência. Nesse caso, demandar-se-ão razões adicionais para a desconsideração do precedente, em virtude de eventual "sedimentação epistêmica"[235] do princípio, que gera a presunção de sua correção, que merece ser afastada unicamente se os órgãos aplicadores estiverem com muita confiança de que a decisão foi errônea.

Sedimentada a premissa de que princípios jurídicos são normas jurídicas – pensa-se ser útil o reforço qualificativo, conquanto um pouco tautológico –, é salutar percorrer

---

precedentes, como mostra Luiz Marinoni (MARINONI, Luiz Guilherme. O precedente na dimensão da segurança jurídica. *In*: MARINONI, Luiz Guilherme (Coord.). *A força dos precedentes* – Estudos em cursos de mestrado e doutorado em direito processual civil da UFPR. Salvador: JusPodivm, 2010. p. 211-226). Contudo, é possível afirmar que decisões proferidas pelo Supremo Tribunal Federal em controle concentrado de constitucionalidade e as súmulas vinculantes, a permitir o aviamento de reclamação para preservação da autoridade da decisão dessa corte (art. 102, I, "a", e §2º, art. 103-A da Constituição Federal brasileira), possuem força vinculante a submeter as demais instâncias judiciárias. Ora, não é possível ainda falar de um *stare decisis*, também não é defensável negar qualquer tipo de vinculação. Em que pese ser possível até defender uma natureza de norma jurídica da *ratio decidendi* das decisões emanadas em controle concentrado de constitucionalidade, é fato que o Supremo Tribunal Federal vem reiterando em seus julgados que a parte vinculante resume-se ao dispositivo, não a estendendo aos fundamentos da decisão, a rejeitar a "teoria da transcendência dos motivos determinantes" (conferir o acórdão da 1ª Turma do Supremo Tribunal Federal no Agravo Regimental em Reclamação nº 4.454/RS, publicado no *Diário de Justiça eletrônico* em 17.3.2015, relator Ministro Luís Roberto Barroso). No plano infraconstitucional, é nítida a preocupação com a acentuação da importância dos precedentes e a tentativa de revolucionar a cultura judiciária nesse aspecto. O novo Código de Processo Civil brasileiro, Lei Federal nº 13.105/15, possui enunciados cujas normas robustecem as decisões dos tribunais superiores, como a possibilidade de julgamento *in limine* de improcedência do pedido veiculado na ação inicial caso esteja em via contrária ao decidido e sedimentado em súmulas do Supremo Tribunal Federal, do Superior Tribunal de Justiça e dos respectivos Tribunais de Justiça, neste caso quando se tratar de questões de direito local; além disso, o julgamento de improcedência liminar é previsto quando a pretensão deduzida em juízo contrariar entendimento do Supremo Tribunal Federal ou do Superior Tribunal de Justiça manifestado no julgamento de recursos repetitivos ou do Tribunal de Justiça ou Tribunal Regional Federal, no caso de entendimento firmado em incidente de resolução de demandas repetitivas ou de assunção de competência (art. 332). A par disso, ponto interessante são os enunciados do art. 932, IV e V, do *Codex*, porquanto a norma impõe ao relator dos recursos nos tribunais o dever de seguir a jurisprudência firmada nos tribunais superiores e do próprio tribunal, disposta em súmulas de enunciado, ou de resignar-se aos acórdãos do Supremo Tribunal Federal e Superior Tribunal de Justiça quanto ao julgamento de recursos repetitivos, bem como submeter-se a decisões dadas em incidente de resolução de demandas repetitivas ou de assunção de demandas. Finalmente, o art. 489, §1º, VI, do aludido diploma legal, traz a norma que considera a decisão carente de fundamentação se deixar de seguir jurisprudência cristalizada em enunciados sumulares do Supremo Tribunal Federal, Superior Tribunal de Justiça e do próprio tribunal e não mostrar razões para *overruling* e *distinguishing*, isto é, sem apresentar motivos que justifiquem a superação do precedente ou alguma nota de distinção que motiva a sua não reiteração. Essas novéis normas, se prevalecer a interpretação aqui trazida, põe em causa parcialmente a assertiva anterior de que não haveria *stare decisis*, pois seu conteúdo pode mesmo abalizar, a par da visualização da aproximação com a *common law* já aludida, a concepção de uma espécie de *stare decisis* enfraquecida, ao menos em relação aos precedentes dos tribunais superiores e ainda sem incluir a *ratio decidendi* das decisões desses tribunais como elementos que vinculariam os demais órgãos judiciários, no diapasão já seguido pelo Supremo Tribunal Federal no acórdão citado. Numa defesa do respeito progressivo aos precedentes para maior efetividade dos direitos fundamentais, CARNEIRO JÚNIOR, Amilcar Araújo. *A contribuição dos precedentes judiciais para a efetividade dos direitos fundamentais*. Brasília: Gazeta Jurídica, 2012. p. 340. Com a distinção entre precedentes reguladores e não reguladores, conforme sejam considerados importantes ou não para reger a decisão de casos futuros, com o argumento que os primeiros, se superáveis, não aniquilam a independência judicial nem a separação de poderes, cita-se ZARDO FILHO, Ricardo Leão de Souza. Precedentes reguladores: uma afronta à separação de poderes e à independência judicial? *In*: MARINONI, Luiz Guilherme (Coord.). *A força dos precedentes* – Estudos em cursos de mestrado e doutorado em direito processual civil da UFPR. Salvador: JusPodivm, 2010. p. 91-102.

[235] PERRY, Stephen R. Two models of legal principles. *Iowa Law Review*, n. 82, p. 787-819, 1996-1997.

outros pensamentos doutrinários que trouxeram importantes contributos para a distinção entre regras e princípios, bem como rejeitar, de pronto, alguns critérios apontados na introdução do presente tópico.

Além de Dworkin, Robert Alexy é outro jusfilósofo cuja obra tem preconizado serem os princípios normas jurídicas. Alexy utiliza algumas das premissas de Dworkin, contudo acentua uma distinção qualitativa entre regras e princípios. Como princípios e regras ditam o que deve ser, possuem sentido deôntico, Alexy concebe regras e princípios como normas. Princípios são normas que exigem a realização do objeto normatizado ao máximo possível, consideradas as possibilidades fáticas e jurídicas existentes; são mandados ou mandamentos de "otimização", uma vez que sua propriedade deontológica depende daquilo possível jurídica e faticamente. Regras, a seu turno, são normas que determinam o que é possível fática e juridicamente; elas são ou não satisfeitas. Se forem válidas, deve-se cumprir aquilo que elas determinam. Como se percebe, a proposta alexyana assemelha-se a de Dworkin nesta questão, com a marcada e principal distinção a residir no conceito de princípio de Alexy e a sua caracterização como "mandamento de otimização".[236]

Segundo Alexy, em caso de choque entre regras, decidir-se-á qual a aplicável, com a declaração de invalidade da outra regra colidente, salvo se houver uma cláusula a estabelecer uma verdadeira exceção que extinga o conflito. O campo de validade jurídica não possui graduação, portanto, se não existir uma previsão excepcional que dirima o conflito, o intérprete não terá outro recurso que não o de excluir a incidência de uma das regras colidentes e declará-la inválida. Ao contrário, a colisão de princípios equaciona-se pela prevalência de um deles em função das circunstâncias concretas que conduziram ao conflito; a preponderância do princípio ou princípios prevalecentes não significa a invalidade das normas de princípio colidentes nem mesmo o estabelecimento de uma cláusula de exceção, uma vez que remanescem válidas e podem, sob situação fática ou jurídica diversa, preponderar sobre o princípio prevalecente no caso. A determinação da primazia fática e jurídica de um princípio é feita pelo seu peso. Logo, a solução do conflito entre regras e da colisão entre princípios está no âmbito da validade, em relação às regras, e nessa dimensão e na dimensão do peso, em relação aos princípios.[237]

Com base no debate a respeito da natureza jurídica dos princípios jurídicos e nas críticas tecidas aos conceitos dados nas teorias de Dworkin e Alexy, consolidaram-se três teses[238] principais sobre a demarcação da fronteira entre princípios e regras: i)

---

[236] ALEXY, Robert. *Teoria dos direitos fundamentais*. Tradução de Virgílio Afonso da Silva. São Paulo: Malheiros, 2008. p. 90-91; ALEXY, Robert. On the structure of legal principles. *Ratio Juris*, v. 13, n. 3, p. 294-304, 2000. p. 294-295; ALEXY, Robert. Rights, legal reasoning and rational discourse. *Ratio Juris*, v. 5, n. 2, p. 143-152, 1992. p. 145-150. Comungando do pensamento de Alexy quanto à distinção de regras e princípios e a diferença qualitativa entre as duas categorias normativas, está também Virgílio Afonso da Silva (SILVA, Virgílio Afonso da. Princípios e regras: mitos e equívocos acerca de uma distinção. *Revista Latino-Americana de Estudos Constitucionais*, v. 1, p. 607-630, 2003. p. 607 e seguintes; SILVA, Virgílio Afonso da. *Direitos fundamentais* – Conteúdo essencial, restrições e eficácia. São Paulo: Malheiros, 2009. p. 43 e seguintes).

[237] ALEXY, Robert. *Teoria dos direitos fundamentais*. Tradução de Virgílio Afonso da Silva. São Paulo: Malheiros, 2008. p. 92-94. No mesmo diapasão, BOROWSKI, Martin. La restricción de los derechos fundamentales. Tradução de Rodolfo Arango. *Revista Española de Derecho Constitucional*, n. 59, p. 29-56, 2000. p. 34-36.

[238] Em relação às duas primeiras teses, bom exame foi feito por Aulis Aarnio (AARNIO, Aulis. *Reason and authority*: a treatise on the dynamic paradigm of legal dogmatics. Cambridge: Ashgate, 1997. p. 175-186). No que toca à terceira tese, são adeptos dela García Amado (GARCÍA AMADO, Juan Antonio. El juicio de ponderación y sus partes. Una crítica. *In*: MANRIQUE, Ricardo García (Ed.). *Derechos sociales y ponderación*. 2. ed. Madrid: Fundación

há uma forte demarcação, uma distinção qualitativa entre regras e princípios, isto é, são normas de diferentes categorias, de forma que a diferença não reside apenas no grau de determinação de uma ou outra; ii) uma tênue ou fraca demarcação, na qual a diferença é de grau de indeterminação; iii) inexistência de traços distintivos relevantes entre regras e princípios.

Na primeira corrente, toma-se a aplicação de regras como algo que desemboca em duas consequências: são as regras seguidas ou não. Por suposto há a chance de que haja exceções ou outras normas que afastem o choque entre as regras, mas, em não acontecendo essa hipótese, a regra não aplicada será considerada inválida. As regras consubstanciam razões definitivas, as quais determinam sua aplicação ao caso se preenchidos os elementos da previsão normativa. Todavia, em relação aos princípios, a natureza coercitiva destes é substancialmente diferente. Eles possuem dimensão de peso, a qual faltaria às regras, em função da afinidade intensa daqueles com valores e fins políticos e morais. Os princípios, diversamente das regras, geram razões *prima facie* para a solução do caso; não o solucionam diretamente, apenas apontam o caminho pelo qual a decisão pode ser tomada. Se entrarem em conflito, vence o princípio mais "pesado", sem que isso gere uma hierarquia vinculante de como determinar a solução do conflito na hipótese de futuras colisões; quando muito, é possível estabelecer uma fraca ordem de preferência, determinada pelo código de valor de sua base. Como é cediço, Dworkin e Alexy são defensores dessa tese.

A tese da distinção fraca, não qualitativa, assevera que princípios e regras desempenham papel similar no discurso jurídico e que, por isso, possuem uma relação semelhante entre si. A classificação de uma norma como princípio ou regra leva em conta somente o grau de generalidade, pois os princípios são mais gerais que as regras, mas, à parte desse fator, não há nenhum outro diferencial que possa distinguir as duas categorias de normas.

A terceira tese salienta que não existem de fato diferenças entre regras e princípios, uma vez que, a depender da exegese do intérprete no caso concreto, a norma funcionaria como regra ou como princípio, conforme haja ou não razões de peso em competição na hipótese examinada. Stephen Utz rotula de "espúria" a separação das normas em regras e princípios, tendo em vista que todas as normas funcionariam como dispositivas em algumas circunstâncias ou como razões a competir com outras razões em outras hipóteses. Se assim fosse, uma regra pode comportar-se como princípio, em havendo

---

Coloquio Europeo, 2009. p. 249-331), Cai Lin (LIN, Cai. The limits of balancing. *In*: SIECKMANN, Jan-Reinard (Ed.). *Legal reasoning*: the methods of balancing. Proceedings of the special workshop "Legal Reasoning. The Methods of Balancing" held at the 24th World Congress of the International Association for Philosophy of Law and Social Philosophy (IVR), Beijing, 2009. Stuttgart: Franz Steiner Verlag/Nomos, 2010. p. 189-194), Stephen Utz (UTZ, Stephen. Rules, principles, algorithms and the description of legal systems. *Ratio Juris*, v. 5, n. 1, p. 23-45, 1992. p. 35-45). Ver, também, Riccardo Guastini (GUASTINI, Riccardo. *Distinguiendo* – Estudios de teoría y metateoría del derecho. Tradução de Jordi Ferrer i Beltrán. Barcelona: Gedisa, 1999. p. 143-149), que não assume essa posição, mas que traça alguns traços não peremptórios entre regras e princípios. Essas três teses foram também apresentadas e consideradas, com menor desenvolvimento, em ALMEIDA, Luiz Antônio Freitas de. *Direitos fundamentais sociais e ponderação* – Ativismo irrefletido e controle jurídico racional. Porto Alegre: Sergio Antonio Fabris, 2014. p. 40-56.

razões contrárias à sua aplicação, e haveria princípios com aptidão de colidir com qualquer regra do sistema.[239]

Para posicionar-se a respeito dessas três teses, começa-se com o exame de alguns aspectos da diferença "lógica" proposta por Dworkin. É visível que Dworkin, ao elaborar seu conceito de princípio jurídico, teve em mente apenas as normas de conduta.[240] Não é debalde rememorar que Dworkin preocupou-se mais em refutar o positivismo de Hart do que propriamente desenvolver uma teoria dos princípios, que explicasse todos os possíveis tipos de princípios existentes. Se existem variedades tanto nos princípios como nas regras, seria a diferença lógica apontada suficiente ou, admitida a insuficiência, seria possível pensar propriedades relevantes comuns, que justificassem uma nota diferenciadora unitária?

Ora, nem todos os princípios são normas primárias, que regulam condutas. Com base nessa observação, seria possível elaborar uma variada tipologia[241] a respeito dos princípios e também das regras. Esse pormenor fomenta alguns juristas, como Riccardo Guastini, por exemplo, a negar a viabilidade de separar categoricamente as regras dos princípios – um dos tipos de princípios que não seria norma de conduta é o que ele denominou "princípios-doutrina"; quando muito, Guastini entende possível somente arrolar algumas diferenças que não são peremptórias e que atendem à maior parte das regras e princípios:[242] a) alguns princípios estariam privados de formulação, a exemplo da separação dos poderes e da certeza do direito; b) boa parte dos princípios é enunciada em linguagem valorativa em vez de prescritiva; c) princípios conduzem o comportamento de forma indireta, por meio de proclamação de um valor a preservar ou um azo a cumprir; d) princípios não são passíveis de enunciação deôntica ou imperativa.

O reconhecimento de que nem todos os princípios são normas primárias ou de conduta tem direta relação com a tese de maior indeterminação ou generalidade dos princípios em relação às regras (tese da diferença de grau entre as normas). Afinal, a tese da tênue fronteira aposta na maior indeterminação dos princípios em comparação às regras. Agora é preciso registrar a correta percepção do que seja generalidade, abstração e indeterminação, a fim de firmar o passo e situar a distinção de grau adequada entre regras e princípios.

Com efeito, já foi mencionado que a generalidade da norma representa afirmar a indeterminação dos seus destinatários; por sua vez, abstração é o atributo de

---

[239] UTZ, Stephen. Rules, principles, algorithms and the description of legal systems. *Ratio Juris*, v. 5, n. 1, p. 23-45, 1992. p. 35-45.

[240] RAZ, Joseph. Legal principles and the limits of law. *Yale Law Journal*, v. 81, p. 823-854, 1971-1972. p. 834-835.

[241] GUASTINI, Riccardo. *Distinguiendo* – Estudios de teoría y metateoría del derecho. Tradução de Jordi Ferrer i Beltrán. Barcelona: Gedisa, 1999. p. 143-149; RAZ, Joseph. Legal principles and the limits of law. *Yale Law Journal*, v. 81, p. 823-854, 1971-1972. p. 834-835.

[242] GUASTINI, Riccardo. *Distinguiendo* – Estudios de teoría y metateoría del derecho. Tradução de Jordi Ferrer i Beltrán. Barcelona: Gedisa, 1999. p. 143-178. Quanto a Guastini, não fica claro se essa posição ainda é defendida pelo jurista, uma vez que em trabalho posterior ele enumerou duas características fundamentais dos princípios – apontadas, segundo ele, por juristas modernos – sem qualquer melindre quanto a uma tipologia variada de princípios (GUASTINI, Riccardo. Les principes de droit en tant que source de perplexité théorique. *In*: COMANDUCCI, Paolo; GUASTINI, Riccardo (Org.). *Analisi i diritto*. Ricerche di giurisprudenza analitica. [s.l.]: [s.n.], 2007. p. 3 e seguintes), a saber: a fundamentalidade das normas do sistema e a indeterminação estrutural. Como Guastini não deixou claro se comungava com essa opinião ou se apenas lhe fazia referência, optou-se por manter no texto a posição do trabalho mais antigo.

reaplicabilidade da norma toda vez que forem preenchidos os pressupostos da previsão.[243] Logo, a diferença de grau entre princípio e regra não pode estar nem na generalidade, ao contrário do que aludido por Neil MacCormick,[244] nem na abstração, uma vez que tanto princípios quanto regras são normas gerais e abstratas.

É comum mencionar que princípios são mais indeterminados que regras. Essa assertiva é correta, desde que se compreenda que, em primeiro plano, isso não diz respeito à generalidade e abstração. Como Herbert Hart bem demonstrou, todas as normas padecem de um grau de indeterminação proveniente de textura aberta e vagueza, ainda que Hart conceda que as regras sejam menos indeterminadas que os princípios, problemas que são inerentes à utilização da linguagem na transmissão do conteúdo normativo.[245] A indeterminação do conteúdo normativo, aliás, pode ser causada por razões semânticas, sintáticas ou pragmáticas. Essa característica é algo latente a todas as normas, é um desdobramento ordinário da utilização da linguagem natural. Logo, não é possível assegurar em todas as hipóteses, mesmo que se tenha o maior cuidado na eleição dos vocábulos a integrar o texto do enunciado normativo, a inexistência de dúvidas diante dos variados contextos em que a norma pode ser aplicada.[246]

Em segunda mão, caberia indagar se haveria uma maior indeterminação linguística dos princípios em relação às regras. Nesse aspecto, Marcelo Neves comenta sobre uma tendência a uma maior indeterminação semântica dos enunciados normativos de princípios em relação aos das regras, não obstante pontuar algumas formulações normativas de princípios que seriam menos vagas que as das regras, a exemplo do enunciado do art. 1º, IV, da Constituição Federal brasileira, que contém o princípio da livre iniciativa, formulação comparativamente mais precisa semanticamente que a da regra da perda de mandato por procedimento incompatível com o decoro parlamentar.[247] David Duarte palmilha na mesma senda, porquanto a diferença estrutural entre regras e princípios não se aquilata pela vagueza ou indeterminação do enunciado normativo

---

[243] DUARTE, David. An experimental essay on the antecedent and its formulation. *Scienze Giuridiche, Scienze Cognitive e Intelligenza artificiale*, v. 7, n. 16, p. 37-60, 2012. Disponível em: http://www.i-lex.it/articles/volume7/issue16/duarte.pdf. p. 45 e seguintes; DUARTE, David. *A norma da legalidade procedimental administrativa* – A teoria da norma e a criação de normas de decisão na discricionariedade instrutória. Coimbra: Almedina, 2006. p. 129-133; NEVES, Marcelo. *Entre Hidra e Hércules* – Princípios e regras constitucionais como diferença paradoxal do sistema jurídico. São Paulo: Martins Fontes, 2013. p. 12-26, este em sentido congruente quanto à generalidade e à abstração, ao afirmar que esta se relaciona com a classe de ações ou fatos regulados pela norma, pelo que se infere que alcança o mesmo resultado defendido no texto.

[244] MACCORMICK, Neil. *Rhetoric and the rule of law.* reprint. Oxford/New York: Oxford University Press, 2010. p. 78-100. Para MacCormick, a generalidade é questão de grau e os princípios estão mais aptos a supervisionar a coerência no direito.

[245] HART, Herbert L. A. *O conceito de direito.* Tradução de A. Ribeiro Mendes. 5. ed. Lisboa: Fundação Calouste Gulbenkian, 2007. p. 161-168.

[246] SANTIAGO NINO, Carlos. *Introdução à análise do direito.* Tradução de Elza Maria Gasparoto. São Paulo: Martins Fontes, 2010. p. 305-321.

[247] NEVES, Marcelo. *Entre Hidra e Hércules* – Princípios e regras constitucionais como diferença paradoxal do sistema jurídico. São Paulo: Martins Fontes, 2013. p. 12-26. Marcelo Neves oferece alguns exemplos dessa sua asserção e, sobre o exemplo trabalhado no texto, salienta que "decoro" é um termo muito mais ambíguo que a expressão "livre iniciativa". Mais adiante, porém, Neves entra em contradição com o que afirma, ao referir-se que não cabe uma distinção com base na imprecisão maior de princípios em comparação às regras, referindo-se diretamente às normas e não aos enunciados normativos (p. 19 e seguintes).

ou, mais especificamente, da redação da previsão normativa.[248] A adotar-se a linha de Marcelo Neves, outros tantos exemplos poderiam ser concebidos.[249]

No entanto, para apreender bem essa lição, são necessárias explicações adicionais. Com efeito, entende-se por indeterminação semântica a decorrente da significação dos vocábulos constantes da norma (ou também no enunciado normativo, nesse caso, evidentemente, antes da interpretação), considerados quanto ao significado conotado ou quanto ao conjunto de referentes que eles denotam. A indeterminação sintática é oriunda de dúvidas causadas na interpretação do conteúdo do enunciado por força do particular arranjo e disposição das palavras no texto.[250] Por fim, a indeterminação pragmática refere-se ao obnubiloso contexto de aplicação da norma em função de dúvidas por força de o evento fático hipotético ou concretamente considerado gerar também a ativação da condicionalidade de outras normas de sentido deôntico diverso e contrário.[251]

---

[248] DUARTE, David. An experimental essay on the antecedent and its formulation. *Scienze Giuridiche, Scienze Cognitive e Intelligenza artificiale*, v. 7, n. 16, p. 37-60, 2012. Disponível em: http://www.i-lex.it/articles/volume7/issue16/duarte.pdf. p. 57 e seguintes.

[249] Com efeito, pense-se no princípio contido no art. 5º, IX, da Constituição Federal brasileira, que trata da liberdade de expressão intelectual, artística, científica e de comunicação, e a regra expressa no enunciado do art. 187 do Código Civil brasileiro, que conceitua ato ilícito o que, entre outras coisas, exceda de modo manifesto os limites impostos pela boa-fé e bons costumes. A mesma forma de comparar geraria conclusão de que, se ambas as normas padecem de vagueza e textura aberta, por certo que a precisão semântica seria maior no princípio, uma vez que é mais fácil delimitar idealmente o que seja uma manifestação cultural, artística, científica ou de comunicação livre a perceber o que possa ultrapassar de modo inequívoco os limites da boa-fé: os vocábulos empregados no enunciado da regra seriam mais vagos do que os utilizados na formulação do princípio.

[250] Sobre os conceitos de indeterminação semântica e sintática, conferir DUARTE, David. Linguistic objectivity in norm sentences: alternatives on literal meaning. *Ratio Juris*, v. 24, n. 2, p. 112-139, jun. 2011. p. 122-129; SANTIAGO NINO, Carlos. *Introdução à análise do direito*. Tradução de Elza Maria Gasparoto. São Paulo: Martins Fontes, 2010. p. 305-321; BERNAL PULIDO, Carlos. *El principio de proporcionalidad y los derechos fundamentales*. 3. ed. Madrid: Centro de Estudios Políticos y Constitucionales, 2007. p. 103-114; VIEHWEG, Theodor. Apêndice sobre o desenvolvimento da tópica. *In*: VIEHWEG, Theodor. *Tópica e jurisprudência* – Uma contribuição à investigação dos fundamentos jurídico-científicos. Tradução de Kelly Susane Alflen da Silva. Porto Alegre: Sergio Antonio Fabris, 2008. p. 109-116.

[251] Sobre a indeterminação pragmática, há vários autores que utilizam a expressão, mas nem sempre com a mesma ideia ou significação da utilizada no texto. A esse respeito, conferir Castanheira Neves (NEVES, A. Castanheira. *O actual problema metodológico da interpretação jurídica*. reimpr. Coimbra: Coimbra Editora, 2010. t. I. p. 11-44), que menciona que o "valor semântico" da linguagem não se atém à sintaxe, possuindo uma função pragmática na aplicação ou uso concreto do termo – ele seria claro ou não conforme o intérprete, a situação de aplicação e o objetivo de compreensão; Bernal Pulido (BERNAL PULIDO, Carlos. *El principio de proporcionalidad y los derechos fundamentales*. 3. ed. Madrid: Centro de Estudios Políticos y Constitucionales, 2007. p. 103-114), o qual coloca que a pragmática é a dimensão de verificação linguística que lida com o uso ou a função dos enunciados e que a indeterminação pragmática de um enunciado advém de dúvidas sobre a função que o ato de fala desempenha em certo contexto, especialmente quando não se sabe que tipo de mensagem é (desejo, ordem, afirmação etc.); Alf Ross (ROSS, Alf. *Sobre el derecho y la justicia*. Tradução de Genaro R. Carrió. 2. ed. Buenos Aires: Editorial Universitaria de Buenos Aires, 1997. p. 181 e seguintes), que, ao tratar dos "fatores pragmáticos na interpretação", relaciona esses fatores com a "razoabilidade prática" do resultado, tanto do sentido usual ou comum das palavras como dos "fatores pragmáticos superiores", a exigir uma ponderação entre as consequências advindas da aplicação da norma e a finalidade estipulada pela norma quando ela puder ser estabelecida, à luz de valores fundamentais; Theodor Viehweg (VIEHWEG, Theodor. Apêndice sobre o desenvolvimento da tópica. *In*: VIEHWEG, Theodor. *Tópica e jurisprudência* – Uma contribuição à investigação dos fundamentos jurídico-científicos. Tradução de Kelly Susane Alflen da Silva. Porto Alegre: Sergio Antonio Fabris, 2008. p. 109-116), o qual define aspecto pragmático como uma coesão situacional, em que o signo ou termo é analisado a cada uso conforme a circunstância. A rigor, a ideia referida no texto aproxima-se à de Bernal Pulido, Neves e Viehweg, no sentido de imprecisão em função de dúvida relacionada ao demandado por conta de uma situação concreta, conquanto pareça claro que, na tese, o qualificativo e o seu modo de ser (imprecisão pragmática) referem-se à norma em si, em seu conjunto idealizado, extraída, portanto, após a interpretação do enunciado. Isso porque a conceituação desses autores do aspecto pragmático da linguagem é dirigida ao enunciado normativo ou aos signos empregados nesse enunciado. A explicação para esse comportamento está em perceber que os aspectos pragmáticos da linguagem usada na construção do enunciado normativo como um todo ou particularmente a cada um de seus signos são

Esta difere das demais indeterminações justamente por envolver o exame conjugado de normas, enquanto que as indeterminações semântica e sintática são aquilatadas quanto ao conteúdo do enunciado normativo e pensadas em relação à norma tomada isoladamente. Logo, na indeterminação pragmática não se tem em conta propriamente problemas de interpretação, que se resumem a aspectos semânticos e sintáticos preponderantemente, mas sim e especialmente à qualificação de fatos que podem resultar em conflitos normativos.[252] Desde já convém salientar que a indeterminação sintática não precisa ser considerada para efeitos de distinção entre regras e princípios, uma vez que poderia ser evitada ou abrandada em qualquer situação se houvesse maior cuidado da autoridade normativa na redação do enunciado normativo.

Nesse patamar, é de grande auxílio o exame analítico da estrutura das normas jurídicas. Em realidade, a chave da questão está na maior indeterminação estrutural dos princípios em relação às regras.[253] Essa maior indeterminação estrutural forja, como corolário, uma maior indeterminação pragmática para as normas de conduta, relativa ao contexto de aplicação da norma aos casos por ela regulados, mas não uma maior indeterminação semântica, porque a imprecisão pragmática está diretamente relacionada ao conteúdo da norma ou é causada justamente por força dele.[254] Portanto, a imprecisão pragmática ocorre após a atividade de interpretação, já superadas as indefinições linguísticas, inclusive semânticas.

Ora, em virtude da sua capacidade de expandir-se argumentativamente a maior número de situações, os princípios ostentam maior propensão a figurar em conflitos normativos. Volte-se a lupa analítica à finalidade de examinar os elementos estruturantes das normas ou, como diz David Duarte, a sua "morfologia". Duarte asseverava existir um pressuposto implícito na previsão dos princípios, inerente ao seu conteúdo, consistente em aplicar-se a todas as situações de qualquer gênero (*all situations of any*

---

notoriamente secundários na atividade interpretativa, que se ocupa marcadamente da semântica e da sintática, como bem anota DUARTE, David. Linguistic objectivity in norm sentences: alternatives on literal meaning. *Ratio Juris*, v. 24, n. 2, p. 112-139, jun. 2011. p. 122 e seguintes. Quanto à definição de Ross, em que pese alguma aproximação na percepção do juízo ponderativo que uma dimensão pragmática pode trazer, os conceitos desta tese e desse jurista são dissonantes, especialmente porque Ross trabalha com o aspecto pragmático embutido na interpretação. Como ficará claro no desenvolver do texto, o qualificativo "pragmático" relacionado a esse tipo de interpretação tem um alcance muito mais restrito do que as teorias pragmáticas da interpretação desenvolvidas na linguística.

[252] DUARTE, David. Linguistic objectivity in norm sentences: alternatives on literal meaning. *Ratio Juris*, v. 24, n. 2, p. 112-139, jun. 2011. p. 122-131. Sobre a apetência conflituosa dos princípios com outras normas, ela é lugar comum na doutrina, a exemplo de MACCORMICK, Neil. *Rhetoric and the rule of law*. reprint. Oxford/New York: Oxford University Press, 2010. p. 78-100.

[253] A trazer a indeterminação estrutural dos princípios maior que a das regras estão Riccardo Guastini (GUASTINI, Riccardo. Les principes de droit en tant que source de perplexité théorique. *In*: COMANDUCCI, Paolo; GUASTINI, Riccardo (Org.). *Analisi i diritto*. Ricerche di giurisprudenza analitica. [s.l.]: [s.n.], 2007. p. 3 e seguintes) e Bernal Pulido (BERNAL PULIDO, Carlos. *El principio de proporcionalidad y los derechos fundamentales*. 3. ed. Madrid: Centro de Estudios Políticos y Constitucionales, 2007. p. 103-114). Guastini, porém, caracteriza a "indeterminação estrutural" dos princípios na sua "derrotabilidade" e na sua vagueza estrutural, a qual deriva da necessidade de construção de uma regra para solução do caso – ao revés, as regras seriam imediatamente aplicáveis ao caso –, bem como na possibilidade de satisfação ou concretização do conteúdo normativo por modos diferentes ou alternativos. Bernal Pulido refere-se à indeterminação estrutural no sentido de cumprimento de diversas formas.

[254] NEVES, Marcelo. *Entre Hidra e Hércules* – Princípios e regras constitucionais como diferença paradoxal do sistema jurídico. São Paulo: Martins Fontes, 2013. p. 12-26. Em realidade, Marcelo Neves nega a otimização dos princípios, mas admite que a dificuldade maior em relação a eles está na aplicabilidade, em função da relação da norma de princípio com outros princípios e regras, o que no texto da tese está classificado como indeterminação pragmática. Logo, nesse ponto, há parcial concordância com Neves.

kind), inexistente nas regras, as quais se aplicariam a todas as situações do gênero (*all situations of the kind*). Esse pressuposto justificaria adequadamente a propriedade otimizável (ou gradual) dos princípios e é uma explicação apropriada sob o aspecto analítico para a maior indeterminação pragmática das normas. No caso dos princípios, o pressuposto implícito da previsão remete para vários gêneros indeterminados de situação, enquanto que nas regras a inexistência desse pressuposto apontaria para um único gênero de situação.[255] É ilação similar à de Atienza e Manero, que dividem regras e princípios conforme as condições da previsão sejam cerradas (caso das regras) ou abertas (caso dos princípios).[256]

David Duarte refinou a distinção estrutural trazida em sua tese de doutoramento, porém, na essência, nesse ponto não há uma abordagem substancialmente diversa. O jurista lusitano ancora a diferença estrutural entre regras e princípios na indeterminação de ações humanas ou de fatos previstos na previsão ou hipótese normativa. Entrementes, ao passo que, com as regras, as ações humanas e/ou os estados de coisas descritos na hipótese normativa são determinados, porque são catalogados os elementos que acionam as consequências estipuladas na previsão, nos princípios esses elementos são

---

[255] DUARTE, David. *A norma da legalidade procedimental administrativa* – A teoria da norma e a criação de normas de decisão na discricionariedade instrutória. Coimbra: Almedina, 2006. p. 138 e seguintes. Com efeito, a lição do jurista permite incluí-lo entre os que defendem a maior indeterminação estrutural dos princípios jurídicos. Conferir, ainda, DUARTE, David. An experimental essay on the antecedent and its formulation. *Scienze Giuridiche, Scienze Cognitive e Intelligenza artificiale*, v. 7, n. 16, p. 37-60, 2012. Disponível em: http://www.i-lex.it/articles/volume7/issue16/duarte.pdf. p. 51 e seguintes. A aceitação da distinção morfológica também foi expressa em ALMEIDA, Luiz Antônio Freitas de. *Direitos fundamentais sociais e ponderação* – Ativismo irrefletido e controle jurídico racional. Porto Alegre: Sergio Antonio Fabris, 2014. p. 40-56. Há juristas, porém, que rejeitam totalmente ou adicionam ressalvas ao atributo de otimização. Pereira Coutinho (COUTINHO, Luís Pedro Pereira. *A autoridade moral da Constituição* – Da fundamentação da validade do direito constitucional. Coimbra: Coimbra, 2009. p. 626-636) critica o aspecto otimizante dos princípios, pois defende que a implicação correta não é uma expansão indiscriminada, mas preenchimento em graus diversos, uma vez que essa otimização não poderia sobrepujar o âmbito do princípio parametrizador, identificado na dignidade humana; em suma, a expansibilidade existe, mas não é ilimitada. Riccardo Guastini (GUASTINI, Riccardo. *Distinguiendo* – Estudios de teoría y metateoría del derecho. Tradução de Jordi Ferrer i Beltrán. Barcelona: Gedisa, 1999. p. 143-149), por outro lado, criticava a otimização principiológica e invocava como exemplo o princípio da igualdade, em que não existiria nenhuma condicionante aberta. Mas são dois pontos a observar: i) a ilustração de Guastini não é adequada, pois apresentou de exemplo uma regra derivada da isonomia, e não um princípio, esquecendo-se de que o princípio pode ser fonte de outras normas; ii) parece ser incoerente com a sua admissão (o texto deixa alguma dúvida se Guastini apenas se reporta à opinião dos juristas em geral ou se também adere a ela) de que os princípios são estruturalmente mais indeterminados que as regras (GUASTINI, Riccardo. Les principes de droit en tant que source de perplexité théorique. *In*: COMANDUCCI, Paolo; GUASTINI, Riccardo (Org.). *Analisi i diritto*. Ricerche di giurisprudenza analitica. [s.l.]: [s.n.], 2007. p. 3 e seguintes), razão pela qual ou Guastini cambiou de posição ou precisa trazer mais explicações para mostrar a compatibilidade com esse posicionamento. De outra sorte, Marcelo Neves rejeita a visão de otimização dos princípios, conquanto aceite que eles são argumentativamente mais invocados que as regras e que são objeto de sopesamentos; segundo o autor brasileiro (NEVES, Marcelo. *Entre Hidra e Hércules* – Princípios e regras constitucionais como diferença paradoxal do sistema jurídico. São Paulo: Martins Fontes, 2013. p. 63-88; 141-160), a otimização parte de uma premissa de um juiz monológico, imbuído de uma moral absoluta, ou de uma intersubjetividade orientada consensualmente para a busca da solução mediante argumentação racional, algo inviável numa sociedade supercomplexa por força do dissenso e das diferentes leituras sociais de um mesmo princípio. Em que pesem as divergências com Pereira Coutinho e Marcelo Neves em relação à íntegra de suas explanações nesse aspecto, há consonância essencial, no que importa a esta tese, em relação aos princípios como geradores de sopesamentos.

[256] ATIENZA, Manuel; RUIZ MANERO, Juan. *Las piezas del derecho*. Teoría de los enunciados jurídicos. 4. ed. Barcelona: Ariel, 2007. p. 52-58. Os próprios juristas reforçam que a textura aberta e a vagueza não desnaturam a regra como tal, justamente a distinção baseia-se no fato de que há casos genéricos previstos nas condições cerradas da previsão, separando esse aspecto dos casos individuais subsumíveis a essas descrições genéricas.

indeterminados.[257] Destarte, não é possível prever todos os estados de coisas ou ações humanas que desencadearão os efeitos da estatuição.

Deveras, constata-se que é cabível afirmar um pressuposto implícito se o gênero da conduta humana ou do fato que forceja a incidência da estatuição da norma não é determinável. Ausente a indeterminabilidade das propriedades caracterizadoras do gênero de ação humana ou de fatos referido pelo pressuposto, não é caso de embuti-lo na previsão e, portanto, não se estaria diante de um princípio jurídico. Essa determinabilidade é aferível, em se tratando de sentidos de dever-ser, pela verificação de um conteúdo determinado ou de uma determinação de âmbito material aliados a um mínimo de definição intencional da ação quando se tratar de ações humanas. Ademais, em que pese o pressuposto estar radicado elipticamente na previsão da norma, sua existência infere-se da indicação efetuada na estatuição da norma: se a estatuição imputa determinados efeitos apenas a um gênero de situação, conduta humana ou estado de coisas, há determinabilidade da condição passível de fazer incidir a norma e está-se diante de uma regra; se os estados de coisas ou as condutas inerentes são indeterminados, isto é, se o exame da estatuição remete para mais de um gênero de ação humana ou de evento, está o pressuposto implícito na previsão e trata-se de um princípio jurídico.[258]

Essa compreensão faz perceber que os princípios, diferentemente das regras, não possuem uma limitação de condições ou elementos na previsão, os quais são justapostos disjuntivamente, em que basta o preenchimento de somente um deles para ativar os efeitos da estatuição, de forma que não se tem como conhecer todas as situações em que o princípio aplicar-se-á; por ângulo similar, constata-se uma fluidez dessas condições da hipótese normativa, a engendrar uma espécie de *continuum* entre seus próprios elementos: quaisquer formas e modalidades de exercício de ação humana, ainda que sem uma clara demarcação entre elas, fomentam a aplicabilidade do princípio.[259]

Logo, essas considerações adicionais mostram como não há necessariamente maior imprecisão semântica dos enunciados normativos que abrigam princípios em comparação aos que albergam regras, ao menos no que se refere à previsão ou à hipótese normativa. Seja como for, parece claro que a imprecisão pragmática pode ser potencializada também pelo aspecto semântico do enunciado.

Utilize-se o exemplo de Marcelo Neves para posicionar-se sobre a distinção entre regras e princípios adotada nesta tese. Vejam-se os enunciados do art. 1º, IV, da Constituição Federal brasileira: "A República Federativa do Brasil [...] tem como

---

[257] DUARTE, David. An experimental essay on the antecedent and its formulation. *Scienze Giuridiche, Scienze Cognitive e Intelligenza artificiale*, v. 7, n. 16, p. 37-60, 2012. Disponível em: http://www.i-lex.it/articles/volume7/issue16/duarte.pdf. p. 54 e seguintes. Conclui-se tratar de um refinamento, pois também na tese o jurista percebia que a indeterminação se apurava pela estatuição da norma; logo, mantida essa premissa, julga-se viável manter a construção do jurista a respeito do pressuposto implícito na previsão dos princípios.

[258] A ideia contida no parágrafo ampara-se nas lições de David Duarte (DUARTE, David. *A norma da legalidade procedimental administrativa* – A teoria da norma e a criação de normas de decisão na discricionariedade instrutória. Coimbra: Almedina, 2006. p. 138-149); DUARTE, David. An experimental essay on the antecedent and its formulation. *Scienze Giuridiche, Scienze Cognitive e Intelligenza artificiale*, v. 7, n. 16, p. 37-60, 2012. Disponível em: http://www.i-lex.it/articles/volume7/issue16/duarte.pdf. p. 54 e seguintes. Nesse último texto, mostra-se uma evolução do jurista para prever também os estados de coisas, e não apenas condutas humanas.

[259] DUARTE, David. An experimental essay on the antecedent and its formulation. *Scienze Giuridiche, Scienze Cognitive e Intelligenza artificiale*, v. 7, n. 16, p. 37-60, 2012. Disponível em: http://www.i-lex.it/articles/volume7/issue16/duarte.pdf. p. 54 e seguintes. Conforme leciona o jurista, isso explica a gradualidade de aplicação do princípio.

seguintes fundamentos: [...]; IV - [...] e a livre iniciativa". Deles se extrai o princípio da livre iniciativa, interpretado e notado da seguinte forma (N2): em todas as situações de qualquer gênero relativas à ação com intenção lucrativa (g = previsão) permite-se (P = operador deôntico) que todos tenham livre iniciativa (h = estatuição), logo $N2 = g\ P\ h$. Fica evidente que tanto a previsão como o operador deôntico estavam camuflados na linguagem dos enunciados, bem como há o pressuposto implícito na previsão a explicar a capacidade expansiva do princípio. Por sua vez, os enunciados da regra do art. 55, II, da Constituição Federal brasileira: "Perderá o mandato o Deputado ou o Senador: [...]; II - cujo procedimento for declarado incompatível com o decoro parlamentar". Desses enunciados, retira-se a regra interpretada e notada a seguir (N3): em todas as ações de titulares do Parlamento (i = primeiro elemento da previsão) que forem declaradas incompatíveis com o decoro parlamentar (j = segundo elemento da previsão) impõe-se (I = operador deôntico) a perda de mandato (k = estatuição), logo $N3 = i \wedge j\ I\ k$.[260]

De outro lado, mesmo que não houvesse essa especificação, percebe-se que no princípio da livre iniciativa não há determinabilidade de ação humana relativa à atividade de empreender: diversas ações humanas poderiam configurar o empreendedorismo (explorar um comércio de roupas, abrir uma sociedade, ser um profissional liberal, montar uma indústria etc.), de sorte que transcenderiam um único gênero de conduta. Já na regra da perda de mandato, ao revés, existe um gênero de conduta determinado previsto na previsão, o qual é objeto de remissão pelos efeitos da estatuição: a perda de mandato incide sobre ações dos titulares do parlamento que forem julgadas como indecorosas; aqui, em que pese a notável variedade de condutas praticadas pelos agentes parlamentares passíveis de receber essa pecha, existe gênero de situação determinado, pois não basta qualquer ação nem que ela seja indecorosa por si só, uma vez que a perda de mandato só é imposta aos comportamentos declarados pelo órgão legislativo competente como indecorosos. Essa determinabilidade do gênero de conduta decorre da necessidade de prévia qualificação das atitudes dos titulares dos mandatos pelo órgão legislativo competente como indecorosas, de sorte que somente os comportamentos expressamente reconhecidos como tal pela autoridade competente é que acarretam a perda de mandato.[261]

No entanto, já foi salientado que nem todos os princípios são normas de condutas e regulam-nas diretamente. Existem normas principiais tão densas que consubstanciam uma doutrina ou ideologia regulativa do sistema jurídico, o que lhe concede coerência

---

[260] No entanto, seria até possível visualizar que as situações de decoro não são assim tão vagas como defendeu Neves, uma vez que houve pormenorização no §1º do mesmo artigo do que representa quebra de decoro, a saber: ações definidas em regimento interno e abuso de prerrogativas dos parlamentares ou percepção de vantagens indevidas, o que, efetivamente, já afastaria a utilidade do exemplo dado pelo jurista, pois essas especificações deixam o enunciado normativo da regra menos indeterminado semanticamente que o do princípio da livre iniciativa. Contudo, trabalhou-se analiticamente com o exemplo de Neves, para ilustrar as virtualidades dessa distinção para separar regras de princípios.

[261] O que poderia causar espécie é saber se não seria possível que houvesse também um princípio do decoro parlamentar, no sentido de que as ações dos titulares devam ser decorosas em todas as situações de qualquer gênero. Em tese, seria possível construir um enunciado normativo que abrigasse uma estatuição que remetesse a um gênero de conduta indeterminado e, assim, de alguma maneira, encampar um princípio jurídico. No entanto, no modelo adotado no texto constitucional brasileiro, está-se diante de uma regra, salvo se houver a pretensão de usar esse enunciado na finalidade de autorizar a inferência de tal princípio como uma norma implícita do sistema, tema que mereceria uma maior reflexão, o que escapa do escopo desse tópico.

sistêmica. Nessa função, servem também de fonte a outras normas várias, as quais são concretizações paulatinas desses princípios, podendo ser geradas novas regras e novos princípios. Sob outro vértice, há princípios que estabelecem um estado de coisas a alcançar ou um fim axiologicamente considerado legítimo e que, por conseguinte, não apresentam uma determinação da própria estatuição, mais precisamente da conduta adequada para o alcance daquele estado de coisas. De outro turno, existem regras de fim, as quais também buscam um estado de coisas a alcançar, bem como há regras que usam termos mais vagos na previsão, a conferir-lhe impressão de aspecto expansivo.[262] Com isso, remanesce a dúvida de saber se a diferença na morfologia da norma é viável para essas categorias normativas.

Trabalhe-se com um exemplo. Imagine-se o enunciado normativo de seguinte redação: "O país X é um Estado de Direito".[263] Dessa disposição normativa, seria difícil extrair uma norma com o condão de justificar isoladamente uma decisão; o princípio do Estado de Direito incorpora o pensamento progressivamente sedimentado no próprio sistema jurídico na construção de uma organização política e justifica inúmeras regras e princípios que o compõem. Todavia, há um pormenor que deve ser ressaltado: é preciso contextualizar a evolução histórica deste princípio, pois ele não surgiu de inopino, é fruto de lenta evolução no pensamento jurídico e açambarca várias doutrinas jurídicas dialeticamente conflitantes; além do mais, há discrepância sobre o contexto político-geográfico de desenvolvimento do princípio, porquanto ele não se desenvolveu como bloco homogêneo de ideias.[264] Destarte, conquanto exista perceptível indeterminação, a ponto de não exaurir a criação latente de outras normas jurídicas, é possível, além de servir de vetor hermenêutico e suplência na colmatação de lacunas, extrair normas, as quais estão camufladas pela disposição linguística, a exemplo do princípio (N4) de que em todas as situações de qualquer gênero de aplicação de normas jurídicas (l = previsão), deve-se (operador deôntico = I) aplicá-las também ao próprio Estado (estatuição = m), logo $N4 = l\ I\ m$.[265] Infere-se, portanto, que o pressuposto implícito explica a diferença de indeterminação nas condições de aplicação em todos os princípios, não obstante ela fique turva por força da roupagem linguística do enunciado.

No entanto, Lenio Streck critica a tese de que haja maior indeterminação estrutural dos princípios em relação às regras, pois a diferença entre as categorias normativas estaria no caráter compreensivo e não estrutural: não é possível interpretar uma regra qualquer sem recorrer ao princípio que a institui ou que a justifica;[266] princípios, na realidade,

---

[262] As ideias constantes do parágrafo foram sorvidas em ATIENZA, Manuel; RUIZ MANERO, Juan. *Las piezas del derecho*. Teoría de los enunciados jurídicos. 4. ed. Barcelona: Ariel, 2007. p. 30-39.

[263] Esse exemplo também foi trabalhado em ALMEIDA, Luiz Antônio Freitas de. *Direitos fundamentais sociais e ponderação* – Ativismo irrefletido e controle jurídico racional. Porto Alegre: Sergio Antonio Fabris, 2014. p. 50-51.

[264] CHEVALLIER, Jacques. *L'État de droit*. 5. ed. Paris: Montchrestien, 2010. p. 13-14; 67-84. Chevallier mostra a diversidade na doutrina sobre a gênese e finalidades do Estado de Direito na França e na Alemanha.

[265] Em diapasão antagônico, Pereira Coutinho (COUTINHO, Luís Pedro Pereira. *A autoridade moral da Constituição* – Da fundamentação da validade do direito constitucional. Coimbra: Coimbra, 2009. p. 692-721) rejeita um cariz normativo dos princípios do Estado de Direito e democrático, os quais, na sua visão, seriam princípios parametrizadores que parcelam o significado do princípio da dignidade comunitária da vida do homem e da justiça.

[266] STRECK, Lenio Luiz. Constituição e hermenêutica em países periféricos. *In*: OLIVEIRA NETO, Francisco José Rodrigues *et alli* (Org.). *Constituição e Estado Social* – Os obstáculos à concretização da constituição. Coimbra: Coimbra, 2008. p. 206-208.

"fecham" a argumentação e aplicação das regras a um caso determinado, haja vista a maior "porosidade" das regras em referência aos princípios.[267] A par do pressuposto implícito existente na previsão dos princípios, como o exame analítico da estrutura das normas permitiu encontrar, o que seria suficiente para rechaçar a insurgência de Streck, é preciso consignar que recorrer perenemente ao princípio instituidor ou justificador da regra não é necessário em todos os casos, ao contrário do que ele afirma. Ao revés, um constante regresso aos princípios no campo discursivo representa a perda da funcionalidade de redução de complexidade da tomada de decisão própria das regras, o que, no limite, põe em causa até a sua utilidade como categoria normativa autônoma; as regras tornar-se-iam prescindíveis e a solução de tudo seria incumbência dos princípios. De mais a mais, é nítido que algumas regras não são instituídas nem justificadas por meio de um único princípio, mas de vários, muitas vezes em posição de antagonismo reflexivo, o que alicerça a inferência de que o retorno aos princípios de modo constante não será sempre uma tarefa hermenêutica simples. É por isso que a maior parte dos casos submetidos aos órgãos de aplicação é resolúvel por subsunção a uma regra, sem grande repercussão na comunidade jurídica.[268]

Destarte, aceita-se a tese da diferença quantitativa, incidente sobre a maior indeterminação nas condições de aplicação, entre regras e princípios. E a tese da distinção qualitativa? A defesa de uma diferença qualitativa poria em evidência a dimensão do peso e colocá-la-ia como perspectiva presente nos princípios e ausente nas regras, o que obrigaria a solução do conflito de regras apenas na esfera da validade. Assim, equivale a afirmar que essa distinção pode ser tanto avaliada no prisma ontológico como no funcional, ambos imbricados: como método de aplicação, uma divisão forte entre regras e princípios traz consigo a ilação de separação forte também entre subsunção e ponderação, sendo que a primeira seria método de aplicação de regras e a segunda, de princípios.[269]

Nesse patamar, é suasório deter-se no exame das funções de explicação, justificação e controle desempenhadas pelos princípios e regras, consoante magistério de Atienza e Manero,[270] com alguns aportes próprios. Na função de explicação, o foco é o da análise estrutural, com procura da função de explicação e sistematização do direito. Na função da justificação, enfocam-se as normas e o seu papel na fundamentação do discurso jurídico. Na função de controle, interroga-se sobre a legitimação e inspeção do poder.

---

[267] STRECK, Lenio Luiz. *Jurisdição constitucional e decisão jurídica*. 3. ed. São Paulo: Revista dos Tribunais, 2013. p. 275-348.

[268] Sobre o caráter redutor de complexidade das regras, conferir ATIENZA, Manuel; RUIZ MANERO, Juan. *Las piezas del derecho*. Teoría de los enunciados jurídicos. 4. ed. Barcelona: Ariel, 2007. p. 43-58; e NEVES, Marcelo. *Entre Hidra e Hércules* – Princípios e regras constitucionais como diferença paradoxal do sistema jurídico. São Paulo: Martins Fontes, 2013. p. XV-XXVI; 51-63.

[269] GARCÍA FIGUEROA, Alfonso. ¿Existen diferencias entre reglas y principios en el Estado constitucional? Algunas notas sobre la teoría de los principios de Robert Alexy. *In*: MANRIQUE, Ricardo García (Ed.). *Derechos sociales y ponderación*. 2. ed. Madrid: Fundación Coloquio Jurídico Europeo, 2009. p. 334-338.

[270] ATIENZA, Manuel; RUIZ MANERO, Juan. *Las piezas del derecho*. Teoría de los enunciados jurídicos. 4. ed. Barcelona: Ariel, 2007. p. 43-50. A lição dos juristas é muito voltada aos princípios, de forma que os aportes pessoais estão especialmente radicados na possibilidade de ponderação para solução de choque de regras. Boa parte das considerações aqui empregadas também foi aproveitada em ALMEIDA, Luiz Antônio Freitas de. *Direitos fundamentais sociais e ponderação* – Ativismo irrefletido e controle jurídico racional. Porto Alegre: Sergio Antonio Fabris, 2014. p. 51 e seguintes.

No plano da explicação, os princípios operam com uma capacidade de sintetizar uma grande quantidade de informação, de sorte que a remissão a poucos princípios permite compreender o funcionamento de uma instituição no conjunto da ordem jurídica e em relação a todo o sistema social. Por isso, é viável compreender o sistema jurídico como conjunto que reúne normas pautadas de um sentido regulativo e ordenado. Em senda contrária, ponto não abordado por Atienza e Manero, deduz-se que regras não ostentam essa propriedade ou possuem-na em diminuta porção, o que motiva o acerto da inferência de que uma regra não justifique um princípio, embora este justifique aquela.[271]

Na dimensão da justificação e do papel que desempenham no discurso jurídico, um tipo de razão prática,[272] os princípios são menos abrangentes que as regras em dois aspectos: i) rotineiramente não evitam a ponderação normalmente dispensada pelas regras, uma vez que elas são mecanismos de redução de complexidade dos processos argumentativos; ii) princípios ostentam menor força argumentativa que as regras, tendo em vista que elas são mais conclusivas que aqueles. Em outro vértice, princípios são mais extensivos que as regras em outros dois sentidos: iii) são invocáveis na argumentação jurídica em maior número de ocasiões que as regras – maior força expansiva e alcance justificativo –, tendo em conta que são formulados em termos mais indeterminados nas condições de aplicação da norma; iv) há maior tendência, comparativamente às regras, de que os princípios tenham imbricação mais acentuada entre a dimensão valorativa e diretiva nos princípios. Quanto a este último ponto, sua afirmação desmonta a tese de que apenas os princípios, e não as regras, possuam uma conexão entre a dimensão axiológica com a diretiva, de sorte que este não pode ser um critério fiável para separar normas de princípio das regras.[273]

Derradeiramente, no plano da legitimação e controle do poder, os princípios angariam força legitimadora em razão de uma necessidade de maior controle do poder estatal. Se já existia controle proporcionado pelas regras do sistema, ele é robustecido com a carga axiológica incorporada ao sistema mediante a positivação ou internalização de princípios jurídicos, mormente pelos direitos fundamentais, uma vez que traz em si uma exigência de maior justificação dos atos estatais. Esse reforço de justificação é bem-vindo, especialmente após o advento do Estado Social de Direito, que provocou uma reordenação social, com estipulação normativa de fins e objetivos a serem perseguidos pelo ente estatal, o que gerou uma atenuação da separação entre sociedade e Estado após a regulação de "esferas vitais" pelo direito.

---

[271] PERRY, Stephen R. Two models of legal principles. *Iowa Law Review*, n. 82, p. 787-819, 1996-1997. p. 787-794; RAZ, Joseph. Legal principles and the limits of law. *Yale Law Journal*, v. 81, p. 823-854, 1971-1972. p. 834-839. Em divergência do defendido no texto, GARCIA, Emerson. *Conflito entre normas constitucionais* – Esboço de uma teoria geral. Rio de Janeiro: Lumen Juris, 2008. p. 382, sustenta que, dentro de uma perspectiva sistêmica, um princípio não justifica uma regra, pois é por meio das regras que os princípios são identificados, haja vista que estes são generalizações de um feixe de regras.

[272] ALEXY, Robert. *Teoria da argumentação jurídica*: a teoria do discurso racional como teoria da fundamentação jurídica. Tradução de Zilda Hutchinson Schilde Silva. 2. ed. São Paulo: Landy, 2005. p. 33-56 e 209-217, com sua conhecida tese de que o discurso jurídico é um caso especial do discurso prático geral; WALDRON, Jeremy. The need of legal principles. *Iowa Law Review*, n. 82, 1996-1997. p. 857-865. Waldron é preciso ao afirmar que os princípios jurídicos jogam papel similar na argumentação jurídica ao dos princípios morais na razão prática, à exceção de que aqueles independem de sua correção moral.

[273] Também contra esse critério escreve Marcelo Neves (NEVES, Marcelo. *Entre Hidra e Hércules* – Princípios e regras constitucionais como diferença paradoxal do sistema jurídico. São Paulo: Martins Fontes, 2013. p. 26-41).

Essas considerações sobre as diferentes funções de princípios e regras permitem adotar posição de que não há diferença qualitativa entre princípios e regras, ao menos não se ela for trasladada no plano do discurso jurídico como uma separação forte entre subsunção e ponderação no aspecto funcional das regras.[274] Isso porque também as regras podem sofrer um afastamento da sua incidência na regulação de um caso concreto por razões que as sobrepesem.

Em realidade, está ausente nas regras o pressuposto implícito da previsão dos princípios, o que acarreta que sejam consideradas de modo *prima facie* razões conclusivas para a solução do caso. O caráter *prima facie* afeta a conclusividade da regra, porquanto não é viável enumerar de forma antecipada ou *ex ante* todas as possíveis exceções de uma regra, tendo em vista que, em havendo circunstâncias propícias a tanto, a regra pode deixar de ser aplicada em função da existência de outras regras ou princípios em situação de conflito normativo e, ainda assim, conservar sua validade. Ordinariamente, a existência de uma regra afasta a solução por princípios, salvo se razões do caso concreto impuserem uma reconsideração dessa norma ao identificar a existência de princípios ou razões conflitantes. A perda da validade da regra ocorrerá somente nas hipóteses de conflitos abstratos de normas; se for caso de conflito concreto, a regra pode ser derrotada pela ponderação de razões mais fortes. Pode-se mencionar que a "propriedade disposicional"[275] das regras atrai o método da subsunção,[276] pois inclinam a regular de maneira conclusiva as situações que se enquadrem na previsão da norma.

Com relação aos princípios, a "propriedade disposicional" é justamente ser derrotável e ensejar o sopesamento das razões a favor e contrárias à aplicação da norma principial. A distinção morfológica entre as duas categorias de normas explica a aptidão

---

[274] Contudo, um pormenor sobre a doutrina de David Duarte é necessário. Isso porque o Professor de Lisboa comenta que a diferença estrutural entre regras e princípios seria de natureza material (DUARTE, David. An experimental essay on the antecedent and its formulation. *Scienze Giuridiche, Scienze Cognitive e Intelligenza artificiale*, v. 7, n. 16, p. 37-60, 2012. Disponível em: http://www.i-lex.it/articles/volume7/issue16/duarte.pdf. p. 57), o que poderia gerar a interpretação de uma aproximação com a tese da distinção qualitativa entre regras e princípios aparentemente. Sem embargo, se essa impressão estiver correta, tendo em vista que o próprio jurista admite as hipóteses de derrotabilidade e ponderação de regras, fica evidente que Duarte trabalha com uma distinção qualitativa só no plano ontológico e claramente opta por não a trasladar ao plano funcional. Na minha visão, a separação dos planos ontológico e funcional na diferenciação entre regras e princípios é mais congruente com a tese da diferença quantitativa.

[275] GARCÍA FIGUEROA, Alfonso. ¿Existen diferencias entre reglas y principios en el Estado constitucional? Algunas notas sobre la teoría de los principios de Robert Alexy. *In*: MANRIQUE, Ricardo García (Ed.). *Derechos sociales y ponderación*. 2. ed. Madrid: Fundación Coloquio Jurídico Europeo, 2009. p. 353-358. O autor explica que a propriedade disposicional é aquela que se manifesta se estiverem presentes determinadas condições, em oposição às propriedades categóricas, e sua compreensão evitaria a descontinuidade entre o plano ontológico e funcional. Figueroa ilustra com o sal, cuja propriedade disposicional é ser solúvel, a qual se manifesta unicamente se for imerso em meio líquido. Sem a ocorrência da condição entalhada na propriedade disposicional dos princípios – existência de princípios e regras em conflito –, os princípios são aplicáveis por subsunção e não ponderação. Todavia, Figueroa alerta que a distinção entre regras e princípios em Estados constitucionais é minorada pelo efeito de irradiação das normas constitucionais, mesmo que não se possa defender uma plena conformidade entre regras e princípios. O argumento da propriedade disposicional foi utilizado em ALMEIDA, Luiz Antônio Freitas de. *Direitos fundamentais sociais e ponderação* – Ativismo irrefletido e controle jurídico racional. Porto Alegre: Sergio Antonio Fabris, 2014. p. 53-55.

[276] Vale recordar que já se pontuou alhures (tópico 1.1) que o raciocínio não é, de fato, meramente subsuntivo, no sentido de instituir uma decisão de aplicação mecânica da norma ao fato; com efeito, a seleção de enunciados a cotejar na etapa de aplicação, a própria separação de fatos tomados como relevantes e a questão jurídica que se pretende responder para resolver o caso concreto são fatores que não estão propriamente situados dentro do ordenamento jurídico e envolvem apreciações subjetivas e valorativas do intérprete. Essas considerações são aproveitáveis tanto para regras como para princípios jurídicos.

concorrencial dos princípios, uma inclinação a figurar em conflitos normativos com outras regras e/ou princípios. Isso forceja a visualização de que o método corriqueiro de aplicação de um princípio é a ponderação e não a subsunção; mas a resolução de um caso por aplicação subsuntiva de um princípio também é logicamente possível em determinadas situações mais remotas. Em suma, para que a "propriedade disposicional" dos princípios manifeste-se, é imperioso que haja a incidência de antinomia com outros princípios e regras. Para o emprego do raciocínio silogístico e subsuntivo com um princípio, é preciso que se esteja diante de um caso, pode-se dizer, "mais do que claro" ou "mais do que fácil", em que há uma flagrante e quase indisputável facilidade de intelecção, na qual não há resquício de dúvida ao intérprete aplicador. Contudo, nesse tipo de situação, o mais usual é que o caso concreto também obtenha resposta com a aplicação subsuntiva das regras já existentes no sistema, não necessariamente derivadas ou concretizadas daquele princípio. Um exemplo elucida a questão: após interpretação de um enunciado constitucional qualquer, extrai-se a norma N5 de que em todas as situações de qualquer gênero relativas à liberdade de expressão (previsão = n) é permitido (operador deôntico P) que todos o façam (estatuição = o), logo $N5 = n$ $P\ o$. Determinado agente estatal proíbe todas as manifestações de apoio a determinado time de futebol, por ser torcedor ou adepto do arquirrival, sem estar autorizado a proibir condutas por alguma norma de competência. Como é cediço, a hipótese ventilada poderia ser tanto resolvida pela aplicação subsuntiva do princípio, como também pela subsunção de regras eventualmente existentes no sistema, a exemplo da que sancione o abuso de poder ou a que invalide o ato por falta de competência. Essa curiosa ilustração, logicamente possível, debilita as afirmações de Larenz, anteriormente referidas, e de alguns outros juristas de que os princípios não possuem aplicação imediata e de que dependem sempre da construção de uma regra para que incidam no caso concreto:[277] no caso de aplicação por subsunção de um princípio, a construção dessa regra para reger a hipótese regulada não é indispensável, não obstante sempre seja possível construir uma regra derivada de um princípio.

Aquiescer com as propriedades disposicionais das regras e dos princípios e o exame analítico da estrutura de cada uma dessas categorias normativas representam rejeitar a tese de que não existem diferenças significativas entre essas duas categorias normativas, já que dependeriam do uso pelo intérprete, ora podendo funcionar como regras, ora como princípios. É evidente que existem normas cuja qualificação pode

---

[277] ALEXY, Robert. *Teoria dos direitos fundamentais*. Tradução de Virgílio Afonso da Silva. São Paulo: Malheiros, 2008. p. 94 e seguintes; BAYÓN, Juan Carlos. Proposiciones normativas e indeterminación del derecho. *In*: GAIDO, Paula *et alli* (Ed.). *Relevancia normativa en la justificación de las decisiones judiciales* – El debate Bayón-Rodríguez sobre la derrotabilidad de las normas jurídicas. reimp. Bogotá: Universidad Externado de Colombia, 2005. p. 27-66; GUASTINI, Riccardo. Les principes de droit en tant que source de perplexité théorique. *In*: COMANDUCCI, Paolo; GUASTINI, Riccardo (Org.). *Analisi i diritto*. Ricerche di giurisprudenza analitica. [s.l.]: [s.n.], 2007. p. 4 e seguintes; NEVES, Marcelo. *Entre Hidra e Hércules* – Princípios e regras constitucionais como diferença paradoxal do sistema jurídico. São Paulo: Martins Fontes, 2013. p. XV-XXVI; SILVA, Virgílio Afonso da. *Direitos fundamentais* – Conteúdo essencial, restrições e eficácia. São Paulo: Malheiros, 2009. p. 50 e seguintes. É preciso esclarecer, todavia, que tanto Alexy quanto Virgílio Afonso da Silva descrevem que existe na solução de colisão de princípios a fixação de relações condicionadas de precedência, condicionada à situação concreta, e que também é o pressuposto do suporte fático de uma regra; do enunciado que reproduz essa relação condicionada de preferência decorre uma regra que resolve a colisão: a "lei da colisão". Bayón, por sua vez, comenta sobre a aplicação "opaca" das regras, ao passo que os princípios dependeriam de determinar o seu propósito subjacente, sem explicitar que ações em concreto consubstanciam ou frustram esses valores.

gerar inquietação exegética, contudo existem zonas de segurança em que uma norma ou é uma regra ou é um princípio.[278] O instituto da derrotabilidade de regras, tratado no tópico 1.5, e a própria possibilidade de aplicação direta de um princípio na solução de um caso minam a tese da distinção qualitativa, mas não a ponto de igualar os dois gêneros de normas. A tese da inexistência de distinção pressupõe uma igualação ou nivelamento das normas na dimensão abstrata ou ontológica, com a separação apenas no contexto de aplicação ou funcional. Porém, esse nivelamento descura justamente do plano analítico-dogmático, em que se percebe um "traço genético" na norma que a fará atuar como regra ou princípio, mesmo que seja possível que, no plano funcional, em situações mais esporádicas, elas recebam uma metodologia de aplicação mais usual àquela de outra categoria normativa.

Outrossim, tudo o que foi defendido acima é válido para as normas de conduta. Porém, muitos princípios jurídicos serão metanormas, porque não dirigidos ao povo do Estado, mas às instituições estatais, a regular como criar e aplicar normas jurídicas, portanto seriam normas de conduta de modo indireto; entre eles, alguns ostentarão natureza formal e não material. Os que possuem natureza formal não têm, por conseguinte, "peso" argumentativo. Logo, é inviável que entrem em situações de conflito normativo, até porque não possuem força normativa alguma para prevalecer num balanceamento de razões favoráveis ou contrárias, e porque não se destinam a reger comportamentos. Aliás, as normas principiais formais sedimentam também alicerces estruturais do sistema normativo, os quais não poderiam ser objetos de insegurança jurídica para não implodir a base de coerência que une o sistema como tal.[279] A diferença estrutural entre regras e princípios não ficaria comprometida com a existência de princípios formais, incapazes de suscitar conflitos normativos porque não se dispõem a regular condutas e não ostentam razão de força material? Acredita-se que não. A diferença estrutural seguida nesta tese é a que aposta na maior indeterminação da previsão normativa dos princípios em relação às regras. Sempre que os princípios forem materiais e forem normas de conduta, a consequência da indeterminabilidade dos casos de aplicação suscita uma propensão conflituosa com outras normas de conduta, que poderiam regular uma mesma hipótese, em decorrência da maior incerteza pragmática dos princípios em relação às regras. Sem embargo, quando os princípios forem de natureza formal, normalmente serão metanormas cujo programa normativo não é regular condutas, mas agregar alicerces e vetores que dão coerência e concatenação sistêmica a determinado arcabouço jurídico. Nos princípios formais, preservam-se as características funcionais de explicação e de controle, com grande diminuição ou extirpação de várias propriedades pertencentes ao caráter de justificação, para referir à terminologia de Atienza e Manero.

A admissão de princípios de natureza formal – como também existem regras de natureza formal – não é incoerente com o que foi defendido até aqui. Repita-se, a diferença existente entre as categorias normativas está na maior indefinição precisa dos casos de aplicação, logo a distinção está na previsão da norma. Mesmo assim, o exame da estatuição pode auxiliar na compreensão da previsão da norma, pois será mais fácil

---

[278] ALEXY, Robert. On the structure of legal principles. *Ratio Juris*, v. 13, n. 3, p. 294-304, 2000. p. 299 e seguintes.

[279] Retoma-se o tema no Capítulo 2, subitem 2.6.

visualizar se a estatuição imputa determinados efeitos apenas a um gênero de fatos ou de ação humana, caso em que haverá uma regra, ou não, caso em que haverá um princípio, sendo útil para ajudar a classificar a norma. E, seja como for, o aspecto de aplicação ou o plano da justificação das normas somente mostrará uma "propriedade disposicional" de um princípio ou de uma regra – geralmente aplicável por ponderação, no primeiro caso, e normalmente por subsunção, no segundo – quando estas normas forem normas de conduta. Princípios e regras formais serão distinguíveis entre si também pela previsão normativa – pode haver casos duvidosos –, conforme a maior determinação do gênero de conduta dos efeitos imputados, porém é inegável que os princípios poderão orientar a concretização de regras jurídicas de natureza formal inspiradas naquelas normas. Logo, a aplicação de princípios e regras formais é subsuntiva.

Por fim, mesmo que se pense ser útil aceitar uma variada tipologia de regras e princípios, o que poderia justificar subclassificações, pode-se, em sentido amplo, dividir as categorias normativas em dois grandes gêneros: regras e princípios.[280] O próximo

---

[280] Existem autores que defendem outras espécies normativas além de regras e princípios. É possível mencionar Aulis Aarnio (AARNIO, Aulis. *Reason and authority*: a treatise on the dynamic paradigm of legal dogmatics. Cambridge: Ashgate, 1997. p. 175-186); Humberto Ávila (ÁVILA, Humberto. *Teoria dos princípios* – Da definição à aplicação dos princípios jurídicos. 8. ed. São Paulo: Malheiros, 2008. p. 122 e seguintes); ATIENZA, Manuel; RUIZ MANERO, Juan. *Las piezas del derecho*. Teoría de los enunciados jurídicos. 4. ed. Barcelona: Ariel, 2007. p. 28-39; FERRAJOLI, Luigi. El constitucionalismo entre principios y reglas. *Doxa – Cuadernos de Filosofia del Derecho*, n. 35, 2012. p. 791-817; NEVES, Marcelo. *Entre Hidra e Hércules* – Princípios e regras constitucionais como diferença paradoxal do sistema jurídico. São Paulo: Martins Fontes, 2013. p. 89-112. Aarnio separa, no prisma linguístico, quatro segmentos escalonados: regras, regras-princípios, princípios-regras e princípios. O jurista coloca que a separação entre essas categorias é de grau de generalidade – algo contestado nesta tese – e que não existe nítida fronteira entre os subgrupos de normas, de modo que a aplicabilidade de um tipo de norma estará na zona de incerteza entre uma categoria e outra. Os princípios são razões *prima facie* unicamente considerando que regras geram solução definitiva. No ponto de vista linguístico o significado *prima facie* é baseado no conhecimento geral da linguagem, anterior à interpretação. Para ser jurídica *prima facie*, a norma dependerá da identificação por uma regra de reconhecimento que implique sua validade – é possível que, consideradas todas as coisas, a norma não seja mais jurídica, como ocorre numa contradição normativa. Aarnio esclarece que a norma é objeto de interpretação de uma formulação normativa e que essa formulação, seja princípio ou regra, pode sofrer com a redação de termos vagos e ambíguos ou conter termos de valoração ou cognoscibilidade aberta; em caso de isso ocorrer com mesmo grau de incerteza semântica, seria impossível dividir princípios e regras em duas categorias nítidas; porém, depois de consideradas todas as coisas, seria atribuível a essa formulação um conteúdo preciso. Interpretadas depois de consideradas todas as coisas, as normas entrecruzam-se e formam juntas a regra aplicável ao caso. Em suma, Aarnio defende que a similaridade entre regras e princípios no campo linguístico não apaga a divisão delas no caráter funcional, relacionada à racionalidade jurídica em dois aspectos não clarificados: i) só as regras pertencem à arena da lógica deôntica, ao passo que os princípios são usados mediante lógica da preferência (o que foi contestado nesta tese); ii) regras jurídicas são um problema de interpretação e os princípios, de sopesamento (também rejeitado na pesquisa). Em lógica última, princípios seriam um estado de coisas, enquanto que sua forma conteria ações – eles manejam um estado ideal e ordenam o que deveria ser; esse estado ideal é que poderia ser objeto de ponderação, espaço propício para a lógica da preferência, sendo aceitável referir-se aos princípios como mandamentos de otimização. Humberto Ávila traz um terceiro tipo de espécie normativa: os postulados, os quais são normas cujo objeto são outras normas. Atienza e Manero distinguem princípios em sentido estrito – normas de conduta e, portanto, não otimizáveis, pois ou se cumprem ou não – e diretrizes – normas sujeitas à otimização e com indeterminação no conteúdo da consequência da norma. Em posição próxima, Ferrajoli separa as regras e os princípios das diretivas, que não possuem consequência deôntica determinada e são mais programas a atingir um estado de coisas; no entanto, para Ferrajoli, os direitos fundamentais sempre funcionam como princípios, porque mencionados na cadeia de argumentação, e também como regras quando aplicados para a resolução do caso, sendo vedada a ponderação. Por sua vez, Marcelo Neves, sob influxo da teoria sistêmica luhmanniana, coloca que princípios e regras são "tipos ideais" weberianos, isto é, não existem na realidade na forma pura, mas são estruturas gnosiológicas que ajudam a ordenar e estruturar a realidade social e selecionar dados dessa realidade com base nessas estruturas cognitivas. Ademais, ele aceita a existência de normas "híbridas" – no fundo, as subcategorias que Aarnio elege são espécie de híbridos –, a comportarem-se ora como princípios, ora como regras, o que tornaria razoável classificá-lo como defensor ou simpático à tese da irrelevância significativa entre princípios e regras. Na cadeia argumentativa, Neves explica que as normas

subitem tratará da relação entre ponderação e interpretação, para, na sequência, debater o tema de conflitos normativos e derrotabilidade, os quais encontram desdobramento com o tratado neste item.

1.4 Ponderação e interpretação

Conquanto o foco da pesquisa volte-se mais à técnica ponderativa radicada no exame de conflitos normativos, é interessante adicionar o posicionamento adotado no que se refere à relação, nem sempre muito clara, entre interpretação e ponderação.

Entrementes, no parâmetro teórico e metodológico perfilhado, conquanto isso não seja muitas vezes intuitivo, é imperioso cindir em momentos distintos, cronologicamente ligados, as etapas que antecedem a aplicação das normas jurídicas (ou a proposição normativa "definitiva" elaborada pela ciência do direito). Tal como antecipado no item 1.1, numa primeira fase compete ao aplicador/cientista do direito efetuar uma descodificação linguística dos termos e expressões constantes dos enunciados jurídicos selecionados para reger a hipótese examinada, mesmo que tenha, em caso de incerteza linguística, que estipular um sentido de dever-ser entre várias alternativas conferidas na moldura normativa ou estabelecer uma fronteira decisiva de cabimento do termo vago ou de textura aberta. Numa segunda fase, o jurista/aplicador deter-se-á sobre a indeterminação pragmática da norma, a qual pode contrapor-se a outras normas no nível deôntico ou apenas no plano concreto de aplicação, em função de determinada conjugação de dados da realidade que motivou o acionamento das condições de aplicabilidade de normas que, à partida, não estavam em concorrência normativa.

A escolha de desembaraçar essas etapas tem nítidas utilidades. Em primeiro lugar, evita confusão e falta de clareza conceitual, porque o que se desenvolve em cada estágio são duas atividades diferentes em medida significativa, justamente por força das finalidades distintas: consoante explicado nos itens 1.1 e 1.5, a etapa de interpretação lida com a indeterminação linguística dos enunciados normativos, enquanto que o estágio de verificação de conflitos normativos trata da indeterminação pragmática das normas. Em segundo lugar, o que não deixa de ser um desdobramento da primeira utilidade, o percurso analítico escolhido termina por evitar manipulações de sentido normativo que eventualmente poderiam ser concretizadas inadvertidamente se tudo se passasse como uma só etapa. Consoante será mais esclarecido no item 1.5, algumas estratégias desenvolvidas para evitar a ponderação decorrente de conflitos normativos costumam sugerir uma manipulação do sentido normativo como artimanha a evitar

---

podem ser afirmadas tipicamente como princípio ou regra, o que mostra que ele pensa que será o uso da norma no campo da argumentação que definirá a sua ontologia. Nesta tese rejeita-se a tese de irrelevância de diferença significativa e entende-se que existe um diferencial ontológico não quanto ao aspecto qualitativo, mas quantitativo, o que se traduz no aspecto funcional de maior apetência conflituosa dos princípios em comparação às regras. A rigor, as ideias encampadas no texto inclinam pela rejeição dessa possibilidade de normas híbridas, porquanto não seria coerente com a admissão de um pressuposto implícito na previsão das normas. Finalmente, como o texto deixa claro, os princípios e regras formais aplicam-se por subsunção e não ponderação, porque não são normas de conduta. A esse respeito, houve significativa mudança do entendimento esposado em ALMEIDA, Luiz Antônio Freitas de. *Direitos fundamentais sociais e ponderação* – Ativismo irrefletido e controle jurídico racional. Porto Alegre: Sergio Antonio Fabris, 2014. p. 40-56, o qual não fazia a distinção entre princípios materiais e formais, a jogar com a propriedade disposicional de regras e princípios de modo mais extensivo, sem ter em mente essa diferenciação.

o caminho da ponderação. No entanto, tal estratagema, que pretende reinterpretar textos para extrair outras normas além das originalmente extraídas tão só para evitar a antinomia com outras normas, permite justamente a adição ou a subtração de sentidos desligados completamente de qualquer base textual, quando já estava terminada a etapa de interpretação, o que termina por permitir valorações e juízos ponderativos camuflados em rubrica de aparente objetividade interpretativa. Tal postura debilita, por ausência de maior transparência, o maior controle a que possam estar submetidos os órgãos de aplicação e, no que se refere aos cientistas do direito, infiltra uma mistura indevida entre os discursos dogmático e jurídico-positivo com o filosófico-político e o sociológico. Assim, esses dois estágios não poderiam mesmo ser tratados sob mesmo rótulo de "interpretação".[281]

De início, é preciso salientar que o conceito de interpretação é polissêmico, pois são quatro os sentidos que se lhe denotam: i) interpretação como atividade; ii) interpretação como produto de uma atividade; iii) interpretação como a soma dessa atividade com a atividade de aplicação de normas; iv) interpretação como o produto dessas atividades (interpretar e aplicar normas).[282] Trabalha-se com o conceito de interpretação apenas como atividade, qual seja, a de determinar linguisticamente os enunciados normativos, no intuito de extrair as normas nele contidas, tal como faz David Duarte. O conceito número ii não traz nenhuma operatividade e mistura interpretação com o conceito de norma que é utilizado neste trabalho científico. Os conceitos iii e iv também não servem, porquanto carecem de força analítica, haja vista que açambarcam operações metódicas distintas, como a resolução de conflitos normativos ou mesmo a qualificação de fatos. A esse respeito, é bom ressaltar que aplicar uma norma não pode ser confundido com interpretá-la, pois se a aplicação pressupõe prévia interpretação, a interpretação não pressupõe aplicação.[283] A doutrina, quando interpreta, formula proposições normativas, de cunho descritivo ou estipulativo, como já colocado anteriormente, mas que nada

---

[281] Em que pese o pensamento expressado no texto, é prudente considerar que, a rigor, o mesmo resultado seria obtido se a etapa de determinação linguística e a etapa de resolução de conflitos normativos fossem tratadas dentro da mesma etiqueta semântica de interpretação *lato sensu*, isto é, se o conceito de interpretação fosse utilizado como gênero e fosse-lhe reservado um sentido mais estrito para a descodificação dos signos do texto, com o inconveniente – evitado pela senda percorrida no trabalho – de maior ônus explanatório para evitar as confusões que eventualmente poderiam ocorrer e que são evitadas pela cisão sugerida. A respeito, veja-se como esse tipo de problema parece atingir colocações simples, como a feita por Andrei Marmor (MARMOR, Andrei. What does the law say? Semantics and pragmatics in statutory language. *In*: COMANDUCCI, Paolo; GUASTINI, Riccardo (Org.). *Analisi i diritto*. Ricerche di giurisprudenza analitica. [s.l.]: [s.n.], 2007. p. 127): a de que é tarefa da interpretação resolver conflitos normativos, assertiva que parece ser comum entre vários juristas.

[282] TARELLO, Giovanni. Philosophical analysis and the theory of legal interpretation. *In*: PINTORE, Ana; JORI, Mario (Ed.). *Law and language*: the Italian analytical school. Liverpool: Deborah Charles Publications, 1997. p. 71-75 e seguintes.

[283] Em linhas gerais congruentes com o que foi escrito, MAXIMILIANO, Carlos. *Hermenêutica e aplicação do direito*. 19. ed. 15. reimpr. Rio de Janeiro: Forense, 2010. p. 7, que sentencia que a aplicação pressupõe a hermenêutica tal qual a medicação a diagnose. Em algum sentido contra o exposto no texto, GADAMER, Hans-Georg. *Verdade e método* – Traços fundamentais de uma hermenêutica filosófica. Tradução de Flávio Paulo Meurer. 6. ed. Petrópolis/Bragança Paulista: Vozes/Editora Universitária São Francisco, 2004. p. 406-447, que unifica a tarefa de compreender, interpretar e aplicar, haja vista que o fim da hermenêutica jurídica é que o juiz atualize o sentido do texto ao presente momento de aplicação; GRAU, Eros Roberto. *Ensaio e discurso sobre a interpretação/aplicação do direito*. 5. ed. São Paulo: Malheiros, 2009. p. X; 90 e seguintes; CORREIA, J. M. Sérvulo. Margem de livre decisão, equidade e preenchimento de lacunas: as afinidades e os seus limites. *In*: MIRANDA, Jorge *et alli* (Org.). *Estudos em homenagem a Miguel Galvão Teles*. Coimbra: Almedina, 2012. v. 1. p. 379-385, o qual sustenta a impossibilidade de "isolar metodologicamente" interpretação da aplicação.

tem de aplicação de normas, atividade exercida por instituições competentes no sistema que criam sentidos de dever-ser, mormente individuais, ao passo que as proposições não ostentam nenhum efeito deôntico.[284]

A rigor, o conceito de interpretação formulado nesta tese é normativo, porquanto os operadores do direito não assumem um único cariz de interpretação, o que é intuitivo de aceitar até pela polissemia do termo. As elucubrações lançadas anteriormente servem para reforçar a justeza do conceito no paradigma de democracias constitucionais que prevejam direitos fundamentais:[285] como essas normas são compostas por termos de grande vagueza – e, também, textura aberta –, a densidade axiológica dos vocábulos, se as etapas não forem claramente cindidas, produzirá resultados múltiplos e polêmicos em praticamente todos os casos e os exames ponderativos ficarão normalmente obscurecidos pela aparência de objetividade que pretenderá dar o aplicador. Ademais, como a atividade de interpretação também é objeto de regência por normas do sistema, é preciso descortinar quais são essas normas, uma vez que existem critérios que, a despeito de serem defendidos como se fossem um dos componentes do que se entende por interpretação, não podem ser adotados, seja por não estarem previstos em normas do conjunto ou porque descuram da compreensão adequada da linguagem e do seu uso na produção de normas jurídicas gerais e abstratas.

De qualquer sorte, adotar um conceito normativo de interpretação não é compactuar com um ceticismo interpretativo. O conceito é, de algum modo, normativo, porque se amputam dele extensões denotativas inapropriadas dentro do escopo analítico-metodológico perfilhado por esta tese. Outrossim, como outrora referido no item 1.1, o cientista do direito não se apõe uma "máscara sem expressão": não se advoga um positivismo ideológico que pretenda que o jurista seja absolutamente neutro axiologicamente. Com efeito, é verdade que, como escreve Pierluigi Chiassoni, no campo da teoria do direito ou na atividade de aplicação de normas jurídicas, há a incorporação de determinado papel ao intérprete e essa atividade nunca é livre de valor, com possibilidade de inúmeras diretivas variantes a reger o ofício interpretativo.[286]

---

[284] As ideias do parágrafo são extraídas de DUARTE, David. Linguistic objectivity in norm sentences: alternatives on literal meaning. *Ratio Juris*, v. 24, n. 2, p. 112-139, jun. 2011. p. 113 e seguintes; DUARTE, David. *A norma da legalidade procedimental administrativa* – A teoria da norma e a criação de normas de decisão na discricionariedade instrutória. Coimbra: Almedina, 2006. p. 170 e seguintes.

[285] Cass Sunstein (SUNSTEIN, Cass R. *A constitution of many minds* – Why the founding document doesn't mean what it meant before. Princeton: Princeton University Press, 2009. p. 19-32) traz várias abordagens teóricas distintas sobre a interpretação e suas finalidades, diversas das trabalhadas nesta seção, no entanto decreta que nenhuma dessas abordagens é imanente à própria ideia de interpretação: sua variação deve observar as consequências e a realidade de contexto da sociedade e das instituições estatais. Haveria apenas uma diretriz regulativa, "um perfeccionismo de segunda ordem", a prescrever que, sejam quais forem o conceito, a abordagem e as técnicas de interpretação da constituição, deve ela conseguir fazer do arcabouço constitucional um sistema melhor que pior. Conquanto não trabalhe na vertente seguida nesta tese, o jurista estadunidense justifica a existência de uma razão normativa a qual, neste trabalho, estipula um conceito de interpretação restrito à descodificação linguística em Estados sob a batuta do constitucionalismo contemporâneo, pelas motivações expostas no texto.

[286] CHIASSONI, Pierluigi. A nice derangement of literal-meaning freaks: linguistic contextualism and the theory of legal interpretation. *In*: COMANDUCCI, Paolo; GUASTINI, Riccardo (Org.). *Analisi i diritto*. Ricerche di giurisprudenza analitica. [s.l.]: [s.n.], 2005. p. 117-120 e seguintes. Assim, ao contrário do que sugere Chiassoni, não se percorre o caminho de um ceticismo nem do contextualismo por ele proposto, nada obstante se admitir que há vários critérios que podem ser usados pela comunidade jurídica relevante e que esses critérios podem ter diferentes "pesos" ao longo do tempo. Aqui, é de se recordar que a estipulação do conceito de interpretação com essa configuração tem o azo de: i) mostrar que realmente há divergência nesses critérios pela comunidade jurídica relevante; ii) estipular em parte o significado de interpretar, com o afã de convencer a comunidade jurídica

Reconhece-se a existência de várias "ideologias" sobre interpretação e certamente a propensão para definir o mister interpretativo como atrelado à determinação semântica do conteúdo normativo, com a retirada de tarefas inconfundíveis com essa etapa, prestigia a segurança e previsibilidade do conteúdo normativo, com um maior papel de cooperação – e não de sabotagem – entre instituições com diferentes competências: legislar e aplicar.[287] Todavia, não se irá, como ficará evidente, ao extremo de postular que o significado, tanto das normas, como das palavras, seja estático e imutável.

Uma teoria cética, tal qual pretende Riccardo Guastini, salienta, em apertadas palavras, que toda interpretação imputa – e não revela – um significado ao texto, o que deriva que suas proposições interpretativas não são nem verdadeiras nem falsas. Para o jurista italiano, o ceticismo interpretativo explica-se pela discordância entre os operadores do direito sobre a interpretação das normas jurídicas e dos significados das palavras empregadas nos enunciados, o que permite que teorias interpretativas, calcadas em distintas valorações e subjetividades dos intérpretes, conduzam a resultados conflitantes, sem que haja um critério de veracidade a justificar um ou outro.[288] Entrementes, afasta-se o ceticismo, seja porque qualquer teoria da interpretação toma ou deveria tomar em consideração primeiramente o texto, de sorte que ele é inelutavelmente a matéria-prima em que labuta o intérprete; ser cético quanto a isso é, no mínimo, alinhavar como plausível uma teoria interpretativa em que não haja nenhum grilhão semântico a constranger o intérprete, o qual pode extrair, ou melhor, adscrever qualquer significado a qualquer vocábulo constante do enunciado. Nas palavras de Tribe, aceitar que se permitam diversas leituras de um mesmo texto para justificar qualquer decisão é, na verdade, ignorá-lo solenemente.[289] Essa "desconstrução" e livre "reconstrução" de significados aniquila o caráter institucional do conjunto normativo.[290]

Sobre a atividade em si, é intuitivo que, como qualquer produto cultural humano, o direito é formulado pela linguagem. A linguagem natural, que é emprestada ao direito, é construída com base em convenções linguísticas, as quais estipulam regras gramaticais

---

relevante de que é o melhor conceito a se advogar, o que, no limite, a depender de um consenso eventualmente formado a respeito, pode alterar o próprio significado da palavra.

[287] CHIASSONI, Pierluigi. A nice derangement of literal-meaning freaks: linguistic contextualism and the theory of legal interpretation. *In*: COMANDUCCI, Paolo; GUASTINI, Riccardo (Org.). *Analisi i diritto*. Ricerche di giurisprudenza analitica. [s.l.]: [s.n.], 2005. p. 117-118. Ainda sobre as posturas ideológicas sobre interpretação, WRÓBLEWSKI, Jerzy. *Constitución y teoría general de la interpretación jurídica*. Tradução de Arantxa Azurza. Madrid: Civitas, 1985. p. 72-80, refere-se a uma "ideologia estática" e "ideologia dinâmica" de interpretação. A ideologia estática pretende um significado fixo e imutável das palavras, resumindo-se a atividade interpretativa a descobrir o significado do texto (a norma jurídica). A ideologia dinâmica postula uma adaptação dos significados e, assim, das normas, às necessidades presentes e futuras da vida social. Consoante mais bem desenvolvido no texto, até porque há percepção de variação diacrônica da relação de significados, bem como eventualidade de textura aberta decorrente do contexto, não se insere esta tese na concepção estática nem dinâmica de interpretação nos moldes proposto por Wróblewski.

[288] GUASTINI, Riccardo. A sceptical view on legal interpretation. *In*: COMANDUCCI, Paolo; GUASTINI, Riccardo (Org.). *Analisi i diritto*. Ricerche di giurisprudenza analitica. [s.l.]: [s.n.], 2005. p. 139-144. Nota-se, porém, que Guastini pensa ser possível ser cético de modo moderado, sem defender um ceticismo radical, o que não o comprometeria com o postulado de liberdade absoluta do intérprete frente ao texto; o que haveria seria a ausência de um significado definitivo no texto antes de ser interpretado, reconhecendo a possibilidade de diferentes significados consoante variem as interpretações.

[289] TRIBE, Laurence H. Taking text and structure seriously: reflections on free-form method in constitutional interpretation. *Harvard Law Review*, v. 108, n. 6, p. 1.221-1.303, 1994-1995. p. 1.235.

[290] FISS, Owen. Objectivity and interpretation. *Stanford Law Review*, v. 34, p. 739-763, 1981-1982. p. 746. Niilistas, influenciados pelo desconstrucionismo, rejeitam a objetividade na interpretação, a qual é defendida por Fiss.

que regulam as relações de significação de símbolos adotados em palavras e frases, de forma a permitir uma correspondência entre o significante e o significado conforme o uso convencionado e aceito pela comunidade linguística, a par de regras sintáticas que tratam da relação entre essas palavras e sua ordem no texto. A comunidade linguística é formada por membros que aderem às regras convencionadas, entendem que elas são uma razão para que se comportem em conformidade a essas regras, bem como cada um deles não só conhece os termos dessas convenções como acredita que os demais membros se comportem em observância a essas regras (sentido convencional de Lewis). É por isso que, de um lado, o resultado de cada relação de significação entre significante e significado é, em alguma medida, arbitrário, pois depende daquilo convencionado e não de um essencialismo das palavras. Por outro vértice, é visível que, por haver uma espécie de conhecimento comum generalizado dessas regras convencionais, não faz sentido, considerada a finalidade maior de possibilitar a comunicação, que isoladamente se altere essa relação de significação: os significados das palavras terminam por ser um dado alheio e externo às próprias convicções individuais acerca do seu sentido.[291] Essa reflexão é válida também aos atores jurídicos que participam, ainda que indiretamente, da aplicação de normas como aos cientistas do direito: a descodificação linguística utiliza-se da linguagem natural e não pode fiar-se em outro significado que não o estipulado em convenções linguísticas, pois, do contrário, estaria baseando-se em outra norma.[292]

Nada do afirmado contradita a assertiva alhures dada no tópico 1.1 de que a linguagem natural, porém, pode sofrer alterações em virtude de normas do conjunto normativo, que deem significações e conceitos distintos a termos e institutos em comparação com aqueles assimilados na linguagem natural. A comunidade jurídica relevante, ademais, é calcada em suas próprias convenções, que podem, com efeito, conforme as práticas interpretativas estabelecidas e de com acordo com normas que regem o ofício de aplicação que apontem para caminhos interpretativos dissonantes dos previstos nas convenções linguísticas, alterar, no contexto da doutrina e da jurisprudência, a significação de termos empregados nos enunciados para conotar-lhe um sentido técnico, diverso daquele padronizado na linguagem ordinária.[293] Seja como for, é inconcebível que essa reconstrução da relação de significação no "contexto" da prática ou teoria jurídica que se fie no uso enunciativo de normas seja irrestrita e sem limitações de qualquer ordem: rejeita-se, de plano, que o "idioma jurídico" seja totalmente autônomo e independente das convenções linguísticas que formam a linguagem natural; limitações de possibilidade de comunicação e de ordem prática, considerando o escopo próprio das normas jurídicas primárias de regular situações da vida das pessoas e conferir alguma previsibilidade

---

[291] DUARTE, David. *A norma da legalidade procedimental administrativa* – A teoria da norma e a criação de normas de decisão na discricionariedade instrutória. Coimbra: Almedina, 2006. p. 198 e seguintes.

[292] NAVARRO, Pablo E. La aplicación neutral de conceptos valorativos. *In*: COMANDUCCI, Paolo; GUASTINI, Riccardo (Org.). *Analisi i diritto*. Ricerche di giurisprudenza analitica. [s.l.]: [s.n.], 2007. p. 46. É claro que, se houver uma norma do ordenamento que tenha alterado o significado do vocábulo utilizado no enunciado normativo comumente entendido conforme as convenções linguísticas, prevalece a relação definida pelo próprio arcabouço jurídico.

[293] Owen Fiss (FISS, Owen. Objectivity and interpretation. *Stanford Law Review*, v. 34, p. 739-763, 1981-1982. p. 744) traz as normas que disciplinam a adjudicação e a existência da comunidade jurídica relevante como argumentos a defender um constrangimento ao intérprete que permita objetividade e correção na interpretação, a despeito do elemento subjetivo inelimável. A objetividade depende, a seu ver, apenas de que existam constrangimentos ao intérprete e não que haja um único sentido fixo e determinado para cada vocábulo.

sobre uso do poder estatal coativo, impedem a viabilidade de elaborar, para todas as palavras, uma relação de significação diferente da apreendida na linguagem natural.

Se, por um lado, isso não previne que o exercício da linguagem possa causar múltiplas variações da determinação dos significados, que abrangem desde alterações dentro da própria relação de significação (variações diacrônicas, diatópicas e diafásicas) a alterações por força da dependência do contexto em que a linguagem é efetuada, é certo que perceber o "uso enunciativo de normas" como um ato de discurso traz o corolário de que as relações de significação estão sujeitas a muito menores variações que os atos comunicativos em geral. À partida, a existência de convenções e instituições vinculadas a um sistema singulariza o discurso jurídico dos atos comunicativos travados entre dois particulares.[294] A razão disso aperfeiçoa-se na finalidade do ato de enunciar normas: como o legislador, ao redigir os enunciados normativos, tem em mente a generalidade dos destinatários que pretende alcançar e a abstração dos comportamentos a regular, fica-lhe tolhida a seleção dos vocábulos senão no sentido padronizado na língua, isto é, excluídas as variantes de uso por diferença de segmentos sociais e culturais (variação diafásica) e por diversidade de região geográfica (variação diatópica) dos falantes, admitindo-se, porém, as variações diacrônicas das relações de significados linguísticos.[295] A relação de significação pode ser alterada conforme o uso da palavra pela comunidade linguística; novos usos podem a tal ponto consolidar-se na comunidade que implicarão a alteração das próprias convenções linguísticas a respeito da relação de significação entre significante e significado.

Nesse compasso, é pertinente tratar que a atividade interpretativa ou a determinação semântica dos termos ou orações constantes dos enunciados ou dispositivos normativos é uma necessidade perene, nunca eliminável por uma suposta clareza *prima facie* dos termos linguísticos, mesmo porque essa ilação só é cravada como certa depois de o intérprete ter procedido a uma exegese do texto normativo: ao contrário do que o vetusto brocardo latino expressa, *in claris non cessat interpretativo*.[296]

---

[294] CAO, Deborah. Legal speech acts as intersubjective communicative action. *In*: WAGNER, Anne; WERNER, Wouter; CAO, Deborah (Ed.). *Interpretation, law and the construction of meaning* – Collected papers on legal interpretation in theory, adjudication and political pratice. Dordrecht: Springer, 2007. p. 73.

[295] DUARTE, David. *A norma da legalidade procedimental administrativa* – A teoria da norma e a criação de normas de decisão na discricionariedade instrutória. Coimbra: Almedina, 2006. p. 201 e seguintes. A despeito da lição do Professor de Lisboa aqui seguida, anota-se que é possível cogitar, em uma federação de grande extensão territorial, com autonomia legislativa dos Estados-Membros, que seja possível consolidar no uso enunciativo de normas daquele ente de direito público uma relação de significação algo distinta da do restante do país e decorrente justamente da variação diatópica, contanto que essa variação seja amplamente dominante na circunscrição territorial do Estado-Membro.

[296] Não se encampa, destarte, a metódica de Jerzy Wróblewski (WRÓBLEWSKI, Jerzy. *Constitución y teoría general de la interpretación jurídica*. Tradução de Arantxa Azurza. Madrid: Civitas, 1985. p. 21-27) de diferenciar uma fase de compreensão de interpretação do texto, a relegar a interpretação apenas a situações não "isomórficas", isto é, de dúvidas no que tange à interpretação. No parâmetro teórico desse jurista, o conceito de interpretação usado aqui é *lato sensu*. No mesmo diapasão da tese de que enunciados claros dependem de serem interpretados, MAXIMILIANO, Carlos. *Hermenêutica e aplicação do direito*. 19. ed. 15. reimpr. Rio de Janeiro: Forense, 2010. p. 27 e seguintes; e, embora com algumas implicações decorrentes de parâmetro teórico diverso do aqui perfilhado, com o aduzimento de que mesmo casos fáceis precisam de interpretação, CHARNOCK, Ross. Lexical indeterminacy: contextualism and rule-following in common law adjudication. *In*: WAGNER, Anne; WERNER, Wouter; CAO, Deborah (Ed.). *Interpretation, law and the construction of meaning* – Collected papers on legal interpretation in theory, adjudication and political pratice. Dordrecht: Springer, 2007. p. 43.

A dependência do contexto nesse uso particular da linguagem também é diminuta se comparada a um ato ordinário de comunicação, limitada essencialmente à compreensão da realidade e sua relação com o significado dos termos e frases dos enunciados normativos: a formulação de normas tem por azo a criação de sentidos genéricos e abstratos de dever-ser, o que retira a maior parte da celeuma que o contexto poderia trazer dentro de uma esfera comunicacional. Como não se tem dúvida de que a enunciação de normas é, por isso, elaborar esses sentidos, a função ilocutória ou ilocucionária do ato do discurso em questão será sempre esse, sem gerar qualquer dúvida: formular normas não é, é cediço, o mesmo que formular perguntas ou sugestões e isso tudo, de algum modo, é pré-apreendido pelo intérprete, que sabe que o texto que interpreta fornece uma norma jurídica.[297]

No entanto, contextualistas ou pragmáticos reclamam um papel maior do contexto na interpretação de textos jurídicos. Contextualistas rejeitam a preexistência e rigidez dos significados das palavras; cada termo ou vocábulo possui apenas um "potencial semântico" decorrente das significações registradas e colhidas nos usos pretéritos dos referentes. Com isso, o resultado de determinação semântica das palavras é fruto da conjugação desse potencial semântico com o contexto do caso em que o vocábulo é empregado: sem saber o contexto da enunciação do texto não se tem como perceber o significado da expressão. Existe uma prioridade do contexto sobre o conteúdo semântico, por um lado, e a percepção de que toda comunicação pressupõe que cada operador da linguagem ou participante do ato comunicativo comprometa-se com normas de racionalidade que assegurem o resultado proveitoso da relação comunicacional. Dentro dessa perspectiva contextualista, a relação de significação não é determinada conforme convenções linguísticas unicamente, porque depende de uma suplementação fornecida pelo contexto, especialmente pelos papéis assimilados pelo intérprete e o conferido ao autor do texto, a mundividência do intérprete, a experiência das práticas e da tradição jurídica.[298] Ora, em realidade, Chiassoni parte de premissas corretas de forma isolada, porém as articula de modo indevido. As razões já assinaladas neste

---

[297] DUARTE, David. Linguistic objectivity in norm sentences: alternatives on literal meaning. *Ratio Juris*, v. 24, n. 2, p. 112-139, jun. 2011. p. 116 e seguintes; DUARTE, David. *A norma da legalidade procedimental administrativa* – A teoria da norma e a criação de normas de decisão na discricionariedade instrutória. Coimbra: Almedina, 2006. p. 202 e seguintes. No primeiro trabalho, Duarte consente que o contexto pode trazer dúvida sobre o significado de um texto apenas se configurar um caso de textura aberta. O contexto pode, na terminologia usada por Genaro Carrió (CARRIÓ, Genaro R. *Sobre los límites del lenguaje normativo*. 2. reimpr. Buenos Aires: Astrea, 2008. p. 24 e seguintes), configurar-se como limites externos da linguagem.

[298] CHIASSONI, Pierluigi. A nice derangement of literal-meaning freaks: linguistic contextualism and the theory of legal interpretation. *In*: COMANDUCCI, Paolo; GUASTINI, Riccardo (Org.). *Analisi i diritto*. Ricerche di giurisprudenza analitica. [s.l.]: [s.n.], 2005. p. 122-126. Chiassoni também se refere a uma visão pragmática mais moderada, em que as palavras permitem uma moldura interpretativa com diferentes opções e que, ainda que o contexto desempenhe uma função em precisar o significado das palavras e frases, possui um papel mais ancilar às convenções semânticas, e não autônomo, no sentido de que o contexto permite excluir alternativas semanticamente possíveis se o texto fosse considerado isoladamente. Sobre a importância da pragmática e da variação semântica dos termos conforme contexto, a nunca dispensar uma interpretação "caso a caso", algo mais próximo da linha de Chiassoni do que a exposta nesta tese, CHARNOCK, Ross. Lexical indeterminacy: contextualism and rule-following in common law adjudication. *In*: WAGNER, Anne; WERNER, Wouter; CAO, Deborah (Ed.). *Interpretation, law and the construction of meaning* – Collected papers on legal interpretation in theory, adjudication and political pratice. Dordrecht: Springer, 2007. p. 39. Sobre o contextualismo moderado e radical, remete-se a CANALE, Damiano. Legal interpretation and the objectivity of values. *In*: COMANDUCCI, Paolo; GUASTINI, Riccardo (Org.). *Analisi i diritto*. Ricerche di giurisprudenza analitica. [s.l.]: [s.n.], 2007. p. 244-245. Em Portugal, a destacar as incertezas semânticas causadas pelo nível pragmático da linguagem, em tom muito mais

subcapítulo mostram que, de fato, o contexto é importante em qualquer discurso para sua compreensão; o que fica, todavia, patente das assunções teóricas aqui efetuadas é que o contexto no uso enunciativo de normas, pelas suas peculiaridades, influi em muito menor escala do que no ato comunicacional comum, tendo em vista que ele é, de algum modo, estabilizado. Assim, fora as considerações da pragmática já aceitas, o ato de descodificar ampara-se fundamentalmente nas relações semânticas entre significante e significado desenvolvidas pela comunidade linguística. De outra sorte, não se nega a normatividade do conceito proposto de interpretação, que se baseia tanto em fatores epistêmicos e metodológicos já detalhados, como em valoração atinente ao papel que se reputa adequado ao intérprete, seja teórico ou aplicador do direito: não se caminha no limiar de um ceticismo muito menos se reconhece um papel "sabotador" ao exegeta. Se a previsibilidade e a estabilidade do direito são valores encorpados no sistema e decorrem de sua institucionalização, como de algum modo parece ser assente, é induvidoso que o intérprete não pode ler qualquer coisa no texto, independentemente dos vocábulos usados no enunciado, o que, em última medida, resultaria na "sabotagem" da competência legislativa por torná-la irrelevante.

Essas linhas autorizam inferir algo que será reiterado no item seguinte: a relação comunicacional entre Parlamento e instâncias de aplicação de normas (administrativas ou judiciais) é de um diálogo diferido no tempo e no espaço. A interpretação dada pode provocar reações no Legislativo, que pode aperfeiçoar a mensagem dirigida às instituições competentes para aplicar as normas quando desgoste do resultado aplicativo. Parece ser um exagero pensar que o uso enunciativo de normas seja um discurso unilateral fechado ou hermético, ainda que a "conversação" se dê de maneira muito peculiar.[299] No entanto, todos esses fatores que explicam o menor papel do contexto na determinação semântica dos termos comparativamente ao ato comunicacional ordinário e a menor variabilidade semântica das relações de significado das palavras e das frases, se lidos conjugadamente, produzem uma indeterminação tanto do mensageiro como do destinatário da mensagem. O hiato existente nesse colóquio entre legislador e aplicador é suficiente para despersonalizar os atores da relação comunicacional e objetivar o teor do ato do discurso. O importante é, sem dúvida, a compreensão da mensagem encriptada no texto – observando que é possível sua variação semântica em decorrência do decurso do tempo e conforme o uso sedimentado da palavra na comunidade linguística, a par de variações semânticas ocasionais por textura aberta em função do contexto de aplicação. Essa despersonalização do emitente e do destinatário da mensagem normativa conduz, em relação à autoridade normativa, à irrelevância da intenção da *mens legislatoris*. De partida, conquanto se admita que trabalhos preparatórios, atas de sessões dos debates parlamentares, exposições de motivos poderiam fornecer material empírico que facilitaria esse tipo de pesquisa, é certo que nem todos os enunciados normativos contam com esse tipo de dado, o que atrapalharia muito qualquer tipo de pesquisa nesse tocante. De

---

amplo do que o admitido nesta pesquisa, NEVES, A. Castanheira. *O actual problema metodológico da interpretação jurídica*. reimpr. Coimbra: Coimbra Editora, 2010. t. I. p. 11-44.

[299] Nesse particular aspecto, contraria-se posição de David Duarte (DUARTE, David. Linguistic objectivity in norm sentences: alternatives on literal meaning. *Ratio Juris*, v. 24, n. 2, p. 112-139, jun. 2011. p. 116-122), que retrata o uso enunciativo de normas como um ato do discurso unilateral e fechado, sem contexto conversacional, mesmo que, no restante do parágrafo, as conclusões não destoem.

outro lado, mesmo com essas ferramentas, é notória a dificuldade de obter uma intenção única de um órgão colegiado de natureza política, em que cada um dos integrantes vota com diferentes estratégias e objetivos e, inclusive, muitos textos são redigidos de modo a permitir incertezas semânticas e interpretativas de modo proposital, como solução de consenso para um tema em que não se formou ampla maioria.[300] Os mesmos fundamentos autorizam a rejeição de interpretações que se ocupem com o estudo etimológico das palavras ou mesmo com o verniz genético ou historicista da norma, isto é, o significado que tinham na época da promulgação do texto, como ocorre com as teorias originalistas da interpretação constitucional de matriz estadunidense.[301]

Com efeito, com retomada do que já foi mencionado no item 1.1, rememore-se que, em não havendo incerteza linguística plausível, o jurista/aplicador elaborará uma proposição normativa/decisão de jaez interpretativo que tem cunho descritivo ou de objetividade metafísica no sentido marmoriano, passível de aferição de um valor de verdade em função da correspondência do resultado interpretativo à norma positivada no sistema. Ao revés, na hipótese de existir uma imprecisão linguística, o jurista/aplicador elaborará uma proposição normativa/decisão de jaez interpretativo que terá nítido valor estipulativo-criativo, com potencial de receber um valor de objetividade

---

[300] DUARTE, David. Linguistic objectivity in norm sentences: alternatives on literal meaning. *Ratio Juris*, v. 24, n. 2, p. 112-139, jun. 2011. p. 116-122; DUARTE, David. *A norma da legalidade procedimental administrativa* – A teoria da norma e a criação de normas de decisão na discricionariedade instrutória. Coimbra: Almedina, 2006. p. 209 e seguintes. Ainda sobre as dificuldades em relação à vontade (ficcional) do legislador, remete-se a ROSS, Alf. *Sobre el derecho y la justicia*. Tradução de Genaro R. Carrió. 2. ed. Buenos Aires: Editorial Universitaria de Buenos Aires, 1997. p. 182 e seguintes; a MAXIMILIANO, Carlos. *Hermenêutica e aplicação do direito*. 19. ed. 15. reimpr. Rio de Janeiro: Forense, 2010. p. 19 e seguintes; a MARMOR, Andrei. What does the law say? Semantics and pragmatics in statutory language. *In*: COMANDUCCI, Paolo; GUASTINI, Riccardo (Org.). *Analisi i diritto*. Ricerche di giurisprudenza analitica. [s.l.]: [s.n.], 2007. p. 133 e seguintes. Marmor pontua que algumas das máximas de Paul Grice para contextos de conversação ordinária, pressuposto o intento cooperativo entre os falantes, não são replicáveis para o uso enunciativo de normas, haja vista o comportamento estratégico do legislador, que pode querer mostrar ao público que está atuando quando, em verdade, pouco se compromete com as medidas necessárias ao deixar pontos sem decisão, o que pode ser considerado similar ao entendimento de Duarte no que tange a não ser o ato do discurso de enunciar normas um contexto de conversação; mas o próprio Marmor admite que a jurisprudência pode ajudar a determinar e especificar algumas máximas no sentido de Grice. A defender que o ente coletivo tem intenção e que pode ser mais fácil conhecê-la que saber a vontade individual, fruto de sua visão pragmática de interpretação em que o contexto a ser considerado é a intenção do autor do discurso, remete-se a AZAR, Moshe. Transforming ambiguity into vagueness in legal interpretation. *In*: WAGNER, Anne; WERNER, Wouter; CAO, Deborah (Ed.). *Interpretation, law and the construction of meaning* – Collected papers on legal interpretation in theory, adjudication and political pratice. Dordrecht: Springer, 2007. p. 121 e seguintes. Ainda sobre a interpretação que considera a intenção do legislador, embora pontue ser uma construção judicial e que essa vontade sucumbe ante o propósito objetivo da norma caso haja conflito, BARAK, Aharon. *Proportionality* – Constitutional rights and their limitations. Tradução de Doron Kalir. Cambridge; New York: Cambridge University Press, 2012. p. 45 e seguintes.

[301] DUARTE, David. *A norma da legalidade procedimental administrativa* – A teoria da norma e a criação de normas de decisão na discricionariedade instrutória. Coimbra: Almedina, 2006. p. 211. Essa temática tem relação com o debate entre teorias objetiva e subjetiva da interpretação, na qual se toma partido pela objetivista, com as pontuações e distanciamentos que ressalvam a posição aqui defendida de outras objetivistas que, no entanto, não bebem da mesma fonte teórica. Sobre as teorias objetiva e subjetiva da interpretação, remete-se a CANARIS, Claus-Wilhelm. *Pensamento sistemático e conceito de sistema na ciência do direito*. Tradução de A. Menezes Cordeiro. 4. ed. Lisboa: Fundação Calouste Gulbenkian, 2008. p. 157-167; ENGISCH, Karl. *Introdução ao pensamento jurídico*. Tradução de J. Batista Machado. 10. ed. Lisboa: Fundação Calouste Gulbenkian, 2008. p. 170 e seguintes; STRECK, Lenio Luiz. *Jurisdição constitucional e decisão jurídica*. 3. ed. São Paulo: Revista dos Tribunais, 2013. p. 198-274, o qual, sem embargo, por navegar em corrente de hermenêutica filosófica, considera a discussão positivista e totalmente defasada. Para uma referência, mesmo que sucinta, à teoria originalista da interpretação por um de seus adeptos, remete-se a SCALIA, Antonin. The rule of law as a law of rules. *In*: CAMPBELL, Tom; STONE, Adrienne (Ed.). *Law and democracy*. Aldershot: Ashgate/Dartmouth, 2003. p. 356 e seguintes.

ou verdade somente se angariar um consenso na comunidade jurídica relevante (no caso das instâncias de aplicação, se obtiver respaldo das instituições competentes para ter a última decisão). Destarte, é conveniente reorientar a lupa analítica para esse tipo de imprecisão linguística.

Na tarefa interpretativa, é viável que a linguagem empregada no texto permita incertezas linguísticas de cunho semântico e sintático, haja vista as observações já traçadas em relação às considerações pragmáticas. As incertezas sintáticas são menos recorrentes e mais facilmente sanáveis que as incertezas semânticas, o que justifica centrar a atenção nestas.

A indeterminação semântica abrange as incertezas lexicais da polissemia (o vocábulo possui mais de um significado e a dúvida envolve qual deles é usado no enunciado normativo), da vagueza ou ambiguidade (dúvida quanto à extensão do significado de palavra em relação ao tipo ou classe de fatos ou coisas que ela denota, considerando que o termo é de significado impreciso quanto à sua extensão) e da textura aberta (dúvida constante sobre a aplicabilidade da palavra a determinado referente ou que o termo possui potencial duvidoso de aplicação no surgimento de casos-limite ou fronteiriços).[302]

As diferentes formas de incerteza semântica trazem problemas distintos em termos de imprecisão linguística, a demandar do intérprete separadas formas de estipulações. A polissemia, justamente porque dá ao intérprete diferentes alternativas de significado ao referente, condu-lo a estipular um significado entre as opções disponíveis na linguagem como se fosse a única empregada no texto; em muitos casos, ela pode não ser relevante, uma vez que o próprio teor do enunciado já pode deixar claro qual significação em particular extrai-se do dispositivo.[303]

Particularmente no que tange à vagueza, a imprecisão da denotação que ela traz pode assumir várias variantes, a exemplo de concernir ao aspecto quantitativo de especificação de uma grandeza, ao valorativo, que se refere a um juízo axiologicamente exigido do intérprete, ou até uma vagueza combinatória, sem qualquer propriedade como necessária condição para o uso do termo. A vagueza é especialmente detectável nos enunciados com conceitos densos ou juridicamente indeterminados constantes de cláusulas gerais, o que já demonstra sua importância na indeterminação semântica que provoca. A vagueza, de outro lado, origina uma zona de denotação positiva, em

---

[302] DUARTE, David. Linguistic objectivity in norm sentences: alternatives on literal meaning. *Ratio Juris*, v. 24, n. 2, p. 112-139, jun. 2011. p. 122-128. Como bem mostra o jurista luso, vagueza e textura aberta são estruturalmente similares, bem como há limites linguísticos para a incerteza que provocam, o que graficamente é ilustrado por um círculo de certeza positiva, um círculo de certeza negativa e um campo de incerteza. Na textura aberta existe maior margem de certeza positiva e, por conseguinte, menor espectro de incerteza quando comparado à vagueza. Em sentidos parcialmente distintos nos conceitos, especialmente no que se refere à vagueza, que parece açambarcar a textura aberta na forma definida aqui, a par de trazer o problema semântico da homonímia, que está embutido na polissemia no texto, remete-se a AZAR, Moshe. Transforming ambiguity into vagueness in legal interpretation. *In:* WAGNER, Anne; WERNER, Wouter; CAO, Deborah (Ed.). *Interpretation, law and the construction of meaning* – Collected papers on legal interpretation in theory, adjudication and political pratice. Dordrecht: Springer, 2007. p. 125 e seguintes.

[303] DUARTE, David. Linguistic objectivity in norm sentences: alternatives on literal meaning. *Ratio Juris*, v. 24, n. 2, p. 112-139, jun. 2011. p. 122-131; DUARTE, David. *A norma da legalidade procedimental administrativa* – A teoria da norma e a criação de normas de decisão na discricionariedade instrutória. Coimbra: Almedina, 2006. p. 209-222. A rigor, consoante será pormenorizado no texto, todos os casos desse tipo de incerteza linguística propiciam ao intérprete alternativas de interpretação em relação às quais deverá decidir por uma das opções disponíveis.

que o termo inegavelmente abrange denotativamente situações ou classe de objetos ou fatos, uma zona de denotação negativa, ocasião em que se dá justamente o contrário, e uma zona de incerteza denotativa, na qual não se sabe se o âmbito de extensão do vocábulo açambarca de fato a situação, classe de objetos ou fatos que poderiam ativar a aplicabilidade da norma. A proposição normativa ou decisão serão estipulativas de significado no que se refere justamente ao campo de incerteza denotativa, uma vez que, diferentemente da polissemia, na vagueza a linguagem não oferece alternativas definidas de significados a conspurcar a certeza do intérprete; antes, o intérprete deve estabelecer uma fronteira ou limite que gere integração no campo de certeza denotativa de fatos, circunstâncias ou situações que, à partida, estariam no âmbito de incerteza extensional do vocábulo.[304] Esse espectro de incerteza denotativa é eliminado após a interpretação, com a estipulação de uma proposição ou geração de uma decisão de cariz "criativo", no sentido de que não se baseia só na reprodução da linguagem do enunciado. É claro que, com a eliminação do espectro de incerteza e aumento da zona de certeza positiva mediante a estipulação de um limite que abarca situações que passam a compô-la e que eram outrora integrantes da margem de incerteza, oferecem-se ao intérprete também alternativas de interpretação, mas a gama de opções é muito mais considerável e variável do que a oferecida pela polissemia.[305]

A textura aberta, por sua vez, é um resquício indissolúvel do uso da linguagem e atinge toda e qualquer palavra empregada, uma vez que lhe é inerente o potencial de surgimento de casos fronteiriços em que se gera a dúvida sobre a extensão da palavra. Dito de outro ângulo, todo vocábulo traz em si um grau potencial de incerteza quanto à sua aplicabilidade a referentes, de sorte que não é possível, em abstrato, elaborar uma relação fixa e completa de todos os significados alternativos que uma palavra poderia ter. Na textura aberta, parte-se de uma ideia precisa da extensão denotativa da palavra, no entanto a realidade traz um vetor de incerteza de saber se o referente se aplica ou não a determinado dado da realidade. A instanciação de dados da realidade dentro do espectro extensional de denotação será sempre algo *prima facie*, porquanto o devir tem o potencial de trazer sempre algum caso de dúvida, de sorte que a precisão do

---

[304] Veja-se o exemplo do enunciado normativo do art. 1.281 do Código Civil brasileiro, de seguinte redação: "Art. 1.281. O proprietário ou o possuidor de um prédio, em que alguém tenha direito de fazer obras, pode, no caso de dano *iminente*, exigir do autor delas as necessárias garantias contra o prejuízo eventual". A palavra "iminente", integrante do dispositivo legal, é uma palavra vaga que possibilita ao intérprete um campo de certeza positiva (um dano que ocorrerá em questão de minutos ou poucas horas certamente se qualifica como iminente), de certeza negativa (um dano que ocorrerá em décadas ou séculos não é seguramente um dano iminente) e uma zona de incerteza (um dano que ocorrerá nove meses, 10 meses, onze meses etc. está ou não na iminência de ocorrer?). Conforme explicado no corpo da tese, o intérprete eliminará a zona de incerteza ao estipular quais hipóteses que estariam antes nessa zona passam a integrar denotativamente o espectro de certeza positiva, o que, a rigor, representa ampliar a fronteira que compunha o espectro de certeza positiva, com tudo o mais a pertencer à zona de certeza negativa. Ora, se o intérprete estipula que é iminente o dano que ocorrerá em menos de um ano, *exempli gratia*, há um nítido tom criativo, porquanto não se baseia apenas na linguagem para responder ao caso examinado.

[305] DUARTE, David. Linguistic objectivity in norm sentences: alternatives on literal meaning. *Ratio Juris*, v. 24, n. 2, p. 112-139, jun. 2011. p. 122-131; DUARTE, David. *A norma da legalidade procedimental administrativa* – A teoria da norma e a criação de normas de decisão na discricionariedade instrutória. Coimbra: Almedina, 2006. p. 209-222. Em sentido contrário à possibilidade de formação de campos de certeza e incerteza por aspectos pragmáticos da linguagem, em função de uma "porosidade semântica" dos vocábulos, decorrentes de deficiências da linguagem e da intencionalidade do legislador, NEVES, A. Castanheira. *O actual problema metodológico da interpretação jurídica*. reimpr. Coimbra: Coimbra Editora, 2010. t. I. p. 11-44 e seguintes.

significado sempre será trazida no caso concreto ou em hipóteses materiais concretizáveis e imagináveis pelos teóricos do direito. No entanto, a textura aberta tem uma estrutura similar de resolução da incerteza à da vagueza, pois também gera um campo de denotação de certeza positiva e negativa e de incerteza e, da mesma sorte, incumbe ao intérprete erradicar a zona de incerteza pelo estabelecimento de uma fronteira que amplia o campo de denotação positiva.[306]

Discriminadas as incertezas linguísticas e, no que tange às incertezas semânticas, constatado que elas geram, em geral, alternativas de significado disponíveis ao intérprete, resta pontuar que a seleção do significado na exegese não é aleatória nem arbitrária. Ela é regulada por normas, positivadas por ato legislativo ou reconhecidas e aceitas em virtude de sua consagração consuetudinária, de forma que podem, portanto, variar de um conjunto normativo a outro. Se, de um lado, a objetividade do ato de interpretação – aqui entendida como o afastamento de qualquer argumento psicológico da autoridade competente para elaborar enunciados normativos –, por si já exclui alguns critérios de interpretação, por outro, deriva do sistema a existência dessas normas que regem a atividade do intérprete. Ora, por todas as considerações trazidas no item 1.1, no sentido de que escapa ao legislador a onisciência e previdência totalizante das situações futuras, é que os sistemas não costumam prever normas de interpretação com estabelecimento de regras de prevalência em caso de que essas normas determinem significados diversos. Não existe, em geral, uma hierarquia entre os cânones de interpretação. O que é pertinente assinalar é que os cânones regem a atividade intelectiva de descodificar o significado quando haja incerteza linguística a fornecer distintas alternativas de significação, de sorte a constranger o intérprete a escolher uma das alternativas disponíveis (e não inventar uma de sua imaginação e completamente alheia ao texto). Do contrário, se não existem dúvidas linguísticas que possibilitem diferentes significados alternativos, não há margem para emprego desses cânones, o que demonstra que as demais normas de interpretação operam quando falhou a interpretação literal em precisar um significado linguístico para o problema examinado. A resolução dessas incertezas pode muito bem implicar a ampliação da denotação a princípio contida na palavra, como na sua restrição, desde que se compreenda que essa operação é, em verdade, uma estipulação efetuada pelo intérprete em razão da obediência a normas do sistema.[307]

---

[306] DUARTE, David. Linguistic objectivity in norm sentences: alternatives on literal meaning. *Ratio Juris*, v. 24, n. 2, p. 112-139, jun. 2011. p. 122-135; DUARTE, David. *A norma da legalidade procedimental administrativa* – A teoria da norma e a criação de normas de decisão na discricionariedade instrutória. Coimbra: Almedina, 2006. p. 209-222. O mais famoso exemplo de textura aberta é fornecido por Hart (HART, Herbert L. A. *O conceito de direito*. Tradução de A. Ribeiro Mendes. 5. ed. Lisboa: Fundação Calouste Gulbenkian, 2007. p. 137 e seguintes), sobre a regra proibitiva de veículo no parque. Se há uma precisão do que seja veículo à primeira vista, a textura aberta traz em si a potencialidade de casos futuros levantarem a dúvida sobre o que seja um veículo ou não. Hart ancora essa argumentação na impressão de que os legisladores não conseguem de antemão visualizar todas as situações futuras para que se tenha claro o que é veículo: indiscutivelmente um automóvel é denotado por "veículo", mas o aplicador pode ter dúvida sobre se o vocábulo também denota um carrinho de brinquedo, patins, bicicleta ou outro artefato do engenho humano.

[307] DUARTE, David. Linguistic objectivity in norm sentences: alternatives on literal meaning. *Ratio Juris*, v. 24, n. 2, p. 112-139, jun. 2011. p. 122-135; DUARTE, David. *A norma da legalidade procedimental administrativa* – A teoria da norma e a criação de normas de decisão na discricionariedade instrutória. Coimbra: Almedina, 2006. p. 222-235. Sobre a inexistência de critérios hierárquicos entre os cânones de interpretação, remete-se a ALEXY, Robert. *Teoria da argumentação jurídica*: a teoria do discurso racional como teoria da fundamentação jurídica. Tradução de Zilda Hutchinson Schilde Silva. 2. ed. São Paulo: Landy, 2005. p. 206-239, o qual nega o caráter normativo dos cânones de interpretação; ENGISCH, Karl. *Introdução ao pensamento jurídico*. Tradução de J. Batista Machado.

Entre os critérios usualmente normatizados nos sistemas jurídicos estão o teleológico, o sistemático, o hierárquico e de unidade de conjunto. Em rápidas linhas, o critério de unidade de conjunto disciplina que sejam dirimidas as incertezas linguísticas de modo que menos propicie contradições normativas, o que materializa, no âmbito da linguagem, a exigência lógica de não contradição;[308] a reflexão no talante constitucional é exemplificada por Konrad Hesse e sua conhecida tese do princípio da unidade da Constituição.[309]

O critério sistemático, uma pormenorização ou corolário do critério da unidade de conjunto, contribui com a verificação de saber se a incerteza semântica do mesmo vocábulo incorre em vários enunciados normativos do sistema, de modo que, no momento da estipulação do significado, seja feito de forma constante para os demais enunciados do conjunto normativo.[310]

O critério hierárquico materializa no âmbito da linguagem a hierarquia existente em relação às normas jurídicas do sistema. Ele preconiza que o vocábulo sobre o qual paire incerteza semântica deva receber um significado que esteja mais compatibilizado com o conteúdo das normas do posto superior na hierarquia do ordenamento. Sua face mais visível é a interpretação conforme a constituição, mas a rigor é reproduzível também em normas de diversas hierarquias normativas – não se pode dar um significado a um vocábulo constante de um dispositivo de uma norma infralegal que seja incompatível com o conteúdo de normas legais.[311]

O critério teleológico[312] impõe a observância da finalidade (objetiva) "dedutível" do enunciado normativo. Existem normas expressamente preocupadas em alcançar

---

10. ed. Lisboa: Fundação Calouste Gulbenkian, 2008. p. 133-157, que reconhece que os cânones podem levar a diversos resultados e que não há mesmo uma hierarquia, salvo se for possível construir um fundamento teórico para uma teoria da interpretação, conquanto tenha tido, nos parâmetros de uma jurisprudência dos interesses, uma preferência ao critério teleológico; MÜLLER, Friedrich. *Teoria estruturante do Direito*. Tradução de Peter Naumann e Eurides Avance de Souza. 3. ed. São Paulo: Revista dos Tribunais, 2011. p. 47-55; HESSE, Konrad. *Elementos de direito constitucional da República Federal da Alemanha*. Tradução de Luís Afonso Heck. Porto Alegre: Sergio Antonio Fabris, 1998. p. 56-61. Em sentido contrário, a postular que o critério teleológico, intimamente ligado ao sistemático ou dele um corolário, tenha a primazia, CANARIS, Claus-Wilhelm. *Pensamento sistemático e conceito de sistema na ciência do direito*. Tradução de A. Menezes Cordeiro. 4. ed. Lisboa: Fundação Calouste Gulbenkian, 2008. p. 157-167. É curial examinar que já Kelsen (KELSEN, Hans. *Teoria pura do direito*. Tradução de João Baptista Machado. 7. ed. Coimbra: Almedina, 2008. p. 379-388) observava que as normas jurídicas poderiam evidentemente não admitir um único sentido interpretativo, mas uma moldura, dentro do qual a decisão, baseada em critério de política jurídica e não de ciência jurídica, seria conforme ao direito e de igual valor; sem embargo, como fica nítido no texto, não se encampa a tese kelseniana de que os cânones de interpretação não sejam normas jurídicas.

[308] DUARTE, David. *A norma da legalidade procedimental administrativa* – A teoria da norma e a criação de normas de decisão na discricionariedade instrutória. Coimbra: Almedina, 2006. p. 224-225.

[309] HESSE, Konrad. *Elementos de direito constitucional da República Federal da Alemanha*. Tradução de Luís Afonso Heck. Porto Alegre: Sergio Antonio Fabris, 1998. p. 65-66.

[310] DUARTE, David. *A norma da legalidade procedimental administrativa* – A teoria da norma e a criação de normas de decisão na discricionariedade instrutória. Coimbra: Almedina, 2006. p. 225-226.

[311] DUARTE, David. *A norma da legalidade procedimental administrativa* – A teoria da norma e a criação de normas de decisão na discricionariedade instrutória. Coimbra: Almedina, 2006. p. 226-227.

[312] A respeito de normas que possuem objetivos, a propiciar uma argumentação teleológica, remete-se a SARTOR, Giovanni. Doing justice to rights and values: teleological reasoning and proportionality. *Artificial Intelligence and Law*, v. 18, p. 175-215, 2010. p. 175-177. Sartor não se compromete com nem rejeita a ideia de que todas as normas tenham de ser interpretadas teleologicamente, apena assume que algumas normas possuem objetivos. No Brasil, o Decreto-Lei nº 4.657/42 traz no art. 5º norma que dá fundamento positivo ao critério teleológico, ao prescrever a observância dos "fins sociais" a que norma se dirige, bem como a observância do bem comum. Como se percebe, a metanorma que se extrai do diploma determina justamente o que é proposto no texto, ou seja, que será orientada a interpretação na promoção de pautas normativas mais indeterminadas no campo

metas ou estado de coisas, com expressa dicção legal; sem essa finalidade detectável e expressa no enunciado, tem-se que a teleologia da norma não é passível, a princípio, de ser alcançada sem um juízo estipulativo que retroceda a pautas normativas mais principiológicas previstas no ordenamento jurídico, de sorte a ser possível, em qualquer situação, conceber uma meta finalística arvorada em princípios estatuídos no sistema jurídico. O cuidado pertinente é que, na definição desse objetivo normativo, deve-se evitar, pelos argumentos já esgrimidos, o enveredar-se numa busca psicológica da intenção do legislador.[313]

Todas as alternativas de significado possíveis pelas incertezas linguísticas na interpretação configuram, em realidade, diferentes normas encapsuladas no enunciado. A adoção das normas que definem critérios de interpretação, cuja operação útil reside no âmbito da incerteza linguística do enunciado, pode falhar em providenciar uma determinação única de significado, vale dizer, as normas de interpretação podem não ser suficientes em todos os casos para precisar a linguagem a ponto de não restar opções válidas ao intérprete. Esse resultado pode decorrer tanto porque há mais de uma opção que a aplicação das normas de interpretação não consegue excluir, em caso de concordância aplicativa dessas normas, ou mesmo porque existem divergências entre elas quanto ao resultado de significação passível de ser atribuído.[314] Essas duas situações consubstanciam a própria relação entre a interpretação e a ponderação. Ora, nos dois casos, o intérprete/aplicador elegerá uma das opções normativas disponíveis mediante um sopesamento entre elas e estipulará um significado ao texto. Vislumbra-se, por conseguinte, o que se poderia denominar "ponderação interpretativa", em que o intérprete estipula a norma aplicável aos casos genericamente enquadráveis no problema examinado (caso do jurista) ou o sentido de dever-ser que resolverá a disputa jurídica que lhe compete decidir (caso do

---

das condições de aplicação. Em que pese alguma dificuldade em casos problemáticos em separar uma suposta vontade do legislador da finalidade da legislação, é vedado incorrer-se em pesquisas psicológicas da vontade do legislador, não aceitas neste trabalho. A questão será de algum modo retomada no Capítulo 2.

[313] Sobre o critério teleológico, Aharon Barak menciona a ponderação interpretativa entre princípios conflitantes (BARAK, Aharon. *Proportionality* – Constitutional rights and their limitations. Tradução de Doron Kalir. Cambridge; New York: Cambridge University Press, 2012. p. 45-98). Conferir, também, BRINK, David O. Semantics and legal interpretation (further thoughts). *Canadian Journal of Law and Jurisprudence*, v. II, n. 2, p. 181-191, jul. 1989, a respeito de uma interpretação que envolveria tanto a determinação semântica dos enunciados como a definição do propósito legislativo. Brink claramente se distancia do que aqui propugnado, pois o componente semântico seria sempre secundário ou sobrepujado pelo componente de propósito, o qual deve ser decidido preponderantemente não com base na finalidade específica do instituto ou situação que se quer regular – não na "intenção específica", mas antes em valores abstratos sorvidos no sistema – "intenção abstrata".

[314] Neste último caso, tendo em vista que os cânones de interpretação são normas e que há determinabilidade do gênero de conduta humana a que se referem, eles não possuem o pressuposto implícito, de sorte que consubstanciam verdadeiras regras do sistema. Caso haja divergência entre as diferentes regras de interpretação, ativa-se um conflito normativo entre essas regras em função da conexão parcial-parcial, razão pela qual se remete para o tópico subsequente, a justificar um sopesamento para estipular o significado semântico do vocábulo. A rigor, a ponderação interpretativa poderia ser considerada um gênero, a incluir a ponderação interpretativa em sentido estrito – ou seja, quando a aplicação de regras de interpretação, as quais não estão em rota de colisão entre si, não consegue precisar uma única opção de significado ao intérprete – e a ponderação interpretativa decorrente de conflito normativo entre as regras de interpretação. Nessa segunda hipótese ou espécie, há típica incidência de um conflito normativo, razão pela qual poderia ser reconduzida ao caso de ponderação por força de conflito normativo. O motivo para manter como espécie da ponderação interpretativa e, portanto, tratada neste tópico, consiste na peculiaridade de que o sopesamento foi provocado, em primeiro lugar, por uma incerteza semântica em relação aos vocábulos de um enunciado normativo e, só a partir dela, essa dúvida foi acompanhada de uma incerteza pragmática em relação às regras de interpretação. De outra sorte, como ainda se está no âmbito da definição da própria norma, a qual convoca a incerteza pragmática por conflito entre regras de interpretação, pode-se estipular a prevalência da regra hierárquica em todos os casos, conforme sugerido na nota de rodapé seguinte.

juiz ou de quem tenha o dever institucional de aplicar normas). Esse balanceamento entre as diferentes opções normativas não é, no entanto, algo totalmente arbitrário: certamente existem princípios jurídicos que podem fornecer argumentos de apoio em favor de um ou outro significado linguístico,[315] no entanto, pode-se afirmar que essa estipulação será, em algum limite, discricionária, no sentido de que não estava fornecida linguisticamente pelo sistema jurídico ou por normas do sistema.[316]

Conquanto em níveis ou fases metodológicas distintas, a ponderação interpretativa compartilha com a ponderação usada para dirimir conflitos normativos nas hipóteses cabíveis todas as críticas passíveis de subjetividade,[317] com a anotação adiantada de que, no entanto, não lhes retira legitimidade nem validade epistêmica. Talvez, haja até um gravame, pois a ponderação interpretativa não permite, no entanto, uma estruturação metodológica próxima à verificável na ponderação para resolução de conflitos normativos insolúveis por metanormas de prevalência.[318] Em que pese esse diagnóstico, reitere-se, por um lado, que ela não é arbitrária e, por outro, que se pode definir a ponderação em seu gênero como a técnica empregada para solucionar impasses normativos sem resposta ditada pelo sistema jurídico, sejam eles ocorridos no âmbito da interpretação (ponderação interpretativa), sejam no contexto pragmático de conflitos normativos, abstratos ou concretos, caso não existam metanormas de superação dessas colisões deônticas (ponderação de colisão normativa ou ponderação aplicativa). O tópico seguinte tratará dos conflitos normativos e da operação ponderativa aí possível de ser realizada.

1.5 Ponderação, conflitos normativos e derrotabilidade

O presente tópico enfrenta ponto capital da tese: a técnica ponderativa como mecanismo de solução de conflitos normativos.[319]

---

[315] A rigor, o apoio argumentativo trazido por princípios do sistema jurídico não ocorre por uma colisão normativa desses princípios, os quais não entram em choque no caso concreto. O que pode existir, em realidade, é um eventual conflito normativo concreto entre regras de interpretação ou mesmo a insuficiência dessas regras em precisar um único significado semântico. Em ambos os casos, no entanto, os princípios infiltrar-se-ão no raciocínio ponderativo, para apoiar determinada decisão ou proposição estipulativa. Sobre infiltração, remete-se ao tópico 2.6. Seja como for, pode-se, inequivocamente, propor, em caráter estipulativo, tal como sugerido no subitem seguinte, que o conflito entre regras de interpretação seja resolvido a favor da regra da hierarquia.

[316] DUARTE, David. Linguistic objectivity in norm sentences: alternatives on literal meaning. *Ratio Juris*, v. 24, n. 2, p. 112-139, jun. 2011. p. 131-135 e seguintes; DUARTE, David. *A norma da legalidade procedimental administrativa – A teoria da norma e a criação de normas de decisão na discricionariedade instrutória*. Coimbra: Almedina, 2006. p. 232-235.

[317] DUARTE, David. Linguistic objectivity in norm sentences: alternatives on literal meaning. *Ratio Juris*, v. 24, n. 2, p. 112-139, jun. 2011. p. 131-135 e seguintes.

[318] BARAK, Aharon. *Proportionality* – Constitutional rights and their limitations. Tradução de Doron Kalir. Cambridge; New York: Cambridge University Press, 2012. p. 45-82; 83-98. Como se percebe, Barak delimita a ponderação interpretativa em sentido parcialmente divergente ao aqui configurado. Algo similar, Barak reconhece que o sopesamento nessa hipótese não é utilizado para escrutinar a constitucionalidade de uma norma infraconstitucional, mas para a própria interpretação do texto de uma determinada norma; o que destoa é que Barak refere-se a essa ponderação como meio de determinar o propósito objetivo da norma legal, baseado nos princípios conflitantes e subjacentes a cada norma. O jurista israelense separa a ponderação no exame de constitucionalidade das leis, em que é aplicável todas as etapas da proporcionalidade (adequação, necessidade e proporcionalidade em sentido estrito), da ponderação interpretativa para determinar esse propósito objetivo, em que só é aplicável a proporcionalidade em sentido estrito.

[319] Tema explorado com menor desenvolvimento em ALMEIDA, Luiz Antônio Freitas de. *Direitos fundamentais sociais e ponderação* – Ativismo irrefletido e controle jurídico racional. Porto Alegre: Sergio Antonio Fabris, 2014. p. 56-71.

É de recordar-se, com Luigi Ferrajoli, que o assunto "direitos fundamentais" permite uma abordagem nos discursos histórico-sociológico, filosófico, de direito positivo e teórico. O tratamento da questão neste subitem será efetuado concentradamente no prisma de teoria do direito, logicamente preferente aos demais possíveis discursos, não obstante o reconhecimento de que, no âmbito de cada discurso, eventualmente seria possível ofertar respostas nem sempre contraditórias entre si.[320] Pense-se no curioso exemplo de diversidade dos focos dos discursos dado por Mauro Barberis na aproximação que fez entre o discurso tradicional dos juristas (isto é, de teoria do direito) sobre antinomias e o discurso filosófico de conflito entre valores;[321] no plano filosófico-político, poder-se-ia, como fez Paolo Comanducci, referir a uma incompatibilidade absoluta ou relativa entre direitos fundamentais, consoante seja possível oferecer uma justificação coerente para a concomitância dos direitos em relação aos valores açambarcados no sistema.[322]

Situado o âmbito do discurso, acrescenta-se que é inviável, no nível da produção abstrata de normas, prever e determinar de antemão todos os contextos de aplicação das normas aí fomentadas. Deveras, por um lado já não é conjeturável realisticamente pensar que o mundo e a linguagem que o inunda possam cunhar sempre situações ideais de natureza semântica e pragmática, em que todo o enunciado normativo traria uma norma claramente identificável, capaz de justificar toda a decisão, cujo pertencimento ao conjunto normativo resplandeceria uma coerência interna do sistema, livre de lacunas.[323] Nem o poder constituinte nem o legislador são oniscientes, razão pela qual não procuram estabelecer uma hierarquia fixa entre os valores albergados no sistema por intermédio dos princípios normativos, o que remete aos órgãos de aplicação o modo de resolução das colisões que ocorrem na concreta incidência de cada uma dessas normas.[324]

Alf Ross classificou como problemas lógicos de interpretação de normas a inconsistência, a redundância e a pressuposição, porquanto tratam das relações entre expressões no âmbito de um contexto. Particularmente interessante é a inconsistência, a qual é gerada sempre que sejam atribuídos efeitos jurídicos incompatíveis a similares ou idênticas condições fáticas de aplicação. Ross subdivide a inconsistência em três

---

[320] FERRAJOLI, Luigi. Teoria dos direitos fundamentais. Tradução de Hermes Zaneti Júnior e de Alexandre Salim. *In*: FERRAJOLI, Luigi. *Por uma teoria dos direitos e dos bens fundamentais*. Porto Alegre: Livraria do Advogado, 2011. p. 89 e seguintes; FERRAJOLI, Luigi. Diritti fondamentali e democrazia cotitutionale. *In*: COMANDUCCI, Paolo; GUASTINI, Riccardo (Org.). *Analisi i diritto. Ricerche di giurisprudenza analitica*. [s.l.]: [s.n.], 2002-2003. p. 303 e seguintes.

[321] BARBERIS, Mauro. I conflitti fra diritti tra monismo e pluralismo etico. *In*: COMANDUCCI, Paolo; GUASTINI, Riccardo (Org.). *Analisi i diritto. Ricerche di giurisprudenza analitica*. [s.l.]: [s.n.], 2005. p. 1 e seguintes. Em realidade, Barberis traz mais um aspecto de metaética ou de filosofia moral, ao contrapor monismo e pluralismo ético.

[322] COMANDUCCI, Paolo. Problemi di compatibilità tra diritti fondamentali. In: ibid.2002-2003, COMANDUCCI, Paolo. Problemi di compatibilità tra diritti fondamentali. *In*: COMANDUCCI, Paolo; GUASTINI, Riccardo (Org.). *Analisi i diritto. Ricerche di giurisprudenza analitica*. [s.l.]: [s.n.], 2002-2003. p. 318 e seguintes.

[323] CHAMPEIL-DESPLATS, Véronique. Raisonnement juridique et pluralité des valeurs: les conflits axio-téléologique de normes. *In*: COMANDUCCI, Paolo; GUASTINI, Riccardo (Org.). *Analisi i diritto. Ricerche di giurisprudenza analitica*. [s.l.]: [s.n.], 2001. p. 59 e seguintes.

[324] NOVAK, Marko. Three models of balancing (in constitutional review). *Ratio Juris*, v. 23, n. 1, p. 101-112, mar. 2010. p. 101-112. Ver, ainda, MACCORMICK, Neil. *Rhetoric and the rule of law*. reprint. Oxford/New York: Oxford University Press, 2010. p. 254 e seguintes, quando trata da derrotabilidade de premissas e conclusões no raciocínio jurídico decorrente de desenvolvimentos não antecipados; LARENZ, Karl. *Metodologia da ciência do direito*. Tradução de José Lamego. 5. ed. Lisboa: Fundação Calouste Gulbenkian, 2009. p. 574-587.

tipos: total-total, total-parcial e parcial-parcial.[325] A inconsistência total-total revela a impossibilidade de aplicação de uma das normas concorrentes sem acarretar um conflito normativo. A inconsistência total-parcial é provocada porque uma das normas concorrentes contém um elemento acrescido na previsão que, se preenchido, evita uma situação belicosa entre as normas, enquanto que a outra norma concorrente, uma vez aplicada, sempre estará em colisão com aquela. Por derradeiro, a inconsistência parcial-parcial é gerada porque as normas concorrentes possuem uma condição de aplicação que coloca em conflito uma com a outra, porém ostentam elementos condicionais adicionais não conflitantes. Ross ilustrou graficamente os tipos de inconsistência com as figuras de círculos sobrepostos (total-total), concêntricos (total-parcial) e secantes (parcial-parcial).[326] Norberto Bobbio, que acompanha Ross nesse pormenor, explica as antinomias referidas conforme o grau de assimilação dos "âmbitos de validade" temporal, espacial, pessoal e material: uma coincidência total configura a antinomia total-total; uma meramente parcial, a antinomia parcial-parcial; total em uma e mais restrito em outra, a antinomia total-parcial.[327]

A proposta de Ross é promissora, mas é preciso um apuramento. A começar porque a abordagem analítica sugere, dentro da premissa metodológica que se adota, que colocar o fenômeno abordado dentro da rubrica "interpretação" padece de clareza conceitual. A verificação da concorrência de normas é uma etapa subsequente à interpretação, que se matiza como atividade de determinação linguística (semântica e sintática) dos signos empregados no enunciado normativo, com todas as peculiaridades aí inerentes.

Destarte, a etapa de identificação de conflitos centra-se, em primeiro lugar, em perscrutar a existência ou não de concorrência normativa, a qual permite uma análise lógica a identificar hipóteses de identidade, consunção e interseção: na identidade, as previsões ostentam as mesmas condições de regulação; na consunção, em que se verifica uma relação entre as normas concorrentes ora de excepcionalidade, ora de especialidade, percebe-se que a previsão de uma norma é mais abrangente que a outra, porque possui todos os elementos desta e outros adicionais não incluídos na hipótese da norma contraposta; na interseção, o antecedente hipotético de cada uma das normas concorrentes detém elementos comuns, todavia contém também pressupostos próprios, os quais não se comungam com a previsão da norma em concorrência.[328]

---

[325] ROSS, Alf. *Sobre el derecho y la justicia*. Tradução de Genaro R. Carrió. 2. ed. Buenos Aires: Editorial Universitaria de Buenos Aires, 1997. p. 164 e seguintes.

[326] ROSS, Alf. *Sobre el derecho y la justicia*. Tradução de Genaro R. Carrió. 2. ed. Buenos Aires: Editorial Universitaria de Buenos Aires, 1997. p. 164-168.

[327] BOBBIO, Norberto. *Teoria do ordenamento jurídico*. Tradução de Ari Marcelo Solon. 2. ed. São Paulo: Edipro, 2014. p. 89 e seguintes.

[328] DUARTE, David. *A norma da legalidade procedimental administrativa – A teoria da norma e a criação de normas de decisão na discricionariedade instrutória*. Coimbra: Almedina, 2006. p. 237-295; DUARTE, David. Rebutting defeasibility as operative normative defeasibility. *In*: D'ALMEIDA, Luís Duarte *et alli*. *Liber Amicorum de José de Souza Brito em comemoração do 70º aniversário*. Lisboa: Almedina, 2009. p. 161-163; DUARTE, David. An experimental essay on the antecedent and its formulation. *Scienze Giuridiche, Scienze Cognitive e Intelligenza artificiale*, v. 7, n. 16, p. 37-60, 2012. Disponível em: http://www.i-lex.it/articles/volume7/issue16/duarte.pdf. p. 42 e seguintes. Nos primeiros trabalhos, David Duarte, inspirado em Alf Ross, fez um exame lógico das relações entre hipóteses normativas, a formar a hipótese de heterogeneidade (nada-nada), identidade (total-total), consunção (total-parcial) e interseção (parcial-parcial), destacando que apenas nas três últimas são geradas antinomias. Na heterogeneidade, como é óbvio, se as previsões não ostentam nenhum elemento comum, por certo não estão em situação de concorrência normativa. Essa mesma perspectiva de David Duarte, a sua distinção entre conflitos normativos abstratos e

Ocorrem conflitos[329] normativos toda vez que os efeitos jurídicos de duas ou mais normas não possam ser sincronicamente aplicados por força de incongruência entre elas.[330] Existem dois tipos de conflitos normativos: conflitos abstratos e concretos. Nos conflitos normativos abstratos, a incompatibilidade é gerada na própria configuração abstrata da norma, sem depender de verificação de situações fáticas no momento de sua aplicação. Nos conflitos normativos concretos, a incompatibilidade é eventual, ela opera no momento da sua aplicação, isto é, as colisões normativas concretas são verificáveis apenas na situação particular da vida que gerou a ativação do sentido deôntico das normas em confronto.[331]

Nesse tocante, trazendo o conceito de conflitos normativos com o que já se mencionou sobre a relação lógica passível de ser traçada entre as hipóteses de diferentes normas (total-total, total-parcial, parcial-parcial), é nítido que os conflitos abstratos ocorrem nas relações de concorrência normativa da espécie total-total e total-parcial, enquanto que os conflitos concretos, porque dependem de determinado recorte da realidade para consumar a colisão normativa, são atinentes à relação de concorrência normativa parcial-parcial.[332]

Na relação total-total, o desdobramento lógico possível é verificar três situações: i) idênticas previsões, com iguais operadores deônticos e estatuições, caso em que existe uma verdadeira sobreposição entre normas ou, a bem da verdade, trata-se de uma única norma ou de duas normas idênticas; ii) contradição, ocasião em que existe, a par

---

concretos, além do exame da teoria de Ross, também foram adotados em ALMEIDA, Luiz Antônio Freitas de. *Direitos fundamentais sociais e ponderação* – Ativismo irrefletido e controle jurídico racional. Porto Alegre: Sergio Antonio Fabris, 2014. p. 56-71.

[329] Os partidários de uma distinção lógica ou qualitativa entre regras e princípios defendem uma separação entre conflitos, situação de incompatibilidade que atinge as regras e afeta a validade de uma delas, e colisões, inerente aos princípios e dirimida pela ponderação. Remete-se a ALEXY, Robert. *Teoria dos direitos fundamentais*. Tradução de Virgílio Afonso da Silva. São Paulo: Malheiros, 2008. p. 90-93; SILVA, Virgílio Afonso da. Princípios e regras: mitos e equívocos acerca de uma distinção. *Revista Latino-Americana de Estudos Constitucionais*, v. 1, p. 607-630, 2003. p. 609 e seguintes. Em vértice diverso, Joaquim Rocha diferencia conflitos e antinomias, pois estas ocorrem no campo abstrato-teórico, ao passo que aqueles incidem no plano da aplicação (ROCHA, Joaquim Freitas da. *Constituição, ordenamento e conflitos normativos* – Esboço de uma teoria analítica da ordenação normativa. Coimbra: Coimbra, 2008. p. 276-278). Nesta pesquisa os termos serão usados como sinônimos.

[330] Luigi Ferrajoli estipulou na deôntica de sua teoria do direito uma diferença entre contradição e incompatibilidade (FERRAJOLI, Luigi. *Principia iuris* – Teoria del diritto e della democrazia. Roma-Bari: Laterza, 2007. v. 1. p. 120 e seguintes). A rigor, a contradição envolve, como fica claro no texto, um tipo de incompatibilidade verificável independentemente de exame de dados concretos do caso.

[331] COMANDUCCI, Paolo. Problemi di compatibilità tra diritti fondamentali. *In*: COMANDUCCI, Paolo; GUASTINI, Riccardo (Org.). *Analisi i diritto*. Ricerche di giurisprudenza analitica. [s.l.]: [s.n.], 2002-2003. p. 320 e seguintes; DUARTE, David. Rebutting defeasibility as operative normative defeasibility. *In*: D'ALMEIDA, Luís Duarte *et alli*. *Liber Amicorum de José de Souza Brito em comemoração do 70º aniversário*. Lisboa: Almedina, 2009. p. 164-165; DUARTE, David. *A norma da legalidade procedimental administrativa* – A teoria da norma e a criação de normas de decisão na discricionariedade instrutória. Coimbra: Almedina, 2006. p. 244-269; DUARTE, David. Drawing up the boundaries of normative conflicts that lead to balances. *In*: SIECKMANN, Jan-Reinard (Ed.). *Legal reasoning*: the methods of balancing. Proceedings of the special workshop "Legal Reasoning. The Methods of Balancing" held at the 24th World Congress of the International Association for Philosophy of Law and Social Philosophy (IVR), Beijing, 2009. Stuttgart: Franz Steiner Verlag/Nomos, 2010. p. 55-57; SANTIAGO NINO, Carlos. *Introdução à análise do direito*. Tradução de Elza Maria Gasparoto. São Paulo: Martins Fontes, 2010. p. 321-330. Comanducci usa a expressão incompatibilidade entre direitos fundamentais (abstrata e concreta), ao passo que Nino entrevê a possibilidade de concorrência normativa não apenas no nível deôntico da norma, mas em condições contingentes, cujas condições de aplicação das normas em concorrência não satisfeitas.

[332] CHAMPEIL-DESPLATS, Véronique. Raisonnement juridique et pluralité des valeurs: les conflits axio-téléologique de normes. *In*: COMANDUCCI, Paolo; GUASTINI, Riccardo (Org.). *Analisi i diritto*. Ricerche di giurisprudenza analitica. [s.l.]: [s.n.], 2001. p. 59 e seguintes.

da igual previsão, diferentes operadores deônticos e mesma estatuição ou diferentes estatuições e iguais operadores deônticos, só que, neste caso, o efeito normativo de ambas as normas são incompatíveis; iii) cumulação, em que os efeitos das normas são compatíveis. Na concorrência total-parcial, por sua vez, é possível também perceber, a rigor, três situações: iv) especialidade, que acontece quando as normas possuem igual operador deôntico, no entanto, ostentam estatuições diversas e incompatíveis; v) excepcionalidade, sempre que os operadores deônticos forem diferentes e as estatuições incompatíveis; vi) cumulação, sempre que as estatuições possuírem compatibilidade. A própria definição das espécies geradas revela que é dispensável qualquer verificação do caso concreto para checar uma antinomia. Outro dado que emerge é a verificação de que a situação de antinomia só pode ocorrer nas hipóteses de contradição, excepcionalidade e especialidade, sendo que estas últimas podem, a rigor, ser tomadas como uma forma específica de contradição.[333]

Na concorrência parcial-parcial, no entanto, como existe a dependência de uma determinada conjunção de fatos a ativar os pressupostos adicionais das previsões normativas, podem ocorrer duas situações: vii) alternatividade; viii) alternatividade derivada. Isso porque ou os pressupostos adicionais das previsões são, em realidade, incompatíveis em todas as possíveis combinações com o operador deôntico e a estatuição, a revelar a alternatividade, ou não são, a gerar a alternatividade derivada. No primeiro caso, em que pese a situação de concorrência, na prática não haverá nunca uma conjunção fática que consiga ativar todos os elementos adicionais e diversos das respectivas normas em concorrência; isso resulta que a realidade nunca trará situações em que haja dúvida do aplicador de qual norma a aplicar. No entanto, na alternatividade derivada, os pressupostos adicionais da previsão das normas em concorrência são compatíveis, de modo que determinada caracterização fática pode ativar ambos os pressupostos adicionais das normas em interseção. Nessa situação de interseção, é visível que as normas poderão ter efeitos idênticos, o que equivaleria a uma sobreposição, ou diferentes; se compatíveis, seria a situação reconduzível ao caso de cumulação de efeitos, todavia, se incompatíveis, o recorte da realidade gerará, no caso em tela, uma situação análoga a de contradição. No caso de efeitos das normas diferentes e incompatíveis, forja-se a percepção de um cruzamento das duas normas em concorrência, que passam pragmaticamente a agir como uma só quando o recorte da realidade trouxer à tona a ativação concomitante dos referidos pressupostos acrescidos das previsões normativas. Ao agirem como uma só norma pelo cruzamento das previsões, com diferentes efeitos incompatíveis, as normas em alternatividade derivada despertam uma opção ao aplicador entre os dois efeitos engendrados pelo sistema.[334]

Sem embargo de tudo o que já foi colocado, existem casos de conflitos concretos os quais refogem da concorrência parcial-parcial. São situações em que os conflitos, a despeito de previsões totalmente diferentes das normas, chocam-se no momento de

---

[333] A ideia do parágrafo foi sorvida de DUARTE, David. *A norma da legalidade procedimental administrativa* – A teoria da norma e a criação de normas de decisão na discricionariedade instrutória. Coimbra: Almedina, 2006. p. 237-248.

[334] DUARTE, David. *A norma da legalidade procedimental administrativa* – A teoria da norma e a criação de normas de decisão na discricionariedade instrutória. Coimbra: Almedina, 2006. p. 248-254, de quem se aproveitou a ideia do parágrafo.

sua aplicação pela impossibilidade concomitante de incidência. Essa situação ocorre com a antinomia entre regras e, em casos mais remotos, na antinomia de um princípio com uma regra. Nesse caso, mesmo que não seja possível efetuar um cruzamento das previsões, na prática é como se ele tivesse sido efetuado, uma vez que haverá duas soluções igualmente válidas apontadas no sistema: eis a razão pela qual a incompatibilidade aplicativa pode ser reconduzida à alternatividade derivada.[335]

A definição dada a conflitos normativos e a subdivisão em conflitos abstratos e concretos traz à tona interessante questão já aludida no subitem 1.3. Alhures, foi comentado sobre a propriedade disposicional dos princípios e das regras, a despeito da possibilidade de as regras serem derrotadas e de os princípios serem aplicados de maneira subsuntiva. Retoma-se esse assunto, pois a percepção de que os princípios possuem uma apetência conflituosa, explicada pelo pressuposto implícito na previsão, salienta a relevância de separarem as antinomias abstratas das concretas especialmente pelo fato de que os princípios costumam colidir na etapa de aplicação e não no sentido deôntico da norma ou configuração abstrata.[336] Contudo, não se afasta a possibilidade de que princípios se choquem no âmbito abstrato da norma.

Paolo Comanducci coloca a existência de duas correntes antagônicas agrupadas em gênero: teorias prescritivas e teorias descritivas. As teorias prescritivas negam a viabilidade ou a relevância de conflitos entre direitos fundamentais em abstrato, ao passo que as teorias descritivas percebem a possibilidade de isso ocorrer, conquanto de modo menos usual.[337] Deveras, a propriedade disposicional dos princípios não impede a existência de uma concorrência entre as normas principiais, ou seja, a existência de consunção, interseção e até mesmo identidade entre as previsões normativas de princípios. Logo, conflitos abstratos a envolver dois princípios jurídicos são possíveis de entrever, de sorte que Comanducci, defensor da teoria descritiva, tem razão nessa questão. Mas aqui um pormenor é preciso acrescentar ao magistério de Comanducci.

---

[335] DUARTE, David. *A norma da legalidade procedimental administrativa* – A teoria da norma e a criação de normas de decisão na discricionariedade instrutória. Coimbra: Almedina, 2006. p. 255 e seguintes. Com efeito, uma questão de precisão conceitual é verificar se a apetência conflituosa dos princípios é mais próxima de uma concorrência parcial-parcial ou de uma incompatibilidade aplicativa, em que não existe concorrência normativa. A posição de Duarte a respeito parece ter-se alterado, pois em sua tese, ao exemplificar com o caso do direito à honra *versus* a liberdade de expressão, mencionou que era uma situação de incompatibilidade aplicativa e não de concorrência normativa do tipo parcial-parcial, uma vez que nada na previsão de ambas as normas indicavam o compartilhamento de pressupostos comuns. No entanto, em trabalho posterior ele se refere aos princípios como com o hábito de envolver-se em conexões parcial-parcial (DUARTE, David. Rebutting defeasibility as operative normative defeasibility. *In*: D'ALMEIDA, Luís Duarte *et alli. Liber Amicorum de José de Souza Brito em comemoração do 70º aniversário*. Lisboa: Almedina, 2009. p. 162-163). A questão não encontra, porém, interesse maior do que a precisão conceitual, dado que o tratamento para solução de conflitos concretos, seja por incompatibilidade aplicativa sem concorrência normativa, seja por alternatividade derivada, é o mesmo. Seja como for, parece mais plausível supor ordinariamente uma conexão parcial-parcial entre as diferentes previsões de princípios ou de princípio e regra em colisão, uma vez que o preenchimento do pressuposto da previsão da norma princípio, seu atributo expansivo, remete a uma pluralidade indefinida de situações capazes de fazer ativar o sentido deôntico da norma e, destarte, as normas parecem de fato estar em conexão parcial-parcial. Assim, é mais produtivo deixar a situação de conflito por incompatibilidade aplicativa restrita à categoria de conflito entre regras ou concebê-la de forma bem menos usual quando envolver um confronto de um princípio e uma regra, uma vez que, no primeiro caso, é passível de afastar qualquer concorrência normativa e, no segundo caso, o mais comum será a concorrência do tipo parcial-parcial.

[336] DUARTE, David. Rebutting defeasibility as operative normative defeasibility. *In*: D'ALMEIDA, Luís Duarte *et alli. Liber Amicorum de José de Souza Brito em comemoração do 70º aniversário*. Lisboa: Almedina, 2009. p. 164-165.

[337] COMANDUCCI, Paolo. Problemi di compatibilità tra diritti fondamentali. *In*: COMANDUCCI, Paolo; GUASTINI, Riccardo (Org.). *Analisi i diritto*. Ricerche di giurisprudenza analitica. [s.l.]: [s.n.], 2002-2003. p. 320 e seguintes.

Em primeiro lugar, é preciso observar que os direitos fundamentais podem ser positivados na forma de princípios ou de regras. No formato de regras, é mais usual verificar o exame das antinomias total-total e total-parcial, porém existem casos de evidente conflito por incompatibilidade aplicativa. No formato de princípios, é mais corriqueiro que a colisão consubstancie uma concorrência do tipo parcial-parcial, mas nada impede que possa ocorrer situação de concorrência normativa total-total ou total-parcial.[338]

Outro ponto é que dos enunciados dos direitos fundamentais podem-se derivar diversas normas, pois os direitos fundamentais são uma espécie de "macrodireito", isto é, um conglomerado de situações e posições jurídicas de vantagem ativas e negativas, correlatas a diferentes deveres de abstenção, sujeições, de prestação ou de criação de instituições e procedimentos; seu conteúdo heterogêneo, não obstante muitas vezes ser talhado em fórmulas linguísticas sintetizadas, produz uma complexidade estrutural, da qual retira sua estrutura multifacetada.[339] Logo, é visível que uma situação de conflito deve, à partida, beneficiar-se de verificar e precisar, como etapa preliminar, a espécie de pretensão e dever em questão que eventualmente esteja em confronto com outra norma.

A materialização de um conflito normativo depende da satisfação de dois requisitos: similares condições de aplicabilidade das normas e incompatibilidade das consequências jurídicas.[340] O primeiro item foi referido na relação de concorrência entre normas, com os acréscimos da situação de incompatibilidade aplicativa sem concorrência de normas. O segundo requisito decorre tanto i) do modo deôntico inserido no operador deôntico como ii) dos próprios efeitos da consequência jurídica estipulados na estatuição.

---

[338] O que é patente é que um conflito por relação de concorrência do tipo total-total revela grande imperícia da autoridade normativa, no entanto é teoricamente possível: um direito fundamental à integridade física parece estar em relação de concorrência normativa total-total com eventual positivação de um esdrúxulo direito fundamental de torturar no exercício de autotutela; ou existe, aí, no mínimo, uma concorrência total-parcial. Uma conexão total-parcial dos princípios da liberdade de expressão em relação ao princípio da liberdade de imprensa é notória, mesmo que, em princípio, seja um caso em que não haja situação próxima a de uma contradição, mas de uma especialidade declarativa. Como já asseverado, a concorrência parcial-parcial é mais característica de ocorrer com os princípios.

[339] Sobre a estrutura complexa e heterogeneidade do conteúdo dos direitos fundamentais, remete-se a ANDRADE, José Carlos Vieira de. *Os direitos fundamentais na Constituição portuguesa de 1976*. 4. ed. Coimbra: Almedina, 2009. p. 142-144; ALEXANDRINO, José de Melo. *A estruturação do sistema de direitos, liberdades e garantias na Constituição portuguesa* – A construção dogmática. Coimbra: Almedina, 2006. v. II. p. 206-209; BARBERIS, Mauro. I conflitti fra diritti tra monismo e pluralismo etico. *In*: COMANDUCCI, Paolo; GUASTINI, Riccardo (Org.). *Analisi i diritto*. Ricerche di giurisprudenza analitica. [s.l.]: [s.n.], 2005. p. 7 e seguintes; FERRAJOLI, Luigi. *Principia iuris* – Teoria del diritto e della democrazia. 2. ed. Bari-Roma: Laterza, 2009. v. 2. p. 398-404. Logo, mesmo dentro de um exame analítico, não se toma na acepção estrita o termo "direito" dada por Hohfeld (HOHFELD, Wesley Newcomb. *Os conceitos jurídicos fundamentais aplicados na argumentação judicial*. Tradução de Margarida Lima Rego. Lisboa: Fundação Calouste Gulbenkian, 2008. p. 25-85) – definido como o correlativo a dever e oposto a não direito. Cada posição e seu correlativo são denominados por Barberis de "microdireito".

[340] COMANDUCCI, Paolo. Problemi di compatibilità tra diritti fondamentali. *In*: COMANDUCCI, Paolo; GUASTINI, Riccardo (Org.). *Analisi i diritto*. Ricerche di giurisprudenza analitica. [s.l.]: [s.n.], 2002-2003. p. 322 e seguintes; DUARTE, David. Drawing up the boundaries of normative conflicts that lead to balances. *In*: SIECKMANN, Jan-Reinard (Ed.). *Legal reasoning*: the methods of balancing. Proceedings of the special workshop "Legal Reasoning. The Methods of Balancing" held at the 24th World Congress of the International Association for Philosophy of Law and Social Philosophy (IVR), Beijing, 2009. Stuttgart: Franz Steiner Verlag/Nomos, 2010. p. 51-55; SANTIAGO NINO, Carlos. *Introdução à análise do direito*. Tradução de Elza Maria Gasparoto. São Paulo: Martins Fontes, 2010. p. 321-330. Comanducci, referindo-se ao conflito ou incompatibilidade abstrata entre direitos fundamentais, refere-se a duas condições: hipóteses normativas total ou parcialmente coincidentes e, com uso da teoria de Hohfeld, estatuição de uma norma com regulação a uma classe de sujeitos de uma modalidade ativa, enquanto a outra norma regula modalidade ativa oposta à classe de sujeitos em relação de correlação.

No caso de divergência do modo deôntico (permissão, proibição ou imposição) inserido no operador deôntico, os efeitos jurídicos das normas antinômicas podem até ser idênticos ou similares, porém o operador deôntico torna-os incongruentes entre si: é o que ocorre com uma norma qualquer que permita determinado comportamento em relação a outra que o proíba. Na segunda hipótese do segundo requisito, isto é, na incompatibilidade por força dos próprios efeitos da consequência jurídica tipificados na estatuição, fica patente que as normas ostentam o mesmo operador deôntico, contudo a incompatibilidade é causada pelos próprios efeitos regulados na estatuição da norma, como ilustra uma norma que imponha pescar com outra que imponha a omissão de pescar ou, de modo menos tosco, uma que proíba a edificação de casas muito próximas ao mar com outra que proíba a não edificação na totalidade de terrenos muito próximos ao mar. Impende destacar, de qualquer sorte, que a interdefinibilidade dos modos deônticos gera a indistinção material entre essas duas causas estruturais de incompatibilidade.[341]

O detalhamento dos requisitos a gerar os conflitos normativos mostra como, mesmo no patamar abstrato, os princípios podem chocar-se. De qualquer sorte, o que interessa na sequência, relatados os pressupostos para a consubstanciação de um conflito, é saber como eles podem ser resolvidos, seja na dimensão abstrata ou na concreta, o que é, aliás, uma questão contingente:[342] conquanto não faça muito sentido pensar em sistemas sem normas de resolução de conflitos, é fato que é possível cogitar a existência de arcabouços normativos que não regulem essas situações, com todos os transtornos que daí advêm.

Os conflitos abstratos, cujo choque opera na dimensão abstrata da norma, a prescindir de verificação de dados fáticos para seu aperfeiçoamento, podem ser resolvidos pela própria configuração sistêmica, isto é, com a previsão de metanormas de prevalência. Com isso, a antinomia seria mais aparente do que real. Normalmente as normas de prevalência pautam-se pelo critério hierárquico, cronológico e de especialidade: *lex superior*, *lex posterior* e *lex specialis*.[343] Por conseguinte, normas de maior hierarquia prevalecem sobre as de menor estalão, normas posteriores revogam as normas mais antigas e as normas de cunho especial afastam a aplicação de normas de cunho geral. O que deve ser ressaltado, no entanto, é que as contradições normativas não são solúveis

---

[341] Ideia do parágrafo construída no alicerce do magistério de David Duarte (DUARTE, David. Drawing up the boundaries of normative conflicts that lead to balances. *In*: SIECKMANN, Jan-Reinard (Ed.). *Legal reasoning*: the methods of balancing. Proceedings of the special workshop "Legal Reasoning. The Methods of Balancing" held at the 24th World Congress of the International Association for Philosophy of Law and Social Philosophy (IVR), Beijing, 2009. Stuttgart: Franz Steiner Verlag/Nomos, 2010. p. 51-55).

[342] BAYÓN, Juan Carlos. Derrotabilidad, indeterminación del derecho y positivismo jurídico. *In*: GAIDO, Paula *et alli* (Ed.). *Relevancia normativa en la justificación de las decisiones judiciales* – El debate Bayón-Rodríguez sobre la derrotabilidad de las normas jurídicas. reimpr. Bogotá: Universidad Externado de Colombia, 2005. p. 157-208; RAZ, Joseph. Postscript. *In*: RAZ, Joseph. *The concept of a legal system* – An introduction to the theory of legal system. 2. ed. reprint. Oxford/New York: Clarendon Press/Oxford University Press, 2003. p. 224-238.

[343] O arcabouço jurídico brasileiro tem o Decreto-Lei nº 4.657/42, cujo *nomen juris* atual é "Lei de Introdução às Normas do Direito Brasileiro", que disciplina a *lex posterior* e a *lex specialis*, respectivamente, no art. 2º, §§1º e 2º. A metanorma de hierarquia é extraída do enunciado do art. 102, I, "a", da Constituição brasileira, a par de ser mesmo uma exigência lógica do sistema e critério central do ordenamento. Há quem proponha, tomada a realidade do ordenamento jurídico português, o critério da territorialidade, viável tanto em Estados federados como unitários (ROCHA, Joaquim Freitas da. *Constituição, ordenamento e conflitos normativos* – Esboço de uma teoria analítica da ordenação normativa. Coimbra: Coimbra, 2008. p. 308-312).

por critérios de lógica, tendo em vista que tal tarefa é encargo do próprio sistema por intermédio de suas normas.[344]

Não obstante, se o sistema não possuir as referidas metanormas, ele não dá resposta ao aplicador, razão pela qual se defende que ambas as normas se autoanulam.[345] Contudo, essa drástica saída é muito difícil de acontecer, porquanto é comum a maior parte dos sistemas jurídicos – ou existe uma presunção de que isso ocorra com todos – negar a via do *non liquet:* as instâncias de aplicação das normas jurídicas não podem deixar o caso sem uma resposta, de sorte que se interdita a não decisão. Com a proscrição do *non liquet*, inevitavelmente o operador do direito deverá sopesar e decidir qual das normas conflitantes possui razões de apoio que ostentam maior força ou importância, a fim de que prevaleça no caso. Eis a metáfora do "peso". Ponderar é, portanto, um método de aplicação e de decisão normativas, mediante o qual o aplicador dá primazia a determinado aspecto em detrimento de outro que com ele se choca, com atribuição de um grau, força ou "peso" às razões subjacentes às normas que se entrecruzaram.[346]

No que é pertinente aos direitos fundamentais, cujas normas são positivadas como princípios em grande medida, a ponderação é o método que resta caso não seja possível resolver o impasse antinômico por aplicação de normas de prevalência, observada a proibição de deixar o caso sem resposta institucional.[347] Essa situação é característica normal de conflitos concretos, por alternatividade derivada ou incompatibilidade aplicativa, sem embargo de, consoante já adiantado, o choque de princípios poder ser resolvido por normas de prevalência quando houver conflito abstrato.[348]

---

[344] WRIGHT, Georg Henrik von. Is there a logic of norms? *In*: AARNIO, Aulis; MACCORMICK, Neil (Org.). *Legal reasoning*. Aldershot; Hong Kong; Singapore; Sydney: Dartmouth, 1992. v. 1. p. 392 e seguintes.

[345] DUARTE, David. Drawing up the boundaries of normative conflicts that lead to balances. *In*: SIECKMANN, Jan-Reinard (Ed.). *Legal reasoning*: the methods of balancing. Proceedings of the special workshop "Legal Reasoning. The Methods of Balancing" held at the 24th World Congress of the International Association for Philosophy of Law and Social Philosophy (IVR), Beijing, 2009. Stuttgart: Franz Steiner Verlag/Nomos, 2010. p. 51 e seguintes; WRIGHT, Georg Henrik von. Is there a logic of norms? *In*: AARNIO, Aulis; MACCORMICK, Neil (Org.). *Legal reasoning*. Aldershot; Hong Kong; Singapore; Sydney: Dartmouth, 1992. v. 1. p. 392.

[346] ÁVILA, Humberto. *Teoria dos princípios* – Da definição à aplicação dos princípios jurídicos. 8. ed. São Paulo: Malheiros, 2008. p. 143. Como explicado, nem toda a ponderação é efetuada por força de um conflito normativo.

[347] DUARTE, David. Drawing up the boundaries of normative conflicts that lead to balances. *In*: SIECKMANN, Jan-Reinard (Ed.). *Legal reasoning*: the methods of balancing. Proceedings of the special workshop "Legal Reasoning. The Methods of Balancing" held at the 24th World Congress of the International Association for Philosophy of Law and Social Philosophy (IVR), Beijing, 2009. Stuttgart: Franz Steiner Verlag/Nomos, 2010. p. 51 e seguintes; HENKIN, Louis. Infallibility under law: constitutional balancing. *Columbia Law Review*, v. 78, p. 1.022-1.049, 1978. p. 1.030-1.037; PFERSMANN, Otto. Esquisse d'une théorie des droits fondamentaux. *In*: FAVOREAU, Louis (Coord.). *Droit des libertés fondamentales*. 3. ed. Paris: Dalloz, 2005. p. 85-89; WRIGHT, Georg Henrik von. Is there a logic of norms? *In*: AARNIO, Aulis; MACCORMICK, Neil (Org.). *Legal reasoning*. Aldershot; Hong Kong; Singapore; Sydney: Dartmouth, 1992. v. 1. p. 392 e seguintes. Henkin comenta que a ponderação pode ser uma forma legítima de solucionar a tensão entre direitos ou poderes constitucionais no silêncio de uma resposta constitucional, mas entende que outros métodos podem ser construídos para resolver o impasse. Ora, como proposto no texto, sem uma resposta prevista no sistema, fatalmente restará a ponderação, desde que seja proibida decisão que não resolva o caso submetido à instituição aplicadora. Pfersmann caminha em pálio congruente ao texto, mas também salienta a existência de normas de prevalência de cunho material, o que a princípio é rejeitado nesta pesquisa como a melhor opção, sem prejuízo de que esse tipo de categorização possa ter utilidade quando acoplada a uma ponderação estruturada, consoante será defendido no tópico seguinte. A resolução de antinomias por regras de prevalência leva em consideração aspectos formais da relação entre as normas e não de conteúdo, do contrário haverá categorização dos direitos.

[348] Jaap Hage e Alecsander Peczenik (HAGE, Jaap; PECZENIK, Alecsander. Law, morals and defeasibility. *Ratio Juris*, v. 13, n. 3, p. 305-325, 2000. p. 307-309) comentam sobre a possibilidade de serem configuradas exceções aos princípios quando eles não gerarem razões contributivas para a decisão.

A importância da metódica empregada é visível especialmente quando se verificam algumas estratégias que buscam alternativas para evitar a ponderação, como a de reinterpretar as normas conflitantes com nova extensão ou amputação de significados denotados se verificada a hipótese de conflito concreto. Mauro Barberis constrói o argumento de que seriam elegíveis pelas instituições de aplicação dois diferentes modelos para solução de casos, os quais poderiam coexistir: i) tratar os conflitos normativos como antinomias "estáticas", em que as diferentes posições de vantagem e seus correlatos deveres – os microdireitos – poderiam entrecruzar-se, com a saída a ser dada por normas de solução de conflitos no sistema, notadamente a da especialidade; ii) ou vislumbrá-los numa acepção de colisão dinâmica, com choque dos princípios ou "direitos-razão", em tudo similar ao modelo de solução da colisão de valores, solúveis por ponderação.[349] Essa aludida proposta não deixa de abeberar-se na posição de Riccardo Guastini, que defendeu que se poderia evitar uma ponderação pela reinterpretação das normas envolvidas de forma a construir uma relação de especialidade entre elas. Percebe-se que ambas as propostas carecem de força persuasiva, sobretudo pelo enfoque analítico empregado, sendo inconcebível reabrir a fase de interpretação das normas para afastar a ponderação na etapa de solução de conflitos normativos. Afinal, como a verificação de conflitos normativos é etapa cronologicamente posterior à da determinação linguística dos enunciados, evita-se o reaparecer da "fase interpretativa", já preclusa. Com isso, impedem-se "interpretações" manipulativas do conteúdo linguístico das expressões dos enunciados normativos, a criar normas claramente desconexas ou não representadas no texto.

Tudo o que já se enunciou fica mais complexo quando se pensa que as metanormas de solução de conflitos podem, também elas, se entrecruzar na resolução do caso concreto. É possível tanto esboçar hipóteses em que *lex superior* se choque com a *lex posterior* ou com a *lex specialis*, ou mesmo que haja concurso de todas as metanormas de prevalência no sistema, com duas dessas normas de prevalência a apontar em uma direção oposta ao da terceira. Nessa situação, haverá indubitavelmente uma conexão parcial-parcial entre as hipóteses normativas das normas de prevalência, uma vez que o pressuposto comum das previsões das normas estará preenchido quando houver conflito normativo, enquanto que os pressupostos diferentes das previsões são compatíveis entre si e serão ativados circunstancialmente: em uma será o fato de uma das normas ser

---

[349] BARBERIS, Mauro. I conflitti fra diritti tra monismo e pluralismo etico. *In*: COMANDUCCI, Paolo; GUASTINI, Riccardo (Org.). *Analisi i diritto*. Ricerche di giurisprudenza analitica. [s.l.]: [s.n.], 2005. p. 13 e seguintes. Ver, ainda, GUASTINI, Riccardo. *Distinguiendo* – Estudios de teoría y metateoría del derecho. Tradução de Jordi Ferrer i Beltrán. Barcelona: Gedisa, 1999. p. 277-286, e WRIGHT, Georg Henrik von. Is there a logic of norms? *In*: AARNIO, Aulis; MACCORMICK, Neil (Org.). *Legal reasoning*. Aldershot; Hong Kong; Singapore; Sydney: Dartmouth, 1992. v. 1. p. 392-393. Georg von Wright menciona que a ausência de metanormas implica uma decisão arbitrária, razão pela qual assume que o comum será que se façam modificações nas normas em conflito para evitá-lo. Outra estratégia ou modelo que se pode utilizar como forma de evitar o recurso à ponderação, não passível da objeção feita no texto, é a instituição de posições preferenciais (*preferred positions*), as quais não são, a rigor, metanormas de prevalência, não constituindo um degrau hierárquico maior a favor da norma "preferida". Como se percebe, na prática as posições preferenciais não evitam um juízo ponderativo, só acentuam o ônus argumentativo para restrição de um direito. Remete-se a GARCIA, Emerson. *Conflito entre normas constitucionais* – Esboço de uma teoria geral. Rio de Janeiro: Lumen Juris, 2008. p. 369-373.

hierarquicamente superior, enquanto que na outra será o fato de a norma ser posterior ou especial em relação à conflitante, por exemplo.[350]

É aqui que o apanhado feito no início deste subitem da pesquisa volta a ter importância: a capacidade de preverem-se situações de conflito é humanamente limitada. Ora, se a princípio o sistema disporia de normas de prevalência que resolveriam o conflito e evitariam o recurso à ponderação, é fato que dificilmente ele prevê regras de prevalência de segundo nível, voltadas à solução de conflitos normativos situados entre normas de prevalência.[351] Nessa situação, considerando que o próprio sistema fornece uma alternativa jurídica ao intérprete, não restará outro recurso que não o de ponderar. É possível, porém, mencionar uma exceção, justificada pela racionalidade do próprio sistema: o conflito entre normas de prevalência da anterioridade e da hierarquia, cuja solução deve ser sempre em prol da norma hierarquicamente superior.[352] Ora, se é assim quando está em jogo o conflito apenas da norma da prevalência da hierarquia com a da prevalência da norma posterior no tempo, com mais razão será quando, de um lado, estiver a regra da prevalência da hierarquia apoiada pela da especialidade, em oposição à regra de prevalência que determina a aplicação da norma posterior. Vale dizer, se a regra da hierarquia é capaz de, sozinha, sobrepujar sempre a regra da norma posterior, o mesmo raciocínio deve valer quando a regra da hierarquia estiver em sintonia com a regra da especialidade. David Duarte, que defende que a hierarquia deve prevalecer sempre em relação ao critério tempo, comete uma incoerência quando se refere a esta tripla situação de conflito a envolver regras de prevalência (anterioridade *versus* hierarquia e especialidade): segundo o jurista português, no caso em tela, seria necessário ponderar, sem apresentar razão adicional ao seu argumento geral, o qual, como se nota, é compartilhado neste trabalho com a devida pontuação aqui efetuada.

Mesmo Ross, que trouxe valioso contributo que inspirou o desenvolvimento do argumento da inconsistência normativa, não teve a visão clara de que a ponderação

---

[350] Usando o exemplo de conflito entre as metanormas de prevalência da hierarquia e da especialidade, que pode ser replicado com as demais antinomias entre regras de prevalência, poder-se ia rascunhar a regra da hierarquia (N6) no sentido de que havendo conflito de normas (p, primeiro pressuposto da previsão) em que uma delas é superior hierarquicamente (q, segundo elemento da previsão), deve (I, operador deôntico) prevalecer a superior (r, estatuição), logo $N6 = p \wedge q \ I \ r$; a regra da especialidade (N7) pode ser esboçada como havendo conflito de normas (p, primeiro pressuposto da previsão desta regra, idêntico ao primeiro pressuposto da regra da hierarquia) e sendo uma delas especial em relação à outra (s, segundo pressuposto da previsão, diferente e compatível em relação a q da N6), deve (I, operador deôntico) prevalecer a especial (t, estatuição), logo $N7 = p \wedge s \ I \ t$. Como se percebe, existe uma interseção entre as previsões das normas que gera uma alternatividade derivada em função da incompatibilidade dos efeitos de ambas as normas, razão pela qual se poderia efetuar um cruzamento das previsões, a fazer com que ambas se comportem como uma única norma (N6/N7) $p \wedge q \wedge s \ I \ r \vee t$, a oferecer duas alternativas ao aplicador: ou aplica a especial ou a de maior hierarquia, o que deve ser resolvido por ponderação. Claro está que esse cruzamento pressupõe, por certo, a relação parcial-parcial com geração de alternatividade derivada, uma vez que se o efeito das normas for compatível, não há conflito, ou seja, se a mesma norma for especial e hierarquicamente superior em relação a outra, ambas as metanormas de hierarquia e especialidade apontam a prevalência da mesma norma (especial e superior), de sorte que não haverá espaço para sopesamento.

[351] Uma notável exceção ocorre justamente no direito português: a regra do art. 7º, nº 3, do Código Civil luso, que estipula a vitória do critério da especialidade sobre o tempo, condicionada ao fato de que não haja "vontade contrária".

[352] DUARTE, David. *A norma da legalidade procedimental administrativa* – A teoria da norma e a criação de normas de decisão na discricionariedade instrutória. Coimbra: Almedina, 2006. p. 151; 237-295; SANTIAGO NINO, Carlos. *Introdução à análise do direito.* Tradução de Elza Maria Gasparoto. São Paulo: Martins Fontes, 2010. p. 321-330. Se Duarte é expresso ao apontar a resposta do conflito pela ponderação, Carlos Nino enfatiza a ausência de regras de segundo nível para resolver a questão. Nino coloca, com acerto, que as regras de prevalência não ostentam um caráter lógico; elas estariam sujeitas a avaliações pragmáticas, a oportunizar exceções irregulares.

era desenvolvida por ausência de metanormas de segundo nível. Ross traz uma distinção entre a concorrência ocorrida dentro do mesmo texto daquela consumada entre enunciados normativos diferentes, momento em que salienta que, na primeira hipótese (havendo incompatibilidade absoluta ou sobreposição de normas), não existem regras interpretativas gerais aptas a dirimir o choque, de sorte que a resposta estará na discricionariedade do intérprete ou em dados alheios ao texto. No caso de concorrência gerada entre textos normativos diferentes, o jurista apregoa que o "princípio" da *lex posterior* pode ter força variável consoante a hipótese de concorrência normativa, tendo em conta que na incompatibilidade absoluta (total-total) e na concorrência total-parcial não existiriam ordinariamente razões de peso para descartar a regra da lei posterior, mesmo que, na segunda hipótese, ele aduza que existiria a conjunção com a lei especial, conquanto em algumas hipóteses de regras particulares anteriores em confronto com regras gerais posteriores, a lei especial poderia prevalecer, a depender de dados e considerações axiológicas. No que é pertinente à concorrência parcial-parcial, dever-se-ia perscrutar a intenção do legislador, o que conclamaria prova estranha ao texto, ou socorrer-se da discricionariedade do intérprete.[353] Em suma, faltou a Ross a percepção do fundamento necessário para o recurso à técnica ponderativa: ausência no sistema de metanormas de segundo grau que deixem a ponderação despicienda.

A objeção tecida contra as teses de Barberis e de Guastini vale, nesse segundo nível de conflito entre regras de prevalência, parcialmente contra a posição de Norberto Bobbio. Bobbio também percebe a existência de antinomias solúveis e insolúveis por normas de conflito, seja porque há concorrência de critérios de colisão de normas ou porque não existe nenhum critério apto a solucioná-la. Para as antinomias insolúveis por ausência de critérios suficientes de solução, Bobbio propõe que sejam resolvidas com base na discricionariedade do intérprete, com possíveis três soluções: i) cancelamento das normas conflitantes; ii) cancelamento de uma das normas – interpretação ab-rogante; iii) interpretação corretiva das duas normas, de sorte a conservá-las e afastar a incompatibilidade de seus efeitos.[354] Deve-se observar que a alternativa "i", consoante exposto na tese, é o caminho natural sempre que não houver a proibição de *non liquet* e não uma opção discricionária; do contrário, interditado o *non liquet*, o caminho é o de sopesar e decidir pela aplicação de uma das normas. A alternativa "iii", por certo, é inconcebível se adotada a distinção de fases entre interpretação como atividade e a verificação de conflitos normativos e, nessa parte, compartilha da mesma crítica dirigida a Barberis e a Guastini. Para as antinomias insolúveis por concurso dos critérios de colisão, Bobbio defende que: iv) o choque entre os critérios de hierarquia e o cronológico deva ser sanado com a vitória da hierarquia, tal qual proposto aqui; v) já no que é pertinente ao choque dos critérios de especialidade e cronológico, aponta preferência pela vitória da especialidade, sem que isso seja uma resposta peremptória; vi) no caso do confronto entre os critérios de especialidade e hierarquia, o problema é resolvido

---

[353] ROSS, Alf. *Sobre el derecho y la justicia*. Tradução de Genaro R. Carrió. 2. ed. Buenos Aires: Editorial Universitaria de Buenos Aires, 1997. p. 164-168. A crítica apresentada a Ross já tinha sido trazida em ALMEIDA, Luiz Antônio Freitas de. *Direitos fundamentais sociais e ponderação* – Ativismo irrefletido e controle jurídico racional. Porto Alegre: Sergio Antonio Fabris, 2014. p. 64 e seguintes.

[354] BOBBIO, Norberto. *Teoria do ordenamento jurídico*. Tradução de Ari Marcelo Solon. 2. ed. São Paulo: Edipro, 2014. p. 89-108. Bobbio chega a propor, na insuficiência de critérios, um quarto critério com base na forma da norma.

por discricionariedade do intérprete.[355] Esta tese posiciona-se, como ficou evidente, no sentido de que as alternativas "v" e "vi", no entanto, são sanáveis por ponderação.[356]

A questão do choque entre normas de prevalência e a ausência usual de normas de prevalência de segundo nível têm direta relação com um tema espinhoso: a relação conflituosa entre uma regra e um princípio, sobretudo para quem adota uma teoria externa dos direitos fundamentais. Para os adeptos da teoria externa, os direitos fundamentais talhados em forma de princípios jurídicos constitucionais são sujeitos a restrições por regras infraconstitucionais, normas mais específicas e de menor patente hierárquica.[357] Percebe-se, aí, uma colisão entre as metanormas da hierarquia e da especialidade e que, consoante o que foi registrado nesta tese, seria típico caso de solução por meio da técnica ponderativa. Isso porque, diante do pressuposto implícito existente unicamente na previsão dos princípios, é comum que se refira às regras como mais especiais em relação aos princípios (em realidade, de condições de aplicação mais específicas e menos indeterminadas).

No entanto, é preciso retornar às balizas teóricas da pesquisa. Com efeito, deve-se, em primeiro olhar, verificar se a regra e o princípio estão, de fato, em situação de concorrência normativa total-parcial. Esse tipo de concorrência é vislumbrado sempre que a regra em tela for objeto de uma ponderação prévia do legislador do aludido princípio, o qual estará sendo restringido pela regra. Nessa situação, se desconsiderado fosse o critério hierárquico (porque o princípio e a regra estão em mesmo patamar hierárquico), a regra da prevalência da especialidade determinaria sempre a aplicação da regra, modo de pensar que já escamoteia qualquer tese de maior hierarquia dos princípios em relação às regras independentemente da sua colocação na pirâmide normativa. Contudo, em níveis diversos de hierarquia, a colisão entre um princípio constitucional e uma regra infraconstitucional que o restringe fomenta um encontro belicoso entre as normas de prevalência, sem que o ordenamento disponha de metanormas de segundo nível para resolver o conflito, a restar o balanço de razões que apoiam as normas como decisivo para solucioná-lo. Um adendo é interessante de ser feito: em geral, os partidários da diferença qualitativa entre regras e princípios consentem que possa ocorrer um choque mediato entre uma regra e um princípio, porém eventual sopesamento não abrange a regra restritiva de direito fundamental, mas o princípio contraposto que a ampara.[358]

---

[355] BOBBIO, Norberto. *Teoria do ordenamento jurídico*. Tradução de Ari Marcelo Solon. 2. ed. São Paulo: Edipro, 2014. p. 89-108.

[356] Em corrente contrária ao preconizado no texto, a defender a inexistência de solução discricionária em qualquer situação de conflito de metanormas de prevalência, inclusive no caso de colisão entre hierarquia e especialidade, com indicação em cada situação de conflito de qual a solução adequada segundo sua ótica, está ROCHA, Joaquim Freitas da. *Constituição, ordenamento e conflitos normativos* – Esboço de uma teoria analítica da ordenação normativa. Coimbra: Coimbra, 2008. p. 348-357.

[357] A teoria externa dos direitos fundamentais é seguida nesta investigação. Sobre as diferenças e implicações de uma teoria interna ou externa dos direitos fundamentais para limites/restrições aos direitos fundamentais, remete-se a ALEXY, Robert. *Teoria dos direitos fundamentais*. Tradução de Virgílio Afonso da Silva. São Paulo: Malheiros, 2008. p. 276-295; BERNAL PULIDO, Carlos. *El principio de proporcionalidad y los derechos fundamentales*. 3. ed. Madrid: Centro de Estudios Políticos y Constitucionales, 2007. p. 448-492.

[358] ALEXY, Robert. *Teoria dos direitos fundamentais*. Tradução de Virgílio Afonso da Silva. São Paulo: Malheiros, 2008. p. 90-91. Segundo Alexy, a otimização dos princípios depende das possibilidades fáticas e jurídicas existentes e estas são compreendidas de acordo com o confronto de regras e princípios colidentes, de sorte que tanto a aceita a colisão como a ponderação como solução do conflito, com a peculiaridade de que o sopesamento envolveria não a regra restritiva, mas o princípio que lhe dá suporte e o princípio de direito fundamental contraposto. No

Virgílio Afonso da Silva, nesse tocante, vai mais além ao rejeitar expressamente que se possa caracterizar um conflito normativo na hipótese de uma restrição a um direito fundamental, sob o mesmo raciocínio: haveria, em realidade, colisão entre o princípio de direito fundamental e o princípio que justifica a regra, com a construção de uma exceção à regra se o princípio de direito fundamental sobrepujar o princípio que ampara a regra restritiva ou a aplicação desta norma se ela for constitucional.[359] Sem embargo, é equivocado refutar a situação de conflito, inclusive porque pode tanto haver a construção de uma exceção à regra restritiva, como pode a própria regra ser invalidada por inconstitucionalidade, o que mostra que a própria regra está certamente envolvida na colisão, uma vez que é atingida pela operação ponderativa, sem prejuízo de admitir-se que o princípio que lhe dá suporte entre no conflito ou acresça-lhe a força argumentativa a ser considerada no sopesamento.

No entanto, ainda que a tônica da colisão de princípios ou de princípios e regras seja a verificação de uma concorrência parcial-parcial entre as normas em embate, não se descarta inteiramente a possibilidade teórica de um conflito concreto por incompatibilidade aplicativa entre um princípio e uma regra, sem qualquer configuração de uma concorrência parcial-parcial. Seja como for, reitera-se ser essa questão de somenos importância que não a de precisão científica, haja vista que, do aspecto prático, a solução seria a mesma tanto no conflito concreto por concorrência parcial-parcial como no conflito concreto por incompatibilidade aplicativa sem concorrência normativa: o sopesamento. Afinal, repise-se, a incompatibilidade aplicativa reconduz-se à alternatividade derivada, com a mesma técnica de resolução de encontro belicoso de normas,[360] mesmo que a antinomia ocorra exclusivamente com regras nessa condição (ausência de qualquer concorrência normativa).[361]

---

mesmo diapasão, BOROWSKI, Martin. La restricción de los derechos fundamentales. Tradução de Rodolfo Arango. *Revista Española de Derecho Constitucional*, n. 59, p. 29-56, 2000. p. 40-45; SARMENTO, Daniel. *A ponderação de interesses na Constituição Federal*. 1. ed. 3. tir. Rio de Janeiro: Lumen Juris, 2003. p. 106-107.

[359] SILVA, Virgílio Afonso da. *Direitos fundamentais* – Conteúdo essencial, restrições e eficácia. São Paulo: Malheiros, 2009. p. 51 e seguintes.

[360] Com isso, retifica-se parcialmente o posicionamento defendido em trabalhos anteriores, a exemplo de ALMEIDA, Luiz Antônio Freitas de. A ponderação judicial na solução de conflitos normativos entre direitos fundamentais sociais densificados em leis e regras orçamentárias. *In*: DUARTE, David; SARLET, Ingo Wolfgang; BRANDÃO, Paulo de Tarso (Coord.). *Ponderação e proporcionalidade no Estado constitucional*. Rio de Janeiro: Lumen Juris, 2013. p. 106 e seguintes; de ALMEIDA, Luiz Antônio Freitas de. *Direitos fundamentais sociais e ponderação* – Ativismo irrefletido e controle jurídico racional. Porto Alegre: Sergio Antonio Fabris, 2014. p. 65.

[361] Curioso exemplo pode ser trazido com o enunciado do art. 93, II, "a", da Constituição Federal brasileira, que traz duas regras constitucionais, uma que determina a promoção obrigatória de magistrados que figurarem em lista de merecimento por cinco vezes alternadamente e outra que prescreve essa mesma ascensão funcional em caso de ser mencionado na lista de merecimento por três vezes consecutivas. É possível cogitar a hipótese de dois magistrados concorrerem em que um figure pela quinta vez alternada na lista de merecimento e outro que integre a mesma lista pela terceira vez consecutiva, de sorte que o choque entre essas duas regras dar-se-á por incompatibilidade aplicativa, pois não existe confronto no nível deôntico da norma: não existem pressupostos comuns na previsão (em uma o pressuposto é figurar em lista de merecimento por três vezes consecutivas e, na outra, figurar por cinco vezes alternadas) com iguais estatuição e o operador deôntico. No plano constitucional não há norma a dirimir o choque entre essas duas regras e, pressupondo que o mesmo ocorra nos planos inferiores da hierarquia legislativa, haverá colisão de regras por incompatibilidade aplicativa, cuja solução só será dada pela ponderação. O interessante do exemplo é mostrar como algumas teses opostas às premissas defendidas nesse texto sucumbem. Em primeiro lugar, não adianta nada procurar princípios que justifiquem essas regras, seja por estarem no ápice do sistema (a justificação dessa regra dependeria mais de uma argumentação moral), seja porque, se houvesse princípio que as justificasse, entende-se que seria o mesmo. Vale lembrar que não é caso de socorrer-se de analogia, uma vez que existem expressamente normas a regular a hipótese, as quais se

Tudo o que foi construído até aqui teve por premissa o confronto entre duas normas diferentes. No entanto, há quem sustente a possibilidade de uma colisão "intraprincípios", fundada no raciocínio de que o modelo argumentativo dos princípios permite leituras diferentes e incomensuráveis da mesma norma, conforme em causa o segmento social, todas dignas de igual respeito, haja vista o pluralismo – e não o monismo ético – recepcionado nas ordens constitucionais (uma sociedade supercomplexa). Assim, seria inconcebível pensar em otimização, por ausência de princípios colidentes, sendo possível apenas pensar-se em maximização, sem que, no entanto, o Estado promova a hipertrofia de uma leitura em detrimento de outra; em síntese, pode-se dizer que se deve abdicar da tentativa de otimizar baseado numa racionalidade monológica do decisor que se ponha acima dos demais segmentos sociais ou mesmo numa racionalidade dialógica, haja vista que o discurso orientado ao consenso necessariamente falhará em atingi-lo em temas tão complexos e controvertidos como são os de direitos fundamentais.[362] Materializando a tese de Marcelo Neves, um princípio de liberdade de expressão teria diferentes leituras, conforme o contexto social: o segmento social de índole religiosa judaico-cristã poderia entender que é permitido expressar-se para criticar o homossexualismo, ao passo que os integrantes dessa minoria poderiam ler esse princípio de forma alternativa e considerar esse tipo de crítica como não abrigada dentro dessa norma principial e, assim, caracterizá-la como homofobia. Veja-se um interessante exemplo trazido pelo próprio Neves, o da tribo indígena brasileira Suruahá, cuja tradição e costume determina o homicídio de crianças recém-nascidas quando elas possuam alguma deficiência física ou de saúde. O direito à vida, na leitura da tribo Suruahá, mereceria respeito em relação a qualquer outra leitura fora desse contexto cultural. Por isso, uma posição de "transconstitucionalismo"[363] é viável para uma "autocontenção" dos direitos fundamentais, a admitir a convivência e um "diálogo" de várias ordens normativas (direito internacional, direito de blocos continentais, direito constitucional e doméstico e até, como no caso das tribos indígenas, de ordens normativas paralelas ao Estado).

---

enfrentam na seara concreta por força de determinada articulação fática, isto é, não há lacuna. Percebe-se, aqui, que elementos externos ao próprio choque das regras deverão solucionar o impasse, o que aumenta a força argumentativa da existência de conflitos intersistêmicos, consoante será exposto adiante. À partida, poder-se-ia defender uma vantagem de quem tenha figurado cinco vezes alternadamente apenas por um critério de quantidade. Este exemplo já tinha sido considerado em ALMEIDA, Luiz Antônio Freitas de. *Direitos fundamentais sociais e ponderação* – Ativismo irrefletido e controle jurídico racional. Porto Alegre: Sergio Antonio Fabris, 2014. p. 66.

[362] NEVES, Marcelo. *Entre Hidra e Hércules* – Princípios e regras constitucionais como diferença paradoxal do sistema jurídico. São Paulo: Martins Fontes, 2013. p. 160-170. Marcelo Neves preocupa-se com uma espécie de "imperialismo dos direitos fundamentais", algo compartilhável com sua posição em relação aos direitos humanos. Assim, sua tese de "transconstitucionalismo", a admitir a convivência e um "diálogo" de várias ordens normativas (direito internacional, direito de blocos continentais, direito constitucional e doméstico e até, como no caso das tribos indígenas, de ordens normativas paralelas ao Estado). Sobre conflitos inter e intradireitos, ÁLVAREZ, Silvina. Pluralismo moral y conflicto de derechos fundamentales. *Doxa – Cuadernos de Filosofía del Derecho*, v. 31, p. 21-54, 2008. p. 40 e seguintes.

[363] Para um conceito mais preciso da tese do transconstitucionalismo, desenvolvida por Marcelo Neves, em que o jurista procura desenvolver instâncias de diálogo transversal entre diferentes ordens jurídicas, sem hierarquização entre os diferentes níveis e funções dessas ordens jurídicas, com preocupação de como resolver problemas que se entrecruzam simultaneamente nos diferentes níveis e funcionalidades desses conjuntos jurídicos em "conversação", remete-se a NEVES, Marcelo. *Transconstitucionalismo*. São Paulo: Martins Fontes, 2009. p. 115 e seguintes. A respeito do exemplo da tribo Suruahá, ele é citado pelo jurista tanto na nota de rodapé anterior como neste último trabalho (p. 222 e seguintes).

Sob as premissas teóricas e metodológicas assimiladas nesta pesquisa, a tese de Marcelo Neves merece diversos contrapontos. No aspecto metódico, caso se parta da interpretação como atividade de descodificação linguística, é perceptível que haverá a possibilidade de formularem-se proposições (ou decisões) de índole descritiva, ao passo que algumas outras serão estipulativas. Essa etapa é preliminar a esta de verificar eventual "litigiosidade", concreta ou abstrata, das normas jurídicas; logo, é temerário reportar-se a "leituras" diferentes por setores diversos da sociedade para defender um conflito intraprincípios, eis que esse confronto já não correria, em realidade, no campo da dinâmica de aplicação de normas, mas já no espaço atinente ao da interpretação. Falar de um confronto, mesmo que dentro do mesmo princípio, pressupõe sempre a determinação linguística de um enunciado normativo, de modo que já se possui uma dimensão de significado entre duas normas. De qualquer maneira, o pensamento de Neves mostra a utilidade de trabalhar-se na interpretação com um suporte fático amplo,[364] com maiores posições albergadas *prima facie* pela norma de princípio, porém se refuta a possibilidade de juridicidade paralela às instituições oficiais estatais.[365]

No aspecto teórico, é preciso registrar que uma teoria de argumentação deve ter por referencial a busca da melhor resposta – a qual funcionará, portanto, como ideal regulativo –, que possa de alguma maneira ser aceita, mesmo que com discordância do resultado, mediante um procedimento estruturado que permita a racionalidade discursiva da decisão. Uma decisão judicial tem um aspecto de comunicação e conversação diferida no tempo e no espaço, pois ela é passível de crítica da jurisprudência, a par de tentar convencer os atores envolvidos de que a melhor resposta foi de fato dada. É claro que o procedimento não pode, por si só, assegurar uma única resposta sempre, outras respostas poderiam ter sido dadas, no entanto a encampação de regras do discurso permite que a instrumentalidade do procedimento traga um mínimo de racionalidade, suficiente para conquistar não a unanimidade na comunidade jurídica relevante, mas ao menos um resultado aceitável pela média das pessoas racionais.[366] É evidente que a correção da decisão é dependente tanto do procedimento como da assunção de uma correta teoria da interpretação, mas se isso possibilita o dissenso, não pode ser a ponto de desestruturar o tecido social e a institucionalização do direito, a qual é, por certo, convencional. Do contrário, a convivência de diversas leituras, todas elas incomensuráveis e de igual valia, representaria na prática uma radical indeterminação das normas do sistema, com quebra da estabilidade institucional e sem engendrar guias de conduta e de

---

[364] O conceito de suporte fático amplo e restrito será retomado posteriormente. A rigor, a pesquisa norteia-se pela defesa de um suporte fático amplo, sem prejuízo de possível temperamento com a posição de exclusão peremptória do âmbito de proteção do direito fundamental de posições visivelmente esdrúxulas ou exageradas, mas isso será considerado posteriormente em outros pontos da pesquisa.

[365] A ênfase aqui nas instituições estatais não implica rejeitar o costume nem a incidência e a aplicação de normas de direito internacional e inter-regional. Costume pode ser fonte de direito, mas sua força jurídica depende da convicção de que seja norma pelos agentes estatais, pela submissão a uma regra de reconhecimento do sistema. De outro lado, mesmo dentro de um contexto de maior integração política e econômica entre Estados em blocos supranacionais, como ocorre na Europa, e ainda na correlação entre os Estados nacionais, blocos supranacionais e organizações de direito internacional, parece patente que a soberania estatal lhes permite juridicamente que adiram a esses tratados e convenções, no entanto o caminho inverso é perfeitamente realizável.

[366] ALEXY, Robert. *Teoria da argumentação jurídica*: a teoria do discurso racional como teoria da fundamentação jurídica. Tradução de Zilda Hutchinson Schilde Silva. 2. ed. São Paulo: Landy, 2005. p. 274-281 e seguintes; ALEXY, Robert. Balancing, constitutional review, and representation. *International Journal of Constitutional Law*, v. 3, n. 4, p. 572-581, 2005. p. 578-581, este em relação à legitimidade argumentativa dos tribunais constitucionais.

expectativas de comportamentos.[367] De mais a mais, se o sistema normativo internaliza princípios que reforçam justamente um pluralismo ético, é conatural que haja situações de conflitos entre esses princípios e isso pode e deve bem fazer parte da compreensão dos aplicadores das normas, de sorte que, se não é preciso recorrer a uma figura idealizada de juiz, é possível admitir, como ideal regulativo, que os juízes tenham a compreensão da complexidade social e respeitem sim os valores internalizados nos princípios do sistema e não todos e quaisquer valores e leituras disponíveis no meio social. Conquanto se corra o risco de hipérbole dialética, a forma ampla com que Marcelo Neves trata as possíveis leituras levanta várias questões: quais ordens normativas paralelas ao poder estatal poderiam ser admitidas? Como elegê-las, quais critérios para selecioná-las?[368]

De outro prisma, dentro de um pluralismo mitigado, aduzir que os valores albergados nos princípios são incomensuráveis não significa alijar deles qualquer comparabilidade; se não é possível estabelecer uma hierarquia rígida, dentro de uma perspectiva pluralista continua realizável o exame da relação entre os princípios e das razões que lhe dão suporte, de modo a efetuar uma comparação entre eles, para que seja dada a decisão demandada.[369] Acrescente-se que, em todos os casos em que haja o recurso à ponderação, será dada uma resposta que, por emanar a racionalidade procedimental, será satisfatória no aspecto jurídico, mesmo que o dilema moral subjacente permaneça em aberto.[370] Derradeiramente, nada se teria a obtemperar se a insurgência de Neves fosse dirigida apenas quanto ao termo "otimizar", no sentido de alcançar uma solução ótima do ponto de vista ético ou moral, de sorte a trocar o vocábulo por "maximizar"; ocorre que o próprio modelo de discurso é posto em causa pelo jurista.

---

[367] Remete-se, nesse pormenor, ao que já se referiu sobre a estabilidade e previsibilidade, conforme VILAJOSANA, Josep M. Una defensa del convencionalismo jurídico. *Doxa – Cuadernos de Filosofía del Derecho*, v. 33, p. 471-501, 2010. p. 495.

[368] Determinados costumes particulares que se formam nas comunidades podem ser contrários à ordem jurídica estabelecida. Compatibilizam-se com a leitura proposta pelo jurista brasileiro? E o "código de ética" de organizações criminosas? É claro que, para evitar desvirtuamentos da proposta de Marcelo Neves, sua visão de transconstitucionalismo remete para ordens "extrajurídicas" milenares, o que parece restringir sua proposta apenas a povos indígenas ou costumes tradicionalmente estabelecidos nessas culturas (NEVES, Marcelo. *Transconstitucionalismo*. São Paulo: Martins Fontes, 2009. p. 216-229). Essa compreensão poderia talvez desqualificar as indagações feitas, torná-las exageradas ou meramente retóricas. No entanto, a diferença do que poderia ocorrer com outras ordens constitucionais – Neves menciona a Constituição boliviana, que daria tratamento mais específico e claro nessa questão –, a Constituição brasileira traz no art. 219, §1º, o dever estatal de proteger as manifestações de cultura indígena, afro-brasileira e, também, as culturas populares, sem qualquer outro pormenor nem conferir a esses povos uma autonomia normativa em relação à Constituição brasileira e às normas jurídicas editadas no território brasileiro. Assim, o que impede reconhecer costumes de populações que, alheias ao alcance do Estado por omissão consolidada no tempo, são nitidamente dominadas pelo poder paralelo do crime organizado? Não há, em realidade, um comando jurídico para esse tratamento diferenciado proposto por Neves radicado na carta constitucional, o que reabilita as indagações anteriores.

[369] ÁLVAREZ, Silvina. Pluralismo moral y conflicto de derechos fundamentales. *Doxa – Cuadernos de Filosofía del Derecho*, v. 31, p. 21-54, 2008. p. 46. A autora, porém, defende que alguns conflitos, como os simétricos, em que, de um mesmo direito, extraem-se obrigações contrapostas, não são possíveis de serem dirimidos no aspecto jurídico, porque não são passíveis de serem justificados moral e juridicamente. No entanto, é visível que uma decisão, se for demandada do Judiciário, deve ser dada, o que revela que mesmo nesses conflitos é necessário decidir. A resposta racionalmente adequada pode passar justamente pela negativa da pretensão do autor da ação, sob o fundamento de que o encargo de decidir não pertence ao Judiciário, mas aos demais poderes políticos, o que não deixa de ser, portanto, uma resposta jurídica ao problema que lhe foi apresentado.

[370] ÁLVAREZ, Silvina. Pluralismo moral y conflicto de derechos fundamentales. *Doxa – Cuadernos de Filosofía del Derecho*, v. 31, p. 21-54, 2008. p. 40 e seguintes.

À parte dos contrapontos retromencionados, nada impede, de fato, uma colisão "intraprincípio" ou "intradireito", isto é, duas posições jurídicas de vantagem em relação a dois titulares diferentes ou, na expressão de Silvina Álvarez, um conflito simétrico. No entanto, é visível que essa colisão é um conflito concreto, ativado por uma configuração casuística da realidade que despertou o sentido deôntico da mesma norma em relação a dois titulares diferentes, cuja aplicação simultânea das normas torna-se incompatível. Nada aí há de novo e esse tipo de situação aproveita todas as considerações já tecidas em relação aos conflitos concretos.

Em arremate deste tópico, enfrenta-se o tema da derrotabilidade das regras, tema referido no subcapítulo 1.3.

Herbert Hart traz aporte embrionário do conceito de derrotabilidade ao aduzir que mesmo idealmente não é realizável a formulação de uma regra tão pormenorizada que afaste qualquer disputa com interesses concorrentes na hipótese de aparecer um caso que, conquanto subsumível à regra, não fora contemplado pelo legislador, em função da ignorância do devir e da relativa indeterminação da finalidade. Outrossim, Hart exclui das regras qualquer caráter de *all-or-nothing-fashion* ante a ilação de que qualquer regra poderá ser superada por outras regras ou princípios concorrentes com razões mais importantes que ela. Por conseguinte, as regras são "quase conclusivas", a destoar com o modo "não conclusivo" dos princípios.[371]

Desde então, nos vários escritos que foram efetuados sobre o tema, o termo "derrotabilidade" (*defeasibility*) encontra significado extensional polissêmico, com inúmeros sentidos não inteiramente aceitáveis dentro do parâmetro dessa pesquisa.[372]

Entende-se por derrotabilidade o fenômeno de não aplicação das consequências jurídicas tipificadas nas normas jurídicas em determinado caso concreto por força de razões de maior importância que sobrepesem aquelas existentes para a sua aplicação em decorrência de um balanceamento.[373] No caso de conflito abstrato de normas, apenas num sentido muito lato pode-se pensar que sua resolução gere a derrotabilidade. Como o conflito abstrato é resolúvel por metanormas de conflito de modo ordinário, enquadrar essa situação dentro do conceito de derrotabilidade não traria nenhum conceito operativo ou relevante. No entanto, sempre que a solução da antinomia esteja calcada no exame ponderativo, porque se trata de um conflito concreto, aí incluído o conflito entre metanormas de prevalência e a incompatibilidade aplicativa, o instituto da derrotabilidade torna-se relevante para a dogmática jurídica.[374]

---

[371] HART, Herbert L. A. Pós-escrito. Tradução de A. Ribeiro Mendes. *In*: HART, Herbert L. A. *O conceito de direito*. 5. ed. Lisboa: Fundação Calouste Gulbenkian, 2007. p. 299-339.

[372] A respeito de inúmeros conceitos de derrotabilidade remete-se a RODRÍGUEZ, Jorge L.; SUCAR, Germán. Las trampas de la derrotabilidad. Niveles de análisis de la indeterminación del derecho. *In*: GAIDO, Paula *et alli* (Ed.). *Relevancia normativa en la justificación de las decisiones judiciales* – El debate Bayón-Rodríguez sobre la derrotabilidad de las normas jurídicas. reimpr. Bogotá: Universidad Externado de Colombia, 2005. p. 103-155. Como se percebe, alguns dos conceitos trazidos pelos autores serão descartados neste trabalho.

[373] Em sentido contrário à tese de derrotabilidade, GARCIA, Emerson. *Conflito entre normas constitucionais* – Esboço de uma teoria geral. Rio de Janeiro: Lumen Juris, 2008. p. 380-387, que apregoa não ser possível a suspensão de eficácia de uma regra por força de uma ponderação com um princípio, uma vez que tal recurso seria evitável pela interpretação conforme à constituição ou uma interpretação ab-rogante ou derrogante.

[374] DUARTE, David. Rebutting defeasibility as operative normative defeasibility. *In*: D'ALMEIDA, Luís Duarte *et alli*. *Liber Amicorum de José de Souza Brito em comemoração do 70º aniversário*. Lisboa: Almedina, 2009. p. 172-174. O doutrinador lusitano classifica a derrotabilidade em *undercutting defeasibility* e *rebutting defeasibility*, a primeira

À partida, é correto referir-se aos princípios como normas derrotáveis por excelência, desde que, como já exposto, rememore-se que também o conflito dessas normas pode dar-se no plano abstrato e ser sanável por metanormas de conflito. Não obstante, é com as regras que a derrotabilidade traz maiores complicações, haja vista a tendência de boa parte da doutrina de considerá-las como razões definitivas para a resolução de determinado problema que encontre congruência nos fatos operativos da previsão dessa regra.

Um primeiro pormenor que tem direta relação ao *approach* metodológico escolhido de permear uma separação entre as fases de determinação linguística dos enunciados e de identificação e resolução de antinomias é dimensionar que a derrotabilidade não é um problema ligado à etapa da interpretação do texto normativo. Como se expressou, é uma questão que eventualmente emerge após a precisão do significado linguístico dos vocábulos do texto normativo na etapa de aplicação (ou na formulação de uma proposição normativa pela ciência jurídica), mesmo que para isso o jurista ou o órgão aplicador precise estipular um significado em caso de incerteza não sanada pelos critérios de determinação linguística.[375]

Em vista do conceito estipulado de derrotabilidade, não se tratam, sob a égide desse instituto, casos em que, por força de normas processuais que regem os procedimentos de aplicação de normas jurídicas aos casos concretos, pretensões encaminhadas aos tribunais

---

sanável por normas de prevalência e a segunda pela técnica ponderativa. Segundo Duarte, só a *rebutting defeasibility* traz um conceito relevante. Ver, ainda, DUARTE, David. On the a contrario argument: much ado about nothing. *Revista da Faculdade de Direito da Universidade de Lisboa*, v. LIV, n. 1-2, p. 41-49, 2013. Separata. p. 46-47. As lições do professor português foram acolhidas e utilizadas sobre o tema derrotabilidade em ALMEIDA, Luiz Antônio Freitas de. *Direitos fundamentais sociais e ponderação* – Ativismo irrefletido e controle jurídico racional. Porto Alegre: Sergio Antonio Fabris, 2014. p. 66 e seguintes, com menor desenvolvimento ao que é feito aqui. Com base nesse referencial teórico, toma-se como similar, com alguns adendos adiante formulados, a argumentação desenvolvida por Neil MacCormick (MACCORMICK, Neil. *Rhetoric and the rule of law*. reprint. Oxford/New York: Oxford University Press, 2010. p. 237 e seguintes) sobre a derrotabilidade expressa e implícita, em que, no primeiro caso, existe uma exceção expressamente prevista à aplicação da consequência jurídica formulada na regra, enquanto que, na outra, os princípios subjacentes poderiam levar a novas interpretações restritivas ou a exceções. Também para MacCormick, é a derrotabilidade implícita que traz algum interesse de relevo para a teoria do direito. Os adendos pertinentes: é possível aproximar a *undercutting defeasibility* da *express defeasibility* se entendida a norma que estabelece uma exceção a uma regra como uma norma especial em relação à norma excepcionada, de sorte a configurar um conflito abstrato e ser sanável por regra de prevalência da especialidade; o mesmo destino é endereçado a *rebutting defeasibility* em relação a *implicit defeasibility*, com a anotação de que se trata de um conflito concreto e não de uma questão de determinação linguística, como parece ser a percepção de MacCormick, a despeito de ser controverso que haja, no caso, realmente a explicitação de uma exceção já implícita no ordenamento. Porém, ainda no caso da derrotabilidade expressa, se a exceção for entendida mais como um pressuposto negativo da previsão e não uma norma à parte em relação de consunção, não será enquadrável como derrotabilidade nos termos propostos no texto.

[375] Como se depreende do escólio de DUARTE, David. Linguistic objectivity in norm sentences: alternatives on literal meaning. *Ratio Juris*, v. 24, n. 2, p. 112-139, jun. 2011. p. 135. Em senda contrária ao exposto no texto, caminha RATTI, Giovanni Battista. The consequences of defeasibility. *In*: COMANDUCCI, Paolo; GUASTINI, Riccardo (Org.). *Analisi i diritto*. Ricerche di giurisprudenza analitica. [s.l.]: [s.n.], 2007. p. 261 e seguintes, que trata tanto da derrotabilidade interpretativa como da derrotabilidade "apagógica", esta decorrente de eliminar das normas significados que levem a resultados absurdos, enquanto que aquela seria a derivada de reinterpretação do texto, com ampliação ou amputação de casos denotados no texto. Também a dimensionar a derrotabilidade dentro de uma etapa de interpretação, com aproximação da derrotabilidade a lacunas axiológicas e a técnica de argumentação por dissociação, GUASTINI, Riccardo. Variaciones sobre temas de Carlos Alchourrón y Eugenio Bulygin. Derrotabilidad, lagunas axiológicas e interpretación. *Doxa – Cuadernos de Filosofia del Derecho*, v. 31, p. 143-155, 2008. p. 254 e seguintes.

tenham desfecho negativo, seja por não satisfação da carga de ônus probatório ou por ausência de informações suficientes para a resolução adequada do caso concreto.[376]

Tema de grande interesse, ligado aos pontos 1.1 e 1.3 desta tese, é saber em que medida a admissão da derrotabilidade é obstáculo insuperável ao positivismo jurídico: a derrotabilidade, se espraiada a todas as normas jurídicas, não traria uma indeterminação ao direito inconcebível aos escopos de pacificação e previsibilidade que adviria da sua institucionalização? O resultado das ponderações que derrotam regras seria a explicitação de exceções implícitas no sistema? Na base sequencial dessas indagações, anuída a derrotabilidade, está a dúvida sobre quais razões estão aptas a gerar a ponderação que leve à derrotabilidade das regras em particulares condições. É lídimo dimensionar altíssimo grau de insegurança jurídica se qualquer tipo de razão estivesse apto a justificar a derrota da regra, com o fortalecimento desmesurado e ilegítimo dos órgãos de aplicação de normas jurídicas, especialmente os tribunais constitucionais – onde se radique esse tipo de corte e de controle de constitucionalidade –, tendo em vista que lhes seria conferida uma discricionariedade absoluta, porquanto ausente qualquer vinculação desses órgãos institucionalizados a normas heterônoma ou autonomamente instituídas; nessa condição, falharia o sistema em oferecer qualquer guia de comportamento aos indivíduos em geral.[377]

A respeito das indagações supraformuladas, Jorge Rodríguez é incisivo: a admissão de derrotabilidade para todas as normas do sistema só é possível com o afastamento das bases positivistas ou em sentidos muito triviais.[378] Afinal, encampar a tese da derrotabilidade para pressupor a viabilidade de estipular exceções implícitas a quaisquer normas traria a aniquilação da estabilidade institucional na resolução de conflitos.[379] Sem embargo, Rodríguez acaba por conceder que não se opõe à tese de derrotabilidade se eventuais "exceções implícitas" reconhecidas pelos órgãos de aplicação forem resultantes de normas do próprio sistema que preponderem em caso de conflito com as regras derrotadas.[380] Em cariz opositivo, Juan Carlos Bayón preconiza que a conformação do sistema como um modelo misto de regras e princípios jurídicos

---

[376] É um dos vários sentidos referidos por RODRÍGUEZ, Jorge L.; SUCAR, Germán. Las trampas de la derrotabilidad. Niveles de análisis de la indeterminación del derecho. *In*: GAIDO, Paula *et alli* (Ed.). *Relevancia normativa en la justificación de las decisiones judiciales* – El debate Bayón-Rodríguez sobre la derrotabilidad de las normas jurídicas. reimpr. Bogotá: Universidad Externado de Colombia, 2005. p. 103-155, os quais, porém, não o encampam. Ainda nesse sentido, MACCORMICK, Neil. *Rhetoric and the rule of law*. reprint. Oxford/New York: Oxford University Press, 2010. p. 237-253.

[377] RAZ, Joseph. Postscript. *In*: RAZ, Joseph. *The concept of a legal system* – An introduction to the theory of legal system. 2. ed. reprint. Oxford/New York: Clarendon Press/Oxford University Press, 2003. p. 209-224. Raz esclarece que a discricionariedade absoluta representa assumir a inexistência de vinculação de instituições primárias a quaisquer normas ou precedentes, o que não significa necessariamente arbitrariedade; nessa condição de discricionariedade absoluta, as instituições primárias permitem-se a livre justificação de razões a embasar a decisão, contrariamente ao caráter institucionalizado, que parte da pressuposição de que as instituições estejam vinculadas a normas, concordem ou não com seu conteúdo.

[378] RODRÍGUEZ, Jorge L. La derrotabilidad de las normas jurídicas. *In*: GAIDO, Paula *et alli* (Ed.). *Relevancia normativa en la justificación de las decisiones judiciales* – El debate Bayón-Rodríguez sobre la derrotabilidad de las normas jurídicas. reimpr. Bogotá: Universidad Externado de Colombia, 2005. p. 67-101.

[379] RODRÍGUEZ, Jorge L.; SUCAR, Germán. Las trampas de la derrotabilidad. Niveles de análisis de la indeterminación del derecho. *In*: GAIDO, Paula *et alli* (Ed.). *Relevancia normativa en la justificación de las decisiones judiciales* – El debate Bayón-Rodríguez sobre la derrotabilidad de las normas jurídicas. reimpr. Bogotá: Universidad Externado de Colombia, 2005. p. 103-155.

[380] RODRÍGUEZ, Jorge L. Derrotabilidad e indeterminación del derecho. Respuesta a Juan Carlos Bayón. *In*: GAIDO, Paula *et alli* (Ed.). *Relevancia normativa en la justificación de las decisiones judiciales* – El debate Bayón-Rodríguez

termina por levar à admissão de que estas normas operam de modo a justificar exceções implícitas a casos aparentemente claros de aplicação daquelas normas, uma vez que é improvável estabelecer todas as possíveis exceções de uma regra.[381] Isso não contraria os alicerces positivistas, uma vez que a realidade do direito é convencional e, sem que haja convenções interpretativas que preestabeleçam relações incondicionais de preferência, haverá espaço indeterminado de aplicação do direito.[382]

Entrementes, Bayón está correto quando aponta que um modelo de regras e princípios propicia muitos conflitos normativos concretos e que isso gera a derrotabilidade pelo afastamento da aplicação da regra. O que é contestável é se esse afastamento da regra representa a mera explicitação de "exceções implícitas". Em realidade, é mais plausível propor, como fez Rodríguez, que eventuais exceções decorrentes de ponderação na solução de conflitos concretos sejam, em realidade, a modificação de normas do sistema,[383] as quais terminam por se aperfeiçoar e, destarte, integrar ao sistema sempre que houver a convicção generalizada das instâncias aplicadoras de que essa exceção passou a pertencer ao ordenamento, a formatar um título consuetudinário, em apego à tese de Raz já exposta anteriormente. De outro lado, a aceitação da derrotabilidade não desestrutura o positivismo jurídico, porque, como já explicado no item 1.1, o positivismo não se compromete com a total determinação do direito; a indeterminação parcial é aceita pela corrente positivista adotada nesta pesquisa, a qual se ampara apenas na tese de que, na identificação das fontes do direito, seja possível afirmar o que lhe pertence ou não sem a utilização de recurso a normas morais.[384]

---

sobre la derrotabilidad de las normas jurídicas. reimpr. Bogotá: Universidad Externado de Colombia, 2005. p. 209-262.

[381] BAYÓN, Juan Carlos. Proposiciones normativas e indeterminación del derecho. *In*: GAIDO, Paula *et alli* (Ed.). *Relevancia normativa en la justificación de las decisiones judiciales* – El debate Bayón-Rodríguez sobre la derrotabilidad de las normas jurídicas. reimpr. Bogotá: Universidad Externado de Colombia, 2005. p. 27-66; BAYÓN, Juan Carlos. ¿Por qué es derrotable el razonamiento jurídico? *In*: GAIDO, Paula *et alli* (Ed.). *Relevancia normativa en la justificación de las decisiones judiciales* – El debate Bayón-Rodríguez sobre la derrotabilidad de las normas jurídicas. reimpr. Bogotá: Universidad Externado de Colombia, 2005. p. 263-312. Bayón, no entanto, concede que a existência de normas derrotáveis no sistema é contingente, depende de as convenções interpretativas não fecharem essa possibilidade ao estabelecerem a impossibilidade de os juízes "explicitarem" as exceções aos casos de aplicação decorrentes de colisões com princípios. Conceituam como exceções implícitas as decorrentes da derrotabilidade GUASTINI, Riccardo. Variaciones sobre temas de Carlos Alchourrón y Eugenio Bulygin. Derrotabilidad, lagunas axiológicas e interpretación. *Doxa – Cuadernos de Filosofía del Derecho*, v. 31, p. 143-155, 2008. p. 254 e seguintes; MACCORMICK, Neil. *Rhetoric and the rule of law*. reprint. Oxford/New York: Oxford University Press, 2010. p. 237 e seguintes, o qual diferencia entre derrotabilidade expressa e implícita.

[382] BAYÓN, Juan Carlos. Derrotabilidad, indeterminación del derecho y positivismo jurídico. *In*: GAIDO, Paula *et alli* (Ed.). *Relevancia normativa en la justificación de las decisiones judiciales* – El debate Bayón-Rodríguez sobre la derrotabilidad de las normas jurídicas. reimpr. Bogotá: Universidad Externado de Colombia, 2005. p. 157-208.

[383] RODRÍGUEZ, Jorge L. Derrotabilidad e indeterminación del derecho. Respuesta a Juan Carlos Bayón. *In*: GAIDO, Paula *et alli* (Ed.). *Relevancia normativa en la justificación de las decisiones judiciales* – El debate Bayón-Rodríguez sobre la derrotabilidad de las normas jurídicas. reimpr. Bogotá: Universidad Externado de Colombia, 2005. p. 209 e seguintes.

[384] A par de tudo o que foi exposto no item 1.1, é conveniente mencionar as doutrinas de BAYÓN, Juan Carlos. Derrotabilidad, indeterminación del derecho y positivismo jurídico. *In*: GAIDO, Paula *et alli* (Ed.). *Relevancia normativa en la justificación de las decisiones judiciales* – El debate Bayón-Rodríguez sobre la derrotabilidad de las normas jurídicas. reimpr. Bogotá: Universidad Externado de Colombia, 2005. p. 157-208; RATTI, Giovanni Battista. The consequences of defeasibility. *In*: COMANDUCCI, Paolo; GUASTINI, Riccardo (Org.). *Analisi i diritto*. Ricerche di giurisprudenza analitica. [s.l.]: [s.n.], 2007. p. 277 e seguintes; RODRÍGUEZ, Jorge L. Derrotabilidad e indeterminación del derecho. Respuesta a Juan Carlos Bayón. *In*: GAIDO, Paula *et alli* (Ed.). *Relevancia normativa en la justificación de las decisiones judiciales* – El debate Bayón-Rodríguez sobre la derrotabilidad de las normas jurídicas. reimpr. Bogotá: Universidad Externado de Colombia, 2005. p. 209-262. A doutrina de Ratti, nesse ponto, reforça o que foi exposto no texto; Bayón também defende a compatibilidade do positivismo com a derrotabilidade, ao

A proposição de que a derrotabilidade é compatível com o positivismo poderia ser redesafiada com a apuração de que espécie de razões é apta a fomentá-la. Da própria definição de conflitos normativos concretos e abstratos extrai-se a ilação correta de que as razões que forcejam a derrotabilidade são razões jurídicas e fáticas: razões jurídicas quando existir uma concorrência normativa entre princípios e regras ou mesmo entre princípios e razões fáticas em decorrência de uma conjunção de situações da realidade que provocou a condicionalidade das normas em conflito. Contudo, como se admitiu que os princípios são uma forma de canal de comunicação entre o direito e a moral,[385] a oxigenar o sistema com a internalização de valores que trafegaram deste reino normativo para aquele, é natural que a atenção se volte para saber se razões de ordem exclusivamente moral são admissíveis para provocar um conflito normativo e, em caso positivo, se o alicerce positivista se mantém intacto. Essa temática desperta notório interesse, especialmente no marco pós-positivista e neoconstitucionalista,[386] em que se reconhece a força crescente dos princípios jurídicos, que termina por aumentar as competências do Judiciário em detrimento dos setores políticos, com progressiva judicialização da vida.

Não parece difícil rejeitar o fato de que princípios e normas morais possam ordinariamente ser usados para justificar o afastamento de incidência de uma regra jurídica, porque isso implica tolerar que a discordância moral do juiz quanto ao conteúdo da norma jurídica possa cancelar a sua validade. Basta precisar que essa possibilidade representa a sobreposição do juízo moral do magistrado ante o do legislador, longe de coadunar-se com a separação de poderes e com o princípio democrático: haveria aí um cenário de "inconsistência normativa".[387] Não é diferente de reiterar que a moral não pode ser, imediatamente, fonte de direito. Aqui mais dois acréscimos são essenciais.

O primeiro pormenor está em retomar que, partindo de um positivismo inclusivo, se as convenções que norteiam o reconhecimento de regras do sistema incorporam padrões morais, há uma juridicização desse padrão moral. Conforme já exposto, o "toque de Midas" do direito tem o condão de positivar padrões de início morais mediante a

---

salientar o aspecto convencional do direito; Rodríguez, que a princípio nega a derrotabilidade, deixa patente que a identificação de normas derrotáveis na etapa de aplicação (em realidade, ele acha mais correto definir isso como contradição de normas e não uma derrota) demonstra a separação entre a identificação das fontes e a aplicação das normas jurídicas.

[385] Já Radbruch (RADBRUCH, Gustavo. *Filosofia del derecho*. Tradução de José Medina Echavarría. Madrid: Editorial Revista de Derecho Privado, 1933. p. 60-64) dizia haver uma tensão na relação entre moral e direito: o reino normativo do direito teria por fim a moral e é a moral que funda a força obrigatória do direito.

[386] Para um apanhado sobre o paradigma neoconstitucionalista (defesa da força normativa da constituição e dos princípios jurídicos, diferenciados qualitativamente das regras, a inclusão de novos meios de interpretação das normas constitucionais, a advocacia de um modelo principiológico ponderativo, voltado ao caso concreto, e diminuição do modelo subsuntivo, dentro de um marco filosófico pós-positivista), remete-se a BARROSO, Luís Roberto. Neoconstitucionalismo e constitucionalização do direito (O triunfo tardio do direito constitucional no Brasil). *Revista de direito Administrativo*, v. 240, p. 1-42, abr./jun. 2005. p. 2 e seguintes; e a GARCÍA FIGUEROA, Alfonso. ¿Existen diferencias entre reglas y principios en el Estado constitucional? Algunas notas sobre la teoría de los principios de Robert Alexy. In: MANRIQUE, Ricardo García (Ed.). *Derechos sociales y ponderación*. 2. ed. Madrid: Fundación Coloquio Jurídico Europeo, 2009. p. 334-338. Em tom crítico ao movimento neoconstitucionalista, mencionam-se, entre muitos, MORAIS, Carlos Blanco de. O controlo de constitucionalidade por omissão no ordenamento brasileiro e a tutela dos direitos sociais: um mero ciclo activista ou uma evolução para o paradigma neoconstitucionalista? *Revista de Direito Constitucional e Internacional*, v. 78, p. 153-227, jan./mar. 2012; RAMOS, Elival da Silva. *Ativismo judicial* – Parâmetros dogmáticos. São Paulo: Saraiva, 2010. p. 279-288.

[387] WEINBERGER, Ota. Prima facie ought. A logical and methodological enquiry. *Ratio Juris*, v. 12, n. 3, 1999, p. 239-251. p. 246-250.

previsão nas convenções do sistema como normas jurídicas, especialmente princípios jurídicos, e que pode mesmo o direito, nessa adaptação ao sistema, regular de modo diferente a norma outrora meramente moral. Logo, se emanada diretamente de uma autoridade normativa devidamente autorizada, não será, a rigor, uma norma moral a justificar a derrotabilidade, mas uma norma jurídica, o que reconduz o caso ao que já fora tratado até agora.

Nada obstante, e dentro da perspectiva iniciada no parágrafo anterior, com retomada do que se apôs no item 1.1, é imperioso pontuar que o conceito de positivismo encampado nesta tese aceita denotar um sistema em que suas instituições primárias possam incorporar uma norma moral ao conjunto normativo, conforme estabelecido em uma regra de reconhecimento do sistema; isso é feito mediante reiteração de decisões em patamar suficiente a gerar a convicção generalizada da força obrigatória dessa norma moral entre os agentes das instituições primárias, o que significa juridicizá-la. Ademais, famosos positivistas sempre ressaltaram que padrões morais poderiam ser aplicados por operadores do sistema, baseados em uma competência discricionária que lhes era tolerada pelo ordenamento: o que registravam era que os padrões aplicados eram mesmo padrões morais e não jurídicos. E essa última parte do acréscimo liga-se com a primeira: a contínua repetição de decisões de mesmo jaez pode gerar um costume judiciário e, por conseguinte, a incorporação da norma moral no sistema jurídico.[388]

Essas considerações autorizam escrever que mesmo razões morais possam funcionar como justificação para a derrota da norma jurídica em determinado caso, desde que estejam revestidas de excepcional importância, em abundante robustez que ultrapasse uma mera discordância moral do conteúdo da norma. É óbvio que não se consegue mensurar antecipadamente e com precisão o grau de força necessária para que o julgador altere ou restrinja os pressupostos da previsão normativa, tudo a depender da avaliação dos fatos e circunstâncias em causa, das próprias consequências da decisão em si e da ponderação dessas razões.[389]

---

[388] GUASTINI, Riccardo. *Distinguiendo* – Estudios de teoría y metateoría del derecho. Tradução de Jordi Ferrer i Beltrán. Barcelona: Gedisa, 1999. p. 277-286; HART, Herbert L. A. Pós-escrito. Tradução de A. Ribeiro Mendes. *In*: HART, Herbert L. A. *O conceito de direito*. 5. ed. Lisboa: Fundação Calouste Gulbenkian, 2007. p. 299-339; KELSEN, Hans. *Teoría general de las normas jurídicas*. Tradução de Hugo Carlos Delory Jacobs. 1. reimpr. Cidade do México: Trillas, 2007. Col. Pedro María Anaya. p. 123-129; 138-139; 210-223. Guastini não menciona a tese do costume judiciário, ao passo que Kelsen finca-se em um "princípio da força do direito", sem comentar também a respeito do costume judiciário. Fator que poderia ser inquietante para o consentimento da tese da derrotabilidade é a admissão de um costume judicial *contra legem*: uma norma costumeira de fonte pretoriana com efeito de cancelar a validade de uma norma positiva. Essa inquietação concentra-se nos sistemas de tradição romano-germânica do direito (*civil law*), em que se rejeita a possibilidade de que norma consuetudinária possa revogar normas contidas em leis (BOBBIO, Norberto. *Teoria do ordenamento jurídico*. Tradução de Ari Marcelo Solon. 2. ed. São Paulo: Edipro, 2014. p. 95-96). Uma forma de responder ao problema é preconizar que a proibição de costumes *contra legem* não é endereçada às instituições primárias. Seja como for, como a derrotabilidade ocorre para o caso concreto sob decisão, não existe perda de validade normativa e, destarte, não se consuma a revogação da norma positiva pela norma moral. Indagação subsequente e de relevo é saber se, pressupondo a incorporação da norma moral no ordenamento em razão do costume gerado pelas sucessivas decisões que a aplicaram, não haveria aí a perda da validade da norma derrotada, ou se ela se concentraria apenas sobre a eficácia. Aparentemente, parece plausível supor que haja a própria perda da validade jurídica da norma derrotada.

[389] A rigor, como a justificação última de qualquer razão é, como já mencionado, uma razão moral, entram nesse epíteto razões de ordem política, razões econômicas ou, em gênero, razões extrajurídicas. Uma coisa que parece clara é que situações de anormalidade institucional podem produzir esse tipo de razões a justificar uma derrotabilidade. A esse respeito, conquanto esteja incorreta a conclusão dada em função do enfoque assumido nesta tese, remete-se a GARCIA, Emerson. *Conflito entre normas constitucionais* – Esboço de uma teoria geral. Rio

CAPÍTULO 1
A PONDERAÇÃO NA SOLUÇÃO DE CONFLITOS NORMATIVOS E AS NORMAS DE DIREITOS FUNDAMENTAIS | 149

Ao revés, independentemente da razão que atue a favor da derrotabilidade de uma regra, é nítido que sempre existirão razões de segurança jurídica que atuarão em sentido contrário, justamente para afastar a inconsistência normativa.[390] A regra jurídica, portanto, já carrega em si uma força intrínseca em decorrência de um princípio jurídico institucional ou formal. No entanto, a partir do momento em que forem formados precedentes, especialmente em tribunais superiores, que ensejaram a aplicação da regra e afastaram sua derrotabilidade, conjugam-se a força intrínseca da norma jurídica e razões epistêmicas para a não modificação da jurisprudência já consolidada,[391] fator que pode amainar a indeterminação que a admissão de normas derrotáveis gera no sistema jurídico ou situá-la em patamares aceitáveis.

Nesse compasso, Ota Weinberger traz interessante rol de sugestões sobre as causas de derrotabilidade de regras de conduta: i) ausência de previsão do caso examinado pelo legislador no momento de elaboração da regra; ii) o caso possui especial circunstância não existente na época da elaboração da regra; iii) a razão que justificava a regra não mais permanece; iv) conflito de regras do qual não se retira o dever jurídico de forma indubitável; v) contrariedade da regra a princípios essenciais, mas restritamente a casos excepcionais, uma vez que a regra é comumente uma decisão mais clara do que o princípio a ela contrário.[392] Mas esse rol precisa de um ajuste para enquadramento dentro dos parâmetros defendidos nesta tese. De início, com o foco na premissa de que a interpretação de textos é objetivista e não personalista, com afastamento dos critérios histórico e genético como normas válidas de interpretação, o critério iii deve ser excluído do conceito de derrotabilidade. Os itens i e ii devem ser redimensionados para serem considerados uma decorrência de conflitos normativos concretos e abstratos, de modo que se embutem nos itens iv e v. Finalmente, assume a pesquisa que, em situações extremas e muito remotas, é possível existir derrotabilidade de regras jurídicas numa situação de conflitos com princípios morais. Nessa situação, não se trata de um conflito intrassistêmico, radicado no espectro do sistema jurídico, todavia é um conflito intersistêmico, configurado entre dois reinos normativos diversos. Desse conflito intersistêmico, é possível gerar a incorporação por costume judicial de novos padrões jurídicos se o sopesamento der vitória ao princípio moral repetidas vezes, a ponto de forjar nas instituições primárias uma convicção de vinculação jurídica.[393] Os conflitos

---

de Janeiro: Lumen Juris, 2008. p. 328-337, que coloca que situações de anormalidade institucional sejam aptas a gerar interpretações ab-rogantes, derrogantes e corretivas.

[390] ATIENZA, Manuel. *El derecho como argumentación*. 4. reimpr. Barcelona: Ariel, 2009. p. 235-246; HAGE, Jaap; PECZENIK, Alecsander. Law, morals and defeasibility. *Ratio Juris*, v. 13, n. 3, p. 305-325, 2000. p. 309-312. Atienza fala de princípios institucionais, a gerar razões institucionais, que podem eventualmente conflitar com princípios e razões substantivas, a exigir um segundo nível de justificação.

[391] A respeito do "entricheiramento epistêmico", dirige-se a PERRY, Stephen R. Two models of legal principles. *Iowa Law Review*, n. 82, p. 787-819, 1996-1997.

[392] WEINBERGER, Ota. Prima facie ought. A logical and methodological enquiry. *Ratio Juris*, v. 12, n. 3, 1999, p. 239-251. p. 246-250.

[393] Nesse patamar, afasta-se em parte da tese de David Duarte amiúde citada, porquanto o doutrinador português não admite a possibilidade de conflitos intersistêmicos (direito e moral) e sua análise remonta a conflitos intrassistêmicos. Com prisma similar a Duarte nesse tocante, Bobbio (BOBBIO, Norberto. *Teoria do ordenamento jurídico*. Tradução de Ari Marcelo Solon. 2. ed. São Paulo: Edipro, 2014. p. 87; 161-169) considera essencial para antinomia que as normas pertençam ao mesmo ordenamento, com o mesmo âmbito de validade. No entanto, o jurista italiano consente que existam dois critérios de análise da relação entre diferentes conjuntos normativos (um é de coordenação/subordinação e o outro é de inclusão/exclusão total, inclusão/exclusão parcial); a tese de

intersistêmicos pedem que sejam dirimidos por sopesamento, como parece claro, mas uma anotação é de rigor: dentro de um marco de positivismo inclusivo e como se parte de um parâmetro de democracias constitucionais com princípios jurídicos positivados como direitos fundamentais, com ingente encampação na seara jurídica de normas originariamente morais, os conflitos intersistêmicos, já raros pela sua própria condição, tendem a ser cada vez mais difíceis de ocorrer ou mesmo virtualmente inexistentes, a depender da abundância ou não de princípios jurídicos existentes em uma constituição.[394]

Com as notas tecidas sobre os conflitos normativos e derrotabilidade e a implicação deles na técnica ponderativa, avança-se ao tópico a seguir.

1.6 Críticas à ponderação

São inúmeras objeções lançadas contra o método ponderativo. Com um esforço de sistematização, é possível agrupar as principais críticas em: i) "inflação" ponderativa acrítica e ametódica, a configurar um "álibi performático" justificador do decisionismo; ii) ilusão de objetividade do discurso ponderativo e distorção do discurso político dos direitos; iii) necessidade de preordenação ou categorização dos direitos fundamentais em vez de confiar no sopesamento; iv) diminuição da força normativa dos direitos fundamentais; v) irrelevância da ponderação em relação aos cânones de interpretação; vi) irracionalidade da técnica ponderativa; vii) usurpação da competência política pelo Judiciário, ilegítimo democraticamente, com o apequenar da margem discricionária dos demais poderes estatais.[395]

Em parte, algumas dessas críticas focam-se ora exclusivamente no raciocínio do sopesamento, ora com ampliação do foco ao princípio da proporcionalidade. No entanto, tendo por base que mesmo os críticos que atacam no atacado o princípio da proporcionalidade obtemperam no varejo especialmente a etapa de sopesamento, pensa-se apropriado enquadrá-los todos dentro deste tópico, sem prejuízo de maiores pormenores no capítulo referente ao princípio da proporcionalidade se necessário.

---

que normas morais possam entrar em confronto com normas jurídicas acarreta assumir que exista uma relação subordinante e de inclusão ou exclusão parcial entre o direito e o direito natural (moral). Mas não é possível concordar inteiramente com o jusfilósofo. Bobbio, a rigor, não alocou a designação de conflitos entre sistemas apenas no que toca à moral e ao direito. No entanto, deve-se frisar que a derrotabilidade de uma regra jurídica em decorrência da prevalência de uma norma moral clama por razões robustas e excepcionais, muito além de uma singela discordância moral. Se é assim, aparenta ser excessivo defender uma relação subordinante entre moral e direito, uma vez que a imposição da prevalência das normas jurídicas é o que sói ocorrer. Para uma nomenclatura similar, mas usada para designar realidades distintas, ROCHA, Joaquim Freitas da. *Constituição, ordenamento e conflitos normativos* – Esboço de uma teoria analítica da ordenação normativa. Coimbra: Coimbra, 2008. p. 295-357 e 360, o qual utiliza conflito "extrassistemático" para designar um confronto entre diversas fontes de produção do direito doméstico e internacional, confessional e segmentos do direito privado.

[394] Essas considerações do parágrafo e a proposta de distinção entre conflitos intersistêmicos e intrassistêmicos já tinham sido trazidas em ALMEIDA, Luiz Antônio Freitas de. *Direitos fundamentais sociais e ponderação* – Ativismo irrefletido e controle jurídico racional. Porto Alegre: Sergio Antonio Fabris, 2014. p. 70-71, porém com alguma retificação aqui: excluiu-se agora o critério iii das causas da derrotabilidade, bem como se reforça a noção de quase inexistência virtual ou raridade dos conflitos intersistêmicos dentro de ordens constitucionais que incluam direitos fundamentais em sua estrutura principiológica.

[395] Ampliou-se e aprofundou-se o debate havido sobre as críticas contra a ponderação em ALMEIDA, Luiz Antônio Freitas de. *Direitos fundamentais sociais e ponderação* – Ativismo irrefletido e controle jurídico racional. Porto Alegre: Sergio Antonio Fabris, 2014. p. 72-87.

A primeira objeção refere-se ao uso desmesurado e desmedido da ponderação para a solução de casos concretos. Marcelo Neves refere-se ao "juiz Hidra", cujo abuso retórico dos princípios termina por convenientemente permitir ao aplicador o nascimento de inúmeras decisões diversas conforme o caso concreto, a reduzir o caráter persuasivo da decisão às instâncias hierarquicamente inferiores. Lenio Streck empenha-se numa cruzada contra a tendência de "pamprincipiologismo" no Brasil, com a proliferação de pseudoprincípios jurídicos construídos por doutrina de baixa qualidade científica, a par de rotular a ponderação como um álibi para permitir a postura solipsista do Judiciário. Se o uso da ponderação poderia não ser tão problemático em outras latitudes constitucionais, seria perigosíssima sua utilização no quadrante brasileiro, o qual historicamente ainda luta para libertar-se do patrimonialismo e para que haja a submissão dos governantes ao império constitucional e legal.[396]

A segunda insurgência lida com a suposta pretensão dos adeptos do princípio da proporcionalidade à precisão matemática da ponderação. A metáfora deste recurso e os teóricos do esquema estrutural da ponderação, especialmente os que se fiam no exame de proporcionalidade, invocam uma simbologia que traz à mente figuras de balança, pesos, graus de interferência e de satisfação de princípios, como se fosse possível quantificar e medir os valores ou interesses em disputa. Mais ainda, essa simbologia, que no fundo remete a deidades mitológicas que representam a justiça (*Diké* ou *Iustitia*, deusas grega e romana da justiça, respectivamente), transmite a falsa impressão de que a precisão da operação ponderativa é exata, matemática ou objetiva, a encobrir as graves e complexas questões morais que estão no âmago das disputas que envolvem os direitos. Essa falácia seria reforçada com a defesa de uma estrutura formal da proporcionalidade, pretensamente neutra e livre de valores, tudo a servir para uma "despolitização" do embate e do exame dos direitos.[397]

---

[396] NEVES, Marcelo. *Entre Hidra e Hércules* – Princípios e regras constitucionais como diferença paradoxal do sistema jurídico. São Paulo: Martins Fontes, 2013. p. 196-228; STRECK, Lenio Luiz. *Jurisdição constitucional e decisão jurídica*. 3. ed. São Paulo: Revista dos Tribunais, 2013. p. 275-348. Apenas por rigor científico, Marcelo Neves não é contrário à ponderação, enquanto que Streck posiciona-se a favor da tese de uma única resposta correta ao caso. A criticar a "principiolatria", a qual serve de roupagem para uma discricionariedade incontrolada dos órgãos judiciários, resultado de uma aceitação de teorias neoconstitucionalistas, vejam-se RODRIGUES JÚNIOR, Otávio Luiz. Estatuto epistemológico do direito civil contemporâneo na tradição de civil law em face do neoconstitucionalismo e dos princípios. *O Direito*, ano 143, n. II, p. 267-290, 2011. p. 280-287, o qual identifica a perda de solidez dogmática e de segurança jurídica pelo movimento de desprestígio do direito civil pela sua excessiva constitucionalização, com o recurso à constituição em casos comezinhos de relações privatísticas, para inverter opções tomadas pela legislação civil diante de recurso indevido à ponderação ou à dignidade humana; e MONTEIRO, Arthur Maximus. *Controle de constitucionalidade das omissões legislativas*. Curitiba: Juruá, 2015. p. 97 e seguintes.

[397] TSAKYRAKIS, Stavros. Proportionality: an assault on human rights? *International Journal of Constitutional Law*, v. 7, n. 3, p. 468-493, 2009. p. 469 e seguintes; TSAKYRAKIS, Stavros. Proportionality: an assault on human rights?: A rejoinder to Madhav Khosla. *International Journal of Constitutional Law*, v. 8, n. 2, p. 307-310, 2010. p. 308 e seguintes. Tsakyrakis volta a atenção ao exame de proporcionalidade com substrato nos conflitos de direitos humanos, mas em tudo é aproveitável na temática dos direitos fundamentais. Aliás, em que pese uma confusão entre ponderação e proporcionalidade por esse autor no primeiro trabalho, notada também por KHOSLA, Madhav. Proportionality: an assault on human rights? A reply. *International Journal of Constitutional Law*, v. 8, n. 2, p. 298-306, 2010. p. 300, suas críticas podem ser compreendidas mesmo com o "senão" conceitual. Essa crítica é reforçada por WEBBER, Grégoire C. N. Proportionality, balancing, and the cult of constitutional rights scholarship. *Canadian Journal of Law and Jurisprudence*, v. XXIII, n. 1, p. 179-202, jan. 2010. p. 191 e seguintes, que fala de uma "despolitização" dos direitos diante de uma suposta matematização do discurso. Para um compêndio dessas críticas, ao que parece anuindo com elas em geral, URBINA, Francisco J. Is it really that easy? A critique of proportionality and 'balancing as reasoning'. *Canadian Journal of Law and Jurisprudence*, v. XXVII, n. 1, p. 167-192, jan. 2014. p. 167 e seguintes.

A terceira insurgência trata de uma possível exclusão do método ponderativo diante de uma ordenação fixa *a priori* de direitos fundamentais, de sorte a impor-lhes uma hierarquia rígida. Para John Rawls, na realidade hipotética da posição original, as partes representativas de uma sociedade pluralista, cobertas por um "véu de ignorância" – excluídas dessa cobertura apenas informações muito gerais sobre o funcionamento da sociedade e, portanto, sem as partes conhecerem seus talentos naturais, a função que exercem nessa sociedade nem detalhes mais concretos sobre nível de renda, *status* ou outros pormenores relevantes –, estariam em situação de igual cidadania e tenderiam a selecionar princípios mais relevantes que permitissem a formação da estrutura básica da sociedade. O primeiro dos princípios da justiça seria definido pela estipulação de algumas liberdades básicas (direito a igual sistema de liberdades que seja extensível a cada um dos indivíduos), como liberdade de reunião, de expressão, política, de ir e vir e integridade física etc., que sempre prevaleceriam ante interesses coletivos, baseados no segundo princípio da justiça – princípio da diferença. Haveria, pois, uma ordem lexical entre o primeiro e o segundo princípio da justiça.[398] A mesma arte é preconizada por Luigi Ferrajoli, que rejeita a visão da existência plúrima de conflitos normativos em abstrato. O que haveria, para o jurista italiano, são limites de caráter lógico ou conceitual dos direitos fundamentais em relação ao exercício de outros direitos. Essas limitações seriam, por obra doutrinária e jurisprudencial, fixadas definitivamente, independentemente das particularidades do caso concreto. Ferrajoli também abole a possibilidade de ponderação como técnica para solucionar conflitos concretos, porquanto tal admissão preconizaria certa confusão entre normas e fatos; em realidade, nesse caso haveria um balanço equitativo das características singulares e irrepetíveis dos casos em julgamento e não uma ponderação de normas. Ferrajoli termina por categorizar os direitos fundamentais em três classes, com enumeração a observar a ordem hierárquica: imunidades ou direitos de expectativa passiva do titular, direitos de modalidades ativas de liberdade e direitos-poder de autonomia, com a primeira classe a prevalecer sempre e a terceira a submeter-se de forma perene.[399]

Dentro dessa terceira objeção ao sopesamento, há manifestações algo similar de Stavros Tsakyrakis, Grégoire Webber e Francisco Urbina. Nesse tocante, esses autores direcionam as setas críticas à proporcionalidade como alvo metodológico, ao propugnar a categorização dos direitos ou a aposta em padrões ou em regras em substituição ao teste de proporcionalidade. Tsakyrakis afiança que os direitos se tornam inúteis sem uma categorização moralmente adequada, o que implica o envolvimento no discurso moral e político.[400] Webber busca fundamento no princípio do Estado de Direito – em

---

A crítica pode ser subentendida desde Alexander Aleinikoff (ALEINIKOFF, T. Alexander. Constitutional law in the age of balancing. *Yale Law Journal*, v. 96, n. 5, p. 943-1.005, 1986-1987. p. 946) no seu comentar a respeito da metáfora do *balancing*. A alegar uma pretensão de Alexy de dar cariz matemático à ponderação, ver, ainda, STRECK, Lenio Luiz. *Jurisdição constitucional e decisão jurídica*. 3. ed. São Paulo: Revista dos Tribunais, 2013. p. 275-248.

[398] RAWLS, John. *Uma teoria da justiça*. Tradução de Jussara Simões. 3. ed. São Paulo: Martins Fontes, 2008. p. 4-79; 113-119; 239-252; 376; 668-776; RAWLS, John. *El liberalismo político*. Tradução de Antoni Domènech. 1. reimpr. Barcelona: Crítica, 2006. p. 165-205; 245-290; 326-347; 361-372.

[399] FERRAJOLI, Luigi. El constitucionalismo entre principios y reglas. *Doxa – Cuadernos de Filosofía del Derecho*, n. 35, 2012. p. 791-817.

[400] TSAKYRAKIS, Stavros. Proportionality: an assault on human rights? *International Journal of Constitutional Law*, v. 7, n. 3, p. 468-493, 2009. p. 471.

realidade, ele se refere à *Rule of Law*, mas que, nesse ponto, apesar das diferenças de paradigmas, podem ser tomadas como expressões sinônimas –; conforme o doutrinador, a existência de direitos fundamentais e de controle de constitucionalidade traz desafios dentro de um Estado de Direito tanto para a elaboração de leis como para a sua aplicação, a incluir aqui órgãos administrativos e judiciais, pois eles, por si mesmos, fornecem pouca direção de como protegê-los e respeitá-los, uma característica que é deliberada, diante da complexidade político-moral que envolve os conflitos entre esses direitos, a justificar o adiamento da maior especificação e delimitação de cada direito fundamental por meio da atividade da legislação e da aplicação de normas. O método da proporcionalidade, e por suposto, a ponderação que aí está inclusa, agravaria a dificuldade tanto para a legislação como para as instituições de aplicação, sem fornecer qualquer guia ou parâmetro que as oriente, razão pela qual se deveria apostar na categorização e na elaboração de regras e padrões mais precisos, a nortear a atividade das instituições estatais no processo de criação e de aplicação de normas jurídicas, a resgatar a expectativa de previsibilidade e estabilidade das relações não só para essas instituições, mas para o povo submetido ao império do direito.[401] Urbina, sem embargo de arrumar a lente incisiva contra o modelo de ponderação como argumentação (*balancing as reasoning*), comenta que uma ponderação argumentativamente livre, ao invés de regras e padrões jurídicos, diminui as chances de alcançar uma decisão correta; resolver conflitos de direitos tem um substrato complexo e os juízes possuem maior limitação de tempo e assimetria entre recursos e informações, de sorte que apenas a categorização serviria para, artificialmente, diminuir a complexidade da decisão. A essa questão, que Urbina denomina problema do "juiz confuso", ligam-se outras, como a do "juiz apaixonado" e a do "juiz indevidamente pressionado": o juiz pode, com recurso a uma categorização prévia, evitar que suas emoções interfiram indevidamente na decisão, bem como pode escapar de maior pressão de partes e opinião pública ao invocar uma argumentação técnica que lhe tire o ônus de assumir que a decisão é fruto de sua opinião. Tudo isso se conecta com linha de argumentação de Webber, a de que o Estado de Direito se funda não num governo de homens ou intuições, mas no governo do direito (problema da "parte subjugada").[402]

A quarta objeção deriva em parte da inolvidável constatação de Jürgen Habermas de que a materialização do direito por meio de argumentos morais, incorporados por princípios, implica o incremento do poder judicial. Nesse tocante, Habermas adverte que a ponderação resulta no menoscabo da força normativa dos direitos fundamentais, porquanto suas normas seriam degradadas a meros valores, programas ou propósitos, com possibilidade de seu sacrifício em prol de fins coletivos. Seria a demolição do "muro" que delimita a fronteira do normativo daquilo que não é. O filósofo alemão defende que princípios devam ser encarados como normas, com atributo deontológico, ao passo que os valores conduzem a ações teleológicas. As normas possuem uma

---

[401] WEBBER, Grégoire. Rights and the rule of law in the balance. *Law Quarterly Review*, v. 129, p. 399-419, jul. 2013. p. 399-419.

[402] URBINA, Francisco J. Is it really that easy? A critique of proportionality and 'balancing as reasoning'. *Canadian Journal of Law and Jurisprudence*, v. XXVII, n. 1, p. 167-192, jan. 2014. p. 180 e seguintes; URBINA, Francisco. "Balancing as reasoning" and the problems of legally unaided adjudication: a reply to Kai Möller. *International Journal of Constitutional Law*, v. 12, n. 1, p. 214-221, 2014. p. 214-221.

"codificação binária" de validade – são válidas ou não –, enquanto nos valores essa "codificação" é gradual, tendo em vista que a relação entre si dos valores faz nascer escalas de preferência múltiplas. Em decorrência dessa percepção, os princípios como normas estipulam obrigação geral e universal, devida por todos, ou seja, ostentam caráter vinculante absoluto; os valores, por sua vez, possuem caráter vinculante relativo: o exame valorativo é situado dentro de determinada cultura ou forma de vida. Em suma, as normas determinam o que é obrigatório fazer, os valores estabelecem aquilo mais recomendável de ser feito.[403]

Dentro dessa linha de perda de força normativa inaugurada por Habermas está a crítica de Tsakyrakis, Webber e Urbina, no sentido de que é imprescindível uma categorização dos direitos fundamentais. A par das outras virtualidades da categorização atrás referidas, os juristas pensam que a ponderação e a proporcionalidade fragilizam o discurso dos direitos humanos (e pensa-se que a objeção não se perde se o contexto for de direitos fundamentais) ao refugiar-se num exame de custo-benefício de ética utilitarista.[404] Tsakyrakis receia o que chama de "princípio da interpretação generosa", no que é acompanhado por Webber: a proporcionalidade nada diz sobre quais interesses e valores são aceitos e como sopesar e põe em pé de igualdade direitos e meros interesses estatais ou mesmo interesses claramente ilícitos ou ilegítimos, o que esvazia a força normativa dos direitos, que deixam de ser, na terminologia dworkiniana, "trunfos".[405] Tsakyrakis comenta que a perda da função de trunfo forçosamente implode a própria função contramajoritária dos direitos fundamentais, de sorte que sempre os interesses da maioria sobrepujarão os interesses da minoria. Com efeito, é nítido que a terceira e a quarta objeção estão especialmente relacionadas.

Com alguma imbricação a essa colocação de perda de força normativa, está o ferrolho levado a cabo por adeptos da hermenêutica filosófica, que combinam a tese dworkiniana de uma única resposta correta, que implica a rejeição de qualquer discricionariedade, e a interpretação da filosofia de Martin Heiddeger dada por Gadamer. Como a hermenêutica filosófica refuta o método – a compreensão não é passível de apreensão metodológica –, embebida do *linguistic turn* que tornaria superada a filosofia da consciência, e porque a interpretação e aplicação não são momentos cindíveis, qualquer metodologia analítica é "atrasada" em relação à compreensão, ou

---

[403] HABERMAS, Jürgen. *Facticidad y validez*. Tradução de Manuel Jiménez Redondo. 4. ed. Madrid: Trotta, 2005. p. 311-340. Também a apontar a perda da força normativa dos direitos, SÁNCHEZ GONZÁLEZ, Santiago. De la imponderable ponderación y otras artes del Tribunal Constitucional. *Uned – Teoría y Realidad Constitucional*, n. 12-13, p. 351-382, 2º sem. 2003-1º sem. 2004. p. 378.

[404] TSAKYRAKIS, Stavros. Proportionality: an assault on human rights? *International Journal of Constitutional Law*, v. 7, n. 3, p. 468-493, 2009. p. 479 e seguintes; WEBBER, Grégoire. Rights and the rule of law in the balance. *Law Quarterly Review*, v. 129, p. 399-419, jul. 2013. p. 407 e seguintes; WEBBER, Grégoire C. N. Proportionality, balancing, and the cult of constitutional rights scholarship. *Canadian Journal of Law and Jurisprudence*, v. XXIII, n. 1, p. 179-202, jan. 2010. p. 192 e seguintes; URBINA, Francisco J. Is it really that easy? A critique of proportionality and 'balancing as reasoning'. *Canadian Journal of Law and Jurisprudence*, v. XXVII, n. 1, p. 167-192, jan. 2014. p. 180 e seguintes. Francisco Urbina, no entanto, aponta que essa crítica é voltada especialmente à verificação da ponderação de cunho otimizante ou maximizante, baseado na ética utilitarista, algo que seria evitado pela construção da ponderação por argumentação, a qual, todavia, é igualmente problemática.

[405] Sobre a ideia de direitos como trunfos, cujos valores são superiores aos interesses de fins sociais, tendo em vista que sua justificação não está nas vantagens coletivas por eles geradas, mas por suas razões morais intrínsecas, remete-se a DWORKIN, Ronald. *Controvérsia constitucional*. Tradução de Antônio de Araújo. *Sub Judice – Justiça e Sociedade*, v. 12, p. 27-31, jan./jun. 1998. p. 27 e seguintes.

seja, primeiro compreende-se e depois se racionaliza a compreensão, o que, no limite, prejudica qualquer hermenêutica tradicional que aposta nos "métodos" de interpretação como a própria ponderação estruturada pelo exame de proporcionalidade. O Ser-Aí (*Dasein*), historicamente datado e formado de pré-compreensões que carrega consigo, compreende a realidade conforme a dimensão hermenêutica. A compreensão de si, da sua existência, das tradições que o cercam, passa a ser condição de possibilidade de compreender qualquer texto. E a interpretação é derivada da compreensão. É nos contextos, ou melhor, nos casos concretos, que os princípios, contidos na enunciação das regras, encontram concretude ou densificação. De posse desse substrato filosófico, faz-se o *link* com o pensamento dworkiniano: como o sistema possui coerência e integridade, essas qualidades eliminam qualquer discricionariedade do aplicador, que deve comprometer-se à decisão justa do caso, mostrar que a decisão é a melhor para aquele caso específico. Essa percepção, sorvido o substrato filosófico, tornaria clara a impossibilidade de que os princípios colidam no plano abstrato, haja vista que os sentidos dos textos e a linguagem conformar-se-iam intersubjetivamente, de sorte que seria inviável pensar em ponderação, a qual pressupõe valores intersubjetivamente compartilhados, o que não existe.[406]

O quinto grupo de assertivas antagônicas contra a ponderação é ilustrado na adução de que o sopesamento é totalmente condicionado pela interpretação prévia das normas em conflito, o que, no fundo, torná-lo-ia irrelevante. Como salienta García Amado, toda a decisão por intermédio da ponderação poderia ser habilmente reconstruída como se fosse dada pela subsunção, conforme critérios hermenêuticos, ou vice-versa. O jurista espanhol defende que é a seleção prévia das normas aplicáveis e sua exegese que é o relevante para o caso a decidir, tendo em conta que é nessa escolha que o intérprete fará as valorações controladas pelas técnicas conhecidas de interpretação, de sorte que, mesmo que seja a decisão redigida sob o aparente uso de ponderação e do estabelecimento de um conflito normativo, ela é resultado de prévia interpretação das normas concorrentes e não da suposta ponderação ao final efetuada. Logo, se é assim, o discurso argumentativo do *balancing* é uma fachada totalmente condicionada pela prévia interpretação. Na visão de Amado, a argumentação jurídica empregada seria obscurecida pela aparente ponderação com desvio do foco da operação essencial de interpretação utilizada pelo aplicador na resolução do caso, de forma que seria mais producente a priorização do método subsuntivo. Em síntese, os teóricos neoconstitucionalistas que preconizam a ponderação incorrem nos mesmos problemas que os formalistas do século XIX em relação à subsunção, tendo em conta que ingenuamente depositam uma "fé cega" no sopesamento ainda que baseado em uma estrutura (formal) de proporcionalidade, a qual seria suficiente para retirar as valorações inerentes da aplicação do direito.[407]

Dentro desse gênero de crítica, mas com viés algo destoante, pode-se percutir a visão de que na colisão de princípios constitucionais é utilizada a ponderação, pois

---

[406] STRECK, Lenio Luiz. *Jurisdição constitucional e decisão jurídica*. 3. ed. São Paulo: Revista dos Tribunais, 2013. p. 198-348.

[407] GARCÍA AMADO, Juan Antonio. El juicio de ponderación y sus partes. Una crítica. *In*: MANRIQUE, Ricardo García (Ed.). *Derechos sociales y ponderación*. 2. ed. Madrid: Fundación Coloquio Europeo, 2009. p. 249-331. Lembra Amado que essa mesma crença na objetividade da aplicação do direito era aduzida pelos formalistas com relação à subsunção.

há o método hermenêutico tradicional da especialidade, que daria cabo da hipótese. Conquanto não seja factível utilizar os critérios da *lex superior* e *lex posterior*, com a premissa de que estão em jogo cruzado normas constitucionais coetâneas, a reinterpretação dos princípios constitucionais conflitantes permitiria a inserção de uma cláusula de exceção ou exclusão em uma das normas de princípio, a configurar uma relação de especialidade ou particularidade.[408]

São muitos os que aduzem que a ponderação é uma operação eivada de irracionalidade. Jürgen Habermas recusa racionalidade no sopesamento com a premissa de que seu resultado gera juízos, alheios, pois, da seara da validade ou invalidade, verdade ou falsidade, da norma, o que descamba para arena autoritária de tribunais permeados de decisões fundamentadas em juízos irracionais.[409]

Palmilham na mesma arena de contenda Bodo Pieroth e Bernhard Schlink, os quais argumentam que, para que haja racionalidade na aplicação do princípio da proporcionalidade, é preciso excluir o estágio da proporcionalidade em sentido estrito, etapa em que se utiliza a análise ponderativa, porquanto o sopesamento é despossuído de padrões vinculativos e racionais e a insistência no *balancing* representa meramente a substituição da ponderação legislativa pela judicial.[410] Alexander Aleinikoff ratifica essa objeção; ao perceber a consolidação paulatina de uma era ponderadora no direito constitucional – *age of balancing* –, Aleinikoff destaca ser arbitrária a classificação dos interesses e direitos em disputa no sopesamento, o qual certamente falha em enumerar e considerar todos os interesses relevantes em contenda. Ao fim e ao cabo, uma vez que não são construídas regras de interpretação ou categorias, mesmo o corpo de decisões que utilizaram a ponderação e que providenciaram certos resultados não permitiria nenhuma estabilidade; no fundo toda decisão ponderativa é *ad hoc* e casuística.[411]

A par dessa observação, Aleinikoff incrementa a resistência ao estatuir a incomensurabilidade dos interesses ou valores em disputa: não se comparam "laranjas com maçãs". Para que fosse possível comparar valores incomensuráveis, "pesá-los", Aleinikoff diz ser imperioso que se construísse uma escala de valores heterônoma e não autônoma do magistrado, o que não é possível na sua visão. Como os valores são incomensuráveis,

---

[408] GUASTINI, Riccardo. *Distinguiendo* – Estudios de teoría y metateoría del derecho. Tradução de Jordi Ferrer i Beltrán. Barcelona: Gedisa, 1999. p. 277-286. Essa posição de Guastini, porém, ou foi radicalmente abandonada ou houve uma enorme mitigação, tendo em vista que em trabalho posterior ele concede que o critério da *lex specialis* não pode ser empregado porque a solução é para o caso concreto e não em abstrato e envolve o estabelecimento de uma hierarquia móvel e não fixa entre as normas constitucionais (ou os valores que subjazem a essas normas). Conferir em GUASTINI, Riccardo. Les principes de droit en tant que source de perplexité théorique. *In*: COMANDUCCI, Paolo; GUASTINI, Riccardo (Org.). *Analisi i diritto*. Ricerche di giurisprudenza analitica. [s.l.]: [s.n.], 2007. p. 6. Sem embargo, seja porque Guastini se refere a essa posição de modo genérico como um pensamento dos juristas, o que gera alguma dúvida exegética em saber se encampa essa concepção em todo o seu conteúdo, seja porque pode representar meramente uma atenuação na sua posição anterior, resolve-se abordá-la neste tópico.

[409] HABERMAS, Jürgen. *Facticidad y validez*. Tradução de Manuel Jiménez Redondo. 4. ed. Madrid: Trotta, 2005. p. 311-361.

[410] PIEROTH, Bodo; SCHLINK, Bernhard. *Direitos fundamentais* – Direito estadual II. Tradução de António C. Franco e António Francisco Souza. Lisboa: Universidade Lusíada, 2008. p. 80-87.

[411] ALEINIKOFF, T. Alexander. Constitutional law in the age of balancing. *Yale Law Journal*, v. 96, n. 5, p. 943-1.005, 1986-1987. p. 948 e seguintes. A apontar uma simplificação na escolha dos interesses em conflito, normalmente a erigir dois interesses somente quando a realidade mostra uma situação multiconflitual, isto é, com vários princípios em colisão, WEBBER, Grégoire C. N. Proportionality, balancing, and the cult of constitutional rights scholarship. *Canadian Journal of Law and Jurisprudence*, v. XXIII, n. 1, p. 179-202, jan. 2010. p. 192.

impossibilitados de quantificação, faltariam critérios objetivos de decisão, o que resulta na sua conclusão de que todos os sopesamentos seriam casuístas e fatalmente acarretariam o risco de arbitrariedade judicial e ausência de segurança jurídica.[412]

A incomensurabilidade é mantida como argumento que depõe contra a ponderação por Jeremy Waldron, Stavros Tsakyrakis, Grégoire Webber e Francisco Urbina, estes, à exceção de Webber, apoiados na distinção de Waldron entre forte e fraca incomensurabilidade. Em síntese, Waldron propõe que interesses, valores ou princípios são incomensuráveis num forte sentido se não é possível qualquer comparação ou estabelecimento de uma relação de prioridades entre eles, de sorte que qualquer escolha que se fizesse entre um dos dois representaria meramente a preferência pessoal daquele que decide; a incomensurabilidade fraca, porém, permite o estabelecimento de uma ordem de prioridades que não precisa se fiar na lógica utilitarista de ganhos e perdas que é inerente ao sopesamento, de sorte que a incomensurabilidade limita-se à impossibilidade de quantificação ou medição desses interesses ou valores. Essa incomensurabilidade fraca encontra-se, entre outras estratégias, na concepção de direitos como trunfos de Dworkin ou na ordem lexical de Rawls.[413] Tsakyrakis, Webber e Urbina refutam a concepção utilitarista subjacente na doutrina da ponderação diante da incomensurabilidade dos valores e princípios morais envolvidos nos conflitos de direitos humanos (e fundamentais), para defender que o teste de proporcionalidade não oferece uma métrica comum para quantificar esses princípios em embate e somente uma correta teoria moral poderia propiciar a categorização dos direitos e ranqueá-los adequadamente, algo em suma já derivado do ensinamento de Waldron.[414] Essa atenuação da linha de argumento inaugurada por Aleinikoff ocorre porque os autores percebem que a incomensurabilidade não impede que sejam analisados e colocados em relação uns aos outros com uma ordem prioritária (no sentido fraco de Waldron), com base na preponderância de razões morais a vencer na argumentação, o que poderia ser tomado como uma acepção de "ponderação" numa linguagem leiga ou desatrelada da concepção da ética utilitarista intrínseca no sentido de "ponderar" dado na doutrina constitucionalista.[415] Grégoire Webber relata que a impossibilidade de comparação entre

---

[412] ALEINIKOFF, T. Alexander. Constitutional law in the age of balancing. *Yale Law Journal*, v. 96, n. 5, p. 943-1.005, 1986-1987. p. 972 e seguintes.

[413] WALDRON, Jeremy. Fake incommensurability: a response to Professor Schauer. *Hastings Law Journal*, v. 45, p. 813-824, 1993-1994. p. 815-824.

[414] TSAKYRAKIS, Stavros. Proportionality: an assault on human rights?: A rejoinder to Madhav Khosla. *International Journal of Constitutional Law*, v. 8, n. 2, p. 307-310, 2010. p. 471 e seguintes; WEBBER, Grégoire C. N. Proportionality, balancing, and the cult of constitutional rights scholarship. *Canadian Journal of Law and Jurisprudence*, v. XXIII, n. 1, p. 179-202, jan. 2010. p. 194; URBINA, Francisco J. Is it really that easy? A critique of proportionality and 'balancing as reasoning'. *Canadian Journal of Law and Jurisprudence*, v. XXVII, n. 1, jan. 2014. p. 168 e seguintes. A rigor, Webber não cita diretamente Waldron, mas o argumento é muito similar. Webber rejeita a possibilidade de que a constituição forneça a métrica comum proposta por Robert Alexy e que consistiria na escala triádica da fórmula do peso. A fórmula alexyana será comentada posteriormente.

[415] TSAKYRAKIS, Stavros. Proportionality: an assault on human rights? *International Journal of Constitutional Law*, v. 7, n. 3, p. 468-493, 2009. p. 471 e seguintes; WALDRON, Jeremy. Fake incommensurability: a response to Professor Schauer. *Hastings Law Journal*, v. 45, p. 813-824, 1993-1994. p. 821 e seguintes; WEBBER, Grégoire C. N. Proportionality, balancing, and the cult of constitutional rights scholarship. *Canadian Journal of Law and Jurisprudence*, v. XXIII, n. 1, p. 179-202, jan. 2010. p. 194 e seguintes; URBINA, Francisco J. Is it really that easy? A critique of proportionality and 'balancing as reasoning'. *Canadian Journal of Law and Jurisprudence*, v. XXVII, n. 1, p. 167-192, jan. 2014. p. 168 e seguintes. Alerta-se que Urbina compreende que essa percepção comum de "ponderar" como "argumentar" não serve para alicerçar proposta de que, em vez de uma ponderação de natureza

os princípios conflitantes em razão da sua incomensurabilidade deriva, a par da ausência de métrica comum, da verificação de que a atribuição de graus de interferência e de satisfação de princípios conflitantes na tentativa teórica de Robert Alexy da fórmula do peso faz-se tomando cada princípio isoladamente e não em relação um com o outro.[416]

Outra vertente aguilhoa a racionalidade da ponderação porque ela não permite a reconstrução dos fundamentos racionais adotados pelo julgador, que se perderiam na "mensuração do incomensurável", a não permitir clareza e transparência na fundamentação. A decisão ponderativa seria, portanto, "impressionista" e opaca.[417]

Ainda na linha de questionamento da racionalidade da ponderação, Ernest Böckenförde salienta a ausência de um ponto de referência fixo na utilização do princípio de proporcionalidade por um tribunal constitucional, com a finalidade de escrutinar a constitucionalidade de uma norma infraconstitucional. Esse ponto de referência fixo, para o jurista alemão, existe no princípio da proporcionalidade como critério de legalidade de atos administrativos e é o fim da lei ou do ato normativo.[418]

Derradeiramente, a última insurgência concentra-se na quebra da separação de poderes e na falta de legitimidade democrática pela usurpação da competência discricionária legislativa por tribunais. Esse impasse, na opinião de Ernest Böckenförde, só será resolvido pelo abandono da dimensão objetiva dos direitos fundamentais, sedimentada pela jurisprudência do Tribunal Constitucional Federal alemão, e pela doutrina dos direitos fundamentais como princípios otimizáveis, com recuperação de uma interpretação liberal dos direitos fundamentais. Do contrário, o processo político democrático de elaboração de leis será realocado em patamar de diminuta importância ante o mister concretizador dos tribunais constitucionais; o legislador perde sua margem de discricionariedade e rebaixa-se a ser simples executor ou concretizador de normas constitucionais. Na visão de Böckenförde, isso dirige à própria concepção de uma constituição: ou ela organiza as relações entre instituições estatais e entre Estado e sociedade, com alguns direitos fundamentais de liberdade para resguardar as pessoas do arbítrio – constituição como "ordem marco" –, ou ela adquire uma função dirigente e universalizante, que disciplina todos os assuntos da vida do Estado, e funciona como uma "ordem fundamental", a operar o trânsito definitivo do Estado Legislativo para o Estado Judicial, com a perda da dignidade política do Legislativo; só lhe restaria certa preferência, mas estaria submetido à supremacia do tribunal constitucional.[419]

---

utilitarista, aposte-se numa ponderação abertamente moral e desvinculada de qualquer texto, proposta atribuída a Kai Möller, ponto que será abordado no decorrer deste subcapítulo.

[416] WEBBER, Grégoire C. N. Proportionality, balancing, and the cult of constitutional rights scholarship. *Canadian Journal of Law and Jurisprudence*, v. XXIII, n. 1, p. 179-202, jan. 2010. p. 194-195.

[417] TSAKYRAKIS, Stavros. Proportionality: an assault on human rights? *International Journal of Constitutional Law*, v. 7, n. 3, p. 468-493, 2009. p. 482 e seguintes; URBINA, Francisco J. Is it really that easy? A critique of proportionality and 'balancing as reasoning'. *Canadian Journal of Law and Jurisprudence*, v. XXVII, n. 1, p. 167-192, jan. 2014. p. 168 e seguintes; URBINA, Francisco. "Balancing as reasoning" and the problems of legally unaided adjudication: a reply to Kai Möller. *International Journal of Constitutional Law*, v. 12, n. 1, p. 214-221, 2014. p. 217-219.

[418] BÖCKENFÖRDE, Ernest-Wolfgang. Sobre la situación de la dogmática de los derechos fundamentales tras 40 años de Ley Fundamental. *In*: BÖCKENFÖRDE, Ernest-Wolfgang. *Escritos sobre derechos fundamentales*. Tradução de Juan Luís Requeijo Pagés e Ignácio Villaverde Menéndez. Baden-Baden: Nomos Verlagsgesellschaft, 1993. p. 123-127.

[419] BÖCKENFÖRDE, Ernest-Wolfgang. Sobre la situación de la dogmática de los derechos fundamentales tras 40 años de Ley Fundamental. *In*: BÖCKENFÖRDE, Ernest-Wolfgang. *Escritos sobre derechos fundamentales*. Tradução de Juan Luís Requeijo Pagés e Ignácio Villaverde Menéndez. Baden-Baden: Nomos Verlagsgesellschaft, 1993.

Sumarizadas todas as setas lançadas em direção à ponderação, é intuitivo observar que elas podem de algum modo ser reconstruídas de modo interconectado à falta de parâmetros racionais e objetivos que situem adequadamente os tribunais na sua relação com os demais poderes políticos.[420] Essa reconstrução tem a virtualidade de identificar pontos de contato entre os diferentes argumentos lançados contra a ponderação, não obstante os críticos não terem, em muitas questões, compartilhado os mesmos pressupostos teóricos e filosóficos nem igualmente sustentado todas as mesmas objeções. Ou seja, a reconstrução não é baseada num bloco homogêneo de ideias, sem prejuízo de que alguns autores possam efetivamente estar mais próximos entre si do que outros. A rigor, alguns dos críticos, vistos com lupa analítica, fatalmente entrariam em divergência entre si em algumas de suas teorias.

Com essa advertência cimentada à mente e no desenvolver de um fio condutor das objeções, detecta-se que é a irracionalidade da ponderação, intrinsecamente decisionista, que vilipendiaria a competência política do Legislativo; o casuísmo por ela provocado resultaria na negação de respostas categóricas, o que debilitaria a certeza e previsibilidade das relações reguladas pelos direitos fundamentais, a menoscabar a força normativa deles. Como não existiriam parâmetros seguros para estruturar a ponderação, não seria possível reconstruir racionalmente os fundamentos da decisão, de sorte que seria falaciosa a sua associação a símbolos sugestivos de uma exatidão enganosa, o que distorceria o discurso dos direitos e mascararia as valorações morais. O casuísmo e o solipsismo propiciados por uma discricionariedade ponderativa não condiriam com a necessidade de haver respostas corretas em direito. Assim, em vez da insegurança do sopesamento, é salutar que se aposte numa melhor teoria interpretativa ou em regras e *standards* mais precisos, em suma, em categorização dos direitos fundamentais e no estabelecimento de uma ordem de prioridade. Finalmente, esses receios e gravames só são potencializados com o uso abusivo da ponderação.

É por isso que o encadeamento e sistematização das críticas recomenda que se enfrentem inicialmente as objeções da irracionalidade da ponderação e de "ilusionismo" da metáfora.

Evidentemente, a pecha de irracionalidade da ponderação tem natureza de uma hipérbole retórica. De outro lado, não se está a afirmar que a ponderação fornece um único resultado, decorrente de operação aritmética, muito menos que sua elaboração,

---

p. 123-138. Essa crítica de falta de legitimidade democrática é reproduzida nos escritos de ALEINIKOFF, T. Alexander. Constitutional law in the age of balancing. *Yale Law Journal*, v. 96, n. 5, p. 943-1.005, 1986-1987. p. 983 e seguintes; GARCÍA AMADO, Juan Antonio. El juicio de ponderación y sus partes. Una crítica. *In*: MANRIQUE, Ricardo García (Ed.). *Derechos sociales y ponderación*. 2. ed. Madrid: Fundación Coloquio Europeo, 2009. p. 252-271; SÁNCHEZ GONZÁLEZ, Santiago. De la imponderable ponderación y otras artes del Tribunal Constitucional. *Uned – Teoría y Realidad Constitucional*, n. 12-13, p. 351-382, 2º sem. 2003-1º sem. 2004. p. 374-380; PARDO, Celestino. Reivindicación del concepto de derecho subjetivo. *In*: MANRIQUE, Ricardo García (Ed.). *Derechos sociales y ponderación*. 2. ed. Madrid: Fundación Coloquio Jurídico Europeo, 2009. p. 371-404; TSAKYRAKIS, Stavros. Proportionality: an assault on human rights? *International Journal of Constitutional Law*, v. 7, n. 3, p. 468-493, 2009. p. 472 e seguintes; URBINA, Francisco J. Is it really that easy? A critique of proportionality and 'balancing as reasoning'. *Canadian Journal of Law and Jurisprudence*, v. XXVII, n. 1, p. 167-192, jan. 2014. p. 168 e seguintes; URBINA, Francisco. "Balancing as reasoning" and the problems of legally unaided adjudication: a reply to Kai Möller. *International Journal of Constitutional Law*, v. 12, n. 1, p. 214-221, 2014. p. 218.

[420] Essa proposta, com menor extensão, foi também desenvolvida em ALMEIDA, Luiz Antônio Freitas de. *Direitos fundamentais sociais e ponderação* – Ativismo irrefletido e controle jurídico racional. Porto Alegre: Sergio Antonio Fabris, 2014. p. 72-87.

mesmo após a estruturação da decisão pelo princípio da proporcionalidade, pretenda-se livre de valor ou neutra. Ao contrário do que sustenta García Amado, não se faz uma "profissão de fé" em defesa da ponderação como algo possível de outorgar um resultado inquestionável, porém se coloca que não existe nenhum método aplicativo e de decisão que possa estar totalmente imune a uma carga de subjetivismo, a ensejar um controle racional absoluto.[421] Pensar o contrário seria advogar a exatidão matemática do direito e não seu enquadramento dentro das ciências humanas, o que passou longe de ser a pretensão de qualquer "apóstolo" da ponderação.

Até aqui não há nenhuma grande novidade, eis que mesmo os que detratam a ponderação terminam reconhecer que as alternativas que apresentam também não ostentam essa racionalidade objetiva plena. No entanto, soa estranha a ênfase num caráter falacioso da metáfora ponderativa trazida por Tsakyrakis, Webber e Urbina. Alexy, por exemplo, um dos mais reconhecidos defensores da estruturação do sopesamento pelo princípio da proporcionalidade e autor da teoria dos princípios que é atacada no pano de fundo dos trabalhos daqueles juristas, mesmo quando cunha a "fórmula do peso", deixa claro que não pretende matematizar o direito.[422] Afinal, somente uma versão de ponderação muito ingênua poderia almejar uma exatidão ou um racionalismo absoluto.[423]

Logo, é o momento de enfrentar o pretenso defeito irracional do método ponderativo. Ponderar envolve um juízo de comparação entre duas coisas que estão em polos opostos da balança – só para retomar a linguagem metafórica –, a fim de que se dê preferência a uma delas. Dentro do esquadro dogmático desta tese, a ponderação é a técnica empregada para solucionar impasses normativos sem resposta ditada pelo sistema jurídico, ocorridos no âmbito da interpretação (ponderação interpretativa) ou no contexto pragmático de conflitos normativos, abstratos ou concretos, caso não existam metanormas de superação dessas colisões deônticas (ponderação de colisão normativa ou ponderação aplicativa).

Logo, tomada isoladamente em qualquer uma de suas vertentes, a ponderação e o juízo comparativo que ela pressupõe são formais a princípio, porque não lhes são ínsitos critérios materiais que possam direcionar a escolha do aplicador/intérprete para resolver o impasse normativo, mesmo que seja possível atrelar-lhe uma ideia diretiva

---

[421] NOVAK, Marko. Three models of balancing (in constitutional review). *Ratio Juris*, v. 23, n. 1, p. 101-112, mar. 2010. p. 101-112; BERNAL PULIDO, Carlos. *El principio de proporcionalidad y los derechos fundamentales*. 3. ed. Madrid: Centro de Estudios Políticos y Constitucionales, 2007. p. 170-178.

[422] ALEXY, Robert. Epílogo a la teoría de los derechos fundamentales. Tradução de Carlos Bernal Pulido. *Revista Española de Derecho Constitucional*, v. 66, p. 13-64, 2002. p. 32-58; ALEXY, Robert. On balancing and subsumption. A structural comparison. *Ratio Juris*, v. 16, n. 4, p. 433-449, 2003. p. 436-449; ALEXY, Robert. The construction of constitutional rights. *Law & Ethics of Human Rights*, v. 4, n. 1, p. 20-32, 2010. p. 28-32, no qual concede que possam existir princípios com pesos abstratos diferentes; ALEXY, Robert. Los derechos fundamentales y el principio de la proporcionalidad. Tradução de Jorge Alexander Portocarrero Quispe. *Revista Española de Derecho Constitucional*, v. 91, p. 11-29, ene./abr. 2011. p. 17; ALEXY, Robert. Constitutional rights and proportionality. *REVUS*, v. 22, p. 51-65, 2014. p. 55.

[423] SILVA, Virgílio Afonso da. Comparing the incommensurable: constitutional principles, balancing and rational decision. *Oxford Journal of Legal Studies*, v. 31, n. 2, p. 273-301, 2011. p. 288. O autor coloca que esse tipo de consideração crítica abala apenas concepções como a de David Beatty sobre a ponderação e a proporcionalidade. Sobre a concepção de Beatty (BEATTY, David M. *The ultimate rule of law*. reprint. Oxford: Oxford University Press, 2010. p. 161 e seguintes), esse autor advoga não só a neutralidade da proporcionalidade, como também que se constitui num teste claro e objetivo, uma vez que leva em conta os juízos das próprias partes, de modo que o escrutínio passa a ser um exercício de argumentação lógica ou arrazoamento silogístico, com a transformação de questões morais em questões fáticas.

de correção do resultado ou de obtenção do resultado mais racional possível. No entanto, esse aspecto formal não desaloja a importância e a necessidade de preencher a ponderação com critérios materiais que possam guiar o intérprete/aplicador no juízo de sopesamento e está muito além de significar que se pretenda com a metáfora a tal neutralidade inexistente. Aliás, essa ausência de um critério material justifica-se num ateliê constituinte que promova no tecido normativo uma concepção político-jurídica pluralista, com mundividências diversas e em tensão e com interesses de todos os segmentos sociais, por intermédio de costura no sistema de direitos fundamentais positivados por meio de princípios jurídicos, como sói ocorrer em várias democracias constitucionais ocidentais.[424]

Essa fluidez da ponderação, cuja comparação é incondicionada à partida, conforme razões expostas acima, pode ser diminuída pela sua estruturação operativa pelo princípio da proporcionalidade,[425] que é a melhor ferramenta heurística disponível a guiar o intérprete. Ainda será uma estrutura formal e dependerá de argumentação baseada em critérios materiais, mas já trará inúmeras vantagens para a obtenção de maior racionalidade, uma vez que auxiliará o utilizador a destrinchar e a quebrar em várias etapas as questões complexas envolvidas no impasse normativo, com organização analítica da fundamentação decisória que facilita a obtenção de resultados mais corretos.[426]

Evidentemente, sempre que o impasse normativo atrair a incidência de direitos fundamentais, os critérios materiais são buscados na ordem jurídico-constitucional, conforme o rol de direitos fundamentais que se disponibiliza ao operador jurídico. A racionalidade plena da operação é descartada, sem embargo o grau maior de racionalidade é obtido sempre que o intérprete/aplicador, em vez de diluir a valoração realizada no esquema de aplicação normativa, ponha-se em posição dialógica com os demais poderes políticos e com a própria sociedade ao explicar as fases percorridas pelo juízo subjetivo e as escolhas efetuadas nessas etapas, o que permite maior controle político-social das decisões judiciais pelos outros poderes, sociedade em geral e comunidade jurídica.[427]

---

[424] BERNAL PULIDO, Carlos. *El principio de proporcionalidad y los derechos fundamentales*. 3. ed. Madrid: Centro de Estudios Políticos y Constitucionales, 2007. p. 170-217. Sobre o caráter formal da estrutura ponderativa, remete-se a ALEXY, Robert. The construction of constitutional rights. *Law & Ethics of Human Rights*, v. 4, n. 1, p. 20-32, 2010. p. 31-33, o qual, porém, sustenta que a fórmula do peso pode deixar a ponderação procedimentalmente substantiva, e a HÄBERLE, Peter. *La garantía del contenido esencial de los derechos fundamentales en la ley fundamental de Bonn*. Tradução de Joaquín Brage Camazano. Madrid: Dykinson, 2003. p. 33-40. A advogar a natureza substancial da ponderação, com o rechaço do caráter apenas formal do método, SARMENTO, Daniel. *A ponderação de interesses na Constituição Federal*. 1. ed. 3. tir. Rio de Janeiro: Lumen Juris, 2003. p. 57-60.

[425] ÁVILA, Humberto. *Teoria dos princípios* – Da definição à aplicação dos princípios jurídicos. 8. ed. São Paulo: Malheiros, 2008. p. 143-145, o qual também se refere ao postulado da razoabilidade para essa mesma estruturação do sopesamento, bem como enumera três passos ou etapas para corretamente estruturá-lo.

[426] MÖLLER, Kai. Proportionality: challenging the critics. *International Journal of Constitutional Law*, v. 10, n. 3, p. 709-731, 2012. p. 724-727; MÖLLER, Kai. "Balancing as reasoning" and the problems of a legally unaided adjudication: a rejoinder to Francisco Urbina. *International Journal of Constitutional Law*, v. 12, n. 1, p. 222-225, 2014. p. 223. Ver, ainda, BARAK, Aharon. *Proportionality* – Constitutional rights and their limitations. Tradução de Doron Kalir. Cambridge; New York: Cambridge University Press, 2012. p. 131 e seguintes, que defende que a proporcionalidade é uma ferramenta metodológica; COHEN-ELIYA, Moshe; PORAT, Iddo. *Proportionality and constitutional culture*. Cambridge/New York: Cambridge University Press, 2013. p. 103-132, a comentar que a proporcionalidade pode configurar uma plataforma analítica de grande utilidade na adjudicação judicial de direitos fundamentais; e KLATT, Mathias; MEISTER, Moritz. *The constitutional structure of proportionality*. Oxford: Oxford University Press, 2014. p. 7-13.

[427] FETERIS, Eveline T. The rational reconstruction of weighing and balancing on the basis of teleological-evaluative considerations in the justification of judicial decisions. *Ratio Juris*, v. 21, n. 4, p. 481-495, dez. 2008. p. 481-485,

Ora, as decisões judiciais encaixam-se como forma de discurso, de tal forma que a argumentação utilizada na fundamentação do *decisum*, caso ancore-se em águas constitucionais e refira-se a normas do sistema, propicia uma persuasão racional da decisão escorada justamente na explicitação do procedimento do sopesamento na fundamentação, mais até do que o resultado em si.[428] Logo, ao contrário de ser opaca e impressionista, o percurso ponderativo é mais bem explicitado na fundamentação.

Entrementes, a idiossincrasia supramencionada é incompatível de fato com a percepção de Francisco Urbina e do seu "problema do juiz pressionado" e do "juiz emocionado". Não que se entenda que não haja pressões de qualquer sorte ou, pior, que os juízes são imunes a pressões ou não possam perder-se na emoção irracional, diante da sua capacidade "olímpica" de julgar.[429] Porém, as garantias institucionais normalmente previstas no sistema para o imparcial desempenho da atividade judicante e a experiência que o ofício jurisdicional confere, se não eliminam a pressão, fornecem um escudo institucional propício para absorver as influências e evitar sua "contaminação" emocional,[430] com o pressuposto de que não esteja o agente judicante corrompido e de má-fé. No limite, o argumento de Urbina do "juiz pressionado" serviria mesmo para distorcer qualquer alternativa decisória: sempre que o caso fosse polêmico, mesmo que não fosse resposta mais correta na sua apreciação, o juiz abrigar-se-ia numa decisão que contentasse a maioria ou que agradasse à parte mais forte política ou economicamente.

Esse debate pode ligar-se com a própria ideia de democracia e de Estado de Direito que se assume como pano de fundo dentro de um contexto cultural a ela subjacente, especialmente após a inclusão de direitos fundamentais e previsão de controle de constitucionalidade judicial. No início deste capítulo, foi referido como o espraiar da técnica ponderativa tem alcançado as jurisdições constitucionais de muitas democracias ocidentais. Com efeito, parece muito bem colocado por Cohen-Eliya e Iddo Porat que, sem embargo de inúmeras características funcionais que poderiam confeccionar a ponderação, estruturada pelo princípio da proporcionalidade, como uma plataforma analítica de grande valia ou mesmo uma "gramática" comum na aplicação de normas de direitos fundamentais, é inegável um componente cultural fortemente intuído ou explicitamente assumido nesses países em que o princípio da proporcionalidade tem-se

---

sobre a maior racionalidade de exibir às claras as escolhas efetuadas; GARCIA, Emerson. *Conflito entre normas constitucionais* – Esboço de uma teoria geral. Rio de Janeiro: Lumen Juris, 2008. p. 379-380, o qual aduz que a fundamentação permite a reconstrução do caminho percorrido na atividade ponderativa; BERNAL PULIDO, Carlos. *El principio de proporcionalidad y los derechos fundamentales*. 3. ed. Madrid: Centro de Estudios Políticos y Constitucionales, 2007. p. 170-216, a respeito do diálogo e controle dos demais atores institucionalizados.

[428] NOVAIS, Jorge Reis. *As restrições aos direitos fundamentais não expressamente autorizadas pela constituição*. Coimbra: Coimbra, 2003. p. 880-897. A respeito de não existir uma irracionalidade absoluta, com a defesa de um caráter axiomático parcial de dedução de uma sentença fundamentada, com a conclusão a extrair-se de uma premissa normativa, SAMPAIO, José Adércio Leite. *A constituição reinventada pela jurisdição constitucional*. Belo Horizonte: Del Rey, 2002. p. 797-800. Esse pensamento também tinha sido defendido em ALMEIDA, Luiz Antônio Freitas de. *Direitos fundamentais sociais e ponderação* – Ativismo irrefletido e controle jurídico racional. Porto Alegre: Sergio Antonio Fabris, 2014. p. 72-87.

[429] FRIED, Charles. Two concepts of interests: some reflections on Supreme Court's balancing test. *Harvard Law Review*, v. 76, p. 755-778, 1962-1963. p. 757-762, que refuta a infalibilidade dos juízes no contexto de uma *judicial review* comparativamente aos legisladores.

[430] Algo similar, sem explicar as razões para a menor propensão dos magistrados de submeterem-se a pressões, MÖLLER, Kai. "Balancing as reasoning" and the problems of a legally unaided adjudication: a rejoinder to Francisco Urbina. *International Journal of Constitutional Law*, v. 12, n. 1, p. 222-225, 2014. p. 224.

afirmado nas decisões dos tribunais constitucionais.[431] A tendência do espalhar e pulular do princípio da proporcionalidade como ferramenta utilizada pelas cortes é explicável também pela crescente cultura de justificação já latente na constitucionalização de direitos fundamentais. Etienne Mureinik sintetiza a cultura de justificação ao contrapô-la à cultura de autoridade: na cultura de justificação todos os atos estatais demandam justificação pública, uma decorrência da função de *empowerment* dada aos indivíduos pelos direitos fundamentais; na cultura de autoridade, a legitimação dos atos pressupõe meramente a competência de praticá-los e não se escrutinam as razões que os alicerçam.[432]

Compreender como essas diferentes culturas expressam-se, no entanto, não é elaborar uma dicotomia definitiva entre elas, pois é possível um entrelaçamento entre si. Numa cultura de autoridade, em que subjaz certo pessimismo racionalista e epistemológico, arquitetam-se as instituições estatais com competências políticas e jurídicas separadas e delimitadas, conforme maior capacidade institucional de enfrentar as questões relativas à sua área de atuação. Aos tribunais é dada a responsabilidade de averiguar a divisão de labor das diferentes instituições, no intuito de evitar invasão de competências, de sorte que, ordinariamente, uma instituição não precisa ofertar razões para o mérito de suas realizações, desde que esteja nos limites de sua competência; os tribunais tendem a respeitar o mérito da decisão, mesmo que possam pensar que exista ali algum erro. Na cultura de justificação, em princípio toda ação estatal é sujeita à justificação, pois a legitimidade do ato é deslocada da autoridade que o pratica para a correção das razões que invoca. No entanto, a cultura de justificação também acaba por estabelecer limites pragmáticos nessa exigência, como a deferência ou o respeito à autoridade de determinada instituição, insuficiência de recursos etc.[433] Isso explica a assertiva de que não são contrapostas como pensou Mureinik, mas estão conectadas. Em suma, numa cultura de justificação os direitos são encarados como exigências de justificação dos governos e de suas instituições em suas ações, haja vista que os valores a eles inerentes devem ser não só respeitados, mas promovidos pelo Estado. Já na cultura de autoridade, os direitos são vistos como limites ao poder estatal, a demarcar-lhe uma zona de "competência negativa" de interferência. Claro está que a cultura de justificação é simpática à ponderação, enquanto que uma cultura de autoridade tende a ser-lhe hostil ou a dar-lhe um papel muito mais modesto, com a preferência pela categorização.[434]

---

[431] COHEN-ELIYA, Moshe; PORAT, Iddo. *Proportionality and constitutional culture.* Cambridge/New York: Cambridge University Press, 2013. p. 103-132. A rigor, os autores entendem que a proporcionalidade se espalhou exclusivamente por força do contexto cultural de justificação e não por razões funcionais ou instrumentais. Para uma visão mais cética desse movimento global, a considerar um arranjo pensado por elites políticas, econômicas e judiciais no intuito de aumentar o seu poder, influência e evitar a alteração do *status quo* por alterações legislativas que ameacem esse estado de coisas, remete-se a HIRSCHL, Ran. *Towards juristocracy* – The origins and consequences of the new constitutionalism. Cambridge; London: Harvard University Press, 2004. p. 11-16; 38-102.

[432] MUREINIK, Etienne. A bridge to where? Introducing the interim bill of rights. *South African Journal on Human Rights*, v. 10, p. 31-48, 1994. p. 31-33.

[433] COHEN-ELIYA, Moshe; PORAT, Iddo. *Proportionality and constitutional culture.* Cambridge/New York: Cambridge University Press, 2013. p. 103-132.

[434] COHEN-ELIYA, Moshe; PORAT, Iddo. *Proportionality and constitutional culture.* Cambridge/New York: Cambridge University Press, 2013. p. 103-132. Essa explicação dada pelos autores é muito persuasiva para o porquê de a proporcionalidade ter uma crescente utilização em vários Estados cujos territórios foram assolados pelo terror conhecido nas duas guerras mundiais, ao passo que nos Estados Unidos ainda haja forte resistência não só à proporcionalidade como ao *balancing*, conferindo-lhe lugar muito marginal se comparado à proporcionalidade nas cortes constitucionais europeias. Os Estados Unidos sentiram menos necessidade de uma cultura de

A contribuição do contexto cultural deságua na própria concepção de democracia. Em geral, a cultura de autoridade pauta-se numa democracia liberal e plural, entendida na acepção de que existem diversos grupos de interesse ou segmentos sociais que podem articular-se em defesa de seus pontos de vista, com o estabelecimento de relações de poder entre esses grupos, com autonomia para decidirem quais compromissos e interesses querem promover. Uma cultura de justificação familiariza-se com um viés mais deliberativo de democracia, de cunho mais substancialista, na qual se prescreve a necessidade de justificar todas as ações estatais na arena pública para que sejam essas ações legítimas, com exame dessas razões e dos princípios reconhecidos no sistema. Nos diferentes paradigmas culturais, nota-se um otimismo epistemológico na cultura de justificação e um ceticismo ou pessimismo epistemológico na cultura de autoridade. Na cultura de justificação, confia-se na habilidade humana de encontrar um ponto de equilíbrio entre os diferentes princípios/valores e de fiar-se em critérios racionais ou morais para alcançá-lo ou encontrar uma boa solução; na cultura de autoridade, existe a desconfiança dessa capacidade reflexiva, de sorte que se tende a ver o melhor resultado como aquele deliberado pela maioria, em que há maior possibilidade de acerto.[435]

Essas inflexões sobre as culturas de autoridade e de justificação podem ser contextualizadas no Brasil e em Portugal. No Brasil a Constituição Federal de 1988 estabeleceu a democracia após o fim do regime militar não democrático, que perdurava desde o golpe de 1964. Em Portugal, de igual forma, não só por estar na Europa e ter, assim, sentido mais de perto os calores da guerra, mas também porque a Constituição de 1976 consagrou um regime constitucional democrático após a queda do regime salazarista na Revolução dos Cravos. Inegavelmente, ambos os países se inserem num contexto em que prepondera a cultura de justificação à de autoridade.

Portanto, a partir de um pluralismo sedimentado no ordenamento jurídico e no espectro de uma cultura de justificação, não se afigura viável almejar uma escala absoluta de prevalência entre normas constitucionais, justamente porque refoge à natureza humana a figura mítica de um legislador-oráculo, capaz de detalhar tão especificadamente as normas e suas exceções a ponto de tornar o sistema plenamente coerente e sem contradições, de um lado, nem impedir que na aplicação dessas normas possam existir conflitos eventuais entre elas.[436] A bem da verdade, o legislador não consegue apreender na totalidade as situações da vida, mesmo que haja incremento da carga normatizada da realidade social. É por isso que as normas fatalmente entrarão

---

justificação que a Europa, onde a democracia popular permitiu o surgimento de alguns estados totalitários, nos quais suas ordens constitucionais não impuseram maiores constrições ao legislador democrático, o que propiciou posteriormente massivas violações de direitos humanos a desaguar na segunda grande guerra mundial. Nos Estados Unidos, não há na sociedade a desconfiança infundada na democracia popular e no legislador justamente porque não ocorreu na sua circunscrição territorial uma degeneração para um Estado totalitário, de sorte que a prática constitucional terminou por categorizar os direitos.

[435] COHEN-ELIYA, Moshe; PORAT, Iddo. *Proportionality and constitutional culture*. Cambridge/New York: Cambridge University Press, 2013. p. 103-132. No seu trabalho, os autores referem-se ao equilíbrio por meio de um denominador comum, a estabelecer a comensurabilidade dos valores em conflito. A questão da (in)comensurabilidade será abordada ainda neste subitem.

[436] ISOLA-MIETTINEN, Hannele. Balancing and legitimacy. Reflections on the balancing of legal principles. *In*: SIECKMANN, Jan-Reinard (Ed.). *Legal reasoning*: the methods of balancing. Proceedings of the special workshop "Legal Reasoning. The Methods of Balancing" held at the 24th World Congress of the International Association for Philosophy of Law and Social Philosophy (IVR), Beijing, 2009. Stuttgart: Franz Steiner Verlag/Nomos, 2010. p. 169-173.

em conflitos normativos e em muitos deles não existirão normas do próprio sistema que condicionem essa vicissitude a uma consequência jurídica definida, ou seja, não haverá resposta fornecida pelo arcabouço normativo para essa incompatibilidade normativa. Em acréscimo, essa dificuldade prática do legislador é acrescida num contexto cultural de justificação presente em muitos sistemas constitucionais, com afirmação de direitos fundamentais justiciáveis, mormente se a "técnica de positivação" privilegiar o formato principiológico ao caráter de regras[437] a esses direitos. Em alguma medida, esse formato principiológico é incentivado pela própria funcionalidade de uma constituição, a qual evidentemente não pode descer a minúcias sem descaracterizar-se como tal, com enrijecimento e paralisia do sistema se houvesse pretensão de uma constituição ultra-analítica e precisa em todas as questões.[438]

Nesse compasso, retoma-se o conhecido debate entre as teorias internas e a externa dos direitos fundamentais. As teorias internas estão em franca desvantagem no aspecto racional em relação à teoria externa. Aquelas, por não admitirem restrições externas aos direitos fundamentais por outras normas, ante o motivo de que o conteúdo do direito é apreendido internamente pela correta interpretação, sofrem de déficit de argumentação ao ocultar o juízo valorativo dentro de uma aparente objetividade exegética. A teoria interna termina por aliviar o fardo de justificação do julgador, o qual se desonera de demonstrar e explicar o porquê de determinada situação não se encontrar ao albor do conteúdo de um direito fundamental qualquer.[439]

Umbilicalmente conectadas com as teorias internas de limites e externa de restrições está a definição do âmbito de proteção e conteúdo do direito fundamental, isto é, o que se protege, respeita e promove e a intervenção estatal de que se protege. Num modelo de dois estágios, em que o primeiro é a configuração do âmbito de proteção e o segundo é a visualização de restrições/limites, usualmente um adepto de uma teoria externa costuma propor uma definição de suporte fático amplo, em que todas as esferas de ação, posição ou situação que possam ser extraídas de uma interpretação semântica do enunciado de direito fundamental devam ser consideradas dentro do âmbito de proteção desse direito, garantidas *prima facie* pela norma constitucional. Para tanto, faz-se uma interpretação ampla do texto, isto é, existe uma "interpretação generosa", comentada por Tsakyrakis. Os partidários de teorias internas, a sua vez, costumam

---

[437] A expressão "técnicas de positivação" foi emprestada de Gomes Canotilho (CANOTILHO, José Joaquim Gomes. Tomemos a sério os direitos económicos, sociais e culturais. *In*: CANOTILHO, José Joaquim Gomes. *Estudos sobre direitos fundamentais*. 2. ed. Coimbra: Coimbra Editora, 2008. p. 37-38), conquanto o jurista lusitano a tenha utilizado para enquadrar os direitos sociais e, destarte, não coincidir com o sentido usado no texto.

[438] NOVAIS, Jorge Reis. *Direitos sociais* – Teoria jurídica dos direitos sociais enquanto direitos fundamentais. Coimbra: Coimbra/Wolters Kluwer, 2010. p. 143. Por outro lado, como salienta Paulo Ferreira da Cunha (CUNHA, Paulo Ferreira da. Constituição e utopia. E o exemplo da Constituição brasileira de 1988. *In*: CUNHA, Paulo Ferreira da *et al*. *Direito e justiça* – Estudos dedicados ao Professor Doutor Luís Alberto Carvalho Fernandes. Lisboa: Universidade Católica Editora, 2011. v. III. p. 182), algum grau de minúcia dos enunciados constitucionais pode ser justificável politicamente, inclusive porque a repetição enviaria recado inolvidável e não ignorável aos detentores do poder.

[439] BERNAL PULIDO, Carlos. *El principio de proporcionalidad y los derechos fundamentales*. 3. ed. Madrid: Centro de Estudios Políticos y Constitucionales, 2007. p. 477-492; KLATT, Mathias; MEISTER, Moritz. *The constitutional structure of proportionality*. Oxford: Oxford University Press, 2014. p. 17-23, referindo-se a uma prévia ponderação oblíqua para definir as categorias dos direitos no modelo de trunfos robusto e no modelo intermediário de trunfos. Sobre teoria interna e externa, ver também ALMEIDA, Luiz Antônio Freitas de. *Direitos fundamentais sociais e ponderação* – Ativismo irrefletido e controle jurídico racional. Porto Alegre: Sergio Antonio Fabris, 2014. p. 79-80.

propugnar uma teoria do suporte fático restrito, em que se decotam posições, ações ou situações que, na perspectiva subjetiva e valorativa do intérprete e conforme o cânone de interpretação empregado, não estariam protegidas e asseguradas pela norma de direito fundamental, cujos limites já especificariam o conteúdo definitivo do direito. Como se percebe, na teoria ampliativa do âmbito de proteção não se efetuam valorações para concluir quais posições, ações ou situações estão tuteladas pela norma de direito fundamental e quais são as intervenções estatais *prima facie* contrárias a esse direito, ao passo que as teorias restritivas do suporte fático efetuam essas valorações para inferir o conteúdo do direito e seus intrínsecos limites.[440]

A alternativa ao sopesamento apresentada pelos críticos é a prévia categorização dos direitos, a estabelecer um modelo de trunfos ou de ordem serial, a configurar o papel das cortes de replicar esses posicionamentos por juízos subsuntivos do caso à categorização previamente estabelecida, o que, em suma, fixaria uma hierarquia entre os diferentes direitos fundamentais.

Contudo, a concepção de uma hierarquia rígida entre direitos fundamentais somente poderia ter uma fonte juridicamente inquestionável: uma norma do próprio ordenamento jurídico. Sem essa estipulação normativa, ausente na maciça maioria das democracias constitucionais de cunho ocidental justamente pela percepção de que a realidade da vida não recomenda a assunção da postura de um legislador "Hércules" ou de um legislador "Delfos" pelo parlamento e poder constituinte, essa crítica não é plausível de ser sustentada.

A rigor, é preciso ser dito que Rawls acaba por admitir a ponderação quando decorrente de conflitos entre as liberdades básicas eleitas pelo primeiro princípio da justiça, conquanto pontue seu pensamento numa diferença entre regulação e restrição do direito.[441] Isso não é de estranhar, dentro da percepção de diferentes modelos de trunfo que podem ser defendidos. Aqui já se comenta que a visão de Waldron de uma diferença substancial entre a categorização por modelos de trunfo e por ordem serial ou lexical não é partilhada nesta pesquisa, de sorte que se pode, com as devidas diferenciações no que se refere ao estrato teórico de base de cada teoria, enquadrá-las todas dentro do arquétipo de um modelo de trunfos, tal como proposto por Mathias Klatt e Moritz Meister, uma vez que esse modelo, em linha de princípio, propõe uma categorização

---

[440] A respeito do debate e das diferentes teorias do âmbito de proteção e restrições e limites, remete-se a ALEXY, Robert. *Teoria dos direitos fundamentais*. Tradução de Virgílio Afonso da Silva. São Paulo: Malheiros, 2008. p. 281-332; NOVAIS, Jorge Reis. *As restrições aos direitos fundamentais não expressamente autorizadas pela constituição*. Coimbra: Coimbra, 2003. p. 390-430, o qual propõe o referido modelo de dois estágios e apresenta uma proposta intermediária entre uma teoria ampliativa e restritiva do suporte fático, em que se decotam posições, situações ou ações do âmbito de proteção que sejam excessivas por um juízo de evidência e sem controvérsia, posição teórica que evitaria os inconvenientes de recorrer-se à ponderação todo o tempo, a qual é advogada nesta tese. Essa questão será retomada com mais vagar posteriormente.

[441] RAWLS, John. *Uma teoria da justiça*. Tradução de Jussara Simões. 3. ed. São Paulo: Martins Fontes, 2008. p. 73 e seguintes. No fundo, Rawls acaba por admitir que o "intuicionismo" é limitado – e não excluído – primeiro pela seleção dos princípios da justiça e depois pela ordem serial estipulada entre eles. Porém, acaba enigmaticamente ampliando a ponderação que quis evitar, ao colocar que os intercâmbios entre os dois princípios da justiça não seriam admitidos, salvo em circunstâncias extremas. Ora, o que seriam tais circunstâncias extremas? No fundo, Rawls deixa uma âncora argumentativa para afundar a exclusão do sopesamento mesmo entre ganhos econômicos e sociais propiciados pelo princípio da diferença e as liberdades básicas preconizadas pelo primeiro princípio da justiça.

dos direitos em substituição da ponderação, de forma a não só estabelecer uma ordem prioritária clara entre os direitos, mas também destes aos meros interesses estatais.

A inspiração do modelo de trunfos é uma ideologia liberal que dá uma especial dignidade aos direitos, a elevá-los em força em comparação aos interesses estatais ou a qualificá-los em relação a esses interesses, de sorte a manter a sua malha protetora intocada pela ação estatal que busque a persecução de outros interesses. Esse modelo pode ser posto em primeiro plano como contraposto ao modelo de interesses, que inspira teóricos defensores de um modelo de proporcionalidade inspirado na teoria dos princípios, no qual os direitos não se distinguem de outros interesses no que se refere à sua comparação, de sorte que os interesses justificam a interferência nos direitos se houver legitimidade nessa justificação.[442]

Porém, Klatt e Meister concebem uma subdivisão do modelo de trunfos em modelo forte, intermédio e fraco de trunfos. O modelo forte de trunfos tende a ver os direitos como absolutos, construídos interpretativamente dentro de um aparato teórico de uma teoria interna, sem quaisquer restrições externas; o resultado é que qualquer ação estatal que interferir no âmbito de proteção definido será considerada ilícita e representará uma violação do direito fundamental. O modelo intermédio de trunfos reconhece que construir direitos de modo absoluto é um erro, pois em alguns casos é preciso que sejam restringidos/limitados. Assim, os direitos podem sofrer interferência desde que haja razões substanciais que a autorizem, de sorte a não restarem violados. O que o modelo intermediário propõe é a exclusão de algumas razões como aptas a justificar essa interferência. Esse arquétipo intermediário também rejeita a ponderação e aposta na eleição de algumas categorias para examinar a justificação que pretende limitar o conteúdo do direito, algumas a exigir um ônus argumentativo maior que outras, a exemplo da Suprema Corte estadunidense e seus testes de *strict scrutiny, intermediate scrutiny* e *rational basis review*. Por fim, o modelo fraco de trunfos trata os direitos como normas que somente podem ser sobrepujadas por outros direitos fundamentais ou interesses que recebam abrigo no texto constitucional como normas. Esse modelo evita em grande parte o receio dos autores que defendem a categorização como alternativa excludente da ponderação, pois não é todo e qualquer interesse estatal que autoriza o exame da justificativa da ação estatal, de sorte que permite um filtro que bloqueie

---

[442] KLATT, Mathias; MEISTER, Moritz. *The constitutional structure of proportionality*. Oxford: Oxford University Press, 2014. p. 15-17; KLATT, Mathias. An egalitarian defense of proportionality-based balancing: A reply to Luc B. Tremblay. *International Journal of Constitutional Law*, v. 12, n. 4, p. 891-899, 2014. p. 891 e seguintes, os quais preconizam a posição, seguida no texto, de que é possível compatibilizar a ponderação com um modelo enfraquecido de trunfos, a permitir que os direitos tenham uma prioridade condicionada. Essa compatibilidade da visão de os direitos fundamentais como trunfos e, ainda assim, estarem sujeitos a uma "reserva geral imanente de ponderação" também já era defendida por Reis Novais (NOVAIS, Jorge Reis. *As restrições aos direitos fundamentais não expressamente autorizadas pela constituição*. Coimbra: Coimbra, 2003. p. 602 e seguintes; NOVAIS, Jorge Reis. Direitos como trunfos contra a maioria. *In*: NOVAIS, Jorge Reis. *Direitos fundamentais*: trunfos contra a maioria. Coimbra: Coimbra Editora, 2006. p. 49 e seguintes), ante o pressuposto da necessidade dos ordenamentos de limitar/restringir direitos fundamentais quando as condições de aplicação são indeterminadas (princípios jurídicos), logo com contornos distintos dos tratados no texto. No sentido de ser inviável uma compatibilização entre modelos de trunfos e modelos de interesses ou, na terminologia do autor, um modelo de prioridade de direitos e um modelo de otimização, menciona-se, entre outros, TREMBLAY, Luc B. An egalitarian defense of proportionality-based balancing. *International Journal of Constitutional Law*, v. 12, n. 4, p. 864-890, 2014. p. 870; ver, ainda, também no sentido de serem posições inconciliáveis, SILVA, Virgílio Afonso da. Comparing the incommensurable: constitutional principles, balancing and rational decision. *Oxford Journal of Legal Studies*, v. 31, n. 2, p. 273-301, 2011. p. 281 e seguintes.

o sopesamento em caso de interesses juridicamente ilegítimos ou que não possuam galardão constitucional. Segundo os juristas, o modelo fraco é mais adequado que o modelo de interesse sem excluir a ponderação, uma vez que os direitos podem receber maior força normativa com a devida atribuição de peso ou valor no procedimento de sopesamento.[443]

O contributo de Klatt e Meister na sistematização do modelo de trunfos é importante, porque permite identificar "graus" nessa categorização sugerida. Desde Aleinikoff a Tsakyrakis, Urbina e Webber, parece ser nítido que eles não propõem um modelo de trunfos forte e apostam num modelo intermediário. Sem embargo, mesmo o modelo intermediário possui praticamente as mesmas deficiências já referidas no aspecto da teoria interna. À partida, como definir as categorias e quais interesses ou razões a considerar "prementes" ou robustos a ponto de justificar a intervenção e restrição no direito fundamental serão problemas fundamentais dessa doutrina. No que se refere à força das razões, esse arquétipo em alguma medida remete ao exame concreto, sem possibilidade de definir previamente o *quantum* ou a intensidade da razão justificante. Essa dimensão de força da razão a justificar a intervenção no direito significa, na prática, o exercício de comparação entre a força da razão justificante e a "mais-valia" do direito. Mesmo que se conceba o modelo a formar categorias prévias e defenda-se que as aplicações posteriores são exegese subsuntiva a uma das categorias formadas, se essas categorias não retratarem tipos definidos no texto constitucional, é visível que essas categorias representam ponderações ocultas ou camufladas em linguagem interpretativa feitas no momento da sua definição. E aqui o círculo vicioso fecha-se: sem maior transparência na explicitação de todas as valorações envolvidas e com abdicação do guia analítico que uma ponderação bem estruturada poderia fornecer, a decisão terá menor grau de racionalidade, com deficiência estrutural, especialmente pela definição arbitrária das categorias em comento,[444] ao contrário do que o afirmado pelos críticos.

Adotar a sistematização de Klatt e Meister, contudo, não significa firmar compromisso por uma tese de modelo fraco de trunfos. Em realidade, há sempre a dependência da latitude constitucional concreta em que o jurista/aplicador trabalha e é importante a verificação das normas que prevejam cláusulas restritivas aos direitos, a existência de um regime jurídico diferenciado entre os direitos em si, entre outras questões. Somente as normas do ordenamento podem determinar a adoção de um ou outro modelo; sem normas que tratem disso em geral, haverá que se observar a praxe dos tribunais constitucionais, conquanto o modelo fraco de trunfos tenha maior vantagem por fornecer um critério de filtro de interesses ilegítimos. O que se está claro é que os arquétipos forte e intermediário de trunfos estão em nítida desvantagem em relação aos modelos fraco de trunfos e de interesses no aspecto de racionalidade.

Uma particularidade apenas no caso da posição de Ferrajoli. O professor italiano parte de uma proposta em que os direitos fundamentais podem funcionar

---

[443] KLATT, Mathias; MEISTER, Moritz. *The constitutional structure of proportionality*. Oxford: Oxford University Press, 2014. p. 15-26.

[444] KLATT, Mathias; MEISTER, Moritz. *The constitutional structure of proportionality*. Oxford: Oxford University Press, 2014. p. 22-23. A definição dos fins legítimos e etapas para estruturar a ponderação serão objeto de reflexão no capítulo que trata a respeito do princípio da proporcionalidade, de sorte que se evitará aprofundar mais a questão neste momento.

argumentativamente como princípios, mas aplicam-se como regras. Mas esse raciocínio, que tem alguma similaridade com os microdireitos e macrodireitos na concepção de Mauro Barberis já referida no subitem que trata de conflitos normativos, agarra-se à premissa de que a definição de um princípio ou regra dá-se pela estatuição da norma – e não pela previsão, ainda que eventualmente conjugada com a estatuição, como defendido neste trabalho. Essa concepção ferrajoliana retira espaço da verificação de que os princípios possuem previsão indeterminada linguística (embora nem sempre) e pragmaticamente, isto é, ostentam uma indeterminação estrutural em relação às regras; sem que as condições de aplicação da norma estejam configuradas de modo aberto, o que estipula Ferrajoli como alicerce de seu argumento, o qual seria aplicável a todos os direitos fundamentais, seria possível eliminar a ponderação.[445] No entanto, o exame morfológico das normas efetuado no item 1.3 corrobora que a pretensão do jurista italiano não é a mais acertada analiticamente e deve ser abandonada, ao menos dentro do esquadro dogmático adotado nesta pesquisa. No mais, a pretensão de categorização de Ferrajoli merece os mesmos contrapontos já efetuados.

Eis que os caminhos se cruzam no tema da incomensurabilidade. Virgílio Afonso da Silva é preciso quando distingue incomensurabilidade, conceituada como insuscetibilidade de quantificação e metrificação do interesse, valor ou razão, da incomparabilidade, isto é, impossibilidade de comparar. Ora, mesmo normas de direitos fundamentais, cujo valor moral embutido nesses princípios poderia ser tomado como insuscetível de metrificação, podem e devem ser comparadas: não é preciso ranqueá-las cardinalmente, basta ordinalmente, consoante as razões que as apoiem e prevaleçam quando em confronto.[446] De uma forma ou outra, autores que aludem à incomensurabilidade acabam por cometer esse deslize. Muitos partem para agrupar os direitos em um sentido fraco de incomensurabilidade de Waldron, justamente para defender que possam ser colocados em relação com o outro para estabelecer uma ordem de prioridade. Isso, de margem a margem, é comparar e é algo que acaba realizando, mesmo sem perceber, quem pretenda solucionar a questão por meio de categorização e classificação de direitos fundamentais.

Se for possível comparar, como se assume que é, responde-se satisfatoriamente à crítica da incomensurabilidade por meio de duas estratégias. Ou elabora-se um denominador comum para os valores, interesses ou princípios incomensuráveis ou aposta-se na aludida escala hierárquica de forma estável e definitiva, o que em suma

---

[445] RUIZ MANERO, Juan. A propósito de un último texto de Luigi Ferrajoli. Una nota sobre reglas, principios, "soluciones en abstracto" y "ponderaciones equitativas". *Doxa – Cuadernos de Filosofía del Derecho*, n. 35, p. 819-832, 2012. p. 819-832.

[446] SILVA, Virgílio Afonso da. Comparing the incommensurable: constitutional principles, balancing and rational decision. *Oxford Journal of Legal Studies*, v. 31, n. 2, p. 273-301, 2011. p. 280 e seguintes. Num sentido próximo, a distinguir a incomensurabilidade da comparabilidade, ENDICOTT, Timothy. Proportionality and incommensurability. *In*: HUSCROFT, Grant; MILLER, Bradley W.; WEBBER, Grégoire. *Proportionality and the rule of law* – Rights, justification, reasoning. New York: Cambridge University Press, 2014. p. 311-327, o qual defende que os interesses públicos e os interesses privados (direitos) postos em comparação são impossíveis de mensuração e, por isso, incomensuráveis. Endicott separa duas formas de incomensurabilidade, a radical e a vaga, sendo que na primeira não é possível nenhuma base racional de comparação em nenhuma das propriedades dos objetos comparados. Não obstante, reconhece que, para admitir que juízes possam comparar interesses incomensuráveis, ainda que seja uma incomensurabilidade radical, é preciso admitir uma premissa institucional de que é melhor que detenham esse poder, embutidos os riscos do erro na aplicação da proporcionalidade.

propõe os críticos da ponderação. A magnitude plural das normas constitucionais das modernas democracias ocidentais mostra que a segunda opção não é a mais viável ou, se fosse, traria pesado fardo de ensejar uma petrificação do sistema, insensibilizando-o ao dinamismo da aplicação normativa. A primeira alternativa é muito mais factível: o denominador comum pode ser configurado pela estruturação metodológica da ponderação, impregnada dos critérios materiais derivados das normas constitucionais, com observância de uma margem autônoma e discricionária do parlamento sem que os tribunais se destituam da missão judicial dada no ordenamento.[447]

O mote da indignação dos autores que alegam a questão da incomensurabilidade contra a ponderação reside na propalada distorção do discurso dos direitos, causada pelo abandono do discurso político-moral, típico do embate desses direitos, pela adoção de um discurso "quantificador" ou "coisificador", pautado numa fundamentação de ética utilitarista de cálculo de custo-benefício. Mesmo Kai Möller, um defensor da proporcionalidade e do sopesamento, sufraga a crítica de contorcer indevidamente o debate jurídico dos direitos caso se conceba o sopesamento como ponderação de interesses (*interest balancing*), de sorte que se deve evitar o recurso a pesos e metrificação dos valores envolvidos, para estruturar a ponderação num embate de razões e argumentos, com apelo ao sentido mais ordinário de "ponderar" como refletir, deliberar e argumentar razões a favor ou contra determinado argumento, medida ou curso de ação (*balancing as reasoning*).[448] Möller reforça argumento de Tsakyrakis de que o pensamento quantificador no juízo ponderativo tenderia a menoscabar direitos das minorias ou permitir que, na situação de colisão de direitos idênticos, que teriam denominador comum – os conflitos simétricos no sentido de Silvina Álvarez –, a ótica utilitária do *interest balancing* traria graves consequências morais: no seu exemplo, seria justificado matar uma pessoa para transplante de órgãos que salvasse a vida de cinco pessoas, já que cinco vidas têm mais peso que uma. Möller prossegue que o exame de custo-benefício não é o único esquema moral que permite o exame de proporcionalidade nem o melhor, já que fatalmente interesses comuns à maior quantidade de pessoas sempre prevaleceriam sobre direitos de poucos.[449]

Não obstante, decididamente a crítica, que tanto aguilhoou a metáfora ponderativa, acabou por ela iludida. Em outros vocábulos, estiveram a lutar com moinhos. Inegavelmente o intérprete interpõe alguns juízos substantivos para definir quais interesses ou direitos podem ser ponderados ou não (se o ordenamento não os estipulou), qual a intensidade da lesão ao direito e a verificação da importância da razão que apoia o princípio contraposto e, finalmente, qual dos dois é mais importante a resguardar na hipótese examinada. Isso não é fornecido pelo ordenamento jurídico, depende da avaliação subjetiva do intérprete/aplicador. Mesmo a fórmula do peso de Alexy, cuja doutrina é um dos principais focos dos ataques por supostamente trabalhar com essa ética utilitarista,

---

[447] BERNAL PULIDO, Carlos. *El principio de proporcionalidad y los derechos fundamentales*. 3. ed. Madrid: Centro de Estudios Políticos y Constitucionales, 2007. p. 184-194. Pulido defende que os subprincípios da proporcionalidade conferem o denominador comum que evitaria a crítica da ponderação.

[448] MÖLLER, Kai. Proportionality: challenging the critics. *International Journal of Constitutional Law*, v. 10, n. 3, p. 709-731, 2012. p. 715.

[449] MÖLLER, Kai. Proportionality: challenging the critics. *International Journal of Constitutional Law*, v. 10, n. 3, p. 709-731, 2012. p. 715-721.

quando elabora escalas numéricas, fá-lo para representar juízos de intensidade (leve, moderado e grave) usados no ofício decisório do Tribunal Constitucional Federal alemão, sem recusar essa constatação nem ter qualquer objetivo de equacionar aritmeticamente o resultado ponderativo.[450] Portanto, bem compreendida a ponderação devidamente estruturada, não há que se falar em distorção do discurso dos direitos.

Destarte, impera-se que se tenha a correta conta daquilo que é comparado. O juízo comparativo de um conflito normativo concreto[451] lida com "valores de cobertura" que uma ponderação bem estruturada pode e deve considerar. Quanto maior precisão e destreza do parâmetro de comparação, maior a possibilidade de racionalidade de uma decisão. Não se trata de mensurar valores, interesses ou argumentos morais incomensuráveis de modo incondicionado, abstratamente – aliás, pode-se mesmo conceder que os valores cristalizados nos princípios sejam mesmo incomensuráveis –, mas sopesar o grau de afetação e a intensidade de (in)satisfação de determinados princípios que se chocam no âmago de uma situação concreta.[452] As normas dos direitos fundamentais e esse critério comparativo podem justamente fornecer o ponto de referência fixo reclamado por Böckenförde. Cada ordem constitucional pode fixar apenas esse, o qual não dista de afirmar que se pretende uma expansão otimizada que respeite a dignidade humana ou que estabeleça outros pontos de referência complementares.[453]

Webber, por outro prisma, não forneceu nenhum argumento adicional para defender sua posição de que esses valores de cobertura não permitem a comparação de princípios, porque são tomados isoladamente e não conjuntamente. Todavia, pode-se refutar seu argumento com a simples percepção de que se realiza sim um juízo comparativo, em que o aplicador decidirá pela preponderância de razões que apoiem determinado princípio, com base em "valores de cobertura" ou parâmetros fornecidos pelo próprio sistema, que se complementam como ponto de referência a nortear o escrutínio de proporcionalidade.

A visão crítica atacante da ética utilitarista só poderia ser considerada válida dentro de uma deturpação da teoria ponderativa que estabelecesse um valor de cobertura

---

[450] ALEXY, Robert. Los derechos fundamentales y el principio de la proporcionalidad. Tradução de Jorge Alexander Portocarrero Quispe. *Revista Española de Derecho Constitucional*, v. 91, p. 11-29, ene./abr. 2011. p. 20-22; ALEXY, Robert. Constitutional rights and proportionality. *REVUS*, v. 22, p. 51-65, 2014. p. 58 e seguintes.

[451] Afirmação feita na pressuposição de que as antinomias abstratas em sua maioria são solúveis por metanormas de conflitos, salvo se houver conflito normativo entre essas metanormas de conflito, fator que reconduz a antinomia a um caso de interseção ou de concorrência parcial-parcial e, portanto, recebe o mesmo tratamento dos conflitos normativos concretos.

[452] SILVA, Virgílio Afonso da. Comparing the incommensurable: constitutional principles, balancing and rational decision. *Oxford Journal of Legal Studies*, v. 31, n. 2, p. 273-301, 2011. p. 284 e seguintes. Usando a expressão de Aleinikoff, Virgílio da Silva mostra como comparar "laranjas com maçãs" com a definição, por exemplo, de um *covering value* baseado no valor nutritivo das frutas, da mesma forma que é possível comparar a música de Bach e de Madonna se for estabelecido o parâmetro comparativo mais definido (qual música tem maior apelo de dança em casas noturnas ou festas *pop* ou qual estilo de música é mais erudito). Tal qual fez Virgílio, esta pesquisa não se compromete peremptoriamente com a afirmação de que seja impossível comparar interesses, valores ou princípios em abstrato.

[453] COHEN-ELIYA, Moshe; PORAT, Iddo. *Proportionality and constitutional culture*. Cambridge/New York: Cambridge University Press, 2013. p. 82-102. Os juristas mencionam que na Alemanha o ponto de referência foi dado em torno de uma promoção ótima dos direitos fundamentais, especialmente a dignidade humana, enquanto outros ordenamentos optaram por valores diferentes, como ilustram com o Canadá, cujo ponto de referência é a tolerância e o multiculturalismo, e com Israel, o qual se parametriza pelos valores fundamentais da sociedade judia e democrática. Essa questão será retomada no capítulo que trata do exame da proporcionalidade.

ou denominador comum materialmente incompatível com a moralidade subjacente na ordem constitucional. O exemplo de Möller dos transplantes mostra bem esse problema. A mera quantificação numérica jamais seria suficiente para, dentro da pretensão procedimentalmente racionalizadora de Alexy, autorizar o sacrifício de uma vida em benefício de outras mais nem simplesmente considerar mais importantes e vencedores do sopesamento interesses mais valiosos economicamente, apenas baseado nesse critério. Afinal, o que é comparado é o grau de intensidade de afetação de determinado princípio com a importância de satisfação de outro no caso que ativou o conflito; a morte seria, em relação à vida, um sacrifício extremo. Assim, o receio de Möller e Tsakyrakis de perda da função contramajoritária dos direitos é afastado. Pode-se, sem embargo, questionar ainda assim se a ponderação não se firma numa ética utilitarista em vez de uma ética deontológica. Foge da pretensão desta tese enfrentar a questão na lente da ética. Porém, a posição que se assume é de que, se há alguma ética utilitária, não está o parâmetro ou valor de cobertura radicado no maior prazer, felicidade ou bem geral da maioria das pessoas, mas na consagração dos valores embebidos no sistema, o que explica, por exemplo, os apelos: i) à dignidade humana, tomada como ponto de referência pelo Tribunal Constitucional Federal alemão; ii) à preservação do multiculturalismo e tolerância, pela Suprema Corte canadense; iii) e aos valores democráticos fundamentais da sociedade judia, pela Suprema Corte israelense. E, de outro lado, a ética deontológica, aparentemente favorecida pelo estabelecimento de categorias fixas, tem todos os inconvenientes quando se trata de direitos fundamentais e seus "compromissos adiados", para usar expressão de Webber, bem como pela aplicação dinâmica dessas normas, o que evita o enrijecimento do sistema normativo.

Muitos dos argumentos contra a comparação das razões que apoiam as normas de direitos fundamentais em conflito residem na falibilidade de uma instância judiciária de corretamente apreender todos os interessantes relevantes a serem considerados, como é o caso de Aleinikoff. Mas se é assim para a ponderação, também seria um mal a afligir a categorização, que envolve uma ponderação prévia, ainda que dissimulada. Esse é um argumento mais dirigido, a rigor, contra o controle de constitucionalidade, tema que será objeto de posteriores considerações.

Todas essas considerações mostram que a fórmula do peso, as "leis da ponderação" e a "lei da colisão" de Robert Alexy são modos de tentar construir um denominador comum para comparação ou um valor de cobertura a nortear a comparação. A primeira lei da ponderação ou a lei material fornece a noção de que maior força ganha um direito fundamental quanto mais for afetado pela medida apoiada pelo princípio colidente; a segunda lei da ponderação ou a lei epistêmica oferece a percepção de que quanto mais intensa for a intervenção em um direito fundamental, maior a certeza das premissas empíricas e normativas que a apoiam; e a lei da colisão oferece a percepção de que se estabelece uma relação de precedência, condicionada ao caso, entre os princípios em conflito. A fórmula do peso justamente traduz a aplicação dessas "leis" ou conjuga-as no esquema metodológico procedimental da proporcionalidade, com o uso da metáfora de pesos e equação, mas, reforce-se, sem pretender conferir-lhe uma precisão matemática ou lógica. O construto teórico alexyano esquadrinha uma margem estrutural e uma epistêmica de ponderação e, assim, autoriza a refutar a pretensão de exaurimento da função legislativa pela constituição, por restar-lhe uma margem de discricionariedade.[454] Com efeito, sem prejuízo de um exame mais detido dessas teses alexyanas e de eventuais correções ou aperfeiçoamentos nos seus pressupostos no capítulo que tratará do exame de proporcionalidade, fulmina-se o risco de perda de força normativa dos direitos fundamentais, pois eles recobram mais importância à medida que for mais intensa a intervenção lesiva no conteúdo do direito. Ou seja, os direitos fundamentais, mesmo quando positivados por princípios, continuam a ser normas e não valores, como pretendia Habermas. Afinal, a ideia de Alexy de margens estrutural e epistêmica de ponderação e discricionariedade do legislador e do juiz retrata a visão dos papéis do criador de normas e do aplicador conforme a proporção da determinabilidade do conteúdo do direito extraível por interpretação, com a verificação de se o caso refere-se a um desenvolvimento de direitos fundamentais ou mesmo se há uma restrição, tudo condicionado pelo ordenamento constitucional e a depender da eficácia das normas do sistema jurídico.[455]

Como já frisado, a estruturação da ponderação confere maior racionalidade à decisão, sem prejuízo de questionamentos que possam ser efetuados quanto aos termos da fórmula proposta por Alexy ou mesmo de como organizar melhor essa estruturação.[456] Um dos pontos de crítica sobre a estruturação pela proporcionalidade que não será aqui considerado no presente subitem, porque será objeto de reflexão posterior no capítulo que abordará o princípio da proporcionalidade, está justamente naquilo que alguns autores pontuam de superficialidade ou irrelevância das etapas anteriores ao sopesamento do princípio da proporcionalidade, porquanto elas nada ou pouco eliminariam a ponderação.

No que tange às objeções alinhadas à hermenêutica filosófica, é imperioso notar que, mesmo para quem compartilhasse de seu substrato teórico e filosófico na íntegra, ter-se-ia sobredimensionada a refutação da ponderação. Isso porque se interpretação e aplicação não se cindem e são fundidas no mesmo momento hermenêutico, seria categoricamente excluída, em todo e qualquer caso, a hipótese de que o intérprete, no

---

[454] Sobre as leis de ponderação e colisão e a fórmula do peso, remete-se a ALEXY, Robert. Epílogo a la teoría de los derechos fundamentales. Tradução de Carlos Bernal Pulido. *Revista Española de Derecho Constitucional*, v. 66, p. 13-64, 2002. p. 32-58; ALEXY, Robert. On balancing and subsumption. A structural comparison. *Ratio Juris*, v. 16, n. 4, p. 433-449, 2003. p. 436-449. A respeito da crítica de irracionalidade e perda de força normativa dos direitos fundamentais de Habermas, Pieroth e Schlink, Böckenförde e Aleinikoff, bem como o comentário sobre as contribuições de Alexy para refutá-las, conferir em ALMEIDA, Luiz Antônio Freitas de. *Direitos fundamentais sociais e ponderação* – Ativismo irrefletido e controle jurídico racional. Porto Alegre: Sergio Antonio Fabris, 2014. p. 72-87.

[455] NOVAIS, Jorge Reis. *As restrições aos direitos fundamentais não expressamente autorizadas pela constituição*. Coimbra: Coimbra, 2003. p. 880-897.

[456] MORESO, José Juan. Alexy y la aritmética de la ponderación. *In*: MANRIQUE, Ricardo García (Ed.). *Derechos sociales y ponderación*. 2. ed. Madrid: Fundación Coloquio Jurídico Europeo, 2009. p. 223-236. O jurista indaga a plausibilidade de construção de pesos abstratos se não é possível uma escala de valores predeterminada, e põe em dúvida a escala triádica defendida por Alexy, como concluir se uma interferência foi leve, média ou severa, uma vez que seria impossível a elaboração de uma escala única por não estarem em cena conceitos quantificáveis ou métricos. Esse ponto será mais bem abordado no capítulo que trata do princípio da proporcionalidade, em que se comentará a respeito da estruturação da ponderação que se entende mais adequada, no entanto o último comentário feito por Moreso, o de como concluir se uma interferência foi leve, média ou severa, retoma em algum ponto a crítica de Webber de impossibilidade de comparar conceitos incomensuráveis porque não podiam ser avaliados conjuntamente, somente isoladamente. A par da resposta já dada a Webber, que se aplica a Moreso, é preciso organizar o raciocínio para verificar o que exatamente se examina e com qual prisma examina-se, o que, com efeito, será retomado no próximo capítulo.

contexto a interpretar e carregando consigo suas pré-compreensões, chegue a um impasse antinômico para o qual o sistema não preveja solução no exercício interpretativo? Se não, então a crítica já fraqueja porque deveria reconhecer uma margem ponderativa, mesmo que mais marginal. É curial, aliás, verificar que nem o próprio Dworkin rejeitou integralmente a possibilidade de não haver uma única resposta fornecida pelo direito, conquanto entenda que esses casos seriam muito raros.[457] Se a resposta à indagação for um sim, com qual base ou critério é possível afirmar isso senão escorado em um argumento normativo apoiado exclusivamente na aludida responsabilidade política de dar a melhor resposta? Registre-se que, sem embargo, não se tem como absolutamente irreconciliáveis a defesa de Dworkin de uma única resposta correta e a tese de Alexy de pretensão de correção de resultado, desde que a tese dworkiniana seja interpretada apenas como um ideal regulativo a nortear a aplicação e não como uma descrição da *práxis* dos tribunais. Dworkin aposta no modelo de interpretação e atuação das cortes como a realizarem um romance em cadeia, na qual cada juiz é coautor de um novo capítulo da novela contínua de aplicação das normas jurídicas; ele deve prosseguir a narrativa na melhor interpretação da história até então contada, com o que preservaria a coerência e integridade do direito; deve interpretar do melhor modo a história recebida e não inventar uma nova história.[458] Mas essa metáfora de Dworkin não elide o fato de que alguém deve escrever o capítulo 1 ou a introdução da obra; como negar ao autor inicial um exame discricionário em alguma medida? E ela fica restrita a esse contexto inicial e todo o resto simplesmente resume-se a prosseguir na história conforme a inspiração advinda da musa da tradição das práticas jurídicas passadas? Mesmo que Dworkin não rejeite a possibilidade de alteração da jurisprudência, sua teoria desemboca na difícil situação de afirmar que era a própria tradição adjudicatória que estava errada, que não interpretou bem os princípios e valores da sociedade. O desenvolvimento da sociedade, o cambiar dos costumes e o avançar de novas tecnologias trarão situações imprevisíveis e impensáveis não só para legisladores como para juízes de antanho, bem como esses fatores refletirão nos próprios valores compartilhados na sociedade, de sorte que a negativa de possibilidade de conflitos entre princípios jurídicos, cujas previsões são interpretadas com um caráter expansivo, soa muito artificial. Conforme visto no subitem 1.1, nem Hart ou Raz negam uma responsabilidade política dos juízes – Raz é menos ambíguo e afirma ser mesmo um dever jurídico –; Hart mesmo relata que nas situações em que não haja respostas prontas no direito, os juízes, quaisquer que sejam suas filosofias morais, decidirão e valorarão moralmente da melhor forma que puderem.[459] O nó górdio da questão está na resposta fornecida na aplicação/interpretação: mesmo quando há indeterminação semântica do enunciado normativo ou em caso de conflito de normas, o positivismo destaca claramente que a norma/proposição tem um quê de criação/estipulação. Dworkin vê-se na encruzilhada de defender que o conteúdo sempre lá esteve, ditado pelos princípios em sua melhor interpretação, o que é uma manobra que

---

[457] DWORKIN, Ronald. *Uma questão de princípio.* Tradução de Luís Carlos Borges. 2. ed. São Paulo: Martins Fontes, 2005. p. 175-180; 188-216.

[458] DWORKIN, Ronald. *Uma questão de princípio.* Tradução de Luís Carlos Borges. 2. ed. São Paulo: Martins Fontes, 2005. p. 188-246.

[459] HART, Herbert L. A. Pós-escrito. Tradução de A. Ribeiro Mendes. *In*: HART, Herbert L. A. *O conceito de direito.* 5. ed. Lisboa: Fundação Calouste Gulbenkian, 2007. p. 299-339.

soçobra a própria crítica endereçada ao positivismo de não se pautar no direito como se isso fosse sinônimo de arbitrariedade, em vez de reconhecer que, de fato, não havia resposta predeterminada no sistema, o que no fundo deságua na mesma insegurança das duas "escolas" de pensamento. Porém, o positivismo tem a vantagem de deixar isso explícito e não misturar o discurso normativo com o descritivo, em suma, preservar, sem aderir aqui a uma pretensão de neutralidade, a distinção entre o "direito que é" do "direito que deve ser".

Lenio Streck, no entanto, na tentativa de fulminar qualquer discricionariedade com a eliminação da técnica ponderativa, termina por substituir a própria *mens legis*, duramente criticada por ele como uma reminiscência positivista das teorias objetiva e subjetiva da interpretação, por uma *mens constitutionis*. Faz, sem aperceber-se, a transferência da dicotomia teoria objetiva/subjetiva da lei para uma teoria objetiva/subjetiva da constituição, arregimentando-se à percepção objetivista sem dar-se conta. No entanto, aqui a crítica não está no uso de uma percepção objetivista da interpretação, defendida nesta tese, porém na não assimilação dessa perspectiva e da manutenção da crítica que, à partida, termina por voltar-se contra si.

De mais a mais, as bandeiras teóricas não são arriadas do mastro discursivo pelo argumento do professor brasileiro de que o texto em si não carrega sentido próprio. Tal qual preconizado no item 1.4, deve-se separar conceitualmente interpretação de aplicação. Por outro lado, defender a ponderação é compatível com um pluralismo jurídico e axiológico, não sendo necessário aliar-se ao neokantismo ou defender uma moral objetiva absoluta, ao contrário do que pensa Streck,[460] o que já foi explicitado no item 1.1 com maiores pormenores. Em acréscimo, reitera-se que o sentido do texto é dado por convenções linguísticas e, eventualmente, também por convenções da comunidade jurídica relevante; nessa medida, existe a intersubjetividade das relações de significação e significado consistente no "domínio comum" do referencial de linguagem. Isso é possibilidade de comunicação, tal como sustentado no item 1.4. Mas são os enunciados normativos o ponto de partida, mesmo na tarefa de aplicação, porque as considerações pragmáticas do contexto são praticamente irrelevantes para a interpretação – podem ser relevantes eventualmente para o problema de textura aberta da determinação semântica do texto –, em virtude de peculiaridades e características do próprio uso enunciativo de normas, conforme referido no item 1.4. No entanto, não se desconhece o cenário de indeterminação pragmática passível por antinomia entre princípios, também com nítido influxo criativo da norma que estabelece a relação de precedência na decisão do caso concreto, tese trabalhada no item 1.5; também para esse item remete-se à possibilidade de conflito abstrato de princípios. De mais a mais, as aguilhoadas intelectuais disparadas por Streck não resultam pragmaticamente tão relevantes quando as consequências da "teoria da decisão jurídica"[461] que constrói implica noções, ainda que eventualmente com outro rótulo, muito similares ao de derrotabilidade.

---

[460] STRECK, Lenio Luiz. *Jurisdição constitucional e decisão jurídica*. 3. ed. São Paulo: Revista dos Tribunais, 2013. p. 198-274; 275-348. O jusfilósofo tupiniquim explicita acreditar numa intersubjetividade da linguagem e não dos valores. A questão que se coloca, no intuito apenas de reflexão e sem pretender dar alguma resposta nesse sentido, é saber até que ponto a própria linguagem não traria ou teria em si um componente axiológico.

[461] STRECK, Lenio Luiz. *Jurisdição constitucional e decisão jurídica*. 3. ed. São Paulo: Revista dos Tribunais, 2013. p. 275-348.

Por fim, a crítica de Daniel Sarmento e Souza Neto a Streck não é por ele satisfatoriamente rebatida: contra a alegação de irracionalidade por abandonar o método na aplicação das normas,[462] o jusfilósofo brasileiro insiste em mencionar que a hermenêutica filosófica é racional, entre outras razões, porque defende a tese da resposta correta, o que é visivelmente contornar e não responder a crítica. Mas Streck acrescenta que a hermenêutica filosófica trabalha em dimensão ou nível de racionalidade diferente da racionalidade argumentativa, e não que são incompatíveis ou autoexcludentes: em suma, compreende-se primeiro e aí sim se buscam argumentos e estruturação da compreensão para facilitar a dicção do que se compreendeu.[463] Contudo, tal perspectiva deixa a crítica de Sarmento intocada no aspecto da carência de racionalidade, porque a tese hermenêutica de Streck parece pressupor que a compreensão é sempre plena e absoluta, isto é, que não seja possível que, com o uso estruturado da técnica da ponderação e utilização de regras do discurso prático e jurídico, o próprio agente aplicador ou o intérprete percebam que chegaram a uma compreensão errada. Aqui não se desconhece a diferença entre pré-compreensão e a compreensão, porém fica claro que, na bagagem da pré-compreensão e após a meditação que faz compreender, pode-se mesmo o intérprete/aplicador perceber que havia compreendido mal, graças ao uso do arsenal argumentativo e no exame de contra-argumentos. Logo, uma teoria da argumentação, mesmo que trabalhe num segundo plano de racionalidade, tem por efeito racionalizador possibilitar uma comunicação entre os dois planos ou níveis de racionalidade – se é que há mesmo esses dois planos distintos –, aparentemente incomunicáveis no panorama teórico de Streck.[464]

Destarte, em vez de renegar a ponderação, é mais útil e consistente, diante das vantagens metodológicas que podem amainar as dificuldades e receios argumentados pelos críticos, que sejam buscados e construídos parâmetros e critérios que aumentem a racionalidade do sopesamento, encargo precípuo da dogmática e ciência jurídica. Com o aprofundamento dos estudos, com a colocação em prática da teoria pelos tribunais, com as objeções e críticas ao crescente corpo da jurisprudência a respeito

---

[462] SOUZA NETO, Cláudio Pereira; SARMENTO, Daniel. *Direito constitucional* – Teoria, história e métodos de trabalho. 1. reimpr. Belo Horizonte: Fórum, 2013. p. 418-420. Os autores comentam que o desdém pelo método permite o crescimento do arbítrio do intérprete, a par de que aposta isolada na "pré-compreensão" – talvez o mais correto fosse mencionar a própria compreensão –, numa sociedade plural, não seria hábil para guiar o intérprete, bem como porque, sem o crivo da razão crítica, tenderia a endossar o *status quo* cultural.

[463] STRECK, Lenio Luiz. *Jurisdição constitucional e decisão jurídica.* 3. ed. São Paulo: Revista dos Tribunais, 2013. p. 275-348.

[464] Talvez não intencionalmente, o pensamento de Streck parece algo próximo ao de uma decisão judicial "em dois tempos", referida, mas nem sempre criticada, por Perelman e Olbrechts-Tyteca (PERELMAN, Chaïm; OLBRECHTS-TYTECA, Lucie. *Tratado da argumentação* – A nova retórica. Tradução de Maria Ermentina Galvão. 1. ed. 5. tir. São Paulo: Martins Fontes, 2002. p. 47-50), ou seja, na qual o aplicador decide antes por juízo equânime e só ulteriormente parta a procurar argumentos técnico-jurídicos para "justificar" aquilo decidido. Streck, no entanto, reelabora essa decisão "em dois tempos" na referência que faz ao Ministro Marco Aurélio do Supremo Tribunal Federal do Brasil – o qual já admitiu publicamente ser um defensor desse tipo de proceder – com a seguinte ideia: decide-se somente porque já se encontrou fundamento. Contudo, Streck acredita que necessariamente esse fundamento será jurídico em todos os casos e não moral ou extrajurídico, o que já foi argumentado à saciedade que nem sempre será o caso. Aliás, mesmo nos casos em que não se use um critério jurídico para solucionar a questão do caso, é imperioso que se tenha maior transparência, o que propicia controle mais adequado das ponderações efetuadas nessas decisões, o que somente pode ser admitido em raríssimas hipóteses para não gerar inconsistência normativa. Explique-se que não se nega existirem prejulgamentos, mas os eventuais pré-juízos devem ser escrutinados por exame de argumentos e provas lançadas no processo, no intuito de confirmá-los ou retificá-los.

dos mais variados conflitos normativos ocorridos no âmbito de regência do arcabouço normativo, cristaliza-se paulatinamente uma base mais sólida e estável que permite retorquir assaques ou acicates à ponderação como perpetrador de meros casuísmos.

No entanto, ao contrário do que alude Virgílio Afonso da Silva,[465] não se percebe incompatibilidade absoluta e plena entre o sopesamento e o modelo de categorização. Ao contrário, uma conjugação desses modelos é o caminho mais recomendável justamente para aproveitar as virtudes e, em algum modo, compensar as fragilidades no aspecto racional. Uma alternativa, que não será objeto de reflexão neste subitem, é a conjugação do modelo fraco de trunfos com a ponderação, em que uma ordem serial ou lexical *prima facie* poderia ser construída pela inclusão de pesos abstratos diferentes aos direitos na fórmula do peso.[466] Outra possibilidade, seguramente desejável, é propiciar uma minoração no particularismo de novas ponderações dos tribunais com a categorização desses precedentes por intermédio de seu atrelamento a padrões e níveis de intensidade de revisão da ponderação efetuada pelo legislador previamente determinados pelo corpo de jurisprudência da corte, a almejar a universalização da regra de decisão que resultou do sopesamento a casos futuros.[467] É claro que a corte poderá cambiar sua orientação, tendo em vista que não há monotonicidade no discurso judicial.[468] Uma alteração das premissas fáticas pode eventualmente modificar o resultado do sopesamento, porém terá o fardo acrescido de argumentar e demonstrar aos demais atores do colóquio que existem razões jurídicas suficientes a cimentar a nova senda percorrida pela instituição aplicadora. Um *plus* de racionalidade é dado se essa suficiência de razões só se caracterizar após o traspassamento de um limiar epistêmico, em que não basta uma simples impressão dos componentes do tribunal sobre o melhor sopesamento das normas em conflito, mas uma genuína e aprofundada convicção de que a perpetuação da regra decisória edificada pelas decisões ponderativas pretéritas fornecerá aos casos futuros resultados muito insatisfatórios do ponto de vista jurídico (ou moral), a ponto

---

[465] SILVA, Virgílio Afonso da. Comparing the incommensurable: constitutional principles, balancing and rational decision. *Oxford Journal of Legal Studies*, v. 31, n. 2, p. 273-301, 2011. p. 281. Em realidade, o autor brasileiro contrapõe como mutuamente excludentes o modelo de trunfo e o modelo de ponderação.

[466] KLATT, Mathias; MEISTER, Moritz. *The constitutional structure of proportionality*. Oxford: Oxford University Press, 2014. p. 26-29. Os autores cunham a primeira "lei do trunfo": quanto maior o peso abstrato de um princípio ou direito, maior a propensão de vencer o conflito normativo.

[467] NOVAIS, Jorge Reis. *As restrições aos direitos fundamentais não expressamente autorizadas pela constituição*. Coimbra: Coimbra, 2003. p. 897-954, o qual, no estudo da experiência estadunidense sobre liberdades comunicativas e de expressão, sustentou que a categorização dos procedimentos poderia contribuir para diminuir os particularismos e imprevisibilidade do exame ponderativo dos tribunais. Ver, também, NOVAK, Marko. Three models of balancing (in constitutional review). *Ratio Juris*, v. 23, n. 1, p. 101-112, mar. 2010. p. 101-112, no qual o jurista defende que a mera aplicação do princípio da proporcionalidade é insuficiente sem a preocupação de consistência na repetição desse sopesamento para casos futuros, mesmo que o teste de proporcionalidade já forneça alguns limites externos de racionalização do controle da ponderação. A respeito da imperiosidade de generalização das regras e definições de competências legislativa e judicial por cortes constitucionais na intenção de evitar ponderações *ad hoc*, conferir FRIED, Charles. Two concepts of interests: some reflections on Supreme Court's balancing test. *Harvard Law Review*, v. 76, p. 755-778, 1962-1963. p. 770-778.

[468] SERBENA, Cesar Antonio. The theoretical relevance of paraconsistent deontic logic. *In*: SIECKMANN, Jan-Reinard (Ed.). *Legal reasoning*: the methods of balancing. Proceedings of the special workshop "Legal Reasoning. The Methods of Balancing" held at the 24th World Congress of the International Association for Philosophy of Law and Social Philosophy (IVR), Beijing, 2009. Stuttgart: Franz Steiner Verlag/Nomos, 2010. p. 10-11.

de prevalecer sobre o peso da isonomia e segurança jurídica que militam a favor da preservação do caminho antes pavimentado pelas instituições aplicadoras.[469]

Deve-se, agora, enfrentar a crítica de ofensa à separação de poderes e à legitimidade democrática. O advento de um Estado Social de Direito traz sérias consequências, a espraiar efeitos de várias ordens. Um deles é recondicionar a leitura do princípio de separação de poderes. No entanto, isso não deve ser interpretado para admitir que as cortes desfaçam o arranjo institucional trazido pelas normas do sistema; os tribunais devem ostentar autoridade, o que não significa serem os juízes infalíveis.[470] Isso retoma a aparente tensão entre democracia e o exercício de jurisdição constitucional. Carlos Pulido traz algumas considerações que são pertinentes,[471] as quais auxiliam a rejeitar o dilema esboçado por Böckenförde. A primeira delas é que a questão da extrapolação de competência pelo Judiciário na sua função de controle é historicamente regenerada e hoje situada no exercício do controle de constitucionalidade de normas legais. Em segundo, a dogmática jurídica teve papel fundamental no ofício de censor dos tribunais e no desenvolvimento de parâmetros para angariar maior legitimidade nesse controle. Em terceiro, de certa maneira essa resistência à jurisdição constitucional foi superada em muitos países com a explícita consagração da *judicial review* em normas do sistema, o que fomenta o avanço do debate para a construção de referenciais teóricos e instrumentos que possibilitem ao ofício jurisdicional uma proporção direta entre racionalidade e legitimidade: quanto mais racional, mais legítimo passa a ser a atuação das cortes. E, finalmente, se a ponderação angaria mais racionalidade por uma adequada estruturação do exame de proporcionalidade, assunto do próximo capítulo, o controle judicial ganha em racionalidade e, por consequência, legitimidade.

Sobre o quinto grupo de objeções, que argumentam uma irrelevância da ponderação pela interpretação, começa-se com a objeção de Guastini. Ora, em primeiro lugar, a interpretação é etapa metodologicamente anterior à etapa de verificação de conflitos normativos. No item 1.4 já foi enfatizada a perda de racionalidade e clareza com a mistura inadequada das duas etapas. De mais a mais, a sua crítica não eliminaria a constatação de uma ponderação interpretativa. Mesmo quanto à ponderação de conflitos normativos, retorna-se ao item 1.5 para relembrar que a regra de especialidade é aplicável para antinomias em que haja concorrência total-parcial e não para conflitos que

---

[469] PERRY, Stephen R. Two models of legal principles. *Iowa Law Review*, n. 82, p. 787-819, 1996-1997. Numa matriz de *civil law*, a questão que se coloca é de como compatibilizar esse limiar epistêmico e o risco de maior inconsistência normativa da ponderação por não haver vinculação a precedentes. Uma saída é o sistema criar mecanismos processuais que apostem na uniformização de jurisprudência e filtros contra recursos de decisões que sigam as consolidações jurisprudenciais de tribunais superiores. Essa opinião sobre o limiar epistêmico também foi defendida em ALMEIDA, Luiz Antônio Freitas de. *Direitos fundamentais sociais e ponderação* – Ativismo irrefletido e controle jurídico racional. Porto Alegre: Sergio Antonio Fabris, 2014. p. 81-82. No Brasil, o novo Código de Processo Civil trouxe esse aparato instrumental, conforme visto anteriormente. Aliás, diga-se, *en passant*, que o diploma processual trouxe texto que traz a norma da ponderação, art. 489, §2º, inclusive realçando que a fundamentação deve explicitar a ponderação efetuada.

[470] FRIED, Charles. Two concepts of interests: some reflections on Supreme Court's balancing test. *Harvard Law Review*, v. 76, p. 755-778, 1962-1963. p. 757-762.

[471] BERNAL PULIDO, Carlos. *El principio de proporcionalidad y los derechos fundamentales*. 3. ed. Madrid: Centro de Estudios Políticos y Constitucionales, 2007. p. 205-213. Esse ponto também foi abordado em ALMEIDA, Luiz Antônio Freitas de. *Direitos fundamentais sociais e ponderação* – Ativismo irrefletido e controle jurídico racional. Porto Alegre: Sergio Antonio Fabris, 2014. p. 84-85. Outras considerações sobre separação de poderes e democracia serão efetuadas ao longo dos capítulos 2 e 3.

envolvam concorrência parcial-parcial. Guastini não se apercebe de que nas concorrências parcial-parcial ambas as normas serão especiais uma em relação à outra. Insistir na reinterpretação dessas normas abre espaço para adição ou amputação de sentidos sem qualquer base textual do sistema e, justamente por isso, permite mascarar ponderações e valorações dentro de um discurso que se pretende exclusivamente exegético. Nesse compasso, a mesma desvantagem das teorias internas em relação à teoria externa pode ser trazida à tona para explicar essa falha. Parte das considerações lançadas para refutar o argumento de Guastini é aproveitável para recusar a tese de García Amado. Não se pode reabrir a fase da interpretação após seu exaurimento; a confusão na mistura analítica fomenta a perda de racionalidade. Obviamente, uma reconstrução da decisão sempre é possível por via de subsunção interpretativa ou por via ponderativa enquanto possibilidade fática, o que não significa que a reconstrução seja metodologicamente correta. Emerge a indagação de perscrutar as valorações empregadas e detectar em qual há maior clareza e racionalidade, pois uma interpretação manipulativa é indevida e propicia o encobrimento desses juízos substantivos e valorativos. É certo que a interpretação, mesmo quando pressuponha a determinação de uma incerteza semântica pela aplicação de regras hermenêuticas, pode evitar a ponderação. No entanto, isso não ocorrerá sempre, o que já elimina a logicidade de considerá-la irrelevante, até porque mesmo na etapa da interpretação há viabilidade de uma ponderação interpretativa. Ademais, se, no caso de uma ponderação interpretativa ou de uma ponderação de colisão normativa, é nítido existir alguma discricionariedade do intérprete/aplicador, não se pode taxar de irrelevante a ponderação. Afinal, a resposta discricionária não era fornecida pelo sistema jurídico e, por conseguinte, não se poderia pretender que a mera interpretação das normas do sistema já a ditasse. Coisa diversa é afirmar, o que não foi feito aqui, que a hermenêutica ou uma teoria de interpretação é irrelevante e que há de centrar forças apenas na ponderação. Repita-se que já se posicionou no sentido da imprescindibilidade da interpretação de todas as normas,[472] mesmo das normas de princípio.

Deixou-se por último a objeção de abuso no uso da ponderação, especialmente por teóricos neoconstitucionalistas e por tribunais brasileiros. Em linha de princípio, é pertinente o argumento de Kai Möller de que o mau uso de uma teoria ou instituto não serve como argumento crítico válido contra o objeto criticado, mas somente depõe contra o seu mau emprego: o alvo correto da crítica é quem usou mal a técnica

---

[472] BERNAL PULIDO, Carlos. *El principio de proporcionalidad y los derechos fundamentales*. 3. ed. Madrid: Centro de Estudios Políticos y Constitucionales, 2007. p. 544-554; GARCIA, Emerson. *Conflito entre normas constitucionais* – Esboço de uma teoria geral. Rio de Janeiro: Lumen Juris, 2008. p. 324-328. Bernal Pulido defendeu uma complementaridade entre os critérios hermenêuticos e o princípio da proporcionalidade, o que foi seguido em ALMEIDA, Luiz Antônio Freitas de. *Direitos fundamentais sociais e ponderação* – Ativismo irrefletido e controle jurídico racional. Porto Alegre: Sergio Antonio Fabris, 2014. p. 85-86, inclusive em menor extensão sobre a defesa das críticas de Guastini e García Amado. Porém, com efeito, essa posição não é mais perfilhada na íntegra, consoante fica patente com o subitem 1.4, no qual se examina o conceito de interpretação adotado nesta tese. O exame de proporcionalidade será abordado em capítulo próprio. Já Emerson Garcia é mencionado por concordar que a interpretação possa evitar a verificação de conflitos de normas (aparentes), mas não em todos os casos, se bem que sua assertiva é dada com perspectiva destoante da seguida nesta tese por ser um adepto da teoria da norma de Friedrich Müller.

ponderativa.[473] Por isso as outras objeções foram primeiramente enfrentadas porque, mostradas as virtualidades e indispensabilidade do exame ponderativo em muitos casos, tem-se que ele será inevitável em algumas situações. Contudo, o diagnóstico de Neves e Streck é acertado: especialmente no Brasil, nota-se o uso recorrente da ponderação, mas sua realização muitas vezes é feita de forma desencontrada com os pressupostos teóricos pretensamente seguidos pelos juristas ou aplicadores. E é aqui que entra a função fundamental da ciência jurídica de, com o exame crítico da aplicação da proporcionalidade, oferecer aos aplicadores um manancial teórico que lhes permita guiar metodologicamente o juízo comparativo. A explicitação dos erros cometidos, a demonstração dos descompassos, a sugestão de resultados mais valiosos, tudo isso ajuda na meditação dos aplicadores, desde que, é claro, haja ressonância da ciência jurídica na prática dos tribunais. Porém, o martelar dos dedos não é culpa do martelo.

---

[473] MÖLLER, Kai. Proportionality: challenging the critics. *International Journal of Constitutional Law*, v. 10, n. 3, p. 709-731, 2012. p. 710.

CAPÍTULO 2

O PRINCÍPIO DA PROPORCIONALIDADE NA PROTEÇÃO CONTRA INSUFICIÊNCIA ESTATAL: A ESTRUTURAÇÃO DA PONDERAÇÃO NA TUTELA DOS DIREITOS FUNDAMENTAIS

O primeiro capítulo trazia em seu âmago a pretensão de posicionar-se sobre raciocínio ponderativo e dar a justificativa para o seu emprego pelo aplicador das normas jurídicas, o que, para tanto, exigia um exame sobre as escolas de pensamento da teoria do direito como preparação e, na sequência, a entrada na senda intelectiva da estrutura das normas jurídicas, das espécies de normas, do conceito de ponderação e sua relação com a interpretação, tudo a preparar o terreno para o estudo de conflitos normativos e derrotabilidade, talvez a pedra angular da justificação do sopesamento. Terminou o pretérito capítulo a examinar as principais críticas à ponderação e posicionou-se pela inevitabilidade dessa técnica de decisão.

O presente capítulo, por sua vez, acompanha a linha de investigação definida e que norteou a escrita do primeiro capítulo. Ali se detectou a ingente utilização do raciocínio ponderativo na tomada de decisões jurídicas e a necessidade de que não seja desacompanhado de um norte metodológico que permita estruturá-lo, no intuito de aumentar a previsibilidade e a segurança das pessoas e a racionalidade das decisões jurídicas, sem a ilusão de eliminar qualquer resquício subjetivo. Aqui se pretende escrutinar o princípio da proporcionalidade[474] como candidato a perfazer esse fardo metódico-argumentativo.

---

[474] De início, toma-se posição em relação ao *nomen iuris* do parâmetro de controle. Alguns juristas, seguindo argumento de Peter Lerche, optam por denominar o princípio da proporcionalidade, na sua acepção mais ampla, de princípio da proibição do excesso, reservando o termo "proporcionalidade" apenas ao último estágio. Com isso, evitariam confusões terminológicas e situariam o exame de proporcionalidade apenas na etapa ponderativa. Nesse diapasão, conferir NOVAIS, Jorge Reis. *Os princípios constitucionais estruturantes da república portuguesa*. reimpr. Coimbra: Coimbra Editora, 2011. p. 163; CANAS, Vitalino. A proibição de excesso como instrumento mediador de ponderação e optimização (com incursão na teoria das regras e dos princípios). *In*: SOUSA, Marcelo Rebelo de; QUADROS, Fausto de; OTERO, Paulo (Coord.). *Estudos em homenagem ao Prof. Doutor Jorge Miranda*. Lisboa/Coimbra: Faculdade de Direito da Universidade de Lisboa/Coimbra Editora, 2012. v. III. p. 812; MACHETE, Pedro; VIOLANTE, Teresa. O princípio da proporcionalidade e da razoabilidade na jurisprudência constitucional, também em relação com a jurisprudência dos tribunais europeus. *In*: PORTUGAL. Tribunal Constitucional. *Relatório apresentado na XV Conferência trilateral dos Tribunais Constitucionais de Espanha, Itália e Portugal*. 2013. Disponível em: http://www.tribunalconstitucional.pt/tc/content/files/conferencias/ctri20131024/ctri20131024_relatorio_pt_vf.pdf. Acesso em: 27 jan. 2017. p. 4. Por mais respeitáveis que sejam os argumentos, prefere-se a designação de princípio da proporcionalidade em sentido amplo, diferenciando-se do estágio final e ponderativo, denominado de proporcionalidade em sentido estrito. As razões para essa opção são, de um lado,

Não é tão surpreendente notar que se recorra ao princípio da proporcionalidade como instrumental teórico e heurístico com esse escopo, à medida que cresça o emprego aberto da ponderação. Deveras, no modelo que tem sido difundido do controle de proporcionalidade, de matizes germânicos, é prevista uma subetapa na qual se efetua um sopesamento entre as razões que apoiam cada uma das normas em conflito. Esse acréscimo é acompanhado de entusiasmo por alguns, porque o emprego da mesma ferramenta decisória permitiria um maior compartilhamento da linguagem técnico-jurídica entre diferentes tribunais constitucionais, a facilitar o exame comparativo de diferentes arcabouços normativos e até a influenciar os contextos culturais em que se aplica a proporcionalidade.[475] Seria o princípio da proporcionalidade o "esperanto do constitucionalismo"?[476] Outros mais entusiastas simplesmente cravam a opinião de que o princípio da proporcionalidade é um critério universal de constitucionalidade, essencial a qualquer texto constitucional.[477]

Há, sem dúvida, a atração de renovadas críticas por parte de vários juristas, mas, em grande medida, o obtemperamento é reconduzível ao ceticismo com a racionalidade/legitimidade da ponderação, o que mereceu o devido contraponto no capítulo anterior. Porém, não se quer negar inúmeras e sérias questões atinentes ao princípio da proporcionalidade, a começar pela própria justificação e derivação desse instrumento metodológico, sua natureza jurídica, a intensidade de revisão pelo aplicador da norma, as delimitações conceituais e de objetivos que modelam cada um de seus estágios, o que forceja a investida analítica em cada uma dessas etapas, no intuito de obter a maior racionalidade no seu emprego. Ao contrário, são justamente essas dificuldades que sustentam a necessidade de um capítulo próprio para o princípio da proporcionalidade, o que permitirá declinar a tomada de decisão nesses pontos e as razões de apoio que a motivam.

Aliás, entre questões problemáticas ligadas ao princípio da proporcionalidade, uma que recentemente tem merecido bastante atenção pela academia portuguesa é a relação do princípio da proporcionalidade com o princípio da igualdade, especialmente por

---

a mais larga difusão da norma, mesmo em sua acepção ampla, com o epíteto de princípio da proporcionalidade. Ademais, é bom notar que essa difusão do nome da norma encontrou acolhida em alguns textos constitucionais, legais e de direito internacional, a exemplo da Carta de Direitos Fundamentais da União Europeia. De outro lado, entende-se que as omissões parciais ou totais também são sindicáveis pelo princípio da proporcionalidade, motivo pelo qual sua designação como princípio da proibição do excesso ficaria limitada, argumento esse também esgrimido por SILVA, Virgílio Afonso da. O proporcional e o razoável. *Revista dos Tribunais*, v. 798, p. 23-50, 2002. p. 26 e seguintes.

[475] SCHLINK, Bernhard. Proportionality (1). *In*: ROSENFELD, Michel; SAJÓ, András. *The Oxford book of comparative constitutional law*. Oxford: Oxford University Press, 2012. p. 736. O jurista comenta sobre visões alternativas de proporcionalidade: ou com o efeito de "standardização" ou padronização da jurisprudência, que aproximaria os sistemas que aplicam a proporcionalidade mais do *common law*, ou com uma visão de um compartilhamento entre culturas constitucionais de uma ferramenta ou linguagem comum da qual cada vez mais os diferentes sistemas tomam ciência. No viés do texto da tese, COHEN-ELIYA, Moshe; PORAT, Iddo. *Proportionality and constitutional culture*. Cambridge/New York: Cambridge University Press, 2013. p. 133-152, os quais também comentam sobre o potencial negativo da "cultura da proporcionalidade" de marginalizar doutrinas locais que se desenvolveram na dogmática constitucional de cada sistema, bem como o potencial de expandir-se indevidamente ao exame de outros ramos do direito que não o constitucional. Sem embargo, esses autores também entendem que, epistemologicamente, é equivocada a ideia de uma jurisprudencialização do direito constitucional, com atributos de *civil law* bem destacados e proeminentes.

[476] CONTIADES, Xenophon; FOTIADOU, Alkmene. Social rights in the age of proportionality: global economic crisis and constitutional litigation. *International Journal of Constitutional Law*, v. 10, n. 3, p. 660-686, 2012. p. 670.

[477] BEATTY, David M. *The ultimate rule of law*. reprint. Oxford: Oxford University Press, 2010. p. 162.

força de decisões do Tribunal Constitucional português no contexto de crise econômica que se abateu sobre Portugal, o que merecerá alguma consideração neste capítulo.

Todo o alicerçar das balizas teóricas almeja verificar a possibilidade de uso do princípio para decidir demandas de direitos sociais nas quais estão em jogo deveres ativos do Estado. Seria transportável o controle de proporcionalidade moldado especialmente para restrições em direitos fundamentais na hipótese de omissões ou de insuficiência de tutela ou demandaria adaptações? Espera-se, antes de esgotar todos os pormenores e problemas daí decorrentes, apresentar algum contributo que possa apontar alguns caminhos ou dar origem a contrapontos que aprofundem o diálogo científico.

A iniciar o percurso discursivo, reputa-se adequada alguma retrospectiva sintetizada sobre a origem da aplicação do princípio de proporcionalidade no campo de direito constitucional.

2.1 Breve escorço histórico sobre o princípio da proporcionalidade

A ideia de proporção é, na origem, algo exterior ao direito, trabalhada na matemática de forma ligada às equações, em que há um elemento fixo (a relação entre dois parâmetros) e outro variável (justamente o grau de ligação existente entre esses parâmetros). No entanto, desde muito cedo uma tradução dessa noção matemática encontrou ressonância no discurso moral e pensamento filosófico como equilíbrio, razoabilidade ou racionalidade, a amparar uma comparação de diferentes valores com o escopo de angariar decisão que preserve uma ordem racional ou atinja a equidade.[478]

A proporção como pensamento que preconizava o equilíbrio, o razoável, a evitar extremos, levou Aristóteles a conjugá-la com a ideia de justiça. Na justiça distributiva, em que está em jogo a distribuição de honras, riquezas ou bens, a partilha desses bens entre os indivíduos informa-se por uma proporcionalidade geométrica entre os quatro termos de comparação (duas pessoas e dois montantes de coisas distribuídas), de modo a preservar a proporção na distribuição, a qual seria acoplada a uma ideia de justiça nessa repartição de coisas, regida pelo mérito individual. A justiça corretiva, em que o foco está na especificidade do dano causado, informa-se pela proporcionalidade aritmética, em que o fim é reequilibrar a relação desajustada pelo mal ou prejuízo causado, de sorte a reestabelecer a igualdade centrada no meio-termo por intermédio de uma sanção ou constituição de uma obrigação correspondente ao dano provocado, especialmente por determinação de um juiz.[479]

Essa concepção de justo como proporcional ficou turvada no obscurantismo da Idade Média, em que, a pretexto de agirem sob a autoridade divina, empregavam-se

---

[478] PHILIPPE, Xavier. *Le contrôle de proportionnalité dans le jurisprudence constitutionnelle et administrative françaises.* Paris: Economica/Presses Universitaires d'Aix-Marseille, 1990. p. 7-32; FERNÁNDEZ NIETO, Josefa. *Principio de proporcionalidad y derechos fundamentales*: una perspectiva desde el derecho público común europeo. Madrid: Dykinson, 2008. p. 277; MACHETE, Pedro; VIOLANTE, Teresa. O princípio da proporcionalidade e da razoabilidade na jurisprudência constitucional, também em relação com a jurisprudência dos tribunais europeus. *In*: PORTUGAL. Tribunal Constitucional. *Relatório apresentado na XV Conferência trilateral dos Tribunais Constitucionais de Espanha, Itália e Portugal.* 2013. Disponível em: http://www.tribunalconstitucional.pt/tc/content/files/conferencias/ctri20131024/ctri20131024_relatorio_pt_vf.pdf. Acesso em: 27 jan. 2017. p. 2 e seguintes.

[479] ARISTÓTELES. Ética a Nicómaco. Tradução de António de Castro Caeiro. 3. ed. Lisboa: Quetzal, 2009. p. 123 e seguintes.

meios nefastos para apuração de fatos, não raro com emprego de torturas e aplicação de penas cruéis e degradantes. Por isso, sob a influência do racionalismo condizente à "era das luzes", foram surgindo expoentes a defender maior gradação das penas e dos meios de punição. Entre eles, Beccaria sustentou que castigos e penas sejam proporcionais ao mal provocado pelo crime do meliante.[480] John Locke já afirmava que mesmo no estado de natureza, anterior à constituição do corpo político estatal, não haveria um poder absoluto de um ser humano sobre o outro, pois deveria o castigo imposto ser proporcional ao mal causado pela transgressão, tanto para reparação como coibição de novos atos lesivos, sem o que haveria renúncia à razão.[481]

Essa acepção ampla de proporcionalidade não é, sem embargo, congruente ao interesse deste capítulo, razão pela qual é preciso delimitar o seu conteúdo. Com efeito, pode-se diferenciar, como fez Xavier Philippe, um controle de proporcionalidade de um princípio de proporcionalidade. Não se pretende examinar o controle de proporcionalidade, em que há a ideia de proporção e equilíbrio incrustada nas próprias normas jurídicas e que é objeto de revisão por outra autoridade ou instituição, algo mais amplo do que os casos em que se decide com base no princípio da proporcionalidade. Isto é, o controle de proporcionalidade não se limita a, mas abrange também casos em que houve a aplicação do princípio da proporcionalidade.[482] Assim, o maior rigor conceitual e teórico justifica excluir do interesse da pesquisa outras concepções que não as referentes ao princípio da proporcionalidade,[483] até porque é ele que interessa, como método de estruturação racional da ponderação, aos objetivos desta pesquisa. Cimentada essa distinção inaugural, todavia, alerte-se que doravante, para facilitar a exposição, quando na tese se fizer referência a controle ou exame de proporcionalidade, será restringida a denotação ampla para ater-se apenas ao controle pelo princípio da proporcionalidade, salvo se a discussão impuser a necessidade de diferenciação.

O grande impulso à formatação do princípio da proporcionalidade como instrumento de controle dos atos estatais deve-se à obra da doutrina e da jurisprudência tedescas e a seara experimental do seu desenvolvimento foi o campo do direito administrativo.

Ainda no século XVIII, aponta-se Carl Gottlieb Von Svarez como um dos precursores do exame de proporcionalidade, mesmo que ele não tenha proposto um conceito jurídico e sequer tenha empregado o termo "proporcionalidade": a proporcionalidade seria guia ao soberano, a fim de que prevalecesse a liberdade em caso de dúvida sobre

---

[480] BECCARIA, Cesare. *Dos delitos e das penas*. Disponível em: http://www.dominiopublico.gov.br/download/texto/eb000015.pdf. Acesso em: 27 jan. 2017. p. 44-45.

[481] LOCKE, John. *Segundo tratado de governo* – Ensaio sobre a verdadeira origem, alcance e finalidade do governo civil. Tradução de Carlos Pacheco do Amaral. Lisboa: Fundação Calouste Gulbenkian, 2007. p. 38-39. Na mesma obra, Locke sustentou que a retidão das leis internas dos países é diretamente proporcional à fundamentação na lei natural (p. 42).

[482] Um exemplo simples é a norma do art. 59 do Código Penal brasileiro, em que o juiz, ao dosar a pena, arbitra um montante que seja "proporcional" ao delito praticado, suficiente para reprovar e prevenir condutas similares. Essa dosagem é sujeita ao controle de proporcionalidade pelos tribunais, tanto para aumentar como para diminuir a pena, mas não está em questão aqui o princípio da proporcionalidade no sentido estudado na tese.

[483] PHILIPPE, Xavier. *Le contrôle de proportionnalité dans le jurisprudence constitutionnelle et administrative françaises*. Paris: Economica/Presses Universitaires d'Aix-Marseille, 1990. p. 7-14. Philippe, que optou pelo percurso contrário em seu trabalho com ótica no direito francês, contrapõe às vantagens detectadas no texto a desvantagem da perda de uma análise conglobante, com não percepção do exato papel desempenhado pelo conceito de proporcionalidade. Sem embargo, faz-se um juízo de que as vantagens superam e muito o contraponto, sem mencionar que o estudo da noção ampla de proporcionalidade extrapolaria o objeto da pesquisa.

a extensão do poder de polícia para limitá-la ou restringi-la, haja vista a legitimidade do poder político de buscar manter a paz pública, ordem e segurança e a prevenção de perigos iminentes. Svarez foi um dos responsáveis pela codificação de leis prussianas. O código intencionava ter a maior precisão possível, a fim de não resultar qualquer espaço criativo ao aplicador, sem que tenha previsto um princípio de proporcionalidade para limitar a autoridade estatal.[484] Nesse contexto, o art. 10, 2, do Código Administrativo prussiano (*Allgemeines Landrecht*), de 1794, previa a exigência de o poder de polícia ser usado no necessário a manter a ordem e a paz, com a limitação ao soberano expressada no vocábulo "necessárias", o qual é considerado por alguns a primeira referência textual de uma exigência de proporcionalidade na Alemanha.[485]

Abrem-se parênteses para notar que, no século XIX, foi sendo desenvolvida a concepção alemã de Estado de Direito (*Rechtstaat*). Na primeira metade do século, havia uma aproximação com a *Rule of Law* britânica, visualizada na prevalência de alguns direitos naturais (liberdade, segurança e propriedade) sobre o poder político estatal, a limitar-lhe a ação e a cobrar-lhe razão, inclusive em função de preexistirem ao organismo estatal. Essa visão embrionária de Estado de Direito logo foi suplantada por uma concepção formal, com ablação da ideia material de direitos naturais do homem, com o foco maior investido na organização racional do Estado; o Estado é um ente autônomo e não confundível com o povo ou nação alemã. A atividade administrativa tinha poder de decisão e iniciativa e podia restringir direitos individuais, mas cobrava uma autorização legislativa para tanto; era a lei que ditava os limites e a forma da atuação estatal. Com a criação de tribunais administrativos para controlar a administração pública, a atividade administrativa é limitada apenas pela lei, idealizada como a introduzir normas gerais e, assim, preservar a racionalidade da ordenação prescritiva, proibitiva ou permissiva de condutas, com a possibilidade de sindicação da atividade administrativa por esses tribunais. Em suma, a Administração agia *secundum legem* e o que fosse *contra legem* era passível de impugnação na jurisdição administrativa.[486]

Ao princípio do Estado de Direito somou-se o princípio da proporcionalidade, acolhido pelas cortes administrativas da Prússia, como um limite adicional à atuação estatal além das restrições legais previstas. As cortes administrativas independentes

---

[484] PIRKER, Benedikt. *Proportionality analysis and models of judicial review* – A theoretical and comparative study. Groningen: Europa Law Review, 2013. p. 91-133; SWEET, Alec Stone; MATHEWS, Jud. Proportionality balancing and global constitutionalism. *Columbia Journal of Transnational Law*, v. 47, p. 73-165, 2008. p. 100-101.

[485] COHEN-ELIYA, Moshe; PORAT, Iddo. American balancing and German proportionality: the historical origins. *International Journal of Constitutional Law*, v. 8, n. 2, p. 263-286, 2010. p. 271-276; COHEN-ELIYA, Moshe; PORAT, Iddo. *Proportionality and constitutional culture*. Cambridge/New York: Cambridge University Press, 2013. p. 24-43; SWEET, Alec Stone; MATHEWS, Jud. Proportionality balancing and global constitutionalism. *Columbia Journal of Transnational Law*, v. 47, p. 73-165, 2008. p. 100-101. No sentido de que, do século XVIII ao início do século XIX, a norma em destaque foi antes interpretada como a conferir discricionariedade incontrolada aos atos de polícia, o que se reverteu pelo labor das cortes administrativas no caminhar do século XIX, menciona-se SCHLINK, Bernhard. Proportionality (1). *In*: ROSENFELD, Michel; SAJÓ, András. *The Oxford book of comparative constitutional law*. Oxford: Oxford University Press, 2012. p. 728-729.

[486] CHEVALLIER, Jacques. *L'État de droit*. 5. ed. Paris: Montchrestien, 2010. p. 16-23. O jurista francês assinala de pronto que o desenvolvimento da concepção alemã do Estado de Direito não é idêntica à concepção francesa do État de Droit, a começar porque o Estado de Direito francês era visto como a simbolizar a nação francesa e não como um ente autônomo; também não era coincidente o conceito de lei em França, pois neste país, ao contrário da Alemanha, havia uma ideia formal de lei e não material; finalmente, Chevallier reforça a desconfiança de vários juristas franceses da época com o reforço do poder imperial subjacente na concepção alemã de Estado de Direito, já que seria o próprio Estado o único responsável por autolimitar-se.

foram criadas na Prússia entre 1872 e 1914 e foram responsáveis por consagrar no sistema jurídico prussiano um princípio de proporcionalidade a restringir o poder de polícia da atividade administrativa, pois não bastava mais que os fins fossem legítimos (legitimidade advinda da previsão legal), mas a intensidade da intervenção estatal na esfera individual deveria ir ao ponto suficiente para a consecução do objetivo governamental, pois o excesso seria suscetível de anulação por ordem do tribunal.[487]

É interessante compreender que, simultaneamente ao reconhecimento do princípio da proporcionalidade pelas cortes administrativas, nos séculos XIX e XX, o pensamento dogmático e de filosofia do direito na Alemanha não era homogêneo: digladiavam-se juristas em posição dominante a defender uma jurisprudência dos conceitos e, em movimento antípoda, pensadores a sustentar uma jurisprudência dos interesses. A concepção formalista, preponderante na jurisprudência administrativa, não vislumbrava a existência de ponderação na aplicação do princípio de proporcionalidade, ainda que fosse para invalidar o ato de polícia, porém percebia o ofício decisório num esquema metodológico especialmente subsuntivo e dedutivo. Antes, em vez de fundar um teste tripartido como é amplamente difundido ao princípio hoje, a Suprema Corte Administrativa prussiana gizava o exame a pinçar uma conexão racional entre meio selecionado e fim, bem como se não havia meio menos intrusivo à autonomia individual. A ponderação ainda ocorria em casos marginais, em que havia pouco ganho para o interesse público ante o ingente gravame causado ao direito individual.[488]

Durante a Constituição de Weimar, as cortes administrativas continuaram a aplicar a proporcionalidade para limitar os atos estatais de polícia, algo que foi interrompido com a ascensão do partido nazista ao poder.[489]

Foi nesse quadro, dentro de uma ordem jurídica sem um catálogo de direitos fundamentais, que o princípio da proporcionalidade foi engendrado no direito administrativo. Com o fim da Segunda Guerra Mundial e com o intento de evitar qualquer recaída totalitária, a Constituição de Bonn de 1949 previu um catálogo de direitos fundamentais e a vinculação de todos os poderes, inclusive o Legislativo, a

---

[487] COHEN-ELIYA, Moshe; PORAT, Iddo. American balancing and German proportionality: the historical origins. *International Journal of Constitutional Law*, v. 8, n. 2, p. 263-286, 2010. p. 271-276; COHEN-ELIYA, Moshe; PORAT, Iddo. *Proportionality and constitutional culture*. Cambridge/New York: Cambridge University Press, 2013. p. 24-43; PIRKER, Benedikt. *Proportionality analysis and models of judicial review* – A theoretical and comparative study. Groningen: Europa Law Review, 2013. p. 91-133; SCHLINK, Bernhard. Proportionality (1). *In*: ROSENFELD, Michel; SAJÓ, András. *The Oxford book of comparative constitutional law*. Oxford: Oxford University Press, 2012. p. 728-729; FROMONT, Michel. Le principe de proportionnalité. *L'Actualité juridique – Droit Administrative*, v. 20, jun. 1995. Spécial. p. 156-158; KATROUGALOS, Georges; AKOUMIANAKI, Daphne. *L'application du principe de proportionnalité dans le champ des droits sociaux*. Disponível em: www.juridicas.unam.mx/wccl/ponencias/9/155.pdf. Acesso em: 12 jan. 2011. Os primeiros dois juristas comentam que o parlamento prussiano era muito subserviente ao soberano, razão pela qual muitos liberais defenderam a criação desses tribunais com independência do Executivo.

[488] COHEN-ELIYA, Moshe; PORAT, Iddo. American balancing and German proportionality: the historical origins. *International Journal of Constitutional Law*, v. 8, n. 2, p. 263-286, 2010. p. 271-276; COHEN-ELIYA, Moshe; PORAT, Iddo. *Proportionality and constitutional culture*. Cambridge/New York: Cambridge University Press, 2013. p. 24-43; GRIMM, Dieter. Proportionality in Canadian and German constitutional jurisprudence. *University of Toronto Law Journal*, v. 57, p. 383-397, 2007. p. 384-385; PIRKER, Benedikt. *Proportionality analysis and models of judicial review* – A theoretical and comparative study. Groningen: Europa Law Review, 2013. p. 91-133; SWEET, Alec Stone; MATHEWS, Jud. Proportionality balancing and global constitutionalism. *Columbia Journal of Transnational Law*, v. 47, p. 73-165, 2008. p. 101.

[489] BARAK, Aharon. *Proportionality* – Constitutional rights and their limitations. Tradução de Doron Kalir. Cambridge; New York: Cambridge University Press, 2012. p. 175-210.

esses direitos, com previsão de limitações ao legislador na atividade legiferante. Uma das cláusulas previstas é o respeito pelo legislador ao conteúdo essencial dos direitos fundamentais, o que, para alguns, constituiria a expressa positivação do princípio da proporcionalidade.[490]

No entanto, é mais comum reconhecer que o transplante do princípio da proporcionalidade ao direito constitucional deveu-se à labuta do Tribunal Constitucional Federal alemão,[491] criado na referida ordem constitucional que se instituiu após a Segunda Guerra Mundial.

A rigor, não há no texto constitucional alemão nenhuma norma expressa que consagre o princípio da proporcionalidade. Mesmo assim, nas primeiras decisões que aplicaram o princípio da proporcionalidade, não se detectou uma preocupação maior do Tribunal Constitucional Federal em embasar o princípio da proporcionalidade nas normas constitucionais. A submissão do poder do Legislativo de estatuir limites e restrições aos direitos fundamentais à exigência de proporcionalidade era dada como presumida ou assumida, sem que a Corte tenha se preocupado em apresentar maior justificação no texto constitucional nem em detalhar como o princípio da proporcionalidade operaria como cânone de controle.[492]

Um dos primeiros e mais importantes precedentes em que o princípio da proporcionalidade foi utilizado na argumentação da fundamentação da decisão é o das farmácias (*Apothekenurteil*),[493] de 1958, em que a Corte examinou a legislação da

---

[490] FERNÁNDEZ NIETO, Josefa. *Principio de proporcionalidad y derechos fundamentales*: una perspectiva desde el derecho público común europeo. Madrid: Dykinson, 2008. p. 284.

[491] GRIMM, Dieter. Proportionality in Canadian and German constitutional jurisprudence. *University of Toronto Law Journal*, v. 57, p. 383-397, 2007. p. 385.

[492] GRIMM, Dieter. Proportionality in Canadian and German constitutional jurisprudence. *University of Toronto Law Journal*, v. 57, p. 383-397, 2007. p. 385-386.

[493] BVerfGE 7, 377. Excertos do acórdão encontram-se em SCHWABE, Jürgen. *Cinqüenta anos de jurisprudência do Tribunal Constitucional Federal alemão*. Tradução de Beatriz Hennig, Leonardo Martins, Mariana Bigelli de Carvalho, Tereza Maria de Castro e Vivianne Geraldes Ferreira. Montevideo: Konrad-Adenauer-Stiftung E. V., 2005. p. 593 e seguintes. A lei bávara impunha para a constituição de novas farmácias alguns pressupostos subjetivos (cidadania alemã, experiência como farmacêutico, requisitos tocantes à confiabilidade e aptidões pessoais) e objetivos (formação acadêmica específica), além de condicionar a concessão da licença a dois requisitos: satisfação do interesse público, qualificado no fornecimento de medicamentos para a população, e a proteção ao mercado econômico, a fim de não comprometer a base econômica das farmácias diretamente concorrentes. A administração pública considerou que esses dois requisitos não foram satisfeitos, porque as farmácias existentes já atenderiam bem ao mercado: uma nova concorrente poderia solapar as finanças das demais e, por fim, a demanda local não possibilitaria base econômica viável a sustentar a empresa. Na fundamentação do acórdão, há interessantes pontos afirmados: i) discricionariedade conferida ao legislador para escolha dos objetivos e fins, desde que não contrarie a constituição; ii) uma diferenciação entre a liberdade de exercício profissional da liberdade de escolha de profissão, com maior limitação ao legislador para restringir esta última. A liberdade de exercício profissional pode ser limitada por considerações racionais, mas a liberdade de escolha de profissão depende de que esteja em jogo a proteção de bens coletivos urgentes e muito importantes; iii) diferencia a regulamentação da restrição e comenta sobre os limites internos (regulamentação), derivados da própria essência do direito, a favorecer uma teoria interna dos direitos fundamentais; iv) aceitação da ponderação como técnica de decisão; v) a depender do conteúdo da regulamentação, existiria uma proximidade com restrição/limitação; vi) enumera no exame de proporcionalidade um estágio de adequação e de necessidade de escolha dos meios menos restritivos, com diferenciação do exame dos meios menos lesivos do juízo ponderativo; vii) aponta uma diferença na intensidade de escrutínio: se em jogo pressupostos subjetivos da escolha profissional, dever-se-ia examinar a adequação da medida ao fim perseguido de modo mais generoso; caso se trate de pressupostos objetivos, demandaria um escrutínio mais intenso e apenas deveria conceder o tribunal com a limitação/restrição escolhida se estivessem provados os graves perigos prováveis aos bens coletivos importantes; viii) declara a inviolabilidade do conteúdo essencial de um direito fundamental, conquanto entenda que a análise no caso concreto é prescindível, de modo que não esclarece se estava em questão ou não o conteúdo essencial da liberdade profissional; ix) lembra a

Alta Baviera sobre a regulamentação das farmácias. O Tribunal Constitucional Federal alemão declarou inconstitucional por desproporcionalidade o ato normativo da Baviera que limitava a licença administrativa a novas farmácias ao requisito de demonstrar uma base econômica garantida para a nova farmácia e de não ameaçar a subsistência econômica das farmácias já existentes na região, bem como invalidou ato administrativo que negava a permissão de funcionamento, escorado na norma impugnada. Um dos pontos mais relevantes do acórdão foi o maior cuidado em narrar na argumentação o modo de operar do princípio da proporcionalidade, claramente a mostrar a exigência de ponderação e as etapas da adequação e da necessidade, com observância de fins legítimos ou não constitucionalmente proibidos.

Paulatinamente a jurisprudência do Tribunal Constitucional Federal alemão foi consagrando o princípio da proporcionalidade, terminando por ancorar sua legitimidade na sua derivação do princípio do Estado de Direito e também como decorrência lógica da própria essência ou substância dos direitos fundamentais, a não admitir que se interfira no direito além do que seja necessário para a satisfação do interesse público perseguido pelo Estado.[494]

Da Alemanha, o princípio da proporcionalidade espraiou-se a diversos ordenamentos jurídicos, algo congruente, como frisado, ao movimento global de fortalecimento do constitucionalismo, em que a Carta Política prevê um catálogo de direitos fundamentais e confia sua tutela a um corpo judiciário. Não só, o princípio da proporcionalidade foi recepcionado na jurisprudência da Corte Europeia de Direitos do Homem e no Tribunal de Justiça da União Europeia.[495] É claro que alguns sistemas seguiram a padronização alemã de três etapas no escrutínio de proporcionalidade, ao passo que em outras ordens jurídicas houve alterações não meramente terminológicas dos subtestes.

Esta seção é descritiva e não se pretende alongar mais, pois o desiderato era esboçar uma síntese histórica do surgimento do princípio da proporcionalidade como norma jurídica. Do direito administrativo ao direito constitucional, o princípio da proporcionalidade é sério candidato a servir de "gramática comum" para o movimento

---

possibilidade de o tribunal utilizar especialistas para qualificar a decisão; x) salvo se houvesse afronta às normas constitucionais, a Corte atém-se aos fundamentos empíricos e considerações axiológicas do legislador. Alguns desses pontos serão tratados ao longo do capítulo.

[494] GRIMM, Dieter. Proportionality in Canadian and German constitutional jurisprudence. *University of Toronto Law Journal*, v. 57, p. 383-397, 2007. p. 385-386; MARTINS, Leonardo. Proporcionalidade como critério de controle de constitucionalidade: problemas de sua recepção pelo direito e jurisdição constitucional brasileiros. *Cadernos de Direito*, v. 3, n. 5, p. 15-45, jul./dez. 2003. p. 18-19; SCHLINK, Bernhard. Proportionality (1). *In*: ROSENFELD, Michel; SAJÓ, András. *The Oxford book of comparative constitutional law*. Oxford: Oxford University Press, 2012. p. 730; STEINMETZ, Wilson. *Colisão de direitos fundamentais e princípio da proporcionalidade*. Porto Alegre: Livraria do Advogado, 2001. p. 159-164, conquanto o autor aponte uma tendência de abandono da tese do núcleo essencial dos direitos fundamentais pelo Tribunal Constitucional Federal alemão na justificação do princípio da proporcionalidade, para arrimar-se no princípio do Estado de Direito.

[495] A respeito da aplicação do princípio da proporcionalidade pelo Tribunal de Justiça da União Europeia, remete-se a PRATO, Enrico Del. Ragionevolezza e bilanciamento. *Rivista di Diritto Civile*, n. 1, p. 23-39, jan./fev. 2010. p. 37 e seguintes; HERDEGEN, Matthias. The relation between the principles of equality and proportionality. *Common Market Law Review*, v. 22, p. 683-696, 1985; SAUTER, Wolf. Proportionality in EU Law: A balancing act? *In*: BARNARD, Catherine; LLORENS, Albertina Albors; GEHRING, Marcus; SCHÜTZE, Robert. *The Cambridge Yearbook of European Legal Studies*. Oxford; Portland: Hart Publishing, 2012-2013. v. 15. p. 440-466; FROMONT, Michel. Le principe de proportionnalité. *L'Actualité juridique – Droit Administrative*, v. 20, jun. 1995. Spécial. p. 160-161; WERLAUFF, Erik. Restrictions and proportionality – On recognising (exit) restrictions and testing proportionality. *European Business Law Review*, v. 20, p. 689-702, 2009. p. 689 e seguintes.

constitucionalista em franca expansão nas jurisdições constitucionais e internacionais.[496] Nesse compasso, a seguir é preciso, primeiro, diferenciá-lo de outros "critérios" ou métodos de estruturação da ponderação ou de decisão também empregados em outros sistemas e, segundo, encontrar um fundamento que ancore essa maciça adesão ao princípio da proporcionalidade e, assim, legitimá-lo.

2.2 Proporcionalidade, razoabilidade e *balancing*: aproximações e diferenças conceituais

Conforme referido no subitem anterior, o princípio de proporcionalidade moldado na Alemanha espalhou-se a outros ordenamentos jurídicos como ferramenta a estruturar a decisão que examine a constitucionalidade da medida que imprima alguma interferência restritiva no direito fundamental.

O exame da constitucionalidade da restrição compõe-se de dois estágios. No primeiro estágio, investiga-se se existe alguma afetação jurídica no espectro de posições e situações jurídicas conferidas pelo âmbito de proteção do direito fundamental. Esse estágio é bifurcado em duas fases. Numa primeira fase, é marcado por uma atividade exegética, pois é preciso interpretar o texto da lei e da norma de direito fundamental, em primeiro plano, para descortinar o significado linguístico desses enunciados, vencidas eventuais indeterminações semânticas e sintáticas atreladas ao texto. Na fase subsequente do primeiro estágio, deve o intérprete/aplicador verificar eventual incerteza pragmática de aplicação normativa, a descortinar outras normas que, num plano abstrato ou concreto, acionem um conflito normativo que deva ser dirimido. É evidente, como já foi explicado,[497] que essas etapas estão umbilicalmente associadas, conquanto o tratamento analítico distinto permita maior transparência e evite desinteligências e confusões entre os diversos planos da análise.

Vislumbrada a afetação a alguma norma de direito fundamental por interferência da medida adotada pelo Legislativo, fatalmente está-se diante de um conflito normativo entre uma norma de direito fundamental e outro direito fundamental ou interesse público promovidos ou intencionados pela medida legal restritiva, o qual pode ou não ser resolúvel pela ponderação. Se não houver nenhuma norma positiva que possa destrinchar o problema e apresentar uma solução, caberá ao intérprete efetuar um juízo ponderativo para determinar se a medida adotada pelo legislador é válida ou não. Tudo o que aqui já se referiu foi esmiuçado no bojo do capítulo primeiro desta tese.

No segundo estágio do escrutínio almeja-se examinar a justificação. Cabe, pois, perquirir a respeito da proporcionalidade da interferência adotada pelo Legislativo. É aqui que entra o princípio da proporcionalidade como uma ferramenta heurística para estruturar o juízo ponderativo do intérprete/aplicador. No entanto, antes de ingressar diretamente na fase ponderativa mais pujante, a jurisprudência e a doutrina alemã estruturaram o arsenal metódico da proporcionalidade em três subetapas, que, a rigor, podem ser subestruturadas em quatro: i) a legitimidade constitucional do propósito

---

[496] KLATT, Mathias; MEISTER, Moritz. *The constitutional structure of proportionality*. Oxford: Oxford University Press, 2014. p. 1-6.

[497] Remete-se ao Capítulo 1, especialmente aos tópicos que tratam de positivismo, interpretação e conflitos normativos.

legislativo; ii) a adequação da medida; iii) sua necessidade; iv) a proporcionalidade em sentido estrito. Elas são dispostas ordinalmente, de forma a permitir que se ingresse na subetapa subsequente apenas se houver aprovação na antecedente. A rejeição em qualquer uma das etapas pelo intérprete e aplicador resulta na consideração de que a medida restritiva é desproporcional.

Grosso modo, pode-se definir provisoriamente cada uma dessas subetapas do teste. Os fins serão legítimos se não forem proibidos constitucionalmente. A medida será adequada se contribuir para o alcance do objetivo visado pelo Legislativo. A opção restritiva adotada na lei será necessária caso não haja opções disponíveis menos lesivas ao conteúdo do direito fundamental restringido. Finalmente, a medida será proporcional em sentido estrito na hipótese de que passe por um exame ponderativo em que se reconheça mais peso ao fim promovido pela medida legislativa que à posição de direito fundamental atingida pela opção legislativa.

A simplicidade das definições provisoriamente mostradas é ilusória, pois cada etapa suscita complexas questões teóricas e práticas que merecerão o apuramento ao longo deste capítulo. Não obstante, serve ao afã de delimitar e diferenciar estruturalmente o princípio da proporcionalidade, tal como desenvolvido no quadrante alemão, de outros padrões de controle utilizado em outras latitudes.

É preciso registrar que, no espraiar mundial da proporcionalidade, houve adaptações na aplicação do princípio, com um molde algo diverso da estrutura concebida na Alemanha. Suas adaptações, no entanto, preservam a essência do teste, que é a estrutura escalonada em etapas, a incluir um estágio final em que se emprega um juízo ponderativo entre a importância de razões e contrarrazões que apoiam a restrição. Não se trata de dizer que tudo o que se afastar do padrão alemão não seja o princípio de proporcionalidade, como se houvesse uma única versão "correta" de proporcionalidade, algo frontalmente contestado por Benedict Pirker.[498] Contudo, pensa-se que a estrutura escalonada, com uma etapa ponderativa, é o que o pode diferenciar a proporcionalidade de outros testes de controle, mesmo que similares ou com alguns pontos de contato com o princípio da proporcionalidade,[499] não obstante esses outros testes possam, com efeito, servir para um controle amplo de proporcionalidade, o qual, como referido, não é objeto da pesquisa, que se atém ao princípio da proporcionalidade somente.

2.2.1 O teste de não razoabilidade de Wednesbury

Em solo britânico, a *Rule of Law* foi cunhada para abeberar uma visão substantiva de alguns direitos e liberdades naturais a funcionar como limites ao poder estatal, cuja proteção e tutela competiam aos tribunais ordinários. Paralelamente a esse viés, no *common law* que ali se desenvolveu, sempre houve um profundo respeito pela soberania parlamentar, de modo que, dentro da doutrina de separação de poderes que lá imperava,

---

[498] PIRKER, Benedikt. *Proportionality analysis and models of judicial review* – A theoretical and comparative study. Groningen: Europa Law Review, 2013. p. 40-54.

[499] Este assunto foi parcialmente tratado em ALMEIDA, Luiz Antônio Freitas de. *Direitos fundamentais sociais e ponderação* – Ativismo irrefletido e controle jurídico racional. Porto Alegre: Sergio Antonio Fabris, 2014. p. 87 e seguintes. Nesta tese ele é retomado e é objeto de aprofundamento.

não era visto como tarefa dos tribunais o seu funcionamento como instâncias de apelo ou revisão das decisões dadas pelos demais poderes, mas meras instâncias de controle.[500]

O teste de razoabilidade de Wednesbury, em realidade, procura verificar se uma medida adotada padece de não razoabilidade (*unreasonableness*), isto é, se houve falha do órgão controlado em verificar uma grosseira ausência de racionalidade na decisão que tomou. O teste leva esse nome porque foi aplicado, pela primeira vez, pela Corte de Apelação, em 1947, que sentenciou que o poder discricionário das autoridades administrativas estava sujeito a um controle de razoabilidade, porquanto não poderia justificar uma decisão irracional, a qual não seria adotada por nenhuma autoridade razoável ou governada pela razão.[501]

O teste de falta de razoabilidade inglês foi, portanto, cunhado para reger o controle de decisões discricionárias no âmbito do direito administrativo, com operação apenas em casos extremos e desde que eles implodissem a própria racionalidade do ato administrativo questionado, uma vez que ordinariamente não se admitia a revisão do mérito da decisão impugnada.[502]

Lord Diplock, no precedente *GHCQ*,[503] vaticinava que o princípio da proporcionalidade, conquanto não adotado no sistema britânico, poderia ser incorporado pela jurisprudência no futuro. Sem embargo, dentro de um sistema em que a soberania parlamentar tinha um papel preponderante, com um Judiciário situado a jusante do Parlamento e do Executivo na importância entre os poderes, aliada à ausência de

---

[500] BÚRCA, Gráinne de. Proportionality and Wednesbury unreasonableness: the influence of European legal concepts on UK law. *European Public Law*, v. 3, n. 4, p. 561-586, 1997. p. 561-566; GARCÍA DE ENTERRÍA, Eduardo. *La constituición como norma y el tribunal constitucional*. 4. ed. Madrid: Civitas/Thomson Reuters, 2006. p. 133-134. Leciona Enterría que, não obstante no século XVII o Juiz Coke ter tentado plasmar um controle judicial sobre a validade das leis, com anulação das normas legais se contrárias aos princípios do *common law*, o fato é que essa possibilidade pereceu no direito inglês e a supremacia parlamentar é um princípio central da Constituição (não escrita) inglesa.

[501] *Associated Provincial Picture Houses LTD versus Wednesbury Corporation*. Disponível em: ww.bailii.org/ew/cases/EWCA/Civ/1947/1.html. Acesso em: 31 out. 2011. Os proprietários de um cinema em Wednesbury desejavam que a Corte reconhecesse que algumas condições exigidas pela Corporação de Wednesbury para licença de funcionamento aos domingos eram *ultra vires*. Sem embargo, a Corte de Apelação julgou no sentido contrário, consignando que essas condições não eram desarrazoadas.

[502] BARAK, Aharon. *Proportionality* – Constitutional rights and their limitations. Tradução de Doron Kalir. Cambridge; New York: Cambridge University Press, 2012. p. 373; BÚRCA, Gráinne de. Proportionality and Wednesbury unreasonableness: the influence of European legal concepts on UK law. *European Public Law*, v. 3, n. 4, p. 561-586, 1997. p. 561-566; SILVA, Virgílio Afonso da. O proporcional e o razoável. *Revista dos Tribunais*, v. 798, p. 23-50, 2002, conquanto este autor não tenha limitado o teste aos confins do direito administrativo.

[503] *Council of Civil Service Unions and others v. Minister for the Civil Service*, de 1984, cujo texto do acórdão está disponível em: http://www.jus.unitn.it/users/marchetti/dirammcomp/materiale/Civil_Service.pdf. Acesso em: 8 fev. 2016. O então Ministro de Serviços Civis editou uma instrução, sem consultar os funcionários públicos que trabalhavam no Government Communications Headquarters (GCHQ), que removia o direito dos servidores lotados nesse departamento, que tratava de questões de inteligência militar e segurança nacional da Inglaterra, de integrar sindicatos. A Casa dos Lordes manteve a decisão da Corte de Apelação e julgou de modo favorável ao Governo. Os lordes, porém, estatuíram que os poderes delegados do poder de prerrogativa não eram necessariamente imunes ao controle judicial, ao contrário dos poderes emanados diretamente da prerrogativa, algo que significou uma mudança jurisprudencial. No voto, Lorde Diplock fez referência a três fundamentos de controle da ação administrativa: legalidade, irracionalidade e adequação procedimental, conquanto coloque que a jurisprudência poderia incorporar outros fundamentos de controle, referindo-se expressamente ao princípio da proporcionalidade. Diplock coloca que o fundamento da irracionalidade é a não razoabilidade da decisão, conforme o teste de Wednesbury.

um catálogo de direitos fundamentais que vinculasse o Parlamento, o princípio da proporcionalidade não encontrava, à partida, solo fértil para desenvolver-se.[504]

Haveria mudança desse quadro com a introdução pelo Parlamento britânico do *Human Rights Act*, de 1998, diploma legal que reconheceu como direitos fundamentais alguns dos direitos previstos na Convenção Europeia de Direitos do Homem e das Liberdades Fundamentais, nos termos do art. 1º?[505]

A norma do art. 2º do *Human Rights Act* determina que toda a questão com alguma conexão com os direitos previstos na Convenção Europeia deva ser interpretada com a consideração dos julgamentos da Corte Europeia de Direitos do Homem e até da extinta Comissão Europeia dos Direitos do Homem, consoante explicações dadas no enunciado. A consequência natural é a norma do art. 3º, que estipula que todo texto deva ser interpretado em compatibilidade com os direitos da Convenção Europeia. Contudo, se a dicção legal do enunciado deixar cristalino que não existe essa compatibilidade, o Judiciário poderá, preenchidos os requisitos a tanto, declarar a incompatibilidade da norma com a Convenção Europeia (art. 3º, 2). A rigor, a declaração de incompatibilidade não revoga a lei nem a despe de eficácia, muito menos vincula as partes (art. 3º, 6), porém, a par dos inegáveis efeitos políticos, gera a autorização para que um ministro proponha emendas em normas legais a fim de remover a incompatibilidade, desde que ela seja reconhecida pela Corte Europeia de Direitos do Homem em procedimento que lhe seja submetido contra o Reino Unido após a vigência do *Human Rights Act* (art. 10, 1, "b", e 2). O interessante é que declara como ilícita a ação ou inação de autoridades administrativas que atentarem contra os direitos previstos na Convenção, contudo expressamente ressalva o Parlamento dessa previsão.[506]

Como é patente, é preponderante ainda a supremacia do Parlamento no direito inglês e o *Human Rights Act* não introduziu um catálogo de direitos fundamentais que vincule o Legislativo, o que essencialmente não mudava o panorama mais desfavorável à inclusão do princípio da proporcionalidade na latitude britânica.

A despeito dessa inferência, é aqui que se nota um diálogo do Judiciário britânico com a Corte Europeia de Direitos do Homem e com o Tribunal de Justiça da União Europeia, tribunais que reconhecidamente utilizam o princípio da proporcionalidade para escrutinar ações estatais, o que permitiu que esse padrão de controle fosse debatido no

---

[504] BOYRON, Sophie. Proportionality in English administrative law: a faulty translation? *Oxford Journal of Legal Studies*, v. 12, p. 237-264, 1992. p. 257 e seguintes. Contudo, crê-se que mais que um catálogo de direitos fundamentais, o que era essencial era a vinculação a esses direitos pelo Parlamento.

[505] O texto legal possui dispositivo cuja norma expressamente menciona que nada nessa lei exclui outros direitos essenciais já consagrados no direito britânico (art. 11), ou seja, seria um erro considerar apenas os direitos referidos na Lei de Direitos Humanos britânica como "direitos fundamentais". Como o direito inglês possui uma Constituição não escrita, existe a possibilidade de "direitos fundamentais" com previsão legal que, dada a importância, possuam *status* constitucional. O que está em questão, como será exposto no texto, é que não importa se é tecnicamente adequado designar esses direitos como fundamentais, em função da sua natureza constitucional, porém fundamentalmente é mais fulcral estabelecer se haveria uma vinculação do Legislativo a esses direitos ou a qualquer norma de cunho "constitucional", como sói ocorrer em sistemas de constituições rígidas e escritas.

[506] Art. 6º, 1 a 4 e 6. Com efeito, porém se a autoridade estiver agindo em conformidade com uma norma legal, mesmo que seja declarada pelo Judiciário como incompatível porque não foi possível interpretá-la de modo conforme às normas da Convenção Europeia, sua ação será considerada lícita. O texto normativo também exclui a vinculação dos particulares aos direitos humanos, art. 6º, 5, bem como determina que não será considerada ilícita a omissão ou falha de agir quando se tratar de não propor ao Parlamento mudança ou introduzir legislação, art. 6º, 6.

case-law britânico. Gráinne de Búrca aponta que se formaram na jurisprudência inglesa três gêneros de casos a respeito: i) rejeição total do princípio da proporcionalidade no direito inglês, com manutenção de outros testes para fiscalizar atos administrativos, entre eles o teste de razoabilidade de Wednesbury; ii) utilização de critério de controle muito similar ao princípio da proporcionalidade, mesmo que o órgão judicante não tenha sequer se referido ao termo "proporcionalidade", normalmente nesses casos referindo-se à razoabilidade; iii) aplicação do princípio da proporcionalidade somente nas matérias que envolvam o direito comunitário ou questões de direitos humanos, com emprego similar.[507]

Esse último gênero de casos parece consolidado por força da jurisprudência da Corte Europeia de Direitos do Homem, a ponto de Alec Stone Sweet e Jud Mathews explicitamente concluírem que o teste de Wednesbury foi descartado nos tribunais ingleses sempre que em jogo estiverem direitos humanos previstos no *Human Rights Act*, a preferir um exame de proporcionalidade.[508] Afinal, a própria Corte Europeia de Direitos do Homem já condenou o Reino Unido por desproporcionalidade de atos que restringiram os direitos previstos na Convenção Europeia de Direitos do Homem. As consequências das decisões da Corte Europeia nessa seara representaram a conclamação de uma diferença efetiva entre o teste de mera irracionalidade (não razoabilidade manifesta de Wednesbury) e o de proporcionalidade, com ausência de uma etapa de necessidade no escrutínio, o que permite o alcance de conclusões díspares conforme o teste de controle empregado.[509] Exemplo marcante dessa posição foi dado no precedente *Peck*, no qual o Judiciário inglês empregou o teste de razoabilidade, porém asseverou que a decisão administrativa contestada tinha base legal e era motivada em razões sérias, sem que se possa dizer que ela possa ser considerada irracional ou sem razoabilidade. Ao discordar do posicionamento do Judiciário britânico, a Corte Europeia declarou que a interferência no direito humano à privacidade era séria e não justificada, pois faltou proporcionalidade, na medida em que alternativas seriam possíveis sem atentar tão intensamente contra o direito em tela; asseverou, ainda, que faltou um remédio judicial efetivo, uma vez que o teste de não razoabilidade, tal como empregado no Judiciário britânico no caso, ao colocar o nível de irracionalidade em patamar tão elevado, exclui de seu âmbito de aplicação a verificação da importância do fim buscado e a proporcionalidade do meio empregado.[510]

---

[507] BÚRCA, Gráinne de. Proportionality and Wednesbury unreasonableness: the influence of European legal concepts on UK law. *European Public Law*, v. 3, n. 4, p. 561-586, 1997. p. 561-586. Com efeito, a cumprir-se a saída do Reino Unido da União Europeia como anunciado após o referendo, perder-se-ia no futuro a influência do Tribunal de Justiça da União Europeia no *case-law* britânico, mas ainda permanece o potencial de diálogo com a Corte Europeia de Direitos Humanos.

[508] SWEET, Alec Stone; MATHEWS, Jud. Proportionality balancing and global constitutionalism. *Columbia Journal of Transnational Law*, v. 47, p. 73-165, 2008. p. 148-150.

[509] SWEET, Alec Stone; MATHEWS, Jud. Proportionality balancing and global constitutionalism. *Columbia Journal of Transnational Law*, v. 47, p. 73-165, 2008. p. 148-150; KATROUGALOS, Georges; AKOUMIANAKI, Daphne. *L'application du principe de proportionnalité dans le champ des droits sociaux*. Disponível em: www.juridicas.unam. mx/wccl/ponencias/9/155.pdf. Acesso em: 12 jan. 2011. p. 7-9.

[510] *Peck versus United Kingdom*, de 2003, *Application* nº 44.647/98, decidido à unanimidade pela quarta seção da Corte Europeia. No caso, um indivíduo foi filmado por câmeras de vigilância quando andava pela rua de posse de uma faca, o que fez com que o operador da câmera entrasse em contato com a força policial. O propósito do indivíduo era o suicídio, pois cortou seus pulsos, em que pese isso não ter sido gravado pelo circuito fechado de televisão. Por não ter cometido nenhum ilícito, o cidadão recebeu assistência médica e foi liberado sem qualquer acusação.

O papel do princípio da proporcionalidade no sistema jurídico do Reino Unido é ainda objeto de controvérsia, no sentido de saber se foi finalmente incorporado ao sistema britânico como um princípio geral integrante do *common law* ou se é relegado apenas a casos de direito comunitário – estes tendem a desaparecer com a saída do Reino Unido da União Europeia – ou de direitos humanos. De outro lado, o teste de Wednesbury passou por modificações que o enriqueceram, entre elas a consideração do tipo de direito restringido, a implicar diferente intensidade no controle judicial. Assim, se no precedente *GCHQ* Lorde Diplock já declarava que havia outros padrões empregáveis para escrutinar os atos administrativos além do teste de irracionalidade, o teste de (não) razoabilidade marcadamente ganhou contornos ponderativos a depender da classe de direitos em jogo e do grau de interferência no direito, de modo que houve uma aproximação significativa dos dois testes ou uma "osmose conceitual".[511]

A esse respeito, a Suprema Corte do Reino Unido em *Kennedy v. Charity Comission*,[512] de 2014, e em *Pham v. Secretary of State for the Home Department*,[513] de 2015, debateu nas

---

Ocorre que a Administração local da cidade usou a imagem da pessoa em questão para propagandear o êxito dos sistemas fechados de câmeras segurança, bem como cedeu os vídeos à imprensa, que utilizou as imagens num contexto de prevenção ao crime. A Corte Europeia entendeu que houve violação ao direito à privacidade e ao direito a um remédio judicial efetivo em concurso com o anterior, determinando a indenização do cidadão. No acórdão, a Corte considerou que havia outros meios menos lesivos, o que não foi objeto de exame pelo Judiciário britânico, tais como conseguir a autorização da pessoa gravada antes de ceder a imagem, disponibilizar o filme com tarjas que evitassem a identificação do gravado ou mesmo exigir, por escrito, que isso fosse feito. Quanto à ausência de remédio judicial efetivo, a Corte Europeia claramente separou o teste de irracionalidade do exame de proporcionalidade adotado em sua jurisprudência, com a explicação de que o nível de irracionalidade exigido pelo teste utilizado pelo Judiciário britânico era muito elevado; sem embargo, em passagem do próprio julgado a Corte mesmo chega a dizer que o meio, a par de ser desproporcional, também não estava conectado racionalmente ao objetivo e, por isso, era não razoável

[511] KATROUGALOS, Georges; AKOUMIANAKI, Daphne. *L'application du principe de proportionnalité dans le champ des droits sociaux*. Disponível em: www.juridicas.unam.mx/wccl/ponencias/9/155.pdf. Acesso em: 12 jan. 2011. p. 7-8. Os autores utilizam a expressão para mostrar a aproximação entre os dois conceitos em decorrência da jurisprudência internacional, que aplica o teste, no exame de tratados internacionais a que o Reino Unido adere.

[512] Disponível em: https://www.supremecourt.uk/cases/docs/uksc-2012-0122-judgment.pdf. Acesso em: 9 fev. 2016. Um jornalista tentou obter a revelação de informações sobre três inquéritos conduzidos pelo órgão inglês responsável por, entre outras competências, verificar a seriedade de instituições de caridade. Os inquéritos tinham correspondência a uma campanha promovida por um parlamentar inglês para arrecadar fundos para tratar crianças iraquianas que sofriam de leucemia. A suspeita do jornalista era de que parte dos recursos adviera de contratos que violavam a sanção imposta pela ONU contra o Iraque, bem como de que parte dos recursos teria sido usada pelo parlamentar em outra finalidade, a saber: sua campanha pelo fim das sanções contra o Iraque e o pagamento de salários de administradores da entidade criada para arrecadar essas verbas. Os inquéritos foram arquivados, sob o fundamento de que a entidade havia encerrado suas atividades. O jornalista requereu a abertura de documentos e informações em poder do órgão, com base numa norma legal que trata da abertura de informações por autoridades públicas, a qual foi negada pelo órgão em função de uma cláusula de exceção. O jornalista recorreu até a Suprema Corte, sob o argumento de que a exceção de sigilo prevista deveria findar após o encerramento dos inquéritos, inclusive para que essa interpretação fosse coerente com o direito de liberdade de expressão previsto na Convenção Europeia de Direitos do Homem ou que a Corte considerasse a norma legal incompatível com esse direito. Por maioria, a Suprema Corte entendeu que a interpretação conforme proposta não era cabível ante sua redação clara e que não havia nenhuma incompatibilidade com o direito de livre expressão, uma vez que a jurisprudência da Corte Europeia não consagraria um direito positivo de receber informação.

[513] Disponível em: https://www.supremecourt.uk/cases/docs/uksc-2013-0150-judgment.pdf. Acesso em: 10 fev. 2016. Um natural do Vietnã, detentor da nacionalidade britânica, acusado de colaborar com extremistas e terroristas, foi condenado pelo órgão administrativo competente à perda da cidadania britânica, o que permitia sua extradição. Posteriormente, o governo vietnamita recusou-se a reconhecer a cidadania vietnamita, bem como a recebê-lo em seu território. O órgão administrativo, em apreciação do recurso contra a decisão do Secretário de Estado, manteve a decisão de perda de cidadania, pois entendeu que, ao fulminar a cidadania britânica, o indivíduo ainda tinha, à época, a cidadania vietnamita, logo não se tornou apátrida. O caso foi submetido ao Judiciário, sob o argumento de que a Convenção Internacional de Pessoas sem Estado impedia que o indivíduo fosse tornado apátrida ou, em segunda linha, que o ato administrativo violaria o direito da União Europeia, uma vez que

opinions alguns traços similares entre proporcionalidade e o teste de Wednesbury, sem equipará-los. Nesses julgados, interessantes questões foram levantadas, a exemplo de saber se o princípio da proporcionalidade aplicado no âmbito do direito comunitário tinha alcance diferente do princípio da proporcionalidade usado pela Corte Europeia de Direitos do Homem. Nos votos, é visível que não se equipara o teste de razoabilidade ao de proporcionalidade, não obstante reconheçam que eles podem chegar aos mesmos resultados.

Das observações pertinentes dadas nos acórdãos em destaque, é interessante pinçar a de Lorde Mance, do primeiro precedente e cuja fundamentação foi expressamente citada por Lorde Carnwath no segundo precedente, e a de Lorde Sumption, do segundo precedente. Lorde Mance não iguala os dois testes, mas enfatiza que ambos englobam avaliações de peso sobre os interesses e os direitos em jogo e também estão sujeitos a diferentes intensidades de controle, de sorte que podem chegar aos mesmos resultados; acrescenta, ainda, que a intensidade de controle do teste de razoabilidade varia a depender da importância do direito e do interesse em jogo e do grau de interferência no direito, bem como do tipo de matéria em debate, se concernente mais a assuntos considerados políticos e, a princípio, não justiciáveis. Lorde Sumption, por sua vez, apresenta certo ceticismo em separar em gêneros de casos em que se aplica o princípio da proporcionalidade, isto é, relegar a este apenas um papel quando em exame casos relacionados ao direito comunitário ou ao do *Human Rights Act*, com exclusão de casos considerados unicamente de direito interno. Ele explica que essa divisão conforme a fonte do direito levado como argumento ao tribunal parece frágil, porque houve expansão dos temas pertinentes ao direito comunitário ou à Convenção Europeia de Direitos do Homem. Na sua percepção, se não é possível afirmar que o princípio da proporcionalidade esteja incorporado como padrão geral de controle inclusive para assuntos de direito interno, o teste de Wednesbury expandiu para abranger aspectos de controle pertencentes ao princípio da proporcionalidade, como a distinção do grau de interferência e da importância do direito em jogo.

Para situar o teste de não razoabilidade de Wednesbury, é preciso verificar em que perspectiva se utiliza o termo "razoável" e em que perspectiva isso difere do termo "proporcional", aqui tomado como a engendrar um controle pelo princípio da proporcionalidade.

Humberto Ávila apresenta três perspectivas não sinônimas de razoabilidade: como equidade, como congruência e como equivalência, a diferir do princípio da proporcionalidade, entre outras coisas, por não existir uma relação causal entre meio e fim.[514] Na primeira perspectiva, exige-se do aplicador a consideração do padrão normal dos acontecimentos, bem como que seja considerado o aspecto individual eventualmente negligenciado na regulação geral. Na segunda, pretende-se uma harmonização das

---

ele perderia o direito à cidadania, o que seria desproporcional, pois ficaria sem a essência do próprio direito, a par de que haveria atos menos lesivos que poderiam alcançar o fim visado (segurança pública). A Suprema Corte decidiu que deveria devolver o caso ao órgão administrativo competente, a fim de que este aprecie se havia evidências de que o governo do Vietnã privaria o indivíduo de sua nacionalidade de origem, bem como examinasse a questão não só do ponto de vista doméstico, mas inclusive da ótica do direito comunitário.

[514] ÁVILA, Humberto. *Teoria dos princípios* – Da definição à aplicação dos princípios jurídicos. 8. ed. São Paulo: Malheiros, 2008. p. 150-162.

normas com condições externas, ou seja, a existência de um suporte empírico mínimo a subsidiar a decisão tomada e uma relação congruente entre o critério de diferenciação escolhido e a medida adotada. Finalmente, a terceira exige uma equivalência entre o critério que dimensiona a medida e a própria medida adotada.

Ao fim e ao cabo, a íntegra da proposta de Ávila não é encampada nesta pesquisa por dissonância de alguns pressupostos teóricos já explicados. É preciso lembrar que Ávila esclareceu que essas perspectivas foram sistematizadas pelo jurista brasileiro a partir de decisões judiciais. Destarte, suas perspectivas são um construto teórico que pretende diferenciar as duas bases de controle (razoabilidade e proporcionalidade), conforme racionalização dos fundamentos decisórios dados pelo Supremo Tribunal Federal. Sem embargo, é possível adicionar alguns comentários que, em vez de mostrarem algum equívoco na proposta do jurista, explicam as razões de adotar um percurso diferente, primando pela coerência teórica conforme premissas adotadas nesta investigação.

Um argumento para rejeitar parcialmente a proposta de Ávila é que ela foi moldada exclusivamente em decisões judiciais do Supremo Tribunal Federal que, conforme o autor mesmo reconhece, peca por um tratamento terminológico não preciso. Outrossim, crê-se que, não obstante a confusão terminológica, o uso desses padrões de controle foi pensado com a pretensão de coerência com matrizes jurídicas distintas. Em outros vocábulos, o Supremo Tribunal Federal foi buscar, em muitos de seus julgados, argumentos de autoridade de outros tribunais ou de doutrina estrangeira, de modo que seria indevido, no aspecto dogmático, equiparar os dois padrões, com desconhecimento da história e da estrutura de cada um.[515]

A perquirir as similitudes e diferenças com os marcos teóricos erigidos nesta tese, constata-se que, na primeira e na última perspectiva, o que é razoável é muito próximo ao que se referiu ao controle de proporcionalidade – o qual não se confunde com o princípio da proporcionalidade –, de modo a permitir a conclusão de que seriam "razoável" e "proporcional" termos idênticos nessa situação. Ocorre, como já explicado, que o controle de proporcionalidade abrange e extrapola o controle pelo princípio da proporcionalidade, de sorte que o foco da tese é neste último ponto. Ademais e no mesmo sentido, na última perspectiva é possível aproximar-se do componente de distribuição proporcional correspondente à concepção de justiça distributiva ou restaurativa aristotélica, conforme equivalência do mérito ou do mal provocado pelo agente, como comentado no tópico que tratava da origem do princípio da proporcionalidade, situando também essa visão dentro de um controle de proporcionalidade amplo.

Sem embargo, a despeito de tratar-se de um controle de proporcionalidade (e não do princípio), a primeira perspectiva trazida por Ávila parece embutir pontos muito próximos do conceito de derrotabilidade, explorado no Capítulo 1. Ora, dizer que algo é "razoável" demandaria, nesta situação, um juízo de sopesamento. Não que não se possa falar que esse sopesamento seria efetuado pelo padrão de razoabilidade, mas é preciso frisar que aí, de qualquer forma, está em pauta a ponderação e, mais, está em causa um conflito normativo.

---

[515] SILVA, Virgílio Afonso da. O proporcional e o razoável. *Revista dos Tribunais*, v. 798, p. 23-50, 2002. O autor critica veementemente a confusão terminológica da doutrina e jurisprudência brasileira e aponta a diferente origem e estrutura de ambos os padrões.

E, relativamente às perspectivas de Ávila, em qual se enquadraria o teste de Wednesbury? Eis um problema. Da forma como foi cunhado, o teste de não razoabilidade ou "irrazoabilidade" pode bem se amoldar em qualquer das três perspectivas. A fórmula desenvolvida no precedente Wednesbury dá margem a essas três conotações. Afinal, evidentemente, uma decisão que não se atenta ao substrato empírico padece de racionalidade, porque a medida adotada não contribui em nada para o alcance do fim (segunda perspectiva).

Com mais razão isso se intensifica a partir do momento em que a *irrazoabilidade*, pensada inicialmente como padrão único de aplicação, não caminha mais nessa direção e nitidamente tende a encorpar traços estruturantes do princípio da proporcionalidade. Assim, mesmo que Ávila tivesse pretendido separar claramente os dois postulados em função da relação meio-fim só existente, a seu ver, no princípio da proporcionalidade, parece que a amplitude das três perspectivas mostra como os fatores podem confundir-se conforme a lente de análise.

À partida, classificar uma decisão como razoável ou não implica mais um juízo valorativo que meramente descritivo, em que pese esse tipo de exame possa deixar em aberto uma margem de respostas razoáveis.[516] Seu emprego afasta-se de uma pretensão de dedução estritamente lógico-formal.[517] Sem embargo, frise-se que não era de todo evidente que em todo e qualquer caso seria hipótese de realizar um juízo ponderativo no teste de não razoabilidade, ao menos como concebido originalmente em Wednesbury. Afinal, faltaria razoabilidade numa decisão discricionária que claramente não contribuísse em nada para o objetivo almejado na legislação. Isso é claramente um exame similar ao subteste de idoneidade do princípio da proporcionalidade, no qual se examina se um meio de alguma maneira contribui para o propósito colimado.[518] Nesse caso, há mais uma investigação de causa e efeito no âmbito de uma relação meio-fim, que é destacada como etapa autônoma no princípio da proporcionalidade. No entanto, justamente porque essa subetapa não recebe um momento analítico próprio para consideração no teste de Wednesbury, esse raciocínio fica diluído e é possível que, em casos marginais, haja dificuldade do aplicador de controlar essa etapa, de modo a ingressar diretamente num sopesamento que sequer era necessário na hipótese.

Essa diferenciação e as consequências disso são claramente notadas por Aharon Barak. O jurista israelense fala de uma razoabilidade em sentido fraco e uma razoabilidade em sentido forte. No sentido fraco, não existe sopesamento na avaliação do que seja razoável, o que tornaria esse elemento quase indistinguível da etapa de idoneidade do princípio da proporcionalidade. No sentido forte, existe um balanço de razões a favor e

---

[516] MACCORMICK, Neil. *Rhetoric and the rule of law*. reprint. Oxford/New York: Oxford University Press, 2010. p. 162-188. Também a respeito de um leque de opções razoáveis e, por isso, constitucionalmente válidas, menciona-se CARRASCO PERERA, Angel. El "juicio de razonabilidad" en la justicia constitucional. *Revista Española de Derecho Constitucional*, ano 4, n. 11, p. 39-106, maio/ago. 1984. p. 53 e seguintes.

[517] CARRASCO PERERA, Angel. El "juicio de razonabilidad" en la justicia constitucional. *Revista Española de Derecho Constitucional*, ano 4, n. 11, p. 39-106, maio/ago. 1984. p. 46. O autor comenta, não obstante, que é possível um juízo de dedução formal de uma proposição avaliada como razoável, porém sem a característica da necessidade lógica encontrada nos arrazoamentos de lógica formal. Na visão do autor, há emprego de *topoi* e a derivação é obtida dialeticamente.

[518] BERNAL PULIDO, Carlos. *El principio de proporcionalidad y los derechos fundamentales*. 3. ed. Madrid: Centro de Estudios Políticos y Constitucionales, 2007. p. 692-706.

contra determinado sentido da decisão, em tudo igual à subetapa da proporcionalidade em sentido estrito.[519] Parece que, ao admitir uma diferenciação da intensidade de escrutínio do padrão de controle, para avaliar a razoabilidade conforme o grau de interferência no direito, a Suprema Corte do Reino Unido também acabou por aceitar um sentido forte de razoabilidade nessa hipótese como consequência derivada, mesmo sem dizer isso explicitamente. A ênfase no contexto individual da decisão mostra que a (não) razoabilidade não providenciará soluções definitivas nem determináveis aprioristicamente.[520]

Ademais, não ostenta o teste de Wednesbury, mesmo com os avanços atuais no prisma de estruturar o padrão de controle, um passo analítico de indagar por um meio menos restritivo ao direito afetado, como inclusive já reconheceu a Corte Europeia de Direitos do Homem.

Como já se percebe, tem-se a idiossincrasia de que, num futuro próximo, terão a doutrina e a jurisprudência britânicas de resolver se aceitam essa tendência de migrar a estrutura da proporcionalidade para o teste de Wednesbury, o que representaria a plena equiparação entre os testes, ou se mantêm terreno separado para emprego exclusivo do teste de Wednesbury, como tem sido sustentado para casos que envolvam apenas o direito doméstico, sem prejuízo da assimilação parcial da estrutura da proporcionalidade na razoabilidade.

Porém, se isso caberá ao futuro esclarecer, é preciso destacar que, de fato, a diferença primordial entre os dois testes no presente momento está na estrutura metódica de aplicação, que permite maior transparência no uso do princípio da proporcionalidade. A estrutura formal da proporcionalidade está ausente no teste de razoabilidade, o que, no limite, permite um déficit de transparência e perda do foco na justificação da decisão que atinge, de algum modo, o direito fundamental.[521] Isso não implica, como Barak mesmo reconhece, que não possa o teste de razoabilidade enriquecer-se com uma melhor estruturação, porém como isso será feito e, a partir daí, qual a diferença substancial em relação ao teste de proporcionalidade, se é que haverá alguma, ainda são incógnitas. Diante da expansão do teste de proporcionalidade, deve-se concordar com a previsão de que a tendência seja a igualação dos dois testes, o que implicaria, na prática, a plena inclusão do teste de proporcionalidade no sistema jurídico britânico.[522]

Tecidas as considerações a respeito do teste de Wednesbury, examina-se, a seguir, o teste de razoabilidade empregado no sistema constitucional da África do Sul.

---

[519] BARAK, Aharon. *Proportionality* – Constitutional rights and their limitations. Tradução de Doron Kalir. Cambridge; New York: Cambridge University Press, 2012. p. 371-378.

[520] A esse respeito, conferir estudo de CARRASCO PERERA, Angel. El "juicio de razonabilidad" en la justicia constitucional. *Revista Española de Derecho Constitucional*, ano 4, n. 11, p. 39-106, maio/ago. 1984. p. 44-45.

[521] BARAK, Aharon. *Proportionality* – Constitutional rights and their limitations. Tradução de Doron Kalir. Cambridge; New York: Cambridge University Press, 2012. p. 371-378.

[522] COHEN-ELIYA, Moshe; PORAT, Iddo. *Proportionality and constitutional culture*. Cambridge/New York: Cambridge University Press, 2013. p. 11-12, os quais afiançam que, com a promulgação do *Human Rights Act*, foi construída a trilha para a inclusão definitiva do teste de proporcionalidade, em função do diálogo entre a jurisprudência da Corte Europeia de Direitos do Homem com o Judiciário do Reino Unido.

2.2.2 O teste de razoabilidade empregado pela Corte Constitucional da África do Sul no escrutínio de direitos sociais

No intuito de romper com o iníquo regime do *apartheid*, erigiu-se a Constituição sul-africana de 1996 com ambiciosa pretensão reformadora e modeladora da sociedade, com a previsão de catálogo de direitos fundamentais justiciáveis como o pilar do sistema democrático, a ponto de receber o documento o adjetivo de "moral" em toda a sua essência.[523] Essa preocupação de ser o vetor jurídico condutor da transformação sul-africana é visível logo no preâmbulo da Constituição, em que se afirma taxativamente que as injustiças do passado serão remediadas e que a nova ordem se funda nos valores democráticos, na justiça social e nos direitos fundamentais.

A Constituição possui uma cláusula geral expressa de restrição aos direitos fundamentais no art. 36, cuja norma impõe que ela deverá ser razoável e ocorrer quando inserida por uma lei de caráter geral e justificável no contexto de uma sociedade democrática baseada em dignidade humana, igualdade e liberdade. Nas alíneas do artigo, estão normas que orientam os critérios para a verificação da razoabilidade da justificação: natureza do direito, importância do propósito da restrição, natureza e extensão da restrição, relação entre a limitação e o seu propósito e, finalmente, meios menos restritivos para alcançar esse propósito.

Neste ponto, é interessante formular uma indagação: haveria a Constituição da África do Sul instituído o princípio da proporcionalidade? A indagação tem pertinência, porque o texto normativo da Constituição sul-africana de 1996 em sua cláusula de limitação/restrição permite extrair o princípio da proporcionalidade como norma de decisão para a constitucionalidade de limitações/restrições aos direitos fundamentais por ações ou omissões promovidas pelos poderes públicos. Todas as alíneas estampam exames que poderiam ser muito bem engendrados dentro da estrutura do princípio da proporcionalidade ou à margem do uso do princípio, como etapa preliminar à sua utilização, isso no caso de verificar a intensidade de escrutínio a ser empregada pelo Judiciário. A natureza do direito e sua importância, a relevância do propósito legislativo, a natureza da restrição e sua extensão são elementos examinados e justificados argumentativamente pelas partes e pelas cortes no controle judicial, os quais são vitais para, por exemplo, influir tanto na decisão sobre a intensidade do controle jurisdicional como na própria ponderação efetuada na etapa da proporcionalidade em sentido estrito. As duas últimas alíneas, por sua vez, trazem normas que, respectivamente, amoldam-se às subetapas da idoneidade ou adequação da medida e ao teste de necessidade ou de meios menos restritivos. Enquanto a respeito da necessidade a literalidade do texto não deixa margem a muitas dúvidas, basta anotar que, quanto à adequação da medida, a exigência de uma relação entre a medida restritiva e o propósito legal clama, em última análise, por uma ideia de racionalidade, no sentido de que a restrição não será imposta se não houver um liame causal que permita o caminhar rumo ao objetivo pretendido por intermédio da adoção da medida.

---

[523] CHASKALSON, Arthur. From wickedness to equality: The moral transformation of South African law. *International Journal of Constitutional Law*, v. 1, n. 4, p. 590-609, 2003. p. 599 e seguintes.

No entanto, conquanto o atual texto constitucional permita a decodificação intelectiva do princípio da proporcionalidade como expressamente reconhecido em suas normas, ainda que não utilize o termo "proporcional", mas faça referência à razoabilidade da intervenção restritiva, pensa-se que, marcadamente, a Corte Constitucional sul-africana não percorreu de todo esse caminho e optou por, notadamente em relação aos direitos sociais, contentar-se com o cânone de razoabilidade como padrão de controle das omissões/restrições.

Essa afirmação supramencionada seria muito contestada por boa parte da doutrina, pois vários juristas citam textualmente o sistema jurídico sul-africano como um dos que se comunicam na gramática comum do constitucionalismo hodierno, que tem o princípio da proporcionalidade como principal ferramenta heurística, em franca expansão de uso.[524] No entanto, não obstante a normativa constitucional e a própria opinião doutrinária majoritária, o estudo do *case-law* mostra que a Corte Constitucional optou por adotar, em regra, o padrão de controle da razoabilidade, em que pese ter, em algum momento, flertado com o princípio da proporcionalidade.

As opiniões doutrinárias que defendem o alcance do princípio da proporcionalidade na latitude sul-africana amparam-se, normalmente, na interpretação da cláusula de restrição dos direitos fundamentais e/ou em *dicta* de alguns votos dados pela Corte Constitucional da África do Sul em casos que envolviam direitos de liberdade.

Salienta-se que a Corte Constitucional da África do Sul foi criada já com a Constituição interina de 1993, que antecedeu o atual documento vigente; a Constituição provisória também continha uma cláusula de restrição, mas o texto era significativamente diferente do texto hoje consagrado na atual Constituição. Essa cláusula situava-se no art. 33, a condicionar a restrição à introdução da medida por lei geral e que a intervenção fosse razoável, justificável em uma sociedade democrática e não negasse o conteúdo essencial dos direitos fundamentais. Referida norma previa uma espécie de diferenciação dos direitos fundamentais, ao estatuir um escrutínio de menor intensidade para alguns direitos fundamentais, porquanto para alguns direitos a restrição também deveria ser considerada necessária.[525]

Foi com esse texto da Constituição interina que, em 1995, a Corte fez referência, pela primeira vez, ao cânone da proporcionalidade. Em *Zuma*,[526] a Corte Constitucional

---

[524] Por todos, podem-se mencionar BARAK, Aharon. *Proportionality* – Constitutional rights and their limitations. Tradução de Doron Kalir. Cambridge; New York: Cambridge University Press, 2012. p. 175-210; COHEN-ELIYA, Moshe; PORAT, Iddo. *Proportionality and constitutional culture*. Cambridge/New York: Cambridge University Press, 2013. p. 10-23; SWEET, Alec Stone; MATHEWS, Jud. Proportionality balancing and global constitutionalism. *Columbia Journal of Transnational Law*, v. 47, p. 73-165, 2008. p. 124 e seguintes; RAUTENBACH, I. M. Proportionality and the limitation clauses of the South African Bill of Rights. *Potchefstroom Eletronic Law Journal*, v. 17, n. 6, p. 2.229-2.267, 2014. p. 2.229 e seguintes.

[525] RAUTENBACH, I. M. Proportionality and the limitation clauses of the South African Bill of Rights. *Potchefstroom Eletronic Law Journal*, v. 17, n. 6, p. 2.229-2.267, 2014. p. 2.236 e seguintes.

[526] CCT/5/94, *Zuma and two others versus State*, decidido em 1995. A Corte Constitucional debateu a constitucionalidade de uma norma do Código de Processo Criminal sul-africano que impunha a presunção de que confissões feitas a magistrados eram consideradas, até prova em contrário, como feitas de modo livre e sem indevida coerção. Antes da inclusão dessa norma, incumbia um ônus à acusação de demonstrar que essas confissões eram voluntárias e não fruto de ilícita coação – os criminosos que desejassem confessar deveriam ser encaminhados pela polícia a um magistrado para aquiescer na sua frente ou reduzir a termo a confissão. A Corte, à unanimidade, reconheceu que havia intensa interferência ao direito de manter-se em silêncio após a prisão e que, por isso, era inconstitucional. Sem embargo, a Corte asseverou que não aludia que toda a inversão do ônus da prova era contrária à norma constitucional.

CAPÍTULO 2

O PRINCÍPIO DA PROPORCIONALIDADE NA PROTEÇÃO CONTRA INSUFICIÊNCIA ESTATAL: A ESTRUTURAÇÃO DA PONDERAÇÃO NA TUTELA... | 201

teve a oportunidade de, no voto do *Justice* Kentridge, acompanhado por unanimidade, especular a respeito do princípio da proporcionalidade tal qual aplicado no sistema canadense. No entanto, ainda que elogiando um auxílio estrutural fornecido por esse teste, declinou de utilizá-lo no caso concreto. Kentridge expressamente divisou o teste de proporcionalidade dos testes de necessidade, de razoabilidade e de conexão racional, inclusive salientando que nem sempre levam aos mesmos resultados.

Em questão de meses, no entanto, a Corte Constitucional decidiu alterar a aproximação hesitante por uma mais incisiva em *Makwanyane*.[527] O *Chief Justice* Chaskalson P. expressamente escorou a fundamentação de seu voto no princípio da proporcionalidade, partindo da estrutura dada pela Suprema Corte do Canadá no precedente *Oakes*, sem embargo de referir ao controle pelo princípio da proporcionalidade utilizado na Alemanha e no sistema da Corte Europeia de Direitos do Homem. A repercussão do voto de Chaskalson foi tamanha que serviu para uma mudança considerável do texto que prevaleceu na atual Constituição de 1996 no art. 36, uma vez que as alíneas desse artigo do vigente documento foram inspiradas na fundamentação de seu voto, o qual classificou essas avaliações como essenciais para examinar a proporcionalidade e, por consequência, a razoabilidade da justificação da restrição.[528]

Com efeito, esses dois precedentes são muito mencionados para defender o princípio da proporcionalidade como parte integrante do sistema sul-africano. No entanto, algumas observações mostram o cuidado para uma peremptória assertiva sobre a adoção do princípio da proporcionalidade. Em Makwanyane, praticamente todos os juízes da Corte, em que pese a aderência à conclusão de Chaskalson sobre a inconstitucionalidade da pena de morte, apresentaram votos em separado. Mesmo sendo o princípio da proporcionalidade um dos pontos centrais na fundamentação do voto de Chaskalson, nota-se claramente que muitos juízes sequer fizeram-lhe referência e alguns na prática declinaram a utilização do exame da questão pelo princípio da proporcionalidade no caso concreto, ora pela sustentação da tese de que a pena capital violaria o conteúdo essencial do direito à vida, ora simplesmente porque não seria uma justificação razoável.

O próprio Chaskalson, em escrito anos depois do célebre voto, referiu-se ao padrão de razoabilidade no direito constitucional sul-africano, sem qualquer preocupação de diferenciá-lo do princípio da proporcionalidade,[529] mesmo que seja necessário esclarecer que Chaskalson estava a referir-se a casos de direitos sociais e comentava a respeito

---

[527] CCT/3/94, *State versus T Makwanyane and M Mchunu*, de 1995. Corte deliberou sobre a constitucionalidade da pena de morte prevista no Código de Processo Criminal da África do Sul para alguns crimes considerados de alta gravidade. À unanimidade, a Corte entendeu que a pena capital era inconstitucional. No entanto, é interessante que vários votos dados pelos outros *Justices* foram para aderir à conclusão do julgamento, ao passo que enfatizavam pontos ora concordantes com o arrazoamento de Chaskalson, ora dele destoantes. Quase nenhum dos *Justices*, à exceção de Sachs, fez referência ao princípio da proporcionalidade, e mesmo este o fez para divergir que, no caso concreto, fosse necessária a aplicação do princípio da proporcionalidade.

[528] Sobre o efeito político do voto de Chaskalson na comissão que elaborava o projeto de nova Constituição da África do Sul, ver RAUTENBACH, I. M. Proportionality and the limitation clauses of the South African Bill of Rights. *Potchefstroom Eletronic Law Journal*, v. 17, n. 6, p. 2.229-2.267, 2014. p. 2.238 e seguintes. Também a constatar que as alíneas do art. 36 encorpam na literalidade critérios citados pelo juiz, SWEET, Alec Stone; MATHEWS, Jud. Proportionality balancing and global constitutionalism. *Columbia Journal of Transnational Law*, v. 47, p. 73-165, 2008. p. 124 e seguintes.

[529] CHASKALSON, Arthur. From wickedness to equality: The moral transformation of South African law. *International Journal of Constitutional Law*, v. 1, n. 4, p. 590-609, 2003. p. 604-609.

do princípio da razoabilidade como padrão de controle de atos administrativos de competência do Executivo.

É certo, porém, que em relação à jurisprudência que se consolidou sobre direitos sociais, a Corte Constitucional da África do Sul de fato acabou por não se enveredar na aplicação do princípio da proporcionalidade e abraçou o teste de razoabilidade como padrão de controle jurisdicional.[530]

Num dos primeiros precedentes de destaque no campo de direitos sociais, *Soobramoney*,[531] não foi o padrão de proporcionalidade, mas o de mera racionalidade o fundamento do acórdão. O tribunal considerou que a decisão administrativa que indeferia seu pleito de tratamento não poderia ser considerada irracional, considerando a dificuldade da escassez de recursos financeiros e de instalações e equipamentos para esse tipo de tratamento; deveria a corte ser cautelosa ao rever decisões racionais dadas de boa-fé pelos órgãos políticos e autoridades médicas. Neste compasso, percebe-se que o exame da "razoabilidade" da medida preocupou-se com a verificação da ausência de boa-fé e racionalidade na decisão administrativa, com decidida aproximação ao teste de Wednesbury na sua fórmula originária, conquanto o voto do *Justice* Chaskalson não tenha assumido essa similaridade. Mais uma vez Chaskalson poderia ter empregado o teste de proporcionalidade, porém não fez nenhuma menção a ele, o que sugere que, ao menos em relação aos direitos sociais, ele não o visse como padrão utilizável pelo tribunal para fiscalizar o cumprimento de obrigações estatais ativas decorrentes dos direitos fundamentais.

No entanto, em *Grootboom* e em *TAC*, a Corte Constitucional avançou para o padrão de razoabilidade forte, a implicar um exame ponderativo em sua estrutura.[532]

Em *Grootboom*,[533] a Corte considerou que o Estado violaria o direito social se não desse passos progressivos para a satisfação do direito fundamental à moradia, os

---

[530] Os julgados de direitos sociais examinados a seguir e parte da análise crítica desenvolvida doravante neste tópico foram também objeto de reflexão em ALMEIDA, Luiz Antônio Freitas de. *Direitos fundamentais sociais e ponderação* – Ativismo irrefletido e controle jurídico racional. Porto Alegre: Sergio Antonio Fabris, 2014. p. 209-217.

[531] *Case CCT nº 32/97, Soobramoney v. Minister of Health (KwaZulu-Natal)*, de 1997. Soobramoney, que sofria de diabetes, teve um acidente vascular cerebral (AVC), em razão de uma isquemia no coração e uma doença cerebral-vascular, o que lhe causou falência renal. Em virtude das mesmas enfermidades, não era candidato apto a um transplante de rins. Em razão da política de saúde hospitalar de priorizar a hemodiálise a quem poderia ser curado por ela de forma imediata, com extensão desse tratamento a quem não tinha condições de cura até a realização do transplante, foi-lhe negado o tratamento administrativamente. A Corte Constitucional negou o recurso de Soobramoney e confirmou a decisão que lhe negava o tratamento, sob o argumento de que o direito fundamental do art. 27, 3, da Constituição da África do Sul de não lhe ser negado o tratamento emergencial não se enquadrava na hipótese, devendo-se respeitar a política governamental, a qual não era irracional e respeitaria a condição escassa dos recursos existentes. O interessante é que a Corte expressamente aduziu não ser o caso de avaliar ofensa ao direito à vida e sim ao direito à saúde, pois este também está positivado no texto, embora não negasse a inter-relação entre esses direitos.

[532] Em sentido algo diferente, mas a notar que o teste de razoabilidade não se confunde com a aplicação dos testes de proporcionalidade e nem se reconduz a um teste de mera racionalidade, menciona-se NOVAIS, Jorge Reis. *Direitos sociais* – Teoria jurídica dos direitos sociais enquanto direitos fundamentais. Coimbra: Coimbra/Wolters Kluwer, 2010. p. 210 e seguintes.

[533] CCT nº 11/00, *Government of Republic of South Africa and others v. Irene Grootboom and others*, de 2000. Grootboom e várias famílias habitavam um acampamento em condições precárias, sem água, esgoto e muitos sem eletricidade. Esperavam na fila do programa governamental da municipalidade uma moradia. Após espera de quase sete anos, os "sem-teto" transferiram-se para um terreno de domínio particular, que estava destinado a virar local de casas de baixo custo, também em condições precárias. O proprietário demandou o despejo nas cortes ordinárias, o que foi deferido; após o cumprimento da ordem, destruídos e incendiados os barracos, os demandantes não podiam retornar ao local de onde saíram, pois outras famílias já haviam ocupado o lugar. Ficaram alojados temporariamente

quais devem ser pensados prioritariamente pelo Legislativo e Executivo, passos esses condicionados pelos recursos disponíveis. A Corte empregou um remédio declaratório, porque considerou sem razoabilidade os programas de acesso à habitação existentes por não existir uma preocupação em desenvolver uma política de curto prazo que atenda a pessoas em situação de desespero a ponto de malferir a dignidade humana. No entanto, rejeitou determinar injunção em favor das partes carentes representadas no processo, para não incentivar a invasão de terras privadas e porque incumbiu essa tarefa ao governo, o qual deveria formular uma política pública condizente. No corpo da fundamentação, a Corte Constitucional adotou o teste de razoabilidade e rejeitou a definição do conteúdo mínimo do direito à moradia, pois entendeu que tal empreitada necessitava do aporte de informações suficientes sobre o contexto histórico e socioeconômico do país, algo de que não dispunha. No argumentar da Corte Constitucional, não seria suficiente para demonstrar o cumprimento com as obrigações constitucionais decorrentes do direito fundamental em questão apenas a existência de legislação, pois deveria a ela acoplar ações desenvolvidas em políticas públicas razoáveis, a serem implementadas de modo razoável. Segundo o voto do *Justice* Yacoob, seguido à unanimidade, a característica de uma política pública razoável é a flexibilidade, de modo a ostentar uma programação variável e adaptável às alterações das necessidades, com a contemplação de metas de curto, médio e longo prazo, sem desconsiderar a extensão e o grau do não acesso aos bens da vida objeto do direito. Logo, não bastaria para a razoabilidade da política apenas demonstrar uma satisfação progressiva da realização do direito de modo meramente estatístico, sem abranger a consternação por aqueles em situação desesperadora e atentatória contra a dignidade humana, os quais deveriam ser objeto de preocupação mais premente. Expressamente a Corte defendeu uma ponderação entre os meios e o fim, já que aqueles deveriam ser calculados de modo a alcançar de modo mais rápido e eficaz a satisfação do conteúdo do direito, porém a escassez de recursos seria um componente importante a considerar na razoabilidade da ação estatal.

No caso *TAC*,[534] uma vez mais a Corte Constitucional não encampou o *minimum core approach*, pois os direitos fundamentais sociais na Constituição sul-africana não

---

nas estruturas de um campo de esporte e postularam judicialmente um remédio, com a alegação de que tiveram violado o direito fundamental à moradia ou, subsidiariamente, o direito das crianças de receber abrigo, previstos nos artigos 26, 2, e 28, 1, "c", da Constituição. Em instância inferior, o governo sul-africano foi ordenado a oferecer abrigo às partes que tinham crianças nas seguintes condições mínimas: tendas, latrinas portáteis e suprimento de água. Sem embargo, a Corte Constitucional reformou parcialmente a decisão e reconheceu a não razoabilidade da política desenvolvida, determinando apenas que o governo elabore, implemente e supervisione um programa habitacional que contemple as necessidades das pessoas viventes em condições desesperadoras e contrárias ao valor da dignidade da pessoa humana.

[534] CCT nº 08/02, *Minister of Health and others v. Treatment Action Campaign and others*. Organizações não governamentais demandaram judicialmente uma injunção ao Executivo, no sentido de que fosse obrigado a disponibilizar uma droga antiviral (Neviparine) em todo o setor público e fomentar um programa governamental que atendesse todo o país, com sua distribuição e ministração, além de programas de aconselhamento das famílias. O medicamento era usado na prevenção da transmissão do vírus HIV – causador da SIDA (AIDS) – das mães aos filhos recém-nascidos durante a amamentação. A droga fora aprovada pelo governo sul-africano e pela Organização Mundial de Saúde, de sorte que sua comercialização era aceita. Porém, a despeito de a distribuição do medicamento ser gratuita para o governo – o laboratório oferecera a entrega gratuita por cinco anos –, o Executivo optou por eleger em cada província unicamente dois locais de fornecimento e aplicação da droga, sob a justificativa de avaliar a eficácia e a segurança do tratamento e por contingências financeiras para aumentar as estruturas de atendimento, com capacitação dos profissionais para ministrar corretamente o medicamento e realizar os testes necessários para avaliar a eficiência do remédio, bem como na finalidade de realizar o aconselhamento das gestantes sobre as peculiaridades do treinamento, sobretudo no que diz respeito à substituição da amamentação por alimentação

implicariam um direito autônomo individual a um conteúdo parcelar mínimo, mesmo que a tese pudesse ser considerada relevante como indicativo a avaliar a razoabilidade da política governamental. Reconheceu novamente uma adversidade institucional na tutela desses direitos, embora coloque que decisões da Corte nessa alçada podem ter custos orçamentários, mas não no azo de rearranjar orçamentos. Ao apreciar a política governamental de limitar a distribuição de um medicamento retroviral, a Corte entendeu que ela não era razoável. O medicamento tinha a capacidade de prevenir a transmissão do vírus HIV das mães aos recém-nascidos e a política pública contestada limitava a distribuição a somente alguns centros médicos. Segundo a Corte Constitucional, houve violação dos arts. 27, 1, "a", 2, e 28, 1, "b" e "c". Reafirmou-se o teste de razoabilidade conclamado no precedente *Grootboom*, pois a política pública falhou em adotar medidas para cumprir as obrigações por meio de programas que sejam flexíveis e que possam preconizar passos de curto, médio e longo prazo. Destarte, porque a política desenvolvida pelo Executivo terminou por excluir uma significante parcela da população que estava em situação mais desesperadora, incluindo o segmento mais pobre da sociedade sul-africana, ela não era razoável.

No precedente *Khosa*,[535] a Corte Constitucional firmou-se no direito fundamental de assistência social, garantido textualmente a todos, e exarou uma sentença aditiva, a fim de incluir a expressão "ou aos residentes permanentes" após o requisito insculpido nas leis de cidadania sul-africana, de modo que as normas passaram a contemplar tanto os cidadãos como os não cidadãos que fossem residentes permanentes em território sul-africano. Na fundamentação, a maioria da Corte uma vez mais se referiu ao teste de razoabilidade como cânone de escrutínio das políticas governamentais, e não meramente o de racionalidade, mais limitado em termos de revisão. Na visão majoritária da Corte, houve uma discriminação não razoável entre os cidadãos e os residentes permanentes. Um ponto de interesse a destacar é a metodologia que levou à divergência entre os juízes da Corte. Enquanto a maioria simplesmente ficou circunspecta ao exame da razoabilidade dos passos adotados pelo Estado como um limite interno do – e não uma

---

por mamadeiras, além de uma provisão de vitaminas e nutrientes às mães e aos infantes. A Corte declarou a falta de razoabilidade da política e determinou ao Executivo a criação de um programa compreensivo para redução da transmissão da doença das mães aos filhos, com base nos recursos disponíveis e por intermédio de ações progressivas, de sorte a permitir o acesso de mães e bebês ao medicamento, ao aconselhamento, aos suplementos vitamínicos e antibióticos necessários e à realização de testes, para avaliação da efetividade do medicamento, além de não limitar o fornecimento do remédio apenas aos locais da rede pública selecionados para teste, todavia com ampliação do fornecimento nos centros de atendimento da rede pública e com entrega aos pacientes indicados pela avaliação médica. No caso TAC, a Corte recusou a tese de que a separação de poderes impedi-la-ia de dar uma ordem ao governo, pois colocou que os remédios disponíveis pela Corte são amplos e devem ser usados da melhor maneira possível, de modo a bem cumprir seu encargo constitucional. Foi determinada a realização de medidas, sem que, no entanto, estabelecesse-se um prazo para a conclusão e implantação dessas políticas, porquanto entendia o areópago que não haveria motivo para desconfiar de descumprimento pelo governo.

535 CCT 12/03 e 13/03, *Khosa and others v. Minister of Social Development and others*, de 2004. Foram aprovadas normas por leis que retiraram benefícios assistenciais aos não cidadãos da África do Sul – ou no caso das crianças, aos pais que não fossem cidadãos. Essas normas foram impugnadas perante a Corte Constitucional com o argumento de violação do direito à assistência social. O Tribunal reconheceu a ausência de razoabilidade da política governamental de excluir os não cidadãos desses benefícios assistenciais, porém evitou o julgamento de inconstitucionalidade das normas legais invectivadas. Em seu lugar, lavrou uma sentença aditiva, a incluir os residentes permanentes como possíveis beneficiários dos benefícios assistenciais. A maioria seguiu o voto do *Justice* Mokgoro, ao passo que houve dois votos minoritários, cuja representação foi dada pelo voto do *Justice* Ngcobo, que entendeu "razoável" (proporcional) a restrição da política em relação aos residentes permanentes, inclusive salientando questões como a intensidade e duração da medida restritiva.

restrição ao – conteúdo do direito, os votos minoritários sugeriram diversa metodologia, pois concordavam que a razoabilidade das medidas constituiria um limite interno do direito que, entendido como afetado, levantaria a verificação da validade da justificação dessa afetação por um exame de proporcionalidade com base na cláusula de restrição. Em realidade, a maioria da Corte não se pronunciou se haveria uma diferença entre a razoabilidade das medidas como limitações internas do direito e a razoabilidade da justificação, aferida conforme cláusula de limitação, mesmo que a divergência tenha acentuado que a validade da justificação conclamaria um exame de proporcionalidade.

Em *Mazibuko*,[536] empregou-se de novo o teste de razoabilidade, sem embargo o Tribunal descartou qualquer violação ao direito de acesso à água por classificar como razoável e, portanto, constitucional a política governamental de limitar o suprimento gracioso de 6 quilolitros de água por mês e a de determinar a instalação de medidores de água pré-pagos.

No caso *City of Johannesburg v. Bluemoon Light Properties*,[537] o Tribunal alterou parcialmente a decisão das instâncias judiciais ordinárias, porém considerou não razoável a política habitacional desenvolvida pela municipalidade de Joanesburgo. A Corte reconheceu que deveria ponderar entre o direito fundamental de propriedade e o direito fundamental à habitação. A respeito da interpretação efetuada pelos órgãos administrativos, no sentido de que as normas legais regulariam somente o fornecimento de abrigo emergencial em caso de catástrofes ou situações que escapassem ao controle da pessoa e que, portanto, não se aplicavam à situação das famílias que haviam esbulhado o imóvel da empresa Bluemoon Light, não foi aceita pela Corte. Sobre o impacto financeiro dessa nova despesa não orçada pelo Executivo municipal, fator a ser apreciado no exame da razoabilidade das medidas adotadas pelo governo, a Corte aventou que a determinação judicial de adoção de medidas não pode ser restringida por decisões orçamentárias oriundas de um equívoco a respeito do entendimento das obrigações estatais constitucionais ou legais. Em passagem do voto condutor do acórdão, a Corte Constitucional deixou no ar, sem responder, se o teste de razoabilidade diferiria substancialmente do teste de racionalidade.

---

[536] CCT 39/09, *Mazibuko and others v. City of Johannesburg and others*, de 2009. A Corte reformou os acórdãos de instâncias inferiores e manteve a rejeição à tese do conteúdo mínimo, pois se recusou a delimitar um suprimento mínimo de água gratuito. Na visão da Corte, não possuiria ela capacidade institucional nem legitimidade democrática para definir quais as políticas a seguir. No que tange aos direitos sociais, o Tribunal traçou uma diferença entre a plena omissão, a qual confere a possibilidade de a Corte determinar a adoção de passos em prol de uma progressiva satisfação dos direitos, da situação de omissão parcial, isto é, daquela em que já houve a realização de alguma medida pelo ente estatal, a qual clamaria da Corte somente a perquirição da razoabilidade das ações realizadas.

[537] CCT 337/11, *City of Johannesburg Metropolitan Municipality v. Blue Moonlight Properties 39 (PTY) LTD and others*, de 2011. Inúmeras famílias sem um lar ocupavam licitamente um prédio comercial antigo da empresa Blue Moonlight, porém essa ocupação passou a ser ilegal no decorrer dos anos. A pessoa jurídica buscou o despejo das famílias, as quais imputaram à pessoa jurídica direito público e dever de dar-lhes abrigo temporário, o que era negado pelos órgãos administrativos ante a interpretação de que as normas que regulavam o abrigo emergencial não tratavam na hipótese normativa da situação de quem era despejado por ocupação ilegal de imóvel particular. A par de entender que o suprimento dos fundos para a política de habitação era também da competência da Municipalidade, a Corte considerou que a interpretação dada pelo poder público era inconstitucional, sob o argumento de que isso não alteraria a ordem da fila de cadastrados a receberem do governo habitações populares. Ao cabo, decretou o despejo das famílias, com um prazo para o cumprimento da ordem de despejo, e determinou que a municipalidade providenciasse os abrigos temporários aos desalojados antes do cumprimento da ordem. A Corte, embora adote o padrão da razoabilidade, lançou a pergunta, sem respondê-la, de saber se uma medida racional será sempre razoável, o que sugere uma dúvida existencial a respeito do próprio padrão de razoabilidade em relação ao teste da racionalidade, superado desde Grootboom.

Depois do exame jurisprudencial, mostram-se os argumentos para negar que a Corte Constitucional tenha, de fato, incorporado o padrão de proporcionalidade em suas decisões, mormente no que se referem aos direitos sociais.

Alguns dos juristas que defendem que o sistema constitucional sul-africano incorporou o padrão de proporcionalidade comentam sobre a menor estruturação do teste em comparação aos modelos alemão e canadense, uma vez que haveria um único estágio analítico com diferentes exames em seu conteúdo, inclusive do teste de necessidade e de idoneidade, sem descartar um exame ponderativo, o que, ao final, termina por conferir maior discricionariedade ao Legislativo.[538] Não obstante, discorda-se desse posicionamento e, especialmente na questão da jurisprudência dos direitos sociais, a conclusão mais adequada é de que a Corte de fato não emprega o padrão de proporcionalidade, mas apenas de razoabilidade.

É preciso retomar algumas considerações tecidas no subtópico anterior, o qual se referia ao teste de razoabilidade de Wednesbury, porém replicáveis neste momento para o teste de razoabilidade utilizado no sistema jurídico sul-africano. A diferença primordial existente na atualidade entre os testes de proporcionalidade e razoabilidade é uma conformação estrutural que está ausente neste último. Se com o teste de Wednesbury a fórmula, a princípio, poderia ser interpretada como a exigir meramente uma relação racional na adoção da medida discricionária, ele recebeu um novo vigor na atual jurisprudência britânica para incutir, muitas vezes, um juízo ponderativo, mesmo que não tão abertamente declarado. Porém, esse sopesamento não era reservado a um momento analítico próprio, com etapas analíticas antecedentes, como a estrutura formal do princípio da proporcionalidade propicia.

É claro que a inclusão da ponderação no teste de razoabilidade torna-o substancialmente próximo do teste de proporcionalidade, pois a diferença fica marcadamente na estrutura da construção da decisão. Como há passos analíticos prévios, eventualmente o controle pelo princípio da proporcionalidade não adentrará na etapa de sopesamento. Sem a estruturação do raciocínio, o teste de razoabilidade toma dentro de uma única etapa a avaliação da racionalidade da medida (subteste da idoneidade) ou da legitimidade do fim, muitas vezes adentrando em considerações de peso sobre a importância do fim e a intensidade de afetação do direito fundamental, o que não permite um maior controle de todos os caminhos percorridos pelo órgão judicante.

A par de propiciar alguma obscuridade ocasional no raciocínio do órgão que faz o controle judicial, por avaliar passíveis decisões de diferente natureza num único rótulo classificatório, o mais impactante na prática é a perda da oportunidade de maior justificação na intervenção estatal, porquanto o julgador furta-se a explicitar na fundamentação da decisão todas as etapas percorridas pelo seu pensamento. Ou seja, mesmo que não haja nenhuma confusão na mente da autoridade que efetua o controle jurisdicional e ainda que ele tenha, no seu íntimo, visualizado todas as etapas preconizadas pelos subtestes de proporcionalidade, o dever de justificar permite não só que ele não deixe de examinar as questões importantes prévias que antecedem a

---

[538] BARAK, Aharon. *Proportionality* – Constitutional rights and their limitations. Tradução de Doron Kalir. Cambridge; New York: Cambridge University Press, 2012. p. 175-210; SWEET, Alec Stone; MATHEWS, Jud. Proportionality balancing and global constitutionalism. *Columbia Journal of Transnational Law*, v. 47, p. 73-165, 2008. p. 127.

ponderação, como propicia o maior controle jurídico e político-social da decisão, o que, na essência, contribui para a maior racionalidade e legitimidade da decisão judicial e maior grau de persuasão.

Com efeito, a atenta observação torna certo o emprego do padrão de razoabilidade e não o de proporcionalidade na jurisprudência da Corte a respeito dos direitos sociais. É preciso registrar, como mostrou a maioria em *Khosa*, que a Corte não se preocupa em escrutinar a validade da justificação para a omissão na prestação de direitos fundamentais sociais pelo princípio da proporcionalidade. Normalmente a Corte não examina a motivação estatal para a não prestação pelos critérios previstos nas alíneas do art. 36 da Constituição sul-africana, que trata da cláusula geral de restrição dos direitos fundamentais. Ela é a base textual forte para extrair, por interpretação, o princípio da proporcionalidade. Tanto é assim que o componente de necessidade ou da existência de meios alternativos menos lesivos ao direito fundamental sequer foi cogitado em todos esses casos para chegar-se à decisão. Simplesmente foi ignorado.

Em realidade, como na maior parte dos direitos fundamentais sociais existe a previsão textual específica de que a obrigação estatal para a satisfação desses direitos consiste na adoção de "medidas razoáveis" para disponibilizá-los de modo progressivo, a Corte considera que esses direitos são autolimitados – e não restringidos – pelos recursos disponíveis existentes. Sempre que a política estatal passou no teste de razoabilidade, perdia a Corte o interesse em avançar para verificar se, ainda assim, seria possível que a omissão estatal, decorrente de uma política considerada razoável, fosse injustificada em função dos critérios normativos trazidos na cláusula geral de restrição. Por essa razão, a Corte fia-se não na proporcionalidade, porém se contenta com a razoabilidade dos passos dados pelo Estado na realização e promoção dos direitos sociais.

Essa premissa de que a estrutura da proporcionalidade é uma grande vantagem é contestada por seus críticos, a exemplo de Tsakyrakis, justamente na presunção de que os testes antecedentes teriam reduzida importância.[539] Essa afirmação não é correta na plenitude: há sistemas em que a ênfase é inclinada para as etapas anteriores àquela com maior concentração do raciocínio ponderativo, como ocorre no sistema canadense.[540] Outrossim, existem juristas que discordam da utilização da ponderação, mesmo que defendam o princípio da proporcionalidade como padrão de controle da justificação para restrição aos direitos fundamentais, como referido no Capítulo 1.[541] No entanto, mesmo nos sistemas em que concretamente na *práxis* do Judiciário seja a etapa da ponderação a central na aplicação do princípio da proporcionalidade, como ocorre na Alemanha, a existência de decisões tomadas com fundamento nas etapas antecedentes retira a força dessa crítica.[542] Finalmente, mesmo com a concessão de que a maior parte das decisões utiliza um exame ponderativo para chegar à conclusão do julgamento e dentro de um

---

[539] TSAKYRAKIS, Stavros. Proportionality: an assault on human rights?: A rejoinder to Madhav Khosla. *International Journal of Constitutional Law*, v. 8, n. 2, p. 307-310, 2010. p. 308-309.

[540] Conferir item 2.3.2 deste capítulo.

[541] A exemplo de PIEROTH, Bodo; SCHLINK, Bernhard. *Direitos fundamentais* – Direito estadual II. Tradução de António C. Franco e António Francisco Souza. Lisboa: Universidade Lusíada, 2008. p. 80-87.

[542] Um exame de algumas decisões em que isso ocorreu, a despeito da análise crítica, pode-se verificar em CLÉRICO, Laura. *El examen de proporcionalidad en el derecho constitucional*. Buenos Aires: Facultad de Derecho de Buenos Aires/Eudeba, 2009. Serie Tesis. p. 39-84; 101-161.

contexto concreto onde isso realmente se dê, é fato que uma contribuição, por modesta que seja, à esquematização analítica dos passos dados no justificar da decisão é algo que não pode ser desprezado.[543]

Por suposto, nada impede que a jurisprudência da Corte Constitucional cambie para sedimentar definitivamente o princípio da proporcionalidade na *práxis* do tribunal. O enunciado normativo da cláusula geral de restrição fornece suporte interpretativo para essa guinada. No entanto, a Corte no presente contexto satisfaz-se com o exame de razoabilidade, menos deferente que o teste de mera racionalidade – inicialmente utilizado no caso *Soobramoney* –; no tema dos direitos sociais verifica-se se existe alguma política estatal em curso, pois a completa omissão autoriza a Corte a intervir e, caso haja ação estatal em desenvolvimento, se a medida estatal atende ao exame ponderativo efetuado no bojo do teste de razoabilidade. O sopesamento leva em consideração a disponibilidade de recursos materiais e financeiros, o contexto das políticas adotadas e a necessidade mais urgente das pessoas em situação de maior vulnerabilidade; neste último fator o Tribunal dá peso considerável ao princípio da dignidade da pessoa humana, justamente para valorar se a necessidade mais premente dessas pessoas é de algum modo contemplada na política governamental. Em síntese, pode-se, conforme terminologia adotada nesta tese, no máximo conceder que a Corte Constitucional faz um controle de proporcionalidade, porém não utiliza o princípio da proporcionalidade.[544]

Por derradeiro, o pensamento de Reis Novais caminha para negar que o teste de razoabilidade aqui considerado seja um mecanismo ponderativo. O jurista português assevera que a inconstitucionalidade omissiva pode ser apurada independentemente de ponderação ou de avaliação do custo e benefício.[545] No entanto, acredita-se que as considerações já efetuadas ao longo deste subitem e no Capítulo 1 servem para não acompanhar o professor português. Afinal, razoabilidade e proporcionalidade são testes distintos, com estrutura diversa, algo com que Reis Novas certamente está de acordo. Discorda-se, porém, da assertiva de inexistente ponderação. A rigor, tal qual mencionado no Capítulo 1 desta tese, o pronunciamento judicial em caso de conflitos normativos insolúveis por metanormas de antinomia pode até ser construído sem o recurso explícito à ponderação na etapa de fundamentação da decisão, contudo o sopesamento estará camuflado ou subjacente. Esse proceder não contribui com maior racionalidade à persuasão racional do povo, das partes envolvidas e da crítica especializada. Não há como recusar que estão em questão os próprios direitos fundamentais sociais enquanto princípios em conflito com outros direitos fundamentais e outros interesses coletivos, estes eventualmente apoiados pelo princípio democrático na eleição dos caminhos e programas a perseguir, sem que o sistema preveja qual deles deva prevalecer no caso de aplicá-los. No entanto, pode-se conceder que a razoabilidade é menos estruturada e, em geral, mais deferente às opções discricionárias dos demais poderes que a proporcionalidade.

O interessante é que Reis Novais comenta expressamente que as teorias absolutas do núcleo essencial seriam incapazes de dispensar um juízo ponderativo, a exemplificar

---

[543] BARAK, Aharon. *Proportionality* – Constitutional rights and their limitations. Tradução de Doron Kalir. Cambridge; New York: Cambridge University Press, 2012. p. 303-316.

[544] Conferir item 2.1.

[545] NOVAIS, Jorge Reis. *Direitos sociais* – Teoria jurídica dos direitos sociais enquanto direitos fundamentais. Coimbra: Coimbra/Wolters Kluwer, 2010. p. 210-223.

com a tese de Böckenförde da omissão que resulte em negligência grosseira.[546] Todavia, assumir essa premissa contradiz a assertiva de que não há ponderação no teste de razoabilidade sul-africano pelos mesmos argumentos, sem que o professor de Lisboa tenha apresentado algum fundamento em sentido contrário para infirmar essa posição.

Dados os contornos ao teste de razoabilidade conforme adotado pela Corte Constitucional da África do Sul, examina-se, a seguir, o *balancing* utilizado pela Suprema Corte dos Estados Unidos.

2.2.3 O teste de *balancing* da Suprema Corte dos Estados Unidos

O contexto histórico-político dos Estados Unidos da América propicia algumas reflexões sobre o ofício judicial da *Supreme Court*.

Por um lado, é certo que o princípio da soberania parlamentar nunca encontrou recepção ardorosa no seio do pensamento político das colônias estadunidenses, porquanto os excessos praticados pelo Parlamento britânico, que levaram à insatisfação subjacente no movimento de independência dos Estados Unidos, motivaram desde o início a adoção de uma Constituição escrita, a fim de impor um limite mais robusto ao poder do Parlamento.[547]

De outro prisma, a Suprema Corte sempre atuou em contexto, contrariamente ao que ocorreu com o Tribunal Constitucional Federal alemão, de marcada suspeita sobre a autoridade política da Corte e sua competência para a função do controle de constitucionalidade.[548] Na Alemanha a crítica atacou mais os resultados ou a metodologia das decisões exaradas pelo Tribunal Constitucional Federal alemão, mas, de modo geral, ninguém seriamente pôs em causa a função daquele sodalício de efetuar o controle de constitucionalidade. Nos Estados Unidos, no entanto, a função de exercer o controle de constitucionalidade sempre gerou alguma desconfiança e contestação política por parte de diversos segmentos, se bem que nunca a ponto de moldar um consenso nítido no sentido de retirar essa competência da Corte.[549] A explicação facilmente encontra resposta na visão de democracia representativa guiada pela regra da maioria adotada como "núcleo central" do sistema governamental dos Estados Unidos.[550]

Não é outra a razão pela qual a doutrina das questões políticas foi construída de modo pragmático para delimitar a competência judicial, mas paralela e concomitantemente também no intuito de fincar os alicerces dessa discutida função ao Judiciário. A ideia da doutrina das questões políticas, numa simplificação, é de que seria tarefa da Corte a de apreciar apenas as questões jurídicas, de sorte que as questões políticas refugiriam da competência do Judiciário e estariam reservadas ao âmbito discricionário

---

[546] NOVAIS, Jorge Reis. *Direitos sociais* – Teoria jurídica dos direitos sociais enquanto direitos fundamentais. Coimbra: Coimbra/Wolters Kluwer, 2010. p. 202.

[547] PIRKER, Benedikt. *Proportionality analysis and models of judicial review* – A theoretical and comparative study. Groningen: Europa Law Review, 2013. p. 137 e seguintes.

[548] COHEN-ELIYA, Moshe; PORAT, Iddo. *Proportionality and constitutional culture*. Cambridge/New York: Cambridge University Press, 2013. p. 44-63; PIRKER, Benedikt. *Proportionality analysis and models of judicial review* – A theoretical and comparative study. Groningen: Europa Law Review, 2013. p. 137-138.

[549] ELY, John Hart. *Democracy and distrust* – A theory of judicial review. Cambridge/London: Harvard University Press, 1980. p. 40-41.

[550] ELY, John Hart. *Democracy and distrust* – A theory of judicial review. Cambridge/London: Harvard University Press, 1980. p. 7.

dos demais poderes. Como é patente, o controle de constitucionalidade de normas legais não foi previsto sem sombra de dúvidas no texto da Constituição estadunidense, a qual não traz nenhuma norma expressa que estatuísse essa competência.[551] Logo no primeiro precedente que inaugurou a *judicial review*, em *Marbury v. Madison*,[552] assentou-se que a revisão judicial não abrangia os atos discricionários de competência política do Executivo, para os quais não havia remédio judicial. Conforme a fundamentação do *Chief Justice* Marshall em seu voto, são características da questão política, a demandar um exercício de autocontenção pretoriana: i) inexistência de norma jurídica aplicável ao caso concreto; ii) incidência do princípio de separação de poderes para o veredito conclusivo; iii) estar dentro das atribuições que, à partida, deveriam ser de primeira ocupação pelos representantes dos eleitores.[553] Foi justamente o pragmatismo da Suprema Corte e a autocontenção desse tribunal nos veredictos em *Marbury v. Madison* e nas decisões dos primeiros anos do sodalício que terminou por consolidar paulatinamente a função de fiscalização de constitucionalidade entre as competências da Corte, evitando uma rusga com os demais poderes políticos.[554]

O pulular da aplicação do princípio da proporcionalidade não encontrou ressonância no direito constitucional estadunidense, normalmente não simpático à incorporação de doutrinas estrangeiras ou ao estudo do direito comparado; como referido no Capítulo 1, Bruce Ackerman relata como o "constitucionalismo mundial" ainda enfrenta alguma dificuldade em transitar em solo estadunidense. No entanto, essa perspectiva merece a ressalva de que, no âmago da *Supreme Court* dos Estados Unidos, uma notável exceção tem sido o *Justice* Breyer, que tem defendido a utilização do princípio da proporcionalidade, a exemplo de seu voto no precedente *Heller*.[555]

---

[551] BICKEL, Alexander M. *The least dangerous branch* – The Supreme Court at the bar of politics. 2. ed. New Haven/London: Yale University Press, 1982. p. 1 e seguintes. Conforme este autor, Marshall, em seu voto, desvia-se da questão central, pois não se tratava, a rigor, de saber se um ato contrário à constituição teria validade, mas qual autoridade teria o poder de invalidar esse ato. Porém, como é cediço, o federalista Alexander Hamilton já preconizava que quaisquer atos legislativos contrários à constituição deveriam ser nulificados pelo Judiciário (HAMILTON, Alexander; MADISON, James; JAY, John. *O federalista*. Tradução de Heitor de Almeida Herrera. Brasília: Universidade de Brasília, 1984. p. 191).

[552] *Marbury v. Madison*, 5 U.S. 137 (1803). Disponível em: http://laws.lp.findlaw.com/getcase/us/5/137.html. Acesso em: 12 jan. 2012. No aresto, a Suprema Corte denegou o *mandamus* ansiado por William Marbury, a fim de que fosse ordenada sua "posse" no cargo de juiz de paz do distrito de *Columbia* – fosse-lhe entregue o título de nomeação no cargo. A Suprema Corte decidiu que não poderia uma lei infraconstitucional acrescentar uma competência ao tribunal, pois apenas a Constituição poderia fazê-lo, de modo que declarou inconstitucional a lei que acrescia ao rol de atribuições da Corte a competência para examinar esse tipo de lide. No contexto do processo, o Secretário de Justiça do então atual governo (Madison) recusava-se a entregar o diploma de nomeação ao indicado (Marbury), nomeado ao cargo no mandato do Presidente anterior, que fora derrotado nas urnas.

[553] QUEIROZ, Cristina M. M. *Os actos políticos no Estado de Direito*. O problema do controle jurídico do poder. Coimbra: Almedina, 1990. p. 128-132; ALMEIDA, Kellyne Laís Laburú Alencar de. *O paradoxo dos direitos fundamentais*. Porto Alegre: Sergio Antonio Fabris, 2014. p. 267 e seguintes, especialmente quanto às debilidades da *political questions doctrine*, em especial por pretender espaços de competências estanques na aplicação das normas constitucionais, mormente as de direitos fundamentais, que possuem na previsão condições de aplicação indeterminadas. O problema desloca-se para os casos de transição ou de nebulosidade. Sobre o *balancing* e a diferença com a proporcionalidade, de modo sintético remete-se a ALMEIDA, Luiz Antônio Freitas de. *Direitos fundamentais sociais e ponderação* – Ativismo irrefletido e controle jurídico racional. Porto Alegre: Sergio Antonio Fabris, 2014. p. 93-97; na mesma obra, trabalhou-se com o precedente estadunidense invocado, como algumas considerações sobre a doutrina das questões políticas na parte que menciona a separação de poderes.

[554] PIRKER, Benedikt. *Proportionality analysis and models of judicial review* – A theoretical and comparative study. Groningen: Europa Law Review, 2013. p. 137-150.

[555] *District of Columbia et al. v. Heller*, 554 U.S. 570 (2008). A maioria dos juízes seguiu o voto de Antonin Scalia e declararam inconstitucional uma lei de Columbia que proibia o registro de armas de fogo pequenas (revólveres

Todavia, com isso não se assevera que o direito constitucional dos Estados Unidos tenha simplesmente ignorado a ponderação. Em realidade, em alguns *fronts* a ponderação foi claramente empregada: nas questões relativas ao comércio interestadual e as legislações estaduais de cunho restritivo/regulativo (*dormant commerce clause*), na aplicação da cláusula do *due process of law*, em determinação de questões relativas à distribuição de poderes e privilégios entre Executivo e Legislativo, bem como nas disputas entre direitos fundamentais e interesses governamentais, mormente no que se referem às liberdades comunicativas conferidas pelo primeiro aditamento à Constituição estadunidense.[556]

Com efeito, cabe rememorar inferências trazidas ainda no primeiro capítulo. A democracia nesse país não descambou para um regime totalitário, de sorte que houve muito menos clamor por uma cultura de justificação, com maior simpatia a uma cultura de autoridade. No cerne dessa cultura está sedimentada uma visão de democracia liberal, com o reconhecimento de díspares grupos e segmentos sociais que se articulam para lutar por seus interesses; predomina um pessimismo epistemológico, de sorte que a decisão adotada pela maioria recebe grande respeito e consideração, uma vez que tenderia a apresentar a maior possibilidade de acerto.

Por isso mesmo o *balancing test* decididamente não goza do elevado papel conferido ao princípio da proporcionalidade pela doutrina e jurisprudência alemãs, desempenhando uma função muito mais acanhada e marginal na prática da Suprema Corte,[557] ao menos de maneira explícita, conquanto paradoxalmente o uso dessa metodologia de decisão pelo sodalício estadunidense tenha crescido, a ponto de receber o epíteto (crítico) da *age of balancing* por Aleinikoff.[558]

---

e pistolas) e criminalizava a guarda ou posse de arma de fogo de longo alcance registradas se elas não estivessem desmuniciadas e desmontadas ou acopladas a um dispositivo que lacrava o gatilho, porque entendeu violado o direito fundamental de ter e possuir armas, nos termos da segunda emenda. O debate teve intensa pesquisa sobre o significado original para os fundadores dos Estados Unidos sobre a expressão *bear and keep arms* e se esse direito era relacionado apenas aos integrantes de milícias ou não. A discordar da maioria, Breyer, acompanhado de Stevens, Souter e Ginsburg, apresentou um segundo argumento pelo qual discordava: defendeu no seu voto o escrutínio pela corte pelo teste de proporcionalidade, verificando se o objetivo estatal (diminuição do crime e acidentes) que era buscado pela medida legislativa era cogente e, em sequência, se havia uma interferência no direito fundamental, considerando a interferência mínima, se existiam meios menos restritivos e, finalmente, se o grau de afetação do direito fundamental era proporcional ao ganho adquirido com o objetivo estatal. Breyer expressamente apontou que a Corte deveria prestar deferência ao Legislativo no que se refere ao aspecto estatístico e fático, bem como a intensidade de escrutínio pertenceria à categoria da *intermediate review*.

[556] A respeito, conferir ALEINIKOFF, T. Alexander. Constitutional law in the age of balancing. *Yale Law Journal*, v. 96, n. 5, p. 943-1.005, 1986-1987. p. 946-947; NOVAIS, Jorge Reis. *As restrições aos direitos fundamentais não expressamente autorizadas pela constituição*. Coimbra: Coimbra, 2003. p. 644 e seguintes; HENKIN, Louis. Infallibility under law: constitutional balancing. *Columbia Law Review*, v. 78, p. 1.022-1.049, 1978. p. 1.022 e seguintes; PIRKER, Benedikt. *Proportionality analysis and models of judicial review* – A theoretical and comparative study. Groningen: Europa Law Review, 2013. p. 137 e seguintes; COHEN-ELIYA, Moshe; PORAT, Iddo. *Proportionality and constitutional culture*. Cambridge/New York: Cambridge University Press, 2013. p. 44 e seguintes.

[557] HENKIN, Louis. Infallibility under law: constitutional balancing. *Columbia Law Review*, v. 78, p. 1.022-1.049, 1978. p. 1.024-1.026.

[558] ALEINIKOFF, T. Alexander. Constitutional law in the age of balancing. *Yale Law Journal*, v. 96, n. 5, p. 943-1.005, 1986-1987. p. 943-944; NOVAIS, Jorge Reis. *As restrições aos direitos fundamentais não expressamente autorizadas pela constituição*. Coimbra: Coimbra, 2003. p. 644. Novais e Aleinikoff compartilham a tese de que a ponderação se tornou dominante na Corte. Em sentido contrário, a atestar não ser a metodologia dominante na Corte, se bem que essa posição fora escrita ao fim da década de setenta, HENKIN, Louis. Infallibility under law: constitutional balancing. *Columbia Law Review*, v. 78, p. 1.022-1.049, 1978. p. 1.024-1.025.

Esse crescimento da utilização da ponderação, todavia, não pode ser considerado linear. Se há algo patente no estudo do direito constitucional dos Estados Unidos é o seu caráter fragmentário,[559] com avanços e recuos sem expresso aviso, o que relega à dogmática elevado ônus de sistematização das posições da Corte. Contudo, essa fase ponderativa no âmbito da Suprema Corte parece estar mais contida ou em retrocesso na sua atual composição.[560]

A par da objeção política quanto à autoridade e ao desempenho da Suprema Corte, outro vetor explicativo para situar a pequenez da ponderação no solo dos Estados Unidos é a marcada concepção dos direitos como "trunfos", a estabelecer uma competência negativa e uma zona de liberdade insuscetível de interferência estatal, sobreposta aos interesses governamentais. Os direitos não poderiam ser sobrepujados pelos interesses ou não seriam efetivamente direitos. No entanto, essa consideração, a rigor, permite uma abordagem absolutista dos direitos, na qual eles não podem ser limitados e todo esforço hermenêutico está em definir aquilo que o direito realmente protege, o qual não pode ser atabalhoado por alguma limitação ou restrição por iniciativa do Legislativo.

Reis Novais bem observa que essa tendência absolutista na interpretação dos direitos revelava-se especialmente impactante nos direitos fundamentais conferidos no primeiro aditamento da Constituição dos Estados Unidos, porquanto textualmente o dispositivo constitucional não previa nenhuma limitação ou restrição expressamente autorizada. Foi justamente na década de cinquenta e sessenta do século passado que a maioria da Corte se inclinou para a ponderação de interesses no domínio do direito de liberdade de expressão e de imprensa, em contexto de elevada tensão político-ideológico-militar entre Estados Unidos e União Soviética, época em que uma série de leis restritivas às liberdades comunicativas foi editada com o propósito de combate ao comunismo em solo estadunidense e por imperativo de segurança nacional.[561]

Evidentemente, uma abordagem absolutista total tornaria impraticável a conciliação de diversos interesses e direitos, constantemente em choque no plano abstrato e concreto. Por isso, na abordagem absolutista mitigada, como já referido, amputam-se posições e situações jurídicas consideradas na interpretação da natureza ou pelo propósito ou função que desempenharia aquele direito. A estratégia pragmática subjacente nessa abordagem passava tanto pela definição do objeto de proteção do direito fundamental, a conclamar uma delimitação restritiva da previsão normativa, como pela diferenciação rígida entre regulamentação e restrição. A regulamentação referia-se ao exercício das posições jurídicas garantidas pelo direito fundamental nos

---

[559] PIRKER, Benedikt. *Proportionality analysis and models of judicial review* – A theoretical and comparative study. Groningen: Europa Law Review, 2013. p. 137 e seguintes.

[560] O falecimento do Juiz Scalia, porém, pode, com sua substituição, propiciar eventualmente uma nova ascensão da ponderação. Scalia, relacionado à posição mais conservadora do Tribunal, era, em geral, adversário do *balancing* nas questões de interpretação da *dormant commerce clause*, conquanto o admitisse, excepcionalmente, nos casos que envolviam conflitos entre direitos individuais e interesses governamentais. Conferir TRIBE, Laurence H. *American constitutional law*. 3. ed. New York: Foundation Press, 2000. v. 1. p. 1.062-1.063.

[561] NOVAIS, Jorge Reis. *As restrições aos direitos fundamentais não expressamente autorizadas pela constituição*. Coimbra: Coimbra, 2003. p. 645 e seguintes.

aspecto temporal, topográfico e modal, ao passo que a restrição era absolutamente vedada, porque não autorizada expressamente pela norma de direito fundamental.[562]

É claro que o paradigma absolutista não era o único; se, a princípio, criou-se uma dicotomia entre absolutismo e relativismo, este último identificado no *balancing*, alternativas foram acrescentadas.

Uma abordagem alternativa ao absolutismo, a qual particularmente mereceu maior atenção na jurisprudência da Corte Suprema, foi a categorização não absolutista. A marcada diferença entre a categorização e o absolutismo mitigado está no grau de proteção conferido às posições incluídas no âmbito de proteção do direito fundamental. Ao passo que o absolutismo considerava as posições e situações delimitadas pelo direito fundamental totalmente irrestringíveis, a categorização partia de gradações na proteção conferida a essas posições e situações, conforme categoria, tipo ou modalidade de exercício do direito. Porém, essa intensidade na proteção dessas posições não era definida em função de interesses eventualmente colidentes, mas por força da própria natureza da posição em questão e o valor intrínseco a ela concedido, o que fatalmente exigia uma valoração conforme exame dos fins perseguidos ou da *raison-d'être* da norma constitucional. Por isso, definidas previamente as categorias aplicáveis das posições abrangidas pelo direito fundamental, o intérprete deveria verificar em qual delas estaria a posição em exame e, consequentemente, o grau de proteção a ela conferido, o que exigiria antes um juízo subsuntivo e não um sopesamento.[563]

Tal qual referido no Capítulo 1, a categorização é uma estratégia referida por Klatt e Meister como modelo intermédio de trunfos, ao passo que a aproximação absolutista, mesmo que mitigada, pode ser classificada como um modelo forte de trunfos. A intensidade do controle de constitucionalidade foi construída e reafirmada em precedentes que pretendiam exaurir o subjetivismo da ponderação, conforme as categorias de direito envolvidas na questão. De um modelo binário, a divisar entre um controle intenso (*strict scrutiny review*) e um controle mais deferente, preocupado apenas com a racionalidade do propósito legislativo (*rational basis review*), a jurisprudência da Suprema evoluiu para admitir um nível intermediário (*intermediate review*). Uma diferenciação na intensidade de revisão judicial fora defendida pela própria Corte na célebre nota de rodapé nº 4 do acórdão dado no precedente *Carolene Products*,[564] especialmente com a afirmação de um papel contramajoritário da Corte em prol de minorias desamparadas de influência ou voz no processo político democrático.

---

[562] NOVAIS, Jorge Reis. *As restrições aos direitos fundamentais não expressamente autorizadas pela constituição*. Coimbra: Coimbra, 2003. p. 644 e seguintes.

[563] NOVAIS, Jorge Reis. *As restrições aos direitos fundamentais não expressamente autorizadas pela constituição*. Coimbra: Coimbra, 2003. p. 668 e seguintes.

[564] *United States v. Carolene Products Co.*, 304 U.S. 144 (1938). A Suprema Corte reverteu decisão de instância inferior, considerando constitucional a proibição de venda e embarcação de produto similar a leite desnatado composto com óleo de coco. Na visão do Tribunal, que acompanhou o Juiz Stone, a proibição de venda de um produto dentro da fronteira de um Estado está na margem de competência do Congresso. Quanto ao argumento da lesão ao devido processo legal, a Corte considerou que as legislações editadas pelo Congresso se presumem constitucionais a não ser que sejam desprovidas de substrato empírico que torne a medida completamente irracional ou desarrazoada. A decisão ganhou um contorno de importância porque, na célebre nota de rodapé nº 4 do voto de Stone, admitiu-se a possibilidade de outras categorias de direitos diminuírem a margem de cobertura da presunção de constitucionalidade, como direitos previstos nos primeiros dez aditamentos, inclusive em leitura conjunta com a 14ª Emenda, mormente se em jogo estiverem específicos direitos de segmentos minoritários da população, isolados da possibilidade de terem maior participação e influência no processo político-democrático.

Essas três categorias são, em geral, utilizadas para divisar os direitos fundamentais. Nessas categorias, o grau de urgência é embutido no exame pela Suprema Corte, com investigação pelo tribunal das medidas adotadas e os seus correlativos desideratos. Em geral, pode-se enumerar os direitos que merecem o grau mais elevado de proteção pela maior ingerência da Corte no seu controle, isto é, são avaliados na categoria do *strict scrutiny*: os direitos da primeira emenda de liberdade política e de expressão, liberdade de imprensa, liberdade de reunião, livre exercício da religião, liberdade de locomoção nos limites fronteiriços dos Estados, direito ao voto, direito conferido pela *equal protection clause* para classificações suspeitas (assim consideradas as baseadas em raça ou nacionalidade do indivíduo). Nessa categoria, a restrição será justificada apenas se atender a um interesse estatal cogente, referido em expressões como *compelling state interest* ou *pressing public necessity*. A categoria submetida ao *intermediate review* compõe-se da cláusula da igual proteção para categorias quase-suspeitas (baseadas em gênero ou idade), direito de liberdade de expressão comercial, liberdade de expressão em fórum ou ambientes públicos. Para restringir algum desses direitos, a medida deve servir a um propósito governamental importante ou significativo, o que claramente representa uma atenuação no grau de proteção conferido pelo sodalício. A última categoria é aquela em que se enquadram normas legais que façam diferenciações com base em outros fatores e para o escrutínio de direitos eventualmente atalhados por legislação de conteúdo econômico-financeiro-social, em que o tribunal se contenta, para definir a constitucionalidade da legislação, em descobrir se as medidas atendem a um objetivo estatal legítimo.[565] Em verdade, pode-se mesmo formular que a categoria de máximo escrutínio era delineada com uma presunção de inconstitucionalidade, a exigir maior carga de justificação do Estado para não invalidar o diploma legal, algo que a *práxis* do Tribunal revelou ser o resultado mais comum quando submetido ao teste mais rigoroso. Inversamente proporcional, quando na ótica da última categoria, o Tribunal claramente se amparava numa presunção de constitucionalidade e dificilmente haveria a anulação das normas legais.

Particularmente, é interessante observar alguns campos nos quais a ponderação foi objeto de debate na Corte e aplicada.

Na jurisprudência da Suprema Corte dos Estados Unidos em matéria de leis estaduais que pudessem restringir o comércio interestadual, o tribunal preocupa-se em verificar se o objetivo da lei é congruente com um objetivo estatal legítimo; em segundo plano, mesmo se o objetivo estatal for legítimo, sindica-se se a regulação estatal possui impacto discriminatório entre as transações comerciais realizadas por atores privados intraestaduais comparativamente aos atores domiciliados fora do Estado respectivo. A Corte favorece uma abordagem ampla do que representaria uma discriminação e emprega um escrutínio rigoroso, praticamente fatal para a constitucionalidade da lei

---

[565] BARAK, Aharon. *Proportionality* – Constitutional rights and their limitations. Tradução de Doron Kalir. Cambridge; New York: Cambridge University Press, 2012. p. 245-302; PHILIPPE, Xavier. *Le contrôle de proportionnalité dans le jurisprudence constitutionnelle et administrative françaises*. Paris: Economica/Presses Universitaires d'Aix-Marseille, 1990. p. 32-61; ALMEIDA, Kellyne Laís Laburú Alencar de. A igualdade e a proporcionalidade – Reflexões sobre a ponderação do legislador e a ponderação do juiz nas ações afirmativas. *In*: DUARTE, David; SARLET, Ingo Wolfgang; BRANDÃO, Paulo de Tarso (Coord.). *Ponderação e proporcionalidade no Estado constitucional*. Rio de Janeiro: Lumen Juris, 2013. p. 62 e seguintes.

CAPÍTULO 2 | 215

estatal. Por fim, ainda que a medida estatal não discrimine desfavoravelmente o comércio entre Estados, pode ser anulada se o ônus a ele imposto for claramente excessivo em relação aos benefícios pretendidos, o que envolve um teste de *balancing* entre vantagens e desvantagens trazidas com a medida legal.[566]

No domínio das liberdades comunicativas introduzidas como direitos fundamentais expressos pela primeira emenda constitucional, interessante acórdão a referir é o famoso precedente *Dennis v. United States*,[567] em que membros do partido comunista não conseguiram reverter a condenação criminal por terem defendido o programa de seu partido com base no direito fundamental de liberdade de expressão. Em *Dennis*, fica nítido o embate entre os *Justices* Black e Frankfurter, este defensor da ponderação, enquanto aquele era seu feroz crítico. Na forma como se desenvolveu o debate, o *balancing* era jungido a uma posição de autocontenção e deferência com o Legislativo pela Corte, pois apenas seria possível ao tribunal invalidar a legislação que desbordasse daquilo que fosse razoável; Frankfurter, em seu voto, teceu inúmeras considerações sobre a importância da liberdade de expressão e, inclusive, permite em seu texto a interpretação de que até intimamente discordava politicamente dessa estratégia de criminalizar a opinião pró-comunismo, no entanto considerou a lei penal constitucional por entender que, salvo hipóteses manifestamente desarrazoadas, a ponderação entre os diferentes interesses é função institucional típica e adequada do Parlamento, sopesamento que deveria ser respeitado pelo Judiciário em regra. Em antagonismo ao que votara Frankfurter, Black propunha um enfoque mais literalista da primeira emenda e absolutista e rejeitava a abdicação da Corte para o Legislativo, refutando o *balancing* por desproteger os direitos fundamentais e nivelá-los a meros interesses estatais.

O ponto nodal em *Dennis* é que, em precedentes anteriores sobre a matéria, empregava-se o teste do *clear and present danger* para nortear a avaliação da Corte em casos envolvendo os direitos relativos à primeira emenda, sendo ilícita a restrição estatal à livre expressão a não ser que aquela se amparasse numa avaliação de risco social decorrente do uso dessa liberdade de modo claro e imediato. Na prática, o tribunal afastou-se desse teste e pode-se interpretar que o voto de Frankfurter foi um caminho alternativo ao teste em questão; no mínimo, o *balancing* seria um teste complementar ao *clear and present danger* para escoimar sua aplicação de modo estrito.[568]

A identificação dos defensores do *balancing* com uma postura de autocontenção e deferência do Judiciário em relação ao Legislativo, de um lado, e a dos críticos da ponderação a enfileirar a trilha do ativismo judicial, claramente percebida na gênese

---

[566] TRIBE, Laurence H. *American constitutional law*. 3. ed. New York: Foundation Press, 2000. v. 1. p. 1.049-1.068. Tribe esclarece que a retórica da deferência aqui não seria apropriada, porquanto não haveria representação adequada nos Estados que editavam a legislação restritiva ao comércio das empresas e empresários afetados com a regulação, com sede em outros Estados.

[567] *Dennis v. United States*, 341 U.S. 494 (1951). Alguns cidadãos fundaram um partido comunista nos Estados Unidos e buscavam recrutar pessoas para doutrinar sobre o comunismo. Eles foram julgados e condenados por uma lei que criminalizava a associação de pessoas para extinguir o governo federal dos Estados Unidos. A Suprema Corte manteve a condenação.

[568] NOVAIS, Jorge Reis. *As restrições aos direitos fundamentais não expressamente autorizadas pela constituição*. Coimbra: Coimbra, 2003. p. 646 e seguintes. A bem da verdade, o jurista lusitano convincentemente mostra como o teste do *clear and present danger* também envolvia uma ponderação implícita, da mesma forma que ocorria com a sedimentação das categorias dos direitos efetuada pela Corte ou mesmo em leituras absolutistas mitigadas como a de Black. Sobre as estratégias e críticas para contornar a ponderação, remete-se ao Capítulo 1.

do *balancing test* nas matérias relacionadas às liberdades comunicativas, guarda um paralelo com a jurisprudência trilhada – e depois revertida – pela Corte durante a fase que se convencionou denominar "era Lochner", na qual inúmeras leis de cunho econômico, engendradas dentro do plano de recuperação da economia *New Deal* do Presidente Roosevelt, receberam a pecha de inconstitucionalidade com base na garantia do devido processo legal. Em *Lochner*,[569] a cláusula do devido processo legal recebeu um sentido substantivo e não meramente procedimental, a ponto de determinar a não razoabilidade da restrição à liberdade de contratação conferida por lei que limitava jornada de trabalho.

Uma leitura possível de Lochner é entender que houve, de algum modo implícito, o emprego de uma forma não declarada de *balancing* na exigência da maioria dos juízes de que as restrições em decorrência do poder de polícia fossem razoáveis. A maioria do Tribunal coloca a questão de qual deveria prevalecer no caso concreto: o poder de polícia dos Estados de limitar as liberdades em prol de algum interesse público ou os direitos garantidos pela 14ª Emenda. No entanto, seria mais preciso esclarecer que não houve, a rigor, neste caso de aplicação do *due process* de matiz substantivo, uma ponderação, porquanto a posição majoritária do Tribunal rejeitou, inclusive com desconsideração de qualquer evidência empírica nesse sentido, que a medida estatal promovesse algum objetivo governamental legítimo (saúde pública, moral etc.); logo, na conclusão da maioria, o objetivo governamental não era razoável, pois a limitação da jornada de trabalho dos padeiros somente afetava sua liberdade de contratação. Em realidade, percebe-se que a Corte considerou a medida legislativa desarrazoada porque desprovida de base racional, no sentido de estar conectada à satisfação de um interesse público legítimo e, por isso, seria arbitrária.

Se essa impressão estiver correta sobre a argumentação da maioria dos juízes em *Lochner*, percebe-se na divergência, especialmente no voto do Juiz Holmes Jr., uma matriz teórico-doutrinária que fecundou o embrião do *balancing*. Isso porque a minoria defendeu a constitucionalidade da medida legal, sendo que Holmes expressamente declarou em seu voto que proposições gerais abstratas não devem decidir os casos, mas sim a intuição, em nítido alinhamento – ele é, como referido no Capítulo 1, um dos precursores – com a escola realista do direito estadunidense.

Com efeito, um ponto de partida aceitável para mostrar a diferenciação entre o *balancing test* e o princípio da proporcionalidade reside na origem dos dois padrões de escrutínio. Na Alemanha, relembre-se que a proporcionalidade veio para o resguardo de direitos num contexto de inexistência de um catálogo de direitos individuais constitucionalmente previsto, empregada no âmago do controle dos atos de polícia.

---

[569] *Lochner v. People of State of New York*, 198 U.S. 45 (1905), Disponível em: http://caselaw.lp.findlaw.com/cgi-bin/getcase.pl?court=us&vol=198&invol=45. Acesso em: 1º nov. 2011. O Tribunal estadunidense declarou nulas normas do Estado de Nova Iorque que limitavam a jornada de trabalho dos padeiros em dez horas por dia ou sessenta por semana, sob o fundamento de violação à liberdade contratual protegida pela 14ª Emenda. Segundo o voto da maioria, a Suprema Corte admitia a restrição aos direitos referidos na 14ª Emenda por meio do exercício do poder polícia conferido aos Estados, desde que o uso desse poder fosse feito de forma razoável e tivesse a finalidade de tutela do interesse público. Na hipótese julgada, a Corte entendeu não restar demonstrado o porquê seria necessário para a saúde pública ou para outro interesse público limitar a carga horária de trabalho de padeiros, de modo que a interferência na esfera de liberdade do empregador e do empregado restou não razoável, ofensiva ao *due process of law* numa acepção substantiva e não meramente procedimental.

O *balancing*, por sua vez, foi engendrado numa ordem jurídica em que havia esse catálogo de direitos fundamentais; nos Estados Unidos, a influência da escola realista preconizava o *balancing* para evitar uma leitura absolutista das normas de direitos fundamentais, em que havia base textual constitucional limitada para autorizar o Parlamento a editar restrições;[570] no caso dos direitos previstos na 1ª Emenda, como já mostrado, o dispositivo constitucional não prevê expressamente uma autorização ao Congresso de assim proceder.

No auge da Corte Lochner, os direitos fundamentais receberam uma conotação do liberalismo que praticamente inviabilizava reformas econômicas ou uma maior ingerência estatal na economia. Ao contrário do princípio da proporcionalidade, que foi desenvolvido pela doutrina e jurisprudência administrativa das cortes tedescas dentro de um esquema formalista prevalecente naquela latitude, o realismo nos Estados Unidos, fortemente influenciado pela escola alemã do direito livre fermentada no âmbito do direito privado, defendia a naturalidade de os juízes terem de, no seu ofício, realizar ponderações para resolver conflitos entre os diferentes interesses, com o exame comparativo entre as vantagens e as desvantagens trazidas ao interesse público pela medida legal.[571]

É aqui onde o paralelo entre o julgado de *Lochner* pode ser traçado com aquilo decidido em *Dennis*: a concepção da ponderação de interesses subentendida na posição realista do Juiz Holmes, a qual não prevaleceu em *Lochner*, igualmente caminhava para uma deferência ao Legislativo e autocontenção do Tribunal como ocorreu com o esboço do *balancing test* de *Dennis* feito pelo Juiz Frankfurter.

Uma decorrência da percepção de uma cultura de autoridade predominante em solo estadunidense, enquanto que a Europa em geral privilegia uma cultura de justificação, está na verificação do foco principal do escrutínio dos sistemas constitucionais. Enquanto na Europa em geral o sistema constitucional de cada país aceita a avaliação do impacto, com viés, portanto, consequencialista, o sistema estadunidense é mais preocupado com a intenção governamental. Na Alemanha e na Europa, onde se radicou o modelo de controle abstrato de constitucionalidade em geral, busca-se uma otimização ou maximização de direitos e interesses, de sorte que não há, a princípio, uma desconfiança preconcebida da atuação estatal. Logo, mais do que estabelecer limites para a atuação estatal, o olhar concentra-se nas consequências trazidas pelas medidas legais aos direitos fundamentais. No sistema estadunidense, a atuação do Judiciário volta-se mais a perquirir a intenção da medida legal, pois escopos espúrios não seriam tolerados a despeito dos benefícios que eventualmente trouxessem a outros interesses e direitos. Num pano de fundo moral, seria possível até contrapor uma ética deontológica

---

[570] COHEN-ELIYA, Moshe; PORAT, Iddo. American balancing and German proportionality: the historical origins. *International Journal of Constitutional Law*, v. 8, n. 2, p. 263-286, 2010. p. 263-284; COHEN-ELIYA, Moshe; PORAT, Iddo. *Proportionality and constitutional culture*. Cambridge/New York: Cambridge University Press, 2013. p. 24-43.

[571] COHEN-ELIYA, Moshe; PORAT, Iddo. *Proportionality and constitutional culture*. Cambridge/New York: Cambridge University Press, 2013. p. 24-43; COHEN-ELIYA, Moshe; PORAT, Iddo. American balancing and German proportionality: the historical origins. *International Journal of Constitutional Law*, v. 8, n. 2, p. 263-286, 2010. p. 263-284. Se a gênese da proporcionalidade se deu no campo do direito público, o *balancing* apareceu nos Estados Unidos no domínio do direito privado. Os juristas classificam que a decisão da maioria em Lochner foi formalista, porque aplicou uma dedução da definição de liberdade, desconsiderando o contexto social. Sobre a escola realista, conferir o Capítulo 1.

a nortear o sistema constitucional estadunidense, ao passo que o sistema constitucional dos países europeus em geral tenderia a privilegiar uma ética teleológica.[572]

Nesse diapasão, torna-se perceptível que o sistema jurídico-constitucional estadunidense tenha mais resistência ao uso aberto da ponderação porque a própria conformação de democracia majoritária ou representativa que lá impera coaduna-se com a visão liberal dos direitos como interesses substanciais individuais que efetivamente bloqueiam a ação estatal de afetá-los em favor de interesses públicos ou coletivos. Essa visão dos direitos como trunfos parece ser mais confortável com uma posição de categorização dos direitos.

Se a origem histórica dos testes de proporcionalidade e do *balancing* mostra uma diferenciação histórico-cultural entre os dois padrões, é tempo de verificar a estruturação desses dois testes. Cohen-Elyia e Iddo Porat defendem que as diferenças analíticas normalmente comentadas entre proporcionalidade e *balancing* não são substanciais. Na opinião desses juristas, o parâmetro comparativo adequado não pode ser entre o princípio da proporcionalidade em amplo sentido, a abranger os três subtestes (idoneidade, necessidade e proporcionalidade em sentido estrito), e o *balancing*, mas apenas entre o último subteste (proporcionalidade em sentido estrito) e a ponderação do *balancing*. Afinal, prosseguem os autores, uma concepção ampla de *balancing* poderia incluir testes similares; sem embargo, o teste de idoneidade é realizado independentemente da categoria de escrutínio ativada no caso a ser julgado, ao passo que há um teste autônomo de meios menos restritivos divisado em algumas das categorias de escrutínio. Encerram com o argumento de que os subtestes de idoneidade e necessidade pouco resolvem e a maioria dos casos termina por incidir na proporcionalidade em sentido estrito.[573]

Com relação ao argumento final, da pouca importância dos testes de idoneidade e necessidade, remete-se ao que já adiantado nos itens 2.2.1 e 2.2.2, pois também Tsakyrakis fazia crítica idêntica; porém, não se pode simplesmente desconsiderar qualquer ganho de racionalidade e transparência que a estrutura analítica propicie. Igualmente quanto ao argumento de que é possível estruturar o *balancing* de modo a encorpar esses dois subtestes já existentes no princípio da proporcionalidade, retorna-se ao comentário feito naqueles subitens (2.2.1 e 2.2.2), tendo em vista que isso sim é possível de ser feito. Porém, a encampação desses subtestes fatalmente propiciaria o nivelamento e assimilação dos padrões, a ponto de não existir diferença significativa entre eles. Aliás, em algumas categorizações de direitos fundamentais formulada pela jurisprudência da Suprema Corte, exige-se mesmo um teste de meios menos restritivos ao direito fundamental ou, em casos referentes à cláusula do comércio interestadual, de opções disponíveis não discriminatórias –[574] similar ao teste de necessidade. Todavia, vislumbra-se, por um lado, que esse teste não é adotado em toda e qualquer categorização e, por outro lado, parece

---

[572] COHEN-ELIYA, Moshe; PORAT, Iddo. *Proportionality and constitutional culture*. Cambridge/New York: Cambridge University Press, 2013. p. 64-81; COHEN-ELIYA, Moshe; PORAT, Iddo. American balancing and German proportionality: the historical origins. *International Journal of Constitutional Law*, v. 8, n. 2, p. 263-286, 2010. p. 263-270.

[573] COHEN-ELIYA, Moshe; PORAT, Iddo. *Proportionality and constitutional culture*. Cambridge/New York: Cambridge University Press, 2013. p. 10-23.

[574] Tribe mesmo admitia que o teste do meio menos discriminatório seria comparável ao teste de medida menos restritiva utilizado em algumas categorias de direitos fundamentais (TRIBE, Laurence H. *American constitutional law*. 3. ed. New York: Foundation Press, 2000. v. 1. p. 1.059).

existir uma autonomia entre esses testes, o que significa que nem sempre que se utilizou o *balancing* tenha também sido empregado, como etapa analítica adrede à ponderação, um teste de necessidade. Caso essa impressão esteja correta, a despeito de o *balancing* evoluir ou de convergir-se em modo de raciocínio idêntico ao adotado no princípio da proporcionalidade, é possível ainda advogar que o princípio da proporcionalidade oferece uma melhor estruturação, que permite alcançar uma maior racionalidade nas decisões quando se compara isoladamente com o teste do *balancing*.

No entanto, também se salienta que, tal qual ocorre com o teste de Wednesbury, parece existir mesmo uma tendência de convergência e aproximação entre os testes de proporcionalidade e *balancing*, a superar as distinções histórico-cultural-finalísticas, fruto da expansão do movimento global do constitucionalismo no qual os direitos fundamentais recebem uma importância cimeira na ordem jurídica, o que permite um maior apoderamento das instâncias judiciárias, com uma gama maior de competências acrescidas, inclusive a adentrar em zonas antes consideradas de competência exclusiva dos outros poderes. Ora, a proporcionalidade foi transplantada do direito administrativo ao direito constitucional, o que trouxe um efeito indiscutível de ser utilizada para restringir ou limitar direitos fundamentais, ao passo que o *balancing*, ligado na gênese a uma posição de maior autocontenção na arena político-estatal, foi aos poucos recebendo um contorno de ativismo judicial. Portanto, é, de algum modo, correta a assertiva de Katrougalos e Akouminiaki de existir uma espécie de "osmose conceitual" entre proporcionalidade, razoabilidade e *balancing*, constatável pela cada vez mais indisfarçável necessidade ponderativa comum aos diferentes sistemas de jurisdição constitucional.[575]

Sem embargo de toda essa constatação, é preciso destacar que a categorização empregada pela jurisprudência estadunidense não é incompatível, necessariamente, com a aplicação do princípio da proporcionalidade e pode oferecer um acréscimo de racionalidade argumentativa e coerência sistêmica não desprezível. Evidentemente, dentro dos limites intrínsecos de racionalidade de qualquer método ponderativo, a categorização da jurisprudência consoante o tipo de direito fundamental em exame, a seleção de padrões de controle, a formulação de regras gerais que nortearão ponderações futuras e vincularão os juízes, salvo se o órgão judicial satisfizer um ônus elevado de argumentação, são meios de aumentar a previsibilidade do sistema. Para a modificação dessas ponderações futuras, não bastará apenas o preenchimento de qualquer ônus argumentativo, porém é preciso incutir a necessidade de que seja superado um limiar epistêmico que favorece a manutenção da jurisprudência.[576] Em suma, na terminologia de Laura Clérico, pode-se mencionar que haveria criação de regras-resultado da ponderação, com o estabelecimento de uma vinculação *prima facie* das instâncias judiciais à manutenção dessas regras ponderativas, as quais poderiam ser aplicadas muitas vezes mediante a subsunção, sem ser preciso ingressar em outra ponderação, algo factível

---

[575] KATROUGALOS, Georges; AKOUMIANAKI, Daphne. *L'application du principe de proportionnalité dans le champ des droits sociaux*. Disponível em: www.juridicas.unam.mx/wccl/ponencias/9/155.pdf. Acesso em: 12 jan. 2011. p. 26-28.

[576] NOVAIS, Jorge Reis. *As restrições aos direitos fundamentais não expressamente autorizadas pela constituição*. Coimbra: Coimbra, 2003. p. 908-951. Sobre limiar epistêmico, remete-se ao Capítulo 1.

dentro de um marco estável da prática constitucional, o que possibilitaria a formação de uma rede dessas regras.[577]

2.3 A justificação jurídico-positiva do princípio da proporcionalidade

Como foi comentado no subitem anterior, o princípio da proporcionalidade foi alçado ao patamar constitucional por obra da jurisprudência do Tribunal Constitucional Federal alemão. É importante frisar, como já explicado, que a posição daquela corte foi efetuada numa ordem jurídica em que não estava a norma de proporcionalidade prevista de modo expresso. Num primeiro momento, não se preocupou o areópago alemão em apresentar uma justificação constitucional do princípio, porém, em acórdãos posteriores, a fundamentação jurídica dada era a de derivação da proporcionalidade do princípio do Estado de Direito e da própria substância dos direitos fundamentais como limites ao poder estatal, inclusive do legislador.

Tal como ocorreu na Alemanha, a encampação do princípio de proporcionalidade nos outros sistemas jurídicos também soeu ser acompanhada da ausência de dispositivos normativos explícitos que cristalizassem a norma de controle, forjando o que já foi denominado paradoxal onipresença do princípio da proporcionalidade.[578]

Encontrar a fundamentação jurídico-positiva do princípio da proporcionalidade implica analisar distintos sistemas jurídicos, as normas componentes desses arcabouços e a prática jurisprudencial correspondente. O objetivo deste item, todavia, não é um estudo comparativo entre diferentes sistemas e jurisdições constitucionais e de direito internacional. Modestamente, o que se almeja aqui é realizar um percurso ligeiro por alguns sistemas em que a proporcionalidade é reconhecida e verificar o fundamento jurídico-positivo da sua aplicação.

Entende-se que a tarefa ganha importância especialmente onde não há base textual para a aplicação da proporcionalidade. Afinal, já foi destacada a tendência expansiva do movimento constitucional nos sistemas jurídicos. Verificar como o princípio da proporcionalidade vem sendo empregado na prática e qual o fundamento jurídico-positivo invocado pode descortinar algumas congruências teórico-normativas que permitam erigir um novo tipo de justificação: uma justificação teórico-normativa que penda pela adoção do princípio da proporcionalidade. Enquanto a justificação jurídico-positiva depara-se com as normas jurídicas que autorizam o uso da proporcionalidade, de origem legislativa ou judiciária,[579] a justificação teórico-normativa consiste na apresentação de

---

[577] CLÉRICO, Laura. *El examen de proporcionalidad en el derecho constitucional*. Buenos Aires: Facultad de Derecho de Buenos Aires/Eudeba, 2009. Serie Tesis. p. 163-318. Com alguma semelhança, a tese de Barak da criação de regras intermediárias de ponderação BARAK, Aharon. *Proportionality* – Constitutional rights and their limitations. Tradução de Doron Kalir. Cambridge; New York: Cambridge University Press, 2012. p. 528-547. Ver, ainda, BERNAL PULIDO, Carlos. La racionalidad de la ponderación. *Revista Española de Derecho Constitucional*, n. 77, p. 51-75, maio/ago. 2006. p. 73-74.

[578] BOUSTA, Rhita. La "spécifité" du contrôle constitutionnel français de proportionnalité. *Revue Internationale de Droit Comparé*, v. 4, p. 859-877, 2007. p. 860.

[579] Caso haja a consolidação de um costume judicial que incorpore o critério de proporcionalidade como método decisório, ainda que não haja base normativa de índole legislativa. A respeito da incorporação de normas pelas instituições primárias no sistema jurídico, remete-se ao capítulo precedente. Em certo sentido contrário ao proposto no texto, sob o argumento de uma quase superfluidade de uma justificação constitucional do princípio

argumentos racionais para o emprego do princípio da proporcionalidade na atividade judicante, o que motiva um exame das vantagens do princípio em comento, bem como das próprias justificativas jurídico-positivas lançadas para a defesa da aplicação da proporcionalidade.

No que tange à justificação teórico-normativa, haverá alguma sobreposição das ideias lançadas com aquelas esgrimidas na refutação das críticas dirigidas à ponderação. Sem embargo, reputa-se que é preciso, ao menos, retomar alguns pontos daquelas ideias, de sorte a permitir uma sistematização mais precisa da tese, sem prejuízo de, naquilo que se repetir, abreviar-se o discurso.

Haja vista que uma extensa pesquisa empírica não seria recomendável, inclusive porque extrapola o escopo da tese, o norte condutor da seleção dos sistemas a serem analisados é, primeiro, a aplicação do princípio da proporcionalidade e, segundo, a reconhecida importância desses sistemas nos teóricos que examinaram o princípio da proporcionalidade e, terceiro, a explícita preocupação de limitar a pesquisa a sistemas que prevejam direitos fundamentais, com uma única ressalva: incluiu-se aqui a miragem sobre o sistema de direitos humanos da Convenção Europeia de Proteção aos Direitos do Homem e das Liberdades Fundamentais. A motivação para essa escolha está na constatação da notável importância desse sistema na tutela dos direitos humanos por um lado e também nas similaridades com o regime constitucional de um Estado nacional marcado pela jurisdição constitucional de direitos fundamentais, em que pese a inegável singularidade de, por ser uma jurisdição internacional, a Corte ter desenvolvido a doutrina da margem de apreciação para outorgar maior margem política de restrição/limitação dos direitos aos Estados nacionais naqueles assuntos em que sentisse que lhe faltava a sensibilidade para compreender em toda a amplitude as circunstâncias do caso.[580]

2.3.1 Sistema da Convenção Europeia de Proteção aos Direitos do Homem e das Liberdades Fundamentais

A Convenção Europeia de Proteção aos Direitos do Homem e das Liberdades Fundamentais é uma convenção internacional aprovada em 1950 pelo então recém-criado Conselho da Europa,[581] talvez a mais impactante convenção celebrada sob sua responsabilidade. Permeava a construção do texto internacional um contexto de final de Segunda Guerra, com o anseio de romper com o paradigma anterior e dar uma tônica de zelo da comunidade europeia com os direitos humanos e estreitamento, consolidação, conciliação, integração e expansão dos valores partilhados pelos países signatários,

---

da "proibição do excesso" por força da sua onipresença na linguagem constitucional, NOVAIS, Jorge Reis. *Os princípios constitucionais estruturantes da república portuguesa*. reimpr. Coimbra: Coimbra Editora, 2011. p. 161.

[580] Sobre a margem de apreciação usada pela Corte Europeia, menciona-se, entre tantos, PIRKER, Benedikt. *Proportionality analysis and models of judicial review* – A theoretical and comparative study. Groningen: Europa Law Review, 2013. p. 187-232.

[581] Remete-se para DUARTE, Maria Luísa. O Conselho da Europa. *In*: DUARTE, Maria Luísa. *Estudos de direito da União e das comunidades europeias*. Coimbra: Coimbra Editora, 2006. v. II. p. 147-164, a fim de maiores pormenores sobre a criação, origem, funções, objetivos e estrutura do Conselho da Europa. A propósito, algumas observações trazidas e alguns acórdãos referidos neste tópico foram, com distintos foco e abordagem, objeto do estudo em ALMEIDA, Luiz Antônio Freitas de. O núcleo mínimo dos direitos à educação e à instrução e o papel das Cortes africana e europeia de direitos do homem na sua garantia. *In*: ALEXANDRINO, José de Melo (Coord.). *Os direitos humanos em África*. Coimbra: Coimbra Editora, 2011. p. 275-299.

o que seria possível por meio de um tribunal independente.[582] Assim, o anseio de escudar-se contra ressurgimento de totalitarismos também mirava a crescente tensão da Guerra Fria latente na divisão do mundo em dois grandes blocos político-econômicos (capitalismo e comunismo).[583]

No preâmbulo da Convenção, os integrantes do Conselho da Europa ratificam a imperiosidade de assegurar uma observância e efetivação dos direitos humanos nela estatuídos, com o reconhecimento de que direitos e liberdades fundamentais ali dispostos são a fundação da justiça, paz e herança cultural comum de tradições políticas, de liberdade, de ideais e de Estado de Direito. Complementada pelos protocolos, alberga um conjunto de direitos humanos, predominantemente de direitos civis e políticos, a refletir a influência do modelo liberal ocidental de maior aceitação e consenso nos países fundadores do Conselho da Europa.[584]

As normas consagradas na Convenção Europeia já tinham considerável relevância no sistema de direito comunitário da União Europeia por força da jurisprudência do Tribunal de Justiça da União Europeia[585] e, com a estipulação do Tratado da União Europeia do art. 6º, 3, são reconhecidas como princípios gerais do direito comunitário ou da União Europeia. Aliás, a própria Carta de Direitos Fundamentais da União Europeia, que prevê o princípio da proporcionalidade em suas normas, hoje tem força positiva vinculante por força do art. 6º, 1, do Tratado da União Europeia, com a entrada em vigor em função do Tratado de Lisboa de dezembro de 2009, o que viabiliza a defesa de um "triângulo judicial europeu" formado por cortes nacionais, Corte Europeia de Direitos do Homem e Tribunal de Justiça da União Europeia.[586]

---

[582] DUARTE, Maria Luísa. A Convenção Europeia dos Direitos do Homem – A matriz europeia de garantia dos direitos fundamentais. *In*: DUARTE, Maria Luísa. *Estudos de direito da União e das comunidades europeias* – Natureza e meios de tutela. Coimbra: Coimbra Editora, 2006. p. 165-168; PIOVESAN, Flávia. *Direitos humanos e justiça internacional* – Um estudo comparativo dos sistemas regionais europeu, interamericano e africano. São Paulo: Saraiva, 2007. p. 63-64; GASPAR, António Henriques. Proteção internacional dos direitos humanos – Sistema da convenção europeia. *Sub Judice*, n. 28, p. 44-46, abr./set. 2004. p. 44-46. A primeira jurista lembra que o embrião da Convenção é o Congresso de Haia de 1948, com apresentação de moção que previa a criação de um tribunal com independência, competente para apreciar questões relativas a direitos humanos. A tutela judicial é lembrada pelo último autor como uma das razões para o êxito da Convenção.

[583] PIRKER, Benedikt. *Proportionality analysis and models of judicial review* – A theoretical and comparative study. Groningen: Europa Law Review, 2013. p. 187 e seguintes.

[584] BROWNLIE, Ian. *Princípios de direito internacional público*. Tradução de Maria Manuela Farrajota *et alli*. Lisboa: Fundação Calouste Gulbenkian, 1997. p. 597-600. Não obstante, a jurisprudência da Corte também interpreta esses direitos como a gerar obrigações positivas.

[585] DUARTE, Maria Luísa. A União Europeia e os direitos fundamentais – métodos de proteção. *Boletim da Faculdade de Direito da Universidade de Coimbra Portugal-Brasil*, ano 2000, p. 27-49, 1999. p. 38-39.

[586] DUARTE, Maria Luísa. O direito da União Europeia e o direito europeu dos direitos do homem – Uma defesa do 'triângulo judicial europeu'. *In*: DUARTE, Maria Luísa. *Estudos de direito da União e das comunidades europeias*. Coimbra: Coimbra Editora, 2006. v. II. p. 205-236. Com efeito, depois da vigência do Tratado de Lisboa e do protocolo 14 da Convenção Europeia, gerou-se a possibilidade de a União Europeia, agora com personalidade jurídica, aceder à Convenção Europeia de Direitos do Homem, bastando a ratificação e depósito da Convenção pelo órgão representativo da União. Sem embargo, como se defende no texto, em função de o Tratado da União Europeia, na redação dada pelo Tratado de Lisboa, prever expressamente no art. 6º, 2, que a União adere à Convenção Europeia no art. 6º – e não que poderá aderir –, põe-se que a Corte Europeia de Direitos do Homem possa dispensar a formalidade do depósito da ratificação, na finalidade de efetuar esse controle dos atos da União Europeia. No sentido defendido no corpo da tese, sem mencionar a necessidade de ratificação ao sustentar que a União está já aderida à Convenção Europeia pela redação do art. 6º, 2, do Tratado da União Europeia, remete-se a SAUTER, Wolf. Proportionality in EU Law: A balancing act? *In*: BARNARD, Catherine; LLORENS, Albertina Albors; GEHRING, Marcus; SCHÜTZE, Robert. *The Cambridge Yearbook of European Legal Studies*. Oxford; Portland:

CAPÍTULO 2
O PRINCÍPIO DA PROPORCIONALIDADE NA PROTEÇÃO CONTRA INSUFICIÊNCIA ESTATAL: A ESTRUTURAÇÃO DA PONDERAÇÃO NA TUTELA... | 223

Normalmente, aponta-se a diferente opção seguida pelo "legislador convencional" da Convenção Europeia em relação ao modelo da Declaração Universal de Direitos Humanos, que previu uma cláusula geral de limitação/restrição dos direitos humanos no art. 29º, 2.[587] Rivers destaca que a Convenção não previu nenhuma cláusula geral de limitação, pois o "legislador convencional" preferiu o arquétipo de limitações/restrições específicas, declaradas na mesma seção que previa cada um dos direitos, especialmente nos arts. 8º a 11.[588] Apenas alguns direitos, como o direito de não ser torturado nem objeto de penas ou tratamentos desumanos ou degradantes (art. 3º), não figuraram com uma cláusula específica de limitação/restrição. Não obstante, a despeito de o art. 18 da Convenção apoiar essa inferência, a interpretação do dispositivo do art. 17 da Convenção autoriza concluir que ao menos uma cláusula geral de restrição/limitação foi engendrada: a proibição de medidas estatais que visem à "destruição" dos direitos e liberdades. A rigor, um paralelo com a cláusula geral do conteúdo essencial do art. 19, 2, da Constituição alemã, é possível de ser traçado.

Em nenhum dos dispositivos constantes da Convenção está presente alguma redação que consagre uma norma explícita de proporcionalidade. O que existe de base textual são justamente as cláusulas específicas de restrição, cujo texto faz referência aos atos dos Estados-Membros que impactem negativamente os direitos contanto que sejam necessários para a promoção de alguns bens coletivos, entre os ditames de uma sociedade democrática.[589]

Se não há base textual indisputável na Convenção – o termo "necessárias" do enunciado poderia ser interpretado para incluir apenas um teste de ausência de meios alternativos menos lesivos –, a Corte Europeia de Direitos do Homem tem, não obstante, incorporado o teste de proporcionalidade ou *fair balance* para escrutinar medidas dos Estados que, de algum modo, possam restringir ou limitar os direitos estampados na Convenção. Djik e Hoof sugerem que, sem menosprezar a Convenção de Viena sobre a interpretação dos tratados internacionais, a Corte reconhece outros cânones interpretativos das normas convencionais:[590] i) efetividade, a fim de que se dê um sentido efetivo à interpretação dos direitos, sem deixá-los cair em retórica ilusória, o que ampara, inclusive, uma interpretação ampla de conteúdo e fim do direito e uma interpretação mais acanhada das normas restritivas; ii) interpretação evolutiva, em que

---

Hart Publishing, 2012-2013. v. 15. p. 443-444; PRATO, Enrico Del. Ragionevolezza e bilanciamento. *Rivista di Diritto Civile*, n. 1, p. 23-39, jan./fev. 2010. p. 37.

[587] O dispositivo do art. 21, 1, da Declaração Universal dos Direitos Humanos estipula que todo o ser humano possui deveres e que é dentro de uma comunidade onde desenvolve plenamente sua personalidade, o que seguramente evita leituras individualistas ao extremo. No item subsequente, estipula como limites/restrições aos direitos humanos os que forem impostos por lei editada na finalidade exclusiva de respeitar os direitos de terceiros, de satisfazer exigências impostas pela moral, ordem pública e do bem-estar numa sociedade democrática.

[588] RIVERS, Julian. Proportionality and variable intensity of review. *Cambridge Law Journal*, v. 65, n. 1, p. 174-207, mar. 2006. p. 174.

[589] SARTOR, Giovanni. Doing justice to rights and values: teleological reasoning and proportionality. *Artificial Intelligence and Law*, v. 18, p. 175-215, 2010. p. 203 e seguintes. O jurista fala de dois sentidos de necessidade, um que funcionaria como um ótimo de Pareto, a segunda subetapa da proporcionalidade, a afastar qualquer juízo ponderativo, e um segundo sentido de necessidade, tal como interpretado pela Corte Europeia, a conclamar uma ponderação.

[590] DJIK, P. van; HOOF, G. J. H. van. *Theory and pratice of the European Convention on Human Rights*. 3. ed. The Hague: Kluwer Law International, 1998. p. 71-81. No mesmo diapasão, PIRKER, Benedikt. *Proportionality analysis and models of judicial review* – A theoretical and comparative study. Groningen: Europa Law Review, 2013. p. 187-232.

a Corte reconhece ser a Convenção um instrumento cambiante, com atualização de sentidos conforme as condições socioeconômicas presentes, o que, como contrapartida, confere menor importância para a interpretação dos sentidos históricos;[591] iii) princípio de proporcionalidade, que invoca um sopesamento entre interesses coletivos e direitos individuais em choque, com lugar especial no exame das limitações/restrições dos direitos e na avaliação de medidas discriminatórias. A esses três cânones, é viável incluir seguramente o da unidade sistêmica, haja vista que, em vários precedentes, a Corte não se furta de dizer que a Convenção deve ser interpretada como um todo coerente.

No caso relativo às questões das leis de linguagem na Bélgica,[592] de 1968, que versavam sobre o direito à instrução, incluído pelo protocolo adicional, a Corte decidiu que leis da Bélgica – país com três línguas oficiais, holandês, francês e alemão – que limitavam o acesso de crianças de origem francófona a escolas especiais de língua francesa, com base na sua residência, representavam violação do direito à instrução em concurso com o direito de não discriminação do art. 14 da Convenção, embora, por unanimidade, tenha rejeitado as demais alegações dos autores, considerando não ter sido ofendida a norma de proporcionalidade. No entendimento do Tribunal Europeu de Direitos do Homem, o direito à instrução não resulta em obrigação de o Estado estabelecer ou subsidiar instrução de qualquer tipo ou nível em particular. Contudo, obtempera sua inferência com o pensamento de que não se pode concluir que não cabe ao Estado nenhuma obrigação positiva em relação a esse direito. Outrossim, a Corte de algum modo conecta o princípio de proporcionalidade com a proibição de tratamento discriminatório e, por suposto, a igualdade, ao ditar que o direito à instrução demanda regulação pelo Estado, a qual pode variar conforme tempo, lugar e de acordo com as necessidades e recursos da comunidade ou dos indivíduos, porém é vedado aos Estados, sob pretexto de regular, lesar a essência do direito à instrução ou colidir com outros direitos assegurados na Convenção; nesse desiderato, admite-se uma diferenciação que tenha por azo atingir escopos legítimos e objetivos, cuja legitimidade depende de passar no exame de proporcionalidade, o que não caracteriza discriminação. Embora a linha de conhecimento dos casos pela Corte seja individual, o Tribunal levanta *en passant* ponto interessante ao argumentar que é viável que, conforme o caso concreto, algumas medidas consideradas proporcionais não o sejam particularmente – o Tribunal deliberava sobre leis que submetiam a homologação ou reconhecimento dos diplomas dos alunos que frequentassem escolas secundaristas francófonas a um teste a ser aplicado por um órgão

---

[591] Percebe-se aqui similaridade com o que foi defendido no primeiro capítulo, a negar uma maior autoridade da História para determinar o sentido do texto. Remete-se ao Capítulo 1.

[592] *Applications* n°s 1.474/62, 1.677/62, 1.769/63, 1.994/63, 2.126/64, caso formulado contra a Bélgica. Neste acórdão, ao contrário até do que constou do texto, o Tribunal Europeu deu larga importância aos trabalhos preparatórios, pois anotou que, à época do protocolo, todos os países signatários possuíam um sistema de ensino oficial, com o realce de que não foi objetivo da Convenção exigir dos Estados o estabelecimento de tal sistema, o que já era uma realidade, mas de apenas garantir o direito, em princípio, de as pessoas valerem-se dos meios de instrução existentes em determinado momento. Nos dizeres da decisão do Tribunal, a Convenção não especifica nenhuma obrigação sobre a extensão e a maneira de organização ou financiamento desse sistema de ensino nem linguagem a ser usada no processo educativo, conquanto se possa deduzir que se deve assegurar a educação na língua oficial do país. Finalmente, a Corte decide que o direito à instrução garante o acesso às instituições de ensino existentes em determinado momento e que deve representar efetivo benefício ao seu titular, com a possibilidade de receber o reconhecimento oficial dos estudos completados, conforme regras internas de cada Estado. Sobre a liberdade paterna disposta na segunda parte do artigo, a Corte aportou que os Estados não estão obrigados a respeitar uma preferência linguística dos pais.

administrativo central. O intuito detectado pela Corte era, na sua avaliação, legítimo e não discriminatório: promover a unidade linguística da região belga de idioma holandês. O Tribunal considerou as exigências proporcionais e não discriminatórias, ao menos com ótica nas circunstâncias dos casos concretos examinados. O traslado da questão para a jurisdição constitucional levanta uma possível diferenciação da intensidade de escrutínio a depender da abstração ou concretude da fiscalização de constitucionalidade.

Podem-se mencionar outros precedentes interessantes em que o teste de proporcionalidade foi empregado.

No caso *Otto-Preminger-Institut*,[593] de 1994, deliberou-se sobre a questão de um conflito entre a liberdade de expressão e a proteção do sentimento religioso. O Tribunal Europeu declarou que as medidas adotadas por autoridades austríacas de apreensão e confisco de um filme que satirizava a fé católica eram "necessárias" numa sociedade democrática. Conforme o texto do art. 10 da Convenção, o qual trata da liberdade de expressão, as limitações ou restrições do direito humano à livre expressão podem ser estipuladas se previstas em lei, porém com a finalidade de segurança nacional, integridade territorial e segurança pública, prevenção de desordem ou crime, proteção da saúde e da moral, da reputação ou de direitos de outros, prevenção da violação de segredo ou para manter autoridade e imparcialidade do Judiciário. A Corte examinou o caso de modo analítico, verificando se o fim perseguido pelo Estado austríaco – a proteção do sentimento religioso – era legítimo, cuja resposta foi positiva. Em seguida, a Corte salientou a importância da liberdade de expressão, a qual é interpretada também como liberdade para discursos que choquem ou perturbem, os quais devem ser permitidos em nome do pluralismo e da tolerância; porém, em nome desse mesmo pluralismo e em proteção à liberdade e direitos de terceiros, é possível restringir o uso dessa liberdade quando a expressão pretendida fosse gratuitamente ofensiva ou lesiva a direitos de terceiros, o que não contribuiria para o debate público. No contexto de alguns países, seria possível que o sentimento religioso fosse objeto dessa proteção e seria possível impor restrições à livre expressão para prevenir ataques impróprios a objetos de veneração religiosa, desde que a sanção ou medida restritiva fosse proporcional aos fins buscados pelo Estado. Igualou o sentimento religioso à moral, salientando não

---

[593] *Application* nº 13.470/87, Otto-Preminger-Institut contra Áustria. A Corte decidiu, por seis votos a três, que não houve extrapolação pelas autoridades austríacas da sua margem de apreciação nas sanções de apreensão e confisco de um filme considerado ofensivo ao sentimento religioso católico. O filme, dirigido por Werner Schroeter em 1981, baseia-se numa peça escrita por Oskar Panizza, denominada *Das Liebskonzil*, publicada em 1894. Panizza foi condenado por uma corte de Munique por crime contra a religião e a peça banida da Alemanha. O filme inicia e termina com cenas que representariam o julgamento de Panizza, ao passo que essas cenas são intermediadas com a representação da peça feita no teatro Belli em Roma. Na peça, retrata-se Deus como um velho caduco, Jesus Cristo como um mimado de baixa inteligência e a virgem Maria como uma depravada. A tríade decide punir a raça humana por imoralidade, mas queria um castigo que permitisse a redenção e infligisse a necessidade de salvação. Sem ideias, aconselham-se com o Diabo, o qual sugere uma doença sexualmente transmissível (os sintomas descritos assemelham-se a sífilis). Para tanto, o demônio concebe uma filha com Salomé, a qual se encarrega de ser o vetor de transmissão, a começar pelos poderosos politicamente, seguidos da corte papal e seu corpo religioso, conventos e monastérios até chegar às pessoas comuns. Em algumas cenas, há imagens nitidamente provocativas à fé cristã: i) sugere-se uma tensão sexual entre o Diabo e Maria; ii) Deus é visto chamando o Diabo de seu amigo e a trocar beijos com ele; iii) Jesus acaricia e beija o seio materno de um modo lascivo; iv) Deus, Jesus e Maria aplaudem o Diabo. Os votos minoritários negaram que a proteção do sentimento religioso seja um direito dedutível do direito à liberdade religiosa, conquanto não tenha reputado o fim escolhido como ilegítimo. Porém, a posição divergente considerou que a apreensão e confisco não eram medidas necessárias, porquanto havia meios menos intrusivos ao direito humano em debate.

ser possível uma definição compreensiva do que seja uma interferência no sentimento religioso, a outorgar uma margem de apreciação aos Estados, a qual varia caso a caso. Não obstante, asseverou que, diante da importância da liberdade de expressão, o escrutínio deveria ser intenso: a necessidade de restrição deve ser convincentemente estabelecida (maior ônus de argumentação para os Estados).

No caso *Leyla Sahin*,[594] de 2005, a Corte reiterou que os direitos à instrução e de liberdade religiosa não são absolutos e podem ser objeto de restrições, conforme margem de apreciação pertencente aos Estados. Mas a licitude das restrições depende da legitimidade dos fins ansiados e da aprovação das medidas no exame de proporcionalidade.

Nos casos *D.H.*,[595] de 2007, e *Orsus*,[596] de 2010, que tratavam sobre segregação discriminatória no sistema escolar de crianças da etnia Roma, a Corte examinou as obrigações positivas adotadas pelos Estados e decorrentes do direito à instrução, acoplado com o direito de não discriminação. Embora reconhecesse significantes passos e medidas realizados pelos governos de combate às desigualdades econômicas e sociais da minoria cigana, declarou violada a Convenção Europeia no direito à instrução e no direito à não discriminação, marcadamente a reconhecer uma discriminação de fato ou indireta.[597] Ancorada na percepção de que o currículo das escolas e salas especiais, preenchidas basicamente por crianças ciganas, era inferior ao das escolas e salas regulares, a Corte assentou que existiu injustificável prejuízo ao desenvolvimento intelectual e pessoal dessas crianças, a resultar na perda da oportunidade de interação com crianças estranhas ao seu grupo étnico. Havia uma desproporcionalidade nas medidas adotadas pelos governos que não estavam sob sua margem de apreciação, pois falhavam em enfrentar suficientemente as especiais necessidades de minorias hipossuficientes, de modo a auxiliá-las a desenvolverem habilidades que facilitassem sua evolução para escolas e salas regulares e a integração com a população majoritária. Com isso, posicionou-se a

---

[594] *Application* nº 44.774/98, Leyla Sahin contra Turquia. A Corte decidiu, por dezesseis votos a um, que não houve violação do direito à instrução na proibição de uso de véu islâmico pela instituição de ensino superior. O caso versava sobre o direito à instrução e no acórdão o Tribunal Europeu rememorou os princípios da efetividade na interpretação e aplicação das normas da Convenção e que o documento era um "instrumento vivo", lido e entendido dentro das condições do presente. Preconiza também uma interpretação ampla da segunda parte do art. 2º do protocolo adicional.

[595] *Application* nº 57.325/00, *D.H. and others versus República Tcheca*. Por 13 votos a 4, a Corte entendeu violado o direito à instrução em conjunto com o direito de não discriminação. Os fatos versavam sobre a existência de escolas especiais, dirigidas para crianças com problemas mentais e com necessidades especiais de ensino, criadas desde a 1ª Guerra Mundial, cujo currículo escolar era inferior ao das escolas regulares. No exame das circunstâncias fáticas, a Corte notou que, conquanto não fosse discriminatória em abstrato, havia 27 vezes mais chances de uma criança da etnia Roma estudar nessas escolas, a demonstrar uma discriminação de fato ou indireta.

[596] *Application* nº 15.766/03, *Orsus and others versus Croácia*. Considerou-se, por 9 votos a 8, violado o direito à instrução em conjunto com o direito de não discriminação, salientando que o direito de não discriminação não tem existência autônoma, mas reforça a essência de todos os demais direitos substantivos previstos na Convenção. Os fatos versavam sobre a existência de salas separadas nas escolas para crianças da etnia cigana Roma, sob o argumento de que não tinham domínio da língua croata, o que implicava um prejuízo na formação intelectual, já que o currículo ministrado nessas salas especiais era inferior em trinta por cento.

[597] A respeito da discriminação indireta notada nos fundamentos da maioria, conferir HOBCRAFT, Gemma. Roma children and education in Czech Republic: opening the door to indirect discrimination findings in Strasbourg? *European Human Rights Law Review*, n. 2, p. 245-260, 2008; e HEYNING, Catherine J. van de. "Is it still a sin to kill a mockingbird?" Remedying factual inequalities through positive action – What can be learned from the US Supreme Court and the European of Human Rights case law. *European Human Rights Law Review*, n. 3, p. 376-390, 2008. Ao passo que a primeira autora aplaude a decisão, a segunda nota a influência da jurisprudência da Suprema Corte dos Estados Unidos, cumprindo ao autor ou arguente demonstrar evidência razoável de segregação para a inversão do ônus da prova, o que traz uma partilha desse ônus entre as partes.

Corte por reconhecer que os Estados devem agir positivamente, por meio de programas, políticas ou outras medidas apropriadas, no afã de capacitar crianças pertencentes a minorias desavantajadas a desenvolver habilidades que lhes permitam, no prazo mais exíguo possível, superar suas deficiências particulares.

Em suma, conquanto a Convenção não traga nenhuma norma expressa que consagre o princípio da proporcionalidade como cânone de controle, é fato que a Corte já sedimentou sua aplicação por força de sua jurisprudência, a reconhecer que os direitos previstos no documento fatalmente colidem em casos concretos entre si ou com outros interesses estatais, a reclamar um justo balanço entre eles. Isso, é claro, de um modo geral e ordinário, pois em alguns precedentes o Tribunal Europeu considerou determinados direitos como absolutos, excluída qualquer ponderação.[598]

No entanto, segundo sugerido alhures, não se reputa acertado não existir nenhuma margem textual para a defesa do princípio da proporcionalidade. Várias das cláusulas específicas de restrição dispostas no corpo do documento, em especial nos arts. 8º a 11, são redigidas de modo similar, com menção de que os direitos podem ser limitados por exigências necessárias da convivência em uma sociedade democrática. O que não é explicado apenas pelo texto, porém, é o entendimento de que o termo "necessárias" seja sinônimo da proporcionalidade concebida no modelo alemão, com o reconhecimento de uma fase ponderativa clara; aliás, no modelo alemão, presta-se o exame a perquirir em etapa própria a necessidade dos meios selecionados, aqui entendida como um teste da opção alternativa menos restritiva, ao passo que a Corte Europeia, em geral, não tributa uma etapa específica da necessidade nesses moldes, até porque se furta ordinariamente a verificar se outros meios disponíveis menos lesivos ao direito humano estavam ao alcance do ente estatal.[599]

Feitos os aportes teóricos sobre o sistema da Convenção Europeia de Direitos Humanos, ajusta-se a lente para a ótica de direito constitucional. Inicia-se o estudo com o sistema jurídico canadense.

2.3.2 Canadá

O sistema jurídico constitucional canadense já foi classificado de misto, porquanto a Constituição canadense é composta tanto de um texto unificado – *Constitution Act*, de 1982 – como por leis anteriores e posteriores. O *Constitution Act* era parte do *Canadian Act*, documento promulgado pelo Parlamento do Reino Unido que finaliza o domínio do Parlamento britânico sobre o Canadá. No art. 52 da *Constitution Act* há norma que enumera os textos legislativos e normativos que compreendem a Constituição canadense,

---

[598] Sobre a indicação de serem casos excepcionais e, ainda assim, em tom crítico e discordante ao que foi alegado pela Corte europeia, notando uma argumentação ponderativa camuflada, remete-se a PIRKER, Benedikt. *Proportionality analysis and models of judicial review* – A theoretical and comparative study. Groningen: Europa Law Review, 2013. p. 187-232; KLATT, Mathias; MEISTER, Moritz. *The constitutional structure of proportionality*. Oxford: Oxford University Press, 2014. p. 17-22, os quais mencionam alguns precedentes nessa linha.

[599] PIRKER, Benedikt. *Proportionality analysis and models of judicial review* – A theoretical and comparative study. Groningen: Europa Law Review, 2013. p. 187-232.

com integração, entre outros, da Carta Canadense de Direitos e Liberdades, também promulgada em 1982 como parte integrante do *Canadian Act*.[600]

Logo no art. 1º da Carta, extrai-se norma que funciona como uma cláusula geral de restrição/limites, uma vez que os direitos e liberdades previstos no documento estão sujeitos aos limites razoáveis impostos pela lei contanto que sejam justificados demonstravelmente numa sociedade livre e democrática. Há um norte interpretativo trazido pelo art. 27, de sorte que a interpretação do documento deve ser pautada pela compreensão da herança multicultural canadense.

Interessante norma é a do art. 33 da Carta de Direitos canadense, pois prevê uma cláusula *notwithstanding*. O Parlamento canadense ou o órgão legislativo de uma província podem expressamente, por meio de ato legislativo próprio, declarar uma exceção ao controle de constitucionalidade feito pela Suprema Corte do Canadá, de sorte que o ato normativo declarado incompatível com os direitos previstos nos arts. 2º e 7º a 15 da Carta de Direitos e Liberdades do Canadá mantenha sua eficácia e vigência pelo prazo de cinco anos, contado da entrada em vigor do ato normativo fiscalizado ou a partir de outro marco temporal estipulado no contra-ato excepcional do Legislativo, com possibilidade de redeclarar a exceção (art. 33, 3 e 4).[601]

Não há, no texto deste documento, nenhuma norma expressa que consagre o princípio da proporcionalidade. No entanto, é visível que a Suprema Corte canadense funda na cláusula de restrição do art. 1º a aplicação do princípio da proporcionalidade, sobretudo nos termos "limites razoáveis" e "demonstravelmente justificados em uma sociedade livre e democrática", a par de também conectar a limitação ao poder do Legislativo de restringir ou limitar os direitos à regra da legalidade (as restrições devem ser impostas por lei).[602] Aqui se reitera o que já foi referido em relação ao sistema da Convenção Europeia, pois se as normas em epígrafe podem até mencionar a necessidade de alguma ponderação na expressão "razoáveis", o texto não apoia explicitamente que seja ela estruturada pelo princípio da proporcionalidade.

O primeiro caso relevante de aplicação do princípio da proporcionalidade pela Suprema Corte canadense ocorreu no caso *Oakes*.[603] No arrazoamento da Corte, o art. 1º

---

[600] A ideia do parágrafo está amparada em LOPES, Ana Maria D'Ávila. A carta canadense de direitos e liberdades. *Pensar – Revista de Ciências Jurídicas*, p. 7-16, abr. 2007. Edição Especial. p. 7-8. Conforme preleciona a autora, antes do *Canadian Act*, os direitos fundamentais eram estipulados por leis, sem *status* constitucional (*The Canadian Bill of Rights*, de 1960, e *The Canadian Human Rights Act*, de 1977, este último inclusive a prever alguns direitos sociais, como o direito à moradia e ao trabalho). Em sentido contrário, a destacar que havia alguns poucos direitos fundamentais de posição constitucional por força do *British North American Act*, de 1867, SWEET, Alec Stone; MATHEWS, Jud. Proportionality balancing and global constitutionalism. *Columbia Journal of Transnational Law*, v. 47, p. 73-165, 2008. p. 113 e seguintes.

[601] Sobre a escassa utilização da cláusula *notwithstanding* e o custo político dessa utilização, SWEET, Alec Stone; MATHEWS, Jud. Proportionality balancing and global constitutionalism. *Columbia Journal of Transnational Law*, v. 47, p. 73-165, 2008. p. 120-121. Os autores aduzem que não havia nenhum uso da cláusula até então, o que mostra o êxito da proporcionalidade.

[602] GRIMM, Dieter. Proportionality in Canadian and German constitutional jurisprudence. *University of Toronto Law Journal*, v. 57, p. 383-397, 2007. p. 383.

[603] *R. v. Oakes*, File nº 17550, julgado em 28.2.1986, a maioria seguiu o voto do *Chief Justice* Dickson. A Suprema Corte do Canadá apreciou a constitucionalidade de uma lei que estabelecia a presunção de que a posse de drogas ilícitas era para a finalidade de tráfico de substâncias entorpecentes, com inversão do ônus da prova sobre o *animus* do agente que detinha os estupefacientes, isto é, cabia a ele provar que as drogas não eram para tráfico, mas para consumo pessoal. A Corte entendeu que havia uma violação da garantia fundamental da presunção de inocência prevista no art. 11, "d", da Carta Canadense de Direitos e Liberdades. Na fundamentação do voto condutor do

da Carta tem duas funções: garantir os direitos e liberdades constantes da Carta e, em segundo, estabelecer as situações que justificam a restrição desses direitos. A justificação da restrição passa por duas etapas: a primeira é que o objetivo da medida legislativa deva ser suficientemente importante para que possa servir de justificativa idônea para a medida legal restritiva (interesses substanciais e reais), o que engloba um padrão elevado para evitar que objetivos menores e até contrários aos escopos de uma sociedade livre e democrática possam servir de escusa para a violação de direitos. No segundo estágio, questiona-se se os meios são razoáveis e demonstravelmente justificáveis, o que implica um teste de proporcionalidade com três elementos: i) os meios devem ser equitativos e não arbitrários, cuidadosamente desenhados para alcançar o fim e a ele racionalmente conectados; não podem ser baseados em considerações irracionais; ii) os meios devem afetar negativamente os direitos fundamentais no mínimo possível; iii) uma ponderação que verifique a proporcionalidade dos efeitos causados pela medida e a importância do fim almejado – quanto mais deletéria for a consequência causada pela medida, maior deve ser a importância do objetivo perseguido.

Em *Oakes*, a Corte traçou uma distinção analítica entre a norma do art. 1º da Carta, que traz a cláusula geral de restrição, da norma de direito fundamental da presunção de inocência do art. 11, "d", com a separação do exame em duas etapas. Primeiro se verifica se o ato interfere no conteúdo do direito e, em caso positivo, se tal interferência é justificada. A Corte sacramentou a fórmula de que os direitos não são absolutos e visualiza que um contexto de interpretação amparado numa sociedade livre e democrática e nos seus valores permite que sejam os direitos restringidos por bens e interesses coletivos, o que se deve admitir excepcionalmente; caberá ao Estado justificar essa restrição.

O padrão de proporcionalidade erigido em *Oakes* foi reformulado pela Suprema Corte em precedentes posteriores, no sentido de abrandar seu rigor. Dieter Grimm convincentemente explica que a premissa utilizada em *Oakes* era de que excepcionalmente os legisladores poderiam interferir no conteúdo do direito fundamental se encontrassem justificativas que mostrassem a indispensabilidade da restrição. No entanto, os precedentes posteriores mostraram que a premissa foi reformulada para reconhecer que a necessidade de restringir direitos é constante, em função da colisão dos direitos e da imperiosidade de harmonizá-los.[604] Por exemplo, em *Edwards Books*,[605] ainda em

---

acórdão, considerou-se que não há conexão racional entre o fato de estar em posse de droga com o objetivo de combater o tráfico, uma vez que a posse poderia não ser para o tráfico e ensejar condenações injustas. O ônus da prova no exercício da jurisdição constitucional é o da preponderância da probabilidade. Corte comenta que nem todas as restrições são de igual intensidade, algumas restrições são mais severas que outras, conforme natureza, extensão e duração da restrição. Na visão da Corte, o objetivo de reduzir o tráfico foi considerado urgente e real, até seria autoevidente. No segundo estágio do escrutínio, justamente na fase de proporcionalidade, assentou-se que não havia conexão racional entre o fato de estar em posse de droga com o objetivo de combater o tráfico, uma vez que a posse poderia não ser para o tráfico e ensejar condenações injustas; em suma, a reversão do ônus da prova seria "sobreconclusiva".

[604] GRIMM, Dieter. Proportionality in Canadian and German constitutional jurisprudence. *University of Toronto Law Journal*, v. 57, p. 383-397, 2007. p. 391-392.

[605] *R. v. Edwards Books and Art Ltd.* Uma lei de Ontario determinava a proibição de venda e oferta de mercadorias a varejo durante os domingos, excepcionados alguns tipos de comércio pelo tipo de bem ou produto ofertado, bem como os estabelecimentos empresariais que tivessem demonstrado que haviam encerrado as atividades por vinte e quatro horas, contadas de setenta e duas horas antes do domingo, desde que, neste caso, a empresa atendesse a alguns requisitos, como não possuir mais de 7 empregados e não ocupar área maior que 5.000 metros quadrados.

1986, a maioria dos julgadores entendeu por replicar o teste de proporcionalidade para examinar se uma legislação ofendia a liberdade religiosa, com a anotação de que ônus triviais ou não substanciais não tinham o condão de ofender o direito fundamental. Com isso, se tanto os efeitos como os propósitos são importantes para verificar a constitucionalidade das normas restritivas de direitos fundamentais, aquelas que causem interferências "minúsculas" nos direitos não demandam um escrutínio que examine a proporcionalidade da medida, pois não atraem a carga de justificação exigida pelo art. 1º da Carta de Direitos. A Corte, assim, consagra o teste de proporcionalidade conforme as circunstâncias dinâmicas do caso, uma vez que ele não poderia padecer de inflexibilidade e rigidez.

Em *Doré v. Barreau du Québec*,[606] de 2012, a Suprema Corte do Canadá considerou que no centro do teste de proporcionalidade desenvolvido em *Oakes* está um juízo de razoabilidade, em que se ponderam os objetivos buscados na norma restritiva com os valores albergados na Carta de Direitos. Com a especificidade de estar em revisão uma decisão administrativa, a Corte entabulou que tanto ao Executivo como ao Legislativo é preciso reconhecer certa deferência ou "margem de apreciação". No entanto, o teste de proporcionalidade desenvolvido em *Oakes*, na visão do voto condutor do acórdão, é adequado para situações em que se escrutina uma norma geral que possa interferir em um direito fundamental e não, como no caso julgado, na hipótese do exercício discricionário de uma autoridade administrativa, cujo padrão de escrutínio adequado é de razoabilidade, embora ambos os testes reconheçam uma margem de deferência ao Executivo e ao Legislativo. No que tange ao Executivo, a margem de deferência

---

A decisão da Suprema Corte analisou em conjunto uma série de casos de empresas que foram punidas com base na norma proibitiva e que ali aportaram sob a alegação de violação da liberdade religiosa, do direito genérico de liberdade e violação do direito à igualdade. A maior fundamentação foi dedicada a examinar a competência da província de Ontário para regular a questão, cuja resposta foi afirmativa, e a perscrutar eventual violação a direito fundamental da liberdade religiosa, porquanto o direito à liberdade mereceu poucas considerações – não se tem direito à liberdade ilimitada – e o dispositivo do direito à igualdade, na época dos fatos, ainda não tinha vigência. O propósito identificado pela maioria dos membros do Tribunal não foi de encorajar a adoração religiosa, mas fornecer um feriado uniforme aos trabalhadores do setor. O voto condutor reconheceu que o exame da interferência no direito implica uma interpretação ampla, pois qualquer fardo coercitivo direto ou indireto na prática religiosa, previsível ou não, está potencialmente dentro do âmbito da proteção do direito de liberdade religiosa, para preservar o caráter multicultural da herança dos canadenses. Consoante a metodologia desenvolvida em *Oakes*, primeiro a Corte verificou se o objetivo estatal – uniformizar um dia de descanso aos trabalhadores – era constitucionalmente admitido e, em seguida, se ele atendia a uma preocupação substancial e premente. Com base na resposta afirmativa, examinou-se o segundo requisito, o de proporcionalidade, notando que havia conexão racional entre a medida e o meio proposto. Reconhecendo a dificuldade de verificar se havia meios menos restritivos, a maioria entendeu que a cláusula de exceção aos estabelecimentos comerciais que tivessem fechado as portas por um dia nas setenta e duas horas anteriores ao domingo mostrou a razoável ponderação do legislador em tutelar a liberdade religiosa, a sopesar adequadamente a liberdade religiosa dos comerciantes e empregados que não descansam aos domingos e a importância da salvaguarda de um dia de descanso padronizado. Outro ponto discutido *obiter dictum* na fundamentação da corte era de que o Legislativo poderia até tutelar grupos hipossuficientes economicamente e editar normas para proteger, mas não havia um dever constitucional de assim o fazer.

[606] [2012] 1 SCR 395. Um advogado, inconformado com as severas críticas à sua atuação feitas por um magistrado da Corte Superior de Quebec, escreveu-lhe uma carta particular em que rebatia as críticas e injuriava o juiz, chamando-o de, entre outras coisas, covarde e repugnante. O magistrado representou o causídico ao Sindicato de Advogados de Quebec, o qual lhe aplicou uma sanção de suspensão por descumprimento de uma norma do código de ética profissional. O advogado foi ao Judiciário para alegar violação à sua liberdade de expressão. A Corte considerou que sopesava a liberdade de crítica às instituições e agentes públicos com os limites de civilidade na profissão. O magistrado Abella foi o autor do voto seguido pela Corte. A Corte afirma a preocupação de uma constitucionalização de matéria de direito administrativo, a deixar de lado padrões e doutrinas características desse ramo do Direito.

justifica-se por estar mais próximo dos fatos e com maior *expertise* na verificação das circunstâncias concretas de sua alçada. Se há uma aproximação, inclusive porque se verifica uma ponderação entre os valores da Carta e os objetivos almejados na norma que interfere – no caso da decisão administrativa, na norma que serviu de base para a tomada da decisão discricionária –, no teste desenvolvido em *Oakes*, usado para verificar a constitucionalidade de uma norma, o padrão de controle é a correção, ao passo que, na avaliação da decisão administrativa discricionária, o padrão é a razoabilidade, pois, do contrário, haveria maior engessamento da autoridade administrativa e o exame de constitucionalidade funcionaria como revisão de apelo. Na razoabilidade, o primeiro passo seria verificar se a decisão de algum modo impacta as proteções conferidas pela Carta de Direitos Fundamentais canadense; se afirmativa a resposta, examina-se se houve uma "ponderação proporcional" das garantias incrustadas na Carta.

A linha de raciocínio desse precedente é reafirmada em *Loyola*,[607] de 2015, em que se diferencia o padrão de escrutínio conforme em jogo estiverem decisões administrativas, a verificar se existe a razoabilidade da decisão administrativa revisada, o que, em última linha, seria uma forma de proporcionalidade, aliás, não difeririam uma da outra de modo substantivo.[608] O exame de razoabilidade aí erigido como padrão de controle, nos dizeres da Corte, teria uma "harmonia analítica" com os estágios finais de proporcionalidade do teste desenvolvido em *Oakes*, a saber: a mínima afetação razoavelmente possível e a ponderação. A Corte salienta que é possível encontrar mais de uma resposta razoável no teste de razoabilidade, o que demanda o respeito à maior *expertise* do órgão administrativo.

Em suma, há considerável evidência de que a Suprema Corte do Canadá aplica de modo constante o princípio de proporcionalidade para escrutínio dos casos que lhe são submetidos, mesmo sem uma norma expressa, com amparo na interpretação do art. 1º da Carta de Direitos, ante o entendimento de que não existem direitos absolutos. De outra sorte, uma vez que usa um padrão de razoabilidade dos atos administrativos

---

[607] *Loyola High School v. Quebec (Attorney General)*, SSC 12, [2015] 1 S.C.R. 613. O Ministro da Educação de Quebec exigiu das escolas uma adaptação no currículo escolar para incluir uma disciplina de ética e cultura religiosa, desenvolvida com a preocupação de incutir nos alunos o respeito à diversidade religiosa. Base desse programa exigia das escolas que ensinassem as diversas religiões de uma perspectiva neutra e objetiva. Uma escola particular católica de Quebec pediu fosse excepcionada do currículo obrigatório, com a oferta de um programa em que ensinava conforme sua profissão de fé, isto é, a despeito de lecionar sobre outras religiões, teria como centro e ênfase o catolicismo, o que foi negado pelo Ministério, sob o argumento de que não seria ensinado catolicismo de um ponto de vista objetivo e, portanto, não seria um programa equivalente. Quando o caso chegou à Suprema Corte, a escola católica abrandou ainda mais seu objetivo, mencionando que seu programa alternativo ensinaria de forma objetiva o entendimento cultural de outras religiões, conquanto a ética das tradições religiosas estranhas ao catolicismo e a própria ética do catolicismo deveria ser ensinada do ponto de vista da fé católica, proposta também rejeitada pelo Ministério da Educação pelos mesmos argumentos. O voto condutor da maioria, com a forte frase de que um "estado secular respeita as diferenças religiosas e não procura extingui-las", salientou que a decisão era não razoável, porque não conferiu o peso suficiente à dimensão coletiva da liberdade religiosa, o que resultou na ponderação indevida em relação aos objetivos da carta somente no ponto em que não permitiu que a ética católica e o catolicismo fossem lecionados de modo não neutro, e determinou que a questão fosse reapreciada pelo Ministro da Educação à luz das razões lançadas no acórdão. Os votos minoritários discordaram do remédio, determinando a concessão da exceção ao colégio, como entenderam que o inteiro programa alternativo por ele proposto era válido, de sorte que a recusa do Ministro ofendia a liberdade religiosa e feria a cláusula 1ª da Carta.

[608] Como, aliás, já afirmava BARAK, Aharon. Proportionality (2). *In*: ROSENFELD, Michel; SAJÓ, András. *The Oxford handbook of comparative constitutional law*. Oxford: Oxford University Press, 2012. p. 743, mas em relação ao sentido forte de razoabilidade. Esse autor, inclusive, é citado no acórdão.

discricionários, termina por afastar o controle de proporcionalidade nesses casos, reservando-os apenas ao Legislativo, o que, em alguma medida, parece propiciar incomumente um nível mais acentuado de controle sobre o Parlamento quando comparado com o Executivo, ao menos em termos teóricos.

2.3.3 Portugal

A Constituição portuguesa de 1976, ao contrário das ordens jurídico-constitucionais anteriores, atualmente prevê um princípio da proporcionalidade textualmente em duas situações: art. 19º, 4; art. 266º, 2, conforme redação dada pela Revisão Constitucional de 1989.

A primeira hipótese trata da declaração e execução dos estados de sítio e de emergência, com a anotação de que a suspensão do exercício dos direitos, a extensão e a duração dos regimes de exceção e os meios ali utilizados deverão observar aquilo estritamente necessário para o restabelecimento da normalidade. A segunda versa sobre a vinculação dos órgãos e agentes administrativos às normas constitucionais e legais, de modo que a persecução do interesse público não destoe do princípio da proporcionalidade. Fatalmente, o segundo enunciado traz norma que acomoda o princípio da proporcionalidade de modo congruente inclusive com a sua gênese histórica como parâmetro de controle, eis que todos os atos administrativos, inclusive os atos de polícia, são passíveis de escrutínio por esse princípio.[609]

Sem embargo, se a existência do princípio da proporcionalidade hoje é textual na Constituição portuguesa, não menos certo que, no seu campo primário de atuação no aspecto constitucional, qual seja, o de restrição a direitos fundamentais em regimes alheios aos regimes de anormalidade constitucional, não existe o acolhimento explícito. O art. 18º, 2, na redação dada com a Revisão Constitucional de 1982, dispõe que as restrições a direitos, liberdades e garantias só poderiam ser feitas nos casos previstos no texto constitucional e desde que necessárias para a preservação de outros interesses ou direitos constitucionalmente protegidos. Há quem deduza do termo "necessário", constante do enunciado constitucional, o princípio da proporcionalidade, mas, em realidade, literalmente a interpretação poderia ser mais estrita, a retirar do texto apenas o teste de meios alternativos menos lesivos e não o princípio na sua acepção mais ampla.[610]

---

[609] Seja como for, o art. 272º, 2, da Constituição portuguesa traz norma no sentido de que os atos de polícia não devem ultrapassar o "necessário", o que poderia figurar como um fundamento autônomo à adoção da proporcionalidade para os atos de polícia. No sentido de os atos de polícia, por não deixarem de ser atos administrativos, estarem sujeitos ao princípio da proporcionalidade por força do art. 266º, 2, sem embargo de defender que também o termo necessário implica por si só o princípio da proporcionalidade, menciona-se MIRANDA, Jorge. Direitos fundamentais e polícia. *In*: MIRANDA, Jorge. *Escritos vários sobre direitos fundamentais*. Estoril: Principia, 2006. p. 459-462. Sobre essa última afirmação, porém, faz-se no texto a mesma ressalva já produzida quando da análise da Convenção Europeia de Direitos Humanos. Por derradeiro, cabe lembrar que, no âmbito infraconstitucional, o Código de Procedimento Administrativo português previu no art. 7º enunciado que traz a norma da proporcionalidade em relação aos procedimentos e atos administrativos.

[610] A justificar o princípio da proporcionalidade com base nessa norma, entre outras, caminham MACHETE, Pedro; VIOLANTE, Teresa. O princípio da proporcionalidade e da razoabilidade na jurisprudência constitucional, também em relação com a jurisprudência dos tribunais europeus. *In*: PORTUGAL. Tribunal Constitucional. *Relatório apresentado na XV Conferência trilateral dos Tribunais Constitucionais de Espanha, Itália e Portugal*. 2013. Disponível em: http://www.tribunalconstitucional.pt/tc/content/files/conferencias/ctri20131024/ctri20131024_relatorio_pt_vf.pdf. Acesso em: 27 jan. 2017. p. 1 e seguintes; GOMES, Carla Amado; FREITAS, Dinamene de. Le juge constitutionnel et la proportionnalité: rapport du Portugal. *In*: FACULDADE DE DIREITO DA UNIVERSIDADE DE COIMBRA.

No Acórdão nº 187/2001,[611] o Tribunal Constitucional português fundamentou o princípio da proporcionalidade no princípio geral do Estado de Direito e na necessidade das restrições em relação aos direitos, liberdades e garantias, nos termos do art. 18º. No entanto, o voto condutor da maioria, do Conselheiro Paulo Mota Pinto, fez questão de não circunscrever o controle pelo teste da proporcionalidade apenas aos direitos, liberdades e garantias e aos direitos análogos, pois também controlaria todos os atos estatais, inclusive as "limitações" aos direitos econômicos, sociais e culturais.[612] O acórdão tem interesse dogmático pela estruturação do princípio da proporcionalidade na decisão,[613] após ter identificado qual posição jurídica estava a ser objeto da afetação negativa pelas normas infraconstitucionais e quais propósitos as medidas pretendiam fomentar (interesse público da proteção da saúde e da independência técnica do farmacêutico). Outrossim, diferenciou a intensidade do controle conforme estejam

---

Separata de Estudos em Homenagem ao Prof. Sérvulo Correia. Coimbra: Almedina, 2010. v. I. p. 189 e seguintes. Remetem-se a esses autores para outras referências na Constituição portuguesa que fomentariam a conclusão da recepção do princípio da proporcionalidade, com especial destaque para a nota de Carla Gomes e Dinamene de Freitas, as quais percebem o princípio ambiental do desenvolvimento sustentável como uma metódica ponderativa entre a defesa do meio ambiente e o progresso econômico.

[611] O Tribunal examinou normas que restringiam o direito de propriedade de farmácias apenas aos farmacêuticos, entre diversas outras normas instrumentais, para examinar se havia uma violação ao princípio da proporcionalidade e da igualdade, o que rejeitou, por maioria. A Corte considerou que estava em questão, dentre as posições protegidas pelo âmbito de proteção do direito, a faculdade de apropriação, diferenciando argumentativamente o direito de propriedade da liberdade de iniciativa; a maioria negou que a liberdade de iniciativa estivesse em causa no julgado. Conforme o Tribunal, a posição jurídica do direito de propriedade, considerada um direito análogo a direitos, liberdades e garantias, receberia a proteção do regime jurídico reforçado. A Corte, inclusive, cita a decisão do Tribunal Constitucional Federal alemão, embora a questão decidida pela Corte portuguesa tivesse diversidade de objetos em questão, no desiderato de referir que a distinção entre restrições quanto ao exercício do direito e restrições quanto à liberdade em si, baseadas em condicionamentos objetivos ou subjetivos, era importante, porque os condicionamentos objetivos exigiam maior carga de rigor, à medida que representariam uma intensidade maior de afetação do conteúdo do direito. A maioria dos Conselheiros seguiu a posição do relator, que entendeu que o regime de indivisibilidade entre proprietário de farmácias e farmacêuticos era uma medida que mais intensamente perseguia os objetivos de proteção da saúde pública e de preservação da independência técnica do farmacêutico, de modo que não se poderia falar de uma desrazoabilidade na avaliação do Legislativo nem de violação da proibição de excesso ou da igualdade.

[612] A respeito da possibilidade de utilizar a proporcionalidade para fiscalizar os "limites" aos direitos sociais, vale mencionar os acórdãos nºs 67/07 e 512/08, respectivamente da 2ª e 3ª Seção do Tribunal Constitucional, que caminharam em rumos diametralmente opostos no que tange ao dispositivo do acórdão referente ao mesmo ato normativo controlado, não obstante tenham enfrentado, no bojo de sua fundamentação, os contornos da norma da proporcionalidade relativamente a um direito social. Nos dois acórdãos foi verificada a constitucionalidade da norma que impunha a apresentação do cartão de utente do Serviço Nacional de Saúde como requisito para a gratuidade do serviço. O primeiro acórdão, relatado pela Conselheira Fernanda Palma, entendeu que essa condição era desproporcional, no primeiro caso, ao passo que o segundo a julgou constitucional, por defender que, mesmo que possível um controle de proporcionalidade com base em um juízo ponderativo de restrições, essa fiscalização resumia-se ao conteúdo mínimo do direito social. Preponderante, para o segundo acórdão, relatado pelo Conselheiro Carlos Cadilha, foi a distinção entre regulação do exercício do direito e restrição, pois o órgão fracionário do Tribunal Constitucional aventou no segundo caso que a exigência de apresentação do cartão era meramente uma regulação do exercício e não propriamente uma restrição. Sobre o exame de proporcionalidade, remete-se ao subitem 3.6.1.

[613] Como fica patente no texto, nem sempre o Tribunal Constitucional teve o cuidado de estruturar sua fundamentação em torno do princípio da proporcionalidade da forma mais analítica feita no acórdão nº 187/2001. Por exemplo, é a situação do acórdão nº 364/1991, em que estavam em causa normas que tolhiam o direito de sufrágio passivo a cargos no Executivo municipal a presidentes de câmaras municipais que ocuparam a função por três mandatos seguidos. A maioria, seguindo o voto condutor do Conselheiro Tavares da Costa, decidiu que essa inelegibilidade feria a proporcionalidade, a qual foi definida sinteticamente com uma adequação entre meio, fim e necessidade, sem embargo de prever um exame ponderativo; nesse julgado não se teve o cuidado de situá-lo nessa estrutura formal. De outro lado, o julgado alicerça, implicitamente, o princípio no art. 18º, 2, e art. 50, 3, referente ao direito de acesso a cargos eletivos – as inelegibilidades deveriam ser necessárias.

em causa atos legislativos ou administrativos, uma vez que o vínculo do Legislativo à proporcionalidade deveria ser mais brando que o do Executivo, a reconhecer àquele uma liberdade de conformação em decorrência da complexidade de avaliações empíricas e políticas que estaria no seu papel realizar; somente caso de erro evidente ou manifesto de apreciação do Legislativo seria constitucionalmente censurável. Deu uma definição aos estágios da proporcionalidade, no entanto, acabou por afirmar que a etapa da adequação seria conjugada com a da necessidade. Ao final, entendeu a corrente majoritária da Corte que a proibição de aquisição e gozo da propriedade de farmácias a não farmacêuticos não era medida inadequada nem desnecessária, com atendimento a uma razoável ponderação de interesses.

Sem embargo dessa estruturação, Carla Amado Gomes e Dinamene de Freitas identificaram que o apelo à ideia de proporcionalidade não é incomum na jurisprudência do Tribunal Constitucional, porém muitas vezes a estrutura do teste e sua própria utilização não obedeceram a um critério de coerência. A começar pela terminologia dos subtestes que compõem a proporcionalidade na acepção mais ampla, com diferentes termos para identificá-los. Ademais, em alguns casos houve a estruturação do acórdão em torno do princípio da proporcionalidade como matéria de principal debate, em outros a inconstitucionalidade era dada com o recurso ao princípio como um complemento argumentativo, sem preocupar-se em desenvolvê-lo adequadamente, e, em outros, houve a articulação do princípio com outras normas.[614] Exemplo marcante é o desenvolvimento pelo Tribunal Constitucional de um parâmetro de controle da "igualdade proporcional", com alguma mescla da estrutura da proporcionalidade no modo de avaliar a constitucionalidade de normas com fulcro no princípio da igualdade, consoante acórdãos nºs 353/2012 e 183/2013,[615] que trataram, genericamente, de cortes e suspensões de pagamentos de subsídios de férias e de natal a servidores, aposentados e pensionistas remunerados por regimes públicos de previdência, ocasião em que houve

---

[614] GOMES, Carla Amado; FREITAS, Dinamene de. Le juge constitutionnel et la proportionnalité: rapport du Portugal. *In*: FACULDADE DE DIREITO DA UNIVERSIDADE DE COIMBRA. *Separata de Estudos em Homenagem ao Prof. Sérvulo Correia*. Coimbra: Almedina, 2010. v. I. p. 212-217.

[615] Os dois precedentes mencionados foram uma mudança do curso jurisprudencial que o Tribunal Constitucional desenvolvera no Acórdão nº 396/2011. Sinteticamente, é preciso dizer que o governo português e o Parlamento fizeram tratativas de austeridade fiscal e financeira com organismos da União Europeia, no desiderato de enfrentar a crise econômica que se alastrava na Europa. A lei orçamentária de 2011, objeto de decisão do Acórdão nº 396/2011, previu, *grosso modo*, uma redução de subsídios. A lei orçamentária de 2012, objeto do Acórdão nº 353/3012, previu um recrudescimento nas medidas de austeridade, com a suspensão do pagamento de 90% do subsídio de férias e de natal, o que foi continuado, em certa medida, na lei orçamentária de 2013, objeto do Acórdão nº 183/2013, com previsão de suspensão do pagamento de 90% do subsídio de férias dos servidores e pensionistas e, entre outras medidas, criação de uma contribuição extraordinária de solidariedade. Parte das medidas de 2012 e 2013, relativa ao corte e suspensão de pagamentos de subsídios de servidores e aposentados e pensionistas, foi considerada inconstitucional por violar o princípio da igualdade, uma vez que, por ser considerada contínua e severa, provocava uma desigualação desproporcional entre servidores públicos, aposentados e pensionistas e os privados, que eram aliviados nessa parte dos sacrifícios impostos. A respeito dos compromissos de austeridade assumidos pelo Estado português no Memorando de Entendimento e nos documentos relativos ao Programa de Assistência Econômica e Financeira, inclusive no que se refere aos programas de financiamento celebrados entre o governo e Fundo Monetário Internacional e Banco Central Europeu e Comissão Europeia, apontando inconstitucionalidade formal dos referidos planos e programas por falta de sua submissão pelo governo à Assembleia da República, fato sequer cogitado pelo Tribunal Constitucional, menciona-se ALEXANDRINO, José de Melo. Jurisprudência da crise. Das questões prévias às perplexidades. *In*: RIBEIRO, Gonçalo de Almeida; COUTINHO, Luís Pereira (Org.). *O Tribunal Constitucional e a crise* – Ensaios críticos. Coimbra: Almedina, 2014. p. 53-56.

declaração parcial de inconstitucionalidade de algumas medidas, por entenderem que desigualavam desproporcionalmente uma categoria de pessoas (servidores públicos) em relação aos privados. Outro exemplo é o Acórdão n° 3/2016, o qual, por maioria, julgou inconstitucionais as medidas de consolidação orçamental do orçamento de 2015 que previram suspensão e pagamento a menor, a depender de um limite conforme os vencimentos médios obtidos, das subvenções vitalícias a ex-detentores de cargos políticos, com base no argumento de violação ao princípio da proteção da confiança e da proporcionalidade, embora o voto condutor não tenha sequer esclarecido se existe uma diferenciação entre esses testes nem discorreu sobre os estágios da proporcionalidade e como eles foram satisfeitos, de modo que se teve a impressão de que o princípio da proporcionalidade foi utilizado mais como argumento de reforço do que como o mote da decisão.[616]

Ademais, concorda-se com a opinião das autoras de que, muitas vezes, e isso também ocorreu no caso do Acórdão n° 187/2001, o Tribunal limita-se a enunciar o estágio da proporcionalidade em sentido estrito e o recurso à ponderação, porém se detém de adentrar abertamente numa ponderação concreta, sem examinar e comparar o grau de sacrifício imposto a determinado direito ante o benefício alcançado relativamente ao propósito almejado. Ainda assim, para as autoras, os casos mais complicados acabam sendo definidos nessa etapa, preponderando os juízos de inconstitucionalidade com esse fundamento em relação aos demais estágios, sem embargo de reconhecer a preocupação da Corte de exercitar sua autocontenção.[617]

Interessante destacar também que, ao contrário do que decidido em *Doré* e *Loyola* pela Suprema Corte canadense, o princípio da proporcionalidade aplica-se expressamente como norma de controle dos atos administrativos, tal como propalado exemplificativamente pelo Acórdão n° 187/2011 e, por suposto, pela própria norma alocada no art. 266°, 2, do texto constitucional.

Em suma, está sedimentado o recurso à norma da proporcionalidade para controle judicial de atos administrativos e normativos, inclusive os do legislador, tanto pelas referências explícitas à norma da proporcionalidade na própria Constituição portuguesa como por interpretação dada às normas do princípio do Estado de Direito e da proibição de restrições desnecessárias a direitos fundamentais, muito embora o Tribunal Constitucional, em muitas situações, não a tenha usado de modo sistemático e analítico como o pugnado nesta tese.

---

[616] Acórdão n° 3/2016, Rel. Cons. João Pedro Caupers. Argumentava-se a inconstitucionalidade da lei do orçamento de 2015, na parte que suspendia ou limitava o pagamento das subvenções vitalícias, conforme o limite de vencimentos médios de 2000 euros. Suscitava-se, também, violação ao princípio da igualdade, o que foi rechaçado pelo voto da maioria. Aliás, a assinalar uma diferença metódica de aplicação dos princípios da proporcionalidade e de proteção da confiança, a justificar, nos termos da estrutura, apenas uma coincidência quanto ao estágio ponderativo, foi o voto vencido da Conselheira Maria Lúcia do Amaral.

[617] GOMES, Carla Amado; FREITAS, Dinamene de. Le juge constitutionnel et la proportionnalité: rapport du Portugal. *In*: FACULDADE DE DIREITO DA UNIVERSIDADE DE COIMBRA. *Separata de Estudos em Homenagem ao Prof. Sérvulo Correia*. Coimbra: Almedina, 2010. v. I. p. 199 e seguintes.

2.3.4 Brasil

Ao contrário de outros textos constitucionais, a Constituição brasileira de 1988 não faz referência alguma ao princípio da proporcionalidade em seu texto, bem como não coloca uma cláusula geral de restrições de direitos, não obstante definir, no art. 5º, §1º, a aplicabilidade imediata de todos os direitos e garantias fundamentais previstos na Constituição, a par de mencionar a norma da legalidade como condição para impor obrigações comissivas e omissivas às pessoas no inc. II do art. 5º.

Sem embargo, em sede jurisprudencial, o Supremo Tribunal Federal reconhece o princípio da proporcionalidade, porém, ao menos nos últimos precedentes, não sente uma necessidade de trazer um fundamento jurídico-constitucional para invocá-lo. Uma plausível explicação seja que a norma da proporcionalidade e seus subestágios parecem cada vez mais consolidados na doutrina constitucional como um meio de evitar o caráter absolutista dos direitos, lugar comum na fundamentação dos acórdãos pelo Supremo Tribunal Federal.

Sem embargo, a correção formal-analítica que poderia ser clamada em virtude do emprego desse teste foi posta em dúvida por uma ausência de maior refinamento conceitual. Virgílio Afonso da Silva destacou que havia uma confusão conceitual entre proporcionalidade e razoabilidade por alguns juristas no Brasil, o que levava o tribunal a apresentar em seus arestos, quando invocava os escólios desses juristas como argumento de autoridade, os testes da razoabilidade e da proporcionalidade como se fossem sinônimos ou propiciassem o mesmo tipo de controle. De outra sorte, em muitas ocasiões o Supremo Tribunal Federal não demonstrou nenhuma preocupação em trabalhar a aplicação da proporcionalidade com a verificação analítica que cada subestágio desse princípio propiciaria, de sorte que terminou por fazer do recurso à proporcionalidade mais um *topos* argumentativo e retórico, a descurar do rigor dogmático.[618] Com efeito, a invocação de proporcionalidade como sinônimo de razoabilidade é nítida no acórdão na Ação Direta de Inconstitucionalidade nº 1.969-4/DF;[619] ademais, apesar de mencionar que a restrição imposta à liberdade de reunião era inadequada, desnecessária e desproporcional, não cuidou de estender a argumentação em cada um desses estágios, de sorte que, em termos metódicos, deixou a fundamentação a desejar e aparentou mais ser um recurso retórico.

Sem embargo, a crítica doutrinária parece ter recebido ressonância naquele colegiado. Pois bem, na Ação Declaratória de Constitucionalidade nº 29, julgada em conjunto com a Ação Declaratória de Constitucionalidade nº 30 e Ação Direta de Inconstitucionalidade nº 4.578,[620] o Supremo reconheceu que não restava ofendida a

---

[618] SILVA, Virgílio Afonso da. O proporcional e o razoável. *Revista dos Tribunais*, v. 798, p. 23-50, 2002. p. 27 e seguintes.

[619] Acórdão publicado no *Diário de Justiça da União* em 31.8.2007. O governador do Distrito Federal, por decreto, proibiu manifestações políticas com uso de carros de som ou assemelhados em alguns locais de Brasília, entre eles a Praça dos 3 Poderes. No acórdão, conquanto alguns ministros tenham deliberado sobre a inconstitucionalidade formal do ato normativo, pois não veio enunciado em lei, mas em decreto, a maioria dos ministros acompanhou o relator, Ministro Ricardo Lewandowski, em relação à inconstitucionalidade material do diploma. A fundamentação do acórdão mencionou que a restrição ao direito de reunião era não razoável e desproporcional, uma vez que a medida era "inadequada, desnecessária e desproporcional", sem, no entanto, explicar em que sentido a medida falharia nesses exames.

[620] Acórdão publicado no *Diário de Justiça eletrônico* em 29.6.2012, de relatoria do Ministro Luiz Fux. A Lei Complementar nº 135/2010, conhecida como "Lei da Ficha Limpa", foi uma iniciativa popular que, obtendo o número de assinaturas

norma da proporcionalidade na lei de iniciativa popular conhecida como "Lei da Ficha Limpa", que ampliava as hipóteses legais de inelegibilidade, inclusive para admitir como restrições válidas as condenações por órgãos judiciais colegiados, ainda que sujeitas a recurso, como hipóteses legítimas para suspender o exercício do direito político passivo de aceder a cargos políticos por oito anos. O acórdão terminou por reconhecer que as hipóteses de restrição eram constitucionais, pois os benefícios a serem conquistados com a diminuição das chances de um cidadão de vida pregressa desabonadora conseguir pleitear um cargo eletivo justificavam a afetação dos princípios da presunção de inocência e do direito ao sufrágio passivo. Conquanto os julgadores também não tenham sido mais explícitos em relação ao fundamento constitucional do princípio da proporcionalidade, dão a impressão de que o regime de direitos fundamentais, para compatibilizá-los com o seu caráter não absoluto, demanda uma norma que permita suas restrições de modo proporcional.

Outro acórdão em que houve uma clara diferenciação entre proporcionalidade e razoabilidade é o proferido em *Habeas Corpus* nº 122.694/SP, o qual fez um controle de constitucionalidade incidental sobre alteração normativa do Código Penal que vedou a prescrição retroativa antes do recebimento da denúncia.[621] Considerando que diminuir as hipóteses de prescrição era, coetaneamente, cumprir com os deveres de proteção emanados das normas de direitos fundamentais, o Supremo Tribunal Federal teve o cuidado de separar os estágios da proporcionalidade e examinar cada um deles, com a anotação de que os fins buscados – maior proteção das pessoas e aumento da efetividade do processo penal e, por consequência, diminuição da impunidade dos criminosos – eram de algum modo promovidos pela medida questionada. Na fase da necessidade, considerou que não haveria outros meios menos lesivos aos direitos fundamentais de mesma eficácia quanto à promoção dos fins. Foi a medida oficial cotejada com três hipóteses: i) aumentar, em relação a todos os crimes, os prazos prescricionais;

---

suficientes, reformou a legislação eleitoral para aumentar o prazo de boa parte das hipóteses de inelegibilidade de três para oito anos. Também ampliou as hipóteses de inelegibilidade, prevendo novos tipos e endurecendo algumas hipóteses já estabelecidas. A matéria de maior embate foi o recrudescimento da legislação eleitoral ao deixar de exigir a impossibilidade de recursos e o trânsito em julgado (coisa julgada), para decisões da justiça eleitoral que reconhecessem abuso do poder político ou econômico ou que condenassem por alguns ilícitos eleitorais, e para decisões judiciais que condenassem os agentes pela prática de crimes de natureza comum ali discriminados, contentando-se apenas que a decisão judicial tenha sido proferida por órgão judicial colegiado. A corrente majoritária defendeu que o fim legal era legítimo, em função da norma do art. 14, §9º, enumerar que as novas hipóteses de inelegibilidade poderiam ser criadas por lei para proteger o equilíbrio das eleições e a probidade e a moralidade do exercício dos mandatos, considerando inclusive a vida pregressa do candidato ao certame eleitoral. Mas nem todos os julgadores avaliaram a legislação sob a ótica da proporcionalidade. A Ministra Cármen Lúcia entendeu que a norma era constitucional sob o cânone da razoabilidade. O Ministro Joaquim Barbosa não entrou na argumentação da norma da proporcionalidade. O Ministro Ricardo Lewandowski invocou tanto a proporcionalidade como a razoabilidade, parecendo ainda incorrer no equívoco de tratar os dois testes como sinônimos. Percebe-se que, no voto do relator, que restou vencido em pouca parte em relação à maioria, houve a preocupação de mencionar os estágios da proporcionalidade e diferenciá-la da razoabilidade, a qual foi considerada atendida no diploma legal fiscalizado. O Ministro Gilmar Mendes, por sua vez, durante os debates, invocou o princípio da proporcionalidade para defender a inconstitucionalidade das mudanças legais, por ofensa ao núcleo essencial dos direitos fundamentais.

[621] Publicado no *Diário de Justiça eletrônico* em 19.2.2015, de relatoria do Ministro Dias Toffoli. A maioria acompanhou o voto do ministro relator, o qual apontou a constitucionalidade da alteração normativa, rejeitando também o malferimento da razoabilidade, dignidade humana e de direitos e garantias fundamentais supostamente violados, como a isonomia, razoável duração do processo, da proibição de penas desumanas ou de individualização da pena.

ii) aumentar a pena de todos os crimes; iii) mudar os marcos interruptivos da prescrição. Na fase da proporcionalidade em sentido estrito, a ponderação examinada concluiu que ou haveria um empate, com preservação da constitucionalidade da norma alterada, ou haveria prevalência do interesse estatal promovido pela alteração legislativa, eis que o fim tinha um forte valor e a intensidade de afetação do direito fundamental teria um valor entre médio a grave. Aqui o voto condutor da maioria foi mais exaustivo e rigoroso na análise dos fundamentos da proporcionalidade, não só com a preocupação de meramente explicar os estágios, mas de analisá-los argumentativamente com as premissas fáticas e jurídicas que o caso trazia.

Se esse maior refinamento analítico foi uma exceção ou se a crítica de Virgílio Afonso da Silva ainda é atual é um juízo que dependeria de uma maior pesquisa jurisprudencial, o que se acha desnecessário, uma vez que o objetivo era de pontuar qual o fundamento constitucional usado pelo Supremo Tribunal Federal quando invoca a norma da proporcionalidade. Mesmo no acórdão dado no *Habeas Corpus* nº 122.694/ SP, elogiado aqui pela maior preocupação analítica, também faltou externar a fonte jurídico-constitucional da norma da proporcionalidade, conquanto também se perceba que o maior fundamento agasalhado esteja mesmo na necessidade de evitar um caráter absoluto dos direitos fundamentais.

2.4 Justificação teórico-normativa da proporcionalidade

No início do subitem 2.3, fez-se uma diferenciação entre a justificação jurídico-positiva do princípio da proporcionalidade e a justificação teórico-normativa. Cumpre, em síntese, relembrar que a justificação teórico-normativa se depara com uma fundamentação que almeja convencer o auditório a adotar o princípio da proporcionalidade.

Em sequência, serão examinadas diferentes justificações dessa natureza, com a tomada de posição a respeito.

2.4.1 Estado de Direito

Uma fundamentação teórico-normativa é extrair a norma da proporcionalidade do princípio do Estado de Direito, tal qual fizeram o Tribunal Constitucional português, o Tribunal Constitucional Federal alemão e a Suprema Corte canadense – esta se baseou, em realidade, na *Rule of Law*. Vários juristas recorrem a essa norma como a fonte do princípio da proporcionalidade,[622] amparados no raciocínio de que o exercício do

---

[622] Entre inúmeros juristas, podem-se destacar CANAS, Vitalino. Constituição prima facie: igualdade, proporcionalidade, confiança (aplicados ao "corte" de pensões). *E-pública – Revista Electrônica de Direito Público*, n. 1, p. 1-41, 2014. p. 4; CANOTILHO, José Joaquim Gomes. *Direito constitucional e teoria da Constituição*. 7. ed. Coimbra: Almedina, 2003. p. 457, o qual destaca que o princípio da proporcionalidade é uma subdensificação do princípio do Estado de Direito; GOMES, Carla Amado; FREITAS, Dinamene de. Le juge constitutionnel et la proportionnalité: rapport du Portugal. *In*: FACULDADE DE DIREITO DA UNIVERSIDADE DE COIMBRA. *Separata de Estudos em Homenagem ao Prof. Sérvulo Correia*. Coimbra: Almedina, 2010. v. I. p. 189, as quais, sob o ângulo da Constituição portuguesa, colocam que há pluralidade de fundamentos normativos; FERNÁNDEZ NIETO, Josefa. *Principio de proporcionalidad y derechos fundamentales*: una perspectiva desde el derecho público común europeo. Madrid: Dykinson, 2008. p. 314-315 e seguintes; RUIZ, Ramón; LA TORRE MARTÍNEZ, Lourdes de. Algunas aplicaciones e implicaciones del principio de proporcionalidad. *Revista Telemática de Filosofía del Derecho*, n. 14, p. 27-44, 2011. p. 43-44, destacando ser a proporcionalidade um princípio geral de direito.

poder deve ser controlado de modo a não permitir excessos ou abusos por parte de seus detentores, algo conectado a uma ideia de justiça material apelada pela aspiração de proporcionalidade.

De um lado, conquanto se possa reconhecer que é possível um princípio jurídico tão denso como o princípio do Estado de Direito concretizar ou densificar mais normas, radicar a norma da proporcionalidade no princípio do Estado de Direito, por mais verdadeiro que possa ser, traz o inconveniente de ter de explicar o porquê outros sistemas jurídicos, que também abraçam o Estado de Direito, não aplicam a metódica do princípio da proporcionalidade para efetuar a avaliação de conflitos entre princípios jurídicos e, especialmente, no que tange às restrições aos direitos fundamentais.

Em suma, compreende-se que ancorar a norma da proporcionalidade, na acepção de princípio jurídico que metodicamente sindica conflitos normativos que exijam respostas ponderativas, ao princípio do Estado de Direito é um passo hermenêutico sustentável, mas muito tíbio por carecer de um fundamento de apoio que explique a expansão de sua utilização e o seu espraiar a diversas ordens jurídicas.

2.4.2 Democracia

Outra estratégia hermenêutica para fundamentar constitucionalmente o princípio da proporcionalidade é fornecida por Barak, o qual, embora também ligue a norma da proporcionalidade a *Rule of Law* e ao Estado de Direito, alega que ela também decorre do princípio democrático, desde que, tal como deve ocorrer também com a norma do Estado de Direito, haja a aceitação de cinco suposições: i) *status* constitucional da democracia; ii) democracia não se contenta com procedimento majoritário, mas é enriquecida pelos direitos fundamentais; iii) democracia baseia-se num balanço entre direitos fundamentais e interesses públicos; iv) cláusulas de limitação ou reservas legais implicam ponderação; v) cláusulas de limitação ou reservas legais são baseadas numa proporcionalidade, decorrente do ajuste correto da tensão entre a regra majoritária da democracia e sua faceta procedimental com a faceta substancial daquela, cristalizada na opção de constitucionalizar direitos fundamentais.[623]

Conquanto o jurista israelense seja muito claro em reconhecer outras possíveis fontes para o princípio da proporcionalidade, bem como em não postular que seja a proporcionalidade o único critério para proporcionar o correto equilíbrio entre direitos e interesses de índole constitucional, a negar, pois, que seja uma necessidade lógica,[624] a proposta de Barak possui uma clara dependência de predicados ao princípio democrático, os quais, por si sós, já enfraquecem sua tese. Isto é, como depende de uma série de pressupostos, a tese de Barak é claramente correta, mas por uma particular ideia de democracia que reclama a existência de elementos acrescidos a esse conceito. O que se pergunta é se não seria mais produtivo cientificamente erigir esses elementos como a

---

[623] BARAK, Aharon. *Proportionality* – Constitutional rights and their limitations. Tradução de Doron Kalir. Cambridge; New York: Cambridge University Press, 2012. p. 214 e seguintes.

[624] BARAK, Aharon. *Proportionality* – Constitutional rights and their limitations. Tradução de Doron Kalir. Cambridge; New York: Cambridge University Press, 2012. p. 240-241. Mas o jurista defende que seja o melhor critério, com o que se está de acordo.

real fonte teórico-normativa do princípio da proporcionalidade, em vez de valer-se de uma particular construção de democracia; a resposta entende-se que seja afirmativa.

2.4.3 O regime jurídico contemporâneo dos direitos fundamentais

Uma fonte teórico-normativa mais forte para o esteio da norma da proporcionalidade é a decorrente de um Estado de Direito que preveja a existência de normas de direitos fundamentais não apenas como normas programáticas nem como declarações políticas sem conteúdo de juridicidade. Não deixa de ser uma das argumentações lançadas pelo Tribunal Constitucional Federal alemão para justificar o princípio da proporcionalidade, sob a razão de que essa norma seria da "essência" ou conatural aos direitos fundamentais, tese que propagaria a máxima de que "não existem direitos absolutos". Aqui serão lançadas linhas que, em alguma medida, repetem argumentações já lançadas ao longo da tese.

Ao Legislativo compete o encargo de, balanceando diferentes bens jurídico-constitucionais, eleger os fins prioritários de um país e selecionar os meios de alcançá-los, o que normalmente implica alguma necessidade de disposição ou rearranjo de posições recondutíveis às normas de direitos fundamentais. O notável poder conferido ao Legislativo, especialmente com o crescente acréscimo de funções que chamou a si o Estado de Direito, trouxe o efeito de perquirir-se o papel do Judiciário no atual constitucionalismo.

Com a verificação de que o Estado passava a assumir novas funções, incompatíveis com a feição liberal que ostentava nos primórdios do constitucionalismo clássico, houve um agigantamento das competências do Executivo, ao mesmo tempo em que o Legislativo, mais dependente da movimentação daquele poder, perdeu o espaço central da iniciativa das grandes decisões políticas que norteiam o rumo do país, contudo sem ficar alijado do processo, de modo que ainda depende de seu assentimento a decisão sobre a construção das grandes políticas, até porque ela é engendrada dentro da arena político-ideológica travada no seu reduto competencial. Assim, o robustecimento da força política de Executivo e Legislativo trouxe à tona a necessidade de um contrapeso político, por meio do controle judicial dos demais poderes no que tange à constitucionalidade de suas ações e omissões.[625]

A sedimentação dessa necessidade foi possível por força da vilania que imperou na Segunda Guerra Mundial, em que a dignidade do ser humano foi aviltada a ponto de inúmeras agressões estatais serem, em tese, consideradas "legais", porque não feriam a legislação em vigor. Embora a Constituição de Weimar previsse direitos fundamentais, normalmente suas normas eram interpretadas como de natureza programática, sem gerar um dever jurídico ao Legislativo e sem possibilitar sua fiscalização a cargo de outro poder. Na prática, o respeito aos direitos fundamentais dependia da própria conformação legislativa, o que os enfraquecia a um comando de legalidade.[626]

---

[625] CAPPELLETTI, Mauro. *Juízes legisladores?* Tradução de Carlos Alberto Álvaro Oliveira. reimpr. Porto Alegre: Sergio Antonio Fabris, 1999. p. 31-50; NOVAIS, Jorge Reis. *Contributo para uma teoria do Estado de Direito.* reed. Coimbra: Almedina, 2006. p. 200-207.

[626] SCHMITT, Carl. *Teoría de la Constitución.* 6. reimpr. Madrid: Alianza Universidad Textos, 2009. p. 180-185. O autor, em trabalho voltado à Constituição de Weimar, comenta que a significação jurídico-positiva dos direitos

A ruptura do modelo de centralidade na lei para um que situasse a constituição verdadeiramente no ápice do sistema[627] fez com que muitas constituições posteriores ao nazismo previssem a vinculação de todos os poderes públicos aos direitos fundamentais, numa expectativa de que fosse verdadeiramente consagrada a "força normativa da constituição",[628] com a rejeição da sua configuração como "mera folha de papel".[629] A importância de uma carta de direitos fundamentais só aumentou com a construção dogmático-jurisprudencial de uma perspectiva jurídico-objetiva desses direitos, a expandir a funcionalidade das normas de direitos fundamentais e reconhecer nelas um efeito de irradiação ao restante do ordenamento jurídico.[630]

A existência de um catálogo de direitos fundamentais e a vinculação de todos os poderes ao respeito, à proteção e à promoção desses direitos força o parlamento a ter de, simultaneamente, observá-los como uma barreira a uma atuação desmedida e como biruta orientadora dos ventos constitucionais que impulsionam a criação da legislação infraconstitucional. A relação entre a legislação e os direitos fundamentais compreende-se nessa "natureza paradoxal" já referida, porque impele o Legislativo a densificar as normas de direitos fundamentais, normalmente impregnadas de termos mais indeterminados, ao mesmo tempo que são esses comandos abertos aquilo que será objeto de controle de suas ações.[631]

Em decorrência disso, dessa necessidade de sopesar as diferentes razões normativas embebidas nos enunciados de direitos fundamentais e de interesses públicos, muitas constituições passaram a prever reservas legais para a configuração/limitação/restrição dos direitos fundamentais, algumas de natureza mais geral, sem atrelar-se a um exclusivo direito fundamental, enquanto outras apostaram em cláusulas específicas, que autorizam a restrição do direito fundamental com base em objetivos estatais normalmente conflitantes com a proteção mais aguda daquele direito. A autorização constitucional ao Parlamento para executar a restrição desses direitos sempre que fosse preciso ou necessário para alcançar objetivos estatais pensados como fundamentais – vejam-se as cláusulas especiais da Convenção Europeia de Direitos Humanos como um exemplo marcante dessa tentativa de fundamentação – seria um argumento para interpretar a existência do princípio da proporcionalidade, seja como norma implícita, seja como norma ampliada do conceito de "necessidade" existente na cláusula de restrição ou reserva legal.

---

fundamentais é a de fundar um princípio de "legalidade da Administração". A consequência desse raciocínio é apregoar que, fora proibições expressas no texto constitucional, as "limitações" aos direitos fundamentais demandam uma lei com atributo de generalidade e que não é possível ao Legislador destruí-los completamente.

[627] FERRAJOLI, Luigi. Sobre los derechos fundamentales. Tradução de Miguel Carbonell. *In:* CARBONELL, Miguel (Ed.). *Teoría del neoconstitucionalismo* – Ensayos escogidos. Madrid: Trotta, 2007. p. 71.

[628] HESSE, Konrad. *A força normativa da Constituição.* Tradução de Gilmar Ferreira Mendes. Porto Alegre: Sergio Antonio Fabris, 1991. p. 19. Segundo Hesse, a força normativa dependia da preservação de uma "vontade de constituição", em vez de uma "vontade de poder".

[629] LASSALE, Ferdinand. A essência da Constituição. Tradução de Walter Stönner. Adaptação da tradução de Aurélio Wander Bastos. 9. ed. Rio de Janeiro: Lumen Juris, 2009. p. 29-39; 45-48. Conforme sua célebre expressão, a constituição como uma folha de papel, sem importância alguma, seria a consequência de não observância dos "fatores reais de poder".

[630] A esse respeito, conferir item 2.7.5 da tese.

[631] Entre tantos, conferir DÍEZ-PICAZO, Luis María. *Sistema de derechos fundamentales.* 3. ed. Madrid: Thomson/ Civitas, 2008. p. 107 e seguintes.

Ligada a essa assertiva supramencionada, complementa-se a justificação da norma da proporcionalidade na imperiosidade de preservação dos direitos fundamentais contra o abuso excessivo – e, acrescenta-se, omissivo – na execução da atividade restritiva (protetiva). Assim, a restrição do conteúdo de um direito fundamental seria tolerável se fosse um meio para alcançar um fim constitucionalmente legítimo, sem a possibilidade de outras medidas menos agravadoras da liberdade protegida, com o correto balanço entre o montante de sacrifício imposto ao direito e o ganho advindo com a promoção daquele interesse estatal. Estava em causa a preocupação com o excesso de poder por parte do Legislativo no momento de ponderar os diferentes bens jurídico-constitucionais e de estabelecer as restrições aos direitos fundamentais.

Também jungida a essa temática está a cláusula da garantia do núcleo essencial, a depender da teoria seguida em relação à funcionalidade dessa salvaguarda.[632] Instituída em primeiro lugar na Constituição alemã, com replicação em outras constituições como a Constituição portuguesa e a Constituição espanhola, a garantia do núcleo essencial, a funcionar como "limite dos limites", também queria preservar um conteúdo do direito que estivesse protegido do poder normativo do parlamento no exercício de configuração/restrição dos direitos fundamentais, a salvaguardar-lhe um espectro de faculdades e posições da sanha interferente do Estado-Legislador. A adotar-se a teoria relativa, o conteúdo nuclear essencial protegido pelo direito fundamental é obtido após a aplicação da norma de proporcionalidade.

Todas essas ideias, trazidas da compreensão do constitucionalismo e do regime jurídico contemporâneo, autorizam, de fato, o intérprete a extrair como norma implícita o princípio da proporcionalidade. Aliás, entende-se que são argumentos mais fortes que os argumentos gerais dos princípios do Estado de Direito e democrático, justamente porque trazem mais razões particulares e fundamentos normativos acrescidos a justificar a fundamentação teórico-normativa do princípio da proporcionalidade.

Contudo, tal como os demais, ainda assim se poderia questionar se o regime jurídico contemporâneo dos direitos fundamentais, que reconhece uma necessidade de ponderação na construção da restrição a esses direitos e uma proteção contra o excesso nessa atividade – e contra o déficit de sua proteção –, traz como um imperativo lógico uma norma de proporcionalidade com a metódica pensada originalmente no modelo alemão. Por que não o *balancing* ou o teste de razoabilidade?

Antes de enfrentar essa questão, merecerá atenção a posição particular de Robert Alexy e sua teoria dos princípios, a qual não deixa de ser um desdobramento ou uma especialidade dentro do argumento do regime jurídico contemporâneo dos direitos fundamentais.

---

[632] O debate sobre a função e o papel da tese do núcleo essencial é rico. De um lado, antagonizam-se posições absolutistas e relativistas, as primeiras a sugerir uma proteção acrescida do núcleo essencial àquilo protegido pelo princípio da proporcionalidade, porque aquele conteúdo nuclear permite delimitar um espectro absoluto de liberdade, insuscetível de ponderações, enquanto que as segundas identificam a proteção do conteúdo essencial ao que é protegido pela aplicação da proporcionalidade. De outro, rivalizam-se posições objetivistas e subjetivistas, estas a defender que a situação concreta de quem é parte no litígio deve ser levada em conta para o núcleo essencial, ao passo que aquelas sustentam que se toma em consideração apenas a situação típica dos titulares dos direitos fundamentais, sem adentrar em particularidades concretas. A respeito do primeiro debate, filia-se às fileiras da teoria relativa. A esse respeito, conferir subitem 3.7.

2.4.4 Teoria dos princípios de Alexy

No capítulo primeiro desta tese, deu-se atenção à teoria dos princípios desenvolvida por Robert Alexy, o qual trabalha com a diferenciação teórico-normativa entre regras e princípios. Direitos fundamentais seriam princípios e, portanto, mandamentos de otimização, de sorte que seriam aplicáveis por ponderação e não subsunção, modo de aplicação condizente de regras jurídicas.

Dessa distinção fundamental em sua teoria, pretende Alexy fundar uma tese de conexão necessária entre direitos fundamentais, tomados na acepção de princípios, com o princípio da proporcionalidade: é a "primeira tese de necessidade".[633] Se os direitos fundamentais, por serem princípios, comandam a otimização de situações fáticas e jurídicas garantidas por normas principiológicas, eles implicam também o exame pelo princípio da proporcionalidade, de sorte que cada etapa do princípio estaria vocacionada a possibilitar essa otimização: idoneidade e necessidade incumbem-se da otimização fática, enquanto que a proporcionalidade em sentido estrito possibilita a otimização jurídica.

Como o próprio Alexy reconhece, sua defesa da tese de conexão necessária entre direitos fundamentais e princípio da proporcionalidade é tributária de uma segunda conexão necessária defendida pelo jusfilósofo: uma tese interpretativa que associe os direitos fundamentais à teoria dos princípios.

Em primeiro plano, contra a pretensão alexyana, nota-se que, se há alguns pontos de contato entre algumas ideias de Alexy e aquelas avançadas no corpo desta tese, a escrita deste trabalho mostra claramente que não se é defensor da teoria dos princípios consoante exposto pelo seu construtor. Mesmo assim, arrima-se a pesquisa na defesa do princípio da proporcionalidade, razão pela qual é de discordar-se da tese da conexão necessária.

Não obstante, mesmo um adepto da teoria dos princípios em suas traves-mestras poderia coerentemente discordar de Alexy. Em primeiro lugar, poderia sustentar que alguns direitos fundamentais, a depender da técnica da positivação, possuem *status* de regras jurídicas e não de princípios, aplicáveis, numa concepção ordinária, por subsunção, sem que isso justifique a utilização do princípio da proporcionalidade. Ademais, ainda que esteja diante de um princípio jurídico, é possível argumentar que essa norma jurídica depende, de fato, de uma ponderação, a qual poderia ser alcançada com outras ferramentas (*balancing* ou razoabilidade), não necessariamente o princípio da proporcionalidade. Em suma, poderia defender-se apenas uma conexão contingente e não uma conexão necessária entre a teoria dos princípios e a proporcionalidade.

Um contra-argumento antecipável seria o de que, nessa hipótese, haveria má compreensão ou não total aderência à teoria dos princípios, especialmente porque a ponderação reclama tanto uma otimização jurídica quanto fática, somente possível pela norma da proporcionalidade. Sem embargo, o contra-argumento não é convincente, porquanto defender a tese de que seja necessário otimizar fática e juridicamente uma determinada norma jurídica não resulta na plena estruturação dada pelo princípio da

---

[633] ALEXY, Robert. Los derechos fundamentales y el principio de la proporcionalidad. Tradução de Jorge Alexander Portocarrero Quispe. *Revista Española de Derecho Constitucional*, v. 91, p. 11-29, ene./abr. 2011. p. 11 e seguintes.

proporcionalidade na forma como concebida por Alexy e utilizada na jurisprudência do Tribunal Constitucional Federal alemão, isto é, composto dos três subtestes de idoneidade, necessidade e proporcionalidade em sentido estrito. Em suma, a própria otimização fática poderia ser considerada pelo aplicador como satisfatória mediante a adoção ao menos do teste de racionalidade ou de idoneidade, sem aventar nada a respeito do teste de necessidade.

Deveras, uma estruturação da justificação que contemple analiticamente os três subestágios da proporcionalidade confere maior racionalidade argumentativa. Porém, o modo de realizar essa otimização pelo princípio da proporcionalidade não é dado, senão de modo contingente, pela teoria dos princípios, inclusive porque outras teorias também reputam indispensável o mesmo exame, conquanto rejeitem a ponderação efetuada no princípio da proporcionalidade, com o reclamo da amputação de um estágio de proporcionalidade em sentido estrito.

2.4.5 Posição adotada

O compêndio das posições acima referidas mostra como, em alguma medida, todas podem dar arrimo interpretativo a uma norma de proporcionalidade. No entanto, rejeitam-se as tentativas, como a alexyana, de pensar na norma de proporcionalidade como uma necessidade lógica ou uma decorrência inequívoca de qualquer um dos fundamentos apresentados.

Em realidade, há uma migração da norma da proporcionalidade, com adaptações locais, sem dúvida, a vários ordenamentos jurídicos, com a partilha de uma particular concepção de direitos fundamentais e de seu regime jurídico. Com isso, problemas cotidianos de como compatibilizar e ponderar os direitos fundamentais em diferentes situações de colisão normativa são compartilhados por experiências desenvolvidas em outros países e em outros sistemas, inclusive no plano internacional. A "globalização jurídica" e a expansão do constitucionalismo na feição contemporânea têm acentuado o interesse de membros dos tribunais constitucionais em compreender o funcionamento de diferentes sistemas jurídico-constitucionais e em conhecer a jurisprudência constitucional de outras paragens em relação a problemas similares que lhes são apresentados. Inclusive, cada vez mais é usual que muitos tribunais citem, em seus acórdãos, casos decididos e a fundamentação dada a eles por tribunais constitucionais alienígenas.

Por um lado, isso é facilitado pelas inúmeras tecnologias que permitem acesso ao corpo de decisões e artigos disponíveis em plataformas virtuais na internet. De outro ângulo, há um crescimento no intercâmbio de informações e doutrina não só com os aperfeiçoamentos e especializações acadêmicas em instituições de ensino situadas no estrangeiro, mas também com a maior participação em congressos de direito constitucional no plano internacional.

Subjacente a tudo isso, uma ênfase maior na cultura de justificação tem ganhado maior adesão em diferentes sistemas e paulatinamente se instala em outros, especialmente pela ruptura constitucional com o contexto passado, tudo no intuito de erradicar o resquício de autoritarismo e valorizar cada vez mais as posições juridicamente protegidas das pessoas pelas normas de direitos fundamentais.

A norma da proporcionalidade é, sem dúvida, uma das marcas dessa nova linguagem constitucional que muitas ordens jurídicas têm construído e sobre a qual têm se arrimado. Assim, essa interpenetração teórica em torno do princípio da proporcionalidade certamente facilita um colóquio entre diferentes sistemas, por meio da jurisprudência constitucional de diferentes países, com notável contribuição ao aperfeiçoamento de seu uso.

No entanto, se a necessidade ponderativa é cada vez mais reconhecida, por que usar, entre o arsenal metodológico disponível, a proporcionalidade e não outras técnicas ou testes? Eis aqui o fundamento teórico-normativo complementar aos argumentos esgrimidos nos subitens antecedentes: a necessidade de angariar maior legitimação por parte do Judiciário.

Com efeito, inegavelmente o regime jurídico contemporâneo dos direitos fundamentais pressupõe um crescimento da competência judiciária para fiscalizar a inconstitucionalidade, a fim de que possam os órgãos judiciais enfrentar e sindicar a atuação dos demais poderes. No entanto, essa competência acrescida ao Judiciário termina por acentuar a carga política de suas decisões e retoma questões nunca teoricamente fulminadas em definitivo sobre a judicialização da política e os limites do Judiciário para cumprir seu papel sem usurpar a competência conferida aos demais poderes.

A assunção dessa competência, para angariar legitimidade, dependerá da capacidade argumentativa e analítica dos tribunais, os quais deverão cuidar para que as decisões sejam as mais transparentes possíveis, capazes de, senão convencer a todos, dar argumentos reconhecidos como satisfatórios ou respeitáveis por pessoas dotadas de racionalidade.[634] O princípio da proporcionalidade, mais do que outros critérios ou testes de controle de constitucionalidade que com ele competem, é o que mais possibilita um raciocínio concatenado, com separação do objeto de exame em estágios analíticos distintos, a trazer um contributo racionalizador advindo da própria estrutura formal, com explicitações de todos os principais argumentos a favor e contra determinada tomada de decisão. Como será mais bem explicado no momento de abordar a estrutura do teste de proporcionalidade, permite a separação de argumentos fáticos e jurídicos em estágios predefinidos. Ao permitir uma fundamentação mais rigorosa e clara, uma dialética mais intensa entre razões e contrarrazões, o princípio da proporcionalidade possibilita, mais que outros testes conhecidos, uma maior legitimidade argumentativa. Evidentemente, tudo isso não significa pretender que seja a norma da proporcionalidade a panaceia para todos os problemas jurídico-constitucionais nem desprestigiar a importância de uma teoria material que possa acomodar bem os direitos e interesses constitucionais, muito menos forjar uma aparência de objetividade plena advinda pelo emprego do teste.

2.5 A natureza jurídica do princípio da proporcionalidade

Consoante conceito de regras e princípios utilizado nesta pesquisa, defendido no subitem 1.3 do primeiro capítulo, existe interesse acadêmico em precisar a natureza

---

[634] Remete-se para o tópico 2.6.

jurídica do padrão de proporcionalidade: é de fato um princípio ou seria mesmo uma regra jurídica?

Alexy tem posição de que a natureza jurídica da norma de proporcionalidade é, de regra, aplicável por subsunção sempre que preenchida a condição da previsão normativa: uma colisão de princípios jurídicos.[635] Em linha diversa, David Duarte defende a natureza de princípio jurídico, porquanto a norma ostenta uma condição implícita na previsão: aplicar-se-ia em todas as situações de qualquer gênero que envolvam relações de meio e fim, a impor que os meios devam ser adequados, necessários e equilibrados.[636] O que poderia ser questionado, todavia, se isso não seria incongruente com a percepção de que a norma de proporcionalidade, a princípio, não entraria em colisão com outros princípios jurídicos, porque, como parâmetro de controle da ação estatal, seria sempre aplicável. Afinal, foi referida a apetência conflituosa típica dos princípios, decorrente justamente do conceito de princípio que se adota.

Uma resposta a esse problema é engendrada por Vitalino Canas,[637] o qual defende uma natureza híbrida da norma da proporcionalidade. Ao reconhecer que a norma da proporcionalidade – ele prefere a denominação da proibição do excesso – seria insuscetível de colisões com outras metanormas, o jurista defende um hibridismo estrutural da norma: no seu sentido mais lato, a açambarcar seus três estágios, a norma da proporcionalidade seria realmente um princípio; porém, se fosse feita uma análise de cada um das suas subetapas, a etapa da idoneidade seria destoante, a ostentar uma natureza mais próxima da de regra jurídica. A motivação estaria, segundo o jurista, na divisão entre o critério estrutural e o critério funcional para a qualificação de uma norma como regra ou princípio jurídico. Os adeptos de uma distinção apenas quanto ao grau tenderiam a ver, com razão na visão do jurista português, a norma da proporcionalidade mais como princípio, ao passo que os seguidores da diferença qualitativa tenderiam a classificá-la por regra. Isso decorre porque, no critério estrutural, a norma da proporcionalidade seria mais indeterminada, porque não regula as condições de sua aplicação, salvo na etapa da adequação. Todavia, no aspecto funcional, relativo ao seu uso na argumentação jurídica e na solução de controvérsias jurídicas, teria um aspecto mais de regra, isso porque não seria apta a entrar em conflitos normativos, embora nas fases da necessidade e da proporcionalidade em sentido estrito não fosse possível escapar de valorações e ponderações. Sopesados os dois critérios, para Canas

---

[635] ALEXY, Robert. *Teoria dos direitos fundamentais*. Tradução de Virgílio Afonso da Silva. São Paulo: Malheiros, 2008. p. 117. O jurista é seguido por adeptos da teoria dos princípios, a exemplo de SILVA, Virgílio Afonso da. *Direitos fundamentais* – Conteúdo essencial, restrições e eficácia. São Paulo: Malheiros, 2009. p. 167 e seguintes. Também na mesma linha, VIDAL, Andrea de Barroso Silva Fragoso. A norma da proporcionalidade: algumas controvérsias doutrinárias. *In*: DUARTE, David; SARLET, Ingo Wolfgang; BRANDÃO, Paulo de Tarso (Coord.). *Ponderação e proporcionalidade no Estado constitucional*. Rio de Janeiro: Lumen Juris, 2013. p. 277-281.

[636] DUARTE, David. Rebutting defeasibility as operative normative defeasibility. *In*: D'ALMEIDA, Luís Duarte *et alli*. *Liber Amicorum de José de Souza Brito em comemoração do 70º aniversário*. Lisboa: Almedina, 2009. p. 165; DUARTE, David. Drawing up the boundaries of normative conflicts that lead to balances. *In*: SIECKMANN, Jan-Reinard (Ed.). *Legal reasoning*: the methods of balancing. Proceedings of the special workshop "Legal Reasoning. The Methods of Balancing" held at the 24th World Congress of the International Association for Philosophy of Law and Social Philosophy (IVR), Beijing, 2009. Stuttgart: Franz Steiner Verlag/Nomos, 2010. p. 58-60.

[637] CANAS, Vitalino. A proibição de excesso como instrumento mediador de ponderação e optimização (com incursão na teoria das regras e dos princípios). *In*: SOUSA, Marcelo Rebelo de; QUADROS, Fausto de; OTERO, Paulo (Coord.). *Estudos em homenagem ao Prof. Doutor Jorge Miranda*. Lisboa/Coimbra: Faculdade de Direito da Universidade de Lisboa/Coimbra Editora, 2012. v. III. p. 888 e seguintes.

a etapa da adequação seria, estrutural e funcionalmente, mais próxima do conceito de uma regra jurídica, por ter suas condições de aplicação mais definidas, bem como pela inexistência de juízos de balanceamento. As demais etapas não escapariam de valorações e ponderações, a justificar seu tratamento como princípio jurídico.

Em realidade, no primeiro capítulo já se apresentaram as linhas que permitem situar a posição adotada nesta tese. Com efeito, dentro da perspectiva de uma distinção entre regras e princípios defendida neste estudo, em que o diferencial está na previsão normativa em função da indeterminação das condições de aplicação da norma, não se tem como discordar do magistério de David Duarte. Logo, justifica-se o tratamento da norma de proporcionalidade como um princípio jurídico. De outro lado, a estatuição da norma não permite retirar, em princípio, efeitos precisos imputados a uma determinabilidade do gênero de conduta humana, o qual seria verificável pelo exame da previsão. Qual a consequência da desobediência à proporcionalidade? Não há uma definição de efeitos precisos e a indeterminabilidade do gênero humano regulado indica tratar-se de um princípio jurídico.

Porém, também a norma da proporcionalidade não é uma norma de conduta; é uma metanorma que norteia a criação e a aplicação de normas jurídicas. Seus destinatários são as instituições estatais. É um princípio de natureza formal, que tem como ideal regulativo o equilíbrio no exercício do poder. Deveras, a subjacência de uma ideia de equilíbrio e harmonização entre diferentes interesses e bens jurídicos pode ser vista como uma postura imparcial, porque não toma, em si, lado de como acomodar melhor os interesses e bens jurídicos objetos das razões normativas. Assim, a estrutura procedimental da proporcionalidade é formal e permite diferentes composições, conforme disposição axiológica das normas e princípios que norteiam o sistema, o que não significa assumir uma neutralidade quanto à argumentação moral implícita na sua utilização.[638]

Se é de natureza formal, sem um peso material, a proporcionalidade não tem aptidão de entrar em conflitos normativos e, portanto, ser sujeita ao raciocínio ponderativo. No entanto, esse aspecto funcional de ser aplicável por ponderação é um marco das normas de conduta, não alcançando normas de índole formal.

Em outro vértice, a existência de juízos ponderativos dentro de suas subetapas da necessidade e proporcionalidade em sentido estrito, como notado por Canas, não desnatura a natureza da norma da proporcionalidade como princípio formal. Afinal, não é a proporcionalidade em si o objeto do sopesamento, mas os princípios materiais em confronto, cujo balanceamento é realizado na estrutura argumentativa fornecida pela proporcionalidade em cada um de seus estágios.

A compreensão do ponto aqui sustentado ficará ainda mais nítido no tópico a seguir, em que se depreende como princípios formais, sem participar diretamente de um conflito normativo, podem ser objeto de infiltração na estrutura da proporcionalidade.

---

[638] TREMBLAY, Luc B. An egalitarian defense of proportionality-based balancing. *International Journal of Constitutional Law*, v. 12, n. 4, p. 864-890, 2014. p. 884; KLATT, Mathias. An egalitarian defense of proportionality-based balancing: A reply to Luc B. Tremblay. *International Journal of Constitutional Law*, v. 12, n. 4, p. 891-899, 2014. p. 898. Com efeito, acompanha-se parcialmente a lição de Tremblay, com a ressalva feita por Klatt de não haver dispensa da argumentação moral, de sorte a não querer passar uma ideia de neutralidade com a proporcionalidade mesmo nessa acepção.

2.6 A intensidade de controle judicial e a infiltração de princípios formais no sopesamento: pré-ponderação?

O esboço de definição das etapas estruturais do princípio da proporcionalidade (idoneidade, necessidade e proporcionalidade em sentido estrito) feito adredemente não põe luzes em aspectos normalmente comentados de forma integrada com cada uma dessas subetapas da sua estrutura, a saber, o grau de controle judicial empenhado concretamente pelos tribunais e os respectivos ônus de prova e de carga de argumentação distribuídos entre as partes envolvidas no processo judicial.

A rigor, quando se examinam a idoneidade, a necessidade e a ponderação utilizada na etapa da proporcionalidade em sentido estrito, pode-se chegar a diferentes resultados consoante a bitola controladora utilizada pelo Judiciário e mesmo conforme a distribuição dos ônus de prova e de argumentação.

Robert Alexy, no construto teórico para consolidar sua teoria dos princípios, apresenta os conceitos de discricionariedade estrutural e epistêmica. A discricionariedade estrutural compõe-se da livre margem de decisão que cabe ao Legislativo para definir os objetivos, meios e ponderar entre prós e contras no equilíbrio de diferentes interesses em constantes conflitos; a otimização fática e jurídica dos princípios que albergariam esses interesses em colisão seria possível pela "máxima de proporcionalidade". A margem estrutural de ação teria um fator decisivo em caso de empate na etapa do sopesamento, pois, sem que haja um princípio de direito material prevalecente, dever-se-ia respeitar a decisão do Legislativo e validar a norma restritiva no exame judicial.[639]

Alexy, quando foca a análise de adequação e necessidade, mostra que esses testes, tomados apenas numa perspectiva negativa, apresentam uma ideia da eficiência ou do ótimo de Pareto, isto é, quando determinada posição pode ser melhorada sem piora da outra. No caso da idoneidade, um meio que não contribua, em qualquer medida, para o alcance do fim, afetará negativamente o direito fundamental com a restrição de seu conteúdo, porém em nada beneficiará a meta proposta. Por isso a ideia do ótimo de Pareto, pois como o meio não promove minimamente o escopo legal, pode ser invalidado. No caso do teste de necessidade, se há medidas que restrinjam em menor intensidade o direito fundamental e contribuam igualmente para o fim, invalida-se a opção do Legislativo que restrinja desnecessariamente o direito fundamental, porquanto seria possível a melhora de uma posição sem embaraço de outra. No entanto, no caso do teste de necessidade, o prisma é que as normas constitucionais não impõem ao legislador a adoção de determinado meio, seja ele o que promova mais, melhor e com mais segurança o fim almejado; no entanto, se ele resolvesse adotar um meio que restringisse o direito fundamental, deveria evitar sacrifícios desnecessários e selecionar a opção menos agressiva ao conteúdo do direito.[640]

Porém, Alexy enumera duas razões para que os casos mais fáceis resolúveis pelos testes de idoneidade e necessidade sejam a exceção no exame de proporcionalidade, de

---

[639] ALEXY, Robert. Epílogo a la teoría de los derechos fundamentales. Tradução de Carlos Bernal Pulido. *Revista Española de Derecho Constitucional*, v. 66, p. 13-64, 2002. p. 28-58.

[640] ALEXY, Robert. Epílogo a la teoría de los derechos fundamentales. Tradução de Carlos Bernal Pulido. *Revista Española de Derecho Constitucional*, v. 66, p. 13-64, 2002. p. 28-58.

modo que o recurso à ponderação é a hipótese mais corriqueira: as relações meio-fim subjacentes nesses testes suscitam diversos problemas de prognósticos e de conhecimento empírico e científico por parte do Legislativo, os quais, por sua vez, são herdados pelo Judiciário quando faz o controle. De outro lado, outro motivo abrange o teste de necessidade: na maior parte de incidência desse teste, a medida menos restritiva ao direito fundamental pode afetar desvantajosamente um terceiro direito fundamental ou princípio jurídico em maior intensidade que o meio selecionado pelo Legislativo, caso em que haveria conflito de mais de dois princípios.[641]

Nos casos mais complexos, em que o recurso à etapa do sopesamento é inevitável, entra em cena a discricionariedade epistêmica, proveniente da incerteza cognitiva daquilo que está ordenado, proibido ou permitido à discricionariedade do Legislativo. Essa incerteza radica-se nas premissas empíricas ou normativas. A margem empírica diz respeito ao conhecimento dos fatos relevantes confiados ao Legislativo, enquanto que a de natureza normativa consiste na incerteza sobre qual a maneira mais apropriada de sopesar os direitos fundamentais em jogo, com outorga ao legislador de determinado campo reservado, em cujo perímetro pode adotar a decisão conforme sua valoração.

Na discricionariedade epistêmica empírica cumpre defender que seria oportuno que todo o campo de ação do legislador estivesse pautado em certezas sobre as premissas fáticas que justificam a intervenção em determinado direito fundamental. No entanto, tal exigência não é passível de satisfação sempre, em virtude da complexidade da vida social, mesmo porque as "certezas" científicas muitas vezes são baseadas em teorias racionalmente aceitas, mas que contam com grande dose de incertezas e que, muitas vezes, acabam superadas por outras teorias. Na visão de Alexy, esse extremo esvaziaria a competência do legislador de decidir sobre matérias importantes de interesse público, a agredir o princípio formal democrático, que justamente influi no sentido de que as decisões importantes da vida social sejam decididas pelo Legislativo. O outro extremo de liberar o Legislativo para restringir e afetar os direitos fundamentais sem qualquer base empírica e científica confiável, todavia, sabota a garantia de império da constituição e da vinculação do legislador aos direitos fundamentais. Para Alexy, existe uma tensão e colisão entre o princípio de direito fundamental restringido e o princípio democrático, a depender de uma ponderação no caso concreto. Para solucionar essa colisão, Alexy estabelece a lei epistêmica da ponderação: quanto mais intensa a intervenção no direito fundamental, maior deve ser a certeza das premissas em que se baseia essa intervenção. A seu turno, a margem de ação epistêmica do tipo normativo realça a ausência de certeza sobre a conformação reservada à discricionariedade legislativa e ao conjunto de deveres e proibições ditado pela constituição ao legislador; é a dúvida sobre aquilo que ao legislador é permitido, proibido ou determinado pela Constituição. Nesse ponto, anota o jurista alemão que a discricionariedade epistêmica normativa deve ser reduzidíssima, só cabível com o pressuposto de insegurança normativa, uma vez que ela dilui a exigência de vinculação do legislador aos direitos fundamentais, tendo em

---

[641] ALEXY, Robert. Epílogo a la teoría de los derechos fundamentales. Tradução de Carlos Bernal Pulido. *Revista Española de Derecho Constitucional*, v. 66, p. 13-64, 2002. p. 28-58.

vista que caberia ao Legislativo a última palavra sobre o que a Constituição autoriza, determina ou proíbe.[642]

Os limites da margem de ação estrutural e da margem de ação epistêmica são parecidos e acarretam o mesmo resultado na reconstrução do juiz da ponderação do legislador, mas incluem-se as possibilidades jurídicas interpretativas, de forma que o juiz deverá respeitar a ponderação legislativa caso haja plausibilidade na interpretação conferida ao legislador; os princípios de direito material acabariam por neutralizar-se na equação ponderativa e o princípio formal democrático, que privilegia a decisão do legislador, define e preserva sua ponderação do controle judicial.[643] No entanto, o jusfilósofo germânico nota que um princípio formal não poderia vencer a colisão com um princípio material (direito fundamental), porque ele não possuiria conteúdo, de sorte que dependeria de estar conexo a outro princípio de direito material para prevalecer no sopesamento, fator denominado por ele de "lei de conexão".[644]

A tese de uma discricionariedade epistêmica e de uma discricionariedade estrutural revela, em realidade, a preocupação com o problema que remonta a toda e qualquer questão que envolva o controle de constitucionalidade: o eterno embate sobre os limites de controle do Judiciário sobre atos normativos editados pelo Legislativo. Alexy, como visto, resolve sua "equação" ponderativa baseada na fórmula do peso ao proclamar uma discricionariedade epistêmica sobre a matéria de fato e até sobre questões de interpretação e ao incluir o fator de insegurança empírica nessa fórmula. Com isso, esse fator de insegurança adentra no sopesamento entre princípios formais e materiais em colisão, mesmo que aqueles tenham respaldo nestes, para apontar qual terá mais força para reger o caso concreto. Para tanto, no esquema proposto por Alexy, é vital que as dúvidas empíricas sobre a idoneidade do fim e a desnecessidade do meio sejam resolvidas a favor do Legislativo, com postergação da decisão para a etapa de proporcionalidade em sentido estrito, ocasião em que o conflito entre esses princípios formais e materiais seriam dirimidos.

No entanto, a ideia de misturar num único quadro de "pesagem" os princípios formais e materiais não é isenta de críticas, havendo propostas com soluções alternativas.

A comparação e a ponderação entre princípios formais e materiais são atacadas por Mathias Klatt e Moritz Meister quando estes autores reconfiguram a fórmula do peso proposta por Alexy, com divergências pontuais sobre os conceitos de discricionariedade epistêmica e estrutural.[645] Segundo Klatt e Meister, uma teoria da discricionariedade epistêmica seria capaz de resolver o problema de alocação do ônus probatório, porém as escalas de interferência na proposta de Alexy não seriam escalas desenvolvidas pela Corte Constitucional (Alexy baseia sua teoria na jurisprudência do Tribunal Constitucional Federal alemão), mas revelam a plausibilidade das escalas dadas pelo próprio Legislativo,

---

[642] ALEXY, Robert. Epílogo a la teoría de los derechos fundamentales. Tradução de Carlos Bernal Pulido. *Revista Española de Derecho Constitucional*, v. 66, p. 13-64, 2002. p. 28-58.

[643] ALEXY, Robert. Epílogo a la teoría de los derechos fundamentales. Tradução de Carlos Bernal Pulido. *Revista Española de Derecho Constitucional*, v. 66, p. 13-64, 2002. p. 28-58.

[644] ALEXY, Robert. Epílogo a la teoría de los derechos fundamentales. Tradução de Carlos Bernal Pulido. *Revista Española de Derecho Constitucional*, v. 66, p. 13-64, 2002. p. 28-58.

[645] As diferenças e a proposta dos juristas serão trabalhadas no tópico referente à proporcionalidade em sentido estrito, de modo que sua posição a respeito será apenas sintetizada naquilo que interessar à compreensão do assunto deste subitem.

fator que amplia a margem de ação deste poder. O problema é que a confiabilidade das premissas que subjazem à interferência no direito deve ser sopesada não com a plausibilidade da avaliação da interferência, mas com a intensidade da interferência em si. Isso implica, para os juristas, uma separação da questão da intensidade de controle da confiabilidade ou incerteza das premissas.[646]

Toda essa construção da incerteza cognitiva normativa e empírica vem a fundamentar uma separação dos princípios formais com a ponderação realizada na fórmula do peso. Para tanto, autores constroem modelo de dois níveis, com o escopo de clarificar a relação entre discricionariedade e controle. No primeiro nível, efetua-se a ponderação para resolver o conflito entre princípios materiais, com o uso da fórmula do peso, sem qualquer participação de princípios formais. Eventuais incertezas epistêmicas podem ser levadas em conta conforme a segunda lei da ponderação, na reformulação dada por esses juristas. No segundo nível, entram em cena a relação de controle e os princípios formais, pois é possível ao órgão controlador conferir a justificação interna da ponderação (examina se o resultado segue as premissas levantadas pelo órgão controlado e se decorre da "aritmética" dos valores conferidos) e, conforme graus diversos de controle, refazer a justificação externa das premissas decisórias, com o eventual sobrepujar da decisão da autoridade controlada, ou mesmo substituindo as classificações dadas pela autoridade controlada, inclusive no que tange à ponderação classificatória. Esse segundo nível, que pode variar conforme o sistema constitucional, não precisa se situar num grau de tudo ou nada, pois diferentes graus de controle são divisáveis conforme importância do assunto em exame, suficiência de justificação, tipo de poder ou instituição estatal controlado etc. A grande conclusão dos doutrinadores é que o grau de controle judicial não é estágio jungido analiticamente ao princípio de proporcionalidade. A intensidade do controle e a proporcionalidade para ponderar os princípios materiais são estágios separados no aspecto analítico.[647]

Benedict Pirker, a seu turno, oferece argumentação diferente, porém com a mesma intenção: separar a intensidade de controle pelo órgão controlador da ponderação efetuada no último estágio do princípio da proporcionalidade. O jurista menciona que o princípio de proporcionalidade possui uma dimensão institucional, conforme empregado por cortes ou pelo parlamento. No âmago da questão, está a disputa em decidir a consolidação de uma força de razões excludentes aos direitos. Dentro dessa dimensão institucional do princípio da proporcionalidade, efetua-se uma "pré-ponderação", com dois resultados ideais, a formar paradigmas de controle: i) um modelo de controle de igual representação; ii) um modelo de controle de interesse especial. Como tipos ideais, os modelos não são adotados de forma pura nos sistemas e determinados sistemas podem adotá-los em diferentes graus, inclusive com variações ao longo do tempo.[648]

Pirker baseia sua tese da pré-ponderação na observação de que o padrão de controle e a extensão dos resultados do exercício ponderativo variam conforme o tipo

---

[646] KLATT, Mathias; MEISTER, Moritz. *The constitutional structure of proportionality*. Oxford: Oxford University Press, 2014. p. 109-148.

[647] KLATT, Mathias; MEISTER, Moritz. *The constitutional structure of proportionality*. Oxford: Oxford University Press, 2014. p. 109-148.

[648] PIRKER, Benedikt. *Proportionality analysis and models of judicial review* – A theoretical and comparative study. Groningen: Europa Law Review, 2013. p. 61-84.

de revisão judicial. Nenhum dos modelos escapa de um controle pelo princípio da proporcionalidade, porém o modelo de igual representação dos valores subjacentes nas normas de direitos fundamentais confia mais no exercício ponderativo realizado na etapa da proporcionalidade em sentido estrito, ao passo que o modelo de controle de interesses tende a evitar, como regra geral, o recurso ao sopesamento. É o *background* contextual da revisão judicial que definirá a prevalência de um ou outro modelo, conforme argumentos extraídos desse contexto que recomendem um maior "empoderamento" dos órgãos de controle e uma maior confiança neles. No modelo de *equal representation*, a justificação para que o órgão controlador receba maior poder para ponderar decorre de um cenário contextual que apresenta os diferentes valores como igualados representativamente nas normas; no modelo de especial interesse, o cenário de revisão fica mais limitado e o papel do órgão controlador é dar preponderância ao interesse especialmente protegido, unicamente com recurso ao sopesamento se o caso apresentasse um severo desequilíbrio entre esses valores.[649]

O apanhado teórico entre a posição de Alexy, que admite um sopesamento entre princípios formais e materiais na estrutura da proporcionalidade e, portanto, embute nessa mesma estrutura a intensidade de controle, e as propostas alternativas de Klatt e Meister, por um lado, e Pirker, por outro, precisa ser examinado, com a tomada de posição.

Um sério problema na proposta de mixagem de ponderação entre princípios formais e materiais na estrutura da proporcionalidade não deixou de ser percebido pelo próprio Alexy, o qual reconhece que os princípios formais estariam carentes de conteúdo material que pudesse resolver a ponderação. Por isso Alexy vê-se obrigado a recorrer a outro princípio de direito material, como se estivesse o princípio formal com ele conectado, a fim de que aquele pudesse prevalecer. No entanto, se o princípio formal não possui razão argumentativa apta a prevalecer isoladamente, em que medida ele conseguiria apoiar as razões de peso de um princípio de direito material conectado? Na linguagem metafórica da ponderação, se o princípio formal não tem peso, qual a razão para tornar o princípio material que lhe é conectado mais robusto? Seria somente por um aspecto quantitativo, isto é, a quantidade de princípios contrapostos (princípio material e princípio formal conexo contra um princípio material), mesmo que igualados no peso, seria o diferencial para descer o prato da balança a seu favor? Alexy não traz uma explicação mais satisfatória a esse respeito.

Ademais e dentro desse prisma, Reis Novais, conquanto com foco crítico sobre a possibilidade da aplicação do princípio da proporcionalidade para a proteção do déficit dos direitos sociais, expressamente aguilhoa a comparação ou o sopesamento de realidades que reputa diversas, pois isso mais contribuiria para a perda da força normativa constitucional: um princípio formal seria, em realidade, uma regra de competência, insuscetível de justificar seu afastamento numa ponderação casuística.[650]

---

[649] PIRKER, Benedikt. *Proportionality analysis and models of judicial review* – A theoretical and comparative study. Groningen: Europa Law Review, 2013. p. 61-84.

[650] NOVAIS, Jorge Reis. *Direitos sociais* – Teoria jurídica dos direitos sociais enquanto direitos fundamentais. Coimbra: Coimbra/Wolters Kluwer, 2010. p. 223-237. Reis Novais dirige-se contra a possibilidade de sopesamento entre a separação de poderes, os direitos sociais e as dificuldades financeiras de caixa. A propósito, com visível esteio na doutrina do Professor de Lisboa, caminha FONSECA, Coaracy José de Oliveira. *A judicialização do direito*

Fatalmente, conquanto Alexy tenha intuído e destacado a ausência de força argumentativa-normativa ou de peso de um princípio considerado formal, ele não resolve satisfatoriamente a questão, incluindo, sob a mesma estrutura formal da proporcionalidade, considerações sobre a intensidade de controle e as regras de distribuição de ônus de prova e de argumentação das partes. Isso é um erro, à medida que cria, como lembrou Pirker, uma escala móvel de competência, contribuindo para as setas críticas de insegurança jurídica, de sorte a implodir, na essência, a construção teórico-normativa de sua teoria de direitos fundamentais. Afinal, conforme as regras de competência sejam representadas meramente como mandados de otimização, elas geram competências *prima facie*, destoante do sentido de regra jurídica, categoria de norma que apresentaria obrigações definitivas de modo ordinário, sem prejuízo de eventual derrotabilidade.

Julian Rivers bem percebe que a questão de deferência/contenção de um tribunal para com os demais poderes é algo distinto do assunto da justificação constitucional da medida adotada pelo legislador ou pelo administrador. No entanto, conquanto sua abordagem tenha o mérito de separar os assuntos, faltou dar o passo adiante no sentido de que seriam estágios analíticos diferenciados, como pontuaram Klatt e Meister. Isso porque Rivers continua a insistir que são os estágios da proporcionalidade, ou seja, sua estrutura, que propiciam os momentos de exercício dessa deferência/contenção, sem notar que o decisivo estará na influência do contexto cultural-social-político em que a corte está inserida, mesmo que seja possível falar de uma infiltração de deferência ou contenção do tribunal, na finalidade de dar maior ônus argumentativo para ultrapassar a decisão controlada na aplicação de cada subteste da proporcionalidade.[651]

Em realidade, parece acertada a opinião de Kellyne Laís Laburú Alencar de Almeida de que os princípios formais atuariam, em realidade, como um "fator dirigente de ponderação",[652] ou seja, eles não entrariam em colisão com princípios materiais, como assevera Alexy, mas organizariam o próprio controle, de sorte a clarificar qual instituição deva ter a palavra final para decidir a questão, se é o órgão controlado ou o controlador. E tanto isso influi no controle, pela acentuação ou diminuição do grau de supervisão do órgão controlador na decisão tomada pelo órgão controlado, como pode reverberar na distribuição do ônus argumentativo e de prova entre os interessados que demandam junto à instituição controladora.

---

fundamental à saúde no Brasil: limites constitucionais. Tese (Mestrado em Ciências Jurídico-Políticas) – Faculdade de Direito, Universidade de Lisboa, 2013. p. 212-227. Em aspecto similar quanto ao problema da força normativa das normas constitucionais formais, PIRKER, Benedikt. *Proportionality analysis and models of judicial review* – A theoretical and comparative study. Groningen: Europa Law Review, 2013. p. 61-84. Quanto ao problema de uma racionalidade nessa questão, além de apresentação de outras críticas, conferir KLATT, Mathias; MEISTER, Moritz. *The constitutional structure of proportionality*. Oxford: Oxford University Press, 2014. p. 109-148.

[651] RIVERS, Julian. Proportionality and variable intensity of review. *Cambridge Law Journal*, v. 65, n. 1, p. 174-207, mar. 2006. p. 177-182; 199 e seguintes. Em realidade, pensa-se que é possível a leitura dada no corpo da tese, embora também a colocação de Rivers nesse tocante é um pouco dúbia. Não fica totalmente claro se Rivers de fato percebe que a questão da deferência ou contenção é algo estranho à estrutura da proporcionalidade, embora nela se reflita durante a aplicação dos subtestes em si compreendidos pela infiltração, conforme apregoado no texto, ou se a melhor é o caminho na direção de integrar na estrutura da proporcionalidade a questão da deferência, o que é rejeitado nesta pesquisa.

[652] ALMEIDA, Kellyne Laís Laburú Alencar de. *O paradoxo dos direitos fundamentais*. Porto Alegre: Sergio Antonio Fabris, 2014. p. 285-286.

Evidentemente, a divisão do ônus argumentativo e de prova conforme a intensidade de controle exercida pela instituição supervisora produz efeitos na própria decisão por esta dada no uso do princípio da proporcionalidade. É por isso que, como figura de linguagem, cabe falar de uma "infiltração" de um princípio formal – ou mesmo de questões meramente fáticas que demonstrem uma anomalia institucional – no exame ponderativo, de sorte a realocar essa carga de argumentação e até do ônus probatório, sem que isso gere um conflito entre um princípio formal e um princípio material.[653]

A clarificação apresentada por Klatt e Meister quanto à separação da estrutura da proporcionalidade com a intensidade de controle é uma contribuição bem-vinda. No entanto, as novas variáveis que os juristas incluem na fórmula do peso, sem embargo de deixar mais fidedigna a tarefa adjudicatória no que toca aos múltiplos aspectos a considerar, possuem a desvantagem de deixar menos administrável sua utilização.[654] Com isso, reduz-se sua funcionalidade heurística.

De qualquer sorte, concorda-se com Pirker no sentido de que as incertezas empíricas e normativas explicam parcialmente as diferentes configurações da intensidade de controle. Tal como este jurista reforça, há fatores culturais e políticos, sujeitos à variação no tempo e no espaço, que justificam uma supervisão mais estrita ou mais deferente de uma corte em relação ao órgão controlado. Um aspecto impactante são os contextos de justificação ou de autoridade que podem preponderar nos diferentes ordenamentos, mencionados por Cohen-Elyia e Porat e já referidos ao longo do Capítulo 1 e deste corrente, os quais revelam as nuances culturais que podem explicar uma maior confiança ou desconfiança com as instâncias de controle e as instâncias controladas, especialmente exemplificados na problemática da tensão entre legislador e Tribunal Constitucional. Enfatiza-se o aspecto dessa tensão, mas não se descura que ela é reproduzida em diferentes níveis de controle, a exemplo do controle exercido pelo Judiciário nacional sobre o Executivo ou por tribunais ou organismos internacionais em relação a autoridades de direito interno.

---

[653] ALMEIDA, Luiz Antônio Freitas de. *Direitos fundamentais sociais e ponderação* – Ativismo irrefletido e controle jurídico racional. Porto Alegre: Sergio Antonio Fabris, 2014. p. 241-242. Nesse trabalho referenciado, defendeu-se que a infiltração no raciocínio ponderativo de limitações financeiras (condicionamento fático) ou do princípio democrático em eventual conflito de direitos fundamentais sociais e outros direitos produziria um fortalecimento da razão intrínseca da norma promovida pelos poderes políticos em detrimento da norma de direito fundamental social afetada pela omissão estatal, cuja consequência seria um aumento do ônus argumentativo da parte que se ampara no direito fundamental social atingido. A ideia de uma "infiltração" pode ser defendida dentro de algumas clarificações e retificações na proposta original. No trabalho mencionado, ainda não se tinha a exata percepção de que há níveis analíticos distintos entre a intensidade de controle e a estrutura formal da proporcionalidade, conquanto já se tivesse presente que a infiltração de um princípio formal ou um aspecto fático poderia alterar o ônus argumentativo e, em realidade, não representaria um conflito entre um princípio formal e um princípio material, segundo defendera Alexy. Aceita-se que é possível falar de uma "infiltração", não obstante a existência de níveis analíticos distintos, justamente porque a distribuição da carga de argumentação e do ônus probatório influi, obviamente, na organização da aplicação do princípio da proporcionalidade, conquanto não integre a estrutura do princípio justamente porque não ativa um conflito normativo e não gera uma relação meio/fim. No entanto, é preciso retificar ou esclarecer a afirmação de que a infiltração de um princípio formal produza o "fortalecimento da razão intrínseca" que apoia determinada norma de direito material que é objeto do sopesamento, apenas para deixar evidente que isso ocorre numa etapa distinta, na etapa que lida com a intensidade de controle e não com o princípio da proporcionalidade, a qual variará conforme os diferentes contextos culturais e políticos que podem fortalecer ou enfraquecer o controle.

[654] PIRKER, Benedikt. *Proportionality analysis and models of judicial review* – A theoretical and comparative study. Groningen: Europa Law Review, 2013. p. 13-88.

Sem embargo, ainda que Pirker tenha o mérito de dar uma visão mais realista e ampla que Klatt e Meister e que explique diferentes formas de aplicação do princípio da proporcionalidade, percebe-se que ele se fia numa visão de democracia não compartilhada com os nortes desta pesquisa. Para Pirker, esses modelos de controle são aceitáveis e a tensão entre Judiciário e Legislativo deve ser resolvida numa "concepção procedimentalista" de democracia, em que o controle judicial funciona como garantia contra graves disfunções do processo democrático, a servir de contrapeso contra arbitrariedades e excessos perpetrados pela maioria contra grupos em situação mais vulnerável ou que não tiveram oportunidade ou força para influir no processo democrático.[655] Aqui o jurista confronta seus dois modelos ideais de controle, para verificar que o modelo de igual representação prepondera em questões sensíveis como as dos direitos fundamentais, a exigir um maior patamar ponderativo conferido aos tribunais justamente para evitar anomalias do processo democrático.

Uma primeira discordância poderia ser formulada porque se entende mais acertada a concepção de uma democracia deliberativa,[656] que teoriza a respeito de um diálogo interinstitucional entre poderes, o que fomenta uma concepção alargada de "legitimidade",[657] sem resumi-la àquela dada pelo sufrágio e voto popular. Sem embargo de pôr a salvo alguns princípios materiais essenciais para o funcionamento do processo democrático da plena disposição pelas maiorias de ocasião,[658] a democracia deliberativa aposta numa relação de legitimidade em que todos possam ter voz e influenciar a máquina estatal na tomada de decisões.[659]

---

[655] PIRKER, Benedikt. *Proportionality analysis and models of judicial review* – A theoretical and comparative study. Groningen: Europa Law Review, 2013. p. 61-84.

[656] Sobre o conceito de democracia deliberativa adotado no texto, remete-se para GARGARELLA, Roberto. Democracia deliberativa e o papel dos juízes diante dos direitos sociais. Tradução de Thiago Magalhães Pires. *In*: SOUZA NETO, Cláudio Pereira; SARMENTO, Daniel (Org.). *Direitos sociais* – Fundamentos, judicialização e direitos sociais em espécie. 2. tir. Rio de Janeiro: Lumen Juris, 2010. p. 207-219. É claro que as nuances culturais podem, em geral, justificar uma preponderância da visão da democracia procedimentalista, no entanto a afirmação no texto toma como base os sistemas em que se reconheça uma prevalência da cultura de justificação. As linhas seguintes sobre democracia deliberativa retomam reflexões desenvolvidas em ALMEIDA, Luiz Antônio Freitas de. *Direitos fundamentais sociais e ponderação* – Ativismo irrefletido e controle jurídico racional. Porto Alegre: Sergio Antonio Fabris, 2014. p. 178 e seguintes.

[657] Nunca é debalde o alerta de STARCK, Christian. Droits fondamentaux et démocratie: les deux faces de l'idée de liberté. *In*: STARCK, Christian. *La constitution cadre et mesure du droit*. Paris; Aix-en-Provence: Econômica; Presses Universitaires d'Aix-Marseille, 1994. p. 67-68, de que o conceito de legitimidade permite leituras que não se contêm dentro das linhas traçadas por estudos de dogmática jurídica.

[658] HOECKE, Mark van. Judicial review and deliberative democracy: a circular model of law creation and legitimation. *Ratio Juris*, v. 14, n. 4, p. 415-423, 2001. p. 417 e seguintes. O autor defende que a legitimidade de uma corte lhe confere poder para defesa de minorias, mas a satisfação dessa função só será alcançada mediante uma deliberação comunicativa.

[659] HÄBERLE, Peter. *Pluralismo y constitución* – Estudios de teoría constitucional de la sociedad abierta. Tradução de Emilio Mikunda-Franco. Madrid: Tecnos, 2002. p. 193-201. Este jurista acentua a necessidade de uma "sociedade aberta" especialmente dentro de um Estado prestacional, que se legitima pelo pluralismo, outorgando ao indivíduo um *status activus processualis*. Conferir, ainda, HABERMAS, Jürgen. Paradigms of law. *In*: CAMPBELL, Tom; STONE, Adrienne (Ed.). *Law and democracy*. Aldershot; Burlington: Dartmouth; Ashgate, 2003. p. 279-280, a respeito da necessidade de os indivíduos considerarem as leis como suas obras, a fim de que deem voz aos seus interesses, embora caiba ressalvar que Habermas não defendia uma concepção de democracia substancial como é a democracia deliberativa. Sobre uma distinção entre uma concepção substancialista e procedimentalista de democracia, remete-se a DWORKIN, Ronald. *Justice for hedgehogs*. Cambridge-London: The Belknap Press of Harvard University Press, 2011. p. 379-399, o qual era defensor de uma concepção de democracia substancialista que trata os indivíduos com igual respeito e consideração; SHAPIRO, Ian. *El estado de la teoria democrática*. Tradução de Julià de Jódar. Barcelona: Bellaterra, 2005. p. 97-113, o qual advoga uma tese intermediária entre procedimento e substância. Em relação aos direitos sociais, partindo de uma distinção entre direitos fundamentais

Em vez de uma manifestação meramente periódica ou circunstancial por meio do voto, a cidadania deve "contaminar" positivamente os procedimentos com alguma substância, a permitir a formação da "vontade estatal" em amplo espaço de deliberação, com teses e antíteses que permitam uma síntese dialética entre diversos atores sociais.[660] É, em suma, permitir a participação de todos os interessados em amplos espaços de deliberação, com apresentação de argumentos na arena pública do discurso, a contribuir para a chegada de decisões racionais ou aceitas pela média dos homens racionais.[661] Toda essa sinalização de valorização da participação de diferentes pessoas ou grupos a defender seus interesses valoriza o aspecto plural da sociedade e o pluralismo político.[662]

É justamente esse pluralismo que reforça a necessidade de uma relação de respeito e colaboração entre os poderes, sem que um deles se atreva a assumir uma autoridade infalível e última nas questões de interpretação constitucional. Com as diferentes jornadas percorridas pelos Estados contemporâneos, os variados influxos e vetores histórico-políticos que movimentaram os organismos estatais acrescentaram-lhes funções não compatíveis com a formatação do Estado de Direito na sua gênese.[663] Com a fronteira entre as esferas pública e privada cada vez mais diluída num ambiente crescente de multipolarização dos interesses e da relação Estado/indivíduo e Estado/sociedade, o Legislativo deixou de ser o poder central para definir, como última autoridade, a interpretação das normas constitucionais e realizar o sopesamento entre os diferentes princípios materiais eventualmente discordantes, no intuito de alcançar um equilíbrio. No entanto, ainda permanece com a primazia nessa função, sem subordinar-se ao Judiciário, podendo, não concordando com a decisão judicial, usar sua competência para alterar as normas do sistema, a caracterizar um modelo não vertical, mas "circular" de criação e legitimação do direito.[664]

Por isso a essencialidade da fundamentação judicial esposar argumentos racionais e, sempre que a ponderação for utilizada, mostrar às claras os passos percorridos pelo

---

sociais democráticos (somente o direito à educação) e não democráticos, que se ajusta à concepção de democracia procedimental, menciona-se FABRE, Cécile. *Social rights under the constitution* – Government and the decent life. reprint. Oxford: Oxford University Press, 2004. p. 110-129.

[660] Com o enfoque de que deva, em relação aos direitos sociais em geral, o Estado garantir a participação de setores da sociedade distintos no planejamento de sua promoção, menciona-se GONZÁLEZ OROPEZA, Manuel. La naturaleza de los derechos económicos, sociales y culturales. *Anuario Jurídico*, v. XII, p. 115-137, 1985. p. 115-137.

[661] Sobre a legitimidade argumentativa dos juízes no controle sobre o Legislativo para a tutela de direitos fundamentais, ALEXY, Robert. Balancing, constitutional review, and representation. *International Journal of Constitutional Law*, v. 3, n. 4, p. 572-581, 2005. p. 578-581. Para uma defesa da democracia como um direito de 4ª dimensão, a permitir a ampla participação na administração estatal, BONAVIDES, Paulo. O estado social e sua evolução rumo à democracia participativa. *In*: SOUZA NETO, Cláudio Pereira; SARMENTO, Daniel (Org.). *Direitos sociais* – Fundamentos, judicialização e direitos sociais em espécie. 2. tir. Rio de Janeiro: Lumen Juris, 2010. p. 77-78.

[662] Sobre a noção de pluralismo que é condizente com a defesa da ponderação, remete-se ao Capítulo 1.

[663] A respeito do Estado Social e de um risco de tutela dos poderosos em detrimento da liberdade individual em consequência dessa mutação estatal, remete-se a FORSTHOFF, Ernst. Problemas constitucionales del Estado Social. Tradução de José Puente Egido. *In*: ABENDROTH, Wolfgang; FORSTHOFF, Ernst; DOEHRING, Karl. *El Estado Social*. Madrid: Centro de Estudios Constitucionales, 1986. p. 64-66.

[664] HOECKE, Mark van. Judicial review and deliberative democracy: a circular model of law creation and legitimation. *Ratio Juris*, v. 14, n. 4, p. 415-423, 2001. p. 417 e seguintes. O jurista lembra que há uma circularidade em função da própria influência dos Parlamentos na composição dos tribunais constitucionais. A questão fica mais dramática nas cláusulas constitucionais consideradas "pétreas", não passíveis de modificação por revisão ou emenda constitucional.

julgador, o que robustece a legitimidade judicial,[665] de sorte a permitir eventual resposta pelo Legislativo nesse diálogo diferido no tempo e no espaço, seja para que este concorde com aquele e refaça o caminho de modo a superar os defeitos constatados na pesagem dos princípios materiais em conflito ou, em última medida, para que insista no acerto de sua decisão, com apresentação de mais dados que sensibilizem o poder controlador do erro judicial e permita sobrepujá-lo (*overrule*).

Mais central para rejeitar os modelos de controle ideais sugeridos por Pirker é a constatação de que não conseguem capturar, de modo mais proeminente, a dinâmica de uma instância de controle em toda sua plenitude e as inter-relações mantidas com as instâncias controladas. Sem prejuízo do alerta da idealidade dos modelos, eles acabam desaguando numa ideia de um controle mais forte ou enfraquecido, conforme quem seja a instituição responsável por ter a última palavra, o que permite certa aproximação com a classificação de controle judicial forte e fraco de Mark Tushnet.

De acordo com o Tushnet, os dois modelos de controle de constitucionalidade podem possuir algumas variantes e a distinção capital entre si consiste na viabilidade de retificação da questão de mérito da decisão judicial em curto prazo pelo parlamento, processada em procedimento não muito diferente do adotado no processo legislativo ordinário. Quanto mais simples e acessível for a forma para o aditamento à constituição, mais enfraquece-se o controle judicial de constitucionalidade e vice-versa. Tushnet também propõe um aspecto pragmático na distinção entre um controle forte e fraco, consistente na frequência com que o Legislativo emenda a constituição como resposta a uma decisão judicial considerada equivocada ou apreciada como insatisfatória. Quanto maior a frequência de emendas constitucionais "responsivas", mais provável que o quadro seja de supremacia parlamentar, porém a raridade de respostas nesse sentido mostra que, na prática, existe mesmo uma supremacia judicial.[666] Agrega Tushnet a observação de um padrão de fortalecimento do controle ao longo do tempo, pois um controle fraco tende a robustecer-se pela confiança dos juízes no seu ofício e à míngua de respostas do Legislativo, os quais consideram inclusive o custo político de alterar a legislação ou a constituição com essa finalidade.[667]

Como é perceptível, os modelos de controle de Tushnet e Pirker não se sobrepõem. Aquele foca mais na autoridade para dar a última palavra, ao passo que este se concentra no uso corriqueiro ou excepcional do *balancing*. Um controle forte poderia tanto confluir com o modelo de igual representação ou de interesse especial, pois o que importa para sua qualificação como tal é a possibilidade de resposta do Legislativo por via de emenda constitucional. E, no reverso, um controle fraco, que privilegia o diálogo entre

---

[665] CAPPELLETTI, Mauro. *Juízes legisladores?* Tradução de Carlos Alberto Álvaro Oliveira. reimpr. Porto Alegre: Sergio Antonio Fabris, 1999. p. 92-107. O jurista italiano sustenta que a legitimidade do Judiciário, para o exercício do controle do Legislativo, advém tanto da exigência de fundamentação como da defesa de minorias alijadas da possibilidade de influenciar positivamente o processo democrático no parlamento e mesmo da possibilidade de alteração das normas em caso de discordância do Legislativo quanto ao resultado.

[666] TUSHNET, Mark. *Weak courts, strong rights.* Judicial review and social welfare rights in comparative constitutional law. Princeton; Oxford: Princeton University Press, 2008. p. 18-33.

[667] TUSHNET, Mark. *Weak courts, strong rights.* Judicial review and social welfare rights in comparative constitutional law. Princeton; Oxford: Princeton University Press, 2008. p. 33-47; 62-63; 69-70.

poderes e chama o legislador à corresponsabilidade de guarda da constituição,[668] não é incompatível com nenhum dos modelos de Pirker. Porém, tal qual é possível traçar um paralelismo entre cortes-direitos-remédios fortes e cortes-direitos-remédios fracos,[669] ele também é viável entre os modelos de controle forte e de igual representação: uma corte forte seria capaz de definir todo o conteúdo do direito fundamental, guardando pouca deferência ao parlamento ("direito forte" na terminologia de Tushnet), o que levaria a decisão, superadas as etapas da idoneidade e necessidade, para a decisão mediante ponderação na fase da proporcionalidade em sentido estrito.

A construção desse paralelismo permite efetuar uma crítica ao modelo de Pirker muito similar à desferida contra a contribuição de Tushnet, sem prejuízo de ressalvar a utilidade dos contributos prestados pelos juristas, mormente porque facilita a empreitada de um estudo comparativo entre diferentes países.[670] Os modelos de Pirker e de Tushnet não retratam na sua inteireza a atividade diária das cortes constitucionais sob o ponto de vista do seu direito constitucional. As cortes são atores políticos que também se preocupam com o cálculo político de uma atuação mais ativista ou autocontida.[671] Mesmo que reforce certa intercambialidade contínua entre os dois modelos, no caso de Tushnet, ou destaque a inexistência de um raciocínio subsuntivo para definir qual modelo segue determinado órgão de controle, no caso de Pirker, a inter-relação entre tribunais constitucionais e demais poderes pauta-se por mais de dois modos, com perda de clareza numa simplificação em dois modelos.[672]

Mais promissora é a proposta de classificação de Katherine Young sobre os cinco modos de atuação judicial na adjudicação: i) controle deferente; ii) controle conversacional; iii) controle experimentalista; iv) controle gerencial e v) controle peremptório.

Quando exercita um controle deferente (*deferential review*), o tribunal reconhece que a maior autoridade está com os poderes políticos e exercita uma autocontenção fundada no respeito da legitimidade democrática do parlamento ou baseada numa deferência epistêmica ou cognitiva com relação ao Executivo, por entender que haverá nesse poder uma maior *expertise* para a matéria objeto de controle. Ocorre que, tal como lembravam Klatt e Meister, há graus nessa deferência – a intensidade de controle não precisa ser apresentada na dicotomia nada-total; portanto, esse modo de controle

---

[668] TUSHNET, Mark. *Weak courts, strong rights*. Judicial review and social welfare rights in comparative constitutional law. Princeton; Oxford: Princeton University Press, 2008. p. 75-80.

[669] YOUNG, Katherine G. A typology of economic and social rights adjudication: Exploring the catalytic function of judicial review. *International Journal of Constitutional Law*, v. 8, n. 3, p. 385-420, 2010. p. 390. Sobre as distinções entre direitos fracos e fortes, remédios fracos e fortes, conferir TUSHNET, Mark. *Weak courts, strong rights*. Judicial review and social welfare rights in comparative constitutional law. Princeton; Oxford: Princeton University Press, 2008. p. 240-251.

[670] A crítica em relação à proposta de Mark Tushnet já fora adiantada em ALMEIDA, Luiz Antônio Freitas de. *Direitos fundamentais sociais e ponderação* – Ativismo irrefletido e controle jurídico racional. Porto Alegre: Sergio Antonio Fabris, 2014. p. 272 e seguintes. Nesse referido trabalho, havia sido firmada a posição a favor da função catalítica e as diferentes tipologias de controle pensadas por Katherine Young, algo que será redefendido neste texto.

[671] FISS, Owen. The forms of justice. *Harvard Law Review*, v. 93, n. 1, p. 1-58, nov. 1979. p. 46-58; MENDES, Conrado Hübner. *Direitos fundamentais, separação de poderes e deliberação*. São Paulo: Saraiva, 2011. p. 183-187.

[672] YOUNG, Katherine G. *Constituting economic and social rights*. Oxford: Oxford University Press, 2012. p. 133-166; YOUNG, Katherine G. A typology of economic and social rights adjudication: Exploring the catalytic function of judicial review. *International Journal of Constitutional Law*, v. 8, n. 3, p. 385-420, 2010. p. 390-392.

apresenta a menor proteção dos direitos fundamentais e, no limite, sempre se tem o risco de abdicação da tarefa judicial constitucionalmente prevista.[673]

Na postura de controle conversacional (*conversational review*), cria-se ativamente um diálogo entre os poderes, os quais assumem um papel conjunto na missão de interpretação dos direitos; o tribunal exerce um escrutínio que propicia uma negociação entre a corte e os demais poderes ao longo do tempo. Existe maior participação que no modelo de deferência e há o estopim para início do diálogo na formulação da fundamentação explícita sobre a ponderação exercida por testes de proporcionalidade; esse tipo de controle pode comportar uma determinação judicial que fique suspensa por determinado período, o que obriga os demais poderes a ativar uma conversação com a corte no modo de cumprir a determinação judicial. Ou seja, conquanto nesse modelo o tribunal possua instrumentos para concretizar os direitos, ainda remete a autoridade da palavra final aos demais poderes para a definição das obrigações que fluem desses direitos.[674]

No modelo experimentalista (*experimentalist review*), acentua-se a dinâmica na prática adjudicatória. Esse modelo é influenciado por observações de interações de sucesso entre instituições nas temáticas de comportamento, economia e sociologia econômica presentes na doutrina de nova governança (*new governance*). A ideia é criar uma "desestabilização" de instituições públicas para enfrentar mazelas que, do contrário, estariam sem possibilidade efetiva de contestação. Por isso, se examinado em comparação ao controle conversacional, o tribunal adota postura de maior provocação dos demais poderes, de sorte a propiciar a entrada em cena de novos interessados, normalmente alijados da possibilidade de influenciar positivamente os outros poderes políticos na formulação das políticas públicas. Destarte, existe mais pressão pelo tribunal para a formação de diálogo ao dirigir as partes a negociar e criar suas próprias soluções. No controle experimentalista, a corte não é deferente, efetua uma vigorosa avaliação da ação ou omissão governamental por meio da razoabilidade da política governamental ou da legislação, o que aproxima a tarefa a um contextualizado exame dos compromissos constitucionais. A adjudicação por esse tipo de controle não prescreve passos imediatos a serem dados, aliás ela combina a adjudicação tradicional com métodos alternativos de solução de disputas.[675]

No controle gerencial ou de supervisão (*managerial review*), as cortes autoconferem-se poderes de supervisão para verificar um controle contínuo sobre o enfrentamento das deficiências estruturais. Podem, inclusive, definir substancialmente o conteúdo do direito e tutelá-lo mediante remédios detalhados, com a prescrição de todos os deveres estatais decorrentes do direito em pormenores. Nessa forma de escrutínio, os tribunais podem avaliar o programa estatal e determinar modificações ou sua integral

---

[673] YOUNG, Katherine G. *Constituting economic and social rights*. Oxford: Oxford University Press, 2012. p. 133-166; YOUNG, Katherine G. A typology of economic and social rights adjudication: Exploring the catalytic function of judicial review. *International Journal of Constitutional Law*, v. 8, n. 3, p. 385-420, 2010. p. 389-409.

[674] YOUNG, Katherine G. *Constituting economic and social rights*. Oxford: Oxford University Press, 2012. p. 133-166; YOUNG, Katherine G. A typology of economic and social rights adjudication: Exploring the catalytic function of judicial review. *International Journal of Constitutional Law*, v. 8, n. 3, p. 385-420, 2010. p. 389-409.

[675] YOUNG, Katherine G. *Constituting economic and social rights*. Oxford: Oxford University Press, 2012. p. 133-166; YOUNG, Katherine G. A typology of economic and social rights adjudication: Exploring the catalytic function of judicial review. *International Journal of Constitutional Law*, v. 8, n. 3, p. 385-420, 2010. p. 389-409.

substituição por outro, sob pena de sanções dirigidas às autoridades governamentais em caso de descumprimento ou mora no atendimento das ordens judiciais. Para tanto, deve o Judiciário contar com uma gama de novos remédios disponíveis, como ordens mandamentais, injunções, além das próprias declarações de violação ao conteúdo do direito.[676]

Finalmente, no controle peremptório (*peremptory review*), há um escrutínio intenso da legislação ou das políticas estatais e os tribunais dispõem de remédios para a implementação de obrigações positivas ao Estado. Com isso, tanto o Judiciário poderia declarar nula a legislação ou o ato controlado como poderia exarar uma sentença aditiva, o que torna possível que as partes vencedoras recebam o alívio ou a satisfação de sua pretensão de modo individualizado e imediato.[677]

Entende-se mais promissora a proposta de Young porque permite, dentro de uma concepção de democracia deliberativa, divisar uma função catalisadora ou catalítica para os tribunais, capaz de vencer resistências políticas à concretização e satisfação de alguns direitos, especialmente os de verniz econômico, social e cultural, justamente porque aposta numa relação de mais diálogo com os poderes controlados.[678]

Cumpre ressaltar, todavia, que o os fatores que determinam o modo de controle são variados, como a interpretação do direito invocado ou determinada situação de conflito normativo, a avaliação das ações governamentais, os remédios judiciais confiados ao órgão de controle, de sorte que a tipologia de Young não implica, sozinha, o plano de força ou fraqueza desse controle.[679] Isso explica porque cada tipo de *review* de sua tipologia possui características compartilhadas com as outras formas de revisão ou controle pensadas no exercício da jurisdição; existem, pois, características comuns a mais de um tipo de forma de controle.[680]

Portanto, como se percebe da linha argumentativa até aqui desenrolada, a definição da intensidade de controle pelo tribunal e da distribuição do ônus e da carga é, ou deveria ser, etapa distinta da aplicação da estrutura da proporcionalidade, em momento analítico separado. Diferentes fatores histórico-culturais, políticos e jurídicos são decisivos nesse ponto. Essas definições prévias serão reproduzidas na estrutura

---

[676] YOUNG, Katherine G. *Constituting economic and social rights*. Oxford: Oxford University Press, 2012. p. 133-166; YOUNG, Katherine G. A typology of economic and social rights adjudication: Exploring the catalytic function of judicial review. *International Journal of Constitutional Law*, v. 8, n. 3, p. 385-420, 2010. p. 389-409.

[677] YOUNG, Katherine G. *Constituting economic and social rights*. Oxford: Oxford University Press, 2012. p. 133-166; YOUNG, Katherine G. A typology of economic and social rights adjudication: Exploring the catalytic function of judicial review. *International Journal of Constitutional Law*, v. 8, n. 3, p. 385-420, 2010. p. 389-409.

[678] YOUNG, Katherine G. *Constituting economic and social rights*. Oxford: Oxford University Press, 2012. p. 133-166; YOUNG, Katherine G. A typology of economic and social rights adjudication: Exploring the catalytic function of judicial review. *International Journal of Constitutional Law*, v. 8, n. 3, p. 385-420, 2010. p. 385-388; 410-413. A jurista salienta, porém, que a função catalítica não é a única que pode ser assumida por uma corte constitucional. Cabe mencionar, ainda, que a doutrinadora divisou suas tipologias com base no exercício da jurisdição pela Corte Constitucional da África do Sul no escrutínio de direitos sociais, no entanto percebe que esses modelos reproduzem, de modo geral, as diferentes posturas assumidas por outras cortes constitucionais, com o que se concorda.

[679] YOUNG, Katherine G. *Constituting economic and social rights*. Oxford: Oxford University Press, 2012. p. 133-166; YOUNG, Katherine G. A typology of economic and social rights adjudication: Exploring the catalytic function of judicial review. *International Journal of Constitutional Law*, v. 8, n. 3, p. 385-420, 2010. p. 385-388.

[680] YOUNG, Katherine G. *Constituting economic and social rights*. Oxford: Oxford University Press, 2012. p. 133-166; YOUNG, Katherine G. A typology of economic and social rights adjudication: Exploring the catalytic function of judicial review. *International Journal of Constitutional Law*, v. 8, n. 3, p. 385-420, 2010. p. 385-388, 410-413.

da proporcionalidade por meio de uma infiltração, a divisar, nos casos de dúvida, o ônus probatório e argumentativo de cada polo processual da demanda que está sob a avaliação da corte.

Do ponto de vista histórico-cultural, um contexto de justificação ou de autoridade que venha a prevalecer, consoante a percepção de um maior ceticismo ou otimismo metodológico e epistemológico daquela sociedade, propiciará que o tribunal assuma um papel mais contido ou mais proativo, no sentido de exigir mais rigor na justificação apresentada pelo órgão controlado.

Do plano ou ponto de vista político, os tribunais fazem uma avaliação do seu capital político para atuar de modo mais intenso ou autocontido. Examinam as resistências dos atores controlados em cumprir com suas determinações, as possibilidades de êxito do cumprimento delas, avaliam o apoio da opinião pública,[681] eventual suporte do outro poder político em confronto com o poder controlado (Executivo em apoio ou oposição ao Parlamento),[682] entre outros fatores. Aspectos fáticos podem também fomentar avaliações políticas dos tribunais, como contextos de elevada escassez de recursos em vista de crises financeiras e econômicas,[683] desprestígio de um poder por suspeitas de malversação de recursos públicos e corrupção que vieram a público,[684] situações de crise e excepcionalidade que poderiam ativar o funcionamento das normas do Estado em situação de anomalia institucional e em regime de exceção (Estado de sítio e defesa), provocadas por diversos fatores, como ameaça externa, guerras, sensação de insegurança ou medo decorrente de atentados terroristas ou de frustração da atividade de segurança pública. Ora, em contextos políticos com governos ineficientes ou em que se perceba evidente má-fé no respeito, proteção e promoção dos direitos fundamentais, possuindo a corte algum capital político, ela poderá apostar em modos de supervisão mais fortes,

---

[681] CLARK, Tom S. *The limits of judicial independence*. Cambridge/New York: Cambridge University Press, 2011. p. 4; 262. Clark defende a tese de que a deferência será exercida sempre que a corte palmilhar fora do apoio da opinião pública e concebe que a própria alteração de sentido de um texto constitucional possa ser introduzida pela corte caso ganhe uma maciça adesão da opinião pública, independentemente de emenda constitucional. A função contramajoritária de um tribunal, contudo, ainda seria exercida sempre que essa adesão da opinião pública desse força ao tribunal para invalidar uma regra editada pelo parlamento e maioria dos representantes do povo.

[682] ZOLLER, Élisabeth. Esplendores e misérias do constitucionalismo. Tradução de Cristina Velha. *Sub Judice – Justiça e Sociedade*, v. 12, p. 3-14, jan./jun. 1998. p. 4-6. A autora argumenta que as vitórias sobre o Executivo pela Suprema Corte estadunidense só foram possíveis pelo apoio maciço dos congressistas, com exemplo do caso *Watergate*, e que se a Corte não tiver o apoio do Congresso, ela ficaria impotente.

[683] URBANO, Maria Benedita. A jurisprudência da crise no divã. Diagnóstico: bipolaridade? *In*: RIBEIRO, Gonçalo de Almeida; COUTINHO, Luís Pereira (Org.). *O Tribunal Constitucional e a crise* – Ensaios críticos. Coimbra: Almedina, 2014. p. 14 e seguintes. A professora de Coimbra critica, no caso do Tribunal Constitucional português, a falta de uma clara metanarrativa de uma jurisprudência de crise econômica. No mesmo diapasão, destacando uma jurisprudência de crise pelo Tribunal Constitucional português sem sensibilidade de, no contexto da derrocada financeira da economia portuguesa, pautar-se por maior autocontenção e limitar-se a invalidar opções dos demais poderes apenas em casos manifestos de evidência, caminha o professor de Lisboa Melo Alexandrino (ALEXANDRINO, José de Melo. Jurisprudência da crise. Das questões prévias às perplexidades. *In*: RIBEIRO, Gonçalo de Almeida; COUTINHO, Luís Pereira (Org.). *O Tribunal Constitucional e a crise* – Ensaios críticos. Coimbra: Almedina, 2014. p. 57-58). Ver, ainda, a observação de que o Tribunal teria abstraído a situação de crise, para decidir como se houvesse uma normalidade, PEREIRA, Ravi Afonso. Igualdade e proporcionalidade: um comentário às decisões do Tribunal Constitucional de Portugal sobre cortes salariais no sector público. *Revista Española de Derecho Constitucional*, n. 98, p. 317-370, maio/ago. 2013. p. 318.

[684] SERRA CRISTÓBAL, Rosario. *La libertad ideológica del juez*. Valencia: Universitat de València/Tirant Lo Blanch, 2004. p. 51-53.

com a postura gerencial ou peremptória. Se o contrário é o que ocorre, poderá flertar com uma postura mais deferente ou mais conversacional.[685]

No entanto, também o plano de vista jurídico tem influência nesse espaço de discricionariedade que comporta o Judiciário. Com efeito, o poder político é originado, disputado e sedimentado consoante margem dada pelos demais atores de cenário político. O fortalecimento do Judiciário na defesa dos direitos fundamentais teve como condição de possibilidade as atrocidades perpetradas contra o ser humano durante a época nazifascista. Não é possível, porém, contentar-se com essa argumentação desse incremento de poder judicial, um discurso que caberia bem dentro da ciência política. Como a pesquisa pretende ser essencialmente técnico-jurídica, é indispensável justificar, organizar e limitar esse poder dentro de critérios e parâmetros jurídicos. E esses critérios ou já são dados por força de normas existentes no sistema ou podem ser incorporados mediante costume judiciário, tornando-os jurídicos.

Em primeiro lugar, a técnica de positivação nos textos constitucionais – tipificação de direitos fundamentais ou de meras normas programáticas ou diretrizes – é um fator importante para robustecer ou enfraquecer a intensidade de controle. Não menos substanciais são a competência definida para a corte de controle de constitucionalidade e a vinculação de todos os poderes às normas constitucionais, bem como os poderes dos tribunais e instrumentos juridicamente reconhecidos. Isso são limites jurídicos que, à partida, condicionam a possibilidade de maior ou menor contenção ante os demais poderes. Finalmente, não é debalde referir que existem constituições que expressamente estabelecem diferenças quanto ao regime jurídico de normas de direitos fundamentais, o que acentua a possibilidade de distinção quanto ao grau de controle de uma norma infraconstitucional à medida que afete direitos de regimes mais ou menos reforçados.

Em segundo lugar, se o que é buscado é maior racionalidade e, por consequência, legitimação das decisões judiciais, é preciso que haja preocupação em preservar, de um lado, a flexibilidade dos padrões adjudicatórios, com o propiciar da adaptação dos mecanismos de controle ante as novas e cambiantes dificuldades aflitivas do bom funcionar das instituições estatais, sem renunciar ao mínimo de segurança jurídica. Nesse compasso, as seguidas decisões que efetuem ponderações podem, com as regras que resolvam os conflitos normativos, gerar alguma estabilidade, com o incremento de um limiar epistêmico a orientar e exigir dos tribunais inferiores uma vinculação aos precedentes. Não bastaria, pois, uma sensação de que a decisão jurídica mais acertada não foi dada no precedente, porém uma genuína convicção de que a manutenção da jurisprudência geraria resultados extremamente insatisfatórios, como propalado no Capítulo 1.

Dentro de uma prática constitucional estável, a doutrina certamente daria enorme contributo com a sistematização dessas regras-resultado de ponderações, de modo a criar uma genuína rede de precedentes, que tornaria menos recorrentes os sopesamentos. O aspecto crítico-normativo proposto pela doutrina também seria importante para a superação daquelas regras cujo limiar epistêmico fosse satisfatoriamente alcançado, o que permitiria a renovação da jurisprudência.

---

[685] YOUNG, Katherine G. *Constituting economic and social rights.* Oxford: Oxford University Press, 2012. p. 133-166.

O PRINCÍPIO DA PROPORCIONALIDADE NA PROTEÇÃO CONTRA INSUFICIÊNCIA ESTATAL: A ESTRUTURAÇÃO DA PONDERAÇÃO NA TUTELA...

Essas observações caminham para complementar a noção de que a categorização da jurisprudência, conforme a posição de direito fundamental que participe do conflito normativo em jogo ou mesmo consoante o tipo de norma que com ele conflita, pode influir na própria intensidade de controle judicial ao lado das incertezas epistêmicas empíricas e normativas. Quanto menor a insegurança epistêmica, maior a propensão de maior intensidade no exercício do controle judicial.

Da mesma forma, a depender da posição ou situação jurídica de direito fundamental invocada, que pode ou não ativar justamente a insegurança nas premissas empíricas ou normativas, inclusive pelo próprio nível de densificação do conteúdo do direito na norma constitucional ou por ação legislativa, o controle poderá ser mais ou menos intenso. Normalmente, com a presença de idênticos níveis de densificação do conteúdo do direito no texto constitucional – ou infraconstitucional – o escrutínio de deveres estatais positivos ou prestacionais correlacionados ao conteúdo de direitos fundamentais sociais tende a ser menos intenso, com um menor grau de justificação que a dimensão negativa de um direito fundamental de liberdade.

De outro lado, nada impede que os tribunais perfilhem critérios jurídico-funcionais da atuação do poder controlado, o que pode influir na amplitude de controle e, também, categorizá-lo.[686] Ou seja, para limitar-se à relação Legislativo-Tribunal Constitucional, a classificação das normas legais que afetem os direitos fundamentais em rótulos que observem o binômio "concretização-restrição" de direitos fundamentais pode servir para um exame mais ou menos intenso da norma legal. Essa assertiva leva a dois panoramas. No primeiro, os direitos fundamentais têm o conteúdo dado somente por princípios constitucionais, sem um extenso quadro de legislação infraconstitucional que venha a dar-lhes concretude, o que leva a concluir que eles são, quando objeto de disciplina por lei do Legislativo, mais concretizados que propriamente restringidos. A ação do legislador é mais no sentido de dar-lhes aptidão de serem gozados pelas pessoas que voltada a amputar posições e situações comprimidas no seu âmbito de proteção, o que poderia justificar um controle menos intenso de constitucionalidade.[687] No segundo,

---

[686] A nomenclatura de perspectiva jurídico-funcional é dada por ALMEIDA, Kellyne Laís Laburú Alencar de. *O paradoxo dos direitos fundamentais*. Porto Alegre: Sergio Antonio Fabris, 2014. p. 289 e seguintes. Sem embargo, como a autora mesmo reconhece, se há relativo consenso em classificar os tipos de intervenção no conteúdo de direitos fundamentais, há enormes divergências não só de nomenclatura, mas de propostas classificatórias. Os termos "restrição" e "limites", no que se referem aos direitos fundamentais, são equívocos e muitas vezes usados com diferentes significados, conforme a proposta teórica aceita. Sobre as diferentes classificações das normas legais conforme a relação quanto ao conteúdo do direito fundamental, podem-se citar ANDRADE, José Carlos Vieira de. *Os direitos fundamentais na Constituição portuguesa de 1976*. 4. ed. Coimbra: Almedina, 2009. p. 209 e seguintes (leis ordenadoras, condicionadoras, interpretativas, conformadoras, protetoras, leis harmonizadoras e leis restritivas); NOVAIS, Jorge Reis. *As restrições aos direitos fundamentais não expressamente autorizadas pela constituição*. Coimbra: Coimbra, 2003. p. 172-192 (leis restritivas e leis de desenvolvimento).

[687] Essa afirmação não representa, como parece claro, uma assunção da dimensão institucional dos direitos fundamentais proposta por HÄBERLE, Peter. *La garantía del contenido esencial de los derechos fundamentales en la ley fundamental de Bonn*. Tradução de Joaquín Brage Camazano. Madrid: Dykinson, 2003. p. 115-124, sem prejuízo de poder-se compartilhar com o jurista alemão a noção de que o Legislativo também coparticipa da responsabilidade de concretizar os direitos fundamentais dentro de uma democracia deliberativa. No sentido de ser um erro visualizar o direito fundamental em situação de eterna oposição ao interesse estatal, menciona-se SCHLINK, Bernhard. Proportionality (1). *In*: ROSENFELD, Michel; SAJÓ, András. *The Oxford book of comparative constitutional law*. Oxford: Oxford University Press, 2012. p. 732. Sobre o ente público ser considerado mais um "amigo" que "inimigo" das pessoas por força das novas funções adquiridas na égide de um Estado Social, a indicar um paternalismo, LOEWESTEIN, Karl. *Teoría de la Constitución*. Tradução de Alfredo Gallego Anabitarte. 2. ed. 1. reimpr. Barcelona: Ariel, 1982. p. 398-402; CAUPERS, João. Sobre o estado do Estado. *In*: VARELA, Antunes;

o essencial seria mesmo rotular a finalidade da norma: se está mais para configurar o direito e regulamentar seu exercício quanto ao tempo ou modo de duração, do que propriamente o restringir em prol da satisfação de um interesse público ou de outro direito fundamental, hipótese que poderia justificar um controle menos intenso e uma postura mais deferente ou conversacional. Sem embargo, dentro de um contexto de justificação pode-se concluir que, quando houver hipótese razoável de dúvida sobre a finalidade da norma, deve ela ser enquadrada dentro da categoria de norma ou intervenção restritiva, a recomendar um exame judicial mais intenso.[688]

Por fim, no que tange ao ônus probatório e de argumentação, é curial notar que é costume que os sistemas jurídicos já prevejam as regras da distribuição desse ônus, normalmente regras de processo. Sem embargo, numa eventual ausência, os tribunais poderão, conforme estratégia de categorização supramencionada, formular seus próprios critérios, e a observância pelos demais tribunais, com a genuína percepção de que esses critérios passam a vinculá-los, incorporará no sistema as regras criadas por costume judiciário.

Em arremate, se uma ideia de "pré-ponderação" (de Pirker) servir somente para mostrar a distinção analítica da estrutura da proporcionalidade em relação ao nível de intensidade de controle (o que já defendiam Klatt e Meister) e de distribuição do ônus da prova e da carga de argumentação, ela pode ser aceita, observada a adoção das tipologias de Young quanto aos modos adjudicatórios, sobretudo porque se defende uma concepção de democracia deliberativa. Destarte, compreendidos os diversos fatores cultural-político-jurídicos que propiciam a definição da intensidade de controle e a divisão do ônus probatório e argumentativo, pode-se falar de uma infiltração desses juízos antecedentes efetuados nesse nível preliminar na estrutura formal da proporcionalidade, a definir regras complementares que operarão no âmbito da estrutura e poderão permitir a chegada de resultados abreviados, sem adentrar na última etapa em que se pondera, ou a definição do resultado ponderativo em caso de empate. Mas essa separação é importante, porque evita confundir o que entra em sopesamento na etapa da proporcionalidade em sentido estrito – princípios formais não fazem parte de qualquer ponderação –, bem como permite explicar diferentes funcionamentos das etapas da estrutura da proporcionalidade, a depender do quadrante constitucional que se estuda.

Deveras, conquanto a intensidade de escrutínio e a distribuição da carga argumentativa sejam decisões prévias à estrutura da proporcionalidade, profundamente dependentes do contexto sociojurídico e da conformação do sistema jurídico, pode-se construir uma teoria normativa para divisar etapas de intensidade de controle e dos ônus de prova e de fardo argumentativo, tomando em conta esses diversos fatores, mas com o fim de angariar maior racionalidade ao processo decisório. Logo, a ideia é depurar problemas e pontos fortes dos efeitos de cada uma dessas decisões, de

---

AMARAL, Diogo Freitas do; MIRANDA, Jorge; CANOTILHO, J. J. Gomes (Org.). *Ab Vno Ad Omnes*: 74 anos da Editora Coimbra 1920-1995. Coimbra: Coimbra Editora, 1998. p. 266-274, que menciona que o "direito a exigir" tomou frente à liberdade de ação.

[688] Veja-se que Alexy defende uma concepção restrita de configuração e uma concepção ampla de restrição, a reclamar a máxima da proporcionalidade (ALEXY, Robert. *Teoria dos direitos fundamentais*. Tradução de Virgílio Afonso da Silva. São Paulo: Malheiros, 2008. p. 332-340).

sorte a construir uma ideia que, do prisma metódico, permita o incremento de maior racionalidade e, no limite, intensifique a legitimação da instituição controladora para o exercício de seu mister.

Feito o esclarecimento, é preciso enfrentar, finalmente, a estrutura formal da proporcionalidade, com seus diferentes estágios.

2.7 A estruturação da proporcionalidade

As decantadas vantagens trazidas pela estruturação do princípio da proporcionalidade remetem para um ponto de capital importância deste capítulo, que trata justamente da moldagem estrutural do princípio da proporcionalidade. Alhures, precisamente no tópico 2.2, adiantou-se a conceituação de três estágios do princípio da proporcionalidade: idoneidade, necessidade e proporcionalidade em sentido estrito. Agora é o momento de expandir os conceitos e os problemas subjacentes a cada um desses estágios.

Um ponto preliminar que merece consideração é justamente a noção comum de que o controle pelo princípio da proporcionalidade é apropriado quando se estabeleça uma relação de meio-fim. O que se controlaria, pois, é a (des)proporção de determinado meio na busca de uma meta estatal ante os gravames trazidos às posições e situações jurídicas protegidas por um direito fundamental.

Ocorre que a relação entre meio e fim pode ser interpretada em dois sentidos: amplo e circunscrito. Em um sentido amplo, qualquer relação estabelecida entre dois termos de comparação permite a construção argumentativa dessa relação por meio de uma racionalidade prática. Nessa concepção dilatada de relação meio-fim, é possível verificar que haveria um liame não necessariamente causal do meio como condição para consecução do fim, mas seria factível defender uma relação entre meio e fim também como um vínculo de correspondência entre eles em algumas hipóteses. Em outras palavras, tanto caracterizaria uma relação entre meio e fim aquela na qual os objetivos fossem tomados como algo distinto dos próprios meios (um elemento externo e autônomo da medida adotada) quanto uma em que esse fim é interno ou imanente ao meio.[689] Em sentido mais estrito, na relação meio-fim está subjacente um nexo de causalidade, em que a medida é causa para o alcance da meta. Nesse sentido mais circunscrito de uma relação causal, o fim seria exclusivamente um elemento externo ao meio, não confundível com o próprio ato ou medida.[690]

Nos exames de idoneidade e necessidade, efetivamente o que está em perspectiva é a verificação da relação meio-fim no aspecto causal. Se um meio é adequado, é porque

---

[689] CLÉRICO, Laura. *El examen de proporcionalidad en el derecho constitucional*. Buenos Aires: Facultad de Derecho de Buenos Aires/Eudeba, 2009. Serie Tesis. p. 173, a qual remete a outros doutrinadores sobre a discussão. Veja-se o exemplo tratado pela autora, o de um soldado que resiste por valentia, mesmo com o risco de perecer em combate: a relação entre sua luta de resistência e o fim interno que o move, sua valentia, poderia ser tratada como uma relação meio-fim por correspondência, isto é, dependeria de um arrazoamento prático – o ato de resistir corresponde a um imperativo de ser intimorato. Mas não há entre a sua intrepidez e a sua resistência uma relação de causa e efeito, logo os atos que adota para opor-se aos inimigos não "causam" sua valentia. Não há, portanto, como separar a valentia dos fatos tocantes aos meios, no caso, a resistência.

[690] CLÉRICO, Laura. *El examen de proporcionalidad en el derecho constitucional*. Buenos Aires: Facultad de Derecho de Buenos Aires/Eudeba, 2009. Serie Tesis. p. 173.

ele promove a realização do escopo; se um meio é necessário, é porque não existem alternativas menos severas a um direito que também promovam o fim na mesma medida. Nessas duas etapas, pois, o escrutínio é norteado pelo aspecto causal, a verificar se há alguma contribuição empírica da medida para o objetivo e, num segundo momento, se não se concebem outras opções que contribuam em igual medida e sejam menos drásticas. Logo, de fato aí se parametriza uma relação de meio-fim no sentido mais estrito.[691]

Em prisma diverso, no exame de proporcionalidade em sentido estrito, que demanda uma ponderação entre as razões que apoiam a produção de efeitos trazidos pela medida no que tange ao objetivo estatal e ao direito fundamental, nem sempre se verifica uma relação causal. Logo, uma relação meio-fim no sentido mais estrito não é pressuposto da subetapa da proporcionalidade em sentido estrito; caso se considere no sentido mais amplo da relação meio-fim, aí seria correto defender que também no estágio em que se realiza o sopesamento por excelência está presente essa relação de correspondência.[692]

Cimentada essa premissa à mente, é o momento de adentrar no estudo dos subestágios da proporcionalidade. De início, faz-se uma opção por destrinchar a etapa da idoneidade, com a finalidade de verificar, adredemente à adequação da medida, se o fim estatal promovido é legítimo. É essa legitimidade do fim que merecerá a atenção deste estudo a seguir.

2.7.1 Legitimidade do fim e do meio estatal

A subetapa da legitimidade do fim volta-se a, em primeiro lugar, perquirir qual a finalidade buscada pela medida restritiva e, em segundo, se essa finalidade é legítima ou não. Verifica-se, também, se o meio não é proscrito pelas normas constitucionais. Caso a conclusão seja pela legitimidade de ambos, avança-se para a etapa analítica seguinte e estuda-se se o meio adotado pelo ente estatal é idôneo. Se, contudo, a inferência for negativa, termina o exame da justificação da restrição e a medida será desproporcional *lato sensu*.

A rigor, seria possível sustentar a inteligência de que a legitimidade do fim sequer integra estrutura formal do princípio da proporcionalidade, porque seria um raciocínio prévio à justificação da restrição, etapa em que se perscruta a proporcionalidade da intervenção no direito fundamental.[693] De qualquer sorte, pensa-se que a integração ao

---

[691] CLÉRICO, Laura. *El examen de proporcionalidad en el derecho constitucional*. Buenos Aires: Facultad de Derecho de Buenos Aires/Eudeba, 2009. Serie Tesis. p. 173.

[692] CLÉRICO, Laura. *El examen de proporcionalidad en el derecho constitucional*. Buenos Aires: Facultad de Derecho de Buenos Aires/Eudeba, 2009. Serie Tesis. p. 173. Contra a ideia de uma relação meio-fim como indispensável ao princípio da proporcionalidade, por considerar uma ótica redutora, remete-se a BARAK, Aharon. *Proportionality –* Constitutional rights and their limitations. Tradução de Doron Kalir. Cambridge; New York: Cambridge University Press, 2012. p. 131-174. Em realidade, Barak sustenta que a proporcionalidade verifica a adequada relação entre um direito fundamental e o propósito de uma medida, o que poderia ser compatibilizado, no caso da proporcionalidade em sentido estrito, com a ideia defendida no texto de um exame meio-fim em sentido mais amplo, de correspondência. Em contornos semelhantes aos defendidos nesta tese, GRIMM, Dieter. Proportionality in Canadian and German constitutional jurisprudence. *University of Toronto Law Journal*, v. 57, p. 383-397, 2007. p. 393, no sentido de que nos dois primeiros estágios da proporcionalidade (idoneidade e necessidade) há verificação de uma relação meio/fim, a qual não ocorre na etapa da proporcionalidade em sentido estrito.

[693] É a inferência de NOVAIS, Jorge Reis. *Os princípios constitucionais estruturantes da república portuguesa*. reimp. Coimbra: Coimbra Editora, 2011. p. 167, que define a legitimidade do fim como um pressuposto lógico do exame

princípio da proporcionalidade de uma etapa analítica autônoma de indagação sobre a legitimidade do fim enriquece metodicamente o escrutínio justamente por pautar diferentes campos de exame que merecem a atenção do aplicador/intérprete.[694]

Quanto ao meio utilizado, não resta muito o que comentar. Um meio será ilegítimo se ele é proscrito de forma definitiva por uma norma constitucional. Mas esse exame é efetuado independentemente de qualquer sopesamento, pois não se busca aqui a justificação constitucional do meio, como ocorre normalmente, haja vista que sua utilização já foi taxada de ilícita em decorrência de alguma regra do texto constitucional. Se existe uma regra que proíba a tortura, por mais que o fim de aumentar a segurança interna e contra ameaças terroristas seja em si legítimo, não pode uma lei autorizar métodos torturantes de interrogatório. A afronta à norma constitucional é patente e o critério hierárquico de normas resolve o aparente conflito normativo, que se soluciona pela invalidade da norma infraconstitucional.

Se as indagações quanto à ilegitimidade do meio são mais óbvias e tranquilas de resolver, justamente porque não permitem a continuação da inquirição sobre a constitucionalidade da justificação do meio empregado, o mais interessante para os propósitos desta pesquisa está na hipótese em que é a justificação de um fim não proscrito constitucionalmente de modo definitivo que será objeto de controle, inclusive porque também é o quadro mais recorrente. Relembre-se, a respeito, o caso *Otto-Institut* decidido pela Corte Europeia, que considerou a proteção ao sentimento religioso de terceiros um fim legítimo a justificar uma restrição da liberdade artística e de expressão.[695] Nesse caso, o primeiro passo, como já referido, é verificar a legitimidade da finalidade. Sobreleva definir e precisar o que se interpreta por fim legítimo.

À partida, convém notar que o exame pelo princípio da proporcionalidade da forma estruturada aqui defendida depende de ser possível identificar a finalidade da atuação restritiva do Poder Público, seja no âmbito da legislação ou de atos administrativos. Em outros termos, precisar a finalidade que funda a adoção das medidas que se escrutinam é *conditio sine qua non* para o controle judicial pelo princípio da proporcionalidade.

---

da proibição de excesso. Também a excluir essa análise da estrutura da proporcionalidade caminham CANAS, Vitalino. Constituição prima facie: igualdade, proporcionalidade, confiança (aplicados ao "corte" de pensões). *E-pública – Revista Electrônica de Direito Público*, n. 1, p. 1-41, 2014. p. 10; GRIMM, Dieter. Proportionality in Canadian and German constitutional jurisprudence. *University of Toronto Law Journal*, v. 57, p. 383-397, 2007. p. 388; BOUSTA, Rhita. La "spécifité" du contrôle constitutionnel français de proportionnalité. *Revue Internationale de Droit Comparé*, v. 4, p. 859-877, 2007. p. 863.

[694] A defender a integração da legitimidade do fim na estrutura da proporcionalidade RIVERS, Julian. Proportionality and variable intensity of review. *Cambridge Law Journal*, v. 65, n. 1, p. 174-207, mar. 2006. p. 181. Com esse mesmo viés, conferir, ainda, PAVCNIK, Marijan; LACHMAYER, Friedrich. The principle of proportionality (theses for discussion). *In*: SIECKMANN, Jan-Reinard (Ed.). *Legal reasoning*: the methods of balancing. Proceedings of the special workshop "Legal Reasoning. The Methods of Balancing" held at the 24th World Congress of the International Association for Philosophy of Law and Social Philosophy (IVR), Beijing, 2009. Stuttgart: Franz Steiner Verlag/Nomos, 2010. p. 161-167; SWEET, Alec Stone; MATHEWS, Jud. Proportionality balancing and global constitutionalism. *Columbia Journal of Transnational Law*, v. 47, p. 73-165, 2008. p. 75-79. Nesse ponto, alterou-se sensivelmente a posição defendida em ALMEIDA, Luiz Antônio Freitas de. *Direitos fundamentais sociais e ponderação* – Ativismo irrefletido e controle jurídico racional. Porto Alegre: Sergio Antonio Fabris, 2014. p. 87-92, em que não se tinha a preocupação de colocar na estrutura do exame de proporcionalidade a legitimidade do fim e do meio como etapa autônoma à da idoneidade.

[695] Sobre o caso, verificar o item 2.3.1 e a crítica de Tsakyrakis sobre esse aspecto da decisão, o qual, a seu ver, aguilhoa a licitude e legitimidade de qualquer teste de proporcionalidade (TSAKYRAKIS, Stavros. Proportionality: an assault on human rights? *International Journal of Constitutional Law*, v. 7, n. 3, 2009. p. 479 e seguintes.

Justamente nessa definição do fim há dificuldades não desprezíveis. Uma primeira dificuldade reside em como fazer essa identificação caso não seja claramente enunciado o fim da norma ou ato restritivo.

A definição do fim depende, por suposto, de uma atividade intelectual do intérprete de precisar aquilo pretendido com o ato controlado. Se a finalidade foi enunciada de modo claro no texto do enunciado normativo, a tarefa é facilitada. No entanto, quando a finalidade foi formulada de modo ambíguo ou vago no dispositivo normativo ou simplesmente está velada no texto, imputa-se ao intérprete esse ônus de encontrar pautas normativas que possam servir teleologicamente à descoberta do objetivo pretendido.[696]

Consoante já exposto no Capítulo 1, refuta-se uma teoria psicológica de interpretação, no sentido de que se devesse recorrer à intenção do legislador. A finalidade normativa é, nesse ponto, objetiva, pois se escamoteia uma procura pela intenção de quem editou o ato. A saída, quando houver ambiguidade ou vagueza no texto, é formular um juízo estipulativo sobre a meta da medida restritiva, que pode eventualmente ganhar a adesão dos operadores do sistema, ancorando-se em normas jurídicas que recepcionem os fins estatais.

Seja como for, mesmo que o escopo não possa de plano ser percebido no texto normativo, não se consegue conceber como não se possa, em último termo, haver uma recondução a um dos valores e interesses recepcionados no ordenamento jurídico como normas, num nível crescente de indeterminação das condições de aplicação dessas normas. Nesse patamar, é possível afirmar que, ainda que num plano elevado de indeterminação,[697] indiscutivelmente o intérprete concebe construir um raciocínio argumentativo que demonstre a teleologia do ato ou medida restritiva, ainda que mediata, a permitir a sindicação da legitimidade do fim. Porém, entende-se viável aduzir que uma finalidade imediata ou primária poderá justamente ser clarificada com esse exercício de abstração para alcançar o escopo normativo, de sorte a, em todo e qualquer escrutínio, divisar um fim imediato de um fim mediato.[698]

Antes de enfrentar a distinção esboçada entre fim mediato e imediato, é conveniente retomar que o juízo de proporcionalidade é pertinente após o vencimento pelo intérprete da etapa de definir se houve algum conflito normativo, cuja resposta positiva encontrada pelo operador do direito possibilita a trilha na vereda do estudo da justificação constitucional da medida restritiva. Porém, quais razões são possíveis de justificar os conflitos normativos que, cristalizados, produzem restrições ao âmbito de proteção do direito fundamental?

Essencialmente, as normas as quais engatilham o conflito normativo, ao afetar as posições e situações jurídicas compreendidas dentro do âmbito de proteção de um

---

[696] CLÉRICO, Laura. *El examen de proporcionalidad en el derecho constitucional*. Buenos Aires: Facultad de Derecho de Buenos Aires/Eudeba, 2009. Serie Tesis. p. 39-84; BERNAL PULIDO, Carlos. *El principio de proporcionalidad y los derechos fundamentales*. 3. ed. Madrid: Centro de Estudios Políticos y Constitucionales, 2007. p. 709 e seguintes.

[697] Evitam-se os termos "generalidade" ou "abstração" em virtude das razões tecidas no Capítulo 1.

[698] BERNAL PULIDO, Carlos. *El principio de proporcionalidad y los derechos fundamentales*. 3. ed. Madrid: Centro de Estudios Políticos y Constitucionales, 2007. p. 709 e seguintes. Bernal Pulido esclarece que é dever de o Tribunal Constitucional dar concreção a um fim imediato e, ato contínuo, comparar se esse fim imediato promove o fim mediato.

CAPÍTULO 2 | 269

direito fundamental, são editadas com o fim de satisfazer ou promover outros direitos ou interesses ou bens coletivos. Consubstanciam, pois, concretizações de normas de direitos fundamentais ou de normas que atendem a interesses públicos.

Especificamente no que tange aos interesses públicos, também existem diferentes teorias a conceituar essa expressão tão ambígua, como as teorias da preponderância (interesse público identifica-se com a soma majoritária dos interesses individuais), do interesse unitário (o interesse público encontra sintonia com os valores idealmente bons para a vida em comunidade) e do interesse comum (interesse público é uma categoria distinta dos interesses individuais, caracterizado por valores compartilhados pelas pessoas numa perspectiva comunitária, de acordo com o que a comunidade – o público – reconhece como melhor para o desenvolvimento social). Nenhuma das teorias é isenta de fragilidades, pois as teorias da preponderância arriscam-se a suprimir da consideração de interesse público o interesse das minorias; a teoria do interesse unitário pode depender de um moralismo universal e acarretar um paternalismo sufocante; a teoria do interesse comum eventualmente pode encontrar fundamento em consensos tão óbvios que a torne redundante ou pouco esclarecedora.[699] Por isso, concorda-se com Pirker na observação de que, qualquer que seja a teoria aceita para conceituar o interesse público – nesta tese privilegia-se, em princípio, uma teoria do interesse comum –, uma extrema atenção é merecida nessa fase, para não deixar de lado interesses legítimos nem aceitar interesses escusos, sem mencionar o temor de valorá-los de maneira negligente na etapa do sopesamento.[700]

Tal qual ocorre com os direitos fundamentais, também os interesses públicos ou bens coletivos permitem abordagens antropológicas, axiológicas ou deontológicas.[701] Um *approach* antropológico preocupa-se com a possibilidade de que um interesse público qualquer (segurança externa, *exempli gratia*) possa ser sopesado contra um direito individual; uma aproximação axiológica questiona o valor do interesse e a abordagem deontológica funda-se naquilo que o sistema permite, proíbe ou impõe, conforme objeto de suas normas. Se na linguagem ordinária é comum que essas abordagens sejam misturadas ou tratadas de forma intercambiável, o prisma técnico-jurídico prima pela abordagem deontológica, que conecta o bem coletivo a uma norma que o recepciona e o prescreve, seja de forma definitiva, seja de modo *prima facie*. Assim, um bem coletivo pode ser imposto como meta estatal por regra ou princípio do sistema jurídico.[702]

Robert Alexy sustenta uma diferenciação clara entre um direito fundamental e um interesse coletivo ou público, mesmo quando ambos estejam consolidados em princípios jurídicos. Seria mesmo tão hialina a fronteira? Independentemente da resposta que se apresente à indagação em tela, para o escopo da subetapa de atestar a legitimidade do fim não há mudança no fato de que, seja por considerar que se trata de um interesse

---

[699] PIRKER, Benedikt. *Proportionality analysis and models of judicial review* – A theoretical and comparative study. Groningen: Europa Law Review, 2013. p. 13-41.

[700] PIRKER, Benedikt. *Proportionality analysis and models of judicial review* – A theoretical and comparative study. Groningen: Europa Law Review, 2013. p. 13-41.

[701] ALEXY, Robert. Individual rights and collective goods. *In*: SANTIAGO NINO, Carlos. *Rights*. Aldershot; Hong Kong; Singapore; Sidney: Dartmouth, 1992. p. 167.

[702] ALEXY, Robert. Individual rights and collective goods. *In*: SANTIAGO NINO, Carlos. *Rights*. Aldershot; Hong Kong; Singapore; Sidney: Dartmouth, 1992. p. 167-168.

coletivo ou mesmo de um direito fundamental, haverá de preencher o requisito da legitimidade do desiderato legal.[703]

Ora, de pronto, seria trivial concluir que normas constitucionais que prescrevam fins atestam sua legitimidade e normas constitucionais que proíbam certos objetivos sacramentam sua ilegitimidade. Porém, restam esclarecimentos adicionais a serem feitos, que tornam lacunosa a assertiva supramencionada.

Em primeiro lugar, é possível externar um consenso doutrinário de que os fins proscritos pela constituição são fins ilegítimos.[704] A Constituição brasileira tem norma que abole a dissolução da federação tupiniquim (art. 1º, *caput*); uma lei editada no Congresso Nacional brasileiro que pretendesse excluir a nacionalidade brasileira de indivíduos nascidos em determinado Estado da federação brasileira seria, entre outras razões,[705] inconstitucional por lesão à proporcionalidade em função da ilegitimidade do fim estatal, sem ser preciso ingressar nas outras etapas do padrão de controle. Afinal, uma lei que excluísse a nacionalidade brasileira nessa hipótese fatalmente restringiria o direito fundamental à cidadania política e teria o nítido propósito de quebrar o elo entre União, estados e municípios, à medida que implicaria afastar o povo desse Estado da direção política do país. Uma lei editada pelo Congresso Nacional brasileiro que almejasse extinguir o tribunal do júri para os crimes hoje sujeitos a sua competência atentaria contra a garantia fundamental de ser julgado por integrantes do povo e não por juízes togados (art. 5º, XXXVIII), sem qualquer necessidade de investigar os outros passos analíticos decorrentes do princípio da proporcionalidade.

O mesmo raciocínio do parágrafo precedente é válido para escopos expressamente previstos nas normas constitucionais como imposição ou permissão. A Constituição brasileira expressamente reconhece como seu objetivo fundamental a erradicação da pobreza (art. 3º, III). Portanto, uma legislação aprovada no Congresso Nacional brasileiro com o afã de reduzir a miséria mediante a criação de benefícios assistenciais destinados aos pobres, cujo custeio seria integralmente oriundo da tributação do patrimônio dos demais cidadãos, passaria no teste da legitimidade do fim e dependeria, para ser constitucional, da aprovação nos demais subtestes, o que, por suposto, dependerá de inúmeras variáveis aqui não explicitadas, como a intensidade da restrição ao direito fundamental de propriedade, a magnitude de redução da vulnerabilidade econômica proporcionada, a possibilidade de alternativas menos agressivas ao direito fundamental etc.

O problema discutido de fins expressamente proibidos, permitidos ou impostos por normas constitucionais não esgota a questão, porque restam os escopos não previstos em normas constitucionais. Assim, exsurge uma tormentosa discussão a respeito dessas metas não disciplinadas nos enunciados constitucionais; imbricada a ela, pode-se inclusive lembrar o debate sobre cláusulas de restrição não expressamente autorizadas pelo texto constitucional.

---

[703] Este problema será abordado no tópico referente ao exame de proporcionalidade em sentido estrito, de modo que se retomará adiante.

[704] Entre tantos, mencionam-se DIMOULIS, Dimitri; MARTINS, Leonardo. *Teoria geral dos direitos fundamentais*. 4. ed. São Paulo: Atlas, 2012. p. 188-191; BERNAL PULIDO, Carlos. *El principio de proporcionalidad y los derechos fundamentales*. 3. ed. Madrid: Centro de Estudios Políticos y Constitucionales, 2007. p. 692-706.

[705] A começar pela contrariedade às normas do art. 12, I, "a", e §2º, da Constituição brasileira.

Nesse tocante, importa indagar: qualquer tipo de interesse coletivo seria apto a restringir direitos fundamentais? E a promoção de direitos não fundamentais, de estalão inferior na hierarquia normativa, seria justificativa legítima para amputar posições ou situações jurídicas de um direito fundamental? Uma das críticas feitas ao raciocínio ponderativo reside na pouca proteção ao direito fundamental, o que acarretaria a pouca utilidade de ser detentor desse direito, à medida que qualquer interesse ou direito, mesmo subalterno à Constituição, seria apto a suplantá-lo no caso concreto.

Já aqui se percebe a congruência com a não adoção de um modelo forte e intermédio de trunfos como opção fundamental metodológica, em que pese advogar-se que uma categorização teria notável efeito estabilizador complementar, possível de ser aproveitado em alguma parte. Afinal, direitos, no primeiro modelo, são considerados absolutos e não passíveis de ponderações. No modelo intermédio, como já visto, são efetuadas categorizações também para afastar os sopesamentos, com eleição de algumas razões excluídas, fulminadoras da licitude da justificação da intervenção restritiva ao direito fundamental. Logo, na proposta teórica de Klatt e Meister, restariam os modelos dos interesses e o modelo fraco de trunfos, uma vez que se advoga inafastável a ponderação em certas situações.

À partida, adere-se ao modelo fraco de trunfos. Todavia, essa aderência merece alguma pormenorização explicativa. Consoante tratado no Capítulo 1, é vital verificar o quadrante constitucional para examinar qual modelo rege aquele sistema, eis que é possível que suas normas definam qual modelo aquele arcabouço jurídico segue. Seja como for, como se percebe que o modelo fraco possui vantagens significativas em relação aos demais, cabe observar também que esse arquétipo débil de trunfos ainda seria contraposto ao modelo de interesses, nos quais os interesses ou bens coletivos possuem o mesmo *status* dos direitos fundamentais, isto é, neste modelo os direitos não são vistos como algo diferente de um interesse coletivo, não ostentam nenhuma prioridade, ao passo que no arquétipo fraco os direitos gozariam de uma prioridade condicionada ou *prima facie*, contudo poderiam ceder num exame ponderativo circunstancial, desde que os interesses ou bens coletivos fossem de hierarquia constitucional. Assim, para esses juristas, interesses que não tenham *status* constitucional não seriam legítimos para servir de justificação para a restrição de direitos fundamentais.[706]

O problema dessa abordagem é a possibilidade de estreitar demasiadamente o campo de atuação do Legislativo. Uma constituição sintética ou que traga poucos interesses públicos ou bens coletivos previstos traria dificuldades na etapa de justificação, por vetar a consideração de um bem coletivo de suma importância, mas ausente de positivação em norma constitucional. Por outro prisma, as necessidades da vida estão sempre a mudar, razão pela qual seria oportuno reconhecer ao Legislativo a sensibilidade ante essas novas exigências, num Estado cujas funções aglutinam-se constantemente a ponto de obscurecer, cada vez mais, as antes claras distinções entre a esfera pública e a

---

[706] *Vide* Capítulo 1. Também nesse sentido, KLATT, Mathias; MEISTER, Moritz. Proportionality – a benefit to human rights? Remarks on the I-CON controversy. *International Journal of Constitutional Law*, v. 10, n. 3, p. 687-708, 2012. p. 691.

privada.[707] Por fim, se a constituição for vista integralmente como ordem-fundamental,[708] a esganadura das competências do Legislativo seria além do desejável, pois todo o seu papel seria resumido em ser um mero executor das normas constitucionais, o que apequenaria o Parlamento em grau desmedido ante o Judiciário e engessaria seu campo de atuação. Há de se reconhecer um campo de atuação discricionária para o Legislativo, uma discricionariedade estrutural para definir objetivos, escolher os meios para alcançá-los e sopesar.[709]

Mais promissora, porque trafega na direção de reconhecer a legitimidade constitucional do Legislativo com maior amplitude, é a proposta de Carlos Bernal Pulido, o qual faz distinção entre princípios constitucionais de primeiro e segundo graus. Os objetivos legislativos apoiados por princípios de primeiro grau visam atender a interesses coletivos diretamente positivados em normas constitucionais, ao passo que os princípios constitucionais de segundo grau abrangem os interesses públicos ou coletivos ou direitos que, não obstante não apoiados em norma constitucional positiva de forma imediata, são alçados a fins legítimos em função da competência constitucional conferida ao Legislativo de sopesar diferentes interesses e necessidades sociais, de ditar os rumos para o país e, também, para configurar e restringir os próprios direitos fundamentais, com o apoio do princípio democrático.[710]

A adesão à proposta de Bernal Pulido quanto a princípios constitucionais de primeiro e segundo graus aparentemente contradiz a adoção de um modelo fraco de trunfos, pois se interesses públicos e direitos de grau infraconstitucional são aptos a funcionar como razões legítimas para restringir os direitos fundamentais, haveria, em realidade, um modelo de interesses. Na conformação do modelo fraco de trunfos, os direitos fundamentais poderiam ser restringidos por interesses coletivos de *status* constitucional, no entanto sua posição de trunfo *prima facie* adviria de um maior peso abstrato outorgado aos direitos fundamentais, de sorte que, pela primeira lei do trunfo, tenderiam a prevalecer na etapa do sopesamento.[711] Idêntico raciocínio poderia ser empregado e conciliaria o modelo fraco de trunfos com a noção de princípios constitucionais de segundo grau: basta outorgar, na etapa do sopesamento, um peso abstrato inferior aos interesses coletivos e direitos infraconstitucionais buscados pela medida legal comparativamente aos direitos fundamentais, o que lhes daria uma prioridade

---

[707] CASSESE, Sabino; NAPOLITANO, Giulio; CASINI, Lorenzo. Towards a multipolar administrative law: a theoretical perspective. *International Journal of Constitutional Law*, v. 12, n. 2, p. 354-356, 2014. p. 354-356.

[708] Sobre o Legislativo como mero executor das normas constitucionais caso se mantenha a dimensão objetiva dos direitos fundamentais, a implicar um trânsito para um Estado Jurisdicional, BÖCKENFÖRDE, Ernest-Wolfgang. Sobre la situación de la dogmática de los derechos fundamentales tras 40 años de Ley Fundamental. *In*: BÖCKENFÖRDE, Ernest-Wolfgang. *Escritos sobre derechos fundamentales*. Tradução de Juan Luís Requeijo Pagés e Ignácio Villaverde Menéndez. Baden-Baden: Nomos Verlagsgesellschaft, 1993. p. 124-138. Sobre a concepção da constituição como ordem-marco, uma refutação à crítica de Böckenförde, ALEXY, Robert. Epílogo a la teoria de los derechos fundamentales. Tradução de Carlos Bernal Pulido. *Revista Española de Derecho Constitucional*, v. 66, p. 13-64, 2002. p. 23 e seguintes.

[709] ALEXY, Robert. Epílogo a la teoria de los derechos fundamentales. Tradução de Carlos Bernal Pulido. *Revista Española de Derecho Constitucional*, v. 66, p. 13-64, 2002. p. 23 e seguintes.

[710] BERNAL PULIDO, Carlos. *El principio de proporcionalidad y los derechos fundamentales*. 3. ed. Madrid: Centro de Estudios Políticos y Constitucionales, 2007. p. 709 e seguintes.

[711] KLATT, Mathias; MEISTER, Moritz. *The constitutional structure of proportionality*. Oxford: Oxford University Press, 2014. p. 15-29.

prima facie.[712] Assim, os direitos fundamentais ostentam um maior peso abstrato que os princípios que consagram interesses públicos constitucionalmente previstos, os quais, por sua vez, ostentariam um peso abstrato maior que os interesses coletivos e direitos infraconstitucionais eventualmente almejados com a medida legal restritiva.

Se o Legislativo é autorizado por uma cláusula geral para restringir os direitos fundamentais, análogas razões justificariam, na etapa da proporcionalidade em sentido estrito, uma diferenciação da força das razões normativas que apoiam a restrição se ela for amparada na própria cláusula geral ou caso se trate de uma cláusula especial de reserva de lei, isto é, uma autorização específica ao Legislativo para, no desenvolvimento e configuração de um direito fundamental, observar um interesse público indicado pela própria norma constitucional.[713]

No entanto, a proposta de Carlos Pulido encontra necessidade de um refinamento, a fim de que seja coerente com os pressupostos seguidos nesta pesquisa. A rigor, qual o peso abstrato que se outorgaria a um princípio constitucional de segundo grau? Como mensurá-lo? Inevitavelmente, ao contrário dos críticos da ponderação que atacam uma suposta proposta de um raciocínio ponderativo matemático, a excluir qualquer arrazoamento prático-moral, tem-se que qualquer mensuração de peso carecerá de efetuar um juízo que dependerá de argumentação moral, consoante argumentado no Capítulo 1.

Se a ideia do jurista colombiano for, como parece, conformar o peso abstrato de um princípio de segundo grau com base apenas no princípio formal da democracia – sem descurar que se entende que a democracia, numa acepção de democracia deliberativa, possui também uma dimensão substancial e não meramente procedimental –,[714] como se um princípio formal pudesse ingressar no mesmo plano de balanceamento contra os direitos fundamentais, normas apoiadas por razões de substância, ela deve ser retificada. Em realidade, o mais preciso é apoiar a argumentação moral para definir o peso abstrato de interesses e direitos infraconstitucionais que compõem o desiderato legal com base na virtude ou valor intrínseco deles, a depender, portanto, de uma teoria material ou uma teoria da justiça que ordene a importância desses diferentes bens jurídicos. No entanto, a sistematização de normas pelo critério hierárquico permite que, acoplada a essa teoria material que lhe dê guarida, haja uma mitigação do valor do peso abstrato conferido aos interesses e direitos infraconstitucionais por resultado da adoção metódica do princípio da proporcionalidade, de modo a permitir uma relação de prioridade *prima facie* dos direitos fundamentais em primeiro plano e dos interesses públicos constitucionais em segundo plano.

Na definição de Carlos Pulido, o fim imediato é a finalidade diretamente pretendida com a medida legislativa, isto é, determinado estado de coisas de índole fática ou jurídica, cuja imperiosidade de alcance advém de um comando normativo do sistema

---

[712] BARAK, Aharon. *Proportionality – Constitutional rights and their limitations.* Tradução de Doron Kalir. Cambridge; New York: Cambridge University Press, 2012. p. 245-302; p. 528-547; BERNAL PULIDO, Carlos. *El principio de proporcionalidad y los derechos fundamentales.* 3. ed. Madrid: Centro de Estudios Políticos y Constitucionales, 2007. p. 717.

[713] BERNAL PULIDO, Carlos. *El principio de proporcionalidad y los derechos fundamentales.* 3. ed. Madrid: Centro de Estudios Políticos y Constitucionales, 2007. p. 717-718.

[714] Remete-se ao item 2.6.

jurídico. O fim mediato é justamente a norma constitucional que ordena a realização desse estado de coisas fático ou jurídico pretendido com a legislação.[715]

A definição supramencionada de objetivo mediato e imediato põe em evidência, num primeiro aspecto, a constatação empírica de que o fim imediato deve, porque impõe uma ação teleológica, provocar uma alteração no *status quo* ou contribuir para reforçar a sua manutenção. O Legislativo, quando pondera diferentes bens constitucionais, edita normas que intencionam prosseguir em mudanças fáticas ou jurídicas ou reforçar condições já existentes para determinada vicissitude social. Portanto, deve o órgão judicial, ao examinar a legitimidade do objetivo almejado, trabalhar tanto com o estado de coisas idealizado quanto com o estado atual de coisas, com base num prognóstico próprio efetuado com escora na interpretação das normas. Nas palavras de Carlos Pulido, não é possível que o "ponto de partida seja igual ao de chegada".[716]

Outro ponto mais interessante é a relação entre os fins mediato e imediato. A lógica de separar um fim mediato de um imediato é questionar a função de cada um desses objetivos no exame estrutural da proporcionalidade. No que interessa ao exame da legitimidade dos fins constitucionais, ambos os fins devem ser legítimos. Porém, haverá interesse em distingui-los na etapa da idoneidade, porque a adequação do meio é sindicada com base na finalidade imediata e não mediata. A ideia decorre justamente da premissa de trabalhar dentro de planos equivalentes de comparação, pois, quando se sopesam bens coletivos no seu patamar mais abstrato e generalizado com uma posição concreta de liberdade diminuída, fatalmente haverá grande chance de que o bem coletivo seja considerado mais importante.[717]

Para entender a relação entre o fim mediato e imediato e o papel de cada um na estrutura do princípio da proporcionalidade, é pertinente trazer a crítica de Lopera Mesa à possibilidade de uma distinção entre o fim mediato e imediato. Consoante a jurista, a preocupação com essa diferenciação terá incidência na etapa de sopesamento (proporcionalidade em sentido estrito), haja vista que poderiam ser invocados na argumentação princípios que só longinquamente teriam alguma relação argumentativa com a medida legislativa controlada, com atribuição de pesos abstratos elevados, decisivos para norma adscrita concretizada na etapa da proporcionalidade em sentido estrito.[718]

A crítica de Lopera Mesa é pertinente. E, para levá-la a sério, é importante o alerta de Laura Clérico: a necessidade de precisar o fim é importante não só para verificar sua legitimidade, mas para avaliar a idoneidade da opção restritiva adotada pelo ente estatal. Uma regra de experiência é de que quanto mais precisa for a finalidade estatal, mais exata e correta é a apreciação da idoneidade.[719] Em acréscimo, poder-se-ia adicionar a lição de Carlos Pulido, o qual leciona que o fim imediato deve ser garimpado com

---

[715] BERNAL PULIDO, Carlos. *El principio de proporcionalidad y los derechos fundamentales*. 3. ed. Madrid: Centro de Estudios Políticos y Constitucionales, 2007. p. 718-721.

[716] BERNAL PULIDO, Carlos. *El principio de proporcionalidad y los derechos fundamentales*. 3. ed. Madrid: Centro de Estudios Políticos y Constitucionales, 2007. p. 720.

[717] FRIED, Charles. Two concepts of interests: some reflections on Supreme Court's balancing test. *Harvard Law Review*, v. 76, p. 755-778, 1962-1963. p. 763 e seguintes.

[718] LOPERA MESA, Gloria-Patrícia. El principio de proporcionalidad y los dilemas del constitucionalismo. *Revista Española de Derecho Constitucional*, n. 73, p. 381-410, jan./abr. 2005. p. 394-397.

[719] CLÉRICO, Laura. *El examen de proporcionalidad en el derecho constitucional*. Buenos Aires: Facultad de Derecho de Buenos Aires/Eudeba, 2009. Serie Tesis. p. 39-84.

a maior concreção possível.[720] O alerta de Clérico precisa ser contextualizado, pois a jurista, tal como Pulido, aglutina na etapa analítica da idoneidade tanto a verificação da legitimidade do fim como a própria adequação da medida ao objetivo estatal, opção diversa da seguida nesta tese, que separa essa etapa em duas autônomas.

Relativamente à etapa da legitimidade do fim, defende-se que a separação entre fim mediato e imediato é possível, com a verificação da legitimidade de ambos os desideratos, o próximo e o remoto. Nesse ponto, caminha-se com Carlos Pulido.

No entanto, em função do alerta de Lopera Mesa, seria pertinente que, na etapa do sopesamento, não se disputasse na "balança ponderativa" o interesse público ou o direito fundamental tomado nas diversas situações e posições, isto é, num campo de abrangência de previsão indeterminada e principiológica sem ligação imediata com aquilo que está sendo decidido. Seria preciso um exame analítico sobre qual concreta posição ou situação jurídica é, por um lado, restringida no direito fundamental por força do advento da norma restritiva, assim como quais concretas posições ou situações de interesse coletivo ou de direito fundamental são favorecidas ou privilegiadas pela norma restritiva. Essa especificação é importante porque evita que o sopesamento ocorra entre razões normativas abrangentes e indeterminadas, e fie-se mais na circunstância material concreta que ativou o conflito normativo.

Num segundo estágio analítico, após essa especificação das concretas posições atingidas ou favorecidas pela norma restritiva, sopesam-se os ganhos e prejuízos marginais ao direito fundamental e aos interesses públicos e direitos colidentes (o peso concreto do direito fundamental), sem desconsiderar o peso abstrato das razões normativas que apoiam as normas em conflito, entre outras variáveis.[721]

Se é essa a posição defendida, qual o sentido de destrinchar um fim mediato e um imediato? Evidentemente, essa operação intelectual pode ser aceita por motivos heurísticos. De um lado, eventualmente os objetivos imediatos não são perceptíveis ou são obnubilados pela ambiguidade ou vagueza do texto ou por ausência de sua menção. No entanto, a recondução do desiderato legal a um objetivo remoto pode, num vaivém argumentativo, permitir a própria definição estipulativa de um objetivo imediato, o qual servirá para o exame da idoneidade da medida. No entanto, é preciso cuidar apenas para que sejam evitadas razões de apoio em princípios que, à toda evidência,

---

[720] BERNAL PULIDO, Carlos. *El principio de proporcionalidad y los derechos fundamentales*. 3. ed. Madrid: Centro de Estudios Políticos y Constitucionales, 2007. p. 706-729.

[721] Veja-se a construção teórica da fórmula do peso, na qual Alexy propõe um modelo heurístico para nortear a atribuição de pesos conforme diferentes elementos da "equação" ponderativa. Veja ALEXY, Robert. Epílogo a la teoría de los derechos fundamentales. Tradução de Carlos Bernal Pulido. *Revista Española de Derecho Constitucional*, v. 66, p. 13-64, 2002. p. 32-58; ALEXY, Robert. On balancing and subsumption. A structural comparison. *Ratio Juris*, v. 16, n. 4, p. 433-449, 2003. p. 436-449; ALEXY, Robert. The construction of constitutional rights. *Law & Ethics of Human Rights*, v. 4, n. 1, p. 20-32, 2010. p. 28-32. Um ponto que merece discussão é a visão de Barak de que a comparação é muito mais limitada que a proposta por Alexy. Teria a proposta de Barak o condão de excluir do sopesamento os pesos abstratos, algo que Alexy acaba por aceitar como o mais usual no caso de conflito entre diferentes direitos fundamentais, em função de que os pesos abstratos seriam usualmente os mesmos? Para Barak, a comparação é concentrada nos efeitos marginais provocados com o advento da lei restritiva; isto é, não é comparada a importância social geral de um determinado direito fundamental ou interesse público, mas sim aquele benefício ganho e o gravame trazido em função da lei restritiva. Não é o momento de aprofundar muito nesse debate, razão pela qual se deixa para tecer maiores considerações no exame da proporcionalidade em sentido estrito. Sobre essas posições de Barak, conferir BARAK, Aharon. *Proportionality* – Constitutional rights and their limitations. Tradução de Doron Kalir. Cambridge; New York: Cambridge University Press, 2012. p. 340-370.

não encontrem suporte textual de referência. Outrossim, o peso abstrato não é decisivo em todas as situações de conflito normativo, justamente porque as variáveis do caso concreto que ativaram a colisão de normas também influenciam e muito o resultado do balanço de razões.

Outro ponto de dificuldade é que os atos ou normas restritivas não necessariamente promovem um único fim. Vários objetivos podem ser buscados simultaneamente e, dentro dessa perspectiva, alguns de maneira mais presente e outros secundariamente. Em suma, poder-se-iam apresentar múltiplos fins e, dentro dessa multiplicidade, polifinalidades imediatas e remotas. De qualquer maneira, todos os fins deverão, por suposto, ser examinados no quesito da legitimidade constitucional,[722] com desproporcionalidade da norma legal se algum dos vários objetivos não for legítimo.

Sobra, por derradeiro, considerar, algumas particularidades das jurisdições constitucionais e de direitos humanos no que tange ao ônus de prova e carga de argumentação e à intensidade de controle pelos tribunais da proporcionalidade da medida controlada. Com efeito, já se salientou que essa etapa não integra, a rigor, a estrutura da proporcionalidade, porém pode explicar diferentes versões da aplicação do princípio da proporcionalidade, sem prejuízo de que se possa mostrar vantagens e desvantagens em cada uma dessas versões.

Com efeito, o teste de proporcionalidade rascunhado no precedente *Oakes* mostrou que a Suprema Corte do Canadá exigia, para escrutinar a justificação estatal, que os fins fossem suficientemente importantes, sob pena de não legitimar a autorização do direito fundamental.[723] O mesmo "tônus muscular" do fim foi cobrado no caso *Otto-Institut*,[724] decidido pela Corte Europeia de Direitos do Homem, na fundamentação do voto condutor do acórdão. Ambos os casos se distinguem, porém, porque no caso decidido pela Corte Europeia a importância do fim foi ressaltada diante do tipo de direito fundamental que era atingido pelos atos estatais, enquanto que o caso canadense divisou uma fórmula geral que tratou de todos os direitos previstos na Carta de Direitos canadense. Num paralelo com a categorização feita pela Suprema Corte dos Estados Unidos, mais próxima inclusive da linha argumentativa traçada pela Corte Europeia no referido precedente, seria bem similar à exigência de um interesse pujante e forte da categoria do *strict scrutiny review* para restringir direitos fundamentais.

Ocorre que a categorização proposta pela Suprema Corte dos Estados Unidos possui um velado uso de um raciocínio ponderativo para formular a classe de direitos

---

[722] CLÉRICO, Laura. *El examen de proporcionalidad en el derecho constitucional*. Buenos Aires: Facultad de Derecho de Buenos Aires/Eudeba, 2009. Serie Tesis. p. 39-84; BERNAL PULIDO, Carlos. *El principio de proporcionalidad y los derechos fundamentales*. 3. ed. Madrid: Centro de Estudios Políticos y Constitucionales, 2007. p. 723.

[723] Não custa rememorar, no entanto, que o teste de Oakes, não obstante ter a fórmula ainda consagrada nos precedentes posteriores, foi complementada por uma intensidade mais amena de escrutínio, especialmente para reconhecer que o Judiciário deve respeitar a discricionariedade do Legislativo e Executivo e, assim, ter mais autocontenção, como se percebe nos precedentes *Doré* e *Loyola*. Remete-se ao tópico 2.3.2.

[724] É preciso esclarecer, porém, que a referência a esse caso se faz pela fundamentação esposada dada no precedente, sem se questionar se, no caso concreto em si, a argumentação fez jus ao que foi decidido. Primeiramente, cumpre observar que o caso foi decidido por uma insegurança epistêmica consistente na margem de apreciação que uma corte internacional confere aos Estados nacionais dentro de um tratado de direitos humanos. De outro lado, consoante tratado no tópico pertinente, a Corte Europeia considerou como fim legítimo a proteção do sentimento religioso de terceiros, com a implícita valoração de que esse fim tinha de fato grande importância para justificar eventual restrição, sem, todavia, dar alguma explicação para essa decisão preliminar.

abrangida por essa categoria. Porém, como regra geral, após definida a categoria e verificada a importância robusta do fim ou interesse estatal, praticamente a questão estava resolvida, de sorte que a restrição era constitucionalmente autorizada, independentemente do grau de afetação do âmbito de proteção do direito fundamental. Numa versão de proporcionalidade que demande uma importância robusta do fim para o uso de uma medida restritiva, como as sugeridas por *Oakes* e *Otto-Institut*, contudo, resta um espaço ponderativo no exame de benefícios e malefícios advindos tanto ao direito como ao interesse público, de sorte a verificar qual tem mais importância no caso concreto. Logo, conquanto não eliminassem virtualmente a ponderação com base nas circunstâncias do caso concreto, os modelos canadense e da Corte Europeia, conforme esposados nesses precedentes, exigiam do intérprete uma antecipação do juízo ponderativo para a etapa da legitimidade do fim, ao menos parcialmente.

Diferentemente, o modelo alemão não exige, regra geral, que o fim tenha alguma qualidade de peso para justificar a restrição.[725] Com isso, não traz para a etapa da verificação da legitimidade do fim qualquer raciocínio ponderativo ou consideração de peso. Há vantagens e desvantagens em ambos os modelos.

O modelo alemão possui a vantagem de maior clareza analítica, pois evita que considerações de importância ou força das razões argumentativas que apoiam determinada norma sejam antecipadas para a etapa da legitimidade do fim, de sorte que toda a operação ponderativa fique confinada à etapa da proporcionalidade em sentido estrito, com a desvantagem de que acaba colocando em evidência a maior importância prática da proporcionalidade em sentido estrito, com diminuição da relevância das etapas anteriores, com possibilidade de maior margem de insegurança para as posições de direitos fundamentais, em virtude do potencial casuísmo que isso pode proporcionar.[726]

Inversamente, o modelo canadense e da Corte Europeia, ao menos conforme traçado no precedente referido, possui a vantagem de abreviar o exame de proporcionalidade e outorgar maior força protetiva aos direitos fundamentais em boa parte dos casos, porém à custa da maior racionalidade argumentativa por força da antecipação velada do raciocínio ponderativo. Decidir por um ou outro modelo refletirá um debate que não está na estrutura da proporcionalidade, mas responde a preocupações de qual intensidade de controle uma sociedade confia ao tribunal constitucional, inclusive quanto à possibilidade de que essa mesma sociedade considere válido e normal que o ofício jurisdicional possa abertamente utilizar argumentos ponderativos, em que pese ter-se a opinião de que o modelo alemão é mais claro e, assim, apresenta maior racionalidade, sem prejuízo de que possa, conforme o exercício de seu ofício dentro de uma estabilidade

---

[725] Veja-se que, no caso das farmácias, o Tribunal Constitucional Federal alemão expressamente distinguiu as posições da liberdade de exercício profissional da liberdade de escolha de profissão, de sorte que, para esta última, fez constar a necessidade de que houvesse uma importância considerável ou forte do fim para autorizar a restrição. Desse modo, quanto à liberdade de escolha profissional, o modelo proposto seria comparável ao teste consoante rascunhado em Oakes. Quanto à liberdade de exercício profissional, seguiria o que preconizado no texto. Seja como for, os juristas pesquisados e citados nesta tese concordam que a versão alemã da proporcionalidade não exige nenhuma relevância adicional do fim, de sorte que não se imiscuem em considerações de peso nesta fase, razão pela qual se conclui que, inclusive porque é um dos primeiros precedentes que aplicaram a proporcionalidade, a categorização de intensidade de controle adotada nesse modelo destoa do padrão comum da proporcionalidade usada em solo germânico.

[726] GRIMM, Dieter. Proportionality in Canadian and German constitutional jurisprudence. *University of Toronto Law Journal*, v. 57, p. 383-397, 2007. p. 388 e seguintes, com advocacia da posição alemã em comparação à canadense.

constitucional, ser complementado por rede de precedentes e a própria categorização dessa intensidade de escrutínio, no intuito de reduzir os casuísmos.

Em síntese, certamente os fins serão considerados legítimos se não forem vedados por normas constitucionais. A diferença entre os fins que estejam permitidos ou impostos por normas constitucionais para aqueles que encontram positivação no texto infraconstitucional é dirimida na etapa do sopesamento, caso seja preciso nela ingressar. A adoção de razões de peso ao fim para iniciar o escrutínio da justificação, solução seguida em *Oakes*, tem mais desvantagens que vantagens, razão pela qual se sugere a versão alemã, conquanto tal decisão por um dos modelos não esteja dentro da estrutura da proporcionalidade, mas seja solução dependente de inúmeros fatores e do contexto, tal como alertado no tópico 2.6.

2.7.2 Adequação ou idoneidade da medida: a conexão racional entre meio e fim

Constatada a legitimidade do propósito legal, é o momento de avaliar a adequação ou idoneidade do meio selecionado pelo órgão controlado para a consecução do fim imediato. Como já mencionado no tópico anterior, é o fim imediato, e não o mediato, que é considerado nessa etapa do teste. Aqui são válidas as observações tecidas no subitem antecedente a respeito da necessidade de especificar, com maior precisão possível, o fim ou fins imediatos, de sorte a permitir um controle mais escorreito, da mesma forma que se repetem os comentários sobre as dificuldades aí inerentes.

Entrementes, já se asseverou que a idoneidade pressupõe uma relação meio e fim. Infere-se a inadequação de uma medida selecionada que nada contribui para o alcance do escopo normativo imediato. Portanto, será a opção normativa desproporcional. Uma norma que, a pretexto de prevenir tuberculose (fim imediato) em prol da saúde pública (fim mediato), metas que seriam indiscutivelmente legítimas, proíba absolutamente as pessoas de tomarem banho fatalmente reprovaria no teste da idoneidade.

O problema do teste da idoneidade, tal como indicia o rude exemplo mencionado, é que meios completamente inidôneos são hipótese rara no controle pelo padrão de proporcionalidade. Isso porque o teste reprova opções desprovidas de racionalidade. Vale rememorar que a versão inicial do teste de (ir)razoabilidade de Wednesbury exigia somente um teste de racionalidade, no sentido de que a não razoabilidade da medida seria confirmada se falhasse em ser adotada por alguém razoável. Não é por outro motivo que a comparação entre o teste de idoneidade e a versão fraca de razoabilidade de Wednesbury era válida, porquanto ambos os testes tinham certa sintonia ou congruência. Idêntico raciocínio comportava a categoria mais fraca de revisão judicial conforme divisão da Suprema Corte dos Estados Unidos, pois a medida só seria invalidada se não superasse o *rational basis review*, isto é, se não fosse minimamente racional. Essa constatação deu algum fôlego às críticas de total irrelevância do teste de idoneidade, as quais, no fundo, insurgem-se contra o sopesamento efetuado na etapa da proporcionalidade em sentido estrito, como já observado alhures.

No entanto, é enganoso pensar que a idoneidade, não obstante não ser o critério decisivo na maior parte das vezes, seja mesmo irrelevante. A refutação da crítica já foi adiantada e basta repetir que, tal como toda etapa analítica da estrutura da proporcionalidade, auxilia o órgão controlador a organizar sua decisão e contemplar os passos mais importantes para veredito, evitando-se esquecimentos ou mistura de etapas. Outrossim, esse estágio também abrevia o caminho do decisor, pois permite uma rápida prolação da decisão, sem o risco de desgaste prematuro com as dificuldades da etapa de sopesamento.

Crítica e relevância do subteste da idoneidade à parte, o que essa subetapa não esclarece por si só é a intensidade da contribuição ao fim que a medida deve satisfazer para ser considerada apta e proporcionar o avanço nas subetapas seguintes.

Com efeito, um meio pode contribuir para um fim em diferenciados aspectos ou perspectivas de avaliação. Numa avaliação quantitativa, o meio restritivo pode contribuir com o logro do escopo na maior ou menor medida possível. Numa avaliação qualitativa, pode contribuir na melhor ou pior maneira possível, com maior ou menor eficiência no alcance da meta estatal; numa perspectiva probabilística, uma medida trará mais ou menos segurança de que o fim será promovido com a sua execução.[727] Em que medida a opção legislativa falharia no teste de adequação?

Com efeito, numa perspectiva negativa do teste de idoneidade, somente uma medida que não contribuísse com nada em nenhum dos aspectos teria o condão de ser invalidada por falha no teste. Evidentemente, não se busca uma "prova diabólica", no sentido de ter que provar um fato negativo, justamente porque é possível contornar o problema com a comprovação empírica de que o meio adequado contribui, em alguma medida, com a consecução do fim.[728] Ainda assim, poder-se-ia admitir uma medida que contribuísse muito pouco nas perspectivas de avaliação? Ou apenas em uma delas? E a quem incumbe o ônus de prova da contribuição?

Existe, neste aspecto, uma avaliação da carga de argumentação e do ônus da prova, a indicar uma intensidade de controle forte, intermediário ou mais débil da instância controladora sobre o órgão controlado. A intensidade de controle, no entanto, não integra a estrutura do princípio da proporcionalidade, como explicado no subitem 2.6. Logo, a resposta a ser dada dependeria, por suposto, do específico sistema normativo estudado e do contexto cultural-político que o ronda. Contudo, como se admite a possibilidade de infiltração do princípio formal democrático para aumentar o ônus argumentativo de uma das partes, o que, no limite, permitiria a criação de regras complementares para aumentar o poder decisório do teste de conexão racional, pode-se trabalhar neste subitem com as consequências de uma versão débil ou uma versão mais forte da adequação.

Desde já, concorda-se com Clérico e Alexy quando acertadamente mostram que um exame que exija o máximo possível nas diversas perspectivas representaria uma paralisia do Estado, justamente porque seria impossível faticamente satisfazer uma exigência de uma contribuição total no aspecto quantitativo, qualitativo e que resulte no alcance da meta estatal com cem por cento de segurança. Dentro desse prisma,

---

[727] BARAK, Aharon. *Proportionality* – Constitutional rights and their limitations. Tradução de Doron Kalir. Cambridge; New York: Cambridge University Press, 2012. p. 303-316; CLÉRICO, Laura. *El examen de proporcionalidad en el derecho constitucional*. Buenos Aires: Facultad de Derecho de Buenos Aires/Eudeba, 2009. Serie Tesis. p. 39-84; BERNAL PULIDO, Carlos. *El principio de proporcionalidad y los derechos fundamentales*. 3. ed. Madrid: Centro de Estudios Políticos y Constitucionales, 2007. p. 706-740.

[728] LOPERA MESA, Gloria-Patrícia. El principio de proporcionalidad y los dilemas del constitucionalismo. *Revista Española de Derecho Constitucional*, n. 73, p. 381-410, jan./abr. 2005. p. 398-399.

rejeita-se uma versão "fortíssima" da idoneidade, no sentido de que o meio seja o mais adequado em todas as perspectivas, salvo se tomado como um ideal regulativo, mas não um critério operativo.[729]

Num outro extremo, Barak defende que contribuições irrisórias ou muito marginais ao fim não teriam o condão de validar a opção selecionada pelo poder controlado e a medida deveria ser considerada inadequada ou inidônea.[730] A utilidade na proposta de Barak está em aumentar o poder decisório da etapa da idoneidade, de sorte a retirar a necessidade de continuar no complexo exame da justificação estatal, com uma resposta mais rápida. Clérico sugere, de outro lado, uma máxima complementar para a etapa da proporcionalidade em sentido estrito, a nortear a ponderação, baseada justamente no grau de eficácia do meio estatal: quanto menos determinado meio contribua para um fim, menos força terá a razão que o apoia, de modo a estabelecer um padrão de sobrepeso ao direito fundamental afetado, o qual tenderia a prevalecer no sopesamento.[731] Logo, enquanto Barak trabalha ainda dentro da idoneidade, Clérico trata já da etapa da proporcionalidade em sentido estrito, pois utiliza o objeto de exame daquela etapa para trabalhar um complemento a nortear a ponderação realizada neste último estágio.

As divergências das propostas de Barak e Clérico devem ser enquadradas conforme as propostas seguidas nesta tese. Se, por um lado, ganha-se tempo com a proposta de Barak e abrevia-se um complexo exame de justificação e, no limite, a própria recondução de inúmeras questões ao debate constitucional no prisma ponderativo, com banalização da ponderação pela sua recorrência, por outro há a completa desconsideração da própria afetação ao direito fundamental que a medida provoca. Uma afetação muito pequena do direito fundamental – por exemplo, a configuração do direito quanto ao seu modo de exercício sem aptidão de invariavelmente o tornar dificultoso – não entraria na avaliação, porque a questão estaria resolvida justamente na etapa da adequação caso a contribuição trazida com essa alteração normativa fosse irrisória.

O que isso representa é uma menor margem de discricionariedade do Legislativo e uma força de controle maior do Judiciário. Dentro do esquadro dogmático referido, essa pontuação poderia forcejar uma postura judicial mais próxima do modelo gerencial ou até do peremptório, na terminologia de Young, com uma categorização de intenso escrutínio em função da importância da posição do direito fundamental reconhecida na ordem constitucional, pela forte densificação do conteúdo do direito fundamental na constituição ou em legislação infraconstitucional, ou porque a instituição controladora poderia sentir-se confiante em suas experiências anteriores de avaliar os conflitos

---

[729] ALEXY, Robert. Epílogo a la teoría de los derechos fundamentales. Tradução de Carlos Bernal Pulido. *Revista Española de Derecho Constitucional*, v. 66, p. 13-64, 2002. p. 28-58; CLÉRICO, Laura. *El examen de proporcionalidad en el derecho constitucional*. Buenos Aires: Facultad de Derecho de Buenos Aires/Eudeba, 2009. Serie Tesis. p. 39-84. Ver, ainda, com a mesma opinião, BARAK, Aharon. *Proportionality* – Constitutional rights and their limitations. Tradução de Doron Kalir. Cambridge; New York: Cambridge University Press, 2012. p. 303-316. A defender sempre um controle de evidência, BERNAL PULIDO, Carlos. *El principio de proporcionalidad y los derechos fundamentales*. 3. ed. Madrid: Centro de Estudios Políticos y Constitucionales, 2007. p. 730-740.

[730] BARAK, Aharon. *Proportionality* – Constitutional rights and their limitations. Tradução de Doron Kalir. Cambridge; New York: Cambridge University Press, 2012. p. 303-316. No mesmo sentido, KHOSLA, Madhav. Proportionality: an assault on human rights? A reply. *International Journal of Constitutional Law*, v. 8, n. 2, p. 298-306, 2010. p. 299 e seguintes.

[731] CLÉRICO, Laura. *El examen de proporcionalidad en el derecho constitucional*. Buenos Aires: Facultad de Derecho de Buenos Aires/Eudeba, 2009. Serie Tesis. p. 39-84.

normativos similares ou de razões análogas. Eventualmente, a instituição controladora pode migrar para esse padrão de atuação conforme seja o contexto muito favorável, porém, ordinariamente, no intuito de evitar uma supremacia judicial, é conveniente que se paute por uma atuação mais autocontida e deferente ou até por uma postura conversacional, de sorte a considerar que mesmo contribuições diminutas podem ser aptas e idôneas, o que significa que o órgão controlador deverá prosseguir no exame da proporcionalidade.

Em raciocínio inverso, a adoção de uma postura mais gerencial ou peremptória pode ser recomendada, no entanto, quando a intensidade de restrição do direito fundamental for severa e perceptível *ictu oculi*, ou seja, a par de qualquer dúvida razoável, de sorte a rejeitar a idoneidade se o fomento for insignificante ou muito marginal. Frise-se, no entanto, que a racionalidade desse raciocínio está diretamente dependente da justificação adicional que deve ser dada pela instância controladora.

O mesmo raciocínio é válido para as diversas perspectivas empíricas de fomento do fim. Como padrão geral de atuação, a instituição controladora pode contentar-se com alguma contribuição ao menos em um dos aspectos (quantitativo, qualitativo ou probabilístico), não necessitando de que a contribuição ocorra em todos eles. Qualquer complementação da etapa de idoneidade mediante um modelo de atuação mais gerencial ou peremptório por parte do poder controlador dependerá de uma justificação adicional oferecida por este, a qual tomará em consideração tanto o substrato cultural e político de fundo como os eventuais alicerces jurídicos, dogmáticos e jurisprudenciais que a norteiam. De igual forma, uma intensidade restritiva aguda inquestionável às posições e situações jurídicas decorrentes do âmbito protetivo do direito fundamental, intensidade que não comporta dúvida razoável, pode justificar um reforço da etapa da idoneidade, de sorte a fulminar a validade da medida se o fomento do fim for ínfimo. Aqui é decisiva a inexistência de insegurança epistêmica empírica a respeito da intensidade de afetação ou restrição do direito fundamental.

Outra consideração que poderia ser bem aproveitada, já que se defende a possibilidade de unir a proporcionalidade com a estratégia de categorização da jurisprudência, seria verificar a possibilidade de complementar o teste de idoneidade com uma perspectiva de fomento mais qualificada que a versão débil do teste sugere. Barak expressamente recomenda que essa categorização possa ocorrer em dois níveis distintos de importância material do direito fundamental: para direitos de primeiro nível, pode-se aumentar a exigência de conexão racional, isto é, o grau de contribuição para o fim, em diversas perspectivas, pode ser acrescido, enquanto que, para direitos de segundo nível, uma contribuição não insignificante seria suficiente.[732] Essa possibilidade de criar regras complementares e categorizar direitos enquadra-se possivelmente em uma "prática constitucional estável", para usar uma expressão de Clérico, e dependerá dos fatores histórico-político-culturais e de uma teoria material que possa dispor sobre a importância ou relevância do direito.

---

[732] BARAK, Aharon. *Proportionality* – Constitutional rights and their limitations. Tradução de Doron Kalir. Cambridge; New York: Cambridge University Press, 2012. p. 528-547. Barak agrega essa categorização dos direitos fundamentais da etapa da idoneidade no teste da legitimidade do fim. Para direitos de primeiro nível, sua restrição deveria buscar fins cogentes, enquanto que para direitos de segundo nível, o objetivo estatal poderia ser meramente importante.

De qualquer sorte, a prevalecer a conclusão de que o meio é idôneo, o critério racionalizador proposto por Clérico também serve nesta hipótese, porque um fomento do fim diminuto em qualquer das perspectivas significa um *trade-off* injustificado quando a afetação negativa for intensa ao direito fundamental. Ocorre que esse critério fica a reboque da inexistência de nenhuma dúvida razoável sobre a forte restrição ao conteúdo do direito fundamental, a qual deve ser perceptível de plano, pois, se isso ocorrer, há incremento de racionalidade no fortalecimento da etapa da idoneidade tal qual proposto por Barak, de modo a permitir que se antecipe o julgamento de inconstitucionalidade por inadequação da medida, em função da diminuta contribuição ao fomento do escopo estatal dada por ela.

Quanto ao ônus de prova, Lopera Mesa defende que é mais racional trabalhar dentro de um juízo de evidência quanto à intensidade do controle, com a atribuição do ônus probatório ao Estado sobre a idoneidade da medida.[733] Ora, de fato é mais acertado pretender que esteja o fardo probatório a cargo do Estado nesta etapa, no sentido de que, questionada a desproporção da medida, seja ele o encarregado de provar que o meio tem aptidão de promover o fim, bem como apresentar um prognóstico quanto à probabilidade e a respeito da extensão dessa promoção. Seria, no entanto, uma contradição com o que se afirmara anteriormente, no sentido de que a decisão quanto à intensidade do controle e do ônus argumentativo não está contida na estrutura da proporcionalidade? Pensa-se que não. O fator decisivo aqui é um aspecto de pragmatismo que é levado em conta corriqueiramente pelos tribunais e normalmente inserido em textos normativos que regulam os ritos processuais, no sentido de não se exigir provas de fatos negativos e de confiar a prova a quem esteja em melhores condições de apresentá-la, seja por aspectos técnicos ou de domínio da informação, inclusive por ser detentor de estudos que possam eventualmente ter influenciado a tomada de decisão que optou pela medida restritiva. Mas isso não é específico da estrutura da proporcionalidade, sendo levado em conta em qualquer espécie ordinária de demanda. Ordinariamente, o jargão processual é de que ao autor/arguente incumbe o ônus de provar fatos constitutivos de seu direito, ao passo que o réu/arguido deve, para vencer a demanda no caso de satisfatória prova apresentada pelo polo ativo processual, provar fatos extintivos ou modificativos do direito do autor.[734] Com efeito, consoante já averbado sobre o modelo de exame da constitucionalidade da restrição, ele é composto de dois estágios; o primeiro estágio constitui-se na demonstração de que um direito fundamental foi afetado negativamente, o que demanda, em primeiro lugar, um exame interpretativo da norma de direito fundamental e da lei restritiva num primeiro momento, com afastamento das incertezas semânticas e sintáticas, e, num segundo passo, a constatação e a solução de incertezas pragmáticas de aplicação normativa, eventualmente surgidas por força de conflitos

---

[733] LOPERA MESA, Gloria-Patrícia. El principio de proporcionalidad y los dilemas del constitucionalismo. *Revista Española de Derecho Constitucional*, n. 73, p. 381-410, jan./abr. 2005. p. 398-399. Sobre o ônus da prova recair em quem alega a idoneidade da medida, no caso o Estado, menciona-se BARAK, Aharon. *Proportionality* – Constitutional rights and their limitations. Tradução de Doron Kalir. Cambridge; New York: Cambridge University Press, 2012. p. 303-316.

[734] PIRKER, Benedikt. *Proportionality analysis and models of judicial review* – A theoretical and comparative study. Groningen: Europa Law Review, 2013. p. 13-41. O jurista fala a respeito de um "princípio" geral de direito internacional de que quem alega algo deve provar.

normativos abstratos ou concretos.[735] Dentro dessa perspectiva ordinária do ônus probatório, incumbiu à parte que demanda contra o Estado o ônus de mostrar que seu direito foi afetado pela medida, o que transfere a este o encargo de mostrar que a medida estava conectada racionalmente a uma meta estatal.

Diferentemente do que ocorre em processos judiciais corriqueiros em que se pretende provar fatos já ocorridos, no caso da idoneidade do fim, especialmente quando a norma controlada foi recém-editada, o objeto de prova refere-se a efeitos que, muitas vezes, ainda estão por suceder-se. Portanto, não é viável, nesses casos, pretender que se provem resultados da contribuição do fim, mas que seja demonstrado que as medidas têm potencial de produzir esses efeitos. Ainda assim, um critério que seguramente pode nortear ou influenciar a instituição controladora é o objeto exato do exame, isto é, se a medida constritiva do âmbito protetivo do direito fundamental consubstanciar um ato normativo, com os atributos da generalidade e abstração, fica ainda mais claro que se está avaliando uma prognose legislativa e, por conseguinte, a aptidão do ato em causar efeitos que promovam o fim estatal. Em caminho reverso, se for um ato administrativo concreto e individualizado o objeto de controle, existe mais facilidade de verificar se aquele ato de fato potencializou efeitos que favoreçam o alcance do escopo estatal, pois as incertezas empíricas estão menos presentes. Com isso, percebe-se que o controle de atos normativos por um tribunal ativa mais incertezas empíricas que o controle de atos administrativos concretos e individuais, um aspecto que certamente deve ser levado em conta para decidir sobre a intensidade de escrutínio, algo que já intuía a própria Corte Europeia de Direitos do Homem, conforme deixado averbado na fundamentação do acórdão do caso das questões relativas à linguagem da Bélgica.[736]

Outro aspecto interessante e que impacta o teste de adequação consiste no aspecto temporal considerado para fins de escrutínio. Qual é o momento a ser considerado para verificar se o meio contribui em alguma medida para o fim? O momento em que o poder controlado tomou a decisão (controle *ex ante*) ou o momento de avaliação dessa decisão pelo poder controlador (controle *ex post*)?

Dentro desses dois polos, Barak sugere algo mais forte. Ele comenta que o meio somente será adequado se houver uma conexão racional contínua durante toda a vigência legal, desde a promulgação e vigência do ato normativo até o momento da decisão judicial que examina a decisão legislativa. Se a medida deixou de promover o fim em algum momento, dali em diante ela não será mais proporcional.[737] Em sentido contrário, Bernal Pulido defende que o momento correto é o de prognose legislativa, de

---

[735] Deveras, constatado o conflito normativo, não havendo metanormas que o resolvam, seria preciso ingressar num exame ponderativo para avaliar a proporcionalidade da medida restritiva. A estrutura da proporcionalidade nos seus seguidos estágios é uma ferramenta metodológica que estrutura esse juízo ponderativo e pode até dispensá-lo. Sobre o ônus da prova, com alguma similitude ao que aqui foi escrito, menciona-se BARAK, Aharon. *Proportionality* – Constitutional rights and their limitations. Tradução de Doron Kalir. Cambridge; New York: Cambridge University Press, 2012. p. 437-439.

[736] Remete-se ao tópico referente ao escrutínio da Corte Europeia de Direitos do Homem. Não é por outra razão que muitos juristas expressamente diferenciam o controle concreto do abstrato de constitucionalidade, assinalando menor intensidade de controle ao segundo. A esse respeito, menciona-se BERNAL PULIDO, Carlos. *El principio de proporcionalidad y los derechos fundamentales*. 3. ed. Madrid: Centro de Estudios Políticos y Constitucionales, 2007. p. 734-740.

[737] BARAK, Aharon. *Proportionality* – Constitutional rights and their limitations. Tradução de Doron Kalir. Cambridge; New York: Cambridge University Press, 2012. p. 303-316.

sorte que a perda de conexão racional posterior não afasta a adequação do meio, sem prejuízo de poder ser considerada na etapa de proporcionalidade em sentido estrito, pois a idoneidade só afastaria erros claros na previsão legislativa.[738]

Qualquer que seja a decisão, ela resultará em consequências previsíveis nas etapas subsequentes. Uma versão mais fraca do teste de idoneidade que considere apenas o momento da edição do ato controlado certamente aumenta a margem de atuação do poder controlado, ao passo que sobrecarrega as etapas subsequentes, especialmente a da proporcionalidade em sentido estrito. Ao revés, um controle *ex post*, na prática também sugerido por Barak, alivia o fardo argumentativo da fase da proporcionalidade em sentido estrito, porém aumenta a intensidade de controle do Judiciário. As considerações anteriores retornam. Esse tipo de decisão é dependente da gama de circunstâncias que norteiam o sistema jurídico. Socorrendo-se mais uma vez das tipologias de Young, é possível entrever que um modelo de controle mais experimentalista ou conversacional possa compatibilizar-se também com um controle *ex post*, com a diferença de que o remédio, em vez de simplesmente invalidar a opção legislativa, fomentará o diálogo ou cutucará o poder controlado para resolver o problema detectado. Posições mais deferentes priorizarão um controle *ex ante*, enquanto posturas peremptórias ou gerenciais em regra migrarão para um controle *ex post*. É claro que isso é apenas uma tendência e não uma resposta definitiva. Um ponto que parece ser decisivo é a aceitação teórica e a recepção jurisprudencial de teorias de direito constitucional que autorizam o reconhecimento pelos tribunais de inconstitucionalidade progressiva ou do problema da "lei ainda constitucional",[739] ou seja, o vício de inconstitucionalidade surge não na gênese do ato normativo, contudo no percurso da sua vigência, as quais são campo fértil para enfileirar-se dentro da proposta de Barak.

Como padrão geral, já se defendera que o controle deveria ser *ex ante*, conforme informação disponível ao Legislativo à época da edição do ato legal.[740] Porém, pensa-se que a proposta de Barak resulta compatível com a possibilidade de inconstitucionalidade progressiva, além de mostrar maior proteção à esfera do direito fundamental por não admitir que meios atualmente obsoletos e comprovadamente ineficientes a comprimam, de modo que seria um modelo mais racional justamente por faltar qualquer justificação em manter a validade legal. Contudo, para que tal se opere, seria imprescindível uma segurança robusta de que o meio não contribui em nenhuma das perspectivas de avaliação. Do contrário, é mais acertado defender que o controle seja *ex ante*. Afinal, ainda que se queira conceder ao Legislativo uma margem de prognose e, portanto, também uma margem de erro como parte de seu ofício legislativo, sugerir o controle *ex*

---

[738] BERNAL PULIDO, Carlos. *El principio de proporcionalidad y los derechos fundamentales*. 3. ed. Madrid: Centro de Estudios Políticos y Constitucionales, 2007. p. 730-734. No mesmo diapasão, ÁVILA, Humberto. *Teoria dos princípios* – Da definição à aplicação dos princípios jurídicos. 8. ed. São Paulo: Malheiros, 2008. p. 163-170.

[739] A respeito do assunto, remete-se para MENDES, Gilmar; BRANCO, Paulo Gustavo Gonet. *Curso de direito constitucional*. 12. ed. São Paulo: Saraiva, 2017. p. 1.135-1.137; 1.419-1.421, os quais aproximam a questão com a própria mutação constitucional, no sentido de uma mudança jurisprudencial da interpretação das normas constitucionais em razão de alterações significativas das relações fáticas.

[740] ALMEIDA, Luiz Antônio Freitas de. *Direitos fundamentais sociais e ponderação* – Ativismo irrefletido e controle jurídico racional. Porto Alegre: Sergio Antonio Fabris, 2014. p. 90-91. No trabalho citado, posicionou-se por uma versão débil da idoneidade, em que bastava um contributo mínimo ao fim, em qualquer das perspectivas de avaliação, bem como que o controle seria *ex ante*. Com efeito, o texto mostra que não se adota mais a aludida posição defendida naquele trabalho.

ante nesse tipo de situação (robusta segurança de que o meio não contribui para o fim atualmente) resultaria na avaliação pelo poder controlador de que a medida é idônea, porém certamente seria esvaída a força da argumentação pró-meio legal para defender, no exame ponderativo, a prevalência das razões que apoiam o direito fundamental. Em outras palavras, seria considerar idônea a medida para certamente a derrubar na fase ponderativa. Como uma segurança absoluta é impossível de ser atingida na maior parte dos casos, até pela própria evolução da ciência, não se exige tanto, no entanto a margem de probabilidade deve contar com grande consenso da comunidade acadêmica e científica para autorizar o Judiciário a efetuar um controle *ex post*. Aliás, mesmo nesses casos de notável consenso científico, algo difícil de ocorrer, uma postura experimentalista poderia evitar qualquer confronto entre poderes, uma vez que ficaria a cargo do poder controlado a edição de normas que reparem o vício superveniente, após provocação dada pelo poder controlador.

Como derradeiro ponto a tratar neste tópico, é certo que uma lei pode erigir diversos meios para alcançar diversos fins. Em cada um dos meios ditados é preciso verificar a existência de conexão racional aos fins imediatos eleitos pelo Estado; se um dos meios não contribuir em nada para nenhum dos fins, efetivamente será uma medida que reprovará no teste da adequação. No entanto, é possível vislumbrar meios selecionados com o prisma de contribuir para o alcance de vários fins diferentes. No caso de um meio atrelado a polifinalidades, deverá a medida ostentar a conexão racional para todos os objetivos estatais? Parece acertado concluir que basta a conexão racional com ao menos um dos fins imediatos para considerar a medida apta e, desse modo, prosseguir nas etapas subsequentes do exame de proporcionalidade.

Examinada a etapa da adequação, com alguns de seus pormenores e com a mostra dos pontos fortes e fracos de cada posição em relação à intensidade de controle e à distribuição do ônus argumentativo, avança-se para a etapa da necessidade.

2.7.3 Necessidade[741] da medida: a possibilidade de meios menos impactantes ao direito fundamental

Se o fim é legítimo e o meio selecionado é adequado, avança-se para o teste da necessidade, que pretende perquirir se os meios empregados pelo poder controlado são menos lesivos ao direito fundamental. Caso os meios sejam julgados desnecessários, porque havia alternativa menos lesiva, o ato controlado será desproporcional *lato sensu*. Do contrário, prossegue-se para a etapa ponderativa da proporcionalidade em sentido estrito.

Uma primeira observação cabível é que, comparado ao subteste anterior, que tinha um prisma absoluto, o exame de necessidade é necessariamente comparativo ou

---

[741] Clérico (CLÉRICO, Laura. *El examen de proporcionalidad en el derecho constitucional*. Buenos Aires: Facultad de Derecho de Buenos Aires/Eudeba, 2009. Serie Tesis. p. 101 e seguintes) propõe que a terminologia mais adequada para o teste é do exame dos meios alternativos menos lesivos, no pressuposto de que "necessidade" é termo que não considera a possibilidade de que haja no teste a descoberta de mais de um meio alternativo igualmente eficaz e menos lesivo ao direito fundamental. No entanto, como o vocábulo "necessidade" mostra um juízo negativo sobre a indispensabilidade da medida oficial – e não propriamente sobre as opções não exploradas pelo poder controlado –, discorda-se da jurista argentina e mantém-se o nome comumente atribuído ao teste.

relacional.[742] Isto é, enquanto a idoneidade tinha por função analisar a relação meio-fim com foco apenas na escolha adotada pelo poder controlado, o subteste de necessidade cobra a comparação entre meio escolhido e diversas opções que poderiam ser adotadas, mas que não o foram, desde que essas opções tenham o condão de: i) promover igualmente o fim como o faz o meio escolhido; ii) agredir ou afetar desfavoravelmente em menor intensidade o direito fundamental atingido pela medida oficialmente escolhida. Ou seja, são dois prismas diferentes em que essa comparação é efetuada, pois tanto se verifica se as alternativas são aptas na mesma conformidade do meio oficialmente selecionado, como se observa se as alternativas podem afetar em menor grau o direito fundamental que o meio escolhido.[743]

Destarte, esses dois prismas também escondem dificuldades que precisam ser respondidas pelas instâncias aplicadoras do direito. Tal qual já assinalado anteriormente, a estrutura da proporcionalidade não soluciona questões como a intensidade de controle por um tribunal ou a distribuição do ônus argumentativo. No caso deste subteste, muitas dessas respostas dependerão de uma série de circunstâncias, com a possibilidade de formular regras que possam complementar a força decisória do teste.

Se no primeiro prisma a comparação está entre o meio oficial e as opções disponíveis, da mesma forma que no subteste da idoneidade, o exame de igual promoção do fim estatal pelas medidas alternativas permite diversas perspectivas de avaliação. Pode-se avaliar o meio alternativo quanto ao aspecto qualitativo, quantitativo e probabilístico. Um meio alternativo pode ser mais eficiente num aspecto, ao passo que menos seguro ou provável de atingir um fim e assim por diante. Na formulação já conhecida, os meios alternativos devem obter o mesmo alcance de fomento do fim em todas as perspectivas tal qual o meio oficial.[744]

Como se percebe pela inteligência do primeiro prisma de comparação, a exigência de igual adequação em todos os sentidos avaliados em relação ao meio oficial faz com que se reduza a possibilidade fática de encontrar meios alternativos igualmente idôneos. Não é fácil que existam diferentes opções que promovam o fim de modo igual em todos os pontos de vista; uma promoção de intensidade diversa do fim por um meio alternativo, por sua vez, também impacta a própria afetação do âmbito de proteção do direito fundamental.[745] Na maior parte dos casos, pois, não haverá casos claros de meios alternativos capazes de promover o fim na mesma medida.

---

[742] ALEXY, Robert. Epílogo a la teoría de los derechos fundamentales. Tradução de Carlos Bernal Pulido. *Revista Española de Derecho Constitucional*, v. 66, p. 13-64, 2002. p. 28-58.

[743] BARAK, Aharon. *Proportionality* – Constitutional rights and their limitations. Tradução de Doron Kalir. Cambridge; New York: Cambridge University Press, 2012. p. 317-339; CLÉRICO, Laura. *El examen de proporcionalidad en el derecho constitucional*. Buenos Aires: Facultad de Derecho de Buenos Aires/Eudeba, 2009. Serie Tesis. p. 101-161; BERNAL PULIDO, Carlos. *El principio de proporcionalidad y los derechos fundamentales*. 3. ed. Madrid: Centro de Estudios Políticos y Constitucionales, 2007. p. 740-763.

[744] BARAK, Aharon. *Proportionality* – Constitutional rights and their limitations. Tradução de Doron Kalir. Cambridge; New York: Cambridge University Press, 2012. p. 317-339; CLÉRICO, Laura. *El examen de proporcionalidad en el derecho constitucional*. Buenos Aires: Facultad de Derecho de Buenos Aires/Eudeba, 2009. Serie Tesis. p. 101-161; BERNAL PULIDO, Carlos. *El principio de proporcionalidad y los derechos fundamentales*. 3. ed. Madrid: Centro de Estudios Políticos y Constitucionales, 2007. p. 740-758.

[745] NOVAIS, Jorge Reis. *As restrições aos direitos fundamentais não expressamente autorizadas pela constituição*. Coimbra: Coimbra, 2003. p. 741 e seguintes. No sentido de ser impossível que duas medidas promovam o fim de mesma maneira, PIRKER, Benedikt. *Proportionality analysis and models of judicial review* – A theoretical and comparative study. Groningen: Europa Law Review, 2013. p. 13-41.

O problema agrava-se com a perspectiva de que existam polifinalidades para o ato normativo restritivo. Se há uma constelação de fins promovidos pela medida oficial, um caso claro para adentrar na segunda perspectiva seria considerar que exista um meio alternativo que promova igualmente, em todas as perspectivas, todos os fins abrangidos pela norma introdutora da medida selecionada pelo poder controlado. Idêntico exame para cada um dos fins, nas diferentes perspectivas, reduz ainda mais as possibilidades empíricas de encontrar um meio igualmente apto. Destarte, percebe-se claramente que quanto maior o número de finalidades buscadas pela norma restritiva, tanto menor a existência de meios alternativos igualmente idôneos ao eleito pelo poder controlado.

Considere-se agora o segundo prisma de comparação, que desembocará em problema similar. No que tange ao prisma da produção de efeitos menos lesivos a posições e situações jurídicas incluídas no âmbito de proteção do direito fundamental, cuja norma colide com a norma apoiada pela medida legal, a comparação cobrada é, também, entre os meios alternativos e a medida selecionada pelo poder controlado. O pressuposto para a segunda comparação, como já explicado, está na idêntica idoneidade de promoção do fim, o que já foi escrito que é algo difícil de ocorrer.

No que tange a essa avaliação do meio menos restritivo ou menos afetador da posição ou situação jurídica de direito fundamental, a primeira questão é definir como julgar a intensidade de afetação da posição jurídica de vantagem por qualquer um dos meios, o que permite o estabelecimento da relação comparativa.

As medidas que afetam determinada posição de direito fundamental podem ser examinadas por diferentes critérios, como os critérios material, espacial, temporal e pessoal.[746] Em todos esses critérios, a afetação do direito fundamental pode ser vislumbrada por prismas de probabilidade e eficácia do meio escolhido em relação à produção dos gravames nas posições e situações jurídicas compreendidas dentro do âmbito de proteção de direito fundamental. O critério material trata de saber quais as posições essencial e potencialmente afetadas pelas medidas oficial e alternativas. Uma norma que prefira proibir a propriedade de farmácias a não farmacêuticos é materialmente mais restritiva ao direito de propriedade e de livre iniciativa que aquela que imponha que a farmácia só possa funcionar se tiver um farmacêutico responsável, ainda que não o proprietário. É espacialmente mais restritiva a norma que proíba o funcionamento de bares próximos a escolas e estádios de futebol que aquela que vede o funcionamento desses estabelecimentos próximos a apenas escolas. É temporalmente mais intensa a afetação da posição ou situação jurídica causada por norma que proíba a pesca durante a época de piracema que a gerada por outra que a tolha apenas por poucos dias, conforme o ápice da subida dos peixes para a reprodução. Finalmente, consoante o critério pessoal, a medida será mais restritiva ou afetará mais a posição ou situação jurídica compreendida no âmbito de proteção do direito fundamental conforme o número de pessoas ou grupos atingidos pela medida. Desde já, percebe-se que o critério material, diferentemente dos outros critérios, é o que mais conclama, além de uma avaliação

---

[746] NOVAIS, Jorge Reis. *As restrições aos direitos fundamentais não expressamente autorizadas pela constituição.* Coimbra: Coimbra, 2003. p. 741.

empírica, uma apreciação analítico-normativa.[747] Isso porque haverá um juízo normativo que incidirá na comparação para definir qual das posições afetadas é significativamente mais importante, considerados os bens e valores cristalizados no direito fundamental afetado. O exame também é analítico, porquanto a dogmática certamente pode auxiliar a classificar as diferentes posições e situações jurídicas compreendidas dentro do âmbito de proteção do(s) direito(s) fundamental(is) afetado(s), o que indiscutivelmente atrai a delimitação pelo direito constitucional da própria definição material do conteúdo do direito.[748]

Embora resolvida a questão de como avaliar os diferentes meios em relação aos gravames produzidos no conteúdo do direito fundamental, também aqui se verifica que a força decisória da etapa da necessidade é débil, porquanto os casos fáceis e claros de resolução por este teste somente compreenderiam os meios alternativos que fossem mais favoráveis ao conteúdo do direito fundamental em todos os critérios. Isto é, um meio oficial seria claramente necessário, o que demandaria avançar para a etapa seguinte da proporcionalidade, se ele fosse mais benigno ao direito fundamental afetado em todos os critérios; ao revés, seria desnecessário se fosse mais prejudicial ao conteúdo do direito fundamental em todos os critérios.

Os casos claros de desnecessidade do meio oficial correspondem ao ótimo de Pareto, como lembrado por Alexy, providenciado pelo meio alternativo. Nesse tipo de situação, não existe recurso à ponderação, pois a melhor alternativa é visualizável sem qualquer juízo de valoração sobre a troca entre a importância de promover o fim com o gravame trazido ao gozo do direito fundamental.[749]

Mas a maior parte dos casos seria composta de hipóteses duvidosas, pois eventualmente os meios alternativos, comparativamente à opção selecionada pelo poder controlado, seriam mais vantajosos que este em um, em alguns ou na maioria dos critérios passíveis de cotejamento.

Mas a dificuldade não para por aí. O critério pessoal, por sua vez, reacende um ponto de embate sobre a perspectiva geral ou concreta dos titulares dos direitos fundamentais afetados. A medida deverá ser menos lesiva numa perspectiva abstrata ou geral, isto é, na média das pessoas, sem tomar em consideração circunstâncias singulares de indivíduos particularmente atingidos, ou deve-se considerar o aspecto

---

[747] Sobre a avaliação analítico-normativa, conferir BERNAL PULIDO, Carlos. *El principio de proporcionalidad y los derechos fundamentales*. 3. ed. Madrid: Centro de Estudios Políticos y Constitucionales, 2007. p. 748-758. Em realidade, em última medida, a avaliação da contribuição de um meio para um fim, da capacidade restritiva dessa medida para um direito e das diferentes perspectivas de comparação ensejam sempre algum grau de argumentação moral, como já apregoava Pirker (PIRKER, Benedikt. *Proportionality analysis and models of judicial review* – A theoretical and comparative study. Groningen: Europa Law Review, 2013. p. 13-41); ocorre que a dimensão dessa argumentação moral, mais reduzida no teste de idoneidade, dilata-se no teste de necessidade, mas sem que haja a amplitude daquela usada na fase de proporcionalidade em sentido estrito, na esteira do magistério do jurista.

[748] BERNAL PULIDO, Carlos. *El principio de proporcionalidad y los derechos fundamentales*. 3. ed. Madrid: Centro de Estudios Políticos y Constitucionales, 2007. p. 748-758. O jurista defende que a afetação, no enfoque empírico, pode ser avaliada nos aspectos de eficácia, probabilidade e segurança, ao passo que o enfoque analítico-normativo da intervenção é dado nos moldes referidos no texto.

[749] ALEXY, Robert. On balancing and subsumption. A structural comparison. *Ratio Juris*, v. 16, n. 4, p. 433-449, 2003. p. 436-449; ALEXY, Robert. Epílogo a la teoría de los derechos fundamentales. Tradução de Carlos Bernal Pulido. *Revista Española de Derecho Constitucional*, v. 66, p. 13-64, 2002. p. 32-58; SARTOR, Giovanni. Doing justice to rights and values: teleological reasoning and proportionality. *Artificial Intelligence and Law*, v. 18, p. 175-215, 2010. p. 198-199.

subjetivo e concreto da pessoa atingida pelos efeitos da norma? A estrutura formal da proporcionalidade não traz uma resposta para essa questão, que depende de complementação por regras fermentadas dentro de uma prática constitucional estável, sujeita à contribuição e influência da dogmática.

De outro lado, pode ocorrer que uma medida, em que pese ser mais benigna a um direito fundamental afetado e ser igualmente apta à promoção do fim almejado pelo poder controlado, termine por atingir outro direito fundamental ou outro interesse público não atingido ou não afetado com a mesma intensidade pela medida escolhida pelo poder controlado, inclusive por conta do custo financeiro ou maior dificuldade prática de sua implantação. A estrutura formal do teste de necessidade não possui, por si só, uma resposta para esse questionamento. Reis Novais não crê possível afastar qualquer exercício ponderativo da etapa da necessidade, a fim de que ela tenha um conteúdo útil, conquanto o tipo de ponderação efetuado aqui é marginal e bem mais reduzido do que aquele realizado na etapa de proporcionalidade em sentido estrito.[750]

Outro ponto não respondido pela estrutura do teste: o momento de exercício do controle é o decisivo para averiguar a existência de alternativa menos agressiva ao direito fundamental (controle *ex post*) ou ele deve limitar-se ao momento de edição do ato controlado, conforme conhecimentos existentes à época (controle *ex ante*)?

Como já pontuado nos tópicos 2.6 e 2.7.2, a intensidade de controle pelo tribunal não é definida pela estrutura da proporcionalidade, haja vista a inviabilidade de regras ou princípios formais serem usados no sopesamento com princípios materiais. Conquanto a intensidade de supervisão e consequentemente também a divisão do ônus probatório e de argumentação sejam equacionadas em momento analítico distinto, a depender do contexto cultural-político-jurídico embebido no sistema jurídico, pode existir a definição de regras complementares que poderão aumentar a força decisória do teste de necessidade, inclusive com a infiltração desses princípios formais na construção delas.

De outro vértice, as tipologias de Young são replicáveis aqui e mostram tendências. Cortes mais deferentes inclinam-se a aceitar a versão mais débil do teste de meios alternativos menos lesivos, enquanto cortes mais peremptórias e gerenciais flexionam-se para construir regras complementares que elevarão a força decisória do teste. É evidente que esse dado isolado não permite uma resposta taxativa sobre a postura judicial, porquanto é possível que tribunais mais peremptórios, gerenciais ou experimentalistas possam adotar uma versão débil da necessidade, porém ponderar sem contenção ou deferência com a discricionariedade do poder controlado. O sentido inverso também é possível.

A versão mais débil do teste de necessidade é a que reprova medidas oficiais na hipótese de que haja meios alternativos tão idôneos, em todas as perspectivas aventadas, quanto à medida oficial em relação a todos os fins perseguidos pelo ente público, ao passo que esses meios alternativos devam ser mais benignos ao direito fundamental em todas as perspectivas possíveis de avaliação, sem que eles afetem outros direitos ou interesses não agravados pela medida oficial, sendo o momento decisivo do controle

---

[750] NOVAIS, Jorge Reis. *As restrições aos direitos fundamentais não expressamente autorizadas pela constituição*. Coimbra: Coimbra, 2003. p. 741 e seguintes.

confinado à época da edição do ato controlado (controle *ex ante*).[751] A racionalidade que orienta essa versão é aumentar a margem de decisão discricionária do Legislativo ante o órgão controlador. Pragmaticamente, a força decisória, conquanto se anteveja maior que a do teste de idoneidade na versão fraca, ainda será pequena, o que fará com que a resposta da instância controladora seja afirmativa quanto à necessidade da medida escolhida na maior parte das vezes, a transferir a maior relevância do teste de proporcionalidade em sentido amplo para a etapa da proporcionalidade em sentido estrito. Com isso, está no cerne a velha crítica, já tratada sobre a falta de importância do teste de idoneidade, que também alcança o teste de necessidade na sua versão mais fraca, à medida que a consequência da sua adoção seja relegar ao plano da proporcionalidade em sentido estrito a maior força decisória.

Uma versão mais fortalecida do teste dos meios alternativos menos agressivos ao direito fundamental implica a adoção de regras complementares, como preleciona Laura Clérico. Essas regras complementares são decorrentes de, entre outras coisas, infiltração de princípios ou regras formais. Mas também podem sacramentar uma rede de regras construídas para resolver conflitos normativos, que, por coerência, acabem se repetindo no curso da prática constitucional, ou que contem com elevado consenso da dogmática jurídica, inclusive no que se refere à adesão a uma teoria material de direitos fundamentais que consiga orientar os aplicadores quanto aos bens jurídicos coletivos e direitos fundamentais mais importantes. Qualquer versão mais fortalecida desse teste, quando cotejada com a versão mais débil dele, representa um aumento da sua força decisória e, por consequência, um maior grau de proteção ao direito fundamental, haja vista que algumas medidas poderão ser declaradas inconstitucionais por desproporção sem precisar entrar na última fase do teste de proporcionalidade. Ademais, outros benefícios da adoção de um teste mais robusto de necessidade por adoção de regras são os de conferir maior previsibilidade ao teste e de evitar ao tribunal um maior ônus político de contender-se abertamente com o poder controlado na etapa do sopesamento.[752]

Até aqui foi traçado o panorama geral a respeito do teste, no entanto, não foi apresentada nenhuma resposta quanto aos pontos tocados e que, conforme já sobejamente anunciado, não integram o mesmo patamar analítico da estrutura formal da proporcionalidade.

Uma constatação a ser feita é que, no que tange ao cotejar entre meios alternativos e oficial quanto à idoneidade dessas medidas para promoção do fim, deve o aplicador pautar-se pela avaliação dos meios alternativos nos mesmos parâmetros utilizados para apreciar a idoneidade do meio oficial e deve obter o mesmo alcance em todos os aspectos.[753] A exigência mais severa em relação aos meios alternativos, na prática,

---

[751] CLÉRICO, Laura. *El examen de proporcionalidad en el derecho constitucional*. Buenos Aires: Facultad de Derecho de Buenos Aires/Eudeba, 2009. Serie Tesis. p. 101-161; BERNAL PULIDO, Carlos. *El principio de proporcionalidad y los derechos fundamentales*. 3. ed. Madrid: Centro de Estudios Políticos y Constitucionales, 2007. p. 740-758.

[752] CLÉRICO, Laura. *El examen de proporcionalidad en el derecho constitucional*. Buenos Aires: Facultad de Derecho de Buenos Aires/Eudeba, 2009. Serie Tesis. p. 101-161.

[753] BARAK, Aharon. *Proportionality* – Constitutional rights and their limitations. Tradução de Doron Kalir. Cambridge; New York: Cambridge University Press, 2012. p. 317-339; CLÉRICO, Laura. *El examen de proporcionalidad en el derecho constitucional*. Buenos Aires: Facultad de Derecho de Buenos Aires/Eudeba, 2009. Serie Tesis. p. 101-161 – esta autora expressamente defende essa perspectiva; BERNAL PULIDO, Carlos. *El principio de proporcionalidad y los derechos fundamentales*. 3. ed. Madrid: Centro de Estudios Políticos y Constitucionales, 2007. p. 740-758.

estabeleceria uma assimetria entre essas medidas opcionais e a oficial no cotejamento da idoneidade, sem justificativa plausível para isso.[754] A consequência prática é de que, havendo redução ou ampliação da força decisória do teste de idoneidade por alguma regra complementar, o que implica a desconsideração ou não de perspectivas de avaliação quanto à promoção do fim almejado pelo órgão controlador, essa regra complementar deve ser aplicada também ao teste de necessidade no momento de apreciar os meios alternativos quanto à idoneidade destes em relação à persecução da meta estatal. Destarte, haverá uma simetria de avaliação entre o meio oficial e os opcionais quanto à promoção do desiderato estatal.

Um campo factível para a construção de regra complementar está no prisma do segundo âmbito de cotejamento entre o meio oficial e o meio alternativo. Afinal, na versão débil do teste, um meio alternativo deveria, para invalidar o meio oficial, ser mais benigno ao direito fundamental em toda e qualquer perspectiva passível de análise. Veja-se o padrão erigido em *Oakes*, que exigia que os meios fossem "cuidadosamente" desenhados para atingir o fim (teste de conexão racional) e que afetassem, no mínimo possível, o direito fundamental (teste de necessidade), com alto ônus de prova alocado ao ente estatal. Anota Grimm que a Suprema Corte canadense, quando aplica o padrão de proporcionalidade, invalida as decisões legislativas normalmente no teste de necessidade, de sorte que o teste de proporcionalidade em sentido estrito tem um caráter mais residual, ao passo que o Tribunal Constitucional Federal alemão normalmente acede ao teste de proporcionalidade em sentido estrito para anular as medidas adotadas pelo Legislativo.[755] Isso se coaduna com a percepção de que a intensidade de escrutínio e a alocação do ônus probatório não estão na estrutura da proporcionalidade, mas dependem do contexto cultural-político-jurídico de cada sistema constitucional, conforme o grau de confiança e legitimação que se outorgue ao Judiciário no controle de constitucionalidade, bem como consoante o nível de segurança sobre as premissas empíricas e normativas que norteiam a restrição.[756] O que se deve ter presente, aliás, como ocorre com qualquer fase do princípio da proporcionalidade, é que admitir a incidência de regras complementares inculca uma atração de um juízo ponderativo existente, no mínimo, para a criação dessas regras. Por um lado, nessa operação sempre há perda de alguma racionalidade analítica, uma vez que ela antecipa sopesamentos antes relegados exclusivamente a um estágio específico (proporcionalidade em sentido estrito), conquanto haja a facilitação de abreviar a complexa tarefa de sindicar a proporcionalidade da medida estatal, bem como outorga uma carga de proteção maior aos direitos fundamentais.[757]

---

[754] LOPERA MESA, Gloria-Patrícia. El principio de proporcionalidad y los dilemas del constitucionalismo. *Revista Española de Derecho Constitucional*, n. 73, p. 381-410, jan./abr. 2005.p. 399-402. Sem embargo, a autora critica Carlos Pulido pela assimetria proposta pelo jurista colombiano em relação aos meios alternativos e oficial, como se ele entendesse que o meio alternativo deva ser mais exigido que o meio oficial no aspecto da idoneidade, o que decididamente não se interpreta que tenha o doutrinador defendido, ao menos na edição consultada de sua obra.

[755] GRIMM, Dieter. Proportionality in Canadian and German constitutional jurisprudence. *University of Toronto Law Journal*, v. 57, p. 383-397, 2007. p. 390 e seguintes. No mesmo sentido, MÖLLER, Kai. Proportionality: challenging the critics. *International Journal of Constitutional Law*, v. 10, n. 3, p. 709-731, 2012. p. 714.

[756] Não custa relembrar que o padrão da Corte Europeia de Direitos Humanos sequer organiza uma etapa dos meios alternativos menos lesivos do modo exclusivo, basicamente avaliando essa questão no âmbito da etapa do *fair balance*. Reenvia-se ao item 2.3.1.

[757] Em diapasão similar, menciona-se MÖLLER, Kai. Proportionality: challenging the critics. *International Journal of Constitutional Law*, v. 10, n. 3, p. 709-731, 2012. p. 714-715, mencionando sua preferência pela abordagem alemã à canadense, a qual deixa para a proporcionalidade em sentido estrito toda a carga de ponderação.

Este ponto conecta-se justamente com a crítica da pouca importância do teste. Ela faz sentido se o sistema adotar uma versão débil do teste de ausência de meios restritivos menos lesivos. No entanto, do mesmo modo que já antecipado em outros pontos da pesquisa, inclusive naquilo aproveitável ao teste de idoneidade, não se pode menosprezar a utilidade do teste de necessidade sequer nesse formato enfraquecido, sobretudo por permitir a pré-estruturação do sopesamento realizado no estágio subsequente. Afinal, o órgão de controle já terá, nessa etapa, verificado tanto se o meio oficial e as alternativas são aptos a promover o fim, bem como já terá opções para cotejar e sopesar sobre o ganho ou afetação marginal do bem coletivo e/ou do direito fundamental perseguido pelo ente estatal controlado em relação ao direito fundamental restringido.[758]

Atinente ao segundo prisma de comparação, interessa avaliar se o meio alternativo é mais benigno ao direito fundamental que o oficial num prisma objetivo e abstrato, isto é, essa benignidade deve ser perscrutada com o parâmetro da média das pessoas ou grupos atingidos pela medida, ou se deve ter um foco subjetivo e concreto. Barak defende que o teste de necessidade tenha o cariz objetivo, pois não devem ser levados em consideração efeitos produzidos na esfera concreta e individual, mas apenas os materializados dentro de um perfil típico ou médio do titular do direito.[759] De outro lado, Clérico e Pulido, com algumas diferenças, conclamam outro critério, consoante esteja em jogo o tipo de fiscalização ou controle de constitucionalidade exercido pelo Judiciário. Na hipótese de controle ou fiscalização abstrata de normas, dá-se o cariz objetivo ao teste, de sorte que se verifica o perfil médio ou ordinário do titular do direito; por conseguinte, no controle concreto, deverá ser examinado o impacto produzido na esfera do titular do direito individualizado no processo *sub judice*.[760] A diferença é que, enquanto Carlos Pulido comenta que a perspectiva dos indivíduos afetados deve nortear o controle, Laura Clérico propõe uma complementação a esse critério: quanto mais intensa a afetação individual de uma norma geral no caso concreto, menos força possui o argumento que joga a favor de utilização do cariz objetivo ao teste de necessidade.

A distinção entre uma esfera de controle abstrato de normas e outra de controle concreto é uma divisão aceitável para fins de intensidade de controle e ônus de argumentação e de prova. Veja-se que mesmo a Corte Europeia de Direitos do Homem, não obstante exercitar uma espécie de fiscalização concreta – sempre conhece as demandas individuais que lhe são dirigidas – já tinha salientado alguma distinção no próprio escrutínio consoante o objeto de controle fosse uma norma geral e abstrata ou um ato individual e concreto. E assim é porque, como lembra Pulido na mesma passagem referida, as incertezas empíricas, analíticas e normativas diminuem muito quando se tomam os efeitos produzidos ou potencialmente produzidos pelo meio oficial comparativamente aos potenciais efeitos advindos de algum meio alternativo

---

[758] CLÉRICO, Laura. *El examen de proporcionalidad en el derecho constitucional*. Buenos Aires: Facultad de Derecho de Buenos Aires/Eudeba, 2009. Serie Tesis. p. 101-161.

[759] BARAK, Aharon. *Proportionality* – Constitutional rights and their limitations. Tradução de Doron Kalir. Cambridge; New York: Cambridge University Press, 2012. p. 317-339.

[760] CLÉRICO, Laura. *El examen de proporcionalidad en el derecho constitucional*. Buenos Aires: Facultad de Derecho de Buenos Aires/Eudeba, 2009. Serie Tesis. p. 101-161; BERNAL PULIDO, Carlos. *El principio de proporcionalidad y los derechos fundamentales*. 3. ed. Madrid: Centro de Estudios Políticos y Constitucionales, 2007. p. 748-758.

mais benigno nessa última hipótese. No entanto, imiscuir a perspectiva individual na apreciação do meio mais benigno ao direito fundamental, se o objeto de controle for uma norma geral, conclamaria sempre uma vertente de igualdade/desigualdade nessa apreciação. Afinal, é possível conceber que a igualação das situações desiguais ou a diferenciação de situações substancialmente similares, provocada pelo meio oficial, seja um efeito voluntário buscado pelo Parlamento; se for um efeito involuntário, essa perspectiva de isonomia surge na hipótese da produção de uma discriminação fática entre pessoas ou grupos. Destarte, a vertente objetiva do teste de necessidade apregoada por Barak é mais recomendável e permite, inclusive, o traçar de um campo distinto de aplicação entre proporcionalidade e igualdade.[761] Porém, os defensores de uma "igualdade proporcional" certamente não veriam problemas maiores em seguir a sugestão de Clérico e Pulido sobre o tipo de controle.

De outra sorte, quando o ato ou a norma forem de cunho individual (ato administrativo ou uma norma de efeito concreto), parece mais consentâneo examinar justamente a perspectiva individual da pessoa ou do grupo atingido.

Quanto ao controle *ex ante* ou *ex post*, o raciocínio é idêntico ao que foi exposto no subitem anterior. Concorda-se com a perspectiva de um controle *ex post*, compatível com uma apreciação de (in)constitucionalidade ao longo do tempo, na condição de que haja pouca insegurança epistêmica empírica tanto no que atine à contribuição dos meios alternativos ao fim imediato como no que se refere à menor agressividade desses meios alternativos ao direito fundamental atingido. Do contrário, não estando presentes estes pressupostos, é mais condizente com o respeito institucional aos demais poderes que se parta de um controle que examine apenas o momento da edição do ato controlado (*ex ante*).

Ponto impactante está em definir se o meio oficial será necessário caso outros direitos ou interesses sejam afetados pelo meio alternativo mais benigno ao direito fundamental restringido por aquele, sem que a medida escolhida atingisse ou atingisse em menor grau esses "terceiros" direitos ou interesses. O mesmo ponto de indagação ocorre se houver maiores custos na implantação desse meio alternativo. Como visto anteriormente, Alexy já defendia que seria imprescindível resolver a questão não na etapa da necessidade e, sim, na do sopesamento. Outros juristas concordam com essa opinião.[762] Clérico não é contra, no entanto, que se defina uma regra complementar, que dependa de justificação adicional, para afastar a versão mais débil do teste de necessidade, a não ser que circunstâncias do caso concreto ponham a regra em dúvida.[763]

Segundo já frisado mais de uma vez, toda a vez que se afasta da versão mais débil do teste, perde-se algo em transparência e clareza analítica pelo transplante de uma ponderação para a criação dessas regras complementares, perda contrabalançada pelo

---

[761] Sobre igualdade e proporcionalidade, conferir item 2.8.

[762] ALEXY, Robert. Epílogo a la teoría de los derechos fundamentales. Tradução de Carlos Bernal Pulido. *Revista Española de Derecho Constitucional*, v. 66, p. 13-64, 2002. p. 28-58; BARAK, Aharon. *Proportionality* – Constitutional rights and their limitations. Tradução de Doron Kalir. Cambridge; New York: Cambridge University Press, 2012. p. 317-339; BERNAL PULIDO, Carlos. *El principio de proporcionalidad y los derechos fundamentales*. 3. ed. Madrid: Centro de Estudios Políticos y Constitucionales, 2007. p. 740-748; GRIMM, Dieter. Proportionality in Canadian and German constitutional jurisprudence. *University of Toronto Law Journal*, v. 57, p. 383-397, 2007. p. 390 e seguintes.

[763] CLÉRICO, Laura. *El examen de proporcionalidad en el derecho constitucional*. Buenos Aires: Facultad de Derecho de Buenos Aires/Eudeba, 2009. Serie Tesis. p. 101-161.

ganho da vantagem de maior proteção aos direitos fundamentais e brevidade na complexa tarefa de sindicar o ato. No entanto, é possível que o contexto cultural-político-jurídico possa, de fato, contribuir para a eleição de alguma precisão ou especificação do teste de necessidade por meio da criação de algumas regras complementares.

Com efeito, a maior onerosidade da medida opcional implica ou o desvio de recursos destinados à satisfação de outros interesses ou direitos, seja porque poderiam ser usados na criação de instituições ou procedimentos ou no custeio de prestações estatais diversas, a revelar a própria afetação desses outros interesses ou direitos, ou porque esses recursos deverão ser cobrados do povo por meio dos tributos, o que comprime ainda mais seu patrimônio, o que não deixa de representar uma afetação do direito fundamental à propriedade.

No entanto, não se é contra a possibilidade de adoção de uma regra complementar, o que demanda justificação adicional por parte da instituição controladora, incluídas nessa operação a desvantagem e a vantagem que isso traga. Uma regra complementar viável conjuga critério normalmente considerado na lei da ponderação, a intensidade de afetação negativa no âmbito de proteção do direito fundamental impactado pelo meio oficial. Mas essa regra complementar volta-se também ao "terceiro" direito ou interesse não atingido pelo meio oficial, mas comprimido pela medida alternativa mais benigna, desta vez no foco contrário, ou seja, o diminuto grau de compressão trazido pelo meio alternativo, tudo isso em proporção ao montante do conteúdo do direito preservado com a adoção de um meio alternativo. Escrito em linha direta, erige-se a seguinte regra complementar: quanto mais intensa for a afetação de um direito fundamental por determinado meio oficial e quanto menos intensa for a afetação de um terceiro direito ou interesse por um meio alternativo mais benigno ao direito fundamental e quanto mais benigno ou menos interventivo o meio alternativo for ao direito fundamental tocado pelo meio oficial escolhido, maior força terá o meio alternativo. Trabalhando com exemplos e tomando a perspectiva dos custos financeiros adicionais impostos pelo meio alternativo, poder-se-ia traçar uma argumentação destinada a favorecer a medida opcional caso seus custos sejam em pouca monta mais elevados que aqueles previstos para bancar o meio oficial, desde que a vantagem na sua adoção, por ser menos interventivo no conteúdo de direito fundamental em comparação ao meio oficial, seja bastante significativa.[764]

No que tange ao ônus de prova e carga de argumentação, há que se fazer uma distinção. É claro que sempre é possível que o tribunal recorra a círculos de especialistas e acadêmicos, inclusive promova debates e audiências públicas para qualificar sua prestação jurisdicional ou aproveite os debates ocorridos no âmbito do Parlamento, para pinçar medidas alternativas ao meio escolhido pelo órgão controlado.[765] Em relação a possíveis meios alternativos mais comuns, constantes desses debates pela

---

[764] Essa regra complementar, se não utilizada para aumentar a força do teste de necessidade, certamente será considerada no momento da proporcionalidade em sentido estrito, para nortear o sopesamento. Aliás, para ser mais preciso, a redação da regra complementar deveria ser: se houver um direito fundamental muito afetado por um meio oficial e se a adoção de algum meio alternativo trouxer uma adição pequena de custos em comparação com o meio oficial e se as vantagens trazidas com esse meio opcional forem consideráveis, o meio oficial é desnecessário. Tal como redigido no corpo da tese, parece uma regra a orientar o sopesamento.

[765] CLÉRICO, Laura. *El examen de proporcionalidad en el derecho constitucional*. Buenos Aires: Facultad de Derecho de Buenos Aires/Eudeba, 2009. Serie Tesis. p. 101-161.

comunidade científica ou no âmbito do parlamento, cuja informação é facilmente acessível aos tribunais, entende-se que, tal qual a racionalidade que orientou a tomada de posição sobre o assunto no que tange à etapa da idoneidade, deva recair sobre o ente estatal o ônus da prova. Afinal, coube ao demandante convencer e demonstrar que o meio oficial afeta negativamente seu direito, de modo que se passa ao Estado o ônus de demonstrar que a medida constritiva do conteúdo do direito é justificável. Por outro vértice, quanto a meios alternativos não cogitados nessas esferas de especialistas e nas discussões públicas, pensa-se que o ideal é que ele seja confiado à parte que alega ter seu direito fundamental violado. É essa parte que deverá demonstrar e convencer a instituição controladora de que existem meios alternativos aptos e mais favoráveis ao direito fundamental, não cogitados na comunidade científica relevante e pelo ente estatal, uma vez que não se pode menosprezar a contribuição do demandante para a racionalidade do ofício jurisdicional.[766] Contudo, essa conclusão não pode servir de escudo para uma deficitária apuração de meios por parte do Estado. Isto é, não é correto usar esse raciocínio para uma pobre cogitação de outros meios pelo Estado. Assim, inclusive porque o Estado é detentor de todas as informações e estudos que embasaram a decisão pelo meio oficial, por mais que não tenha considerado esse meio sugerido pelo demandante e, por isso, eventualmente não possua todas as informações a seu respeito, caberá aí um controle de plausibilidade quanto ao ônus probatório, em que a alegação do polo ativo processual, sendo defensável, deverá exigir do Estado uma contraprova empiricamente similar para considerar falhada a tarefa probatória.[767]

Quanto à hipótese de polifinalidades, Barak propõe que se eleja um fim preponderante para o exame de necessidade da medida.[768] Com efeito, isso se afasta da versão débil do teste. Conquanto o autor não sugira essa nomenclatura, trata-se de uma proposição de regra complementar ao teste ou, nos dizeres de Pirker, de um atalho argumentativo motivado por interesse heurístico de facilitar um exame complexo e preservar a aplicabilidade do teste.[769] Considerando os custos e benefícios decorrentes do afastamento da versão débil, pode-se defender uma regra complementar a incidir nessa etapa, que se norteie conforme a importância da defesa das posições ou situações jurídicas de direito fundamental atingidas pela medida estatal, incrementada com o impacto desse efeito restritivo, bem como pela similitude dos propósitos estatais: quanto mais intensa for a afetação negativa do direito fundamental e quanto mais próximos, similares ou homogêneos forem os fins estatais promovidos pela medida oficial, maior

---

[766] BARCELLOS, Ana Paula de. *Ponderação, racionalidade e atividade jurisdicional*. Rio de Janeiro: Renovar, 2005. p. 92-102. A jurista, em realidade, destaca a contribuição das partes para a racionalização da ponderação, ao informar os enunciados normativos que possam gerar normas em tensão e interesses reconduzíveis a normas jurídicas, mas acredita-se que sua lição pode ser trasladada ao contexto do ônus da prova.

[767] Com um alcance próximo ao proposto no texto, a defender uma cisão do ônus probatório no teste de necessidade, incumbindo a quem alega a violação do direito o ônus de mostrar meios alternativos, reenviando o ônus probatório e argumentativo de rechaçar a proposta alternativa ao Estado, remete-se a PIRKER, Benedikt. *Proportionality analysis and models of judicial review* – A theoretical and comparative study. Groningen: Europa Law Review, 2013. p. 13-41.

[768] BARAK, Aharon. *Proportionality* – Constitutional rights and their limitations. Tradução de Doron Kalir. Cambridge; New York: Cambridge University Press, 2012. p. 317-339.

[769] PIRKER, Benedikt. *Proportionality analysis and models of judicial review* – A theoretical and comparative study. Groningen: Europa Law Review, 2013. p. 13-41.

a possibilidade de eleger um dos propósitos como o principal para o escopo de redução heurística do teste de necessidade.

O último ponto a tratar neste item está no tema que, na jurisprudência dos Estados Unidos, refere-se ao *overinclusiveness*. A "sobreinclusão" dos meios ocorre quando apenas parte deles seria bastante para a promoção do fim estatal, porém são adotados meios além daqueles realmente suficientes para o alcance da meta. Barak propõe que o critério decisivo será a possibilidade de separação dos meios necessários daqueles desnecessários dentro do ato normativo, com o que se concorda. Se essa separação for viável, os meios desnecessários são invalidados por desproporcionalidade em sentido lato, com preservação daqueles necessários, os quais podem ser escrutinados na etapa da proporcionalidade em sentido estrito. Se não for plausível a cisão, remete-se tudo à decisão na etapa de proporcionalidade em sentido estrito.[770]

Caminha-se agora para o exame da proporcionalidade em sentido estrito, etapa em que a ponderação é utilizada para verificar qual a decisão a ser tomada pela instituição controladora.

2.7.4 Proporcionalidade em sentido estrito

Superada a etapa do teste de necessidade, adentra-se no estágio em que a ponderação é utilizada para decidir se a medida restritiva deve ser preservada ante a intervenção negativa no âmbito de proteção de um direito fundamental.

Para tanto, segundo aludido alhures, é preciso assinalar valorações, o que, essencialmente, remete à necessidade de utilização de argumentos empíricos, analíticos e normativos. Ou seja, não prescinde do recurso à racionalidade prática e à argumentação moral, tanto para classificar, comparar e ordenar os custos e benefícios em preservar o ato estatal ou o direito fundamental por ele tocado desfavoravelmente.

O esquema desenvolvido neste estágio depende de três passos: i) valoração do "peso" (abstrato e concreto) de direitos e/ou interesses em colisão; ii) ponderação ou sopesamento para verificar qual terá a prioridade; iii) construção de uma regra de precedência que resolverá o conflito, com a pretensão de ser replicada sempre que as circunstâncias do conflito se mostrarem presentes.[771] No entanto, dentro de um contexto de estabilidade constitucional, o avançar do tempo mostrará que os tribunais constitucionais sindicarão inúmeras normas que escancaram conflitos normativos solúveis por ponderação. As regras de precedência construídas ou, na expressão de Clérico, as "regras-resultado" de ponderações, passarão a formar uma espécie de

---

[770] BARAK, Aharon. *Proportionality* – Constitutional rights and their limitations. Tradução de Doron Kalir. Cambridge; New York: Cambridge University Press, 2012. p. 317-339. Barak menciona que o teste da *overinclusiveness* não se confunde com o teste de necessidade, este pertinente ao princípio da proporcionalidade. No caso de sobreinclusão, o teste demanda a invalidação dos meios, que deveriam ser estritamente cunhados para restringir ou limitar os direitos fundamentais, mas terminaram por ir além do que era preciso. Quando não é possível a cisão, os resultados de ambos os testes apontam caminhos diversos: enquanto o teste de sobreinclusão, típico da categorização da jurisprudência estadunidense, aponta para a invalidade dos meios e, logo, sua inconstitucionalidade, o teste de necessidade considera a medida necessária e remete a decisão para a etapa da proporcionalidade em sentido estrito.

[771] ÁVILA, Humberto. *Teoria dos princípios* – Da definição à aplicação dos princípios jurídicos. 8. ed. São Paulo: Malheiros, 2008. p. 143-145; BERNAL PULIDO, Carlos. *El principio de proporcionalidad y los derechos fundamentales*. 3. ed. Madrid: Centro de Estudios Políticos y Constitucionales, 2007. p. 763-769.

conexão sistemática ou em rede, que facilitará o exercício adjudicatório. Com efeito, como a igualdade impulsiona respostas similares a casos análogos, a não ser que exista um fator de justificação, essa rede pode mesmo orientar os intérpretes a resolver os conflitos sem qualquer exame ponderativo.[772] Assim, a existência de perenidade de um sistema constitucional permite, inclusive, reformular esses três passos, para incluir um quarto que será, em realidade, o primeiro, porquanto prévio a todos os outros: examinar na jurisprudência do tribunal constitucional a existência de regras de precedência que tenham resolvido conflitos normativos prévios análogos, decorrentes dos choques sucessivos do mesmo princípio constitucional.

Se houver uma decisão que tenha sanado um conflito normativo similar, a coerência e igualdade impulsionam o sistema a fornecer a mesma resposta já oferecida anteriormente, de forma a sequer ingressar na ponderação. O afastamento da jurisprudência depende de haver motivos para um *distinguishing* ou *overruling*, o que demanda da corte – e da parte beneficiada com a mudança da jurisprudência – intenso ônus de justificação, sob pena de perda de racionalidade e, no limite, da legitimidade argumentativa que almeja revestir-se qualquer tribunal.[773] Como defendido no Capítulo 1 deste trabalho, alia-se à manutenção da jurisprudência um critério de limiar epistêmico, em que não basta a mera discordância dos atuais componentes do órgão judiciário sobre o resultado da ponderação, mas uma genuína e manifesta convicção de que a perpetuação da jurisprudência trará resultados muito insatisfatórios do ponto de vista jurídico ou moral, inclusive para a funcionalidade do sistema, o que implica uma carga e ônus argumentativos acentuados.

Se o sistema não proporciona regras de precedência que já tenham elidido conflitos normativos similares, ingressa-se propriamente na ponderação. A complexidade desta etapa começa, de pronto, na checagem do que exatamente se sopesa. Robert Alexy, para orientar o sopesamento, elaborou a fórmula do peso, a qual é uma ampliação das suas leis material e epistêmica da ponderação, de modo a açambarcar, na sua visão, toda a estrutura ponderativa.[774]

A fórmula do peso, sem pretender "matematizar" o sopesamento, põe em relação o interesse ou o direito promovido pela medida restritiva e o direito fundamental com eles conflitantes. Essa relação é o quociente dos produtos (Wi,j) do peso abstrato do princípio que abraça a meta estatal (Wi), do seu peso concreto ou o montante de satisfação conferido pela medida (Ii) e da confiabilidade empírica desse efeito (Ri), de um lado, e, do prisma diverso, dos produtos do peso abstrato do direito fundamental (Wj), de seu peso concreto ou do tanto de afetação desse direito (Ij), bem como da

---

[772] CLÉRICO, Laura. *El examen de proporcionalidad en el derecho constitucional*. Buenos Aires: Facultad de Derecho de Buenos Aires/Eudeba, 2009. Serie Tesis. p. 163-293; BERNAL PULIDO, Carlos. *El principio de proporcionalidad y los derechos fundamentales*. 3. ed. Madrid: Centro de Estudios Políticos y Constitucionales, 2007. p. 796-806, o qual fala de uma metaponderação para decidir entre a manutenção do precedente ou seu câmbio.

[773] É possível mesmo retirar do estágio da proporcionalidade em sentido estrito o exame jurisprudencial, de forma a alocá-lo fora do teste de proporcionalidade em amplo sentido, como etapa prévia à aplicação do teste. No entanto, mantê-lo dentro da proporcionalidade em sentido estrito permite que, com maior grau de certeza, verifique-se plenamente a justificação externa das premissas do arrazoamento e, assim, depurar com maior grau de precisão se o conflito que é examinado de fato é uma replicação ou não do primeiro.

[774] ALEXY, Robert. Los derechos fundamentales y el principio de la proporcionalidad. Tradução de Jorge Alexander Portocarrero Quispe. *Revista Española de Derecho Constitucional*, v. 91, p. 11-29, ene./abr. 2011. p. 16 e seguintes.

confiabilidade da premissa empírica dessa afetação (Rj).[775] Alexy elabora uma escala triádica para assinalar os valores de cada elemento da fórmula (leve, moderada e séria para as intervenções nos princípios; seguro, plausível e não evidentemente falso, para a confiabilidade das premissas empíricas), de sorte a, ao final da operação, ter-se um resultado: se o quociente for superior a 1, prevalece o princípio promovido pela medida restritiva; se inferior a 1, prepondera o direito fundamental. Em havendo um empate (quociente é igual a 1), há uma discricionariedade estrutural para o Legislativo que deve ser respeitada, de forma que o Judiciário exerce um juízo de autocontenção e respeita a decisão do Parlamento.

A proposta alexyana recebeu muitos contrapontos e críticas. De plano, evitar-se-á trazer aqui críticas dirigidas ao raciocínio ponderativo, pois já foram objeto de consideração em tópico distinto. Interessa, aqui, avaliar as críticas tecidas quanto à estruturação da ponderação. Algumas propostas já foram, de algum modo, inclusive apresentadas em outros pontos desta pesquisa, de sorte que serão reapresentadas de maneira mais sucinta, para permitir a tomada de posição.

De início, convém esclarecer que, por mais que haja méritos heurísticos na reprodução da ponderação em formato de fórmula ou equação, obviamente é possível desenvolver o raciocínio ponderativo sem usar a fórmula do peso, justamente porque, como seu proponente já deixou muito bem esclarecido, não há pretensão alguma de que, com esse recurso, transpareça alguma crença numa objetividade absoluta da ponderação. Por essa razão, a princípio deixa-se de discorrer neste tópico com o apelo a equações ou modelos aparentemente matemáticos. O que é realmente essencial é saber o que exatamente se pondera, com a possibilidade de enorme contribuição da dogmática constitucional, a formular regras ou critérios que possam complementar a força do teste e orientar os aplicadores das normas jurídicas, de modo a preservar um pouco mais de previsibilidade e conferir maior racionalidade ao juízo ponderativo.

Em outros momentos desta tese deixou-se manifestada a preferência por um modelo de trunfos no sentido mais débil, a garantir uma ordem de preferência *prima facie* dos direitos fundamentais sobre interesses e princípios constitucionais ou não constitucionais. O exame de proporcionalidade como um todo, mormente no seu último estágio, pressupõe que os direitos não são naturalmente absolutos e que podem, diante de objetivos estatais justificáveis, sofrer afetações em seu conteúdo protegido *prima facie*.[776] Um primeiro ponto, tratado no tópico atinente à legitimidade do fim estatal, era saber quais interesses podem servir de justificativa. Como ali adiantado, a resposta cabal depende, a princípio, do sistema jurídico-constitucional analisado, uma vez que

---

[775] Na descrição "equacional" da fórmula do peso, tem-se Wi,j = . Para um aprofundamento sobre as variáveis da fórmula, seus pesos assinalados, remete-se a ALEXY, Robert. Epílogo a la teoría de los derechos fundamentales. Tradução de Carlos Bernal Pulido. *Revista Española de Derecho Constitucional*, v. 66, p. 13-64, 2002. p. 32-58; ALEXY, Robert. Los derechos fundamentales y el principio de la proporcionalidad. Tradução de Jorge Alexander Portocarrero Quispe. *Revista Española de Derecho Constitucional*, v. 91, p. 11-29, ene./abr. 2011. p. 16 e seguintes; ALEXY, Robert. On balancing and subsumption. A structural comparison. *Ratio Juris*, v. 16, n. 4, p. 433-449, 2003. p. 436-449. Neste tópico, mais adiante, bem como no ponto 2.6, foi considerada a proposta de Klatt e Meister de uma reformulação na fórmula do peso, a inserir, também, a insegurança epistêmica do tipo normativo.

[776] SCHAUER, Frederick. Proportionality and the question of weight. *In*: HUSCROFT, Grant; MILLER, Bradley W.; WEBBER, Grégoire. *Proportionality and the rule of law* – Rights, justification, reasoning. New York: Cambridge University Press, 2014. p. 177.

é factível que uma constituição analítica proponha cláusulas gerais e específicas de restrição de modo aberto ou que disponha de norma proibitiva sobre determinados propósitos ou sobre objetivos não previstos no texto constitucional.[777] No entanto, sendo silente o texto, dogmaticamente se reputa que o modelo de trunfos fraco proposto por Klatt e Meister é o que melhor se ajusta ao funcionamento dos sistemas constitucionais nas modernas democracias ocidentais. Nesse modelo, comparativamente ao modelo de interesses, os direitos fundamentais acabam por ter uma prioridade *prima facie* ante os interesses, sem embargo de que, ao contrário do que propõem aqueles juristas, concede-se que outros interesses sem *status* constitucional, consoante o arcabouço jurídico, possam eventualmente prevalecer em determinada colisão de normas. Na expressão de Frederick Schauer, há uma presunção a favor dos direitos fundamentais.[778] Em relação aos interesses que não tenham *status* constitucional direto, estes têm um peso abstrato inferior aos interesses previstos expressamente em normas constitucionais.

Entre os próprios interesses, é possível que a constituição permita algumas limitações/restrições para a persecução de determinadas metas, enquanto que outras metas são impostas claramente no texto constitucional. Metas cogentes, por suposto, podem ter um peso abstrato mais elevado que fins autorizadores, isto é, fins previstos como permissivos a justificar uma restrição, mas não previstos como obrigatórios ao Estado.[779]

Por outro prisma, a proporcionalidade é corriqueiramente justificada no contexto de uma constituição com normas com natureza jurídica de princípio, em que não se tem uma hierarquia definida dos direitos fundamentais, da mesma forma que ocorre com outras normas constitucionais. Dentro desse contexto, como se avalizaria defender, como faz Alexy, a existência de um elemento que se ocupa do peso abstrato do direito fundamental ou do interesse em colisão? Admitir que haja diferentes pesos abstratos para direitos fundamentais ou interesses públicos não representa contrariar esse pressuposto?[780] Acredita-se que não. Isso porque outras variantes existem a serem sopesadas pelo adjudicador; a principal delas provém das circunstâncias concretas do caso, que mostram a intensidade da afetação do direito fundamental. Ora, embora direitos com peso abstrato elevado tendam a prevalecer – a primeira lei do *trumping* de Klatt e Meister –, a consideração das circunstâncias do caso concreto podem justificar a restrição mesmo em direitos de alto peso abstrato. A colocação de pesos abstratos diferentes, com efeito, forceja a percepção da indispensabilidade de uma argumentação prática e moral, com a aposição de uma teoria material dos direitos fundamentais que saiba preconizar uma ordem fraca de preferência. Isso não gera incoerência com o fato

---

[777] Aqui não se debate a respeito das restrições não manifestamente previstas ou autorizadas no texto constitucional, mas de norma constitucional expressa que proíba toda e qualquer restrição não explicitamente permitida no seu texto. Claro está que, para ter alguma operatividade, essa norma proibitiva só poderia constar de uma constituição analítica que previsse nas cláusulas de restrição inúmeros interesses públicos, de forma a não engessar a atividade de harmonização dos diferentes bens, interesses e direitos constitucionais.

[778] SCHAUER, Frederick. Proportionality and the question of weight. *In*: HUSCROFT, Grant; MILLER, Bradley W.; WEBBER, Grégoire. *Proportionality and the rule of law* – Rights, justification, reasoning. New York: Cambridge University Press, 2014. p. 175-178 e seguintes.

[779] BERNAL PULIDO, Carlos. *El principio de proporcionalidad y los derechos fundamentales*. 3. ed. Madrid: Centro de Estudios Políticos y Constitucionales, 2007. p. 763-786.

[780] MORESO, José Juan. Alexy y la aritmética de la ponderación. *In*: MANRIQUE, Ricardo García (Ed.). *Derechos sociales y ponderación*. 2. ed. Madrid: Fundación Coloquio Jurídico Europeo, 2009. p. 223-236.

de que, na maior parte das situações de conflitos normativos ocorridos no momento da aplicação, não haja uma predeterminação ao nível deôntico de qual norma deva prevalecer, o que conclama a necessidade de um sopesamento. Sem embargo, é possível que o próprio sistema já preveja "posições preferenciais" de modo expresso em seu texto normativo ou que isso ocorra de modo implícito, inclusive como fez Portugal, com uma diferenciação de regime jurídico conforme o objeto de apreciação seja um direito, liberdade ou garantia, ou um direito a eles análogo, de um lado, ou um direito econômico, social e cultural, de outro.[781] Mas isso não impede que, eventualmente, a depender da circunstância concreta, haja a preponderância de um direito ou interesse que tenha menor peso abstrato.

A valoração da força da norma que apoia determinado direito ou justifica determinado interesse público – seu peso abstrato – depende de uma teoria material que estabeleça uma hierarquia *prima facie* entre alguns direitos e interesses. Dentro de um arquétipo fraco de trunfos, cuja validade da adoção, repita-se, depende da própria conformação do sistema normativo, os direitos possuem mais peso abstrato que os interesses que justificam sua restrição. Mas pode ser que o sistema e a prática constitucional orientem-se por um modelo de interesses, em que essa hierarquia não existe, ocasião em que direitos e interesses terão o mesmo peso abstrato. Alexy parte da constatação de que, ordinariamente, os direitos fundamentais e os princípios a ele contrapostos têm o mesmo peso abstrato, razão pela qual a fórmula do peso, na versão mais simplificada, simplesmente desconsidera esse elemento da equação ponderativa. A depender do sistema constitucional e das tradições jurídico-dogmáticas aí reinantes, é possível que essa assertiva seja verdadeira. Nesse caso ordinariamente nem o sistema estabelece uma posição preferencial a determinado direito fundamental nem é possível que uma teoria material de direitos fundamentais possa, de modo indisputado ou incontroverso, angariar elevado consenso e replicação na prática constitucional.

No entanto, como normativamente se sugere um modelo de trunfos no sentido mais débil, pensa-se que a proposta de Barak cristaliza um argumento mais coeso com as premissas teóricas deste arquétipo, com o azo de angariar mais força normativa aos direitos fundamentais. Barak sustenta que é preciso separar as hipóteses de conflitos normativos em que estejam exclusivamente direitos fundamentais nos polos opostos daquelas em que estejam em colisão um direito fundamental e um interesse público. Nessa situação, cuja resposta depende das variações culturais e das tradições jurídicas de cada sistema, a solução defendida pelo jurista em caso de empate no sopesamento é, no primeiro caso, que há uma discricionariedade do poder político, ao passo que, na segunda hipótese, predomina o direito fundamental e, por isso, considera-se

---

[781] A respeito dos direitos de natureza análoga, conforme regime conferido pela Constituição portuguesa, que ostentariam o mesmo regime fortalecido dos direitos, liberdades e garantias, colocados fora do título III daquele texto constitucional, a depender da possibilidade de determinação das posições diretamente aplicáveis no próprio texto constitucional, remete-se para CANOTILHO, J. J. Gomes; MOREIRA, Vital. *Constituição da República portuguesa anotada*. 4. ed. Coimbra: Coimbra Editora, 2007. v. I. p. 371-378; SOUZA, Marcelo Rebelo de; ALEXANDRINO, José de Melo. *Constituição da República portuguesa comentada*. Lisboa: Lex, 2000. p. 94-99; e MEDEIROS, Rui. Direitos, liberdades e garantias e direitos sociais: entre a unidade e a diversidade. *In*: MIRANDA, Jorge (Coord.). *Estudos em homenagem ao Prof. Doutor Sérvulo Correia*. Lisboa/Coimbra: Faculdade de Direito da Universidade de Lisboa/Coimbra Editora, 2010. v. I. p. 664-667.

inconstitucional a medida interventiva,[782] diversamente do modelo alexyano, cujo empate resultava sempre numa autocontenção da corte ante a discricionariedade estrutural do parlamento. No entanto, e aqui a posição desse jurista é muito similar àquela defendida nesta tese, é possível que a cultura imperante em determinado sistema privilegie um aspecto mais coletivista ou comunitarista ante o individual-libertário, de modo a defender que prepondere o interesse público. Como exposto, isso varia de sistema a sistema e depende da própria tradição e da teoria material de direito fundamental predominante na prática constitucional.[783]

Como valorar o peso abstrato ou, nos dizeres de Barak, a importância social de um direito ou interesse público? Fatores jurídico-culturais como a tradição jurídico-dogmática, a prevalência de determinada teoria material de direitos fundamentais, entre outros, esclarecem o porquê da possibilidade de mudança de determinadas valorações a determinado direito fundamental ou interesse público conforme o sistema constitucional que se analisa. A par desses fatores culturais, políticos e jurídicos, variáveis de sistema para sistema, pode-se advogar um critério interno ou lógico: direitos ou interesses que são pré-condição para o gozo de outros possuem, geralmente, maior peso abstrato em relação a estes. O exemplo cabal é do direito à vida, seguramente pré-condição para o exercício de qualquer outro direito fundamental, o que justifica o critério de que tenha elevado peso abstrato em comparação aos demais direitos fundamentais.[784]

Veja-se que, numa ponderação exclusivamente abstrata, que desconsidera, portanto, as circunstâncias específicas do caso, o peso abstrato maior do direito ou do princípio contraposto decidiria a ponderação. No entanto, a ponderação realizada no estágio da proporcionalidade em sentido estrito não é abstrata, mas contém nitidamente um matiz de concretude, eis que se pergunta pelos impactos produzidos ou potencialmente produzidos na consecução do fim estatal em relação ao direito fundamental afetado.

Na definição da importância social dos princípios em colisão, é muito importante, porém, não se esquecer de decotar o plexo de posições e situações jurídicas englobadas pelas condições indeterminadas de aplicação da previsão normativa de um princípio jurídico. O conteúdo heterogêneo ou molecular de muitos direitos fundamentais, dispostos nas constituições como princípios jurídicos, turvaria aquilo que está em pauta no exame ponderativo. Uma especificação ou complementação do teste de

---

[782] BARAK, Aharon. *Proportionality* – Constitutional rights and their limitations. Tradução de Doron Kalir. Cambridge; New York: Cambridge University Press, 2012. p. 340-370. Ressalve-se, apenas, que foi feita uma adaptação à tese de Barak, uma vez que o doutrinador israelense tem a opinião singular de que o choque entre leis restritivas e direitos fundamentais não produz efeito quanto ao conteúdo do direito fundamental, que permanece o mesmo, mas apenas no âmbito infraconstitucional, no que tange à margem de proteção conferida.

[783] Exemplo de classificação de diferentes teorias materiais de direitos fundamentais é ofertado por Böckenförde: teoria liberal, institucional, axiológica, democrático-funcional e teoria do Estado Social dos direitos fundamentais. A esse respeito, conferir BÖCKENFÖRDE, Ernest-Wolfgang. Teoría e interpretación de los derechos fundamentales. *In*: BÖCKENFÖRDE, Ernest-Wolfgang. *Escritos sobre derechos fundamentales*. Tradução de Juan Luís Requeijo Pagés e Ignácio Villaverde Menéndez. Baden-Baden: Nomos Verlagsgesellschaft, 1993. p. 44-71. Em sentido divergente, a propugnar uma dispensabilidade de uma teoria de direitos fundamentais, ALEXANDRINO, José de Melo. *A estruturação do sistema de direitos, liberdades e garantias na Constituição portuguesa* – Raízes e contexto. Coimbra: Almedina, 2006. v. I. p. 47 e seguintes, calcado, entre outros argumentos, no pluralismo constitucional e na dependência prática das soluções jurídicas, para as quais as teorias seriam mero auxílio interpretativo, embora eleve o sistema de direitos fundamentais como uma realidade fenomenológica apta a comportar múltiplos modelos e doutrinas teóricas de direitos fundamentais.

[784] BARAK, Aharon. *Proportionality* – Constitutional rights and their limitations. Tradução de Doron Kalir. Cambridge; New York: Cambridge University Press, 2012. p. 340-370.

proporcionalidade em sentido estrito é recomendável: a importância social "mede-se" conforme a posição ou situação jurídica em confronto, a depender, pois, da etapa da interpretação da norma jurídica. Isso é uma consequência, também, de não estar em análise nesta fase uma ponderação puramente abstrata, em que se coloca na balança todo o plexo potencial de situações derivadas da interpretação do princípio em colisão.[785] Neste ponto, retoma-se a crítica de Lopera Mesa à tese de Bernal Pulido, tratada no subitem do fim legítimo. Veja-se o caso da limitação ou restrição imposta ao direito de ir e vir por uma norma que proíba a entrada livre de pessoas não autorizadas em instituições militares, amparada na motivação de segurança. A limitação ou restrição ao direito de ir e vir não pode ser avaliada na importância abstrata da liberdade para as pessoas. A liberdade de locomoção normalmente é tipificada numa constituição como um princípio e, portanto, com alta carga de indeterminação semântica e pragmática. Porém, o aplicador da norma não pode tomar todas as indeterminadas posições ou situações jurídicas agasalhadas pelo direito de liberdade em diferentes contextos de aplicação, para avaliar o peso abstrato dessa importância. Não é o bem jurídico "liberdade" que está a ser sopesado. Isso seria um erro por exagero no ajuste da escala ponderativa.[786] O peso abstrato deve avaliar qual é a situação ou posição jurídica que é objeto de afetação, no caso, o exercício de locomoção ou a esfera de liberdade protegida contra interferências ativas do Estado. De outro lado, o mesmo vale para o interesse público promovido pela norma. Não é a segurança da população, abstratamente considerada, que é tomada para fins de avaliação no sopesamento, mas a segurança das pessoas que trabalham no complexo militar, bem como o interesse de não se ver desviados ou subtraídos armamentos ou informações ligadas ao funcionamento da instituição militar. Conquanto aqui o fim perseguido possa materializar uma ampla situação de interesse público, porque eventuais armas subtraídas do complexo militar poderiam ser usadas em qualquer outro local, por exemplo, é nítido que, mesmo nesse caso, o interesse almejado integra um conjunto de situações menos abrangente que o interesse público "segurança" tomado em abstrato ou completamente descontextualizado. Ademais, nem sempre o desiderato da medida estatal terá essa materialização ampla e indeterminada. Outro exemplo de norma proibitiva facilita a intelecção da ideia: uma norma que não permita a entrada de pessoas em áreas passíveis de desabamento, com motivação clara na segurança dos próprios frequentadores do local, certamente não pode ter a meta reconduzida ao bem jurídico abstrato "segurança coletiva", porquanto exaure sua potencialidade de risco apenas aos frequentadores do local.

Uma possível crítica desse modelo seguido, no qual se toma em consideração a importância de razões que apoiam determinada posição ou situação jurídica objeto de restrição ou do interesse perseguido pelo Estado, e não o bem jurídico ou o valor em abstrato, seria que, em realidade, não seria aqui analisado o peso abstrato, mas o peso

---

[785] BARAK, Aharon. *Proportionality* – Constitutional rights and their limitations. Tradução de Doron Kalir. Cambridge; New York: Cambridge University Press, 2012. p. 340-370; CLÉRICO, Laura. *El examen de proporcionalidad en el derecho constitucional*. Buenos Aires: Facultad de Derecho de Buenos Aires/Eudeba, 2009. Serie Tesis. p. 163-318.

[786] Sobre as patologias inerentes ao uso da proporcionalidade, entre elas a de exagerar, subestimar ou colocar coisas que não seriam objeto de ponderação, conferir ENDICOTT, Timothy. Proportionality and incommensurability. *In*: HUSCROFT, Grant; MILLER, Bradley W.; WEBBER, Grégoire. *Proportionality and the rule of law* – Rights, justification, reasoning. New York: Cambridge University Press, 2014. p. 329-335 e seguintes. Sem embargo, o autor avalia esses erros de ajuste em outra perspectiva.

concreto do direito ou interesse em colisão. No entanto, tal raciocínio não prospera. Não obstante a junção umbilical entre o peso abstrato da concreta situação jurídica afetada ou perseguida pela medida estatal e o peso concreto decorrente da intensidade de afetação ou satisfação do princípio em colisão, há uma tênue linha divisória entre eles. A explicação fica mais perceptível na situação em que determinada posição ou situação jurídica tomada em concreto – no exemplo dado, a posição de não sofrer interferência na liberdade de ir e vir pelo Estado – possa sofrer um similar grau de afetação por força de medida análoga, a intervir em outro direito fundamental. Imagine-se, por exemplo, que haja uma norma que também proscreva a possibilidade de fazer reuniões no interior de instituições militares, salvo se autorizadas. O interesse público promovido pelas duas medidas é o mesmo, o grau de afetação ao direito fundamental – o peso concreto – é praticamente idêntico, o que muda nas duas normas é o direito fundamental atingido pelas medidas: no primeiro exemplo, era a liberdade de locomoção, enquanto que no segundo era a liberdade de reunião, claro que já nas suas especificações. Como o peso abstrato e concreto do interesse público e o peso concreto do direito fundamental nos dois casos são os mesmos, porque o grau de afetação de cada direito fundamental é igual, eventualmente poderia o interesse público preponderar em um caso e não preponderar no outro. Tudo depende de avaliar se a importância social de uma posição jurídica passiva compreendida no direito de liberdade de reunião tem ou não a mesma importância social que uma posição jurídica passiva abrangida pela liberdade de locomoção e se essa importância é sobrepujada pela força das razões que apoiam o interesse público promovido pelas medidas. Em suma, se o peso abstrato de uma é igual ao de outra. Outro exemplo é até mais feliz para mostrar o que se pretende explicar. O Legislativo poderia criar uma norma que imponha, em caso de crime, a punição com a morte (punição A), com a perda permanente (punição B) ou temporária da liberdade (punição C), num contexto em que a pena de morte não seja constitucionalmente proscrita. Imagine-se que o fim desejado pelo legislador seria evitar a consumação de crimes tributários e, assim, preservar a receita estatal. Após a especificação do que esteja realmente em sopesamento, dessume-se que é a posição de não atentado pelo Estado contra a vida humana, no primeiro caso, ou contra a liberdade, no segundo e terceiro casos, tudo a caracterizar situações jurídicas passivas. Sem prejuízo do resultado do sopesamento, que depende de avaliar a força das razões que apoiam o interesse público, o qual é a prevenção de crimes tributários e, consequentemente, o aumento da receita, é fato que a posição jurídica afetada pela punição A ordinariamente terá um peso abstrato maior que as demais, num contexto que se outorgue elevada primazia da vida em comparação à liberdade. As posições jurídicas afetadas pelas punições B e C terão mesmo peso abstrato, mas diferentes pesos concretos, eis que a intensidade de afetação da liberdade proporcionada pela punição B é maior que a C. Talvez aqui possa se questionar a expressão "peso abstrato" para designar uma realidade que traga uma especificação decorrente das condições trazidas no conflito. De fato, não se nega que a expressão pode levar a equívocos, uma vez que se poderia tomar o "peso abstrato" como sinônimo de bem jurídico em abstrato. Mas essa confusão é aparente e facilmente contornável pela explicação do que se entende por "peso abstrato".

Referente ao mesmo ponto de debate, retoma-se assunto deixado inconcluso no tópico relacionado ao fim legítimo: a doutrina de Barak, que invoca a distinção com a de Alexy, entre outros pormenores, naquilo que é objeto de comparação. Barak sustenta que seu prisma de comparação é menor que o de Alexy, pois se comparam benefícios ou prejuízos marginais e a importância social de auferi-los e evitá-los, respectivamente, ao passo que Alexy avalia a importância de promoção do fim estatal ante a intensidade de afetação do direito fundamental. Aparentemente, há uma contradição na crítica de Barak feita a Alexy. Isso porque Barak defende também uma especificação daquilo sopesado – não é o interesse nem o direito fundamental no aspecto amplo de indeterminação semântica e pragmática que são ponderados –, mas também anota que Alexy avalia apenas a intensidade de afetação do direito, o que parece sugerir que Alexy desconsidera a "importância social" de prevenir o impacto no direito. No entanto, pensa-se que é exatamente o peso abstrato o componente da fórmula alexyana que dá cabo à preocupação de Barak, sendo que este é expresso em salientar que existem direitos fundamentais de maior importância social que outros. Barak parece concluir dessa forma neste aspecto apenas pelo exame da lei material da ponderação de Alexy, não cuidando da fórmula do peso proposta pelo jurista alemão; Alexy, por sua vez, concede que pesos abstratos possam não influir no resultado se forem os mesmos, pois aí o intérprete desconsiderará os pesos abstratos sempre que eles tiverem o mesmo valor. Do contrário, o valor dado no elemento do "peso abstrato" da fórmula do peso alexyana forma um produto ou uma multiplicação com o valor assinalado no peso concreto (a par da confiabilidade da premissa empírica). Particularmente, com a explicação do que se entende como "peso abstrato" e com a anotação de que se há de especificar a concreta posição que será sopesada – especificação não tratada explicitamente por Alexy –, verifica-se que a posição de ambos está mais próxima nesse particular do que crê Barak, pois, quanto ao que se compara, não se verificam grandes divergências entre seus magistérios, embora se pontue que Alexy não faz nenhuma explicitação de que deva haver uma especificação, tal como fazem Barak, Clérico e Lopera Mesa.

O outro elemento que funciona no sopesamento é o peso concreto dos elementos em ponderação. Para a definição do peso concreto, é preciso verificar, dentro das circunstâncias que norteiam o caso, a intensidade de afetação de um direito e de satisfação ou realização da norma colidente. Por um "critério conceitual-analítico", é possível vislumbrar a extensão da afetação de um direito ou da satisfação ou realização de outro direito ou do interesse estatal em virtude da medida selecionada: uma realização baixa, média ou alta, conforme os critérios temporais, pessoais, materiais e espaciais, referidos no tópico antecedente. No aspecto da morfologia da norma, é curial observar que normas proibitivas ou impositivas possuem conteúdo deôntico mais interventivo que uma norma permissiva.[787] Fora da questão da morfologia normativa, de olho nos critérios de avaliação, não se tem muita dificuldade em concluir que uma limitação/restrição total de determinada situação jurídica tem grau mais incisivo que uma limitação/restrição parcial, conforme o critério em voga. Uma norma que proíba determinada conduta incondicionalmente afeta mais incisivamente o âmbito de proteção de um direito que uma norma que a proscreva em determinadas condições; uma norma que imponha determinada conduta a determinado grupo de pessoas pode, dependendo do prisma

---

[787] Há que se ter a ressalva, porém, que é possível um intercâmbio entre os modos deônticos, isto é, uma norma proibitiva pode ser reconstruída como a negação de uma norma prescritiva, por exemplo.

de observação, ser menos agressiva que uma norma que a determine indistintamente a todos; uma proibição atemporal de conduta tem maior grau de afetação que a permissão dessa mesma conduta só em determinado período do ano. Como Clérico bem coloca, o critério conceitual-analítico, no entanto, revela o grau dessa afetação ou realização, mas não a intensidade, porque ela depende essencialmente de um exame valorativo-normativo a respeito do grau dessa afetação ou satisfação, tomando em conta as especificidades do caso em exame.[788]

Como já se adiantou, uma das virtudes do princípio da proporcionalidade está na pré-estruturação do sopesamento da derradeira etapa. O grau e a intensidade de satisfação do direito fundamental ou do interesse coletivo promovidos pela medida estatal foram levantados e examinados na fase da adequação do meio; o grau e a intensidade de compressão do direito fundamental em restrição são objeto de escrutínio na etapa da necessidade, inclusive para buscar meios alternativos que tenham menor carga agressiva ao conteúdo do direito fundamental.[789] Não é preciso recomeçar do zero.

Uma das preocupações contra a ponderação estava na perda da força normativa dos direitos fundamentais. Para responder a essa crítica, Alexy mostrou como sua lei material da ponderação – que prega que quanto maior a intensidade de afetação de um direito fundamental, mais importante deve ser a satisfação do princípio colidente – gerou uma espécie de "centro de resistência" do direito fundamental. De fato, as teorias econômicas e de escolha social, usadas por Alexy na gênese da sua tese, amparam a visão de que, a partir de certo momento, os benefícios progressivos pretendidos com medidas potencialmente mais danosas a um direito fundamental passam a diminuir exponencialmente, como graficamente se explica com o recurso a uma curva de indiferença. Em outros vocábulos, a partir de certo limiar de afetação, haverá cada vez menos ganhos com a acentuação dessa compressão do âmbito protegido do direito fundamental.[790]

No entanto, dentro desse panorama, a lei material da ponderação em si não revela o quanto de importância marginal do benefício trazido pela medida deve ser exigido para que o interesse público promovido pelo meio estatal vença na ponderação. A resposta para Alexy é fornecida com a complementação dessa lei pela tese da discricionariedade estrutural: se o empate no peso favorece a medida oficial, o direito afetado só prevalece, com a desproporcionalidade da medida, caso ele tenha argumentos de mais força a apoiar a preservação do conteúdo do direito.[791]

Clérico procura acentuar a força dos direitos fundamentais com um critério complementar ao formulado pela lei material da ponderação. A jurista argentina defende

---

[788] CLÉRICO, Laura. *El examen de proporcionalidad en el derecho constitucional*. Buenos Aires: Facultad de Derecho de Buenos Aires/Eudeba, 2009. Serie Tesis. p. 163-318. Na distinção apresentada pela jurista argentina, adotada nesta tese, entre grau e intensidade, obviamente que a intensidade e o grau de limitação ou satisfação do direito e de realização do interesse público podem não coincidir.

[789] CLÉRICO, Laura. *El examen de proporcionalidad en el derecho constitucional*. Buenos Aires: Facultad de Derecho de Buenos Aires/Eudeba, 2009. Serie Tesis. p. 163-318.

[790] ALEXY, Robert. Epílogo a la teoría de los derechos fundamentales. Tradução de Carlos Bernal Pulido. *Revista Española de Derecho Constitucional*, v. 66, p. 13-64, 2002. p. 28-58; SARTOR, Giovanni. Doing justice to rights and values: teleological reasoning and proportionality. *Artificial Intelligence and Law*, v. 18, p. 175-215, 2010. p. 186 e seguintes.

[791] Carlos Pulido segue Alexy nesse ponto, veja-se BERNAL PULIDO, Carlos. *El principio de proporcionalidad y los derechos fundamentales*. 3. ed. Madrid: Centro de Estudios Políticos y Constitucionales, 2007. p. 787-792.

uma "interpretação progressiva" dessa lei. Isto é, se as limitações ou restrições ao direito fundamental forem muito graves, não basta ao interesse público promovido um mero sobrepeso em relação ao direito fundamental ou, então, a mesma força de razões, que permitiria sua vitória por força da discricionariedade estrutural. Nas afetações muito intensas e severas, que privem o direito fundamental de quase toda realização prática, o direito fundamental reveste-se de uma força sobreproporcional, a exigir uma justificação muito mais forte que a usual, na devida proporção de sua afetação. Essa interpretação não é linear, tal qual fazem Alexy e Pulido, no sentido de que não há distinção no modo de concebê-la se a intensidade da restrição é intensa, média ou leve. Se a intensidade de afetação não for intensa, a interpretação em sentido contrário da posição da jurista mostra que o resultado da ponderação será o já preconizado por Alexy.[792] Na prática, a interpretação sobreproporcional da lei material da ponderação resulta naquilo que a jurista denomina "proibição da esfera do insuportável", um piso básico do direito fundamental garantido contra intervenções estatais que possam aniquilar a autonomia individual em formular seus planos de vida ou que atinjam fortemente determinados grupos de indivíduos alijados da possibilidade de influenciar os rumos democráticos; a conformação do perímetro dessa esfera de insuportabilidade proibida formaria regras que estão imunes a exame de custo e benefício, pois excluem argumentos independentemente da vantagem material trazida pela medida estatal.[793]

A proposta de Clérico merece a observação de que ela é congruente com um modelo de controle de constitucionalidade cujo sistema ou tenha diretrizes constitucionais claras nesse sentido ou esteja embebido num contexto de domínio de uma ética liberal e libertária, pouco influenciada por argumentos comunitaristas. Num arquétipo fraco de direitos como trunfos, a sugestão encontra pontos de compatibilidade. Outrossim, a ideia de Clérico propicia certa categorização da jurisprudência, por tomar em consideração a intensidade da afetação do direito fundamental como critério a divisar um exame mais intensivo do controle jurisdicional.[794]

Mas e se o meio estatal tiver por finalidade a proteção de outros direitos fundamentais? Clérico reconhece que, nessa hipótese, é possível que haja uma fraca ordem de preferência em relação a algum deles, mas não haveria um mandado de encontrar a melhor solução, só ocorrente quando se toca na esfera do insuportável, nem uma ordem de encontrar uma solução de mera preponderância, quando em voga uma colisão de direitos fundamentais com um interesse público em que a afetação do direito não seja intensa e grave; para a jurista, haveria, em verdade, um mandado de solução intermédia, que compatibilizasse os direitos fundamentais de sorte a não deixar nenhum sem realização.[795]

Embora compatível com o modelo normativo seguido nesta tese, que engloba uma concepção de direitos fundamentais como trunfos num sentido fraco, o problema

---

[792] CLÉRICO, Laura. *El examen de proporcionalidad en el derecho constitucional*. Buenos Aires: Facultad de Derecho de Buenos Aires/Eudeba, 2009. Serie Tesis. p. 163-318.

[793] CLÉRICO, Laura. *El examen de proporcionalidad en el derecho constitucional*. Buenos Aires: Facultad de Derecho de Buenos Aires/Eudeba, 2009. Serie Tesis. p. 163-318.

[794] Agradece-se a Kellyne Laís Laburú Alencar de Almeida por essa observação.

[795] CLÉRICO, Laura. *El examen de proporcionalidad en el derecho constitucional*. Buenos Aires: Facultad de Derecho de Buenos Aires/Eudeba, 2009. Serie Tesis. p. 163-318.

na exigência da força sobreproporcional feita por Clérico para as razões aptas a justificar a validade da medida reside num ponto óbvio: qual a suficiência de robustez necessária para sobrepujar a resistência ultraproporcional criada pelo direito fundamental? Clérico não dá um critério qualitativo ou quantificativo para essa avaliação. A rigor, esse não é um problema argumentativo insuperável, até porque nada no presente trabalho sugere que se prescinda de argumentação empírica e analítico-normativa, em suma, de uma valoração prático-moral sobre a intensidade de afetação do direito e de satisfação do interesse contraposto, argumentação que também não fornece nenhuma razão de precisão matemática. O óbice maior encontra-se nas situações de "empates argumentativos". Veja-se a proposta de Barak aqui seguida, que distingue entre colisão de direitos fundamentais e choque de direitos fundamentais com interesses públicos, no qual o empate das razões trará a preservação da medida estatal, no primeiro caso, e a sua invalidação, no segundo, como mencionada anteriormente. Ela não é de todo incompatível com a de Clérico e sua junção ou justaposição é possível. No entanto, como todo empate favorece o direito fundamental quando ele está em confronto com o interesse público, pensa-se que a solução de Barak já oferece um grau de proteção acrescido satisfatório ao modelo tradicional alexyano sem menoscabar a margem de ação do legislador. A desvantagem na proposta de Clérico está no maior esvaziamento da possibilidade de regulação estatal por parte do Estado, mesmo quando se trate de direitos fundamentais não integrantes do rol de maior importância material. Não obstante, a proposta da jurista argentina pode trazer um acréscimo importante de proteção para os direitos de maior vulto material, que devem mesmo merecer um tratamento mais rigoroso por parte do juiz constitucional. Nesta tese sugere-se a integração de ambas as propostas, a fim de robustecer a proteção, de modo geral, aos direitos fundamentais e torná-los não só nominalmente trunfos. Mas essa integração depende de um senão: a intensidade séria da afetação do direito fundamental exigirá uma razão sobreproporcional para justificar sua restrição se ele integrar elenco de direitos de primeira importância material, conforme critérios analíticos e normativo-dogmáticos majoritariamente aceitos pelo sistema jurídico, em especial pelos critérios sedimentados na jurisprudência constitucional.

A integração de ambas as propostas, com a adaptação da ideia de Clérico à de Barak, conforme aqui rascunhado, permite uma categorização em via de mão dupla: de um lado, pela importância material do direito fundamental, o qual demandará uma força sobreproporcional para justificar sua restrição toda a vez que ela for de grande intensidade; de outro, pela própria avaliação da severidade de não realização do direito fundamental, que a sujeitará a um escrutínio mais rigoroso por parte da corte, contanto que o direito esteja no bloco de maior relevância material, a depender do esforço analítico e normativo da dogmática e da própria sedimentação de critérios na jurisprudência constitucional.

No caso de colisão entre direitos que não estejam no bloco de maior relevância com interesses públicos, a exigência de uma força sobreproporcional como pretende Clérico, contextualizada a noção de que os direitos materiais possuem um peso abstrato maior que os interesses constitucionais, consequência do modelo débil de trunfos, e que o empate na força dos argumentos favorece ao direito fundamental afetado, que é a ideia de Barak, fragiliza muito a ação do Legislativo, pois enrijece seu campo discricionário demasiadamente. O mesmo argumento acompanha a hipótese de colisão entre direitos fundamentais de mesmo estalão, qualquer que seja o bloco de relevância material em jogo.

Se diversos os níveis de importância material de direitos fundamentais em colisão, é viável incluir a tese da sobreproporção. Em colisões ordinárias, o direito de primeiro nível estará protegido pelo maior peso abstrato, uma vez que o empate no sopesamento demandaria, a princípio, a prevalência da discricionariedade do poder controlado; contudo, é viável aumentar a proteção dos direitos de primeiro estalão em caso de afetações muito intensas de seu âmbito protetivo. Afinal, mesmo que seu peso concreto seja elevado pela intensidade de não satisfação, a inclusão da ideia de sobreproporção para afetações intensas terá a consequência prática de guinar o resultado da igualdade no sopesamento a favor do direito fundamental de primeiro nível.

Logo, para concluir e clarificar as diferentes hipóteses dentro da proposta desta tese, que une as ideias de Clérico e Barak: i) na colisão entre direitos fundamentais de primeiro nível e interesses públicos constitucionais ou infraconstitucionais, o direito fundamental tem maior peso abstrato, o empate na ponderação favorece o direito fundamental e, em havendo intensa restrição deste, exige-se a sobreproporção de força na argumentação a favor do interesse público, não bastando a mera preponderância das razões que o apoiam; ii) na colisão entre direitos fundamentais de mesmo nível, há igualdade do peso abstrato, razão pela qual pode ser suprimido do raciocínio ponderativo; o empate pende a favor da discricionariedade do poder controlado; a intensidade severa de afetação em um dos direitos fará com que este ganhe um elevado peso concreto, de sorte que o peso concreto do direito contraposto, para prevalecer, deverá ser meramente preponderante, não sendo exigida uma força sobreproporcional; iii) na colisão entre direitos fundamentais de diferentes níveis materiais, o direito de primeiro nível terá maior peso abstrato, já iniciando em vantagem; o empate favorece a discricionariedade do poder controlado; no entanto, se houver uma afetação muito intensa do direito de primeiro nível, exigir-se-á uma sobreproporção nas razões que apoiam o direito fundamental de segundo nível, sendo insuficiente a mera preponderância dessas razões.

A divisão supramencionada só serve se for possível uma classificação distintiva segura entre interesse público e direito fundamental. No tópico referente aos fins legítimos, sem embargo, já se adiantou que sua diferenciação não é tão evidente como se poderia pretender.

Consoante antecipado no subitem referente à legitimidade do fim, Robert Alexy defende uma diferenciação clara entre um direito fundamental e um interesse coletivo ou público, mesmo quando ambos estejam consolidados em princípios jurídicos. Tal como ocorre com os direitos, um modelo de três estágios deveria ser erguido para os interesses coletivos, inconfundíveis entre si: i) as razões para um interesse público ou sua justificação, que podem ser baseadas em alguma teoria de bem-estar econômico ou em alguma teoria consensual, tal como uma teoria do discurso racional; ii) a estrutura normativa dos interesses coletivos; iii) a estrutura não distributiva dos interesses coletivos. As razões que favorecem determinado interesse coletivo não integram a norma que consagra esse interesse, a qual pode ter o *status* de regra ou princípio jurídico e, assim, haverá uma norma que prescreverá, proibirá ou permitirá a busca de determinado interesse coletivo, de modo definitivo ou *prima facie*. Ponto interessante da abordagem alexyana é a característica da estrutura não distributiva dos interesses coletivos, a qual não ocorre com os direitos fundamentais numa feição individual, consistente na propriedade da indivisibilidade do interesse entre diferentes titulares, isto é, na impossibilidade conceitual, atual ou jurídica de dividir o bem jurídico englobado pelo interesse em partes delimitáveis individualmente.[796]

O conceito alexyano apresentado para interesses coletivos ou bens coletivos merece algumas considerações. A primeira delas é que a ideia de interesse coletivo, pelo caráter da indivisibilidade, poderia ser aproximada ou identificada com os interesses difusos. Os interesses difusos possuem nota de indeterminabilidade de titulares e indivisibilidade do bem da vida entre esses titulares, porque representam necessidades compartilhadas comuns a uma classe larga e não determinável de pessoas, com sua satisfação numa perspectiva comunitária.[797] Não são nem interesses públicos nem puros interesses individuais, mesmo que seja possível a projeção dos interesses difusos, de modo direto

---

[796] ALEXY, Robert. Individual rights and collective goods. *In*: SANTIAGO NINO, Carlos. *Rights*. Aldershot; Hong Kong; Singapore; Sidney: Dartmouth, 1992. p. 167-169.

[797] ALEXANDRINO, José de Melo. *Direitos fundamentais* – Introdução geral. 2. ed. Estoril: Princípia, 2011. p. 36; MIRANDA, Jorge. *Manual de direito constitucional*. Coimbra: Coimbra, 2009. t. IV. p. 76 e seguintes. A respeito do conceito de interesses difusos, interesses coletivos em sentido estrito e individuais homogêneos, consoante definição legal dada no enunciado do art. 81, parágrafo único, do art. 81 da Lei nº 8.078/90 – Código de Defesa do Consumidor brasileiro –, os interesses difusos são os transindividuais, indivisíveis na sua natureza, cujos titulares são indeterminados e que se ligam por circunstâncias fáticas; os interesses coletivos são os transindividuais, também indivisíveis, em que as categorias ou classes de pessoas são entre si ligadas ou conectadas com a parte contrária por uma relação jurídica base; os interesses individuais homogêneos são aqueles originados por fatos comuns. Como se percebe do conceito legal, os interesses coletivos em sentido estrito, ao contrário dos difusos, são determináveis, assim como o são os interesses individuais homogêneos, ao passo que estes são divisíveis, o que os difere daqueles. Em relação ao conceito legal e seus desdobramentos na doutrina brasileira, remete-se a MAZZILLI, Hugro Nigro. *A defesa dos interesses difusos em juízo*. 25. ed. São Paulo: Saraiva, 2012. p. 53-62, o qual salienta que os interesses difusos não se confundem com o interesse público – haveria mesmo interesses difusos em contrariedade ao interesse público ou tão abrangentes que se confundiriam com este –, e que anota que a nomenclatura é adequada enquanto pretensão de tutela jurisdicional, uma vez que, se reconhecidos judicialmente por força de sua proteção no ordenamento jurídico, devem nomear-se como direitos difusos; a FERRAZ, Antonio Augusto Mello de Camargo. Considerações sobre interesse social e interesse difuso. *In*: MILARÉ, Édis (Coord.). *A ação civil pública após 20 anos*: efetividade e desafios. São Paulo: Revista dos Tribunais, 2005. p. 68 e seguintes, o qual salienta que os interesses difusos são uma espécie de interesse social e que têm por objeto bens corpóreos, ao passo que os demais interesses sociais podem ter por objeto bens materiais ou imateriais, de sorte que classifica os direitos do consumidor como interesses sociais e não difusos, em função da ausência de caráter indenizatório da pretensão jurídica; a CARVALHO FILHO, José dos Santos. *Ação civil pública* – Comentários por artigo. 7. ed. Rio de Janeiro: Lumen Juris, 2009. p. 26 e seguintes, o qual salienta que a expressão adequada é a de direitos difusos e coletivos e não interesses difusos e coletivos; e MANCUSO, Rodolfo de Camargo. *Ação civil pública* – Em defesa do meio ambiente, do patrimônio cultural e dos consumidores. 13. ed. São Paulo: Revista dos Tribunais, 2014. p. 23 e seguintes, o qual diferencia o interesse público dos interesses coletivos porque a contraposição que ocorre nos interesses coletivos não é entre o Estado e o indivíduo, mas entre interesses contrapostos, detidos por pessoas indeterminadas, com a revelação de sua "incompossibilidade", lembrando o critério da doutrina italiana de *conflittualità massima*; ALVIM, Eduardo Arruda. Apontamentos sobre o processo das ações coletivas. *In*: MAZZEI, Rodrigo; NOLASCO, Rita Dias (Coord.). *Processo civil coletivo*. São Paulo: Quartier Latin, 2005. p. 28-32; a LENZA, Pedro. *Teoria geral da ação civil pública*. 3. ed. São Paulo: Revista dos Tribunais, 2008. p. 45-74, o qual termina por salientar que a diferença entre direitos ou interesses carece de utilidade prática, ante a efetiva proteção judicial conferida pelo ordenamento jurídico brasileiro, embora tenha preferência pela ideia de haver direitos e não meros interesses. No magistério de Lenza, ao contrário da divisão na doutrina italiana, que se agrupava entre posições que defendiam critérios subjetivos ou objetivos para caracterizar os interesses difusos, a doutrina brasileira aglutinou os dois critérios (indeterminabilidade de titulares e indivisibilidade do objeto) na sua definição; Lenza acrescenta que os interesses difusos possuem indeterminabilidade de titulares e indivisibilidade ampla de objeto, ao passo que os interesses coletivos em sentido estrito são de titulares determináveis, havendo uma divisibilidade externa do objeto, mas uma indivisibilidade interna; ele também salienta uma tricotomia entre interesses públicos, transindividuais e privados, o que mostra que defende a não confusão entre interesse público e interesse coletivo em sentido lato.

ou indireto, nas esferas jurídicas das pessoas.[798] A exemplificar os direitos difusos normalmente se aponta a defesa do meio ambiente, da saúde pública, do patrimônio cultural, do consumidor.

Nos interesses difusos, é possível, como ocorre no Brasil, que os ordenamentos jurídicos de algum modo prevejam mecanismos de tutela objetiva, mediante uma legitimação de entes públicos ou coletivos para que, em nome da comunidade afetada, possam demandar a salvaguarda desses interesses que, não podendo ser reconduzidos à esfera jurídica individual, ficariam à mercê de salvaguarda efetiva. Seja como for, não se interpreta a proposta alexyana de modo a excluir como fim legítimo a defesa de um interesse difuso, mas sim que o conceito do jurista alemão encorpa também os interesses coletivos *lato sensu* (difusos, coletivos e individuais homogêneos).

Sem embargo, a pretensão de separar, de maneira tão nítida, interesses coletivos dos direitos fundamentais não é tão tranquila como a princípio apresenta-se. Afinal, em que pese Alexy reconhecer que os direitos fundamentais comportam uma dimensão positiva – direitos a algo, na nomenclatura do jusfilósofo –, sua teoria dos princípios foi construída, como ele mesmo admite, com foco na estrutura sistêmica da Constituição alemã de 1949, a qual possui escassos direitos econômicos, sociais e culturais. Existem constituições, como a portuguesa e a brasileira, que positivam muitos direitos fundamentais sociais. A Constituição brasileira, inclusive, classificou com o vocábulo "direito" alguns interesses considerados difusos, como no dispositivo que exprime que todos têm direito a um meio ambiente hígido e saudável (art. 225). Considerar que os princípios são "mandamentos de otimização" ou reconhecer que ostentam um pressuposto implícito na previsão da norma de aplicarem-se a todas as situações de qualquer gênero, consoante tratado no Capítulo 1, põe em destaque a dificuldade de diferençar o interesse coletivo de um direito fundamental, mormente em caso de obrigações estatais positivas.[799] O caso do direito à saúde é emblemático, pois há o direito fundamental à saúde e, assim, uma perspectiva jurídico-subjetiva, como há uma perspectiva jurídico-objetiva, um "âmbito de proteção coletivo" a gerar deveres de proteção e promoção. Como diferenciar a perspectiva jurídico-objetiva de um interesse coletivo da saúde pública?[800]

---

[798] ALEXANDRINO, José de Melo. *Direitos fundamentais* – Introdução geral. 2. ed. Estoril: Princípia, 2011. p. 36; MIRANDA, Jorge. *Manual de direito constitucional*. Coimbra: Coimbra, 2009. t. IV. p. 76-77.

[799] BARAK, Aharon. *Proportionality* – Constitutional rights and their limitations. Tradução de Doron Kalir. Cambridge; New York: Cambridge University Press, 2012. p. 245-302.

[800] No plano do discurso filosófico-político, Paulo Otero (OTERO, Paulo. *Instituições políticas e constitucionais*. reimpr. Coimbra: Almedina, 2009. v. I. p. 525-534; 609 e seguintes) tem criticado a tendência de constitucionalizar como direitos meros interesses ou situações jurídicas sem imbricação forte com a dignidade humana e com a condição de ser humano, como o direito de pessoas jurídicas ou coletivas, de sorte a banalizar a fundamentalidade que deveria marcar a categoria dos direitos fundamentais. Sua proposta é o movimento reverso, de um Estado de direitos fundamentais para um Estado de direitos humanos, inclusive com o alerta de que sociedades pluralistas que se "desumanizam" também correm risco de descambar para o totalitarismo. Um dos pontos capitais da crítica do Professor de Lisboa estaria numa depreciação da vida, com legislações tendentes a amputar cada vez mais posições que deveriam estar protegidas pelo direito à vida, como a legalização do aborto e da eutanásia, permissão de utilização de embriões humanos, bem como nos riscos advindos apenas da vontade majoritária e da dominação da técnica sobre o homem, com perda dos referenciais éticos nas questões de bioética e biomedicina, a perversão da sociedade de informação e um aumento da vigilância por questões de segurança, além de intolerância em mais variados níveis. Ainda sobre a concepção de um Estado de direitos humanos, modelo de sociedade política que coloca o ser humano no epicentro da função estatal, com retomada das críticas quanto à "cultura de morte" em decorrência da descriminalização do aborto em Portugal se efetuado nas primeiras dez

A solução para esse impasse está na hermenêutica. Apenas por interpretação do âmbito de proteção de um direito fundamental e de seu conteúdo, bem como das condições de aplicação dispostas na previsão normativa de um princípio que consagre um interesse público ou um interesse difuso ou coletivo em sentido lato, será possível separar os campos de aplicação. Logo, a questão desloca-se para qual será a teoria do âmbito de proteção ou do suporte fático que será engendrada pela doutrina majoritária e encampada pela jurisprudência dos tribunais. Dentro de uma teoria que adote um âmbito de proteção mitigado apenas pelo critério de evidência – decotam-se posições e situações que incontroversamente não estejam dentro da esfera protegida pelo direito fundamental –, ter-se-á um critério distintivo entre ambas as categorias jurídicas: situações almejadas por algum interesse público ou coletivo que, à evidência e de modo não razoavelmente duvidoso, não integrem a esfera de proteção da previsão normativa de uma norma de direito fundamental serão subsumíveis a uma norma de interesse público (ou coletivo) e não àquela de direito fundamental. No entanto, dentro de uma teoria de suporte fático amplo, praticamente há confluência dos deveres de proteção derivados de um direito fundamental – mormente se houver previsão de direitos de cariz econômico, social e cultural e de solidariedade – com o interesse público ou com o interesse coletivo.

Mesmo com uma teoria do âmbito de proteção mitigada nesse tocante, ainda assim que há que se reconhecer que o decote promovido pelo juízo de evidência não afastará muitos campos de sobreposição entre interesses públicos e direitos fundamentais. Nesses campos de sobreposição, não é preciso estabelecer um critério último para definir se a situação subsume-se à norma de direito fundamental ou à norma de interesse público, pois é perfeitamente possível sistematizar conflitos multiprincipiais, que envolvam vários princípios contrapostos, de modo que o interesse público e o direito fundamental figurem em apoio mútuo na função da promoção do estado de coisas pretendido, ambos a chocarem-se contra outro direito fundamental.

Por outro ângulo, a pré-estruturação desenvolvida pelas demais etapas fornece ainda mais uma ferramenta que pode auxiliar no raciocínio ponderativo. Barak sugere que as medidas descartadas na etapa da necessidade, porque reprovaram em propiciar uma promoção satisfatória do fim, embora menos agressivas ao conteúdo do direito fundamental restringido, ingressem na etapa ponderativa, com um sopesamento entre o meio oficial e as alternativas chumbadas/reprovadas. Na visão do autor, esse mecanismo reduz mais ainda o espectro de comparação e valoração, contanto que a medida alternativa preencha os predicados de praticidade, promova os mesmos fins, ainda que não com a mesma eficácia, e limite ou afete menos o direito fundamental. A consequência disso é que o exame de proporcionalidade nessa etapa seria, em tese, duplo, um com a medida oficial e outro com a medida alternativa cogitada.[801] De fato, trabalhar com uma comparação entre alternativas e o meio oficial estreita o campo de

---

semanas da gestação, ver OTERO, Paulo. *Direito constitucional português*. Coimbra: Almedina, 2010. v. I. p. 31 e seguintes.

[801] BARAK, Aharon. *Proportionality* – Constitutional rights and their limitations. Tradução de Doron Kalir. Cambridge; New York: Cambridge University Press, 2012. p. 340-370. Barak reconhece que essa solução onera argumentativamente mais o adjudicador, porque aumenta a complexidade da empreita, no entanto sustenta que o estreitamento da ponderação é vantagem justificável.

comparação e ponderação, pois norteia o sopesamento, tendo em vista que o intérprete deverá verificar se uma proposta é mais vantajosa que outra, sopesando os ganhos e perdas marginais da medida oficial e da medida hipotética. Encampa-se a proposta, com alguns adendos. À evidência – até porque Barak não sugere o contrário do que se acrescenta – a consideração explícita na decisão de uma alternativa e a ponderação conjunta entre ela e o meio oficial não significam que a medida hipotética, mesmo se vencedora no jogo de argumentos e contra-argumentos, vincula o Parlamento. Em segundo lugar, a existência de múltiplas alternativas, sempre cogitáveis, permitiria inúmeras considerações ponderativas. Seria interessante a construção de um critério ordenador e eliminatório de meios alternativos, a fim de que a comparação e a ponderação entre ganhos e perdas proporcionados pela medida oficial e hipotética sejam limitadas, até para preservar o caráter redutor de complexidade que pretende dar a aplicação da proporcionalidade.

Pensa-se que o critério ordenador mais adequado está em eleger, para comparação com o meio oficial, o meio hipotético cogitado que traga o maior índice de satisfação ou realização do fim estatal, e assim por diante. O motivo está na própria concepção da motivação para afetar um direito fundamental: satisfazer um interesse público ou um direito fundamental contraposto, de modo que é lógico defender que, se meio escolhido não é o mais proporcional, deve ser preferível aquele que mais eficácia possua para a consecução da meta estatal, embora menos lesivo ao direito fundamental. Referente ao critério eliminatório, um argumento de plausibilidade, porque guarda coerência com aquele ordenador: quanto maiores a importância e a urgência do fim, mais as alternativas menos eficazes à promoção daquele escopo estatal poderão ser descartadas para fins de ponderação com o meio oficial.

Barak também sugere outro padrão para estreitar a margem de ponderação. Como defende que o sopesamento analisa os benefícios e prejuízos marginais advindos com a medida legislativa, observada a possibilidade de incluir medidas alternativas na valoração realizada nesta etapa, o doutrinador israelense pontua que essas perdas e ganhos deverão observar o estado de coisas atual, antes do advento em vigor da medida legal, e, a partir daí, considerar os benefícios e prejuízos caso a medida estivesse em vigor.[802] Anui-se que essa sugestão pode diminuir um pouco a margem de argumentos que podem corretamente ser apreciados no juízo ponderativo nessa etapa. Aliás, essa constatação ficará até mais facilitada quanto maior o tempo de vigência da medida restritiva, porém mais dificultada em meios recém-instituídos, cujos efeitos e impactos são mais estimados que causados pela norma restritiva.

No entanto, a proposta traz em si um risco. É de conhecimento geral que, durante o nazismo, várias medidas compressoras das liberdades foram sendo adotadas paulatinamente, em uma escala crescente de intensidade. Isto é, foram sendo restringidos os direitos não com um único pacote normativo, mas progressivamente, de sorte a entorpecer ou atenuar a revolta com um impacto abrupto na esfera de liberdade e autonomia individual. Pela proposta de Barak, como se analisam as posições jurídicas compreendidas no âmbito de proteção antes da vigência legal e seus potenciais ou reais

---

[802] BARAK, Aharon. *Proportionality* – Constitutional rights and their limitations. Tradução de Doron Kalir. Cambridge; New York: Cambridge University Press, 2012. p. 340-370.

impacts produzidos após a vigência, pode-se perder a percepção de uma restrição continuada e proposital empregada pelo Legislativo ao longo do tempo. Por isso, se a proposta tende a servir de diretriz para nortear a valoração dos pesos concretos dos elementos em ponderação, é preciso incluir um padrão de exceção: quanto mais contínuas ao longo do tempo forem as restrições em determinado direito fundamental, mais influenciam a apreciação do peso concreto e menor será a força do argumento geral de que este peso deva ser dimensionado conforme o estado de coisas anterior e posterior ao advento da última medida restritiva.

Outro ponto tormentoso está nas inseguranças das premissas normativas e empíricas e muito do que será aqui debatido já foi tratado no tópico 2.6. Alexy, com a lei epistêmica da ponderação, tratou apenas da incerteza empírica, conquanto reconheça a incerteza normativa. Para esse critério epistêmico, quanto maior a intensidade da afetação de um direito fundamental, maior deve ser a segurança das premissas empíricas em que se baseia a decisão controlada. Klatt e Meister, por sua vez, desenvolvem alterações na fórmula do peso, tanto para incluir o fator de insegurança normativa na fórmula, como para inserir o conceito de ponderação classificatória.

No que tange à incerteza empírica, Klatt e Meister distinguem duas situações: i) a incerteza advém das premissas subjacentes de uma interferência, ao passo que a intensidade da interferência é certa (pode-se ter dúvida se determinado fato causa ou não um fato subsequente, mas a interferência que provoca esse fato subsequente está isenta de dúvidas); ii) a própria intensidade da interferência é incerta (não se sabe ao certo se determinado meio causa o efeito pretendido). Os juristas lecionam que o primeiro tipo de incerteza é enfrentado com a segunda lei da ponderação de Alexy, mas o segundo tipo não era adequadamente tratado na sua fórmula do peso.[803]

Para a lacuna que julgam encontrar, propõe uma "lei da classificação", que termina por reformular a segunda lei da ponderação. Após enumerar sete abordagens, conforme uma combinação entre as classificações com variáveis conforme certeza/ incerteza e otimista/pessimista, os juristas mostram que, ao final, haveria o controlador de decidir entre uma abordagem de maior certeza que classifique a intensidade de interferência no direito fundamental e outra que classifique essas mesmas grandezas com um viés mais pessimista, o que seria alcançado por um juízo ponderativo por eles denominado ponderação classificatória. A ponderação classificatória precederia a aplicação da fórmula do peso e forneceria justamente as classificações da intensidade de interferência no princípio examinado; ela se ocupa com a justificação externa dos valores inseridos na fórmula do peso. Por isso, não se examinam os princípios em colisão conjuntamente para realizar a ponderação classificatória, pois cada elemento do quociente da equação da fórmula do peso é ponderado (a afetação do direito e a satisfação de um princípio contraposto) individualmente – uma ponderação classificatória para calcular a intensidade de interferência no direito fundamental e outra ponderação classificatória para calcular a intensidade de realização no princípio contraposto. Logo, haveria uma relação heurística entre a fórmula do peso e a lei da classificação, que prega que quanto

---

[803] KLATT, Mathias; MEISTER, Moritz. *The constitutional structure of proportionality*. Oxford: Oxford University Press, 2014. p. 109-148.

maior for a confiabilidade de classificação da intensidade da interferência mais severa, mais confiável deve ser a classificação de uma intensidade bem amena de interferência.[804]

A proposta de Klatt e Meister põe em evidência aquilo que julgam um equívoco de Alexy: não perceber que os princípios formais não são relevantes para a delimitação do conteúdo da discricionariedade epistêmica, mas apenas para estabelecer competências. A questão é que a ponderação classificatória não é aplicada com consideração a dois princípios em confronto, mas leva em conta um princípio de cada vez, o que dá azo a reformularem a segunda lei da ponderação, que se aplica, no caso de confronto entre dois princípios materiais, duas vezes simultaneamente, uma para cada princípio em colisão. A discricionariedade epistêmica do tipo empírico pode ocorrer apenas no segundo caso de incerteza empírica; se, no sopesamento classificatório, houver um empate entre as diferentes classificações das avaliações de interferência e confiabilidade, incumbe à autoridade que decide escolher qual classificação adotará.[805]

Os dois autores reconhecem, também, a discricionariedade epistêmica normativa e, da mesma forma que com a discricionariedade epistêmica empírica, aquela margem de ação normativa pode ser configurada em duas situações: i) insegurança quanto à classificação do peso abstrato de determinado princípio; ii) dúvida quanto à classificação da intensidade de interferência em determinado princípio, se séria, leve ou moderada (mas aqui não há incerteza quanto às premissas empíricas, pois elas são certas; a insegurança reside apenas quanto ao aspecto valorativo de quem decide). Klatt e Meister defendem uma simetria categórica entre a incerteza normativa e empírica, de sorte que a segunda lei da ponderação seria aplicável também a premissas normativas – e não apenas fáticas, como seria sugerido por Alexy. Em suma, também seria usada uma ponderação classificatória, nos mesmos moldes, para definir tanto o peso abstrato como a intensidade da interferência no seu aspecto valorativo quando houvesse dúvida, a ocorrer individualmente para cada princípio, e não de forma conjunta ou cruzada. A discricionariedade epistêmica do tipo normativo ocorre, pois, sempre que a classificação dos valores dados na fórmula do peso seja inconfiável ou disputada.

Como já se adiantou no subitem 2.6, uma das vantagens da proposta de Klatt e Meister é perceber claramente que os princípios formais não formam parte do sopesamento, como pretendia Alexy. A definição da intensidade de controle é momento analítico separado da ponderação material que é realizada na etapa da proporcionalidade em sentido estrito, se bem que eventualmente haja uma infiltração dos princípios formais e institucionais para inclinar o ônus argumentativo a um dos lados da balança. O que interessa agora é avaliar a consistência da mencionada "ponderação classificatória", dentro dos pressupostos dogmáticos já assumidos nesta tese. O cerne da proposta, a par da reformulação da fórmula do peso sugerida, está na dúvida de classificar as incertezas empíricas e normativas entre: i) uma perspectiva mais pessimista; ii) a perspectiva que

---

[804] KLATT, Mathias; MEISTER, Moritz. *The constitutional structure of proportionality*. Oxford: Oxford University Press, 2014. p. 109-148. Conforme defendem os juristas, o peso abstrato não entra em consideração na ponderação classificatória.

[805] KLATT, Mathias; MEISTER, Moritz. *The constitutional structure of proportionality*. Oxford: Oxford University Press, 2014. p. 109-148. Em realidade, se ordinariamente a discricionariedade epistêmica empírica levaria, numa relação de controle entre parlamento e tribunal constitucional, à preponderância da classificação ponderativa feita pelo Legislativo, os autores admitem que, a depender da intensidade de controle, isso possa se inverter.

tenha maior probabilidade de ocorrer.[806] Ligada a essa questão, está a de definir se o papel do Judiciário no controle de constitucionalidade é de examinar a ponderação efetuada pelo poder controlado ou se pode ir além e até mesmo reponderar.

A proposta é interessante e tem alto grau de sofisticação. Mas há um senão, não enfrentado pelos autores: é compreensível que haja disputa entre duas perspectivas (excluídas por bons argumentos as demais possíveis) no âmbito da incerteza empírica, ou seja, entre a visão mais pessimista e a mais provável. Porém, pertinente à incerteza normativa, qual disputa entre perspectivas haveria? Os autores não abordam satisfatoriamente esse ponto. Como tratar de uma perspectiva pessimista de uma valoração e de outra mais provável? Parece que essas qualificações das perspectivas, especialmente no que se refere a uma probabilidade, são predicados coerentes com insegurança quanto à matéria de fato e não quanto à incerteza em relação à valoração trazida pelo órgão controlado. Não parece lógico escolher, por exemplo, o peso abstrato de um princípio dentro de uma perspectiva mais "pessimista" ou mais provável, tomando como referência que, no caso, o que está em jogo quanto à insegurança normativa é a "razoabilidade" da interpretação dada pela instituição controlada pelo Judiciário. Logo, no caso da inconfiabilidade do tipo normativo, o que se tem, pura e simplesmente, é uma dúvida sobre a correção da valoração dada ao peso abstrato de uma norma e à valoração da intensidade de afetação ou de satisfação de determinado princípio, mas não há uma divisão entre dois polos a puxar essa valoração para cima ou para baixo. O que se poderia fazer é aceitar, por deferência, a valoração dada pela instituição controlada, ou revalorar os elementos apreciados (peso abstrato e correção da intensidade de afetação ou satisfação de determinado princípio).[807] Destarte, se não há duas perspectivas diferentes de avaliação vistas para o mesmo observador que irá decidir, mas apenas uma escolha entre avaliar por si ou respeitar a valoração diferente dada pelo Legislativo, rui a aludida analogicidade estrutural defendida para as incertezas epistêmicas empíricas e normativas.

Por isso, está-se de acordo com os juristas de que as inseguranças normativas e empíricas diminuem à proporção da maior e menor intensidade de afetação de um

---

[806] Para ilustrar mais a tese dos autores, imagine-se que a intensidade de promoção de determinado princípio pela medida estatal seja, da perspectiva mais provável, alta, mas classificada como média pela hipótese mais pessimista. Em relação ao direito fundamental, a perspectiva mais provável de afetação seja média, porém considerada severa numa perspectiva mais pessimista. O órgão controlador deveria realizar ponderações classificatórias para definir o grau de afetação e a confiabilidade das premissas empíricas, a definir entre a classificação mais pessimista ou a mais provável. Da mesma forma, em havendo insegurança normativa, realizam-se ponderações classificatórias entre a perspectiva mais pessimista e a mais provável no que tange ao peso abstrato e quanto à correção da valoração dada pelo órgão controlado. Tudo isso definirá os valores a serem enxertados na fórmula do peso.

[807] Os juristas, sem tecer essas considerações, não encontram outro meio para situar a ponderação classificatória com âmago na confiabilidade da avaliação e valoração dada pelo Legislador ante o do Judiciário (KLATT, Mathias; MEISTER, Moritz. *The constitutional structure of proportionality*. Oxford: Oxford University Press, 2014. p. 132 e seguintes). Na interpretação que se faz neste estudo, não é outra coisa senão asseverar que se tem dúvida sobre se a interpretação do Parlamento é razoável e mantém-se ou se é melhor substituir pela própria apreciação subjetiva da instância controladora. O exemplo trabalhado pelos autores não auxilia sua tese. Com efeito, quando examinam o caso decidido pelo Tribunal Constitucional Federal alemão, os autores colocaram que a maioria da corte valorou a intensidade de interferência, que empiricamente era certa, como séria, enquanto que um magistrado a valorou como leve, de sorte a realizar uma ponderação classificatória entre essas avaliações para decidir. No entanto, esse recurso só teria o magistrado se olhasse o voto dos colegas, o que nem sempre é a hipótese; ademais, para o que interessa, como dizer que a decisão entre os diferentes valores mudaria por sopesamento entre uma perspectiva mais pessimista e outra mais provável?

direito e realização de outro princípio/direito, isto é, em regra haverá maior segurança normativa e empírica se estiverem em causa interferências muito extensas e severas ou, paradoxalmente, muito diminutas no conteúdo do direito, ao passo que as interferências médias serão as que mais reproduzirão incertezas empíricas e normativas.[808] Contudo, a propalada ponderação classificatória sugerida, se bem que fizesse algum sentido no que tange à relação da incerteza epistêmica de tipo empírico, parece mais dificultar do que facilitar o ofício de fiscalização judicial de normas.

Nesse tocante, é conveniente retomar algumas observações tecidas no final do tópico 2.6, sobre a necessidade de construir critérios complementares para auxiliar o mister adjudicatório. Em primeiro lugar, congruente com o que asseveram Klatt e Meister, quanto menor a insegurança epistêmica, maior propensão de uma apreciação mais intensa do controle pelo Judiciário.

Outro pormenor importante é verificar o índice de maior ou menor determinabilidade constitucional da norma. Muitos direitos fundamentais, a despeito da opção do poder constituinte por sua tipificação como princípios jurídicos, podem ser complementados por outras normas constitucionais, de sorte a diminuir o campo de indeterminação pragmática da norma principial. Neste caso, uma determinabilidade de conteúdo mais sedimentada em sede constitucional atrai um controle mais incisivo que um direito de menor determinabilidade constitucional. No entanto, mesmo uma densificação do conteúdo do direito por ação infraconstitucional do Legislativo pode ser decisiva, porque um grau diminuto de densificação impõe um nível de intensidade de controle menor, isto é, uma posição mais deferente ou conversacional, justamente porque a ação legislativa examinada terá um sentido mais próximo de dar-lhe concretude a propriamente comprimir o âmbito protegido do direito, definindo as diferentes posições e correlacionando-as a deveres mais determinados, com os critérios de aquisição e perda do direito. Um critério jurídico-funcional também é de sumo interesse: verificar a finalidade normativa, se está mais para restringir e afetar negativamente o direito que para regulá-lo, de modo a conciliar os diferentes interesses e princípios que o inspiram; assim, define-se um controle mais intenso na primeira hipótese que na segunda. Em caso de dúvida, um critério normativo proposto, derivado de uma interpretação ampla da restrição – pode-se mencionar, na terminologia de Reis Novais, uma interpretação restrita que retire a classificação da norma como restritiva apenas em situações de evidência –, é de defender que se trata de restrição e, portanto, deverá seguir o molde de controle mais intensivo.

Nesse patamar, divisar as diferentes posições compreendidas dentro do âmbito de proteção do direito, com especificação daquela que está realmente em confronto, permite construir um padrão tonificador da intensidade de escrutínio: posições correlatas a deveres negativos do Estado tendem a clamar por um controle mais gerencial ou peremptório, enquanto que posições ou situações jurídicas correlatas a deveres ativos espoletam controles mais deferentes ou, a depender da omissão, controles mais experimentalistas ou conversacionais.

---

[808] KLATT, Mathias; MEISTER, Moritz. *The constitutional structure of proportionality*. Oxford: Oxford University Press, 2014. p. 109-148. Numa linguagem gráfica, os autores mencionam que essa regra de que restrições muito intensas e muito leves geram maior cognoscibilidade das questões empíricas e normativas formaria uma espécie de onda.

Outro pormenor importante, também decorrente da tese de reverenciar um fator incrementador de maior segurança jurídica, é a categorização da jurisprudência. Conforme sugeriu Barak, partindo de direitos de primeiro e segundo nível de importância material, pode-se aglutinar um nível de controle mais intenso para direitos de primeiro nível, a incidir um maior ônus probatório para justificar a restrição, ao passo que, para restrições a direitos de segundo nível, haveria um controle menos intenso ou de plausibilidade.[809] O ônus de argumentação recai, em regra, sobre o Estado, que deve justificar a constitucionalidade da medida, consoante divisão pragmática sobre a carga de argumentação e de prova seguida normalmente nos sistemas jurídicos, congruente também com uma cultura de justificação.

Tecidas as considerações mais relevantes, avança-se para o tópico seguinte, que cuidará de aprofundar o uso do princípio da proporcionalidade para sindicar omissões estatais.

2.7.5 A proteção contra a insuficiência pela proporcionalidade

O desenvolvimento do princípio da proporcionalidade como instrumento metódico da ponderação no ramo do direito constitucional ocorreu dentro da esfera de direitos negativos, que correlacionam ao Estado um dever de abstenção, não intromissão ou interferência na esfera de liberdade do indivíduo. Assim, é nessa concepção que se analisava se o Legislativo, ao impor alguma afetação ao direito fundamental, não se excedia nesse mister, indo além do necessário para promover o objetivo estatal à custa do direito. A questão que se coloca é se essa ferramenta metódica é viável na sindicância do cumprimento de deveres ativos por parte do Estado e, em caso positivo, se haveria alguma necessidade de adaptação ou modificação estrutural dessa norma.

A existência de deveres ativos por parte do Estado é uma decorrência da assunção dogmática da dimensão objetiva dos direitos fundamentais. Se os direitos fundamentais, em primeira ordem, foram considerados direitos subjetivos de defesa, a marcar zonas da autonomia privada proibidas de serem violadas pelo Poder Público, com o enriquecimento das constituições pelo acréscimo de novos papéis e funções reconhecidos ao ente estatal pela inserção de um modelo de Estado Social de Direito, com a positivação de direitos de índole econômica, social e cultural, houve a reabertura do debate sobre a distinção clássica entre direitos de liberdade, de um lado, e direitos econômicos, sociais e culturais, de outro.[810] A distinção clássica apostava na simples delimitação de deveres

---

[809] BARAK, Aharon. *Proportionality* – Constitutional rights and their limitations. Tradução de Doron Kalir. Cambridge; New York: Cambridge University Press, 2012. p. 528-547. Em realidade, o jurista menciona que os direitos de maior importância mereceriam um *strict scrutiny*, enquanto que os demais mereceriam a sindicação por um *intermediate review*, claramente a descartar o *rational basis review*. Aqui é visível a influência da categorização dada na jurisprudência constitucional estadunidense.

[810] Para uma síntese histórica do nascimento dos direitos fundamentais e da incorporação de direitos sociais nos textos constitucionais, remete-se a ALMEIDA, Luiz Antônio Freitas de. *Direitos fundamentais sociais e ponderação* – Ativismo irrefletido e controle jurídico racional. Porto Alegre: Sergio Antonio Fabris, 2014. p. 99 e seguintes. Sobre a importância religiosa e da filosofia na construção de uma teoria política que apregoava o direito natural do homem, mencionam-se LEVINET, Michel. *Droits et libertés fondamentaux*. Paris: Presses Universitaires de France, 2010. p. 17-31; SÈVE, René. Les libertés et droits fondamentaux et la philosophie. *In*: CABRILLAC, Rémy; FRISON-ROCHE, Marie-Anne; REVET, Thierry (Dir.). *Libertés et droits fondamentaux*. 16. ed. Paris: Dalloz, 2010. p. 27-33. A respeito da importância para a constitucionalização de direitos sociais do contexto de guerras e crises econômico-financeiras que assolaram o mundo no início no século XX, bem como da ideologia marxista e do

negativos aos direitos de liberdade, contrapostos aos deveres positivos dos direitos de matriz social.[811] No precedente *Lüth*,[812] do Tribunal Constitucional Federal alemão, no entanto, descortinaram-se novas funções aos direitos fundamentais pela diferenciação entre uma perspectiva jurídico-subjetiva e uma perspectiva jurídico-objetiva desses direitos, autônomas entre si. Com isso, a dimensão ou perspectiva objetiva dos direitos fundamentais, cujos contornos dogmáticos encontram-se ainda em debate, fomentou o acréscimo de funções aos direitos fundamentais, pois visualizou nesses direitos um prisma axiológico-normativo, a impulsionar a criação e a interpretação das demais

---

êxito da Revolução russa, a inspirar inúmeros movimentos sociais e laborais, os quais buscaram, mediante a organização em sindicatos, influir no processo político partidário, refere-se PECES-BARBA MARTÍNEZ, Gregorio. Los derechos sociales: apuntes políticos y jurídicos. *In*: ZAPATERO, Virgilio; GÓMES, Maria Isabel Garrido (Ed.). *Los derechos sociales como una exigencia de la justicia*. Madrid: Universidad de Alcalá, 2009. p. 19.

[811] A respeito desta distinção, nunca é debalde mencionar a teoria dos 4 estados de Jellinek: *status subjectionis, status libertatis, status civitatis* e *status activae civitatis*. Os direitos negativos compreenderiam o *status libertatis* e acarretariam deveres negativos, enquanto que o *status civitatis* corresponderia aos direitos prestacionais (JELLINEK, Georg. *Teoría general del Estado*. Tradução de Fernando de los Ríos. 1. reimpr. México: Fondo de Cultura Económica, 2002. p. 387-389, para uma síntese da tese desse autor). Ainda sobre a distinção clássica entre direitos sociais e direitos de liberdade, QUEIROZ, Cristina. *Direitos fundamentais sociais* – Funções, âmbito, conteúdo, questões interpretativas e problemas de justiciabilidade. Coimbra: Coimbra Editora, 2006. p. 6-7; 198 e seguintes. A defender a distinção clássica, caminham BOBBIO, Norberto. *A era dos direitos*. Tradução de Carlos Nelson Coutinho. 7. reimpr. Rio de Janeiro: Elsevier/Campus, 2004. p. 20-21, no campo dos direitos humanos; LOEWESTEIN, Karl. *Teoría de la Constitución*. Tradução de Alfredo Gallego Anabitarte. 2. ed. 1. reimpr. Barcelona: Ariel, 1982. p. 398-402; HESSE, Konrad. *Elementos de direito constitucional da República Federal da Alemanha*. Tradução de Luís Afonso Heck. Porto Alegre: Sergio Antonio Fabris, 1998. p. 170-177. No campo dos direitos humanos, a distinção clássica estava embebida nas posições ideológicas tomadas pelos dois grandes blocos político-econômicos que lideravam o mundo: o capitalista e o socialista-comunista. Tanto é que houve a cisão dos direitos humanos em dois grandes tratados: Pacto Internacional de Direitos Civis e Políticos e Pacto Internacional de Direitos Econômicos, Sociais e Culturais. Essa cisão não deixou de ser, também, uma estratégia da ONU, no afã de recolher o máximo de assinaturas dos países, haja vista uma maior resistência do bloco capitalista em comprometer-se perante a comunidade internacional com direitos econômicos, sociais e culturais, paralelamente à maior objeção do bloco comunista em aderir a um tratado de direitos civis e políticos. No entanto, com maior força após o declínio do bloco comunista pela derrocada da URSS e abertura político-econômica do leste europeu, a ONU passou a defender a universalidade, indivisibilidade e interdependência de todos os direitos humanos, o que expressamente contraria a distinção clássica. Sobre o ranço ideológico reinante na guerra fria na criação dos tratados, conferir TRINDADE, Antônio Agusto Cançado. *A justiciabilidade dos direitos econômicos, sociais e culturais no plano internacional*. Disponível em: http://www.bibliojuridica.org/libros/4/1980/10.pdf. Acesso em: 25 nov. 2009. A respeito da universalidade, indivisibilidade e interdependência de todos os direitos humanos, remete-se para PIOVESAN, Flávia. *Direitos sociais, econômicos e culturais e direitos civis e políticos*. Disponível em: http://bdjur.stj.gov.br/xmlui/bitstream/handle/2011/18872/Direitos_Sociais_Econ%c3%b4micos_e_Culturais.pdf?sequence=4. Acesso em: 20 mar. 2010. Em tom mais descrente da indivisibilidade pela carência de recursos econômicos, GARCIA, Emerson. *Proteção internacional dos direitos humanos*: breves reflexões sobre os sistemas convencional e não-convencional. 2. ed. Rio de Janeiro: Lumen Juris, 2009. p. 46-57. A negar por completo qualquer indivisibilidade, MONTEIRO, Arthur Maximus. Lugar e natureza jurídica dos direitos econômicos, sociais e culturais na Carta Africana de Direitos do Homem e dos Povos. *In*: ALEXANDRINO, José de Melo (Coord.). *Direitos humanos em África*. Coimbra: Coimbra Editora, 2011. p. 25-34.

[812] *BVerfGe* 7, 198, de 1958, com reprodução parcial em SCHWABE, Jürgen. *Cinqüenta anos de jurisprudência do Tribunal Constitucional Federal alemão*. Tradução de Beatriz Hennig, Leonardo Martins, Mariana Bigelli de Carvalho, Tereza Maria de Castro e Vivianne Geraldes Ferreira. Montevideo: Konrad-Adenauer-Stiftung E. V., 2005. p. 381-395. O célebre caso trata de um boicote que Eric Lüth, crítico de cinema, propôs, em opinião veiculada inclusive na mídia, aos filmes do diretor Veit Harlan, em função de ter sido diretor de um filme da época nazista que difundia a prática de violência contra os judeus, não obstante a absolvição do aludido diretor em posterior processo criminal. As pessoas jurídicas que produziam o filme e o diretor ingressaram com um processo de natureza cível em que exigiam a proibição de que mantivesse a conduta de boicotar, sob pena de multa ou prisão. O Tribunal de Hamburgo concedeu a tutela pleiteada, razão pela qual Lüth ingressou com reclamação constitucional no Tribunal Constitucional Federal alemão. A célebre decisão do Tribunal Constitucional Federal alemão reconheceu que o acórdão do Tribunal de Hamburgo violava o direito fundamental de liberdade de expressão. A par da dimensão jurídico-objetiva, inclusive sendo o marco jurisprudencial propulsor da teoria da eficácia horizontal dos direitos fundamentais, o acórdão também é uma referência por ter mencionado a ponderação empregada em sua fundamentação.

normas do direito positivo de modo conforme aos direitos fundamentais reconhecidos no texto constitucional.[813]

Uma das novas funções advindas da dimensão objetiva é um imperativo de tutela, a demandar do Estado uma atuação ativa na proteção desses direitos em face da ameaça de terceiros. No entanto, dentro de uma perspectiva de um Estado Social e Democrático de Direito, a abandonar a concepção meramente liberal[814] do Estado de Direito reinante nos primórdios do constitucionalismo, é legítimo interpretar que esse imperativo de tutela também inclui, ou a ele se agrega, um dever de promoção dos direitos fundamentais.[815] Logo, em vez de uma contraposição intransponível entre direitos de liberdade e direitos econômicos, sociais e culturais, advoga-se uma complementaridade,[816] sobretudo para que a liberdade jurídica não consubstancie uma casca de ovo oco.[817] O

---

[813] Sobre a perspectiva objetiva dos direitos fundamentais, as três principais derivações são: i) a concepção de zonas de competência negativa estatal, isto é, a existência de deveres negativos mesmo que não se tenha ali uma dimensão subjetiva em jogo, a possibilitar um controle de constitucionalidade abstrato; ii) efeito de irradiação das normas de direitos fundamentais às demais normas do sistema, como critério de interpretação da legislação infraconstitucional, mormente das cláusulas gerais e regras do sistema, e como parâmetro a influenciar a criação de nova legislação, a desenvolver uma eficácia horizontal dos direitos fundamentais, a nortear o Estado também na aplicação das normas infraconstitucionais, inclusive nas relações privadas; iii) dever estatal de tutela, a proteger as pessoas de violação em seus direitos e dignidade independentemente de quem seja o autor da conduta. Sobre a dimensão objetiva, mencionam-se MARTINS, Leonardo. Introdução à jurisprudência do Tribunal Constitucional Federal alemão. *In*: SCHWABE, Jürgen. *Cinqüenta anos do Tribunal Constitucional Federal alemão*. Montevideo: Konrad-Adenauer-Stiftung E. V., 2005. p. 81-84; SARLET, Ingo Wolfgang. *A eficácia dos direitos fundamentais*. 8. ed. Porto Alegre: Livraria do Advogado, 2007. 166 e seguintes. Em ALMEIDA, Luiz Antônio Freitas de. *Direitos fundamentais sociais e ponderação* – Ativismo irrefletido e controle jurídico racional. Porto Alegre: Sergio Antonio Fabris, 2014. p. 117-118 e seguintes, também se defendeu não apenas um dever de tutela, mas também de promoção dos direitos fundamentais, como consequência da dimensão objetiva. Nesta tese retomam-se algumas das concepções defendidas a respeito da aceitação dessa dimensão feitas naquele trabalho.

[814] Sobre o liberalismo e os pontos comuns de base na teoria política, econômica e filosofia, conquanto também com as diferenças na visualização desses fenômenos, remete-se a DIPPEL, Horst. *História do constitucionalismo moderno* – Novas perspectivas. Tradução de António Manuel Hespanha e Cristina Nogueira da Silva. Lisboa: Fundação Calouste Gulbenkian, 2007. p. 43-44. Como esse autor deixa claro, o liberalismo político foi uma via alternativa ao republicanismo na construção democrática da Europa. Também a respeito da autonomia do projeto liberal frente ao republicano, menciona-se CANOTILHO, José Joaquim Gomes. O círculo e a linha. *In*: CANOTILHO, José Joaquim Gomes. *Estudos sobre direitos fundamentais*. 2. ed. Coimbra: Coimbra Editora, 2008. p. 16.

[815] NOVAIS, Jorge Reis. *Direitos sociais* – Teoria jurídica dos direitos sociais enquanto direitos fundamentais. Coimbra: Coimbra/Wolters Kluwer, 2010. p. 255-287. O Professor de Lisboa menciona os deveres de respeito, proteção e promoção dos direitos fundamentais, tríade abeberada na doutrina internacional dos direitos humanos. A respeito da defesa de uma dimensão positiva, a incluir um dever de proteção, e de uma negativa dos direitos fundamentais, com discordância parcial da auspiciosa construção doutrinária de Reis Novais, ALMEIDA, Luiz Antônio Freitas de. *Direitos fundamentais sociais e ponderação* – Ativismo irrefletido e controle jurídico racional. Porto Alegre: Sergio Antonio Fabris, 2014. p. 142 e seguintes.

[816] PÉREZ LUÑO, Antonio Enrique. Los derechos sociales y su significación actual. *In*: ZAPATERO, Virgilio; GÓMES, Maria Isabel Garrido (Ed.). *Los derechos sociales como una exigencia de la justicia*. Cuadernos de la cátedra de democracia y derechos humanos. Madrid: Universidad de Alcalá, 2009. p. 37-52; SAMPAIO, José Adércio Leite. *A constituição reinventada pela jurisdição constitucional*. Belo Horizonte: Del Rey, 2002. p. 677-682, o qual qualifica essa complementaridade de tensa, sem embargo.

[817] Como ressalta mais elegantemente Böckenförde (BÖCKENFÖRDE, Ernest-Wolfgang. Los derechos fundamentales sociales en la estructura de la constitución. *In*: BÖCKENFÖRDE, Ernest-Wolfgang. *Escritos sobre derechos fundamentales*. Tradução de Juan Luís Requeijo Pagés e Ignácio Villaverde Menéndez. Baden-Baden: Nomos Verlagsgesellschaft, 1993), a liberdade desprovida dos meios materiais mínimos para gozá-la satisfatoriamente seria uma "fórmula vazia" – anote-se, porém, que o jurista alemão usava esse argumento para a defesa de um Estado Social de Direito e não para a constitucionalização de direitos fundamentais econômicos, sociais e culturais; ao invés, Böckenförde, como já ressaltado ao longo da tese no Capítulo 1, era contrário a extrair deveres positivos dos direitos de liberdade, pois seria um elastério desmedido da competência do Tribunal Constitucional. Do mesmo autor, a reforçar que a liberdade e igualdade jurídica permitiriam a acentuação de desigualdades sociais, o que demanda a intervenção estatal de fornecer pressupostos mínimos para o exercício das liberdades, BÖCKENFÖRDE, Ernest-Wolfgang. Aseguramiento de la libertad frente al poder social. Esbozo

imperativo de tutela e promoção dos direitos geram deveres positivos ao Estado, razão pela qual a distinção clássica é recusada, com a defesa de uma relativa homogeneidade estrutural entre todos os direitos fundamentais: qualquer que seja a "geração"[818] de direitos fundamentais em análise, a todos os direitos fundamentais correspondem deveres negativos e positivos,[819] o que justifica um tratamento dogmático unitário.[820]

Em sede jurisprudencial, coube ao Tribunal Constitucional Federal alemão o reconhecimento de um mandado proibitivo contra o defeito ou insuficiência de tutela, por força do reconhecimento dos deveres de proteção emanados dos direitos fundamentais

---

de un problema. *In*: BÖCKENFÖRDE, Ernest-Wolfgang. *Escritos sobre derechos fundamentales*. Tradução de Juan Luís Requeijo Pagés e Ignácio Villaverde Menéndez. Baden-Baden: Nomos Verlagsgesellschaft, 1993. p. 85-94.

[818] A expressão "gerações" foi uma tese defendida em conferência de Karel Vasak, a respeito dos direitos humanos, que situou cada geração a um lema da revolução francesa de 1789: a primeira geração aos direitos de liberdade, a segunda, aos direitos de igualdade, e a terceira, aos de fraternidade. Uma ideia dessa tese é apresentada por esse autor em VASAK, Karel. Pour une troisième génération des droits de l'homme. *In*: SWINARSKI, Christophe. Études et essays sur le droit international humanitaire et sur les principles de la Croix Rouge en l'honneur de Jean Pictet. Genève; Dordrecht: Martinus Nijhoff, 1984. p. 837-845. A tese também foi recebida com inicial entusiasmo no campo do direito constitucional para designar as "gerações de direitos fundamentais". Não obstante, seja pela inexatidão histórica, pois há direitos de natureza social positivados em textos constitucionais antes de alguns direitos de liberdade mais modernos, seja pela equivocada ideia de hierarquização ou preponderância que a expressão pode fomentar, há várias vozes a criticar o uso do termo, em que pese a notável função didática. A esse respeito, com as referências críticas, remete-se a ALMEIDA, Luiz Antônio Freitas de. *Direitos fundamentais sociais e ponderação* – Ativismo irrefletido e controle jurídico racional. Porto Alegre: Sergio Antonio Fabris, 2014. p. 113.

[819] Sobre a existência de direitos negativos e positivos qualquer que seja a categoria de direitos fundamentais em exame, mencionam-se, entre tantos, ACHEAMPONG, Kenneth Asamoa. Reforming the substance of the African Charter on Human and Peoples' rights: civil and political rights and socio-economic rights. *African Human Rights Law Journal*, v. 1, n. 2, p. 185-204, 2001. p. 191, a falar do *fair trial*; ROIG, Fco. Javier Ansuátegui. Argumentos para una teoría de los derechos sociales. *In*: ZAPATERO, Virgilio; GÓMES, Maria Isabel Garrido (Ed.). *Los derechos sociales como una exigencia de la justicia*. Madrid: Universidad de Alcalá, 2009. p. 157, que se refere ao direito à vida. Sobre a existência de uma dimensão negativa também nos direitos sociais, MICHELMAN, Frank. The constitution, social rights, and liberal political justification. *International Journal of Constitutional Law*, v. 1, n. 1, p. 13-34, 2003. p. 16-17; SARLET, Ingo Wolfgang. Eficácia e efetividade do direito à moradia na sua dimensão negativa (defensiva): análise crítica à luz de alguns exemplos. *In*: SOUZA NETO, Cláudio Pereira; SARMENTO, Daniel (Org.). *Direitos sociais* – Fundamentos, judicialização e direitos sociais em espécie. 2. tir. Rio de Janeiro: Lumen Juris, 2010. p. 1.034-1.038.

[820] Defendeu-se este argumento em ALMEIDA, Luiz Antônio Freitas de. *Direitos fundamentais sociais e ponderação* – Ativismo irrefletido e controle jurídico racional. Porto Alegre: Sergio Antonio Fabris, 2014. p. 112 e seguintes. A apoiar um tratamento dogmático unitário entre direitos, liberdades e garantias e direitos econômicos, sociais e culturais, para ater-se à nomenclatura da Constituição portuguesa, mencionam-se MATOS, André Salgado de. O direito ao ensino – Contributo para uma dogmática unitária de direitos fundamentais. *In*: MIRANDA, Jorge; CORDEIRO, António Menezes; FERREIRA, Eduardo Paz; NOGUEIRA, José Duarte (Org.). *Estudos em homenagem ao Professor Doutor Paulo de Pitta e Cunha*. Coimbra: Almedina, 2010. v. III. p. 399-417; NOVAIS, Jorge Reis. *Direitos sociais* – Teoria jurídica dos direitos sociais enquanto direitos fundamentais. Coimbra: Coimbra/Wolters Kluwer, 2010. p. 123-153; SILVA, Vasco Pereira da. "Todos diferentes, todos iguais" – Breves considerações acerca da natureza jurídica dos direitos fundamentais. *In*: CUNHA, Paulo Ferreira da *et al. Direito e justiça* – Estudos dedicados ao Professor Doutor Luís Alberto Carvalho Fernandes. Lisboa: Universidade Católica Editora, 2011. v. III. p. 553-562. Contra a unidade dogmática por inexistência de unidade estrutural, MEDEIROS, Rui. Direitos, liberdades e garantias e direitos sociais: entre a unidade e a diversidade. *In*: MIRANDA, Jorge (Coord.). *Estudos em homenagem ao Prof. Doutor Sérvulo Correia*. Lisboa/Coimbra: Faculdade de Direito da Universidade de Lisboa/Coimbra Editora, 2010. v. I. p. 654-683, conquanto advogue uma unidade de importância axiológica; NABAIS, José Casalta. Algumas reflexões críticas sobre os direitos fundamentais. *In*: VARELA, Antunes; AMARAL, Diogo Freitas do; MIRANDA, Jorge; CANOTILHO, J. J. Gomes (Org.). *Ab Vno Ad Omnes*: 74 anos da Editora Coimbra 1920-1995. Coimbra: Coimbra Editora, 1998. p. 994-1.008, o qual refuta a mesma "lógica" que preconize um caráter prestacional a todos os direitos fundamentais, tendo em vista que direitos, liberdades e garantias seriam direitos concretizados na constituição, ao passo que direitos econômicos, sociais e culturais anseiam por concretização por obra do legislador infraconstitucional.

nos precedentes relativos ao tema do aborto (casos *Schwangerschaftsabbruch* I[821] e II,[822] sendo que, neste último, a Corte expressamente consagrou a tese ao nominar que avaliava o caso com base na proibição contra a insuficiência). O objeto de apreciação da Corte foram os deveres de proteção no sentido mais estrito da palavra, que oneram o Estado com a obrigação de defender as pessoas de violações em seus direitos perpetradas por terceiros e os quais se diferenciam de deveres de criação de instituições e procedimentos e

---

[821] *BVerfGE* 39,1, julgado em 25.2.1975. Excertos do acórdão encontram-se disponíveis em SCHWABE, Jürgen. *Cinqüenta anos de jurisprudência do Tribunal Constitucional Federal alemão*. Tradução de Beatriz Hennig, Leonardo Martins, Mariana Bigelli de Carvalho, Tereza Maria de Castro e Vivianne Geraldes Ferreira. Montevideo: Konrad-Adenauer-Stiftung E. V., 2005. p. 266-273. No referido aresto, o Tribunal Constitucional Federal alemão julgou, em fiscalização concentrada de inconstitucionalidade, normas introduzidas por uma reforma penal ocorrida em 1974, a qual permitiu a realização do aborto por um médico, com o consentimento da gestante, se fosse realizado até 12 semanas da concepção e após aconselhamento da gestante em instituição oficialmente autorizada. Após esse prazo, o aborto não seria punível se houvesse indicação médica motivada em risco de vida ou saúde da gestante, caso não houvesse outro tratamento, ou se o feto padecesse de deficiência insanável ou se a gravidez resultasse de crime sofrido pela gestante, desde que realizado até o prazo máximo de 22 semanas contadas da concepção, indicações que necessitariam de um acompanhamento por instituição estatal. O Areópago Constitucional germânico considerou que as normas, nesse tocante, eram nulas, porque violavam os direitos fundamentais dos arts. 1º, I, e 2º, II, da Constituição alemã (dignidade humana e vida) do nascituro. A Corte considerou que, não obstante o Legislativo não estivesse obrigado a usar sempre o direito penal para cumprir seu dever de proteção, podendo utilizar outros ramos do direito, deveria defender a prevalência do direito à vida do nascituro contra o direito ao desenvolvimento livre da personalidade da gestante, não sendo válido constitucionalmente o critério temporal para regular o choque entre esses valores constitucionais. Para que o direito da mulher prevalecesse, deveriam existir situações que justificassem essa preponderância e o aborto, tais como questões médicas de saúde para a mulher, sendo possível ao Legislativo escolher outras situações que, a despeito de não existir qualquer questão médica envolvida, impusessem um ônus tão elevado para a gestante que não fosse razoável dela exigir a continuidade da gravidez.

[822] *BVerfGE* 2/90, julgado em 28.5.1993. Versão em inglês disponível no sítio eletrônico do Tribunal Constitucional Federal alemão. Após a decisão do primeiro caso, o Parlamento aprovou um conjunto de leis nos anos subsequentes em vários ramos do direito (penal, de família e previdenciário). No aspecto penal, considerou justificável e não ilícito e, portanto, não punível, o aborto realizado em gestante que se submetesse ao aconselhamento prévio por instituição oficialmente autorizada, desde que realizado por um médico e até doze semanas contadas da concepção, considerando que, nessa hipótese, haveria um estado presuntivo de necessidade de realização do aborto, já que não se exigiria um ato de conferência da existência de alguma indicação médica para a realização do procedimento abortivo. Após o aconselhamento pela instituição oficialmente autorizada, a gestante teria livre discricionariedade de decidir pela interrupção da gravidez, fator que retiraria a antijuridicidade da conduta típica. No campo previdenciário, as normas estenderam o benefício previdenciário referente ao seguro-saúde nos abortos considerados lícitos, conforme disposição da lei penal, houvesse ou não indicação médica ou fator de inexigibilidade de outra conduta da mulher. Conquanto o Tribunal tenha, em primeira linha, reafirmado algo da posição do primeiro julgado, porque também assentou que o direito penal, conquanto indispensável em muitos casos, pode ser evitado pelo Legislativo quando houver outros meios mais proporcionais de cumprimento do dever de proteção, de certa maneira abrandou o rigor dado no primeiro julgamento. Ao julgar procedente uma parte dos pedidos, o Tribunal terminou por considerar válida a opção do Legislativo de selecionar, em vez do modelo de punição criminal, o modelo de prevenção que deixe com a mulher a responsabilidade para decidir se aborta ou não, observado o prazo limite de doze semanas e a submissão a prévio aconselhamento por instituições oficialmente autorizadas. Contudo, da forma como aprovadas, as normas seriam nulas. Ao considerarem o aborto praticado nessas condições como lícito penalmente, independentemente de existir indicações por razões médicas, embriopáticas ou porque seria inexigível outra conduta da gestante em função do elevado e excepcional fardo trazido pela gestação, conforme avaliação do caso concreto, descumpriram o dever mínimo de proteção. Embora o Legislativo pudesse, por política criminal, entender que o aborto feito em até 12 semanas, sem qualquer indicação médica ou sem qualquer fator de inexigibilidade presente, não seria punido penalmente – desde que, como visto, houvesse o prévio aconselhamento da grávida e a realização por um médico –, faltaria ao dever de proteção suficiente se o Estado não considerasse ilícito, ainda que por outros ramos do direito, o aborto feito nessa condição. Segundo a maioria dos julgadores, o Legislativo, para tornar válido constitucionalmente o modelo de política criminal almejado, deveria considerar o aborto sem indicação médica ou sem situação de inexigibilidade isento de punição, mas não o considerar justificado ou lícito, justamente porque sinalizaria erroneamente para a sociedade que o aborto seria permitido. Também considerou inconstitucionais as normas previdenciárias que equipararam o aborto nessa condição aos demais para pagar o seguro-saúde, uma vez que os abortos sem indicação médica nem por fator de inexigibilidade não seriam lícitos e não poderiam justificar o pagamento de qualquer benefício previdenciário ou securitário.

deveres promocionais a impor prestações necessárias a uma vida digna. No entanto, para facilitar a exposição, salvo se preciso diferenciar para evitar alguma confusão conceitual, usar-se-á a expressão "deveres de proteção" no sentido mais amplo, a abranger os três tipos de deveres ativos decorrentes de normas jusfundamentais.

Em que pese a construção de uma proibição contra a insuficiência por força do reconhecimento de deveres ativos de proteção oriundos de uma dimensão objetiva dos direitos fundamentais,[823] é de concordar-se com Canaris e Jorge Pereira da Silva no sentido de uma autonomia desses deveres de proteção em relação à proteção constitucional contra a insuficiência.[824] Se, como salienta Canaris, não seria lógico admitir um dever de proteção ineficaz, não é menos certo que, ordinariamente, a constituição não estabelece a forma de proteção, de sorte que haveria, quanto à eficiência dessa salvaguarda, uma graduação aferível no cumprimento desse dever por meio da legislação infraconstitucional. Por outro lado, Jorge Pereira da Silva está certo em negar uma "coincidência ontológica" entre o dever de proteção – que atuaria como imperativo dirigido ao legislador – e a proibição de defeito na proteção – que atuaria como parâmetro de controle da satisfação desse dever, conquanto imbricados por vínculo de exclusividade.

Retorna-se ao ponto inicial deste tópico. Como referido, a proporcionalidade era ferramenta ponderativa à disposição, no campo do direito constitucional, para sindicar o excesso estatal, razão pela qual muitos autores preferem, também por outras razões, denominar a norma da proporcionalidade em amplo sentido como proibição de excesso (Übermaßverbot), relegando a nomenclatura da "proporcionalidade" apenas ao último estágio. Seria ela aproveitável para sindicar a proibição de insuficiência (Untermaßverbot)? Ou a proteção contra a insuficiência seria uma ferramenta metódica autônoma à proporcionalidade? A respeito desse debate, podem-se sintetizar algumas posições principais: i) a proibição de insuficiência é parâmetro completamente alheio à proibição do excesso, sem qualquer recurso ao teste de proporcionalidade;[825] ii) convergência

---

[823] Como fazem, por exemplo, WOLFF, Hans J.; BACHOF, Otto; STOBER, Rolf. *Direito administrativo*. Tradução de António F. de Souza. Lisboa: Fundação Calouste Gulbenkian, 2006. p. 437-438.

[824] CANARIS, Claus-Wilhelm. *Direitos fundamentais e direito privado*. Tradução de Paulo Mota Pinto e Ingo Wolfgang Sarlet. 2. reimpr. Coimbra: Almedina, 2009. p. 122 e seguintes; SILVA, Jorge Pereira da. Interdição de protecção insuficiente, proporcionalidade e conteúdo essencial. *In*: SOUZA, Marcelo Rebelo; QUADROS, Fausto de; OTERO, Paulo; PINTO, Eduardo Vera-Cruz (Coord.). *Estudos de Homenagem ao Prof. Doutor Jorge Miranda – Direito Constitucional e Justiça Constitucional*. Lisboa/Coimbra: Faculdade de Direito da Universidade de Lisboa/Coimbra editora, 2012. v. II. p. 191. É preciso esclarecer, porém, que o jurista português reserva a proibição do déficit apenas aos deveres estaduais de proteção, os quais, segundo sua tese, são distintos de outros deveres estaduais, inclusive os de concretização, dando uma denotação muito mais reduzida aos deveres que seriam sindicáveis pelo parâmetro da proibição do déficit. O doutrinador lusitano reserva os deveres de proteção unicamente aos decorrentes de ameaças aos direitos causadas por terceiros, sem que esteja uma ameaça por parte do Estado. No entanto, usa-se a acepção de deveres de proteção em sentido dilatado, inclusive para abranger posições enquadráveis a direitos prestacionais e até de criação de organização e procedimentos, conforme apregoado. Essas posições correspondentes aos deveres ativos também são apregoadas por ALEXY, Robert. Sobre los derechos constitucionales a protección. *In*: MANRIQUE, Ricardo García (Ed.). *Derechos sociales y ponderación*. 2. ed. Madrid: Fundación Coloquio Jurídico Europeo, 2009. p. 50-51, o qual, embora limite sua construção em relação à proporcionalidade para a proibição do déficit de tutela aos direitos a proteção, destrinçado dos direitos a prestações e direitos de criação de organização e procedimento, não apresenta nenhum argumento que impeça a sua utilização para os demais; na esteira defendida no texto, menciona-se BERNAL PULIDO, Carlos. *El principio de proporcionalidad y los derechos fundamentales*. 3. ed. Madrid: Centro de Estudios Políticos y Constitucionales, 2007. p. 806-811.

[825] NOVAIS, Jorge Reis. *Direitos sociais – Teoria jurídica dos direitos sociais enquanto direitos fundamentais*. Coimbra: Coimbra/Wolters Kluwer, 2010. p. 223-237; SAMPAIO, Jorge Silva. *O controlo jurisdicional das políticas públicas de direitos sociais*. Coimbra: Coimbra Editora, 2014. p. 572-617. Este autor abebera-se em Reis Novais,

estrutural plena entre a proibição do excesso e a proibição de insuficiência – ambas podem ser escrutinadas com base na mesma estrutura da proporcionalidade e, qualquer que seja o ângulo de exame, alcançam o mesmo resultado operativo;[826] iii) divergência estrutural entre proibição de excesso e proibição de insuficiência – a proibição contra a insuficiência integraria um "macroconceito" de proporcionalidade, no entanto é preciso adaptações na sua estrutura dogmática, normalmente pensada para sindicar ações excessivas por parte do Estado.[827]

É bom frisar que, quanto à corrente "i", não se retomam teorias negadoras da ponderação no escrutínio de atos estatais. Compreende-se que as principais críticas dirigidas ao raciocínio ponderativo, sem qualquer menosprezo à relevância desse debate, foram objeto de atenção no capítulo primeiro da tese. A argumentação da primeira corrente, defendida por Reis Novais, aguilhoa o teste de proporcionalidade no escrutínio de direitos sociais por duas razões principais, não propriamente reconduzíveis às objeções contra a ponderação já enfrentadas, até porque Novais defende a proibição de excesso e o raciocínio ponderativo na sindicação de deveres negativos extraídos dos direitos fundamentais. A primeira razão baseia-se no conceito de restrição embebido pela teoria dos princípios alexyana, a depender uma otimização fática que oneraria o Estado em demasia, porque toda e qualquer prestação pensável seria atribuível ao direito fundamental, o que cristalizaria um constante estado restritivo à posição de direito social em jogo. Num segundo argumento crítico, julgado por Reis Novais como o fulcral, o modelo ponderativo de proporcionalidade traria em si um escolho dogmático insuperável, pois seu uso implicaria o sopesamento de bens e interesses de conteúdo material com o princípio formal da separação de poderes e com a carência

---

porém com alguns pontos de divergência, uma vez que reconhece haver algum laço ponderativo na proibição da insuficiência, aferida pelo uso dos princípios da dignidade humana – o mínimo social não teria autonomia dogmática ao princípio da dignidade humana – e da razoabilidade; embora situações que lesem a dignidade sejam sempre desarrazoadas, nem sempre uma situação que malfira a razoabilidade conspurcará a dignidade humana.

[826] A defender essa posição, conforme se subentende de suas colocações, BARAK, Aharon. *Proportionality –* Constitutional rights and their limitations. Tradução de Doron Kalir. Cambridge; New York: Cambridge University Press, 2012. p. 422-434, o qual, sem embargo não analisa se haveria um mesmo resultado no uso da proporcionalidade como proibição de insuficiência ou como proibição de excesso, apenas não anotando nenhuma diferença estrutural. Para uma referência aos adeptos dessa posição na doutrina alemã, verificar SILVA, Jorge Pereira da. Interdição de protecção insuficiente, proporcionalidade e conteúdo essencial. *In:* SOUZA, Marcelo Rebelo; QUADROS, Fausto de; OTERO, Paulo; PINTO, Eduardo Vera-Cruz (Coord.). *Estudos de Homenagem ao Prof. Doutor Jorge Miranda* – Direito Constitucional e Justiça Constitucional. Lisboa/Coimbra: Faculdade de Direito da Universidade de Lisboa/Coimbra editora, 2012. v. II. p. 193. É curial observar que Jorge Pereira da Silva fornece uma classificação quadripartida das correntes, no entanto se entende que deságua, em termos similares, ao defendido no texto, à exceção de alguns pontos, que serão explicados no momento oportuno.

[827] ALEXY, Robert. Sobre los derechos constitucionales a protección. *In:* MANRIQUE, Ricardo García (Ed.). *Derechos sociales y ponderación.* 2. ed. Madrid: Fundación Coloquio Jurídico Europeo, 2009. p. 66 e seguintes; CANARIS, Claus-Wilhelm. *Direitos fundamentais e direito privado.* Tradução de Paulo Mota Pinto e Ingo Wolfgang Sarlet. 2. reimpr. Coimbra: Almedina, 2009. p. 67; CANAS, Vitalino. A proibição de excesso como instrumento mediador de ponderação e optimização (com incursão na teoria das regras e dos princípios). *In:* SOUSA, Marcelo Rebelo de; QUADROS, Fausto de; OTERO, Paulo (Coord.). *Estudos em homenagem ao Prof. Doutor Jorge Miranda.* Lisboa/ Coimbra: Faculdade de Direito da Universidade de Lisboa/Coimbra Editora, 2012. v. III. p. 872; CANAS, Vitalino. Constituição prima facie: igualdade, proporcionalidade, confiança (aplicados ao "corte" de pensões). *E-pública –* Revista Electrónica de Direito Público, n. 1, p. 1-41, 2014. p. 4 e seguintes, de que se retira o termo "macroconceito"; CLÉRICO, Laura. *El examen de proporcionalidad en el derecho constitucional.* Buenos Aires: Facultad de Derecho de Buenos Aires/Eudeba, 2009. Serie Tesis. p. 327 e seguintes; KLATT, Mathias; MEISTER, Moritz. *The constitutional structure of proportionality.* Oxford: Oxford University Press, 2014. p. 94 e seguintes; BERNAL PULIDO, Carlos. *El principio de proporcionalidad y los derechos fundamentales.* 3. ed. Madrid: Centro de Estudios Políticos y Constitucionales, 2007. p. 806-811.

de recursos, realidades de natureza incomparável. Na visão de Reis Novais, o modelo descambaria para apelar ao mesmo resultado da teoria do mínimo social, mas viciado por uma fundamentação ilusória e contorcionista.[828] Em realidade, Reis Novais sugere que as omissões sejam controladas por meio de um mínimo social exigido para satisfazer condições materiais de subsistência, construído por força da interpretação da dignidade humana e delimitado por um teste de razoabilidade imposto pela proibição de déficit de tutela, com o foco no exame objetivo da satisfação ou não dos deveres estatais, a fim de verificar se a sua não realização leva a uma situação desarrazoada ou intolerável. Como se percebe, Reis Novais dá uma função ao comando negatório de não tutela, porém entende que o teste adequado para essa função é o teste de razoabilidade construído no modelo jurisprudencial sul-africano, com rejeição do teste de proporcionalidade.

As setas críticas de Reis Novais foram objeto de estudo anterior,[829] para o qual se remete a uma tentativa mais completa de sua refutação. Contudo, é pertinente apenas mencionar algumas notas gerais do contraponto ao jurista português: a) quanto à dificuldade na definição do que seja restrição em relação aos deveres positivos, é preciso realmente desenvolver um novo conceito, que, na falta de outro termo, possa ser mesmo omissão ou ação insuficiente;[830] b) o problema de definição do suporte fático em função de uma definição ampla, apregoada pela teoria dos princípios, também é criticada por Tsakyrakis e foi, de algum modo, considerada ao longo desta tese, com aceitação de uma teoria mitigada para casos de evidência, os quais seriam excluídos do âmbito de proteção do direito, tal qual preconiza o próprio Reis Novais em relação ao controle do excesso nas restrições; c) a dificuldade referida em delimitar o conteúdo do direito, seu âmbito de proteção e as ações e omissões censuradas em nenhum momento é negada; por outro lado, uma situação de antinomia normativa, que denota uma incerteza pragmática – portanto, já superada a fase de interpretação – é que desencadeia a utilização da proporcionalidade; d) como já se deixou evidente no item 2.6 desta tese, não se ponderam realidades incomparáveis, uma vez que princípios formais não são colocados em situação de conflito normativo – aliás, sequer seria a separação de poderes, no bojo de um Estado Social e Democrático de Direito, tendo o Judiciário a competência para o controle de constitucionalidade, o princípio adequado a invocar, tendo em vista a premência de sua releitura.[831]

---

[828] NOVAIS, Jorge Reis. *Direitos sociais* – Teoria jurídica dos direitos sociais enquanto direitos fundamentais. Coimbra: Coimbra/Wolters Kluwer, 2010. p. 223-237 e seguintes; SAMPAIO, Jorge Silva. *O controlo jurisdicional das políticas públicas de direitos sociais*. Coimbra: Coimbra Editora, 2014. p. 572-617.

[829] ALMEIDA, Luiz Antônio Freitas de. *Direitos fundamentais sociais e ponderação* – Ativismo irrefletido e controle jurídico racional. Porto Alegre: Sergio Antonio Fabris, 2014. p. 235 e seguintes.

[830] A ideia de restrição engloba a amputação de uma posição protegida *prima facie* pelo conteúdo do direito, motivo pelo qual, no que tange aos direitos sociais, muitos juristas não consentem que possam sofrer restrições, a exemplo de ALEXANDRINO, José de Melo. A indivisibilidade dos direitos do homem à luz da dogmática constitucional. *In*: ALEXANDRINO, José de Melo. *O discurso dos direitos*. Coimbra: Coimbra Editora, 2011. p. 191-203. Na terminologia de Reis Novais, que distingue entre um conceito amplo e restrito de restrição, aquele a englobar as intervenções restritivas, a omissão seria mais propriamente enquadrável nesta categoria (ou no conceito amplo de restrição), conforme NOVAIS, Jorge Reis. *As restrições aos direitos fundamentais não expressamente autorizadas pela constituição*. Coimbra: Coimbra, 2003. p. 192-254.

[831] Sobre a necessidade de releitura do princípio da separação de poderes, conferir ALMEIDA, Luiz Antônio Freitas de. O princípio da separação de poderes e direitos fundamentais sociais. A necessidade de releitura sob a ótica de um Estado Social de Direito. *Revista de Direito Constitucional e Internacional*, v. 77, p. 185-206, 2011. p. 185 e seguintes; GARCIA, Emerson. Princípio da separação dos poderes: os órgãos jurisdicionais e a concreção

Quanto à segunda corrente, a de convergência estrutural entre a proporcionalidade usada para escrutinar o excesso e a usada para verificar a insuficiência de tutela, ela também não é encampada por esta tese. Mencionar que há uma convergência estrutural representaria afirmar que o resultado do teste, em qualquer das duas vertentes – excesso e insuficiência –, seria o mesmo. Ou seja, sempre que, no cumprimento de um dever de proteção (fim legítimo), o Legislativo restringisse uma liberdade de forma adequada, necessária e proporcional em sentido estrito, estaria também a atender concomitantemente ao mandado de proibição de excesso e de proteção contra a insuficiência de tutela. Contudo, a aceitação da convergência estrutural e da identidade de resultados radica-se numa premissa muito problemática, não assumida expressamente por quem defende essa posição e já negada em outras passagens desta tese: a idiossincrasia de que as normas constitucionais não deixaram ao Legislativo nenhum espaço de discricionariedade,[832] o que retomaria a percepção de Böckenförde de um desapreço ou rebaixamento do Legislativo enquanto poder estatal, pois sua função seria reduzida à mera execução da constituição. Afinal, um mesmo resultado, qualquer que fosse a perspectiva de avaliação, isto é, fosse o critério de proporcionalidade empregado com a ótica de proibição de excesso ou de insuficiência, legaria ao legislador meios restritíssimos de possibilidade de cumprir o comando constitucional. O parlamento estaria enclausurado numa margem de ação sem discricionariedade, pois qualquer outra ação adotada reprovaria por ser excessiva ou aquém da comandada pelo poder constituinte.

Outrossim, a tese da congruência estrutural não explicaria casos em que não houvesse a fricção normativa entre um dever de proteção e um dever negativo, apesar de resultar violado o primeiro. Logo, como pretender que a proibição do excesso, não aplicável porque ausente qualquer ato em demasia por parte do Estado, tenha o mesmo

---

dos direitos sociais. *Revista da Faculdade de Direito da Universidade de Lisboa*, v. XLVI, n. 2, p. 955-1.003, 2005. p. 967-969; 991-996. Numa percepção de que, mesmo na inexistência de lei, a competência judicial tem poder de concretizar o direito fundamental e sancionar a omissão, visão mais expansionista do que a proposta nesta tese, mencionam-se AMARAL, Sérgio Tibiriçá; TEBAR, Wellington Boigues Corbalan. Efetivação judicial das normas constitucionais não regulamentadas. *In*: SIQUEIRA, Dirceu Pereira; LEÃO JÚNIOR, Teófilo Marcelo de Arêa (Org.). *Direitos sociais* – Uma abordagem quanto à (in)efetividade desses direitos – A Constituição de 1988 e duas previsões sociais. Birigui: Boreal, 2011. p. 330-349.

[832] ALEXY, Robert. Sobre los derechos constitucionales a protección. *In*: MANRIQUE, Ricardo García (Ed.). *Derechos sociales y ponderación*. 2. ed. Madrid: Fundación Coloquio Jurídico Europeo, 2009. p. 70; CANARIS, Claus-Wilhelm. *Direitos fundamentais e direito privado*. Tradução de Paulo Mota Pinto e Ingo Wolfgang Sarlet. 2. reimpr. Coimbra: Almedina, 2009. p. 119 e seguintes; CANAS, Vitalino. A proibição do excesso como instrumento mediador de ponderação e optimização (com incursão na teoria das regras e dos princípios). *In*: SOUSA, Marcelo Rebelo de; QUADROS, Fausto de; OTERO, Paulo (Coord.). *Estudos em homenagem ao Prof. Doutor Jorge Miranda*. Lisboa/Coimbra: Faculdade de Direito da Universidade de Lisboa/Coimbra Editora, 2012. v. III. p. 872 e seguintes; SILVA, Jorge Pereira da. Interdição de protecção insuficiente, proporcionalidade e conteúdo essencial. *In*: SOUZA, Marcelo Rebelo; QUADROS, Fausto de; OTERO, Paulo; PINTO, Eduardo Vera-Cruz (Coord.). *Estudos de Homenagem ao Prof. Doutor Jorge Miranda* – Direito Constitucional e Justiça Constitucional. Lisboa/Coimbra: Faculdade de Direito da Universidade de Lisboa/Coimbra editora, 2012. v. II. p. 193 e seguintes. Este último jurista, porém, separa a tese de congruência de resultados da tese de convergência estrutural entre proporcionalidade para escrutinar o excesso da proporcionalidade para sindicar a omissão, pois apenas nesta última perspectiva haveria idêntica estrutura em ambos os testes. A tese da congruência de resultados não trabalharia necessariamente com a convergência estrutural. Conquanto se compreenda que esse refinamento é possível de ser efetuado, entende-se que não se ganha muito em termos práticos, inclusive porque o alcance de resultados idênticos por estruturas argumentativas diversas seria mais coincidência que fruto de uma técnica. Pereira da Silva anota, também, que a adoção da tese da congruência de resultados admitiria eventualmente resultados díspares, porém atribuíveis não ao teste de proporcionalidade, mas a "fatores exógenos", como as incertezas pragmáticas e empíricas advindas das normas e decorrentes da interpretação constitucional, a distinção entre normas de ação e normas de controle, bem como de outros limites funcionais que norteiam a justiça constitucional.

resultado da proibição de insuficiência, parâmetro que poderia permitir o controle da omissão total ou parcial que viole o dever de proteção?[833]

A maior área da margem de conformação da proteção e promoção aos direitos fundamentais do Legislativo quando comparada com a margem de que dispõe em relação à tarefa de os restringir encontra explicação analítica na ótica dos deveres atribuídos pelas normas de direitos fundamentais. Como já foi referido, é preconizada uma similar estrutura de todos os direitos fundamentais, os quais ostentam de suas normas deveres negativos e positivos. No entanto, desse tratamento dogmático unitário não se transplanta a conclusão de que os deveres embutidos em cada molécula do direito sejam homogêneos em si. Isto é, não se vai ao ponto de igualar um dever negativo a um dever positivo.

É curial reconhecer-lhes uma "assimetria". Os deveres negativos possuem uma estrutura conjuntiva, de sorte que a toda ação inconstitucional corresponda, para sanar a inconstitucionalidade, a omissão de todo e qualquer ato que possa causar aquele resultado. Diversamente, no caso dos deveres positivos, a omissão inconstitucional, para ser superada, não depende de uma única e exclusiva ação, pois há alternativas que poderiam satisfazer em maior ou menor medida o imperativo normativo constitucional, a depender do nível de satisfação e proteção que o ordenamento queira outorgar. Assim, nesta hipótese fala-se de uma estrutura disjuntiva, haja vista as inúmeras possibilidades de ação passíveis de satisfazer o dever, sem que o destinatário da norma seja compelido necessariamente a usar todas as alternativas possíveis.[834] Apenas com enunciados constitucionais mais detalhados poder-se-ia extrair normas que diminuíssem o espectro de conformação pela legislação infraconstitucional.

A inferência que se extrai do parágrafo anterior é de que, ao contrário do que ocorre com um dever negativo, que possui um oposto definitivo – qualquer ação que implique a interferência que se quer evitar –, o dever positivo não o possui em regra. Com isso, uma violação de um dever positivo pode ocorrer, entre as inúmeras ações passíveis de satisfazer a pretensão que dele emana, tanto por uma omissão total como por uma ação defeituosa ou insuficiente por parte do Estado. No campo da omissão,

---

[833] SILVA, Jorge Pereira da. Interdição de protecção insuficiente, proporcionalidade e conteúdo essencial. *In*: SOUZA, Marcelo Rebelo; QUADROS, Fausto de; OTERO, Paulo; PINTO, Eduardo Vera-Cruz (Coord.). *Estudos de Homenagem ao Prof. Doutor Jorge Miranda* – Direito Constitucional e Justiça Constitucional. Lisboa/Coimbra: Faculdade de Direito da Universidade de Lisboa/Coimbra editora, 2012. v. II. p. 194-195. Para uma classificação e diferenciação entre omissão total ou absoluta, hipótese de ausência total de legislação, e relativa, quando há exclusão de uma categoria de determinado benefício conferido a outra, o que conclama a fiscalização pelo princípio da isonomia, e omissão parcial, a consubstanciar o exercício do dever de legislar de modo insuficiente para cumprir o comando constitucional, sem mácula ao princípio da igualdade, remete-se a BARROSO, Luís Roberto. *O controle de constitucionalidade no direito brasileiro* – Exposição sistemática da doutrina e análise crítica da jurisprudência. 4. ed. São Paulo: Saraiva, 2009. p. 35-38.

[834] ALEXY, Robert. Sobre los derechos constitucionales a protección. *In*: MANRIQUE, Ricardo García (Ed.). *Derechos sociales y ponderación*. 2. ed. Madrid: Fundación Coloquio Jurídico Europeo, 2009. p. 54-55; CANARIS, Claus-Wilhelm. *Direitos fundamentais e direito privado*. Tradução de Paulo Mota Pinto e Ingo Wolfgang Sarlet. 2. reimpr. Coimbra: Almedina, 2009. p. 65-66; 119 e seguintes; KLATT, Mathias; MEISTER, Moritz. *The constitutional structure of proportionality*. Oxford: Oxford University Press, 2014. p. 87-89. Ver, ainda, SILVA, Jorge Pereira da. Interdição de protecção insuficiente, proporcionalidade e conteúdo essencial. *In*: SOUZA, Marcelo Rebelo; QUADROS, Fausto de; OTERO, Paulo; PINTO, Eduardo Vera-Cruz (Coord.). *Estudos de Homenagem ao Prof. Doutor Jorge Miranda* – Direito Constitucional e Justiça Constitucional. Lisboa/Coimbra: Faculdade de Direito da Universidade de Lisboa/Coimbra Editora, 2012. v. II. p. 193 e seguintes, que usa o termo "assimetria" também para classificar uma das correntes por ele analisadas, que defende a assimetria entre os conteúdos da proibição do déficit e da proibição do excesso, a qual reputa como verdadeira, mas criticada pelo jurista português por contornar o problema.

basta a inação em si, mas é perfeitamente distinguível uma omissão pura e simples de inações de outros tipos, como as que, não obstante tenha havido algum assentimento do seu dever pelo destinatário da norma, decorrem de não ter havido nenhuma decisão ou ação concreta quanto aos meios para realizar sua obrigação ou, mesmo que haja, eles não tenham sido postos em prática.[835]

A diferença estrutural entre um dever negativo e um positivo, por certo, justifica a maior eficácia normativa de um "microdireito" negativo em relação a um "microdireito" positivo. É de anotar-se que, em outra sede de trabalho acadêmico,[836] propôs-se que a classificação das normas quanto à sua eficácia tenha como parâmetro não a posição jurídica subjetiva, mas justamente o dever que emana daquele sentido deôntico pinçado do enunciado normativo, algo que se apoia na diferença analítico-estrutural entre deveres negativos e positivos das normas de direitos fundamentais.

Adere-se, pois, à terceira corrente, a integrar na norma da proporcionalidade adaptações em sua estrutura formal para desempenhar a fiscalização quanto às omissões estatais. A questão que se coloca, portanto, é saber quais adaptações são necessárias, com a devida justificativa para tanto. Esse é um motivo para defender, sem embargo de reconhecer a necessidade de adaptações, o percurso discursivo adotado de iniciar com a estrutura da proporcionalidade mais conhecida, debatida no âmago de um comando constitucional que proíba o excesso. Logo, tudo aquilo debatido em cada um dos subtestes é reaproveitável para o exame da proporcionalidade da inação legislativa, de sorte que o que merecer alteração será objeto de destaque agora neste subtópico, não sendo o caso de repetir o que já foi escrito, salvo se houver um fundamento adicional a tanto. Isso vale inclusive para as questões de ônus probatório e das incertezas normativas e empíricas, com reutilização daquelas posições assumidas anteriormente e que não merecem nenhuma reformulação.

---

[835] CLÉRICO, Laura. *El examen de proporcionalidad en el derecho constitucional*. Buenos Aires: Facultad de Derecho de Buenos Aires/Eudeba, 2009. Serie Tesis. p. 328-330.

[836] ALMEIDA, Luiz Antônio Freitas de. *Direitos fundamentais sociais e ponderação* – Ativismo irrefletido e controle jurídico racional. Porto Alegre: Sergio Antonio Fabris, 2014. p. 120 e seguintes. Naquele trabalho, ousou-se contestar classificações bastante difundidas quanto à eficácia das normas constitucionais de célebres juristas, como as de Jorge Miranda (MIRANDA, Jorge. *Teoria do Estado e da Constituição*. Coimbra: Coimbra Editora, 2002. p. 638-649), que distingue as normas em preceptivas exequíveis por si mesmas, preceptivas não exequíveis por si mesmas e normas programáticas (SILVA, José Afonso da Silva (SILVA, José Afonso da. *Aplicabilidade das normas constitucionais*. 7. ed. 3. tir. São Paulo: Malheiros, 2009. p. 63-178), que distingue as normas em normas de eficácia plena, normas de eficácia contida e normas de eficácia limitada; Celso Antônio Bandeira de Mello (BANDEIRA DE MELLO, Celso Antônio. *Eficácia das normas constitucionais e direitos sociais*. 2. tir. São Paulo: Malheiros, 2010. p. 19-29), que diferencia entre normas que conferem poderes-direitos, normas que conferem direitos em sentido estrito e normas que expressam finalidades cogentes ao poder público. A razão da discordância está na defesa de um conteúdo heterogêneo de todo o direito fundamental, a fomentar deveres negativos e ativos. Por essa razão, numa inversão da lição de Bandeira de Mello e com a adaptação de algumas ideias subentendidas da lição de Peces-Barba – este jurista classifica os direitos sociais em direitos sociais equiparados aos clássicos, direitos sociais com feições de liberdade e direitos sociais incompletos (PECES-BARBA, Gregorio. Reflexiones sobre los derechos fundamentales. *In*: MANRIQUE, Ricardo García (Ed.). *Derechos sociales y ponderación*. 2. ed. Madrid: Fundación Coloquio Jurídico Europeo, 2009. p. 85-101) –, propôs-se a classificação quanto à eficácia em uma escala decrescente: i) normas de eficácia de plano negativo; ii) normas de eficácia de plano positivo; iii) normas programáticas. A noção de heterogeneidade do conteúdo do direito, por outro lado, coaduna-se com a explicação de Jorge Pereira da Silva quanto à flexibilidade da eficácia das normas constitucionais, em que cada norma tendo virtualidades tanto de autoexequibilidade como de norma programática (SILVA, Jorge Pereira da. *Dever de legislar e protecção jurisdicional contra omissões legislativas* – Contributo para uma teoria da inconstitucionalidade por omissão. Lisboa: Universidade Católica, 2003. p. 32-36).

Uma primeira constatação na diferença entre a proporcionalidade para coibir o excesso e a proporcionalidade para coibir a insuficiência de tutela está na relação meio-fim. Como explicado, defende-se a existência de relações meio-fim de natureza causal nas subetapas de idoneidade e necessidade e uma relação meio-fim não amparada necessariamente em causalidade (é possível uma relação meio-fim por correspondência) na subetapa da proporcionalidade em sentido estrito. Mas seria correto definir a relação entre o meio (omissão legislativa total ou legislação insuficiente a proteger o direito fundamental) e o fim (a proteção de terceiros objetivos ou direitos fundamentais) nas respectivas etapas como uma relação de causalidade? É comum que, entre os penalistas, quando se discuta a responsabilização penal por atos omissivos, advogue-se que a omissão, mesmo que parcial, não causa um resultado penalmente tipificado em sentido naturalístico, porém se imputa o resultado punido por leis criminais a título normativo, em função da não adoção de um dever legal correspondente a evitá-lo.[837] Entende-se que, *mutatis mutandis*, a discussão é aqui aproveitável e produtiva. Não existe, portanto, uma relação de causalidade entre meio e fim na vedação contra o defeito de salvaguarda, porém é possível falar de uma relação meio-fim em sentido normativo, por não cumprimento estatal dos deveres positivos decorrentes da norma de direito fundamental que providenciem uma tutela adequada.

Uma segunda constatação ou diferenciação entre proibição de excesso e de defeito está na etapa de legitimidade do fim, mais precisamente quanto à determinação da finalidade estatal a justificar ou não a restrição, no primeiro caso, e a omissão, no segundo. Na proibição de excesso, há uma discricionariedade reconhecida ao parlamento, que pode selecionar quaisquer planos ou programas não vedados constitucionalmente. Na proibição contra a insuficiência de tutela, o fim é definido de modo interpretativo e argumentativo com base em normas do texto constitucional. Logo, é determinável a partir do próprio texto constitucional, mediante labor interpretativo e argumentativo do intérprete, capaz de identificar um conflito normativo solúvel por ponderação após a resolução das incertezas semânticas e sintáticas. Na proibição de defeito, o meio é ou a omissão legislativa que desprotege o direito fundamental no caso de omissões puras, ou a legislação que o salvaguarda de modo insuficiente, e o fim, para ser legítimo, deve ser a promoção ou proteção de terceiros direitos ou de outras metas estatais.[838]

---

[837] Em realidade, como, sob o aspecto naturalístico, o não agir não provoca nenhum resultado, muitos penalistas fundamentam, no momento de apreciar a conduta de quem é responsabilizado por uma omissão imprópria, a responsabilização pelo descumprimento de um dever de garantidor. Ocorre que o juízo sobre o descumprimento desse dever nos crimes comissivos por omissão nunca é pautado somente numa fonte formal, pois modernamente se tem exigido uma fonte material, conforme leciona PRADO, Luiz Regis. *Curso de direito penal brasileiro*. 8. ed. São Paulo: Revista dos Tribunais, 2008. v. I. p. 288-289, o que implica, por suposto, uma valoração de como ele deveria ter agido em vez de não ter feito nada, isto é, uma apreciação normativa da conduta. De outro lado, existe também um tipo de exame normativo algo diverso daquele realizado no desatendimento a deveres de cuidado que permitem a responsabilização penal por tipos culposos, com a sustentação de que o "nexo" construído entre a conduta negligente, imprudente ou imperita do agente e o resultado penalmente desvalorado só pode ser admitido se a ação ou omissão negligente acentua o aumento da probabilidade de produção de um resultado em comparação a um risco permitido, como sustenta ROXIN, Claus. Violação do dever e resultado nos crimes negligentes. *In*: ROXIN, Claus. *Problemas fundamentais de direito penal*. Tradução de Ana Paula dos Santos Luís Natscheradetz. 3. ed. Lisboa: Vega, 2004. p. 256 e seguintes.

[838] A respeito da determinação do fim pelo legislador na proibição de excesso e sua determinabilidade no texto constitucional na proibição de insuficiência, CLÉRICO, Laura. *El examen de proporcionalidad en el derecho constitucional*. Buenos Aires: Facultad de Derecho de Buenos Aires/Eudeba, 2009. Serie Tesis. p. 330-331, a qual anota, inclusive, que, para efeito de ativar a sindicação da proibição de defeito, é irrelevante saber se o Estado

O aspecto de que a legitimidade do fim esteja ligada à promoção ou proteção de terceiros direitos ou metas estatais de cariz constitucional levanta o interesse de ilustrar a relação entre Estado e indivíduo titular do direito, algo que não deixa de ter alguma relação com a assimetria entre os deveres negativos e positivos. Numa perspectiva tradicional de proporcionalidade como proibição de excesso, fala-se de uma relação vertical entre o titular do direito comprimido e o Estado que edita a norma interventora. No entanto, e na proporcionalidade para combater o defeito ou déficit?

De partida, tem-se que a afirmação não é precisa, no sentido de que em todo e qualquer exame de proporcionalidade para a vedação do excesso haja apenas uma relação bipolar entre Estado e titular do direito comprimido. Com efeito, se o Estado, a pretexto de proteger determinado direito fundamental, excede-se nessa proteção a ponto de intervir na esfera de liberdade além do que poderia, parece claro que aí existe também uma relação poligonal entre o Estado e o titular do direito afetado e o Estado e o titular do direito protegido pelo meio oficial. Sob outro vértice, na proibição do déficit, se o Estado buscar atender a outros fins constitucionais, mantém-se, ainda, um esboço de relação bipolar, pois, de um lado, está o Estado que, para atender a interesses públicos constitucionalmente protegidos, desabriga o titular de um direito fundamental do qual emana o dever positivo; de outro ângulo, está justamente o titular desse direito. Contudo, se a finalidade da inação estatal se prender à proteção ou promoção de direitos fundamentais de terceiros, seria seguro desvelar aí relações multipolares. Afinal, nesse quadro existe a relação entre Estado e indivíduo titular do direito prejudicado pela inação do ente público e a relação entre Estado e indivíduo titular do direito beneficiado pela ação concretamente tomada pelo Poder Público.[839]

Admitida a premissa de que o escopo, para ser legítimo, deve ser a promoção de terceiros direitos fundamentais ou a satisfação de interesses públicos de cariz constitucional, seria o caso de afirmar-se que, no exame de proporcionalidade para a análise do defeito de proteção, a fase da legitimidade do fim careceria de importância como etapa analítica separada, haja vista sua determinação oriunda do texto constitucional? Conclui-se que não. A clarificação quanto à finalidade estatal na omissão ou no defeito de tutela depende de uma reconstrução argumentativa, obtida na justificação estatal

---

queria ou não cumprir o objetivo. No entanto, no corpo do parágrafo, retoma-se argumento esgrimido em ALMEIDA, Luiz Antônio Freitas de. *Direitos fundamentais sociais e ponderação* – Ativismo irrefletido e controle jurídico racional. Porto Alegre: Sergio Antonio Fabris, 2014. p. 243-244, na linha da lição de BERNAL PULIDO, Carlos. *El principio de proporcionalidad y los derechos fundamentales.* 3. ed. Madrid: Centro de Estudios Políticos y Constitucionales, 2007. p. 806-811, que caminha em senda parcialmente divergente da de Clérico, a qual parece definir que o fim estatal seja a desproteção dada ao direito fundamental reclamado. Em realidade, o fim estatal são terceiros direitos fundamentais ou objetivos constitucionais promovidos em vez do direito fundamental não atendido. No entanto, a percepção da autora de que o fim está dado na constituição é seguida no texto.

[839] Sobre a existência de relações triangulares relativas aos deveres estaduais de proteção, SILVA, Jorge Pereira da. Interdição de protecção insuficiente, proporcionalidade e conteúdo essencial. *In*: SOUZA, Marcelo Rebelo; QUADROS, Fausto de; OTERO, Paulo; PINTO, Eduardo Vera-Cruz (Coord.). *Estudos de Homenagem ao Prof. Doutor Jorge Miranda* – Direito Constitucional e Justiça Constitucional. Lisboa/Coimbra: Faculdade de Direito da Universidade de Lisboa/Coimbra editora, 2012. v. II. p. 189, o qual, porém aparentemente refuta que os demais deveres, inclusive os de prestação, estejam a configurar uma relação triangular ou poligonal. A figura do triângulo seria construída, ao que parece, no polo entre os titulares dos direitos em contraposição como uma mera relação abstrata, sem necessária correspondência na realidade concreta dos contatos sociais, como explica MACHETE, Rui Chancerelle. Algumas reflexões sobre as relações jurídicas poligonais, a regulação e o objecto do processo administrativo. *In*: MIRANDA, Jorge *et alli* (Org.). *Estudos em homenagem a Miguel Galvão Teles.* Coimbra: Almedina, 2012. v. 1. p. 577-588, conquanto sua análise esteja com ótica no direito administrativo.

no procedimento que fiscaliza a inação estatal (in)adequada.[840] De um lado, não se escamoteia a importância de argumentação da parte que alega a violação ao direito fundamental[841] e, de outro, a par da justificativa estatal em resposta aos argumentos da parte contrária, fatalmente documentos, relatórios, dados e opiniões técnicas poderão ou dar maior credibilidade à justificativa estatal ou mostrar sua incongruência. Nesse diapasão, uma peça importante para observar o escopo estatal é a lei orçamentária, que mostrará cabalmente as preferências estatais no investimento de receita e recursos públicos.

Quanto à idoneidade, Laura Clérico propõe seja feito um exame duplo de idoneidade nos casos em que o fim for complexo. Na visão da jurista, em caso de omissão parcial, é possível que o fim coincida em todo ou em parte com a satisfação do direito fundamental prestacional; no caso de uma omissão pura, o fim pode ser a tanto a proteção desse direito como outro objetivo qualquer. O meio, para ser idôneo, deve fomentar ambos os fins (realização do direito prestacional e de outro objetivo estatal). Clérico ainda propõe que o meio pode fomentar o fim de realização do direito prestacional em sentido geral e abstrato e no caso concreto, argumentando que, se houver o fomento do fim estatal e, concomitantemente, da realização de direito prestacional em apenas um dos sentidos (seja geral e abstrato ou no caso concreto), haveria uma idoneidade em sentido débil, a conclamar o prosseguimento no teste, ao passo que o não fomento de ambos os fins reprove o meio por ser um caso claro de inidoneidade.[842]

Um primeiro aclaramento quanto ao sustentado por Clérico: rejeita-se a sugestão da autora se ela for interpretada no sentido de que seja correto pensar que haja por parte do Estado um fim, constitucionalmente legítimo, de não cumprir *tout court* o mandamento constitucional de satisfazer o dever de proteção. O descumprimento do comando constitucional de salvaguarda deve ancorar-se na proteção ou promoção de terceiros direitos ou objetivos constitucionais, sob pena de falhar no teste da legitimidade do fim.[843] Feita a ressalva, também se tem a compreensão de que, em termos de utilidade

---

[840] CLÉRICO, Laura. *El examen de proporcionalidad en el derecho constitucional*. Buenos Aires: Facultad de Derecho de Buenos Aires/Eudeba, 2009. Serie Tesis. p. 330-331, que também menciona que seria indiferente ao exame saber se, de fato, o Estado persegue ou não um objetivo estatal para o escopo do exame de proporcionalidade, bem como fala da possibilidade de haver, com a omissão, mais de um objetivo.

[841] BARCELLOS, Ana Paula de. *Ponderação, racionalidade e atividade jurisdicional*. Rio de Janeiro: Renovar, 2005. p. 92-102, a qual destaca a contribuição das partes para a racionalização da ponderação quando indicam os enunciados normativos que mostrem o conflito normativo por força dos interesses e posições em jogo.

[842] CLÉRICO, Laura. *El examen de proporcionalidad en el derecho constitucional*. Buenos Aires: Facultad de Derecho de Buenos Aires/Eudeba, 2009. Serie Tesis. p. 330 e seguintes.

[843] No mesmo sentido do texto quanto ao conceito de fim, conferir, ainda, SILVA, Jorge Pereira da. Interdição de protecção insuficiente, proporcionalidade e conteúdo essencial. *In*: SOUZA, Marcelo Rebelo; QUADROS, Fausto de; OTERO, Paulo; PINTO, Eduardo Vera-Cruz (Coord.). *Estudos de Homenagem ao Prof. Doutor Jorge Miranda – Direito Constitucional e Justiça Constitucional*. Lisboa/Coimbra: Faculdade de Direito da Universidade de Lisboa/Coimbra editora, 2012. v. II. p. 195 e seguintes. No entanto, este autor parece caminhar na senda de Clérico ao aceitar que nem sempre haverá situações de conflitos no exame da vedação de insuficiência, o que é rejeitado nesta tese. Poder-se-ia opor que seria possível ao Estado não avançar na proteção ou promoção a determinado direito fundamental por entender que, relativo a esse direito, ele já estaria suficientemente protegido, hipótese em que a finalidade estatal seria realmente a de omitir-se pura e simplesmente. Contudo, ainda assim se discorda. Em realidade, esse problema não pertence ao exame de proporcionalidade, mas ao de interpretação. Se o Estado se omite na proteção adicional a um determinado direito fundamental por entender que ele já está suficientemente protegido, em realidade sua justificativa baseia-se não em um fim legítimo, mas na premissa de que não há sequer afetação, interferência ou desproteção do âmbito protegido do direito fundamental, o que descredencia, de partida, qualquer situação operativa de um conflito normativo. Como já mencionado desde o

prática, ela não acrescenta muito. Afinal, a própria autora admite que seja possível que o fim estatal seja outro no caso de omissões totais; ademais, o Estado, mesmo no caso de omissões parciais, normalmente não vai além porque é premido pela necessidade de avançar em outros fins ou promover outros direitos, de sorte que é essa a finalidade essencialmente marcante e que, se prevista no texto constitucional, satisfaz o teste de legitimidade.

De volta ao aspecto de idoneidade, verifica-se se existem objetivos ou direitos promovidos efetivamente pelo Estado em detrimento do direito fundamental desprotegido pela omissão ou tutela insuficiente. É possível que a desproteção ao direito reclamado tenha como justificativa a maior proteção ou promoção de mais de um objetivo estatal ou direito fundamental, a indicar a existência de polifinalidades. Bastará, tal como ocorre na proporcionalidade vista como proibição de excesso, que haja adequação ao menos a um dos fins, e não a todos os fins, como almeja Clérico, conquanto ela mesma reconheça que a discrepância nos sentidos abstrato/geral e concreto termina por, numa versão fraca do teste, considerar o meio adequado.

Tal qual como apontado no tópico correspondente, o meio poderá promover o fim em diversos aspectos e em diversos graus. É possível um fortalecimento desse escrutínio para exigir mais que uma versão branda ou débil da adequação, o que depende de uma justificação adicional por parte do órgão controlador – aqui há alguma similaridade com o magistério de Clérico. Um fator que poderia autorizar esse fortalecimento seria tanto a categorização do direito fundamental como a intensidade de afetação do direito fundamental desprotegido pela omissão ou ação deficiente.

Barak propõe outro critério que ensejaria a reprovação no subteste da idoneidade: inexistência de legislação que justifique a omissão estatal. Em outros termos, a omissão total de legislação que possa corresponder ao cumprimento de deveres positivos violaria esse subteste, de sorte que apenas omissões parciais, que contam com alguma legislação protetora, mas insuficiente, poderia autorizar o prosseguimento para as etapas subsequentes.[844] Reputa-se a sugestão teoricamente aceitável e terá maior utilidade em caso de criação de direitos fundamentais novos, ausente qualquer tipo de legislação protetiva.

Quanto à etapa da necessidade, provavelmente é a que mais mereça alguma reformulação para adaptar-se ao objetivo de sindicar a justificativa para a inação estatal. Com efeito, sob a ótica da proibição de excesso, a tarefa nesse subteste é comparar a medida adotada em duas direções diferentes, pois se examina se as alternativas disponíveis fomentam o fim com a mesma intensidade do meio oficial, bem como se elas lesam com menor carga o direito fundamental afetado. Essa segunda direção de

---

Capítulo 1, a etapa interpretativa, a qual vai sedimentar o âmbito de proteção de um direito fundamental por meio da decodificação linguística, é imprescindível para avaliar eventual situação de incerteza pragmática na aplicação da norma, momento analítico distinto. Destarte, a ação estatal torna-se uma violação do dever ativo por erro interpretativo e não no âmbito da desproporcionalidade por desproteção suficiente, a qual demanda uma situação de prévio conflito. No entanto, a partir do momento em que o Estado é compelido a proteger aquela parcela do direito negligenciada por erro na interpretação, pode argumentar que não tem condições de o fazer, em razão da afetação de outros direitos ou interesses priorizados, caso em que se ativa um choque deôntico, a conclamar a proporcionalidade para sua mediação.

[844] BARAK, Aharon. *Proportionality* – Constitutional rights and their limitations. Tradução de Doron Kalir. Cambridge; New York: Cambridge University Press, 2012. p. 422-434.

comparação demanda, pois, uma observação daquela que em menor tom agrave um direito fundamental. Isso porque, na perspectiva das restrições, elas não são um fim em si mesmas, mas são instrumentais, com a finalidade de permitirem uma harmonia social e um equilíbrio em geral dos diversos direitos e objetivos permitidos na ordem constitucional.[845] Tenha-se em mente que existe uma ação escolhida e que se pensam outras medidas para alcançar, com o mesmo tom, o fim pretendido, mas de uma forma menos agressiva ao direito fundamental.

Na perspectiva da proporcionalidade como proibição de proteção insuficiente, existe também uma comparação em duas direções, com divergência parcial daquilo que é comparado na vedação do excesso. Em primeiro lugar, observe-se o fato de que o resultado é considerável injustificado e, portanto, lesivo a um dever de proteção de direito fundamental por força de um juízo normativo da instituição controladora, em função da omissão ou da ação insuficiente. Isto é, havia um dever que exigia um grau de eficácia, conforme bitola constitucional, para que possa ser considerado cumprido. Se, portanto, não há uma relação de causalidade entre e meio e fim, mas uma relação normativa, seria incoerente referir que a inação fosse minimamente idônea a não satisfazer o dever constitucional. A inação torna-se censurável por descumprimento do dever, ultrapassado um juízo normativo de desvalor do resultado encontrado na realidade de quem demanda a proteção ao seu direito fundamental.

A avaliação que é feita no teste da necessidade – ou, a assentir com a proposta de Clérico, no teste do meio alternativo mais idôneo – no caso da vedação de insuficiência é, por um lado, se existem ações alternativas que, preservando o grau de fomento atingido com a conduta empregada na satisfação de outros direitos fundamentais ou objetivos constitucionais, protegem o direito fundamental desguarnecido de modo suficiente ou eficaz. Verificam-se, pois, quais ações ou omissões efetivamente empregadas pelo Estado, por um lado, dão vazão ao atendimento dos deveres estatais a respeito de outros direitos fundamentais ou objetivos constitucionais e comparam-se com as ações almejadas – e não adotadas pelo Estado – pela parte que invoca um dever positivo emanado de um direito fundamental, no sentido de saber se essas ações requeridas também permitem o fomento similar dos fins constitucionais privilegiados. Num segundo momento, olham-se as ações alternativas à omissão ou à ação deficiente e avalia-se se elas satisfazem em um patamar suficiente a proteção reclamada pela norma de direito fundamental, o qual não fora alcançado por intermédio da ação defeituosa questionada judicialmente. Nessa última avaliação, a rigor, existe uma comparação mais tênue entre a ação almejada e a omissão detectada, isto é, o objetivo da comparação não é saber o quanto uma medida alternativa é mais protetiva que outra, mas sim se ela é, de fato, protetiva no montante determinado constitucionalmente, ao menos num grau mínimo, sem prejuízo de que seja possível relegar ao parlamento a discricionariedade de alcançar graus mais acentuados de proteção, consoante as circunstâncias político-econômico-sociais permitam.[846]

---

[845] SILVA, Jorge Pereira da. Interdição de protecção insuficiente, proporcionalidade e conteúdo essencial. *In:* SOUZA, Marcelo Rebelo; QUADROS, Fausto de; OTERO, Paulo; PINTO, Eduardo Vera-Cruz (Coord.). *Estudos de Homenagem ao Prof. Doutor Jorge Miranda* – Direito Constitucional e Justiça Constitucional. Lisboa/Coimbra: Faculdade de Direito da Universidade de Lisboa/Coimbra editora, 2012. v. II. p. 194.

[846] A respeito de a proibição de defeito contentar-se com um patamar suficiente de proteção, diferentemente da proibição do excesso, que busca a medida menos restritiva, remete-se a CLÉRICO, Laura. *El examen de proporcionalidad*

Como tratado no subitem do teste de necessidade, é possível que a relação de fomento com o fim efetivamente promovido pelo Estado, em detrimento da proteção do direito fundamental invocado, possa ser apreciada por diversos critérios e perspectivas. Os mesmos critérios empregados para verificar o fomento do fim em relação às medidas adotadas pelo Estado devem ser mantidos também em relação às alternativas à inação estatal. De outro lado, se, em regra, a versão débil desse teste é a mais fácil de ser defendida pela sua virtualidade de clareza analítica, mantém-se o pensamento de que é possível construir regras complementares, de modo a aumentar a importância decisória do teste. A mesma posição adota-se quanto à preferência pelo cariz objetivo do teste, sem levar em consideração efeitos produzidos na esfera concreta e individual, mas apenas os materializados dentro de um perfil típico ou médio do titular do direito.

No que se refere à possibilidade de determinada ação alternativa à omissão total ou parcial estatal possibilitar a ativação de lesão a terceiros direitos ou interesses, inclusive com o aumento de custos, pela tese da versão débil seria de avançar para o exame da proporcionalidade em sentido estrito. Porém, entende-se possível, mediante ônus argumentativo a recair na instituição controladora, a construção de regra complementar, como alhures asseverado. A regra complementar proposta no tópico antecedente também seria aplicável aqui, com a devida repaginação: quanto mais intensa for a desproteção de determinado direito fundamental, quanto mais promovidos já estiverem os objetivos constitucionais ou direitos fundamentais efetivamente privilegiados pelas ações estatais e quanto menos intensa a for a afetação a outro direito ou objetivo por força da adoção da medida alternativa que tutele de modo suficiente o direito fundamental desprotegido, mais força terá o meio alternativo.

Sob o ângulo de que é possível a existência de polifinalidades, também se readapta a regra complementar passível de ser erigida, obviamente a depender de justificação adicional: quanto mais intenso for o desamparo do direito fundamental e quanto mais próximos, similares ou homogêneos forem os fins estatais privilegiados pelo Estado, maior a possibilidade de eleger um dos propósitos como o principal para o escopo de redução heurística do teste do meio alternativo mais idôneo.

É preciso acrescentar, ainda dentro da ótica do exame do meio alternativo mais idôneo, que a peça orçamentária terá um papel de destaque na avaliação da insuficiência de tutela. Com efeito, toda a decisão referente a alguma política pública relacionada a deveres positivos, especialmente os que emanam de normas de direitos fundamentais sociais, suscita nas instâncias de controle a necessidade de avaliar as justificativas estatais para a não satisfação desses deveres, com o cotejo de alternativas mais protetoras e promotoras que aquelas efetivamente tomadas, embora o que se busque seja uma que

---

en el derecho constitucional. Buenos Aires: Facultad de Derecho de Buenos Aires/Eudeba, 2009. Serie Tesis. p. 344 e seguintes; e a SILVA, Jorge Pereira da. Interdição de protecção insuficiente, proporcionalidade e conteúdo essencial. *In*: SOUZA, Marcelo Rebelo; QUADROS, Fausto de; OTERO, Paulo; PINTO, Eduardo Vera-Cruz (Coord.). *Estudos de Homenagem ao Prof. Doutor Jorge Miranda* – Direito Constitucional e Justiça Constitucional. Lisboa/Coimbra: Faculdade de Direito da Universidade de Lisboa/Coimbra Editora, 2012. v. II. p. 193-196 e seguintes. No entanto, marcam-se algumas diferenças. Também com Laura Clérico concorda-se com a existência de duas comparações, porém o seu objeto é divergente em parte, o que se explica pelo conceito de fim dado por Clérico. Quanto a Jorge Pereira da Silva, o jurista rejeita a imprescindibilidade de comparações e mesmo de situação de colisão de direitos, mas sem apresentar argumentos adicionais, algo que não é seguido nesta tese.

proteja em grau suficiente o direito fundamental social. Logo, o exame orçamental, longe de querer outorgar aos tribunais o seu manejo, funciona como *topos* de argumentação.[847]

No que tange ao estágio da proporcionalidade em sentido estrito, muito daquilo escrito no tópico anterior é reaproveitável agora. Afinal, depende de argumentações práticas e avaliações empírico-analítico-normativas para valorar os diferentes graus de afetação e para interpretar quais especificamente as posições jurídicas estão em real situação de colisão, a renegar por "peso abstrato" a consideração do bem jurídico protegido pela norma de direito fundamental ou pela norma de interesse público de modo descontextualizado.

Porém, relativamente ao peso concreto, Alexy faz uma modificação na fórmula do peso no escopo de sindicar deveres de proteção e sugeriu uma duplicação da linha de valores atribuíveis ao direito fundamental sob exame. No caso de deveres negativos, avalia-se a intensidade de afetação no direito fundamental e o montante de benefício trazido ao objetivo estatal contraposto. No caso dos deveres de proteção, uma segunda linha de valoração deveria ser acrescida no elemento pertinente ao direito fundamental sob a ótica da proibição de tutela defeituosa: ao lado do grau de proteção do direito fundamental trazido por uma determinada medida, dever-se-ia incluir o impacto da omissão dessa mesma medida que poderia proteger o direito fundamental. Porém, como aceitar essa segunda linha de valoração se o próprio Alexy reconhece uma diferença estrutural entre deveres negativos e positivos? Afinal, se aos deveres negativos existe um oposto definitivo, o que não ocorre com os deveres positivos, uma vez que qualquer ação suficiente a proteger o direito fundamental seria possível de ser escolhida pelo parlamento, como valorar o impacto da não adoção de alguma medida em particular? Não seria, nesse caso, outorgar aos deveres positivos um oposto definitivo, o que seria inviável ante a assimetria da estrutura destes em relação aos deveres negativos?[848]

A solução dada por Alexy ao problema é engenhosa: não haveria incoerência nessa segunda linha de valoração ao direito fundamental desprotegido pela invocação do que o jurista alemão chamou de "negação em cadeia". Ou seja, o impacto da omissão da medida protetiva é "calculado" por meio da valoração da medida menos protetora de forma imediata na escala de proteção entre as medidas em cotejo.[849] Logo, não há uma

---

[847] ALMEIDA, Luiz Antônio Freitas de. *Direitos fundamentais sociais e ponderação* – Ativismo irrefletido e controle jurídico racional. Porto Alegre: Sergio Antonio Fabris, 2014. p. 244.

[848] ALEXY, Robert. Sobre los derechos constitucionales a protección. *In*: MANRIQUE, Ricardo García (Ed.). *Derechos sociales y ponderación*. 2. ed. Madrid: Fundación Coloquio Jurídico Europeo, 2009. p. 66 e seguintes. No mesmo sentido, KLATT, Mathias; MEISTER, Moritz. *The constitutional structure of proportionality*. Oxford: Oxford University Press, 2014. p. 94 e seguintes. Os juristas concordam que essa segunda linha de valoração poderia ser construída para sindicar a proibição do excesso, mas que não traria qualquer diferença prática no exame ponderativo, com o que se concorda.

[849] ALEXY, Robert. Sobre los derechos constitucionales a protección. *In*: MANRIQUE, Ricardo García (Ed.). *Derechos sociales y ponderación*. 2. ed. Madrid: Fundación Coloquio Jurídico Europeo, 2009. p. 66 e seguintes. Cabe aqui considerar uma suposta contradição entre o que se escreve a respeito dessa segunda linha de valoração em relação ao argumentado no subitem 2.7.4, na parte em que se sugeriu, ao avaliar a proposta de Barak de efetuar um sopesamento tendo em conta tanto o meio oficial como o meio alternativo, que se deveria selecionar o meio alternativo que mais promovesse o fim estatal para efetuar essa ponderação. A contradição poderia residir nessa sugestão, uma vez que aqui se elegem, para avaliação, em escala decrescente, os meios alternativos que mais protegem o direito fundamental. Pensa-se que a contradição é aparente. Em primeiro lugar, aquele critério foi proposto para a proporcionalidade em sentido estrito que envolva um sopesamento para avaliar a proibição de excesso. Em segundo, e isso é o decisivo, o critério sugerido no subitem 2.7.4 tinha o afã de reduzir heuristicamente a complexidade da comparação na hipótese de várias alternativas cogitáveis, excluindo-se as demais e elegendo,

negação absoluta, mas relativa, referente à medida com grau menor de salvaguarda imediatamente abaixo na escala de proteção das medidas cotejadas. De fato, sem a segunda linha de valoração, a inversão da lógica da proibição do excesso para a vedação de tutela deficiente faria considerar como peso concreto somente o grau e intensidade de desproteção de determinado direito fundamental. Porém, como se reconhece uma assimetria entre os deveres negativos e positivos, é curial que haja a introdução também de uma avaliação quanto ao impacto da omissão de uma determinada medida protetiva, uma vez que, quanto aos deveres negativos, toda e qualquer ação tendente a causar o resultado vedado pela norma de direito fundamental é proibida *prima facie*. Logo, para os deveres positivos, aos quais não se relaciona um oposto definitivo, não há uma única medida oposta correlativa a esses deveres. O critério fornecido por Alexy para calcular o impacto da omissão da medida depende da viabilidade de construção argumentativa de múltiplas medidas alternativas, algo faticamente possível, porém é de observar-se, no alerta sempre mencionado por Pirker e até reconhecido por Alexy, que é possível reduzir o número de alternativas efetivamente consideradas para preservar o critério heurístico do controle pela norma da proporcionalidade.

No entanto, não se adere ao modo de construir as linhas de valoração propostas por Alexy no tocante ao direito fundamental avaliado da perspectiva da interdição de tutela insuficiente. O jusfilósofo alemão preconiza que se examinam o grau de proteção angariado por determinada medida (a primeira linha de valoração) e o impacto da omissão dessa medida para a tutela do direito (a segunda linha de valoração). Em outras palavras, Alexy sugere que se apreciem o nível de proteção existente com determinada medida e o reflexo de sua ausência, arrazoamento prático-moral ponderado com o nível de afetação de determinado direito fundamental de liberdade. No exemplo trazido em seu estudo, há um conflito entre o direito de proteção à vida do nascituro contra o direito da mulher de dispor de seu corpo.

Um primeiro apuramento é que o conflito pode ocorrer, eventualmente, não com um direito negativo, mas mesmo um princípio que alberga um interesse coletivo, a justificar a tradução não para a afetação negativa, mas para a importância marginal de favorecer o interesse coletivo em competição normativa.

Mas o maior refinamento da proposta alexyana está nas linhas de valoração referente à suficiência de tutela do direito de cunho positivo. A tese de Alexy gira em torno da ideia de que se deve avaliar o que se possui com a determinada medida e o que se perde com a sua ausência. Porém, não parece fazer muito sentido, se o objeto do exame é verificar se há uma tutela suficiente, avaliar o que se tem de proteção e o que se perde com a ausência dessa medida. O lógico é que se pergunte não o que se tem de proteção, mas em que medida o direito positivo é afligido com a medida escolhida, ou

---

para o exame de proporcionalidade em sentido estrito, um único meio alternativo para comparar com o meio oficial. Tal como se nota agora, a segunda linha de valoração aberta para avaliar a (in)suficiência de proteção ao direito fundamental termina por valorar várias alternativas – e não uma, com a exclusão das demais –, de sorte que não se trata do mesmo critério, até porque a opção com a medida que mais promova o fim estatal terminará por ser avaliada também (normalmente é a medida oficial, efetivamente adotada pelo Estado), junto com as demais opções enumeradas. Porém, como já se colocou, é possível uma redução de complexidade para fins heurísticos também aqui, de sorte que seria viável, entre inúmeras alternativas cogitáveis, delimitar a comparação entre os meios alternativos mediante um critério: eleger para essa comparação, entre os vários meios possíveis, ao menos um ou alguns dos meios alternativos que mais promovam o fim estatal.

seja, a intensidade de desproteção ao direito trazida com determinada ação insuficiente ou com a plena omissão do Legislativo. É essa a primeira linha de valoração e não grau de proteção conferido por essa medida. O impacto da omissão, por outro lado, embora seja aferido conforme sugestão do autor, indaga não o que se poderia perder sem a medida, mas o que efetivamente se pode evitar de prejuízo para o direito positivo, ou seja, o acréscimo em termos de salvaguarda por uma medida alternativa.[850]

Da mesma forma, mantêm-se as perspectivas da possibilidade de construção de "regras-resultado" da ponderação, algo que se definia, em relação aos direitos fundamentais sociais, como a possibilidade de construção de um conteúdo mínimo[851] desses direitos, a justificar uma diferença de bitola argumentativa na sindicação de cada direito. Posições e situações jurídicas que, por força de uma prática constitucional estável e como resultado de ponderações para resolver conflitos normativos, fossem alçadas ao patamar de conteúdo mínimo de determinado direito fundamental receberiam um acréscimo de proteção, uma vez que acentuariam o ônus argumentativo do Estado para justificar o não cumprimento dos deveres. Posições e situações fora do perímetro do conteúdo mínimo, por sua vez, demandariam um ônus argumentativo menor e uma maior autocontenção dos tribunais.

Em outro vértice, também aqui é viável e salutar a categorização dos direitos fundamentais, algo factível até pela aplicação da tese do conteúdo mínimo. Seja como for, a depender da teoria material de direitos fundamentais, de fatores jurídico-culturais reinantes no contexto social em que se ambienta o ordenamento jurídico, a sugestão de alguns critérios para avaliar o maior ou menor peso abstrato de determinada posição é replicável aqui. Da mesma forma, retoma-se a defesa da possibilidade de divisão entre direitos de primeiro e segundo nível e a construção de uma proposta de categorização oriunda das teses de Clérico e Barak, bem como os parâmetros sugeridos para a resolução de eventuais empates argumentativos, incluindo a noção de força sobreproporcional.

Aliás, também no tópico anterior foram tratadas as questões referentes aos critérios de maior ou menor determinabilidade do conteúdo constitucional, bem como foi tratada a questão de deveres positivos e negativos: estes clamam, em geral, por um controle mais gerencial ou peremptório, ao passo que os deveres positivos normalmente invocam controles mais deferentes ou, conforme o nível de omissão e da importância material da posição não promovida pelo Estado, controles mais experimentalistas ou conversacionais, mormente nos remédios aplicados; em casos mais extremos, porém, a depender do nível de confiança nas avaliações empíricas e do capital político da instituição controladora, remanesce sempre a possibilidade da incursão em formas mais gerenciais ou peremptórias.

Com efeito, fica patente que o exame da justificação estatal da não proteção ou de uma tutela deficiente por intermédio do princípio da proporcionalidade na perspectiva da proibição do déficit reforça o diálogo interinstitucional entre jurisdição e legislação no momento de aplicar normas jurídicas, como destacado nos itens 1.4 e 2.6

---

[850] Em termos práticos, a rigor talvez não haja diferença significativa entre a proposta defendida na tese e a proposta de Alexy, conquanto se note uma diferenciação quanto ao foco daquilo que é avaliado. Aparentemente, talvez a proposta de Alexy seja o outro lado da moeda da preocupação externada no corpo da tese.

[851] Sobre conteúdo mínimo, remete-se ao subitem 3.7.

desta tese, a depender de uma busca constante de legitimação pela instância judiciária nesse mister adjudicatório.[852] Outrossim, também é correta a percepção de que o uso sistemático e constante da ferramenta estrutural da proporcionalidade, com os devidos aperfeiçoamentos e aportes críticos oriundos da doutrina constitucional, permitirá um delineio mais pormenorizado do conteúdo garantido por uma norma de direito fundamental social na dimensão positiva, razão pela qual tende a ser, ao contrário de outras alternativas ao raciocínio ponderativo, mais protetora às posições correlatas aos deveres ativos dos direitos fundamentais e mais racional.[853]

Explicada a posição em relação à estrutura da proporcionalidade na ótica da proibição do defeito, é oportuno referenciar qual o objeto do controle efetuado nesse prisma. Evidentemente, o objeto delineia-se a respeito da omissão total ou parcial, esta sempre que haja uma tutela deficiente do direito fundamental que exige proteção. No entanto, como já o sabe quem milita no direito constitucional, nem sempre é fácil diferenciar uma ação de uma omissão, com zonas nebulosas entre si.[854] Reconhecida a existência de uma dimensão positiva e negativa dos direitos fundamentais,[855] percebe-se que uma dimensão negativa, para restringir a discussão aos direitos sociais, abrange tanto a abstenção exigida do Estado para que não turvasse o acesso aos bens e prestações de cunho social alcançados pelo próprio indivíduo por sua iniciativa como a não regressão de bens e prestações dados pelo Estado e conformados por legislação infraconstitucional, ao passo que a dimensão positiva refere-se a bens e prestações que são exigíveis pelo Estado já a partir de uma aplicabilidade imediata das próprias normas de direitos fundamentais.

Entrementes, evidentemente que o primeiro aspecto da dimensão negativa – bens obtidos pelas próprias forças dos indivíduos – não é objeto da proibição do déficit, assim como integra claramente seu objeto a dimensão positiva dos direitos fundamentais. A questão que se coloca é saber se o segundo aspecto da dimensão negativa, conhecido por muitos como a tese da proibição de retrocesso social,[856] inclui-se no conteúdo do

---

[852] CONTIADES, Xenophon; FOTIADOU, Alkmene. Social rights in the age of proportionality: global economic crisis and constitutional litigation. *International Journal of Constitutional Law*, v. 10, n. 3, p. 660-686, 2012. p. 662 e seguintes.

[853] CONTIADES, Xenophon; FOTIADOU, Alkmene. Social rights in the age of proportionality: global economic crisis and constitutional litigation. *International Journal of Constitutional Law*, v. 10, n. 3, p. 660-686, 2012. p. 662 e seguintes.

[854] MIRANDA, Jorge. A fiscalização da inconstitucionalidade por omissão. *In*: MIRANDA, Jorge *et alli* (Org.). *Estudos em homenagem a Miguel Galvão Teles*. Coimbra: Almedina, 2012. v. 1. p. 702-707. No sentido de que a inconstitucionalidade parcial é, em realidade, uma ação estatal e não uma omissão, porém a destacar uma relativa fungibilidade entre os procedimentos da ação declaratória de inconstitucionalidade por ação e por omissão, destaca-se MENDES, Gilmar Ferreira. *Jurisdição constitucional* – O controle abstrato de normas no Brasil e na Alemanha. 5. ed. 3. tir. São Paulo: Saraiva, 2007. p. 385 e seguintes.

[855] ALMEIDA, Luiz Antônio Freitas de. *Direitos fundamentais sociais e ponderação* – Ativismo irrefletido e controle jurídico racional. Porto Alegre: Sergio Antonio Fabris, 2014. p. 142 e seguintes.

[856] A respeito da tese da proibição de retrocesso social, existem juristas que a rechaçam, a exemplo de ALEXANDRINO, José de Melo. *Direitos fundamentais* – Introdução geral. 2. ed. Estoril: Princípia, 2011. p. 158-159; de ANDRADE, José Carlos Vieira de. *Os direitos fundamentais na Constituição portuguesa de 1976*. 4. ed. Coimbra: Almedina, 2009. p. 379 e seguintes, o qual a rejeita como perspectiva geral, ainda que admita que alguns preceitos de direitos econômicos, sociais e culturais possam almejar a alguma estabilidade, conforme graus variáveis de um mínimo a um máximo, este se os direitos subjetivos angariarem uma fundamentalidade material; e, finalmente, MEDEIROS, Rui. Direitos, liberdades e garantias e direitos sociais: entre a unidade e a diversidade. *In*: MIRANDA, Jorge (Coord.). *Estudos em homenagem ao Prof. Doutor Sérvulo Correia*. Lisboa/Coimbra: Faculdade de Direito da Universidade de Lisboa/Coimbra Editora, 2010. v. I. p. 667-683, o qual, em linha algo similar a Vieira de Andrade, fixa a vedação

parâmetro de controle pela proibição do déficit. Existe aí uma ação ou mais propriamente uma omissão a investigar quanto à constitucionalidade? Em realidade, a revogação ou retrocessão nas prestações estatais e a extinção de instituições criadas para prestar serviços públicos são ações e não omissões estatais. Assim, é preciso diferenciar duas hipóteses: i) a revogação pura e simples de determinadas prestações e/ou instituições, sem oferta de alternativa ou existência de outras formas de promoção daquele direito; ii) a diminuição quantitativa ou qualitativa no índice de proteção por força de uma medida, com o fornecimento de uma alternativa. A primeira hipótese, porque envolve uma retrocessão naquilo que já era reconhecido e ofertado pelo Estado, sem qualquer tipo de "compensação" ou satisfação ao indivíduo, arranha o âmbito protegido do direito já densificado por obra do legislador, razão pela qual a cessação pura e simples das prestações configura-se um ato sindicável pela proibição do excesso. Na segunda hipótese, será caso da proibição do déficit, porque a ação estatal, em que pese a diminuição na quantidade ou qualidade da prestação, ainda assim fornece algum tipo de proteção ao conteúdo do direito, razão pela qual se deve avaliar a suficiência de proteção conferida por essa alternativa.[857]

Finalmente, para encerrar o tópico, é preciso enfrentar duas indagações: i) há alguma articulação entre a proibição do excesso e a proibição de insuficiência? ii) há alguma preponderância de uma sobre outra em caso de conflito?[858] Afinal, se o resultado de ambas não é congruente, seria pensável que uma medida seja considerada desproporcional pelo excesso e proporcional pela suficiência de tutela ou vice-versa? Qual resultado deve ter prioridade ou prevalecer?

De tudo o que já foi mencionado, a conclusão a que se chega é que não há propriamente um conflito, porque são duas perspectivas de proporcionalidade diversas,

---

de retroação de concreções legislativas a prestações materiais que ostentem uma fundamentalidade material conferida pela cláusula aberta. Defendem-na DERBLI, Felipe. A aplicabilidade do princípio da proibição de retrocesso social no direito brasileiro. *In*: SOUZA NETO, Cláudio Pereira; SARMENTO, Daniel (Org.). *Direitos sociais* – Fundamentos, judicialização e direitos sociais em espécie. 2. tir. Rio de Janeiro: Lumen Juris, 2010. p. 343-350, o qual a situa apenas aos direitos econômicos sociais e culturais; ANTUNES, Roberta Pacheco; CANDIL, Thatiana de Arêa Leão. O princípio do não retrocesso social. *In*: SIQUEIRA, Dirceu Pereira; LEÃO JÚNIOR, Teófilo Marcelo de Arêa (Org.). *Direitos sociais* – Uma abordagem quanto à (in)efetividade desses direitos – A Constituição de 1988 e suas previsões sociais. Birigui: Boreal, 2011. p. 269-286, que sustentam ser um princípio implícito e de natureza relativa; e SARLET, Ingo Wolfgang. A eficácia do direito fundamental à segurança jurídica: dignidade da pessoa humana, direitos fundamentais e proibição do retrocesso social. *Revista Brasileira de Direito Comparado*, n. 28, p. 89-148, 2005. p. 117 e seguintes, a sustentar sua natureza principiológica, a compartilhar seus efeitos para todos os direitos fundamentais e não só aos direitos econômicos, sociais e culturais. A pontuar a existência de um princípio de proibição de retrocesso, mas infenso ao controle jurídico, GOUVEIA, Jorge Bacelar. *Manual de direito constitucional*. Coimbra: Almedina, 2005. v. II. p. 948-952. Acompanha-se Reis Novais (NOVAIS, Jorge Reis. *Direitos sociais* – Teoria jurídica dos direitos sociais enquanto direitos fundamentais. Coimbra: Coimbra/Wolters Kluwer, 2010. p. 238-250) para defender a inexistência de função dogmática autônoma à tese da proibição de retrocesso social em constituições que prevejam direitos sociais como direitos fundamentais, conforme esposado em ALMEIDA, Luiz Antônio Freitas de. *Direitos fundamentais sociais e ponderação* – Ativismo irrefletido e controle jurídico racional. Porto Alegre: Sergio Antonio Fabris, 2014. p. 144-149. Na defesa da inexistência de proibição de retrocesso, eis que o Legislativo estaria vinculado apenas ao mínimo de proteção exarado da própria norma constitucional e não de uma concretização legislativa do conteúdo do direito, COUTINHO, Luís Pereira. Os direitos sociais e a crise: algumas notas. *Direito & Política*, v. 1, p. 75-79, out./dez. 2012. p. 75-76 e seguintes.

[857] CLÉRICO, Laura. *El examen de proporcionalidad en el derecho constitucional*. Buenos Aires: Facultad de Derecho de Buenos Aires/Eudeba, 2009. Serie Tesis. p. 328-329.

[858] CANAS, Vitalino. A proibição de excesso como instrumento mediador de ponderação e optimização (com incursão na teoria das regras e dos princípios). *In*: SOUSA, Marcelo Rebelo de; QUADROS, Fausto de; OTERO, Paulo (Coord.). *Estudos em homenagem ao Prof. Doutor Jorge Miranda*. Lisboa/Coimbra: Faculdade de Direito da Universidade de Lisboa/Coimbra Editora, 2012. v. III. p. 872-873.

usadas para examinar diferentes problemas. Como se defende que há uma margem de conformação delegada pela constituição ao Parlamento, obviamente que, entre aquilo que é excessivo e aquilo que é insuficiente, medeia um "corredor" de discricionariedade que deve ser respeitado por qualquer instituição controladora. Isto é, os limites para a restrição de um direito e os patamares mínimos da tutela sem defeito, dados pela proibição de excesso e pela proibição de insuficiência, não se cruzam.[859] Nessa toada, perfeitamente possível que se tenham dois exames distintos na hipótese de um caso que ative a necessidade de avaliar as duas perspectivas. Como é a mesma instituição que fará a aplicação de ambos os testes, é impossível, sob pena de contradição lógica, chegar-se a um resultado incompatível dentro da mesma decisão, isto é, não pode uma norma ou medida estatal ser simultaneamente excessiva e insuficiente em relação ao mesmo direito fundamental.

No entanto, quando em questão direitos ou posições de direitos fundamentais diversos, aí em tese é possível que uma mesma norma seja, em relação a um direito x, (des) proporcional por excesso, ao passo que, para a proteção do direito y, (des)proporcional por defeito de salvaguarda. Seja qual for a combinação de possíveis resultados, nenhum dele será incompatível, tendo em vista que os objetos e as finalidades dos testes são distintos: se a norma for proporcional quanto ao excesso e quanto à insuficiência, a norma é válida; se desproporcional quanto ao excesso e proporcional quanto à insuficiência, é inconstitucional; se proporcional quanto ao excesso, mas desproporcional quanto à insuficiência, é inconstitucional.

Outro ponto que se poderia abordar seria, ao reverso, verificar se determinada norma, desproporcional por ser excessiva em relação a direito X, protege o direito Y de modo satisfatório, caso em que sua invalidação deixaria este último direito desamparado ilicitamente. Todavia, a rigor, aí não estaria em causa qualquer conflito ou problema de articulação dentro de um "macroconceito" de proporcionalidade, a englobar as vertentes da proibição de excesso e de defeito. Isso porque o resultado da proporcionalidade que tolhe o excesso apontaria a inconstitucionalidade da norma. Não é o caso, nesse momento, de sindicar desde já a inconstitucionalidade de omissão estatal em relação ao direito Y, haja vista que, até então, havia uma medida editada para salvaguardá-lo. Evidentemente que, se a omissão se perpetuar, seria possível um futuro exame de proporcionalidade para avaliá-la. Outrossim, é claro que juízos ponderativos poderiam, eventualmente, ser adotados para, por exemplo, graduar a sanção normativa a ser aplicada ao juízo de inconstitucionalidade (em vez da nulidade, preservar a norma por uma interpretação conforme, por exemplo), inclusive quanto à eficácia do veredito (*ex tunc* em vez de *ex nunc*), tudo no intuito de minorar o desamparo ao direito Y que a fulminação da validade da norma por um juízo de desproporcionalidade por excesso traria. Todavia, se eventualmente a ponderação aí realizada tem o intento de garantir uma proteção mínima ao direito outrora protegido, não se está a falar, nesse caso, de

---

[859] SILVA, Jorge Pereira da. Interdição de protecção insuficiente, proporcionalidade e conteúdo essencial. *In*: SOUZA, Marcelo Rebelo; QUADROS, Fausto de; OTERO, Paulo; PINTO, Eduardo Vera-Cruz (Coord.). *Estudos de Homenagem ao Prof. Doutor Jorge Miranda* – Direito Constitucional e Justiça Constitucional. Lisboa/Coimbra: Faculdade de Direito da Universidade de Lisboa/Coimbra Editora, 2012. v. II. p. 192, o qual ilustra o que aqui se defende com gráficos muito didáticos.

2.8 A igualdade e a proporcionalidade

A chamada "jurisprudência da crise" do Tribunal Constitucional português, por invocar a "igualdade proporcional" como fundamento para a inconstitucionalidade de parte das medidas previstas nas leis orçamentárias do Estado português de 2012 e 2013, foi objeto de liça acadêmica sobre a correção da fundamentação dos acórdãos. Particularmente, boa parte das críticas dirigidas ao Tribunal atacou o fundamento da "igualdade proporcional" manejado pela maioria dos votos vencedores. Longe de pretender um aprofundamento sobre o princípio da igualdade em si e sem o afã de examinar criticamente a jurisprudência da crise, uma vez que a igualdade foi o real fundamento para as decisões tomadas pela Corte quando invalidou normas por amparo na igualdade proporcional e o objeto deste capítulo cinge-se ao princípio da proporcionalidade, interessa só verificar uma possível relação ou articulação entre os princípios da proporcionalidade e igualdade, no desiderato de afastar dúvidas metódicas sobre qual o exato campo de atuação de cada norma constitucional.[860]

Relacionar igualdade com proporcionalidade parte de uma compreensão da isonomia tributária da filosofia clássica, que as correlacionava com a justiça material. Afirmava Aristóteles que justiça é igualdade.[861] Consoante alegado no tópico 2.1, tanto em termos de justiça distributiva como restaurativa, havia-se a percepção de que as pessoas eram desigualadas na vida por suas próprias características ou por seus comportamentos ou de que suas ações poderiam causar desequilíbrios; logo, justo e proporcional seria preservar-se de extremos e alcançar a isonomia, com a distribuição das recompensas conforme as diferenças louvadas e com a reparação do mal causado. Antípoda a essa compreensão está aquela tributária do constitucionalismo liberal e da Revolução Francesa: a igualdade como aversão ao tratamento diferenciado ou privilegiado na aplicação ou flexibilização de normas do sistema, que punham em causa as reprováveis diferenças estamentais que permeavam toda a sociedade da época.[862]

A segunda compreensão da igualdade, em termos de teoria de direito constitucional, foi a que primeiro se enraizou nos textos constitucionais: a isonomia interpretada como "igualdade na aplicação da lei", o que não deixaria de ser, num panorama de um Estado de Direito – recortada a importância histórica da conquista comparada aos regimes anteriores –, algo redundante, decorrente da própria legalidade. A segunda compreensão foi enriquecida pela primeira, porém dependeu de uma mudança de

---

[860] Sem embargo, o exame de diferenças, similitudes ou assimilações da proporcionalidade e igualdade não é matéria inovadora, como revelam os juristas, a exemplo de CANAS, Vitalino. Constituição prima facie: igualdade, proporcionalidade, confiança (aplicados ao "corte" de pensões). *E-pública – Revista Electrônica de Direito Público*, n. 1, p. 1-41, 2014. p. 10.

[861] ARISTÓTELES. Ética a Nicómaco. Tradução de António de Castro Caeiro. 3. ed. Lisboa: Quetzal, 2009. p. 123 e seguintes.

[862] BRITO, Miguel Nogueira de. Medida e intensidade do controle da igualdade na jurisprudência de crise do Tribunal Constitucional. *In*: RIBEIRO, Gonçalo de Almeida; COUTINHO, Luís Pereira (Org.). *O Tribunal Constitucional e a crise* – Ensaios críticos. Coimbra: Almedina, 2013. p. 113 e seguintes.

paradigma sobre a função do Estado e a sua relação com o indivíduo e com a sociedade, fator decorrente de uma reestruturação de suas instituições, repartição de competências e modelos constitucionais. Além de uma aplicação legal isonômica, a igualdade voltou-se para a criação de leis: uma igualdade "perante a lei" e uma "igualdade na lei". Uma igualdade perante a lei reconhece ao legislador a possibilidade de discriminar as pessoas se houver uma justificação racional para essa diferenciação, vedadas as desigualações arbitrárias; no aprofundar dessa perspectiva da igualdade chegou-se a cogitar características pessoais consideradas "suspeitas", em que se abolia qualquer permissão ao legislador para diferenciar com suporte nesses fatores. Uma igualdade na lei outorga ao Legislativo a competência de editar diplomas normativos capazes de, reconhecendo as desigualdades de fato, buscar o reequilíbrio das situações pessoais, com normas que almejem diminuir as diferenças.[863]

Essas noções sumárias sobre o enriquecimento do princípio da igualdade permitem, afinal, defender que ele tem um conteúdo formal, já bem decantado na doutrina, de tratar similarmente os que estejam em situação substancialmente igual e de tratar de forma diferente, na medida dessa diferença, aqueles que estejam em situação substancialmente incongruente, desde que haja razões justificadoras a tanto. O conteúdo é formal em si porque a seleção das características consideradas relevantes para firmar o juízo substancial de equivalência ou não, a medida do tratamento desigual e as razões para a diferenciação dependem da atuação intermediadora do legislador. Eventualmente, se houver normas específicas que determinem diferenciações para obtenção de um equilíbrio material – os "direitos específicos de igualdade" –, as quais são reconduzíveis ao princípio geral da igualdade, aí sim se tem uma dimensão material inequívoca acrescida ao conteúdo do princípio, a par de propiciar o encontro de posições jurídico-subjetivas determináveis no nível constitucional.[864] O mesmo raciocínio é válido nas proibições a discriminações tendo como base características subjetivas, se bem que aí é possível verificar que há uma norma com natureza de regra jurídica, autônoma ao princípio geral da igualdade.

---

[863] BRITO, Miguel Nogueira de. Medida e intensidade do controle da igualdade na jurisprudência de crise do Tribunal Constitucional. *In*: RIBEIRO, Gonçalo de Almeida; COUTINHO, Luís Pereira (Org.). *O Tribunal Constitucional e a crise* – Ensaios críticos. Coimbra: Almedina, 2013. p. 111; ainda que com variação na terminologia, menciona-se também CANOTILHO, José Joaquim Gomes. *Constituição dirigente e vinculação do legislador* – Contributo para a compreensão das normas constitucionais programáticas. Coimbra: Coimbra Editora, 1982. p. 380.

[864] Deixa-se de enfrentar a tormentosa a questão de deduzir do princípio da igualdade um direito fundamental à igualdade. De outro lado, embora a afirmação no texto dependesse de uma maior maturação, em decorrência de um aprofundamento ao estudo do princípio da igualdade, o que não é possível no âmbito desta tese, sua aceitação significa compreender o princípio geral da igualdade como dependente de conformação legislativa, o que sinaliza, ao menos nesse âmbito geral, que ele não é suscetível de restrição justamente porque dele não se derivam posições jurídico-subjetivas. Se isso é assim, haveria na igualdade geral um conteúdo formal. Nessa esteira ou concatenado a essas ideias, mencionam-se PEREIRA, Ravi Afonso. Igualdade e proporcionalidade: um comentário às decisões do Tribunal Constitucional de Portugal sobre cortes salariais no sector público. *Revista Española de Derecho Constitucional*, n. 98, p. 317-370, maio/ago. 2013. p. 360 e seguintes; STARCK, Christian. L'égalité en tant que mesure du droit. *In*: STARCK, Christian. *La constitution cadre et mesure du droit*. Paris; Aix-en-Provence: Econômica; Presses Universitaires d'Aix-Marseille, 1994. p. 110-113; 121-122, o qual aponta ser a norma da igualdade completamente vazia de conteúdo. Relativamente a Starck, refuta-se, porém, a afirmação de que é "vazia" de conteúdo, já que existe um conteúdo, embora de natureza formal. Em relação aos "direitos específicos de igualdade", em que se depreende um conteúdo material, o que sinaliza a possibilidade de determinação, a nível constitucional, de posições jurídico-subjetivas e, a partir daí, de restrições, possibilidade de restrições, estas escrutináveis pela proporcionalidade, caminha-se na esteira de CANAS, Vitalino. Constituição prima facie: igualdade, proporcionalidade, confiança (aplicados ao "corte" de pensões). *E-pública – Revista Electrónica de Direito Público*, n. 1, p. 1-41, 2014. p. 22 e seguintes.

Entrementes, em sede de jurisdição constitucional europeia de forma geral, numa função de segundo grau ou de controle,[865] o princípio da igualdade foi construído como um juízo de razoabilidade sobre a razão justificadora para a diferenciação: seria legítimo o tratamento desigual se não se ancorasse em uma razão arbitrária. De um modo geral, o controle com base na fórmula da proibição do arbítrio permitia ao legislador um espectro discricionário de selecionar múltiplas possibilidades de desigualar, todas elas infensas ao controle jurisdicional, contanto que não fosse o móvel do legislador irracional ou arbitrário.[866]

Coube ao Tribunal Constitucional Federal alemão, porém, construir dogmaticamente uma "nova fórmula" no início dos anos 80. Em vez de uma proibição de arbítrio, vedava-se também o desequilíbrio, pois não bastava ao legislador apoiar-se numa razão não irracional para diferenciar entre dois grupos; ser-lhe-ia acrescida a obrigação de não desigualar dois segmentos ou grupos sociais sem mostrar que havia entre esses grupos diferenças significativas e razões de força para proceder a essa diferenciação. A igualdade construída nos termos da nova fórmula arraigava um exame ponderativo entre a medida dessa diferenciação e as razões para assim distinguir.[867]

Como bem salienta Vitalino Canas, o surgimento da igualdade na modalidade da nova fórmula coincidiu com a expansão angariada pelo princípio da proporcionalidade, o que gerou o debate sobre uma possível incorporação da estrutura da proporcionalidade pela norma da igualdade. Canas sintetizou as posições que se formaram a respeito: i) integração total da proporcionalidade e aplicação dos seus estágios, com a adaptação de sopesar a proporcionalidade da desigualação, a qual é equiparada a uma interferência a um direito fundamental; logo, para ser legítima, a diferenciação deve ser adequada a perseguir o fim da norma legal, sem que exista diferenciação alternativa menos afetadora e igualmente adequada, com ponderação sobre os benefícios e malefícios trazidos por ela; ii) integração limitada da proporcionalidade: só seria possível a incorporação

---

[865] Sobre as funções de primeiro e segundo graus do princípio da igualdade, BRITO, Miguel Nogueira de. Comentário ao Acórdão n. 353/2012 do Tribunal Constitucional. *Direito & Política*, v. 1, p. 108-123, out./dez. 2012. p. 114 e seguintes. Segundo o jurista português, tratar desigualmente os desiguais e igualmente os iguais reproduziria a função de primeiro grau, enquanto a segunda se preocuparia com o critério de validade constitucional para solução de antinomias, algo pontualmente diferente daquilo exposto no texto.

[866] HERDEGEN, Matthias. The relation between the principles of equality and proportionality. *Common Market Law Review*, v. 22, p. 683-696, 1985. p. 687-692. Em Portugal, com essa percepção da igualdade como a vedar o arbítrio no âmago da jurisprudência do Tribunal Constitucional, menciona-se, por todos, PEREIRA, Ravi Afonso. Igualdade e proporcionalidade: um comentário às decisões do Tribunal Constitucional de Portugal sobre cortes salariais no sector público. *Revista Española de Derecho Constitucional*, n. 98, p. 317-370, maio/ago. 2013. p. 320. Ver, ainda, VILLACORTA MANCEBO, Luis. Principio de igualdad y legislador: arbitrariedad y proporcionalidad como límites (probablemente insuficientes). *Revista de Estudios Políticos (nueva época)*, n. 130, p. 35-75, out./dez. 2005. p. 67 e seguintes, que comenta que a verificação da inexistência de arbitrariedade exclui uma apreciação de proporcionalidade.

[867] A respeito da igualdade como proibição de arbítrio e sua reelaboração nos termos da nova fórmula, inclusive sobre os questionamentos a respeito dessa nova fórmula, isto é, se ela veio a substituir ou a complementar a "antiga fórmula" e a relação com a intensidade de controle, mencionam-se BRITO, Miguel Nogueira de. Medida e intensidade do controle da igualdade na jurisprudência de crise do Tribunal Constitucional. *In*: RIBEIRO, Gonçalo de Almeida; COUTINHO, Luís Pereira (Org.). *O Tribunal Constitucional e a crise* – Ensaios críticos. Coimbra: Almedina, 2013. p. 120 e seguintes; CANAS, Vitalino. Constituição prima facie: igualdade, proporcionalidade, confiança (aplicados ao "corte" de pensões). *E-pública – Revista Electrónica de Direito Público*, n. 1, p. 1-41, 2014. p. 13 e seguintes; PEREIRA, Ravi Afonso. Igualdade e proporcionalidade: um comentário às decisões do Tribunal Constitucional de Portugal sobre cortes salariais no sector público. *Revista Española de Derecho Constitucional*, n. 98, p. 317-370, maio/ago. 2013. p. 320 e seguintes.

quando houvesse paralelismo estrutural entre proporcionalidade e igualdade, o que só ocorreria se a norma legal diferenciadora tivesse um escopo externo, uma vez que, nessa condição, a diferenciação seria assimilável a uma restrição em um direito de liberdade;[868] iii) integração modificada da proporcionalidade – esta corrente apregoa a importância de alterar os subestágios da proporcionalidade para efetuar essa integração, com o destaque de que essa modificação será impossibilitada para alguns estágios na maior parte das ocorrências. De início, seria preciso verificar se a norma busca um fim interno ou externo à igualdade, isto é, se ela pretende concretizar um tratamento diferenciado para o reajuste equilibrado das desigualdades fáticas (fim interno) ou se ela planeja um fim de natureza política, econômica, cultural, moral, financeira, objetivo outro que não o relacionado a uma desigualdade de base e seu nivelamento (fim externo), pois só no objetivo interno existe uma relação meio-fim causal. Seja como for, a etapa de idoneidade do meio seria integrável na proibição de arbítrio, a ela se resumindo na nova fórmula. No entanto, no exame de necessidade, ele estaria excluído, ao menos nos casos que remetem ao princípio geral da igualdade. Isso porque, se o fim da norma é interno, o que se busca é realmente a diferenciação, sendo incompatível pretender um meio alternativo que desiguale em menor intensidade; de outra parte, se o fim é externo, haveria grande dificuldade em procurar uma medida diferenciadora alternativa, porque seria contraposta a uma ideia geral de igualitarização – não é viável efetuar uma comparação para dizer que um tratamento diferente é "menos oneroso" que outro, justamente porque a desigualação nem sempre é de pequena monta. No entanto, se estivessem em causa ordens constitucionais de não discriminar por força de categorias suspeitas, aí seria possível um paralelismo na estrutura da necessidade, com a adaptação desse estágio ao escopo da igualdade. Finalmente, quanto ao estágio da proporcionalidade em sentido estrito, seria necessário adaptá-lo, para sopesar as razões objetivas que motivam o tratamento diferenciado, cujo maior peso implica uma maior força das diferenciações; iv) não integração – proporcionalidade e igualdade possuem estruturas diversas e incidem sobre objetos distintos. Igualdade examina a validade de diferenciações, proporcionalidade escrutina a validade das interferências em direitos.[869]

Que o controle por proporcionalidade não é idêntico ao de igualdade é noção conhecida e muito ilustrativamente mostrada na ficção de um ato estatal excessivo praticado contra o único indivíduo vivente no território.[870] Inequivocamente, a sindicância de uma mesma norma quanto à constitucionalidade pode ativar os dois princípios, os quais, porém, terão objetos e metodologia de aplicação distintos. Na proporcionalidade, cuida-se de avaliar uma afetação causada por ação ou omissão, em que é possível a delimitação de um âmbito de proteção ao direito afetado pela conduta ativa ou passiva

---

[868] É, claramente, a posição de VILLACORTA MANCEBO, Luis. Principio de igualdad y legislador: arbitrariedad y proporcionalidad como límites (probablemente insuficientes). *Revista de Estudios Políticos (nueva época)*, n. 130, p. 35-75, out./dez. 2005. p. 71-75.

[869] CANAS, Vitalino. Constituição prima facie: igualdade, proporcionalidade, confiança (aplicados ao "corte" de pensões). *E-pública – Revista Electrónica de Direito Público*, n. 1, p. 1-41, 2014. p. 16 e seguintes.

[870] CANAS, Vitalino. Constituição prima facie: igualdade, proporcionalidade, confiança (aplicados ao "corte" de pensões). *E-pública – Revista Electrónica de Direito Público*, n. 1, p. 1-41, 2014. p. 24. O autor relembra exemplo de Peter Lerche sobre um poder estatal imaginário que imperava sobre um Robson Crusoé solitário – afastada, pois, a companhia de Sexta-Feira –, o qual poderia ser vítima de atos estatais desproporcionais, mas jamais violadores da isonomia.

do Estado. Essa avaliação tem como pressuposto um conflito normativo, cuja resposta não é prefixada no ordenamento jurídico, o que importará em um exame ponderativo. Na igualdade, ao menos no que se refere ao princípio geral, não se tem como mencionar um âmbito protegido ou determinável no próprio texto constitucional, de sorte que sua conformação e garantia dependem da intervenção mediadora do legislador. Logo, tangente ao princípio da igualdade, não se pressupõe um conflito normativo nem uma afetação estatal ao âmbito de proteção, o qual depende de delineamento por normas legais.[871]

Outrossim, uma integração dos estágios da proporcionalidade no cânone da isonomia encontraria alguns senões. No que se refere ao aspecto da idoneidade, seja numa versão enfraquecida da igualdade como proibição de arbítrio, seja numa versão mais fortalecida como proibição de desequilíbrio, entende-se que é viável essa migração, com a observação de que a relação meio-fim será de natureza causal apenas na hipótese de o fim da norma ser interno à igualdade, ou seja, se o escopo normativo for tentar remediar uma desigualdade de base. Na hipótese de um fim externo, será possível tratar como uma relação meio-fim não num sentido causal, mas num sentido mais amplo.[872] Destarte, em qualquer que seja a versão, seria viável um exame adaptado de racionalidade que essa etapa propicia para evitar uma medida com motivação arbitrária, na versão como proibição de arbítrio, ou não apta a satisfazer minimamente o fim legal instituído, no caso da versão mais forte da isonomia.

Tangente ao aspecto do exame dos meios alternativos, esse estágio não é componente da estrutura do princípio da igualdade. Na sua versão mais fraca, como proibição de arbítrio, não se cogita de efetuar comparações. Mesmo na versão forte da igualdade, se é indisputável que o princípio da igualdade não é tomado nunca num sentido absoluto, mas relativo, a depender, pois, de comparações,[873] apenas nisso está a similaridade com o esse subestágio. O teste dos meios alternativos demanda que seja

---

[871] As linhas em geral do parágrafo são extraídas de BRITO, Miguel Nogueira de. Medida e intensidade do controle da igualdade na jurisprudência de crise do Tribunal Constitucional. *In*: RIBEIRO, Gonçalo de Almeida; COUTINHO, Luís Pereira (Org.). *O Tribunal Constitucional e a crise* – Ensaios críticos. Coimbra: Almedina, 2013. p. 123 e seguintes; CANAS, Vitalino. Constituição prima facie: igualdade, proporcionalidade, confiança (aplicados ao "corte" de pensões). *E-pública – Revista Electrônica de Direito Público*, n. 1, p. 1-41, 2014. p. 8 e seguintes; PEREIRA, Ravi Afonso. Igualdade e proporcionalidade: um comentário às decisões do Tribunal Constitucional de Portugal sobre cortes salariais no sector público. *Revista Española de Derecho Constitucional*, n. 98, p. 317-370, maio/ago. 2013. p. 360 e seguintes. Interessante apenas anotar, em relação ao primeiro autor, que ele pressupunha na igualdade, numa função de segundo grau, um conflito entre direitos subjetivos e outros princípios, o que caminha em senda parcialmente diferente dos demais, conforme em BRITO, Miguel Nogueira de. Comentário ao Acórdão n. 353/2012 do Tribunal Constitucional. *Direito & Política*, v. 1, p. 108-123, out./dez. 2012. p. 114 e seguintes.

[872] BRITO, Miguel Nogueira de. Medida e intensidade do controle da igualdade na jurisprudência de crise do Tribunal Constitucional. *In*: RIBEIRO, Gonçalo de Almeida; COUTINHO, Luís Pereira (Org.). *O Tribunal Constitucional e a crise* – Ensaios críticos. Coimbra: Almedina, 2013. p. 123 e seguintes; CANAS, Vitalino. Constituição prima facie: igualdade, proporcionalidade, confiança (aplicados ao "corte" de pensões). *E-pública – Revista Electrônica de Direito Público*, n. 1, p. 1-41, 2014. p. 8 e seguintes. Em sentido contrário a qualquer adaptação da idoneidade por inexistência de relação meio-fim no contexto do princípio da igualdade, PEREIRA, Ravi Afonso. Igualdade e proporcionalidade: um comentário às decisões do Tribunal Constitucional de Portugal sobre cortes salariais no sector público. *Revista Española de Derecho Constitucional*, n. 98, p. 317-370, maio/ago. 2013. p. 360 e seguintes. No sentido de negar uma relação meio-fim no princípio da igualdade, já que o tratamento desigual seria o fim em si mesmo, além de ele acrescentar algo estranho ao avaliado no teste de proporcionalidade – um juízo comparativo –, embora entenda viável uma etapa de adequação, VILLACORTA MANCEBO, Luis. Principio de igualdad y legislador: arbitrariedad y proporcionalidad como límites (probablemente insuficientes). *Revista de Estudios Políticos (nueva época)*, n. 130, p. 35-75, out./dez. 2005. p. 73-75.

[873] PRIETO SANCHÍS, Luis. Los derechos sociales y el principio de igualdad sustancial. *Revista del Centro de Estudios Constitucionales*, n. 22, p. 9-57, 1995. p. 23 e seguintes.

possível perceber opções menos agressivas ao âmbito de proteção do direito fundamental e igualmente idôneas (proibição de excesso) ou que sejam satisfatoriamente aptas a cumprir um dever positivo (proibição de defeito). Dentro da estrutura do princípio da igualdade, porém, não é viável uma comparação dessa natureza, porque o que está em causa é a diferenciação trazida pela norma. Ora, se o tratamento desigualitário for adotado pelo legislador como um fim interno à igualdade, isto é, para atender à norma da isonomia, tentando promover uma igualdade material, será totalmente insustentável pretender uma medida alternativa menos restritiva ou igualmente eficaz a cumprir o objetivo, porque representaria um próprio contrassenso que amarraria indevidamente o espectro discricionário da seleção daquilo que é relevante para diferenciar e da medida da diferença a impor. De outro prisma, se essa diferenciação se der com alvo a um fim externo à igualdade, também a comparação em tese exigida nesse estágio estaria comprometida, porque não está em causa na estrutura metódica da igualdade avaliar medidas alternativas mais ou menos diferentes que sejam igualmente "adequadas".[874] Na igualdade, o que é objeto de comparação são duas situações de grupos e os traços substanciais materiais que os diferenciam ou aproximam, bem como a extensão dessa diferença ou aproximação.

Por fim, no que tange à proporcionalidade em sentido estrito, se esse estágio não seria incluído numa versão fraca da igualdade, numa versão forte seria possível efetuar um juízo ponderativo. Ocorre que, diferentemente do que sucede na proporcionalidade, em que se avaliam os benefícios trazidos com medida e os gravames causados ao direito fundamental, na igualdade sopesam-se as razões favoráveis e contrárias ao tratamento diferenciado dado pelo legislador. Entra em cena uma comparação "multipolar cruzada", pois se avalia o significado da diferenciação para cada polo do par cotejado e contrapesa-se a espécie, a extensão e a intensidade de diferenciação ante as razões que apoiam a norma que desassimila cada um dos grupos.[875] Isso põe em destaque a existência de uma relação triangular na aplicação da igualdade, diferentemente da estrutura bipolar pensada na proporcionalidade como proibição de excesso ou em algumas hipóteses da proibição do defeito,[876] em que pode haver, a depender da situação de conflito normativo que ativa o controle, em um polo, o Estado que interfere no conteúdo de liberdade e, do outro, o titular do direito afetado. Na igualdade, existe a relação entre cada um dos polos do par comparativo, como a relação entre o Estado e cada um destes vértices.[877]

---

[874] BRITO, Miguel Nogueira de. Medida e intensidade do controle da igualdade na jurisprudência de crise do Tribunal Constitucional. *In*: RIBEIRO, Gonçalo de Almeida; COUTINHO, Luís Pereira (Org.). *O Tribunal Constitucional e a crise* – Ensaios críticos. Coimbra: Almedina, 2013. p. 126 e seguintes; CANAS, Vitalino. Constituição prima facie: igualdade, proporcionalidade, confiança (aplicados ao "corte" de pensões). *E-pública – Revista Electrônica de Direito Público*, n. 1, p. 1-41, 2014. p. 8-19.

[875] BRITO, Miguel Nogueira de. Medida e intensidade do controle da igualdade na jurisprudência de crise do Tribunal Constitucional. *In*: RIBEIRO, Gonçalo de Almeida; COUTINHO, Luís Pereira (Org.). *O Tribunal Constitucional e a crise* – Ensaios críticos. Coimbra: Almedina, 2013. p. 126 e seguintes; CANAS, Vitalino. Constituição prima facie: igualdade, proporcionalidade, confiança (aplicados ao "corte" de pensões). *E-pública – Revista Electrônica de Direito Público*, n. 1, p. 1-41, 2014. p. 17-19.

[876] Remete-se para o tópico anterior. Como ali já esclarecido, nem em relação à proporcionalidade como proibição do excesso defende-se que haverá sempre uma relação bipolar, havendo quadros de relações poligonais.

[877] PEREIRA, Ravi Afonso. Igualdade e proporcionalidade: um comentário às decisões do Tribunal Constitucional de Portugal sobre cortes salariais no sector público. *Revista Española de Derecho Constitucional*, n. 98, p. 317-370, maio/ago. 2013. p. 362.

Em suma, essas digressões permitem posicionar-se no sentido de que são normas distintas, que propiciam controles distintos, com diversos pressupostos, estrutura e metódica de aplicação, sem prejuízo de que haja alguma similaridade ou possibilidade de adaptação de algumas subetapas da proporcionalidade no escrutínio realizado pela igualdade. Contudo, isso não representa a construção de um padrão híbrido. Mesmo que se admita um exame ponderativo, ao menos na versão fortalecida da igualdade, tem-se que, tanto num como noutro caso, essa proximidade não elide o fato de que o sopesamento realiza-se com focos díspares e em estruturas incongruentes.

CAPÍTULO 3

A TUTELA JUDICIAL "PONDERADA" DO DIREITO FUNDAMENTAL À SAÚDE: PROPORCIONALIDADE E CONTEÚDO MÍNIMO COMO EXIGÊNCIAS DE RACIONALIDADE

Os primeiros capítulos desta tese trouxeram uma defesa condicional do sopesamento e delinearam os contornos da principal ferramenta heurística difundida para sua utilização por cortes: o princípio da proporcionalidade. Um dos sérios problemas era vislumbrar ou não a possibilidade ou compatibilidade da utilização do princípio da proporcionalidade para sindicar a violação de deveres positivos emanados principalmente de direitos fundamentais sociais, isto é, o inadimplemento de obrigações positivas decorrentes das normas constitucionais dessa natureza. O presente capítulo será baseado nos alicerces dogmáticos fincados no solo desta pesquisa e será voltado ao exame do direito fundamental à saúde, no afã de perquirir como poderia ser empregada a ferramenta em tela para tornar mais racional o exame ponderativo efetuado por tribunais em caso de conflito normativo a envolver o direito à saúde.

Debater a saúde sobrepõe a lente de diferentes disciplinas em diversos ângulos, todos com alguma interpenetração. No domínio da filosofia da ética e da moral, da ciência política, da teoria da justiça, da economia, da biologia, da medicina e da biomedicina, discutir o tema da saúde perpassa por posicionar-se a respeito de quais são os deveres da coletividade para com o indivíduo nesse âmbito e de como distribuir recursos voltados à saúde, admitida a sua escassez e com o panorama de crescentes necessidades e desafios nessa problemática. As mesmas ciências encampam diferentes escolas sobre as políticas e os critérios mais eficientes ou mais justos em alcançar as metas estatais.

A filosofia e as ciências biológicas e da medicina podem versar sobre o conceito de saúde e definir o que é ter uma vida saudável, num contexto de acentuada "medicalização" da vida, que pode pôr luzes também no próprio aspecto distributivo dos mesmos recursos. Ao mesmo tempo, a medicina, a genética e a farmacologia avançam no desenvolver de novos diagnósticos, técnicas, tratamentos e medicamentos – fator que também pode ser reconduzido aos temas anteriores –, o que suscita problemas para uma bioética ocupada em como balizar esses experimentos dentro de critérios éticos que não permitam a instrumentalização do ser humano;[878] *pari passu*, isso também propicia uma reflexão

---

[878] A propósito, BYK, Christian. Le rôle des comités nationaux d'éthique dans la mise en oeuvre du droit à la santé. *Journal International de Bioéthique*, v. 6, n. 1, p. 46-48, 1995. p. 46-48, comenta que os comitês de ética ou bioética

sobre o próprio conceito de "medicalidade", em função da tendência de expansão da medicina para assuntos que tradicionalmente não seriam objeto de preocupação da *ars medica*.[879] A deontologia médica experimenta influências da conquista pelos pacientes de maior autonomia e liberdade de escolha, o que transforma a relação entre médico e paciente e pode produzir efeitos no campo econômico e político, a par de dúvidas existenciais atinentes à filosofia. Todos esses prismas também são abrangidos pelo direito, o qual lida com a saúde em seus diversos sub-ramos: direito internacional e direitos humanos, direito tributário/fiscal e financeiro, direito civil, direito administrativo e direito constitucional. Aliás, reconhece-se uma autonomia de um direito da saúde, que encampa disciplinas tanto de direito público como de direito privado, o qual contempla a saúde como objeto imediato ou mediato e que versa sobre as prestações e ações sanitárias, a regulação das atividades relacionadas à saúde e das próprias profissões de saúde no aspecto de deveres e responsabilidades na relação com os sujeitos que procuram os cuidados sanitários.[880] Com o crescente fenômeno da judicialização[881] do direito à saúde

---

instituídos em âmbito nacional possuem um papel mais indireto nos debates sobre a realização do direito à saúde, haja vista a gama de questões que estão no seu conteúdo. Fundamentalmente, os comitês atuam na discussão sobre princípios fundamentais da organização desses cuidados, como a não discriminação, respeito da integridade da pessoa e da sua vida privada, a não comercialização do corpo humano, garantia de cuidados de qualidade, prestados por profissionais com a devida *expertise*, sem ocupar, porém, o papel de promotores do direito à saúde e das políticas sanitárias. A destacar que o desenvolvimento de novas tecnologias coloca desafios à bioética e a coexistência delicada – considerada difícil pelo autor – dos valores relativos à laicidade estatal e da moral tributária do pensamento judaico-cristão de base de várias democracias ocidentais, menciona-se VENTURA, Marco. Normes pour la thérapie génique. La laïcité de l'État face au défi bioéthique. *Journal International de Bioéthique*, v. 6, n. 1, p. 49-54, 1995.

[879] LOUREIRO, João Carlos. Bios, tempo(s) e mundo(s): algumas reflexões sobre valores, interesses e riscos no campo biomédico. *In*: ANDRADE, Manuel da Costa; ANTUNES, Maria João; SOUZA, Susana Aires de (Org.). *Stvdia Ivridica n. 101*. Estudos em homenagem ao Prof. Doutor Jorge de Figueiredo Dias. Coimbra: Coimbra Editora, 2010. v. IV. p. 482-487. Um dos exemplos apontados pelo jurista é o da eutanásia, mas o progresso em biomedicina, nanotecnologia e robótica permite conjecturar, mesmo que num exercício de ficção científica, a respeito da própria transformação do conceito de pessoa e da possibilidade de novos titulares de direitos em função desses progressos, como o caso de ciborgues ou de estruturas robóticas ou *hardwares* que possam receber o *download* de conteúdos neurais de seres vivos, caminho claramente recusado pelo doutrinador. A acentuar uma mudança nas preocupações centrais da bioética, com uma evolução calcada nas "gerações" de direitos fundamentais, inclusive nos debates acerca das gerações futuras e nos desafios ecológicos e ambientais, mencionam-se PESSINI, Leo; BARCHINFONTAINE, Christian de Paul de. History of bioethics in Brazil: Pioneering voices, educational programs and future perspectives. *Journal International de Bioéthique*, v. 19, n. 1-2, p. 21-38, mar./jun. 2008.

[880] Como a definição sugere, não é possível confundir o direito à saúde com o direito da saúde; aquele é objeto de reflexão deste, o qual possui abrangência muito mais ampla. A respeito do conceito do direito da saúde, com algumas diferenças entre si, mas a possuir um núcleo básico comum quanto ao objeto dessa disciplina, remete-se a CORREIA, Sérvulo. Introdução ao direito da saúde. *In*: ASCENSÃO, José de Oliveira. *Direito da saúde e bioética*. Lisboa: Lex, 1991. p. 39-42 e seguintes; AUBY, Jean-Marie. Le corps humain et le droit: les droits de l'homme sur son corps. *In*: ASCENSÃO, José de Oliveira. *Direito da saúde e bioética*. Lisboa: Lex, 1991. p. 167 e seguintes; BEDJAOUI, Mohammed. Le droit à la santé, espoirs, réalités, illusions. *Journal International de Bioéthique*, v. 9, p. 33-38, set. 1998; GOMES, Carla Amado. *Defesa da saúde pública vs. liberdade individual* – Casos da vida de um médico da saúde pública. Lisboa: Associação Acadêmica da Faculdade de Direito da Universidade de Lisboa, 1999. p. 5-16. Ver, ainda, a antiga distinção entre direito sanitário em sentido amplo e direito sanitário em sentido estrito: aquele preocupado com administração sanitária (administração hospitalar, cura, higiene, medidas de polícia), enquanto este atendia diretamente à cura ou a algumas medidas preventivas (LESSONA, Silvio. *Trattato di diritto sanitario*. Milano; Torino; Roma: Fratelli Bocca Editori, 1914. v. 1. p. 9-39).

[881] É interessante aqui diferenciar o ativismo da judicialização na senda palmilhada por BARROSO, Luís Roberto. Post-scriptum – Judicialização, ativismo judicial e legitimidade democrática. *In*: BARROSO, Luís Roberto. *O controle de constitucionalidade no direito brasileiro* – Exposição sistemática da doutrina e análise crítica da jurisprudência. 4. ed. São Paulo: Saraiva, 2009. p. 331-338. O ativismo é uma postura de maior amplitude na participação do Judiciário na concretização de normas mais abrangentes e indeterminadas, um "modo proativo de interpretar" as normas constitucionais; já a judicialização termina por ser uma consequência do modelo brasileiro que outorga grande espectro de transferência do poder político do Parlamento ao Judiciário, em virtude da existência

em alguns cantos do globo terrestre, há interesse acrescido da sociologia, ao menos da sociologia do direito, em desenvolver estudos empíricos sobre os resultados e causas desse fenômeno. Por isso, dentro do recorte proposto, frisa-se que a natureza deste trabalho é técnico-jurídica, de forma que o enquadramento dos problemas debatidos nesta pesquisa será jurídico-dogmático,[882] não obstante se arrisque a definir um conceito de saúde e a fazer considerações sobre a escassez dos recursos em termos de justiça.

Conquanto o "sistema de referência"[883] seja o de direito constitucional, é preciso trazer alguns elementos da história da saúde e de seu palmilhar de um bem individual a um bem coletivo, a par de examinar algumas normas de direitos humanos. Em sequência, ainda que sem o intento de montar uma grelha comparativa, estudam-se os ordenamentos constitucionais português e brasileiro, com a finalidade de examinar como o direito à saúde foi ali positivado e o alcance interpretativo das aludidas normas.

Dentro do cenário de crescente litigiosidade e judicialização do direito à saúde encontrado no Brasil, investiga-se a acomodação ajustada da norma da proporcionalidade para escrutinar os deveres estatais, com o desiderato de adentrar no tema do conteúdo mínimo, pensado como um parâmetro adicional para conferir maior racionalidade e objetividade ao raciocínio ponderativo.

3.1 A dimensão individual e coletiva da saúde

A saúde sempre foi objeto de preocupação do ser humano, conquanto associada, em priscas eras, a uma sensação de bênção ou punição divina em virtude do pecado. Logo, conatural que fosse confiada a medicina aos ministros religiosos, cujo exercício da cura focava-se não só nas chagas sentidas pelo corpo, mas na redenção do enfermo faltoso com a divindade adorada. Veja-se o que ocorria na Mesopotâmia, em que os práticos da medicina normalmente eram pregadores ou pertencentes a uma agregação religiosa, ao passo que pecado e doença eram objeto de associação, portanto a cura dependia, em larga medida, da identificação do pecado perpetrado.[884]

---

de uma Constituição muito analítica, com grande extensão do controle de constitucionalidade. Como anota Barroso, embora sejam próximos, possuem causas e origens distintas. Barroso defende que o ativismo deve ser excepcional e esporádico, justificado pela circunstância histórica do momento, sempre que houver um grande descolamento da vontade popular com a vontade da classe política que supostamente a representa. O fornecimento de medicamentos não incluídos nas políticas públicas é um caso denominado pelo jurista de ativismo judicial.

[882] Evidentemente, dentro da moldura esquadrinhada para a tese, haverá a incursão atrevida a algumas leituras que tocam também em algumas dessas disciplinas, inclusive para explicar posições de fundo assumidas por mim. No entanto, muitos dos debates já contarão com respostas semiprontas no próprio sistema jurídico de referência, em virtude das opções efetuadas no ordenamento jurídico.

[883] LOUREIRO, João Carlos. Direito à (protecção da) saúde. *In*: MIRANDA, Jorge. *Estudos em homenagem ao Professor Doutor Marcello Caetano no centenário de seu nascimento*. Lisboa; Coimbra: Faculdade de Direito da Universidade de Lisboa/Editora Coimbra, 2006. v. 1. p. 666 e seguintes. Obviamente, não se está a desconsiderar, como anotado pelo jurista, a cada vez maior interpenetração das "redes normativas", especialmente pela relevância crescente de normas de direito internacional e supranacional/comunitário, o que, na visão de Loureiro, pode causar problemas de interconstitucionalidade em função do advento de um constitucionalismo "multinível e multiparamétrico".

[884] BYK, Christian. The history of the right to health as a human right. *Journal International de Bioéthique*, v. 9, p. 15-31, set. 1998. p. 15-18. Interessante notar, ao revés, o exemplo bíblico de Jó, cujas enfermidades e desgraças que se lhe abateram não tinham nenhuma conotação punitiva, mas probatória da sua fidelidade a Deus; sem embargo, os amigos de Jó imputavam suas chagas a algum pecado e concitavam-no ao arrependimento. Sobre a percepção de pecado ou superstição como causa da doença, ver também GOMES, Carla Amado. *Defesa da saúde*

Consequentemente, os práticos da medicina da época eram notoriamente um grupo detentor de elevado poder social, também decorrente da sua posição na religião ou seita seguida pelo paciente, o que evidentemente propiciava que se cometessem abusos, inclusive pela plena submissão do paciente ao comando médico. Não por outra razão, o poder político teve interesse em, de algum modo, estabelecer alguns limites ao poder médico, o que propiciou criar premissas rudimentares de um "direito da saúde" – foram os assírios os primeiros a regular por meio de normas jurídicas o exercício da medicina. No entanto, foi preciso o conquistar de certa autonomia da religião pelos gregos para que emergissem regras específicas de deontologia médica, em que partiu da própria classe a criação de deveres éticos da atividade em relação ao paciente, especialmente com a influência de Hipócrates, sendo que há pontos importantes para o código deontológico que estão presentes até hoje e que são tributários desse período, como o dever de confidencialidade do médico sobre a situação clínica do paciente e a prática da medicina para o melhor interesse do enfermo.[885]

Desse pequeno apanhado, percebe-se que a saúde era tratada como assunto exclusivamente individual, a qual, fruto da graça/desgraça, não era objeto de interesse imediato do poder político a princípio, ainda que houvesse alguma consciência coletiva de que algumas moléstias pudessem impactar ou espalhar-se na comunidade e, como tal, mereceria atuação coercitiva dos detentores do poder.[886] Era, pois, assimilada a um bem individual, a confundir-se com seu próprio corpo físico.

No entanto, conforme se inicia uma maior organização do poder político, houve a percepção paulatina da importância de evitar o espraiar de doenças infecciosas, o que leva os seus detentores a intervir para ditar normas e deveres, com os escopos de preservar o comércio, a agricultura e a economia em geral de perda de mão de obra e de preservação da ordem pública, evitando o progredir do pânico na comunidade.[887] Em especial, na Idade Média ensaiou-se a criação de ofícios ou departamentos burocráticos ligados ao soberano ou ao monarca com a preocupação de impedir que doenças infectocontagiosas pudessem provocar prejuízos e contaminação das pessoas, com a acentuação de medidas de isolamento e quarentena, as quais, a despeito do efeito de contenção do avançar da enfermidade, asseguravam uma forma de controle social, o que diminuía, de plano, até pela incipiência de tecnologia e saber médicos da época, uma percepção mais sanitária.[888] Por conseguinte, as instituições sanitárias seculares eram voltadas à prevenção e aos controles epidemiológicos.

---

pública vs. liberdade individual – Casos da vida de um médico da saúde pública. Lisboa: Associação Académica da Faculdade de Direito da Universidade de Lisboa, 1999. p. 5 e seguintes.

[885] BYK, Christian. The history of the right to health as a human right. *Journal International de Bioéthique*, v. 9, p. 15-31, set. 1998. p. 15-18.

[886] GARREAU, Olivier. *Droit de la santé, droit à la santé*. Sarrebruck: Éditions Universitaires Européenes, 2010. p. 13 e seguintes.

[887] Notem-se algumas medidas adotadas no Império Romano, como a construção de banhos públicos e realização de inspeções com desiderato sanitário em estabelecimentos de vendas de mercadorias, como relata GOMES, Carla Amado. *Defesa da saúde pública vs. liberdade individual* – Casos da vida de um médico da saúde pública. Lisboa: Associação Académica da Faculdade de Direito da Universidade de Lisboa, 1999. p. 5-16.

[888] BYK, Christian. The history of the right to health as a human right. *Journal International de Bioéthique*, v. 9, p. 15-31, set. 1998. p. 19-23; TOEBES, Brigit C. A. *The right to health as a human right in international law*. Antwerpen; Groningen; Oxford: Intersentia; Hart, 1999. p. 3-26. Esta autora comenta sobre os países de fala alemã, em que

No século XVII, uma percepção embrionária de saúde pública era resumida a medidas de salubridade e higiene públicas. Aqui também há um componente de higiene no sentido moral, com a pretensão de condenar modos de vida considerados inadequados pelo poder dominante e "normalizar" os que fossem reputados sadios e aceitáveis. Consequentemente, a saúde, enquanto preocupação de ordem pública e sanitária, não é mais uma situação pensada como de interesse exclusivamente individual, também a reconhecer um aspecto de fenômeno social, ou seja, a saúde começa a revestir-se de um contorno comunitário ou de uma dimensão coletiva.[889] O enriquecimento do conceito de saúde com a dimensão coletiva acentuou-se no período da Revolução Industrial, em que as condições insalubres de trabalho forçaram a criação de normas jurídicas destinadas a proteger certas categorias de trabalhadores particularmente expostos aos riscos da sociedade industrial.[890]

No século XIX, em função do desenvolvimento impulsionado pela Revolução Industrial e pela ciência no campo dos transportes e do comércio, muitos países já perceberam a necessidade de cooperação e de coordenação na prevenção de doenças transmissíveis, o que levou à adoção de acordos e negociações para o estabelecimento de uma organização internacional de saúde. Nesse período realizou-se uma série de conferências internacionais de saúde, a primeira realizada em Paris em 1851, cujo foco, antes de proteger a saúde global, era resguardar os países europeus de pragas e epidemias advindas das suas colônias e do comércio internacional. No entanto, o pouco desenvolvimento da ciência médica fez com que apenas a partir da 11ª conferência sanitária, já em 1903, houvesse algum êxito nessa atividade, com a previsão de criação de um órgão internacional para disseminar informação de saúde pública. Em 1907, o Tratado de Roma criou o *Office International d'Hygiène Publicque*, o qual foi posto sob os auspícios da Liga das Nações,[891] que também criou o Comitê de Higiene, burocracias consideradas predecessoras da Organização Mundial da Saúde – OMS.[892]

Por outro lado, quanto ao aspecto da assistência à saúde ou da oferta de cuidados de saúde, ele foi, de um modo geral, um assunto confiado ao mercado, conforme os indivíduos pudessem ou não arcar com o pagamento de honorários médicos, restando aos pobres confiar em cuidados baseados em remédios populares ou na caridade

---

houve criação de uma polícia sanitária, com a assunção pelo monarca da responsabilidade de proteção da saúde pública já no século XVIII.

[889] GARREAU, Olivier. *Droit de la santé, droit à la santé*. Sarrebruck: Éditions Universitaires Européenes, 2010. p. 14 e seguintes.

[890] BYK, Christian. The history of the right to health as a human right. *Journal International de Bioéthique*, v. 9, p. 15-31, set. 1998. p. 23-31; GARREAU, Olivier. *Droit de la santé, droit à la santé*. Sarrebruck: Éditions Universitaires Européenes, 2010. p. 19 e seguintes. A notar uma ligação entre a diminuição da qualidade de vida e as condições de um ambiente desfavorável em razão de fatores embrionários de uma sociedade de risco, RASLAN, Alexandre Lima. *Responsabilidade civil ambiental do financiador*. Porto Alegre: Livraria do Advogado, 2012. p. 76.

[891] TOEBES, Brigit C. A. *The right to health as a human right in international law*. Antwerpen; Groningen; Oxford: Intersentia; Hart, 1999. p. 3-26. Digno de nota é a criação da Organização Internacional do Trabalho em 1919, entidade internacional que tem editado inúmeras normas de direito internacional relativas à segurança, higiene e saúde laborais e ocupacionais, com particular êxito na proscrição de materiais venenosos, prevenção de doenças respiratórias, inclusive a lançar um código de higiene industrial.

[892] AUBY, Jean-Marie. *Le droit de la santé*. Paris: Presses Universitaires de France, 1981. p. 31-37. O autor ainda se refere a um terceiro órgão predecessor, criado já na burocracia das Organizações das Nações Unidas.

alheia.[893] Como se percebe, a distribuição de cuidados de saúde para as pessoas não era pensada como assunto de responsabilidade estatal. Na própria Idade Média, a oferta de cuidados de reabilitação e tratamento de enfermidades foi praticamente deixada aos ofícios religiosos, que assumiram a responsabilidade de criar os primeiros hospitais.[894] A percepção da saúde como a gerar uma aspiração individual a ter a uma assistência sanitária a cargo da coletividade – não como mero fruto da sorte – deve-se especialmente ao período iluminista.[895]

A percepção de que as condições do ambiente e o nível socioeconômico desfrutado pela pessoa poderiam impactar a saúde, individual e coletivamente, começou a ser mais enfatizada, fato que, de alguma maneira, firma a concepção de saúde como dependente de várias condições da vida e das organizações sociais.[896] No século XIX, houve o incremento em alguns países da dimensão coletiva da saúde para encorpar, ao menos para algumas categorias ou classes de pessoas, uma pretensão de receber cuidados sanitários provenientes do poder público: no modelo bismarckiano, o Estado intervém para regular seguros de saúde para o trabalhador e, assim, protegê-lo das necessidades de saúde; no modelo inglês, a edição de *poor laws* revelava ainda certa ambiguidade do Estado, o qual prestava alguma assistência muito limitada aos indigentes, sem descurar de um viés de vigilância social das classes mais baixas, consideradas potencialmente perigosas.[897]

---

[893] GOLDWORTH, Amnon. Human rights and the right to health care. *In*: WEISSTUB, David N.; PINTOS, Guillermo Díaz (Ed.). *Autonomy and human rights in health care* – An internetional perspective. Dordrecht: Universidad de Castilla-La Mancha/Springer, 2008. p. 53. Com um compêndio geral, conferir DALLARI, Sueli Gandolfi. Direito sanitário. *In*: BRASIL. Ministério da Saúde. *Direito sanitário e saúde pública*. Brasília: Ministério da Saúde, 2003. p. 39 e seguintes.

[894] GOMES, Carla Amado. *Defesa da saúde pública vs. liberdade individual* – Casos da vida de um médico da saúde pública. Lisboa: Associação Académica da Faculdade de Direito da Universidade de Lisboa, 1999. p. 5-16. Vendrame e Moreno (VENDRAME, Alan; MORENO, Jamile Coelho. Saúde como garantia fundamental: uma perspectiva da evolução constitucional e histórica das políticas públicas. *In*: SIQUEIRA, Dirceu Pereira; LEÃO JÚNIOR, Teófilo Marcelo de Arêa (Org.). *Direitos sociais* – Uma abordagem quanto à (in)efetividade desses direitos – A Constituição de 1988 e suas previsões sociais. Birigui: Boreal, 2011. p. 1 e seguintes) comentam que foi a partir do século XIII que os hospitais começaram a migrar também para o domínio secular.

[895] BYK, Christian. The history of the right to health as a human right. *Journal International de Bioéthique*, v. 9, p. 15-31, set. 1998. p. 19-23.

[896] DALLARI, Sueli Gandolfi. Poderes republicanos e a defesa do direito à saúde – Evolução da proteção do direito à saúde nas constituições do Brasil. *In*: ALVES, Sandra Maria; DELDUQUE, Maria Célia; DINO NETO, Nicolao (Org.). *Direito sanitário em perspectiva*. Brasília: ESMPU/Fiocruz, 2013. v. 2. p. 25 e seguintes. A jurista comenta que já Hipócrates, no século IV antes de Cristo, falava da influência da cidade e do tipo de vida de seus habitantes sobre a saúde. Lembra Parecelso, no século XIV, que salientou a importância dos fenômenos biológicos e físicos sobre a saúde; por fim, comenta sobre Engels, o qual, no século XIX, concluiu que o tipo de vida, os ambientes de trabalho e demais condições sociais impactam o nível de saúde da população. Consoante apontam Byk (BYK, Christian. The history of the right to health as a human right. *Journal International de Bioéthique*, v. 9, p. 15-31, set. 1998. p. 23-31) e Toebes (TOEBES, Brigit C. A. *The right to health as a human right in international law*. Antwerpen; Groningen; Oxford: Intersentia; Hart, 1999. p. 3-26), Frank, em 1790, já assinalava que saúde e bem-estar somente seriam obtidos onde houvesse liberdade da necessidade e das privações sociais.

[897] Sobre a reforma produzida pelo chanceler alemão Bismarck em 1883, mencionam-se CABRAL, Ana Paula. Reforma do sector de saúde – O serviço nacional de saúde e novo paradigma na protecção à saúde. *In*: CABRAL, Nazaré da Costa; AMADOR, Olívio Mota; MARTINS, Guilherme Waldemar d'Oliveira (Org.). *A reforma do sector de saúde*: uma realidade iminente? Coimbra: Almedina, 2010. p. 41-63; LOPES, Licínio. Direito administrativo da saúde. *In*: OTERO, Paulo; GONÇALVES, Pedro. *Tratado de direito administrativo especial*. Coimbra: Almedina, 2010. v. III. p. 226 e seguintes. O modelo bismarckiano baseia-se num sistema de saúde financiado por quotizações dos empregadores e trabalhadores, no intuito de garantir universalidade de acesso aos detentores de emprego, com necessidade de intervenção pública no estabelecimento de serviços mínimos e nas negociações das condições laborais dos profissionais médicos. Como destaca Licínio Lopes, a racionalidade do modelo era econômica e não social, pois se almejava diminuir as perdas produtivas ao melhorar o nível de saúde dos trabalhadores. Conforme

Nota-se aí uma dinâmica política a influir para que o Estado reconheça a saúde como uma riqueza coletiva e assuma novas funções e tarefas nesta seara. Seu interesse não é unicamente regular o âmbito privado das profissões de saúde, especialmente no que concerne aos requisitos para formação acadêmica e no aspecto de responsabilidade civil e penal dos profissionais de saúde, em especial dos médicos, nem unicamente o de proteger a saúde pública com o desiderato voltado a medidas de higiene e prevenção epidemiológica, porém assegurar que a saúde seja objeto de atenção governamental, com a finalidade de evitar o adoecimento das pessoas e permitir-lhes o gozo de uma vida saudável.

Como bem coletivo, o aspecto curativo também passa a ser uma preocupação do Estado; um direito social relacionado à saúde é inserido em alguns textos constitucionais, como as Constituições mexicana de 1917 e alemã de Weimar (1919), o que enseja a previsão de ações também no aspecto de assistência à saúde. Em 1948, na Inglaterra começa a experiência de um modelo "beveridgiano" de sistema de saúde, inspirado na solidariedade social, no qual as prestações de saúde são custeadas pelos tributos arrecadados da coletividade e com a disponibilização de acesso universal aos cuidados de saúde definidos pelas autoridades.[898]

---

destaca a OMS, a própria Alemanha expandiu o financiamento do sistema de saúde, com criação de um fundo no qual aportam receitas estatais de seu orçamento, de modo que o financiamento não mais se baseia naquela única fonte, a qual tende a ter receitas cada vez mais minguadas diante do envelhecimento da população e diminuição do contingente populacional que contribua com o sistema (ORGANIZAÇÃO MUNDIAL DA SAÚDE. *Relatório Mundial da Saúde 2010*: Financiamento dos sistemas de saúde – O caminho para cobertura universal. Disponível em: http://www.who.int/eportuguese/publications/WHR2010.pdf. Acesso em: 29 abr. 2017. p. 27). Em relação às leis britânicas dos pobres, veja-se BYK, Christian. The history of the right to health as a human right. *Journal International de Bioéthique*, v. 9, p. 15-31, set. 1998. p. 23-31, que destaca a influência de Chadwick na aprovação da *English Poor Law Commission* em 1848.

[898] A alcunha desse modelo foi inspirada no relatório de Beveridge de 1942, feito a pedido de Churchill, o qual propunha um sistema universal de pensões custeado pelas contribuições proporcionais cobradas dos cidadãos pela via dos tributos. A respeito desse modelo, conferir CABRAL, Ana Paula. Reforma do sector de saúde – O serviço nacional de saúde e novo paradigma na protecção à saúde. *In*: CABRAL, Nazaré da Costa; AMADOR, Olívio Mota; MARTINS, Guilherme Waldemar d'Oliveira (Org.). *A reforma do sector de saúde*: uma realidade iminente? Coimbra: Almedina, 2010. p. 41-63; BARRA, Tiago Viana. Breves considerações sobre o direito à protecção da saúde. *O Direito*, ano 144, v. 2, p. 411-445, 2012. p. 416-417; LOPES, Licínio. Direito administrativo da saúde. *In*: OTERO, Paulo; GONÇALVES, Pedro. *Tratado de direito administrativo especial*. Coimbra: Almedina, 2010. v. III. p. 227 e seguintes. Em suma, em relação ao financiamento dos modelos de saúde, pode-se mencionar três espécies de financiamento, conforme leciona Lerat (LERAT, Richard. Le système de santé et le droit aux soins: aspects organisationnels. *Journal International de Bioéthique*, v. 6, n. 1, p. 17-21, 1995): a) modelo fiscal ou de imposto, com cada governo fixando um montante de verbas consagradas à saúde, normalmente levando em conta as despesas do ano precedente, com algum percentual de aumento mediante a previsão de crescimento dessas despesas (Inglaterra e Itália); b) o modelo de cotização social, com parte do financiamento tributada do intermediário das despesas e autorizações de investimento, com alimentação financeira do sistema mediante arrecadação sobre os salários pagos e recebidos, com administração desses recursos por várias instituições ou organismos; nos sistemas de seguro, a participação dos segurados no custeio pode variar, com isenção ou previsão de cofinanciamento; c) modelo de financiamento privado, ficando a cargo do indivíduo, paradigma normalmente apontado como existente muito raramente no mundo, com indicação dos Estados Unidos pelo autor. Em relação aos Estados Unidos, vale consignar que em 2010 o Congresso desse país aprovou o *Obamacare*, cujo propósito, em primeira linha, era de alargar a faixa de beneficiários a cuidados de saúde, com uma proteção mínima nessa seara; a reforma sanitária amplia o *Medicaid*, com um complexo sistema de apoios financeiros e a implementação de um auxílio federal para que cidadãos de baixa renda pudessem aceder a coberturas privadas e a um sistema de saúde em escala nacional, com proibição de que as companhias de seguros recusassem determinados indivíduos com fundamento em condições preexistentes. Uma das principais inovações, além da extensão do *Medicaid*, foi a do mandado individual, isto é, a previsão de uma espécie de uma sanção pecuniária caso houvesse o descumprimento da obrigação, prevista no diploma legal, de que todos os cidadãos contratassem um seguro de saúde conforme seus rendimentos. Referida legislação foi submetida à Suprema Corte, a qual, por maioria, reconheceu a constitucionalidade do diploma legal, com reconhecimento da competência do Congresso

No âmbito dos direitos humanos, a cooperação e o auxílio entre países no aspecto sanitário são mencionados na Constituição das Nações Unidas de 1945; a saúde como um direito é lapidada na Constituição da Organização Mundial da Saúde de 1946, ganha menção na Declaração Universal de Direitos Humanos de 1948 e recebe consagração no Pacto Internacional de Direitos Econômicos, Sociais e Culturais de 1966, com a sua positivação subsequente em uma série de tratados de direitos humanos e em várias constituições de Estados nacionais.

Esse percurso histórico sumarizado mostra como a saúde, de um bem essencialmente individual e, portanto, cuja promoção incumbia ao particular conforme a sua disponibilidade de recursos, passou a ser pensada também como um bem coletivo, o que levou finalmente à sua previsão como um direito. Isso levanta questões de como esses aspectos relacionam-se ou convivem e do próprio significado de possuir um direito, de seu conteúdo e âmbito de proteção, possibilidade de restrições e conflitos normativos e deveres estatais nessa matéria. No entanto, é preciso enfrentar um tema tormentoso: o que é saúde? É o que se pretende abordar a seguir.

3.2 Conceito de saúde

Em primeiro lugar, seria relevante apresentar um conceito de saúde? Pelo prisma jurídico, Toebes defende a desnecessidade de adotá-lo, diante da dificuldade de apresentar um conceito abstrato e porque ele não seria indispensável para a compreensão do direito à saúde, inclusive porque seu conteúdo seria concretizado na prática pelos órgãos de aplicação.[899] Contudo, defende-se a utilidade dessa empreita, tanto porque pode auxiliar na interpretação e na resolução de conflitos normativos do direito em tela, como porque a ausência de um conceito de saúde redunda na postergação do problema, porquanto a definição de um mínimo de proteção do direito à saúde recobra uma noção limiar do que seja saúde,[900] até para que se possa delimitar o perímetro das responsabilidades pessoal, estadual e social em matéria de saúde.[901]

O que é saúde? Defini-la está longe de ser um assunto pacífico. Por suposto, não se pretende uma resposta definitiva a respeito da questão, porém se adota uma posição

---

Federal em legislar sobre o tema, com atribuição da natureza tributária à regra do mandado individual. Sobre a legislação e com exame a respeito da decisão da Suprema Corte, remete-se a PINTO, Ricardo Leito. O papel do Supremo Tribunal no sistema político constitucional norte-americano e a questão da "politicidade" da justiça constitucional: a decisão sobre a lei da reforma dos cuidados de saúde. *In*: MIRANDA, Jorge *et alli* (Org.). *Estudos em homenagem a Miguel Galvão Teles*. Coimbra: Almedina, 2012. v. 1. p. 215-235, inclusive quanto à crítica de que o mandado individual não seria mesmo um tributo, mas uma coima.

[899] TOEBES, Brigit C. A. *The right to health as a human right in international law*. Antwerpen; Groningen; Oxford: Intersentia; Hart, 1999. p. 3-26. Algo similar, embora entenda ser importante a pesquisa para avançar no conceito de saúde, CASAUX-LABRUNÉE, Lise. Le droit à la santé. *In*: CABRILLAC, Rémy; FRISON-ROCHE, Marie-Anne; REVET, Thierry (Dir.). *Libertés et droits fondamentaux*. 16. ed. Paris: Dalloz, 2010. p. 802.

[900] LEMA AÑÓN, Carlos. *Salud, justicia, derechos*. El derecho a la salud como derecho social. Madrid: Dykinson, 2010. p. 69-70. Essa questão também se reconduz ao debate sobre o nomen juris do direito: direito à saúde, direito à proteção da saúde ou direito à assistência sanitária. Afirma Añón que este último conceito, ao pretender omitir-se quanto a uma definição de saúde, termina por adotar uma concepção implícita de saúde como ausência de moléstias.

[901] VALE, Luís Meneses do. A jurisprudência do Tribunal Constitucional sobre o acesso às prestações concretizadoras do direito à protecção da saúde: alguns momentos fundamentais. *Jurisprudência Constitucional*, n. 12, p. 12-47, out./dez. 2006. p. 12-16.

que, a despeito de não estar isenta de críticas, pensa-se ser a mais adequada, a nortear o restante do capítulo. Pode-se apresentar um conceito positivo e um negativo de saúde.[902]

A digressão sintetizada da história da saúde mostra que ela foi atrelada, desde o início, ao seu par antagônico, isto é, a doença. Ter saúde seria não estar doente. Esse é um conceito negativo de saúde, porque a sua definição é denotada pela negação do seu antônimo.[903]

O conceito negativo de saúde foi fortalecido com os avanços da medicina e da ciência, que conseguiram, ainda no século XIX, contribuir para o isolamento de germes e bactérias de várias moléstias que afligiam a população da época e, em consequência, permitiu à farmacologia avançar com medicamentos para o tratamento e até criar vacinas que prevenissem a infecção.[904] Centra-se numa percepção biológica e orgânica do ser humano, cujos processos seriam explicáveis em termos de causa e efeito, razão pela qual a descoberta do funcionar do corpo humano e da causa das enfermidades faria com que se combatesse a doença e restaurasse-se o estado saudável, num processo comparável a identificar o "defeito da máquina corporal humana", para que se pudesse "consertá-la". René Descartes, que elevava a saúde ao bem mais precioso da vida, apregoava a confiança de que as enfermidades e debilidades por elas causadas, inclusive as advindas do envelhecimento, seriam evitáveis conforme o avançar da medicina, cujo

---

[902] A respeito dos conceitos negativo e positivo de saúde, remetem-se a FLICK, Giovanni Maria. La salute nella costituzione italiana: un diritto fondamentale, un interesse di tutti. *In*: CENTRO NAZIONALE DI PREVIVENZIONE E DIFESA SOCIALE. *La responsabilità medica*. Milano: Giuffrè, 2013. p. 15-19; CASAUX-LABRUNÉE, Lise. Le droit à la santé. *In*: CABRILLAC, Rémy; FRISON-ROCHE, Marie-Anne; REVET, Thierry (Dir.). *Libertés et droits fondamentaux*. 16. ed. Paris: Dalloz, 2010. p. 801-803; YAMIN, Alicia Ely. Poder, sufrimiento y los tribunales – Reflexiones acerca de la promoción de los derechos de la salud por la vía de la judicialización. *In*: YAMIN, Alicia Ely; GLOPPEN, Siri (Coord.). *La lucha por los derechos de la salud* – ¿Puede la justicia ser una herramienta de cambio? Buenos Aires: Siglo Ventiuno, 2013. p. 417-433; LEMA AÑON, Carlos. *Salud, justicia, derechos*. El derecho a la salud como derecho social. Madrid: Dykinson, 2010. p. 24-70; NUNES, João Arriscado. Saúde, direito à saúde e justiça sanitária. *Revista Crítica de Ciências Sociais*, n. 87, p. 143-169, out./dez. 2009. p. 163 e seguintes; VENDRAME, Alan; MORENO, Jamile Coelho. Saúde como garantia fundamental: uma perspectiva da evolução constitucional e histórica das políticas públicas. *In*: SIQUEIRA, Dirceu Pereira; LEÃO JÚNIOR, Teófilo Marcelo de Arêa (Org.). *Direitos sociais* – Uma abordagem quanto à (in)efetividade desses direitos – A Constituição de 1988 e suas previsões sociais. Birigui: Boreal, 2011. p. 1-19; COCCONI, Monica. *Il diritto alla tutela della salute*. Padova: Cedam, 1998. p. 82-104 – a qual fala entre um conceito orgânico de saúde superado por um conceito que leva em conta as condicionantes sociais; FORGES, Jean-Michel de. *Le droit de la santé*. 2. ed. Paris: Presses Universitaires de France, 1995. p. 3-9; AUBY, Jean-Marie. *Le droit de la santé*. Paris: Presses Universitaires de France, 1981. p. 7-17; TARDU, Maxime. Droits de l'homme, santé, sciences de la vie: le message de la déclaration universelle des droits de l'homme. *Journal International de Bioéthique*, v. 9, p. 63-67, set. 1998; TOEBES, Brigit C. A. *The right to health as a human right in international law*. Antwerpen; Groningen; Oxford: Intersentia; Hart, 1999. p. 3-85; SAINT-JAMES, Virginie. Le droit à la santé dans la jurisprudence du Conseil constitutionnel. *Revue du Droit Public – et de la science politique en France et à L'Étranger*, n. 2, p. 457-485, mar./abr. 1997.

[903] Veja-se que, embora percebesse como a moderação ou um equilíbrio nos hábitos influenciava positiva ou negativamente a saúde, Aristóteles correlacionava saúde com ausência de doença, de sorte que é correto dizer que também mantinha uma concepção negativa de saúde (ARISTÓTELES. *Tópicos*. Disponível em: http://www.dominiopublico.gov.br/download/texto/cv000069.pdf. Acesso em: 29 out. 2016. p. 81 do arquivo). Ao fim desse trabalho, Aristóteles comenta sobre a definição da saúde como equilíbrio entre frio e calor. Ao que consta, foi o médico grego Alcmeone, discípulo de Pitágoras, que conceituou saúde como isonomia entre os princípios do frio e calor, amargo e doce e assim sucessivamente (CARUSI, Donato. Tutela della salute, consenso alle cure, diretive anticipate: l'evoluzione del pensiero privatistico. *Rivista Critica del Diritto Privato*, ano XXVII, n. 1, p. 7-20, 2009. p. 7). Sobre o conceito negativo, *vide* nota de rodapé anterior.

[904] DALLARI, Sueli Gandolfi. Poderes republicanos e a defesa do direito à saúde – Evolução da proteção do direito à saúde nas constituições do Brasil. *In*: ALVES, Sandra Maria; DELDUQUE, Maria Célia; DINO NETO, Nicolao (Org.). *Direito sanitário em perspectiva*. Brasília: ESMPU/Fiocruz, 2013. v. 2. p. 25 e seguintes.

progresso permitiria identificar as causas dos processos orgânicos de enfermidade e debelá-las.[905]

Por outro lado, é possível apresentar um conceito positivo de saúde, o qual almeja delimitar o que consubstancia estar ou ser saudável. O conceito positivo mais difundido – e mais controverso – é o apresentado no preâmbulo da Constituição da Organização Mundial de Saúde (OMS), o qual caracteriza uma definição ampla e ambiciosa da saúde ao conceituá-la como o mais completo estado de bem-estar físico, mental e social, com a rejeição explícita da definição negativa da saúde, isto é, como ausência de enfermidade.

O problema de uma definição por negação é que ela se reveste de uma aparência ilusória, pois, embora seja mais fácil de ser apresentada, pouco resolve, porque apela ao seu oposto para que se possa compreendê-la na plenitude. Por consequência, definir por negação o que seja saúde apenas adia o problema, uma vez que transfere a primeira dificuldade de definir a saúde para uma segunda dificuldade de precisar o que significa estar enfermo.[906]

A própria definição de enfermidade, por exemplo, também não é algo simples. Na Grécia antiga, a saúde era vista como um equilíbrio e havia preocupação com questões relativas à dieta, por exemplo, mas o rol de patologias não englobava doenças mentais. Na Roma antiga, as enfermidades mentais foram acrescentadas às enfermidades físicas num primeiro momento, para depois serem excluídas pelo retorno ao conceito grego; desde então, o conceito de saúde somente vem expandindo-se.[907] Essa onda de expansão talvez tenha atingido seu ápice com o conceito dado pela OMS para saúde, porque, a par de verificar a importância da saúde física e mental, ele a alia a "doenças sociais"; a rigor, conquanto não seja possível rotular a desigualdade e os (des)arranjos estruturais de uma organização político-social que atingem desfavoravelmente a saúde das pessoas como "enfermidade" no jargão médico, o que a concepção de saúde da OMS deixa inequívoco é que há determinadas pré-condições de natureza social indispensáveis para uma vida saudável. Com isso, invencivelmente se atrela a melhora dos indicadores de saúde ao desenvolvimento econômico e, principalmente, ao desenvolvimento social e humano de determinada comunidade.[908]

É preciso contrapor as duas concepções de saúde, a negativa e a positiva apresentada pela OMS. Consoante adiantado no subitem anterior, essa conformação negativa da saúde, escorada unicamente na ausência de doença, apresenta vários inconvenientes. Ela é reducionista, porque aparenta desconhecer os impactos na saúde de fatores e condições sociais, centrando a atenção num modelo curativo de saúde, sem

---

[905] DESCARTES, René. *Discours de la méthode*. Disponível em: http://www.dominiopublico.gov.br/download/texto/aa000016.pdf. Acesso em: 29 out. 2016. p. 28-29.

[906] VALE, Luís A. M. Meneses do. Access to health care between rationing and responsiveness: problem(s) and meaning(s). *Boletim da Faculdade de Direito da Universidade de Coimbra*, v. LXXXVIII, t. I, p. 105-187, 2012. p. 128 e seguintes.

[907] TOEBES, Brigit C. A. *The right to health as a human right in international law*. Antwerpen; Groningen; Oxford: Intersentia; Hart, 1999. p. 3-26.

[908] RUIZ MASSIEU, Francisco. El derecho a la salud. *Anuario Jurídico*, XII, p. 257-266, 1985. p. 257 e seguintes; LEMA AÑÓN, Carlos. *Salud, justicia, derechos*. El derecho a la salud como derecho social. Madrid: Dykinson, 2010. p. 49-50 e seguintes.

ocupar-se, ou ocupar-se muito lateralmente, dos aspectos de prevenção e promoção.[909] Em razão disso, a própria distribuição de recursos na área da saúde em nível macro tende a privilegiar a vertente mais cara e mais individualista da saúde, qual seja, a da dispersão de cuidados de saúde e, em termos econômico-utilitários, a que menos traz resultados, especialmente em países subdesenvolvidos, com menor relação custo-benefício, uma vez que maiores ganhos para a saúde da população em geral poderiam ser obtidos a menores custos mediante medidas que combatam as desigualdades e problemas sociais encontrados numa sociedade.[910] Não é por outra razão que a OMS priorizou a igualdade de acesso aos cuidados primários como a principal estratégia para alcançar resultados mais positivos na saúde e como o principal foco e responsabilidade dos países nos seus sistemas de saúde, consoante se entrevê na Declaração de Alma-Ata de 1978 e na estratégia de "Saúde para todos no ano 2000".[911]

---

[909] LEMA AÑÓN, Carlos. *Salud, justicia, derechos*. El derecho a la salud como derecho social. Madrid: Dykinson, 2010. p. 46 e seguintes; NASCIMENTO, Rogério José Bento Soares do. Concretizando a utopia: problemas na efetivação do direito a uma vida saudável. *In*: SOUZA NETO, Cláudio Pereira; SARMENTO, Daniel (Org.). *Direitos sociais* – Fundamentos, judicialização e direitos sociais em espécie. 2. tir. Rio de Janeiro: Lumen Juris, 2010. p. 905-924. Como bem anota este jurista, a evolução do conceito de saúde traduz o enriquecimento do conceito de pessoa. De uma visão individualista e biológica, centrada na cura e que privilegiava o hospital como o local de referência e o médico como o ator único do quadro de saúde, houve o deslocamento para uma visão biopsicológica, com o eixo de preocupação voltado para a prevenção, em que os postos ou unidades de saúde são os centros de atenção principal e em que são agentes de saúde uma gama de profissionais, e não somente o médico. Isso implica voltar a valorizar ações e serviços relacionados com a atenção básica ou com os cuidados primários, inclusive vigilância sanitária e epidemiológica, e não destinar só recursos para a atenção secundária e terciária, oferta de medicamentos e serviços de apoio de diagnóstico. O autor sustenta ser necessária uma visão integral da pessoa: biopsicológica e social. Como se percebe no corpo do texto, rejeita-se um conceito meramente biológico de ser humano, o qual deve ser compreendido também como ser ético, na esteira percorrida pelo Professor de Lisboa Oliveira Ascensão (ASCENSÃO, José de Oliveira. Direito e bioética. *In*: ASCENSÃO, José de Oliveira. *Direito da saúde e bioética*. Lisboa: Lex, 1991. p. 9 e seguintes).

[910] Octavio Ferraz (FERRAZ, Octavio Luiz Motta. The right to health in the courts of Brazil: worsening health inequities? *Health and Human Rights Journal*, v. 11, n. 2, p. 33-45, 2009. p. 38) põe em debate o problema de falta de equidade entre dois programas de saúde do Brasil muito elogiados: o programa de tratamento de pessoas infectadas com SIDA/HIV, o qual, em 2006, atendia cerca de 135 mil pessoas, com a distribuição de coquetéis antirretrovirais gratuitamente, e o programa de saúde familiar, com equipes multidisciplinares de profissionais da saúde que visitam populações de baixa renda, com o desiderato de fornecer atenção primária da saúde, a atender 82 milhões de pessoas no mesmo ano. Essa discussão toca na questão da equidade na distribuição de recursos, haja vista que as verbas orçamentárias dos dois programas eram muito próximas, não obstante a enorme diferença quantitativa de beneficiários atendidos por cada um deles.

[911] Na Declaração de Alma-Ata, os cuidados primários de saúde são definidos como "cuidados essenciais de saúde baseados em métodos e tecnologias práticas, cientificamente bem fundamentadas e socialmente aceitáveis, colocadas ao alcance universal de indivíduos e famílias da comunidade, mediante sua plena participação e a um custo que a comunidade e o país possam manter em cada fase de seu desenvolvimento, no espírito de autoconfiança e automedicação". Como o conteúdo do documento deixa evidente, os cuidados primários devem integrar o sistema de saúde dos países e é a sua função central, por representar o primeiro nível de contato das pessoas com o sistema nacional de saúde, com o desiderato de tratar os principais problemas sanitários da comunidade, a abranger serviços de proteção, cura e reabilitação, consoante as necessidades. A destacar a importância dessa estratégia e de outras da OMS no desenvolvimento das legislações nacionais em política sanitária, como a filosofia das drogas essenciais, comida segura e enfrentamento à SIDA, menciona-se FLUSS, Sev S. 25 years of health law: a retrospective from WHO. *Journal International de Bioéthique*, v. 3, n. 1, p. 15-23, mar. 1992. Em 2008, a OMS retornou a destacar, em seu relatório mundial da saúde (ORGANIZAÇÃO MUNDIAL DA SAÚDE. *Relatório Mundial de Saúde 2008*: Cuidados de saúde primários agora mais que nunca. Disponível em: http://www.who.int/whr/2008/whr08_pr.pdf. Acesso em: 29 abr. 2017. p. 43-61), a importância dos cuidados primários, com o realce das seguintes características: orientados para a pessoa, compreensivos, contínuos, sua "longitudinalidade", ou seja, a perduração ao longo do tempo de uma relação personalizada entre profissionais da saúde e utentes, a parceria entre utentes e equipes de saúde na gestão da própria enfermidade e no estado de saúde da comunidade e, finalmente, a assunção de responsabilidade pela saúde comunitária e pelo enfrentamento de determinantes da doença. A OMS destaca que a priorização dos cuidados primários resulta no câmbio de ênfase em cuidados

Nesse aspecto, esse conceito de saúde, ao dar uma definição ampla que inclui as causas biopsicológicas, mas também as condições sociais subjacentes que podem afetar a saúde,[912] seria mais vantajoso. Entrementes, é fato que ele não reduz a saúde ao aspecto médico, por reconhecer que outras políticas públicas devem contribuir para combater causas sociais que propiciam a perda de qualidade na saúde. Ele também amplia o foco para não se deter só ao aspecto curativo ao reforçar estratégias de prevenção e promoção da saúde.[913]

Dois outros pontos tocados pelo conceito positivo de saúde são a responsabilidade individual em relação à própria saúde e se as questões relacionadas à saúde são algo puramente individual ou não, os quais estão inter-relacionados entre si. Ao pôr em evidência os fatores sociais e seus impactos na saúde, dilui-se a noção de responsabilidade individual pela própria saúde, bem como se rejeita a visão da saúde como objeto de uma "loteria natural", em relação à qual não se suscitam questões debatidas numa teoria da justiça.[914] A partir do momento em que há fatores ligados à distribuição de recursos e reconduzíveis à própria estrutura política subjacente naquela sociedade, considerando o aspecto intergeracional, verifica-se que muitas causas das doenças são encontradas nos próprios arranjos sociais existentes e, por isso, estão além do controle dos indivíduos: desnutrição, perda do emprego ou condições de trabalho extenuantes, falta de água potável e de um nível mínimo de saneamento, exposição a toxinas e substâncias químicas ou físicas empregadas nos processos de produção ou pelo seu consumo, por exemplo. Justamente por essa visualização, a responsabilidade pela própria saúde – no seu extremo, um dever de conservar a própria saúde – é posta em causa, uma vez que o resultado desfavorável na saúde pode ser consequência dessas estruturas e arranjos

---

especializados para equipes multidisciplinares de cuidados generalistas ambulatoriais, com delimitação de um seguimento populacional sob sua responsabilidade.

[912] NASCIMENTO, Rogério José Bento Soares do. Concretizando a utopia: problemas na efetivação do direito a uma vida saudável. *In*: SOUZA NETO, Cláudio Pereira; SARMENTO, Daniel (Org.). *Direitos sociais* – Fundamentos, judicialização e direitos sociais em espécie. 2. tir. Rio de Janeiro: Lumen Juris, 2010. p. 925 e seguintes. A sugerir que o direito à saúde, por ser um direito mais básico para a vida, abrange, além da saúde física e mental, a criação de condições pelo Estado de melhoramentos na higiene do trabalho, o que sugere uma condicionante social, menciona-se FOXLEY, Felipe; RODRÍGUEZ, Jorge. Los derechos económico-sociales, la pobreza y las necesidades básicas en América Latina. *Anuario Jurídico*, v. XII, p. 25-113, 1985. p. 111-113.

[913] VERGER, Aurelio. Aggressione all'ambiente, danno biologico e soggetti legittimati al risarcimento. *In*: BONACCETTI, Vittoria; SCHIESARO, Giampaolo (Cur.). *Diritto alla salute e tutela dell'ambiente* – Profili dell'intervento giudiziario con particulare riferimento alle condizione ambientali del Veneto: atti/Giornata di studio tenuta a Padova il 25 magio 1985. Padova: Cedam, 1985. p. 39-43. O jurista, no exame da Constituição italiana, comenta que o art. 32 da Constituição prevê uma tutela totalitária, tanto preventiva como repressiva, e define a saúde como bem-estar psíquico-físico-orgânico, o qual depende da condição pessoal de cada indivíduo como também da condição extrínseca do meio ambiente, de modo que uma tutela meramente repressiva, sem incluir uma tutela preventiva, não protegeria adequadamente esse bem da vida.

[914] LEMA AÑÓN, Carlos. *Salud, justicia, derechos*. El derecho a la salud como derecho social. Madrid: Dykinson, 2010. p. 77 e seguintes. Engelhardt (ENGELHARDT JR., H. Tristam. *Right to health*. Disponível em: http://www.pucrs.br/bioetica/cont/joao/tristram.pdf. Acesso em: 1º jan. 2016), que negava a existência de um direito moral a cuidados de saúde, defende a tese de que o estado de saúde, salvo se a saúde for prejudicada por ação do ser humano, é fruto da boa ou má sorte; portanto, ele nega que a coletividade tenha alguma obrigação moral de providenciar cuidados de saúde em consequência de um resultado lotérico desfavorável. Assim, apenas a necessidade não é fundamento para providenciar cuidados de saúde, sob pena de violação de liberdade e autonomia individual; a prestação de cuidados de saúde deveria regular-se, no aspecto moral, a um princípio da beneficência. Porém, o eticista propugna possível que a coletividade assuma um sistema de cuidados em que, por um lado, respeite a autonomia individual e deixe a cargo do mercado a oferta de cuidados de saúde, ao lado de uma oferta de cuidados mínimos, assegurada de modo igual a todos.

sociais num componente de herança intergeracional, que apenas agora se manifesta; ou, mesmo na presente geração da pessoa, uma afetação no quadro de saúde pode advir de hábitos de vida induzidos conforme a classe social e/ou da falta de alternativas por opções mais saudáveis, disponíveis a classes mais abastadas, ou ainda do modo de priorizar a distribuição de recursos nessa área.[915]

O revés de aceitá-la, na forma proposta pela OMS, é que ela é tão ambiciosa e indefinida que é aguilhoada por perder operatividade como conceito jurídico,[916] a ponto de a saúde ser equiparada à felicidade,[917] com um componente altamente subjetivo e a propiciar demandas potencialmente inesgotáveis. Justamente em função dessa amplitude, paradoxalmente, a concepção ampliada de saúde também acentua um aspecto de "medicalização" ao aumentar o poder dos médicos nas políticas sociais e, por incrível que pareça, também pode servir de esteio para as mesmas pressões político-sociais para o aumento de gastos na adoção de novos tratamentos e tecnologias de saúde, justamente pela mobilização politicamente organizada para maior atenção na assistência e oferta de cuidados de saúde, particularmente na distribuição de drogas medicamentosas e serviços de saúde enquadráveis na atenção secundária e terciária ou de alta complexidade. Isto é, o ganho do conceito amplo de saúde de estender o centro de atenção para as vertentes de prevenção e promoção da saúde pode, em função dos movimentos dos "biocidadãos", converter para a excessiva medicalização da vida.[918]

Como se percebe, apesar de ser possível extrair de uma concepção ampla a necessidade de transpor a ótica estreita de pensar a saúde apenas como distribuição dos cuidados e tratamentos sanitários, o alerta de que um conceito tão ampliado possa também balizar pressões para a extensão da cobertura sanitária não é algo que se possa desprezar. Afinal, além da questão do envelhecimento da população, o progresso incessante da ciência amplia pressões político-sociais para a oferta de novas tecnologias, as quais, por vezes, são desacompanhadas de uma proporção no benefício clínico oferecido em relação ao custo acrescido ante os tratamentos já disponíveis. Há toda uma nova classe de "biopoder" e de uma "biossocialidade", a gerar "biocidadãos", preocupados em mobilizar a opinião pública e os aparatos distributivos para reconhecer as condições pessoais desfavoráveis como novas formas de doenças, a justificar o desenvolvimento

---

[915] DALLARI, Sueli Gandolfi. Poderes republicanos e a defesa do direito à saúde – Evolução da proteção do direito à saúde nas constituições do Brasil. *In*: ALVES, Sandra Maria; DELDUQUE, Maria Célia; DINO NETO, Nicolao (Org.). *Direito sanitário em perspectiva*. Brasília: ESMPU/Fiocruz, 2013. v. 2. p. 25-29.

[916] SAINT-JAMES, Virginie. Le droit à la santé dans la jurisprudence du Conseil constitutionnel. *Revue du Droit Public – et de la science politique en France et à L'Étranger*, n. 2, p. 457-485, mar./abr. 1997. p. 457 e seguintes. Outros críticos quanto a esse ponto são lembrados por LEMA AÑÓN, Carlos. *Salud, justicia, derechos*. El derecho a la salud como derecho social. Madrid: Dykinson, 2010. p. 49 e seguintes, que concorda em parte com as críticas, e DALLARI, Sueli Gandolfi. Poderes republicanos e a defesa do direito à saúde – Evolução da proteção do direito à saúde nas constituições do Brasil. *In*: ALVES, Sandra Maria; DELDUQUE, Maria Célia; DINO NETO, Nicolao (Org.). *Direito sanitário em perspectiva*. Brasília: ESMPU/Fiocruz, 2013. v. 2. p. 26 e seguintes.

[917] BÉLANGER, Michel. Origine et histoire du concept de santé en tant que droit de la personne. *Journal International de Bioéthique*, v. 9, p. 57-61, set. 1998; LOUREIRO, João Carlos. Direito à (protecção da) saúde. *In*: MIRANDA, Jorge. *Estudos em homenagem ao Professor Doutor Marcello Caetano no centenário de seu nascimento*. Lisboa; Coimbra: Faculdade de Direito da Universidade de Lisboa/Editora Coimbra, 2006. v. 1. p. 660-663; BARRA, Tiago Viana. Breves considerações sobre o direito à protecção da saúde. *O Direito*, ano 144, v. 2, p. 411-445, 2012. p. 420-422; DALLARI, Sueli Gandolfi. Poderes republicanos e a defesa do direito à saúde – Evolução da proteção do direito à saúde nas constituições do Brasil. *In*: ALVES, Sandra Maria; DELDUQUE, Maria Célia; DINO NETO, Nicolao (Org.). *Direito sanitário em perspectiva*. Brasília: ESMPU/Fiocruz, 2013. v. 2. p. 27, a qual faz referência a essa crítica.

[918] Conferir a nota de rodapé subsequente.

e a oferta de novas tecnologias para satisfazer esses interesses.[919] Paralelamente a tudo isso, põem-se à mesa questões de prioridades, até porque há determinados grupos com maiores dificuldades de mobilização para a luta de seus interesses ou cujos problemas sanitários não conseguem promover o mesmo impacto na opinião pública e nas instâncias decisórias de poder.[920]

A revolução genética, que propicia a possibilidade de saber as probabilidades de adoecer no futuro, põe em evidência a figura dos doentes potenciais ou "doentes sãos", vetor que dinamiza as necessidades de saúde para algo potencialmente inesgotável.[921] Basta pensar em demandas situadas em zonas nebulosas ou fronteiriças, como as relativas a cirurgias estéticas, a provisão de fármacos ou medicamentos que estimulem sexualmente ou potencializem efeitos psicológicos ou cerebrais, a técnicas de reprodução assistida, em especial a fertilização *in vitro*, sem mencionar áreas sobrepostas entre saúde e educação, segurança e bem-estar social.[922]

Ao mesmo tempo em que as demandas de saúde crescem, as políticas neoliberais capitaneadas pelo Banco Mundial e pelo Fundo Monetário Internacional causaram enormes impactos nos sistemas de saúde nacionais, a impulsionar reformas no intuito de cortar despesas de saúde. Obviamente, não foi apenas uma tendência setorial, resumida no campo da saúde, mas uma mola propulsora de inúmeras reformas na Administração Pública que refletiu na própria concepção do modelo social europeu exportado a outras matrizes nacionais.

A aposta da nova política econômica, embebida em ambiente de crise financeira e em contexto de acentuada globalização, foi na derrocada completa do Estado-Providência. Logo, o papel do Estado como prestador no campo das políticas econômico-social-culturais sofreu uma forte inflexão crítica. O Estado Social prestador (e produtor) foi progressivamente reconfigurado para um Estado-Garantidor, fruto das novas ideias de governança, com o foco de repriorizar a ação estatal para as funções de regulação, supervisão e fiscalização dos agentes econômico-financeiros e empresariais, os quais ficam

---

[919] NUNES, João Arriscado. Saúde, direito à saúde e justiça sanitária. *Revista Crítica de Ciências Sociais*, n. 87, p. 143-169, out./dez. 2009. p. 144 e seguintes, a respeito de "biopoder", de "biossocialidade" e das pressões para uma objetivação da doença; sobre "biocidadãos", bem como a respeito dessas pressões e de sua mobilização política, inclusive com o uso da litigação, remete-se a MURPHY, Thérèse. *Health and human rights*. Oxfortd/Portland: Hart Publishing, 2013. p. 50; 54-57.

[920] Digno de nota é o êxito no convencimento das instâncias de poder e na captação da atenção da opinião pública dos infectados com HIV, os quais conseguiram destacar sua enfermidade de outras, com ampla mobilização social. A destacar o aspecto, na linguagem da teoria dos sistemas luhmanniana, da seletividade das comunicações e do maior êxito "comunicacional" dos portadores de HIV em relação a outros tipos de moléstias, PILAU SOBRINHO, Liton Lanes. A relação (não) comunicacional do direito à saúde. *In*: REIS, Jorge Renato dos; LEAL, Rogério Gesta (Org.). *Direitos sociais e políticas públicas*: desafios contemporâneos. Santa Cruz do Sul: Edunisc, 2009. t. 9. p. 2.830-2.846.

[921] LOUREIRO, João Carlos. Direito à (protecção da) saúde. *In*: MIRANDA, Jorge. *Estudos em homenagem ao Professor Doutor Marcello Caetano no centenário de seu nascimento*. Lisboa; Coimbra: Faculdade de Direito da Universidade de Lisboa/Editora Coimbra, 2006. v. 1. p. 660-663; 672-676.

[922] VALE, Luís Meneses do. A jurisprudência do Tribunal Constitucional sobre o acesso às prestações concretizadoras do direito à protecção da saúde: alguns momentos fundamentais. *Jurisprudência Constitucional*, n. 12, p. 12-47, out./dez. 2006. p. 36-47. A propósito da reprodução assistida, vale lembrar interessante caso decidido por tribunal espanhol e comentado por VIDAL-MARTINEZ, Jaime. Choix de sexe: commentaire d'une decision judiciaire appliquant la loi espagnole sur les techiniques de reproduction assistée. *Journal International de Bioéthique*, v. 3, n. 1, p. 5-12, mar. 1992, a respeito da pretensão de escolher o sexo da criança, o que foi negado em definitivo pelo Judiciário naquela hipótese; autor sugere que, sobre esse tema, é melhor uma ética de responsabilidade que uma ética de direitos.

corresponsáveis com o Estado em atender às demandas, que passam a consubstanciar apenas as mais básicas necessitadas pelos indivíduos.[923] Subjazem a essa tendência as premissas de que era impossível ao direito acompanhar as evoluções sociais e antecipar-se a elas e de que, pois, era preciso substituir a lei como primacial veículo normativo para atuar nas políticas públicas, inclusive porque não era mais o papel da lei detalhar a forma de intervenção estatal, resumindo-se a estabelecer grandes diretrizes que seriam o guia do Executivo na implementação dessas políticas; privilegia-se um *soft law* em vez de um *hard law*.[924] Para tanto, o próprio Estado reinventa sua burocracia, cria entes autônomos e independentes e reforma o direito administrativo para permitir a atuação conjunta dos setores privado e público, ficando a cargo deste o papel de garantidor (supervisão, controle e regulamentação da atividade).[925] Mesmo quando se mantêm no desempenho de uma atividade prestacional, os efeitos dessa nova política fomentam uma concorrência entre o setor público e privado, o que motiva o Estado a abdicar de monopólios em geral e encarregar-se de reger e regular a própria concorrência entre esses setores; isso implica uma proteção aos cidadãos dentro de uma ótica de consumo dessas prestações – cidadãos-clientes ou consumidores –, a incutir deveres de transparência, sistematização de queixas e reclamações quanto ao funcionamento da atividade e responsividade na atenção do cidadão/usuário/consumidor.[926]

Por outro lado, o que não deixa de ser um corolário dessa mesma responsividade pretendida e de uma ideia geral de *new governance*, fomenta-se um conceito de democracia participativa, em que os cidadãos participam em alguma medida de órgãos colegiados que deliberam em muitas questões locais e sobre políticas setorizadas do Estado;[927] preenche-se uma lacuna deliberativa a infundir pluralismo na gestão dessas políticas, com ampliação da participação na gestão democrática do país, oxigenando-a e minorando efeitos deletérios que afetem a qualidade da vida democrática, como a falta de identificação entre o representante político e o representado e o massivo desinteresse ou abstenção de participação na vida política.[928]

---

[923] URBANO, Maria Benedita. Globalização: os direitos fundamentais sob stress. *In*: ANDRADE, Manuel da Costa; ANTUNES, Maria João; SOUZA, Susana Aires de (Org.). *Stvdia Ivridica n. 101*. Estudos em homenagem ao Prof. Doutor Jorge de Figueiredo Dias. Coimbra: Coimbra Editora, 2010. v. IV. p. 1.023 e seguintes.

[924] GARCIA, Maria da Glória F. P. D. *Direito das políticas públicas*. Coimbra: Almedina, 2009. p. 23-44.

[925] CASSESE, Sabino. The new paths of administrative law: A manifesto. *International Journal of Constitutional Law*, v. 10, n. 3, p. 603-613, 2012.

[926] Sobre o conceito de responsividade, a demandar uma institucionalização jurídica da atenção, escuta e resposta às críticas, queixas e sugestões dos cidadãos, também percebidos como usuários dos sistemas de prestações e consumidores dessas prestações, o que a converte em um dos líderes da reforma da administração pública, mencionam-se VALE, Luís A. M. Meneses do. Access to health care between rationing and responsiveness: problem(s) and meaning(s). *Boletim da Faculdade de Direito da Universidade de Coimbra*, v. LXXXVIII, t. I, p. 105-187, 2012. p. 177 e seguintes; VALE, Luís António Malheiro Meneses do. Responsividade nos sistemas públicos de saúde: o exemplo da OMS. *In*: ANDRADE, Manuel da Costa; ANTUNES, Maria João; SOUZA, Susana Aires de (Org.). *Stvdia Ivridica n. 101*. Estudos em homenagem ao Prof. Doutor Jorge de Figueiredo Dias. Coimbra: Coimbra Editora, 2010. v. IV. p. 1.052 e seguintes.

[927] GARCIA, Maria da Glória F. P. D. *Direito das políticas públicas*. Coimbra: Almedina, 2009. p. 44-46; CASSESE, Sabino. The new paths of administrative law: A manifesto. *International Journal of Constitutional Law*, v. 10, n. 3, p. 603-613, 2012.

[928] OLIVEIRA, Mariana Siqueira de Carvalho; ALVES, Sandra Mara Campos. Democracia e saúde: o papel do Ministério Público nas instâncias participativas sanitárias. *In*: ALVES, Sandra Maria; DELDUQUE, Maria Célia; DINO NETO, Nicolao (Org.). *Direito sanitário em perspectiva*. Brasília: ESMPU/Fiocruz, 2013. v. 2. p. 240 e seguintes; DELDUQUE, Maria Célia; MARQUES, Silvia Badim; CIARLINI, Álvaro. Judicialização das políticas de saúde

Como bem salienta Meneses do Vale, o Estado-Garantidor retrai sua atuação material-prestativa, para entregá-la a entidades privadas, e inunda o território com uma vasta rede normativa. Esse "dilúvio" normativo traz a fixação de obrigações de serviço público e escopos de resultado socioeconômico, ao passo que o Estado atua em novos mercados instituídos por instrumentos recentes de planificação e contratualização – exemplo das parcerias público-privadas – e regulação – normas de natureza técnica relacionadas à certificação, à acreditação ou ao licenciamento, ao controle de qualidade, à criação de tarifas e à supervisão ou coordenação, e também gere novos esquemas de financiamento dos serviços universais. Ao fim e ao cabo, o Estado parametriza na sua atuação a eficiência, a efetividade e a qualidade como princípios normativos, conquanto não deixe de invocar a igualdade e a socialidade, o que propicia inegáveis tensões.[929]

Na seara da saúde, o viés dado por essas pessoas jurídicas internacionais (FMI e Banco Mundial) é transmitido por duas visões não necessariamente contraditórias: i) a que considera a saúde como capital humano digno de aposta, o que justifica alocações para defesa e promoção da saúde como investimentos, ponderados mediante cálculo utilitarista que atenda à maior geração de riquezas; ii) a difusão de mentalidade de contenção de gastos no quadro de despesas públicas do Estado na manutenção dos sistemas de saúde, com assimilação de uma ótica de consumo.[930] De modo mais simplista, pode-se dizer que primeira perspectiva prevalece em países em desenvolvimento onde há problemas de saúde que atingem catastroficamente a própria economia e a segunda, nos países desenvolvidos, inclusive porque não são imunes a abalos de crises e pressões por redução de despesas, conquanto também se dirija a países em desenvolvimento. Foram várias recomendações emitidas com a veiculação de desconfiança da socialização ou publicização de bens, as quais sugeriam maior retração da intervenção pública, com liberação de áreas e fundos para investimento privado.[931]

Em relação aos sistemas de saúde, nota-se clara preferência dessas entidades por políticas de reformas que moldavam os sistemas numa configuração mais próxima do financiamento por securitização que do modelo de financiamento fiscal, a par de incentivar contínuas medidas de racionamento e compartilhamento de custos com os utentes do sistema (taxas moderadoras e copagamentos por cofinanciamento). Interessante

---

no Brasil. *In*: ALVES, Sandra Maria; DELDUQUE, Maria Célia; DINO NETO, Nicolao (Org.). *Direito sanitário em perspectiva*. Brasília: ESMPU/Fiocruz, 2013. v. 2. p. 200.

[929] VALE, Luís António Malheiro Meneses do. As taxas moderadoras e o financiamento do Serviço Nacional de Saúde: Elementos para uma perspectiva constitucional. *In*: CABRAL, Nazaré da Costa; AMADOR, Olívio Mota; MARTINS, Guilherme Waldemar d'Oliveira (Org.). *A reforma do sector de saúde*: uma realidade iminente? Coimbra: Almedina, 2010. p. 119-130. A comentar que o problema do financiamento da saúde não possui solução satisfatória ante as incessantes demandas por mais e melhores cuidados sanitários, a par de novos riscos coletivos que podem surgir, cita-se LYON-CAEN, Gérard. Informe de síntesis. *In*: MARZAL FUENTES, Antonio (Ed.). *Protección de la salud y derecho social*. Barcelona: Esade, 1999. p. 219-229.

[930] VALE, Luís António Malheiro Meneses do. Responsividade nos sistemas públicos de saúde: o exemplo da OMS. *In*: ANDRADE, Manuel da Costa; ANTUNES, Maria João; SOUZA, Susana Aires de (Org.). *Stvdia Ivridica n. 101*. Estudos em homenagem ao Prof. Doutor Jorge de Figueiredo Dias. Coimbra: Coimbra Editora, 2010. v. IV. p. 1.052-1.066. A destacar, na área da saúde, a globalização e internacionalização de mercados como causa de erosão dos Estados de bem-estar europeus, com maior transferência de serviços ao mercado, inclusive os serviços de saúde, GEVERS, Sjef. The right to health care. *European Journal of Health Law*, v. 11, p. 29-34, 2004. p. 31.

[931] VALE, Luís António Malheiro Meneses do. Responsividade nos sistemas públicos de saúde: o exemplo da OMS. *In*: ANDRADE, Manuel da Costa; ANTUNES, Maria João; SOUZA, Susana Aires de (Org.). *Stvdia Ivridica n. 101*. Estudos em homenagem ao Prof. Doutor Jorge de Figueiredo Dias. Coimbra: Coimbra Editora, 2010. v. IV. p. 1.052-1.066, de quem se aproveita a lição do parágrafo.

notar que a OMS, a princípio, não teve um claro contraponto às políticas econômicas de matizes neoliberais[932] e, ao que parece, foi até em alguma medida influenciada por elas, como se evidencia de seu conceito de responsividade e dos objetivos conferidos por esse ente a um sistema de saúde.[933]

Soma-se a isso a proteção uniforme dada aos direitos de propriedade intelectual, que não distingue entre bens fundamentais para a saúde e a vida, como alimentos e medicamentos e, em relação a estes, sequer diferencia os medicamentos essenciais dos não essenciais.[934] Em 1994, mediante o acordo *TRIPS – Agreement on Trade-Related Aspects of Intellectual Property Rights*, celebrado no âmbito do *GATT – General Agreement on Tariffs and Trade*, impôs-se a universalização do zelo pelos direitos de propriedade

---

[932] LEMA AÑÓN, Carlos. *Salud, justicia, derechos*. El derecho a la salud como derecho social. Madrid: Dykinson, 2010. p. 28-29.

[933] VALE, Luís António Malheiro Meneses do. Responsividade nos sistemas públicos de saúde: o exemplo da OMS. *In*: ANDRADE, Manuel da Costa; ANTUNES, Maria João; SOUZA, Susana Aires de (Org.). *Stvdia Ivridica n. 101*. Estudos em homenagem ao Prof. Doutor Jorge de Figueiredo Dias. Coimbra: Coimbra Editora, 2010. v. IV. p. 1.067-1.088. O jurista comenta a respeito de relatório produzido pela OMS do ano 2000, sublinhando a crítica feita por alguns – endossada em certa medida pelo estudioso de Coimbra – a respeito da adesão a uma agenda "pós-welfarista" da organização, a carregar consigo um prejuízo para estratégias anteriores estampadas no foco em cuidados primários e sistemas universais de saúde. Ao incorporar premissas do *new public management*, incentiva flexibilidade, remoção de monopólios e obstáculos burocráticos e uma adaptação à tendência consumerista, mediante introdução de mecanismos de competição e concorrência de natureza mercantil, com idolatria à análise de desempenho. No lado do sistema, eles são avaliados quanto à eficiência por meio de *performance* quanto ao resultado dos investimentos públicos (*inputs*) em atividades de saúde (*outputs*) e por meio de resultados na consecução das políticas de saúde (*outcomes*); no quesito relativo ao cidadão, há um monitoramento numa ótica de relação de consumo. Contudo, o próprio jurista português ressalta que há pontos positivos e que são meritórios, como a introdução de um conceito de responsividade e a estratégia de reduzir custos mediante ganhos de eficiência. A apontar uma vagueza histórica da OMS na defesa da saúde como direito, inclusive por não prestar apoio à confecção do Pacto Internacional dos Direitos Econômicos, Sociais e Culturais, HENDRIKS, Aart. The right to health. *European Journal of Health Law*, v. 1, p. 187-196, 1994. p. 187-188. Seja como for, conquanto ainda sublinhe a necessidade de ganhos de eficiência, com louvação à avaliação de desempenho e cumprimento de metas quantitativas e qualitativas, nos últimos anos a OMS parece tentar afastar parte das dubiedades em relação aos efeitos de políticas neoliberais nas estratégias definidas na Declaração de Alma-Ata. No Relatório Mundial da Saúde de 2008 (ORGANIZAÇÃO MUNDIAL DA SAÚDE. *Relatório Mundial de Saúde 2008*: Cuidados de saúde primários agora mais que nunca. Disponível em: http://www.who.int/whr/2008/whr08_pr.pdf. Acesso em: 29 abr. 2017. p. 12 e seguintes), ela centrou força na necessidade de foco nos cuidados primários de saúde como meio de promover a igualdade, inclusive com a condenação de reformas estruturais realizadas nos sistemas de saúde durante as décadas de 80 e 90 que teriam propiciado três efeitos que terminam por produzir desigualdades condenáveis do sistema: i) "hospitalocentrismo" ou foco desproporcional em cuidados terciários especializados; ii) fragmentação do sistema, com institucionalização de inúmeros programas e projetos não custeados pelo mesmo fundo ou que competem entre si na arrecadação de fundos; iii) comercialização generalizada e desregulamentada de cuidados de saúde; no Relatório Mundial da Saúde de 2010 (ORGANIZAÇÃO MUNDIAL DA SAÚDE. *Relatório Mundial da Saúde 2010*: Financiamento dos sistemas de saúde – O caminho para cobertura universal. Disponível em: http://www.who.int/eportuguese/publications/WHR2010.pdf. Acesso em: 29 abr. 2017. p. 2 e seguintes), tocou em estratégias e planos de ação para fomentar a cobertura universal dos sistemas de saúde como meio de cumprir o direito à saúde previsto em sua Constituição, com condenação dos chamados pagamentos diretos.

[934] Cabe referir que a OMS, desde a Declaração de Alma-Ata, entendia a distribuição de medicamentos essenciais como parte dos cuidados primários, a qual também terminou por recomendar a política de definição de medicamentos essenciais, cujo acesso deveria ser disponibilizado como parte do direito fundamental à saúde, interpretação que foi acompanhada pelo Comitê de Direitos Econômicos, Sociais e Culturais no comentário geral nº 14, como se observará no subitem 3.5. O acesso a esses medicamentos encontra-se no elemento da disponibilidade. Medicamentos essenciais, segundo definição atual da OMS (*The selection and use of essential medicines – Repport of the WHO Expert Committee*, 2002, p. 14 e seguintes), são os que satisfazem as necessidades prioritárias de saúde da população. São eleitos em consideração à relevância para a saúde pública, às evidências de sua segurança e eficácia, e com base em comparação de custo-efetividade, de modo a serem disponíveis a qualquer tempo nas quantidades adequadas, conforme dosagem devida, com qualidade e informação adequada, a preços acessíveis aos indivíduos e à comunidade em geral. A OMS define uma lista de medicamentos essenciais periodicamente, mas deixa claro que essa definição deve ser flexível e adaptável às situações diversas, sendo de responsabilidade de cada país definir sua lista de medicamentos essenciais.

intelectual, o que inclui os produtos farmacêuticos, embora o acordo permita que os Estados excluam da possibilidade de patente os diagnósticos, terapias e métodos cirúrgicos em humanos e animais.[935] A proteção das patentes dos medicamentos põe ainda mais pressão financeira nas políticas sanitárias, ante seu alto custo em função dos direitos de propriedade intelectual[936] durante o tempo de vigência da patente, que assegura um monopólio na exploração comercial do produto. No entanto, o Acordo não tratou, conforme norma do art. 6º, da exaustão, ficando a critério de cada país signatário desenvolver sua legislação e escolher as suas modalidades de aplicação. Isso implica, em relação à importação paralela, ou "mercado cinza", de medicamentos, isto é, feita sem a anuência do titular da patente, a possibilidade, a depender da legislação interna, de importar o produto do mercado onde o medicamento, lá inserido pelo detentor do direito da patente ou por alguém com seu consentimento, seja comercializado pelos menores preços.[937]

Deveras, por um lado, percebe-se o nítido desinteresse das indústrias farmacêuticas em investir em pesquisa e desenvolvimento de drogas que possam auxiliar no tratamento de doenças típicas de países mais pobres, uma vez que o mercado consumidor economicamente capaz se concentra maciçamente nos países desenvolvidos.[938]

Por outro prisma, mesmo que haja normas que resguardem o direito dos países de elaborar leis, regulações ou políticas destinadas à proteção da saúde pública e da nutrição, e de desenvolverem setores importantes de interesse para o seu progresso tecnológico e econômico (art. 8º, 1), bem como haja a possibilidade de reprimir abusos do direito de propriedade intelectual ou de práticas que restrinjam não razoavelmente o comércio ou a transferência internacional de tecnologia (art. 8º, 2), o Acordo TRIPS

---

[935] O texto do acordo TRIPS consta do anexo 1C do Acordo de Marraquexe, que cria a Organização Mundial de Comércio. A permissão de exceção de patentes para diagnósticos, terapias e métodos cirúrgicos vem trazida no art. 27, 3, "a".

[936] Identificando essa dificuldade, YAMIN, Alicia Ely. Poder, sufrimiento y los tribunales – Reflexiones acerca de la promoción de los derechos de la salud por la vía de la judicialización. *In*: YAMIN, Alicia Ely; GLOPPEN, Siri (Coord.). *La lucha por los derechos de la salud* – ¿Puede la justicia ser una herramienta de cambio? Buenos Aires: Siglo Ventiuno, 2013. p. 400-416. A notar a tensão entre propriedade intelectual e acesso a medicamentos, especialmente aqueles importantes para tratamento da SIDA, LOUREIRO, João Carlos. Direito à (protecção da) saúde. *In*: MIRANDA, Jorge. *Estudos em homenagem ao Professor Doutor Marcello Caetano no centenário de seu nascimento*. Lisboa; Coimbra: Faculdade de Direito da Universidade de Lisboa/Editora Coimbra, 2006. v. 1. p. 666-672.

[937] FERRAUD-CIANDET, Nathalie. *Protection de la santé et sécurité alimentaire en droit international*. Bruxelles: Larcier, 2009. p. 93 e seguintes. Sobre importação paralela e um princípio da exaustão, BRAGA, Ludmila Arruda. Importações paralelas e exaustão de direitos: uma visão crítica. *Revista Brasileira de Direito Internacional*, v. 4, n. 4, p. 100-117, jul./dez. 2006. p. 101 e seguintes; ANDRADE, Gustavo Piva de. Propriedade industrial e importação paralela no ordenamento jurídico brasileiro. *Dossiê Anual do Centro Brasileiro de Relações Internacionais*, 2012. Disponível em: http://www.dannemann.com.br/dsbim/Biblioteca_Detalhe.aspx?&ID=777&pp=1&pi=2. Acesso em: 28 dez. 2016. Como se percebe, a importação paralela é a introdução no mercado nacional de bens ou produtos genuínos/originais, disponibilizados no mercado estrangeiro pelo distribuidor dessas mercadorias, que contam com a proteção de propriedade intelectual, mas sem que o detentor da patente ou do direito de distribuição do produto tenha aceitado que fosse esse bem introduzido no mercado importador; logo, não se trata de produtos piratas, contrafeitos nem incide aqui a figura do contrabando. A doutrina da exaustão reconhece que, uma vez disponibilizado o produto no mercado com o consentimento do titular da patente, exaure-se seu direito exclusivo de explorá-lo, pois aí vigoraria o princípio da livre comercialização, não sendo possível que o titular da patente se insurja contra as posteriores vendas, comercialização ou circulação do produto patenteado. No Brasil, a Lei nº 9.279/96 reconheceu a teoria da exaustão (art. 132, III), mas proibiu a importação paralela (arts. 42 e 43, IV).

[938] POLÔNIO, Carlos Alberto. Patentes farmacêuticas e acesso a medicamentos: regras comerciais, direito à saúde e direitos humanos. *Revista de Direito Sanitário*, v. 7, n. 1-2-3, p. 163-182, 2006. p. 166 e seguintes.

continha uma ressalva de que esses direitos e a contenção do abuso de direito deveriam estar em conformidade com as disposições de proteção da propriedade intelectual previstas no Acordo, o que certamente poderia gerar dúvidas sobre as condições em que se poderia licenciar compulsoriamente medicamentos patenteados por motivos sanitários.[939]

Assim, não havia plena segurança jurídica de que o art. 31, que trata do uso não autorizado pelo titular da patente (licença compulsória), poderia ser aplicado em casos de emergência sanitária, o que provocava o grande receio de sanções comerciais no fórum da Organização Mundial de Comércio, até porque as licenças compulsórias são consideradas temporárias e há enormes desafios na proteção da saúde e prevenção de agravos, de modo que as políticas de saúde, para que tenham êxito, deverão ter prolongada duração.[940]

Nesse contexto, a própria Organização das Nações Unidas e a Organização Mundial de Saúde destacaram um possível conflito entre as normas de proteção de propriedade intelectual com o direito humano à saúde, ante os efeitos deletérios de coibir acesso a medicamentos, mesmo os essenciais, para a promoção e proteção da saúde. Assim, essas pessoas jurídicas de direito internacional, provocadas por organizações não governamentais humanitárias e ligadas à saúde e por países em desenvolvimento, abalizaram uma forte pressão política desenvolvida por estes países sobre a Organização Mundial de Comércio, com a finalidade de permitir uma interpretação do TRIPS que não inviabilizasse a produção e aquisição de remédios escolhidos para a prevenção de agravos sanitários e para a promoção da saúde.[941]

Nessa toada, em 2001 foi aprovada numa Conferência Ministerial da Organização Mundial de Comércio a Declaração sobre o acordo TRIPS e a saúde pública (Declaração de Doha sobre TRIPS e saúde pública). No documento, reconhece-se que os dispositivos do Acordo não podem ser interpretados de uma maneira que impeça os Estados de adotar medidas que protejam a saúde pública, o que inclui uma disponibilização universal de medicamentos. Os enunciados normativos do Acordo devem ser interpretados de modo condizente com a proteção da saúde, reconhecendo aos Estados legitimidade e competência de avaliar quais são as situações de emergência, o que inclui as crises e calamidades sanitárias, que justificam a outorga de licenças compulsórias, conforme legislação doméstica de cada país. A Declaração previu que o termo final do prazo de

---

[939] A sustentar uma plena conformação das normas previstas no TRIPS com um amplo alcance da tutela das políticas sanitárias, parece caminhar DALLARI, Sueli Gandolfi. Poderes republicanos e a defesa do direito à saúde – Evolução da proteção do direito à saúde nas constituições do Brasil. *In*: ALVES, Sandra Maria; DELDUQUE, Maria Célia; DINO NETO, Nicolao (Org.). *Direito sanitário em perspectiva*. Brasília: ESMPU/Fiocruz, 2013. v. 2. p. 28-29.

[940] Sobre as licenças compulsórias, FERRAUD-CIANDET, Nathalie. *Protection de la santé et sécurité alimentaire en droit international*. Bruxelles: Larcier, 2009. p. 94 e seguintes. Consoante o magistério da autora, as licenças compulsórias devem ser precedidas de um esforço para obter o consentimento do detentor da patente, salvo casos de urgência, com limitação de seu uso àquilo que foi autorizado pela licença, com uso não exclusivo e destinação ao abastecimento do mercado interno, com indenização pelo licenciamento obrigatório. As licenças compulsórias são temporárias e sua validade é condicionada à presença das circunstâncias que a autorizaram. Essas condições, além de outras exigências, estão previstas no art. 31 e suas respectivas alíneas do Acordo.

[941] DOMINGUES, Renato Valladares. Globalização e acesso a medicamentos. *Revista Eletrônica de Direito Internacional*, v. 15, n. 1, 2015. Disponível em: http://www.cedin.com.br/wp-content/uploads/2014/05/Ficha-Catalografica5.pdf. Acesso em: 28 dez. 2016. p. 6 e seguintes.

não aplicação das normas constantes do Acordo para os países mais pobres era janeiro de 2016.[942]

Como as situações de urgência e calamidade abrangem questões sanitárias e porque se compreende que as doenças citadas no documento são meramente exemplificativas, é suasório burilar que o sentido dado à urgência engloba situações duráveis e não meramente transitórias.[943] Assim, a interpretação defendida da norma do art. 31, que trata da possibilidade de licenciar compulsoriamente a patente, sem a necessidade de anuência do titular da propriedade intelectual, embora mediante indenização, permite consubstanciar epidemias e endemias (ou seu mero risco) como situação de emergência que dispensa a prévia tratativa com o proprietário do direito de propriedade intelectual.[944]

Ainda resta por resolver, em definitivo, a situação de países reconhecidamente pobres que não possuem infraestrutura farmacêutica mínima para produzir por si e explorar produtos patenteados mediante licenças compulsórias, considerando que, nos termos do Acordo TRIPS (art. 31, "f"), não se admite a licença compulsória de medicamentos para fins de exportação, o que inibe que os países que consigam explorar e produzir esses medicamentos com preços acessíveis vendam-nos a preços módicos àqueles países mais pauperizados.[945] Também fica em aberto a própria questão da fixação dos preços dos produtos farmacêuticos pelo proprietário, uma vez que esse valor pode ser realmente exorbitante, mas talvez fosse controverso interpretar esse exagero como abuso, a justificar a quebra obrigatória da patente,[946] conquanto a flexibilidade na interpretação preconizada na Declaração sobre o Acordo TRIPS e saúde pública permita que os Estados passem a utilizar esse instrumento também pela situação isolada de preço elevado.[947]

---

[942] Sobre a Declaração em tela, mencionam-se DOMINGUES, Renato Valladares. Globalização e acesso a medicamentos. *Revista Eletrônica de Direito Internacional*, v. 15, n. 1, 2015. Disponível em: http://www.cedin.com.br/wp-content/uploads/2014/05/Ficha-Catalografica5.pdf. Acesso em: 28 dez. 2016. p. 8 e seguintes; FERRAUD-CIANDET, Nathalie. *Protection de la santé et sécurité alimentaire en droit international*. Bruxelles: Larcier, 2009. p. 97 e seguintes; POLÔNIO, Carlos Alberto. Patentes farmacêuticas e acesso a medicamentos: regras comerciais, direito à saúde e direitos humanos. *Revista de Direito Sanitário*, v. 7, n. 1-2-3, p. 163-182, 2006. p. 169 e seguintes.

[943] A respeito de abranger situações duráveis, FERRAUD-CIANDET, Nathalie. *Protection de la santé et sécurité alimentaire en droit international*. Bruxelles: Larcier, 2009. p. 98. Em relação a ser meramente exemplificativo o rol de doenças apontadas na Declaração, DOMINGUES, Renato Valladares. Globalização e acesso a medicamentos. *Revista Eletrônica de Direito Internacional*, v. 15, n. 1, 2015. Disponível em: http://www.cedin.com.br/wp-content/uploads/2014/05/Ficha-Catalografica5.pdf. Acesso em: 28 dez. 2016. p. 10.

[944] DOMINGUES, Renato Valladares. Globalização e acesso a medicamentos. *Revista Eletrônica de Direito Internacional*, v. 15, n. 1, 2015. Disponível em: http://www.cedin.com.br/wp-content/uploads/2014/05/Ficha-Catalografica5.pdf. Acesso em: 28 dez. 2016. p. 12-13.

[945] Sobre o problema, conferir FERRAUD-CIANDET, Nathalie. *Protection de la santé et sécurité alimentaire en droit international*. Bruxelles: Larcier, 2009. p. 98 e seguintes; DOMINGUES, Renato Valladares. Globalização e acesso a medicamentos. *Revista Eletrônica de Direito Internacional*, v. 15, n. 1, 2015. Disponível em: http://www.cedin.com.br/wp-content/uploads/2014/05/Ficha-Catalografica5.pdf. Acesso em: 28 dez. 2016. p. 13 e seguintes. Como este último jurista comenta, havia um movimento para emendar o TRIPS, o qual, todavia, ainda não foi exitoso. Pretendia-se deixar permanente a decisão provisória da OMC que permitiu a exportação de fármacos genéricos sob licença compulsória, mediante algumas condições, classificadas como burocráticas e contrárias ao objetivo de transferência de tecnologia previsto no acordo. Sob o manto dessa decisão provisória, o autor relata um caso de medicamento licenciado compulsoriamente que recebeu permissão de exportação.

[946] POLÔNIO, Carlos Alberto. Patentes farmacêuticas e acesso a medicamentos: regras comerciais, direito à saúde e direitos humanos. *Revista de Direito Sanitário*, v. 7, n. 1-2-3, p. 163-182, 2006. p. 178 e seguintes.

[947] A notar uma hesitação nos países em geral a utilizar as licenças compulsórias, embora haja constantes ameaças de utilizar esse instrumento como forma de negociação para obter preços mais acessíveis ou para obter autorização de produção de produtos genéricos, conferir FERRAUD-CIANDET, Nathalie. *Protection de la santé et sécurité alimentaire en droit international*. Bruxelles: Larcier, 2009. p. 102 e seguintes.

Entre Cila e Caribdes, posicionar-se sobre o conceito de saúde perpassa o risco de apresentá-lo de modo muito reduzido, o que propicia que seja dragado ou engolido, ou de denotá-lo de forma tão ampla que trará problemas que o levarão a espatifar-se nos escolhos costeiros da aplicabilidade. Uma tentativa de dar um conceito positivo mais limitado, o qual não institua uma meta de resgate ilimitada, é dada por Norman Daniels. Este autor, tributário da teoria de justiça como equidade de Rawls, não inclui a saúde como um bem primário, conforme nomenclatura rawlsiana. Em vez disso, considera a saúde um bem essencial para assegurar uma justa igualdade de oportunidades, adaptando a teoria de Rawls para incluí-la dentro desse princípio.[948] As práticas sociais podem induzir desigualdades que devem ser corrigidas mediante uma justa igualdade de oportunidades – e não apenas uma igualdade de oportunidades formal, como seria a abertura de cargos e empregos públicos a todos, algo já preconizado por Rawls. Por conseguinte, os cuidados de saúde podem contribuir de forma relevante, embora limitada, para concretizar uma justa igualdade de oportunidades, à medida que essas desigualdades são corrigidas para permitir o "funcionamento normal" das pessoas.[949]

Extrai-se desse pensamento um conceito de saúde traduzido no estado psicossomático que permita que a pessoa aja e viva dentro de um padrão básico de funcionalidade do corpo humano, o qual também é dependente e é afetado por fatores e condições sociais – Daniels inclui entre as necessidades sanitárias fatores sociais como nutrição, moradia adequada e salubre, serviços sociais de natureza não médica, serviços médicos preventivos, curativos e reabilitadores, exercício, descanso e outras características de uma vida saudável.[950] Com isso, contribui-se em alguma medida para objetivar as necessidades de saúde, isto é, separá-las da *voluntas* individual, haja vista que elas podem ser enunciadas, ao menos no seu núcleo, nessa perspectiva de normalidade de funcionamento de corpo e mente humanos,[951] ou seja, tudo aquilo que possa conservar, restaurar ou promover esse padrão. Evidentemente, pode-se debater o que se entenda por "funcionamento normal", mas a vantagem desse conceito está justamente nessa

---

[948] DANIELS, Norman. Justice, health, and healthcare. *The American Journal of Bioethics*, v. 1, n. 2, p. 2-16, 2001. p. 2 e seguintes; DANIELS, Norman. L'extension de la justice comme équité à la santé et aux soins de santé. Tradução de Émmanuelle Glon. *Raisons Politiques*, n. 34, p. 9-29, 2009. p. 9-18 e seguintes.

[949] DANIELS, Norman. A progressively realizable right to health and global governance. *Health Care Anal.*, v. 23, p. 330-340, 2015. p. 332 e seguintes; DANIELS, Norman. L'extension de la justice comme équité à la santé et aux soins de santé. Tradução de Émmanuelle Glon. *Raisons Politiques*, n. 34, p. 9-29, 2009. p. 9-28; DANIELS, Norman. Justice, health, and healthcare. *The American Journal of Bioethics*, v. 1, n. 2, p. 2-16, 2001. p. 2 e seguintes; DANIELS, Norman; SABIN, James. Limits to health care: Fair procedures, democratic deliberation, and the legitimacy problem for insurers. *Philosophy & Public Affairs*, v. 26, n. 4, p. 303-350, Autumn 1997. p. 311 e seguintes. Também menciona o funcionamento normal da espécie, a diminuição de oportunidades para a realização dos planos de vida, RAPOSO, Vera Lúcia. *O direito à imortalidade* – O exercício de direitos reprodutivos mediante técnicas de reprodução assistida e o estatuto jurídico do embrião in vitro. Coimbra: Almedina, 2014. p. 317-324.

[950] DANIELS, Norman. L'extension de la justice comme équité à la santé et aux soins de santé. Tradução de Émmanuelle Glon. *Raisons Politiques*, n. 34, p. 9-29, 2009. p. 14 e seguintes; DANIELS, Norman. Justice, health, and healthcare. *The American Journal of Bioethics*, v. 1, n. 2, p. 2-16, 2001. p. 2 e seguintes. Conferir, ainda, LEMA AÑÓN, Carlos. *Salud, justicia, derechos*. El derecho a la salud como derecho social. Madrid: Dykinson, 2010. p. 141. Ao que se depreende, Daniels atrela a saúde com a não doença, mas inclui entre as necessidades sanitárias fatores que extrapolam a atenção médica e de profissionais de saúde, de sorte que se poderia adaptar o conceito de Daniels nos moldes propostos neste texto.

[951] DANIELS, Norman. Justice, health, and healthcare. *The American Journal of Bioethics*, v. 1, n. 2, p. 2-16, 2001. p. 3 e seguintes; DANIELS, Norman. L'extension de la justice comme équité à la santé et aux soins de santé. Tradução de Émmanuelle Glon. *Raisons Politiques*, n. 34, p. 9-29, 2009. p. 15; LEMA AÑÓN, Carlos. *Salud, justicia, derechos*. El derecho a la salud como derecho social. Madrid: Dykinson, 2010. p. 130 e seguintes.

maior objetivação das necessidades relacionadas à saúde e, de certa forma, limitar essas necessidades outrora ilimitadas pelo conceito da OMS.[952]

Em arremate a este tópico, podem-se tecer notas da saúde como um bem. É um bem jurídico, porque objeto de regulação de normas jurídicas, previsto como direito humano em vários tratados e convenções internacionais e também positivado em várias constituições nacionais, eventualmente como direito fundamental. É um bem substantivo e não meramente instrumental, porque possui um valor intrínseco, em função de permitir o desenvolvimento pleno do indivíduo, a par da sua utilidade para o gozo dos demais bens da vida. Em termos axiológicos, indubitavelmente é um dos bens de capital importância, mormente porque possui conexão próxima com a vida e também é pré-condição para o gozo satisfatório de outros bens, de forma que pode ser considerado um "bem primário", a despeito de não constar da nomenclatura de Rawls. Possui uma dimensão individual, pois é um bem singular de cada ser humano (bem pessoal), de sorte que há características subjetivas, herdadas ou que são resultados de decisões individuais, que afetam o estado de saúde de cada um. Simultaneamente, possui uma dimensão coletiva e social; como bem social, a saúde depende de fatores que estão fora de controle dos indivíduos (geográficos, ambientais, sociais, catástrofes naturais). As dimensões ou perspectivas da saúde como bem pessoal e como bem coletivo influenciam-se reciprocamente, de sorte que essas duas noções imbricadas configuram um *continuum*.[953]

Conforme se infere, o conceito de saúde é fundamentalmente filosófico, objeto de um construto histórico-social, o que lhe dá uma complexidade e heterogeneidade, a

---

[952] Evidentemente, a proposta encontra críticos, como Vidiella (*apud* LEMA AÑÓN, Carlos. *Salud, justicia, derechos*. El derecho a la salud como derecho social. Madrid: Dykinson, 2010. p. 144 e seguintes), que, entre outras objeções, assevera que Daniels termina por adotar um conceito negativo de saúde, e não positivo, pois o oposto da saúde seria a doença, consubstanciada agora como o não "funcionamento normal" dos organismos. Contudo, consoante destaca Añón, ao incluir fatores de natureza social na capacidade de "funcionamento normal" ou "funcionamento básico", a proposta de Daniels termina por não ser substancialmente diferente da apresentada por Vidiella, justamente porque expande o conceito de saúde ao relacioná-lo com prestações e serviços de índole não médica. Aliás, a proposta de Daniels explicita que a atenção preventiva está incluída entre esses serviços, além de algumas determinantes sociais como a nutrição, salubridade do ambiente e higiene do trabalho, educação e assistência social, de sorte que não se pode acusar Daniels de concentrar todo o foco na medicina e na atenção sanitária curativa ou reabilitadora (conferir DANIELS, Norman. L'extension de la justice comme équité à la santé et aux soins de santé. Tradução de Émmanuelle Glon. *Raisons Politiques*, n. 34, p. 9-29, 2009. p. 15-20 e seguintes).

[953] LOUREIRO, João Carlos. Direito à (protecção da) saúde. *In*: MIRANDA, Jorge. *Estudos em homenagem ao Professor Doutor Marcello Caetano no centenário de seu nascimento*. Lisboa; Coimbra: Faculdade de Direito da Universidade de Lisboa/Editora Coimbra, 2006. v. 1. p. 660-666; VALE, Luís António Malheiro Meneses do. As taxas moderadoras e o financiamento do Serviço Nacional de Saúde: Elementos para uma perspectiva constitucional. *In*: CABRAL, Nazaré da Costa; AMADOR, Olívio Mota; MARTINS, Guilherme Waldemar d'Oliveira (Org.). *A reforma do sector de saúde*: uma realidade iminente? Coimbra: Almedina, 2010. p. 109-119; VALE, Luís A. M. Meneses do. Access to health care between rationing and responsiveness: problem(s) and meaning(s). *Boletim da Faculdade de Direito da Universidade de Coimbra*, v. LXXXVIII, t. I, p. 105-187, 2012. p. 128-152; VALE, Luís António Malheiro Meneses do. Responsividade nos sistemas públicos de saúde: o exemplo da OMS. *In*: ANDRADE, Manuel da Costa; ANTUNES, Maria João; SOUZA, Susana Aires de (Org.). *Stvdia Ivridica n. 101*. Estudos em homenagem ao Prof. Doutor Jorge de Figueiredo Dias. Coimbra: Coimbra Editora, 2010. v. IV. p. 1.052-1.066; VALE, Luís Meneses do. A jurisprudência do Tribunal Constitucional sobre o acesso às prestações concretizadoras do direito à protecção da saúde: alguns momentos fundamentais. *Jurisprudência Constitucional*, n. 12, p. 12-47, out./dez. 2006. p. 12-16; DALLARI, Sueli Gandolfi. Poderes republicanos e a defesa do direito à saúde – Evolução da proteção do direito à saúde nas constituições do Brasil. *In*: ALVES, Sandra Maria; DELDUQUE, Maria Célia; DINO NETO, Nicolao (Org.). *Direito sanitário em perspectiva*. Brasília: ESMPU/Fiocruz, 2013. v. 2. p. 25 e seguintes.

revesti-lo de uma polimorfia.[954] Sua extensão tem variado ao longo do vetor espaço-tempo, modificada conforme as necessidades humanas vão sendo induzidas ou impactadas em função do progresso das ciências biológicas, das inovações técnicas e culturais provenientes de formas de produção e consumo, que propiciam uma sociedade de risco,[955] e do contexto social da época. Reveste-se de uma nota de interdependência, justamente por sofrer consequências ou efeitos de ações ou omissões em relação a outros bens da vida, o que se reflete nas chamadas pré-condições sociais da saúde; por esse motivo, é nítido que um direito à saúde fatalmente lidará com zonas de sobreposição com outros direitos que salvaguardem aqueles bens respectivos.[956]

Logo, diferentemente do que alega Robert Nozick, a saúde não é um bem como outro qualquer,[957] razão pela qual se rejeita filosoficamente que ela possa ficar a cargo do livre mercado. Há um sentido ético-filosófico a justificar a assunção pelo Estado de encargos de sua proteção e conservação, com observância de princípios de justiça geral, comutativa, social e distributiva, o que levanta disquisições a respeito de financiamento, alocações, distribuição e fornecimento, de forma a interpelar o direito constitucional a respeito dos critérios de justiça social perfilhados, como articular solidariedade e responsabilidade individual, os paradigmas normativos de organização da produção

---

[954] GARREAU, Olivier. *Droit de la santé, droit à la santé*. Sarrebruck: Éditions Universitaires Européenes, 2010. p. 13 e seguintes; LEMA AÑÓN, Carlos. *Salud, justicia, derechos*. El derecho a la salud como derecho social. Madrid: Dykinson, 2010. p. 81-82 e seguintes; VALE, Luís Meneses do. A jurisprudência do Tribunal Constitucional sobre o acesso às prestações concretizadoras do direito à protecção da saúde: alguns momentos fundamentais. *Jurisprudência Constitucional*, n. 12, p. 12-47, out./dez. 2006. p. 12-16; BÉLANGER, Michel. Origine et histoire du concept de santé en tant que droit de la personne. *Journal International de Bioéthique*, v. 9, p. 57-61, set. 1998; a lembrar que, no direito italiano, a construção da liberdade de autodeterminação do estado de saúde do paciente foi baseada no conceito kantiano de autonomia, COCCONI, Monica. *Il diritto alla tutela della salute*. Padova: Cedam, 1998. p. 82-104; TARDU, Maxime. Droits de l'homme, santé, sciences de la vie: le message de la déclaration universelle des droits de l'homme. *Journal International de Bioéthique*, v. 9, p. 63-67, set. 1998.

[955] Para um compêndio de diferentes teorias da sociedade de risco, entre elas a de Beck, o que forceja a reconfiguração de institutos jurídicos para dar conta de novos fenômenos e diminuir a desproteção de setores vulneráveis aos avanços tecnológicos, LOUBET, Luciano Furtado. *Licenciamento ambiental* – A obrigatoriedade da adoção das melhores técnicas disponíveis (MTD). Belo Horizonte: Del Rey, 2014. p. 28-34, o qual traz o interessante exemplo de efeitos colaterais produzidos pelo medicamento Talidomida, o qual, ministrado às gestantes na década de 50, propiciou focomelia.

[956] LOUREIRO, João Carlos. Direito à (protecção da) saúde. *In*: MIRANDA, Jorge. *Estudos em homenagem ao Professor Doutor Marcello Caetano no centenário de seu nascimento*. Lisboa; Coimbra: Faculdade de Direito da Universidade de Lisboa/Editora Coimbra, 2006. v. 1. p. 660-666; SARLET, Ingo Wolfgang; FIGUEIREDO, Mariana Filchtiner. Reserva do possível, mínimo existencial e direito à saúde: algumas aproximações. *In*: SARLET, Ingo Wolfgang; TIMM, Luciano Benetti (Org.). *Direitos fundamentais, orçamento e reserva do possível*. 2. ed. Porto Alegre: Livraria do Advogado, 2010. p. 38. A enfatizar e tentar distinguir as várias zonas de sobreposição do direito à saúde na perspectiva dos direitos humanos, TOEBES, Brigit C. A. *The right to health as a human right in international law*. Antwerpen; Groningen; Oxford: Intersentia; Hart, 1999. p. 243-289.

[957] NOZICK, Robert. *Anarquia, Estado e utopia*. Tradução de Ruy Jungmann. Rio de Janeiro: Jorge Zahar Editor, 1991. p. 256 e seguintes. Nozick compara os serviços médicos com os serviços prestados por barbeiros. Na sua teoria libertária, o fato de haver pessoas com necessidades sanitárias não providencia um argumento político-moral para que os prestadores desses serviços desconsiderem seus próprios interesses na prestação dessas atividades e a liberdade que possuem para buscá-los, muito menos que seja a coletividade a responsável por distribuir esses recursos. Seja como for, é fato que Nozick não desconsidera a importância dos serviços relacionados à saúde, porém rejeita que se deteriore a liberdade individual, o que na prática significa confiá-la integralmente às leis do mercado. No sentido de não ser possível confiar os encargos de saúde à iniciativa privada de um modo geral, MARTÍNEZ, Soares. Políticas económicas de saúde. *In*: ASCENSÃO, José de Oliveira. *Direito da saúde e bioética*. Lisboa: Lex, 1991. p. 75-88.

e provisão de bens e serviços consagrados nessa seara, bem como, fundamentalmente, a própria relação entre ser e dever-ser.[958]

Prossegue-se no próximo tópico para posicionar-se sobre algumas questões ético-filosóficas geradas pela escassez de recursos.

3.3 Escassez, racionamento e justiça na saúde

Conforme mencionado no subitem anterior, subjacente a um conceito de saúde estão algumas perguntas ligadas a princípios de justiça geral, social e distributiva, referentes aos cuidados de saúde a cargo do Estado, por ele prestados diretamente ou somente financiados, por meio de contratualização prévia com pessoas jurídicas de direito privado ou mediante reembolso.

Tal como referido no tópico precedente, a saúde é uma necessidade e não simplesmente uma opção passível de ser outorgada exclusivamente ao mercado, de modo que não pode depender somente de relações contratuais, ao contrário do que defendeu Nozick. Por suposto, o conceito de saúde é filosófico, de modo que o Estado deve assumir encargos relacionados à sua proteção e conservação, conforme princípios de justiça geral, social e distributiva. Naturalmente, com essa premissa averbada à mente, reputa-se que, a depender dos critérios de justiça social assumidos no texto constitucional, poder-se-á ter pistas sobre a resposta jurídico-constitucional relativa ao financiamento, distribuição e fornecimento de serviços de saúde; da mesma forma, dentro de um quadro de Estado Social de Direito, cumpriria ao direito constitucional articular solidariedade e responsabilidade individual, os paradigmas normativos de organização da produção e provisão de bens e serviços consagrados nessa seara.

De qualquer sorte, à parte da tarefa estatal de organizar e defender a saúde pública, comentou-se alhures que as necessidades em saúde são potencialmente inesgotáveis, mormente em função das novas tecnologias e da crescente medicalização da vida, razão pela qual se conclui que seria inviável pretender que o Estado distribuísse os cuidados de saúde baseado no exclusivo e único critério da necessidade clínica, como defendera Bernard Williams,[959] o qual sustentou que outro critério de distribuição nesse assunto seria irracional.

---

[958] VALE, Luís Meneses do. A jurisprudência do Tribunal Constitucional sobre o acesso às prestações concretizadoras do direito à protecção da saúde: alguns momentos fundamentais. *Jurisprudência Constitucional*, n. 12, p. 12-47, out./dez. 2006. p. 12-18; VALE, Luís António Malheiro Meneses do. As taxas moderadoras e o financiamento do Serviço Nacional de Saúde: Elementos para uma perspectiva constitucional. *In*: CABRAL, Nazaré da Costa; AMADOR, Olívio Mota; MARTINS, Guilherme Waldemar d'Oliveira (Org.). *A reforma do sector de saúde*: uma realidade iminente? Coimbra: Almedina, 2010. 109-119. Também a defender a ótica de justiça distributiva para a oferta de cuidados de saúde, RAPOSO, Vera Lúcia. *O direito à imortalidade* – O exercício de direitos reprodutivos mediante técnicas de reprodução assistida e o estatuto jurídico do embrião in vitro. Coimbra: Almedina, 2014. p. 317-324.

[959] WILLIAMS, Bernard. The idea of equality. *In*: LASLETT, Peter (Ed). *Philosophy, politics and society*. Oxford: Basil Blackwell, [s.d.]. Disponível em: http://files.meetup.com/16424982/Bernard_Williams_-_The_Idea_of_Equality. pdf. Acesso em: 22 nov. 2016. p. 239 e seguintes. Com efeito, Williams não desconsidera a medicina preventiva, porém enfatiza, ao dissertar sobre a igualdade, que os cuidados de saúde não deveriam ser distribuídos por outro critério que não o da necessidade médica, sob pena de irracionalidade. Williams critica a igualdade dos seres humanos como agentes morais na filosofia kantiana, em função da sua base metafísica, porque ela não forneceria nenhum argumento sólido sobre a igualdade de respeito que se deve ao ser humano, uma vez que a noção da igualdade depende de bases empíricas; para tanto, dever-se-ia fazer um esforço para abstrair o ser humano das

A TUTELA JUDICIAL "PONDERADA" DO DIREITO FUNDAMENTAL À SAÚDE: PROPORCIONALIDADE E CONTEÚDO MÍNIMO COMO EXIGÊNCIAS...

Em realidade, há uma questão, ligada a um ideal de justiça, de saber quanto uma sociedade, gerida por uma estrutura política como é o Estado, deveria gastar em despesas com saúde, da qual se deriva a indagação de como realizar a distribuição dos recursos macroalocados para esse desiderato entre as pessoas.[960]

A tese defendida por Williams, de que a distribuição de recursos seja baseada exclusivamente na necessidade médica, pode ser encaixada no arquétipo do "ideal de isolamento" (*ideal of insulation*) criticado por Dworkin. Esse ideal baseia-se em três pilares: i) singular importância da saúde como bem ou capital humano, tendo uma hierarquia sobre outros bens valiosos; ii) questão de igualdade – mesmo em sociedades desiguais defende-se o argumento de que é injusto negar a alguém cuidados de saúde de que precisa apenas porque não pode pagar por eles, com a proposição de uma distribuição igualitária desses cuidados; iii) um princípio do resgate, o qual termina por fluir dos demais, cujo sentido não tolera a perda de vidas que poderiam ser salvas caso os recursos não tivessem sido retirados por argumentos de economia.[961] Mais precisamente, a visão de Williams corresponde ao segundo pilar do ideal de isolamento de Dworkin, conquanto haja nítida confluência dos três critérios que definem esse ideal.

O critério da necessidade demanda um olhar prospectivo sobre quais serão as carências de saúde e como enfrentá-las. No entanto, a escolha da sociedade sobre gastos de saúde poderia amparar-se numa visão retrospectiva, com a finalidade de recompensar a ação individual. Assim, como prêmio ou disciplina, o Estado alocaria os recursos nos cuidados de saúde baseado no modo de vida adotado pelo indivíduo, conforme tenha agido para preservar sua saúde ou tenha contribuído para danificá-la.[962] Nessa concepção, adotar-se-ia um conceito de justiça distributiva no sentido aristotélico, para premiar os méritos individuais. Isso se coaduna com a valorização da responsabilidade individual sobre a própria saúde. A decisão mais importante é na microalocação, em que os profissionais de saúde são os maiores responsáveis em barrar ou permitir os cuidados de saúde, funcionando como verdadeiros *gatekeepers*.[963]

Quando se examinou a dimensão individual e coletiva da saúde, deixou-se consignado que, evidentemente, o estilo de vida impacta a saúde, porém a saúde não era uma pura espécie de loteria natural, como propôs Engelhardt, nem está sob exclusivo controle individual, pois há condições e fatores de índole social e coletiva que também são decisivos para a melhora ou piora do estado de saúde. Nesse tocante, um

---

estruturas e arranjos sociais que os desigualam e vê-los como pessoas de algum modo conscientes de si e de seu papel na sociedade. Como o grau de autoconsciência depende em parte da estrutura desses arranjos sociais, ele pode ser ampliado ou diminuído, o que enseja um problema de igualdade no acesso a bens importantes que alicerçam as estruturas desses arranjos sociais. Por isso, o filósofo separa as desigualdades em duas categorias, desigualdades nas necessidades e desigualdade no mérito, com a correspondente separação dos bens conforme sua distribuição seja guiada pela necessidade deles ou por um critério meritório. Os cuidados médicos são considerados bens da primeira categoria, isto é, bens que devem ser distribuídos consoante as necessidades.

[960] DWORKIN, Ronald. Justice in the distribution of health care. *MacGill Law Journal*, v. 38, n. 4, p. 883-898, 1993. p. 883 e seguintes.

[961] DWORKIN, Ronald. Justice in the distribution of health care. *MacGill Law Journal*, v. 38, n. 4, p. 883-898, 1993. p. 885 e seguintes.

[962] MORGAN, Derek. Health rights, ethics & justice: the opportunity costs of rethoric. *Journal International de Bioéthique*, v. 6, n. 1, p. 9-15, 1995. p. 9-15.

[963] MORGAN, Derek. Health rights, ethics & justice: the opportunity costs of rethoric. *Journal International de Bioéthique*, v. 6, n. 1, p. 9-15, 1995. p. 9-15.

critério único de alocação baseado nessa perspectiva retrospectiva deve ser rejeitado, conquanto ele possa, excepcional e justificadamente, operar em casos difíceis, desde que haja abertura pelo direito para a sua recepção, o que demanda um atentar sobre a ordem jurídica de referência.

Por conseguinte, isoladamente considerados, um critério baseado apenas na necessidade médica gera dificuldades em termos de custos financeiros, ao passo que um critério alicerçado somente na responsabilidade individual ignora profundas desigualdades estruturais que podem ser decisivas para uma boa saúde. Essa constatação indica que ambos devem ser recusados, assim como a opção pela entrega total desse bem ao mercado livre.

No prisma da decisão de distribuir recursos orçamentários para a área de saúde, é impossível não aceitar a escassez dos recursos. Uma sociedade deve decidir o quanto produzir e como distribuir os recursos que detém, porém a escassez, natural ou artificial, relativa ou absoluta, é insuperável, até porque a escassez evitada em relação a determinado bem fatalmente propiciará que ela ocorra na produção ou entrega de outra riqueza coletiva.[964]

Reconhecer o problema da escassez importa tratar de limites fáticos a qualquer pretensão de normatização jurídica, pois as crescentes demandas de prestações de cuidados de saúde desafiam os meios econômico-financeiros e recursos materiais, tecnológicos e humanos, indispensáveis para o cumprimento das responsabilidades que possam assumir os Estados, o que traz à baila uma concepção desses direitos sob a reserva do possível, vista como um limite ontológico e não deontologicamente imposto por um sistema jurídico.[965]

Que a reserva do possível seja apontada como um fator atrelado aos direitos econômicos, sociais e culturais, é algo amplamente conhecido na doutrina,[966] de forma que seria conatural estendê-la ao direito à saúde,[967] jurisprudencialmente trabalhada desde o precedente *numerus clausus* do Tribunal Constitucional Federal alemão, oportunidade em que se assentou que o direito de participar numa instituição pública é condicionado por aquilo que razoavelmente se pode esperar seja provido por uma sociedade.[968]

---

[964] CALABRESI, Guido; BOBBIT, Philip. *Tragic choices*. New York; London: WW Norton & Company, 1978. p. 19-28.

[965] LOUREIRO, João Carlos. Direito à (protecção da) saúde. *In*: MIRANDA, Jorge. *Estudos em homenagem ao Professor Doutor Marcello Caetano no centenário de seu nascimento*. Lisboa; Coimbra: Faculdade de Direito da Universidade de Lisboa/Editora Coimbra, 2006. v. 1. p. 677-690.

[966] MIRANDA, Jorge. O regime e a efetividade dos direitos sociais nas constituições de Portugal e do Brasil. *In*: OTERO, Paulo; ARAÚJO, Fernando; GAMA, João Taborda de (Org.). *Estudos em memória do Prof. Doutor J. L. Saldanha Sanches*. Coimbra: Coimbra Editora, 2011. v. 1. p. 332-339; NABAIS, José Casalta. Algumas reflexões críticas sobre os direitos fundamentais. *In*: VARELA, Antunes; AMARAL, Diogo Freitas do; MIRANDA, Jorge; CANOTILHO, J. J. Gomes (Org.). *Ab Vno Ad Omnes*: 74 anos da Editora Coimbra 1920-1995. Coimbra: Coimbra Editora, 1998. p. 440-443; CASTRO CID, Benito de. *Los derechos económicos, sociales y culturales*. Análisis a la luz de la teoría general de los derechos humanos. Leon: Universidad de Leon, 1993. p. 167-172.

[967] A exemplo de JUAN, Stéphanie. L'objectif à valeur constitutionnelle du droit à la protection de la santé: droit individual ou collectif? *Revue du Droit Public et de la Science Politique en France et à l'Étranger*, t. 122, n. 2, p. 439-457, 2006. p. 451-457.

[968] *BVerfGE* 33,303, de 1972, julgado disponível em SCHWABE, Jürgen. *Cinqüenta anos de jurisprudência do Tribunal Constitucional Federal alemão*. Tradução de Beatriz Hennig, Leonardo Martins, Mariana Bigelli de Carvalho, Tereza Maria de Castro e Vivianne Geraldes Ferreira. Montevideo: Konrad-Adenauer-Stiftung E. V., 2005. p. 656-667. O Sodalício, sem responder se haveria algum direito subjetivo à criação de vagas no ensino superior, aduziu que o direito de liberdade de escolha profissional não teria grande representatividade sem os pressupostos fáticos para exercê-lo, porém o direito a participar de uma instituição pública é condicionado à reserva do possível, no

Em relação à reserva do possível,[969] convém sumarizar algumas notas: i) ela não é característica exclusiva dos direitos econômicos, sociais e culturais, mas abrange qualquer esfera de obrigação positiva (material e criação de instituições e procedimentos) do Estado, de sorte a também alcançar os denominados direitos de liberdade;[970] ii) exclui-se a distinção feita por alguns de reserva fática e reserva jurídica ou democrática, decorrente da competência de planejar e dispor sobre o orçamento, confiada em último passo ao Legislativo, uma vez que se entende que aí entra em cena basicamente o princípio democrático;[971] iii) como limite fático, ela não contém um aspecto normativo, isto é, não é uma norma-regra nem um princípio jurídico, ainda que possa influir no exercício ponderativo, de sorte que não se comunga com a visão de que seja possível um conflito normativo entre uma suposta norma da reserva do possível com o direito social em exame nem se aceita possa ser considerada um limite imanente aos direitos sociais. Antes, a escassez não integra o conteúdo do direito como etapa hermenêutica de definição de seu âmbito de proteção, porém é óbice material à satisfação efetiva.[972]

---

sentido daquilo que se pode racionalmente exigir da coletividade, responsabilidade que incumbe ao legislador primacialmente.

[969] Sobre a reserva do possível e seu uso como obstáculo a uma justiciabilidade de direitos sociais, remete-se a ALMEIDA, Luiz Antônio Freitas de. *Direitos fundamentais sociais e ponderação* – Ativismo irrefletido e controle jurídico racional. Porto Alegre: Sergio Antonio Fabris, 2014. p. 189 e seguintes, com a defesa mais pormenorizada das posições sintetizadas nas notas.

[970] SILVA, Vasco Pereira da. "Todos diferentes, todos iguais" – Breves considerações acerca da natureza jurídica dos direitos fundamentais. *In:* CUNHA, Paulo Ferreira da et al. *Direito e justiça* – Estudos dedicados ao Professor Doutor Luís Alberto Carvalho Fernandes. Lisboa: Universidade Católica Editora, 2011. v. III. p. 575-577; e, com alguma adaptação, HOLMES, Stephen; SUNSTEIN, Cass R. *The cost of rights* – Why liberty depends on taxes. London; New York: Norton, 1999. p. 13 -15 e seguintes, em razão da tese dos autores de que todos os direitos são positivos.

[971] Em sentido contrário, TORRES, Ricardo Lobo. O mínimo existencial como conteúdo essencial dos direitos fundamentais. *In:* SOUZA NETO, Cláudio Pereira; SARMENTO, Daniel (Org.). *Direitos sociais* – Fundamentos, judicialização e direitos sociais em espécie. 2. tir. Rio de Janeiro: Lumen Juris, 2010. p. 324-327; SARMENTO, Daniel. A proteção judicial dos direitos sociais: alguns parâmetros ético-jurídicos. *In:* SOUZA NETO, Cláudio Pereira; SARMENTO, Daniel (Org.). *Direitos sociais* – Fundamentos, judicialização e direitos sociais em espécie. 2. tir. Rio de Janeiro: Lumen Juris, 2010. p. 553-586.

[972] Em sentido congruente ao texto, BILCHITZ, David. Towards a reasonable approach to the minimum core: Laying the foundations for future socio-economic rights jurisprudence. *South African Journal on Human Rights*, n. 19, p. 1-26, 2003. p. 19-23; OLSEN, Ana Carolina Lopes. *A eficácia dos direitos sociais frente à reserva do possível*. Dissertação (Mestrado) – Universidade Federal do Paraná, 2006. p. 193-208; 225-228. Convém mencionar BARROSO, Luís Roberto. Da falta de efetividade à judicialização excessiva: direito à saúde, fornecimento gratuito de medicamentos e parâmetros para a atuação judicial. *In:* SOUZA NETO, Cláudio Pereira; SARMENTO, Daniel (Org.). *Direitos sociais* – Fundamentos, judicialização e direitos sociais em espécie. 2. tir. Rio de Janeiro: Lumen Juris, 2010. p. 876 e seguintes, o qual, quando comenta sobre a judicialização da entrega de medicamentos pelo poder público no Brasil, aduz que não há um conflito entre direito à vida e à saúde, de um lado, e o princípio da separação de poderes e reserva do possível, de outro, mas um conflito entre direito à saúde e à vida de uma pessoa contra esses mesmos direitos de outra. Em sentido contrário ao apregoado na alínea "iii", pode-se mencionar NOVAIS, Jorge Reis. *Direitos sociais* – Teoria jurídica dos direitos sociais enquanto direitos fundamentais. Coimbra: Coimbra/ Wolters Kluwer, 2010, o qual parece firmar posição que, na prática, termina por colocar a reserva do possível como um limite imanente aos direitos sociais; VALE, Luís Meneses do. A jurisprudência do Tribunal Constitucional sobre o acesso às prestações concretizadoras do direito à protecção da saúde: alguns momentos fundamentais. *Jurisprudência Constitucional*, n. 12, p. 12-47, out./dez. 2006. p. 36-47, o qual, em argumento parcialmente divergente com o apregoado no texto, defende que a reserva do possível, como limitação fática, é assimilada como princípio normativo, uma etapa valorativa que constitui o próprio direito social, entendida não como a existência de cofre cheio, mas como aquilo que razoavelmente se pode cobrar pela coletividade. Assim, na visão desse jurista, a reserva caracterizar-se-ia como um argumento material de peso e conformaria uma limitação normativa, a ser sopesada com outras expectativas normativas constitucionais; BELÉM, Bruno Moraes Faria Monteiro. A reserva do financeiramente possível no conteúdo normativo dos direitos sociais e o constitucionalismo de cooperação. *Revista de Direito Administrativo e Constitucional – A&C*, n. 45, ano 11, p. 229-245, jul./set. 2011. p. 229 e seguintes, o qual sustenta que a reserva do possível integra a previsão da norma de direito social; COMIN, Fernando da

Veja-se o caso de uma enfermidade cuja cura dependa de um transplante de órgãos, sem que haja compatibilidade entre os disponíveis, ou mesmo de uma determinada enfermidade não curável nem tratável pela ciência médica, a demonstrar exemplos de escassez absoluta e natural. Por outro lado, a maior parte das incidências de escassez nessa questão é de cunho relativo e de natureza artificial ou alocativa, isto é, socialmente criada, porquanto, ao menos em época de normalidade, tangencia os investimentos e custeio de prestações e estrutura de serviços de saúde: financiar determinados esquemas de prestação representa escolhas da sociedade em gestão, planejamento e distribuição de recursos, desde o montante a destinar para custeio da saúde no orçamento (macronível), bem como a própria distribuição desse montante entre os órgãos ou pessoas jurídicas ou coletivas que atenderão diretamente aos pacientes (mesonível) e, também, a forma de prestação dos cuidados na ponta do serviço, no contato direto entre o prestador e o utente dos cuidados de saúde (micronível). Necessariamente, como não há capital infinito, aquilo destinado a atender a determinada política desfalcará outras, relativas a outros bens coletivos, o que implica um *trade-off*.[973]

Silva. A objeção da reserva do possível na ponderação de direitos fundamentais. *In*: DUARTE, David; SARLET, Ingo Wolfgang; BRANDÃO, Paulo de Tarso (Coord.). *Ponderação e proporcionalidade no Estado constitucional*. Rio de Janeiro: Lumen Juris, 2013. p. 235-241, que defende que a reserva do possível pode ser um princípio (imprevisão orçamental) ou uma regra (inexistência fática de recursos). Um adendo importante: como mencionado anteriormente, a tese da reserva do possível foi objeto de atenção da dissertação de mestrado. Uma das críticas desenvolvidas em brilhante arguição realizada pelo Prof. Dr. Miguel Nogueira de Brito questionava justamente essa leitura da reserva do possível como um limite fático e não jurídico, com a invocação do chamado princípio da capacidade financeira do Estado. Contudo, se a resposta, à época, não foi de todo satisfatória, é fato que a crítica do Professor de Lisboa pode ser respondida com o resgate do ensinamento de Wright (WRIGHT, Georg Henrik von. Is there a logic of norms? *In*: AARNIO, Aulis; MACCORMICK, Neil (Org.). *Legal reasoning*. Aldershot; Hong Kong; Singapore; Sydney: Dartmouth, 1992. v. 1. p. 385-386), sobre o conteúdo de uma norma jurídica de conduta genuína: somente condutas humanas possíveis lógica ou fisicamente são seu objeto. Normas que, mesmo que previstas no ordenamento, tenham em seu conteúdo um estado de coisas fisicamente necessário ou material ou logicamente impossível, ainda que de forma contingente, justamente porque não são alcançáveis ou são necessariamente impostas pela natureza, não são verdadeiras normas ou, na terminologia do autor, são normas "espúrias". Assim, uma norma que proíba ou imponha os efeitos da lei da gravidade não é uma norma genuína. A crítica de Nogueira de Brito não é válida porque apela a uma norma espúria, pois é materialmente impossível que o Estado realize prestações além de sua capacidade financeira de modo prolongado, a não ser que se estivesse numa tirania, o que não retira a impossibilidade contingente do conteúdo desse princípio.

[973] Sobre *trade-off*, HOLMES, Stephen; SUNSTEIN, Cass R. *The cost of rights* – Why liberty depends on taxes. London; New York: Norton, 1999. p. 118-132; a respeito da escassez absoluta ou relativa, artificial ou natural, VALE, Luís A. M. Meneses do. Access to health care between rationing and responsiveness: problem(s) and meaning(s). *Boletim da Faculdade de Direito da Universidade de Coimbra*, v. LXXXVIII, t. I, p. 105-187, 2012. p. 152-177; NOVAIS, Jorge Reis. *Direitos sociais* – Teoria jurídica dos direitos sociais enquanto direitos fundamentais. Coimbra: Coimbra/ Wolters Kluwer, 2010. p. 89-93. Conferir, também, AMARAL, Gustavo; MELO, Daniele. Há direitos acima dos orçamentos? *In*: SARLET, Ingo Wolfgang; TIMM, Luciano Benetti (Org.). *Direitos fundamentais* – Orçamento e reserva do possível. 2. ed. Porto Alegre: Livraria do Advogado, 2010. p. 87-98, a respeito da influência na escassez sobre a divisibilidade e homogeneidade do bem. Em relação aos exemplos de escassez absoluta do parágrafo, inspirou-se em LOUREIRO, João Carlos. Direito à (protecção da) saúde. *In*: MIRANDA, Jorge. *Estudos em homenagem ao Professor Doutor Marcello Caetano no centenário de seu nascimento*. Lisboa; Coimbra: Faculdade de Direito da Universidade de Lisboa/Editora Coimbra, 2006. v. 1. p. 677-690. Finalmente, com relação aos níveis macro, meso e micro, pensou-se em sentido similar a VALE, Luís António Malheiro Meneses do. Responsividade nos sistemas públicos de saúde: o exemplo da OMS. *In*: ANDRADE, Manuel da Costa; ANTUNES, Maria João; SOUZA, Susana Aires de (Org.). *Stvdia Ivridica n. 101*. Estudos em homenagem ao Prof. Doutor Jorge de Figueiredo Dias. Coimbra: Coimbra Editora, 2010. v. IV. p. 1.090-1.106, conquanto ele aí trate da responsividade, e não no sentido apresentado por MORGAN, Derek. Health rights, ethics & justice: the opportunity costs of rethoric. *Journal International de Bioéthique*, v. 6, n. 1, p. 9-15, 1995. Falando apenas de micro e macroalocações, SMITH, II, George P. Acessing health care resources: economic, medical, ethical, and socio-legal challenges. *In*: WEISSTUB, David N.; PINTOS, Guillermo Díaz (Ed.). *Autonomy and human rights in health care* – An internetional perspective. Dordrecht: Universidad de Castilla-La Mancha/Springer, 2008. p. 296 e seguintes.

Por isso, invariavelmente os sistemas de saúde deverão racionalizar suas despesas, no intuito de evitar gastos supérfluos e desperdícios, e auferir ganhos de eficiência econômica e financeira, bem como algum grau de racionamento é exigido, ao menos se houver pretensão de que eles tenham o cariz de atendimento universal.[974] Aliás, mesmo que se notem influxos e refluxos de sinais contraditórios no panorama de um Estado-Garantidor, ora no sentido de dessolidarizar, ora ressolidarizar, ora para maior subjetivação, individualização e liberação, ora para maior objetivação, socialização e regulação,[975] as políticas capitaneadas pela racionalidade econômico-financeira que culminaram nas reformas estruturais promovidas nos sistemas de saúde caminham para trasladar o eixo da racionalização para o racionamento.[976]

Os sistemas de saúde são impactados pelas concepções da nova governança, com separação da responsabilidade de financiar e prestar, repassando esta última ao setor privado ou a pessoas coletivas públicas ou a órgãos descentralizados; introduzem-se elementos contratuais na relação entre Estado-Financiador e entidade prestadora, com disponibilização de recursos conforme o alcance de metas quantitativa e/ou qualitativamente pactuadas, calculadas com base em exercícios passados e com previsão do crescimento da demanda, o que termina por propiciar um fomento de competição entre o mercado público e privado, aliás, uma concorrência inclusive dentro do setor público. Logo, não é exagero aduzir que o aumento da escassez na área da saúde é resultado também de uma concepção político-ideológica de matiz neoliberal, consistente na regressão de políticas fiscais destinadas a sustentar sistemas de seguridade social, em que a seleção de cortes de despesas priorizou aquelas plasmadas na concretização de direitos sociais em vez de outras passíveis de eleição, como as de pagamentos de juros da dívida pública.[977]

Portanto, o aumento de eficiência na gestão da saúde e a eliminação de desperdícios não afastam a necessidade de racionar, porque não é possível arcar com todas as despesas, potencialmente crescentes, das demandas de saúde.[978] Extrair a conotação pejorativa do termo é essencial, pois considerá-lo símbolo negativo implica evitar o

---

[974] CALLAHAN, Daniel. Symbols, rationality, and justice: rationing health care. *American Journal of Law & Medicine*, v. XVIII, n. 1-2, p. 1-13, 1992. p. 1 e seguintes; JOST, Timothy Stoltzfus. The role of courts in health care rationing: the german model. *Journal of Contemporary Health Law and Policy*, v. 18, p. 613-617, 2001-2002.

[975] VALE, Luís António Malheiro Meneses do. As taxas moderadoras e o financiamento do Serviço Nacional de Saúde: Elementos para uma perspectiva constitucional. *In*: CABRAL, Nazaré da Costa; AMADOR, Olívio Mota; MARTINS, Guilherme Waldemar d'Oliveira (Org.). *A reforma do sector de saúde*: uma realidade iminente? Coimbra: Almedina, 2010. p. 101-108.

[976] LOUREIRO, João Carlos. Direito à (protecção da) saúde. *In*: MIRANDA, Jorge. *Estudos em homenagem ao Professor Doutor Marcello Caetano no centenário de seu nascimento*. Lisboa; Coimbra: Faculdade de Direito da Universidade de Lisboa/Editora Coimbra, 2006. v. 1. p. 677-690.

[977] LEMA AÑÓN, Carlos. *Salud, justicia, derechos*. El derecho a la salud como derecho social. Madrid: Dykinson, 2010. p. 193-196 e seguintes.

[978] CALLAHAN, Daniel. Symbols, rationality, and justice: rationing health care. *American Journal of Law & Medicine*, v. XVIII, n. 1-2, p. 1-13, 1992. p. 6 e seguintes; DWORKIN, Ronald. Justice in the distribution of health care. *MacGill Law Journal*, v. 38, n. 4, p. 883-898, 1993. p. 884. Ver, ainda, NOVAIS, Jorge Reis. Constituição e serviço nacional de saúde. *In*: SIMÕES, Jorge (Coord.). *30 anos do Serviço Nacional de Saúde* – Um percurso comentado. Coimbra: Almedina, 2010. p. 259-270, o qual fala do risco de sustentabilidade do Serviço Nacional de Saúde português em função do aumento de despesas na universalização dos cuidados de saúde, não sendo possível combater o déficit financeiro nem pelo crescimento da economia nem com ganhos de eficiência, embora sua atenção esteja concentrada na exigência de taxas moderadoras.

problema como se fosse possível dele escapar.[979] Se o racionamento é incontornável, deve-se interrogar-se quando o racionamento ocorre, quais critérios de racionamento existentes e qual o filtro para preferir um a outro, o que fatalmente conclama alguma concepção filosófica ou de teoria da justiça.

Como salienta Meneses do Vale, no processo social de fornecimento de cuidados de saúde, o racionamento pode ocorrer em diferentes estágios, de ponta a ponta, isto é, desde a confecção dos programas e planos da política pública até o momento da entrega da prestação da saúde ao indivíduo.[980] Em realidade, as medidas de racionamento podem ser explícitas com esse fim ou terem-no subjacente, de modo implícito, especialmente se há outros objetivos além de racionar. A despeito da controvérsia, entende-se que as medidas de racionamento podem atuar em duas frentes: a) frear a demanda de cuidados de saúde, cujos destinatários são os utentes ou usuários de um sistema de saúde, mormente por instituição de taxas moderadoras ou de uso, copagamentos, compartilhamento de custos, regras de acesso; b) diminuir o suprimento de cuidados ou o seu acesso, cujos destinatários são os prestadores, com eleição de prioridades e de um padrão de fornecimento que contemple os serviços e cuidados dispensados, o que inclui, nesse contexto, por exemplo, a definição de pacotes de serviços ofertados para cada doença, a eleição das enfermidades prioritárias a tratar e cuidar; veja-se que as diretrizes clínicas ou terapêuticas, formatadas para racionalizar o processo de entrega de cuidados e medicamentos, podem, também, oferecer um substrato racionador.[981]

Existem vários critérios de racionamento, ora focados exclusivamente nas pessoas (idade, vontade, habilidade psicológica, comportamento de risco e apoio ambiental), ora em aspectos sociais ("valor" social da pessoa, pertença a grupos privilegiados, riqueza, habilidade de trabalhar, ônus familiares); alguns critérios pautam-se por aspectos econômicos ou médicos no fornecimento do serviço (custo-benefício, custo-utilidade, custo-efetividade, benefício médico alcançado ou sua probabilidade, qualidade de vida, sua duração ou iminência da morte); existe a possibilidade de combinação desses critérios.[982]

---

[979] A respeito da visão pejorativa de racionamento, mencionam-se CALLAHAN, Daniel. Symbols, rationality, and justice: rationing health care. *American Journal of Law & Medicine*, v. XVIII, n. 1-2, p. 1-13, 1992. p. 2 seguintes – o autor sustenta que, ao revés, o racionamento deve ser encarado como símbolo de racionalidade e contenção; VALE, Luís A. M. Meneses do. Access to health care between rationing and responsiveness: problem(s) and meaning(s). *Boletim da Faculdade de Direito da Universidade de Coimbra*, v. LXXXVIII, t. I, p. 105-187, 2012. p. 152-177. A propósito, veja-se a discussão da tentativa não sucedida do governo Clinton nos Estados Unidos de reformar o *Medicare*, cuja oposição republicana valeu-se da suposta informação de que as reformas instituiriam painéis do seguro, que negariam tratamento e escolheriam quem tratar, com alusão a painéis da morte (*death panels*), com carga simbólica altamente negativa, MONCRIEFF, Abigail R. The freedom of health. *University of Pennsylvania Law Review*, v. 159, p. 2.209-2.252, 2010-2011. p. 2.238.

[980] VALE, Luís A. M. Meneses do. Access to health care between rationing and responsiveness: problem(s) and meaning(s). *Boletim da Faculdade de Direito da Universidade de Coimbra*, v. LXXXVIII, t. I, p. 105-187, 2012. p. 152-177.

[981] VALE, Luís A. M. Meneses do. Access to health care between rationing and responsiveness: problem(s) and meaning(s). *Boletim da Faculdade de Direito da Universidade de Coimbra*, v. LXXXVIII, t. I, p. 105-187, 2012. p. 152-177. Sobre as diretrizes médicas terem uma função racionalizadora, sem, no entanto, atribuir-lhes uma coloração racionadora, sustentando que medidas racionadoras poderiam entrar em conflito com as recomendações terapêuticas estipuladas nas diretrizes médicas, HART, Dieter. Medical guidelines – Reception and application by the Law: the German example. *European Journal of Health Law*, v. 7, p. 5-13, 2000. p. 11.

[982] VALE, Luís A. M. Meneses do. Access to health care between rationing and responsiveness: problem(s) and meaning(s). *Boletim da Faculdade de Direito da Universidade de Coimbra*, v. LXXXVIII, t. I, p. 105-187, 2012. p. 152-177. O jurista também comenta sobre modelos de racionamento (modelo orbital e linear), bem como a respeito de algumas experiências de racionamento adotadas no Estado estadunidense de Oregon, na Holanda (que adota

A seleção dos critérios de racionamento é umbilicalmente ligada a uma concepção de justiça distributiva que se propale. Diferentes propostas de coloração utilitária, kantiana, libertária, igualitária, liberal e republicana foram ensaiadas a respeito.[983] Não é o objetivo desta tese exaurir todas essas concepções, mormente porque foi delimitado o objeto da pesquisa no campo técnico-jurídico. Porém, é interessante trabalhar com três linhas distintas, somente para firmar uma posição, até para deixar explícito o postulado de transparência, referido no Capítulo 1.

No Capítulo 1, pincelou-se algo sobre a ética utilitarista, que, pautando-se numa visão consequencialista, avaliava se uma conduta ou ação era boa ou não conforme fosse maximizada a produção do bem-estar geral ou do prazer, isto é, da utilidade, desde que nela houvesse racionalidade. No campo das políticas sanitárias e da economia da saúde orientadas por uma ética utilitarista, o objetivo era definir planos de ação que produzissem melhoras do estado de saúde em geral. Logo, as políticas eram comparadas consoante os resultados de saúde produzidos, na lente de somar os resultados de saúde individuais para avaliar as consequências de cada política.[984]

Com respeito ao racionamento, vários critérios utilitaristas poderiam ser mencionados, como o QALY (*Quality-Adjusted Life Year*). Aplicada em matéria de saúde, a utilidade a ser maximizada necessita de dados objetivos comparáveis, isto é, alguma métrica precisa ser estabelecida para avaliar quaisquer ações, a subsidiar avaliações interpessoais. Um candidato natural a servir como fiel comparativo é a mortalidade, de sorte a privilegiar ações que permitam o máximo de sobrevida possível. No entanto, especialmente por força da valorização da concepção da dignidade humana como autonomia, a sobrevivência tem cedido espaço para uma feição qualitativa da vida; não basta mais estar vivo, é preciso qualidade no período de vida a ser desfrutado. Assim, aceitam-se perdas em termos de letalidade se houver ganhos em qualidade de vida. Logo, a melhor política, conforme critério utilitarista, seria a que obtivesse mais QALYs.[985]

---

4 filtros: necessidade – elegem-se serviços que capacitem indivíduo ao funcionamento normal, melhorem seu bem-estar ou proteja sua existência –, efetividade, eficiência – avaliações de custo-benefício e custo-efetividade –, e responsabilidade individual), nos países nórdicos, na Nova Zelândia, na Inglaterra e até na Itália com os serviços essenciais de saúde (*legge costituzionale* nº 3/2001).

[983] VALE, Luís A. M. Meneses do. Access to health care between rationing and responsiveness: problem(s) and meaning(s). *Boletim da Faculdade de Direito da Universidade de Coimbra*, v. LXXXVIII, t. I, p. 105-187, 2012. p. 152-177.

[984] LEMA AÑÓN, Carlos. *Salud, justicia, derechos*. El derecho a la salud como derecho social. Madrid: Dykinson, 2010. p. 205 e seguintes. Em realidade, uma perspectiva utilitarista, nas políticas de saúde, permitiria muitas variações, conforme o objetivo considerado valioso ou útil. Como leciona o autor no aludido trabalho, p. 208, se a utilidade a ser maximizada fossem unicamente as preferências individuais, uma escolha utilitarista talvez caminhasse para apostar na responsabilidade exclusiva do mercado para gerir o bem coletivo da saúde ou, quando muito, em um sistema de saúde ou baseado em cotizações ou de seguros eventualmente obrigatórios.

[985] VALE, Luís A. M. Meneses do. Access to health care between rationing and responsiveness: problem(s) and meaning(s). *Boletim da Faculdade de Direito da Universidade de Coimbra*, v. LXXXVIII, t. I, p. 105-187, 2012. p. 205 e seguintes. Sobre o QALY, ver, também, FERREIRA, Lara de Noronha e. Utilidades, QALYs e medição da qualidade de vida. *Revista Portuguesa de Saúde Pública*, v. 3, 2003. Disponível em: https://www.ensp.unl.pt/dispositivos-de-apoio/cdi/cdi/sector-de-publicacoes/revista/2000-2008/pdfs/E-05-2003.pdf. Acesso em: 24 nov. 2016. p. 51-63. A escala QALY é uma avaliação de custo-utilidade, que também pode servir para mensurar o custo-efetividade dos recursos investidos no tratamento de determinadas pessoas. Basicamente, um ano de vida saudável corresponde ao valor numérico de um QALY, ao passo que um ano não saudável corresponde a menos de um ($X < 1$) QALY, pondendo, inclusive, ser negativo, conforme seja pior a qualidade de vida. A morte equivale a zero. Com o ajuste do valor de um ano de vida futura a um valor atual de uma taxa específica, é possível obter o cálculo do valor corrente dos QALYs esperados para alguém, conforme seu perfil sanitário e vida futura. Depois, examina-se a diferença entre os QALYs gerados com ou sem alguma intervenção ou programa, o que corresponderá à perda ou ao ganho em QALYs gerado pela intervenção/programa. Além da escala QALY, há outros métodos alternativos

Independentemente dos méritos dessa escala, a qual também não deixa de possuir alguns problemas metodológicos, o senão está na raiz de quaisquer critérios exclusivamente utilitaristas. Se, por um lado, o QALY poderia gerar um bom padrão de comparação entre duas pessoas, no intuito de favorecer o que pode receber uma melhora qualitativa por mais tempo, a escala, ao igualar todas as pessoas, termina por não atentar para uma distribuição materialmente igualitária, pois cada pessoa conta com o mesmo valor, o que não permite um foco mais prioritário nos grupos mais vulneráveis, especialmente aqueles compostos por minorias ou mais hipossuficientes economicamente. Ao revés, basear todas as decisões de alocação de recursos e distribuição de cuidados no maior ganho de QALY poderia discriminar idosos, doentes em estados mais graves e pessoas com deficiência, que, ao longo do tempo, teriam menos QALYs para lucrar que pessoas mais jovens e sem incapacidades. Outros prejudicados pela escala são pacientes cujo tratamento não foi suficientemente desenvolvido.[986]

Se os idosos são uma categoria em alguma medida prejudicada na definição de investimentos em saúde na perspectiva de maiores ganhos de QALYs, levanta-se a problemática ética de como decidir o montante de recursos para atender a essa parte da população. Dentro de um quadro de acentuação do número de idosos em muitos países, fator proporcionado pelo aumento contínuo da expectativa de vida em função dos avanços da ciência médica e do próprio êxito dos sistemas de saúde, põe-se em causa um problema de justiça intergeracional, haja vista que, paralelamente, sobretudo nos países ricos, há uma queda do número de nascimentos e, portanto, haverá cada vez menos um contingente populacional economicamente ativo que possa suportar os encargos exigidos para custear os sistemas de saúde, fator que impacta o financiamento de todos os sistemas de saúde. Seria justo uma pessoa que pôde usufruir mais anos de vida ter a prioridade na definição de políticas de saúde ou receber parcela mais vultosa de recursos ante programas que atendam a pessoas ainda no estágio inicial da vida? Esse quadro levanta muitas questões éticas, pois há quem defenda um "dever de morrer", no intuito de desonerar o Estado do custeio dos cuidados de saúde destinados aos anciãos, sobretudo diante de uma ampliação dos escopos médicos à medida que a biogerontologia consegue expandir em muitos anos a expectativa de vida e encara a própria velhice como uma espécie de "doença" a enfrentar.[987]

---

desenvolvidos por economistas e teóricos de políticas de saúde, como o Healthy Years Equivalents (HYEs), Saved Young Life Equivalents (SAVEs), Disability Adjusted Life Years (DALYs), remetendo-se para a segunda autora a respeito deles.

[986] LEMA AÑÓN, Carlos. *Salud, justicia, derechos*. El derecho a la salud como derecho social. Madrid: Dykinson, 2010. p. 205 e seguintes. A respeito do debate e sobre as críticas ao QALY, inclusive na controvérsia em relação à metodologia, a exemplo da discussão sobre o espaço intervalar da escala ou da necessidade ou não de apor diferentes pesos conforme estágios da vida da pessoa, remete-se também para FERREIRA, Lara de Noronha e. Utilidades, QALYs e medição da qualidade de vida. *Revista Portuguesa de Saúde Pública*, v. 3, 2003. Disponível em: https://www.ensp.unl.pt/dispositivos-de-apoio/cdi/cdi/sector-de-publicacoes/revista/2000-2008/pdfs/E-05-2003. pdf. Acesso em: 24 nov. 2016. p. 51-63. Para a referência à crítica de que o QALY só mede os desfechos e não os ganhos ou perdas proporcionais, SMITH, II, George P. Acessing health care resources: economic, medical, ethical, and socio-legal challenges. *In*: WEISSTUB, David N.; PINTOS, Guillermo Díaz (Ed.). *Autonomy and human rights in health care* – An international perspective. Dordrecht: Universidad de Castilla-La Mancha/Springer, 2008. p. 331 e seguintes.

[987] LOUREIRO, João Carlos. Bios, tempo(s) e mundo(s): algumas reflexões sobre valores, interesses e riscos no campo biomédico. *In*: ANDRADE, Manuel da Costa; ANTUNES, Maria João; SOUZA, Susana Aires de (Org.). *Stvdia Ivridica n. 101*. Estudos em homenagem ao Prof. Doutor Jorge de Figueiredo Dias. Coimbra: Coimbra Editora, 2010. v. IV. p. 497-513. Consoante expõe o jurista, um "dever de morrer" foi defendido por Richard Lamn,

No que tange à definição dos sistemas, pode-se pensar numa teoria liberal como a professada por Dworkin. Ao salientar que o ideal de isolamento não fornece respostas concretas para guiar a decisão daquilo a ser gasto com saúde e pode até permitir leituras utilitaristas, Dworkin sugere, algo inspirado em Rawls, uma sociedade hipotética com três características: i) uma estrutura ou arranjo social cujo sistema político-econômico devotasse igual respeito e consideração a todos do corpo social, de forma que o sistema econômico distribuísse igualmente os recursos, medidos os custos de oportunidade que cada um deve a determinado recurso, de sorte que cada indivíduo pudesse escolher livremente seu plano de vida, conforme seus próprios interesses; ii) toda a informação da arte das ciências da saúde seria de conhecimento público, desde os valores e custos de tratamentos, serviços e prestações aos efeitos colaterais; iii) uma espécie de véu de ignorância sobre a probabilidade individual de adoecer, inclusive a alcançar as companhias de seguros, sem que ninguém disponha de informação sobre antecedentes que mostrem a possibilidade de ficar doente, salvo aquilo que a pessoa já possua evidentemente. A força motriz da tese de Dworkin é que a saúde é um bem importante, mas há outros bens valiosos que merecem consideração. Por isso, a escolha social de quanto alocar para a saúde deveria ser a mais próxima possível daquilo que alguém escolheria por si, conforme seu plano de vida, elaborado no frescor da juventude e com os riscos livremente assumidos por cada um. O jusfilósofo rejeita a ideia de um paternalismo estatal e dá ênfase na liberdade e responsabilidade individual ao escolher aquilo que considera valioso.[988]

No modelo imaginário, embora anua que será difícil dizer quanto da riqueza coletiva será destinada para gastos com saúde, Dworkin supõe que, a princípio, a saúde seria entregue ao livre mercado. Todavia, paulatinamente, decisões e arranjos coletivos seriam organizados para gestar grandes seguros de saúde ou organizações ou empresas de saúde, de forma a oferecer um pacote de serviços básicos. Um mercado secundário e livre para comercializar pacotes mais amplos e com serviços adicionais coexistiria, porém a preços mais caros, sujeito às regras do livre mercado.[989]

No exercício proposto por Dworkin, sem que ele afiance quais seriam os serviços inclusos nesse pacote, ele acaba por tratar de algumas questões ligadas ao racionamento. Isso porque não seria um investimento racional, feito por alguém no frescor da idade, adquirir um plano cujo pacote básico de serviços custeasse cuidados caros e de longa duração para um proveito ínfimo ou para cuidados que, ainda que poupassem a vida do doente, deixá-lo-iam em estado vegetativo, ou que lidassem com doenças adquiridas muito no fim da vida. Como um pacote básico com essa magnitude de serviços intuitivamente seria mais caro, as pessoas prefeririam investir em outros bens, conforme seus próprios interesses. Na concepção de Dworkin, esse pacote básico

---

governador de Colorado. Ver, também, PERLINGEIRO, Ricardo. Los cuidados de salud para los ancianos. Entre las limitaciones presupuestarias y el derecho a un mínimo existencial. *Boletín Mejicano de Derecho Comparado, nueva serie,* ano XLVII, n. 140, p. 547-584, maio/ago. 2014. p. 549, que trouxe a informação de que um Ministro da Economia japonês sugeriu que os idosos se apressassem a morrer.

[988] DWORKIN, Ronald. Justice in the distribution of health care. *MacGill Law Journal,* v. 38, n. 4, p. 883-898, 1993. p. 887 e seguintes.

[989] DWORKIN, Ronald. Justice in the distribution of health care. *MacGill Law Journal,* v. 38, n. 4, p. 883-898, 1993. p. 889 e seguintes.

deveria ser disponível a todos, de modo gratuito para os que não pudessem pagar, não havendo compromisso de que seja necessariamente o Estado o pagador.[990]

O esquema dworkiniano possui alguns pormenores que demandariam um maior aporte teórico por parte do autor, sem o qual, no limite, esvazia em alguma medida a orientação que dele se poderia extrair. Uma primeira observação é a concepção liberal que prepondera em sua tese, não obstante Dworkin defina-a como igualitária: seria igualitária porque distribui recursos de modo igual. Porém, parece mais próxima de uma concepção liberal, à medida que o alicerce de sua proposta destaca a liberdade para escolher entre diferentes planos de vida.

Uma segunda observação é que Dworkin procura pôr em destaque essa liberdade individual de escolher o melhor plano de vida, de forma a afastar-se de qualquer paternalismo. Sem embargo, ao mesmo tempo o autor reconhece que o modelo imaginário de sociedade por ele descrito não lidou com problemas atinentes ao estilo de vida individual e comportamentos de risco, fato que, paradoxalmente, exclui uma parcela da ênfase dada na liberdade para trabalhar com os planos e interesses que julgar mais importantes. Ficou por fazer uma difícil conciliação entre esse paternalismo excepcional e a liberdade individual, sem trazer uma orientação de como proceder; sua concessão de que alguns traços paternalísticos não podem ser dispensados, para evitar más escolhas pela imaturidade da juventude, além de que há que se assegurar alguma justiça a gerações futuras, oferece pouco guia nesse tocante.

Em terceiro, conquanto entenda que o modelo de sistema de saúde a ser utilizado em cada governo dependa de circunstâncias político-culturais de determinada comunidade, a admissão de que haveria um pacote básico a preços acessíveis ou gratuitos a quem não puder pagar põe em evidência a necessidade de, no mínimo, uma forte regulação estatal e alguma pincelada de solidariedade social. Como é evidente, a solidariedade social é mais próxima de sistemas universalistas do que é de sistemas de securitização, não obstante o pensamento dworkiniano proponha-se a justificar ambos os modelos.

Seja como for, um gancho pode ser içado da proposta dworkiniana para verificar se há razões para defender um sistema universal de saúde ou se as aspirações de cuidados deveriam resumir-se apenas a quem não pode pagar por elas. Nesse ponto, entra em questão um debate jurídico sobre a universalidade dos direitos, especialmente o sentido de universalidade para os direitos sociais.

Paralelamente à dimensão estudada por Dworkin, pode-se esquadrinhar dois modelos ou orientações estratégicas para o desempenho de uma coletividade na saúde, de natureza minimalista: o modelo de saúde mínima e o modelo de gasto mínimo em saúde. Afinal, uma concepção maximalista de saúde resultaria no ideal do isolamento citado por Dworkin, algo impensável diante da premissa de escassez de recursos adotada nesta tese. Em um modelo de saúde mínima, todos teriam o direito ou a aspiração a contar com um padrão mínimo de saúde, não no sentido de possuir um estado minimamente saudável, haja vista não existir uma obrigação de resultado, mas na inteligência de que sejam criadas condições mínimas para o desfrute da saúde; no de custeio mínimo, o que se espera de um Estado é o investimento de uma quantia mínima

---

[990] DWORKIN, Ronald. Justice in the distribution of health care. *MacGill Law Journal*, v. 38, n. 4, p. 883-898, 1993. p. 889 e seguintes.

em gastos de saúde.[991] Segundo se interpreta da tese de Dworkin, ele caminharia para um modelo de gasto mínimo.

Um modelo de gasto mínimo é uma orientação voltada ao financiamento dos recursos, porque pugna que toda pessoa receba equitativamente um aporte de recursos idêntico. Esse paradigma conta com a vantagem de lidar com o problema da escassez de recursos ante as demandas potencialmente ilimitadas a cuidados de saúde. Por outro lado, o paradigma da saúde mínima contém a vantagem de não estreitar o foco demasiadamente na assistência sanitária, a perceber a presença de condições sociais que refogem do âmbito da responsabilidade individual e que influem diretamente na saúde, em relação às quais são exigíveis medidas para propiciar condições equitativas. Añón defende que ambas as concepções podem, sem embargo, ser compatíveis, contanto que delimitadas a diferentes perspectivas do direito à saúde: a questão da assistência sanitária será perscrutada na lente do paradigma de gasto mínimo, ao passo que o arquétipo de saúde mínima seria estratégia adequada para lidar com uma concepção mais ampla de saúde, que se ocupa também das condições sociais de saúde.[992]

Em ambas as perspectivas, Añón mostra como a lente da saúde mínima reforça a estratégia de gasto mínimo no sentido de defender, para a assistência sanitária, uma universalidade do direito à saúde, de sorte a propiciar um acesso universal aos cuidados de saúde.[993] Ora, se a saúde não é apenas a assistência sanitária, mas é algo mais amplo, ideia aceita nesta tese, a responsabilidade individual e a "loteria natural", conquanto possam impactar a saúde, não são muitas vezes os elementos decisivos a considerar.

Isso traz à tona a discussão sobre a universalidade dos direitos sociais em geral, o que inclui o direito à saúde. Segundo alguns, os direitos sociais não podem, ao contrário das liberdades e dos direitos civis e políticos, ter o cunho de universais, porque são específicos daqueles necessitados, em condição de vulnerabilidade.[994] Estendê-los a todos representa desajustadamente afastar-se do fundamento de igualdade material que é sua *ratio essendi*.[995] Peces-Barba é enfático que deva a titularidade desses direitos ser

---

[991] Sobre esses dois modelos, LEMA AÑÓN, Carlos. *Salud, justicia, derechos*. El derecho a la salud como derecho social. Madrid: Dykinson, 2010. p. 166 e seguintes.

[992] LEMA AÑÓN, Carlos. *Salud, justicia, derechos*. El derecho a la salud como derecho social. Madrid: Dykinson, 2010. p. 169-231 e seguintes.

[993] LEMA AÑÓN, Carlos. *Salud, justicia, derechos*. El derecho a la salud como derecho social. Madrid: Dykinson, 2010. p. 231 e seguintes. Segundo se interpretou, o texto de Añón é ainda mais contundente no sentido de elidir qualquer reflexo decisivo do estilo de vida e da responsabilidade individual, o que, porém, não se defende. Evidentemente, o que se pensa é que muito do estado de saúde individual não depende das decisões individuais, mas dos arranjos institucionais e condições sociais que não estão sob o controle individual.

[994] ALEXANDRINO, José de Melo. *A estruturação do sistema de direitos, liberdades e garantias na Constituição portuguesa – A construção dogmática*. Coimbra: Almedina, 2006. v. II. p. 219-220. Sem embargo, a aceitar uma universalidade num sentido juridicamente refinado, ALEXANDRINO, José de Melo. *Direitos fundamentais – Introdução geral*. 2. ed. Estoril: Princípia, 2011. p. 71-75. Sustentando o caráter não universal, PECES-BARBA MARTÍNEZ, Gregorio; ASÍS ROIG, Rafael de; BARRANCO AVILÉS, María del Carmen (Colab.). *Lecciones de derechos fundamentales*. Madrid: Dykinson, 2004. p. 210-212; PECES-BARBA MARTÍNEZ, Gregorio; ASÍS ROIG, Rafael de; FERNÁNDEZ LIESA, Carlos R.; LLAMAS CASCÓN, Ángel (Colab.). *Curso de derechos fundamentales – Teoría general*. 1. reimpr. Madrid: Universidad Carlos III/Boletín Oficial del Estado, 1999. p. 318-320; é que se subentende em KOLLER, Peter. A conception of moral rights and its application to property and welfare rights. *Ratio Juris*, v. 5, n. 2, p. 153-171. p. 160-163, porque este apenas diz que não são direitos de todos, mas de uma categoria específica.

[995] PECES-BARBA MARTÍNEZ, Gregorio; ASÍS ROIG, Rafael de; BARRANCO AVILÉS, María del Carmen (Colab.). *Lecciones de derechos fundamentales*. Madrid: Dykinson, 2004. p. 210-212; PECES-BARBA MARTÍNEZ, Gregorio; ASÍS ROIG, Rafael de; FERNÁNDEZ LIESA, Carlos R.; LLAMAS CASCÓN, Ángel (Colab.). *Curso de derechos fundamentales – Teoría general*. 1. reimpr. Madrid: Universidad Carlos III/Boletín Oficial del Estado, 1999. p. 318-320.

retirada daqueles que possuam condições financeiras de por si mesmos proverem o bem da vida objeto de proteção e garantia do direito, o que contribuiria com a preservação do Estado Social.[996]

Entretanto, tem-se a convicção de que os direitos sociais, o que inclui o direito à saúde, são universais, e não apenas das pessoas hipossuficientes economicamente. Com efeito, é evidente que há um fundamento de igualdade, de sorte a pretender que haja uma racionalidade de igualação de oportunidades,[997] a alcançar todos os seres humanos, inclusive porque a mobilidade socioeconômica ascendente ou descendente é uma vicissitude da vida.[998] Ademais, não se pode confundir a universalidade com a incondicionalidade dos direitos, uma vez que a ausência de pressupostos condicionais na hipótese ou previsão da norma para espoletar os efeitos jurídicos enunciados na estatuição não é característica de muitos direitos de liberdade, aliás, talvez de nenhum, porquanto sempre é possível redigir a norma por meio de um texto ou condicional ou categórico.[999]

Outrossim, aqueles que negam a universalidade dos direitos sociais, mesmo que não se apercebam disso, fazem-no numa ideia arraigada de que os direitos sociais são meramente prestacionais, o que já foi demonstrado que não é o caso, em função da assunção de que são direitos complexos, de conteúdo heterogêneo, integrado com deveres negativos e positivos. Logo, ficam em dificuldade para negar a universalidade especialmente na dimensão negativa desses direitos, uma vez que aí a universalidade não é normalmente posta em causa.[1000]

---

[996] PECES-BARBA MARTÍNEZ, Gregorio; ASÍS ROIG, Rafael de; BARRANCO AVILÉS, María del Carmen (Colab.). *Lecciones de derechos fundamentales*. Madrid: Dykinson, 2004. p. 210-212; PECES-BARBA MARTÍNEZ, Gregorio; ASÍS ROIG, Rafael de; FERNÁNDEZ LIESA, Carlos R.; LLAMAS CASCÓN, Ángel (Colab.). *Curso de derechos fundamentales* – Teoría general. 1. reimpr. Madrid: Universidad Carlos III/Boletín Oficial del Estado, 1999. p. 318-320. Sem embargo, o próprio jurista concede que as pessoas que possam pagar usufruam as prestações estatais, contanto que arquem com o custo integral ou parcial. No Brasil, comungam dessa opinião DIMOULIS, Dimitri; MARTINS, Leonardo. *Teoria geral dos direitos fundamentais*. 4. ed. São Paulo: Atlas, 2012. p. 78.

[997] PÉREZ LUÑO, Antonio Enrique. *Los derechos fundamentales*. 9. ed. Madrid: Tecnos, 2007. p. 184, o qual fala de uma função estatal de reequilíbrio das desigualdades sociais. Ver, ainda, GAUDU, François. Les droits sociaux. *In*: CABRILLAC, Rémy; FRISON-ROCHE, Marie-Anne; REVET, Thierry (Dir.). *Libertés et droits fondamentaux*. 16. ed. Paris: Dalloz, 2010. p. 783-799.

[998] MIRANDA, Jorge. O regime e a efetividade dos direitos sociais nas constituições de Portugal e do Brasil. *In*: OTERO, Paulo; ARAÚJO, Fernando; GAMA, João Taborda da (Org.). *Estudos em memória do Prof. Doutor J. L. Saldanha Sanches*. Coimbra: Coimbra Editora, 2011. v. 1. p. 319 e seguintes; ALMEIDA, Luiz Antônio Freitas de. *Direitos fundamentais sociais e ponderação* – Ativismo irrefletido e controle jurídico racional. Porto Alegre: Sergio Antonio Fabris, 2014. p. 111.

[999] Argumento esposado em ALMEIDA, Luiz Antônio Freitas de. *Direitos fundamentais sociais e ponderação* – Ativismo irrefletido e controle jurídico racional. Porto Alegre: Sergio Antonio Fabris, 2014. p. 111. Nesse sentido, FABRE, Cécile. *Social rights under the constitution* – Government and the decent life. reprint. Oxford: Oxford University Press, 2004. p. 26-32. A defender a universalidade em relação a alguns direitos, liberdades e garantias e a alguns direitos econômicos, sociais e culturais, HIERRO, Liborio L. Los derechos económico-sociales y el principio de igualdad en la teoría de Robert Alexy. *In*: MANRIQUE, Ricardo García (Ed.). *Derechos sociales y ponderación*. 2. ed. Madrid: Fundación Coloquio Jurídico Europeo, 2009. p. 170-174.

[1000] LEMA AÑÓN, Carlos. *Salud, justicia, derechos*. El derecho a la salud como derecho social. Madrid: Dykinson, 2010. p. 186 e seguintes; MIRANDA, Jorge. O regime e a efetividade dos direitos sociais nas constituições de Portugal e do Brasil. *In*: OTERO, Paulo; ARAÚJO, Fernando; GAMA, João Taborda da (Org.). *Estudos em memória do Prof. Doutor J. L. Saldanha Sanches*. Coimbra: Coimbra Editora, 2011. v. 1. p. 339-343, que defende que os cuidados primários de saúde devem ser custeados a todos, mas os cuidados além disso devem ter os custos partilhados, salvo em relação a quem não possa pagar, para quem devem ser gratuitos; NOVAIS, Jorge Reis. Constituição e serviço nacional de saúde. *In*: SIMÕES, Jorge (Coord.). *30 anos do Serviço Nacional de Saúde* – Um percurso comentado. Coimbra: Almedina, 2010. p. 242 e seguintes, o qual comenta que o direito à saúde é de todos, mas há diferenciação no grau de proteção oferecido nos diferentes deveres estatais: idêntica proteção

CAPÍTULO 3
A TUTELA JUDICIAL "PONDERADA" DO DIREITO FUNDAMENTAL À SAÚDE: PROPORCIONALIDADE E CONTEÚDO MÍNIMO COMO EXIGÊNCIAS... | 383

Outro ponto de escora da negativa da universalidade dos direitos sociais está na percepção que se tem do papel do Estado em relação aos bens produzidos no mercado comum, o que, em última medida, tangencia o próprio conceito de justiça distributiva perfilado. A função estatal seria retificar eventuais distorções e efeitos flagrantemente desiguais na distribuição e redistribuição desses bens pelo recorte social, uma vez que a riqueza coletiva gerida pelas regras de livre mercado poderia permitir alguns resultados intoleráveis, a demandar a correção na esfera jurídico-política. Essa visão alia um conceito de justiça social e distributiva que atua apenas na redistribuição dos bens, deixando intocada a estrutura de sua produção. No entanto, uma visão mais alargada de justiça social poderia também atuar na própria produção de bens: há riquezas coletivas tão importantes que não podem ser deixadas sujeitas ao livre mercado, como poderia ser dito em relação à saúde. Os direitos sociais funcionariam como "estratégia de desmercantilização" desses bens, impondo medidas progressivas de cunho fiscal e redistributivas.[1001]

Ora, a partir do momento que se compreende a saúde num sentido positivo mais amplo que a mera ausência de doença, torna-se coerente subscrever que os direitos sociais realmente poderiam funcionar na racionalidade da estratégia de livrar os bens coletivos que lhes tocam das amarras exclusivas do livre mercado, algo mais condizente, ou com menor tensão, ao favorecimento de sistemas universalistas de assistência sanitária, independentemente da atuação coletiva e estatal na proteção à saúde pública. Até porque os arranjos institucionais podem produzir resultados tão insatisfatórios ou prejudiciais à saúde coletiva que, ainda que haja um sistema de saúde que oferte cuidados satisfatórios e apropriados em termos sanitários, pode-se mesmo chegar à conclusão de violação de um dos deveres estatais concernentes ao direito à saúde, o que é mais uma razão, imbricada com o ponto anterior, para privilegiar sistemas universais, a coadunar-se com a estratégia de saúde mínima.[1002]

Não obstante, comprometer-se com a tese da universalidade do direito à saúde e com a preferência por sistemas universalistas de saúde não significa que todos os serviços de assistência sanitária devam ser gratuitos e ofertados somente na ótica da necessidade médica. Claro está que a ordem jurídica pode deixar uma margem de conformação política para que o Legislativo e Executivo formatem políticas públicas que trabalhem com os cuidados de saúde tendo em vista a necessidade premente de racionar, na finalidade de ajustá-los às condições econômico-financeiras da comunidade política. Se, com relação aos deveres negativos, o Estado está jungido a observá-los de modo mais homogêneo, independentemente de quem quer que seja, as prestações inerentes aos deveres positivos podem ser concretizadas em maior ou menor medida, conforme as possibilidades econômicas. Isso implica que são possíveis alguns tratamentos

---

no dever de respeitar para pobres e ricos, mas diferentes intensidades de garantia nos deveres de proteger e promover, uma vez que aí as obrigações variariam conforme as carências individuais; NABAIS, José Casalta. O financiamento da segurança social em Portugal. *In*: TRIBUNAL CONSTITUCIONAL. *Estudos em memória do Conselheiro Luís Nunes de Almeida*. Coimbra: Coimbra Editora, 2007. p. 629-631, que não nega a universalidade dos direitos sociais, mas entende que as prestações devem ser concretizadas como direito apenas dos pobres.

[1001] LEMA AÑÓN, Carlos. *Salud, justicia, derechos*. El derecho a la salud como derecho social. Madrid: Dykinson, 2010. p. 194 e seguintes.

[1002] LEMA AÑÓN, Carlos. *Salud, justicia, derechos*. El derecho a la salud como derecho social. Madrid: Dykinson, 2010. p. 238 e seguintes.

diferenciados entre pessoas se houver justificação legítima e proporcional, o que pode, eventualmente, (in)validar algumas restrições a algumas classes de pessoas, como estrangeiros e abastados, ou autorizar maiores medidas de racionamento.[1003]

Em realidade, como salientam Norman Daniels e James Sabin, quaisquer propostas de racionamento lidarão com desacordos morais de como alocar de modo mais eficiente e justo os recursos e distribuí-los aos cidadãos. Como as demandas de cuidados médicos e medicamentos são, em alguma medida, legitimadas pela necessidade das pessoas e os recursos são escassos para atender a todos, a invocação de princípios de justiça distributiva não serão suficientes para solucionar todos os desacordos, porque as diretrizes que oferecem são muito indeterminadas para estabelecer uma ordem de preferência entre as prioridades.[1004]

Assim, há uma maior premência de institucionalizar uma razão pública na definição desses critérios, com acessibilidade dos fundamentos invocados para sua eleição e possibilidade de contestá-los em instâncias apropriadas e até de revertê-los ou modificá-los, por meio dos procedimentos previstos, conforme exista a mudança das circunstâncias que estavam no entorno da decisão. Os fundamentos da decisão devem obedecer aos predicados de racionalidade e razoabilidade, com atenção aos limites financeiros para o tratamento, sempre com a ótica de que não é apenas a racionalidade financeira a rejeitar a provisão de determinado serviço ou bem de saúde, mas é a cogência de compatibilizar os recursos existentes com as prioridades selecionadas nas políticas e atender às demais demandas de cuidados sanitários e às políticas de caráter preventivo e tutelar da saúde pública.[1005] Portanto, é indispensável que a legitimidade estatal, advinda da ordem jurídica, seja enriquecida pela legitimidade democrática, com a abertura dos canais de deliberação aos profissionais que atuam na área de saúde e aos próprios usuários do sistema.

[1003] *Vide* nota de rodapé nº 1.000. Em acréscimo, mencionam-se HENRIQUES, Fátima Vieira. Direito prestacional à saúde e atuação jurisdicional. *In*: SOUZA NETO, Cláudio Pereira; SARMENTO, Daniel (Org.). *Direitos sociais –* Fundamentos, judicialização e direitos sociais em espécie. 2. tir. Rio de Janeiro: Lumen Juris, 2010. p. 827-840, a qual anota que universalidade não é sinônimo de gratuidade; NASCIMENTO, Rogério José Bento Soares do. Concretizando a utopia: problemas na efetivação do direito a uma vida saudável. *In*: SOUZA NETO, Cláudio Pereira; SARMENTO, Daniel (Org.). *Direitos sociais –* Fundamentos, judicialização e direitos sociais em espécie. 2. tir. Rio de Janeiro: Lumen Juris, 2010. p. 905-924, o qual, embora reconheça a universalidade do direito à saúde, não põe em causa a possibilidade de haver condicionamentos ao exercício desse direito para estrangeiros; SARLET, Ingo Wolfgang. A titularidade simultaneamente individual e transindividual dos direitos sociais analisada à luz do exemplo do direito à proteção e promoção da saúde. *In*: OTERO, Paulo; ARAÚJO, Fernando; GAMA, João Taborda da (Org.). *Estudos em memória do Prof. Doutor J. L. Saldanha Sanches*. Coimbra: Coimbra Editora, 2011. v. 1. p. 248-254 e seguintes, o qual, na interpretação da Constituição brasileira, salienta que a expressão "estrangeiros residentes" deva ser interpretada extensivamente para incluir os estrangeiros que estejam na terra tupiniquim com algum vínculo, os quais seriam titulares de direitos, inclusive do direito à saúde. Apesar de comentar sobre os aspectos polêmicos de saber se são possíveis restrições aos cuidados ofertados em função da nacionalidade, Sarlet não toma posição a respeito.

[1004] DANIELS, Norman; SABIN, James. Limits to health care: Fair procedures, democratic deliberation, and the legitimacy problem for insurers. *Philosophy & Public Affairs*, v. 26, n. 4, p. 303-350, Autumn 1997. p. 319 e seguintes.

[1005] Sobre a ideia do parágrafo em geral, ibid., p. 307 e seguintes; DANIELS, Norman. A progressively realizable right to health and global governance. *Health Care Anal.*, v. 23, p. 330-340, 2015. p. 334 e seguintes; DANIELS, Norman. L'extension de la justice comme équité à la santé et aux soins de santé. Tradução de Émmanuelle Glon. *Raisons Politiques*, n. 34, p. 9-29, 2009. p. 26 e seguintes; DANIELS, Norman. Justice, health, and healthcare. *The American Journal of Bioethics*, v. 1, n. 2, p. 2-16, 2001. p. 6 e seguintes. Com efeito, Daniels e Sabin escrevem com o foco nas decisões de racionamento tomadas por organizações que atuam no mercado de seguro de saúde, porém suas lições parecem plenamente aproveitáveis nesse tocante, uma vez que eles mesmos reconhecem uma aproximação da abordagem ao paradigma de democracia deliberativa.

De qualquer modo, independentemente da concepção filosófica que se propague, é irrecusável reconhecer que o direito possui um papel nesse tocante. Se ele recebe um influxo em função de uma referência antropológica e social da realidade, pode muito bem transcender esses critérios e conformá-los dentro de sua racionalidade própria, com eleição de princípios-chave que regerão a atuação estatal na questão, com o escopo de delimitar os critérios de racionamento tolerados pela ordem jurídica, os eventualmente impostos e aqueles vedados, guia que servirá para corrigir as condutas individuais, institucionais e coletivas e estabelecer os limites e os padrões que nortearão as escolhas e balizarão as justificativas estatais.[1006]

A título de epílogo e recapitulação deste subtópico, infere-se que tratar seriamente o direito à saúde resulta na necessidade de considerar a limitação fática da ausência de recursos bastantes para a satisfação de todas as necessidades de saúde, as quais são crescentes e muito caras.

A escassez de recursos levanta problemas de justiça, mormente de justiça distributiva, de como alocar os escassos recursos. Logo, descortina-se o caráter ilusório de pensar que haja alternativa a medidas de racionamento de alguma ordem.

Em geral, rejeita-se uma ótica puramente utilitária na definição desses critérios. Também não se comunga da estratégia de uma distribuição igualitária baseada no gasto mínimo. Em vez disso, ante a concepção ampla de saúde que se adota, é mais coerente apoiar uma estratégia de saúde mínima, a qual favorece sistemas universais de atenção à saúde, embora não seja de todo incompatível com sistemas de seguro de saúde.

O direito à saúde é universal, seja porque possui conteúdo complexo e heterogêneo, seja porque é viável a mobilidade socioeconômica ascendente ou descendente. Porém, isso não representa que ele imponha a gratuidade a todos e não exclui que, dentro da conformação política reconhecida a um parlamento, possa haver condicionamentos ao exercício do direito e ao gozo de prestações concretizadas.

Finalmente, é papel do direito, no contexto de um Estado Social, conformar a realidade social, com a institucionalização de regras e princípios jurídicos que permitam guiar e regular condutas individuais e coletivo-institucionais e invalidar opções que não observem sua racionalidade e os limites advindos do arcabouço jurídico, conforme princípios estruturais e basilares do sistema.

3.4 *Nomen iuris*: direito à saúde, à proteção da saúde ou a cuidados sanitários?

A princípio, talvez este capítulo devesse ter começado por este subitem, uma vez que a precisão terminológica é de interesse metódico e dogmático, essencial para a compreensão do objeto de estudo. Logo, seria de curial importância já sedimentar, desde o início, as razões que levam denominar o feixe de pretensões e deveres em exame. Contudo, mesmo com o risco de alguma censura nesse tocante, entende-se justificada a opção de trasladá-lo para o meio do capítulo, uma vez que o presente

---

[1006] VALE, Luís A. M. Meneses do. Access to health care between rationing and responsiveness: problem(s) and meaning(s). *Boletim da Faculdade de Direito da Universidade de Coimbra*, v. LXXXVIII, t. I, p. 105-187, 2012. p. 152-177.

subitem se beneficia de diálogos doutrinários estabelecidos e posições firmadas nos tópicos anteriores, a ponto de expressá-los de modo mais abreviado, com o caráter mais rememorativo, a sintetizar os entendimentos alhures manifestados.

Não há um consenso sobre o nome jurídico do direito que tem a saúde como bem tutelado. Evidentemente, cada ordem jurídica pode rotular o complexo de pretensões, situações e posições jurídicas, com seus correlatos deveres, como bem entender e, para fins dogmáticos, esse será o nome do direito. Nesse contexto, a Constituição portuguesa menciona no art. 64º o "direito à protecção da saúde", ao passo que a Constituição brasileira usa a expressão de que "todos têm direito à saúde", no art. 196. Porém, mais interessante torna-se o ponto quando se indagam as motivações para preferir uma a outra expressão. Elas seriam intercambiáveis?

A expressão "direito à saúde" é criticada, porque transmite uma ideia equivocada sobre o que se garante ao indivíduo: nenhum ser humano ou instituição terrena podem garantir uma boa saúde a ninguém; não há, por parte do Estado, uma obrigação de resultado de garantir uma boa saúde, mas mera obrigação de meio. Portanto, o máximo que se poderia prometer e cumprir são ações e serviços de saúde, no intuito de prevenir e curar enfermidades e reabilitar as pessoas delas.[1007]

De outro lado, como alternativas a essa expressão, tem-se rotulado o feixe de pretensões e deveres de direito à proteção da saúde ou de um direito a cuidados ou a prestações de saúde. Porém, há objeções a respeito dessas nomenclaturas. Um direito à proteção da saúde poderia confundir por concebê-lo como gerador apenas de deveres de proteção, sem abarcar os deveres de respeito e de cumprir (realizar e promover), na tripartição de deveres tão celebrada na doutrina de direitos humanos. Por sua vez, um direito à assistência sanitária ou a cuidados de saúde (*right to health care*) pode parecer empobrecedor, a resumir as demandas e obrigações somente a prestações curativas e reabilitadoras, com o olvido do aspecto preventivo e de outras determinantes sociais, novamente a equiparar a saúde a uma ideia de ausência de enfermidades.[1008]

[1007] Sobre a impossibilidade de garantir uma boa saúde como conteúdo do direito, remete-se para PERLINGEIRO, Ricardo. Los cuidados de salud para los ancianos. Entre las limitaciones presupuestarias y el derecho a un mínimo existencial. *Boletín Mejicano de Derecho Comparado, nueva serie*, ano XLVII, n. 140, p. 547-584, maio/ago. 2014. p. 572 e seguintes; LEMA AÑÓN, Carlos. *Salud, justicia, derechos*. El derecho a la salud como derecho social. Madrid: Dykinson, 2010. p. 42 e seguintes; MORGAN, Derek. Health rights, ethics & justice: the opportunity costs of rethoric. *Journal International de Bioéthique*, v. 6, n. 1, p. 9-15, 1995; LEARY, Virginia A. Justiciabilité du droit à la santé et au-delá du concept: les procédures de plaintes. *La Revue de la Commission Internationale de Juristes*, n. 55, p. 119-138, dez. 1995. Édition Spéciale: Droits Économiques, sociaux et le rôle des juristes. p. 119 e seguintes; AUBY, Jean-Marie. Le corps humain et le droit: les droits de l'homme sur son corps. *In*: ASCENSÃO, José de Oliveira. *Direito da saúde e bioética*. Lisboa: Lex, 1991. p. 167 e seguintes; LAUDIJOIS, Marie. Le droit à la santé n'est pas une liberté fondamentale. *AJDA – L'Actualité juridique – Droit Administratif*, n. 7, p. 376-380, 2006. p. 376 e seguintes; TEJEDA DE RIVERO, David. El derecho a la salud. *Anuario Jurídico*, n. XII, p. 267-275, 1985; FORGES, Jean-Michel de. *Le droit de la santé*. 2. ed. Paris: Presses Universitaires de France, 1995. p. 3-9; BAUDOUIN, Jean-Louis. Quelques réflexions sur la reconnaissance du droit à la santé dans les systèmes internationaux et regionaux des droits de la personne. *Journal International de Bioéthique*, v. 9, p. 69-76, set. 1998. p. 69-70; BEDJAOUI, Mohammed. Le droit à la santé, espoirs, réalités, illusions. *Journal International de Bioéthique*, v. 9, p. 33-38, set. 1998; MOREAU, Jacques. Le droit à la santé. In: AJDA – L'Actualité juridique – Droit Administratif. Numéro spécial, Juillet-Aôut 1998, p. 185-190; TOEBES, Brigit C. A. *The right to health as a human right in international law*. Antwerpen; Groningen; Oxford: Intersentia; Hart, 1999. p. 3 e seguintes.

[1008] TOEBES, Brigit C. A. *The right to health as a human right in international law*. Antwerpen; Groningen; Oxford: Intersentia; Hart, 1999. p. 3-26; LEMA AÑÓN, Carlos. *Salud, justicia, derechos*. El derecho a la salud como derecho social. Madrid: Dykinson, 2010. p. 42 e seguintes. O parágrafo foi escrito com base na lição de Toebes; Añón

Todavia, a despeito das críticas ao nome "direito à saúde", é fato que, nos textos de direitos humanos, é normalmente a expressão mais utilizada, a par de não padecer do aspecto redutor do conteúdo do direito.[1009] Embora o sistema de referência seja o de direito constitucional e não de direitos humanos ou de direito internacional, pensa-se que são razões também cabíveis para pontuar a questão no plano dos direitos fundamentais, de sorte a defender o uso da expressão "direito à saúde". De outro lado, o nome "direito à proteção da saúde" pode perfeitamente ser utilizado como expressão sinônima e sem perda qualitativa de conteúdo, com o esclarecimento de que engloba também deveres adicionais aos deveres de proteção. Portanto, apenas se evita o uso do *nomen iuris* "direito a cuidados de saúde", uma vez que ele concentra a atenção unicamente numa parcela de conteúdo contida nas outras expressões, sem um contraponto que lhe justifique o emprego.

3.5 Direito à saúde no quadro de direitos humanos

Não obstante já se ter pontuado que o sistema de referência é o de direito constitucional, há interesse em situar o direito à saúde como direito humano, porque é possível que, conforme abertura constitucional, normas de direitos humanos inspirem ou guiem a interpretação de normas de direito doméstico ou até sejam diretamente aplicáveis na ordem jurídica interna.[1010]

No âmbito do direito internacional, a preocupação com a vida e a saúde é desenvolvida primeiramente no embalo do direito humanitário. De início confinado a tratados bilaterais, a lidar com conflitos particulares, paulatinamente o direito humanitário começa a apoiar-se em tratados multilaterais, com a pretensão de universalidade iniciada nas convenções de Genebra, especialmente em 1929; em 1869, na primeira convenção, impôs-se a neutralização de ambulâncias e hospitais, a obrigação de tratar os inimigos feridos, a proibição de capturar o *staff* médico. Depois da Segunda Guerra Mundial, uma nova geração de tratados de índole humanitária, que intentavam proteger civis de tortura, punições coletivas e deportações, é posta em pauta. Porém, mesmo que a evolução do direito humanitário tenha associação com os direitos humanos, concorda-se com Byk no sentido de que não é a matriz ou fonte direta do direito à saúde no quadro dos direitos humanos.[1011]

Com efeito, pode-se diferenciar os âmbitos respectivos, em função de que o direito humanitário não fornece apoio imediato a direitos subjetivos, ao contrário dos

---

comenta que uma possível redução ao aspecto curativo pode ser percebida na nomenclatura "direito à proteção da saúde", sem apresentar a objeção de Toebes sobre a confusão entre os deveres de proteção.

[1009] LEMA AÑÓN, Carlos. *Salud, justicia, derechos*. El derecho a la salud como derecho social. Madrid: Dykinson, 2010. p. 42 e seguintes; TOEBES, Brigit C. A. *The right to health as a human right in international law*. Antwerpen; Groningen; Oxford: Intersentia; Hart, 1999. p. 3-26.

[1010] Com a defesa da vinculação das autoridades domésticas aos padrões interpretativos dados por instâncias internacionais e de direitos humanos, COURTIS, Christian. Los derechos sociales en perspectiva: la cara jurídica de la política social. *In*: CARBONELL, Miguel (Ed.). *Teoría del neoconstitucionalismo* – Ensayos escogidos. Madrid: Trotta, 2007. p. 192.

[1011] BYK, Christian. The history of the right to health as a human right. *Journal International de Bioéthique*, v. 9, p. 15-31, set. 1998. p. 23-31; TOEBES, Brigit C. A. *The right to health as a human right in international law*. Antwerpen; Groningen; Oxford: Intersentia; Hart, 1999. p. 27-85.

direitos humanos, a despeito de incidir de modo protetivo para as pessoas apenas em caso de guerra ou conflito; outra diferença lembrada é de que, nos direitos humanos, a relação é de verticalidade entre Estados e pessoas, ao passo que no caso do direito humanitário, quando em cena conflitos armados, a relação é entre o Estado e os nacionais do Estado inimigo.[1012]

Mesmo com a previsão na Carta das Nações Unidas da cooperação internacional em matéria sanitária, é fato que a menção a um direito humano à saúde pôde ser deduzida do preâmbulo da Constituição da OMS, em que pese a terminologia empregada de que se tratava de um direito fundamental. Posteriormente, a Declaração Universal dos Direitos Humanos,[1013] no art. 25, coloca a saúde como bem importante que, ao lado de outros que poderiam ser considerados condições sociais da saúde (alimentação, vestuário, alojamento etc.), é essencial ao bem-estar. Com efeito, o documento não consagra, a rigor, um direito à saúde de modo direto, mas um direito à segurança social e a um desenvolvimento social, ao estatuir que todos possuem um direito a um suficiente nível de vida que lhes permita usufruir desses bens em porções satisfatórias.[1014]

Em realidade, o direito humano à saúde é cristalizado em documento com força jurídica no Pacto Internacional de Direitos Econômicos, Sociais e Culturais, de 1966. O dispositivo que alberga o direito à saúde encontra-se no art. 12. Com efeito, a redação do pacto permite verificar a influência do conceito de saúde da OMS, ao destacar que toda a pessoa possui direito de desfrutar o mais elevado nível de saúde física e mental, porém houve a supressão da expressão "bem-estar social" na cabeça do artigo; os parágrafos estabelecem obrigações um pouco mais especificadas e ligam a saúde com a

---

[1012] TOEBES, Brigit C. A. *The right to health as a human right in international law*. Antwerpen; Groningen; Oxford: Intersentia; Hart, 1999. p. 27-85; BYK, Christian. The history of the right to health as a human right. *Journal International de Bioéthique*, v. 9, p. 15-31, set. 1998. p. 23-31.

[1013] A validade jurídica da Declaração é objeto de alguma celeuma. Na defesa de que ao menos alguns direitos são regras costumeiras ou princípios de direito internacional, ou seja, são fonte de direito, consoante previsão do art. 38 do Estatuto da Corte Internacional de Justiça, mencionam-se GARCIA, Emerson. *Proteção internacional dos direitos humanos*: breves reflexões sobre os sistemas convencional e não-convencional. 2. ed. Rio de Janeiro: Lumen Juris, 2009. p. 30; BROWNLIE, Ian. *Princípios de direito internacional público*. Tradução de Maria Manuela Farrajota *et alli*. Lisboa: Fundação Calouste Gulbenkian, 1997. p. 594; WALLACE, Rebbeca M. M. *International law*. 2. ed. London: Sweet & Maxwuell, 1992. p. 197, a respeito das liberdades; SCHACHTER, Oscar. *Law in theory and pratice*. Dordrecht: Martinus Nijhoff, 1991. p. 340, o qual menciona que isso se estende a alguns direitos econômicos, sociais e culturais, como o direito à educação. Como mera declaração, não possuía força jurídica vinculante, mas a grande difusão do documento e a referência a valores supostamente compartilhados pela aldeia global possibilitam a defesa de um verdadeiro *ius cogens* (art. 64 da Convenção de Viena). Contra a tese de que seja fonte de direito internacional, CASAUX-LABRUNÉE, Lise. Le droit à la santé. *In*: CABRILLAC, Rémy; FRISON-ROCHE, Marie-Anne; REVET, Thierry (Dir.). *Libertés et droits fondamentaux*. 16. ed. Paris: Dalloz, 2010. p. 804.

[1014] CASAUX-LABRUNÉE, Lise. Le droit à la santé. *In*: CABRILLAC, Rémy; FRISON-ROCHE, Marie-Anne; REVET, Thierry (Dir.). *Libertés et droits fondamentaux*. 16. ed. Paris: Dalloz, 2010. p. 804. É o que se subentende em PERRY, Donna J.; FERNÁNDEZ, Christian Guillermet; PUYANA, David Fernández. The right to life in peace: An essential condition for realizing the right to health. *Health and Human Rights Journal*, v. 17, n. 1, p. 148-158, jun. 2015. p. 150-151, e é afirmado por MATHIEU, Bertrand. La protection du droit à la santé par le juge constitutionnel – A propos et à partir de la décision de la Cour constitutionnelle italienne nº185 du 20 mai 1998. *Cahiers du Conseil Constitutionnel*, n. 6, jan. 1999. Disponível em: http://www.conseil-constitutionnel.fr/conseil-constitutionnel/root/bank/pdf/conseil-constitutionnel-52765.pdf. Acesso em: 9 nov. 2016. p. 4. Em sentido contrário, a defender que a Declaração Universal dos Direitos Humanos cristaliza um direito à saúde, caminham TOEBES, Brigit C. A. *The right to health as a human right in international law*. Antwerpen; Groningen; Oxford: Intersentia; Hart, 1999. p. 27-85; SARLET, Ingo Wolfgang. Algumas considerações em torno do conteúdo, eficácia e efetividade do direito à saúde na Constituição de 1988. *Revista Eletrônica sobre a Reforma do Estado*, n. 11, set./nov. 2007. Disponível em: http:www.direitodoestado.com.br/rere.asp. Acesso em: 20 out. 2016. p. 3-4; VILLANUEVA FLORES, Rocío. *Derecho a la salud, perspectiva de género y multiculturalismo*. Lima: Palestra, 2009. p. 22 e seguintes.

meta de diminuir mortalidade natal e infantil, melhoria de aspectos de higiene laboral e ambiental, prevenção de doenças epidêmicas, endêmicas, profissionais e outras, a criação de condições para oferta de assistência médica em caso de enfermidade. A menção ao melhoramento de condições ambientais, inclusive ocupacionais, remonta a uma ligação com algumas condicionantes da saúde.

Nos termos do tratado, adota-se como regra geral a progressividade das obrigações positivas endereçadas aos Estados, no sentido de que devam os países dar passos em direção à crescente satisfação dos direitos nele previstos, mediante uso do máximo de recursos disponíveis (art. 2º, 1).

O tratado foi estruturado com um controle político sobre o cumprimento dos deveres dos Estados-Partes, uma vez que estes encaminhariam relatórios ao Secretário-Geral das Nações Unidas sobre o adimplemento dos deveres, que, por sua vez, enviaria cópia ao Conselho Econômico e Social das Nações Unidas, o qual poderia eventualmente adotar recomendações de caráter geral e celebrar acordos com agências especializadas para que estas examinem os relatórios, façam apontamentos e sugestões aos Estados, conforme incumbência institucional (arts. 16 a 23). O Conselho conta com o Comitê de Direitos Econômicos, Sociais e Culturais, composto por expertos independentes, os quais, a título pessoal, assistem aquele colegiado a supervisionar o cumprimento do tratado. Para tanto, o Comitê recebe os relatórios enviados sobre as medidas adotadas pelos Estados e a respeito das dificuldades em adimplir com suas obrigações. Em 2008, foi engendrado um protocolo facultativo ao Pacto, o qual, após o décimo depósito do instrumento ratificado ou de adesão a ele, entrou em vigor em maio de 2013, conferindo ao Comitê a competência de apreciar comunicações submetidas por indivíduos ou grupo de indivíduos contra supostos atos violadores praticados por Estados que subscreveram o protocolo adicional, podendo, para tanto, instaurar um inquérito, celebrar acordos e recomendar medidas a serem adotadas pelo Estado, acompanhando o cumprimento.

De grande interesse é a prática do Comitê de, no escopo de especificar mais as normas vagas decorrentes das cláusulas do tratado, emitir comentários gerais, os quais servem de norte interpretativo dos dispositivos do Pacto e que, a depender da congruência com critérios sedimentados na prática usual da comunidade internacional no curso do tempo, poderiam ostentar força jurídica de regras costumeiras de direito internacional.[1015]

O Comitê, em 2000, emitiu o Comentário Geral nº 14, que trata especificamente do direito à saúde. Consoante o entendimento do Comitê, o Pacto não adotou o conceito de saúde estatuído na Constituição da OMS, porém não restringe o feixe de pretensões inclusas nesse direito à assistência sanitária. Por força da sua interdependência, o direito à saúde abrange condicionantes básicas da saúde como a alimentação, a nutrição, a moradia,

---

[1015] ALMEIDA, Luiz Antônio Freitas de. O núcleo mínimo dos direitos à educação e à instrução e o papel das Cortes africana e europeia de direitos do homem na sua garantia. *In*: ALEXANDRINO, José de Melo (Coord.). *Os direitos humanos em África*. Coimbra: Coimbra Editora, 2011. p. 225 e seguintes. Ver, também, YOUNG, Katherine G. The minimum core of economic and social rights: a concept in search of content. *Yale Journal of International Law*, v. 33, p. 113-175, 2008, que apregoava, antes da entrada em vigor do protocolo facultativo, que os comentários teriam uma força de uma *advisory opinion*, e ALSTON, Philip. The Committee on Economic, Social, and Cultural Rights – A critical appraisal. *In*: ALSTON, Philip. *The United Nations and the Human Rights* – A critical appraisal. New York: Oxford, 1992. p. 494-495, de quem se subentende que caminha na trilha defendida no texto.

o acesso à água limpa e potável e às condições sanitárias adequadas, às condições de trabalho e ambientais sadias, além de educação e informação em questões de saúde.[1016]

Conforme conclui o Comitê, o direito à saúde é um direito de conteúdo heterogêneo ou molecular, algo característico de sua natureza jurídica de princípio, a ensejar obrigações positivas e negativas, inerentes às liberdades aí abrangidas, o que não implica a consagração de uma obrigação de garantir a saúde.[1017] O Comitê estrutura o direito à saúde em quatro elementos essenciais: disponibilidade, acessibilidade (física, econômica, informacional e não discriminatória), aceitabilidade e qualidade.[1018] A disponibilidade significa que os estabelecimentos e serviços de saúde, cuja natureza depende de vários fatores, inclusive do desenvolvimento de cada país, devem ser em quantidade suficiente para atender à população, com profissionais capacitados e bem remunerados, centros equipados e oferta de medicamentos essenciais definidos em programa da OMS. A acessibilidade demanda: i) que esses estabelecimentos, bens e serviços estejam à mercê de todos, com proibição de discriminação, mas com a obrigação de também atender equitativamente a pessoas integrantes de grupos ou setores mais marginalizados da população; ii) que esses estabelecimentos, bens e serviços devam ser geograficamente alcançáveis pelas pessoas, a distâncias aceitáveis, inclusive as que estejam em situação de maior exclusão, também com eliminação de barreiras físicas ou arquitetônicas que dificultem ou impeçam esse acesso por pessoas deficientes; iii) caso não sejam gratuitos, que os custos para aquisição ou recebimento de bens, serviços e ações de saúde e relacionados aos fatores condicionantes básicos estejam a preços equitativos, pagáveis por todos, mesmo os mais desfavorecidos; iv) um direito de solicitar, receber e difundir informação a respeito de saúde, porém sem que haja quebra da confidencialidade dos dados pessoais. A aceitabilidade impõe que os estabelecimentos, bens e serviços de saúde observem a ética médica e a cultura de grupos minoritários, com o objetivo de melhorar o estado de saúde das pessoas tratadas ou atendidas. Por fim, a qualidade prescreve que os bens, serviços e estabelecimentos à disposição coadunem-se com os padrões de qualidade do saber científico e médico, o que implica investimento em capacitação, aquisição de equipamentos cientificamente aprovados e em bom estado, além de água limpa potável e condições de saneamento adequadas.

Em relação às obrigações dos Estados, o Comitê dividiu-as em obrigações gerais, específicas, internacionais e básicas ou nucleares. Adiante no comentário geral, o Comitê ocupou-se de pormenorizar algumas formas de violações, deixando patente que os deveres são descumpridos por ações e omissões.[1019]

Em relação às primeiras, reconhece a contingência de recursos humanos e financeiros para o desempenho satisfatório dos direitos, sem prejuízo de perceber a existência de obrigações imediatas. Porém, mesmo para as obrigações de adoção de passos progressivos, vincula os países com o padrão de avanço o mais expedito e rápido possível, o que inculca a não aceitação de medidas regressivas, salvo se devidamente justificadas conforme a plena utilização dos recursos disponíveis e com referência

---

[1016] Parágrafos 3 a 5 e 11.

[1017] Parágrafo 8.

[1018] Parágrafo 12.

[1019] Parágrafos 46 a 52.

aos demais direitos do tratado.[1020] Também classifica os deveres consoante a trilogia de obrigações difundida na doutrina internacionalista: deveres de respeito, proteção e cumprimento, sendo que a terceira obrigação é subdividida em três, quais sejam, facilitar, proporcionar e promover.[1021]

Quanto às obrigações específicas, enuncia exemplos de condutas abrangidas em cada obrigação. Como se verifica, os deveres de respeitar atraem condutas omissivas por parte do Estado, que está vedado de negar ou limitar o acesso igual para todas as pessoas aos serviços de saúde preventivos, curativos e paliativos, inclusive às pessoas em situação de vulnerabilidade ou pertencentes a minorias ou a grupos excluídos socialmente; proscreve-se-lhe a adoção de práticas discriminatórias e de turbar o acesso aos cuidados preventivos, práticas curativas e às medicinas tradicionais, além de não permitir a poluição do ambiente, a utilização ou o ensaio de armas nucleares ou biológicas e a limitação do acesso a serviço de saúde como forma de punição.[1022] No que tange às obrigações de proteger,[1023] há um contexto de ações positivas, muito relacionadas com a edição de atos normativos que possibilitem igual acesso à atenção à saúde proporcionada por órgãos públicos ou particulares, o controle de comercialização de equipamentos médicos e remédios por particulares e obrigações voltadas para proibir que terceiros limitem o acesso à informação ou a serviços e bens de saúde ou que agridam a saúde das pessoas. A obrigação de cumprir representa a adoção de medidas de conteúdo legislativo, administrativo, orçamentário, judicial ou de outra índole para efetivar plenamente o direito à saúde, o que significa, entre outras medidas enumeradas: reconhecer um direito à saúde no arcabouço jurídico interno, adotar uma política nacional de saúde, com um plano de ação minucioso, além de garantir a atenção à saúde, com programas de imunização contra as principais doenças infecciosas, zelar pelo acesso igual de todos às condicionantes sociais básicas de saúde, com uma infraestrutura de saúde que preste serviços sanitários de natureza sexual e reprodutiva. Em suma, deve proporcionar disponibilidade, acessibilidade, qualidade e aceitabilidade dos bens e serviços de saúde. Quando distingue entre as três subobrigações inseridas no dever de cumprir ou realizar, menciona que a obrigação de facilitar corresponde a medidas positivas que auxiliem particulares a desfrutar do direito à saúde; o dever de promover impõe a adoção de ações para melhorar, manter e restabelecer o estado de saúde da população.[1024]

Referente às obrigações internacionais,[1025] os Estados devem abster-se de interferir no desfrute do direito à saúde em outros países e, conforme os recursos disponíveis, devem facilitar o acesso a estabelecimentos, bens e serviços de saúde essenciais em outros países, além de prestar assistência sanitária. Na arena internacional, os Estados estariam obrigados a cooperar reciprocamente na prestação de ajuda internacional em casos de desastres ou calamidade sanitária, com prioridade aos grupos mais

---

[1020] Parágrafos 31 e 32.
[1021] Parágrafo 33.
[1022] Parágrafos 33 e 34.
[1023] Parágrafos 33 e 35.
[1024] Parágrafos 33, 36 e 37.
[1025] Parágrafos 38 a 42.

hipossuficientes, bem como em enfrentamento e prevenção de endemias e epidemias e transmissão de moléstias infecciosas, com a saliência de um ônus adicional sobre os países desenvolvidos. De outro lado, eventuais sanções ou embargos impostos não podem recair sobre medicamentos ou equipamento médico como forma de pressão política ou econômica.

Pertinente às obrigações básicas ou nucleares, o Comitê preocupa-se em enumerar os deveres mínimos, os quais seriam aqueles exigíveis imediata e independentemente de recursos financeiros, atrelando-os com a *ratio* ancorada na Declaração de Alma-Ata.[1026]

No plano da aplicação nacional do direito à saúde,[1027] o Comitê enfatiza que as medidas a serem adotadas variarão de país a país segundo as necessidades de saúde, de sorte a conclamar pela adoção de estratégias nacionais de saúde, que tenham em conta como utilizar os recursos ao máximo possível e de forma mais rentável para propiciar o alcance do mais alto nível de saúde físico e mental atingível. Na confecção dessa estratégia, o Comitê sublinha transparência, prestação de contas e participação popular e comunitária para definir as prioridades e adotar decisões sobre as políticas públicas de saúde, bem como reforça a possibilidade de mecanismos, indicadores e objetivos para mensurar o progresso do cumprimento dessas obrigações.

O direito à saúde é previsto em outros tratados em convenções internacionais de grande importância, como a Convenção internacional sobre a eliminação de todas as formas de discriminação racial (art. 5º, "d", IV), de 1965, em que se impõe a igualdade no acesso aos serviços sanitários; art. 11, 1, "f", e art. 12, da Convenção internacional sobre a eliminação de todas as formas de discriminação da mulher, de 1979, em que se prescreve a isonomia entre homens e mulheres nos serviços de proteção à saúde e em assistência sanitária, a par de determinar que, quando necessário, a atenção e a assistência pré-natal, no parto e pós-natal sejam gratuitas, além de auxílio na nutrição durante a gravidez e lactância.

Outro instrumento de suma importância é a Convenção sobre os direitos da criança, de 1989, cujas normas insculpidas no art. 24 e parágrafos detalham várias obrigações ao Estado, por reconhecer um direito às crianças e aos adolescentes de gozarem o melhor padrão possível de saúde e serviços destinados ao tratamento de doenças e à recuperação do estado de saúde; na Convenção, percebe-se uma sintonia com o Pacto internacional de direitos econômicos, sociais e culturais e com a estratégia da OMS de "saúde para todos no ano 2000", conforme asseverado na Declaração de Alma-Ata, haja vista a meta de redução da mortalidade infantil, a ênfase nos cuidados básicos de saúde, sem prejuízo de que se assegurem também assistência médica e cuidados sanitários que se mostrarem necessários, e o sublinhar das condicionantes sociais de alimentação e nutrição adequada, água potável e riscos ambientais da poluição. As normas da convenção também destacam a vertente da educação na saúde; por fim, há uma conexão com a Convenção sobre a eliminação de todas as formas de discriminação da mulher, ao proporcionar o dever de assistência às genitoras na fase pré e pós-natal. Previsão impactante é a preponderância da saúde e integridade física das crianças ante práticas tradicionais culturais que lhes sejam prejudiciais, o que indica um peso abstrato

---

[1026] Parágrafos 43 a 45 e 47.

[1027] Parágrafos 53 e seguintes.

superior da saúde ante o direito à cultura na especificação de práticas tradicionais e, de certa forma, uma opção normativa desfavorável ao relativismo cultural.

Substanciosa é a Convenção nº 169 da Organização Internacional do Trabalho (OIT) sobre os povos indígenas e tribais, que disciplinou o direito à saúde no art. 25. A obrigação estatal é de ofertar serviços de saúde adequados e acessíveis a essas comunidades ou proporcionar-lhes os meios para que prestem por si esses serviços, reconhecendo um direito ao máximo nível de saúde física e mental. Nos termos das normas convencionais, caso o Estado preste esses serviços, deverá haver uma organização em nível comunitário sempre que possível, com planejamento e administração de modo cooperativo com os povos abrangidos, com a oferta de serviços que detenham aceitabilidade, ou seja, que respeite os métodos de prevenção, práticas curativas e medicamentos populares aceitos na cultura daquele povo, inclusive que seja possibilitado o emprego de integrantes da própria comunidade indígena ou tribal entre a equipe de assistência. Embora enfatize a atenção primária, não descarta os demais níveis de assistência sanitária.

A vasta difusão do direito à saúde nos documentos de direito internacional não condiz, porém, com o enorme déficit de atuação de muitos países nos cumprimentos desses deveres. Em que pese o esforço concentrado pelo Comitê em dar mais determinação ao conteúdo do direito, a falta de mecanismos jurídicos de *enforcement* das obrigações termina por despertar a convicção de que haja uma garantia protetiva de natureza mais política que jurídica,[1028] o que debilita sua essência como direito, em que pese o reforço de atuação do Comitê de Direitos Econômicos, Sociais e Culturais com a entrada em vigor da possibilidade de comunicações individuais ou coletivas.

Na arena regional, examina-se a questão nos continentes europeu, africano e interamericano.

No âmbito europeu, é preciso destacar que o principal documento que regula o direito à saúde é a Carta Social Europeia, de 1961,[1029] promulgada pelo Conselho da Europa. Na Carta Social Europeia, o art. 11 finca um direito à proteção da saúde, pelo qual os Estados comprometem-se, direta ou cooperativamente com organismos públicos ou privados, a adotar medidas apropriadas, entre elas a de remover tanto quanto possível as causas de agravo da saúde, a de fornecer instalações e serviços de educação e aconselhamento que promovam a saúde e encorajamento da responsabilidade individual em matéria de saúde, a de prevenir, no máximo possível, epidemias, endemias e outras moléstias. No art. 13, entabula-se a obrigação de fornecer assistência médica adequada aos enfermos que não possam, por seus próprios esforços ou por outros meios, adquiri-la, bem como possibilitar que recebam conselho e ajuda exigidos para prevenir, remover ou aliviar a necessidade pessoal ou familiar.

Na versão original e revisada, a supervisão das obrigações celebradas é incumbência do Comitê Europeu de Direitos Sociais, que estuda os relatórios nacionais e emite suas conclusões sobre a satisfação dos deveres impostos. Essa forma de supervisão despertava a desconfiança em relação ao *enforcement*, uma vez que não havia mecanismo

---

[1028] FERREIRA FILHO, Manoel Gonçalves. *Direitos humanos fundamentais*. 10. ed. São Paulo: Saraiva, 2008. p. 92.

[1029] Há uma versão revisada em 1996, a qual modifica alguns direitos previstos, acrescenta outros, bem como inclui no seu corpo o protocolo facultativo de 1988. A versão revisada gradualmente substituirá a versão original. Em Portugal, a versão revisada entrou em vigor em 2002. No que tange à redação do art. 11, não houve nenhuma mudança substancial.

jurídico de proteção dos direitos ali enumerados.[1030] A competência do Comitê Europeu foi ampliada com a entrada em vigor do segundo protocolo facultativo em 1998, com a previsão de que este órgão examine e decida reclamações coletivas que lhe são dirigidas, comunicando suas conclusões ao Comitê de Ministros, que poderá ratificá-las e adotar recomendações ao Estado-Parte faltoso. A respeito da contribuição do Comitê para o delineamento do conteúdo do direito, podem-se inferir as obrigações de: i) instituir um sistema de saúde, com garantia da dimensão coletiva da saúde – saúde pública –, e com a provisão de equipamentos e profissionais e cuidados médicos para a população; ii) dar passos para proteger a saúde dos hipossuficientes, com garantia de acesso aos cuidados fornecidos pelo sistema; iii) estabelecimento de medidas para prevenção da poluição atmosférica, hídrica, sonora e radioativa, controle sobre comida e qualidade ambiental, alcoolismo, abuso de álcool, cigarro e drogas; iv) disponibilizar infraestruturas satisfatórias de educação na saúde e estímulo à responsabilidade individual; v) enfrentamento preventivo e reativo a moléstias epidêmicas e endêmicas e a acidentes; vi) onerar o orçamento estatal com as despesas resultantes dos gastos em saúde, ao menos no que se refere à proteção da saúde pública ou na sua dimensão coletiva de assistência em relação aos mais carentes.[1031] O Comitê Europeu tem, porém, acentuado que os cuidados rotineiros ou do dia a dia não estão inseridos na proteção à saúde consagrada no texto, de sorte que afasta a obrigação de cuidados domiciliares ou que imponham tratamento de longo prazo, sem prejuízo de que, no caso dos anciãos, o Estado desenvolva políticas de saúde que permitam alguns cuidados domiciliares aos que não puderem prover por si esses serviços.[1032]

Outro documento adotado pelo Conselho da Europa de interesse é a Convenção para a proteção dos direitos do homem e da dignidade do ser humano face às aplicações

---

[1030] THAYER, Christine. The European Social Charter and European health policies. *Journal International de Bioéthique*, v. 6, n. 1, 1995. p. 16.

[1031] VALE, Luís A. M. Meneses do. Access to health care between rationing and responsiveness: problem(s) and meaning(s). *Boletim da Faculdade de Direito da Universidade de Coimbra*, v. LXXXVIII, t. I, p. 105-187, 2012. p. 128-152. O jurista critica a atuação do Comitê, inclusive com a ênfase de que o órgão recusou propostas de colaboração com a OMS; outrossim, no item "vi", menciona genericamente que as despesas em saúde ficariam a cargo do orçamento estatal, custeado por tributos, sem especificar os serviços ali abrangidos, o que poderia gerar uma interpretação mais ampla. Ainda a respeito das obrigações impostas pela Convenção, em larga escala em congruência com o texto, EXTER, Andrp; HERMANS, Bert. Constitutional rights to health care: The consequences of placing limits on the right to health care in several western and eastern European countries. *European Journal of Health Law*, v. 5, p. 261-289, 1998. p. 266-270, os quais interpretam a Carta como a garantir cuidados gratuitos de saúde apenas a quem não possa pagar, bem como a salientar que o sistema de saúde, nos termos da Carta, não necessitaria ser compreensivo, não estando no art. 13 um aspecto de promoção da saúde. Os autores também reforçam que o documento protege especialmente alguns grupos (idosos, mulheres, crianças), para garantir um acesso isonômico ao sistema. Ver, ainda, quanto ao custeio de tratamento para os pobres, BARRA, Tiago Viana. Breves considerações sobre o direito à protecção da saúde. *O Direito*, ano 144, v. 2, p. 411-445, 2012. p. 426-431. Sobre o aspecto de assistência a quem não possa arcar, CABRAL, Marcelo Malizia. *O núcleo essencial do direito humano à saúde nos sistemas de proteção africano e europeu*. Relatório (Mestrado em Direitos Fundamentais) – Faculdade de Direito da Universidade de Lisboa, Lisboa, 2010. p. 45-48, comenta que o Comitê Social considerou discriminatórias e violadoras do direito à saúde (art. 11 e 13) as situações encontradas na Bulgária (Reclamação nº 46/2007), a qual deixou de tomar providências para proteger a comunidade cigana daquele país, baseando-se em relatórios que mostrariam a ausência de saneamento, água potável, cuidados primários de saúde, entre outros; ademais, houve medidas que também foram consideradas violadoras do direito à saúde, como as que exigiam pagamento de custo de hospital e tratamento médico e ambulatorial, ainda que a pessoa não pudesse pagar, e a isenção de pagamento de qualquer custo em assistência médica de urgência só para mulheres.

[1032] ABBING, Henriette D. C. Roscom. Social justice and health care systems in Europe. *European Journal of Health Law*, v. 17, p. 217-222, 2010. p. 218.

da biologia e da medicina (Convenção de Oviedo), de 1997. No art. 3º, com atrelamento a um equilíbrio entre os recursos disponíveis e as necessidades de saúde, prescreve-se a obrigação de realizar medidas adequadas para assegurar um acesso equitativo aos cuidados de saúde de qualidade apropriada. A interpretação disponível é de que não funda um direito subjetivo a cuidados de saúde, porquanto a norma impõe somente o acesso equitativo a esses cuidados, um dever de não discriminação, não obstante não represente um dever de igualdade absoluta ou um impedimento de eventuais discriminações justificadas. É uma obrigação de meios e não de resultado, porém a referência ao padrão de adequação das medidas devidas e à qualidade apropriada permite a convicção de que não é qualquer passo que satisfará o dever estatal, no mínimo exige-se um critério de razoabilidade e, eventualmente, até de proporcionalidade.[1033]

No âmbito do Direito da União Europeia, o direito à saúde é previsto na Carta de Direitos Fundamentais da União Europeia, de 2000, instrumento que, em razão da entrada em vigor do Tratado de Lisboa, revestiu-se de força jurídica, conquanto sem acrescer nenhuma competência à União.[1034]

A par de, no art. 34, reconhecer um direito à seguridade social e à assistência social, com direito a prestações que protejam contra a doença, o art. 35 contém três normas, cujo objeto, estrutura e conteúdo são distintos: um direito de acesso a cuidados de saúde preventivos (1ª norma), um direito a beneficiar-se do tratamento médico, conforme leis e práticas nacionais (2ª norma), uma norma programática de assegurar um elevado nível de proteção à saúde na execução e definição das políticas comunitárias.[1035] A discordar da opinião de Meneses do Vale, entende-se que o direito de acesso não é essencialmente negativo, uma vez que impõe devéres positivos à partida de fornecer os serviços de natureza preventiva, sem prejuízo de que a combinação com outros direitos e princípios previstos na carta fortaleçam os deveres positivos que possam advir dessa concatenação; evidentemente, implica o direito de acesso aos serviços fornecidos e o dever de abstenção de embaraçar esse acesso. Quanto ao segundo direito, está-se de acordo que ele origina predominantemente deveres positivos e é universal, como o primeiro, ainda que esteja dependente em larga medida das opções políticas relacionadas à saúde perfilhadas pelos Estados. No que tange à norma programática, cria-se um dever geral de agir,

---

[1033] VALE, Luís A. M. Meneses do. Access to health care between rationing and responsiveness: problem(s) and meaning(s). *Boletim da Faculdade de Direito da Universidade de Coimbra*, v. LXXXVIII, t. I, p. 105-187, 2012. p. 128-152. O jurista baseia-se no relatório explanatório da Convenção, o qual, embora não seja fonte hermenêutica de autoridade, emana essa idiossincrasia. Consoante o próprio relatório, cuidados de saúde são as intervenções de diagnose, prevenção, terapia e reabilitação, engendrados para manter ou restaurar a saúde da pessoa ou diminuir seu sofrimento, devendo ser ajustados ao progresso da ciência e submetidos a uma contínua avaliação qualitativa.

[1034] Entrementes, a Carta de Direitos Fundamentais da União Europeia, proclamada pelos presidentes do Parlamento Europeu, do Conselho e da Comissão, foi concebida sem força jurídica; o projeto constitucional da União Europeia, que malogrou, encamparia o documento como seu catálogo de direitos fundamentais, no intuito de revesti-la de força jurídica. A esse respeito, DUARTE, Maria Luísa. A Carta dos Direitos Fundamentais da União Europeia – natureza e meios de tutela. *In*: DUARTE, Maria Luísa. *Estudos de direito da União e das comunidades europeias*. Coimbra: Coimbra Editora, 2006. v. II. p. 255-261; ALMEIDA, Luiz Antônio Freitas de. O núcleo mínimo dos direitos à educação e à instrução e o papel das Cortes africana e europeia de direitos do homem na sua garantia. *In*: ALEXANDRINO, José de Melo (Coord.). *Os direitos humanos em África*. Coimbra: Coimbra Editora, 2011. p. 283 e seguintes.

[1035] VALE, Luís A. M. Meneses do. Access to health care between rationing and responsiveness: problem(s) and meaning(s). *Boletim da Faculdade de Direito da Universidade de Coimbra*, v. LXXXVIII, t. I, p. 105-187, 2012. p. 128-152. O jurista separa os dois direitos contidos na primeira oração do "princípio jurídico" contido na segunda.

em relação ao qual não apenas uma pura omissão representa o descumprimento dessa obrigação jurídica, de modo que a União deva, em todas as suas políticas, pautar-se pela meta de alcançar uma qualidade nos serviços prestados.[1036]

Com efeito, as competências da União Europeia em relação a questões de saúde sempre tiveram um quê de dubiedade. Afinal, por um lado, existe a dicção de que a gestão das políticas públicas de saúde, a organização de um sistema de saúde e a distribuição de prestações e serviços dentro desse sistema são responsabilidade dos Estados nacionais; porém, por outro, arroga-se à União, no domínio da saúde pública, uma função complementar das políticas nacionais, no desiderato de proporcionar melhoria na saúde pública e prevenção de doenças e infecções humanas e redução de perigos para a saúde física e mental. Consoante art. 168, 1, do Tratado sobre o funcionamento da União Europeia, as políticas e ações da União terão como bitola um elevado nível de proteção da saúde, em concordância com a norma programática do art. 35 da Carta de Direitos Fundamentais da União Europeia. O papel apregoado no texto é de incentivar uma cooperação entre os Estados europeus, entre estes e outros países ou organismos internacionais nas questões de saúde. Nesse contexto, incumbe à Comissão concretizar a articulação entre os Estados nacionais, além de definir orientações e indicadores, com realização de intercâmbio das melhores práticas e organizar avaliações periódicas. Entre as questões de saúde explicitamente enunciadas no Tratado, a União encarrega-se de estabelecer normas de qualidade e segurança dos órgãos e substâncias de origem humana, do sangue e dos hemoderivados, medidas dos domínios veterinários e fitossanitários quando em causa a proteção da saúde pública, medidas e normas que tratem da segurança e qualidade dos equipamentos médicos e medicamentos, bem como auxiliar, em reforço, as medidas empregadas pelos Estados-Membros na luta para reduzir os efeitos nocivos das drogas. No que tange à promoção da saúde humana, dispõe a norma do Tratado que é objetivo da União protegê-la e melhorá-la, especialmente no enfrentamento dos flagelos transfronteiriços, vigilância das moléstias que impactem mais de um país e seu combate e medidas relativas ao tabagismo e alcoolismo, mas sem incluir a harmonização das disposições legislativas e regulamentares dos Estados.

Em realidade, a organização e a gestão dos sistemas de saúde contêm uma imbricação com a soberania nacional, todavia, diante de um mundo cada vez mais cosmopolita, especialmente diante do nível de integração na Europa, a territorialidade como diretriz de organização dos sistemas está posta em causa, a ponto de notar-se um alargamento das competências da União Europeia ao longo do tempo, por força de incumbências que foram plasmadas nas normas convencionais sobre o funcionamento da comunidade europeia e, posteriormente, da União Europeia. É incontornável a crescente importância das normas jurídicas comunitárias, o que, por certo, atrela novos problemas de legitimidade e transparência.[1037]

[1036] VALE, Luís A. M. Meneses do. Access to health care between rationing and responsiveness: problem(s) and meaning(s). *Boletim da Faculdade de Direito da Universidade de Coimbra*, v. LXXXVIII, t. I, p. 105-187, 2012. p. 128-152.

[1037] JARDIM, Sara Vera. A Europa dos consumidores de cuidados de saúde. *In*: SIMÕES, Jorge (Coord.). *30 anos do Serviço Nacional de Saúde* – Um percurso comentado. Coimbra: Almedina, 2010. p. 601 e seguintes. Como leciona a autora, os tratados constitutivos da comunidade europeia eram quase omissos no que dizia respeito à proteção da saúde, conquanto a práxis comunitária tenha lidado com uma precoce intervenção em assuntos ligados direta ou indiretamente com a saúde, a exemplo de questões de qualidade de alimentos ou segurança de

A dubiedade notada perpassa pela própria divisão de competências entre Estados e União, a qual carece de uma delimitação mais clara, mormente porque há certo conflito entre a competência exclusiva dos Estados nacionais de gerirem e prestarem serviços de saúde e a de dispor sobre a livre circulação de pessoas, bens e serviços relacionados à saúde, objeto de jurisprudência do Tribunal de Justiça da União Europeia.[1038] Esse Tribunal, mesmo antes da existência da Carta, já lidava com assuntos relacionados à saúde na proteção das quatro liberdades fundamentais (liberdades de circulação de pessoas, bens, serviços e capital, apoiadas em proibições de restrição injustificada das liberdades e de discriminação motivada em nacionalidade). Entrementes, na jurisprudência comunitária, os profissionais e serviços de saúde não possuem um *status* especial em relação a outros bens, serviços e profissionais, de modo que há direito a adquirir produtos médicos no exterior e a receber tratamento de saúde no estrangeiro, bem como existe a liberdade de desenvolver atividades médicas em outro Estado, de sorte a cristalizar um entrave à livre circulação de bens e serviços à exigência pelos países de residência de sua autorização prévia para possibilitar o reembolso.[1039] Com efeito, inúmeros desdobramentos fizeram com que o Tribunal explicitasse melhor esses limites, seja pelas dificuldades decorrentes de sistemas de saúde que não operam por reembolso, a par do risco de desequilíbrio financeiro para o sistema. A jurisprudência terminou por progredir para determinar que os sistemas de prestação de serviços em espécie – isto é, que não operam por reembolso – não estão isentos de cumprir os deveres emanados das liberdades fundamentais, o que implica a reformulação parcial do sistema para prever alguma forma de compensação ou reembolso; ademais, consagrou que seriam

---

gêneros alimentícios, normalmente no contexto de uma política econômica ou comercial. A partir do Tratado de Maastricht, a saúde ganha autonomia como ramo de política comunitária europeia, com a obrigação comunitária de assegurar um nível elevado de proteção da saúde. Com o Tratado de Amsterdã, robustece-se a proteção da saúde, deixando de ter uma perspectiva meramente preventiva, mas também de melhoria da saúde, com albergamento de um princípio de proteção horizontal, em que todos os órgãos comunitários europeus, em todas as políticas desenvolvidas pela União, devem assegurar esse nível elevado de proteção do bem jurídico em tela. A salientar também a crescente importância e interpenetração das redes normativas internacional, regional e de direito interno, a suscitar problemas de interconstitucionalidade, em função da maior integração mundial e fortalecimento de uma visão cosmopolita, a atingir o conceito de soberania, LOUREIRO, João Carlos. Direito à (protecção da) saúde. *In*: MIRANDA, Jorge. *Estudos em homenagem ao Professor Doutor Marcello Caetano no centenário de seu nascimento*. Lisboa; Coimbra: Faculdade de Direito da Universidade de Lisboa/Editora Coimbra, 2006. v. 1. p. 666-672. Embora a acentuar um caráter suplementar da política da União, porém a defender que deveria a União envolver-se mais na organização e financiamento da atenção à saúde, GEVERS, Sjef. The right to health care. *European Journal of Health Law*, v. 11, p. 29-34, 2004. p. 31-33. Em sentido parcialmente oposto ao apregoado no texto, embora ainda na redação anterior, a entender que a competência da União Europeia é muito modesta e que as normas sobre o funcionamento da União estipulam mais uma política comunitária em matéria de prevenção, remete-se a GARREAU, Olivier. *Droit de la santé, droit à la santé*. Sarrebruck: Éditions Universitaires Européenes, 2010. p. 96 e seguintes.

[1038] JARDIM, Sara Vera. A Europa dos consumidores de cuidados de saúde. *In*: SIMÕES, Jorge (Coord.). *30 anos do Serviço Nacional de Saúde* – Um percurso comentado. Coimbra: Almedina, 2010. p. 601-658.

[1039] JARDIM, Sara Vera. A Europa dos consumidores de cuidados de saúde. *In*: SIMÕES, Jorge (Coord.). *30 anos do Serviço Nacional de Saúde* – Um percurso comentado. Coimbra: Almedina, 2010. p. 601-658. Nos precedentes Kohl e Decker, o Tribunal de Justiça entendeu que a exigência de autorização do país de residência para a aquisição de produtos ou serviços de natureza médica ou de saúde no exterior, como condição de reembolso, cerceava a liberdade de circulação de bens e serviços. Ver, ainda, VALE, Luís A. M. Meneses do. Access to health care between rationing and responsiveness: problem(s) and meaning(s). *Boletim da Faculdade de Direito da Universidade de Coimbra*, v. LXXXVIII, t. I, p. 105-187, 2012. p. 128-152; LOUREIRO, João Carlos. Direito à (protecção da) saúde. *In*: MIRANDA, Jorge. *Estudos em homenagem ao Professor Doutor Marcello Caetano no centenário de seu nascimento*. Lisboa; Coimbra: Faculdade de Direito da Universidade de Lisboa/Editora Coimbra, 2006. v. 1. p. 677-690; GEVERS, Sjef. The right to health care. *European Journal of Health Law*, v. 11, p. 29-34, 2004. p. 31-33.

legítimas as recusas de autorização, como condição de reembolso, nas hipóteses em que o paciente poderia receber o mesmo tipo de tratamento ou serviço de igual eficácia no país de residência em interregno temporal oportuno, não podendo a rejeição da autorização basear-se em motivação discriminatória, com conhecimento prévio desse motivo pelo interessado e deliberação em prazo razoável. A razoabilidade do prazo de aguardo em fila de espera deve ser valorada conforme situação médica e necessidades clínicas do paciente, com exame do histórico do enfermo, provável evolução da doença, intensidade da dor, dados que impõem um sistema de lista de espera flexível, com possibilidade de reavaliação do lugar da pessoa na lista consoante variação negativa da saúde do doente.[1040]

Hoje a matéria sobre cuidados transfronteiriços é objeto da Diretiva nº 2011/24/UE do Parlamento Europeu e do Conselho,[1041] que aproxima os enfermos a consumidores de bens e serviços de saúde no mercado europeu, com vantagem, da perspectiva dos doentes, de obter o tratamento em qualquer país europeu mediante reembolso pelo que seria pago no país de origem, ainda que os Estados possam impor balizas aos acessos de cuidados de saúde pela limitação do nível de cobertura financeira garantida a cada cidadão; a liberdade e a escolha informada são valorizadas na ótica de consumo; finalmente, a generalização dos cuidados transfronteiriços pode contribuir para a utilização mais racional dos recursos e incentivar a implementação de aperfeiçoamentos no modelo de gestão, no serviço e nas prestações, na busca por maior qualidade e eficiência.[1042] O revés é que as vantagens terminam por colocar, em alguma medida, em risco a solidariedade e equidade que caracterizam os modelos europeus de bem-estar, em função do aumento excessivo de custos e maior pressão no orçamento público, sem mencionar o perigo de macular os critérios de prioridade que norteiam a elaboração de listas de espera e, também, por incentivar uma espécie de "turismo da saúde", em função da indução de tratamentos e serviços em território alienígena como forma de

---

[1040] Sobre a evolução da jurisprudência do Tribunal de Justiça da União Europeia na questão, remete-se para JARDIM, Sara Vera. A Europa dos consumidores de cuidados de saúde. *In*: SIMÕES, Jorge (Coord.). *30 anos do Serviço Nacional de Saúde* – Um percurso comentado. Coimbra: Almedina, 2010. p. 601-658.

[1041] Em Portugal, a Diretiva foi transposta para a ordem jurídica pela Lei nº 52/2014. Conforme dispõe o art. 2º da Lei, ficam excluídos da regulação dos serviços transfronteiriços os cuidados continuados integrados, colheita de órgãos, sua alocação e transplantes, o plano nacional e regional de vacinação; também não fica obrigado o Estado português a reembolsar despesas decorrentes de prestação de cuidados de saúde efetuada por prestadores não integrados ou contratados com o Serviço Nacional de Saúde ou com os Serviços Regionais de Saúde. Entre os princípios gerais que regem os cuidados transfronteiriços estão universalidade do acesso, qualidade, equidade e solidariedade, consoante legislação comunitária relativa à segurança e a do país que prestará o tratamento, no quesito de segurança e qualidade, com respeito à privacidade dos pacientes. Sem embargo, a própria lei permite que medidas restritivas do acesso de determinado tratamento, que satisfaçam o princípio da proporcionalidade, sejam levadas à tona por razões de interesse geral e quando justificadas pela necessidade de manter esse acesso permanente, suficiente, equilibrado e planejado a uma gama de tratamentos, serviços médicos ou hospitalares para todos os beneficiários (art. 7º).

[1042] JARDIM, Sara Vera. A Europa dos consumidores de cuidados de saúde. *In*: SIMÕES, Jorge (Coord.). *30 anos do Serviço Nacional de Saúde* – Um percurso comentado. Coimbra: Almedina, 2010. p. 601-658. Com efeito, como a própria autora salienta, havia duas modalidades acessíveis de cuidados transfronteiriços, ficando a escolha a critério do enfermo: i) uma ao abrigo do art. 49 (atual art. 56) do Tratado de funcionamento da União Europeia, com reembolso à pessoa que recebe o tratamento ou serviço, podendo ser condicionado à autorização prévia ou a uma consulta de um generalista antes do especialista, e o regime de autorização prévia previsto no art. 20 do Regulamento nº 883/2004 do Parlamento Europeu e do Conselho, em que o custo do tratamento é reembolsado diretamente pelo sistema de seguro social à entidade prestadora do serviço. Com efeito, a atual Diretiva ressalva expressamente as disposições do aludido Regulamento nº 883/2004, de forma que o sistema de pagamento nele previsto continua em vigor.

aumento de receita dos prestadores de serviço; existe o risco, também, do fomento da seleção adversa, com recusa a pacientes considerados caros, bem como a atuação concorrencial do setor privado faz surgir a necessidade de uma espécie de entidade reguladora europeia ou supraestadual.[1043]

No sistema africano de proteção da pessoa humana, a Carta Africana de Direitos do Homem e dos Povos (Carta de Banjul), de 1981, é o principal documento a ser mencionado.[1044] Almejou-se uma identidade africana na confecção do documento, em especial na importância salientada no preâmbulo às tradições e aos valores do povo africano e a luta contra o colonialismo.[1045] Tangente aos direitos econômicos, sociais e culturais, ao contrário de outros documentos de direito internacional, não se qualificaram as obrigações estatais com a marca da gradualidade nem textualmente as condicionaram à reserva do possível, com a anotação, desde o preâmbulo, da sua indivisibilidade e indissociabilidade, o que possibilitou a crítica de que havia um descompasso abismal entre o conteúdo do documento e a realidade.[1046] O primeiro protocolo facultativo da Carta Africana criou a Corte Africana dos Direitos do Homem e dos Povos, que possui uma competência contenciosa e consultiva; na primeira, suas decisões vinculam os Estados, ao passo que, na segunda, não existe vinculação, mas registra-se a notória influência que a interpretação do Tribunal concede ao direito. A Corte, aliás, tem poder diferenciado dos demais tribunais ou cortes dos sistemas regionais de proteção da pessoa humana, porquanto o Tribunal tem a possibilidade de aplicar não apenas as normas dispostas na Carta Africana, mas quaisquer normas contidas em tratados ou convenções multilaterais, bilaterais, internacionais, regionais ou sub-regionais, desde que o Estado julgado tenha ratificado o documento, de sorte que pode aplicar o conteúdo normativo mais protetivo do direito humano examinado.[1047]

[1043] JARDIM, Sara Vera. A Europa dos consumidores de cuidados de saúde. *In*: SIMÕES, Jorge (Coord.). *30 anos do Serviço Nacional de Saúde* – Um percurso comentado. Coimbra: Almedina, 2010. p. 601-658. Ver, também, ANTÓNIO, Isa Filipa. Os cuidados de saúde transfronteiriços: problemática em torno do "erro médico". *Consinter – Revista Internacional de Direito*, ano I, v. I, 2015. Disponível em: http://editorialjurua.com/revistaconsinter/revistas/ano-i-volume-i/parte-3-direito-privado/os-cuidados-de-saude-transfronteiricos-problematica-em-torno-do-erro-medico/. Acesso em: 14 nov. 2016. Esta autora também aponta outros riscos, como a questão da responsabilidade civil por erro médico.

[1044] A Carta foi promulgada pela Organização da Unidade Africana, hoje substituída pela União Africana, a qual possui mais força para buscar concretização dos direitos humanos, até porque a Organização dava uma feição quase absoluta ao princípio da não intervenção, muito em função do sentimento anticolonial. A esse respeito, conferir LLOYD, Amanda; MURRAY, Rachel. Institutions with responsability for human rights protection under the African Union. *Journal of African Law*, v. 48, n. 2, 2004. p. 165-186; p. 171-173. Parte das impressões aqui tecidas sobre a Carta africana e a Corte africana foi lançada em ALMEIDA, Luiz Antônio Freitas de. O núcleo mínimo dos direitos à educação e à instrução e o papel das Cortes africana e europeia de direitos do homem na sua garantia. *In*: ALEXANDRINO, José de Melo (Coord.). *Os direitos humanos em África*. Coimbra: Coimbra Editora, 2011. p. 195-306.

[1045] VILJOEN, Frans. Africa's contribution to the development of international human rights and humanitarian law. *African Human Rights Law Journal*, v. 1, n. 1, p. 18-39, 2001. p. 20-21. Consoante leciona o autor, a Carta africana singulariza-se, em relação a outros instrumentos internacionais e regionais de direitos humanos, por reconhecer uma feição relevante do coletivismo, em que o indivíduo é valorado como integrante de um corpo coletivo e não individualmente, destoando da inspiração individualista liberal, inclusive com o estabelecimento do "direito dos povos". Outra marca da Carta é a estatuição de deveres – e não apenas direitos.

[1046] Crítica exposta no trabalho de MURRAY, Rachel. The African Charter on Human and Peoples' Rights 1987-2000: an overview of its progress and problems. *African Human Rights Law Journal*, v. 1, n. 1, p. 1-17, 2001. p. 1-2.

[1047] ENO, Robert Wundeh. The jurisdiction of the African Court on Human and Peoples' Rights. *African Human Rights Law Journal*, v. 2, n. 2, p. 223-233, 2002. p. 225-227. Além da Corte, a versão original da Carta já instituía a Comissão Africana de Direitos dos Homens e dos Povos, com a missão de interpretar a Carta, podendo conhecer

No que tange ao direito à saúde, a Carta regula-o no dispositivo do art. 16, que tem dois parágrafos. No primeiro, da mesma forma que fez o Pacto Internacional de Direitos Econômicos, Sociais e Culturais, a Carta reconhece o direito ao melhor estado de saúde físico e mental,[1048] porém não traz nenhuma condicionante social no texto do dispositivo como consectário da proteção satisfatória desse direito. De outro lado, de modo muito mais lacônico que os mesmos instrumentos mencionados, o parágrafo segundo limita-se a estipular que os Estados adotarão as medidas necessárias para proteger a saúde das populações e assegurar assistência médica em caso de enfermidade, de sorte que reconhece, ao menos, uma faceta de cuidados de saúde, numa perspectiva individual, e uma dimensão coletiva de proteção da saúde. Se para alguns havia falta de senso de realidade dos elaboradores da Carta quando não estipularam nenhuma gradualidade no atendimento das obrigações nem as atrelaram aos recursos disponíveis, parece que, no caso do direito à saúde, esse senso surgiu com toda a força, devido às inúmeras carências detectadas no continente.[1049]

No sistema regional interamericano, pode ser lembrada a Declaração Americana de Direitos e Deveres do Homem,[1050] de 1948, documento que, no art. 11, dispõe que o direito à saúde é preservado por medidas sanitárias e sociais relativas à alimentação, às roupas, à habitação e aos cuidados médicos, conforme os recursos disponíveis. Com efeito, a Declaração Americana seguiu a OMS na previsão de condicionantes sociais do direito à saúde, além de prever uma progressividade, tal como o Pacto Internacional, por condicionar os deveres à possibilidade dos recursos existentes.

Seguramente, o mais importante texto é do Protocolo Adicional à Convenção Americana sobre Direitos Humanos em matéria de direitos econômicos, sociais e culturais – Protocolo de São Salvador –, de 1988, o qual traz em seu bojo o direito à saúde

---

casos concretos, recomendando medidas para pôr fim às violações, ou emitir resoluções com suas impressões. É, pois, um órgão "quase-judicial", na visão de KHOSA, Sibonile. Promoting economic, social and cultural rights in Africa: The African Commission holds a seminar in Pretoria. *African Human Rights Law Journal*, v. 4, p. 334-343, 2004. p. 334 e seguintes. Em relação ao direito à saúde, a Comissão considerou que houve sua violação nas comunicações contra a Mauritânia (nºs 54/91, 61/91, 98/93, 164/97, 196/97 e 210/98) e Zaire (nºs 25/89, 47/90, 56/91 e 100/93). No primeiro caso, considerou lesionado o direito porque houve falta de cobertores, vestuário e alimentação para prisioneiros; no segundo, falhou-se em fornecer serviços básicos de saúde, incluindo água potável, medicamentos básicos e eletricidade.

[1048] Para uma crítica sobre o conceito de saúde da Carta africana em razão da sua amplitude e semelhança com a felicidade, a extrapolar o âmbito jurídico, ver MONTEIRO, Arthur Maximus. Lugar e natureza jurídica dos direitos econômicos, sociais e culturais na Carta Africana de Direitos do Homem e dos Povos. *In*: ALEXANDRINO, José de Melo (Coord.). *Direitos humanos em África*. Coimbra: Coimbra Editora, 2011. p. 54-57, conquanto se deva anotar que o conceito de saúde não atrelou esse bem às condicionantes sociais como fez o conceito da OMS.

[1049] A não pormenorização das obrigações no campo do direito à saúde seria motivada pelas carências materiais do continente, de sorte que existiria, na opinião de Moco (MOCO, Marcolino. *Direitos humanos e seus mecanismos de protecção* – As particularidades do sistema africano. Coimbra: Almedina, 2010. p. 167-168), aí um realismo do "legislador". Com a compreensão de que o art. 16 estipula meramente um dever aos Estados africanos e não um direito subjetivo, haja vista a dependência de densificação legal do conteúdo do direito no arcabouço doméstico dos Estados, menciona-se MONTEIRO, Arthur Maximus. Lugar e natureza jurídica dos direitos econômicos, sociais e culturais na Carta Africana de Direitos do Homem e dos Povos. *In*: ALEXANDRINO, José de Melo (Coord.). *Direitos humanos em África*. Coimbra: Coimbra Editora, 2011. p. 54-57.

[1050] Como toda a Declaração, a princípio ela não disporia de força jurídica. Sem embargo, a Comissão Interamericana já usou dispositivos da Declaração para julgar violados direitos nela previstos, o que permite inferência similar àquela feita em relação à Declaração Universal dos Direitos Humanos.

no art. 10.[1051] O sistema conta com a Comissão Interamericana e a Corte Interamericana como principais mecanismos de implementação dos direitos humanos previstos no tratado e no seu protocolo. A Comissão pode examinar comunicações encaminhadas por indivíduos ou entidades não governamentais, além de preparar estudos e relatórios sobre a implementação das obrigações previstas na convenção, bem como cobrar informações dos países signatários.[1052] No que se refere à Corte, sua competência é consultiva e contenciosa. Na competência contenciosa, apenas os Estados e a Comissão podem submeter casos para seu exame; suas decisões são vinculantes, mas a competência é limitada apenas a Estados que reconheçam a jurisdição desse órgão judicante.[1053]

Inequivocamente, o Protocolo Adicional à Convenção Americana inspira-se na concepção de saúde da OMS, pois entranha um conceito de saúde como o alto bem-estar físico, mental e social. No texto, a saúde é qualificada como um bem público e há enumeração de deveres estatais de modo mais especificado, com a previsão de universalidade dos benefícios dos serviços de saúde. A tônica da estratégia de proteção da saúde da Declaração de Alma-Ata é valorizada, pois se arrola explicitamente o dever de dar atendimento primário de saúde, considerado como tal a assistência médica essencial ao alcance de todos na comunidade. No mesmo prisma, a dependência da saúde de outras condicionantes ou fatores sociais é lembrada no dever de satisfazer as necessidades de saúde dos grupos de mais alto risco e que, por força da pobreza, sejam mais vulneráveis. A dimensão coletiva de proteção da saúde é lembrada na tarefa de imunização contra as principais doenças infecciosas e na prevenção das doenças endêmicas, profissionais e outras, atrelando-a ao dever de ofertar cuidados dessas enfermidades. Finalmente, reconhece a imbricação de saúde e educação, com um dever de educar a população sobre prevenção e tratamento dos problemas de saúde.

A título de síntese, percebe-se que o direito à saúde ganhou profusão em tratados e convenções internacionais, ainda que, no plano do direito internacional, careça de uma tutela com maior força jurídica. Em relação aos planos regionais de proteção da pessoa humana, não obstante, o direito à saúde conta com mecanismos judiciais no sistema interamericano e africano, o que lhe confere maior grau de proteção, sem embargo do menor desenvolvimento em geral dos países desses continentes, o que aumenta o desafio das cortes em dar-lhe guarida. O sistema europeu possui um mecanismo de *enforcement*

[1051] A Convenção Americana não enuncia especificamente nenhum direito econômico, social e cultural, somente previa que esses direitos eram de cunho progressivo, devendo ser adotadas medidas de índole legislativa e de outro gênero. A Convenção, de 1969, e seu protocolo foram elaborados pela Organização dos Estados Americanos.

[1052] Veja-se que, num importante caso analisado pela Comissão Interamericana, considerou-se violado, entre outros, o direito à saúde previsto na Declaração Americana de Direitos e Deveres do Homem, a qual, como já asseverado, não disporia na sua gênese de validade jurídica. No Caso nº 7.615, que resultou na Resolução nº 12/85, a Comissão afirmou que o direito à saúde, entre outros, foi violado em função da ausência de medidas pelo governo brasileiro em resguardar a saúde dos índios yanomamis durante a construção da Rodovia Transamazônica (BR-210) na região norte do país, a qual passava dentro do território indígena, o que resultou na vinda de inúmeros indivíduos para trabalhar na construção da estrada, a portarem doenças contagiosas para os silvícolas, e na mudança dos índios de lugar, além de não ter sido ofertado tratamento aos que foram infectados pelas moléstias. Com efeito, como o caso foi apreciado antes da entrada em vigor do protocolo adicional e considerando que o Brasil é signatário desse aditivo, possivelmente a Comissão arrazoaria sua conclusão também baseada no referido instrumento.

[1053] A respeito da competência, composição e poderes da Comissão e da Corte Interamericanas, remete-se a PIOVESAN, Flávia. *Direitos humanos e o direito constitucional internacional*. 7. ed. São Paulo: Saraiva, 2006. p. 230-251; PIOVESAN, Flávia. *Direitos humanos e justiça internacional* – Um estudo comparativo dos sistemas regionais europeu, interamericano e africano. São Paulo: Saraiva, 2007. p. 91-118.

mais enfraquecido juridicamente, que não conta com a mesma autoridade de um organismo judiciário, mesmo que possua um padrão mais elevado de desenvolvimento socioeconômico em geral.

É possível vislumbrar alguns traços peculiares de cada sistema regional, a exemplo da ênfase na responsabilidade individual no caso europeu, algo que, nesse tocante, pode encontrar algum ponto de contato no sistema africano, haja vista que os direitos como um todo naquele continente são considerados de modo comunitário, com correlatos deveres individuais. No âmbito europeu, destaca-se a grande interpenetração normativa de normas de direito comunitário e interno, com uma tendência de alargamento das competências da União Europeia em matéria de saúde, o que pode pôr dificuldades na harmonização da legislação interna e comunitária no que toca à organização e financiamento dos sistemas de saúde dos países, tarefa de responsabilidade estatal que sofre os reflexos de globalização e integração econômica e política na definição das estratégias, com a consequente perda ou transformação da soberania estatal. O mesmo fenômeno de globalização também alcança os países dos continentes americano e africano, porém eles não contam com o mesmo grau de integração econômica, jurídica e política nas respectivas organizações supranacionais que integram (União Africana, Organização dos Estados Americanos ou Mercosul, no caso da América do Sul), de sorte que, mesmo que alguns sigam receitas econômicas de organismos internacionais quanto à definição de políticas de saúde (a exemplo do Banco Mundial ou Fundo Monetário Internacional), o influxo de redes internormativas é consideravelmente mais diluído.

Por outro vértice, é notável que, no continente europeu e especialmente em função da legislação comunitária, acentuam-se direitos do paciente numa ótica de relação de consumo, o que produz impactos e desafios consideráveis na forma de organização dos sistemas de saúde e no seu financiamento, mormente pela previsão de crescimento das despesas de saúde em razão da liberdade de escolha dos serviços, profissionais ou local de tratamento, inclusive em outros países. Ao revés, o sistema africano de proteção é muito lacônico a respeito, ao passo que no sistema interamericano esse consumerismo não se coaduna inteiramente, ao menos em termos jurídico-normativos, com as obrigações positivadas nos textos regionais de direitos humanos, que se alinham à estratégia da OMS de concentrar esforços na atenção primária, algo em geral já oferecido há muito pelos países que integram o Conselho da Europa, sobretudo os mais ricos. Não obstante, pode-se concluir que todos eles são impactados com a crescente medicalização da vida e a pressão e movimentação de "biocidadãos" nesse sentido, o que coloca em cena a constante transformação do conceito de saúde e a expectativa certa de contínuo crescimento das despesas para fazer jus às responsabilidades estatais quanto a esse direito.

Finalmente, conquanto não se possa extrair um tipo específico de sistema de saúde como obrigação decorrente dos Estados signatários desses instrumentos jurídicos em relação a todas as dimensões da saúde (sistema de saúde baseado em securitização ou no modelo de *Beveridge*), infere-se que os Estados são obrigados a fornecer um pacote de serviços a cargo de seu orçamento e financiado com base em tributos, ao menos no aspecto da dimensão coletiva da saúde pública, de sorte que se afasta a possibilidade de que o Estado sujeito a essas ordens jurídicas demita-se da responsabilidade nessa seara ao confiar exclusivamente no mercado para o fornecimento de cuidados de saúde, sem assumir uma função de financiador, regulador e, eventualmente, até de prestador, consoante escolha do sistema a cargo do Estado.

3.6 Regências jurídico-constitucionais do direito à saúde: Portugal e Brasil

Após o estudo do direito à saúde no prisma de direito humano, perscruta-se sua referência como direito positivado em textos constitucionais. Os arcabouços selecionados para exame são as Constituições portuguesa e brasileira.

Conforme já fora preconizado alhures em relação a todos os direitos fundamentais, o direito à saúde é um "macrodireito" ou um direito molecular, a albergar um feixe de situações, posições, pretensões e deveres positivos e negativos correlativos de várias naturezas. Sua classificação como um direito social é possível numa perspectiva global do seu conteúdo, uma vez que as parcelas mais marcantes do conjunto de posições e situações jurídicas, pretensões, liberdades e deveres correlatos são dessa natureza, a impor deveres de ação, legislação e criação de instituições e procedimentos.[1054] Logo, também o direito à saúde possui uma dimensão positiva e uma dimensão negativa, como há muito sustentava Bothe.[1055]

Uma vez que a tese foca predominantemente no conteúdo da dimensão positiva, os subitens a seguir serão mais concentrados nessa perspectiva. Evidentemente, o exame do conteúdo do direito fundamental demanda o recorte jurídico-positivo das normas constitucionais e infraconstitucionais de cada sistema jurídico, uma vez que é possível que determinadas posições ou situações jurídicas sejam dispostas como conteúdo de direito fundamental em determinado ordenamento, ao passo que sejam excluídas do âmbito de proteção desse mesmo direito em outros arcabouços jurídicos. No entanto, diante de vários pontos de aproximação entre os ordenamentos constitucionais de Portugal e Brasil, é possível um esboço geral dos principais deveres contidos no direito fundamental à saúde.

Interessante destacar a sobreposição entre alguns deveres e posições jurídicas compreendidas no direito à saúde e também em outros direitos fundamentais, o que pode indicar muitas vezes o fenômeno de concorrência de normas jurídicas. Afinal, é difícil traçar nítidas e definitivas fronteiras entre os direitos fundamentais,[1056] uma vez que o âmbito de proteção depende de estabelecer uma matriz de interpretação, a alavancar diversas possibilidades hermenêuticas, influenciadas inclusive pela adoção de teorias de suporte fático amplo ou restrito.

[1054] A sustentar a possibilidade de classificação de um direito fundamental conforme a dimensão principal de seu conteúdo, remete-se a ALEXANDRINO, José de Melo. *A estruturação do sistema de direitos, liberdades e garantias na Constituição portuguesa* – A construção dogmática. Coimbra: Almedina, 2006. v. II. p. 206-209.

[1055] BOTHE, Michael. Les concepts fondamentaux du droit à la santé: le point de vue juridique. *In*: ACADÉMIE DE DROIT INTERNATIONAL DE LA HAYE (Ed.). *The right to health as a human right*. Netherlands: Sijthoff & Noordhoff, 1979. p. 14 e seguintes, o qual ainda salientava uma dimensão igualitária do conteúdo do direito.

[1056] YOUNG, Katherine G. *Constituting economic and social rights*. Oxford: Oxford University Press, 2012. p. 33 e seguintes.

Na sua dimensão negativa, é muito forte a imbricação entre o direito à saúde e o direito à integridade física e psíquica e o direito à vida.[1057] Deveras, uma das posições incluídas nessa dimensão é a que a correlaciona ao dever de não interferência ou de abstenção estatal em provocar danos à saúde das pessoas, o que está em nítida conexão com os bens da corporeidade da integridade física e psíquica e, no extremo, da vida.

O que fica em aberto é definir se esse aspecto da dimensão negativa seria dispensável, porque totalmente protegido por outros direitos clássicos. Porém, não é a posição que se segue.

Em relação ao direito à vida, uma primeira linha de separação com o direito à saúde seria a de que haveria ações proibidas que poderiam causar danos à saúde, porém seriam insuficientes para provocar a morte. Evidentemente, uma interpretação ampliada do espectro de posições e situações jurídicas de vantagem plasmadas nas normas de direitos fundamentais poderia sugerir que a vida, ou seu exercício em condições de dignidade, estaria a perigo, e assim minar a distinção. No que tange à estrutura do direito à integridade física e psíquica, porém, essa linha de separação seria mais difícil de ser construída, uma vez que qualquer dano à integridade física representa um agravo, mesmo que mínimo, à saúde.

Conquanto a sobreposição seja inevitável em muitos casos, é possível descortinar posições e situações jurídicas que escapem da esfera protegida pelos direitos de

---

[1057] A notar uma emanação derivada do direito à integridade física e psíquica em algumas posições de vantagem previstas como direitos dos utentes no âmbito do SNS, a exemplo do direito a recusar tratamento ou medicamento e o direito de saber seu estado de saúde, a par de reconhecer a inegável conexão entre direito a ser tratado e o direito à integridade física e psíquica, BRITO, Miguel Nogueira de. Direitos e deveres dos utentes do serviço nacional de saúde. *Separata da Revista da Faculdade de Direito da Universidade de Lisboa*, v. XLIX, n. 1-2, p. 101-114, 2008. Observar, também, VALE, Luís A. M. Meneses do. Access to health care between rationing and responsiveness: problem(s) and meaning(s). *Boletim da Faculdade de Direito da Universidade de Coimbra*, v. LXXXVIII, t. I, p. 105-187, 2012. p. 128-152, o qual salienta que a dimensão negativa do direito à saúde já era protegida por outros direitos, liberdades e garantias, tais como o direito à vida e à integridade física e psíquica; NEVES, Ana Fernanda. Direito à saúde da pessoa que cumpre pena de prisão na jurisprudência do Tribunal Europeu dos Direitos do Homem. *In*: SOUSA, Marcelo Rebelo de; QUADROS, Fausto de; OTERO, Paulo (Coord.). *Estudos em homenagem ao Prof. Doutor Jorge Miranda*. Lisboa/Coimbra: Faculdade de Direito da Universidade de Lisboa/ Coimbra Editora, 2012. v. V. p. 43 e seguintes, que reforça que a proteção à saúde conclama um controle do Estado sobre o direito à vida e à integridade física; BALDASSARE, Antonio. *Los derechos sociales*. Tradução de Santiago Perea Latorre. Bogotá: Universidad Externado de Colombia, 2004. p. 166-175, o qual comenta, com base na Constituição italiana, que o direito à saúde, na perspectiva de proteção contra agressões à integridade física e psíquica, ostentará a característica de um direito subjetivo perfeito, com estrutura semelhante ou idêntica à de direitos de liberdade clássicos – aqui não estaria incluída a pretensão de um direito a tratamento; ver, também, FLICK, Giovanni Maria. La salute nella costituzione italiana: un diritto fondamentale, un interesse di tutti. *In*: *La responsabilità medica*. Milano: Giuffrè, 2013. p. 19-27, o qual comenta sobre a jurisprudência da Corte Constitucional italiana, que trata de diferentes acepções do direito à saúde, sendo que a primeira a encontrar guarida é a que o compreendia como um direito à integridade física; TOEBES, Brigit C. A. *The right to health as a human right in international law*. Antwerpen; Groningen; Oxford: Intersentia; Hart, 1999. p. 243-289; BOTHE, Michael. Les concepts fondamentaux du droit à la santé: le point de vue juridique. *In*: ACADÉMIE DE DROIT INTERNATIONAL DE LA HAYE (Ed.). *The right to health as a human right*. Netherlands: Sijthoff & Noordhoff, 1979. p. 14 e seguintes, o qual fala da conexão entre o direito à saúde e o direito a não ser torturado e o direito à integridade física; SOUZA, Marcelo Rebelo de; ALEXANDRINO, José de Melo. *Constituição da República portuguesa comentada*. Lisboa: Lex, 2000. p. 172-173, os quais sustentam ser questionável extrair do direito à proteção da saúde uma feição de direito, liberdade e garantia, em razão de que essa dimensão estaria já protegida por outros direitos de liberdade; MONCRIEFF, Abigail R. The freedom of health. *University of Pennsylvania Law Review*, v. 159, p. 2.209-2.252, 2010-2011. p. 2.212, que comenta que a Suprema Corte dos Estados Unidos derivou do direito à integridade física o direito a recusar tratamento forçado. Sobre o dever de não afetar a saúde como decorrência da obrigação de respeito incluída no princípio do direito à proteção da saúde, NOVAIS, Jorge Reis. Constituição e serviço nacional de saúde. *In*: SIMÕES, Jorge (Coord.). *30 anos do Serviço Nacional de Saúde* – Um percurso comentado. Coimbra: Almedina, 2010. p. 239-241.

liberdade tradicionais, salvo se a eles for ofertada uma interpretação muito ampliada no seu suporte fático. Aquela linha de separação entre os direitos à vida e à saúde pode ser uma orientação, mormente para diferenciá-los em relação à deflagração de mortes arbitrárias, porém é preciso reconhecer que muitas situações em que ocorram mortes atingem simultaneamente o direito à saúde, mormente em questões relacionadas a problemas de expectativa de vida minorada ou de aumento de índice de mortalidade infantil, por exemplo, por ações diretas do Estado.[1058]

Em relação ao direito à integridade física, um critério que pode ser sugerido, mormente naqueles ordenamentos que não reconheçam de modo autônomo um direito ao meio ambiente – este também altamente conectado com posições e situações relacionadas à saúde das pessoas, a provocar zonas de sobreposição próprias –, é a provocação concreta e imediata de danos à integridade física e psíquica por ação direta do Estado. Assim, o direito à saúde amplia a proteção do indivíduo ao proscrever qualquer ação reflexa, oblíqua ou indireta do Estado que termine por causar danos à saúde do cidadão ou mesmo ponha algum risco concreto de isso ocorrer, o que indica que o direito à saúde termina por abranger um componente de precaução[1059] não presente no direito à integridade física e psíquica. O direito a não sofrer tortura nem receber tratamento ou pena degradante, como especificações do direito à integridade física, a ostentar praticamente uma natureza de regra jurídica, pode ser inteiramente diferenciado do âmbito de proteção do direito à saúde, embora um direito à saúde possa oferecer uma salvaguarda adicional, ao tolher que se apliquem, como forma de castigo, sanções que possam provocar danos à saúde, mormente se essas sanções não são agravadoras da saúde de modo geral, mas revelem-se lesivas desse bem da vida para alguns reclusos em função de suas condições pessoais.[1060]

Há outras posições de liberdade em saúde que estão em sobreposição com alguns direitos, como o direito à informação sobre o estado de saúde e o direito de recusar qualquer experimento ou tratamento, mesmo que gere a melhora da saúde, conquanto aí também se entenda estar presente a conexão com o próprio direito à integridade física.[1061]

[1058] TOEBES, Brigit C. A. *The right to health as a human right in international law*. Antwerpen; Groningen; Oxford: Intersentia; Hart, 1999. p. 243 e seguintes.

[1059] Sobre o princípio da precaução como um aspecto relacionado do direito à saúde, mencionam-se LOUREIRO, João Carlos. Direito à (protecção da) saúde. *In*: MIRANDA, Jorge. *Estudos em homenagem ao Professor Doutor Marcello Caetano no centenário de seu nascimento*. Lisboa; Coimbra: Faculdade de Direito da Universidade de Lisboa/ Editora Coimbra, 2006. v. 1. p. 664-666; NASCIMENTO, Rogério José Bento Soares do. Concretizando a utopia: problemas na efetivação do direito a uma vida saudável. *In*: SOUZA NETO, Cláudio Pereira; SARMENTO, Daniel (Org.). *Direitos sociais* – Fundamentos, judicialização e direitos sociais em espécie. 2. tir. Rio de Janeiro: Lumen Juris, 2010. p. 905-924; GARREAU, Olivier. *Droit de la santé, droit à la santé*. Sarrebruck: Éditions Universitaires Européenes, 2010. p. 34-35; 222 e seguintes, embora este saliente mais a necessidade de o Estado adotar medidas que precatem os seres humanos de riscos à saúde, com substituição, na segurança sanitária, do princípio da prevenção pelo princípio da precaução, ligando-o com sua gênese no direito ambiental.

[1060] TOEBES, Brigit C. A. *The right to health as a human right in international law*. Antwerpen; Groningen; Oxford: Intersentia; Hart, 1999. p. 243-289.

[1061] BRITO, Miguel Nogueira de. Direitos e deveres dos utentes do serviço nacional de saúde. *Separata da Revista da Faculdade de Direito da Universidade de Lisboa*, v. XLIX, n. 1-2, p. 101-114, 2008; MONCRIEFF, Abigail R. The freedom of health. *University of Pennsylvania Law Review*, v. 159, p. 2.209-2.252, 2010-2011. p. 2.212 e seguintes; CORREIA, José Manuel Sérvulo. *As relações jurídicas administrativas de prestação de cuidados de saúde*. 2009. Disponível em: http://www.icjp.pt/sites/default/files/media/616-923.pdf. Acesso em: 30 nov. 2016. p. 46 e seguintes; SAINT-JAMES, Virginie. Le droit à la santé dans la jurisprudence du Conseil constitutionnel. *Revue du Droit Public – et de la science politique en France et à L'Étranger*, n. 2, p. 457-485, mar./abr. 1997. p. 457 e seguintes; GARREAU, Olivier. *Droit de la santé, droit à la santé*. Sarrebruck: Éditions Universitaires Européenes, 2010. p. 419 e seguintes, o qual

Inegavelmente, a bioética incorporou em suas normas um consentimento necessário para qualquer intervenção médica ou sanitária,[1062] salvo em caso de emergência e inconsciência do paciente – sendo possíveis eventuais declarações ou diretivas antecipadas de vontade –,[1063] bem como um consentimento esclarecido, o que altera a feição paternalista na relação médico-paciente, uma vez que retira da margem discricionária dos profissionais de saúde a responsabilidade pela decisão sobre alguma intervenção, para compartilhá-la com o enfermo, embora os modelos de partilha dessa decisão possam cambiar conforme circunstâncias, necessidades e desejos do paciente, inclusive diante da assimetria de informação de cada lado dessa relação.[1064] Destarte, pretende-se um equilíbrio entre autonomia do paciente e beneficialidade do tratamento, o que pode justificar recuos em cada uma dessas perspectivas.[1065] De outro lado, é evidente que

---

menciona que há previsão legal no ordenamento francês para que o paciente recuse tratamento incompatível com seu modo de vida, religião ou opinião, o que pode ser superado, em exame pelo princípio da proporcionalidade, no caso de certas terapias relevantes impostas por lei, como é o caso das vacinas.

[1062] A destacar que, no campo da bioética, especialmente em torno do debate sobre a existência de um "direito de morrer", normalmente a regulamentação legal dos limites bioéticos advêm muito depois da apreciação dessas questões pelo Judiciário, isto é, os juízes terminam por decidir casos de limites sobre as questões de bioética antes que o Legislativo tenha tempo e reflexão para definir as regras e princípios mais abstratos, muitas vezes corrigindo resultados de decisões judiciais consideradas equivocadas, menciona-se BARON, Charles H. *Droit constitutionnel et bioéthique* – L'expérience americaine. Tradução de Joseph Pini. Paris; Aix-en-Provence: Economica/Presses Universitaires d'Aix-Marseille, 1997. p. 69-80.

[1063] Sobre o debate a respeito do valor vinculativo ou indicativo das diretivas antecipadas de vontade no direito português, conferir; LOUREIRO, João Carlos. Bios, tempo(s) e mundo(s): algumas reflexões sobre valores, interesses e riscos no campo biomédico. *In*: ANDRADE, Manuel da Costa; ANTUNES, Maria João; SOUZA, Susana Aires de (Org.). *Stvdia Ivridica n. 101*. Estudos em homenagem ao Prof. Doutor Jorge de Figueiredo Dias. Coimbra: Coimbra Editora, 2010. v. IV. p. 497-513, o qual defende um valor prima facie vinculativo, caso haja respeito a alguns requisitos, como a vontade livre, fresca e consciente, tomada com informação suficiente, com previsão de prazos de validade e renovação; MELO, Helena Pereira de; BELEZA, Teresa Pizarro. Uma vida digna até a morte: cuidados paliativos no direito português. *In*: ANDRADE, Manuel da Costa; ANTUNES, Maria João; SOUZA, Susana Aires de (Org.). *Stvdia Ivridica n. 101*. Estudos em homenagem ao Prof. Doutor Jorge de Figueiredo Dias. Coimbra: Coimbra Editora, 2010. v. IV. p. 665-686, as quais comentam que, seja por testamento ou por procurador com poderes bastantes, essas diretivas possuem valor indicativo, consoante norma da Convenção de Oviedo; PEREIRA, André Gonçalo Dias. Declarações antecipadas de vontade: vinculativas ou apenas indicativas? *In*: ANDRADE, Manuel da Costa; ANTUNES, Maria João; SOUZA, Susana Aires de (Org.). *Stvdia Ivridica n. 101*. Estudos em homenagem ao Prof. Doutor Jorge de Figueiredo Dias. Coimbra: Coimbra Editora, 2010. v. IV. p. 823 e seguintes, o qual afirma não existir uma hierarquia entre direito à vida e o direito à liberdade de consciência, religião ou culto, de modo que defende ter a Convenção de Oviedo proclamado a primazia da dignidade humana e da autonomia da vontade; logo, para recusar ou consentir sobre algum tratamento, depende-se da capacidade para consentir, esclarecimento, liberdade, atualidade do consentimento, a sustentar que essa atualidade não se perde no testamento, interpretando-a num sentido lógico e não cronológico, posição também que também seria sufragada pelo Comitê de Ética italiano. No Brasil, vale lembrar o Enunciado nº 37, aprovado na I Jornada de Direito da Saúde, promovida pelo fórum nacional criado pelo Conselho Nacional de Justiça, o qual estipula que as diretivas antecipadas de vontade deverão ser feitas preferencialmente por escrito, por instrumento particular, com duas testemunhas, ou público, sem prejuízo de outras provas possíveis em Direito. *A nova Lei de Bases da Saúde em Portugal, Lei nº 95/2019, previu expressamente como direito à emissão de diretivas antecipadas de vontade e a nomeação de procurador de cuidados de saúde (Base 2, nº 1, "f").

[1064] A falar de 4 modelos da relação entre médico-paciente (paternalista, decisão informada, decisão partilhada e de agente profissional), com a menção de que o provável é que esses modelos se alterem conforme as circunstâncias do caso, VALE, Luís António Malheiro Meneses do. Responsividade nos sistemas públicos de saúde: o exemplo da OMS. *In*: ANDRADE, Manuel da Costa; ANTUNES, Maria João; SOUZA, Susana Aires de (Org.). *Stvdia Ivridica n. 101*. Estudos em homenagem ao Prof. Doutor Jorge de Figueiredo Dias. Coimbra: Coimbra Editora, 2010. v. IV. p. 1.067-1.088.

[1065] COCCONI, Monica. *Il diritto alla tutela della salute*. Padova: Cedam, 1998. p. 82-104, que fala que o ranço paternalista da beneficialidade esvaeceu, adaptando-se esse princípio biomédico na acepção de envidar sua técnica para alcançar o melhor para o paciente, não sendo obrigado a satisfazer todos os seus desejos, destacando a singularidade dessa relação, haja vista a assimetria de informação e a dificuldade de decidir nessa condição e com a saúde em risco.

há tensões a conciliar entre a liberdade de saúde nesse prisma individual e o direito à saúde numa perspectiva coletiva – ou um interesse público de promover a saúde pública, no caso de não existir um direito fundamental à saúde reconhecido no ordenamento jurídico – sempre que estiver em causa a questão de tratamentos compulsórios por questões sanitárias, o que implica conflitos normativos que reclamam a mediação da norma da proporcionalidade para uma solução metodicamente mais adequada.[1066]

Outro dever jurídico que é extraído da dimensão negativa, a consubstanciar também uma "liberdade na saúde", é a proibição de estorvar o particular de selecionar os serviços e os profissionais de saúde que bem entender para sua assistência sanitária, posição jurídica que encontra alguma sobreposição com o livre desenvolvimento da personalidade, com o direito de liberdade e com a própria integridade física e psíquica.[1067] Aqui não está em causa uma liberdade de escolha custeada pelo Estado, pois contém apenas os serviços privados, não remunerados pelo Estado, prestados mediante relação contratual. Não obstante, há alguns sistemas de saúde que, com algumas restrições normatizadas, facultam ao indivíduo que escolha os profissionais de saúde; normalmente esses sistemas operam por reembolso, porém há casos de sistemas de cobertura universal que permitem alguma liberdade de escolha, como são os casos do Serviço Nacional de Saúde de Portugal e do sistema inglês. Nessa hipótese, não se está mais numa dimensão negativa, mas positiva, porque implica uma ação estatal, consistente no fornecimento direto ou no custeio dos cuidados de saúde determinados pelo profissional escolhido.[1068] Evidentemente, o reconhecimento, mesmo que limitado ou com restrições, de uma liberdade de escolha do paciente aproxima-o ou iguala-o a um consumidor de cuidados de saúde, o que aumenta as pressões sobre os orçamentos da saúde, além de gerar problemas que podem atingir a solidariedade dos modelos

---

[1066] Esse ponto será reabordado a propósito do direito à proteção da saúde em Portugal, ocasião em que se pontuará a posição defendida.

[1067] NOVAIS, Jorge Reis. Constituição e serviço nacional de saúde. *In*: SIMÕES, Jorge (Coord.). *30 anos do Serviço Nacional de Saúde* – Um percurso comentado. Coimbra: Almedina, 2010. p. 239-241, que menciona que o direito à saúde gera, entre outros, o dever de respeitar o acesso individual ao bem protegido, a par de eliminar as barreiras a um acesso livre; MONCRIEFF, Abigail R. The freedom of health. *University of Pennsylvania Law Review*, v. 159, p. 2.209-2.252, 2010-2011. p. 2.215 e seguintes; GARREAU, Olivier. *Droit de la santé, droit à la santé*. Sarrebruck: Éditions Universitaires Européenes, 2010. p. 44-45, 129-130, 274-276, o qual menciona que o Conselho Constitucional francês evita pronunciar-se em sua jurisprudência sobre se uma liberdade de escolha do médico ou do estabelecimento hospitalar está contida no objetivo constitucional de proteção à saúde, embora o Legislativo tenha disposto em lei a existência desse princípio (art. 1.110 do Código de Saúde Pública francês). O jurista também relembra que a livre escolha dos médicos e estabelecimentos de saúde é cada vez mais invocada para uma defesa de interesses corporativistas; ABBING, Henriette D. C. Roscom. Social justice and health care systems in Europe. *European Journal of Health Law*, v. 17, p. 217-222, 2010. p. 221, a qual comenta que reformas nos sistemas sanitários que introduziram mais competição trariam alguns efeitos colaterais não desejados, como a diminuição da livre escolha do fornecedor de cuidado de saúde; THAYER, Christine. The health care system and the patient's right to health: economic aspects. *Journal International de Bioéthique*, v. 6, n. 1, p. 23-28, 1995, a qual comenta que os três objetivos principais do sistema de saúde britânico é a cobertura universal, a liberdade de escolha e o controle de gastos, atrelando a liberdade de escolha a uma faceta de seleção de consumo em cuidados da saúde; SAINT-JAMES, Virginie. Le droit à la santé dans la jurisprudence du Conseil constitutionnel. *Revue du Droit Public – et de la science politique en France et à L'Étranger*, n. 2, p. 457-485, mar./abr. 1997. p. 457 e seguintes, que destaca que o direito à saúde numa perspectiva individual não coincide com a proteção à saúde como objetivo de valor constitucional, sendo que daquele se derivam a livre escolha de tratamento e profissional médico e a possibilidade de recusar tratamento. Salienta, tal como fez Garreau, que o Conselho Constitucional francês, em suas decisões, deixa de examinar se a liberdade de escolha do médico é um objetivo de valor constitucional.

[1068] BRITO, Miguel Nogueira de. Direitos e deveres dos utentes do serviço nacional de saúde. *Separata da Revista da Faculdade de Direito da Universidade de Lisboa*, v. XLIX, n. 1-2, p. 101-114, 2008.

de bem-estar e a equidade na distribuição de recursos, com acentuação da vertente de assistência sanitária em detrimento das demais, tão almejada em função do maior anseio de medicalização dos problemas ocorridos na vida.[1069]

Como antecipado no subitem 2.7.5, outro conjunto de posições e situações jurídicas que emanam da dimensão negativa do direito à saúde é o dever estatal de não retroceder no nível de proteção e promoção à saúde, o que equivale à tese sustentada por parte da doutrina como a proibição do retrocesso social. Como alhures explicado, não se concede nenhuma autonomia dogmática a essa tese num quadro de positivação de direitos fundamentais sociais, de sorte que ela deve ser reconfigurada para materializar uma restrição aos direitos fundamentais, cuja validade deve ser examinada com base na proporcionalidade.

Na dimensão positiva do direito à saúde, incumbe ao Estado os deveres de proteger a saúde das pessoas de ações de outrem ou de riscos causados pela natureza, a par de eliminar as barreiras construídas por terceiros para que as pessoas acedam a serviços de saúde por suas próprias forças. Ainda no aspecto dessa dimensão positiva, há o dever de realizar ações de promoção da saúde e de prevenção de danos a essa saúde, o que inclui o atuar em algumas condicionantes sociais que estejam diretamente ligadas com a melhora do estado sanitário da população. Deve-se ofertar acesso a um sistema de saúde que propicie medidas sanitárias preventivas, curativas e reabilitadoras do estado de saúde individual e coletivo, o que demanda legislação e criação de instituições e procedimentos.[1070] Em suma, a dimensão positiva preocupa-se tanto com a prevenção de agravos à saúde como com a melhora e promoção da saúde das pessoas, de sorte a conter também um componente de assistência sanitária.

É na dimensão positiva, mormente no campo dos deveres de promoção e realização da saúde, que reside o maior espectro de indeterminação plasmado nas normas do direito fundamental à saúde,[1071] razão pela qual deve ser reconhecida ao Legislativo uma margem de discricionariedade estrutural, um campo de liberdade para selecionar os meios pelos quais cumprirá seus deveres, o que demanda a concretização desse direito por meio de leis e normas regulamentares. Conquanto haja vinculação no sentido de dar passos para avançar na promoção do direito à saúde, os obstáculos financeiros impõem a racionalização de prestações e a eleição de prioridades, de sorte a maximizar a proteção conferida pela norma constitucional. No entanto, dentro de um contexto de cultura de justificação, o exame da constitucionalidade das opções feitas por Legislativo e Executivo fica, nos sistemas que assim preveem essa competência, a cargo do Judiciário, o qual deve adotar metodicamente o princípio da proporcionalidade para avaliar eventual insuficiência da proteção estatal e, em caso positivo, censurá-la.

[1069] Sobre o consumerismo dos cuidados de saúde, remete-se ao tópico 3.5.

[1070] NOVAIS, Jorge Reis. Constituição e serviço nacional de saúde. *In*: SIMÕES, Jorge (Coord.). *30 anos do Serviço Nacional de Saúde* – Um percurso comentado. Coimbra: Almedina, 2010. p. 239-141.

[1071] MANGIA, Alessandro. 'Attuazione' legislativa ed 'applicazione' giudiziaria del diritto alla salute. *Diritto Pubblico*, ano 4, n. 3, p. 751-776, set./dez. 1998. Mangia comenta, a propósito da decisão da Corte Constitucional italiana no acórdão 185/98, que o direito à saúde na Constituição italiana não pode albergar um direito absoluto, de modo que os deveres curativos impostos dependem de precisão legislativa e criação de instituições, especialmente aos não indigentes, não sendo possível a supressão da ação legislativa por um controle judicial de *ragionevolezza*, o que, diante do que ficará claro no texto, não é plenamente compatível com o que é defendido nesta tese, com foco no princípio da proporcionalidade.

CAPÍTULO 3
A TUTELA JUDICIAL "PONDERADA" DO DIREITO FUNDAMENTAL À SAÚDE: PROPORCIONALIDADE E CONTEÚDO MÍNIMO COMO EXIGÊNCIAS... | 409

Ademais, independentemente da questão dos custos e desse espaço de discricionariedade do Parlamento, existem deveres jurídicos que são extraídos do texto constitucional que possuem pesos abstrato e concreto tão elevados que o ônus de justificação a pesar sobre o Estado é muito elevado. São as obrigações correspondentes ao núcleo mínimo do direito à saúde, cujo catálogo, fruto de interpretação e sopesamento racionalmente estruturado em caso de conflitos normativos, serve de bitola argumentativa, pois exigirá elevada carga probatória e de argumentação para que o Estado não as cumpra.

Dentro do conjunto de deveres, posições e situações jurídicas tocado pelas dimensões negativa e positiva do direito à saúde, deve ser incorporada a contribuição do Comitê de Direitos Econômicos, Sociais e Culturais em relação aos elementos que devem estruturar o sistema de saúde prestado pelo Estado: disponibilidade, acessibilidade (física, econômica, informacional e não discriminatória), aceitabilidade e qualidade.

Na dimensão positiva do direito à saúde, observa-se também a sobreposição entre o direito à saúde e outros direitos fundamentais. Veja-se que o conceito de saúde defendido nesta tese é um conceito positivo e, conquanto não seja tão audacioso quanto o da OMS, reconhece a importância de condicionantes sociais da saúde. Os âmbitos de proteção do direito à saúde e o dos direitos à educação, ao meio ambiente (a abranger o meio ambiente do trabalho), à informação, à água potável e ao saneamento básico (este pode ser compreendido dentro de uma faceta de direito ao meio ambiente hígido e saudável) podem concorrer. Assim, interconectam-se os direitos à saúde e à educação no dever estatal de educar as pessoas em questões sanitárias relevantes, tangenciam-se os direitos à saúde e à informação no dever estatal de divulgar informações de que tenha conhecimento a respeito de problemas, riscos e soluções sanitárias. Para aqueles ordenamentos que reconhecem um direito à comida e um direito à água – a exemplo do Brasil, em relação ao direito à comida, e da África do Sul, no tocante a ambos –, invariavelmente haverá sobreposição entre esses dois direitos com o direito à saúde no que tange ao acesso à comida e água em quantidade e qualidade indispensável para saúde. Os âmbitos de proteção dos direitos à saúde e ao meio ambiente serão afetados se houver condições ambientais, inclusive as ocupacionais e industriais, que lesem ou ameacem a saúde, com especial destaque para as medidas de saneamento básico, uma vez que esse tipo de medida deve ser considerado prioridade, mormente por conseguir prevenir muitas doenças que alcançam especialmente indivíduos em situação de vulnerabilidade econômico-social. Se a inexistência de moradia ou as condições de habitabilidade de um imóvel trouxerem riscos sanitários a quem não possa arcar com os custos da aquisição ou da reforma, pode haver confluência entre as normas do direito à saúde e à habitação.[1072]

Examinados os deveres, posições e situações jurídicas compreendidos no âmbito das dimensões positiva e negativa do direito à saúde, com realce das possibilidades de interconexão entre o direito à saúde e outros direitos fundamentais, examinam-se os sistemas jurídico-constitucionais de Portugal e Brasil em relação a esse direito.

[1072] Sobre as posições defendidas no texto, há congruência geral com o preconizado por TOEBES, Brigit C. A. *The right to health as a human right in international law*. Antwerpen; Groningen; Oxford: Intersentia; Hart, 1999. p. 243-289, com divergência na questão da cisão interpretativa entre direito à moradia e direito à saúde, bem como por não enumerar no âmbito do direito ao trabalho a segurança e salubridade das condições de trabalho, as quais foram embutidas no direito ao meio ambiente.

3.6.1 O direito à saúde na Constituição portuguesa

O direito à proteção da saúde vem previsto dentro Capítulo II do Título III da Constituição portuguesa de 1976, que trata dos direitos e deveres de natureza econômico-social-cultural, no art. 64º. O parágrafo 1 estabelece a titularidade universal desse direito, ao mesmo tempo em que o atrela a um dever pessoal de defender e promover a saúde, o que coloca a questão de existir ou não aí um dever fundamental de manter-se em boa saúde.[1073] Entrementes, a inclusão de um dever de autodefesa da saúde – independentemente da extensão concedida a esse encargo – encontra consonância com o destaque dado à responsabilidade individual pela própria saúde, constante da Carta Social Europeia.

Conquanto se apregoe a preferência pela interpretação literal, é fato que a qualificação da saúde "pública" como objeto desse dever parece ser uma estipulação que concilia melhor a liberdade individual com a possibilidade de o Estado intervir para resguardar a saúde, sempre que trouxer algum risco para a comunidade, de sorte a evitar excessos paternalistas. Isso evidencia como a proteção à saúde na sua dimensão coletiva (e também o direito à saúde no aspecto coletivo) pode servir para restringir ou comprimir a esfera de liberdade individual, inclusive para determinar a submissão a tratamentos e procedimentos de saúde obrigatórios, ainda que contra a vontade da pessoa. Aliás, como o divagar sobre o aspecto histórico das dimensões da saúde do tópico 3.1 deixou patente, foi nessa linha de ação que inicialmente o Estado passou a agir, num aspecto de prevenção de doenças contagiosas e epidemias, mais voltado ao aspecto de higiene pública, progressivamente ajustando a lente para medidas de polícia sanitária. Deveras, trata-se de um aspecto bastante conhecido, qual seja, o de uma afetação negativa de alguma liberdade mediante imposição de algum tratamento ou medida obrigatória e que, portanto, deve observar os "limites dos limites" previstos no art. 18º da Constituição portuguesa, o que inclui a previsão legal do tratamento e a obediência ao cânone da proporcionalidade, para evitar excesso de atuação estatal.[1074]

[1073] Consoante a dicção literal do texto, parece inferir-se um dever fundamental de manter-se em boa saúde e de colaborar para a proteção da saúde pública. Entrementes, a Lei de Bases da Saúde, Lei nº 48/90, repete o texto superior e estabelece um dever de proteger a própria saúde (Base V, 1). Defendem um dever fundamental de manter-se em boa saúde a princípio, conquanto com alguma ambiguidade no que tange à existência desse dever quando não estiver em causa algum risco para a saúde pública, CANOTILHO, J. J. Gomes; MOREIRA, Vital. *Constituição da República portuguesa anotada*. 4. ed. Coimbra: Coimbra Editora, 2007. v. I. p. 823 e seguintes. Contra a existência desse dever, com a interpretação de que ele abrange apenas a saúde pública e não a saúde privada, sob pena de excesso de paternalismo e desmedida restrição da liberdade, GOMES, Carla Amado. *Defesa da saúde pública vs. liberdade individual* – Casos da vida de um médico da saúde pública. Lisboa: Associação Acadêmica da Faculdade de Direito da Universidade de Lisboa, 1999. p. 17-28, posição a que se adere em termos gerais, porém com a ampliação que será explicada no corpo do texto. *A Lei nº 95/2019 revogou a Lei nº 48/90 e é a nova Lei de Bases da Saúde, não trazendo mais explicitamente o dever de proteger a própria saúde, de sorte que reforça a interpretação defendida no texto; a Base nº 1, nº 3, traz um dever da coletividade de contribuir para a proteção da saúde em todas as políticas e setores de atividade, enquanto a Base nº 2, nº 4, "b", trata de um dever de colaborar com os profissionais de saúde em todos os aspectos relevantes para melhoria de seu estado de saúde. De qualquer forma, cabe à política sanitária o incentivo de medidas promotoras da responsabilidade social, individual e coletiva (Base 4, nº 4).

[1074] A propósito, conquanto não mencione o princípio da proporcionalidade como "limite dos limites", veja-se a crítica do excesso de discricionariedade conferido pelos Decretos-Leis nº 81/2009 e nº 82/2009 na atuação das autoridades, que poderiam decidir unilateralmente quais os dados e informações essenciais que podem requisitar para si, feita por TAVARES, Sandra. Os novos normativos que reestruturam os serviços de saúde pública que alteram o regime das autoridades de saúde: breves notas. *In*: CUNHA, Paulo Ferreira da *et al. Direito e justiça* – Estudos

A existência ou não de um dever fundamental a manter-se em bom estado de saúde foi debatida pela Corte Constitucional. No corpo da fundamentação do voto condutor do Acórdão nº 368/02, o Tribunal Constitucional, na parte que conheceu os pedidos – a decisão final foi no sentido de rejeitar a inconstitucionalidade de normas que impunham a obrigatoriedade de realização de exames médicos para a admissão ao emprego e durante a vigência do contrato de trabalho –, salientou que o dever de manter-se em bom estado de saúde era ordinariamente considerado na dimensão de saúde pública, ou seja, caso ele possa impactar a saúde de terceiros, porém admitiu que, por força de razões socialmente fundadas, poderia o legislador excepcionalmente estipular outras necessidades de restrição aos direitos das pessoas, inclusive prever restrições contra a própria pessoa no que tange à proteção da saúde, observado o art. 18º, 2, da Constituição portuguesa. De fato, parece ser a melhor solução, haja vista que, num contexto de sociedade de risco, a tutela da saúde, por ser impactada por condicionantes sociais, pode autorizar o Parlamento a impor novas medidas coercitivas da liberdade, para a proteção da própria saúde individual; o excesso sufocante deverá ser debelado mediante a aplicação judicial do princípio da proporcionalidade.[1075]

Aliás, caso peculiar de restrição da liberdade para a promoção da saúde foi motivo de revisão constitucional, a fim de que se pudesse prever a hipótese de internamento compulsório de enfermos mentais e psíquicos, mediante ordem judicial, nos termos do art. 27º, 3, "h".[1076] Contudo, nesse tocante, pode-se mesmo deslocar o problema não propriamente para um dever de manter a saúde, mas para a atuação estatal na defesa de um direito independentemente do consentimento do titular – nota-se que existiria uma forte imbricação entre essas duas perspectivas, embora abstratamente possa ser separada a situação de o Estado agir no afã de defender a saúde coletiva daquela de a ação estatal comprimir a liberdade em tutela do próprio titular do direito.[1077]

---

dedicados ao Professor Doutor Luís Alberto Carvalho Fernandes. Lisboa: Universidade Católica Editora, 2011. v. III. p. 473-482.

[1075] A defesa da indagação pelo empregador da intimidade dos dados médicos e do estado de saúde do trabalhador conforme proporcionalidade é observável em RODRÍGUEZ-PIÑERO, Miguel; DEL REY, Salvador. Informe español. *In*: MARZAL FUENTES, Antonio (Ed.). *Protección de la salud y derecho social*. Barcelona: Esade, 1999. p. 108-112.

[1076] Sobre o internamento compulsório e a necessidade de proporcionalidade dessa medida – a própria lei prevê o princípio da proporcionalidade como balizador da decisão judicial, analisada como *ultima ratio*, remete-se a ANDRADE, José Carlos Vieira de. O internamento compulsivo de portadores de anomalia psíquica na perspectiva dos direitos fundamentais. *In*: ANDRADE, José Carlos Vieira de et al. *A lei de saúde mental e o internamento compulsivo*. Coimbra: Coimbra Editora, 2000. p. 71-98; a MENDES, Francisco Miller. A nova lei de saúde mental. *In*: ANDRADE, José Carlos Vieira de et al. *A lei de saúde mental e o internamento compulsivo*. Coimbra: Coimbra Editora, 2000. p. 99 e seguintes; e a ROQUE, Helder. Uma reflexão sobre a nova lei de saúde mental. *In*: ANDRADE, José Carlos Vieira de et al. *A lei de saúde mental e o internamento compulsivo*. Coimbra: Coimbra Editora, 2000. p. 121 e seguintes.

[1077] Questão delicadíssima que poderia ser trabalhada é o internamento compulsório de toxicômanos. Viera de Andrade, por exemplo, sugere que se evite a internação se ela puder funcionar como uma forma de homogeneização ou de limpeza social, indicando expressamente a situação dos adictos (ANDRADE, José Carlos Vieira de. O internamento compulsivo de portadores de anomalia psíquica na perspectiva dos direitos fundamentais. *In*: ANDRADE, José Carlos Vieira de et al. *A lei de saúde mental e o internamento compulsivo*. Coimbra: Coimbra Editora, 2000. p. 95-98). Na ótica do Comitê de Direitos Econômicos, Sociais e Culturais, exposta no comentário geral nº 14, também não seria apropriado utilizar o direito à saúde para autorizar restrições no direito de liberdade do titular em benefício de sua saúde, apontando o caso dos dependentes químicos. Contudo, se o grau de dependência for tamanho que o usuário de entorpecente perca sua capacidade de autodeterminação e esteja em situação de aviltamento da dignidade humana, entende-se não ser desproporcional a sua internação emergencial, em prazo suficiente para que recupere sua consciência; após, porém, caso queira deixar o tratamento, deve-se respeitar

No art. 64º, 2, "b", o texto constitucional alberga um conceito de saúde positivo, não o restringindo unicamente a uma ausência de doença, à medida que o Estado português encarrega-se de criar condições econômicas, sociais, culturais e ambientais garantidoras da proteção da infância, juventude e velhice, pela melhoria sistemática das condições de vida e de trabalho, promoção da cultura física e desportiva, escolar e popular, e, também, pelo desenvolvimento da educação sanitária do povo e de práticas de vida saudável, o que assegura uma imbricação do direito à saúde com o direito à educação. Além de assumir esse conceito positivo de saúde, destacaram-se categorias de pessoas que devem receber um tratamento privilegiado na confecção de políticas econômico-sociais-culturais-ambientais (crianças, adolescentes e anciãos). Como foi tratado no subitem 3.3, a despeito das controvérsias morais de como racionar os recursos para a distribuição de gastos com saúde e não obstante uma discussão sobre um "dever de morrer", inequivocamente essa norma constitucional afasta a possibilidade de eleição exclusiva de critérios etários de cariz utilitário em prejuízo dos idosos ou, ao menos, embute um dever ao Legislativo mais oneroso de justificação, assimilável a uma "categoria suspeita", para que ultrapasse o crivo sobre sua constitucionalidade.

Filiar-se a um conceito positivo de saúde não implica necessariamente sufragar a definição de saúde proposta pela OMS,[1078] pois a amplitude das condicionantes sociais necessárias para melhorar o estado de saúde da população e a baliza de urgência e o nível de proteção desse direito em geral não foram determinados no nível constitucional, de sorte que foram reservados ao legislador infraconstitucional, conforme sua margem de conformação política.

Entre as prioridades enumeradas no texto constitucional como deveres estatais (art. 64º, 3), estão: a) a garantia de acesso aos cuidados de saúde preventivos, curativos e de reabilitação, independentemente da condição econômica; b) a garantia de cobertura racional e eficiente em recursos humanos e unidades de saúde; c) a orientação tendente

---

sua vontade. No Brasil, essa questão desperta divergentes opiniões diante da situação vexatória existente em grandes centros urbanos do país, onde existem "cracolândias", em que dependentes químicos, mormente de pasta-base de cocaína, vagam aos milhares e ali permanecem, o que levou algumas Administrações Públicas a removê-los, com internação de alguns, despertando críticas de algumas entidades ligadas a direitos humanos, que consideraram que essa política seria uma forma de higienização social. No entanto, o uso de drogas para o próprio consumo ainda é considerado crime no Brasil, embora não se lhe comine a pena de prisão – o que em si já desperta o problema de ser constitucional ou não essa opção legislativa, com um sentimento de que é uma opção está na margem de conformação política do Legislativo. Sem um espaço aqui para maior desenvolvimento e reflexão em relação a esse delicado problema, entende-se que a ação da autoridade administrativa que se ocupe de apenas remover os doentes de local a outro, sem qualquer tipo de tratamento, consubstancia uma política de homogeneização social atentatória dos direitos fundamentais, embora não se seja contrário a, no uso do poder de polícia, impedir o consumo de entorpecentes em locais públicos. *Congruente com o tema, no Brasil, na III Jornada de Direito da Saúde, aprovou-se o Enunciado nº 102, que preconiza a prioridade de cuidados por serviços comunitários de saúde mental em detrimento de internações nos casos de drogadição ou transtornos mentais.

[1078] Em sentido parcialmente contrário para defender o conceito de saúde da OMS, caminham CORREIA, Sérvulo. Introdução ao direito da saúde. *In*: ASCENSÃO, José de Oliveira. *Direito da saúde e bioética*. Lisboa: Lex, 1991. p. 39 e seguintes; GOMES, Carla Amado. *Defesa da saúde pública vs. liberdade individual* – Casos da vida de um médico da saúde pública. Lisboa: Associação Acadêmica da Faculdade de Direito da Universidade de Lisboa, 1999. p. 5-16. Sérvulo Correia reconhece a dificuldade em adotar conceito tão amplo, mas submete-se a ele em razão de Portugal ser um dos países signatários da Convenção que constitui a OMS. Em diapasão totalmente oposto, a sustentar que a Constituição portuguesa não traz nenhuma noção de saúde ou doença, embora não fique claro que os autores estivessem a tratar do conceito de saúde, ESTORNINHO, Maria João; MACIEIRINHA, Tiago. *Direito da saúde*: lições. Lisboa: Universidade Católica Editora, 2014. p. 56. *A nova Lei de Bases da Saúde, Lei nº 95/2019, não obstante, na Base 1, nº 1, apresenta o direito à proteção da saúde como o direito de todos a gozarem do melhor estado de saúde físico, mental e social.

A TUTELA JUDICIAL "PONDERADA" DO DIREITO FUNDAMENTAL À SAÚDE: PROPORCIONALIDADE E CONTEÚDO MÍNIMO COMO EXIGÊNCIAS...

à socialização dos custos dos cuidados médicos e com os fármacos e medicamentos; d) disciplina e fiscalização do mercado privado da saúde, articulando-o com o serviço nacional de saúde, no desiderato de assegurar, nas instituições de saúde públicas e privadas, padrões adequados de qualidade e eficiência; e) a disciplina e a fiscalização da produção, distribuição, alienação e utilização de produtos químicos, biológicos e farmacêuticos e outros meios de diagnóstico e tratamento; f) estabelecimento de políticas de prevenção e tratamento da toxicodependência. Salienta-se, apenas, que, não obstante o silêncio constitucional, a densificação pelo Legislativo do conteúdo do direito conectou o sistema de saúde português com o principal objetivo de preconizar os cuidados primários de saúde (Base XIII, 1, Lei nº 48/90), em tudo congruente com a política da OMS afirmada desde a Declaração de Alma-Ata.[1079]

O art. 64º, 2, "a", e 4, estipula a principal obrigação do Estado português, a qual consiste na manutenção de um Serviço Nacional de Saúde (SNS) universal, geral, tendencialmente gratuito, de gestão descentralizada e participada.[1080] Cada uma dessas qualificações do Serviço Nacional de Saúde levanta interessantes problemas, muitos já apreciados pelo Tribunal Constitucional e com reflexão por parte de abalizada doutrina. Nesse panorama, os predicados que conformam o SNS também serviriam para restringir a ampla margem de conformação política do Legislativo, de modo suficiente para, ao menos em algumas situações de desproporcionalidade pela proteção deficiente do conteúdo do direito, atribuir-lhe deveres determináveis no âmbito constitucional, sem

---

[1079] A diretriz de priorizar os cuidados primários foi sedimentada desde as reformas sobre serviços de saúde de 1971, uma vez que o modelo até então vigente em Portugal terminava por investir mais na atenção hospitalar, que abocanhava a maior parte dos recursos. Uma mudança de paradigma ocorreu com a implantação de novas políticas para reduzir o excesso de utilização de hospitais, com racionamento de recursos e reestruturação da oferta de cuidados primários, como indica FARIA, Paula Lobato de. *Medical law in Portugal*. The Netherlands: Kluwer Law International, 2010. p. 26 e seguintes. A oferta de cuidados primários nos centros de saúde sofreu uma reorganização mediante a integração da boa parte dos centros nos Agrupamentos dos Centros de Saúde (ACES), disciplinados pelo Decreto-Lei nº 28/2008, republicado pelo Decreto-Lei nº 137/2013, objeto de pequena modificação pelo Decreto-Lei nº 239/2015. Os Agrupamentos dos centros de saúde são serviços desconcentrados, sem personalidade jurídica, com autonomia administrativa e constituídos de várias unidades funcionais, individualizados por localidade e denominação determinadas, integrado na estrutura orgânica das Administrações Regionais de Saúde. Entre as unidades funcionais componentes dos Agrupamentos, destacam-se as Unidades de Saúde Familiar, regidas pelo Decreto-Lei nº 298/2007, as quais se constituem em equipes multidisciplinares (médico, enfermeiro e administrativo) para prestação dos cuidados primários individualmente ou na família, cuja atividade desenvolve-se com autonomia organizativa, funcional e técnica, integrada num modelo de rede com outras unidades funcionais do centro de saúde ou da unidade local de saúde. Sobre os centros de saúde, além daqueles que compõem os Agrupamentos, há os que estão integrados em unidades de saúde entidades públicas empresariais, os quais gozam de personalidade jurídica, diferentemente daqueles componentes dos Agrupamentos. Também existem centros com gestão concessionada, objeto de contrato de gestão, os estabelecimentos de entidades privadas, com ou sem fins lucrativos, integrados no (sub)sistema de prestação de cuidados de saúde primários por meio de contratos de colaboração (art. 36 do Decreto-Lei nº 185/02), os postos médicos privativos de empresas para a oferta de cuidados primários aos trabalhadores e dependentes, segundo autorização das Administrações Regionais de Saúde. Sobre a gestão e organização dos centros de saúde, conferir LOPES, Licínio. Direito administrativo da saúde. *In*: OTERO, Paulo; GONÇALVES, Pedro. *Tratado de direito administrativo especial*. Coimbra: Almedina, 2010. v. III. p. 264 e seguintes. *O Decreto-Lei nº 185/02 foi revogado pela Lei nº 95/19. O Decreto-Lei nº 23/2019 alterou o art. 32 do Decreto-Lei nº 28/2008.

[1080] A avaliação de ser o SNS o principal dever do Estado português para satisfação do direito à proteção da saúde encontra largo consenso. Por todos, mencionam-se FARIA, Paula Lobato de. Medical law in Portugal. The Netherlands: Kluwer Law International, 2010, p. 22; NOVAIS, Jorge Reis. Constituição e serviço nacional de saúde. *In*: SIMÕES, Jorge (Coord.). *30 anos do Serviço Nacional de Saúde* – Um percurso comentado. Coimbra: Almedina, 2010. p. 239 e seguintes; MONGE, Cláudia Sofia Oliveira Dias. *O direito à proteção da saúde e o conteúdo da prestação de cuidados médicos*. Tese (Doutorado em Ciências Jurídico-Políticas) – Faculdade de Direito, Universidade de Lisboa, 2014. p. 221 e seguintes.

prejuízo de confiar ao Legislativo a indispensável tarefa de densificar as prestações e obrigações referentes ao direito.[1081]

Antes de tratar dos problemas jurídico-constitucionais trazidos pelas qualificações dadas ao SNS, convém divagar sobre alguns aspectos históricos da sua criação.

O Serviço Nacional de Saúde foi legalmente criado com o Decreto-Lei nº 56/79, de sorte que é um marco da assunção do Estado português da tarefa de ofertar cuidados de saúde de modo universal – e não apenas aos pobres –, com o rompimento do paradigma de que a prestação da assistência sanitária era matéria pertinente à iniciativa privada e à filantropia.[1082] Desterte, não existia uma estrutura burocrática pública com essa finalidade, o que propiciava uma organização dispersa dos cuidados de saúde, com a maior parte dessas prestações fornecida pelas misericórdias, além de alguns serviços médicos e assistência das caixas de previdência e alguns serviços de saúde pública.[1083] Em 1971, operou-se uma reforma dos serviços de saúde, que previu, entre outras medidas, as criações dos centros de saúde e o foco nos cuidados primários, com integração de atividades de saúde e assistência e consolidação de um direito dos portugueses a esses serviços, de sorte a servir de alicerce para a sedimentação constitucional do SNS na Constituição portuguesa de 1976.[1084]

Um problema jurídico-constitucional de vulto foi enfrentado pelo Tribunal Constitucional no Acórdão nº 39/84, o qual, por sua maioria, subscreveu o voto do relator, Conselheiro Vital Moreira, e enquadrou a existência do SNS como uma garantia institucional do direito fundamental à proteção da saúde. Em clara aproximação com a tese da vedação de retrocesso social,[1085] embora sem afirmar explicitamente no voto

---

[1081] MONGE, Cláudia Sofia Oliveira Dias. *O direito à proteção da saúde e o conteúdo da prestação de cuidados médicos.* Tese (Doutorado em Ciências Jurídico-Políticas) – Faculdade de Direito, Universidade de Lisboa, 2014. p. 196 e seguintes.

[1082] BARRA, Tiago Viana. Breves considerações sobre o direito à protecção da saúde. *O Direito*, ano 144, v. 2, p. 411-445, 2012. p. 418-420. A rigor, ainda na égide da Constituição portuguesa de 1933, havia legislação que organizava a assistência social, a qual podia ser administrada e prestada pelo Estado ou suas autarquias ou por meio de entidades particulares, com subsídio estatal. Conferir MONGE, Cláudia Sofia Oliveira Dias. *O direito à proteção da saúde e o conteúdo da prestação de cuidados médicos.* Tese (Doutorado em Ciências Jurídico-Políticas) – Faculdade de Direito, Universidade de Lisboa, 2014. p. 202 e seguintes, para a evolução histórica da legislação até a criação do SNS.

[1083] LOPES, Licínio. Direito administrativo da saúde. *In*: OTERO, Paulo; GONÇALVES, Pedro. *Tratado de direito administrativo especial.* Coimbra: Almedina, 2010. v. III. p. 228 e seguintes.

[1084] BARRA, Tiago Viana. Breves considerações sobre o direito à protecção da saúde. *O Direito*, ano 144, v. 2, p. 411-445, 2012. p. 418-420; FARIA, Paula Lobato de. Medical law in Portugal. The Netherlands: Kluwer Law International, 2010, p. 22 e seguintes; LOPES, Licínio. Direito administrativo da saúde. *In*: OTERO, Paulo; GONÇALVES, Pedro. *Tratado de direito administrativo especial.* Coimbra: Almedina, 2010. v. III. p. 229 e seguintes.

[1085] Essa tese, não adotada pelo autor deste estudo, parece ter sido abandonada como mote argumentativo pelo Tribunal Constitucional. A título de ilustração, no emblemático acórdão nº 509/02, que declarou inconstitucional a substituição do rendimento mínimo garantido pelo rendimento social de inserção, o tema foi mencionado no voto do Conselheiro Souza e Brito, mas o fundamento para a invalidade da lei que substituiu o rendimento mínimo garantido não caminhou nessa senda, antes se lastreando na proibição de lesão ao conteúdo mínimo do direito ao mínimo de existência condigna. Embora no acórdão nº 590/04 ela tenha voltado à tona, uma vez que o Tribunal salientou que a proibição de retrocesso social comprometia-se apenas com a defesa do núcleo essencial dos direitos econômicos, sociais e culturais – o Tribunal, por maioria, julgou válida a norma que revogava os regimes de crédito bonificado e de crédito jovem bonificado, relativos a novas operações de crédito para aquisição, construção, reforma ou melhoria de habitação permanente –, no acórdão nº 3/2010, em que a Corte manteve a validade de leis que reformavam o regime de previdência, o Tribunal terminou por sedimentar que a tese da vedação de retrocesso social não possuiria autonomia dogmática, a depender do acoplamento ao princípio da tutela da confiança na perspectiva subjetiva. Na doutrina, há vozes que lembram que o percurso do Tribunal está no rumo de deixá-la de lado ou de abandoná-la definitivamente (MIRANDA, Jorge; ALEXANDRINO, José

condutor – só em alguns dos votos vencidos a tese foi expressamente mencionada e rejeitada –, o Tribunal sustentou que a imposição constitucional da existência do Serviço Nacional de Saúde era o principal elemento do direito à proteção da saúde na sua vertente positiva e que, após o cumprimento pelo legislador do seu dever positivo, não era possível retornar ao puro estado de omissão, de forma a declarar inconstitucional o decreto-lei que revogava parte substancial da Lei nº 56/79, mormente as disposições sobre o quadro organizatório do SNS.[1086]

Sem embargo, a Constituição portuguesa sofreu significativas reformas constitucionais que impactaram a organização, gestão e prestação de cuidados sanitários no país, bem como as políticas de saúde executadas pelo governo. Com efeito, como ocorre em qualquer país, significativas mudanças nessas políticas decorreram da alternância no governo de ideologias políticas, porém é nítido que houve o influxo externo de políticas neoliberais e de balizas da nova governança que pretendiam, como destacado anteriormente, introduzir conceitos de mercado na gestão de instituições regidas pelo direito administrativo, para promover ganhos de eficiência econômica.

Um primeiro momento caracterizou-se pelo período pós-revolucionário em que se notava como ideia prevalecente a concepção de subordinar o setor privado ao conceito de medicina social, com a caracterização progressiva do SNS como o único fornecedor de cuidados sanitários no país. Com efeito, no texto original do art. 64º, havia o princípio que ditava a orientação do Estado português em seus atos e ações para socializar a medicina. Contudo, com a revisão constitucional de 1989, essa diretriz constitucional foi abandonada, pois o texto cambiou para prever somente a socialização dos custos dos fármacos e cuidados médicos (art. 64º, 3, "c").[1087]

Um segundo momento ou fase teve como principal característica a aprovação da Lei de Bases da Saúde, Lei nº 48/90. Com efeito, a Lei nº 56/79 praticamente ignorava a existência na estrutura de prestação de cuidados de saúde da iniciativa privada e de entidades de filantropia. A reforma produzida com a Lei nº 48/90 inovou por criar o conceito de sistema de saúde português, integrando o SNS como um de seus elementos

---

de Melo. As grandes decisões dos tribunais constitucionais europeus – Portugal. Disponível em: <http://www.fd.ulisboa.pt/wp-content/uploads/2014/12/Miranda-Jorge-Alexandrino-Jose-de-Melo-Grandes-decisoes-dos-Tribunais-Constitucionais-Europeus.pdf>, acesso em 5/12/16, p. 24 do arquivo; NOVAIS, Jorge Reis. Constituição e serviço nacional de saúde. *In*: SIMÕES, Jorge (Coord.). *30 anos do Serviço Nacional de Saúde* – Um percurso comentado. Coimbra: Almedina, 2010. p. 259 e seguintes).

[1086] O fundamento do pleito centrava-se na inconstitucionalidade orgânica do diploma normativo que efetuava a revogação, porém esse argumento foi rejeitado pela maioria, uma vez que ele fora datado antes da alteração das normas de competência legislativa da Assembleia da República. No corpo do voto do relator, o direito à proteção da saúde foi perspectivado como a compreender uma vertente positiva e negativa, esta referente ao dever de não afetar a saúde das pessoas e, portanto, reconduzível à categoria dos tradicionais direitos, liberdades e garantias, e uma vertente positiva, especialmente consolidada no texto do art. 64º da Constituição, somente aí assumindo uma configuração própria e específica. Logo, a ablação do SNS somente poderia operar por revisão constitucional. A previsão da existência de um SNS não seria uma norma programática, de forma que, após ter dado passo jurídico no sentido de sua criação, não se poderia recuar e retornar ao estado de pura omissão.

[1087] FARIA, Paula Lobato de. *Medical law in Portugal*. The Netherlands: Kluwer Law International, 2010. p. 23-24. A autora caracteriza essa primeira fase como iniciada em 1976 e findada em 1990, com o importante fato histórico de Portugal ter-se tornado membro da então Comunidade Econômica Europeia, o que permitiu que recebesse investimentos e financiamento para o desenvolvimento de infraestrutura econômica e social, a incluir o setor de saúde.

(Base IV).[1088] Com efeito, o sistema de saúde português, consoante Base XII, é integrado: i) pelo Serviço Nacional de Saúde, composto de órgãos ou pessoas coletivas (jurídicas) a integrar estrutura ordenada e hierarquizada, funcionando sob a superintendência ou tutela do Ministério da Saúde (art. 1º do Decreto-Lei nº 11/93); ii) por entidades públicas que, não dependentes do Ministério da Saúde, desenvolvem atividades de promoção, prevenção e tratamento na área da saúde; iii) e por empresas e profissionais liberais que acordem com o Serviço Nacional de Saúde qualquer uma dessas atividades de saúde. Logo, a primeira observação é que o Sistema de Saúde português é mais abrangente que o SNS. A definição de sistema integra uma lógica de sentido objetivo e funcional: o Sistema de Saúde é composto pelo SNS e pelos demais entes públicos e privados com ou sem fins lucrativos – no caso dos agentes privados, caso tenham celebrado contrato com o SNS para a prestação de cuidados de saúde –, funcionalmente estruturado e organizado para a prestação de cuidados da saúde.[1089]

A integração do SNS dentro de um conjunto sistêmico mais amplo de atenção preventiva, promotora e de tratamento da saúde foi uma opção legislativa que não passou incólume a críticas, pois foi questionada em fiscalização de constitucionalidade. Argumentou-se que a inovação dessa base da saúde ofenderia a Constituição, porque ela exigiria uma única estrutura pública para organizar todo o sistema de saúde português, de responsabilidade do Estado. No Acórdão nº 731/95, entendeu-se que a Base XII é constitucional, haja vista que não pode haver monopólio do setor público na prestação da saúde, considerando também que foi disposto o SNS com os atributos exigidos na norma constitucional. Deveras, a permissão de estruturas públicas não dependentes do Ministério da Saúde e, portanto, não integrantes do SNS, é condição essencial para que existam subsistemas de saúde de natureza pública, os quais podem ser moldados sob uma diferente racionalidade, o que inegavelmente prejudica o fator de coesão social fortemente favorecido com um sistema público universal, a despeito da vantagem em

---

[1088] Ibid., p. 24 e seguintes; LOPES, Licínio. Direito administrativo da saúde. *In*: OTERO, Paulo; GONÇALVES, Pedro. *Tratado de direito administrativo especial*. Coimbra: Almedina, 2010. v. III. p. 231 e seguintes. *A nova Lei de Bases da Saúde portuguesa, Lei nº 95/2019, mantém o sistema de saúde português em caráter mais amplo que o Serviço Nacional de Saúde, porém enfatiza que seu funcionamento não deve colocar em causa que é do SNS o papel central para efetivar o direito à saúde (Base 19, nº 1), o que representa uma decisão política de paradigma mais estatizante. Nesse diapasão, a nova Lei de Bases optou por restringir a participação dos privados, ao dispor, na Base 6, nº 1, que a responsabilidade estatal é efetivada primeiramente pelo Serviço Nacional de Saúde e de outros serviços públicos e que só de modo supletivo e temporário poderão ser celebrados acordos com entidades privadas e de setor social, bem como com profissionais em regime de trabalho independente, em caso de necessidade fundamentada. Logo, conquanto se possa falar de um sistema de saúde português que englobe o SNS e outros atores, inclusive os privados, é fato que a nova Lei nº 95/19 enuncia uma postura política que concentra no Estado a responsabilidade pelo cumprimento desse dever e, dessa forma, permite a participação de agentes privados apenas para suplementar o Estado de modo precário.

[1089] CORREIA, José Manuel Sérvulo. *As relações jurídicas administrativas de prestação de cuidados de saúde*. 2009. Disponível em: http://www.icjp.pt/sites/default/files/media/616-923.pdf. Acesso em: 30 nov. 2016. p. 13; LOPES, Licínio. Direito administrativo da saúde. *In*: OTERO, Paulo; GONÇALVES, Pedro. *Tratado de direito administrativo especial*. Coimbra: Almedina, 2010. v. III. p. 232 e seguintes, anotando que haveria mesmo uma estrutura orgânica do SNS e sua integração orgânica ao Ministério da Saúde; CABRAL, Ana Paula. Reforma do sector de saúde – O serviço nacional de saúde e novo paradigma na protecção à saúde. *In*: CABRAL, Nazaré da Costa; AMADOR, Olívio Mota; MARTINS, Guilherme Waldemar d'Oliveira (Org.). *A reforma do sector de saúde*: uma realidade iminente? Coimbra: Almedina, 2010. p. 41 e seguintes. *Como já referido, a Lei nº 95/2019 revogou a Lei nº 48/90, de modo que se remete para a nota anterior. Agora, a Base 20, nº 1, define o SNS como "conjunto organizado e articulado de estabelecimentos e serviços públicos prestadores de cuidados de saúde", o que realça a diretriz de dar primazia ao serviço prestado diretamente pelo Estado.

CAPÍTULO 3
A TUTELA JUDICIAL "PONDERADA" DO DIREITO FUNDAMENTAL À SAÚDE: PROPORCIONALIDADE E CONTEÚDO MÍNIMO COMO EXIGÊNCIAS... | 417

termos de custos de conformar o SNS para a atenção dos mais carentes.[1090] Com efeito, é juridicamente possível, mormente em função do dispositivo legal validado pela Corte, que os cidadãos deixem o SNS e optem por outros subsistemas, tanto públicos como privados, desde que sejam respeitadas a capacidade para renunciar a um direito fundamental e a reversibilidade dessa opção a qualquer tempo.[1091]

Todavia, a maioria do Tribunal usou fundamento deslocado do cerne do problema que lhe submeteu ou, ao menos, não delimitou com mais precisão a extensão desse argumento. Ora, sufragar a tese de que não existe monopólio estatal para a prestação de cuidados de saúde coaduna-se integralmente com a anuência a um mercado privado de cuidados de saúde. Aliás, o art. 64º, 3, "d", da Constituição portuguesa, mesmo antes da quarta revisão constitucional (Lei Constitucional nº 1/97), já impunha uma articulação entre o mercado privado e o SNS, razão pela qual se lobriga que poderia o SNS, mesmo antes da modificação no texto constitucional, interagir com o setor privado, para que este prestasse cuidados de saúde no lugar de uma instituição pública, mediante formalização de mecanismos próprios do direito administrativo. No entanto, a maioria vencedora deu um salto argumentativo, porquanto esse motivo não justifica que possam existir subsistemas públicos distintos, com possibilidade de focos diversos, para prevenir e promover a saúde. Afinal, o não monopólio seria perfeitamente assegurado com um único sistema público, com liberdade de iniciativa privada e com a permissão de contratação de agentes privados prestadores de cuidados sanitários pelo SNS. Assim, à medida que o Estado é obrigado a possuir um SNS de caráter universal, parece arranhar o cânone da igualdade a permissão da coexistência de outros subsistemas públicos de saúde, não obstante a ausência de uma norma proibitiva expressa sobre a viabilidade jurídica de criá-los, tendo em vista que se perde muito daquela solidariedade e coesão social que se pretende refletir em modelos sanitários beveridgianos.[1092]

Outra abertura marcante trazida com a Lei nº 48/90 e que é característica dessa segunda fase foi a de estimular o gerenciamento privado no setor de saúde pública, mediante o franquear de assunção da prestação direta de cuidados sanitários no exercício de uma função pública por empresas e agentes privados, mediante contratação.[1093]

[1090] Sobre o fator de coesão social dos sistemas universalistas, esse ponto será retomado adiante. Sobre a possibilidade de subsistemas e o ganho de eficiência econômica, com orientação do SNS para os hipossuficientes, remete-se a CAMPOS, António Correia. Despesa e défice na saúde: o percurso financeiro de uma política pública. In: Análise Social. v. XXXVI, nº 161, 2002, p. 1.095-1.096.

[1091] NOVAIS, Jorge Reis. Constituição e serviço nacional de saúde. *In*: SIMÕES, Jorge (Coord.). *30 anos do Serviço Nacional de Saúde* – Um percurso comentado. Coimbra: Almedina, 2010. p. 242-258.

[1092] Algo muito distinto seria avaliar como integrantes do sistema de saúde todas as entidades públicas cujas atividades gerem impacto na saúde (educação, segurança social etc.). Mas não é isso que está em causa, inclusive porque a Base em tela expressamente inclui entidades públicas que prestem tratamento aos cidadãos. A notar uma dúvida sobre a legitimidade constitucional de subsistemas públicos complementares ao SNS, alguns de base contributiva obrigatória ou parcialmente contributiva e outros mantidos com o funcionamento à base do reembolso, em razão das normas da tendencial gratuidade, generalidade, universalidade do SNS e da igualdadey, caminham CANOTILHO, J. J. Gomes; MOREIRA, Vital. *Constituição da República portuguesa anotada*. 4. ed. Coimbra: Coimbra Editora, 2007. v. I. p. 823-831.

[1093] FARIA, Paula Lobato de. *Medical law in Portugal*. The Netherlands: Kluwer Law International, 2010. p. 24 e seguintes. *Essa diretriz política foi alterada pela nova Lei de Bases da Saúde, com o fortalecimento do papel de prestação direta pelo Estado; atualmente a Lei de Bases não menciona fomento à concorrência ou gestão empresarial dos estabelecimentos, mas menciona o planejamento, a gestão e a avaliação para a buscar o maior proveito em termos sociais dos recursos alocados (Base 22, nº 4); a organização e o funcionamento do SNS e seu estatuto são matérias para legislação específica. Conferir notas nºs 1.088 e 1.089.

Como tratado no subitem 3.2, entre outros objetivos, as reformas na estrutura do Estado tinham o afã de cortar despesas e dar mais eficiência econômica à burocracia estatal, o que alcançou também o setor da saúde. Assim, nesse setor, um dos efeitos foi o de autorizar o trânsito do Estado-Prestador ao Estado-Garantidor, em que o Estado, não obstante permanecer responsável pela existência da entrega dos cuidados, recua na atividade de prestá-los diretamente, confiando-os a agentes privados. A Lei de Bases consolidou então a separação entre o prestador e o financiador, de modo que o Estado, conquanto tenha, também, em primeira linha, a responsabilidade de prestar, pode passar essa atividade ao setor privado, não deixando, contudo, de ser responsável pelo financiamento do SNS (Base XXIV).[1094] Mesmo se a prestação fosse feita por alguma entidade pública, sua gestão deveria seguir a orientação da racionalidade empresarial na medida do possível, com abertura para experiências inovadoras de gestão mediante previsão legal (Base XXXVI, 1).[1095]

Por fim, uma terceira fase – em realidade, uma ampliação da segunda fase – inaugura-se em 2002 com a Lei nº 27/02, que modificou parcialmente a Lei nº 48/90; caracteriza-se pela possibilidade de transformar o estatuto e regime das instituições públicas contidas no SNS, de um regime de direito administrativo e gerenciamento público, para um regime e gestão privados ou de natureza empresarial.[1096] Nessa toada, juridicamente coexistem quanto aos modos de organização e de gestão dos estabelecimentos hospitalares:[1097] i) estabelecimentos públicos, dotados de personalidade jurídica, autonomia administrativa e financeira, com ou sem autonomia patrimonial; ii) estabelecimentos públicos, dotados de personalidade jurídica, autonomia administrativa,

---

[1094] LOPES, Licínio. Direito administrativo da saúde. *In*: OTERO, Paulo; GONÇALVES, Pedro. *Tratado de direito administrativo especial*. Coimbra: Almedina, 2010. v. III. p. 230-234 e 249-251; CABRAL, Ana Paula. Reforma do sector de saúde – O serviço nacional de saúde e novo paradigma na protecção à saúde. *In*: CABRAL, Nazaré da Costa; AMADOR, Olívio Mota; MARTINS, Guilherme Waldemar d'Oliveira (Org.). *A reforma do sector de saúde*: uma realidade iminente? Coimbra: Almedina, 2010. p. 41-63; CAMPOS, António Correia. Despesa e défice na saúde: o percurso financeiro de uma política pública. In: Análise Social. v. XXXVI, nº 161, 2002, p. 1.099 e seguintes.

[1095] AMADOR, Olívio Mota. Desafios da regulação em Portugal em tempos de crise. *Revista de Concorrência e Regulação*, ano III, n. 10, p. 143-155, abr./jun. 2012.

[1096] FARIA, Paula Lobato de. *Medical law in Portugal*. The Netherlands: Kluwer Law International, 2010. p. 24 e seguintes; LOPES, Licínio. Direito administrativo da saúde. *In*: OTERO, Paulo; GONÇALVES, Pedro. *Tratado de direito administrativo especial*. Coimbra: Almedina, 2010. v. III. p. 235 e seguintes. *A Lei nº 95/2019 previu que, em até 180 dias, seria aprovada legislação de desenvolvimento para definir os termos da gestão pública dos estabelecimentos que compõem o SNS (até lá permanecerá ultra-ativo o Decreto-Lei nº 185/02, revogado por aquele diploma legal). Vale ressaltar que a organização e o funcionamento do SNS são matérias que devem ser tratadas por estatuto próprio, por intermédio da lei (Base 20, nº 3, e Base 22, nº 1).

[1097] LOPES, Licínio. Direito administrativo da saúde. *In*: OTERO, Paulo; GONÇALVES, Pedro. *Tratado de direito administrativo especial*. Coimbra: Almedina, 2010. v. III. p. 236-239. Não obstante, o recente Decreto-Lei nº 18/2017, que revogou parte da Lei nº 27/2002 e a maior parte dos Decretos-Leis nº 233/2005 e nº 188/2003, nos termos dos seus artigos 1º e 2º, trouxe princípios e regras aplicáveis às unidades de saúde que integram o SNS com a natureza de entidade pública empresarial ou no setor público administrativo, bem como também às entidades integrantes do SNS afetas à rede de prestação de cuidados de saúde, que prestam cuidados de saúde aos utentes em regime de parceria público-privada (hospitais, centros hospitalares, unidades locais de saúde). Agora, nos termos deste veículo normativo (Decreto-Lei nº 18/2017), houve uma sensível simplificação na diversidade de estabelecimentos hospitalares, já que há: i) as entidades públicas, dotadas de personalidade jurídica, autonomia administrativa e financeira, com ou sem autonomia patrimonial; ii) entidades públicas, dotadas de personalidade jurídica, autonomia financeira, administrativa e patrimonial, revestidas de natureza empresarial; iii) entidades privadas com quem sejam celebrados contratos cujo conteúdo seja a realização de prestações de saúde por intermédio de um estabelecimento de saúde integrado ou a integrar no Serviço Nacional de Saúde, em regime de parcerias público-privadas.

financeira e patrimonial e de natureza empresarial; iii) estabelecimentos hospitalares constituídos sob a forma de entidade pública empresarial, em função do advento do Decreto-Lei nº 93/2005, que sucederam os estabelecimentos hospitalares constituídos sob a forma de sociedade anônima de capitais exclusivamente públicos criados pela Lei nº 27/2002; os primeiros são pessoas jurídicas (coletivas) de direito público, de natureza empresarial e dotadas de capital estatutário e não social, sujeitas à superintendência e tutela do Estado; iv) hospitais em regime de gestão e financiamento privados, concebidos sob a figura das parcerias público-privadas em saúde, a envolver as atividades de conceber, construir, financiar, conservar e explorar estabelecimentos integrados ou a integrar no SNS, com transmissão e partilha dos riscos e recurso a financiamento de outras entidades, nos termos do Decreto-Lei nº 185/02;[1098] v) estabelecimentos hospitalares sob gestão delegada ou concessionada, na qual o hospital construído pelo Estado é, mediante contrato de gestão, cedido para os atores privados, no todo ou em parte (Base XXXVI da Lei de bases da saúde); vi) estabelecimentos hospitalares geridos em regime de convenção por grupo de médicos (Base XXXVI, nº 2); vii) estabelecimentos privados, com ou sem fins lucrativos, com quem tenham sido firmados contratos de prestação de cuidados de saúde.

Destarte, percebe-se nitidamente que as reformas idealizadas na nova governança e na nova gestão pública encontraram eco na organização do sistema de saúde português. A introdução de conceitos de mercado na gestão das unidades de saúde, a refletir na distribuição dos recursos consoante índice de metas qualitativas e quantitativas,[1099]

[1098] Sobre as parcerias público-privadas na saúde, em Portugal nota-se a possibilidade de entrega ao parceiro inclusive a exploração clínica e não só a construção do estabelecimento, como mostra BARROS, Pedro Pita. As parcerias público-privadas na saúde em Portugal. *In*: SIMÕES, Jorge (Coord.). *30 anos do Serviço Nacional de Saúde* – Um percurso comentado. Coimbra: Almedina, 2010. p. 519-560. Conforme leciona o autor, também as parcerias público-privadas são estratégias pensadas no contexto da moderna gestão pública (*new public management*), de sorte que se principia como um contrato de longo prazo entre entidade privada e Estado, no afã de construir, renovar, gerir ou manter uma infraestrutura ou a prestação de um serviço, devendo, no âmbito de serviços em que a intervenção pública seja dominante, existir uma real vantagem comparativa em relação ao setor público; elas seriam justificáveis na presunção de que o setor privado consiga obter mesmos resultados com menores custos que a gestão pública ou na necessidade de investir sem aumentar déficits orçamentários. A despeito de mencionar alguns estudos empíricos que colocariam em causa essa presunção, Pita Barros é categórico em criticar sua metodologia e recusa apontar qualquer conclusão nesse sentido. O Decreto-Lei nº 18/2017, artigo 35, estabelece os regimes das entidades de saúde com quem sejam celebrados contratos cujo objeto são prestações de saúde por intermédio de um estabelecimento de saúde integrado ou a integrar o SNS em regime de parcerias público-privadas. *O Decreto-Lei nº 185/2002 foi expressamente revogado pela nova Lei de Bases da Saúde, Lei nº 95/2019. Sobre a ultra-atividade desse decreto-lei, conferir atualização da nota nº 1.096.

[1099] Um dos instrumentos de gestão usados para distribuir recursos e, concomitantemente, para negociar o aumento de produtividade e desempenho qualitativo, é a figura jurídica do contrato-programa. A par dos planos e programas apresentados pelas Administrações Regionais de Saúde, mencionados no art. 16º do Decreto-Lei nº 11/93, o art. 34º do mesmo diploma normativo define os contratos-programa como contratos celebrados entre Administrações Regionais de Saúde e autarquias locais, misericórdias ou outras instituições particulares de solidariedade social, no intuito de gerir instituições ou serviços prestadores de saúde. Referentes aos Agrupamentos de centros de saúde, estes, por meio do seu diretor executivo, podem celebrar contratos-programa com o conselho diretivo da Administração Regional de Saúde, em que, entre outras coisas, pactuam-se os objetivos e metas quantitativas em cada uma das áreas de intervenção dos Agrupamentos, preveem-se os indicadores de controle de qualidade das prestações de cuidados de saúde, definem-se instrumentos de avaliação e acompanhamento das atividades assistenciais e econômico-financeiras dos Agrupamentos, preveem-se o modo e o tempo da atribuição de recursos, em função do cumprimento das metas quantitativas e qualitativas estabelecidas (art. 39º do Decreto-Lei nº 28/2008, republicado pelo Decreto-Lei nº 137/2013. No que tange aos hospitais, existem os contratos-programa pactuados entre hospitais do setor administrativo (art. 10º do anexo da Lei nº 27/02) e os contratos-programa travados plurianualmente entre entidades públicas empresariais (hospitais, centros hospitalares, institutos de oncologia e unidades locais de saúde) e Administração Central do Sistema de Saúde, I. P., e Administrações

o aumento da participação da iniciativa privada, a separação entre a prestação e o financiamento mediante mecanismos de contratualização, concessão e delegação e, finalmente, o estímulo à concorrência entre mercado privado e setor público e até dentro deste, com competição entre as unidades prestadoras de cuidados sanitários, a sedimentar um viés consumerista na relação entre prestador e utente, tudo impulsionou a necessidade de que o Estado revestisse-se do manto de garantidor, na finalidade de produzir regulação, supervisão, fiscalização, ordenação da concorrência e abrisse mecanismos de transparência e um canal de comunicação com os utentes, a par da indelével responsabilidade de financiar o SNS. Portugal deu um passo nessa direção ao criar a Entidade Reguladora de Saúde (ERS), hoje regulada pelo Decreto-Lei nº 126/2014, a quem toca essas incumbências, a qual também se preocupa em racionar ao evitar a indução artificial de procura de cuidados de saúde.[1100]

Uma das missões de maior importância conferida à Entidade Reguladora de Saúde é a de garantir os direitos relativos ao acesso aos cuidados de saúde e à prestação de cuidados de qualidade, além de salvaguardar os demais direitos dos utentes. Alguns dos direitos dos utentes não deixam de ser defluências de concretizações legais do direito fundamental à proteção da saúde, conquanto nem todos. A Lei nº 48/90 trouxe na Base nº XIV o estatuto dos utentes, com direitos e deveres; interessa examinar o nº 1 dessa base, o qual traz um rol de nove direitos.[1101]

Regionais de Saúde, por meio dos quais são definidos o regime de financiamento do hospital, conforme cálculo sobre os atos realizados, além dos objetivos, metas qualitativas e quantitativas das atividades programadas, preços a praticar baseados no mercado e indicadores de avaliação e desempenho da entidade e de satisfação dos utentes, nos termos do art. 25 do Decreto-Lei nº 18/2017. *A Base 4 da nova Lei de Bases da Saúde menciona, no item 2, a gestão dos recursos disponíveis segundo critérios de eficiência, efetividade e qualidade (alínea "g") e o planejamento e a avaliação em saúde como instrumentos de promoção da transparência das escolhas e de prestação de contas (alínea "h"), os quais podem servir de lastro jurídico para manter viável a celebração do contrato-programa. A Lei nº 95/2019 não menciona mais as administrações regionais de saúde, mas trata de sistemas locais de saúde, encarregados de promover a saúde e prestar os cuidados de saúde no âmbito da sua respectiva área geográfica, cuja atividade está sujeita ao acompanhamento pelas autarquias locais, conforme dispuser a lei (Bases 8 e 9). Remete-se para a nota nº 1.144.

[1100] Conforme definição legal, a ERS é uma pessoa jurídica ou coletiva de direito público, dotada de independência técnica e funcional dos órgãos do governo, com autonomia administrativa, financeira e patrimonial, com poderes normativos, executivos, sancionatórios e de supervisão. Embora esteja vinculada aos princípios orientadores da política de saúde fixados pelo governo, pauta-se pela lei e não está subordinada a instruções do Executivo. Sua competência é de regular e supervisionar as atividades e funcionamentos dos estabelecimentos prestadores de cuidados de saúde no que diz respeito aos requisitos dessas atividades, garantir os direitos de acesso aos cuidados e os direitos dos utentes, na observância da legalidade e transparência. Observe-se que escapam da supervisão da ERS o setor farmacêutico e de medicamentos, submetido à regulação por pessoa coletiva específica (Infarmed), e os profissionais liberais, sujeitos ao código deontológico da respectiva ordem ou associação profissional. A respeito das competências e características da ERS e das reformas no sistema de saúde português que propiciaram sua criação, remete-se a AMADOR, Olívio Mota. Desafios da regulação em Portugal em tempos de crise. *Revista de Concorrência e Regulação*, ano III, n. 10, p. 143-157, abr./jun. 2012. p. 143-155; CABRAL, Ana Paula. Reforma do sector de saúde – O serviço nacional de saúde e novo paradigma na protecção à saúde. *In*: CABRAL, Nazaré da Costa; AMADOR, Olívio Mota; MARTINS, Guilherme Waldemar d'Oliveira (Org.). *A reforma do sector de saúde*: uma realidade iminente? Coimbra: Almedina, 2010. p. 41-63; CABRAL, Ana Paula. Regulação independente em saúde. *In*: TRIBUNAL CONSTITUCIONAL. *Estudos em memória do Conselheiro Luís Nunes de Almeida*. Coimbra: Coimbra Editora, 2007. p. 33-41. Esses textos, embora escritos antes do advento do Decreto-Lei nº 126/2014, continuam atuais nessa parte.

[1101] São direitos do utente, nos termos do nº 1 da Base XIV: "a) Escolher, no âmbito do sistema de saúde e na medida dos recursos existentes e de acordo com as regras de organização, o serviço e agentes prestadores; b) Decidir receber ou recusar a prestação de cuidados que lhes é proposta, salvo disposição especial da lei; c) Ser tratados pelos meios adequados, humanamente e com prontidão, correcção técnica, privacidade e respeito; d) Ter rigorosamente respeitada a confidencialidade sobre os dados pessoais revelados; e) Ser informados sobre a sua situação, as alternativas possíveis de tratamento e a evolução provável do seu estado; f) Receber, se o desejarem,

Com efeito, segundo asseverado no subitem 3.6, identificam-se como uma especificação legal de posições e situações jurídicas compreendidas no direito fundamental à proteção da saúde os direitos previstos nas alíneas "a", "b", "c", "e", "g", esta última alínea somente na hipótese em que o dever de indenizar decorra de violação a uma posição ou situação passiva do titular por ação estatal, isto é, decorra de incumprimento de um dever negativo. Na dimensão positiva do direito fundamental enquadram-se as alíneas "a", "c" e "e", ao passo que as demais alíneas se encaixam no espectro dimensional negativo do conteúdo do direito fundamental. Concorda-se em termos gerais com Nogueira de Brito na afirmação de que há direitos desse estatuto que são manifestações de outros direitos fundamentais no campo da saúde, e não expressões genuínas do direito à proteção da saúde:[1102] a alínea "d" é uma derivação do direito à

---

assistência religiosa; g) Reclamar e fazer queixa sobre a forma como são tratados e, se for caso disso, a receber indemnização por prejuízos sofridos; h) Constituir entidades que os representem e defendam os seus interesses; i) Constituir entidades que colaborem com o sistema de saúde, nomeadamente sob a forma de associações para a promoção e defesa da saúde ou de grupos de amigos de estabelecimentos de saúde". Vale acrescentar que a legislação portuguesa se ocupou de pormenorizar e acrescer outros direitos aos utentes. Atualmente, a Lei n° 15/14, alterada pelo Decreto-Lei n° 44/17, consolida a matéria de direitos e deveres dos utentes dos serviços de saúde, com a definição dos termos a serem obedecidos pelo governo na aprovação da Carta dos Direitos de Acesso aos Cuidados de Saúde pelos Utentes do SNS, nos termos do art. 1°, 1 e 2. Referido veículo normativo consagra um direito de escolha (art. 2°), conforme regras de organização do serviço e na medida dos recursos existentes, o que configura, como já mencionado, um direito prestacional; um direito ao consentimento ou recusa de tratamento (art. 3°), um direito de prestação adequada e tempestiva dos cuidados sanitários do ponto de vista clínico (art. 4°), com um critério de prioridade para utentes de mesma gravidade e complexidade de quadro clínico, conforme um montante de deficiência ou comprometimento do enfermo (art. 4°-A), direito de proteção aos dados pessoais e da vida privada e sigilo (artigos 5° e 6°), direito à informação (art. 7°), direito à assistência espiritual e religiosa (art. 8°) e o direito de fazer queixas e reclamações (art. 9°), o qual termina por incutir um perfil de responsividade – remete-se para o tópico 3.2 sobre responsividade. *A nova Lei de Bases da Saúde, Lei n° 95/19, trouxe na Base 2, n° 1, os direitos dos utentes. Estão dispostos em doze alíneas: direito ao atendimento não discriminatório, à confidencialidade e à privacidade ("a"), direito ao acesso aos cuidados de saúde adequados e em tempo clinicamente aceitável, conforme evidência científica disponível e boas práticas de qualidade e segurança em saúde ("b"), com obtenção da informação sobre o tempo de resposta desses cuidados ("d"), direito de escolha da entidade prestadora dos cuidados sanitários ("c"), direito de ser informado sobre a situação sanitária e o objetivo da intervenção proposta, os benefícios e riscos dela advindos e as alternativas disponíveis ("e"), pressuposto para exercer o direito à decisão sobre submeter-se ou não aos cuidados de saúde propostos, salvo exceções legais, bem como emitir diretivas antecipadas de vontade e nomear procurador em matéria sanitária ("f"), direito de acesso à informação sobre questão pessoal em saúde ("g"), direito de ser acompanhado por familiar ou outro de sua escolha e direito de receber assistência religiosa e espiritual ("h"), direito de apresentar sugestões e reclamações e obter respostas a respeito daquelas manifestações, o que não deixa de ser um traço de responsividade do sistema ("i"), direito de intervir e participar da tomada de decisão e da gestão das instituições do SNS ("j"), direito de constituir entidades para o patrocínio e salvaguarda de direitos e interesses na área sanitária ("k"), direito à promoção de bem-estar e qualidade de vida durante o envelhecimento ("l"). A mesma Base enumera (n. 2) o direito das pessoas com deficiência às adaptações para que gozem os direitos anteriormente descritos e (n. 3) o direito das pessoas cuidadas e dos cuidadores informais de serem apoiados nos termos a serem definidos por lei.

[1102] BRITO, Miguel Nogueira de. Direitos e deveres dos utentes do serviço nacional de saúde. *Separata da Revista da Faculdade de Direito da Universidade de Lisboa*, v. XLIX, n. 1-2, p. 101-114, 2008. No entanto, há divergência parcial em relação à alínea "b", uma vez que se entende que ela é uma manifestação de liberdade em saúde ou, mais propriamente, corresponde à dimensão negativa, mesmo que se perceba também uma eventual concorrência com o direito fundamental à liberdade. Remete-se para o tópico 3.6. Outro ponto de divergência parcial é que o jurista português menciona que a alínea "g" seria mera refração da garantia procedimental administrativa prevista no art. 267°, 1 e 5, e da responsabilidade do Estado, art. 22°, todos da Constituição portuguesa. Se, em geral, o jurista está correto, pontualmente se poderia defender uma parcial concorrência entre o dever de indenizar e o direito a não ter saúde lesada, o qual, justamente pela sua violação, geraria o direito a ser indenizado. Seja como for, Nogueira de Brito deixa claro que não defende ser de todo correto afirmar que as alíneas que não correspondam a direitos prestacionais de proteção à saúde sejam tratados como direitos, liberdades e garantias, enquanto que as demais seriam um autêntico social, porquanto há liberdades, como a de recusar tratamento, que estariam numa "tetralogia" dos direitos dos utentes, ao lado das posições de prestação de direito social típico. Sobre o parágrafo, remete-se ao subitem anterior.

intimidade e reserva da vida privada, a alínea "f" é abrangida pela liberdade de crença, as alíneas "h" e "i" são manifestações da liberdade associativa. Finalmente, detectam-se casos de sobreposição ou concorrência entre o direito à proteção da saúde e outros direitos fundamentais, como nos casos das alíneas "b" (concorrência com o direito à integridade física) e "e" (concorrência com o direito à informação).

Tratado em linhas gerais o Sistema de Saúde de Portugal, retoma-se a atenção sobre o SNS, suas características e principais problemas jurídicos. Comece-se com o caráter nacional do Sistema. Ora, o SNS estruturado pelo Estado português desatende ao comando constitucional que determina seja um serviço nacional, uma vez que ele atende basicamente a Portugal continental, não alcançando na prática as regiões autônomas, como a Ilha da Madeira e os Açores, que contam com subsistemas públicos de saúde que tentam fazer o papel do SNS.[1103]

A universalidade do SNS denota a noção de que ninguém pode sofrer discriminações no seu acesso, que deve ser assegurado a todos, o que não exclui a existência de serviços privados de saúde nem descarta que o Estado possa discriminar positivamente, no afã de promover a igualdade material, de sorte a ser-lhe legítimo dispor de instalações de modo a prestar uma cobertura equitativa – e não necessariamente uniforme – em todo o território português.[1104]

Um problema jurídico peculiar ao conceito de universalidade ocorre em relação aos apátridas ou aos estrangeiros, se eles são titulares do direito de acesso ao SNS. O art. 15º da Constituição portuguesa determina que estrangeiros e apátridas residentes ou que estejam em Portugal gozam dos direitos conferidos ao cidadão português, com

---

[1103] CABRAL, Ana Paula. Regulação independente em saúde. *In*: TRIBUNAL CONSTITUCIONAL. *Estudos em memória do Conselheiro Luís Nunes de Almeida*. Coimbra: Coimbra Editora, 2007. p. 240-241. O Supremo Tribunal Administrativo já teve a oportunidade de decidir que incumbia ao Sistema Regional de Saúde dos Açores o pagamento dos cuidados de saúde prestados no continente aos portugueses com domicílio fiscal naquela Região Autônoma (Processo nº 01295/14, 1ª Seção, de 30 de abril de 2015). Há notícia, inclusive, de que a Região dos Açores pretendia recorrer ao Tribunal Constitucional (Disponível em: https://lifestyle.sapo.pt/saude/noticias-saude/artigos/acores-recorrem-ao-constitucional-para-evitar-dividas-aos-hospitais-do-continente?artigo-completo=sim. Acesso em: 5 abr. 2017), mas não se conseguiu confirmar se houve mesmo recurso e se o Tribunal Constitucional já decidiu a respeito. De qualquer forma, em termos políticos, houve um acertamento, uma vez que a Lei nº 7-A, de 30.3.2016, no art. 111º, estabeleceu um "princípio de reciprocidade", a fim de que não haja cobrança pelo SNS dos cuidados prestados no continente aos cidadãos portugueses com domicílio fiscal nas regiões autônomas e vice-versa, o que dependia da aprovação de diploma normativo por cada região autônoma que outorgasse um tratamento recíproco. Os Açores fizeram-no por meio do Decreto-Legislativo Regional nº 7/2016/A. A Ilha da Madeira, pelo Decreto Legislativo Regional nº 23/2016/M. Isso, na prática, esvazia muito do aspecto material do argumento de inconstitucionalidade esgrimido no texto, embora, em termos orgânicos, não de todo. *A Lei nº 95/19 traz a Base nº 7, que prevê a possibilidade de o Governo português e o Governo das regiões autônomas, por intermédio de seus serviços de saúde, articularem-se e referenciarem-se para as prestações que se fizerem necessárias.

[1104] Sobre a universalidade do SNS, conferir FARIA, Paula Lobato de. Medical law in Portugal. The Netherlands: Kluwer Law International, 2010, p. 115; NOVAIS, Jorge Reis. Constituição e serviço nacional de saúde. *In*: SIMÕES, Jorge (Coord.). *30 anos do Serviço Nacional de Saúde* – Um percurso comentado. Coimbra: Almedina, 2010. p. 242-258, que comenta sobre a possibilidade de coexistência da universalidade do serviço com serviços particulares de saúde; LOPES, Licínio. Direito administrativo da saúde. *In*: OTERO, Paulo; GONÇALVES, Pedro. *Tratado de direito administrativo especial*. Coimbra: Almedina, 2010. v. III. p. 231; CABRAL, Ana Paula. Reforma do sector de saúde – O serviço nacional de saúde e novo paradigma na protecção à saúde. *In*: CABRAL, Nazaré da Costa; AMADOR, Olívio Mota; MARTINS, Guilherme Waldemar d'Oliveira (Org.). *A reforma do sector de saúde*: uma realidade iminente? Coimbra: Almedina, 2010. p. 41 e seguintes; CANOTILHO, J. J. Gomes; MOREIRA, Vital. *Constituição da República portuguesa anotada*. 4. ed. Coimbra: Coimbra Editora, 2007. v. I. p. 823-831, os quais asseveram que a universalidade não representa uma cobertura territorial no país em termos de igualdade. *Conferir a Base 20, nº 2, "a", sobre a universalidade, e a Base 4, 2, "d", que trata justamente da possibilidade de diferenciação positiva para priorizar pessoas com maior vulnerabilidade, nos termos da Lei nº 95/19.

a exceção de direitos políticos, funções públicas de natureza não predominantemente técnica e direitos reservados pela Constituição ou pelas leis de modo exclusivo aos cidadãos portugueses. A Lei de Bases da Saúde, Lei nº 48/90, nas bases XXIV e XXV, diferencia os "utentes" dos "beneficiários" do SNS, embora nem sempre com rigor técnico: os utentes são uma categoria mais ampla que os beneficiários.[1105] Beneficiam-se do SNS, nos termos da Base XXV, 3, os cidadãos estrangeiros residentes em Portugal, em condições de reciprocidade, e os apátridas residentes em Portugal. Como se percebe, pelo teor da norma estatuída por esse dispositivo legal basilar, os apátridas não residentes e os estrangeiros, ainda que residentes, mas sem reciprocidade, seriam excluídos dessa condição de beneficiários. No entanto, considerando que a Constituição portuguesa não elegeu nem a reciprocidade nem a residência como requisitos exclusivos para o gozo do direito à proteção da saúde nem limitou a exclusividade desse direito aos cidadãos portugueses, haveria aí inconstitucionalidade? Poderia a lei estabelecer requisitos temporais ou de residência para consubstanciar a titularidade de um direito fundamental?[1106] Nogueira de Brito salienta uma duvidosa constitucionalidade da Base XXV, 3, da Lei nº 48/90, porém faz uma diferenciação. No seu entender, se para cuidados médicos vitais não caberia qualquer restrição com relação à atribuição da qualidade de beneficiário por questões temporais ou de residência, poderia, no caso de cuidados de saúde não vitais, haver algum condicionamento legalmente previsto com base no tempo de residência ou permanência em Portugal.[1107] Porém, Nogueira de Brito não apresenta uma justificativa mais detalhada de por que ele admite a separação em cuidados vitais e não vitais e não explora mais a questão, o que careceria de ter feito para justificar a razão de excepcionar os cuidados não vitais da própria percepção que teve da inconstitucionalidade encontrada na Base XXV, 3.

Em realidade, a questão precisa de um maior delineamento. A condição de titularidade de direitos fundamentais é a estada da pessoa em território português, ainda que de modo ilegal, ou seja, sem o visto das autoridades competentes, ilação escorada na própria interpretação literal do texto do art. 15º da Constituição portuguesa.[1108]

[1105] BRITO, Miguel Nogueira de. Direitos e deveres dos utentes do serviço nacional de saúde. *Separata da Revista da Faculdade de Direito da Universidade de Lisboa*, v. XLIX, n. 1-2, p. 101-114, 2008. p. 101 e seguintes; BARRA, Tiago Viana. Breves considerações sobre o direito à protecção da saúde. *O Direito*, ano 144, v. 2, p. 411-445, 2012. p. 422-426. O art. 23º, 1, "a", do Decreto-Lei nº 11/93, que aprova o estatuto do Serviço Nacional de Saúde, também diferencia entre utentes não beneficiários e beneficiários. Ver, ainda, CORREIA, José Manuel Sérvulo. *As relações jurídicas administrativas de prestação de cuidados de saúde*. 2009. Disponível em: http://www.icjp.pt/sites/default/files/media/616-923.pdf. Acesso em: 30 nov. 2016. p. 25 e seguintes. *O problema enfrentado no texto perdeu sua relevância dogmática, por força da Lei nº 95/2019: a Base 21, nº 2, também outorga a condição de beneficiário do SNS aos cidadãos de Estados-Membros da União Europeia ou equiparados, com residência ou morada em Portugal ou em situação de estada ou residência temporária em Portugal, bem como aos nacionais de outros países, apátridas, requerentes de proteção internacional e migrantes com ou sem a respectiva situação legalizada.

[1106] Esse problema jurídico-constitucional foi levantado por Nogueira de Brito (BRITO, Miguel Nogueira de. Direitos e deveres dos utentes do serviço nacional de saúde. *Separata da Revista da Faculdade de Direito da Universidade de Lisboa*, v. XLIX, n. 1-2, p. 101-114, 2008. p. 102 e seguintes), que parece atrelá-lo à questão da universalidade do direito e, dessa forma, em relação à própria titularidade do direito fundamental, o que, porém, não fica explícito no texto; ademais, fica ambíguo, uma vez que o jurista lusitano identifica, posteriormente, um caráter de restrição. *Ver nota 1.105.

[1107] BRITO, Miguel Nogueira de. Direitos e deveres dos utentes do serviço nacional de saúde. *Separata da Revista da Faculdade de Direito da Universidade de Lisboa*, v. XLIX, n. 1-2, p. 101-114, 2008. p. 101-114.

[1108] Meneses do Vale destaca que a universalidade dos direitos humanos termina por tornar mais árduo o diferenciar dos destinatários de prestações sociais com base em fronteiras territoriais (VALE, Luís Meneses do. A jurisprudência do Tribunal Constitucional sobre o acesso às prestações concretizadoras do direito à protecção da saúde: alguns

Percebidos os direitos fundamentais como um complexo de várias situações e posições jurídicas, a clamar pelo adimplemento de deveres ativos e negativos, não se pode falar de perda da titularidade de um direito fundamental, ao menos na sua perspectiva global, no estabelecimento de restrições a algumas dessas pretensões ou posições. Evidentemente, se todas as pretensões, posições ou situações jurídicas decorrentes de uma interpretação ampla do âmbito de proteção da norma de direito fundamental são excluídas em relação a um indivíduo ou a uma categoria de pessoas, aí parece acertado concluir que houve a própria amputação da titularidade do direito no tocante a essa pessoa ou classe de indivíduos. De outra sorte, no estabelecimento de restrições, é possível que um leque específico de pretensões ou posições jurídicas seja retirado de algumas pessoas ou categoria de pessoas, mantidas em relação a outro grupo. Nesse caso, numa perspectivação mais concreta e atomizada, pode-se afirmar que aqueles excluídos não são titulares daquela pretensão, posição ou situação jurídica especificada, embora não deixem de ser titulares do direito fundamental no seu conteúdo molecular. A validade dessa operação ablativo-normativa é condicionada à obediência das cláusulas constitucionais de restrição e, mormente, ao princípio da proporcionalidade, podendo ser sindicada também com foco no princípio da igualdade, como reiterado no Capítulo 2, a par de outros princípios estruturantes.

De acordo com o Decreto-Lei nº 11/93, art. 23º, 1, "a", a maior consequência entre ser classificado como um utente não beneficiário e um beneficiário é que os não beneficiários coparticipam com o Estado nos encargos dos cuidados de saúde ofertados no âmago do SNS,[1109] uma vez que as receitas aí advindas pertencem aos serviços e estabelecimentos do SNS, inscritas nos seus orçamentos próprios, nos termos da Base XXXIII, 2, "c". Os beneficiários, ao revés, beneficiam-se de uma orientação de tendencial gratuidade, de sorte que, ao menos por enquanto, não cofinanciam o SNS, salvo as exceções previstas nas alíneas da Base XXXIII, 2, da Lei nº 48/90. Porém, os beneficiários arcam com o pagamento das taxas moderadoras, previstas na Base XXXIV, da Lei nº 48/90, as quais, embora constituam receita do SNS, almejam a moderação do uso dos serviços de saúde, ou seja, estão sujeitas a uma racionalidade distinta. Em realidade, a rigor tanto as taxas moderadoras como os cofinanciamentos são espécies do gênero de copagamentos e, ao menos em termos abstratos, é possível diferenciá-las em função da racionalidade de cada uma: o copagamento por adimplemento da taxa moderadora intenciona moderar a procura aos cuidados de saúde e frear o consumo imotivado ou excessivo dos serviços correlativos, de modo que o utente paga um valor fixo no momento da utilização do serviço, enquanto que, no cofinanciamento, o utente remunera o próprio serviço, pagando uma porcentagem ou fração da prestação.[1110]

---

momentos fundamentais. *Jurisprudência Constitucional*, n. 12, p. 12-47, out./dez. 2006. p. 36-47), o que parece sugerir que ele defenderia a posição articulada neste texto, ainda que com base no sistema de referência dos direitos fundamentais.

[1109] CORREIA, José Manuel Sérvulo. *As relações jurídicas administrativas de prestação de cuidados de saúde*. 2009. Disponível em: http://www.icjp.pt/sites/default/files/media/616-923.pdf. Acesso em: 30 nov. 2016. p. 26 e seguintes; BARRA, Tiago Viana. Breves considerações sobre o direito à protecção da saúde. *O Direito*, ano 144, v. 2, p. 411-445, 2012. p. 422-426. *Ver nota nº 1.105.

[1110] Embora haja quem distinga copagamento das taxas moderadoras, entende-se que, por constituírem receita do SNS, as taxas moderadoras são uma espécie de copagamento. A respeito da diferença entre cofinanciamento e copagamento por taxas moderadoras, VALE, Luís António Malheiro Meneses do. As taxas moderadoras e o

A TUTELA JUDICIAL "PONDERADA" DO DIREITO FUNDAMENTAL À SAÚDE: PROPORCIONALIDADE E CONTEÚDO MÍNIMO COMO EXIGÊNCIAS...

Entrementes, o cerne do problema trazido por Nogueira de Brito está em saber se seria possível restringir o direito às prestações de saúde no âmbito do SNS ao exigir cofinanciamento dos apátridas não residentes e estrangeiros não residentes ou residentes, mas sem condição de reciprocidade. Entre os vários tipos de cuidados de saúde, Nogueira de Brito fez a distinção em duas classes, a depender do perigo ou não para a própria vida do utente provocado por essa ausência dos cuidados. A conclusão daquele autor é de que os cuidados vitais não podem ser cobrados mediante copagamento por cofinanciamento. Contudo, veja-se que o Decreto-Lei nº 11/93, no art. 23º, 2, isenta de pagamentos de quaisquer encargos os utentes considerados integrantes de grupos sociais de risco, estejam em situação clínica de perigo ou sejam desfavorecidos economicamente, o que se interpreta abranger tanto as taxas moderadoras como o cofinanciamento (ainda que hoje não haja cobrança de cofinanciamentos), conforme definições estipuladas em normas de categoria do decreto-lei. Ou seja, o legislador apresentou saída mais generosa àquela sugerida pelo jurista português, pois ampliou a possibilidade de isenção prevista na Lei nº 48/90 apenas para as taxas moderadoras. A opção legal é constitucionalmente válida?

A resposta é parcialmente positiva. Ante o quadro de crescente pressão financeira nos sistemas de saúde, considerando que se há de racionar, entende-se que passa no crivo da proporcionalidade e que não há motivo não razoável de discriminação em relação àqueles que não são residentes (logo, passaria também no teste de igualdade, ao menos na versão mais enfraquecida). A opção legal de isentar aqueles que estejam em situação de risco médico, individual ou coletivo, bem como os que não possam pagar, parece ser uma saída que preserva um mínimo de eficácia do conteúdo do direito. Contudo, em relação aos residentes apátridas e estrangeiros cujos países originários não estipulam condição de reciprocidade com o Estado português, concorda-se com Estorninho e Macieirinha a respeito da inconstitucionalidade da cláusula de reciprocidade, uma vez que essa condição escapa ao controle individual do residente e representa uma discriminação injustificada e, portanto, a persecução de um fim ilegítimo constitucionalmente.[1111]

Melhor sorte não alcança o Despacho do Ministro da Saúde nº 25.360/2001, o qual condiciona o acesso do estrangeiro ao SNS. Isso porque, para ter acesso, o alienígena, caso sua estada seja ilegal, necessita demonstrar que está em Portugal há mais de 90 dias (item nº 4 do despacho).[1112] O requisito temporal estabelecido não passa no teste de

---

financiamento do Serviço Nacional de Saúde: Elementos para uma perspectiva constitucional. *In*: CABRAL, Nazaré da Costa; AMADOR, Olívio Mota; MARTINS, Guilherme Waldemar d'Oliveira (Org.). *A reforma do sector de saúde*: uma realidade iminente? Coimbra: Almedina, 2010. p. 134-138; CATARINO, Isabel Ermelindo Pinto. *Co-pagamentos*: da teoria à prática. Dissertação (Mestrado integrado) – Faculdade de Medicina da Universidade do Porto, Porto, 2012. Disponível em: file:///C:/Users/LENOVO/Downloads/Co-pagamentos.pdf. Acesso em: 26 nov. 2016. p. 13 e seguintes. Essa possibilidade de distinguir, no âmbito abstrato, as taxas moderadoras dos cofinanciamentos será retomada a propósito de comentar a tendencial gratuidade do SNS. Por fim, nota-se que Meneses do Vale, embora no aludido trecho faça essa distinção, em outras passagens termina por contrapor as taxas moderadoras aos copagamentos, o que demandaria uma adicional precisão terminológica (referir-se-ia, em realidade, aos cofinanciamentos).

[1111] ESTORNINHO, Maria João; MACIEIRINHA, Tiago. *Direito da saúde*: lições. Lisboa: Universidade Católica Editora, 2014. p. 51-54.

[1112] A comentar sobre a (in)constitucionalidade desse ato normativo está BRITO, Miguel Nogueira de. Direitos e deveres dos utentes do serviço nacional de saúde. *Separata da Revista da Faculdade de Direito da Universidade de Lisboa*, v. XLIX, n. 1-2, p. 101-114, 2008. p. 101-114, que se posicionou pela inconstitucionalidade; BARRA, Tiago Viana. Breves considerações sobre o direito à protecção da saúde. *O Direito*, ano 144, v. 2, p. 411-445, 2012. p.

proporcionalidade, uma vez que restringe o direito à proteção da saúde, na sua vertente positiva, de modo desproporcional, sobretudo em caso de graves riscos à saúde. Ora, considerando o fim imediato da contenção de custos nos gastos com saúde e a própria sustentabilidade do SNS, bem como o fim mediato à defesa do direito à proteção da saúde dos portugueses, tem-se que é uma finalidade legítima constitucionalmente. Por outro lado, seria o fim idôneo? Mesmo sem o aporte de maiores dados empíricos, o que seria necessário para uma conclusão mais acertada, é possível defender a conclusão de que o fim é inidôneo numa versão mais fortalecida da subetapa da idoneidade, haja vista que os imigrantes ilegais, mesmo que favorecidos com o acesso ao SNS, deveriam arcar com os encargos do sistema, só recebendo isenção se estivessem em situação clínica de risco à saúde pública ou mesmo se não pudessem arcar por si com essas despesas. Ademais, tendo em vista que o acesso será liberado ao SNS após 90 dias, pode-se mesmo questionar a eficácia da medida, uma vez que essa espera pode potencializar os custos e aumentá-los, porque uma intervenção precoce, normalmente mais barata, evitaria a piora no quadro de saúde, a demandar cuidados mais dispendiosos. Contudo, uma versão mais débil do teste presumiria que a medida é idônea, pois promove minimamente o fim, a reclamar o prosseguimento nas demais subetapas.

No teste de necessidade, o desafio é, de um lado, encontrar meios alternativos que promovam na mesma intensidade o objetivo constitucional ou o direito fundamental favorecido e protejam de modo suficiente o direito fundamental restringido. Um meio alternativo possível de ser examinado seria a cobrança dos encargos do SNS acrescidos com alguma penalidade ou adicional daqueles que possam arcar com o seu custo, de sorte a compensar o acesso às prestações do sistema, revertidos em prol do próprio orçamento estatal, sem prejuízo da isenção daqueles que não disponham de nenhum recurso. Numa versão mais fortalecida do subteste de necessidade, descartam-se os efeitos eventualmente produzidos em termos de lotação do sistema ou de perda de vagas dos cidadãos portugueses e demais beneficiários do SNS, uma vez que o período de 90 dias não se reputa decisivo para influenciar a montagem da lista. No entanto, numa versão mais débil, com esse efeito a considerar, poderia também a omissão parcial ser considerada necessária, a autorizar o prosseguimento para a etapa da proporcionalidade em sentido estrito. Seja como for, seria preciso que a argumentação considerasse dados empíricos nesse tocante, inclusive o quanto aceitar o acesso imediato dos imigrantes ilegais aumentaria a despesa e o tempo de espera, a fim de um raciocínio mais completo.

Finalmente, na etapa da proporcionalidade em sentido estrito, mormente se as prestações se ornamentassem do cunho de emergência, a regra instituída no texto do item 4 do despacho não passaria pelo crivo jurídico-constitucional, uma vez que proibir o acesso a imigrantes ilegais com menos de 90 dias no país produziria uma grave desproteção do direito à saúde, não sobrepujada por eventuais ganhos de economia no sistema, certamente tocando o núcleo mínimo de um direito à saúde.[1113]

426-431, que admite que as condições de exercício podem sofrer restrições sem influir no núcleo irredutível e com a anotação de que as crianças devem ser excepcionadas e consideradas como em situação regular, nos termos do Decreto-Lei nº 67/2004. Porém, nenhum dos juristas examina sob o foco do princípio da proporcionalidade, ao menos aberta e estruturadamente. *Ver nota nº 1.105.

[1113] Essa inconstitucionalidade identificada no texto foi sanada com a orientação interpretativa dada pela Circular Normativa nº 12/2009 da Direcção-Geral de Saúde. Esse veículo normativo traz a norma orientadora de que

Outro traço do Serviço Nacional de Saúde é a generalidade. O conceito de generalidade representa a previsão dos serviços necessários à cura e à reabilitação dos enfermos e à prevenção de agravos à saúde como prestações disponíveis no SNS, de forma integrada, em cada respectivo domínio das ciências de saúde.[1114] Qual a natureza jurídica da generalidade, que qualifica o SNS, ela é um princípio ou uma regra jurídica?

Defender a posição de que seja uma regra jurídica traz uma dificuldade econômica à sustentabilidade financeira do sistema, porque comanda que todo tratamento, serviço, medicamento ou técnica existentes, mormente se não possuírem o condão de experimentais, devam ser objeto de provisão pelos estabelecimentos do SNS. Canotilho e Moreira sustentam, a propósito, ser um princípio jurídico, com margem de indeterminação considerável ao Legislativo e ao Executivo para integrar ao SNS novos serviços e prestações.[1115] É a posição mais acertada. De início, a previsão de um SNS dotado de generalidade é uma concretização constitucional do dever correlativo ao direito fundamental à proteção da saúde, um princípio material setorial. Porém, não é um princípio destinado a regular condutas diretamente, pois voltado a uma instituição estatal, a instituir-lhe uma característica material de maior proteção ao direito fundamental. Com efeito, já foi salientado que os conceitos de saúde e doença são, de algum modo, filosóficos, com contribuições dadas tanto pela técnica (ciências da saúde) como socialmente, em razão das várias pressões e influências de vários setores interessados; funcionalmente, uma maior legitimação democrática concita maior desconcentração e descentralização do sistema. Logo, diante do aumento de demandas, da concorrência entre indústria biomédica e farmacêutica, o que potencializa os gastos na saúde, o

---

o imigrante ilegal, ainda que a estada seja inferior a 90 dias, será atendido no SNS em caso de saúde pública; toma-se a saúde pública não apenas como bem coletivo, pois a norma enumera situações de risco exclusivo à saúde individual, sem pôr em causa a saúde de terceiros e da coletividade. O acesso dos imigrantes ilegais na hipótese de gravame à saúde pública deve abarcar, entre outros, os cuidados vitais e emergenciais individuais, a atenção materno-infantil e de saúde reprodutiva, nomeadamente com acesso a consultas de planejamento familiar, atenção à gestante durante a gravidez, parto e puerpério, cuidados aos recém-nascidos, bem como os cuidados a crianças, nos termos da Lei nº 67/2004, e na hipótese de carência social demonstrada perante os serviços assistenciais. Contudo, considerando que o despacho não foi revogado, que as normas nele contidas são superiores na hierarquia às dispostas na circular, além da própria viabilidade de alteração da circular no futuro, entende-se útil e justificado o exercício de proporcionalidade efetuado na tese.

[1114] NOVAIS, Jorge Reis. Constituição e serviço nacional de saúde. In: SIMÕES, Jorge (Coord.). 30 anos do Serviço Nacional de Saúde – Um percurso comentado. Coimbra: Almedina, 2010. p. 242 e seguintes; CANOTILHO, J. J. Gomes; MOREIRA, Vital. Constituição da República portuguesa anotada. 4. ed. Coimbra: Coimbra Editora, 2007. v. I. p. 823-831; VALE, Luís Meneses do. A jurisprudência do Tribunal Constitucional sobre o acesso às prestações concretizadoras do direito à protecção da saúde: alguns momentos fundamentais. Jurisprudência Constitucional, n. 12, p. 12-47, out./dez. 2006. p. 36-47; BRITO, Miguel Nogueira de. Direitos e deveres dos utentes do serviço nacional de saúde. Separata da Revista da Faculdade de Direito da Universidade de Lisboa, v. XLIX, n. 1-2, p. 101-114, 2008. Nos termos da base XXIV, "b", da Lei nº 48/90, o SNS é caracterizado por prestação integrada de cuidados globais ou por garantia de sua prestação. *Ver a Lei nº 95/19, Base 20, 2, "b".

[1115] CANOTILHO, J. J. Gomes; MOREIRA, Vital. Constituição da República portuguesa anotada. 4. ed. Coimbra: Coimbra Editora, 2007. v. I. p. 823-831; VALE, Luís Meneses do. A jurisprudência do Tribunal Constitucional sobre o acesso às prestações concretizadoras do direito à protecção da saúde: alguns momentos fundamentais. Jurisprudência Constitucional, n. 12, p. 12-47, out./dez. 2006. p. 36-47. Em sentido similar, ESTORNINHO, Maria João; MACIEIRINHA, Tiago. Direito da saúde: lições. Lisboa: Universidade Católica Editora, 2014. p. 55-58, os quais salientam que a liberdade de conformação do legislador abrange a possibilidade de, na densificação do direito à proteção da saúde, deixar sem assistência também algumas doenças, mormente as que estão em controvérsia na comunidade científica. Em geral, está-se de acordo, embora se saliente que essa opção pode ser censurável ante a metódica da proporcionalidade.

Estado está obrigado a realizar seleções, diante das escolhas e interesses das pessoas, sempre a tocar em zonas nebulosas e controvertidas, consoante explicado outrora.[1116]

No entanto, e se a pessoa necessitar de um cuidado não previsto para a generalidade dos cidadãos? Os utentes possuem o direito de receber tratamento adequado para sua enfermidade e de escolher, no âmbito do sistema de saúde e na medida dos recursos existentes, conforme regras de organização, o serviço e agentes prestadores, com a possibilidade de aceitar ou recusar o serviço ofertado (Base XIV, 1, "a" a "c", da Lei nº 48/90). Ou seja, legalmente não há previsão de receber, como beneficiário, prestações não disponibilizadas para a generalidade dos cidadãos, podendo, contudo, receber uma prestação diferenciada se houver cofinanciamento de sua parte (Base XXXIII, 2, "a", da Lei nº 48/90), desde que ela esteja prevista em normas jurídicas regulamentares ou legais do SNS, haja vista sua situação jurídica estatutária.[1117] Seria possível questionar e provocar algum tribunal administrativo para exigir a inclusão de alguma prestação não ofertada nos quadros do SNS? Isso toca num dos pontos de maior judicialização da saúde no Brasil. Nesse tocante, o Tribunal Constitucional tem caminhado no sentido de reconhecer que as prestações normativas, materiais e financeiras impostas ao Estado pela norma do direito à proteção da saúde não se encontram determináveis no nível constitucional e estão sob a reserva do possível, o que conjuga uma imprescindível concretização pelo Legislativo. Logo, infere-se que esse tipo de judicialização não encontraria esteio favorável no Judiciário português. Aliás, a Base XXXV, 1, da Lei nº 48/90, que permite que sejam excluídos cuidados de saúde das prestações ofertadas no âmbito do SNS por meio de lei, foi declarada constitucional pelo Tribunal Constitucional no Acórdão nº 731/95,[1118] não se reconhecendo nenhuma ofensa à norma da generalidade, embora tenha havido ausência de preocupação da Corte em dar maiores minúcias sobre o fundamento do voto nesse tocante; a Corte assentou que era possível ao legislador excluir alguns tratamentos, com o exemplo da cirurgia estética. Esse ponto será retomado em momento posterior da tese aquando do tratamento da judicialização no Brasil.

Em relação à tendencial gratuidade do SNS, convém destacar um pormenor. No texto original da Constituição portuguesa, consagrava-se um SNS universal, geral e gratuito. Com a Lei Constitucional nº 1/89, emendou-se seu texto para substituir o adjetivo "gratuito" pela expressão "tendencialmente gratuito", num contexto de consideração das condições sociais e econômicas dos cidadãos. Porém, mesmo antes da mudança

---

[1116] VALE, Luís Meneses do. A jurisprudência do Tribunal Constitucional sobre o acesso às prestações concretizadoras do direito à protecção da saúde: alguns momentos fundamentais. *Jurisprudência Constitucional*, n. 12, p. 12-47, out./dez. 2006. p. 36-47. Remete-se para o subitem 3.2.

[1117] CORREIA, José Manuel Sérvulo. *As relações jurídicas administrativas de prestação de cuidados de saúde*. 2009. Disponível em: http://www.icjp.pt/sites/default/files/media/616-923.pdf. Acesso em: 30 nov. 2016. p. 20 e seguintes. *A Lei de Bases da Saúde, Lei nº 95/19, ao contrário da anterior, não previu a possibilidade de pagamento de quarto particular não previsto para a generalidade dos cidadãos, como fazia a Lei nº 48/90. Porém, ainda permanece o direito de escolher a entidade prestadora de serviço e de recusar o próprio cuidado oferecido, conforme esclarecido na nota nº 1.101.

[1118] Este acórdão será retomado adiante. *A nova Lei de Bases da saúde, Lei nº 95/19, não trouxe norma que trata da exclusão de cuidados de saúde, de modo que se infere que a definição dos cuidados a serem ofertados no SNS ficará ao crivo do Executivo, até porque a Base 20, 2, "h", preconiza como princípio norteador do SNS a sustentabilidade financeira.

da norma constitucional, é fato que a gratuidade nunca foi instituída plenamente, haja vista a previsão infraconstitucional de cobrança de comparticipações.[1119]

O Tribunal Constitucional foi chamado a escrutinar a matéria no seu mérito[1120] e o exame mais exaustivo foi realizado nos acórdãos nº 330/89 – antes, pois, da segunda revisão constitucional – e nº 731/95, este na vigência da norma modificada via revisão constitucional.

No Acórdão nº 330/89,[1121] a Corte apreciou o pedido de inconstitucionalidade do Decreto-Lei nº 57/86. Após rejeitar o pleito de inconstitucionalidade orgânica, avançou-se para, na mesma linha de exegese do Acórdão nº 39/84, concluir que o direito à saúde é um direito social típico, que demanda prestações de natureza material, financeira e normativa, a depender de interposição legislativa. Justamente por isso, o Legislativo possui ampla discricionariedade, excetuadas as hipóteses de indicações precisas encontradas no próprio texto constitucional. No entendimento da maioria, o SNS não foi positivado com um modelo único de organização. Sobre o significado semântico de gratuito, atributo do SNS, o Tribunal conferiu-lhe um sentido "normativo", afastado do etimológico, para conotar-lhe um leque de possibilidades desde que preservado o conteúdo mínimo de significado dessa palavra. Em resumo, o Legislativo tinha liberdade para conformar a gratuidade do SNS, o que não seria violado pela cobrança de taxas moderadoras, haja vista que sua finalidade seria de racionalizar a demanda e frear excesso de consumo; o que não poderia era o Legislativo transferir ao utente o custo do serviço, de modo que o montante cobrado não poderia ser excessivo nem

---

[1119] CAMPOS, António Correia. Despesa e défice na saúde: o percurso financeiro de uma política pública. *Análise Social*, v. XXXVI, n. 161, p. 1.079-1.104, 2002. p. 1.079-1.081. *Ver Base 20, nº 2, "c", nos termos da Lei nº 95/19.

[1120] O Tribunal chegara a declarar a inconstitucionalidade de normas de diplomas normativos que instituíam taxas ou comparticipações, porém sem exame da antinomia com a gratuidade que deveria imperar no SNS. Como ilustração, o acórdão nº 24/83, relator Conselheiro Magalhães Godinho, o Tribunal apreciou a constitucionalidade de Portaria do Ministério de Assuntos Sociais que instituiu "comparticipações fixas" na aquisição de medicamentos receitados. No julgamento, a maioria apoiou-se no argumento de que não havia base legal para a edição do ato normativo, sem indagar a respeito do conteúdo do direito à proteção da saúde, ao que parece invocando que a matéria dependeria de ser regulada em decreto-lei. Cabe lembrar que, antes do Tribunal Constitucional, a extinta Comissão Constitucional, no parecer nº 35/82, opinou pela constitucionalidade das taxas de comparticipação monetária nas receitas médicas, com o debate voltado a decidir se a comparticipação tinha natureza tributária de taxa ou de imposto, deixando patente que considerava que a finalidade da comparticipação era de moderar os consumos e de evitar os abusos; a Comissão qualificou o direito à proteção da saúde como direito social, de realização graduável e progressiva, conforme disponibilidade de recursos, por isso a norma da gratuidade do SNS foi classificada como norma programática, de sorte que o pagamento das taxas não contrariava nenhuma norma constitucional. A respeito do parecer da Comissão, mencionam-se os textos de NOVAIS, Jorge Reis. Constituição e serviço nacional de saúde. *In*: SIMÕES, Jorge (Coord.). *30 anos do Serviço Nacional de Saúde* – Um percurso comentado. Coimbra: Almedina, 2010. p. 259-270; VALE, Luís António Malheiro Meneses do. As taxas moderadoras e o financiamento do Serviço Nacional de Saúde: Elementos para uma perspectiva constitucional. *In*: CABRAL, Nazaré da Costa; AMADOR, Olívio Mota; MARTINS, Guilherme Waldemar d'Oliveira (Org.). *A reforma do sector de saúde*: uma realidade iminente? Coimbra: Almedina, 2010. p. 168-203; VALE, Luís Meneses do. A jurisprudência do Tribunal Constitucional sobre o acesso às prestações concretizadoras do direito à protecção da saúde: alguns momentos fundamentais. *Jurisprudência Constitucional*, n. 12, p. 12-47, out./dez. 2006. p. 18-26.

[1121] Relator Conselheiro Cardoso da Costa, votação por maioria. O Tribunal rejeitou o pleito de inconstitucionalidade orgânica do Decreto-Lei nº 57/86, que tratava das condições de acesso ao SNS, ao recusar o argumento de que o diploma normativo tratava de bases da saúde, matéria reservada à competência legislativa da Assembleia da República, porquanto não se inovava nem se contrariava nenhuma base da saúde. Observe-se que, ao passo que o acórdão nº 39/84 teve a precisão de pontuar a vertente negativa do direito à protecção à saúde, o acórdão em tela omitiu-se a respeito dessa perspectiva. O relator assinalou que, ainda que se desse entendimento de que o vocábulo "gratuito" fosse interpretado no sentido mais literal, ficaria em aberto a discussão se não seria possível dar uma interpretação que permitisse uma gradualidade na concretização do direito à protecção da saúde.

deixar de considerar situações particulares, cuidado tomado pelo legislador ao prever as hipóteses de isenção do pagamento das taxas.

Sem muito espanto, portanto, que o Tribunal Constitucional, já com a mudança de texto da Constituição, tenha reiterado a fundamentação anterior no Acórdão nº 731/95.[1122] Neste *decisum*, em que se atacou a constitucionalidade de várias bases da Lei de Bases da Saúde, Lei nº 48/90, o areópago salientou que o direito à proteção da saúde está na dependência da reserva do possível e que a gratuidade do sistema, interpretada de modo normativo, confere um "halo de indeterminação" que pode ser manobrado pelo legislador, conforme já havia sido esquadrinhado no Acórdão nº 330/89. Repetiu-se o fundamento de que o Legislativo deveria preservar apenas o conteúdo mínimo da gratuidade, o que não era atingido justamente porque as taxas moderadoras não transferiam o custo do serviço para o utente ante sua racionalidade de moderar a procura de cuidados de saúde e porque havia hipóteses de isenção em que se consideravam os particularismos de quem não podia pagá-las. Assim, deixou-se alguma abertura, em sentido contrário, de questionar seu montante se fosse estipulado em patamar tão elevado que impedisse ou dificultasse consideravelmente o acesso ao SNS.

Desde já, tirante a qualidade da coerência,[1123] poderiam ser levantadas muitas objeções à argumentação vencedora do Tribunal, bem trabalhadas em especial nos votos vencidos dos arestos. No caso do Acórdão nº 330/89, é sabido que o significado semântico mais ordinário deve ser o preferido quando em voga a exegese do texto constitucional.[1124] Visualizar um halo de indeterminação em um conceito que, a princípio, denota uma situação muito clara do ponto de vista semântico – por que não dizer mesmo uma conotação objetiva – não parece ser a melhor interpretação jurídica.[1125] Gratuito é compreendido ordinariamente como a não ensejar qualquer pagamento, seja a que título for.

Outro problema de monta está na própria teleologia abstrata das taxas moderadoras: até que ponto moderar o consumo não terá o caráter de contraprestação ao serviço de saúde ou, dito de outro modo, não se convolará num tipo de cofinanciamento? Como calcular o montante da taxa sem um mínimo de atrelamento ao valor da despesa do cuidado de saúde?[1126] Em realidade, como mencionado alhures, se é possível uma

---

[1122] Relator Conselheiro Fernando Alves Correia. Com efeito, foram questionadas várias bases da Lei nº 48/90, mas houve rejeição de qualquer inconstitucionalidade. Caminhou-se na mesma senda do acórdão nº 330/89 na percepção de que o direito à proteção da saúde não é um direito, liberdade e garantia nem direito a eles análogo, a depender de desenvolvimento legal, pois não tem conteúdo determinável ao nível constitucional; esse direito demanda do Estado prestações jurídicas, materiais e financeiras. Apesar de reconhecer que o Legislativo lhe está vinculado, afiançou-se que o Parlamento goza de grande espectro de conformação política quanto ao ritmo e ao momento de concretizá-lo.

[1123] Por exemplo, no acórdão nº 148/94, que lidou com o tema das propinas e matrículas em instituições de ensino superior, a maioria do colegiado do Tribunal sustentou a tese vencedora de que a atualização das propinas não ofende a norma que impunha a progressiva gratuidade do ensino superior.

[1124] NOVAIS, Jorge Reis. Constituição e serviço nacional de saúde. *In*: SIMÕES, Jorge (Coord.). *30 anos do Serviço Nacional de Saúde* – Um percurso comentado. Coimbra: Almedina, 2010. p. 242-258.

[1125] Todos os votos vencidos do Acórdão nº 330/89 apresentaram esse argumento. No mesmo diapasão, NOVAIS, Jorge Reis. Constituição e serviço nacional de saúde. *In*: SIMÕES, Jorge (Coord.). *30 anos do Serviço Nacional de Saúde* – Um percurso comentado. Coimbra: Almedina, 2010. p. 242-258.

[1126] VALE, Luís António Malheiro Meneses do. As taxas moderadoras e o financiamento do Serviço Nacional de Saúde: Elementos para uma perspectiva constitucional. *In*: CABRAL, Nazaré da Costa; AMADOR, Olívio Mota; MARTINS, Guilherme Waldemar d'Oliveira (Org.). *A reforma do sector de saúde*: uma realidade iminente? Coimbra: Almedina, 2010. p. 168-203. O voto vencido do Conselheiro Vital Moreira no aresto nº 330/89 também

distinção abstrata entre o copagamento por taxa moderadora e o copagamento pelo cofinanciamento em função da racionalidade prototípica de cada modalidade de copagamento, é fato que concretamente essa diferenciação obnubila-se a ponto de reconhecer que haverá zonas de confluência entre a meta de só racionar o consumo e a de contraprestar. As taxas moderadoras, aliás, têm o potencial limitado na função de frear o consumo, uma vez que qualquer ajuste progressivo de valores que possa aumentar a contenção na demanda por cuidados termina por palmilhar numa direção de aproximação a um copagamento por cofinanciamento.[1127]

A alteração do texto constitucional para substituir a gratuidade do SNS pela tendencial gratuidade coloca, à partida, o debate sobre o que é tender para a dispensa de qualquer pagamento. Vencido no Acórdão nº 731/95, o Conselheiro Guilherme da Fonseca subscreveu o argumento de que a tendencial gratuidade não seria congruente com uma "política de sinal contrário", algo que a atualização periódica das taxas moderadoras estaria a indicar. Logo, o cerne do problema é identificar a natureza jurídica da norma da tendencial gratuidade e a orientação adequada para interpretá-la. Um sentido possível de interpretação seria defender que a tendência à gratuidade seria equivalente à progressividade rumo à isenção total de pagamento, como verberou o magistrado cujo posicionamento não foi acatado pela maioria do Tribunal. Outra perspectiva defensável é de que a tendência à gratuidade seja considerada pelo prisma estático e sincrônico, e não dinâmico e diacrônico, como sustentado pela primeira posição, ou seja, no sentido de que o serviço deva ser mais propenso à gratuidade que ao pagamento.[1128] Nesse tocante, acompanha-se Reis Novais que, ao detectar a mudança da norma da gratuidade do SNS para a tendencial gratuidade, lecionou que se alterou a natureza de regra para um princípio jurídico, a propiciar que o Legislativo, ao ponderar os bens, interesses e direitos constitucionais e para garantir a sustentabilidade financeira do SNS, possa criar taxas e comparticipações, ou seja, cofinanciamentos, para auxiliar no custeio da estrutura do sistema, desde que não seja desnaturado o fato de que a principal fonte de financiamento seja o orçamento estatal. Em suma, abre-se a permissão constitucional

---

tocava nesse problema, uma vez que ele pontuara que as taxas moderadoras poderiam vir a ser inibitórias; ademais, havia o problema de como moderar cuidados requeridos em razão da necessidade, como diferenciar *a priori* quem precisa daquele que pede de modo desnecessário; na mesma linha, o voto vencido do Conselheiro Guilherme da Fonseca destacava que nas taxas havia seguramente uma transferência do custo dos serviços para os utentes. Em jaez algo divergente, a encampar uma linha clara de diferenciação entre taxas moderadoras e cofinanciamentos, nominados como copagamentos, NOVAIS, Jorge Reis. Constituição e serviço nacional de saúde. *In*: SIMÕES, Jorge (Coord.). *30 anos do Serviço Nacional de Saúde* – Um percurso comentado. Coimbra: Almedina, 2010. p. 242-258, o qual, no entanto, termina por admitir que se o montante cobrado for excessivo desnatura-se a natureza de taxa para um copagamento (cofinanciamento).

[1127] VALE, Luís António Malheiro Meneses do. As taxas moderadoras e o financiamento do Serviço Nacional de Saúde: Elementos para uma perspectiva constitucional. *In*: CABRAL, Nazaré da Costa; AMADOR, Olívio Mota; MARTINS, Guilherme Waldemar d'Oliveira (Org.). *A reforma do sector de saúde*: uma realidade iminente? Coimbra: Almedina, 2010. p. 168-203.

[1128] A respeito do debate e das duas posições, NOVAIS, Jorge Reis. Constituição e serviço nacional de saúde. *In*: SIMÕES, Jorge (Coord.). *30 anos do Serviço Nacional de Saúde* – Um percurso comentado. Coimbra: Almedina, 2010. p. 242-258; VALE, Luís Meneses do. A jurisprudência do Tribunal Constitucional sobre o acesso às prestações concretizadoras do direito à protecção da saúde: alguns momentos fundamentais. *Jurisprudência Constitucional*, n. 12, p. 12-47, out./dez. 2006. p. 36-47. Ambos os juristas se filiam à segunda posição.

ao Legislativo para criar formas de contraprestação aos cuidados de saúde ofertados no âmbito do SNS.[1129]

Isso gera dois efeitos. No âmbito constitucional, a distinção entre taxas moderadoras e cofinanciamentos perde boa parte da importância, salvo na vertente de um eventual debate sobre uma proibição de retrocesso, a qual, porém, foi superada de certa maneira pela jurisprudência do Tribunal Constitucional. Na medida em que uma moderação do consumo implica sempre alguma transferência dos encargos do serviço, não é possível concretamente estabelecer uma clara linha de distinção, salvo naqueles casos em que não há, por certo, de falar-se em possibilidade de propriamente um consumo ou abuso, sobretudo em casos de emergências clínicas flagrantemente reconhecidas. Não destoa dessa conclusão a impressão de que haverá casos mais claros de preponderância de um aspecto de inibição do consumo desmedido à feição de contrapartida do custo do serviço, especialmente se a quantia cobrada for módica. Restaria um debate pelo prisma do direito administrativo centrado na legalidade, eis que, ao menos por enquanto, o SNS não é sustentado por cofinanciamentos, havendo a base legal para cobrar taxas moderadoras.[1130]

O segundo efeito está na mudança de foco para indagar, na sequência de admitir a premissa da permissão constitucional de criar novas formas de copagamentos para

---

[1129] NOVAIS, Jorge Reis. Constituição e serviço nacional de saúde. *In*: SIMÕES, Jorge (Coord.). *30 anos do Serviço Nacional de Saúde* – Um percurso comentado. Coimbra: Almedina, 2010. p. 242-258. Também a admitir que a mudança da norma constitucional permite que o legislador cobre não apenas taxas, mas o próprio custo de alguns serviços, desde que isso não seja a regra e que a cobrança não exclua o acesso a quem não tenha condições de pagá-lo, caminham ESTORNINHO, Maria João; MACIEIRINHA, Tiago. Direito da saúde: lições. Lisboa: Universidade Católica Editora, 2014, p. 58-62. No sentido de que apenas a cobrança de taxas moderadoras é constitucionalmente válida, porquanto os cofinanciamentos desvirtuariam a norma da tendencial gratuidade para a onerosidade tendencial, a par de apoiar sua conclusão em interpretação histórica e pela dificuldade de aferir, em concreto, a condição econômica e social do utente, caminha MONGE, Cláudia Sofia Oliveira Dias. *O direito à proteção da saúde e o conteúdo da prestação de cuidados médicos*. Tese (Doutorado em Ciências Jurídico-Políticas) – Faculdade de Direito, Universidade de Lisboa, 2014. p. 240 e seguintes. De qualquer modo, é conveniente frisar que essa possibilidade jurídica, conferida constitucionalmente ao Parlamento, não se coaduna com a atual orientação da Organização Mundial da Saúde, a qual, no Relatório Mundial da Saúde de 2010 (ORGANIZAÇÃO MUNDIAL DA SAÚDE. *Relatório Mundial da Saúde 2010*: Financiamento dos sistemas de saúde – O caminho para cobertura universal. Disponível em: http://www.who.int/eportuguese/publications/WHR2010.pdf. Acesso em: 29 abr. 2017. p. 43-56), criticou toda a forma de cofinanciamento e sugeriu sua substituição por outras formas de financiamento, aventando, como uma das possibilidades, o sistema de "pré-pagamentos obrigatórios" – paga-se um preço fixo, destinado ao financiamento do sistema, não no momento de uso do serviço, mas independentemente de qualquer utilização; aparentemente, esse modelo corresponde a um tributo exclusivo para custeio do sistema de saúde. A OMS destaca que os cofinanciamentos terminam por acentuar a desigualdade e afastar os mais pobres da busca por cuidados sanitários; ainda que haja isenções para as classes mais desfavorecidas economicamente, elas podem relutar em aceder ao serviço de saúde para evitar estigmatizações. Mesmo os copagamentos com o escopo de moderar o consumo de assistência sanitária são rejeitados pela OMS, colocados como obstáculo à cobertura universal. Segundo a Organização, até taxas módicas teriam por condão frear a procura dos carentes a cuidados sanitários nas etapas iniciais da doença, quando a cura é mais provável e menos dispendiosa. Portanto, nota-se que tal medida, para ser válida constitucionalmente ante os efeitos regressivos que provoca, demandaria, na etapa do sopesamento, argumentos muito fortes e consistentes a demonstrar o risco de insustentabilidade financeira do SNS se a medida não fosse adotada. *Como a Base 23, nº 1, na redação da Lei nº 95/19, previu que, além do orçamento estatal, são fontes de financiamento do SNS as receitas previstas em lei, regulamento, contrato ou outro título, a posição dada na tese não parece prejudicada.

[1130] NOVAIS, Jorge Reis. Constituição e serviço nacional de saúde. *In*: SIMÕES, Jorge (Coord.). *30 anos do Serviço Nacional de Saúde* – Um percurso comentado. Coimbra: Almedina, 2010. p. 242-258. O jurista admite que a criação de novas taxas ou a modificação do seu valor possa ser escrutinada pelo princípio da proibição de excesso e esclarece que, se o valor for excessivo ou cobrado de prestações que independem da vontade dos utentes, reprovaria no teste pela idoneidade do meio. No entanto, ao que parece, vale-se de uma ótica de direito administrativo, pois ele mesmo admite que essa cobrança poderia ser feita, mas não com o rótulo de taxa moderadora.

auxiliar no financiamento do SNS, qual será o "limite dos limites" no poder do legislador. Afinal, para aumentar a receita, pode o Legislativo aumentar o valor das atuais taxas moderadoras existentes, deixando mais nítido um propósito de financiamento do SNS, bem como pode alargar o espectro objetivo dos serviços e cuidados sujeitos à cobrança, bem como pode criar coparticipações e cofinanciamentos devidos pelos cuidados do serviço de maneira expressa. Entrementes, o princípio da tendencial gratuidade permite um conflito normativo com o interesse estatal de garantir a eficiência financeira e, eventualmente, com outros direitos fundamentais privilegiados pelas decisões políticas do Estado português, a sindicar na metódica do princípio da proporcionalidade, independentemente de concomitante aplicação de outros princípios estruturantes do Estado português para o controle da norma legal.[1131]

Dentro dessa temática, Reis Novais defende o incentivo dado pelo texto constitucional de que as taxas moderadoras sejam reguladas conforme a capacidade financeira do contribuinte-utente, isto é, propõe que o Legislativo esteja sob uma orientação constitucional de caminhar para admitir variações do preço cobrado conforme a renda ou condição econômica do utente.[1132] De fato, a condição econômico-financeira do utente é expressamente consignada no texto constitucional como um critério orientador. Contudo, Meneses do Vale discorda, ao argumentar que é um critério possível, mas não precisa ser necessariamente o único, inclusive ante os riscos para a socialidade que tal solução pode arvorar: desmantelamento do fator de coesão social, perda de qualidade paulatina do SNS pelo abandono dos mais privilegiados para os cuidados oferecidos no setor privado, além de abrir brecha para disfarçadas priorizações.[1133] Evidentemente, concorda-se com Meneses do Vale que não é o único critério passível de eleição, a par de reconhecer os riscos que tal medida pode proporcionar, haja vista que um crescente racionamento por intermédio da inclusão de novos cuidados condicionados ao pagamento de taxas moderadoras ou o aumento dos valores a esse título podem contribuir para a opção do mercado privado de saúde pelos que possam arcar por ela, em que não terão que suportar outras medidas de racionamento possíveis, como fila de espera: o ganho de eficiência econômica para o sistema conquista-se com o sacrifício da solidariedade e com perda de apoio da elite ao próprio sistema público de saúde, a propiciar, no limite,

---

[1131] NOVAIS, Jorge Reis. Constituição e serviço nacional de saúde. *In*: SIMÕES, Jorge (Coord.). *30 anos do Serviço Nacional de Saúde* – Um percurso comentado. Coimbra: Almedina, 2010. p. 242-258; VALE, Luís Meneses do. A jurisprudência do Tribunal Constitucional sobre o acesso às prestações concretizadoras do direito à protecção da saúde: alguns momentos fundamentais. *Jurisprudência Constitucional*, n. 12, p. 12-47, out./dez. 2006. p. 36-47. No entanto, aqui se consigna que a vertente da proporcionalidade a ser empregada não é a proibição do excesso, mas a proibição contra a insuficiência de tutela, pelas razões expostas no tópico 2.7.5.

[1132] NOVAIS, Jorge Reis. Constituição e serviço nacional de saúde. *In*: SIMÕES, Jorge (Coord.). *30 anos do Serviço Nacional de Saúde* – Um percurso comentado. Coimbra: Almedina, 2010. p. 242-258.

[1133] VALE, Luís António Malheiro Meneses do. As taxas moderadoras e o financiamento do Serviço Nacional de Saúde: Elementos para uma perspectiva constitucional. *In*: CABRAL, Nazaré da Costa; AMADOR, Olívio Mota; MARTINS, Guilherme Waldemar d'Oliveira (Org.). *A reforma do sector de saúde*: uma realidade iminente? Coimbra: Almedina, 2010. p. 68-203; VALE, Luís Meneses do. A jurisprudência do Tribunal Constitucional sobre o acesso às prestações concretizadoras do direito à protecção da saúde: alguns momentos fundamentais. *Jurisprudência Constitucional*, n. 12, p. 12-47, out./dez. 2006. p. 36-47. *A Lei nº 95/19 trouxe a Base 24, 1, que determina que a isenção de pagamento das taxas moderadoras é tema e será definida com base nos seguintes critérios: renda, doença ou especial vulnerabilidade, o que reforça a posição de Meneses do Vale defendida na tese. Também trata de dispensar a cobrança de taxa moderadora nos cuidados primários de saúde e nas demais prestações se, neste último caso, a origem da referenciação for o SNS, conforme termo a ser definido por lei (Base 24, nº 2).

um início de "*décalage* social".[1134] Outrossim, a norma menciona condições "económicas e sociais". O segundo adjetivo permite que outros pontos sejam de supina orientação do Legislativo, uma vez que o vocábulo "sociais" autoriza a consideração de outros fatores alheios à renda, como dados clínicos e dados empíricos ou sociológicos que mostrem nefastos impactos à saúde; não se pode esquecer que a saúde, como bem coletivo, também é dependente de alguns fatores sociais, consoante aposto em tópicos anteriores. Logo, não é inconstitucional a decisão do Legislativo de, consoante a Base nº XXXIV, 2, da Lei nº 48/90, isentar do pagamento de taxas moderadoras grupos populacionais sujeitos a maiores riscos, compreendidos os que estiverem em perigosa situação clínica, de modo a compatibilizar-se com o disposto no art. 23º, 2, do Decreto-Lei nº 11/93. Afinal, o princípio constitucional comanda que aqueles que não tenham condições econômicas de arcar com os custos das taxas moderadoras e de copagamentos dos custos dos serviços sejam isentos de qualquer pagamento (novamente se pode invocar a Base XXXIV, 2),[1135] o que poderia ajudar a desenvolver, nesse ponto, um conteúdo mínimo do direito à proteção da saúde na sua vertente positiva. Como tal, seria possível preverem-se outros meios para restringir esse conteúdo nuclear, desde que passem no teste de proporcionalidade, observadas as robustas cargas de prova e de justificação que se transmitem ao Estado. Um exemplo ilustrativo é o de, em vez de exigir um pagamento integral do valor das taxas, instituir um modo de pagamento consistente num parcelamento alargado, a criar condições de adimplemento mais favoráveis, não obstante a revogação da isenção.[1136] Veja-se que o art. 64º, 3, "a", da Constituição portuguesa expressamente garante o acesso ao SNS independentemente da condição econômica e é uma regra jurídica que concretiza o princípio da igualdade material, eis que proíbe, como sentido de dever-ser, a negação de acesso baseada em argumentos financeiros. Porém, ela não implica necessariamente, embora haja congruência nesse desenvolvimento, que haja gratuidade total a quem não possa pagar, o que em abstrato permitiria ao Legislativo pensar em soluções que permitam esse acesso a pessoas de baixa renda, como a estipulação de valores mais módicos, a possibilidade de aprazamentos no adimplemento, a isenção temporária, com viabilidade de cobrança futura caso haja melhoria do aspecto econômico em prazo congruente com a prescrição de débitos de particulares para com o Estado. Logo,

---

[1134] VALE, Luís Meneses do. A jurisprudência do Tribunal Constitucional sobre o acesso às prestações concretizadoras do direito à protecção da saúde: alguns momentos fundamentais. *Jurisprudência Constitucional*, n. 12, p. 12-47, out./dez. 2006. p. 36-47. O autor sugere que sejam levados em conta dados sociológicos e clínicos, e não somente econômicos, para a decisão sobre a tendencial gratuidade nos cuidados prestados no SNS. No entanto, não trouxe, nesse tocante, o argumento aqui esgrimido de que "sociais" comporta uma interpretação mais ampla que a renda. No sentido de que o encarecimento de *tickets* moderadores, a ponto de deixar de moderar o serviço para financiá-lo, traz o risco de que o serviço público de saúde seja mesmo utilizado apenas pelas capas sociais mais vulneráveis, remete-se a BALANDI, Gian Guido. Informe italiano. *In*: MARZAL FUENTES, Antonio (Ed.). *Protección de la salud y derecho social*. Barcelona: Esade, 1999. p. 83-90. Conferir, ainda, o *Relatório Mundial da Saúde* de 2010 produzido pela OMS (ORGANIZAÇÃO MUNDIAL DA SAÚDE. *Relatório Mundial da Saúde 2010*: Financiamento dos sistemas de saúde – O caminho para cobertura universal. Disponível em: http://www.who.int/eportuguese/publications/WHR2010.pdf. Acesso em: 29 abr. 2017. p. 43-99). *Ver nota nº 1.133.

[1135] NOVAIS, Jorge Reis. Constituição e serviço nacional de saúde. *In*: SIMÕES, Jorge (Coord.). *30 anos do Serviço Nacional de Saúde* – Um percurso comentado. Coimbra: Almedina, 2010. p. 242-258. Em realidade, Reis Novais entende que o princípio da tendencial gratuidade permite a criação de comparticipações ou cofinanciamentos, os quais devem ser beneficiados pelo mesmo regime de isenção concedido para as taxas moderadoras, uma vez que não se poderia negar o acesso ao SNS somente pela incapacidade financeira. *Um esclarecimento: em realidade, o art. 23º, 2, citado no parágrafo, é do anexo do Decreto-Lei nº 11/93 e não do decreto em si.

[1136] Sobre conteúdo mínimo, remete-se ao tópico 3.7.

soluções legislativas dessa natureza, a princípio, não ostentariam um claro conflito normativo entre uma regra constitucional e infraconstitucional, podendo-se entrever uma relação de especialidade entre a solução infraconstitucional diversa da isenção e a regra constitucional.[1137]

Outro problema que afetava desfavoravelmente a garantia de tendencial gratuidade era a exigência de apresentação obrigatória do cartão do utente do SNS como condição para a gratuidade dos cuidados oferecidos no sistema, com isenção do pagamento de taxas moderadoras caso também estivesse na condição definida de beneficiário isento. De acordo com a legislação infraconstitucional (Decreto-Lei nº 52/00), caso a apresentação não fosse imediata na utilização dos serviços, para auferir o benefício da gratuidade dos cuidados e até da isenção, deveria o utente apresentar, em até dez dias da interpelação para pagamento, prova de que é titular do cartão ou de que havia requerido a sua emissão. O Tribunal inclinou-se no início para invalidar as normas infraconstitucionais, por entender violado o princípio da proporcionalidade e lesado o direito à proteção da saúde;[1138] no entanto, sua jurisprudência caminhou para uma posição diametralmente oposta, reconhecendo a constitucionalidade dessa norma condicionadora, conquanto com diferentes fundamentos. No Acórdão nº 512/08, a 3ª Seção, ao proclamar que direitos sociais não possuem a mesma aplicabilidade imediata como ocorrem com direitos, liberdades e garantias, defendeu a vinculação do Legislativo a um conteúdo mínimo do direito social à proteção da saúde, tutelável judicialmente, aceitando um controle de proporcionalidade na restrição ao conteúdo desse mínimo. Porém, neste caso, entendeu o Tribunal que não se tratava de restrição, mas mero condicionamento ou regulação do exercício. No Acórdão nº 221/09,[1139] todavia, o fundamento acolhido pela maioria foi de que não havia nenhuma desproporcionalidade na opção legal. O meio seria idôneo, pois o fim do legislador era tornar o cartão de uso obrigatório, sob pena de não o conseguir, observado o controle de evidência, em nada comprometido pelo

---

[1137] A norma contida no art. 64º, 3, "a", é uma regra, porque proíbe a negativa de acesso de quem não pode pagar aos serviços de medicina preventiva, curativa e de reabilitação oferecidos pelo Estado. Ela depende, pois, de complementação, para a definição dos serviços que serão ofertados e a delimitação de critérios para examinar a incapacidade financeira. Logo, é uma regra que contém um termo vago.

[1138] Acórdão nº 67/07, relatora Conselheira Fernanda Palma, 2ª Seção do Tribunal Constitucional. Nessa fiscalização concreta de constitucionalidade, o Tribunal afasta a inconstitucionalidade formal objeto da decisão recorrida, reconhecendo que não se tratava de inovação na Lei de Bases da Saúde e, portanto, não se trataria de decreto-lei independente, uma vez que a exigência de apresentação do cartão seria um mero condicionamento procedimental do exercício do direito à assistência médica. No caso concreto, o Tribunal reconheceu provada a condição de beneficiário do utente de quem se cobravam os encargos dos cuidados de saúde, bem como que não fora ele quem recebera a notificação para que pagasse ou provasse sua condição de beneficiário. Na visão da Corte, além de a legislação não prever a forma da interpelação, o SNS teria outros meios para obter informações sobre o utente possuir ou não o cartão, bem como também não havia a devida consideração de que fora a omissão do utente causada por alguma desídia ou motivo justificado.

[1139] Relator Conselheiro Carlos Fernandes Cadilha, julgamento pelo plenário, com apertada maioria (8 a 6). O voto condutor negou que a ausência de previsão de como seria feita a interpelação ofenderia a proporcionalidade e que estivesse sem previsão legal, porque entendeu que ela deveria tomar forma no rito previsto para as notificações, conforme Código de Processo Administrativo português, em que a exigência mínima fixada na jurisprudência é a prova de que o notificado tomou conhecimento do objeto da notificação. No aspecto de prova quanto à culpa do utente, entendeu a maioria que tal argumento não abalizava a inconstitucionalidade, uma vez que a relação entre utente e instituição integrante do SNS ou por ele contratada é uma situação jurídica especial, com direitos, vantagens, deveres e desvantagens previstos em normas e estatutos, decorrente da utilização do serviço público, não sendo cabível a indagação se era censurável ou não a omissão do utente, haja vista que não estava em causa nenhum ato de responsabilização cível, penal ou contraordenacional.

fato de que o prestador do cuidado de saúde pudesse alcançar a informação por outro meio; também não se poderia falar de desnecessidade da medida ante o argumento de que as unidades prestadoras de cuidados de saúde poderiam obter a informação por outros meios menos gravosos, haja vista que, ante o propósito colimado, não existiriam outros meios menos lesivos; por fim, a exigência normativa de condicionar a gratuidade dos cuidados e eventual isenção das taxas moderadoras à apresentação do cartão no ato ou em até dez dias após a interpelação seria uma exigência que afetaria muito diminutamente o direito fundamental à proteção da saúde.

Examinando a fundamentação vencedora no Aresto nº 221/09, denota-se claramente que a estrutura da proporcionalidade foi pensada para a proibição do excesso. No entanto, tal como argumentado no subitem próprio do Capítulo 2, pensa-se que a melhor solução seria a de cotejar a medida na estrutura da proporcionalidade pela proibição do déficit, mesmo que se reconheça que o objeto sindicável seja uma ação e não uma pura omissão, isto é, era caso de uma omissão relativa, pois se previu mecanismo que tende a contender com a tendencial gratuidade mesmo para os utentes beneficiários, caso não apresentassem o cartão de utente nas condições ali previstas. Deveras, fica patente, até pela argumentação do Tribunal, que foi usado um controle mais fraco ou de evidência, algo que se indaga previamente ao uso da proporcionalidade. Tal decisão mostra-se coerente com a geral tendência de autocontenção em matéria de direitos econômicos, sociais e culturais ofertada pelo Tribunal Constitucional ao longo de sua história, não obstante as controvérsias dadas na jurisprudência da crise, embora aí os fundamentos não tenham sido amparados em diretos econômicos, sociais e culturais; a par disso, a intenção de mais regular que propriamente amputar alguma posição de vantagem, destacada pelo fato de a maioria do Tribunal ter detectado que havia um supérfluo condicionamento do exercício do direito, também justificaria um padrão de maior deferência ou um controle mais enfraquecido. Em realidade, essa opção poderia ser questionável diante da nítida importância do direito fundamental à proteção da saúde, o que, dentro de uma teoria material que tributasse um grande valor ao bem jurídico "saúde", poderia justificar sua classificação como direito de primeiro nível ou primeira importância, mesmo no aspecto de acesso gratuito ao SNS. Porém, o arcabouço constitucional de alguma forma dá supedâneo para o critério do Tribunal ao diferenciar juridicamente o regime de direitos, liberdades e garantias, e o de direitos econômicos, sociais e culturais (arts. 17º e 18º, 1).[1140]

O primeiro passo no controle é interpretar a norma constitucional e verificar eventual antinomia solúvel por ponderação. O âmbito protegido do direito à proteção da saúde sofreu uma intervenção restritiva se interpretado numa perspectiva ampla, pois a posição de vantagem de ter acesso a um serviço de saúde tendencialmente gratuito é desfavorecida caso o utente descumpra as obrigações. Uma forma de evitar eventual sopesamento seria definir que não se poderia falar de restrição, mas de singela regulação do direito à proteção da saúde, mais precisamente do direito de acesso a um SNS que tenda a ser gratuito, estratégia usada no Acórdão nº 512/08. Ocorre que, como se passou no caso apreciado no Acórdão nº 67/07, tal regulação simplesmente permite que cidadãos

---

[1140] Remete-se para ALMEIDA, Luiz Antônio Freitas de. *Direitos fundamentais sociais e ponderação* – Ativismo irrefletido e controle jurídico racional. Porto Alegre: Sergio Antonio Fabris, 2014. p. 133-135 e 218-226.

portugueses tenham de arcar com os encargos de saúde caso não cumpram os requisitos ali disciplinados, em período relativamente curto. Por mais que não deixe de ser também uma forma de regular o exercício do direito, é certo que possui um caráter restritivo que, justamente por isso, em função de todas as vantagens trazidas por uma teoria do suporte fático mais amplo – ainda que esse suporte seja circunscrito a um critério de evidência, consoante proposta de Reis Novais –, é legítimo verificar um conflito entre uma norma constitucional geral e uma norma infraconstitucional especial, a clamar sua solução pela via ponderativa, por intermédio da proporcionalidade.

No exame da legitimidade do fim, o Tribunal identificou o fim imediato (obrigatoriedade do uso do cartão), mas não se debruçou aprofundadamente sobre o fim mediato, o qual tem a ver com a eficiência na organização administrativa e no controle das isenções sobre encargos de saúde, o que poderia ser reconduzido à defesa do interesse público na melhor gestão administrativa (art. 266º, 1, da Constituição). Como ambos os fins são legítimos, passa-se à análise da idoneidade do meio. Seguramente, o meio é idôneo para o fim imediato, pois promove minimamente o fim, o que basta para a versão débil do teste, consistente com o controle mais enfraquecido pretendido pelo Tribunal. Contudo, diante da realidade de que o benefício é mínimo no aspecto quantitativo e nas demais perspectivas de avaliação,[1141] em razão do substrato fático de que a Administração e as unidades prestadoras tinham à disposição outros meios não onerosos e de acesso fácil para saber se o utente era ou não beneficiário do SNS, poder-se-ia construir uma regra complementar para fulminar a validade das normas já no teste da idoneidade. No entanto, entende-se que essa regra não se justifica no presente caso. Mesmo que a posição jurídica seja minimamente determinável no texto constitucional (acesso tendencialmente gratuito ao SNS) e que, em termos de justiça material, haja inequivocamente uma grande relevância do direito à proteção da saúde, é fato que a opção do legislador constitucional foi o de situá-lo em diferente regime de aplicabilidade, a enfraquecer a força de sua tutela jurídica. Logo, o contexto cultural-jurídico-político dá base a um controle mais deferente, o que propicia uma versão enfraquecida do teste de idoneidade.

Quanto ao teste de necessidade, dever-se-ia ter a atenção em meios alternativos que promovam o fim na mesma medida e que possibilitem uma proteção minimamente suficiente do direito fundamental – e não que promovam mais o direito fundamental. A esse respeito, foi consignado que as unidades prestadoras de saúde dispunham de vários meios diferentes de obter essa informação,[1142] inclusive por força da informatização dos cadastros dos utentes/beneficiários. Ora, a mera consulta a esses meios, os quais, nessa condição, não seriam em nada mais onerosos que a apresentação do cartão, seria alternativa que protege suficientemente o direito fundamental. O voto do relator, porém, argumenta que essa possibilidade não pode ser classificada como meio alternativo, porquanto em nada promove o fim de tornar o uso do cartão cogente e não facultativo. No entanto, esse substrato fático é importante para escrutinar a intensidade

---

[1141] Em realidade, pode-se mesmo contestar que o seja nos aspectos qualitativo e probabilístico, diante da disponibilização por outros meios da informação necessitada pela Administração.

[1142] Faltariam informações adicionais se há efetivamente um sistema informatizado de cadastro dos utentes, de fácil acesso pelas unidades prestadoras de saúde, o que parece ser o caso, inclusive porque, no Acórdão nº 67/07, consignou-se que a Administração sabia que o cidadão era beneficiário do SNS.

de promoção do fim, como já salientado a respeito do teste de idoneidade: se há outras formas não onerosas de descobrir se o utente é ou não beneficiário do SNS ao alcance da Administração, há de convir-se que a utilidade do cartão para o fim almejado é pequena ou quase nula. Porém, discorda-se de que não existam meios alternativos passíveis de avaliação. Uma medida opcional não examinada pelo Tribunal seria a de exigir uma multa ou coima – e não a integralidade dos encargos de saúde –, o que certamente também promoveria o fim.[1143] Conquanto aí se reconheça que não na mesma intensidade, como a intensidade de promoção do fim pelo próprio meio oficial é diminuta, poder-se-ia cogitar numa regra complementar para, fortalecendo a força decisória do teste de necessidade, considerar as medidas oficial e alternativa equivalentes na promoção do fim, com o advogar da desnecessidade do meio oficial. Porém, pelos mesmos motivos já engendrados no tratamento da idoneidade, o contexto aponta para uma versão débil do estágio da necessidade, considerando a medida adotada como necessária.

Finalmente, na etapa da proporcionalidade em sentido estrito, é preciso ajustar a escala ponderativa para o que se pondera. Não é o direito à saúde *versus* o interesse público que estão em sopesamento. Tem-se, de um lado, uma pequena importância marginal do fim promovido, pois o objetivo de obrigar o uso do cartão é de diminuta valia, pelo pouco contributo dado (peso concreto) à meta de maior organização administrativa (peso abstrato) diante desse quadro de obtenção da informação pretendida por outros meios acessíveis pela Administração. De outro lado, deve-se considerar que há no grau de proteção oferecido uma interferência leve (peso concreto) no acesso à gratuidade do SNS (peso abstrato), pois ele é somente condicionado à apresentação do cartão no momento e prazo previstos. Veja-se que não se impedem a prestação dos cuidados nem o acesso ao SNS, porém cobram-se os encargos e eventualmente as taxas caso não haja a tempestiva apresentação do cartão, o que se afiguraria como uma séria intervenção. A previsão de um prazo de 10 dias após a interpelação para apresentar o cartão permite a avaliação de que não se trata de uma intervenção séria nem média no conteúdo do direito fundamental afetado, a concordar-se com a avaliação dada pela maioria do Tribunal quanto à intensidade mínima de afetação do direito positivo. Com base nesse sopesamento entre essas duas gamas de intensidade de afetação e promoção, chegar-se-ia a uma equivalência, salvo se a gratuidade do SNS fosse considerada com maior peso abstrato que a organização e eficiência administrativas do serviço público, o que levantaria muitos problemas argumentativos, embora haja razoabilidade em supor que talvez a gratuidade prepondere. Para o interesse da pesquisa, consideram-se de idêntica importância, de modo que o empate persistiria.

No entanto, tal como defendido no Capítulo 2, é viável pensar numa segunda linha de valores, ao lado da linha do direito fundamental afetado, para pôr em relação com a importância social de promover o fim estatal planejado. Com esse desiderato, deve-se avaliar o impacto da omissão de determinada medida que poderia proteger o direito fundamental suficientemente. Nesse tocante, além de considerar a medida alternativa da previsão de multa, pode-se imaginar equipar a unidade de prestadores de saúde de um sistema de reconhecimento digital ou por outro dado biométrico, a par da medida pensada pelo governo de obrigar o uso do cartão, resumindo-se a essas três

---

[1143] Há outras que serão consideradas posteriormente no restante da análise.

medidas para fins heurísticos. Ordenadas as medidas pelo grau protetivo, tem-se que a medida de equipar as unidades de saúde com máquinas de identificação por dados biométricos seria a mais protetora, pois nunca acarretaria para o beneficiário do SNS o ônus financeiro dos encargos de saúde (M1), seguida pela medida de previsão de uma coima ou multa (M2), terminando com a cobrança total dos encargos (M3). O impacto é avaliado pela valoração da medida imediatamente subsequente na escala decrescente de proteção, isto é, valora-se a omissão da M1 pela adoção de M2 e de M2 pela adoção de M3, ao passo que esta é avaliada isoladamente, simplesmente considerando o efeito em sua retirada. Ora, a instalação de medidores biométricos poderia favorecer muito a organização administrativa, posto que implicaria mais custos e desfalcaria o erário, o que pode afetar outros direitos prestacionais, razão pela qual favorece menos o interesse público que a obrigatoriedade do cartão. M2 favorece o interesse público em medida muito similar a M3, a depender do valor cobrado, ao passo que protege mais o direito fundamental ao acesso gratuito ao direito à saúde. M3 é a medida que mais favorece o interesse público, porque não implica os custos adicionais causados por M1, mas é mais agressiva ao direito fundamental que as anteriores. O sopesamento entre essa segunda linha de valoração e eventual afronta ao direito fundamental aconselharia a favorecer a medida M2. Aqui poderia entrar a utilidade da proposta de Barak, referida nos itens 2.7.4 e 2.7.5, no sentido de cotejar diferentes alternativas e verificar quais trazem maiores benefícios marginais a um custo menor da desproteção do direito fundamental. É certo que a proteção contra a insuficiência se contenta com um patamar bastante de tutela (não se exige a medida que mais proteja o direito fundamental), no entanto se entende que a ponderação exercida no último estágio termina por invalidar a opção legal, porque protege deficitariamente o acesso tendencialmente gratuito a quem efetivamente é beneficiário e pode até provocar um enriquecimento sem causa do prestador ou do Estado.

Outro mandamento constitucional, introduzido na primeira revisão constitucional de 1982, está expresso no art. 64º, 4, da Constituição, qual seja, donde se extraem os princípios formais da descentralização e da participação na gestão do SNS. Houve questionamento, aquando da aprovação da Lei nº 48/90, quanto à observância desses dois princípios formais, no sentido de que: a) a previsão da Base XXVII, que instituiu as administrações regionais de saúde, não operou uma descentralização, porque elas não possuiriam autonomia administrativa, haja vista restar ao Ministério da Saúde o poder de direção; b) houve ausência de previsão nessa lei de como se operacionalizaria a participação dos cidadãos na gestão do SNS. Nenhum dos dois argumentos prosperou na avaliação do Tribunal Constitucional. No supramencionado Acórdão nº 731/95, a Corte salientou que a Lei de Bases realizou uma descentralização técnica ou por serviço do SNS, o qual não integra a administração direta do Estado, estando este sujeito apenas ao poder de superintendência, mas não subordinado hierarquicamente ao Governo, tendo em vista que a superintendência preconiza a estatuição de diretrizes genéricas e não de ordens concretas.[1144] No que tange à participação, o Tribunal proclamou que

---

[1144] Foi destacada pelo relator a regionalização do SNS, o qual se divide em regiões de saúde, geridas pelas Administrações Regionais de Saúde. Consoante a vigente legislação, Base XXVII da Lei nº 48/90, Decreto-Lei nº 11/93 e Decreto-Lei nº 22/2012, e suas posteriores alterações, as Administrações Regionais de Saúde responsabilizam-se

a Constituição foi silente quanto à forma de operar essa gestão participativa; como a Lei de Bases respeitava o "conteúdo mínimo" dessa norma, que era de assegurar a utentes e profissionais a representação em órgãos consultivos, nada havia a censurar.[1145] Singelamente, concorda-se com a decisão nesse tocante, não se encontrando qualquer razão para a discordância.

Portanto, a título de síntese do tópico, conclui-se que a Constituição portuguesa salientou um aspecto de responsabilidade individual pela própria saúde e um dever de cuidar da própria saúde, obrigação que merece ser ajustada numa ótica de evitar um paternalismo excessivo, de sorte a circunscrevê-la limitada a zelar pela saúde pública e outras causas sociais excepcionalmente eleitas pelo Legislativo, com o controle das opções legislativas pelos "limites dos limites", em especial o princípio da proporcionalidade. Sem adotar o extenso conceito de saúde da OMS, inegavelmente o poder constituinte sedimentou um conceito positivo de saúde.

Conquanto a norma constitucional do art. 64º, 1, possa autorizar uma inflexão de um princípio constitucional que comporta dimensões negativa e positiva, a Constituição portuguesa cuidou de, no restante do artigo, firmar a posição por um direito à proteção da saúde que garanta, no seu aspecto positivo, a existência de um Serviço Nacional de Saúde de caráter universal, geral, tendencialmente gratuito, descentralizado e com gestão participativa da comunidade, o qual não é o único sistema público existente, em que pese o prejuízo a uma visão de solidariedade que os sistemas universalistas

---

pela saúde populacional das respectivas áreas geográficas, coordenam a oferta de cuidados sanitários de todos os níveis e adéquam os recursos existentes às necessidades, conforme a política superiormente definida e as diretivas e normas traçadas pelo Ministério da Saúde. As Administrações Regionais de Saúde ostentam personalidade jurídica e possuem autonomia administrativa, financeira e patrimônio próprio; são institutos públicos integrados na Administração Indireta do Estado. Com as missões mais detalhadas no art. 3º do Decreto-Lei nº 22/12, seus órgãos são o conselho diretivo, conselho consultivo (nomenclatura que parece ter substituído as Comissões Concelhias de Saúde) e o fiscal único. Integram-se à estrutura orgânica das Administrações Regionais de Saúde os Agrupamentos dos Centros de Saúde do Serviço Nacional de Saúde. *A nova Lei de Bases da Saúde, nº 95/19, não menciona as Administrações Regionais de Saúde, porém traz, na Base 9, os sistemas locais de saúde, com a competência de, no âmbito de sua respectiva unidade geográfica, promover a saúde, prestar cuidados sanitários e racionalizar os recursos disponíveis. A Base 8 trata da efetivação do direito à proteção da saúde pelas autarquias locais, conforme a lei, de sorte que deverão acompanhar os sistemas locais de saúde, mormente "nos cuidados de proximidade e nos cuidados na comunidade, no planejamento da rede de estabelecimentos prestadores e na participação nos órgãos consultivos e de avaliação do sistema de saúde". De qualquer forma, aparentemente não houve a revogação do Decreto-Lei nº 22/2012, de modo que ainda existem as Administrações Regionais de Saúde. A propósito das competências, convém mencionar o Decreto-Lei nº 23/2019, com o objetivo de reforçar as competências das autarquias locais, com transferência para os municípios das competências de manutenção, conservação e equipamento das instalações de unidades de prestação de cuidados de saúde primários, entre outras.

[1145] Com efeito, as bases existentes na Lei consagravam alguma participação popular e de prestadores de cuidados da saúde, como a Base II, 1, "g", que prevê a participação de indivíduos e comunidade na definição da política da saúde e no planejamento e controle do funcionamento dos serviços; a Base VII dispõe sobre o Conselho Nacional de Saúde, órgão consultivo do governo, que representa tanto utentes, eleitos pela Assembleia da República, como entidades prestadoras de cuidados de saúde e trabalhadores de saúde, os departamentos governamentais com áreas de atuação conexa e outras entidades; a Base XIV, 1, "i", que prevê ser direito dos utentes associarem-se ou criarem entidades para colaborar com o sistema de saúde e promoção da saúde. Ademais, o Conselho Consultivo das Administrações Regionais de Saúde será integrado por um representante da população para cada cidade de NUTS (Nomenclatura de Unidades Territoriais para Fins Estatísticos) III situada na circunscrição da Administração Regional e um representante de cada associação profissional do setor de saúde. *A nova Lei de Bases da Saúde relata que o Conselho Nacional de Saúde terá representação dos interessados, no formato disposto em lei (Base 18, nº 1); a gestão no SNS também deve ser participada (Base 20, nº 3), sendo direito e princípio da política da saúde a participação de pessoas, comunidades, profissionais e órgãos municipais na definição, no acompanhamento e na avaliação das políticas de saúde (Base 4, nº 2, "f"). A Base 5 reitera a participação nos termos da Base 4, nº 2, "f", porém é lacônica ao não explicitar como será efetivada essa participação.

procuram sedimentar. Como modelo geral de interpretação, o Tribunal Constitucional garante alguma eficácia mínima aos direitos econômicos, sociais e culturais, porque nesse aspecto mínimo entende que o Legislativo está vinculado, contando, porém, na parte aureolar do conteúdo do direito, com amplo espectro discricionário para conformação de suas fronteiras. Posto isso, o Tribunal não impediu as reformas introduzidas nas políticas de saúde em Portugal que inseriram conceitos de mercado na gestão do sistema de saúde e que resultaram na possibilidade de cisão entre a obrigação de prestar e a obrigação de financiar, com o Estado português caminhando progressivamente para uma função de garantidor. No que tange ao direito à proteção da saúde, o Tribunal atualmente tem adotado essa linha de percepção, porque tem suavizado a vertente de interpretação trazida com o Acórdão nº 39/84 e se afastado paulatinamente de qualquer compromisso com a tese da vedação do retrocesso social. O aspecto mais analisado pela Corte diz respeito à tendencial gratuidade, norma com natureza de princípio que não impede a cobrança de taxas moderadoras nem de comparticipações, observado o cânone da proporcionalidade. Contudo, o Tribunal, mesmo quando usa o princípio para o controle, não faz um apuramento na metodologia, porque não busca escrutinar melhor as subetapas do teste, além de que o emprega na mesma estrutura da proporcionalidade como proibição de excesso, o que merece reparo.

3.6.2   O direito à saúde na Constituição brasileira

O direito à saúde é assegurado em princípio jurídico insculpido no Capítulo II do Título II, mais especificamente no art. 6º, *caput*, da Constituição Federal brasileira de 1988, ao lado de outros direitos sociais; é complementado pelo enunciado do art. 196, o qual dispõe que é direito de todos e dever do Estado, com sua garantia efetuada mediante políticas sociais e econômicas que almejem a diminuição do risco de doença e de outros agravos e o acesso universal e igualitário às ações e serviços para sua promoção, proteção e recuperação. Foi a primeira vez que um texto constitucional brasileiro albergou um direito à saúde como direito fundamental, o que certamente produz um reforço normativo formal e material da proteção desse direito.[1146]

Essas ações e serviços de saúde devem, na dicção constitucional do art. 198, integrar-se em rede regionalizada e hierarquizada, formando um Sistema Único de Saúde (SUS), organizado em conformidade com as diretrizes da i) descentralização, ii) integralidade no atendimento, com prioridade para ações preventivas, ainda que sem prejuízo da assistência sanitária; iii) participação da comunidade. Definindo os serviços e ações de saúde como de relevância pública, obriga-se o Estado a regulamentá-los, fiscalizá-los e controlá-los, admitindo sejam prestados diretamente pelo ente estatal ou pela iniciativa privada, consoante art. 197. Preocupou-se o constituinte em não monopolizar a oferta de bens e serviços sanitários, com abertura à iniciativa privada, que poderá complementar a atividade estatal mediante instrumentos típicos de direito administrativo (art. 199).

[1146] DANTAS, Eduardo Vasconcelos dos Santos. *Droit médical au Brésil* – Essais et réflexions sous la perspective du droit comparé. Rio de Janeiro: GZ, 2013. p. 108 e seguintes.

Retornando ao SUS, descrevem-se as seguintes competências no texto constitucional, sem prejuízo de outras previstas em lei (art. 200): a) controle e fiscalização de procedimentos, produtos e substâncias interessantes para a saúde, e participação na produção de medicamentos, equipamentos, imunobiológicos, hemoderivados e outros insumos; b) execução de ações de vigilância sanitária, epidemiológica e de saúde laboral; c) ordenação da formação de recursos humanos na área sanitária; d) participação na formulação da política e na execução das ações de saneamento básico; e) incremento do desenvolvimento científico e tecnológico e da inovação na área de atuação; f) fiscalização e inspeção de alimentos, inclusive o teor nutricional, de bebidas e água para consumo humano; g) participação no controle e na fiscalização da produção, transporte, guarda e utilização de substâncias e produtos psicoativos, tóxicos e radioativos; h) colaboração na proteção do meio ambiente, incluindo o meio ambiente do trabalho.

Antes da criação do SUS por determinação da Constituição Federal, as políticas de saúde no Brasil concentravam-se em duas áreas básicas: saúde pública e medicina previdenciária. Com efeito, a prestação de cuidados de saúde era condicionada ao esquema de seguro social, que cobria principalmente os trabalhadores residentes em urbes, com paulatina extensão aos trabalhadores rurais, aos autônomos e aos trabalhadores domésticos.[1147] A defesa de um sistema público universal de saúde foi a proposta preconizada na 8ª Conferência Nacional de Saúde, realizada em 1986, organizada por um movimento sanitarista que foi um dos pilares da estruturação acolhida no texto da Constituição Federal.[1148]

Deve-se salientar que o Brasil também sofreu grande influência das políticas neoliberais econômicas como um todo na forma de conceber a burocracia estatal e no papel confiado ao Estado e sua relação com a iniciativa privada. As reformas no direito administrativo, iniciadas na década de 90 do século passado, consagraram a separação entre o financiador e o prestador, com a permissão da contratação direta pela Administração Pública de atores privados para prestarem serviços de saúde, a par de institucionalizar na gestão pública a mentalidade de mercado para obter ganhos de eficiência econômica, mormente em cálculos de custo-efetividade.[1149]

Como se argumentou anteriormente, há uma evidente tensão na inter-relação entre os objetivos de, por um lado, satisfazer as necessidades epidemiológicas e tratar

---

[1147] Para uma síntese histórica das políticas sanitárias no Brasil, conferir VENDRAME, Alan; MORENO, Jamile Coelho. Saúde como garantia fundamental: uma perspectiva da evolução constitucional e histórica das políticas públicas. *In*: SIQUEIRA, Dirceu Pereira; LEÃO JÚNIOR, Teófilo Marcelo de Arêa (Org.). *Direitos sociais* – Uma abordagem quanto à (in)efetividade desses direitos – A Constituição de 1988 e suas previsões sociais. Birigui: Boreal, 2011. p. 1-19.

[1148] HENRIQUES, Fátima Vieira. Direito prestacional à saúde e atuação jurisdicional. *In*: SOUZA NETO, Cláudio Pereira; SARMENTO, Daniel (Org.). *Direitos sociais* – Fundamentos, judicialização e direitos sociais em espécie. 2. tir. Rio de Janeiro: Lumen Juris, 2010. p. 827-858; VENDRAME, Alan; MORENO, Jamile Coelho. Saúde como garantia fundamental: uma perspectiva da evolução constitucional e histórica das políticas públicas. *In*: SIQUEIRA, Dirceu Pereira; LEÃO JÚNIOR, Teófilo Marcelo de Arêa (Org.). *Direitos sociais* – Uma abordagem quanto à (in)efetividade desses direitos – A Constituição de 1988 e suas previsões sociais. Birigui: Boreal, 2011. p. 1-19. Como estes últimos autores anotam, também houve forte movimento político de pressão capitaneado pelas indústrias farmacêuticas e demais grupos empresariais, que conseguiram emplacar a liberdade de iniciativa na assistência sanitária.

[1149] COHN, Amélia; CARNEIRO JÚNIOR, Nivaldo; PINTO, Rosa Maria Ferreira. Entidades filantrópicas e a relação público-privado no SUS. *In*: ALVES, Sandra Maria; DELDUQUE, Maria Célia; DINO NETO, Nicolao (Org.). *Direito sanitário em perspectiva*. Brasília: ESMPU/Fiocruz, 2013. v. 2. p. 261 e seguintes.

a saúde como riqueza coletiva estratégica e, de outro, o de considerá-la um bem de mercado e fomentar o ingresso de atores privados que atuam numa mentalidade de lucro, dinâmica instituída na política de saúde no Brasil.

Porém, mesmo quando a prestação é realizada no âmago de um sistema que pretende ser universal, em respeito à socialidade do Estado e em concretização de uma dimensão de igualdade material, o internalizar de uma doutrina de eficiência econômica também propicia uma tensão entre essa socialidade e o setor privado que pretende complementar a atuação do setor público, o que extrapola o matiz caritativo e almeja mesmo permitir a própria participação social na execução dos serviços públicos. A doutrina da nova governança, que incentivou novas formas de gestão da máquina estatal, aposta no recuo do Estado no fornecimento direto de prestações, na finalidade de este investir-se do papel de garantidor, em que financia, regula, supervisiona e controla o setor privado, que passa a ostentar a condição de prestador.

A par do setor privado que almeja o lucro, que pode integrar o SUS de forma complementar mediante contratação pelos procedimentos de direito administrativo, têm tido especial relevância na execução de serviços e ações de saúde as entidades classificadas como de terceiro setor, em que não há propriamente finalidade lucrativa; algumas delas já tinham uma participação na oferta de cuidados de saúde mesmo antes do advento da Constituição Federal. Em solo brasileiro, cada vez mais as prestações de saúde são entregues a atores privados, com a crescente participação do terceiro setor nesse processo, como as organizações sociais (OS) de saúde e as organizações da sociedade civil de interesse público (Oscip); a crescente importância dada pela Administração Pública ao setor privado, aliás, gerou a necessidade de criar um marco regulatório para as parcerias das organizações da sociedade civil com a Administração Pública, entidades que não necessariamente consubstanciam organizações sociais ou organizações da sociedade civil de interesse público, na forma dos aludidos diplomas de regência,[1150] o que tem gerado algumas críticas. Elas alfinetam essa tendência de

---

[1150] As Organizações Sociais regem-se pela Lei nº 9.637/98, as Organizações da Sociedade Civil de Interesse Público, pela Lei nº 9.790/99, e as parcerias entre organizações do terceiro setor e Administração Pública organizam-se segundo a Lei nº 13.019/2014, com as alterações posteriores. Em linhas gerais, aproximam-se as Organizações Sociais das Organizações da Sociedade Civil de Interesse Público pela natureza não lucrativa, possibilidade de remunerar dirigentes, prestação de serviços de relevância pública, mediante termos próprios de cooperação (contrato de gestão e termo de parceria, respectivamente). No entanto, não há critérios muito explícitos na lei das organizações sociais a respeito da sua desqualificação ou descredenciamento; o diploma exige que as organizações sociais dediquem-se a uma única área por ela administrada, com participação do poder público no órgão de direção da entidade; pelo contrato de gestão, elas recebem um orçamento que irão administrar, com a previsão de metas e resultados que devem alcançar, não havendo a lógica de remunerar por procedimento prestado; também poderão receber bens e servidores públicos da Administração, para que possam geri-los dentro de seus objetivos. Nas organizações da sociedade civil de interesse público (Oscip), é a própria lei quem estipula critérios excludentes da qualificação de Oscip, com previsão de que as Oscip podem dedicar-se a várias frentes ou áreas de atuação; nos termos de parceria, também se preveem metas e resultados, além de critérios e indicadores de avaliação, com destinação de recursos de modo global para alcance desses objetivos, mas não existe a possibilidade de cessão de bens e servidores públicos, como ocorre com as organizações sociais. De acordo com a Lei nº 13.019/2014, as entidades que não conseguiam enquadrar-se nas exigências das Leis nº 9.637/98 e nº 9.790/99, satisfeitos alguns outros requisitos instituídos naquela lei, podem, mediante procedimento de chamamento público – excepcionado em algumas situações previstas –, ser selecionadas para celebrar parcerias com a Administração Pública, inclusive na área da saúde, por meio de termo de colaboração, termo de fomento e acordo de cooperação; neste acordo, a parceria é concretizada sem transferência de recursos públicos, ao passo que nos dois primeiros há transferência de dinheiro público, sendo que a iniciativa de celebrar partiu da Administração no primeiro caso e da organização social, no segundo. Na área da saúde, aliás, pode-se dispensar o chamamento público caso a entidade esteja credenciada junto ao Conselho de Saúde do ente

privatização, a denunciar uma precarização da mão de obra dos profissionais da saúde, haja vista que as entidades prestadoras contratam e demitem conforme leis trabalhistas e não estatutárias do funcionalismo público, além de que haveria uma reversão da lógica existencial do SUS enquanto sistema universal, com um sucateamento da assistência sanitária por possível mau desempenho dessas organizações sociais, inclusive pelo risco de ser um canal propício para corrupção, bem como por serem objeto dessa separação apenas os serviços e procedimentos mais lucrativos.[1151] Ao que parece, essa tendência não será revertida por obra do Judiciário, haja vista que, no que tange às organizações sociais, o Supremo Tribunal Federal não invalidou a separação entre prestador e financiador, desde que haja observância dos princípios que regem a atuação administrativa, com observação de que também essas organizações estão submetidas a controle por Tribunal de Contas e Ministério Público.[1152] Deveras, dentro da abertura dada pelo art. 199, *caput* e §1º, da Constituição Federal, não se poderia pretender excluir entes privados da execução de ações e serviços de saúde, logo, sem adentrar no mérito de outros argumentos que não dizem respeito ao desenho constitucional do SUS,[1153] a decisão da Corte foi acertada em linhas gerais.

---

público que efetuaria o chamamento. Nos referidos planos de trabalho, há remuneração fixa transferida para a organização, salvo, por suposto, o acordo de cooperação, além de previsão de metas e resultados, com critérios entabulados de avaliação. Sobre o aumento da prestação de cuidados sanitários por entidades do terceiro setor, com a explicação da diferença e semelhança principal entre OS e Oscip, remete-se a COHN, Amélia; CARNEIRO JÚNIOR, Nivaldo; PINTO, Rosa Maria Ferreira. Entidades filantrópicas e a relação público-privado no SUS. *In*: ALVES, Sandra Maria; DELDUQUE, Maria Célia; DINO NETO, Nicolao (Org.). *Direito sanitário em perspectiva*. Brasília: ESMPU/Fiocruz, 2013. v. 2. p. 258-260 e seguintes.

[1151] Sobre o movimento de expansão do terceiro setor consubstanciar uma nova onda de privatização, COHN, Amélia; CARNEIRO JÚNIOR, Nivaldo; PINTO, Rosa Maria Ferreira. Entidades filantrópicas e a relação público-privado no SUS. *In*: ALVES, Sandra Maria; DELDUQUE, Maria Célia; DINO NETO, Nicolao (Org.). *Direito sanitário em perspectiva*. Brasília: ESMPU/Fiocruz, 2013. v. 2. p. 261 e seguintes, em que se nota um tom crítico quanto ao risco para o SUS advindo de uma ótica gerencial que leve em conta a questão econômica acima das necessidades de saúde das pessoas, a demandar um sistema totalmente integrado, uniforme na oferta, com regulação da referência/contrarreferência conforme fluxo de usuários do sistema. Na audiência pública realizada pelo Supremo Tribunal Federal (BRASIL. Supremo Tribunal Federal. *Audiência pública*: saúde. Brasília: Secretaria de Documentação, 2009), alguns dos expositores criticaram a ótica de mercado e a privatização e seus efeitos na lógica de assistência universal do SUS, como Jairo Bisol (p. 152-159); Francisco Batista Júnior, então Presidente Conselheiro Nacional de Saúde (p. 87-93), que destaca que o sistema complementar estaria se tornando o principal, o que ofenderia a Constituição, e Geraldo Guedes, então membro do Conselho Federal de Medicina (p. 190-197), que fala da precarização do trabalho dos profissionais da saúde como consequência da lógica de terceirização.

[1152] Ação Direta de Inconstitucionalidade nº 1.923-DF, relator para acórdão Ministro Luiz Fux, julgado em 16.4.2015. A maioria deu interpretação conforme a Constituição às normas contidas na Lei nº 9.637/98 e na previsão de dispensa de certame licitatório para seleção da referida organização. Com efeito, para qualificar-se como organização social, o Supremo considerou que o procedimento de qualificação, a celebração do contrato de gestão, as hipóteses de dispensa de licitação para contratações e outorga de permissão de uso de bem público, os contratos celebrados entre organizações sociais e terceiros que envolvam recursos públicos, a seleção de pessoal pelas organizações sociais, tudo isso seja conduzido de forma pública, objetiva e impessoal, com observância dos princípios do *caput* do art. 37 da Constituição Federal, ainda que não se exijam formalidades de concurso público, licitação etc.

[1153] Em que pese a posição majoritária do Supremo Tribunal Federal, há sérias dúvidas a respeito da constitucionalidade de algumas normas da Lei nº 9.637/98, como a de dispensa de licitação, quanto às formas de credenciamento de uma entidade como organização social, da própria cessão de bens e servidores para atuação na área administrativa, em função de princípios e regras que norteiam a regência da Administração Pública na Constituição Federal, o que exigiria maior reflexão para posicionar-se definitivamente. Os critérios instituídos jurisprudencialmente pelo Supremo Tribunal Federal no voto do Ministro Fux cuidam por minimizá-las, mas sempre ficam alguns pontos de indagação que, pelo próprio parâmetro aceito pelo Tribunal, só poderão ser dirimidos em cada caso concreto. Como não dizem respeito ao direito à saúde, não interessa esse aprofundamento aqui.

No entanto, ficou sem resposta algo que fora objeto de crítica no voto do Ministro Marco Aurélio e também no voto do Ministro Ayres Britto: essa participação da iniciativa privada deve ser complementar e não totalizante. Isto é, toda a gestão ou mesmo todos os serviços executados no âmbito de cada ente federado não podem ser delegados integralmente às organizações sociais – e o mesmo raciocínio abrange as organizações da sociedade civil de interesse público e as organizações da sociedade civil regidas pela Lei nº 13.019/14. Em suma, se é certo que o texto constitucional não dispôs de um limiar ante o qual a atuação da iniciativa privada deixaria de ser complementar e tornar-se-ia a principal forma de execução de serviços e ações de saúde,[1154] a dependência exclusiva ou acentuada de atores privados na prestação de serviços preventivos de saúde e na oferta de cuidados de saúde, mormente na atenção primária, sobretudo se forem encontrados problemas na proteção adequada do direito à saúde, fatalmente conspurca a norma constitucional e pode ser objeto de fiscalização ou controle concreto de constitucionalidade. Logo, embora as normas legais sejam constitucionais conforme a interpretação gizada pelo Supremo Tribunal e essa inteligência vincule todo o Judiciário brasileiro e setores da Administração Pública, é fato que não representa nenhuma contrariedade a essa interpretação a observação de que se excedeu determinado ente federado na extensão da entrega de atividades aos entes do terceiro setor e ao mercado privado.[1155]

O texto constitucional brasileiro, diferentemente do português, não contempla nenhuma norma que trate de modo diferenciado os direitos mencionados como de "primeira geração" em relação aos direitos econômicos, sociais e culturais, uma vez que a norma contida no art. 5º, §1º, prescreve a aplicabilidade imediata de todos os direitos fundamentais, o que fortalece uma perspectiva de unidade dogmática preconizada nesta tese.[1156] Com base nessa norma, extrai-se também a vinculação de todos os poderes estatais

---

[1154] O art. 24 da Lei nº 8.080/90 menciona que a contratação ou celebração de convênio com pessoas jurídicas de direito privado para o complemento da assistência sanitária está condicionada à insuficiência da disponibilidade estrutural própria do SUS, ou seja, se o SUS possuir estrutura própria que consiga atender a população, está vedada a complementação de sua atividade pela iniciativa privada. Logo, o limiar a que se refere o texto desta pesquisa é mais especificado na lei ordinária, para em tese permitir a complementação sempre que não houver disponibilidade de atenção sanitária. Destarte, numa interpretação divorciada da finalidade constitucional, não se imporia nenhum dever de prestar diretamente um mínimo de serviços pelo Estado, o que, a princípio, convalidaria a opção de entregar toda a atividade prestacional ao setor privado, para resumir-se o Estado num papel puramente garantidor (supervisor, regulador e financiador). No entanto, se essa opção poderia ser legítima à partida, passa a ser de duvidosa constitucionalidade em razão da política pública delineada no texto constitucional de que a participação do mercado privado no SUS é só complementar; se houver desproteção bastante do direito à saúde, fatalmente se permite questionar a validade da omissão estatal em ter uma estrutura mínima própria para a prestação de serviços sanitários preventivos, curativos e reabilitadores.

[1155] No município de Coxim, estado de Mato Grosso do Sul, tive a oportunidade de constatar a inexistência de hospital público naquela urbe em atuação como membro do Ministério Público. Não obstante o Município recebesse recursos por serviços hospitalares, o único hospital existente até então pertencia a uma entidade sem fins lucrativos e realizava toda assistência hospitalar dentro do Município, inclusive como referência para o norte do Estado em alguns procedimentos. Foi proposta uma ação civil pública (Processo nº 0005092-09.2006.8.12.0011), com pedido de que o município se responsabilizasse por prestar esses serviços em hospital que não apresentasse os problemas sanitários graves detectados nas auditorias. Embora na época não se tivesse raciocinado nessa vertente, certamente seria um argumento que justificaria a conclusão da omissão inconstitucional do Município nesse tocante, uma vez que parte significativa da assistência – o serviço hospitalar – não era prestada diretamente pelo Município, inferência envernizada pela constatação de prejuízos e insuficiência de proteção ao direito à saúde, em função da precariedade encontrada no nosocômio privado filantrópico.

[1156] Remete-se ao subitem 2.7.5. A defender que a norma em questão se aplica aos direitos sociais e tem natureza de princípio jurídico, a expandir a eficácia de todos os direitos fundamentais, remete-se a SARLET, Ingo Wolfgang. *A eficácia dos direitos fundamentais*. 8. ed. Porto Alegre: Livraria do Advogado, 2007. p. 247 e seguintes; SARLET, Ingo Wolfgang. Algumas considerações em torno do conteúdo, eficácia e efetividade do direito à saúde na

a todos os direitos fundamentais e o dever correspondente de respeitá-los, protegê-los, fomentá-los e realizá-los, o que alicerça a construção de pautas interpretativas que lhes confiram maior efetividade, a par de garantir-lhes a concreção de alguns efeitos jurídicos independentemente de previsão infraconstitucional, o que implica resguardar seu conteúdo de restrições excessivas ou omissões inconstitucionais.[1157] Destarte, o direito à saúde é de aplicabilidade imediata e já vincula todos os poderes, de modo que é um princípio jurídico que não pode ser adjetivado de meramente programático, pois ao menos algumas parcelas de seu conteúdo produzem efeitos e são passíveis de concretização pelo Judiciário ainda que não estivessem delineadas por leis.

Um primeiro ponto que merece consideração é o da titularidade do direito à saúde. Com efeito, a universalidade do acesso ao sistema é expressamente prevista e o princípio do direito à saúde é qualificado como um direito de todos. No entanto, e os estrangeiros e apátridas? Por falta de maior técnica de sistematização do redator da Constituição brasileira, o exercício dos direitos fundamentais pelos cidadãos não brasileiros foi disposto no art. 5º, *caput*, que trata exclusivamente dos direitos individuais e de alguns direitos coletivos, ao referir-se que se garantem esses direitos apenas aos residentes. Logo, põem-se em questão duas situações: a) do estrangeiro/apátrida não residente; b) a titularidade dos direitos econômicos, sociais e culturais por estrangeiros/apátridas.

A interpretação literal e topográfica do art. 5º, *caput*, permite uma intelecção *a contrario sensu*, em duas sendas. Na primeira, excluem-se os não residentes como sujeitos protegidos juridicamente pelas normas de todos os direitos fundamentais, com plena discricionariedade por parte do Legislativo e/ou Executivo para regular sua situação; na segunda, em função de que os direitos econômicos, sociais e culturais não estão disciplinados no art. 5º, poder-se-ia inferir que os forasteiros podem ser excluídos pelo Legislativo de quaisquer prestações, situações ou posições de vantagem que se poderiam pinçar dessas normas.

No que tange ao primeiro aspecto, é relativamente tranquilo, em termos doutrinários e jurisprudenciais, o consenso de que o apátrida e o estrangeiro, mesmo não residentes, são titulares de direitos fundamentais de liberdade.[1158] No entanto, diante

---

Constituição de 1988. *Revista Eletrônica sobre a Reforma do Estado*, n. 11, set./nov. 2007. Disponível em: http:www.direitodoestado.com.br/rere.asp. Acesso em: 20 out. 2016. p. 9.

[1157] ALEXY, Robert. Colisão de direitos fundamentais e realização de direitos fundamentais no Estado Democrático de Direito. *Revista de Direito Administrativo*, v. 217, p. 67-79, jul./set. 1999. p. 73, a respeito da vinculação dos poderes aos direitos fundamentais na Constituição brasileira, pois ele a ampara no art. 5º, §1º. Sobre essa questão e seus desdobramentos, ALMEIDA, Luiz Antônio Freitas de. *Direitos fundamentais sociais e ponderação – Ativismo irrefletido e controle jurídico racional*. Porto Alegre: Sergio Antonio Fabris, 2014. p. 136.

[1158] BULOS, Uadi Lammêgo. *Curso de direito constitucional*. 9. ed. 2. tir. São Paulo: Saraiva, 2015. p. 536 e seguintes. O Supremo Tribunal Federal tem vários precedentes nesse sentido, compilados pelo autor, para quem se remete; embora o jurista coloque essa assertiva em relação aos estrangeiros em trânsito e que entraram legalmente no país, termina por deixar em dúvida sobre a situação do estrangeiro ilegal, embora ressalve a dignidade inerente de todos os seres humanos. Um argumento utilizado é de que o termo residente deva ser interpretado de modo extensivo, tese rejeitada por DIMOULIS, Dimitri; MARTINS, Leonardo. *Teoria geral dos direitos fundamentais*. 4. ed. São Paulo: Atlas, 2012. p. 70-71, os quais argumentam que carece de fundamentação constitucional, pois anula a qualificação de residente empregada no texto ao equipará-la aos não residentes. No entanto, esses autores defendem que sejam titulares os estrangeiros ilegais que residam efetivamente no Brasil, sob o argumento do *in dubio pro libertate*. A respeito da tese da interpretação extensiva e com a opinião de que os princípios da universalidade e da dignidade humana conclamam a titularidade de direitos fundamentais diretamente relacionados com a dignidade, além de reconhecer que a Constituição pode, em outras passagens, outorgar

CAPÍTULO 3
A TUTELA JUDICIAL "PONDERADA" DO DIREITO FUNDAMENTAL À SAÚDE: PROPORCIONALIDADE E CONTEÚDO MÍNIMO COMO EXIGÊNCIAS... | 447

do silêncio constitucional em relação aos direitos econômicos, sociais e culturais, qual a melhor interpretação?

Ora, aqui a discussão aproveita muito daquilo já defendido no item 3.6.1 em relação ao direito à proteção da saúde em Portugal. Entende-se que o comando do art. 196, que prescreve a universalidade do direito à saúde, é categórico nesse sentido e, destarte, à medida que salienta um caráter universal de acesso ao sistema único de saúde, os estrangeiros e apátridas são titulares desse direito, a despeito de o art. 5º, *caput*, não tratar dos direitos sociais em seu texto. Afinal, a dimensão negativa do direito à saúde certamente é de respeito universal, ainda que o indivíduo tenha entrado ilegalmente no país ou esteja apenas em trânsito. No aspecto de prevenção, executar ações para evitar prejuízos à saúde pública certamente pode atingir regiões habitadas por estrangeiros, estejam ou não em situação de residência lícita. Porém, um aspecto palpitante ocorre na dimensão positiva de prestações de cuidados de saúde, a qual pode impactar sobremaneira os cofres fazendários, em função dos custos financeiros inerentes à efetivação dos cuidados sanitários. O problema é pujante no Brasil, com uma vasta extensão territorial de "fronteira seca", isto é, sem qualquer obstáculo natural que possa servir para impedir ou dificultar o acesso ao território nacional e sem que haja o pleno controle pelas autoridades de imigração do fluxo de alienígenas ao país. Consoante preconizado alhures, no aspecto do "macrodireito" ou dentro da heterogeneidade de seu conteúdo, os estrangeiros são também titulares do direito à saúde, porém é possível que a lei restrinja a oferta de prestações materiais a estrangeiros cuja estada seja ilegal caso haja justificativa que satisfaça o controle de proporcionalidade e não desrespeite outras normas constitucionais. Seja como for, entende-se que os cuidados vitais e emergenciais, diante do alto peso concreto e abstrato, dificilmente poderiam ser rejeitados sem malferir o primado da proporcionalidade.[1159]

---

titularidade a todos, alargando o espectro de titularidade conferido no art. 5º, e que seria possível também invocar a abertura do catálogo material dos direitos fundamentais e a diretriz de respeito aos direitos humanos nas relações internacionais do Estado brasileiro (art. 4º, II, Constituição Federal) para conferir titularidade universal de direitos fundamentais e humanos, conforme tratados incorporados ao direito brasileiro, salvo casos excepcionais derivados de outros critérios jurídico-constitucionais ou oriundos desses tratados internacionais, remete-se a SARLET, Ingo Wolfgang; MARINONI, Luiz Guilherme; MITIDIERO, Daniel. *Curso de direito constitucional.* 5. ed. São Paulo: Saraiva, 2016. p. 360-363.

[1159] Ver, ainda, subitem 3.3 sobre a discussão da universalidade dos direitos sociais. Com efeito, sob o exame do ordenamento jurídico-constitucional brasileiro, argumentam no sentido da titularidade por estrangeiros ante o silêncio constitucional, conquanto condicionem a titularidade apenas aos pobres, o que seria um paradoxo em comparação ao tratamento ofertado aos direitos de liberdade, já que a titularidade seria apenas dos residentes, remete-se a DIMOULIS, Dimitri; MARTINS, Leonardo. *Teoria geral dos direitos fundamentais.* 4. ed. São Paulo: Atlas, 2012. p. 77-80. No sentido de a titularidade universal do direito à saúde abranger os estrangeiros, SARLET, Ingo Wolfgang. Algumas considerações em torno do conteúdo, eficácia e efetividade do direito à saúde na Constituição de 1988. *Revista Eletrônica sobre a Reforma do Estado,* n. 11, set./nov. 2007. Disponível em: http:www.direitodoestado. com.br/rere.asp. Acesso em: 20 out. 2016. p. 6-7, em função da universalidade e em virtude da proximidade do bem da saúde com a dignidade humana e com a vida, além da regência das relações internacionais brasileiras pela diretriz dos direitos humanos, e SARLET, Ingo Wolfgang. A titularidade simultaneamente individual e transindividual dos direitos sociais analisada à luz do exemplo do direito à proteção e promoção da saúde. *In:* OTERO, Paulo; ARAÚJO, Fernando; GAMA, João Taborda da (Org.). *Estudos em memória do Prof. Doutor J. L. Saldanha Sanches.* Coimbra: Coimbra Editora, 2011. v. 1. p. 248-254 e seguintes. Ingo Sarlet, neste último trabalho, não obstante comentar sobre a polêmica de restringir cuidados em função da nacionalidade, não toma posição a respeito. No sentido similar ao texto, isto é, reconhecendo a universalidade, mas com a admissão da possibilidade de o Parlamento restringir ou condicionar o acesso ao SUS aos estrangeiros, NASCIMENTO, Rogério José Bento Soares do. Concretizando a utopia: problemas na efetivação do direito a uma vida saudável. *In:* SOUZA NETO,

De qualquer sorte, hodiernamente o SUS atende igualmente aos brasileiros e estrangeiros não residentes, sem questionar-lhes se estão ou não em situação regular,[1160] a despeito de qualquer marco legal, o que gera problemas quanto ao financiamento do SUS, uma vez que parte dos recursos é destinada conforme cálculo da população e há regiões em que é nítido o fluxo de imigração transitório apenas para o recebimento de cuidados de saúde gratuitos, o que sobrecarrega o orçamento dos municípios da região, sem nenhum aporte ou compensação dos estados e da União.[1161] Essa omissão é inconstitucional, pois violará o direito à saúde na medida em que o município não consiga fornecer prestações essenciais de saúde aos estrangeiros, pois onera demasiadamente um único ente federativo, o que pode gerar a responsabilização dos demais entes para cofinanciar esse custo.

Outro ponto que impende ressaltar é que, de forma expressa, o poder constituinte qualificou o Sistema de Saúde brasileiro como único. Logo, a norma constitucional afasta a possibilidade de subsistemas públicos de saúde alheios à estrutura do SUS, em que pese também abrir à iniciativa privada a complementação das ações do SUS, conforme instrumentos de direito administrativo, ou a exploração do mercado privado de assistência sanitária. A recordar-se que esse foi um dos fundamentos do Tribunal Constitucional português no Acórdão nº 731/95 para chancelar a constitucionalidade de uma norma da Lei de Bases da Saúde.

Não obstante, sabe-se da existência de hospitais e unidades de saúde destinadas exclusivamente ao atendimento de servidores públicos e seus familiares, o que se contrapõe à norma constitucional. Embora nunca tenha sido o objeto principal de questionamento, o Supremo Tribunal Federal aceita que os entes federados forneçam

---

Cláudio Pereira; SARMENTO, Daniel (Org.). *Direitos sociais* – Fundamentos, judicialização e direitos sociais em espécie. 2. tir. Rio de Janeiro: Lumen Juris, 2010. p. 905-924.

[1160] A propósito, veja-se o art. 23, §2º, da Portaria nº 940/2011 do Gabinete do Ministro da Saúde, que trata do cadastro dos usuários para emissão do cartão SUS, cartão de identificação no sistema, o qual possibilita que os estrangeiros não residentes declarem expressamente o domicílio em outro país, o que permite a conclusão de que não há empecilho para que tenham o aludido cartão. Com efeito, não há nenhuma disposição legal atualmente que discipline a questão, embora o Estatuto do Estrangeiro (Lei nº 6.815/80, art. 95) disponha que os estrangeiros residentes gozam dos mesmos direitos reconhecidos aos brasileiros. *A Lei nº 6.815/80 foi revogada pela Lei nº 13.445/17 e previu o direito de acesso aos serviços públicos de saúde, assistência social e previdência nos termos legais, sem qualquer discriminação por força da nacionalidade ou da condição migratória. Porém, a definição do migrante foi vetada pelo presidente da República. A lei traz ainda o visto temporário para tratamento de saúde, devendo o interessado comprovar possuir meios de subsistência (art. 14, I, "b" e §2º), e a autorização de residência para tratamento de saúde (art. 30, I, "b"), a qual pode ser concedida independentemente da situação migratória (art. 31, §5º). A Portaria nº 940/2011 foi revogada pela Portaria de Consolidação nº 1/2017, a qual disciplina que a inexistência ou a ausência do cartão nacional de saúde cartão SUS não é óbice ao atendimento na rede pública (art. 266, I), bem como repete a norma da possibilidade de que o estrangeiro declare o país e a cidade onde residem para fins de cadastramento (art. 276, §2º).

[1161] BRANCO, Marisa Lucena. Saúde nas fronteiras: o direito do estrangeiro ao SUS. *Caderno Ibero-Americano de Direito Sanitário*, v. 2, n. 1, jan./jul. 2013. Disponível em: file:///C:/Users/LENOVO/Downloads/29-115-1-SM%20 (1).pdf. Acesso em: 14 dez. 2016. p. 40-54. A autora cita experiência do Ministério Público de Mato Grosso do Sul, o qual, em audiência pública realizada em março de 2004 em Campo Grande, entendeu, por meio da exposição registrada em ata do Promotor de Justiça que presidiu a audiência, que a universalidade não abrange estrangeiros não residentes no país, salvo situações de urgência e emergência ou se for o estrangeiro domiciliado em cidade contígua ao território nacional, nesta hipótese para atendimento na respectiva cidade limítrofe. Também menciona ação civil pública proposta pelo Ministério Público Federal, para que o gestor de Foz do Iguaçu deixasse de barrar o acesso ao sistema pelo estrangeiro não residente, com parcial procedência do pedido em primeira instância, aceitando-se apenas os tratamentos de emergência e urgência. Nota-se, porém, que a vigente portaria nº 940/2011 do Gabinete do Ministro da Saúde, ao dar novo tratamento ao cartão do usuário do SUS, não daria a base jurídica para a recusa pelo gestor do sistema.

aos seus servidores planos de saúde, financiados mediante contribuição voluntária e não compulsória. Sempre que chamado a escrutinar a questão, o Supremo Tribunal Federal não viu óbice ao fornecimento de prestações de saúde e à estruturação de sistemas de saúde exclusivos de servidores públicos, apenas restringindo a possibilidade de que o custeio desses subsistemas de saúde (ou sistemas exclusivos para servidores públicos) seja feito por contribuições sociais compulsórias.[1162]

O direito à saúde, na forma prestacional de acesso a cuidados sanitários e ações preventivas, ampara-se numa garantia institucional fundamental, que é a existência do Sistema Único de Saúde, razão pela qual o Parlamento não pode, pura e simplesmente, editar normas que resultem no esvaziamento dessa garantia sem qualquer alternativa efetiva,[1163] embora o essencial seja cimentar à mente que não se pode tolerar esse comportamento do Congresso se não houver justificativa constitucionalmente adequada. Nesse tocante, o Acórdão nº 39/84 do Tribunal Constitucional português poderia ser avivado à mente, contudo, a solução mais adequada parece mesmo sindicar o retrocesso com base numa ideia intuitiva de restrição e avaliar sua proporcionalidade, para proibir a tutela insuficiente, como tem sido preconizado neste estudo.

Questão interessante é a trazida por Ingo Sarlet e Mariana Figueiredo, no sentido de o SUS ser um limite material ao poder de emenda constitucional.[1164] Poderia o poder constituinte derivado suprimi-lo? Ela leva a outra reflexão: o direito à saúde poderia ser extirpado da Constituição, por meio de reforma constitucional?

Inicia-se com a segunda pergunta. Com efeito, o art. 60, §4º, da Constituição Federal traz as cláusulas pétreas, as quais são insuscetíveis de emenda que tenda a aboli-las. A norma do inc. IV desse §4º traz a expressão "direitos e garantias individuais", o que permite uma intelecção de que só direitos individuais possam receber a manta da proteção contra sua abolição. O direito à saúde, por ser de cunho social, perderia esse escudo protetor. De outro lado, poder-se-ia invocar o raciocínio de que, se a norma do §1º do art. 5º determina a aplicabilidade de todos os direitos fundamentais – e não apenas dos direitos de liberdade –, assume-se que o constituinte originário se ocupou de trazer um tratamento unitário a todos os direitos fundamentais. Qualquer direito fundamental, em que pese uma dimensão objetiva e coletiva, ostenta uma nítida dimensão individual, que lhe permite contender com o Estado sempre que seu conteúdo for objeto de desrespeito ou desproteção. Nesse sentido, em razão desse viés individual de todos os direitos fundamentais, não é claro que o objeto da cláusula pétrea seja apenas os direitos

---

[1162] A exemplo do acórdão do plenário do Supremo Tribunal Federal no Recurso Extraordinário nº 573.540/MG, publicado em 11.6.2010, relator Ministro Gilmar Mendes, apreciado no procedimento de repercussão geral, que consubstanciou a jurisprudência da Corte no sentido de que não haveria óbice constitucional na disponibilização de um sistema de saúde exclusivo para servidores públicos, desde que seu financiamento não fosse compulsório, haja vista que Estados e Municípios podem cobrar compulsoriamente o custeio de regimes próprios de previdência social para seus servidores, nos termos do art. 149, §1º, da Constituição Federal, o que obviamente não inclui prestações em saúde. Por isso, manteve-se acórdão do Tribunal de Justiça de Minas Gerais que julgou inconstitucional norma que instituía contribuição compulsória para custeio de sistema de saúde para servidores públicos naquele Estado.

[1163] SARLET, Ingo Wolfgang; FIGUEIREDO, Mariana Filchtiner. O direito fundamental à proteção e promoção da saúde no Brasil: principais aspectos e problemas. *In*: RÉ, Aluísio Iunes Monti Ruggeri (Org.). *Temas aprofundados da Defensoria Pública*. Salvador: Juspodivm, 2013. p. 121 e seguintes.

[1164] SARLET, Ingo Wolfgang; FIGUEIREDO, Mariana Filchtiner. O direito fundamental à proteção e promoção da saúde no Brasil: principais aspectos e problemas. *In*: RÉ, Aluísio Iunes Monti Ruggeri (Org.). *Temas aprofundados da Defensoria Pública*. Salvador: Juspodivm, 2013. p. 121.

do art. 5º.[1165] Ademais, poder-se-ia reforçar o argumento pela citação dos objetivos fundamentais da República brasileira, entre eles o de diminuição de desigualdades sociais e o de construção de uma sociedade livre, justa e solidária, de modo que seria anacrônico pretender uma diferenciação valorativa entre direitos sociais e individuais, inclusive diante do vínculo ético de todos os direitos fundamentais com o princípio da dignidade humana, como argumenta Paulo Bonavides.[1166] *Quid juris?*

O Supremo Tribunal Federal, na Ação Direta de Inconstitucionalidade nº 939-7,[1167] afastou qualquer raciocínio topográfico, ou seja, admitiu que outros direitos, para além dos arrolados no art. 5º, estariam salvaguardados de emenda constitucional, como ocorreu com a garantia da anterioridade tributária, equiparada a um direito individual albergado pelo manto da cláusula pétrea. Aliás, o voto do Ministro Carlos Velloso proferido nesse julgamento expressamente incluiu entre os direitos individuais afastados de supressão por emenda os direitos sociais, portanto, na esteira da corrente que equipara os direitos sociais a cláusulas pétreas *per se*.[1168]

Em que pese a força dos argumentos esgrimidos a favor da petrificação clausular dos direitos sociais, é certo que não se podem acolhê-los em toda a sua extensão. De início, não se interpreta a cláusula pétrea como intangibilidade absoluta da norma, porquanto da dicção do texto extrai-se, por interpretação, que se proscreve sobrescrever normas que tendam a eliminar totalmente o conteúdo do direito fundamental, o que não implica que seja tolhida qualquer possibilidade de alteração, ainda que desfavorável.[1169] Assim, é possível que, mesmo em relação a direitos de primeira dimensão, positivados na forma de princípios jurídicos, possa haver emendas que alterem parcialmente o conteúdo do direito, contanto que essa modificação deixe íntegra uma parcela desse conteúdo que possa adequadamente protegê-lo dos excessos estatais; no caso de direitos fundamentais de primeira dimensão sob a veste normativa de regras, parece não ser viável esse tipo de

---

[1165] Para um compêndio de argumentos algo similar aos esposados no texto, verificar TAVARES, André Ramos. *Curso de direito constitucional*. 14. ed. São Paulo: Saraiva, 2016. p. 157-158, embora sem tomar partido de qualquer um deles.

[1166] BONAVIDES, Paulo. *Curso de direito constitucional*. 31. ed. São Paulo: Malheiros, 2016. p. 669-681.

[1167] O Supremo Tribunal Federal, em sessão julgada em 15.12.1993, por maioria, seguiu o voto do Ministro Sidney Sanches, relator, que considerou inconstitucionais algumas normas da Emenda Constitucional nº 3/93 e da lei complementar que a regulamentava, que criavam o imposto provisório sobre movimentação financeira (IPMF) e afastava de suas hipóteses de incidência as garantias tributárias da anterioridade e da não incidência de impostos sobre templos de culto de qualquer natureza, sobre patrimônio de partidos políticos e suas fundações, entidades sindicais de trabalhadores, instituições educacionais e de assistência social, sem fins lucrativos, e sobre livros, jornais e periódicos, em razão da violação das cláusulas pétreas do pacto federativo e dos direitos fundamentais individuais (art. 60, §4º, I e IV).

[1168] A mencionar esse voto e o veredito do Supremo Tribunal Federal na aludida ação direta de inconstitucionalidade, bem como a notar o voto do Ministro Marco Aurélio em sentido similar em outro aresto, embora sem posicionar-se a respeito, remete-se a MORAES, Alexandre de. *Direito constitucional*. 23. ed. São Paulo: Atlas, 2008. p. 662-664.

[1169] É claro que, inequivocamente, sucessivas alterações poderão, ao fim e ao cabo, desnaturar completamente o direito fundamental a ponto de privá-lo de qualquer efeito útil, razão pela qual se entende que a cláusula pétrea nada mais faz que limitar o poder de emenda e estipular um controle judicial de proporcionalidade sobre esse poder, como preconizado no texto. A admitir a possibilidade de emendas que modifiquem direitos individuais ante o raciocínio de que as cláusulas pétreas não tolhem toda e qualquer modificação, porém só aquelas que tendam a suprimir o direito, ainda que reconheça o risco de que alterações sucessivas possam aboli-lo, razão pela qual se deveria recorrer a um exame caso a caso, menciona-se o voto do Ministro Paulo Brossard na Ação Direta de Inconstitucionalidade nº 939-7. A negar, por completo, a possibilidade de modificação restritiva de direitos individuais enquadrados na cláusula pétrea, SILVA, José Afonso da. *Curso de direito constitucional positivo*. 22. ed. São Paulo: Malheiros, 2003. p. 66-67. Pelo teor do julgado adiante comentado, a posição deste jurista parece predominar no âmbito do Supremo Tribunal Federal, ao menos implicitamente.

alteração, salvo talvez se a modificação for mínima e não comportar nenhuma amputação significativa das posições jurídicas ali salvaguardadas. Aliás, nesse ponto e em relação aos direitos tipificados como princípios, a norma da proporcionalidade seguramente seria a ferramenta ajustada ao exame de validade jurídico-constitucional de emendas encaminhadas nesse sentido, da mesma forma que opera para escrutinar restrições promovidas por legislação infraconstitucional, até porque a emenda que modifique negativamente o conteúdo do direito previsto em forma de princípio não deixa de ser uma própria restrição, dessa vez promovida pelo poder constituinte derivado.[1170]

Em segundo plano, ainda que se esteja de acordo com o raciocínio que ao final imperou no âmbito do Supremo Tribunal Federal, para admitir que outros direitos individuais não arrolados no art. 5º revistam-se da garantia ofertada pela cláusula pétrea, não se acompanha o Ministro Velloso na afirmação de que todos os direitos sociais estão nessa situação. Afinal, não se pode simplesmente desconsiderar a literalidade do texto constitucional, até porque toda a extensão que se dá a uma cláusula pétrea aumenta o problema jurídico-político de saber até que ponto é legítimo que as gerações passadas vinculem as gerações futuras, o que, ao fim e ao cabo, torna evidente que o maior campo de intangibilidade das normas constitucionais aumenta a tendência de, em casos limites, forçar rupturas constitucionais, revolucionárias ou não.

Particularmente, no caso do direito à saúde, é um direito que, não obstante sua dimensão coletiva, possui inegavelmente uma dimensão individual. Entrementes, é profunda a imbricação do direito à saúde com direitos de primeira dimensão – na terminologia do poder constituinte brasileiro, direitos individuais – como os direitos à integridade física e psíquica e à vida.[1171] Mesmo o conteúdo prestacional do direito à saúde, seja no aspecto de prevenção e de promoção, traduz uma ampliação da proteção conferida àqueles direitos, aceitada a tese de que ostentam uma dimensão objetiva e mostrada a importância da saúde como bem essencial para uma vida digna,

---

[1170] Em realidade, conforme o substrato teórico que se defende, um conflito abstrato entre normas incluídas por aditamento à constituição e normas prévias a esse aditamento seria resolúvel pela metanorma cronológica, pois normas mais modernas revogam as mais antigas com ela incompatíveis e não seria possível invocar o critério hierárquico, uma vez que ambas as normas em competição estariam no mesmo nível. O mesmo raciocínio seria empregado se a norma incluída pela emenda consubstanciasse uma concorrência normativa da espécie total-parcial, mesmo que se trate de uma regra com a função de restringir um específico princípio constitucional já decorrente do enunciado constitucional antes da reforma; a metanorma da especialidade demandaria a prevalência da regra em relação ao princípio, sem mencionar que a regra também seria posterior ao princípio. Contudo, a cláusula pétrea termina por funcionar como uma metanorma que afasta a solução da antinomia pela aplicação das metanormas da cronologia e da especialidade, deixando o problema insolúvel a não ser pela ponderação, caso o sistema não aceite uma recusa em decidir, como é o caso do ordenamento brasileiro. Veja-se que se o choque deôntico ocorresse no plano concreto (concorrência parcial-parcial dos princípios e no caso de choque de princípios com regras, sem relação de concorrência normativa entre si, ou mesmo no choque de regras, no caso de incompatibilidade aplicativa), o próprio sistema já apelava à ponderação. Pode-se, por outro lado, conjeturar se não seria a razoabilidade o padrão correto para ponderar e não a proporcionalidade. Embora sem um tempo maior para amadurecer a ideia, parece factível defender, ante a melhor estruturação da proporcionalidade e na premissa de ser possível uma construção de uma relação meio-fim, ao menos em sentido amplo, que seja empregado o padrão da proporcionalidade.

[1171] A defender que o direito à saúde é uma cláusula pétrea, com menção ao entendimento do Supremo Tribunal Federal de que há cláusulas pétreas fora do rol do art. 5º, e a conectá-lo diretamente com o direito à vida interpretado num sentido não apenas biológico, mas qualitativo, vinculando-os ao mínimo existencial, menciona-se FRANCISCO, José Carlos. Dignidade humana, custos estatais e acesso à saúde. In: SOUZA NETO, Cláudio Pereira; SARMENTO, Daniel (Org.). Direitos sociais – Fundamentos, judicialização e direitos sociais em espécie. 2. tir. Rio de Janeiro: Lumen Juris, 2010. p. 859-873.

o que explica porque alguns tribunais, mesmo na inexistência de um direito à saúde nos textos de regência, tenham-lhe dado guarida mediante uma aplicação extensiva daqueles direitos (vida e integridade psicocorporal). Em suma, essas razões inclinam a considerar o direito à saúde um direito ao abrigo da cláusula pétrea.

Em retorno às indagações formuladas, agora se concentra na primeira pergunta, isto é, se a abolição do SUS do texto constitucional seria válida. Com efeito, embora o direito à saúde não possa ser suprimido pelo poder constituinte derivado, isso não implica necessariamente que o SUS seja a única política de saúde possível e que o Parlamento esteja, ainda que por emenda constitucional, proibido de alterná-la ou modificá-la. Na verdade, essa questão traz à tona uma assimilação que pode ser feita indevidamente entre direitos sociais e políticas públicas de direitos sociais. Políticas públicas são direções ou programas previstos ou inspirados em normas, que almejam coordenar e organizar a burocracia e estrutura estatais em prol da persecução de metas selecionadas pelo poder político; as políticas de direitos sociais têm o afã de otimizar a satisfação desses direitos.[1172]

Num contexto de globalização crescente e em virtude da perda cada vez maior da soberania pela imposição de políticas vindas de pessoas jurídicas de direito internacional, em função da integração jurídico-política cada vez maior dos Estados às instâncias transnacionais,[1173] Canotilho comenta sobre a "introversão estatal da socialidade", em função de o dever prestacional de direitos econômicos, sociais e culturais depender de recursos tributados da sociedade, que é quem realmente arca com seus custos; essa relação de reciprocidade – entre quem recebe e quem paga – pode ficar diluída na burocracia estatal.[1174] A crítica do Professor de Coimbra está na alternância do discurso categorizado em direitos e deveres para um colóquio político-constitucional baseado em planos materializadores de diretivas políticas e princípios setoriais.[1175] Logo, ele

---

[1172] A respeito da definição, remete-se para ALMEIDA, Luiz Antônio Freitas de. *Direitos fundamentais sociais e ponderação* – Ativismo irrefletido e controle jurídico racional. Porto Alegre: Sergio Antonio Fabris, 2014. p. 198 e seguintes. Como lembra Alexandrino (ALEXANDRINO, José de Melo. Controlo jurisdicional das políticas públicas: regra ou excepção? *Separata da Revista da Faculdade de Direito da Universidade do Porto*, ano VII, p. 147-169, 2010. Especial. p. 155 e seguintes), o conceito de políticas públicas não nasce na ciência jurídica; as políticas públicas não se resumem a políticas sociais, não se assimilam à concretização de direitos econômicos, sociais e culturais, pois esse objetivo integra parte de uma ou mais políticas públicas nem são direitos sociais, já que estes pressupõem normas.

[1173] CANOTILHO, José Joaquim Gomes. Rever a constituição dirigente ou romper com a constituição dirigente? Defesa de um constitucionalismo moralmente reflexivo. *In*: CANOTILHO, José Joaquim Gomes. *"Brancosos" e interconstitucionalidade* – Itinerários dos discursos sobre a historicidade constitucional. 2. ed. Coimbra: Almedina, 2008. p. 107-110; CANOTILHO, José Joaquim Gomes. O tom e o dom na teoria jurídico-constitucional dos direitos fundamentais. *In*: CANOTILHO, José Joaquim Gomes. *Estudos sobre direitos fundamentais*. 2. ed. Coimbra: Coimbra Editora, 2008. p. 130-134. Com o reconhecimento da diferença entre normas de direitos sociais e as normas que conformam de modo específico a concretização do direito por meio de políticas públicas, num raciocínio de dúvida sobre a bondade dessa opção constitucional, VALE, Luís Meneses do. A jurisprudência do Tribunal Constitucional sobre o acesso às prestações concretizadoras do direito à protecção da saúde: alguns momentos fundamentais. *Jurisprudência Constitucional*, n. 12, p. 12-47, out./dez. 2006. p. 36-47.

[1174] CANOTILHO, José Joaquim Gomes. "Metodologia fuzzy" e "camaleões normativos" na problemática actual dos direitos económicos, sociais e culturais. *In*: CANOTILHO, José Joaquim Gomes. *Estudos sobre direitos fundamentais*. 2. ed. Coimbra: Coimbra Editora, 2008. p. 101-113. O autor, com foco na realidade portuguesa, expressamente menciona o direito à saúde, garantido por meio de política pública de um serviço nacional de saúde universal e gratuito (tendencialmente).

[1175] CANOTILHO, José Joaquim Gomes. "Metodologia fuzzy" e "camaleões normativos" na problemática actual dos direitos económicos, sociais e culturais. *In*: CANOTILHO, José Joaquim Gomes. *Estudos sobre direitos fundamentais*. 2. ed. Coimbra: Coimbra Editora, 2008. p. 101.

sugere a "des-introversão", algo que passa por desconstitucionalizar políticas públicas e fulminar esquemas estruturalmente rígidos concebidos para alguma incumbência estadual, preservando a constitucionalização de direitos sociais (também os econômicos e culturais), o que permite maior leque de manobra pelo Parlamento na tarefa de concretizá-los. O temor de Canotilho é de um fechamento comunicativo entre o direito gerado no bojo das instituições jurídicas daquele fermentado nos setores informais da sociedade, causado por um "superdiscurso social",[1176] o que, em última medida, permitiria uma desestruturação moral do acordo fundante da organização política; Canotilho pensa que esse esquema de constitucionalismo autoritariamente dirigente mostra-se defasado e anacrônico e que é preciso substituí-lo por paradigmas diferentes para o cumprimento das promessas da modernidade, em especial que incentivem o dinamismo da sociedade civil e a superação de formas planificadoras globais.[1177]

Essas lições do Professor de Coimbra mostram como a equiparação entre direitos sociais e políticas públicas de direitos sociais não é satisfatória. Logo, é possível que o poder constituinte derivado, caso chegue à conclusão de que há uma política melhor para a concretização do direito à saúde, ou ao menos que satisfaça um grau de proteção suficiente, preveja novos modelos políticos para cumprir sua obrigação. Em suma, juridicamente se conclui que o SUS não configura uma cláusula pétrea, não obstante o direito à saúde o seja.

Se a estratégia de acoplar o direito à saúde a políticas públicas cristalizadas no SUS era a melhor opção do ponto de vista político ou técnico – algo dogmaticamente contestado por Canotilho com olhar dirigido para a realidade portuguesa –, isso é uma questão política que, deveras, poderia ser defendida no quadro brasileiro, ante a flagrante desigualdade reinante no país, permeada e financiada por um patrimonialismo venal que ainda reside na mentalidade de boa parte da população e reflete-se na formação de parte de dirigentes e representantes do povo, o que descamba numa carência de saúde por considerável segmento da população. Com efeito, já foi mencionado que, de modo geral, tem-se a inclinação por um sistema de saúde de cariz universal nos moldes beveridgianos.[1178]

Em relação ao cumprimento dos mandamentos constitucionais referentes ao SUS pelo Legislativo, é preciso mencionar que a estruturação do SUS encontrou desenvolvimento especialmente em duas leis: nº 8.080/90 e nº 8.142/90.

Do arranjo constitucional era possível entrever que a saúde não deveria ser interpretada como mera ausência de doenças, em função das competências atribuídas ao SUS no art. 200, mormente as de executar ações de saneamento básico e de colaborar na proteção ao meio ambiente, sem mencionar a referência a políticas sociais e

---

[1176] CANOTILHO, José Joaquim Gomes. O tom e o dom na teoria jurídico-constitucional dos direitos fundamentais. *In*: CANOTILHO, José Joaquim Gomes. *Estudos sobre direitos fundamentais*. 2. ed. Coimbra: Coimbra Editora, 2008. p. 130-134.

[1177] CANOTILHO, José Joaquim Gomes. Rever a constituição dirigente ou romper com a constituição dirigente? Defesa de um constitucionalismo moralmente reflexivo. *In*: CANOTILHO, José Joaquim Gomes. *"Brancosos" e interconstitucionalidade* – Itinerários dos discursos sobre a historicidade constitucional. 2. ed. Coimbra: Almedina, 2008. p. 124-129.

[1178] Conferir subitem 3.3. As críticas de Canotilho e o posicionamento em relação aos direitos sociais em geral já haviam sido objeto de reflexão em ALMEIDA, Luiz Antônio Freitas de. *Direitos fundamentais sociais e ponderação* – Ativismo irrefletido e controle jurídico racional. Porto Alegre: Sergio Antonio Fabris, 2014. p. 199-202.

econômicas como meio de redução de riscos de doenças, nos termos do art. 196. A Lei nº 8.080/90 categoricamente põe em relevo essa opção constitucional, ao reconhecer, no art. 3º, que os níveis de saúde expressam a organização social e econômica do país e a existência de condicionantes e determinantes de saúde, enumerando entre estes, de modo exemplificativo, a alimentação, a moradia, o saneamento básico, o meio ambiente, o trabalho, a renda, a educação, a atividade física, o transporte, o lazer e o acesso a bens e serviços essenciais; em suma, aquilo que possa garantir ao povo e ao indivíduo condições de bem-estar físico, mental e social. A opção legal traz de volta o problema da extensão do conceito de saúde e sua operatividade jurídica e eventual sobreposição com outros direitos fundamentais.

Em que pese o conceito positivo de saúde adotado ser, realmente, amplo, tem-se que ele não coincide com o da OMS, uma vez que a definição de saúde daquela pessoa jurídica de direito internacional propugna pelo máximo bem-estar físico, mental e social. É aqui que um conceito positivo mais restrito, desde que não se choque com a norma, por evidente, pode trazer algum contributo racionalizador, inclusive para verificar as possibilidades materiais de dar vazão satisfatória às obrigações do Estado. A ideia de funcionalidade normal do corpo humano de Norman Daniels é uma diretriz razoável e não é incongruente com a definição de saúde trazida na lei. Assim, poderá representar violação ao direito à saúde toda a ação ou omissão que afete, prejudique ou não permita o funcionamento psicossomático do ser humano de modo padrão, inclusive as provocadas por algumas circunstâncias sociais oriundas do arranjo social, caso não haja proporcionalidade no proceder estatal. Com a objetivação de algumas necessidades de saúde e com a separação dessas necessidades da simples vontade individual, pode-se e deve-se coibir o consumo sanitário desmesurado e voltado para a busca de felicidade subjetiva, o investimento estatal em prestações não diretamente relacionadas com esse funcionamento padronizado, como cirurgias para fins puramente estéticos, fertilizações *in vitro* e demais técnicas de reprodução assistida, cirurgias de transgenitalização como regra ou, ao menos, sem uma causa psíquica contundente que a justifique, procedimentos ou entrega de medicamentos que visem a melhoramentos da *performance* humana usual.

O SUS é um sistema mais próximo do paradigma beveridgiano,[1179] com o financiamento pela sociedade por meio de tributação destinada à seguridade social (art. 195 da Constituição, que inclui a saúde, a assistência social e a previdência social), tanto com tributos específicos (contribuições sociais) como por meio de demais fontes de receita do Estado, agregadas no orçamento. Como o Estado brasileiro é uma federação,

---

[1179] A esse respeito, FLOOD, Colleen M.; GROSS, Aeyal. Litigating the right to health: what can whe learn from a comparative law and health care systems approach. *Health and Human Rights Journal*, v. 16, n. 2, p. 62-72, dez. 2014. p. 65, os quais comentam que o sistema de saúde brasileiro seria um misto entre um sistema público e privado, não só porque um sistema público coexiste com um mercado de saúde, mas especialmente porque ele carece em parte do financiamento privado; o financiamento do sistema brasileiro depende de tributos, mas também de contribuições de seguro social obrigatório de empregados e empregadores, estas também de natureza tributária. A proximidade referida com um sistema beveridgiano está na universalidade da cobertura e na gratuidade das prestações, embora também exista essa proximidade pelo fato de o financiamento ser retirado do orçamento estatal – orçamento da seguridade social –, nada obstante parte dos tributos ser representada por essas contribuições sociais. No sentido de que o modelo brasileiro representa o paradigma beveridgiano, ZOBOLI, Elma; FORTES, Paulo Antonio de Carvalho. La bioéthique et les politiques brésiliennes de santé. *Journal International de Bioéthique*, v. 19, n. 1-2, p. 121-138, mar./jun. 2008. p. 121-138.

as três esferas federativas (União, estados/Distrito Federal e municípios) cofinanciam por seus orçamentos o SUS. Nesse tocante, após as emendas constitucionais n°s 20 e 29, ambas de 2000, e 86, de 2015, o poder constituinte derivado procurou vincular o financiamento por esses entes ao estipular percentuais mínimos de recursos a serem deslocados para ações e serviços de saúde. Com a Emenda n° 86, o percentual vinculado de receitas da União é de 15% da receita corrente líquida,[1180] nos termos do art. 198, §2°, I. Em relação a estados e municípios, com a Emenda n° 29, o texto constitucional vinculava um montante indefinido do produto da arrecadação dos respectivos impostos e de recursos recebidos por transferências de outros entes federados, na forma prevista na Constituição, porque a fixação do percentual mínimo dependia de lei complementar que a fizesse. Com a Lei Complementar n° 141/2012, supriu-se essa lacuna e definiram-se os percentuais para os estados de 12% da receita advinda de seus impostos e das receitas recebidas por transferências compulsórias da União, deduzidas as quantias a serem transferidas aos municípios, e, para os municípios, 15% do produto dos impostos e das receitas recebidas por transferências dos estados e da União.

Aliás, a Lei Complementar n° 141/12 também definiu quais gastos serão considerados como custeio dos serviços de saúde, para fins de cálculo do cumprimento dos percentuais mínimos. Aqui se nota, de algum modo, uma imbricação mais limitada do conceito de saúde à definição dada na Lei n° 8.080/90, haja vista que alguns condicionantes e determinantes sociais, previstos de modo amplo no art. 3° desta lei ordinária, foram excluídos como gastos de saúde, com a manutenção de outros. A esse respeito, além da vigilância em saúde, incluindo a epidemiológica e a sanitária, e a atenção integral e universal à saúde em todos os níveis de complexidade, bem como a produção, a aquisição e a distribuição de insumos específicos dos serviços de saúde – entre eles os medicamentos e equipamentos médico-odontológicos –, que correspondem à vertente de prevenção em saúde pública e a vertente de prestação de cuidados sanitários, consideram-se gastos de saúde, nos termos do art. 3° e incisos da telada lei complementar, a recuperação de deficiências nutricionais, o saneamento básico de domicílios ou de pequenas comunidades (o que depende de aprovação do Conselho de Saúde do ente federativo financiador da ação), o saneamento básico dos distritos sanitários especiais indígenas e de comunidades remanescentes de quilombos, o manejo ambiental vinculado diretamente ao controle de vetores de doenças, entre outros. De outro lado, não se consideram gastos de saúde para efeito do investimento mínimo previsto, nos termos do art. 4° do mesmo diploma legal, aqueles desembolsados com merenda escolar e outros programas de alimentação, mesmo que executados em unidades do SUS, limpeza urbana e remoção de resíduos, preservação e correção do meio ambiente realizadas por órgãos ambientais ou entidades não governamentais, ações de assistência social, entre outros. Desse jeito, de algum modo o Parlamento sinaliza que a maior parte do orçamento

---

[1180] O percentual alcançaria os 15% progressivamente, após o quinto exercício financeiro subsequente à promulgação da Emenda Constitucional n° 86/2015, porém essa progressividade foi revogada com a Emenda Constitucional n° 95/2016. Receita corrente líquida corresponde, nos termos do art. 2°, IV, da Lei Complementar n° 101/2000, ao produto somado das contribuições e receitas tributárias, patrimoniais, industriais, agropecuárias, de serviços, transferências correntes e outras receitas também correntes, com a dedução dos valores transferidos a estados e municípios por determinação legal e constitucional, além de algumas contribuições e receitas indicadas na própria lei.

destinado à saúde incumbir-se-á das despesas para a manutenção do SUS e para ações de prevenção da saúde pública e assistência sanitária, ao passo que as condicionantes sociais não abrangidas pela Lei Complementar deverão ser enfrentadas por recursos alocados a outras pastas, metas e órgãos públicos ou, ainda que pensados dentro do orçamento para a saúde, simplesmente não são contabilizados para efeito de montante mínimo previsto na lei. A rigor, não se entrevê nenhuma inconstitucionalidade, seja porque o Legislativo teria mesmo discricionariedade de eleger algumas condicionantes sociais como ações em saúde e excluir outras, desde que observasse as tarefas mínimas impostas pela Constituição ao SUS, seja porque há outros direitos que podem abraçar as prestações excluídas dessa previsão de gastos, seja porque a opção legal não representa que não possam ser esses gastos rubricados como gasto em saúde, simplesmente afasta a possibilidade de que sejam contabilizados como o financiamento mínimo em saúde na finalidade de obedecer ao mandamento constitucional do art. 198, §2º.

O SUS baseia-se nos seguintes pilares: acesso universal, igualitário e integral, gestão descentralizada, com participação da comunidade, e organização hierarquizada. Em relação ao acesso universal, a par das considerações anteriores, convém reforçar que, como observado em relação ao sistema português, não é escolho para políticas que privilegiem pessoas ou grupos de indivíduos que estejam em situação mais vulnerável do ponto de vista sanitário ou social, contanto que haja justificação satisfatória do cânone da isonomia. Deveras, o acesso deve ser igualitário, o que permite diferenciações não arbitrárias ou baseadas em razões fortes para favorecer esses indivíduos, geralmente integrantes de minorias, com políticas próprias, como ilustram as políticas específicas para idosos, crianças e mulheres; concentrado com o problema do racionamento, o acesso igualitário pode justificar a eleição de prioridades no atendimento como diretriz normatizada no sistema.

A respeito da interpretação do acesso igualitário, o Supremo Tribunal Federal teve a oportunidade de apreciar a proibição, por normas administrativas, da denominada "diferença de classe", com reversão da sua jurisprudência anterior.[1181] Em ação civil pública proposta pelo Conselho Regional de Medicina do Estado do Rio Grande do Sul, almejou-se invalidar a vedação de gozo de prestações diferenciadas aos usuários do sistema, arcando os pacientes que assim desejassem a prestação diferenciada com

---

[1181] Recurso Extraordinário nº 581.488/RS, julgado em 3.12.2015, com reconhecimento da repercussão geral, relator Ministro Dias Toffoli, acórdão unânime. A proibição da chamada "diferença de classe" era prevista primeiramente em norma do antigo INAMPS (Resolução nº 283/1991), posteriormente reafirmada na Portaria nº 113/97 do Ministério da Saúde. No acórdão do Supremo, negou-se provimento ao recurso extraordinário aviado contra acórdão do Tribunal Regional Federal da 4ª Região, que manteve decisão de primeira instância, rejeitando pedidos formulados em ação civil pública movida pelo Conselho Regional de Medicina do Estado do Rio Grande do Sul em desfavor do Município de Canela, do Estado do Rio Grande do Sul e da União, com a fixação da seguinte tese: "é constitucional a regra que veda, no âmbito do Sistema Único de Saúde, a internação em acomodações superiores, bem como o atendimento diferenciado por médico do próprio Sistema Único de Saúde, ou por médico conveniado, mediante o pagamento da diferença dos valores correspondentes". O relator também assentou seu voto na inexistência de lei que autorizasse a oferta de acomodações diferenciadas no bojo do SUS e ressaltou, como também fez o Ministro Fachin, que a tese não abrange a questão de acomodações diferenciadas exigidas por necessidade médica, que seriam o real objeto das várias decisões judiciais antecedentes do próprio Supremo Tribunal Federal, apenas as requeridas por conveniência do paciente. O relator destacou as contribuições feitas em audiência pública, que mostraram que a diferença de classe pode gerar problemas fáticos incontroláveis de desvios de finalidade, com os hospitais privados conveniados ao SUS precarizando as acomodações gerais ofertadas aos usuários comuns do sistema, para auferir maiores lucros.

pagamento da diferença de preço entre a prestação coberta pelo SUS e a prestação gozada a cargo do próprio utente (acomodação em apartamento em vez de enfermaria ou o pagamento de honorários médicos de profissionais não integrantes do quadro do SUS, por exemplo).

Aqui é produtivo verificar que o SNS português também, salvo hipóteses excepcionais e com previsão em regras regulamentares ou legais, não permite que os utentes se beneficiem de prestações diferenciadas – uma das exceções é a possibilidade de arcar com o custo de pagamento da acomodação em quartos, mediante pagamento de um montante adicional (Base XXXIII, 2, "a", da Lei nº 48/90). Não obstante, o SNS permite que, dentro do sistema de saúde e conforme recursos e regras organizacionais existentes, tenha o utente o direito de escolher o serviço e o profissional que o prestará. Ademais, o Estado português deve procurar propiciar formas de reembolso para cumprir as normas da União Europeia sobre o mercado de saúde transfronteiriço, algo que coloca pressão e problemas em relação a orçamento e formação de listas de espera, sobretudo se o tempo de espera ultrapassar o padrão do clinicamente razoável. Se há desafios em relação à equidade da distribuição dos recursos na opção da União Europeia em admitir que os serviços de saúde ostentem cada vez mais uma faceta consumerista, é fato que a igualdade de acesso não foi posta em causa pelos órgãos judiciários (Tribunal de Justiça da União Europeia e Tribunal Constitucional português) pelo fato de admitir-se a possibilidade de escolha de profissionais de saúde. No entanto, em geral, os usuários do SUS não contam com esse direito de escolha,[1182] embora obviamente possam simplesmente recusar ser atendidos por determinado profissional ou receber determinado tipo de tratamento ou serviço, como parte integrante de sua "liberdade em saúde", salvo em casos de tratamentos compulsórios e válidos constitucionalmente.

O fundamento principal do voto do ministro relator, acompanhado à unanimidade, é de que um sistema universal e igualitário de saúde não seria compatível com a diferença de classe, a instituir uma casta de privilegiados que pudessem pagar conforme condição econômica, com a rejeição dos argumentos de que isso não oneraria os cofres públicos e de que tolheria a liberdade de escolha dos profissionais e serviços de saúde, a par de salientar problemas relativos a desvios na oferta de leitos e prestações aos usuários do sistema em geral, os quais poderiam ser compelidos ou incentivados de maneira ilícita pelos hospitais conveniados a migrar para o serviço comparticipado, mediante a manutenção proposital de estado precário das acomodações gratuitas, por exemplo. Por fim, o Tribunal rejeitou a hipótese de que pudesse haver a dispensa da triagem por parte de profissionais do SUS de pacientes atendidos por profissionais particulares.

[1182] GIOVANELLA, Lígia; MENDONÇA, Maria Helena Magalhães de. Atenção primária à saúde no Brasil. *In*: ALVES, Sandra Maria; DELDUQUE, Maria Célia; DINO NETO, Nicolao (Org.). *Direito sanitário em perspectiva*. Brasília: ESMPU/Fiocruz, 2013. v. 2. p. 143, que salientam a inexistência de escolha em geral e lecionam que o atendimento pelo programa de saúde em-família é fixado com base na moradia. *Em Portugal, revogou-se a Lei nº 48/90, e a Lei nº 95/19 não previu a possibilidade de pagamento de quarto particular ao utente, conforme explicado no tópico anterior. Na III Jornada de Direito da Saúde, aprovou-se o Enunciado nº 88, que afirma não existir direito subjetivo à escolha do médico ou da instituição. Menciona-se, ainda, o Enunciado nº 90, que orienta que o juiz, salvo urgência, nos casos em que se pedem tratamentos de terapia renal substitutiva, inclua o paciente em cadastro e determine o acompanhamento e tratamento junto a uma unidade especializada em doença renal crônica ainda que o caso tenha sido atendido por médico particular.

Embora a apreciação do Supremo Tribunal Federal tenha se atido ao exame do princípio da igualdade acoplado no acesso ao sistema universal, o que suscita um interessante debate sobre a tensão entre liberdade individual de saúde, acesso igualitário e universal e solidariedade e equidade do sistema, e esteja-se propenso a concordar com a argumentação do Tribunal[1183] não obstante a contrariedade com a perspectiva europeia, seria interessante indagar se, na perspectiva da proteção contra a insuficiência, haveria desproporcionalidade na ausência de possibilidade de escolher quaisquer profissionais e serviços do mercado, arcando o particular com a diferença de custo entre o preço privado e o padrão de serviço oferecido à generalidade dos cidadãos, bem como na dispensa de triagem pelo sistema, exame que não foi efetuado às abertas pelo sinédrio tupiniquim.

Não se pode olvidar que o Supremo estava a examinar, em controle incidental de constitucionalidade, a validade de normas em abstrato, sem o aporte da situação específica de determinado paciente, o que aumenta as incertezas empíricas, analíticas e normativas, de sorte a justificar uma distinção na intensidade do ônus de argumentação e na intensidade de controle.

O objetivo almejado pelo Executivo, respaldado pelo Legislativo ao não prever a possibilidade legal desse tipo de prestação diferenciada, foi o de defender a igualdade da cobertura universal e evitar um tratamento diferenciado conforme condição econômica, a par de obter melhor desempenho no serviço público, mormente no caso da não admissão da dispensa da triagem. Logo, os objetivos são legítimos, sem proibição legal ou constitucional dos meios à partida.

As opções adotadas pelo Poder Público são normas proibitivas da chamada diferença de classe e da própria dispensa de triagem no sistema único de saúde em caso de prescrição por médico particular. São os dois meios idôneos ao objetivo pretendido? No caso da vedação da dispensa de triagem, mesmo uma apreciação mais fortalecida desse teste sufragaria a opção administrativa, porque o médico particular não está obrigado a seguir as orientações dispostas nos protocolos clínicos e diretrizes terapêuticas, com liberdade de prescrever aquilo que entender melhor para seu paciente. Essa liberdade de exercício profissional inviabilizaria uma melhor gestão do sistema de saúde e dificultaria sobremaneira a compatibilidade das prestações ofertadas com eventuais planificações na área da saúde. Quanto à proibição de escolha de profissional não constante dos quadros do SUS, ainda que com o pagamento da diferença de honorários médicos, uma versão mais enfraquecida do teste validaria a escolha administrativa, porque o meio é minimamente adequado no aspecto de probabilidade e de qualidade para a promoção do fim. O mesmo resultado seria alcançado se houvesse uma versão mais fortalecida

---

[1183] A leitura do acerto do fundamento do Supremo Tribunal Federal na resolução dessa tensão principiológica dependeria de um profundo exame do princípio da igualdade e de um escrutínio com base nesse princípio, o que fugiria do escopo e do plano de trabalho desta tese, apesar de ter-se dado algumas pinceladas no tópico 2.8, razão pela qual a concordância definitiva com a conclusão e o fundamento da decisão do Supremo Tribunal Federal dependeria de maior reflexão. Ademais, outro argumento poderoso é o da legalidade, no sentido de que essa possibilidade dependeria de previsão em lei, o que não existe. Finalmente, a questão poderia ser abordada, como salientado em um dos votos dos ministros, pelo aspecto do concurso público e da não contratação do particular mediante normas de direito público, uma vez que o profissional de saúde seria remunerado parcialmente pelo Estado, sem ter prestado concurso público e sem integrar instituição contratada ou conveniada para atividade complementar na assistência, o que também apontaria para o acerto do acórdão.

do teste, porque seria impossível, mesmo que mantida a triagem pelo SUS para custeio da prestação, evitar que o particular pulasse na frente de quem não pudesse pagar, ao menos para receber seu diagnóstico.[1184]

No aspecto da necessidade, parece que a medida que impõe a reapreciação por profissionais do SUS dos serviços prescritos por profissionais particulares é necessária. Não se concebem meios alternativos que permitam fomentar o fim nos mesmos parâmetros de avaliação e proteger suficientemente o direito, mesmo numa versão fortalecida do teste. No que tange à vedação da liberdade de escolha do profissional, uma versão débil do teste permite manter a opção estatal, porque não existem meios que promovam o fim nos mesmos aspectos e que protejam de modo suficiente o direito fundamental. Numa versão mais fortalecida ou intermediária do teste, a dificuldade de eleger outras opções que mantenham uma promoção ao menos parcialmente congruente das finalidades e preservem em patamar suficiente a proteção do direito fundamental prejudica essa comparação, a tender pela superação dessa etapa. Pense-se, a propósito, na seguinte medida alternativa, mantida a não dispensa de triagem e a inexistência de custos adicionais pelo serviço: uma permissão da escolha limitada de profissionais e serviços de saúde, condicionada ao não atendimento na rede pública em prazo hábil clinicamente. Mesmo essa medida alternativa, porém, afetaria potencialmente o direito à saúde de terceiros, haja vista que poderia propiciar um salto na fila de atendimento e, assim, prejudicar outras pessoas.

Como é cediço, uma versão fortalecida das subetapas prévias à proporcionalidade em sentido estrito – e esse comentário vale tanto para as etapas de idoneidade como de necessidade – antecipa um sopesamento, ainda que mínimo, efetuado na derradeira etapa do teste de proporcionalidade, de modo que só seria possível a reprovação das opções adotadas pelo Estado com a seguinte valoração: a pouca importância dada a posições de terceiros afetados, à medida que permite que alguns sejam atendidos sem filas. De qualquer forma, ante o fato de o tipo de controle recair sobre normas gerais e abstratas e não sobre atos concretos, a tendência de utilizar as versões mais enfraquecidas de ambos os subtestes é justificável.

Por fim, na etapa da proporcionalidade em sentido estrito, derradeiro passo analítico em que se ponderam todos os argumentos normativos, empíricos e analíticos, tem-se o sopesamento das razões que apoiam o direito à saúde do particular por um lado e, por outro, o interesse estatal de manter a isonomia e o direito à saúde de terceiros, ante a possibilidade de que os beneficiados com a diferença de classe passem à frente no atendimento nos ambulatórios. Ora, aqui a dispensa de triagem por médico do SUS não permite que o sistema seja gerenciado consoante normas e diretrizes do sistema público, uma vez que o médico particular possui liberdade de exercício profissional. As possibilidades de burla no sistema público em relação ao setor privado complementar, consistentes no incentivo dissimulado ou na pressão explícita para que se pague a diferença de classe, ante eventual precarização da parte conveniada ou contratada pelo SUS, são argumentos fáticos que também pesam em desfavor da pretensão postulada na ação civil pública.

[1184] Infelizmente, é público e notório que há grandes filas de espera para agendamento de consultas nas unidades de saúde brasileiras e mesmo no recebimento de muitos atendimentos de urgência e emergência.

De outro lado, estaria o direito à saúde na pretensão individual de receber o melhor tipo de cuidado sanitário que possa bancar; não está em causa propriamente a liberdade de escolha dos serviços e profissionais de saúde, uma vez que os honorários e serviços seriam parcialmente custeados pelos recursos públicos. Como não há custos acrescidos ao orçamento estatal, eis que o particular se incumbe de pagar a diferença, isso é um argumento que fortalece a pretensão individual.

Um argumento esgrimido pela entidade de classe médica autora da ação era de que a diferença de classe seria benéfica ao sistema público, uma vez que desafogaria a demanda das prestações ofertadas pelo SUS, deixando-as para quem realmente não pudesse por elas arcar. É um argumento de índole fática que dependeria de algum dado estatístico, para maior apuramento da informação, não informando a decisão se isso foi apresentado. Porém, o contraponto dado no voto do Ministro Fachin, conquanto o julgador não estivesse abertamente mencionando a ponderação implícita em seu voto, diminui um pouco a força do argumento, pois salienta que o fluxo de pessoas que procurariam no mercado ou que detêm seguro de saúde privado e que passariam a buscar o SUS na forma da diferença de classe terminaria por não produzir a mudança alegada pela entidade. Esse argumento tem alguma procedência, mas a compreensão é de que ele não elide, substancialmente, o raciocínio lógico de que esse fluxo poderia não ser muito elevado, mormente se for mantida a necessidade de triagem por profissional dos quadros do sistema público. Afinal, os detentores de seguro privado certamente, por já pagarem o seguro, não teriam motivo aparente para não gozar o pacote básico disposto no plano particular, ainda que remunerassem diretamente o fornecedor de cuidados de saúde pela diferença de preço entre os cuidados compreendidos no pacote e os cuidados melhorados de assistência à saúde. No entanto, tal raciocínio não se aplica no caso de planos de saúde que não prevejam essa possibilidade de diferenciação ou mesmo em cuidados não cobertos pelo plano, mas abrangidos pelo pacote disponibilizado no SUS, ou mesmo em relação aos particulares que não detenham planos de saúde privados, mas que ostentariam recursos para almejar uma diferenciação de classe. Logo, a precisão do argumento dependeria de uma maior certeza empírica.

A força normativa das razões que apoiam a medida oficial é muito robusta e prepondera sobre o direito à saúde em conflito. A especificação da posição jurídica desse direito permite verificar que é afetada a pretensão individual de receber prestações pelo melhor tipo de cuidado sanitário, mesmo o que não atinja as necessidades básicas da pessoa – essas já estão compreendidas no pacote disponibilizado no sistema público, ao menos em tese. Logo, não é o direito à saúde em todo o seu plexo de posições e situações jurídicas que está em consideração. Assim, o peso abstrato é a importância de outorgar proteção jurídica a essa pretensão individual; o peso concreto é a intensidade de afetação a essa pretensão individual, no caso a completa proibição desse tipo de atendimento diferenciado. Embora a intensidade de afetação ou o peso concreto pudesse ser considerado alto ante a total proibição, é fato que a importância social da pretensão individual é considerada baixa, o que, numa avaliação global, permitiria taxar que a força normativa é baixa ou de média potência. Por outro lado, as razões que apoiam a medida oficial são muito robustas, pois há potencialidade alta de evitar fraudes e, outrossim, o direito à saúde de terceiros, consistente na pretensão individual de não ter seu atendimento postergado em virtude de outro com mais recursos no caso da dispensa de triagem, tem peso relativamente alto. Assim, sem o contexto de uma segunda linha de valoração, a medida oficial é proporcional.

O sopesamento das razões normativas, com o exame da tutela da proteção insuficiente, poderia ser mais especificado se na etapa da necessidade aventassem-se medidas alternativas, a seguir a linha sugerida por Barak no ponto 2.7.5. Duas alternativas consideradas seriam a de manter uma permissão de escolha limitada de profissionais e serviços de saúde, desde que condicionada ao não atendimento pela rede pública em prazo razoável sob o aspecto clínico, critério formulado na jurisprudência sobre cuidados transfronteiriços do Tribunal de Justiça da União Europeia, isso para todas as doenças (alternativa A) ou só para doenças graves (alternativa B). Uma segunda linha de valoração deve ser aberta para examinar o impacto da omissão dessas medidas alternativas. Considere-se a medida oficial como a alternativa C. Ao ranqueá-las pelo grau de proteção conferido ao direito fundamental especificado no conflito, em ordem descendente da medida mais para a menos protetora, seguem-se as medidas A, B e C. Qual o acréscimo de salvaguarda à pretensão individual de aceder aos tratamentos que escolher, sem submeter-se à triagem, com as medidas A e B?

O impacto da omissão da medida A seria baixo, justamente porque nos casos mais graves (medida alternativa B) haveria a possibilidade de diferenciação de classe. Logo, retomam-se os argumentos já utilizados na primeira linha de comparação, os quais são replicáveis em alguma medida aqui, para concluir que não há proteção insuficiente do direito fundamental. A medida B, por sua vez, traria impacto mais robusto, o qual pode ser considerado razão forte, desde que se mantenha a medida de triagem, pois, do contrário, haveria inequívoca perda da sua força argumentativa. Ocorre que, no outro prato da "balança ponderativa", estão objetivos de alto valor e o próprio fomento ao princípio da igualdade, a par da proteção do direito à saúde de terceiros. Ora, aqui se entende caracterizado um empate argumentativo, o qual, diante de um conflito multiprincipial que engloba interesses públicos e direitos fundamentais de primeira grandeza (direito à saúde de terceiros e direito à igualdade, por um lado, e o direito à saúde na faceta individual, por outro), resulta no reconhecimento de discricionariedade ao poder controlado.

Evidentemente, se há discricionariedade, poderia muito bem a Administração Pública permitir a diferença de classe em algumas situações excepcionais, em patologias graves e com a prova de que a demora no atendimento dentro do SUS extrapolaria o clinicamente razoável para o caso individual. Porém, nada nessa assertiva compromete-se a sugerir que, caso exercesse essa discricionariedade para atender ao direito à saúde nessa perspectiva individual, essa opção não fosse censurável constitucionalmente mediante a aplicação de outras normas constitucionais (igualdade, inexistência de base legal, exigência de concurso público etc.). Com mais razão, considerando apenas o aspecto isolado do direito à saúde, seria possível que o Legislativo caminhasse no sentido de reconhecer algumas possibilidades pontuais e diferenciadas de atendimento mediante copagamento, desde que isso fosse disponibilizado em normas gerais e abstratas, como ocorre com o SNS português na possibilidade de acomodar-se em quartos mediante o pagamento da diferença.

O que chama a atenção é que, embora a conclusão do Supremo Tribunal Federal tenha sido acertada no sentido de não invalidar as normas administrativas, há uma lacuna metodológica que seria útil em objetivar mais a ponderação efetuada, justamente a utilização do princípio da proporcionalidade. Apenas para consolidar o que já fora defendido anteriormente: um dos argumentos esgrimidos pela entidade propositora da ação coletiva fincava-se na afetação de uma liberdade integrante do plexo do direito à saúde, qual seja, a liberdade de escolha do profissional de saúde. Porém, esse argumento não é o mais preciso, porque não é esse campo de liberdade que realmente estava em jogo, uma vez que o particular o mantém, desde que disponha de recursos para comprar no mercado a atenção sanitária de que precisa. O que estava em causa, como mencionado anteriormente no subitem 3.6, não era uma posição jurídica compreendida na dimensão negativa, mas numa dimensão positiva. Logo, o exame da proporcionalidade deve ser pautado na proteção contra a insuficiência estatal.

Avança-se para comentar sobre a hierarquia na rede do sistema. Hierarquizar a rede nada mais representa que a noção de que a assistência à saúde desenvolve-se em turno crescente, dos cuidados mais simples aos de maior complexidade, com ressalva das situações de urgência e emergência; a regionalização significa o exercício das competências federativas de modo a tornar o serviço mais eficiente à população, de acordo com o planejamento e gestão por suas unidades federadas; a descentralização aposta especialmente na municipalização dos serviços de saúde, sem prejuízo das competências legais e regulamentares dos estados, Distrito Federal e União.[1185]

Em relação a essa descentralização, que põe em voga a concentração dos serviços e cuidados sanitários sob o encargo dos municípios, embora seja medida defensável do ponto de vista gerencial, pois permite sua organização consoante dificuldades, necessidades epidemiológicas e peculiaridades locais, gera um impacto intrínseco que tangencia o arquétipo de financiamento do sistema. A tudo isso se acrescenta a questão do destinatário das normas de direito à saúde, no sentido de responsabilizar o ente federado que, por inação, de algum modo viole o direito à saúde.

Primeiramente, a competência de União, estados/Distrito Federal e municípios é explicitada nos arts. 16 a 18 da Lei nº 8.080/90. Em linhas gerais, adianta-se que, da leitura dessas normas, lobriga-se que incumbe à União definir terapias e procedimentos terapêuticos a serem prestados no SUS e os protocolos e diretrizes clínicas (art. 19-Q da Lei nº 8.080/90) e financiar os serviços parcialmente. Observada a diretriz da descentralização da prestação do serviço, encarrega-se o Estado de também financiar e dar apoio técnico aos municípios, a fim de que eles se encarreguem de prestar o serviço, ficando, porém, responsável pela sua execução de forma suplementar. Finalmente, aos municípios restou o encargo de prestar os serviços do sistema, com o devido planejamento, organização, controle e avaliação, executando as políticas públicas de saúde definidas na esfera competente. Como se percebe, tanto no que tange a aspectos de prevenção como de assistência sanitária em geral, inclusive farmacêutica, vultosas incumbências ficaram a cargo dos municípios – os quais devem prestar esses serviços, não obstante seja possível regionalizá-los por referências, consoante as especialidades e a complexidade de atendimento –, a despeito do cofinanciamento do sistema por

---

[1185] SARLET, Ingo Wolfgang; FIGUEIREDO, Mariana Filchtiner. O direito fundamental à proteção e promoção da saúde no Brasil: principais aspectos e problemas. *In*: RÉ, Aluísio Iunes Monti Ruggeri (Org.). *Temas aprofundados da Defensoria Pública*. Salvador: Juspodivm, 2013. p. 120 e seguintes.

estados e União e da prestação complementar dos serviços a cargo dos Estados.[1186] No entanto, o sistema tributário instituído na Constituição brasileira propicia que grande parte da concentração de receitas tributárias dê-se nos cofres da União; mesmo com as transferências obrigatórias dessas receitas, a União certamente é o ente federado com maior capacidade financeira. Ao revés, os municípios ficaram com a menor fatia do bolo das receitas tributárias e são onerados com a execução direta dos serviços. Isso gera um paradoxo,[1187] porque o ente mais rico não presta quase nenhum serviço de saúde diretamente à população, salvo exceções pontuais de alguns centros e hospitais universitários ou de outra natureza que pertenciam à União ou a alguma autarquia federal antes do advento da Constituição.[1188]

A Lei nº 8.080/90, art. 26, traça que a remuneração de serviços e os parâmetros de cobertura assistencial são definidos pela direção nacional do SUS, conforme aprovação no Conselho Nacional de Saúde. Ou seja, o estabelecimento das normas técnicas e a fixação de critérios, valores, formas de reajuste e de pagamentos da remuneração dos serviços de cuidados de saúde são de responsabilidade da União, mesmo que deva existir prévia deliberação do Conselho Nacional de Saúde. Assim, a remuneração é efetuada consoante procedimentos realizados. Essa peculiaridade de ser a direção nacional do SUS que define quais procedimentos, tratamentos, cuidados e medicamentos serão oferecidos no bojo do sistema, que é medida que permite unidade sistêmica e uma direção nacional na condução da política de saúde, pode contribuir para o problema do subfinanciamento, haja vista que as tabelas de preços e valores (preçário) da remuneração de serviços não condizem muitas vezes com o seu custo efetivo ou mesmo terminam por ficarem defasadas em razão da inflação, o que impacta o erário dos entes federados estaduais e especialmente o dos municipais, que deverão aportar recursos em carga desproporcional para poderem prestar os serviços.[1189] Isso cria um desincentivo financeiro aos entes municipais de assumirem novas políticas, novéis tratamentos e tecnologias incorporados ao sistema, uma vez que sabem que o financiamento tripartite entre todos

---

[1186] Como foi mostrado, também incumbe aos estados prestar os serviços do SUS de modo complementar e disponibilizar apoio técnico aos municípios, de sorte a propiciar a sua execução direta por estes entes da federação brasileira conforme planejamento, organização, controle e avaliação na execução das políticas públicas de saúde definidas na esfera competente.

[1187] Durante audiência pública realizada em 2009, um dos gargalos do SUS era a ausência da edição de lei complementar para definir quanto a União iria desembolsar em ações e serviços de saúde, o que foi sanado com a Lei Complementar nº 141/2012. De qualquer forma, apesar da colmatação da lacuna, é fato que havia vozes na audiência pública (BRASIL. Supremo Tribunal Federal. *Audiência pública*: saúde. Brasília: Secretaria de Documentação, 2009. p. 93-98; 159-165, discursos de Antônio Carlos Figueiredo Nardi e Paulo Ziulkoski) que mostravam o descompasso de, proporcionalmente, os Municípios ficarem mais onerados em seus orçamentos que a União e Estados, a despeito de aqueles serem os entes mais pobres.

[1188] Além de o delineamento de competências previsto em lei indicar a não execução de cuidados de saúde de modo direto pela União, a informação de que ela não dispõe de rede de assistência sanitária, ressalvados alguns antigos hospitais herdados da política sanitária anterior à Constituição Federal, é dada por Edelberto Luiz da Silva, então Consultor Jurídico do Ministério da Saúde (BRASIL. Supremo Tribunal Federal. *Audiência pública*: saúde. Brasília: Secretaria de Documentação, 2009. p. 99).

[1189] Na audiência pública organizada pelo Supremo Tribunal Federal em 2009, um expositor enfatizou o problema de subfinanciamento da União, a exigir aportes complementares dos Municípios, em caso de "depreciação" dos valores; isto é, a União podia incluir um determinado serviço ou prestação no SUS, deixando-o obrigatório e vinculando os municípios, porém não tinha o cuidado de atualizar ou "corrigir" o montante que lhe incumbe no financiamento, o que, ao longo do tempo, deixará o valor devido pela União muito defasado, a exigir cada vez maiores complementações do município para poder prestar o serviço (Paulo Ziulkoski, BRASIL. Supremo Tribunal Federal. *Audiência pública*: saúde. Brasília: Secretaria de Documentação, 2009. p. 164).

os entes federados não será proporcional no aspecto de custo do serviço, pois exigirá maiores comprometimentos do orçamento municipal sem as contrapartidas estadual e nacional adequadas.[1190]

Sob outro ângulo, mas também com relação ao problema do subfinanciamento, bem como tocante à execução desses serviços, está a questão da responsabilidade estatal de cada ente. No contexto da audiência pública organizada pelo Supremo Tribunal Federal, os expositores que representaram os gestores do sistema, de modo geral, criticaram a jurisprudência que se formou em torno da responsabilidade solidária, praticamente pacífica.[1191] O argumento é de que a solidariedade prejudica a organização do serviço

---

[1190] Em um caso concreto em que atuei como membro do Ministério Público, concluí exatamente isso. Foi incorporado no SUS um programa chamado de Programa de Assistência Ventilatória Não Invasiva para os portadores de doenças neuromusculares, instituído pela Portaria do Gabinete do Ministério da Saúde nº 1.370/2008. Esse programa, em realidade, era uma ampliação de outro, o qual estava antes limitado apenas aos pacientes portadores de distrofia neuromuscular progressiva, existente desde 2001. Entre as obrigações previstas no programa estão as de disponibilizar e manter domiciliarmente um ventilador volumétrico do tipo bilevel, para ventilação nasal intermitente, e de oferecer a avaliação e acompanhamento domiciliar do paciente por enfermeiro ou fisioterapeuta para orientação quanto ao uso correto do ventilador bilevel. Na investigação do Ministério Público Estadual, verificou-se que não existia no âmbito do Estado de Mato Grosso do Sul, inclusive na circunscrição do Município de Campo Grande, sua capital, a oferta desse programa, uma omissão que se perpetuava desde 2001, para os portadores de distrofia neuromuscular progressiva, e desde 2008, para os demais doentes neuromusculares. Nas justificativas apresentadas ao Ministério Público pelo Município de Campo Grande e pelo Estado de Mato Grosso do Sul, observou-se que um dos argumentos era da inexistência de verbas federais específicas para custear o programa, o qual seria muito custoso. Em realidade, no bojo do inquérito civil que investigou a situação, percebeu-se claramente que havia previsão de financiamento desse programa pela União, porém, pela tabela de preços que seriam pagos pelo governo federal, claramente se percebia que o valor previsto como devido pela União era baixo, ou seja, era evidente que o Município e o Estado furtavam-se de sua responsabilidade porque sabiam que o valor a ser desembolsado pela União era muito pequeno e que a maior parte dos custos ficaria para si. O Judiciário deferiu, em caráter liminar, a maior parte dos pleitos do Ministério Público deduzidos em ação civil pública (Processo nº 0830687-89.2015.8.12.0001), determinando que o Município e o Estado disponibilizassem o programa no prazo de 180 dias, porém esses entes ingressaram com recurso, ainda não decidido pelo respectivo Tribunal de Justiça. *A Portaria nº 1.370/2008 foi revogada pela Portaria de Consolidação nº 5/2017, a qual trata do referido programa no arts. 650 a 652; as doenças alcançadas e as medidas e ações que compõem o programa não são detalhadas, remetendo-se para a Secretaria de Atenção à Saúde a definição das moléstias e os critérios técnicos para a implantação do Programa, cumprindo aos estados, Distrito Federal e municípios com gestão plena do sistema a adoção das medidas necessárias para organizá-lo e implantá-lo. Em relação ao caso concreto referido, o Tribunal de Justiça negou provimento ao recurso do Estado de Mato Grosso do Sul em 2018 (2ª Câmara Cível, Rel. Desembargador Paulo Alberto de Oliveira). O Estado interpôs recurso especial, tendo agravado da decisão que lhe negou seguimento (Agravo nº 1.409.827), mas o STJ, por decisão monocrática do Ministro Napoleão Nunes Maia Filho, negou-lhe provimento.

[1191] É maciça a jurisprudência a respeito do tema, no âmbito de vários tribunais, consolidada também no ofício do Supremo Tribunal Federal, como se verifica no acórdão da 2ª Turma nos Embargos de Declaração em Recurso Extraordinário com Agravo nº 825.641 ED/RS, publicado no *Diário De Justiça Eletrônico* em 31.10.2014, no sentido de que podem figurar no polo passivo da ação o município, o estado ou a União, sozinhos ou conjugadamente, inclusive em função do art. 23, II, da Constituição Federal, que estipula a competência comum de todos os entes de cuidar da saúde. A cristalização da jurisprudência aconteceu também no julgamento do Recurso Extraordinário nº 855.178, recurso julgado na forma do incidente de repercussão geral, com reafirmação dessa tese da responsabilidade solidária de União, estados e municípios em demandas de saúde. Ainda a respeito, a Defensoria Pública da União postulou ao Supremo Tribunal Federal que a tese seja consolidada em súmula vinculante, não tendo ainda o sodalício a emitido ou rejeitado a proposta. *O STF terminou por restringir seu posicionamento sobre a responsabilidade solidária. No caso de demandas aforadas para obter medicamentos sem registro na Anvisa, prevaleceu o voto do Ministro Barroso, que estabeleceu a competência da Justiça Federal ao impor a participação obrigatória da União no processo como ré – embora aparentemente não se tolha a possibilidade de o autor incluir os demais entes em litisconsórcio, conforme esclarecido na Nota nº 1.339. Em relação ao Recurso Extraordinário nº 855.178, após a interposição de embargos de declaração, o Tribunal, por maioria, terminou por fixar a seguinte tese de repercussão geral (Tema nº 793) em decisão dada em Plenário em 23.5.2019, acórdão ainda não publicado: "Os entes da federação, em decorrência da competência comum, são solidariamente responsáveis nas demandas prestacionais na área da saúde, e diante dos critérios constitucionais de descentralização e hierarquização, compete à autoridade judicial direcionar o cumprimento conforme as regras

como um todo, porquanto se condenam entes que, na divisão de tarefas administrativas, não teriam uma burocracia voltada para o cumprimento da decisão, com desconsideração da descentralização e municipalização ditada na ordem constitucional, a prejudicar a racionalidade, a economia e a eficiência dos serviços e a dificultar até o cumprimento da ordem judicial.[1192]

Dentro das competências da União previstas no art. 18, X e XV, da Lei nº 8.080/90, foram editadas as portarias GM/MS nº 2.203/1996, nº 373/2002 e nº 399/2006.[1193] A primeira trouxe a Norma Operacional Básica do SUS (NOB), um grande avanço em prol da descentralização administrativa e da definição de responsabilidades para executar os serviços do SUS. A segunda trouxe a Norma Operacional Básica da Assistência à Saúde (NOAS), a avançar na regionalização da prestação dos serviços de saúde. A última aprovou o Pacto pela Saúde, cujo anexo traz normas centrais para a consolidação do SUS e sua descentralização. A conjugação dessas normas com as da Lei nº 8.080/90 e da Constituição Federal trazem a espinha dorsal de funcionamento do SUS e de todos os instrumentos jurídicos que tratam de gestão e financiamento do sistema. Ainda no que se refere à competência e às responsabilidades, o Pacto pela Saúde pormenorizou-as ainda mais em relação a cada ente da federação brasileira e, inclusive, estabeleceu que a responsabilidade é solidária dessas três esferas de governo. Porém, seria a norma infralegal compatível com a Lei nº 8.080/90, que distingue as competências dos entes federados? Haveria contrariedade com a diretriz da descentralização do serviço?

Em realidade, o argumento baseado em eficiência e racionalidade para refutar a responsabilidade solidária pode servir como um parâmetro procedimental a orientar

---

de repartição de competências e determinar o ressarcimento a quem suportou o ônus financeiro", nos termos do voto do Ministro Edson Fachin, redator para o acórdão, vencido o Ministro Marco Aurélio, que não fixava tese. Isso ajuda a explicar a alteração da redação do Enunciado nº 8 na III Jornada de Direito da Saúde, a qual expressa que as ações ajuizadas para cobrar prestações sanitárias devem observar as regras administrativas de repartição de competências entre os entes federados, bem como o texto do Enunciado nº 78, que defende que é a Justiça Federal a esfera jurisdicional competente para apreciar pleitos de prestações não incorporadas no SUS, e o do Enunciado nº 87, que preconiza a individualização na decisão judicial da responsabilidade de cada um.

[1192] A esse propósito, conferir os discursos de Edelberto Luís da Silva e Luís Roberto Barroso em BRASIL. Supremo Tribunal Federal. *Audiência pública*: saúde. Brasília: Secretaria de Documentação, 2009. p. 98-102; 247-252. Luís Barroso, aliás, defendeu na audiência pública que a solidariedade mais atrapalha que auxilia e não poderia ser invocada quando a responsabilidade na política pública de saúde estiver bem definida, sendo, porém, um parâmetro aceitável se houver dúvida a seu respeito, o que flexibiliza um pouco seu ponto de vista defendido em BARROSO, Luís Roberto. Da falta de efetividade à judicialização excessiva: direito à saúde, fornecimento gratuito de medicamentos e parâmetros para a atuação judicial. *In*: SOUZA NETO, Cláudio Pereira; SARMENTO, Daniel (Org.). *Direitos sociais* – Fundamentos, judicialização e direitos sociais em espécie. 2. tir. Rio de Janeiro: Lumen Juris, 2010. p. 890-903, em que defendera, como parâmetro para racionalizar a prestação jurisdicional, que se deve situar no polo passivo processual apenas o ente federado que estiver incumbido de fornecer a prestação.

[1193] As portarias nº 2.203/1996 e nº 373/2002 foram expressamente revogadas pela Portaria nº 1.580/2012, tendo esta afastado a exigência de adesão ou assinatura do Termo de Compromisso de Gestão, para fins de repasses de recursos financeiros pelo Ministério da Saúde a estados, Distrito Federal e municípios. A Portaria nº 399/2006 foi revogada pela Portaria nº 2.501/2017. Como referido na introdução, houve a sistematização de 749 portarias do Gabinete do Ministro da Saúde e sua consolidação em 6 portarias de consolidação: a Portaria de Consolidação nº 1/2017 versa sobre direitos e deveres dos usuários do SUS e a respeito da organização e do funcionamento do sistema; a Portaria de Consolidação nº 2/2017 trata das normas sobre as políticas nacionais de saúde do SUS; a Portaria de Consolidação nº 3/2017 dispõe sobre as redes do SUS; a Portaria nº 4/2017 disciplina as normas sobre os sistemas e subsistemas do SUS; a Portaria de Consolidação nº 5/2017 rege as ações e os serviços de saúde do SUS; a Portaria de Consolidação nº 6/2017 agrupa as normas acerca de financiamento e transferência de recursos federais para ações e serviços de saúde do SUS. Nos anexos da Portaria de Consolidação nº 1, há termos de compromisso que mencionam a responsabilidade solidária de todos os entes federados pela atenção à saúde de sua população.

o ofício jurisdicional, no intuito de evitar a desorganização do serviço, porém não pode ser aceito como uma regra ou princípio do sistema a elidir a responsabilidade dos demais entes. Afinal, se os três entes são responsáveis pelo financiamento, tendo em vista que o sistema é único e abrange todo o território nacional, fica patente que não se pode, simplesmente, admitir que cada esfera apenas se responsabilize com o numerário e demita-se da responsabilidade de prestar o serviço caso o ente que assumiu a competência inicial não o esteja executando.[1194]

Veja-se que o art. 196 institui o dever de zelar pela saúde a todo o Estado brasileiro, além de que o art. 23, II, da Constituição também impõe a competência comum aos três entes de cuidar da saúde, o que se coaduna com a própria formatação do sistema. É claro que a diretriz da descentralização é um princípio jurídico formal, a nortear sua organização, porém não pode servir de escudo para suprimir a responsabilidade de todos os entes da federação pela prestação do serviço. O que se afirma, porém, não significa que se defenda a responsabilidade solidária em todos os casos. De fato, cobrar do ente que, na distribuição interna das competências, não tinha a responsabilidade primária de prestar o serviço serve para premiar a desídia do ente federado omisso. Logo, é viável adaptar o parâmetro procedimental de Barroso para, nos casos claros e evidentes sobre quem tinha a responsabilidade de prestar o serviço, condenar o ente responsável consoante distribuição interna, com um prazo para que ele atenda à ordem, sem prejuízo de manter a responsabilidade dos demais entes, caso a ordem não seja atendida no prazo estabelecido.[1195]

Outro mecanismo possível, de *lege ferenda*, seria prever um sistema de compensação, no qual o ente que realizasse a prestação seria compensado financeiramente pelo ente inicialmente responsável, conforme distribuição interna de competência.[1196]

[1194] FERRAZ, Octavio L. Motta. Brasil: desigualdades en salud, derechos y tribunales. *In*: YAMIN, Alicia Ely; GLOPPEN, Siri (Coord.). *La lucha por los derechos de la salud – ¿Puede la justicia ser una herramienta de cambio?* Buenos Aires: Siglo Ventiuno, 2013. p. 99-102.

[1195] Poder-se-ia alfinetar a proposta do texto com o argumento de que aí estaria em causa uma responsabilidade subsidiária e não solidária, o que, a princípio, não parece ser ilógico; contudo, poder-se-ia argumentar que só haveria uma efetiva responsabilidade subsidiária se ela fosse estabelecida em provimento jurisdicional final e não em provimentos judiciais provisórios de urgência ou de evidência, pois nestas últimas hipóteses haveria um mero sobrestamento da responsabilização solidária, a ser reconhecida no provimento final, posição que, a princípio, não seguiria contra o entendimento jurisprudencial consolidado no Supremo Tribunal Federal nem contrariaria as regras de responsabilização solidária instituídas nas normas administrativas do Pacto da Saúde. Em sentido próximo ao texto, os enunciados nº 8 e nº 60, aprovados pelo Fórum de monitoramento das demandas em saúde na I e II Jornadas de Direito da Saúde, conquanto o último enunciado admita que tal possa ocorrer no provimento jurisdicional final, o que parece conduzir a uma responsabilização subsidiária. Outrossim, como será exposto mais adiante no subitem 3.6.2.2, o Ministro Barroso votou no sentido de que um processo judicial cujo resultado pretendido seja a inclusão de fármaco fora da lista do SUS deva ser aforado na Justiça Federal, porque é o Ministério da Saúde que detém a competência legal de incorporar novas tecnologias. Porém, não se está seguro de que a tese deva ser aceita em todo e qualquer caso, justamente em função da responsabilidade solidária, sem embargo dela poder servir, isso sim, como um parâmetro, para que as ações sejam preferencialmente ajuizadas em face da União. *Ver nota de rodapé nº 1.191.

[1196] Sugestão apresentada por André da Silva Ordacgy na audiência pública realizada pelo Supremo Tribunal Federal (BRASIL. Supremo Tribunal Federal. *Audiência pública*: saúde. Brasília: Secretaria de Documentação, 2009. p. 122). Outra solução, não defendida nesta tese, é de que seria solidária a responsabilidade apenas no caso de dúvida quanto ao dever imediato do ente que presta o serviço ou se não houver política pública prevista, sendo dividida no caso de haver certeza quanto a qual ente federado deveria ser o executor da política, como sugeriu o então Procurador-Geral da República Antônio Fernando Barros e Silva de Souza na referida audiência pública (BRASIL. Supremo Tribunal Federal. *Audiência pública*: saúde. Brasília: Secretaria de Documentação, 2009. p. 42-43). *Ver nota de rodapé nº 1.191.

Entremementes, percebe-se que, diferentemente da Constituição portuguesa, não se previu no texto constitucional brasileiro a gratuidade ou a tendencial gratuidade das prestações. Contudo, o SUS é totalmente gratuito, em função da concretização do direito pelo Parlamento na Lei nº 8.080/90, art. 43, que estabelece que se mantém a gratuidade para ações e serviços de saúde contratados no setor privado. Com efeito, não se pode deduzir a graciosidade da universalidade nem da integralidade no atendimento.[1197] Relembre-se, aliás, que, no âmbito dos direitos humanos, o direito à saúde é considerado universal, mas a interpretação fornecida pelo Comitê de Direitos Econômicos, Sociais e Culturais ao Pacto Internacional de Direitos Econômicos, Sociais e Culturais não assevera que os cuidados de saúde sejam prestados francamente.

Poderia o Parlamento modificar essa política, para exigir copagamentos por taxas moderadoras ou cofinanciamentos? Defensores de uma proibição de retrocesso social argumentariam que não, ao menos a princípio, uma vez que uma tese de vedação absoluta se mostra muito problemática. Contudo, o correto seria sindicar o tema mediante o princípio da proporcionalidade, uma vez que seria uma intervenção restritiva no direito fundamental, a representar uma diminuição qualitativa na natureza das prestações, eis que seriam cobradas. A metódica correta seria esquadrinhar essa proposta legislativa sob o prisma da proibição contra a insuficiência. Num primeiro nível de análise, é preciso reconhecer que o Judiciário brasileiro tem atuado de modo bastante ativista na concretização de direitos sociais, de sorte que o ônus de prova e de argumentação outorgados ao Estado seria mais alto. Em relação ao exame do fim, pode-se defender seja legítimo quando em causa a própria sustentabilidade financeira do SUS, pois certamente se agiria para defender o direito à saúde de todos, ou mesmo em contexto de grave crise econômica, para garantir a continuidade da prestação e funcionamento de outras instituições públicas que derivem de outros direitos fundamentais. Logo, nessas condições, haveria legitimidade do fim.

No aspecto da idoneidade, uma versão mais enfraquecida tenderia a reconhecer que a contenção de gastos e racionamento das prestações é meio idôneo para promover o fim imediato de reduzir as despesas. O subteste de necessidade, por sua vez, também numa medida enfraquecida, caminharia no mesmo sentido, pois dependeria de examinar se há outros meios alternativos que promovam o fim de igual modo e protegem o direito fundamental em patamar suficiente. É claro que isso dependeria de um confronto da peça orçamentária, para verificar onde os recursos estão sendo empregados, além de subsídios fáticos para verificar o quanto a medida pouparia em termos de recursos. Num contexto de crise financeira, fatalmente a medida poderia ser considerada necessária. Entretanto, dentro de um contexto de normalidade, considerando o papel mais experimentalista

---

[1197] Em sentido similar ao texto, SARLET, Ingo Wolfgang; FIGUEIREDO, Mariana Filchtiner. O direito fundamental à proteção e promoção da saúde no Brasil: principais aspectos e problemas. *In*: RÉ, Aluísio Iunes Monti Ruggeri (Org.). *Temas aprofundados da Defensoria Pública*. Salvador: Juspodivm, 2013. p. 139 e seguintes; HENRIQUES, Fátima Vieira. Direito prestacional à saúde e atuação jurisdicional. *In*: SOUZA NETO, Cláudio Pereira; SARMENTO, Daniel (Org.). *Direitos sociais* – Fundamentos, judicialização e direitos sociais em espécie. 2. tir. Rio de Janeiro: Lumen Juris, 2010. p. 827-840. Em sentido contrário, a associar o universalismo com a gratuidade, embora com a ótica do direito italiano, COCCONI, Monica. *Il diritto alla tutela della salute*. Padova: Cedam, 1998. p. 117-144. A sustentar que é dever estatal de fornecer gratuitamente assistência médica aos doentes, embora sem apoiar essa inferência em nenhuma norma constitucional, BASTOS, Celso Ribeiro. *Curso de direito constitucional*. 20. ed. São Paulo: Saraiva, 1999. p. 481.

e até gerencial que o Judiciário brasileiro tem reclamado na quadra hodierna, poderia esse teste derrubar a validade da medida oficial, uma vez que a praxe governamental brasileira revela-se ortodoxa no pagamento de seus credores externos e internos, além de que há vultosos investimentos em publicidade governamental e no pagamento de cachês de artistas para apresentações durante festejos populares ou comemorativos; uma valoração, adiantada para essa subetapa, poderia reconhecer que, a depender do grau de necessidade financeira do sistema e consoante o custo dessas outras despesas, a cobrança de copagamentos não supera essa subetapa.[1198]

No exame de proporcionalidade em sentido estrito, medidas alternativas eventualmente cogitadas no subteste de necessidade poderiam servir para um sopesamento mais circunscrito, entre a importância marginal de promover o fim mediante a medida oficial e o sacrifício ou grau de não proteção ao direito, por um lado, ante o mesmo "custo-benefício" decorrente da medida alternativa considerada. Evidentemente, o montante a ser cobrado, para que tenha chance de prevalecer, não pode tolher o acesso ao serviço de saúde, de modo que haverá alto grau de peso concreto e abstrato da posição jurídica do titular do direito à saúde caso ele não possa arcar com o custo financeiro da medida disponibilizada no sistema mediante o pagamento. Os valores, como linha geral, em razão do comando do princípio do direito à saúde, não podem figurar como inibidores a cuidados necessários para o resguardo da saúde, mesmo que seja legítimo pretender que se embuta uma mentalidade de racionamento, no intuito de evitar o consumo frívolo dos cuidados sanitários.[1199]

Em relação à participação da comunidade, o Legislativo delineou como seria operacionalizada a gestão participativa por intermédio da Lei nº 8.142/90, que previu duas instâncias colegiadas: o Conselho de Saúde e a Conferência de Saúde.[1200]

A Conferência de Saúde reúne-se periodicamente – a cada quatro anos –, mediante convocação pelo Executivo ou pelo Conselho de Saúde, a congregar representantes de vários segmentos sociais, com o escopo de avaliar a situação de saúde e propor diretrizes para a formulação da política de saúde.

[1198] Em audiência pública realizada pelo Supremo Tribunal Federal em 2009 para debater a judicialização da saúde, o argumento financeiro trazido pelo governo era, vez ou outra, contraposto ao gasto desembolsado com publicidade ou com outras despesas consideradas pelos expositores como menos relevantes. Conferir em BRASIL. Supremo Tribunal Federal. *Audiência pública*: saúde. Brasília: Secretaria de Documentação, 2009. p. 140-141, discurso de Cláudia Fernanda de Oliveira Pereira.

[1199] Nesse ponto, remete-se ao item 3.6.1, especialmente no debate sobre a criação de cofinanciamentos e o princípio da tendencial gratuidade da Constituição portuguesa. Seja como for, é preciso lembrar que os pagamentos diretos, mesmo que a título de moderação do consumo e ainda que aparentemente módicos, podem produzir redução indesejável da procura de cuidados de saúde, com agravamento do estado sanitário que propiciará menor chance de cura e maiores custos no sistema, como argumenta a OMS (ORGANIZAÇÃO MUNDIAL DA SAÚDE. *Relatório Mundial da Saúde 2010*: Financiamento dos sistemas de saúde – O caminho para cobertura universal. Disponível em: http://www.who.int/eportuguese/publications/WHR2010.pdf. Acesso em: 29 abr. 2017. p. 46 e seguintes). Isso mostra que a debilidade financeira e risco de insustentabilidade do sistema de saúde devem estar calcados em argumentos empíricos muito consistentes e fortes para que essa opção seja válida constitucionalmente.

[1200] Sobre o funcionamento, disciplina legal e composição dos Conselhos e Conferências de Saúde, remete-se a OLIVEIRA, Mariana Siqueira de Carvalho; ALVES, Sandra Mara Campos. Democracia e saúde: o papel do Ministério Público nas instâncias participativas sanitárias. *In*: ALVES, Sandra Maria; DELDUQUE, Maria Célia; DINO NETO, Nicolao (Org.). *Direito sanitário em perspectiva*. Brasília: ESMPU/Fiocruz, 2013. v. 2. p. 242 e seguintes.

O Conselho de Saúde, que funciona em caráter permanente e deliberativo, é órgão colegiado composto por representantes do governo, prestadores de serviço e usuários (utentes) do sistema; age na formulação de estratégias e controla a execução da política de saúde em cada instância correspondente, inclusive nos aspectos econômicos e financeiros. As deliberações e decisões do Conselho de Saúde são homologadas pelo chefe do poder em cada esfera de governo.

Como se percebe, há Conferências de Saúde organizadas em nível federal, estadual e municipal, da mesma forma que existem Conselho Nacional, Conselhos Estaduais e Conselhos Municipais de Saúde. Consoante se verifica, a cada quatro anos ouve-se a sociedade no âmbito das Conferências de Saúde, para examinar os rumos das políticas de saúde existentes e valorar acertos e erros, auscultando os anseios dos representantes ali escolhidos e as propostas de diretrizes das vindouras políticas de saúde. Os respectivos Conselhos deliberarão sobre as propostas formuladas nas Conferências, estipularão os planos de saúde anualmente e controlarão o Executivo na implementação das ações planejadas, o que inclui os aspectos econômicos e financeiros. Detalhe previsto em lei que fortalece a participação comunitária é a composição paritária nos Conselhos e Conferências entre usuários do sistema e os demais segmentos com assento e direito a voto.

A participação comunitária, na forma prevista na legislação infraconstitucional, atende muito satisfatoriamente ao comando constitucional; amplia o espectro de democracia participativa, em que o povo possui mecanismos de influir diretamente na formulação da política e outorga um controle social da execução dessa política pela comunidade como um todo. Aliás, a participação da comunidade tem sido ampliada além das estratégias legalmente institucionalizadas nas conferências e conselhos, com realização de consultas públicas e de audiências públicas por iniciativas de instituições públicas como a Agência Nacional de Vigilância Sanitária – Anvisa e a Agência Nacional de Saúde – ANS.[1201] Essa participação social incrementada alicerça no SUS uma orientação pluralista, o que, ao fim e ao cabo, propicia maiores canais de deliberação, a reforçar o esteio de democracia deliberativa.[1202]

Essa forma de ampliação da participação social na formulação da política pública certamente deve ser considerada inclusive no controle dessa política pública. Afinal, é indispensável que a composição desses órgãos colegiados tão importantes observe a regra de composição paritária e, mais que isso, fiscalizem-se os meios de indicação

---

[1201] OLIVEIRA, Mariana Siqueira de Carvalho; ALVES, Sandra Mara Campos. Democracia e saúde: o papel do Ministério Público nas instâncias participativas sanitárias. *In*: ALVES, Sandra Maria; DELDUQUE, Maria Célia; DINO NETO, Nicolao (Org.). *Direito sanitário em perspectiva*. Brasília: ESMPU/Fiocruz, 2013. v. 2. p. 242 e seguintes. As consultas públicas são geralmente precedidas de alteração da legislação, com propostas escritas enviadas normalmente por ambiente virtual, com exigência de análise e resposta motivada do ente consulente.

[1202] Remete-se ao tópico 3.2. Conferir, ainda, DELDUQUE, Maria Célia; MARQUES, Silvia Badim; CIARLINI, Álvaro. Judicialização das políticas de saúde no Brasil. *In*: ALVES, Sandra Maria; DELDUQUE, Maria Célia; DINO NETO, Nicolao (Org.). *Direito sanitário em perspectiva*. Brasília: ESMPU/Fiocruz, 2013. v. 2. p. 200. Sobre a democracia participativa, mencionam-se também GARCIA, Maria da Glória F. P. D. *Direito das políticas públicas*. Coimbra: Almedina, 2009. p. 44-46; CASSESE, Sabino. The new paths of administrative law: A manifesto. *International Journal of Constitutional Law*, v. 10, n. 3, p. 603-613, 2012. p. 603-613; OLIVEIRA, Mariana Siqueira de Carvalho; ALVES, Sandra Mara Campos. Democracia e saúde: o papel do Ministério Público nas instâncias participativas sanitárias. *In*: ALVES, Sandra Maria; DELDUQUE, Maria Célia; DINO NETO, Nicolao (Org.). *Direito sanitário em perspectiva*. Brasília: ESMPU/Fiocruz, 2013. v. 2. p. 240 e seguintes.

e nomeação de cada representante social, no intuito de evitar uma captação indevida de pessoas subordinadas aos interesses governamentais, o que fatalmente burlaria a pretensão de gestão participada e desequilibraria o funcionamento colegiado para atender à visão unilateral do governo. Esse papel fiscalizador pode ser desempenhado pelo cidadão, por via de ação popular, e é atribuição do Ministério Público, o qual inclusive poderia provocar o Judiciário em caso de ilegalidade ou desvio de finalidade em nomeações de integrantes que desvirtuassem a independência da atuação nesses órgãos colegiados.[1203]

Sob outro vértice, uma gestão participada de qualidade permite ao Judiciário, caso seja provocado a examinar e controlar a política pública sob o ângulo de atendimento aos comandos constitucionais e legais, exercer maior comedimento ou contenção para invalidar as políticas gestadas nos canais adequados de sua formulação. Evidentemente, o papel contramajoritário que ostenta uma jurisdição constitucional representa que poderá o Judiciário, no exercício do controle de constitucionalidade, examinar se o direito à saúde não foi concretizado de forma suficiente, a depender de um exame de proporcionalidade da decisão tomada na gestão da política pública. Mas a presença desse quadro de participação comunitária de qualidade pode resultar desde controles mais deferentes a controles mais dialógicos e até experimentalistas, caso o grau de não proteção seja considerado elevado.

Sob o ângulo oposto, o desvio na execução das linhas e diretrizes ou mesmo um grau insuficiente de alcance das próprias metas estipuladas nessas deliberações podem, ao revés, acentuar o nível de intensidade de controle na jurisdição constitucional e permitir posturas mais gerenciais ou peremptórias no exercício adjudicatório; isso pode refletir inclusive quando estiverem em exame pelo Judiciário eventuais leis propostas pelo Legislativo que manifestamente destoem das políticas de saúde concebidas e gestadas apropriadamente por meio das deliberações colegiadas, sobretudo se os diplomas legais não tiverem observado nenhum canal ampliado de participação democrática (sem audiências públicas ou consulta popular, sem debates e discussões aprofundadas na casa parlamentar etc.).

De qualquer sorte, é patente que um modelo de gestão participada abre um novo canal de fiscalização e controle ao Poder Judiciário, pois propicia um entrelaçamento do conceito de saúde pensado naquela comunidade e poderia servir de esteio para

---

[1203] Sobre o papel do Ministério Público na articulação com os Conselhos de Saúde, inclusive com a proposta de que disponha de assento no órgão colegiado, conferir OLIVEIRA, Mariana Siqueira de Carvalho; ALVES, Sandra Mara Campos. Democracia e saúde: o papel do Ministério Público nas instâncias participativas sanitárias. *In*: ALVES, Sandra Maria; DELDUQUE, Maria Célia; DINO NETO, Nicolao (Org.). *Direito sanitário em perspectiva*. Brasília: ESMPU/Fiocruz, 2013. v. 2. p. 242 e seguintes. Como noticiam as autoras, o próprio Conselho Nacional de Saúde tem estimulado que o Ministério Público se aproxime dos Conselhos de Saúde e participe ativamente na fiscalização da sua composição. Com efeito, especialmente nos municípios menores, aumenta-se o risco de apropriação da instância colegiada pelos detentores do poder político, agravado por tradições autoritárias e baixa adesão da comunidade ao modelo de gestão participada. Ver, ainda, SCHWARTZ, Germano. *Direito à saúde*: efetivação em uma perspectiva sistêmica. Porto Alegre: Livraria do Advogado, 2001. p. 177, o qual salienta o dever do Parquet de atuar para a efetiva instalação dos Conselhos Municipais de Saúde. Sobre a importância de articulação entre Ministério Público e Conselhos de Saúde como forma de dar mais efetividade ao direito à saúde, SAMPAIO, Nícia Regina. *Ministério Público como defensor do direito à saúde*. Relatório (Mestrado em Ciência Jurídico-Política) – Faculdade de Direito, Universidade de Lisboa, 2003. p. 98-101.

A TUTELA JUDICIAL "PONDERADA" DO DIREITO FUNDAMENTAL À SAÚDE: PROPORCIONALIDADE E CONTEÚDO MÍNIMO COMO EXIGÊNCIAS...

visualizar um controle sobre a edição de leis, atos administrativos e normativos sob o aspecto de auscultação popular necessária para resguardar a legitimidade da medida.[1204]

No que tange à integralidade, é um conceito similar ao de generalidade, característica matriz do SNS. Lobrigam-se duas associações intelectuais distintas que são alcançadas pelo princípio da integralidade: i) articulação indissociável, contínua e complementar entre ações preventivas e curativas, com priorização das primeiras; ii) detectada a moléstia, a assistência terapêutica deve ser prestada independentemente da gravidade do mal e da complexidade do tratamento por ele exigido.[1205] Aqui ressurge a questão da natureza jurídica da norma da integralidade: seria uma regra, a demandar que toda e qualquer necessidade de saúde seja amparada pelo Estado, num tom ilimitado como pensado por Bernard Williams, a revestir-se do ideal de isolamento tão criticado por Dworkin?[1206]

Na definição autêntica do Legislativo, art. 7º, II, Lei nº 8.080/90, a integralidade da assistência sanitária é compreendida como uma articulação conjunta e perene de ações e serviços preventivos, curativos, coletivos e individuais, exigidos para cada caso em todos os níveis de complexidade do sistema. Uma questão que se coloca de plano é saber a natureza jurídica dessa norma – na Lei nº 8.080/90 ela é categorizada como um princípio jurídico. Deveras, a chave do problema está no vocábulo "exigidos", constante do enunciado normativo: exigência do ponto de vista somente da necessidade médica ou pensado de modo conglobado com a sustentabilidade financeira, equidade e universalidade de acesso ao sistema?

Mediante alteração promovida em 2011, a Lei nº 8.080/90 pormenorizou o conceito de integralidade no art. 19-M, reconhecendo que o atendimento integral ocorre na dispensação de fármacos e produtos de saúde prescritos em consonância com diretrizes terapêuticas entalhadas em protocolo clínico moldado para a doença ou agravo à saúde, ou no fornecimento de procedimentos terapêuticos que integrem tabelas elaboradas pelo gestor federal do SUS, praticados no território nacional diretamente pela Administração Pública ou por agentes privados conveniados ou contratados pelo Poder Público, seja em regime hospitalar, seja em regime ambulatorial ou domiciliar. Na falta de protocolo clínico, a assistência farmacêutica observará os medicamentos definidos pelo gestor federal e, de forma suplementar, pelos gestores estadual e municipal, no âmbito de seus respectivos territórios, consoante pacto de responsabilidade celebrado

---

[1204] DALLARI, Sueli Gandolfi. Poderes republicanos e a defesa do direito à saúde – Evolução da proteção do direito à saúde nas constituições do Brasil. *In*: ALVES, Sandra Maria; DELDUQUE, Maria Célia; DINO NETO, Nicolao (Org.). *Direito sanitário em perspectiva*. Brasília: ESMPU/Fiocruz, 2013. v. 2. p. 31 e seguintes.

[1205] HENRIQUES, Fátima Vieira. Direito prestacional à saúde e atuação jurisdicional. *In*: SOUZA NETO, Cláudio Pereira; SARMENTO, Daniel (Org.). *Direitos sociais* – Fundamentos, judicialização e direitos sociais em espécie. 2. tir. Rio de Janeiro: Lumen Juris, 2010. p. 827-858. Ver, ainda, VENDRAME, Alan; MORENO, Jamile Coelho. Saúde como garantia fundamental: uma perspectiva da evolução constitucional e histórica das políticas públicas. *In*: SIQUEIRA, Dirceu Pereira; LEÃO JÚNIOR, Teófilo Marcelo de Arêa (Org.). *Direitos sociais* – Uma abordagem quanto à (in)efetividade desses direitos – A Constituição de 1988 e suas previsões sociais. Birigui: Boreal, 2011. p. 1-19, que notam o afastamento da integralidade na ênfase excessiva dada à assistência, em vez de concentrar-se na prevenção; NASCIMENTO, Rogério José Bento Soares do. Concretizando a utopia: problemas na efetivação do direito a uma vida saudável. *In*: SOUZA NETO, Cláudio Pereira; SARMENTO, Daniel (Org.). *Direitos sociais* – Fundamentos, judicialização e direitos sociais em espécie. 2. tir. Rio de Janeiro: Lumen Juris, 2010. p. 905-924.

[1206] Remete-se para o tópico 3.3.

na comissão de intergestores tripartite e bipartite,[1207] nos casos do gestor federal e dos gestores estaduais, respectivamente.

Claramente, a definição legal de integralidade caminha na vereda de considerar a exigência mencionada no conceito do art. 7º, II, da Lei nº 8.080/90 como o resultado de uma ponderação do gestor – sufragada pelo Legislativo – entre diferentes objetivos: fornecer cuidados sanitários consoante a necessidade médica de cada indivíduo mediante um sopesamento que permita que outros recebam o mesmo tipo de serviço, a par de instituir uma equidade no acesso, uma vez que se devem eleger prioridades; o aspecto preventivo, conforme dicção constitucional, deve ser prioritário, ainda que sem prejuízo do curativo. Deveras, isso importa ultrapassar limites fáticos e financeiros, mediante uma racionalização e racionamento de ofertas de prestações para que se possa proteger e promover o direito à saúde de modo universal, bem como realizar outros direitos fundamentais na dimensão positiva, a qual depende de prestações e instituições estatais. Logo, a integralidade é um princípio jurídico e não uma regra e acompanha a mesma rotulação do princípio da generalidade do SNS português.

Deveras, tomar a sério o direito à saúde implica ocupar-se dos enormes desafios de gestão impostos aos administradores, mormente diante da crescente demanda por prestações de saúde, da própria evolução das necessidades de saúde, em função de novas tecnologias e de um perfil de cidadão-consumidor. Esse perfil engloba quem se movimenta para pressionar e fomentar uma crescente medicalização da vida, com o reconhecimento de novas situações como doenças e o desfrute dessas novas técnicas e tecnologias que nem sempre, sob o aspecto custo-efetividade, propiciarão melhoras no quadro de saúde otimizáveis diante das outras necessidades impostas por demais titulares do direito à saúde, por titulares de outros direitos fundamentais ou mesmo para a persecução de outros objetivos constitucionais.

A interpretação da norma de direito fundamental à saúde do art. 6º, conjugado com o princípio que informa o SUS da integralidade, resulta na construção interpretativa da norma N8, um princípio ampliado em relação apenas ao objeto de construção frásica do texto "todos têm direito à saúde" e limitado apenas à dimensão positiva do direito, o qual pode ser decomposto assim: em todas as situações de qualquer gênero relativas às necessidades básicas de saúde (u, primeira condição da previsão)[1208] que promovam o funcionamento normal do indivíduo (v, segundo elemento da previsão),

---

[1207] A comissão de intergestores tripartite foi criada com o nome de câmara técnica pela portaria GM/MS nº 1.180/91 e a de intergestores bipartite foi criada pela Norma Operacional Básica nº 1/1993. Em 2011, após a reforma da Lei nº 8.080/90, passaram a ter suas atribuições legalmente definidas no art. 14-A, que as qualifica como foros de negociação e pactuação entre os gestores quanto aos aspectos operacionais do SUS, com a missão de: (i) decidir sobre aspectos operacionais, administrativos e financeiros da gestão compartilhada do SUS, em congruência com a política definida nos planos de saúde, aprovados pelos conselhos de saúde; (ii) estipular diretrizes nacional, regional e intermunicipal sobre a organização das redes de ações e serviços de saúde, especialmente no que toca à governança institucional e à integração de ações e serviços de União, estados e municípios; (iii) fixar diretrizes sobre regiões de saúde, distrito sanitário, integração de territórios, referência e contrarreferência e demais aspectos ligados à integração dessas ações e serviços entre os entes federados.

[1208] Em sentido similar ao texto nesse ponto, observa PERLINGEIRO, Ricardo. Novas perspectivas para a judicialização da saúde no Brasil. *Scientia Ivridica*, t. LXII, n. 333, p. 519-539, set./dez. 2013. p. 522-528, que a norma de proporcionalidade só demandaria que fossem concretizadas prestações essenciais para uma existência digna e não todo e qualquer cuidado de saúde.

deve-se (*I*, operador deôntico) fornecer acesso a sistema de saúde (*w*, primeiro elemento da estatuição) que satisfaça essas necessidades (*x*, segundo elemento da estatuição).

Algumas notas sobre essa decomposição são necessárias. Em primeiro lugar, o primeiro elemento da previsão pressupõe a encampação da tese de que a função maior dos direitos sociais é, no aspecto prestacional, permitir uma igualdade de oportunidades, de sorte a excluir, num juízo de evidência e que conte com consenso razoável, interpretações tão amplas a ponto de balizar uma demanda infinita a todo e qualquer tipo de prestação. Como se pontuou nos capítulos 1 e 2, as críticas dirigidas ao sopesamento e à proporcionalidade atacavam aquilo denominado por Tsakyrakis de interpretação generosa da norma de direito fundamental, isto é, a premissa de uma teoria ampla da interpretação do suporte fático. Assim, posições e situações que estejam além dessas necessidades básicas, num juízo de evidência e com consenso razoável, não derivam desse elemento da previsão.

Em segundo plano, o segundo elemento da previsão, que sorve as premissas teóricas propostas por Norman Daniels, complementa o primeiro, à medida que serve para perseverar na tentativa de objetivar as necessidades de saúde e afastar uma percepção totalmente subjetiva dessas carências, o que definições muito amplas e irrestritas terminam por permitir, a ponto de não ser possível diferenciar a saúde da própria felicidade. Aliás, esse segundo elemento, ao qualificar o primeiro, coaduna-se com a própria função percebida para os direitos sociais, até porque, no alicerce da teoria de Daniels, está a premissa de que a saúde é indispensável para uma isonomia de chances. Isso não é incongruente com a aceitação de um conceito positivo de saúde, defendido nesta tese.

Os dois elementos da estatuição implicam deveres de criar instituições e procedimentos, para que haja um sistema único de saúde, e de prestar serviços e cuidados de saúde no bojo desse sistema.

Consoante se percebe, é possível separar as duas normas (direito à saúde e integralidade de atendimento no SUS) ou agrupá-las numa norma composta, como foi efetuado no texto, assim como é possível integrar outros elementos à estatuição da norma sem desnaturá-la na essência, como a universalidade e igualdade no acesso. Fruto da interpretação conjugada do direito à saúde (princípio ainda mais amplo) com o princípio da integralidade do SUS (menos indeterminado que o primeiro, mais ainda assim com o pressuposto implícito na previsão, em função da indeterminabilidade do gênero de conduta humana capaz de satisfazer essas necessidades básicas, uma vez que se refere a inúmeras ações que podem ter o cariz de prevenção, proteção e promoção da saúde), a notação dessa norma ampliada é: $N8 = u \wedge v \, I \, w \wedge x$.

Aliás, deve-se notar que a legislação brasileira relegou exclusivamente ao Executivo a possibilidade de excluir ou incluir tratamentos e medicamentos nas listas oficiais e nos protocolos e diretrizes clínicas, mormente o Executivo Federal, diversamente do que estipulou o Legislativo português ao impor, na Lei de Bases, que apenas a lei poderia excluir tratamentos ofertados no SNS, como explicado no subitem 3.6.1. Nesse tocante, Ricardo Perlingeiro reprova a opção do Legislativo de delegar inteiramente a autoridades administrativas a fixação dos limites da integralidade do direito à saúde, pois seria preciso maior parcimônia, haja vista a possibilidade de inclusão de prestações não essenciais, com cerceamento da prerrogativa do Legislativo de definir o orçamento e a destinação dos escassos recursos, a par de malferir a reserva de lei.[1209]

A crítica tem considerável fundamento – aliás, uma das críticas tecidas durante as exposições na audiência pública sobre a judicialização da saúde, organizada pelo Supremo Tribunal Federal, foi o cipoal de normas editadas pelo Ministério da Saúde, com questionamento de possível usurpação das funções do Parlamento –,[1210] porém não se verifica estar interditado o Legislativo de, no exercício de sua competência, acrescentar, retirar ou interditar determinados tipos de tratamento do pacote ofertado no SUS. Afinal, quem delega pode, por si só, realizar o ato em questão. Porém, essa maior abertura é conferida dentro da ótica de gestão participativa do sistema, mediante deliberação e aprovação dos respectivos conselhos de saúde, cuja concretização conclama a negociação entre gestores federal, estaduais e municipais nas respectivas comissões tri e bipartite. São os Conselhos de Saúde – e não os gestores isoladamente considerados – que devem ter, no âmbito do Executivo, a rigor, a última palavra sobre aquilo que será prestado pelo SUS.

É evidente que a competência do Parlamento que se reconhece para incluir ou retirar medicamentos ou linhas terapêuticas do pacote de serviços prestados no SUS não pode, a pretexto de proteger a saúde, resultar em sua violação potencial, algo que poderia ser materializado com a oferta de fármacos ou procedimentos terapêuticos ou reabilitadores que não tenham sido objeto de exame quanto à idoneidade ou eficácia médica desses bens e serviços. Nota-se, aí, a desproporcionalidade de incluir remédios e tratamentos sem comprovação clínica, portanto, ainda experimentais, como meio de promover o direito à saúde.

Embora o fim seja legítimo, haverá inidoneidade do meio, uma vez que não há comprovação clínica e respaldo da ciência médica de que o fármaco ou o tratamento são eficazes em curar, debelar ou diminuir os sintomas deletérios da moléstia, sequer sendo preciso avançar nos demais subtestes.[1211] Afinal, a defesa da saúde pública, seja como interesse público ou como dimensão coletiva do direito à saúde, impõe ao Estado o controle da produção, comercialização, distribuição e experimentação de drogas e equipamentos, insumos, bens e serviços de saúde, tanto para zelar que sejam aptos e eficazes ao que se propõem como para prevenir danos à saúde da população.[1212]

[1209] PERLINGEIRO, Ricardo. Novas perspectivas para a judicialização da saúde no Brasil. *Scientia Ivridica*, t. LXII, n. 333, p. 519-539, set./dez. 2013. p. 522-528.

[1210] BRASIL. Supremo Tribunal Federal. *Audiência pública*: saúde. Brasília: Secretaria de Documentação, 2009. p. 141, discurso de Cláudia Fernanda de Oliveira Pereira, p. 141.

[1211] Nesse ponto, o Enunciado nº 6 aprovado pelo Fórum instituído pelo Conselho Nacional de Justiça na I Jornada da Saúde é, na parte que trata de medicamento experimental, censurável, pois não é uma mera preferência em não fornecer, mas impossibilidade jurídica de fornecê-lo. Curiosamente, na mesma jornada, foi aprovado o Enunciado nº 9, que estabelece a observância das normas da Comissão Nacional de Ética em Pesquisa e da Anvisa, não se impondo aos entes federados o provimento e custeio de medicamentos e tratamentos experimentais, conclusão similar a desta tese, com corroboração do Enunciado nº 50, aprovado na II Jornada. *Não houve alteração significativa da redação dos enunciados nº 6 e nº 9 na III Jornada de Direito da Saúde.

[1212] Além do art. 200, I, da Constituição, podem ser rememoradas as leis nº 9.782/99, que cria a Agência Nacional de Vigilância Sanitária – Anvisa, com as competências previstas no art. 6º, e a nº 6.360/76, que trata de fármacos e remédios, além de produtos de higiene, nutricionais, perfumes e cosméticos, todos sob a vigilância sanitária dirigida pela Anvisa.

É no prisma supramencionado que se deve compreender, embora ainda não julgada a questão de modo definitivo, a decisão do pleno do Supremo Tribunal Federal que, em sede de medida cautelar, suspendeu a eficácia das normas contidas na Lei nº 13.269/2016.[1213] Referido texto legal introduziu normas que permitiam o fornecimento de fosfoetanolamina sintética a pacientes diagnosticados com neoplasia maligna, droga essa que ainda não foi aprovada na instituição pública com competência para testar a eficiência e segurança do fármaco, a saber, a Agência Nacional de Vigilância Sanitária (Anvisa), nos termos das leis nº 6.360/1976, art. 12, e nº 9.782/99, art. 6º. Embora o relator não tenha amparado seu voto no princípio da proporcionalidade nem identificado o inegável conflito normativo entre o direito à saúde especialmente na perspectiva individual, cuja promoção era o objetivo da lei impugnada na referida ação, e o próprio direito à saúde, mormente na sua dimensão coletiva, mas também na individual, terminou por sufragar, no exame perfunctório da medida de urgência, a constatação de lesão ao direito à saúde na ação do Legislativo.

O argumento do relator é de que houvera ofensa ao direito à saúde e descumprimento da separação de poderes, uma vez que apenas o Executivo dispunha de aparato técnico e competência para examinar os benefícios, segurança e eficácia de drogas, não dispondo o Legislativo de competência para dispensar, mesmo que provisoriamente, o exame técnico exigível da vigilância sanitária, encargo precípuo da função executiva. Como se percebe, a apreciação de lesão à separação de poderes não refuta, pois, o argumento aqui defendido de que o Legislativo teria competência para incluir ou excluir algum serviço ou bem disponibilizados no SUS. A decisão do Supremo, ao menos no fundamento do relator, impugna a possibilidade apenas de o Legislativo impor a oferta de qualquer bem ou serviço que não tenham tido sua segurança e eficácia aprovadas do ponto de vista técnico, cujo controle cabe ao Executivo. Não obstante, o argumento

---

[1213] Ação Direta de Inconstitucionalidade nº 5.501/DF, acórdão dado em medida cautelar ainda não publicado em *Diário de Justiça Eletrônico*, relator Ministro Marco Aurélio, julgamento em 19.5.2016, com decisão provida após acórdão em agravo regimental, julgamento em 16.12.2016. O acórdão na medida cautelar ainda não foi publicado, porém se teve acesso ao voto do relator, no endereço eletrônico do próprio Supremo Tribunal Federal: http://www.stf.jus.br/arquivo/cms/noticiaNoticiaStf/anexo/adi5501MMA.pdf. Acesso em: 22 dez. 2016. A fosfoetanolamina sintética é uma substância química descoberta na década de 70 do século passado e começou a ser testada em camundongos para o enfrentamento do melanoma. Em pesquisas lideradas por universidades, passou a ser testada em fase inicial em seres humanos voluntários, após prévia fase de experimentos em culturas de células e em pequenos animais, mas ainda sem estudos conclusivos quanto à eficácia e à segurança para a espécie humana. Paulatinamente, várias ações judiciais começaram a ser intentadas para que o Estado fornecesse de modo indiscriminado a referida substância aos portadores de câncer, até que o Legislativo resolveu legislar a respeito. *O acórdão na medida cautelar foi publicado em 31.7.2017, prevalecendo o voto do relator, acompanhado pelos ministros Luís Roberto Barroso, Teori Zavascki, Luiz Fux, Carmen Lúcia e Ricardo Lewandowski. Houve a divergência dos ministros Edson Fachin, que votou para que o fornecimento da substância fosse restrito aos pacientes terminais, seguido pelos ministros Rosa Weber, Dias Toffoli, Gilmar Mendes. A referida ação ainda não foi objeto de julgamento definitivo, mas o parecer da então Procuradora-Geral da República Raquel Dodge, encartado aos autos em 22.10.2018, aponta, além da questão da incompetência de atividade regulatória pelo legislador, a violação do direito à saúde e à informação sobre saúde. A propósito, é pertinente mencionar – isso foi lembrado por vários ministros no debate – a Resolução RDC nº 38/2013, que trata dos programas de acesso expandido, de fornecimento de medicamento pós-estudo e de uso compassivo, que trata justamente da permissão de, com a anuência da Anvisa, disponibilizar medicamentos novos e promissores, mas sem registro ainda na Anvisa, para portadores de doenças debilitantes graves ou que ameacem a vida e sem alternativa terapêutica satisfatória com os produtos registrados no Brasil. Cabe ainda referir, em relação a utilização de medicamentos no âmbito de estudos e pesquisas clínicas, a Resolução do Conselho Nacional de Saúde nº 466/2012. *A ADIn nº 5.501/DF foi julgada em seu mérito, confirmando-se o posicionamento dado na medida cautelar, acórdão publicado no *DJe* em 1º.12.2020.

judicial choca-se cabalmente com a competência estipulada no art. 24, XII, que estabelece que é competência do Legislativo, nos três níveis da federação, legislar sobre proteção e promoção da saúde; a competência da Anvisa não é uma regra constitucional, é regra de competência legal, não podendo tolher o Legislativo de legislar a respeito.

Por isso, o vício legal consubstancia fundamentalmente a violação da dimensão coletiva do direito à saúde, em função da desproporcionalidade das regras legais que incluíram um medicamento sem comprovação de idoneidade para o tratamento do câncer, após prévio conflito normativo entre o direito à saúde dos doentes de câncer, na sua dimensão individual, por um lado, e o direito à saúde na dimensão coletiva e até desses mesmos doentes também na dimensão individual – o remédio poderia ser inseguro. Ademais, a depender do custo dessa droga, poder-se-ia visualizar mais claramente a conflituosidade com o direito à saúde de outros titulares, caso tratamentos não pudessem ser oferecidos em função de realocação de despesas para fazer cumprir a obrigação imposta em lei. Ora, como já explicado no Capítulo 1, não se afasta a possibilidade de conflitos intraprincípios ou conflitos simétricos, modalidades de choque normativo que consubstanciam conflitos concretos, em função da concorrência normativa parcial-parcial.

A questão de obrigar o Estado brasileiro a fornecer tratamentos e drogas experimentais é um dos principais pontos de crítica na crescente judicialização da saúde diagnosticada em latitude brasileira. Aliás, o exame das normas principiais que regem a positivação do direito à saúde no Brasil e dos problemas levados ao Judiciário mostram uma atuação "hidrolítica" do Estado-Juiz muitas vezes, sem uma estrutura formal e metódica para racionalizar a ponderação. Nesse compasso, de grande valia seria erigir o conteúdo mínimo como um critério adicional e complementar ao princípio da proporcionalidade. Sem embargo, antes de prosseguir nesse intento, convém averiguar alguns pormenores dessa judicialização e os principais problemas submetidos ao controle judicial.

3.6.2.1 A judicialização da saúde no Brasil: hidrólise judicial das políticas públicas sanitárias?

A tessitura constitucional é caracterizada pelo limiar fronteiriço e aglutinador dos sistemas político e jurídico.[1214] Com efeito, inserir nos textos constitucionais direitos sociais é uma decisão política, a qual pode ser obtemperada por dois gêneros de objeções:[1215] i) político-institucionais, que centram sua preocupação num controle judicial que elimine a margem de conformação política de um Parlamento, o qual é legítimo democraticamente

---

[1214] HESSE, Konrad. *A força normativa da Constituição*. Tradução de Gilmar Ferreira Mendes. Porto Alegre: Sergio Antonio Fabris, 1991. p. 9; NEVES, A. Castanheira. Da "jurisdição" no actual Estado-de-Direito. *In*: VARELA, Antunes; AMARAL, Diogo Freitas do; MIRANDA, Jorge; CANOTILHO, J. J. Gomes (Org.). *Ab Vno Ad Omnes*: 74 anos da Editora Coimbra 1920-1995. Coimbra: Coimbra Editora, 1998. p. 222.

[1215] Esses dois gêneros de objeções foram mencionados em ALMEIDA, Luiz Antônio Freitas de. *Direitos fundamentais sociais e ponderação* – Ativismo irrefletido e controle jurídico racional. Porto Alegre: Sergio Antonio Fabris, 2014. p. 106 e seguintes, bem como a argumentação a respeito de hidrólise judicial e o papel do Ministério Público, consoante ficará exposto.

para decidir sobre essas questões e que está mais bem aparelhado para esse mister;[1216] ii) morais e político-filosóficas, que criticam a interferência estatal na liberdade, a dependência provocada pelos direitos sociais, a falta de universalidade desses direitos, a inexistência de fundamentalidade nessas posições jurídicas de vantagem, pois seriam meramente prestacionais e dependentes de instituições – o que não aconteceria com os direitos "verdadeiramente" fundamentais –, a dependência de conformação de seu conteúdo pelo Legislativo, conforme possibilidades econômicas, o risco de perda da força normativa da Constituição, ante o descumprimento das promessas normativas.[1217]

Como se asseverou em outra sede, existe uma "conexão existencial" entre as objeções político-institucionais e as político-filosóficas, pois o receio das segundas, em boa parte, deságua no risco de que instâncias judiciárias assumam o controle e ditem o rumo das políticas públicas, com reflexos orçamentários substanciais.[1218]

A constitucionalização de direitos sociais não significa que sejam justiciáveis só por isso, pois podem ser previstos em normas meramente programáticas ou como diretrizes sem aplicabilidade imediata e direta pelo poder judicial;[1219] ainda assim haveria efeitos inequívocos, tais como influenciar a interpretação das demais normas ordinárias e pressionar o Estado, por meio das ações governamentais, a caminhar além na redistribuição de bens, em busca da igualdade de oportunidades.[1220] Aliás, a influência das normas de direitos fundamentais sociais na interpretação de dispositivos de direito privado pode, por si só, potencializar uma redistribuição de recursos privados, caso os tribunais apliquem-nas para alinhar o direito privado aos objetivos constitucionais.[1221]

[1216] STARCK, Christian. La suprématie de la constitution et la justiceconstitutionnelle. *In*: STARCK, Christian. *La constitution cadre et mesure du droit*. Paris; Aix-en-Provence: Econômica; Presses Universitaires d'Aix-Marseille, 1994. p. 25-30; STARCK, Christian. La jurisprudence de la Cour Constitutionnelle Féderale concernant les droits fondamentaux. *In*: STARCK, Christian. *La constitution cadre et mesure du droit*. Paris; Aix-en-Provence: Econômica; Presses Universitaires d'Aix-Marseille, 1994. p. 100-103; HESSE, Konrad. *Elementos de direito constitucional da República Federal da Alemanha*. Tradução de Luís Afonso Heck. Porto Alegre: Sergio Antonio Fabris, 1998. p. 232-238. Uma síntese desses argumentos é fornecida em FABRE, Cécile. *Social rights under the constitution – Government and the decent life*. reprint. Oxford: Oxford University Press, 2004. p. 149-154; MICHELMAN, Frank. Socioeconomic rights in constitutional law: explaining America away. *International Journal of Constitutional Law*, v. 6, n. 3-4, p. 663-686, 2008. p. 664 e seguintes. Uma crítica pela incapacidade institucional do Judiciário nesse mister foi dada por SUNSTEIN, Cass R. Against positive rights – Why social and economic rights "don't" belong in the new constitutions of post-Communist *Europe*. East European Constitution Review, v. 2, p. 35-38, 1993. p. 35-38, o qual, porém, em trabalhos posteriores, parece ter sido sensibilizado com a experiência sul-africana.

[1217] ALMEIDA, Luiz Antônio Freitas de. *Direitos fundamentais sociais e ponderação* – Ativismo irrefletido e controle jurídico racional. Porto Alegre: Sergio Antonio Fabris, 2014. p. 107 e seguintes. No referido trabalho também se fez a defesa da constitucionalização dos direitos sociais como direitos fundamentais justiciáveis, com a argumentação em boa parte similar ao que foi aqui colocado.

[1218] ALMEIDA, Luiz Antônio Freitas de. *Direitos fundamentais sociais e ponderação* – Ativismo irrefletido e controle jurídico racional. Porto Alegre: Sergio Antonio Fabris, 2014. p. 106 e seguintes.

[1219] KING, Jeff. *Judging social rights*. Cambridge; New York: Cambridge University Press, 2012. p. 17-58; CANOTILHO, José Joaquim Gomes. Tomemos a sério os direitos económicos, sociais e culturais. *In*: CANOTILHO, José Joaquim Gomes. *Estudos sobre direitos fundamentais*. 2. ed. Coimbra: Coimbra Editora, 2008. p. 37-38.

[1220] YOUNG, Katherine G. *Constituting economic and social rights*. Oxford: Oxford University Press, 2012. p. 1-25.

[1221] HERSHKOFF, Helen. Transforming legal theory in the light of pratice: the judicial application of social and economic rights to private orderings. *In*: GAURI, Varun; BRINKS, Daniel M. (Ed.). *Courting social justice* – Judicial enforcement of social and economic rights in the developing world. Cambridge: Cambridge University Press, 2008. p. 300 e seguintes. Porém, examinar esse tipo de influência, como está claro desde o início do estudo, não está no objetivo desta tese. Para a visualização no campo do direito à saúde de relações jurídicas não só entre indivíduo e Estado, mas também entre particulares, mencionam-se CARVALHO, Cristiano; MACHADO, Rafael Bicca; TIMM, Luciano Benetti. *Direito sanitário brasileiro*. São Paulo: Quartier Latin, 2004. p. 12.

No entanto, politicamente se é favorável à sua constitucionalização como direitos fundamentais justiciáveis. De antemão, agasalhar essa opção corta qualquer tentativa de menoscabar a dignidade axiológica dos direitos econômicos, sociais e culturais em comparação aos direitos de liberdade, haja vista que ostentam a mesma fundamentalidade em "sentido antropocêntrico",[1222] a integrar rol de garantias e posições mais essenciais ao ser humano e que devem estar a salvo de maiorias parlamentares ocasionais, bem como de decisões de mercado.[1223]

Não obstante, há aí um detalhe conectado justamente com as objeções dirigidas à constitucionalização de direitos sociais. Por um prisma, ao longo da história travaram-se lutas na política para acrescer novas aspirações de diferentes ordens aos textos constitucionais, em função das diversas inter-relações que se constroem no percorrer desse caminho, de modo que é inegável que um reflexo da constitucionalização de um direito é o de potencializar futuros conflitos normativos,[1224] em função dos novos deveres que são atribuídos a esses "macrodireitos".

Sob outro vértice, há sempre um risco de, ante um total descaso governamental com os direitos sociais, esses direitos serem relegados a simples "promessas constitucionais inconsequentes",[1225] para usar uma expressão celebrada do Ministro Celso de Mello, o que, no extremo, contribui para a perda do sentimento constitucional de que falava Hesse e, destarte, da força normativa da Constituição.[1226] Afinal, a despeito do seu conteúdo

---

[1222] BASTIDA, Francisco J. ¿Son los derechos sociales derechos fundamentales? Por una concepción normativa de la fundamentalidad de los derechos. *In*: MANRIQUE, Ricardo García (Ed.). *Derechos sociales y ponderación*. 2. ed. Madrid: Fundación Coloquio Jurídico Europeo, 2009. p. 103-149.

[1223] FERRAJOLI, Luigi. *Principia iuris* – Teoria del diritto e della democrazia. 2. ed. Bari-Roma: Laterza, 2009. v. 2. p. 392-418. Numa posição mais cética em relação à justiciabilidade dos direitos sociais por entender que são compromissos normativos, mas não tuteláveis judicialmente, salvo na ofensa a um núcleo mínimo ou mediante parâmetros da igualdade e tutela de confiança, sob pena de sobreposição do juízo de prognose e da concepção ideológica de um Tribunal Constitucional àqueles do Legislativo, COUTINHO, Luís Pereira. Os direitos sociais e a crise: algumas notas. *Direito & Política*, v. 1, p. 75-79, out./dez. 2012. p. 75-79.

[1224] TERRÉ, François. Sur la notion de libertés et droits fondamentaux. *In*: CABRILLAC, Rémy; FRISON-ROCHE, Marie-Anne; REVET, Thierry (Dir.). *Libertés et droits fondamentaux*. 16. ed. Paris: Dalloz, 2010. p. 3-6. O jurista mostra o paradoxo de que novos direitos são pensados para aumentar a esfera de liberdade e reforçar conquistas precedentes, porém ao mesmo tempo isso pode ocasionar crescentes antagonismos entre esses mesmos direitos. O tom crítico do autor dirige-se contra excessos que arriscam a pôr em causa a liberdade individual por uma asfixia da sociedade. Sobre esse excesso, que periga também ruir a força normativa do texto constitucional, indaga de modo crítico: por que não constitucionalizar também um direito ao sol ou à chuva? Num prisma de antagonismo entre Estado de Direito e Estado Social, com este a comprimir excessivamente a esfera de liberdade, FORSTHOFF, Ernst. Concepto y esencia del Estado Social de Derecho. Tradução de José Puente Egido. *In*: ABENDROTH, Wolfgang; FORSTHOFF, Ernst; DOEHRING, Karl. *El Estado Social*. Madrid: Centro de Estudios Constitucionales, 1986. p. 76-88; FORSTHOFF, Ernst. Problemas constitucionales del Estado Social. Tradução de José Puente Egido. *In*: ABENDROTH, Wolfgang; FORSTHOFF, Ernst; DOEHRING, Karl. *El Estado Social*. Madrid: Centro de Estudios Constitucionales, 1986. p. 45 e seguintes.

[1225] Arguição de Descumprimento de Preceito Fundamental nº 45/DF, decisão publicada em 4.5.2004. Esta decisão monocrática do Ministro Celso de Mello é um marco no controle jurisdicional de políticas públicas no Brasil, sempre lembrado em outros precedentes da lavra do próprio Supremo Tribunal Federal nesta matéria. A fundamentação da decisão, que incursionou no mérito mesmo sem necessidade, em função da perda do objeto do remédio constitucional, outorgou ao Judiciário o papel de, na omissão dos demais poderes e estando em causa condições mínimas de subsistência, agir na implementação de políticas públicas, salvo impossibilidade financeira de concretizar a prestação, o que deve ser examinado na justificação estatal.

[1226] HESSE, Konrad. *A força normativa da Constituição*. Tradução de Gilmar Ferreira Mendes. Porto Alegre: Sergio Antonio Fabris, 1991. p. 19 e seguintes.

simbólico, não se tem a ingenuidade de acreditar que a mera constitucionalização de um direito tenha o condão de torná-lo efetivo.[1227]

Não obstante esses percalços, genuinamente se está convicto de que, de fato, é preciso "constituir" os direitos fundamentais, no sentido dado por Katherine Young, isto é, torná-los efetivos; assim, constitucionalizá-los não é suficiente para torná-los realidade, porém pode ser construída uma relação de auxílio entre esses dois processos.[1228]

Obviamente, não é o recurso ao discurso dos direitos a única via para a maior igualdade social ou a preservação das necessidades básicas das pessoas;[1229] outros caminhos podem ser pensados, no entanto entende-se que o direito traz um contributo importante, porque engendra deveres jurídicos, que conclamam justificação das autoridades caso falhem, por ação ou omissão, no desempenho de suas tarefas. Com efeito, conquanto se reconheçam dificuldades no ofício decisório e a exigência de maior *accountability*, inegavelmente o controle jurisdicional sobre o cumprimento das obrigações relacionadas aos direitos permite um maior foco nesse desiderato de alcançar os objetivos estipulados, pois cobrará do Estado argumentos e justificativas para os passos dados na sua concretização. Por possuir independência e caso consiga revestir-se da imparcialidade, com preservação de sua autoridade, uma corte com capacidade de fomentar um diálogo e cooperação interinstitucionais aumenta o conteúdo de deliberação que oxigena a democracia, sendo um canal político de disputa viável e válido para dar voz a quem esteja marginalizado no processo político ou, ao menos, a quem não ostenta grande poderio econômico e político.[1230] Com efeito, esse modelo de colaboração e de diálogo pode ser posto em marcha para vencer arraigadas inércias ou omissões derivadas de um impasse político profundo, que impede transformações ou implementações de modelos mais concretos de proteção social favorecidos pelos direitos sociais.[1231]

[1227] KING, Jeff. *Judging social rights*. Cambridge; New York: Cambridge University Press, 2012. p. 1-14.

[1228] YOUNG, Katherine G. *Constituting economic and social rights*. Oxford: Oxford University Press, 2012. p. 1-25; HERSHKOFF, Helen. Public law litigation. *Human Rights Review*, v. 10, p. 157-181, 2009. p. 163; COURTIS, Christian. Los derechos sociales en perspectiva: la cara jurídica de la política social. *In*: CARBONELL, Miguel (Ed.). *Teoría del neoconstitucionalismo* – Ensayos escogidos. Madrid: Trotta, 2007. p. 190.

[1229] Em relação aos defensores da autonomia e autorreferência do direito, Melo Alexandrino destaca o paradoxo de que a efetividade dos direitos dependa mais do bom funcionamento do sistema político que de um "voluntarismo constitucional" (ALEXANDRINO, José de Melo. *A estruturação do sistema de direitos, liberdades e garantias na Constituição portuguesa* – Raízes e contexto. Coimbra: Almedina, 2006. v. I. p. 34 e seguintes). Num desdobramento possível desse pensamento, Rafael Oliveira (OLIVEIRA, Rafael Arruda. O constrangimento orçamental e a vontade da Constituição – A realização de políticas públicas na área da saúde. *Revista dos Tribunais*, v. 100, n. 908, p. 23-109, jun. 2011. p. 49-56) percute o raciocínio de que o acesso ao Judiciário seja o caminho para a maior efetividade dos direitos sociais, não só porque ele é afligido por problemas institucionais nessa atividade, como o provocar de casuísmos, contudo especialmente porque não consegue resolver o problema, o que leva à conclusão de que a solução esteja no investimento de esforços em modelos mais eficientes de Administração Pública e na cobrança do Legislativo por mais concretizações das normas de direitos fundamentais por intermédio de atos legislativos. Sem embargo de estar de acordo de modo geral com a premissa dos autores, não se sufraga, em relação à conclusão de Oliveira, a opinião de que o Judiciário não possa contribuir mediante um controle jurídico racional das omissões dos demais poderes na proteção e promoção dos direitos fundamentais. Afinal, um controle jurídico sobre o exercício (ou a falta desse exercício) é indispensável para não desnaturar as normas constitucionais como normas jurídicas, sem prejuízo de que não se pode, por outro lado, resumir a política e o Estado ao direito, como já advertia PEREZ ROYO, Javier. *Tribunal constitucional y división de poderes*. Madrid: Tecnos, 1988. p. 14-17.

[1230] KING, Jeff. *Judging social rights*. Cambridge; New York: Cambridge University Press, 2012. p. 17-58.

[1231] DIXON, Rosalind. Creating dialogue about socioeconomic rights: strong-form versus weak-form judicial review revisited. *International Journal of Constitutional Law*, v. 5, n. 3, p. 391-408, jul. 2007. p. 393 e seguintes;

Sem embargo, essa concatenação teorética é posta em xeque justamente por argumentos oriundos de estudos empíricos, que contestam que possa ser o Judiciário uma voz institucional para os desvalidos.[1232] É preciso, porém, situar bem a discussão.

Deve-se observar que o fenômeno da judicialização dos direitos sociais reveste-se de um movimento em expansão no mundo,[1233] mormente no que se refere ao direito à saúde, embora não se tenha um consenso a respeito de ser um fenômeno político com bons, maus ou pífios resultados.

A rigor, não se pode realmente argumentar que os tribunais não tratavam de direitos sociais, mesmo em ordens constitucionais que não os realçavam como direitos fundamentais. Os tribunais usavam de certas estratégias, que terminavam por conferir-lhes uma exigibilidade indireta:[1234] i) argumentação baseada no princípio da igualdade e na proibição de discriminações, seja para determinar medidas que possam suprimir o efeito discriminatório ou simplesmente para estender determinadas posições ou situações conferidas por lei infraconstitucional a determinadas pessoas ou grupos para outros não contemplados, mediante sentenças aditivas;[1235] ii) a cláusula do devido processo legal aplicada para os direitos sociais, seja por omissão no acesso à justiça ou na disponibilização de instrumentos processuais efetivos para a tutela de determinados direitos, seja por demora excessiva na avaliação do pleito pelo órgão

---

GARGARELLA, Roberto. Justicia dialógica en la ejecución de los derechos sociales – Algunos argumentos de partida. *In*: YAMIN, Alicia Ely; GLOPPEN, Siri (Coord.). *La lucha por los derechos de la salud* – ¿Puede la justicia ser una herramienta de cambio? Buenos Aires: Siglo Ventiuno, 2013. p. 285-294; GAURI, Varun; BRINKS, Daniel M. Introduction: the elements of legalization and the triangular shape of social and economic rights. *In*: GAURI, Varun; BRINKS, Daniel M. (Ed.). *Courting social justice* – Judicial enforcement of social and economic rights in the developing world. Cambridge: Cambridge University Press, 2008. p. 26 e seguintes, e GAURI, Varun; BRINKS, Daniel M. A new policy landscape: legalizing social and economic rights in the developing world. *In*: GAURI, Varun; BRINKS, Daniel M. (Ed.). *Courting social justice* – Judicial enforcement of social and economic rights in the developing world. Cambridge: Cambridge University Press, 2008. p. 305-306 e seguintes, embora estes últimos mostrem-se mais reticentes à ideia de superação de impasses políticos, pois defendem que as cortes foram mais efetivas e mais engajadas quando contavam com colaboração de Executivo e Legislativo. No mesmo sentido, com um raciocínio *a contrario sensu*, lembra-se de Doron (DORON, Israel. Courts, Ombusdman, and health-care policy: an exploratory study of Israel's National Health Care Insurance Act. *European Journal of Health Law*, v. 11, p. 391-405, 2004. p. 404), o qual comentou que a autocontenção do Judiciário na interpretação do direito à saúde sempre coloca o repto de encontrar um papel significativo para o Judiciário, o qual, com essa postura, jamais desafiaria o *status quo*.

[1232] SILVA, Virgílio Afonso da; TERRAZAS, Fernanda Vargas. Claiming the right to health in Brazilian courts: the exclusion of the already excluded. *Law and Social Inquiry*, v. 34, n. 4, set. 2011. Disponível em: file:///C:/Users/LENOVO/Downloads/SSRN-id1133620%20(1).pdf. Acesso em: 5 ago. 2014. p. 2; FERRAZ, Octavio Luiz Motta. The right to health in the courts of Brazil: worsening health inequities? *Health and Human Rights Journal*, v. 11, n. 2, p. 33-45, 2009. p. 34 e seguintes.

[1233] GAURI, Varun; BRINKS, Daniel M. Introduction: the elements of legalization and the triangular shape of social and economic rights. *In*: GAURI, Varun; BRINKS, Daniel M. (Ed.). *Courting social justice* – Judicial enforcement of social and economic rights in the developing world. Cambridge: Cambridge University Press, 2008. p. 1 e seguintes; GARGARELLA, Roberto; BERGALLO, Paola. Presentación. *In*: YAMIN, Alicia Ely; GLOPPEN, Siri (Coord.). *La lucha por los derechos de la salud* – ¿Puede la justicia ser una herramienta de cambio? Buenos Aires: Siglo Ventiuno, 2013. p. 9-10; GLOPPEN, Siri; ROSEMAN, Mindy Jane. Introducción – ¿Pueden los litigios judiciales volver más justa la salud? *In*: YAMIN, Alicia Ely; GLOPPEN, Siri (Coord.). *La lucha por los derechos de la salud* – ¿Puede la justicia ser una herramienta de cambio? Buenos Aires: Siglo Ventiuno, 2013. p. 13-15.

[1234] As estratégias enumeradas e a noção de exigibilidade indireta são declinadas por ABRAMOVICH, Víctor; COURTIS, Christian. *Los derechos sociales como derechos exigibles*. 1. reimpr. Madrid: Trotta, 2014. p. 168-249.

[1235] A propósito, conferir PRIETO SANCHÍS, Luis. Los derechos sociales y el principio de igualdad sustancial. *Revista del Centro de Estudios Constitucionales*, n. 22, p. 9-57, 1995. p. 33 e seguintes, que comenta que a igualdade material pode estar apoiada por uma norma de direito prestacional exigível ou ser atrelada a um direito não prestacional, mas exigível; finalmente, a igualdade formal pode ser relacionada à igualdade material, no que tange às sentenças aditivas.

CAPÍTULO 3 | 481

administrativo, seja por ausência de defesa efetiva e oportunidade de manifestar-se ou produzir provas em procedimentos administrativos que cassaram ou negaram eventuais benefícios pretendidos, seja por desrespeito a condições formais instituídas em lei; iii) a proteção judicial de direitos econômicos, sociais e culturais por meio dos direitos civis e políticos ou direitos de liberdade. Com efeito, pode ocorrer uma ampliação do âmbito de proteção de direitos de liberdade para incluir posições atreladas a direitos sociais ou mesmo pode existir conexão e sobreposição de direitos em algumas posições ou situações jurídicas, o que alimenta a tese da interdependência desenvolvida no contexto dos direitos humanos, em razão de existir uma fronteira de difícil demarcação entre algumas posições e situações jurídicas. Essa proteção também pode, por fim, ocorrer pela consideração do contexto socioeconômico dentro de demandas voltadas aos direitos civis e políticos (direitos de liberdade); iv) a proteção de alguns direitos sociais por outros direitos de natureza econômica, social e cultural ou mesmo por interesses difusos e coletivos, como a defesa do consumidor e do meio ambiente; v) a salvaguarda dos direitos econômicos, sociais e culturais por intermédio de acesso à informação oficial dos Estados; vi) a consideração de direitos sociais como interesses públicos ou como fonte de justificação para a restrição a direitos de liberdade.[1236]

Notórios exemplos de utilização dessas estratégias de exigibilidade indireta podem ser trazidos a lume. A Suprema Corte dos Estados Unidos valeu-se em alguns casos da *equal protection clause* para a salvaguarda de direitos sociais, o que hodiernamente não ocorre; a propósito, Michelman destaca a fragilidade dessa estratégia, pois salienta que o problema maior é a privação de recursos, o que não se assemelha a uma discriminação de fato.[1237]

Particularmente interessante é a posição da Corte Europeia de Direitos do Homem. A Convenção Europeia de Direitos do Homem não prevê direitos sociais, mas a Corte expandiu a interpretação originária das normas convencionais para incluir obrigações positivas. Assim, o direito à saúde recebeu particular proteção em função das normas de proibição de tortura e tratamento degradante e proteção da integridade física, com a intelecção de que se devem propiciar cuidados de saúde aos reclusos e não lhes ofender a integridade física;[1238] aliás, a Corte tutelou o direito à saúde também de imigrantes e usou essa norma para evitar deportar reclusos ou imigrantes submetidos a tratamentos

---

[1236] ABRAMOVICH, Víctor; COURTIS, Christian. *Los derechos sociales como derechos exigibles*. 1. reimpr. Madrid: Trotta, 2014. p. 168-249. Numa visão de que não há hierarquia e de que a divisão entre direitos sociais e direitos civis e políticos padeceria de uma artificialidade, ante a indivisibilidade e interdependência de todos os direitos humanos, cita-se GROS ESPIELL, Héctor. Los derechos económicos, sociales y culturales en los instrumentos internacionales: posibilidades y limitaciones para lograr su vigencia. *Anuario Jurídico*, v. XII, p. 139-188, 1985. p. 140-148.

[1237] MICHELMAN, Frank. On protecting the poor through the fourteenth amendment. *Harvard Law Review*, v. 83, p. 7-59, 1969-1970. p. 7-59. Para uma referência a julgados da Suprema Corte, entre eles o célebre precedente Brown *v.* Board Education, remete-se a ABRAMOVICH, Víctor; COURTIS, Christian. *Los derechos sociales como derechos exigibles*. 1. reimpr. Madrid: Trotta, 2014. p. 170 e seguintes.

[1238] Percuciente exame da jurisprudência da Corte Europeia foi feito por NEVES, Ana Fernanda. Direito à saúde da pessoa que cumpre pena de prisão na jurisprudência do Tribunal Europeu dos Direitos do Homem. *In:* SOUSA, Marcelo Rebelo de; QUADROS, Fausto de; OTERO, Paulo (Coord.). *Estudos em homenagem ao Prof. Doutor Jorge Miranda*. Lisboa/Coimbra: Faculdade de Direito da Universidade de Lisboa/Coimbra Editora, 2012. v. V. p. 43 e seguintes. A jurista também deriva, dentro do arquétipo molecular do direito à saúde, o direito de não ser submetido a tratamentos forçados, a garantia de libertação por motivos de cuidados à saúde em caráter excepcional, direito à confidencialidade médica e direito a receber cuidados privados de saúde.

de saúde essenciais caso isso representasse risco à vida desses pacientes.[1239] A Corte também tutelou direitos sociais por meio de direitos adjetivos (processuais), o que equivale ao uso de arrazoamento baseado num devido processo – concretamente se preocupou com a paridade de armas e com o acesso efetivo à justiça.[1240]

No âmbito do direito constitucional, certamente a Suprema Corte da Índia mostra a face mais ousada de ativismo para a tutela de direitos sociais. Esses direitos, previstos na Constituição indiana como princípios diretores não justiciáveis, passaram a ser acoplados a direitos de liberdade, constitucionalmente justiciáveis no arcabouço indiano. O direito à vida, com sua inexpugnável relação com o direito à saúde, recebeu uma interpretação ampliativa e muitas situações que poderiam lesar o direito à saúde foram reconstruídas como violação ao direito à vida, acrescido de uma leitura de dignidade humana.[1241] O direito à vida foi colocado de forma ampla a englobar a pretensão de viver uma vida digna; posteriormente, a própria saúde, pela essencialidade do bem para a vida, foi incluída dentro do conteúdo do direito à vida. De parte do conteúdo do direito à vida, enriquecido pelo direito à saúde, a Suprema Corte termina por reconhecer o próprio direito à saúde como um dos direitos humanos protegidos na Constituição e como um direito fundamental, do qual deriva a obrigação de fornecer atenção médica de emergência, bem como a atenção à saúde de modo universal e em instalações adequadas, sendo que, não raro, desconsiderou os argumentos do Estado baseado em questões financeiras.[1242]

Entre os direitos sociais, o direito à saúde tem sido o principal direito social objeto dessa judicialização crescente.[1243] O aumento de demandas com esse objeto nos tribunais tem ocorrido, entre outros lugares, na África do Sul,[1244] na Argentina[1245] e, acentuadamente, na Colômbia[1246] e na Costa Rica,[1247] além do próprio Brasil.

[1239] ABRAMOVICH, Víctor; COURTIS, Christian. *Los derechos sociales como derechos exigibles*. 1. reimpr. Madrid: Trotta, 2014. p. 210-212.

[1240] ABRAMOVICH, Víctor; COURTIS, Christian. *Los derechos sociales como derechos exigibles*. 1. reimpr. Madrid: Trotta, 2014. p. 179 e seguintes.

[1241] PARMAR, Sharanjeet; WAHI, Namita. India: ciudadanos, tribunales y el derecho a la salud. *In*: YAMIN, Alicia Ely; GLOPPEN, Siri (Coord.). *La lucha por los derechos de la salud – ¿Puede la justicia ser una herramienta de cambio?* Buenos Aires: Siglo Ventiuno, 2013. p. 195 e seguintes.

[1242] O exame dos precedentes pode ser encontrado em PARMAR, Sharanjeet; WAHI, Namita. India: ciudadanos, tribunales y el derecho a la salud. *In*: YAMIN, Alicia Ely; GLOPPEN, Siri (Coord.). *La lucha por los derechos de la salud – ¿Puede la justicia ser una herramienta de cambio?* Buenos Aires: Siglo Ventiuno, 2013. p. 195-206. Também mencionam o ativismo da Suprema Corte indiana no que toca ao direito à saúde ABRAMOVICH, Víctor; COURTIS, Christian. *Los derechos sociales como derechos exigibles*. 1. reimpr. Madrid: Trotta, 2014. p. 202.

[1243] GARGARELLA, Roberto; BERGALLO, Paola. Presentación. *In*: YAMIN, Alicia Ely; GLOPPEN, Siri (Coord.). *La lucha por los derechos de la salud – ¿Puede la justicia ser una herramienta de cambio?* Buenos Aires: Siglo Ventiuno, 2013. p. 9.

[1244] COOPER, Carole. Sudáfrica: litigación en derechos de la salud – Constitucionalismo cauto. *In*: YAMIN, Alicia Ely; GLOPPEN, Siri (Coord.). *La lucha por los derechos de la salud – ¿Puede la justicia ser una herramienta de cambio?* Buenos Aires: Siglo Ventiuno, 2013. p. 227 e seguintes.

[1245] BERGALLO, Paola. Los tribunales y el derecho a la salud – ¿Se logra justicia a pesar de la "rutinización" de los reclamos individuales de cobertura. *In*: YAMIN, Alicia Ely; GLOPPEN, Siri (Coord.). *La lucha por los derechos de la salud – ¿Puede la justicia ser una herramienta de cambio?* Buenos Aires: Siglo Ventiuno, 2013. p. 59 e seguintes.

[1246] YAMIN, Alicia Ely; PARRA-VERA, Oscar; GIANELLA, Camila. Colombia: la protección judicial del derecho a la salud – ¿Una promesa difícil de cumplir? *In*: YAMIN, Alicia Ely; GLOPPEN, Siri (Coord.). *La lucha por los derechos de la salud – ¿Puede la justicia ser una herramienta de cambio?* Buenos Aires: Siglo Ventiuno, 2013. p. 127 e seguintes.

[1247] WILSON, Bruce M. Costa Rica: litigación en derechos vinculados con la salud – Causas y consecuencias. *In*: YAMIN, Alicia Ely; GLOPPEN, Siri (Coord.). *La lucha por los derechos de la salud – ¿Puede la justicia ser una herramienta de cambio?* Buenos Aires: Siglo Ventiuno, 2013. p. 159 e seguintes.

A causa desse fomento à judicialização ainda é controversa. Em primeiro lugar, resulta cristalino, inclusive pelos exemplos referidos no direito comparado, que a constitucionalização de determinado direito fundamental não é *conditio sine qua non* para que se forme um movimento de judicialização em torno dele; aliás, pode tanto contribuir como enfraquecer, a depender da técnica de positivação do direito e das restrições constitucionalmente previstas para a sua implementação, bem como depende do papel conferido ao Judiciário nesse ordenamento e reconhecido pela cultura jurídica, seu capital político, os remédios à sua disposição, entre outros fatores.[1248] Mas certamente a constitucionalização de um direito social como fundamental e o movimento doutrinário que nega as distinções clássicas entre direitos de liberdade e direitos de igualdade podem, sim, servir de combustível para esse fenômeno.[1249]

Conforme referido anteriormente, Hirschl aventava a possibilidade de que a expansão judicial se fincava em interesses elitistas, tanto do anseio de ganho de poder por parte do Judiciário, como por permissão de elites políticas e econômicas, desejosas de recuperar a parcela de poder perdida no Parlamento ao reabrir a discussão política em um tribunal.[1250] No caso do direito à saúde, especialmente no caso brasileiro, foi sugerido que poderia ter conexão com o interesse da indústria farmacêutica, desejosa de garantir mercado para seus produtos, com lucro às custas do erário, haja vista que as prestações no SUS são todas gratuitas. Assim, organizações não governamentais e associações das mais variadas ordens podem ter surgido sob os auspícios e patrocínio de interesses econômicos desse setor industrial, no intuito de captar futuros clientes, com a fatura cobrada futuramente do Estado em caso de êxito no litígio.[1251]

Há outros aspectos possivelmente apontados para o crescimento da judicialização, ao lado da constitucionalização do direito à saúde como direito fundamental. Um deles destaca as reformas sanitárias empenhadas em vários países para o controle de gastos e custos nos sistemas de saúde, que diminuíram as prestações ofertadas e aumentaram o nível de racionamento no sistema, de forma que a judicialização seria apontada como um contramovimento ao império da política neoliberal.[1252]

[1248] GLOPPEN, Siri. Marco de análisis. *In*: YAMIN, Alicia Ely; GLOPPEN, Siri (Coord.). *La lucha por los derechos de la salud – ¿Puede la justicia ser una herramienta de cambio?* Buenos Aires: Siglo Ventiuno, 2013. p. 44-55; GAURI, Varun; BRINKS, Daniel M. A new policy landscape: legalizing social and economic rights in the developing world. *In*: GAURI, Varun; BRINKS, Daniel M. (Ed.). *Courting social justice* – Judicial enforcement of social and economic rights in the developing world. Cambridge: Cambridge University Press, 2008. p. 317-318.

[1249] FLOOD, Colleen M.; GROSS, Aeyal. Litigating the right to health: what can whe learn from a comparative law and health care systems approach. *Health and Human Rights Journal*, v. 16, n. 2, p. 62-72, dez. 2014. p. 63-64.

[1250] Citação efetuada no tópico 1.6.

[1251] SILVA, Virgílio Afonso da; TERRAZAS, Fernanda Vargas. Claiming the right to health in Brazilian courts: the exclusion of the already excluded. *Law and Social Inquiry*, v. 34, n. 4, set. 2011. Disponível em: file:///C:/Users/LENOVO/Downloads/SSRN-id1133620%20(1).pdf. Acesso em: 5 ago. 2014. p. 11. Os autores levantam a suspeita, mas asseguram não ter evidências dessa cooptação; ROSEMAN, Mindy Jane; GLOPPEN, Siri. Litigación del derecho a la salud – ¿Son actores transnacionales los que mueven los hilos? *In*: YAMIN, Alicia Ely; GLOPPEN, Siri (Coord.). *La lucha por los derechos de la salud – ¿Puede la justicia ser una herramienta de cambio?* Buenos Aires: Siglo Ventiuno, 2013. p. 323-325, que também salientam a possibilidade e a necessidade de aprofundamento, embora afirmem haver no Brasil uma situação comprovada de conluio de indústria, médicos e advogados para judicializar demandas individuais por determinado produto farmacêutico não ofertado no SUS. Conferir, também, o destaque dado a esse problema, de órbita inclusive criminal, na audiência pública realizada pelo Supremo Tribunal Federal (BRASIL. Supremo Tribunal Federal. *Audiência pública*: saúde. Brasília: Secretaria de Documentação, 2009), nos discursos de Adib Jatene (p. 132) e Alexandre Sampaio Zakir (p. 175 e seguintes).

[1252] FLOOD, Colleen M.; GROSS, Aeyal. Litigating the right to health: what can whe learn from a comparative law and health care systems approach. *Health and Human Rights Journal*, v. 16, n. 2, p. 62-72, dez. 2014. p. 63 e seguintes.

Existe quem conjecture como um elemento, entre outros, a explicar a judicialização o fato de haver um fortalecimento do direito de propriedade intelectual, especialmente após o acordo *TRIPS – Agreement on Trade-Related Aspects of Intellectual Property Rights*, de 1994. Ao assegurar a proteção das indústrias farmacêuticas e pôr pressão financeira nos Estados e seus programas de distribuição de medicamentos, motivou-se uma forma de ativismo sanitário e mobilização política de pessoas infectadas pelo vírus HIV.[1253]

Em realidade, talvez todas essas causas confluam. Alguns estudos empíricos e outros no campo da política têm sugerido que a judicialização passou a ser vista como uma estratégia adicional de luta política, com um novo campo de debate, engatilhada por indivíduos isoladamente ou por ativistas engajados em direitos humanos, movimentos sociais e, até, por interesse do setor industrial.[1254] Assim, no caso das organizações sociais, ao lado das estratégias adicionais, como *lobby* junto ao Parlamento e ao Executivo, petição, protestos e manifestações públicas, interlocução com a imprensa e demais meios de *media*, a judicialização passou a ser uma oportunidade adicional, em que ganhos consideráveis podem ocorrer mesmo em caso de derrota do pleito judicial.[1255] Aliás, experiências exitosas de litigação podem ser compartilhadas em outros países, em função de maior acesso de informação e de trocas de vivências, de modo a gerar mobilizações inspiradas em organizações sociais estrangeiras ou mesmo por elas patrocinadas.[1256]

Contudo, não é possível descartar totalmente a espontaneidade de crescimento dessas demandas, em razão das proposituras de ações judiciais sem o patrocínio de associações, por meio de ações coletivas e demandas individuais subscritas por advogados particulares ou públicos; isso naturalmente conclama a existência de mecanismos processuais e de estruturas de acesso à justiça que permitam a consideração do Poder Judiciário como um ator possível de ser movimentado sem grandes ônus.[1257] Assim, não só um movimento social coordenado e organizado pode resultar em enorme judicialização, mas também o pulular de ações individuais propostas de modo descoordenado e não organizado, sem relação de uma demanda com outra senão pela causa do pedido deduzida na petição endereçada ao Judiciário, como tipicamente tem ocorrido no Brasil.[1258]

[1253] FLOOD, Colleen M.; GROSS, Aeyal. Litigating the right to health: what can whe learn from a comparative law and health care systems approach. *Health and Human Rights Journal*, v. 16, n. 2, p. 62-72, dez. 2014. p. 64-65.

[1254] GAURI, Varun; BRINKS, Daniel M. A new policy landscape: legalizing social and economic rights in the developing world. *In*: GAURI, Varun; BRINKS, Daniel M. (Ed.). *Courting social justice* – Judicial enforcement of social and economic rights in the developing world. Cambridge: Cambridge University Press, 2008. p. 304 e seguintes.

[1255] YOUNG, Katherine G. *Constituting economic and social rights*. Oxford: Oxford University Press, 2012. p. 223-255. Com a percepção de que o uso da litigação não exclui o emprego de outras estratégias em outras arenas políticas, conferir BARCELLOS, Ana Paula de. Sanitation rights, public law litigation, and inequality: a case study from Brazil. *Health and Human Rights Journal*, v. 16, n. 2, p. 35-46, dez. 2014. p. 40.

[1256] ROSEMAN, Mindy Jane; GLOPPEN, Siri. Litigación del derecho a la salud – ¿Son actores transnacionales los que mueven los hilos? *In*: YAMIN, Alicia Ely; GLOPPEN, Siri (Coord.). *La lucha por los derechos de la salud* – ¿Puede la justicia ser una herramienta de cambio? Buenos Aires: Siglo Ventiuno, 2013. p. 299 e seguientes.

[1257] ROSEMAN, Mindy Jane; GLOPPEN, Siri. Litigación del derecho a la salud – ¿Son actores transnacionales los que mueven los hilos? *In*: YAMIN, Alicia Ely; GLOPPEN, Siri (Coord.). *La lucha por los derechos de la salud* – ¿Puede la justicia ser una herramienta de cambio? Buenos Aires: Siglo Ventiuno, 2013. p. 299 e seguientes.

[1258] GAURI, Varun; BRINKS, Daniel M. A new policy landscape: legalizing social and economic rights in the developing world. *In*: GAURI, Varun; BRINKS, Daniel M. (Ed.). *Courting social justice* – Judicial enforcement of social and economic rights in the developing world. Cambridge: Cambridge University Press, 2008. p. 309-310.

Sem embargo, seja organizada ou produzida de modo espontâneo, é possível notar que a expansão da judicialização é diretamente dependente de um mínimo de confiança no Judiciário como instância autônoma e independente,[1259] pois, do contrário, a tendência é investir esforços e recursos nos meios tradicionais de ativismo social.

Não menos importante, a acentuação da judicialização depende também de uma infraestrutura jurídica e de remédios disponíveis no sistema jurídico para que exista uma tutela eficiente. Isso reclama novos instrumentos jurídicos, novas formas de representação processual e facilitação do acesso ao Judiciário, sob pena de haver mais barreiras que oportunidades.[1260] Especialmente importante é o capital político do tribunal e sua autoridade, pois suas ordens dependem, para que alcancem êxito pleno, de aceitação dos demais poderes em cumpri-las. Evidentemente, os estudos empíricos mostraram que há uma tendência de o Judiciário não iniciar algo absolutamente novo no que tange a determinada política pública, porém de partir de um desenvolvimento infraconstitucional que estruture aquela política, para tentar uma colaboração dos demais poderes.[1261]

Como referido anteriormente, esses estudos empíricos têm divergido sobre a bondade parcial ou uma maldade total da judicialização da saúde. Em geral, como

---

[1259] GAURI, Varun; BRINKS, Daniel M. A new policy landscape: legalizing social and economic rights in the developing world. *In*: GAURI, Varun; BRINKS, Daniel M. (Ed.). *Courting social justice* – Judicial enforcement of social and economic rights in the developing world. Cambridge: Cambridge University Press, 2008. p. 316.

[1260] GLOPPEN, Siri; ROSEMAN, Mindy Jane. Introducción – ¿Pueden los litigios judiciales volver más justa la salud? *In*: YAMIN, Alicia Ely; GLOPPEN, Siri (Coord.). *La lucha por los derechos de la salud* – ¿Puede la justicia ser una herramienta de cambio? Buenos Aires: Siglo Ventiuno, 2013. p. 19-28; GLOPPEN, Siri. Marco de análisis. *In*: YAMIN, Alicia Ely; GLOPPEN, Siri (Coord.). *La lucha por los derechos de la salud* – ¿Puede la justicia ser una herramienta de cambio? Buenos Aires: Siglo Ventiuno, 2013. p. 35-44, o qual fala de uma estrutura de oportunidade do litigante; BERGALLO, Paola. Los tribunales y el derecho a la salud – ¿Se logra justicia a pesar de la "rutinización" de los reclamos individuales de cobertura. *In*: YAMIN, Alicia Ely; GLOPPEN, Siri (Coord.). *La lucha por los derechos de la salud* – ¿Puede la justicia ser una herramienta de cambio? Buenos Aires: Siglo Ventiuno, 2013. p. 59-95, destacando que a ampliação de ferramentas processuais e regras de legitimação ampliaram a procura pela via judicial; YAMIN, Alicia Ely; PARRA-VERA, Oscar; GIANELLA, Camila. Colombia: la protección judicial del derecho a la salud – ¿Una promesa difícil de cumplir? *In*: YAMIN, Alicia Ely; GLOPPEN, Siri (Coord.). *La lucha por los derechos de la salud* – ¿Puede la justicia ser una herramienta de cambio? Buenos Aires: Siglo Ventiuno, 2013. p. 127-133, que, no cenário colombiano, sublinham uma série de inovações estruturais e processuais para o controle de constitucionalidade da Corte Constitucional, como a fiscalização de constitucionalidade para casos individuais pelo procedimento de tutela, similar ao recurso de amparo, sem que seja necessário advogado; WILSON, Bruce M. Costa Rica: litigación en derechos vinculados con la salud – Causas y consecuencias. *In*: YAMIN, Alicia Ely; GLOPPEN, Siri (Coord.). *La lucha por los derechos de la salud* – ¿Puede la justicia ser una herramienta de cambio? Buenos Aires: Siglo Ventiuno, 2013. p. 164-172, que reforça que o crescimento da judicialização decorreu da criação de uma nova *sala* na Corte Constitucional e pela eliminação de barreiras para ingresso em Juízo, como a desnecessidade de representação por advogado em ações de amparo; PARMAR, Sharanjeet; WAHI, Namita. India: ciudadanos, tribunales y el derecho a la salud. *In*: YAMIN, Alicia Ely; GLOPPEN, Siri (Coord.). *La lucha por los derechos de la salud* – ¿Puede la justicia ser una herramienta de cambio? Buenos Aires: Siglo Ventiuno, 2013. p. 195 e seguintes, os quais salientam que a Suprema Corte indiana paulatinamente foi eliminando barreiras em seu papel ativista; COOPER, Carole. Sudáfrica: litigación en derechos de la salud – Constitucionalismo cauto. *In*: YAMIN, Alicia Ely; GLOPPEN, Siri (Coord.). *La lucha por los derechos de la salud* – ¿Puede la justicia ser una herramienta de cambio? Buenos Aires: Siglo Ventiuno, 2013. p. 230-256, a qual menciona os remédios à disposição da Corte Constitucional, com possibilidade de nomear comissão de expertos para verificar os fatos, o que certamente diminui a carga probatória, ao mesmo tempo em que realça que várias ordens dependeram de monitoramento para sua fiel execução, o que demanda recursos e logística não disponíveis normalmente ao cidadão isolado.

[1261] GAURI, Varun; BRINKS, Daniel M. A new policy landscape: legalizing social and economic rights in the developing world. *In*: GAURI, Varun; BRINKS, Daniel M. (Ed.). *Courting social justice* – Judicial enforcement of social and economic rights in the developing world. Cambridge: Cambridge University Press, 2008. p. 346 e seguintes.

aspecto negativo, tem sido destacado o fato de que a judicialização tem privilegiado a classe média e não os mais pobres, especialmente no modelo de preponderância de ações individuais, como ocorre no Brasil, haja vista que o conhecimento da informação sobre os direitos, a proximidade geográfica aos tribunais e às instituições que eventualmente patrocinam essas ações individuais e a possibilidade de movimentar a máquina judiciária são condições que se concentram nessa classe.[1262] Outro efeito deletério imbricado a esse está na quebra da isonomia e na possibilidade de as ações judiciais fomentarem o *queue jumping*, em que pessoas conseguem "furar" a fila de espera para o recebimento de terapias e outros procedimentos e, assim, passar na frente de pessoas que já estariam esperando.[1263] Também conectado a esses dois pontos, a litigação individual e seus

---

[1262] Sobre a questão, remete-se a HOFFMANN, Floriano F.; BENTES, Fernando R. N. M. Accountability for social and economic rights in Brazil. *In*: GAURI, Varun; BRINKS, Daniel M. (Ed.). *Courting social justice* – Judicial enforcement of social and economic rights in the developing world. Cambridge: Cambridge University Press, 2008. p. 142 e seguintes, os quais salientam que os estudos não são conclusivos a respeito de uma falta de isonomia na atenção a ações de pobres em comparação a ações deduzidas por pessoas da classe média, porém alegam que pode haver favorecimento na situação de "furar a fila"; GAURI, Varun; BRINKS, Daniel M. A new policy landscape: legalizing social and economic rights in the developing world. *In*: GAURI, Varun; BRINKS, Daniel M. (Ed.). *Courting social justice* – Judicial enforcement of social and economic rights in the developing world. Cambridge: Cambridge University Press, 2008. p. 336 e seguintes, embora os autores reconheçam existir exceções e apontam curiosamente precedentes no Brasil em que ações individuais ou coletivas foram propostas para pessoas de baixa renda; SILVA, Virgílio Afonso da; TERRAZAS, Fernanda Vargas. Claiming the right to health in Brazilian courts: the exclusion of the already excluded. *Law and Social Inquiry*, v. 34, n. 4, set. 2011. Disponível em: file:///C:/Users/LENOVO/Downloads/SSRN-id1133620%20(1).pdf. Acesso em: 5 ago. 2014. p. 11 e seguintes, os quais asseveram que os estudos empíricos mostrariam que os maiores demandantes em oncologia ganham acima de cinco salários mínimos; BERGALLO, Paola. Los tribunales y el derecho a la salud – ¿Se logra justicia a pesar de la "rutinización" de los reclamos individuales de cobertura. *In*: YAMIN, Alicia Ely; GLOPPEN, Siri (Coord.). *La lucha por los derechos de la salud* – ¿Puede la justicia ser una herramienta de cambio? Buenos Aires: Siglo Ventiuno, 2013. p. 70-80, que assevera que as estatísticas, se não permitem afirmar com segurança o perfil socioeconômico dos litigantes, mostram que sua maioria se concentra em regiões de Buenos Aires onde a renda *per capita* por grupo familiar é maior; FERRAZ, Octavio L. Motta. Brasil: desigualdades en salud, derechos y tribunales. *In*: YAMIN, Alicia Ely; GLOPPEN, Siri (Coord.). *La lucha por los derechos de la salud* – ¿Puede la justicia ser una herramienta de cambio? Buenos Aires: Siglo Ventiuno, 2013. p. 108-126, cujo banco de dados permite conjecturar que os Estados brasileiros com maior número de judicialização são justamente os de maior desenvolvimento socioeconômico e conclui que os benefícios dessa judicialização alcançam os de classe média; MAESTAD, Ottar; RAKNER, Lise; FERRAZ, Octávio L. Motta. Evaluación del impacto de la litigación en terreno de los derechos a la salud – Análisis comparativo de Argentina, Brasil, Colombia, Costa Rica, India y Sudáfrica. *In*: YAMIN, Alicia Ely; GLOPPEN, Siri (Coord.). *La lucha por los derechos de la salud* – ¿Puede la justicia ser una herramienta de cambio? Buenos Aires: Siglo Ventiuno, 2013. p. 350-360, os quais, embora sem um conjunto de informações para uma conclusão definitiva, inferem que, nos países em que preponadera a litigação individual, os que estão em melhor situação econômica parecem gozar de maior vantagem com a judicialização, em razão da sua maior facilidade de acesso a tribunais e advogados; FERRAZ, Octavio Luiz Motta. The right to health in the courts of Brazil: worsening health inequities? *Health and Human Rights Journal*, v. 11, n. 2, p. 33-45, 2009. p. 33 e seguintes, o qual se vale de indicadores diretos (local de moradia, renda e nível de educação) e indiretos (prescrições médicas dadas por médicos particulares ou médicos que trabalham no setor público) para concluir que os beneficiados pelos litígios individuais em maioria são os mais incluídos na sociedade; SILVA, Virgílio Afonso da. *Taking from the poor to give to the rich*: the individualistic enforcement of social rights. Disponível em: http://citeseerx.ist.psu.edu/viewdoc/download?doi=10.1.1.624.9890&rep=rep1&type=pdf. Acesso em: 29 dez. 2016. p. 7 e seguintes, o qual, baseado em alguns estudos empíricos, argumenta que os litígios individuais contemplam pessoas que residem em bairros de maior renda e são aforados por advogados particulares, o que representa a percepção de que os mais ricos têm recebido maiores resultados positivos e, portanto, se servido do Judiciário para realocar recursos em seu próprio benefício. Em sentido contrário, com dados pesquisados no Brasil que mostram que a maioria dos demandantes eram pessoas de baixa renda, BIEHL, João; AMON, Joseph J.; SOCAL, Mariana P.; PETRYNA, Adriana. Between the court and the clinic: lawsuits for medicines and the right to health in Brazil. *Health and Human Rights Journal*, v. 14, n. 1, p. 36-52, jun. 2012.

[1263] HOFFMANN, Floriano F.; BENTES, Fernando R. N. M. Accountability for social and economic rights in Brazil. *In*: GAURI, Varun; BRINKS, Daniel M. (Ed.). *Courting social justice* – Judicial enforcement of social and economic rights in the developing world. Cambridge: Cambridge University Press, 2008. p. 142. *Na III Jornada de Direito da Saúde, aprovou-se o Enunciado nº 69, a recomendar a consulta prévia ao gestor para perquirir a existência de

impactos têm permitido, especialmente em políticas que buscam atender à população de maneira universal, uma iniquidade na distribuição dos recursos, uma vez que eles acabam sendo realocados para atender às demandas individuais e, assim, necessidades sanitárias das pessoas mais abastadas, quando deveriam ser empregados para diminuir essas desigualdades sociais por intermédio da seleção de prioridades que contemplem os mais pobres.[1264] Finalmente, o que não deixa de estar relacionado com o comentário antecedente, a judicialização põe em evidência um aspecto limitado do direito à saúde, porque tem se concentrado na vertente da cura e da assistência, mormente no nível de atenção secundário e terciário, sem ocupar-se significativamente do aspecto de pré-condições da saúde, de prevenção de agravos de saúde ou, mesmo no caso da assistência, no ponto de cuidados primários,[1265] o que pode acentuar a falta de equidade

---

lista de espera, a fim de verificar a inserção do demandante nos sistemas de regulação, conforme o regramento de referência e observados os critérios clínicos e de priorização, o que já é um avanço, bem como o Enunciado nº 93, que arbitra os prazos de cem dias para consulta e exames e de cento e oitenta dias para cirurgias e tratamentos, os quais, se ultrapassados, acarretarão um juízo de excessividade na espera.

[1264] FERRAZ, Octavio Luiz Motta. The right to health in the courts of Brazil: worsening health inequities? *Health and Human Rights Journal*, v. 11, n. 2, p. 33-45, 2009. p. 33-41, sendo que o autor claramente esclarece que o problema maior não é expandir o acesso aos mais pobres, mas sim o desvio de recursos que causa iniquidade na sua distribuição, em função do modelo demandista individual; FERRAZ, Octavio L. Motta. Brasil: desigualdades en salud, derechos y tribunales. *In*: YAMIN, Alicia Ely; GLOPPEN, Siri (Coord.). *La lucha por los derechos de la salud – ¿Puede la justicia ser una herramienta de cambio?* Buenos Aires: Siglo Ventiuno, 2013. p. 108-126; BERGALLO, Paola. Los tribunales y el derecho a la salud – ¿Se logra justicia a pesar de la "rutinización" de los reclamos individuales de cobertura. *In*: YAMIN, Alicia Ely; GLOPPEN, Siri (Coord.). *La lucha por los derechos de la salud – ¿Puede la justicia ser una herramienta de cambio?* Buenos Aires: Siglo Ventiuno, 2013. p. 86-95, que comenta sobre efeitos regressivos para os mais carentes em função da judicialização nos moldes tradicionais de litígio; SILVA, Virgílio Afonso da. *Taking from the poor to give to the rich*: the individualistic enforcement of social rights. Disponível em: http://citeseerx.ist.psu.edu/viewdoc/download?doi=10.1.1.624.9890&rep=rep1&type=pdf. Acesso em: 29 dez. 2016. p. 1-19; SILVA, Virgílio Afonso da; TERRAZAS, Fernanda Vargas. Claiming the right to health in Brazilian courts: the exclusion of the already excluded. *Law and Social Inquiry*, v. 34, n. 4, set. 2011. Disponível em: file:///C:/Users/LENOVO/Downloads/SSRN-id1133620%20(1).pdf. Acesso em: 5 ago. 2014. p. 1-16. Em sentido contrário, com base na experiência sul-africana, entendendo haver com a judicialização uma mudança na política e transferência de recursos que beneficiaram os mais pobres, COOPER, Carole. Sudáfrica: litigación en derechos de la salud – Constitucionalismo cauto. *In*: YAMIN, Alicia Ely; GLOPPEN, Siri (Coord.). *La lucha por los derechos de la salud – ¿Puede la justicia ser una herramienta de cambio?* Buenos Aires: Siglo Ventiuno, 2013. p. 267-275; BARCELLOS, Ana Paula de. Sanitation rights, public law litigation, and inequality: a case study from Brazil. *Health and Human Rights Journal*, v. 16, n. 2, p. 35-46, dez. 2014. p. 35-46, cujo estudo sobre a judicialização que abrange a disponibilização de serviços de coleta e tratamento de esgoto mostra o potencial, desde que usado de modo estratégico, da judicialização de servir para seleção das prioridades dos mais vulneráveis economicamente, embora mostre que esse tipo de litigação estratégica ainda carece de ser formulada com mais proeminência no Brasil.

[1265] HOFFMANN, Floriano F.; BENTES, Fernando R. N. M. Accountability for social and economic rights in Brazil. *In*: GAURI, Varun; BRINKS, Daniel M. (Ed.). *Courting social justice – Judicial enforcement of social and economic rights in the developing world*. Cambridge: Cambridge University Press, 2008. p. 115 e seguintes; FERRAZ, Octavio L. Motta. Brasil: desigualdades en salud, derechos y tribunales. *In*: YAMIN, Alicia Ely; GLOPPEN, Siri (Coord.). *La lucha por los derechos de la salud – ¿Puede la justicia ser una herramienta de cambio?* Buenos Aires: Siglo Ventiuno, 2013. p. 99-102; 108-126. Veja-se que, sem tratar disso expressamente, mas a restringir a coleta de dados ao fornecimento de medicamentos, o que dá azo a subentender que o fenômeno se concentra na oferta desses produtos e, portanto, na assistência, SILVA, Virgílio Afonso da. *Taking from the poor to give to the rich*: the individualistic enforcement of social rights. Disponível em: http://citeseerx.ist.psu.edu/viewdoc/download?doi=10.1.1.624.9890&rep=rep1&type=pdf. Acesso em: 29 dez. 2016. p. 1-19; SILVA, Virgílio Afonso da; TERRAZAS, Fernanda Vargas. Claiming the right to health in Brazilian courts: the exclusion of the already excluded. *Law and Social Inquiry*, v. 34, n. 4, set. 2011. Disponível em: file:///C:/Users/LENOVO/Downloads/SSRN-id1133620%20(1).pdf. Acesso em: 5 ago. 2014. p. 1-16; BARCELLOS, Ana Paula de. Sanitation rights, public law litigation, and inequality: a case study from Brazil. *Health and Human Rights Journal*, v. 16, n. 2, p. 35-46, dez. 2014. p. 35-46, a qual, embora defenda a judicialização do acesso ao saneamento básico, mostra essa redução quando compara com a judicialização para entrega de medicamentos ou prestação de serviços médicos especializados.

no nível macro, ao desalocar investimentos que deixam a descoberto em maior grau a população mais carente.[1266]

Entrementes, é notório que esta tese não se aventurou na busca por dados empíricos, razão pela qual sequer é caso de abordá-los pormenorizadamente, seja para concordar ou discordar deles. Como não se pretendeu abordar o tema pela lente da sociologia do direito ou de outras disciplinas que necessariamente trabalhem com base de dados empíricos, entende-se que a falta de uma pesquisa desses dados não macula a utilidade da tese, a despeito de críticas que poderiam ser endereçadas quanto à superficialidade da empreitada, por contentar-se na abordagem mais tradicional teórica de debater o tema da perspectiva abstrata e dogmática, insuficiente para o estudo da efetividade das normas de direitos sociais e dos resultados dessa justiciabilidade no âmbito dessas políticas públicas.[1267] Porém, a crítica merece apreciação e refutação.

Em primeiro lugar, em nenhum momento se pretende desconsiderar a utilidade de pesquisas empíricas, é um campo possível de investigação. Contudo, como o norte teórico proposto é dogmático, é essencial que o ponto de partida seja a norma jurídica, com os desdobramentos em função de sua interpretação e eventuais conflitos normativos que possam ocorrer na etapa da aplicação. Afinal, uma exaltação ampla e inadvertida dos dados da realidade pode representar uma ausência de distinção entre os reinos do ser e dever-ser, este último o objeto de exame primordial do jurista, ainda que se percebam alguns canais de comunicação entre esses mundos.[1268] Os fatos de as decisões judiciais serem ou não cumpridas ou de as normas serem ou não aplicadas interessam especialmente ao campo da sociologia do direito, da ciência política e até da economia. Porém, os dados fáticos não conseguem alterar o sentido deôntico das normas, em que pese sua relevância para eventuais ponderações que possam solucionar choques de normas, o que não implica que não possam ser importantes para um movimento político de alteração dessas normas. Por certo, um exame interdisciplinar de qualidade enriquece qualquer tese e é excelente contributo para a ciência em geral, porém não se pode retirar o valor de pesquisas que se concentrem primordialmente dentro de uma disciplina.

Em segundo lugar, essa crítica, feita por, entre outros, Virgílio Afonso da Silva, parece coerente com uma concepção rejeitada nesta tese: a de uma estrutural diferença entre direitos sociais e direitos de liberdade. Afinal, o mesmo tipo de interdisciplinaridade pode ser buscado em qualquer pesquisa jurídica, inclusive com temas reconduzidos a direitos, liberdades e garantias, para usar a expressão da Constituição portuguesa.

[1266] Entre tantos, menciona-se FERRAZ, Octavio Luiz Motta. The right to health in the courts of Brazil: worsening health inequities? *Health and Human Rights Journal*, v. 11, n. 2, p. 33-45, 2009. p. 34 e seguintes.

[1267] SILVA, Virgílio Afonso da; TERRAZAS, Fernanda Vargas. Claiming the right to health in Brazilian courts: the exclusion of the already excluded. *Law and Social Inquiry*, v. 34, n. 4, set. 2011. Disponível em: file:///C:/Users/LENOVO/Downloads/SSRN-id1133620%20(1).pdf. Acesso em: 5 ago. 2014. p. 1-2; SILVA, Virgílio Afonso da. *Taking from the poor to give to the rich*: the individualistic enforcement of social rights. Disponível em: http://citeseerx.ist.psu.edu/viewdoc/download?doi=10.1.1.624.9890&rep=rep1&type=pdf. Acesso em: 29 dez. 2016. p. 1 e seguintes, o qual salienta que o estudo meramente teórico produz discussões estéreis no campo das políticas públicas e dos direitos sociais; WANG, Daniel Wei Liang. Resenha – Reserva do possível, mínimo existencial e direito à saúde: algumas aproximações. *Revista de Direito Sanitário*, v. 10, n. 1, p. 308-318, mar./jul. 2009. p. 308 e seguintes.

[1268] Remete-se ao Capítulo 1. Seja como for, o maciço descumprimento de determinada norma jurídica pode, na visão de Kelsen, abalar a própria vigência da norma, conforme já visto.

Ora, mesmos os deveres negativos geram custos econômicos[1269] e muitos podem ser os descompassos e os problemas gerados por decisões judiciais que determinem obrigações de não fazer, de não intromissão ou que invalidem opções feitas pelos outros poderes, com reflexos inclusive no desenho de políticas públicas que tratam do setor.[1270] Em última medida e talvez num extremo, uma vez que não há essa sugestão por parte de Virgílio Afonso da Silva, esse tipo de reflexão crítica pode, ainda que sub-repticiamente, desembocar numa defesa de um *minus* axiológico dos direitos sociais, eis que, ao contrário dos direitos de liberdade, seriam direitos carentes de infraestrutura, instituições e procedimentos disponibilizados, enquanto que aqueles seriam direitos fundamentais em toda a sua essência e dignidade, o que obviamente não se defende nesta tese.

De outro lado, é preciso salientar que, a despeito do inegável valor dessas pesquisas empíricas, é fato que elas padecem de uma coleta exaustiva e compreensiva de dados, os quais permitem afirmar que não é possível chegar a conclusões definitivas e incontroversas sobre esse fenômeno, algo que os próprios pesquisadores reconhecem em geral.[1271]

Em realidade, pesquisas empíricas que pretendam mensurar o impacto da judicialização enfrentam enormes e desafiadoras dificuldades. A começar pelos problemas em coletar dados, muitas vezes dispersos sem uma sistematização que permita catalogá-los de forma ordenada. Ademais, há informações interessantes que não estão disponíveis no corpo dos documentos juntados ao processo, porque não são de fornecimento obrigatório. Um desses dados, por exemplo, é a própria renda do demandante, que nem sempre é fornecida, valendo-se os pesquisadores de razoáveis suposições com base em indicadores diretos (região ou zona domiciliar, nível de escolaridade) e indiretos (prova da necessidade médica baseada em receita prescrita por médico particular ou público, patrocínio da causa por advogado público ou particular).[1272]

[1269] HIERRO, Libório L. Los derechos económico-sociales y el principio de igualdad en la teoría de Robert Alexy. *In*: MANRIQUE, Ricardo García (Ed.). *Derechos sociales y ponderación*. 2. ed. Madrid: Fundación Coloquio Jurídico Europeo, 2009. p. 164-171.

[1270] Como ilustração, veja-se o debate sobre a constitucionalidade de leis criminalizadoras do uso de drogas ou do aborto, que pode lastrear seu raciocínio em argumentos empíricos que possam sugerir a (in)efetividade de uma política de segurança de guerra às drogas ou de proibição do aborto. Apenas para deixar explícito, nada nesta tese sugere que haja inconstitucionalidade dessas leis penais, embora uma opinião definitiva dependa de maior apuramento e reflexão, o que escapa do propósito deste estudo.

[1271] GAURI, Varun; BRINKS, Daniel M. A new policy landscape: legalizing social and economic rights in the developing world. *In*: GAURI, Varun; BRINKS, Daniel M. (Ed.). *Courting social justice* – Judicial enforcement of social and economic rights in the developing world. Cambridge: Cambridge University Press, 2008. p. 324 e seguintes; HOFFMANN, Floriano F.; BENTES, Fernando R. N. M. Accountability for social and economic rights in Brazil. *In*: GAURI, Varun; BRINKS, Daniel M. (Ed.). *Courting social justice* – Judicial enforcement of social and economic rights in the developing world. Cambridge: Cambridge University Press, 2008. p. 115 e seguintes; FERRAZ, Octavio L. Motta. Brasil: desigualdades en salud, derechos y tribunales. *In*: YAMIN, Alicia Ely; GLOPPEN, Siri (Coord.). *La lucha por los derechos de la salud* – ¿Puede la justicia ser una herramienta de cambio?* Buenos Aires: Siglo Ventiuno, 2013. p. 108-126; MAESTAD, Ottar; RAKNER, Lise; FERRAZ, Octávio L. Motta. Evaluación del impacto de la litigación en terreno de los derechos a la salud – Análisis comparativo de Argentina, Brasil, Colombia, Costa Rica, India y Sudáfrica. *In*: YAMIN, Alicia Ely; GLOPPEN, Siri (Coord.). *La lucha por los derechos de la salud* – ¿Puede la justicia ser una herramienta de cambio?* Buenos Aires: Siglo Ventiuno, 2013. p. 333-360; GLOPPEN, Siri; ROSEMAN, Mindy Jane. Introducción – ¿Pueden los litigios judiciales volver más justa la salud? *In*: YAMIN, Alicia Ely; GLOPPEN, Siri (Coord.). *La lucha por los derechos de la salud* – ¿Puede la justicia ser una herramienta de cambio?* Buenos Aires: Siglo Ventiuno, 2013. p. 15 e seguintes.

[1272] Sobre a dificuldade de avaliar dados, *vide* nota de rodapé anterior. A respeito dos indicadores diretos e indiretos, remete-se a FERRAZ, Octavio L. Motta. Brasil: desigualdades en salud, derechos y tribunales. *In*: YAMIN, Alicia

Porém, as dificuldades de avaliar o efeito das decisões judiciais vão além, pois isso depende de saber se a decisão foi ou não cumprida,[1273] o que acrescenta ao desafio essa verificação. Ocorre que, para uma certeza do dado, seria preciso ir a campo para verificar a satisfação do bem da vida, uma vez que há situações em que, ainda que se vença a demanda, a ordem judicial não é cumprida, sem que se ingresse com o pleito de cumprimento da sentença ou de execução do título executivo judicial. Por exemplo, no caso brasileiro, em que muitas demandas individuais são aforadas pela Defensoria Pública, o profissional que ali atua normalmente só saberá se a decisão foi realmente cumprida se o cidadão o informar, e pode acontecer de perder-se o contato.

As dificuldades de examinar os efeitos empíricos de cumprimento de uma decisão judicial são mais elevadas no caso de ações coletivas, mormente naquelas de impacto estrutural na política pública. Como as decisões podem atingir um espectro indeterminado de titulares do direito e podem revestir-se de injunções mais ou menos detalhadas que devem ser cumpridas pelos outros poderes, a própria constatação fica mais dificultada, porque depende de alguém que faça o monitoramento do cumprimento dessas determinações, muitas delas a depender de grande colaboração por parte dos agentes públicos, de transparência e de boa-fé, o que demanda tempo razoável de acompanhamento para uma avaliação e recursos humanos e materiais para a coleta de informações.[1274]

Finalmente, não poderia faltar a uma mais completa avaliação do resultado empírico da judicialização uma aferição crítica de eventuais resultados indiretos. Esse tipo de efeito indireto deveria, para um exame empírico mais completo, ser levado em consideração, embora a tarefa aí tenha uma boa dose de especulação, até porque não se tem um mecanismo de mensurar os impactos da judicialização com precisão. São efeitos indiretos de litígios aqueles que terminem por produzir resultados que atinjam pessoas que não ajuizaram a ação, a exemplo da incorporação espontânea na política pública de determinada droga ou medicamento fornecido ao demandante sob

---

Ely; GLOPPEN, Siri (Coord.). *La lucha por los derechos de la salud – ¿Puede la justicia ser una herramienta de cambio?* Buenos Aires: Siglo Ventiuno, 2013. p. 33 e seguintes.

[1273] GAURI, Varun; BRINKS, Daniel M. A new policy landscape: legalizing social and economic rights in the developing world. *In*: GAURI, Varun; BRINKS, Daniel M. (Ed.). *Courting social justice* – Judicial enforcement of social and economic rights in the developing world. Cambridge: Cambridge University Press, 2008. p. 324 e seguintes; HOFFMANN, Floriano F.; BENTES, Fernando R. N. M. Accountability for social and economic rights in Brazil. *In*: GAURI, Varun; BRINKS, Daniel M. (Ed.). *Courting social justice* – Judicial enforcement of social and economic rights in the developing world. Cambridge: Cambridge University Press, 2008. p. 133 e seguintes; MAESTAD, Ottar; RAKNER, Lise; FERRAZ, Octávio L. Motta. Evaluación del impacto de la litigación en terreno de los derechos a la salud – Análisis comparativo de Argentina, Brasil, Colombia, Costa Rica, India y Sudáfrica. *In*: YAMIN, Alicia Ely; GLOPPEN, Siri (Coord.). *La lucha por los derechos de la salud – ¿Puede la justicia ser una herramienta de cambio?* Buenos Aires: Siglo Ventiuno, 2013. p. 343 e seguintes.

[1274] Sobre as dificuldades de examinar os efeitos de litígios estruturais, normalmente sob as vestes de uma ação coletiva que conclama um efeito da decisão *erga omnes*, YAMIN, Alicia Ely. Poder, sufrimiento y los tribunales – Reflexiones acerca de la promoción de los derechos de la salud por la vía de la judicialización. *In*: YAMIN, Alicia Ely; GLOPPEN, Siri (Coord.). *La lucha por los derechos de la salud – ¿Puede la justicia ser una herramienta de cambio?* Buenos Aires: Siglo Ventiuno, 2013. p. 400-416 e seguintes; MAESTAD, Ottar; RAKNER, Lise; FERRAZ, Octávio L. Motta. Evaluación del impacto de la litigación en terreno de los derechos a la salud – Análisis comparativo de Argentina, Brasil, Colombia, Costa Rica, India y Sudáfrica. *In*: YAMIN, Alicia Ely; GLOPPEN, Siri (Coord.). *La lucha por los derechos de la salud – ¿Puede la justicia ser una herramienta de cambio?* Buenos Aires: Siglo Ventiuno, 2013. p. 327-343; PARMAR, Sharanjeet; WAHI, Namita. India: ciudadanos, tribunales y el derecho a la salud. *In*: YAMIN, Alicia Ely; GLOPPEN, Siri (Coord.). *La lucha por los derechos de la salud – ¿Puede la justicia ser una herramienta de cambio?* Buenos Aires: Siglo Ventiuno, 2013. p. 206-214.

ordem judicial ou até um maior diálogo e foro de negociação entre as partes para evitar futuras demandas. Aliás, como já salientado, decisões favoráveis podem fomentar a multiplicação de proposituras de ações similares e mesmo resultados não vitoriosos nos tribunais podem ser estrategicamente satisfatórios para levar o tema à audiência da opinião pública e mobilizar a luta política para alcançar em outros fóruns o que não se alcançou nas instâncias judiciais.[1275]

Portanto, é de saudarem-se iniciativas como a de Varun Gauri e Daniel Brinks, que propuseram uma espécie de equação para quantificar o impacto da "legalização" – os autores não se resumem a escrutinar os impactos promovidos com o mero aforamento da demanda no Judiciário e a eventual decisão, mas examinam o seu efetivo cumprimento e tentam investigar, em alguma medida, os efeitos diretos produzidos em litigantes e não litigantes e os efeitos indiretos, sejam internos ou externos ao sistema jurídico.[1276]

[1275] Sobre efeitos diretos e indiretos da litigação, ainda que não com a mesma terminologia, mencionam-se GAURI, Varun; BRINKS, Daniel M. Introduction: the elements of legalization and the triangular shape of social and economic rights. *In*: GAURI, Varun; BRINKS, Daniel M. (Ed.). *Courting social justice* – Judicial enforcement of social and economic rights in the developing world. Cambridge: Cambridge University Press, 2008. p. 20 e seguintes; HOFFMANN, Floriano F.; BENTES, Fernando R. N. M. Accountability for social and economic rights in Brazil. *In*: GAURI, Varun; BRINKS, Daniel M. (Ed.). *Courting social justice* – Judicial enforcement of social and economic rights in the developing world. Cambridge: Cambridge University Press, 2008. p. 132 e seguintes; GAURI, Varun; BRINKS, Daniel M. A new policy landscape: legalizing social and economic rights in the developing world. *In*: GAURI, Varun; BRINKS, Daniel M. (Ed.). *Courting social justice* – Judicial enforcement of social and economic rights in the developing world. Cambridge: Cambridge University Press, 2008. p. 324 e seguintes; MAESTAD, Ottar; RAKNER, Lise; FERRAZ, Octávio L. Motta. Evaluación del impacto de la litigación en terreno de los derechos a la salud – Análisis comparativo de Argentina, Brasil, Costa Rica, India y Sudáfrica. *In*: YAMIN, Alicia Ely; GLOPPEN, Siri (Coord.). *La lucha por los derechos de la salud* – ¿Puede la justicia ser una herramienta de cambio?* Buenos Aires: Siglo Ventiuno, 2013. p. 327 e seguintes; YAMIN, Alicia Ely. Poder, sufrimiento y los tribunales – Reflexiones acerca de la promoción de los derechos de la salud por la vía de la judicialización. *In*: YAMIN, Alicia Ely; GLOPPEN, Siri (Coord.). *La lucha por los derechos de la salud* – ¿Puede la justicia ser una herramienta de cambio?* Buenos Aires: Siglo Ventiuno, 2013. p. 417-433.

[1276] Sobre a "legalização", conceito que os autores entendem ser compreensivo da judicialização, GAURI, Varun; BRINKS, Daniel M. Introduction: the elements of legalization and the triangular shape of social and economic rights. *In*: GAURI, Varun; BRINKS, Daniel M. (Ed.). *Courting social justice* – Judicial enforcement of social and economic rights in the developing world. Cambridge: Cambridge University Press, 2008. p. 14 e seguintes. Em relação à fórmula cunhada, GAURI, Varun; BRINKS, Daniel M. A new policy landscape: legalizing social and economic rights in the developing world. *In*: GAURI, Varun; BRINKS, Daniel M. (Ed.). *Courting social justice* – Judicial enforcement of social and economic rights in the developing world. Cambridge: Cambridge University Press, 2008. p. 326 e seguintes, os quais assumem algumas imperfeições da fórmula e admitem que sua utilidade está na comparação do impacto do fenômeno entre diferentes países. A fórmula é Impacto = (Nind x EDi) + (100Ncol x EDc) + (Nei x I), em que Nind é o número de ações individuais e EDi representa a proporção de decisões judiciais favoráveis cumpridas para cada ação individual; Ncol é o número de ações coletivas e EDc é a proporção de decisões judiciais favoráveis cumpridas para ação coletiva; Nei é o número potencial de pessoas alcançadas pelos efeitos indiretos das decisões judiciais e I é a proporção estimada dos benefícios que realmente foram conferidos aos beneficiários indiretos. Um exemplo de arbitrariedade na formulação que seria questionável é a multiplicação por 100 do elemento Ncol, uma vez que, sem avaliar a demanda, é difícil estimar a potencialidade de alcance de uma ação coletiva; outra indagação é se não seria possível talvez modificar esse fator multiplicador por outro a depender do número de habitantes do país, em que pese não solucionar o problema anterior. Finalmente, os autores reconhecem que há efeitos indiretos não mensurados na fórmula, como o relativo ao discurso aglutinador dos direitos, esse potencial de atração de participar em esforços de grupos de litígio. Por outro lado, além dessa tentativa de Brinks e Gauri, MAESTAD, Ottar; RAKNER, Lise; FERRAZ, Octávio L. Motta. Evaluación del impacto de la litigación en terreno de los derechos a la salud – Análisis comparativo de Argentina, Brasil, Colombia, Costa Rica, India y Sudáfrica. *In*: YAMIN, Alicia Ely; GLOPPEN, Siri (Coord.). *La lucha por los derechos de la salud* – ¿Puede la justicia ser una herramienta de cambio?* Buenos Aires: Siglo Ventiuno, 2013. p. 333 e seguintes, apresentam outra forma de medir os efeitos da judicialização, que pretende traduzir o impacto nominal da judicialização, aquela que surge imediatamente após a tramitação do litígio e sem considerar potencial influência colateral de vias alternativas. Sobre essa última tentativa, a par de serem aproveitáveis em alguma medida todas as ressalvas colocadas no parágrafo, pode-se mencionar a observação de que ela se centra só nos impactos econômicos e materiais da judicialização, como nota YAMIN, Alicia Ely. Poder, sufrimiento y

Porém, sem embargo dos méritos, além de não ser hábil de avaliar todos os impactos indiretos produzidos, é evidente que há problemas nessa iniciativa caso se espere dela mais do que ela pode oferecer: i) a tradução em números de impressões sugeridas por dados empíricos pode ser útil para efeito comparativo entre países ou regiões ou mesmo do fenômeno no correr dos dias, mas isoladamente pouco responde sobre questões normativas de quais as funções devem ser desempenhadas pelo Poder Judiciário e seus limites no exame de demandas com direitos sociais; ii) também não responde a respeito de qual a extensão interpretativa deve ser dada às normas nem orienta como resolver conflitos normativos operados no sistema; iii) perde-se a dinâmica de poder envolvida no contexto.[1277] Os problemas não solucionados por essas fórmulas precisam do contributo de análise de outras disciplinas, como a ciência política e ciência jurídica, com abordagens possíveis nos planos de dogmática jurídica ou de filosofia do direito.

De qualquer sorte, os impactos deletérios medidos ou sugeridos pela coleta empírica de dados não são uma unanimidade, mormente em países em que a judicialização da saúde foi alçada ao debate do dia por processos coletivos, conquanto mesmo no Brasil, onde prepondera um modelo demandista individual, haja quem tenha chegado à conclusão de que os mais pobres são os maiores beneficiados.[1278]

---

los tribunales – Reflexiones acerca de la promoción de los derechos de la salud por la vía de la judicialización. *In*: YAMIN, Alicia Ely; GLOPPEN, Siri (Coord.). *La lucha por los derechos de la salud – ¿Puede la justicia ser una herramienta de cambio?* Buenos Aires: Siglo Ventiuno, 2013. p. 417 e seguintes.

[1277] YAMIN, Alicia Ely. Poder, sufrimiento y los tribunales – Reflexiones acerca de la promoción de los derechos de la salud por la vía de la judicialización. *In*: YAMIN, Alicia Ely; GLOPPEN, Siri (Coord.). *La lucha por los derechos de la salud – ¿Puede la justicia ser una herramienta de cambio?* Buenos Aires: Siglo Ventiuno, 2013. p. 417-433.

[1278] Vale mencionar pesquisa para investigar a judicialização no Brasil de BIEHL, João; AMON, Joseph J.; SOCAL, Mariana P.; PETRYNA, Adriana. Between the court and the clinic: lawsuits for medicines and the right to health in Brazil. *Health and Human Rights Journal*, v. 14, n. 1, p. 36-52, jun. 2012. p. 40 e seguintes, que conclui que a maioria dos beneficiários das ordens judiciais eram pobres. Sobre os efeitos positivos de demandas estruturais movidas na África do Sul e na Índia, mencionam-se COOPER, Carole. Sudáfrica: litigación en derechos de la salud – Constitucionalismo cauto. *In*: YAMIN, Alicia Ely; GLOPPEN, Siri (Coord.). *La lucha por los derechos de la salud – ¿Puede la justicia ser una herramienta de cambio?* Buenos Aires: Siglo Ventiuno, 2013. p. 267-275, que afirma que a judicialização ajudou na transferência de bens e serviços à população mais pobre, embora critique a Corte Constitucional pela excessiva deferência aos demais poderes e por contentar-se em um escrutínio meramente procedimental e não substancial, sendo discutível que tenham os tribunais realizado plenamente sua função; PARMAR, Sharanjeet; WAHI, Namita. India: ciudadanos, tribunales y el derecho a la salud. *In*: YAMIN, Alicia Ely; GLOPPEN, Siri (Coord.). *La lucha por los derechos de la salud – ¿Puede la justicia ser una herramienta de cambio?* Buenos Aires: Siglo Ventiuno, 2013. p. 256-267, os quais alegam que, embora não entendam que a corte foi o único canal e que houve mobilização política adicional, bem como pensam que não é possível uma resposta categórica a respeito da maior equidade na saúde em função dessa judicialização, terminam por afirmar que, no pior dos cenários, a judicialização não agravou a desigualdade e, no melhor deles, serviu para dar atenção a questões necessárias e facilitar o acesso a certos setores da população. A realçar que impactos positivos ou negativos podem advir da judicialização, a depender do modelo que se implementou e dos remédios usados pelos tribunais, mencionam-se GAURI, Varun; BRINKS, Daniel M. A new policy landscape: legalizing social and economic rights in the developing world. *In*: GAURI, Varun; BRINKS, Daniel M. (Ed.). *Courting social justice* – Judicial enforcement of social and economic rights in the developing world. Cambridge: Cambridge University Press, 2008. p. 303 e seguintes; YAMIN, Alicia Ely. Poder, sufrimiento y los tribunales – Reflexiones acerca de la promoción de los derechos de la salud por la vía de la judicialización. *In*: YAMIN, Alicia Ely; GLOPPEN, Siri (Coord.). *La lucha por los derechos de la salud – ¿Puede la justicia ser una herramienta de cambio?* Buenos Aires: Siglo Ventiuno, 2013. p. 417-438, a qual alega que a judicialização pode ter tanto o potencial de modificar processos de tomada de decisão para incorporar uma lente de equidade como pode legitimar o poder dos beneficiários das classes mais privilegiadas; MAESTAD, Ottar; RAKNER, Lise; FERRAZ, Octávio L. Motta. Evaluación del impacto de la litigación en terreno de los derechos a la salud – Análisis comparativo de Argentina, Brasil, Colombia, Costa Rica, India y Sudáfrica. *In*: YAMIN, Alicia Ely; GLOPPEN, Siri (Coord.). *La lucha por los derechos de la salud – ¿Puede la justicia ser una herramienta de cambio?* Buenos Aires: Siglo Ventiuno, 2013. p. 350-360.

Em realidade, o que essas pesquisas empíricas põem em evidência, com o suporte em dados concretos, é o potencial de equívoco dos tribunais no exame de direitos, cujo controle atabalhoado poderia servir para uma "hidrólise judicial"[1279] de políticas públicas. Com efeito, não é nova a crítica de que o Judiciário não possui aptidão institucional para apreciar questões dessa complexidade, não dominando o conhecimento técnico para "opinar" sobre esses temas, que demandam noções de economia, administração, entre outras ciências, para planejar, selecionar prioridades, orçar despesas e avaliar resultados. O receio de um controle nocivo nesse campo também já foi salientado por vários autores.[1280]

A desagregação "molecular" da política pública em consequência de decisões tecnicamente desautorizadas, que potencializam a demanda individual, sem obter um necessário diálogo interinstitucional, não é um risco infundado. Juízes não são infalíveis. Mas o que está realmente em causa nesse tocante não é a incompetência ou ilegitimidade de o Poder Judiciário realizar esse controle, mas o perigo de uma tutela judicial ineficiente ou temerária.

As objeções da incompetência e da ilegitimidade alinham-se aos obstáculos das normas da separação de poderes e da democracia, a retirar a justiciabilidade dos direitos sociais. Não é o caso de aprofundar sobre essas objeções nessa senda,[1281] mas sumarizam-se algumas notas. Em relação à separação de poderes, pode-se afirmar que: i) é vetusta a compreensão de que existam diferentes funções do poder e de que sua concentração em um único corpo poderia gerar abusos;[1282] ii) mesmo a tese

---

[1279] A respeito da metáfora da hidrólise judicial e da crítica da incapacidade institucional do Judiciário, remete-se a ALMEIDA, Luiz Antônio Freitas de. *Direitos fundamentais sociais e ponderação* – Ativismo irrefletido e controle jurídico racional. Porto Alegre: Sergio Antonio Fabris, 2014. p. 197 e seguintes; ALMEIDA, Luiz Antônio Freitas de. Direitos fundamentais sociais e sua aplicação pelo Judiciário: hidrólise judicial de políticas públicas ou tutela efetiva? *Revista Brasileira de Direitos Fundamentais & Justiça*, v. 5, n. 14, p. 88-123, jan./mar. 2011. p. 88-123. Em rápidas palavras, a ideia da metáfora é comparar as políticas públicas, que dependem de planejamento, execução e supervisão, com união e interlocução de diversos setores governamentais, a moléculas; o Judiciário equipara-se à água, líquido incolor, insípido e inodoro, a lembrar a função judicial como poder nulo e invisível na feição propugnada por Montesquieu. A atuação nociva desse poder poderia "quebrar a molécula" da política pública, pela desarticulação e desorganização que uma decisão equivocada poderia causar, especialmente quando se busca apenas "atomizar" prestações, ou seja, conferir individualmente benefícios não previstos de modo universal e que possam atender apenas às pessoas mais abastadas.

[1280] Por todos, citam-se SILVA, Virgílio Afonso da. O Judiciário e as políticas públicas: entre a transformação social e obstáculo à realização dos direitos sociais. *In*: SOUZA NETO, Cláudio Pereira; SARMENTO, Daniel (Org.). *Direitos sociais* – Fundamentos, judicialização e direitos sociais em espécie. 2. tir. Rio de Janeiro: Lumen Juris, 2010. p. 522-529; TORRES, Ricardo Lobo. O mínimo existencial como conteúdo essencial dos direitos fundamentais. *In*: SOUZA NETO, Cláudio Pereira; SARMENTO, Daniel (Org.). *Direitos sociais* – Fundamentos, judicialização e direitos sociais em espécie. 2. tir. Rio de Janeiro: Lumen Juris, 2010. p. 334-339; MOREIRA, Egon Bockmann; KANAYAMA, Rodrigo Luís. A solvência absoluta do Estado vs. a reserva do possível. *In*: OTERO, Paulo; ARAÚJO, Fernando; GAMA, João Taborda da (Org.). *Estudos em memória do Prof. Doutor J. L. Saldanha Sanches*. Coimbra: Coimbra Editora, 2011. p. 139-160, os quais enfatizam, no aspecto da judicialização da saúde, a possibilidade de falência do Estado ante o desrespeito às regras da Lei de Responsabilidade Fiscal, desorganização orçamentária e ferimento da reserva do possível, além de usurpação da competência do Executivo.

[1281] As ideias resumidas no corpo do texto foram apresentadas em ALMEIDA, Luiz Antônio Freitas de. *Direitos fundamentais sociais e ponderação* – Ativismo irrefletido e controle jurídico racional. Porto Alegre: Sergio Antonio Fabris, 2014. p. 156 e seguintes.

[1282] MIRANDA, Jorge. Os problemas políticos fundamentais e as formas de governo modernas. *In*: MIRANDA, Jorge (Coord.). *Estudos em homenagem ao Prof. Doutor Armando M. Marques Guedes*. Lisboa/Coimbra: Faculdade de Direito da Universidade de Lisboa/Editora Coimbra, 2004. p. 233. Aristóteles (ARISTÓTELES. *Política*. Tradução de Vincenzo Costanzi. Bari: Laterza & Figli, 1948. p. 143 e seguintes) percebia três modos de manifestação da soberania: deliberação, magistratura e judicatura. Sobre a divisão de poderes em diversas compartimentações

liberal da separação de poderes, notadamente na versão tripartite de Montesquieu, não representava uma divisão orgânica plena das funções legislativas, executivas e judiciárias, a impedir qualquer contato ou interferência no desempenho dessas funções pelos outros poderes;[1283] iii) a separação de poderes relaciona-se com o desenho das competências e não é um *a priori* dado, de modo que não há um único esquema definitivo de separação de poderes que seja correto;[1284] iv) o essencial é evitar a concentração de poderes e o uso abusivo deles, de sorte que o que remanesce é uma ideia de equilíbrio entre essas funções e controle recíproco;[1285] v) com o advento do Estado Social e com as novas funções assumidas pelo Estado, seria conatural esperar o crescimento do controle jurídico exercido pelo Judiciário por novas competências que lhe foram acrescidas, especialmente com a previsão de direitos fundamentais e controle de constitucionalidade, o que implica uma releitura dessa norma, como advogado alhures.

No que tange à crítica de "governo de juízes" e de interferência ilegítima na competência parlamentar de decidir as políticas públicas e de ter a palavra final sobre os recursos que as custearão,[1286] vale pontuar as sequentes pílulas de observação:[1287] i) a democracia, num contexto de um Estado Social, deve ser lida também como mecanismo de inclusão social;[1288] ii) não se pode ter a mesma percepção rousseauniana da legislação como produto de refletidos debates no Parlamento, a buscar sempre a razão, mentalidade típica dos séculos XVIII e XIX,[1289] porque se reconhece que ela também é fruto de pressão e *lobby* por diversos grupos de interesses econômicos, com apoios e recuos dos parlamentares motivados em diferentes estratégias, inclusive não sendo incomum que se deixem, propositadamente, termos dúbios para gerar diferentes interpretações, como aduzido no Capítulo 1; iii) mas também não se pode admitir uma visão romântica e

---

nas magistraturas da Grécia e Roma antiga, MIRANDA, Jorge. *Ciência política* – Formas de governo. Lisboa: Pedro Ferreira, 1996. p. 95.

[1283] SUORDEM, Fernando Paulo da Silva. *O princípio da separação de poderes e os novos movimentos sociais* – A administração pública no Estado moderno: entre as exigências de liberdade e organização. Coimbra: Almedina, 1995. p. 30.

[1284] BACHOF, Otto. *Jueces y constitución*. Tradução de Rodrigo Bercovitz Rodrígues-Cano. Madrid: Civitas, 1985. p. 57-65; PIÇARRA, Nuno. *A separação de poderes como doutrina e princípio constitucional* – Um contributo para o estudo das suas origens e evolução. Coimbra: Coimbra Editora, 1989. p. 16-18; 258-264.

[1285] PIÇARRA, Nuno. *A separação de poderes como doutrina e princípio constitucional* – Um contributo para o estudo das suas origens e evolução. Coimbra: Coimbra Editora, 1989. p. 149 e seguintes. Sobre equilíbrio entre poderes na divisão orgânica conforme maior aptidão para seu desempenho, ZIPPELIUS, Reinhold. *Teoria geral do Estado*. 3. ed. Lisboa: Fundação Calouste Gulbenkian, 1997. p. 406-411. A propósito, veja-se que, em relação aos *checks and balances* previstos na Constituição estadunidense, nunca houve um desvio fundamental, mas sim uma adaptação da separação de poderes para prever formas de mútuo controle entre os Poderes. Conferir em CAETANO, Marcello. *Manual de ciência política e direito constitucional*. 6. ed. 3. reimpr. Coimbra: Almedina, 2009. t. I. p. 195; e SCHMITT, Carl. *Teoría de la Constitución*. 6. reimpr. Madrid: Alianza Universidad Textos, 2009. p. 186-190.

[1286] Essa crítica é encontrada em TUSHNET, Mark. Social welfare rights and the forms of judicial review. *Texas Law Review*, v. 82, p. 1.895-1.919, 2004. p. 1.895-1.900; 1.909-1.919, embora Tushnet tenha abrandado seu pensamento posteriormente, ainda que com algum risco de instabilidade, como se entrevê em TUSHNET, Mark. *Weak courts, strong rights*. Judicial review and social welfare rights in comparative constitutional law. Princeton; Oxford: Princeton University Press, 2008. p. 196-264.

[1287] As ideias defendidas no texto foram apresentadas em ALMEIDA, Luiz Antônio Freitas de. *Direitos fundamentais sociais e ponderação* – Ativismo irrefletido e controle jurídico racional. Porto Alegre: Sergio Antonio Fabris, 2014. p. 175-188.

[1288] MÜLLER, Friedrich. Democracia e exclusão social em face da globalização Tradução de Sérgio Krieger Barreira. *Opinião Jurídica*, ano III, n. 6, p. 393-406, 2005. p. 393; CANOTILHO, José Joaquim Gomes. "Bypass" social e o núcleo essencial de prestações sociais. *In*: CANOTILHO, José Joaquim Gomes. *Estudos sobre direitos fundamentais*. 2. ed. Coimbra: Coimbra Editora, 2008. p. 252.

[1289] Era a compreensão de Rousseau (ROUSSEAU, Jean-Jacques. *O contrato social*: manuscrito de Genebra. Tradução de Manuel João Pires. Lisboa: Círculo de Leitores, 2008. p. 121-126).

idealizada dos juízes ante uma avaliação "cínica" em relação aos legisladores, como se o Judiciário possuísse mais racionalidade que o Parlamento ou não errasse;[1290] iv) o Judiciário possui uma legitimidade argumentativa, que depende da aceitação da média das pessoas racionais, como salientado no Capítulo 1, e do adequado e responsável exercício de suas funções, por meio de um controle jurídico que possa almejar a maior objetividade e transparência possível, inclusive quando exercita a ponderação, o que atrai a norma da proporcionalidade; v) é salutar que novos modelos e métodos de atuação judicial e, mormente, novas ferramentas processuais e remédios possam ser incorporados para prevenir o choque traumático entre poderes, com o fomento de um diálogo interinstitucional, o que pode cobrar reformas legislativas e na estrutura do próprio Judiciário.[1291] No mais, remete-se aos capítulos 1 e 2 para maiores considerações em relação ao conceito de democracia deliberativa, ao qual se adere.

Durante a audiência pública organizada pelo Supremo Tribunal Federal em 2009, foram endereçadas críticas à atuação jurisdicional no Brasil, a qual tem, a pretexto de efetivar o direito à saúde, trazido enormes e crescentes impactos orçamentários para a tutela da dimensão individual da saúde. Essa judicialização opera sobretudo na vertente da assistência sanitária, quase não existindo demandas que tratem da prevenção e de condicionantes sociais da saúde, o que inverteria a prioridade constitucionalmente traçada.[1292] No que é judicializado, tem-se determinado que doentes recebam tratamentos médicos, remédios e cuidados sanitários variados, muitas vezes não previstos nas políticas públicas de saúde existentes e ofertadas no bojo do SUS. São dadas ordens judiciais com determinação de provisão de tratamentos ou medicamentos experimentais, estes não aprovados pela Anvisa e não reconhecidos como efetivos pelo Conselho Federal de Medicina, além de tratamentos no exterior.[1293] A judicialização opera majoritariamente por meio de ações individuais, com poucas ações de cunho coletivo, as quais recebem um tratamento diverso por parte do Judiciário, porquanto aquelas normalmente são exitosas, ao passo que estas tendem a não prosperar, normalmente com base em argumentos de separação de poderes, ilegitimidade democrática ou reserva do possível.[1294] O conhecimento do tema predominantemente por demandas

---

[1290] TUSHNET, Mark. *Weak courts, strong rights*. Judicial review and social welfare rights in comparative constitutional law. Princeton; Oxford: Princeton University Press, 2008. p. 156-157.

[1291] SCOTT, Craig; MACKLEM, Patrick. Constitutional ropes of sand or justiciable guarantees? Social rights in a new South African Constitution. *University of Pennsylvania Law Review*, v. 141, n. 1, p. 1-148, 1992-1993. p. 3-26; CAPPELLETTI, Mauro. *Juízes legisladores?* Tradução de Carlos Alberto Álvaro Oliveira. reimpr. Porto Alegre: Sergio Antonio Fabris, 1999. p. 86-92; GAURI, Varun; BRINKS, Daniel M. A new policy landscape: legalizing social and economic rights in the developing world. *In*: GAURI, Varun; BRINKS, Daniel M. (Ed.). *Courting social justice* – Judicial enforcement of social and economic rights in the developing world. Cambridge: Cambridge University Press, 2008. p. 342 e seguintes; FISS, Owen. The forms of justice. *Harvard Law Review*, v. 93, n. 1, p. 1-58, nov. 1979. p. 1-5.

[1292] Vejam-se os discursos de Francisco Batista Júnior e Agnaldo Gomes da Costa em BRASIL. Supremo Tribunal Federal. *Audiência pública*: saúde. Brasília: Secretaria de Documentação, 2009. p. 90 e p. 103, respectivamente.

[1293] BRASIL. Supremo Tribunal Federal. *Audiência pública*: saúde. Brasília: Secretaria de Documentação, 2009, mencionando-se os discursos do hoje Ministro do Supremo Tribunal Federal Dias Toffoli, então Advogado Geral da União (p. 45-49); de Antônio Carlos Figueiredo Nardi (p. 94-97), de Agnaldo Gomes da Costa (p. 103-106), de Rodrigo Tostes de Alencar Mascarenhas (p. 106-112); de Cleusa da Silveira Bernardo (p. 171-175), de Paulo Dornelles Picon (p. 209-214), de Janaína Barbier Gonçalves (p. 219-224). Em sentido contrário, mencionando que a maior parte das ações se refere a prestações previstas na lei e nas políticas, estão os discursos de Ingo Sarlet (p. 76), de Cláudia Fernanda de Oliveira Pereira (p. 140), e de Gisele Martins Vergara (p. 144-148).

[1294] BRASIL. Supremo Tribunal Federal. *Audiência pública*: saúde. Brasília: Secretaria de Documentação, 2009, discurso de Gisele Martins Vergara (p. 143-148); discurso de Leonardo Azeredo Bandarra (p. 227-233).

individuais tem permitido que pessoas recebam prestações não universalizadas e, quanto a tratamentos, que os beneficiários pelas ordens judiciais terminem por passar na frente de pessoas eventualmente mais necessitadas.[1295] Finalmente, os juízes têm decidido temas sem o necessário respaldo técnico, com decisões que contrariam a opinião científica mais abalizada, o que tem provocado impactos adversos das mais variadas ordens nas políticas de saúde, inclusive porque têm gerado uma absolutização do direito à saúde, imune a qualquer argumento de custo financeiro.[1296] Os discursos proferidos nessa audiência pública que criticaram a atuação judicial no setor são, em boa parte, corroborados pelos dados empíricos coletados e analisados nos estudos mencionados no presente subitem, ao menos pela maioria dos estudos voltados ao Brasil.

Portanto, o que está em jogo na crítica é uma tutela eficiente ou satisfatória dos direitos sociais pelo Judiciário. No entanto, não seria a pretensão de confiar ao Judiciário o controle jurídico de direitos sociais, a permitir a judicialização de determinada política pública, um desbordar da função típica da jurisdição, para abraçar uma tarefa policêntrica, da qual seria incapaz de dar conta?

Num plano pré-jurídico, um embate por poder entre Judiciário, Executivo e Legislativo levanta o questionamento de legitimidade, de forma que a racionalidade impõe que aquele revestido de poder esteja em melhor condição de exercitá-lo que aquele que o questiona.[1297] No entanto, a partir do momento que o sistema normativo foi desenhado de modo a reconhecer ao Judiciário o controle da constitucionalidade dos atos estatais, inclusive daqueles legislativos, se houve a previsão de direitos sociais com a estatura de direitos fundamentais, com aplicabilidade imediata, não se está mais no plano da filosofia política, pois a arquitetura constitucional contemplou esse tipo de função ao Judiciário. Logo, é produtivo que a dogmática se aprofunde para descortinar meios, métodos e parâmetros para que esse controle seja efetuado com a maior racionalidade possível.

O conhecido debate entre Fuller e Fiss sobre o papel da jurisdição,[1298] objeto de reflexão em outra sede,[1299] encaixa-se nesta abordagem. Lon Fuller situa a jurisdição como um meio institucional destinado pela ordem social para a resolução de disputas,

---

[1295] BRASIL. Supremo Tribunal Federal. *Audiência pública*: saúde. Brasília: Secretaria de Documentação, 2009, discurso de José Dias Toffoli (p. 45-49); discurso de José Antônio Rosa (p. 112-116); discurso de Luís Roberto Barroso (p. 247-252).

[1296] BRASIL. Supremo Tribunal Federal. *Audiência pública*: saúde. Brasília: Secretaria de Documentação, 2009, discurso de Ana Beatriz Pinto de Almeida (p. 165-171), além dos discursos que se referem à impropriedade de determinar o fornecimento de tratamentos ou remédios experimentais, não constantes dos protocolos clínicos e diretrizes terapêuticas, não referendadas por medicina apoiada em evidências ou que sejam de baixo custo-efetividade, podendo-se acrescentar, entre outros, os discursos de Dirceu Raposo de Mello (p. 185-190), Geraldo Guedes (p. 190-197), o qual, porém, defende que possam médicos contrariar o protocolo se houver justificativa adequada, Osmar Terra (p. 133-139), Paulo Marcelo Gehm Hoff (p. 204-207), Cláudio Maierovitch Pessanha Henriques (p. 214-219), Janaína Barbier Gonçalves (p. 219-224).

[1297] ACKERMAN, Bruce. *La justicia social en el Estado liberal*. Tradução de Carlos Rosenkrantz. Madrid: Centro de Estudios Constitucionales, 1993. p. 35-37.

[1298] Evita-se usar o termo "adjudicação", tal qual seria a tradução literal de *adjudication*, porque este termo realmente significa o exercício de dizer o direito, de *iuris dictio*, consoante preleciona Luiz Guilherme Marinoni (MARINONI, Luiz Guilherme. *Teoria geral do processo*. 5. ed. São Paulo: Revista dos Tribunais, 2010. v. 1. p. 110-113). Em relação ao conceito de jurisdição seguido, remete-se para ALMEIDA, Luiz Antônio Freitas de. *Direitos fundamentais sociais e ponderação* – Ativismo irrefletido e controle jurídico racional. Porto Alegre: Sergio Antonio Fabris, 2014. p. 263 e seguintes.

[1299] ALMEIDA, Luiz Antônio Freitas de. *Direitos fundamentais sociais e ponderação* – Ativismo irrefletido e controle jurídico racional. Porto Alegre: Sergio Antonio Fabris, 2014. p. 263 e seguintes.

definir inter-relações humanas e alcançar decisões, que coexiste ao lado de outros dois meios básicos de ordem social: organização por objetivos comuns e organização por reciprocidade. O que particulariza a jurisdição é a oportunidade de participação das partes afetadas na formação da decisão, com apresentação de razões e provas.[1300] Na visão de Fuller, o Judiciário não é apto a lidar com questões suficientemente policêntricas, mesmo que a policentricidade seja uma questão de grau, porque não teria meios de permitir que as partes afetadas participassem do processo decisório, inclusive porque boa parte das questões policêntricas espraia seus efeitos de modo tão difuso que é difícil identificar todos os interessados. Qualquer problema que toque a alocação de recursos tem forte coloração policêntrica e os resultados produzidos pelo Judiciário seriam insatisfatórios: i) em caso de falha da decisão adjudicatória, ela seria alterada, retirada ou ignorada; ii) a decisão extrapolaria as propriedades que a fazem ser judicial; iii) a policentricidade seria mascarada na linguagem da decisão, que seria reformulada para comportar uma solução por adjudicação.[1301]

Owen Fiss, porém, critica Fuller, porque o escopo da jurisdição seria demasiado reduzido, não tendo o condão de explicar satisfatoriamente os chamados litígios estruturais, também conhecidos como *public law litigation* ou *public interest litigation*. Os litígios estruturais desafiam as estruturas das burocracias e instituições, que podem encorpar problemas que resultam em ameaças aos valores públicos, de sorte que os tribunais devem valer-se de novos comportamentos e de novas relações entre remédios e direitos.[1302]

Segundo Fiss, o Judiciário deve agir de modo coordenado e colaborar com o debate público. Portanto, esse tipo de missão cobra dos juízes um papel mais proativo, com necessidade de maior amplitude de informação, no escopo de remodelar padrões de organização que tenham permitido sistemáticas e contínuas violações aos valores constitucionais. Logo, os remédios atuam para contribuir com essa reorganização institucional e devem ficar ativos até que a ameaça constatada se dissipe, o que pode implicar uma etapa de supervisão e monitoramento da *performance* estatal, inclusive com a possibilidade de criação de agências para essa função.[1303]

Prossegue Fiss em mencionar que um tribunal pode usar remédios de injunção ou ordens diretivas de como cumprir as instruções no futuro, o que desborda da função tradicional da jurisdição. Fiss pontua que qualquer êxito, mesmo que diminuto ou parcial, já seria justificativa bastante para admitir esse tipo de controle, até porque os críticos dessa função não medem a própria falha dos órgãos governamentais primariamente responsáveis. A falta de *expertise* poderia ser sanada pela convocação de especialistas e a intervenção de *amicus curiae*. Os tribunais possuem, por fim, um tipo especial de racionalidade que é consequência do processo judicial independente e que propicia um diálogo; o que seria deletéria é a persistência em formas de adjudicação não forjadas para a solução de problemas hodiernos e relacionados a esse tipo de litígios estruturais.[1304]

[1300] FULLER, Lon. The forms and limits of adjudication. *Harvard Law Review*, v. 92, p. 353-409, 1978-1979. p. 357-365.

[1301] FULLER, Lon. The forms and limits of adjudication. *Harvard Law Review*, v. 92, p. 353-409, 1978-1979. p. 393-404.

[1302] FISS, Owen. The forms of justice. *Harvard Law Review*, v. 93, n. 1, p. 1-58, nov. 1979. p. 1-5.

[1303] FISS, Owen. The forms of justice. *Harvard Law Review*, v. 93, n. 1, p. 1-58, nov. 1979. p. 5-28.

[1304] FISS, Owen. The forms of justice. *Harvard Law Review*, v. 93, n. 1, p. 1-58, nov. 1979. p. 28-40.

Fiss não concorda com a objeção de policentricidade trazida por Fuller, porque fora talhada para uma sociedade sem as necessidades e complexidades atuais. Ademais, ela poderia ser respondida mediante a inclusão de pessoas que representassem qualificadamente o maior número possível de afetados, conforme avaliação judicial. Se a tese de policentricidade de Fuller estivesse correta, a jurisdição já teria abocanhado uma série de funções consideradas policêntricas, como a criação/eliminação de normas públicas. Por fim, Fiss não desconsidera que um custo político seja avaliado pelas cortes, uma vez que a colaboração dos órgãos governamentais é inafastável para o maior sucesso de um litígio estrutural, com um juízo de prognose sobre a reação dos demais poderes em relação a determinado remédio.[1305]

Como propalado em outro trabalho[1306] e como se depreende daquilo afirmado no Capítulo 2, subitem 2.6, Fiss está correto na crítica feita a Fuller em relação à policentricidade, porque o ofício jurisdicional, mesmo que tenha o azo de pacificação social de conflitos,[1307] abarca misteres que extrapolam o âmbito de solução de conflitos individuais pensados por este jurista, como ocorre com o controle ou fiscalização de constitucionalidade. O modelo de Fuller não satisfaz mais uma sociedade plural e complexa, marcada pelo risco social e pela massificação do consumo, em que prepondera a impessoalidade nas relações negociais.

Fuller acerta, porém, na percepção de que nenhuma instituição seria viável se houver ineficiência grosseira; outrossim, com paráfrase ao pensamento do jurista, é acertada a colocação de que o Judiciário estaria em grandes dificuldades se pretendesse criar ou construir uma política pública.[1308] Os estudos empíricos feitos por Gauri e Brinks, aliás, sugerem que o Judiciário se mostrou mais propenso a espoletar o diálogo interinstitucional e ter uma atuação proativa nas hipóteses em que encontrou uma política pública organizada em nível infraconstitucional,[1309] isto é, acabou por reconhecer sua incapacidade institucional de exercer governança e elaborar as políticas para desenvolver as ações e metas estatais. Em suma, as preocupações teóricas relacionadas ao risco de hidrólise judicial não descasam das críticas tecidas à judicialização em nível teórico e no plano empírico.

É aqui que os modelos catalíticos de atuação judicial mencionados por Young no Capítulo 2, subitem 2.6, são úteis. O reconhecimento de uma violação ao direito social por tutela ineficiente é um exame fundamentado na Constituição e demais normas do sistema jurídico. A forma de remediá-la, porém, conclama novos modelos de atuação,

---

[1305] FISS, Owen. The forms of justice. *Harvard Law Review*, v. 93, n. 1, p. 1-58, nov. 1979. p. 40-58. Aliás, Jeff King (KING, Jeff. *Judging social rights*. Cambridge; New York: Cambridge University Press, 2012. p. 189 e seguintes) defende que a policentricidade é uma infiltrante característica da jurisdição e não pode ser argumento conclusivo contra a adjudicação de questões policêntricas.

[1306] ALMEIDA, Luiz Antônio Freitas de. *Direitos fundamentais sociais e ponderação* – Ativismo irrefletido e controle jurídico racional. Porto Alegre: Sergio Antonio Fabris, 2014. p. 263 e seguintes.

[1307] CINTRA, Antonio Carlos de Araújo; GRINOVER, Ada Pellegrini, DINAMARCO, Cândido R. *Teoria geral do processo*. 14. ed. São Paulo: Malheiros, 1998. p. 24-25.

[1308] FULLER, Lon. The forms and limits of adjudication. *Harvard Law Review*, v. 92, p. 353-409, 1978-1979. p. 361-367; 403-404.

[1309] GAURI, Varun; BRINKS, Daniel M. A new policy landscape: legalizing social and economic rights in the developing world. *In*: GAURI, Varun; BRINKS, Daniel M. (Ed.). *Courting social justice* – Judicial enforcement of social and economic rights in the developing world. Cambridge: Cambridge University Press, 2008. p. 346 e seguintes.

a utilização de novos remédios, uma posição que fomente o diálogo interinstitucional, postura que depende, em boa parte, da contrapartida dada pelos demais poderes, razão pela qual se deve preservar a flexibilidade das ordens e remédios concedidos, com reavaliação a partir dos resultados. Em vez de apostar, como primeira via, em decisões detalhadas e específicas (remédios fortes), deve-se priorizar remédios fracos, a exemplo da determinação de que o problema seja enfrentado seriamente mediante planejamento confiado a cargo do Poder Público omisso, em prazos razoáveis, a fim de que a solução provenha daqueles que detinham a responsabilidade de agir.[1310]

Nesse tocante, embora se reconheça que as demandas individuais também podem servir para fomentar esse tipo de diálogo e controle,[1311] não tendo como serem elididas ou abolidas no Brasil, é fato que elas são os maiores fatores de desarticulação da política pública e da quebra da equidade na distribuição de recursos.[1312]

Particularmente no Brasil houve a preocupação do poder constituinte em delinear um suporte institucional que tem instrumentos jurídicos para evitar ou, pelo menos, minorar uma possível hidrólise judicial das políticas públicas. Afinal, o risco de hidrólise judicial, resultado de ponderações irracionais e casuísticas, congrega três derivações da policentricidade de processos judiciais que envolvem direitos sociais: i) visão seccionada da política pública, porque levada ao conhecimento do Judiciário por ações individuais, que não permitem um olhar conglobado do programa estatal, motivo pelo qual haveria o deferimento de prestações de modo não universal a poucos privilegiados; ii) ausência de conhecimento técnico especializado e de dados empíricos para avaliar o desenvolvimento da política estatal; iii) debilidade em mensurar a quantidade ou qualidade de prestações do ponto de vista dos titulares dos direitos e de supervisionar o cumprimento das suas ordens.[1313] A despeito de a Defensoria Pública poder tornar-se um ator cada vez mais presente nesse cenário, indubitavelmente é o Ministério Público brasileiro a instituição estatal que reúne o perfil, a missão constitucional de zelar pelos

---

[1310] BARCELLOS, Ana Paula de. Sanitation rights, public law litigation, and inequality: a case study from Brazil. *Health and Human Rights Journal*, v. 16, n. 2, p. 35-46, dez. 2014. p. 35-46. A jurista mostra como, no caso da judicialização para acesso ao saneamento básico, a maioria das decisões preocupa-se em não dar ordens específicas, mas determinar a realização de planos de ação e estabelecer prazos para cumprir a obrigação estatal, normalmente com deferência às decisões de índole técnica do Executivo. *Na III Jornada de Saúde, aprovou-se o Enunciado nº 95, de natureza processual, que explica que a "alteração de dosagem, posologia, quantidade ou forma de apresentação de medicamento, produto, insumo em relação ao postulado na inicial não implica ampliação dos limites objetivos da lide, aplicando-se a regra da fungibilidade".

[1311] A destacar a importância das demandas individuais, KING, Jeff. *Judging social rights*. Cambridge; New York: Cambridge University Press, 2012. p. 59 e seguintes; SARLET, Ingo Wolfgang. Algumas considerações em torno do conteúdo, eficácia e efetividade do direito à saúde na Constituição de 1988. *Revista Eletrônica sobre a Reforma do Estado*, n. 11, set./nov. 2007. Disponível em: http:www.direitodoestado.com.br/rere.asp. Acesso em: 20 out. 2016. p. 13 e seguintes. *Na III Jornada de Direito da Saúde, aprovou-se o Enunciado nº 81, que versa que se o juiz perceber elevada quantidade de demandas individuais de saúde, poderá comunicar o fato ao gestor e aos conselhos de saúde, bem como reportar o fato ao Ministério Público, Defensoria Pública e Comitês Executivos Estaduais/Distrital de Saúde.

[1312] BARCELLOS, Ana Paula de. O direito a prestações de saúde: complexidades, mínimo existencial e o valor das abordagens coletiva e abstrata. *In*: SOUZA NETO, Cláudio Pereira; SARMENTO, Daniel (Org.). *Direitos sociais – Fundamentos, judicialização e direitos sociais em espécie*. 2. tir. Rio de Janeiro: Lumen Juris, 2010. p. 805-815. A autora comenta que não é caso de impedir as demandas individuais, mas paralelamente levar a discussão para a sede abstrata ou coletiva. A autora salienta a dificuldade de lidar com a reserva do possível em demandas individuais, em que uma perícia no orçamento normalmente é descartada, de modo que o juiz ou curva-se acriticamente ou supera-a sem uma avaliação que lide com os fatores em jogo.

[1313] ALMEIDA, Luiz Antônio Freitas de. *Direitos fundamentais sociais e ponderação – Ativismo irrefletido e controle jurídico racional*. Porto Alegre: Sergio Antonio Fabris, 2014. p. 286 e seguintes.

serviços de relevância pública e os melhores instrumentos para salvaguardar os direitos difusos e coletivos e os individuais indisponíveis.

Cécile Fabre enfatizava a importância de uma entidade que congregasse especialistas com a missão de monitorar a realização dos direitos sociais e dar diretrizes aos juízes, o que lhes permitiria usar a interpretação dos experts para decidir as causas.[1314] Guardadas as devidas proporções e à parte das diferenças, vantagens e debilidades do Ministério Público em relação a uma instituição formatada conforme o pensamento de Fabre,[1315] o *Parquet* pode contribuir para um *enforcement* mais eficiente e responsável dos direitos sociais.[1316] Afinal, possui deveres e prerrogativas similares aos juízes. Depois, a instituição em si é independente e cada um de seus membros goza de independência funcional, de sorte que a hierarquia existente na instituição não abrange a área-fim, apenas se resume a questões administrativas. A vinculação na atividade-fim advém apenas da obediência às normas jurídicas.[1317]

O Ministério Público, sempre que provocado ou *ex officio*, deve instaurar procedimentos administrativos nas áreas de tutela coletiva, como as que envolvem questões de saúde, para investigar possíveis violações a direitos, inclusive os sociais. Um desses procedimentos é o inquérito civil, por meio do qual é possível que a instituição obtenha informações e resposta do Poder Público sobre o quadro de desenvolvimento dos direitos sociais e das políticas públicas que lhes são atreladas. Tem poder requisitório de dados e perícias para formar sua convicção. Com função similar ao de *ombudsman*,[1318] pode efetuar recomendações aos órgãos públicos e privados e realizar audiências públicas, para coleta de evidências e oitiva de especialistas vários e da sociedade em geral.

Detectada violação a direitos difusos, coletivos ou individuais indisponíveis, o Ministério Público pode celebrar com o descumpridor da ordem jurídica uma espécie de contrato administrativo especial, denominado termo de ajustamento de conduta, com força de título executivo extrajudicial, no qual pode transigir a respeito de prazos, cláusulas penais e modos de cumprimento, desde que a forma de adimplemento não resulte na disposição do interesse que justifique sua intervenção.[1319]

[1314] FABRE, Cécile. *Social rights under the constitution* – Government and the decent life. reprint. Oxford: Oxford University Press, 2004. p. 168-182.

[1315] ALMEIDA, Luiz Antônio Freitas de. *Direitos fundamentais sociais e ponderação* – Ativismo irrefletido e controle jurídico racional. Porto Alegre: Sergio Antonio Fabris, 2014. p. 286 e seguintes. Aqui serão retomadas algumas inferências tecidas a respeito do Ministério Público naquele trabalho.

[1316] Obviamente, tanto como ocorre com os juízes, os membros do Ministério Público devem possuir elevada *accountability* e enorme avaliação crítica de sua atuação, uma vez que o *munus* constitucional de fiscalização dos serviços de relevância pública e da efetividade dos direitos fundamentais deve ser exercido de modo a não inviabilizar o governo pelos legitimados democraticamente, consoante se intui do escrito de ARENHART, Sérgio Cruz. As ações coletivas e o controle das políticas públicas pelo Judiciário. *In*: MAZZEI, Rodrigo; NOLASCO, Rita Dias (Coord.). *Processo civil coletivo*. São Paulo: Quartier Latin, 2005. p. 505.

[1317] Consectário da independência funcional, princípio institucional do Ministério Público no Brasil. A respeito da independência funcional, ALMEIDA, Luiz Antônio Freitas de. *Princípio do promotor natural*: reconhecimento pelo Supremo Tribunal Federal. São Paulo: Pillares, 2009. p. 37-39.

[1318] MARTINS JÚNIOR, Wallace Paiva. *Controle da Administração Pública pelo Ministério Público (Ministério Público defensor do povo)*. São Paulo: Juarez de Oliveira, 2002. p. 92.

[1319] Sobre termos de ajustamento de conduta, conferir ALMEIDA, Luiz Antônio Freitas de. O princípio da boa-fé objetiva e sua aplicação nos termos de ajustamento de conduta ambientais. *In*: RASLAN, Alexandre Lima (Org.). *Direito ambiental*. Campo Grande: UFMS, 2010. p. 63-71.

Se restar verificada a hipótese de violação do direito à saúde, visto da dimensão coletiva e com o intento de universalizar as prestações, o Ministério Público pode provocar o Judiciário mediante ações civis públicas, normalmente instruídas por inquéritos civis, cuja eficácia das sentenças é *erga omnes* em caso de procedência dos pedidos. Com isso, se exercitar seu mister de modo responsável, permitirá que o Judiciário conheça a política não de modo segmentado, mas de forma conglobada, com provas, estudos, dados e informações referentes a essa política e a resposta do poder público considerado omisso pela instituição ministerial. Da mesma forma, em caso de êxito das ações propostas pelo Ministério Público ou mesmo no caso de termos de ajustamento de conduta celebrados, deverá o Ministério Público instaurar procedimentos para supervisionar o cumprimento das obrigações judicialmente determinadas ou pactuadas no compromisso de ajustamento de conduta.

Destarte, para que se evite ao máximo o risco de hidrólise, deve o Ministério Público utilizar seu arsenal instrumental para priorizar a coletivização de demandas por meio da ação civil pública quando necessário, sempre que as tentativas consensuais de resolução do conflito não se quedarem satisfatórias.

Evidentemente, há problemas que podem prejudicar a própria atuação do Ministério Público na eficiência que se espera desse suporte institucional. Em primeiro lugar, uma autocrítica institucional deve ser cada vez mais exercitada, com o fortalecimento dos órgãos correicionais da instituição. Afinal, a independência funcional não pode ser enviesada de modo a sufragar barbarismos interpretativos, instruções procedimentais de má qualidade ou deficitárias, ações com pedidos materialmente impossíveis ou baseadas em meras conjeturas, com carente fundamentação, atrasos e mora em processos ou procedimentos sem justificação. De outro lado, não é nova a crítica de que alguns membros da instituição selecionam apenas causas de grande repercussão, na ânsia por um estrelismo midiático,[1320] com acusações de excessiva interferência na gestão da coisa pública motivada em postura político-partidária.[1321] Evidentemente, no âmbito das questões de saúde, é natural que haja interesse da opinião pública e não se deve cercear a divulgação de informação, salvo se envolver questão cujo sigilo seja legalmente imposto ou materialmente recomendado. De outro vértice, o gestor não deve ser visto como um antagonista, mas como o responsável pela gestão, com o cultivo de espaços de diálogo interinstitucional, inclusive para prevenir litígios. Os instrumentos processuais à disposição do Ministério Público têm o condão de aumentar o debate político, formar e informar a opinião pública,[1322] mas devem ser manejados com responsabilidade e seriedade.

De outra sorte, o próprio formato institucional deve ser aprimorado para fomentar uma maior atuação no panorama coletivo, o que depende eventualmente de mudanças

---

[1320] HOFFMANN, Floriano F.; BENTES, Fernando R. N. M. Accountability for social and economic rights in Brazil. *In*: GAURI, Varun; BRINKS, Daniel M. (Ed.). *Courting social justice* – Judicial enforcement of social and economic rights in the developing world. Cambridge: Cambridge University Press, 2008. p. 111.

[1321] Seguramente que essa postura, se comprovada, não pode ser tolerada, inclusive porque é vedado o exercício de atividade político-partidária aos membros do Ministério Público, nos termos do art. 128, §5º, II, "e", da Constituição Federal.

[1322] MACEDO JÚNIOR, Ronaldo Porto. Ação civil pública, o direito social e os princípios. *In*: MILARÉ, Édis (Coord.). *A ação civil pública após 20 anos*: desafios e efetividade. São Paulo: Revista dos Tribunais, 2005. p. 565.

legislativas na criação e composição de órgãos da instituição, além do desenvolvimento de estratégias internas para maximizar essa atuação coletiva.

De outro lado, infelizmente a sensação de que existe um déficit de atuação do Judiciário em relação a demandas coletivas, mormente quando o assunto litigado é a saúde, vem embasada empiricamente. Com efeito, se o Judiciário normalmente não se contém quando apreciam demandas individuais, rejeitando qualquer tipo de argumentação baseada em custos, no caso de ações coletivas, ao revés, o Judiciário é muito mais tímido e contido.[1323] Obviamente, não significa que todas as ações propostas pelo Ministério Público ou outros demandantes mereçam sucesso judicial, contudo, a disparidade do índice de sucesso entre demandas individuais e coletivas e a celeridade de tramitação de ações individuais comparada à lentidão no processamento de ações coletivas são indicativos de que os juízes evitam priorizar a apreciação coletiva das políticas públicas, o que poderia ser suavizado mediante a estipulação de metas mais cogentes para o julgamento de ações coletivas e o investimento em aperfeiçoamento dos magistrados. Afinal, estando premidos a julgar em razão de controles correicionais e controles estatísticos instituídos institucionalmente, é compreensível que os juízes busquem julgar processos de menor complexidade para diminuir seu estoque, de forma que seria salutar que houvesse uma meta específica para processos de natureza coletiva e recomendação de prioridade de julgamento.

Finalmente, o próprio Judiciário tem se preocupado em ajustar suas estruturas para poder dar vazão ao controle de políticas públicas e para evitar a hidrólise mediante decisões desprovidas de qualquer amparo técnico. Frisem-se a realização pelo Supremo Tribunal Federal de algumas audiências públicas, inclusive a que trata da judicialização da saúde, e a iniciativa do Conselho Nacional de Justiça de instituir um fórum na finalidade de debater a judicialização da saúde.[1324]

De qualquer sorte, tanto Ministério Público como Judiciário deverão lidar com problemas referentes a resistências e desobediências deliberadas dos demais poderes,

---

[1323] Por todos, basta citar HENRIQUES, Fátima Vieira. Direito prestacional à saúde e atuação jurisdicional. *In*: SOUZA NETO, Cláudio Pereira; SARMENTO, Daniel (Org.). *Direitos sociais* – Fundamentos, judicialização e direitos sociais em espécie. 2. tir. Rio de Janeiro: Lumen Juris, 2010. p. 827-840. Com conclusão contrária ao menos no que se refere ao tema do saneamento básico, conferir BARCELLOS, Ana Paula de. Sanitation rights, public law litigation, and inequality: a case study from Brazil. *Health and Human Rights Journal*, v. 16, n. 2, p. 35-46, dez. 2014. p. 35-46. *Na III Jornada de Direito da Saúde, aprovou-se o Enunciado nº 76, que dispõe que nas demandas de saúde a decisão judicial deverá ser fundamentada considerando as consequências práticas, obstáculos e dificuldades do gestor e exigências das políticas públicas, não se fiando apenas em valores abstratos, com remissão aos arts. 20 a 22 da LINDB.

[1324] Por intermédio da Resolução nº 107/2010, criou-se um fórum nacional para o monitoramento das demandas de saúde, composto por membros do Ministério Público, juízes, por membros das Defensorias Públicas, representantes da Ordem dos Advogados e de Universidades e instituições de pesquisa, além de especialistas na matéria. Além de acompanhar os litígios que envolvam prestações na área do direito à saúde, o fórum poderá sugerir ou projetar estratégias de reestruturação dos órgãos jurisdicionais, de otimização de rotinas processuais, proposição de medidas voltadas à prevenção de conflitos judiciais e definição de estratégias envolvendo o direito sanitário. Aliás, Tribunais de Justiça de alguns Estados membros da Federação brasileira, como o Tribunal de Justiça de Mato Grosso do Sul, têm formado câmaras ou núcleos técnicos, compostos por profissionais da área da saúde (médicos, enfermeiros, dentistas), de modo a propiciar conhecimento técnico aos juízes para decidir demandas relativas ao direito à saúde, algo inclusive recomendado a todos os tribunais pelo Conselho Nacional de Justiça, por intermédio da Recomendação nº 31/2010. Referido fórum nacional já realizou duas jornadas para debater a judicialização da saúde, com aprovação de vários enunciados. Alguns enunciados serão mencionados posterior e oportunamente. *Em 18.3.2019, houve a realização da III Jornada de Direito da Saúde, com aprovação de novos enunciados, revogação de alguns e revisão da redação de outros.

bem como com a ineficiência e a falta de efetividade desses instrumentos, o que poderá justificar o robustecimento do remédio ao longo do tempo. Obviamente, haverá um limite o qual o Judiciário não terá como ultrapassar. A esse respeito, veja-se que, no Brasil, têm sido frequentes as decisões que determinam bloqueio[1325] de verbas e até a prisão de gestores desobedientes,[1326] o que tem gerado maior animosidade que não é favorável ao congraçamento interinstitucional. Por isso, é salutar que o Legislativo crie parâmetros e remédios cada vez mais aptos para serem utilizados em litígios estruturais, especialmente preveja hipóteses de má vontade no cumprimento da ordem, com sanções passíveis de serem decretadas no corpo do processo em caso de descumprimento da decisão, a exemplo da penalização pessoal do agente público com sanções em pecúnia, por exemplo.[1327]

[1325] A propósito, conferir o Enunciado nº 53, aprovado na II Jornada de Direito da Saúde, promovida pelo fórum nacional criado pelo Conselho Nacional de Justiça, o qual admite o bloqueio do numerário, mas sugere que os juízes facultem a aquisição imediata do produto por instituição pública ou privada vinculada ao SUS, respeitado o preço máximo de venda ao governo estabelecido pela Câmara de Regulação do Mercado de Medicamentos (CMED), órgão interministerial responsável por regular o mercado e pautar critérios para a definição e ajustes de preço, cuja secretaria executiva é exercida pela Anvisa. *Na III Jornada de Direito da Saúde, aprovou-se o Enunciado nº 74, que sugere a preferência do bloqueio em conta bancária a *astreintes* como forma de coerção do ente público a cumprir a determinação judicial, e o Enunciado nº 82, que inadmite a entrega dos valores bloqueados para o autor da ação se a obrigação for executada na rede privada, a preferir o repasse para o executor da ação sanitária pleiteada após a comprovação do ato mediante documento fiscal.

[1326] A prisão decretada em processo judicial de natureza cível não seria possível no Brasil, em virtude de não existir o instituto do *contempt of court* no direito brasileiro; ademais, a Constituição Federal só excepciona a hipótese de prisão civil de devedor de alimentos e de depositário infiel, neste último caso, esta permissão constitucional não tem sido mais aceita pela jurisprudência do Supremo Tribunal Federal, em função do argumento de não previsão da prisão civil do depositário infiel no Pacto de São José da Costa Rica. Também contrário à prisão civil fora da hipótese de dívida alimentar, cita-se MEDINA, José Miguel Garcia. *Novo Código de Processo Civil comentado*. 4. ed. São Paulo: Revista dos Tribunais, 2016. p. 897-898, o qual salienta, não obstante, a existência de vozes doutrinárias em sentido oposto, que admitem a prisão civil por descumprimento de ordem judicial de obrigação de fazer ou não fazer. De qualquer forma, eventual recusa dolosa em atender à determinação judicial pode configurar crime de desobediência. No entanto, parte da jurisprudência criminal brasileira tem atenuado a incidência de crime nessa hipótese, especialmente se houver outro tipo de sanção prevista no ordenamento para o desatendimento da ordem, porém, com o novo Código de Processo Civil, isso deverá acabar, diante do comando do art. 536, §3º. Se o fato configurar mesmo o crime, além de a pena cominada ser baixa, o que possivelmente permitiria a sua substituição por outra sanção restritiva de direitos, é fato que a determinação da sanção privativa de liberdade seria obra de um juiz criminal e não de um juiz de natureza cível, em outro processo. De qualquer forma, em relação ao chefe do Executivo, há previsão específica de que o desatendimento de ordem judicial pode configurar crime de responsabilidade, infração de natureza político-administrativa em relação a Presidentes da República e Governadores de Estado e de natureza criminal em relação a Prefeitos Municipais (art. 85, VII, Constituição Federal; art. 4º, VIII, e 74, da Lei nº 1.079/50; art. 1º, XIV, do Decreto-Lei nº 201/67). Seja como for, ao não obedecer ao comando judicial, pode-se argumentar que o desobediente está em flagrante delito, o que poderia autorizar a qualquer um do povo a dar-lhe voz de prisão desde que crepitação do crime não tenha se exaurido, nos termos da norma processual penal brasileira. Ainda assim, como a pena é baixa e o crime é de menor potencial ofensivo, seria o agente encaminhado a uma delegacia de polícia para lavratura de procedimento e liberado caso se comprometa a comparecer na audiência judicial respectiva.

[1327] As leis processuais apresentam medidas coercitivas em rol exemplificativo, para permitir aos juízes que estabeleçam sanções que, no caso concreto, mostrem-se aptas a servir de motivação para não desobedecer às ordens judiciais. No entanto, seria importante avançar para prever expressamente a responsabilização pessoal do gestor omisso com aplicação de sanções pecuniárias que recaiam sobre seu patrimônio particular, por exemplo, caso haja evidente caso de má-fé, no intuito de dar mais efetividade ao processo judicial – é controverso se esse tipo de sanção, sem uma previsão explícita, seria possível no ordenamento processual cível brasileiro, conquanto haja precedentes judiciais admitindo essa possibilidade, o que parece ser o melhor caminho. Seja como for, eventuais condutas negligentes ou que atentem contra os princípios da administração pública podem motivar a responsabilização por improbidade administrativa, porém esse tipo de responsabilização demanda outro processo judicial, com ônus de prova para o autor da ação e ampla instrução probatória, o que inviabiliza que, durante o processo em que se discute a coerção para cumprimento da ordem judicial, tenha algum efeito psicológico realmente poderoso em demover a falta de colaboração dos agentes públicos.

É aqui que os estudos empíricos podem colocar outra interrogação: seriam os tribunais o fórum de efetivas transformações sociais? Com efeito, as avaliações baseadas em estudos empíricos argumentam que o Judiciário dificilmente será o canal de revoluções sociais, pois, mesmo quando havia vitórias em processos judiciais, as demandas eram parte de uma ampla estratégia política, que contava com mobilização social e provocação do debate público.[1328] As percepções variam de i) uma convicção totalmente contrária à judicialização por prejudicar a equidade, ii) passando por um ceticismo de que possa haver algum contributo relevante, com o causar de um prejuízo por desviar os esforços dos canais realmente importantes para conquistar progressos sociais, iii) chegando até aos que apontam que, a despeito da impossibilidade de produzir grandes revoluções sociais e de realmente ela ser apenas mais uma opção entre outras formas de mobilização política, a judicialização de direitos sociais, quando bem conduzida, tem produzido uma alavanca capaz de conquistar ganhos que não podem ser desconsiderados, com aumento do diálogo interinstitucional e obrigando os demais poderes a dar razões para a omissão, ao mesmo tempo em que permite que os processos de tomada de decisão alinhem-se com os princípios fundamentais e que se internalize a lente de equidade nesses processos.

Mais uma vez, a indagação conclama uma perspectiva de sociologia do direito, que não foi a lente usada nesta pesquisa. Seja como for, mesmo por um prisma dogmático e filosófico, parece mesmo coerente não esperar que o Judiciário seja o canal para promover verdadeiras revoluções sociais e para solver os problemas da miséria e da desigualdade, uma vez que não é o Poder que detém a árdua responsabilidade de governar. No entanto, independentemente de estar conectado ou não com outras estratégias de mobilização política, é fato que é o Judiciário o poder de quem se espera o controle jurídico dos demais poderes com base nas normas do sistema. Como mostrado no caso brasileiro, há demandas movimentadas após investigação do Ministério Público desacompanhadas de um contexto de mobilização social e debate político amplo que possa justificar que eventual êxito tenha daí advindo.[1329] O uso adequado de remédios

---

[1328] YAMIN, Alicia Ely. Poder, sufrimiento y los tribunales – Reflexiones acerca de la promoción de los derechos de la salud por la vía de la judicialización. *In*: YAMIN, Alicia Ely; GLOPPEN, Siri (Coord.). *La lucha por los derechos de la salud – ¿Puede la justicia ser una herramienta de cambio?* Buenos Aires: Siglo Ventiuno, 2013. p. 417-438, defensora de que os tribunais podem contribuir com a conformidade de certos princípios fundamentais, mais condizente com a terceira posição; GAURI, Varun; BRINKS, Daniel M. A new policy landscape: legalizing social and economic rights in the developing world. *In*: GAURI, Varun; BRINKS, Daniel M. (Ed.). *Courting social justice* – Judicial enforcement of social and economic rights in the developing world. Cambridge: Cambridge University Press, 2008. p. 342-351, também mais adeptos da terceira posição; ver, ainda, como integrante dessa terceira posição, BARCELLOS, Ana Paula de. Sanitation rights, public law litigation, and inequality: a case study from Brazil. *Health and Human Rights Journal*, v. 16, n. 2, p. 35-46, dez. 2014. p. 35-46. Sobre a segunda posição, um expoente é Rosenberg, que menciona que o Judiciário seria uma *hollow hope*, citado por GLOPPEN, Siri; ROSEMAN, Mindy Jane. Introducción – ¿Pueden los litigios judiciales volver más justa la salud? *In*: YAMIN, Alicia Ely; GLOPPEN, Siri (Coord.). *La lucha por los derechos de la salud – ¿Puede la justicia ser una herramienta de cambio?* Buenos Aires: Siglo Ventiuno, 2013. p. 19-28. Entre os adeptos da primeira posição, conferir FERRAZ, Octavio L. Motta. Brasil: desigualdades en salud, derechos y tribunales. *In*: YAMIN, Alicia Ely; GLOPPEN, Siri (Coord.). *La lucha por los derechos de la salud – ¿Puede la justicia ser una herramienta de cambio?* Buenos Aires: Siglo Ventiuno, 2013. p. 97 e seguintes; SILVA, Virgílio Afonso da. *Taking from the poor to give to the rich*: the individualistic enforcement of social rights. Disponível em: http://citeseerx.ist.psu.edu/viewdoc/download?doi=10.1.1.624.9890&rep=rep1&type=pdf. Acesso em: 29 dez. 2016. p. 1 e seguintes.

[1329] Aliás, um revés de existir um suporte institucional com a amplitude do Ministério Público está justamente na crítica de que uma atuação ampla e proativa do Parquet pode provocar um efeito desmobilizador da sociedade, como alerta ISMAIL FILHO, Salomão Abdo Azis. *Ministério Público e atendimento à população* – Instrumento de

e padrões adjudicatórios pode, de fato, contribuir para que as tomadas de decisão incorporem a racionalidade cristalizada nas normas constitucionais e obriga os poderes a dialogar, o que fomenta uma cultura de justificação. Finalmente, como mencionara Fiss, mesmo que não entregue tudo o que prometa, só os ganhos obtidos em litígios dessa natureza já justificam sua existência.

É preciso retomar o debate sobre o direito à saúde no Brasil e enfrentar dois problemas de muito impacto nas políticas públicas, mencionados no subitem anterior, mas não examinados detidamente e mediante o cânone da proporcionalidade. Trata-se da (im)possibilidade de concessão de medicamentos e tratamentos não dispostos nas diretrizes terapêuticas e protocolos clínicos do SUS, bem como fármacos não reconhecidos pela Agência Nacional de Vigilância Sanitária – Anvisa. A par deles, estuda-se a recente Emenda Constitucional nº 95/2016, em função de uma possível afetação do direito à saúde.

3.6.2.2 Tratamentos e medicamentos não ofertados pelo SUS[1330]

Foi mostrado no subitem anterior que há alguma controvérsia sobre o espaço de judicialização do direito à saúde, consistente em saber se a maior parte das demandas busca prestações já incluídas nas políticas públicas ou se pretende prestações não dispostas à generalidade dos cidadãos, para satisfação de suas especiais necessidades ou desejos de cuidados de saúde.

Deveras, para prestações previstas nos programas e políticas sanitárias, a sua inexecução obviamente ofende o direito fundamental à saúde. Esta tese parte do pressuposto de que a densificação legal e regulamentar do direito à saúde não retira a constatação de que há em causa um direito fundamental – não se segue a percepção tradicional de que se trataria de meros direitos derivados a prestações.[1331]

No entanto, a par de agredir o conteúdo do direito, fatalmente a inexecução desses programas e a não disponibilização das prestações outorgadas lesam também a norma da legalidade. Afinal, não há discricionariedade aí, mas vinculação da Administração Pública em entregar os bens da vida previstos, a conclamar noções comezinhas de direito administrativo, não obstante se reconheça que há eventuais e raras situações que poderiam justificar uma derrotabilidade temporária das normas densificadas do direito à saúde, conforme estejam em jogo direitos fundamentais irrealizados ou parcialmente realizados/incongruentes.[1332] Criticar, nesse aspecto, a judicialização, seja no plano individual ou mesmo por ações coletivas, desnatura completamente não só o significado

---

acesso à justiça social. Curitiba: Juruá, 2011. p. 127-130, razão pela qual é salutar que o agente ministerial, sem deixar de cumprir seu papel, fomente essa mobilização ou atue na conscientização da comunidade.

[1330] Sobre o tema deste tópico, conferir ALMEIDA, Luiz Antônio Freitas de. A judicialização do direito à saúde e a norma de proporcionalidade: o problema dos medicamentos e serviços não incorporados ao Sistema Único de Saúde e dos medicamentos sem registro na Agência Nacional de Vigilância Sanitária. *Direito, Estado e sociedade*, n. 55, p. 197-230, jul./dez. 2019.

[1331] Remete-se para ALMEIDA, Luiz Antônio Freitas de. *Direitos fundamentais sociais e ponderação* – Ativismo irrefletido e controle jurídico racional. Porto Alegre: Sergio Antonio Fabris, 2014. p. 298-318, inclusive para a reflexão sobre as hipóteses e justificação quanto à derrotabilidade nesse caso.

[1332] ALMEIDA, Luiz Antônio Freitas de. *Direitos fundamentais sociais e ponderação* – Ativismo irrefletido e controle jurídico racional. Porto Alegre: Sergio Antonio Fabris, 2014. p. 298-318. Naquele texto tratou-se dos conceitos de direitos fundamentais irrealizados e parcialmente irrealizados ou incongruentes e examinaram-se eventuais situações de derrotabilidade, com a diferença de poderes do Judiciário em cada caso. Os primeiros são os direitos que receberam densificação legal, porém não foram ainda implementados; os segundos são os que receberam

de reconhecer um direito fundamental como corrói as bases do Estado de Direito, pois o desatendimento da lei deve implicar responsabilização e controle por parte do Judiciário.[1333] Aqui são totalmente infundadas quaisquer críticas quanto à separação de poderes, ao princípio democrático, à hidrólise judicial de políticas públicas e à reserva do possível, salvo se, neste último caso, essa reserva puder alicerçar a derrotabilidade temporária da norma legal ao apoiar a norma de direito fundamental ou de interesse público que conflite com a norma do direito à saúde. Diz-se derrotabilidade temporária, porque, mesmo que haja razões suficientes e excepcionais motivos para não cumprir as normas, estas não perdem a validade e, mais, implicam a possibilidade de o Judiciário, sob pena de déficit de tutela, outorgar prazos e determinar a realização de planos, com supervisão mais estrita, para que esses bens terminem por ser entregues.

A controvérsia aprofunda-se no caso de tratamentos, serviços, medicamentos e outros bens não contemplados nas políticas do SUS, postulados judicialmente com base no direito à saúde e na integralidade do atendimento.

No Brasil, como ocorreu em outras partes do mundo, coube ao ativismo político a serviço dos portadores de HIV iniciar a estratégia de postular judicialmente medicamentos não cobertos por políticas sanitárias, os quais, após algumas vitórias judiciais, terminaram por ser incluídos nessas políticas e produziram resultados muito positivos

---

densificação legal e foram parcialmente implementados, sem que as prestações sejam disponibilizadas ao alcance do universo total de titulares que lhes faz jus.

[1333] A diferenciação entre demandas judiciais que cobram a execução da política prevista daquelas que buscam efetivar o direito que depende ainda de criação da política pública é um critério proposto por alguns autores, a exemplo de HENRIQUES, Fátima Vieira. Direito prestacional à saúde e atuação jurisdicional. *In*: SOUZA NETO, Cláudio Pereira; SARMENTO, Daniel (Org.). *Direitos sociais* – Fundamentos, judicialização e direitos sociais em espécie. 2. tir. Rio de Janeiro: Lumen Juris, 2010. p. 840-858; BARROSO, Luís Roberto. Da falta de efetividade à judicialização excessiva: direito à saúde, fornecimento gratuito de medicamentos e parâmetros para a atuação judicial. *In*: SOUZA NETO, Cláudio Pereira; SARMENTO, Daniel (Org.). *Direitos sociais* – Fundamentos, judicialização e direitos sociais em espécie. 2. tir. Rio de Janeiro: Lumen Juris, 2010. p. 890 e seguintes, em que o autor menciona que o estabelecimento de uma política nas leis ou na constituição possibilita a atuação judicial, a qual será mais autocontida se essa política for inferida por cláusulas vagas e se houver já lei ou atos administrativos estatuindo o dever estatal; PERLINGEIRO, Ricardo. Los cuidados de salud para los ancianos. Entre las limitaciones presupuestarias y el derecho a un mínimo existencial. *Boletín Mejicano de Derecho Comparado, nueva serie*, ano XLVII, n. 140, p. 547-584, maio/ago. 2014. p. 568 e seguintes, embora este autor faça uma distinção entre direitos enquadrados no mínimo existencial, com discricionariedade zero do legislador, e direitos previstos em lei além do mínimo, mas não financiados suficientemente no orçamento; as mesmas considerações por esse jurista também são expostas em PERLINGEIRO, Ricardo. Novas perspectivas para a judicialização da saúde no Brasil. *Scientia Ivridica*, t. LXII, n. 333, p. 519-539, set./dez. 2013. p. 528-533. Na audiência pública sobre o tema da judicialização da saúde (BRASIL. Supremo Tribunal Federal. *Audiência pública*: saúde. Brasília: Secretaria de Documentação, 2009), conferir os discursos de Antônio Fernando Barros e Silva de Souza, que distingue três hipóteses: inexistência da política, política inadequada e política não executada (p. 37) e de Gisele Martins Vergara (p. 144); SARLET, Ingo Wolfgang. A titularidade simultaneamente individual e transindividual dos direitos sociais analisada à luz do exemplo do direito à proteção e promoção da saúde. *In*: OTERO, Paulo; ARAÚJO, Fernando; GAMA, João Taborda da (Org.). *Estudos em memória do Prof. Doutor J. L. Saldanha Sanches*. Coimbra: Coimbra Editora, 2011. v. 1. p. 265-272, o qual defende a existência de direitos originários a prestações de saúde, de modo que não se limite a judicialização apenas a prestações e serviços definidos nas políticas públicas existentes. Veja-se, ainda, COOPER, Carole. Sudáfrica: litigación en derechos de la salud – Constitucionalismo cauto. *In*: YAMIN, Alicia Ely; GLOPPEN, Siri (Coord.). *La lucha por los derechos de la salud – ¿Puede la justicia ser una herramienta de cambio?* Buenos Aires: Siglo Ventiuno, 2013. p. 230-256, que faz uma separação na litigação do direito à saúde conforme o fundamento do pleito acusar uma deficiência das políticas, uma deficiência da regulação ou uma deficiência na implementação. *Na III Jornada da Saúde, aprovou-se o Enunciado nº 96, que só admite a impetração de mandado de segurança se o medicamento, produto, órtese, prótese ou procedimento constar em lista Rename, Renases ou protocolo do SUS.

em termos de prolongamento da vida desses enfermos.[1334] Com efeito, a Lei nº 9.313/96 determinou a entrega de todos os medicamentos necessários ao tratamento da Sida de forma gratuita, os quais serão padronizados e revisados anualmente, normas que, segundo salientam Hoffman e Bentes, foram interpretadas para incluir qualquer droga ou tratamento que fosse prescrito pelo médico particular, mesmo que não disposto na padronização do SUS.

Contudo, as demandas dessa natureza não se ativeram apenas aos problemas de saúde relacionados à Sida. Deduzem-se pleitos de medicamentos e tratamentos não previstos nas políticas públicas de saúde existentes, sem que haja uma norma legal ou uma decisão administrativa que os reconheça como encargo do Estado. Algumas decisões judiciais foram levadas ao Supremo Tribunal Federal por meio de pedido de suspensão de antecipação de tutela ou liminar, competência do presidente da Corte, com o escopo de sobrestar decisão judicial que possa pôr em risco a ordem, a segurança, a economia e a saúde públicas. Nessa qualidade, várias decisões não foram suspensas, mesmo sem apreciação do seu mérito, com base no argumento de que não afetavam os bens coletivos acima mencionados.[1335] O interessante é que, pela primeira vez, o Supremo Tribunal Federal preocupou-se em dar alguns parâmetros para a judicialização da saúde, reflexo da realização da audiência pública sobre o tema: a) registro do fármaco na Agência Nacional de Vigilância Sanitária – Anvisa, o qual assegura a eficiência do medicamento; b) a existência de motivação para não fornecimento do medicamento ou tratamento no âmbito do Sistema Único de Saúde – SUS, priorizando o tratamento ou medicamento alternativo oferecido no Sistema, salvo comprovada ineficácia do tratamento ou medicamento no caso concreto, conforme prova a ser produzida por quem pleiteia o serviço; c) tratamentos experimentais não podem ser autorizados enquanto não comprovada a eficácia perante os órgãos do Sistema Único de Saúde; d) tratamentos eficazes, mas não incorporados no SUS, poderão ser determinados pelo Judiciário quando se impugne, individual ou coletivamente, a omissão administrativa em oferecê-lo, exigindo-se prova cabal dessa efetividade.

No entanto, esses parâmetros não têm sido suficientes para nortear a atuação da própria Corte. Um exemplo marcante ocorreu com o Recurso Extraordinário nº 368.564/

[1334] HOFFMANN, Floriano F.; BENTES, Fernando R. N. M. Accountability for social and economic rights in Brazil. *In*: GAURI, Varun; BRINKS, Daniel M. (Ed.). *Courting social justice* – Judicial enforcement of social and economic rights in the developing world. Cambridge: Cambridge University Press, 2008. p. 125 e seguintes, os quais, porém, não afirmam haver evidências de que foram as vitórias judiciais que produziram mudanças nas políticas públicas; MAESTAD, Ottar; RAKNER, Lise; FERRAZ, Octávio L. Motta. Evaluación del impacto de la litigación en terreno de los derechos a la salud – Análisis comparativo de Argentina, Brasil, Colombia, Costa Rica, India y Sudáfrica. *In*: YAMIN, Alicia Ely; GLOPPEN, Siri (Coord.). *La lucha por los derechos de la salud* – ¿Puede la justicia ser una herramienta de cambio? Buenos Aires: Siglo Ventiuno, 2013. p. 343-346, os quais aduzem que tanto no Brasil como em outros países da América Latina há o padrão de incorporação na política pública de determinadas prestações outorgadas judicialmente de modo individual, sempre que se ultrapasse um patamar de derrotas judiciais, o que ocorre muitas vezes não pelo convencimento do Executivo do acerto da decisão judicial, mas por estratégia, para economizar custos com processos judiciais.

[1335] Uma dessas decisões foi objeto de recurso e confirmada pelo plenário do Supremo Tribunal Federal no Agravo Regimental em Suspensão de Tutela Antecipada nº 175/CE, publicada em 30.4.2010. A tecer loas aos critérios propostos pelo Ministro Gilmar Mendes no referido acórdão e a destacar o papel paradigmático do precedente na orientação dos demais tribunais na questão da judicialização da saúde está SILVA, Ludmila de Paula Castro. *Argüição de descumprimento de preceito fundamental*: Instrumento de garantia dos direitos sociais fundamentais na Constituição Federal de 1988. Dissertação (Mestrado) – Universidade Federal de Uberlândia, Uberlândia, 2013. p. 111-114.

DF.[1336] A União tentava reverter decisão que determinou o reembolso de despesas com tratamento em Cuba da retinose pigmentar, doença rara, degenerativa, que causa cegueira. Sob o argumento de que o direito à saúde prevalecia sobre questões financeiras e dada sua aplicabilidade imediata, manteve-se a decisão de custear o tratamento experimental, mesmo com a ciência de que entidade ligada aos oftalmologistas brasileiros afiançava a inexistência de cura e tratamento disponível, mesmo no estrangeiro. Aliás, a respeito da ausência de comprovação de sua eficácia clínica, o Ministro Luiz Fux contra-argumentou com o efeito curativo da esperança como fundamento adicional para não reformar a decisão recorrida, o que certamente é criticável, ante a falta de comprovação da eficiência e segurança do tratamento.

O Supremo Tribunal Federal está agora às voltas de estabelecer dois precedentes que certamente servirão de norte para todo o Judiciário brasileiro.[1337] São os recursos extraordinários nºs 566.471/RN[1338] e 657.718/MG,[1339] os quais tiveram a repercussão geral reconhecida e que tratam, respectivamente, do fornecimento de medicamentos de

---

[1336] Publicação no *Diário de Justiça Eletrônico* em 10.8.2011. A relatoria, do Ministro Marco Aurélio, apontou óbices formais ao conhecimento do recurso – ausência de prequestionamento –, porém o debate na sessão de julgamento revelou que essas questões foram suplantadas para uma verdadeira apreciação do mérito da causa.

[1337] O Superior Tribunal de Justiça, órgão judicial de cúpula com a missão primordial de uniformizar a interpretação da legislação federal, estava prestes a enfrentar o mesmo tema aquando do depósito da tese. No Recurso Especial nº 1.657.156/RJ, julgado na forma de incidente de recurso repetitivo, debateu-se se o Estado deve fornecer medicamento não incorporado ao SUS. No caso concreto, o estado do Rio de Janeiro agravou de decisão de seu Tribunal de Justiça, que não conhecera o recurso especial, de modo que o Superior Tribunal de Justiça conheceu o agravo como recurso especial. A intenção do Estado era reformar acórdão daquela Corte, que determinou a entrega de colírios para combater o glaucoma, aparentemente prescritos pelo médico particular da enferma, não previstos em protocolos clínicos e listas de dispensação de fármacos. No resultado do julgamento (publicação em 4.5.2018 – posterior ao depósito da tese, o que ensejou, uma atualização para a entrega da versão definitiva), fixou-se a seguinte tese: há possibilidade de fornecimento de medicamentos, desde que cumulados os seguintes requisitos: i) comprovação por laudo médico da necessidade e ineficácia daqueles já incorporados; ii) incapacidade financeira (e não pobreza) de arcar com os custos; iii) existência de registro na Anvisa. Posteriormente, por meio de embargos de declaração interpostos contra este acórdão, o Superior Tribunal de Justiça esclareceu que não bastava o simples registro, pois o uso deveria ser conforme o registro aprovado, de modo que se vedava o uso *off label*. Assim, os embargos foram providos parcialmente, para a seguinte redação da tese iii: existência de registro na Anvisa, observados os usos autorizados pela Agência (publicação em 21.9.2018).

[1338] O estado do Rio Grande do Norte recorreu para reformar acórdão do Tribunal de Justiça daquele estado, que manteve a condenação em obrigação de fornecimento ininterrupto de Sildefanil, princípio ativo do Viagra, que tinha custo de R$20.000,00 por caixa, o qual, na época da propositura da ação, não constava da relação de medicamentos fornecidos no SUS. No entanto, no curso da ação, houve a incorporação do medicamento na política do SUS de distribuição, porém o julgamento prossegue, no intuito de fixar a tese na repercussão geral. *O STF, em 11.3.2020, negou-lhe provimento e admitiu que, excepcionalmente, poderiam ser fornecidos medicamentos não dispostos nas políticas sanitárias, porém o julgamento ainda não foi concluído, porque carece de os ministros deliberarem e tentarem uniformizar os parâmetros para que isso seja feito.

[1339] Uma portadora de doença renal crônica recorreu ao Supremo Tribunal Federal para reformar decisão dada em acórdão do Tribunal de Justiça de Minas Gerais, que reformara a condenação daquele Estado de fornecer-lhe o medicamento Mimpara durante seu tratamento. O fármaco já possuía, à época da propositura da ação individual, registro nas agências sanitárias dos Estados Unidos e da Europa, embora não possuísse registro de comercialização junto à Anvisa. No curso do processo, antes de decisão do Supremo Tribunal Federal, a Anvisa terminou por registrar o fármaco, sendo que o SUS incorporou-o às listas de remédios fornecidos. Ainda assim o julgamento prossegue, no escopo de estabelecer a tese na repercussão geral. *O plenário do Supremo Tribunal Federal decidiu a questão em 22.5.2019, redator para acórdão Ministro Luís Roberto Barroso, fixando-se a seguinte tese, não tendo sido o acórdão publicado ainda: "1. O Estado não pode ser obrigado a fornecer medicamentos experimentais. 2. A ausência de registro na ANVISA impede, como regra geral, o fornecimento de medicamento por decisão judicial. 3. É possível, excepcionalmente, a concessão judicial de medicamento sem registro sanitário, em caso de mora irrazoável da ANVISA em apreciar o pedido (prazo superior ao previsto na Lei nº 13.411/2016), quando preenchidos três requisitos: (i) a existência de pedido de registro do medicamento no Brasil (salvo no caso de medicamentos órfãos para doenças raras e ultrarraras); (ii) a existência de registro do medicamento em renomadas agências de regulação no exterior; e (iii) a inexistência de substituto terapêutico

A TUTELA JUDICIAL "PONDERADA" DO DIREITO FUNDAMENTAL À SAÚDE: PROPORCIONALIDADE E CONTEÚDO MÍNIMO COMO EXIGÊNCIAS...

alto custo não disponibilizados nas políticas públicas do SUS e de medicamentos não aprovados pela Agência Nacional de Vigilância Sanitária – Anvisa. Ambos os recursos são de relatoria do Ministro Marco Aurélio, tendo votado, até o momento, o relator e os ministros Luís Roberto Barroso e Edson Fachin, com suspensão do julgamento pelo pleito de vista do Ministro Teori Zavascki.[1340] Embora se atenham à questão da assistência farmacêutica, é curial presumir que a *ratio* dessas decisões será extensível em boa parte para o fornecimento de produtos, bens, tratamentos e demais ações e serviços de saúde.

Entrementes, consoante referido no item 3.6.2, quando se referiu ao caso do fornecimento de fosfoetanolamina sintética, o registro válido do medicamento na Agência Nacional de Vigilância Sanitária (Anvisa) é, regra geral, condição legal para fabricação, comercialização, armazenamento, distribuição e importação de fármacos.[1341] Porém, o registro na Anvisa não representa a incorporação automática de alguma nova tecnologia, inclusive na assistência farmacêutica, ao SUS. A decisão de incorporar medicamentos, produtos e procedimentos é, nos termos da Lei nº 8.080/90, art. 19-Q, do Ministério da Saúde, assessorado pela Comissão Nacional de Incorporação de Tecnologias no SUS, órgão pertencente à União. Para tomar essa decisão, obviamente que o registro na Anvisa, em relação a medicamentos e produtos, é um dos requisitos impostos na finalidade de demonstrar segurança, eficácia, efetividade e acurácia do medicamento ou produto (art. 19-Q, §2º, I, Lei nº 8.080/90).[1342] Contudo, outro componente essencial para a decisão de incorporação é a avaliação econômica comparativa dos benefícios e dos custos a respeito de tecnologias já fornecidas no SUS (art. 19-Q, §2º, II, Lei nº 8.080/90).[1343] De modo a ampliar a participação popular e a transparência na decisão governamental de incorporação, a Lei nº 8.080/90 prevê a possibilidade de realização de audiência pública, a critério do Ministério da Saúde, e a realização de consulta pública, com disponibilização do parecer emitido pela Comissão Nacional de Incorporação de Tecnologias ao SUS (art. 19-R, §1º, II e IV). Seja como for, o mesmo diploma legal proibiu, em qualquer esfera de gestão do SUS, pagamento, ressarcimento, reembolso de produto, medicamento, procedimento clínico ou cirúrgico experimental, ou de uso não autorizado pela Anvisa, bem como dispensação, pagamento, ressarcimento ou reembolso de medicamento e produto, nacional ou importado, sem registro na Anvisa (art. 19-T, I e II).[1344]

---

com registro no Brasil. 4. As ações que demandem fornecimento de medicamentos sem registro na ANVISA deverão necessariamente ser propostas em face da União".

[1340] Obteve-se, pela internet, cópia dos votos dos ministros Marco Aurélio e Luís Roberto Barroso em ambos os recursos, ao passo que se conseguiu o voto do Ministro Fachin somente no Recurso Extraordinário nº 655.718. Em razão do trágico passamento do Ministro Zavascki, sucedido pelo Ministro Alexandre de Moraes, aguarda-se a retomada dos julgamentos.

[1341] A Lei nº 9.872/99 prevê a possibilidade de dispensa do registro na Anvisa de medicamentos, imunobiológicos, inseticidas e outros insumos estratégicos quando adquiridos por organismos multilaterais internacionais, para uso em programas de saúde pública pelo Ministério da Saúde, consoante art. 8º, §5º.

[1342] Consoante se verificou alhures, a própria definição de medicamentos essenciais no programa da OMS comporta um componente de medicina baseada em evidências e de comparação de custo-efetividade, o que parece ter sido recepcionado para o exame de incorporação de medicamentos no SUS, consoante dicção legal.

[1343] O prazo legal previsto para a finalização do procedimento administrativo para incorporar uma nova tecnologia é de 180 dias, com possibilidade de prorrogação de 90 dias, nos termos do art. 19-R da Lei nº 8.080/90.

[1344] Obviamente, essa proibição geral deve ser excepcionada no caso previsto no art. 8º, §5º, da Lei nº 9.872/99, conforme referido anteriormente. Aliás, entende-se até que seria possível, nessa hipótese prevista, incorporar o medicamento ao SUS; no entanto, a prova de eficácia, segurança, efetividade e acurácia deverá ser atestada

No Recurso Extraordinário nº 566.471/RN, o Ministro Marco Aurélio, partindo da possibilidade de o Judiciário determinar a exigência de prestações correspondentes ao mínimo existencial, o qual, na sua avaliação, prepondera sobre argumentos administrativos e financeiros, votou pelo desprovimento do recurso e sugeriu a fixação de elementos objetivo e subjetivo desse mínimo, consistentes na imprescindibilidade da prestação (no caso, um fármaco) para o aumento da vida ou melhora na qualidade de vida e a incapacidade financeira do autor da ação. A prova da imprescindibilidade deve ser feita por perícia, laudo ou receita médica, porém o Estado pode demonstrar o contrário, comprovar a ineficácia do medicamento ou mostrar que há outro remédio com o mesmo efeito e menor custo. No que tange à incapacidade financeira, o ministro deduziu um dever de solidariedade familiar, de sorte que o Estado se obriga sempre que o autor da ação e sua família não puderem pagar os custos do medicamento, observada a ordem de auxílio mútuo alimentar imposta pelo Código Civil. Posteriormente, o relator aditou oralmente o voto em sessão de julgamento, para concluir que o direito ao fornecimento de medicamento não incluído em Política Nacional de Medicamentos ou em Programa de Medicamentos de Dispensação em Caráter Excepcional depende da demonstração da imprescindibilidade – adequação e necessidade –, da impossibilidade de substituição do remédio por outro já incorporado e da incapacidade financeira do doente e da falta de espontaneidade da família em pagar pelo remédio, observadas as disposições do Código Civil sobre alimentos e assegurado o direito de regresso. O Ministro Luís Roberto Barroso, após considerar várias críticas quanto ao aumento da judicialização do direito à saúde, dividiu a judicialização em duas categorias: a) fármacos ou tratamentos disponibilizados no SUS; b) fármacos ou tratamentos não disponibilizados no SUS. Para os primeiros, considerou que as únicas exigências são a prova da necessidade médica em obter aquele bem da vida e o prévio requerimento na via administrativa, com a decisão que recusou o fornecimento do cuidado ou uma demora irrazoável em dar a resposta. Em relação aos segundos, considerou que, como regra, não é obrigação do Estado fornecer fármacos não incorporados nas políticas do SUS; todavia, excepcionalmente, observados alguns parâmetros e requisitos enumerados na sequência, pode o Judiciário agir na omissão estatal: i) incapacidade financeira de arcar com o custo do remédio, considerada a situação apenas do autor da ação, sem estender a avaliação à família; ii) demonstração de que a não incorporação do medicamento não foi resultado de decisão expressa dos órgãos competentes; iii) inexistência de substituto terapêutico incorporado pelo SUS; iv) prova da eficácia do remédio pleiteado com base na medicina fundada em evidências; v) propositura da ação em face da União, uma vez que a decisão final de incorporar o medicamento é desse ente federativo; vi) presença de diálogo interinstitucional entre Judiciário e demais poderes ou pessoas com *expertise* técnica. Quanto ao caso em análise, em função da incorporação do medicamento nas listas do SUS, terminou por votar pelo desprovimento do recurso. O Ministro Edson Fachin votou pelo provimento parcial do recurso. No seu entender, há direito subjetivo às políticas de assistência sanitária e a omissão ou falha na prestação configura violação a esse direito. Fachin sustenta que essas demandas devem adotar a via preferencial das

---

em evidências apresentadas pelo próprio Ministério da Saúde, obviamente respaldado em testes e aprovação em outras agências de regulação sanitária de outros países.

ações coletivas, com ampla produção de provas, demonstrada a patente ineficácia ou impropriedade da política de saúde existente para o caso ante a necessidade médica, que deve ser atendida pelo remédio, com comprovação da eficácia do fármaco pela medicina baseada em evidências. Em seu voto, propôs cinco parâmetros: a) demonstração de prévio requerimento administrativo junto à rede pública; b) preferencial prescrição por médico da rede pública; c) preferencial designação do medicamento pela Denominação Comum Brasileira (DCB) ou, não havendo, a Denominação Comum Internacional (DCI);[1345] d) motivação da inadequação ou da inexistência de medicamento ou tratamento dispensado na rede pública; e) se for negada a oferta na rede pública, deve-se realizar laudo médico que indique a necessidade do tratamento, seus efeitos, estudos da medicina baseada em evidências e vantagens para o paciente, além de compará-lo com eventuais medicamentos incorporados no SUS.

No Recurso Extraordinário nº 657.718/MG, o Ministro Marco Aurélio sugeriu a tese da inafastabilidade da prévia aprovação da Anvisa para que se possa determinar judicialmente sua prestação, porém aditou seu voto em sessão, para defender que o Estado está obrigado a fornecer medicamento registrado na Anvisa ou passível de importação, sem similar nacional, desde que comprovada a imprescindibilidade para manutenção da saúde da pessoa e o registro do medicamento no país de origem. O Ministro Luís Roberto Barroso deu parcial provimento ao recurso, para determinar a entrega do medicamento. Quanto à tese em debate, o Ministro Barroso votou no sentido de que, como regra geral, não se pode determinar o fornecimento de medicamentos não registrados na Anvisa, haja vista que isso comprova sua eficácia e segurança. Medicamentos experimentais nunca podem ser concedidos. Medicamentos cuja segurança e eficácia tenham sido demonstradas perante agências de regulação sanitárias internacionais e respeitadas, mas sem registro na Anvisa, podem, excepcionalmente, ser fornecidos mediante decisão judicial se houver prova da mora não razoável da Anvisa em apreciar o requerimento de registro, sugerindo o padrão temporal de 365 dias, desde que não exista substituto terapêutico com registro no Brasil e seja a ação proposta em face da União; caso haja exame e negativa por parte da Anvisa, o Judiciário não pode sobrepor-se à decisão administrativa. O Ministro Fachin votou no sentido do provimento pleno do recurso, em função da incorporação ao SUS do medicamento, após registro na Anvisa. Preocupado em mostrar que o direito à saúde é maior que a assistência sanitária, menciona vários tratados internacionais e defende uma percepção de conteúdo mínimo do direito à saúde, citando comentários gerais do Comitê de Direitos Econômicos, Sociais e Culturais, denominando esse conteúdo mínimo de mínimo existencial. Com a percepção de que a política de medicamento caracteriza uma verdadeira política regulatória e de intervenção na economia pelo Estado, o Ministro Fachin preconizou que um controle sobre a administração reguladora é possível, porém com um maior grau de autocontenção. Para tanto, o controle judicial sobre os procedimentos de registro na Anvisa é viável mediante as balizas a) da legalidade,

---

[1345] A Lei nº 6.360/76 traz o conceito de DCB e DCI. DCB é a denominação do medicamento ou do princípio farmacologicamente ativo que é aprovado pela Anvisa, o que pressupõe, pois, o registro do fármaco pela autarquia federal. DCI é a denominação do medicamento ou do princípio farmacologicamente ativo que é recomendado pela OMS.

para verificar se houve erro manifesto na aplicação da lei e frear abuso de poder; b) do exame da motivação, para aferir se as razões do ato regulatório foram indicadas de modo claro e correto e levam à conclusão da autoridade administrativa; c) do exame da instrução probatória da política pública regulatória, no intuito de permitir avaliar sua exaustividade; d) do controle da tempestividade razoável da resposta administrativa. Se verificar o não atendimento desses parâmetros de controle da regulação, o Judiciário deve garantir a participação, com poder de determinar nova apreciação administrativa ou que a autoridade administrativa delibere sobre pontos omissos em seu exame.

Os votos em si merecem os encômios pela preocupação de traçar parâmetros que balizem os magistrados no exame das ações judiciais, com o fomento de padrões que podem guiar os gestores de saúde para eventuais decisões nas políticas sanitárias, uma vez que fornecem critérios que podem ser utilizados para antecipar alguns resultados nos litígios. Aliás, esse significativo avanço é explicável pela própria preocupação do Judiciário de qualificar suas decisões, ilustrada pela realização da audiência pública em 2009 sobre a judicialização da saúde, pela criação, no Conselho Nacional de Justiça, de um fórum para debate a respeito desse fenômeno, de sorte a principiar um diálogo interinstitucional que pode ser muito frutífero para evitar decisões atabalhoadas e com potencial de hidrolisar as políticas de saúde. Outrossim, outro ponto de destaque é que, talvez pela primeira vez, houve preocupação de um dos ministros em tentar balizar o que possa ser compreendido por mínimo existencial em saúde, o que poderia até ser interpretado como uma iniciativa de delinear um conteúdo mínimo do direito à saúde.

Deveras, era criticável a posição até então seguida pelo Supremo Tribunal Federal quando determinava a adjudicação de direitos fundamentais sociais, pois se contentava a invocar um mínimo existencial atrelado à dignidade humana, de feição praticamente absoluta, a prevalecer sobre as demais considerações relativas a custos e demais direitos em confronto. Justamente por não explicitar todos os argumentos e a valoração dada no sopesamento – muitas vezes sequer admitia que efetuava uma ponderação –, fechava um canal de argumentação dialética e comunicativa com os demais poderes, a escapar de maior controle político e social, com alta possibilidade de subjetivismo e irracionalidade nas decisões. Finalmente, a cúpula do Judiciário brasileiro findava por não fornecer critérios suficientes para observância dos órgãos judiciários inferiores e da burocracia administrativa. No ápice da pirâmide crítica, notava-se a ausência de uma estruturação dessa ponderação por um padrão de controle jurídico.[1346]

Embora os avanços respondam à boa parte da crítica, é fato que ainda permanece evidente a lacuna metodológica na adjudicação. O Supremo Tribunal Federal necessita definir um padrão de controle para escrutinar a (in)suficiência de tutela e é o princípio da proporcionalidade a norma que mais bem se ajusta a esse propósito.

Com efeito, detecta-se, por interpretação, um conflito normativo entre a posição jurídica de obter as melhores prestações de saúde, tomada num componente princi-piológico da integralidade na assistência sanitária, e outros direitos fundamentais e interesses constitucionais. Embora se possa abstratamente apontar o direito à saúde na perspectiva de saúde pública e no aspecto preventivo como um possível direito

---

[1346] ALMEIDA, Luiz Antônio Freitas de. *Direitos fundamentais sociais e ponderação* – Ativismo irrefletido e controle jurídico racional. Porto Alegre: Sergio Antonio Fabris, 2014. p. 231-235.

antagônico à pretensão individual, é fato que é necessária a concreta especificação de quais direitos e interesses serão mais atingidos caso a demanda tenha êxito, cuja indicação fica a cargo do Estado na sua resposta no bojo do processo.[1347]

Embora possa ser aquilatado que se trataria de uma reflexão ponderativa antecipada, entende-se ser possível a adoção de um suporte fático nos moldes propostos no item 3.6.2,[1348] isto é, com o decote de posições e situações que, num juízo de evidência, não integrem o âmbito protetivo do direito fundamental e, destarte, evitar o recurso à ponderação. Retoma-se a construção interpretativa da norma da integralidade N8, cuja previsão ostenta dois elementos que limitam a amplitude das condições de aplicação da hipótese normativa do princípio da integralidade na assistência à saúde: necessidades básicas em saúde e funcionamento normal do indivíduo. Com o recurso à interpretação, seria possível excluir pretensões individuais ou coletivas que pretendessem obter prestações que não tivessem relação imediata com a satisfação de necessidades básicas em saúde ou com o funcionamento normal do indivíduo. Logo, bens ou serviços sanitários com o escopo de fornecer tratamentos meramente estéticos, reprodução assistida, esterilização voluntária, aperfeiçoamento de funções biológicas, sensoriais e motoras, caso o indivíduo já esteja num padrão razoável de funcionamento biopsicológico, mudança de sexo e transgenitalização, abortamento fora da necessidade médica,[1349] prolongamento artificial da vida sem possibilidade plausível de recuperação da saúde, entre outras situações imagináveis, não estão no âmbito de proteção do direito à saúde.

O primeiro passo analítico é definir o nível e a intensidade de controle, a carga de argumentação e de prova. O contorno de jurisdição constitucional fortalecida é assumido claramente pelo Supremo Tribunal Federal e conta com relativa aprovação popular nesse papel e significativa não oposição pelos demais poderes, o que poderia sugerir um controle mais incisivo em cada etapa da proporcionalidade. No mesmo sentido, é fato que o Brasil possui uma extensa política sanitária e um sistema de acesso universal em saúde com extensa legislação e regulamentação a seu respeito; logo, a regra de prestar apenas o que estiver previsto nas políticas tem o cunho mais de restringir o acesso a bens e medicamentos que propriamente regulamentar. Porém, há variáveis a justificar um controle mais moderado na intensidade. Em primeiro lugar, examina-se a suficiência de proteção do direito à saúde, com diferentes meios possíveis e confiados ao Legislativo para concretizar o direito. Em segundo plano, conquanto seja uma economia bem posicionada no *ranking* mundial, o país vive aguda crise financeira e fiscal. Ademais, o contexto socioeconômico brasileiro é de profunda desigualdade social

---

[1347] Pelo teor dos votos, a síntese da defesa estatal apontou a prioridade nos gastos com outras despesas em saúde, o que indica primacialmente um conflito com o direito à saúde nessa perspectiva coletiva, a par de apontar uma possível coligação com interesses públicos ligados à administração do sistema sanitário e prestação de serviços públicos em geral.

[1348] Remete-se, também, aos capítulos 1 e 2.

[1349] Não se está aqui tomando posição em relação ao aborto como uma violação ou não ao direito à vida do nascituro. O que se pretende afirmar é que o direito à saúde titularizado pela grávida não resguarda o aborto, salvo em situações de necessidade médica da gestante, embora possa o Legislativo regular outras hipóteses legais de previsão de interrupção da gravidez – e aí pode ser avaliada a opção jurídico-constitucional dessa opção com outro panorama, mormente com base no direito à vida do nascituro. Evidentemente, a partir do momento em que o Legislativo eleja outras hipóteses legais de aborto que passem no crivo de constitucionalidade, o direito à proteção da saúde passará a incidir e reclamará a oferta de abortos nos sistemas de saúde como um meio seguro de realizá-los.

e mesmo os avanços obtidos para retirar as pessoas da pobreza nos últimos anos não foram suficientes para reduzir substancialmente esse quadro, o que implica profundas desigualdades em saúde, a demandar maiores investimentos nos cuidados primários e na prevenção, a qual é, pela própria diretriz constitucional, um fator prioritário, mesmo que sem prejuízo da assistência sanitária.

Nesse ponto, podem entrar em cena as incertezas epistêmicas empíricas e normativas. Pode não haver consenso científico a respeito da superioridade ou da margem de superioridade do custo-efetividade de um medicamento (ou procedimento) em relação àquele ofertado no SUS. De outro lado, pode haver uma dúvida considerável na valoração da doença, seu potencial de gravidade e, especialmente, sobre a correção da avaliação de custo-efetividade feita pela Administração Pública, o que atrairia uma margem de insegurança epistêmica normativa. Se presentes essas margens em grau considerável, fatalmente justificam uma maior contenção no exame da proporcionalidade. Essas variáveis aconselham um exame mais contido da norma da proporcionalidade. Aliás, no campo da insegurança normativa é que pode entrar aquilo mencionado pelo Ministro Fachin como reserva de administração, o que, para Barroso, seria um empecilho total a admitir uma decisão judicial que se sobreponha à decisão administrativa.

Essas considerações são suficientes para defender uma versão de controle mais enfraquecida da norma da proporcionalidade.

No plano de aplicação dessa norma, é imperioso observar se há legitimidade do fim e dos meios. Como se pretende, por um lado, proteger a saúde das próprias pessoas ao não fornecer medicamentos não registrados na Anvisa (objeto do Recurso Extraordinário nº 657.718/MG), e, por outro, racionar os recursos e custear prestações para outras pessoas (objeto do Recurso Extraordinário nº 566.471/RN), parece tranquila a conclusão de que os fins são legítimos.

A versão débil da idoneidade procura avaliar se o meio – não permitir o fornecimento de medicamentos e tratamentos não incorporados ao SUS e/ou não registrados na Anvisa – é adequado para a promoção do fim. A versão débil claramente sustenta a opção do Legislativo.

A versão débil da necessidade depende de encontrar meios alternativos para alcançar a meta estatal e, de outro lado, assegurar um nível de proteção suficiente ao direito à saúde. Aqui, impende uma separação entre os objetos dos recursos. Em relação à exigência de registro prévio na Anvisa, podem cogitar-se os seguintes meios alternativos: a) registro em algumas agências estrangeiras de regulação sanitária de reconhecida idoneidade; b) registro em ao menos alguma agência de regulação sanitária considerada respeitável; c) registro em qualquer agência de regulação sanitária. Há exemplo, mencionado na audiência pública organizada pelo Supremo Tribunal Federal em 2009, de medicamento que, registrado na agência sanitária estadunidense (*FDA – Food and Drug Administration*), não recebeu o registro na Anvisa e, anos depois, outros países também não efetuaram o registro, em função da verificação de malefícios e pouca eficácia do produto.[1350] Esse exemplo mostra cabalmente que a convicção sobre a plena

---

[1350] BRASIL. Supremo Tribunal Federal. *Audiência pública*: saúde. Brasília: Secretaria de Documentação, 2009. p. 210-211, exposição de Paulo Dornelles Picon, o qual exemplificou com um medicamento desenvolvido para câncer do pulmão. A mencionar esse exemplo na doutrina, HENRIQUES, Fátima Vieira. Direito prestacional à

segurança, eficácia, efetividade e acurácia de algum medicamento para a saúde o Estado apenas pode dar caso seu próprio corpo técnico examine as evidências apresentadas pela indústria farmacêutica. Ou seja, uma versão débil do teste de necessidade não reprova o meio oficial.

Em relação ao fornecimento de medicamentos – e isso vale para tratamentos – não ofertados no âmbito do SUS –, pode-se indicar os seguintes meios alternativos: d) fornecer medicamentos ou tratamentos não incorporados necessários para a saúde, qualquer que seja o tipo da doença e mediante qualquer prova da necessidade médica; e) fornecer medicamentos ou tratamentos não incorporados necessários para a saúde, qualquer que seja o tipo de doença e mediante prova feita por profissionais da rede pública ou por perícia; f) fornecer medicamentos ou tratamentos não incorporados necessários para a saúde, apenas para doenças graves, mediante qualquer prova dessa necessidade; g) fornecer medicamentos ou tratamentos não incorporados necessários para a saúde, apenas para doenças graves, mediante prova dessa necessidade feita por profissionais da rede pública ou por perícia. Como o escopo estatal promovido pelo meio é o interesse público de maior eficiência do sistema de saúde e a própria dimensão coletiva da saúde, evitando que a assistência a alguns indivíduos possa comprometer os recursos que serviriam para garantir prestações dadas a outros e o maior custeio de medidas preventivas,[1351] a medida passaria no teste da necessidade.

Na derradeira etapa da proporcionalidade, efetua-se o sopesamento dos diversos argumentos empíricos, analíticos e normativos. Da mesma forma, efetua-se uma distinção entre o caso dos medicamentos e tratamentos não incorporados daquele dos fármacos não registrados na Anvisa.

Na hipótese dos tratamentos e medicamentos não incorporados no SUS, observada a especificação de que não é o direito à saúde no amplexo global que está em causa, mas a pretensão de receber prestações sanitárias para a saúde, deve-se examinar, em primeiro plano, o tipo de enfermidade em causa: quanto mais séria e grave for a doença, seja pelo seu potencial incapacitante e diminuidor da qualidade de vida, seja por ameaçar a própria vida – caso em que o direito à vida poderia ser seguramente manejado para concorrer com o direito à saúde na escala ponderativa –, maior a força do direito fundamental.[1352] A importância social dessa pretensão de receber essas

---

saúde e atuação jurisdicional. *In*: SOUZA NETO, Cláudio Pereira; SARMENTO, Daniel (Org.). *Direitos sociais –* Fundamentos, judicialização e direitos sociais em espécie. 2. tir. Rio de Janeiro: Lumen Juris, 2010. p. 827-840.

[1351] Em realidade, seria mais adequado que houvesse aqui a especificação das prestações que deixariam de ser ofertadas para o atendimento da ordem judicial, o que depende da avaliação do caso em concreto. Logo, a depender dessa especificação, poder-se-ia chegar à conclusão contrária.

[1352] Os enunciados nº 12, nº 14 e nº 16, nº 4 e nº 61, aprovados nas jornadas de direito da saúde promovidas pelo fórum criado pelo Conselho Nacional de Justiça, sufragam a tese de que é possível ao Judiciário determinar fornecimento de medicamentos e produtos não incorporados ao SUS, caso se demonstre a inefetividade ou impropriedade daqueles fornecidos e existindo evidência da necessidade médica. Contudo, esses enunciados não explicitam, como é evidente, qual a metodologia utilizada para estruturar a ponderação que permeou essa conclusão. De outro lado, eles permitem idiossincrasias mais permissivas que as preconizadas nesta tese, já que não talham, por exemplo, se isso se aplica a todas as doenças ou não, independentemente da gravidade, bem como se seria interpretada a impropriedade ou a inefetividade daquilo já fornecido numa ótica exclusiva do paciente que demanda e sua necessidade médica, ou se levaria em consideração o impacto multiplicador desse tipo de demanda, a diferença de custo-efetividade entre o que já é disponibilizado e o que se pretende etc. Portanto, carecem de reformulação. *Na III Jornada de Saúde, revogaram-se os enunciados nº 4, nº 16 e nº 61. O Enunciado nº 12 teve pouca alteração, mais para enfatizar a fundamentação da necessidade do tratamento em medicina baseada em evidências. O Enunciado nº 14 foi ampliado para incluir a saúde suplementar, de

prestações nessa hipótese conta com alto peso abstrato. De outro lado, deve-se especificar o interesse ou direito fundamental em antagonismo: é a eficiência do serviço de saúde no seguimento dos protocolos clínicos e diretrizes terapêuticas, uma vez que esses protocolos e diretrizes devem ser reavaliados periodicamente,[1353] inclusive quanto à eficácia, efetividade e custo-efetividade das prestações incluídas, bem como na própria gestão, uma vez que a incorporação permite que se faça um planejamento na aquisição dos medicamentos e também na inclusão de profissionais e entidades para ofertar os tratamentos não previstos. No mesmo diapasão, seria importante – e é ônus do Estado demonstrar – quais prestações serão prejudicadas pelo desvio dos recursos para atender à demanda, considerado o potencial multiplicador, inclusive no que toca à prevenção e às pré-condições sociais de saúde. É curial que se demonstre com base na peça orçamentária e em dados concretos. Inequivocamente, o interesse público possui um peso abstrato de médio para alto e, certamente, a depender do montante de prestações que seriam prejudicadas para o atendimento da prestação reclamada em juízo, esse peso abstrato seria elevado. Logo, caso os custos sejam muito altos para atender à demanda, maior força terá a medida estatal.

Mas há outros fatores a considerar. Se não houver política pública definida para aquela enfermidade, ou seja, não há nenhum protocolo ou diretriz terapêutica, significa que o Estado não prevê nenhuma forma de atendimento para o indivíduo, o que equivale a uma completa omissão e, portanto, um alto peso concreto em razão da maior restrição ao direito fundamental, o que joga a seu favor. Por outro lado, caso existam protocolos e diretrizes terapêuticas, programas ou listas de medicamentos pensados para aquela enfermidade, certamente há tratamentos e medicamentos padronizados para atender à necessidade do doente, isto é, existe um medicamento ou procedimento clínico projetado para atender à doença. Se assim é, isso é um fator que diminui a força do direito fundamental, porque o peso concreto é menor: como a omissão criticada pelo demandante é uma omissão parcial, a intensidade da afetação é significativamente menor, uma vez que não se proíbe toda e qualquer prestação para a enfermidade, mas apenas aquelas não disponibilizadas no sistema de saúde.

Como referido anteriormente, a incorporação de novas tecnologias não leva em conta apenas a segurança e eficácia do medicamento (e também do tratamento), mas faz uma avaliação de custo-efetividade, de modo a comparar aquilo já fornecido na rede pública de saúde com a nova tecnologia. Seguramente, se o custo-efetividade for

---

sorte a poder o Judiciário determinar à empresa seguradora de serviço de medicamentos ou tratamentos não previstos no rol da Agência Nacional de Saúde Suplementar. Também foi aprovado o Enunciado nº 75, com a seguinte redação: "Nas ações individuais que buscam o fornecimento de medicamentos não incorporados em atos normativos do Sistema Único de Saúde – SUS, sob pena de indeferimento do pedido, devem ser observados cumulativamente os requisitos estabelecidos pelo STJ, no julgamento do RESP nº 1.657.156, e, ainda, os seguintes critérios: I) o laudo médico que ateste a imprescindibilidade do medicamento postulado poderá ser infirmado através da apresentação de notas técnicas, pareceres ou outros documentos congêneres e da produção de prova pericial; II) a impossibilidade de fornecimento de medicamento para uso *off label* ou experimental, salvo se houver autorização da ANVISA; III) os pressupostos previstos neste enunciado se aplicam a quaisquer pedidos de tratamentos de saúde não previstos em políticas públicas".

[1353] Obviamente, a própria defasagem dos protocolos e diretrizes clínicas pela falta de atualização pode ser objeto de uma ação coletiva.

relativamente baixo, o grau ou intensidade de afetação do direito fundamental, isto é, seu peso concreto, é menor ainda, a fortalecer as razões que apoiam a medida estatal.[1354]

Essas reflexões permitem múltiplas variáveis na solução do conflito normativo. Como está em causa um conflito entre o direito fundamental à saúde, no seu aspecto individual, e um interesse público e também um direito fundamental de proteção à saúde, especialmente na sua dimensão coletiva, os quais podem ser categorizados como direitos de primeira importância, exclui-se a exigência de razão sobreproporcional e tem-se que o empate na argumentação privilegia a decisão estatal. É ônus da parte demonstrar a afetação do seu direito fundamental (sua necessidade médica e que os tratamentos e medicamentos oferecidos pelo SUS não cobrem essa necessidade), ao passo que o Estado deve demonstrar as razões que apoiam a medida sindicada, as posições e situações afetadas pelo direito à saúde caso a demanda resultasse vitoriosa, além de poder contrapor-se à prova apresentada. A hipótese de moléstias de baixa ou média gravidade, com alternativa providenciada pelo SUS, sem grande diferença no custo-efetividade, termina por resultar na proporcionalidade da medida estatal. Moléstias de aguda seriedade, desguarnecidas de qualquer política estatal, indiciam uma desproporcionalidade por proteção insuficiente.

Essa impressão inicial pode ser mais bem aquilatada com a segunda linha de valoração, com uso das medidas alternativas como cotejo em relação à medida escolhida pelo poder controlado. As opções, mencionadas algumas páginas atrás como meios alternativos nos testes de necessidade, serão consideradas alternativas D (fornecer medicamentos ou tratamentos não incorporados, necessários para a saúde, qualquer que seja o tipo da doença e mediante qualquer prova da necessidade médica), E (fornecer medicamentos ou tratamentos não incorporados, necessários para a saúde, qualquer que seja o tipo de doença e mediante prova feita por profissionais da rede pública ou por perícia), F (fornecer medicamentos ou tratamentos não incorporados, necessários para a saúde, apenas para doenças graves, mediante qualquer prova dessa necessidade), G (fornecer medicamentos ou tratamentos não incorporados, necessários para a saúde, apenas para doenças graves, mediante prova dessa necessidade feita por profissionais da rede pública ou por perícia). Em boa parte, as razões anteriores permitem o descarte das alternativas D e E, uma vez que, ainda que mais protetoras para a posição de direito fundamental, não são exigidas pela norma constitucional, que obriga o Legislativo e Executivo a atuar para angariar um nível satisfatório de proteção e não a melhor proteção possível. Restam, portanto, as medidas F e G.

A medida F pode ser eliminada, porque o uso de qualquer prova da necessidade médica desconsidera a organização administrativa necessária ao SUS. Com isso, não se pode contentar apenas com o fornecimento de uma prescrição por médico particular.

[1354] Veja-se, a propósito, a sugestão de Ole Norheim e Siri Gloppen (NORHEIM, Ole Frithjof; GLOPPEN, Siri. La litigación en reclamo de medicamentos – ¿De qué modo es possible evaluar el impacto de salud? *In*: YAMIN, Alicia Ely; GLOPPEN, Siri (Coord.). *La lucha por los derechos de la salud – ¿Puede la justicia ser una herramienta de cambio?* Buenos Aires: Siglo Ventiuno, 2013. p. 368-372), os quais, após estudo sobre a literatura das políticas sanitárias, sugerem um marco para classificação dos níveis de prioridade, com a identificação de alta prioridade de uma intervenção pública na hipótese de satisfação das seguintes condições cumulativas: enfermidade não tratada era de alta gravidade, a intervenção postulada era de alta efetividade e possuía uma razoável relação de custo-efetividade. Os critérios propostos na tese coincidem em alguma medida aos formulados por esses autores, com distanciamento em outros pontos.

Fora a questão de possíveis interesses comerciais por trás da indicação do fármaco, influência que pode atingir, a rigor, tanto profissionais da rede pública como da privada,[1355] é fato que o médico da rede pública está ambientado com os protocolos e diretrizes existentes e seu trabalho ajuda na avaliação dos fatores de eficácia, segurança e efetividade, que devem ser constantemente registrados e reavaliados dentro das políticas do SUS. A medida G, a par de não trazer nenhum prejuízo para a pretensão individual ou coletiva demandada, deve ser comparada para avaliar uma proteção insuficiente do direito fundamental. Comparando-se a medida oficial com a medida G, percebe-se que aquela medida será desproporcional sempre que não houver nenhuma margem de proteção prevista nas políticas sanitárias existentes ou, se houver essa margem, caso o custo-efetividade do tratamento ou medicamento pretendido seja gritantemente superior àquele disponibilizado na rede pública, a ponto de trazer sérios riscos para a saúde no seu não oferecimento.

Passa-se ao exame da proporcionalidade em sentido estrito da oferta de medicamentos não registrados na Anvisa. Como o registro na Anvisa é, regra geral, um dos requisitos para sua incorporação na distribuição pela rede pública de saúde, objeto da avaliação anterior, evita-se a repetição de muitos argumentos que lhe aproveitam. Deveras, o exame desse óbice legal depende de uma questão prejudicial, justamente em saber a conclusão sobre eventual insuficiência de proteção daquilo ofertado no SUS. Isso porque a inferência de que há proteção suficiente ao direito à saúde, providenciada pelos medicamentos disponibilizados pelo SUS, fulmina qualquer pretensão de valer-se de drogas não registradas na Anvisa.

Logo, para ter sentido o escrutínio dessa questão, parte-se do pressuposto de que os fármacos oferecidos pelo SUS não são aptos a proteger suficientemente o direito fundamental à saúde, consoante argumentos supra-apresentados, isto é, entre outras considerações, já se fez uma valoração comparada sobre o custo-efetividade entre aquilo disponibilizado no SUS e aquilo demandado pelo paciente, de sorte a considerar insuficiente e censurável constitucionalmente a margem de proteção conferida pela lista de medicamentos oferecidos no SUS.

Como a primeira linha de valoração é muito similar ao caso da questão prejudicial já analisada, abre-se diretamente a segunda linha de valoração, enumerando-se as medidas sugeridas no teste de necessidade nas alíneas "a", "b" e "c", a seguir referidas como medidas A (registro em algumas agências estrangeiras de regulação sanitária de reconhecida idoneidade), B (registro em ao menos alguma agência de regulação sanitária considerada respeitável) e C (registro em qualquer agência de regulação sanitária), já observada a ordem decrescente de proteção do direito fundamental.

O exame das disposições das leis nºs 6.360/76 e 9.782/99 mostra que o registro na Anvisa depende de requerimento formulado pelo fabricante ou distribuidor responsável

---

[1355] Uma medida pensada para evitar a indevida influência comercial é a prevista no Enunciado nº 58, aprovado na II Jornada de Direito da Saúde, promovida pelo fórum nacional criado pelo Conselho Nacional de Justiça, o qual recomenda que o Judiciário notifique o médico prescritor de medicamento ou produto não constante dos protocolos do SUS ou das listas de medicamentos ou serviços do SUS, para esclarecer sobre a pertinência e a necessidade da prescrição e no desiderato de firmar declaração de eventual conflito de interesse.

e endereçado àquela autarquia (art. 12, §3º),[1356] o qual deve ser instruído com estudos e dados que vão desde segurança, qualidade, pureza, inocuidade e efetividade do fármaco a informações de natureza econômica, como número potencial de pacientes a ser tratado, preço do produto, custo do tratamento por paciente com o uso do produto, relação de produtos substitutos existentes no mercado e seus preços (art. 16 e incisos da Lei nº 6.360/76). Ou seja, motivos de natureza puramente comercial podem fazer com que fabricantes, distribuidores ou importadores do remédio não se interessem em comercializá-lo e distribuí-lo no Brasil ou para cá o importar.

De outra sorte, existe exceção legal prevista no §5º do art. 8º da Lei nº 9.782/99, pois a Anvisa pode dispensar o registro de medicamentos e outros produtos indicados no texto legal quando eles forem adquiridos por intermédio de organismos multilaterais internacionais, para uso em programas de saúde pelo Ministério da Saúde e entidades vinculadas. Ou seja, o próprio legislador permite que o registro, condição geral para atestar a confiabilidade e eficácia do produto farmacêutico, possa ser dispensado nessa situação; aí ocorre que certamente o Ministério da Saúde ou a própria Anvisa terminarão por efetuar algum estudo ou basear-se em pesquisas e evidências apresentadas a alguma agência de regulação sanitária existente no mundo.

Nesse patamar, perde força a posição de que é indispensável sempre e em todo o caso o fornecimento de medicamento registrado na Anvisa. A alternativa A é a que mais seguramente afiança a proteção da saúde do consumidor do medicamento e deve ser a preferida. A alternativa B, embora possa ter uma margem de proteção razoável de segurança, deve ser evitada, salvo situações excepcionalíssimas. Afinal, o exemplo ilustrado na audiência pública mostra como medicamentos registrados em agências rigorosas foram depois excluídos desse registro, porque se descobriram impropriedades ou ineficácia do fármaco. Com mais razão ainda se deve excluir a alternativa C. Assim, é importante que a autarquia brasileira estabeleça critérios quantitativos e de classificação em relação às agências de regulação sanitária do exterior, a fim de viabilizar esse tipo de exame, por maiores dificuldades que existam nessa avaliação.

Sem embargo, se houver alternativas mais baratas e eficazes, deve-se priorizá-las. Isso porque as ações judiciais individuais que postulam medicamentos normalmente indicam fármacos patenteados, sem preocuparem-se em apresentar o princípio ativo do remédio. A enumeração do princípio ativo possibilita que a ordem judicial determine a entrega não necessariamente do medicamento prescrito, mas um medicamento similar ou, se houver expirado a proteção da patente ou de outro direito de propriedade intelectual, um medicamento genérico.[1357] Frise-se uma vez mais a questão prejudicial e

---

[1356] Embora a Lei nº 6.360/76 no art. 12, *caput*, mencione que o registro é feito no Ministério da Saúde, a competência para esse ato passou para a Anvisa, conforme art. 7º, IX, da Lei nº 9.782/99. *Remete-se para a nota 1.339.

[1357] No art. 3º, incs. XX e XI, da Lei nº 6.360/76, apresentam-se os conceitos de medicamento similar e genérico. O primeiro contém o mesmo princípio ativo de outro fármaco já registrado, a mesma forma farmacêutica, concentração, via de administração, posologia e indicação terapêutica, diferenciando-se em características relativas a tamanho, forma do produto, prazo de validade, veículos, excipientes e embalagem. O segundo é um medicamento similar a produto inovador ou de referência e é com este intercambiável, produzido após a renúncia da proteção patentária e demais direitos de exclusividade. Embora a lei conceitue o medicamento similar tomando por parâmetro outro registrado na Anvisa, para o escopo do texto não há prejuízo em mencionar que um medicamento pode ser similar a outro registrado em outra agência de regulação sanitária, porém ainda não registrado na Anvisa. Como se percebe, o medicamento similar ainda conta com a proteção patentária.

sua conclusão: se houver um medicamento similar ou genérico disponibilizado no SUS com eficácia bastante na assistência sanitária, há uma alternativa no sistema ofertada e certamente não há desproporcionalidade de proteção. Logo, o que aqui se conclui é que é possível fornecer medicamentos genéricos ou similares não registrados na Anvisa, preferencialmente aqueles.[1358]

No próximo item, a atenção volta-se para a novel Emenda Constitucional nº 95/2016 e estuda-se se há violação ao direito à saúde.

3.6.2.3 A Emenda Constitucional nº 95/2016

Este tópico tem interesse em examinar eventual inconstitucionalidade da Emenda Constitucional nº 95/2016, aprovada e promulgada em dezembro de 2016. Basicamente, consoante as razões dadas pelo então Vice-Presidente da República brasileira, o móvel da emenda constitucional foi a tentativa de reverter o estado de desequilíbrio fiscal desenvolvido nos últimos anos no Brasil.[1359]

O propósito da emenda foi de instituir um novo regime fiscal no âmbito dos orçamentos fiscal e da seguridade social da União, com a vigência de vinte anos. Estabelecem-se limites por exercício para as despesas primárias nos poderes e no Ministério Público, na Defensoria Pública e no Tribunal de Contas. Esses limites equivalem, no exercício financeiro de 2017, à despesa primária paga no exercício de 2016, incluídos os restos a pagar desembolsados e demais operações que afetam o resultado primário,

---

[1358] Aliás, ponto interessante seria avaliar eventual desproporcionalidade na recusa em fornecer medicamentos que, embora incorporados ao SUS e registrados na Anvisa, sejam prescritos sem obediência às diretrizes clínicas ou em desconformidade com as indicações previstas na sua bula (uso *off label*). Inicialmente, poder-se-ia equiparar o uso de medicamento prescrito para casos estranhos aos previstos na sua bula ou nos protocolos clínicos e diretrizes terapêuticas ou em dosagem diversa como medicamento experimental? Se sim, seria inevitável a reprovação na fase da idoneidade. Não obstante, entende-se que esse problema é análogo ao da dispensação de medicamento não registrado na Anvisa, sem que esse tipo de prescrição medicamentosa receba a pecha de experimentação. Afinal, nessa situação, não seria plenamente correto taxar o fármaco de experimental, uma vez que ele possui acurácia e eficácia ao menos para debelar algumas doenças, com disponibilidade no mercado. A prescrição *off label* pode decorrer da defasagem do protocolo ou até da bula apresentada pelo fabricante e aprovada na Anvisa, consequência de evolução da ciência e amparada em abalizados estudos científicos, a justificar, como mencionado na nota de rodapé nº 1.353, uma ação coletiva para sanar esse problema. Logo, dependerá de um exame de proporcionalidade efetuado nos mesmos moldes propostos neste subitem, em que será decisivo que haja gravidade da moléstia, diferença de custo-efetividade relevante entre o que se pede e o que é disponibilizado, ou inexistência de medicamento previsto em lista ou na diretriz terapêutica e/ou protocolo clínico, tal como talhado no texto, com a devida adaptação, sem mencionar a prova pericial necessária. Caso se conclua que há desproporcionalidade por proteção insuficiente do direito à saúde, seria o caso de avaliar a existência de registro desse tipo de uso em outras agências sanitárias de reconhecida idoneidade, preferencialmente mais de uma (adaptação da alternativa A, trabalhada na tese). A propósito, o Enunciado nº 50, aprovado na II Jornada de Direito da Saúde, promovida pelo fórum criado pelo Conselho Nacional de Justiça, em tom mais aberto ao proposto nesta tese, sugere que se evite deferir o acesso a medicamentos para uso *off label* ou não registrados pela Anvisa, salvo se houver prova da evidência científica e da necessidade premente. *A respeito do uso *off label*, referencia-se a posição do STJ (nota nº 1.337), bem como o Enunciado nº 75 da III Jornada de Direito da Saúde.

[1359] Conforme documento encaminhado e disponível no *site* da Câmara dos Deputados, o déficit gerado no ano de 2016 é de R\$170 bilhões, num quadro em que a dívida bruta do governo cresceu de 51,7% do PIB em 2013 para 67,5% em abril de 2016, com a expectativa de que ultrapassasse 80% do PIB nos anos vindouros. As causas sugeridas para o desarranjo fiscal são a perda de confiança dos agentes econômicos, altas taxas de juros, elevados prêmios de risco, fatores que deprimem investimentos e comprimem a geração de empregos e a capacidade de crescimento. O governo federal também comenta sobre o crescimento da despesa pública primária em 51% acima da inflação nos períodos de 2008-2015, ao passo que a receita subiu apenas em 14,5%. Assim, com a emenda constitucional apostou-se na introdução de limites de crescimento da despesa global.

corrigida em 7,2%; para os exercícios financeiros subsequentes, ela equivale ao valor do limite do exercício imediatamente anterior, corrigido pela variação do Índice Nacional de Preços ao Consumidor Amplo (IPCA), divulgado pelo Instituto Brasileiro de Geografia e Estatística, ou outro índice que o substitua. Para evitar desvio desse limite de despesa, veda-se a abertura de créditos suplementares ou especiais, embora se permitam créditos extraordinários –[1360] também não se incluem nos limites referidos as transferências constitucionais indicadas no §6º do art. 107 dos Atos das Disposições Constitucionais Transitórias, na redação dada pela emenda constitucional em comento, despesas não recorrentes com eleições por parte da Justiça Eleitoral, despesas com aumento de capital de empresas estatais não dependentes. A emenda previu a possibilidade de que, a partir do décimo exercício financeiro, por lei complementar de iniciativa do Presidente da República, altere-se a forma de correção a incidir sobre os limites instituídos pelo novo regime fiscal (art. 108 do Ato das Disposições Constitucionais Transitórias, conforme redação dada pela emenda constitucional em tela).

Em relação às despesas de aplicação mínima em saúde e em manutenção e desenvolvimento do ensino, houve uma disciplina diferenciada e um pouco menos austera, porque o art. 110 do Ato das Disposições Constitucionais Transitórias, conforme redação dada pela emenda constitucional em tela, previu que essas despesas, no exercício financeiro de 2017, corresponderão ao que for orçado para este ano, ou seja, o "congelamento" dos limites de despesa primária começará com o *quantum* previsto para 2017, a diferenciar das demais despesas, que terão que recorrer ao desembolsado em 2016, corrigido em 7,2%. A partir de 2018, no entanto, os limites de gastos seguirão a forma insculpida para as demais despesas públicas, ou seja, com o valor do limite do exercício imediatamente anterior, corrigido pela variação do Índice Nacional de Preços ao Consumidor Amplo.

Como seria natural em relação a medidas de grande austeridade, o mérito econômico e político do congelamento de despesas, instituído pela presente emenda constitucional, divide especialistas em economia e em política. Seja como for, pretende-se avaliar a proposta exclusivamente pela lente do direito.

Óbvia e inequivocamente, é fato que o congelamento afetará as ações e serviços públicos em saúde, justamente porque limitará o montante de custeio por um longo período, ainda que exista uma possibilidade futura de, em 10 anos, alterar-se a forma de correção dos limites para despesa. Os gestores deverão contar com basicamente os mesmos montantes de recursos para despesas sabidamente crescentes, tanto em função do aumento populacional e envelhecimento das pessoas, como também por força do avanço da ciência médica, da descoberta de novas tecnologias e da progressiva

---

[1360] A respeito do conceito de créditos suplementares, especiais e extraordinários, conferir SILVA, José Afonso da. *Comentário contextual à Constituição*. 6. ed. São Paulo: Malheiros, 2008. p. 696-700. O constitucionalista ensina que créditos orçamentários são os calculados no orçamento anual no afã de realizar projetos, programas e atividades estatais; dotações orçamentárias são as parcelas desses créditos que se destinam aos serviços, despesas ou órgãos administrativos. Créditos adicionais são autorizações de despesas não previstas ou insuficientemente computadas no orçamento e são: suplementares, especiais e extraordinários. Suplementares são os que têm a missão de aumentar a dotação orçamentária considerada insuficiente no ínterim da execução orçamental; especiais, os que se destinam a custear despesas não dotadas especificamente no orçamento; extraordinários, aqueles que se propõem a suportar encargos imprevisíveis e urgentes. Enquanto que para os primeiros créditos adicionais são necessárias a autorização legislativa e a indicação dos recursos correspondentes (art. 167, V), os extraordinários dispensam essa autorização e devem tomar a forma de medida provisória (art. 62, §3º).

medicalização da vida, além de outros fatores já considerados nos subitens 3.2 e 3.3. Mesmo que se consiga evitar desperdícios e aumentar a eficiência do sistema de saúde, dificilmente a receita advinda desse ganho de eficácia de gestão conseguirá economizar recursos suficientes para atender a essas demandas crescentes.

Outrossim, parece existir um déficit de racionalidade no novo regime fiscal em função da ausência de flexibilidade, porque o longo período de vigência do congelamento dos limites de despesas ocorre independentemente da melhora e crescimento da economia brasileira.

Entrementes, intui-se que fatalmente existirá um regresso nas políticas de saúde promovido para adequar-se aos novos limites de despesas primárias impostos pelo novo regime fiscal. A questão é saber se essa afetação é constitucionalmente válida, sob a ótica de eventual violação do direito à saúde. E a resposta é que, exclusivamente por esse prisma, não há inconstitucionalidade na aludida emenda.

Em primeiro lugar, uma inconstitucionalidade por violação ao direito à saúde só seria possível dentro de um contexto em que se admita que esse direito funcione como cláusula pétrea, algo defendido nesta tese, pois, do contrário, sequer seria viável esse exame. Porém, por que não há inconstitucionalidade?

Em primeiro lugar, esse tipo de inconstitucionalidade reclama um padrão muito mais autocontido do Judiciário, uma vez que só será inconstitucional se a emenda abolir a cláusula pétrea ou tiver tendência de aboli-la. Por mais graves que sejam os impactos financeiros que a medida aprovada causará nas ações e serviços de saúde, dificilmente teriam o condão de causar um risco de supressão do direito à saúde.

Em segundo lugar, para que se ativasse uma situação de inconstitucionalidade por violação ao direito à saúde, dever-se-ia apontar a existência de um conflito normativo abstrato, solúvel por metanormas do sistema, ou um conflito concreto, solúvel por ponderação.

Com efeito, a instituição do novo regime fiscal por emenda constitucional não provoca nenhuma situação de conflito normativo abstrato com o princípio do direito à saúde: não há concorrência de normas a rigor. Seria difícil imaginar uma concorrência total-parcial, a ser resolvida pela norma da especialidade; por conseguinte, se não há conflito, também não exsurge como aplicável a metanorma da *lex posterior*.[1361] Entrementes, se houvesse um conflito abstrato, como são de mesma hierarquia, a norma que determina a solução da antinomia por norma posterior indicaria, a princípio, a prevalência da emenda, uma vez que não se cogita uma concorrência total-parcial. Porém, de qualquer forma, haja vista que as metanormas da cronologia e da especialidade seriam bloqueadas pela norma proibitiva de abolição das cláusulas pétreas, haveria

---

[1361] Para ser mais preciso, o novo regime fiscal produziu sim uma situação pontual de conflito abstrato de normas, mas que foi sanável pela regra da *lex posterior*. É que a determinação de congelar o montante gasto em saúde no patamar desembolsado em 2017 por força da Emenda nº 95/2016 entrechocou-se com a regra transitória incluída no texto constitucional pela Emenda Constitucional nº 86/2015, expressamente revogada pela Emenda nº 95/2016, que determinava que os gastos mínimos em saúde da União alcançarão o percentual de 15% progressivamente, após o quinto exercício financeiro subsequente à promulgação desta emenda constitucional – conferir o subitem 3.6.2. Logo, no conflito abstrato em tela, inclusive com a expressa revogação pela *lex posterior*, prevalece a norma que impõe o congelamento. Como é visível, o conflito não ocorreu com o princípio jurídico do direito à saúde, contudo com a referida regra transitória que estipulava o aumento progressivo do percentual de gasto mínimo em ações e serviços de saúde e, obviamente, com a regra do art. 198, §2º, I, da Constituição Federal.

necessidade de um juízo ponderativo para examinar a constitucionalidade da emenda. No entanto, repita-se: uma vez que não existe relação de concorrência normativa, afasta-se a hipótese de conflito abstrato.

Restaria a possibilidade de um conflito concreto ou de uma situação de incompatibilidade aplicativa, porém, nesse caso, não seriam as novas restrições orçamentárias que provocariam a situação de incompatibilidade normativa ou eventual conflito concreto, mas justamente outros direitos fundamentais ou objetivos constitucionais promovidos no lugar do direito à saúde,[1362] o que demandaria um exame concreto sobre situações futuras, conforme o choque deôntico materialize-se nas situações da vida. Assim, em situações como tais, seria possível ponderar e verificar a constitucionalidade da opção seguida pelos demais poderes sob o exame da proporcionalidade, mas não seriam as restrições de despesas aquilo que confrontaria com o direito fundamental social e sim os caminhos privilegiados pelos poderes eleitos. Assim, eventual desproporcionalidade por insuficiência de proteção do direito à saúde não causaria a invalidação das normas introduzidas com a emenda constitucional, porém pode atingir a validade das opções privilegiadas pelos demais poderes no caso concreto.

3.7 A defesa de um conteúdo mínimo do direito à saúde no Brasil[1363]

Em sede de outros trabalhos, já se apresentaram o conceito e a função do conteúdo mínimo como um padrão que auxilia a sindicação de direitos sociais.[1364] A tese é de que o conteúdo ou núcleo mínimo possa funcionar como um padrão jurídico que, acoplado ao princípio da proporcionalidade, possibilite maior objetividade no controle jurisdicional. Isso porque o cânone da proporcionalidade, ainda que se observem todos os passos analíticos, permite particularismos ao não oferecer, isoladamente, a possibilidade de universalizar a regra construída na ponderação a casos futuros, o que inviabiliza a construção de um limiar epistêmico capaz de servir de norte aos demais poderes políticos e sujeitar e vincular as instâncias judiciais inferiores.

Logo, o conteúdo mínimo serve de bitola argumentativa, pois em posições ou situações jurídicas definidas como integrantes desse núcleo básico, acentua-se o ônus argumentativo e aumenta-se o nível de controle jurisdicional; no conteúdo aureolar do direito, ou seja, não contido no âmbito nuclear do direito fundamental, impera a maior autocontenção na apreciação jurisdicional. Com isso, há a possibilidade de eleger

---

[1362] Conforme exame já defendido em relação aos direitos fundamentais sociais em ALMEIDA, Luiz Antônio Freitas de. *Direitos fundamentais sociais e ponderação* – Ativismo irrefletido e controle jurídico racional. Porto Alegre: Sergio Antonio Fabris, 2014. p. 305 e seguintes. Essa inferência parece não se alterar com o fato de a Emenda Constitucional nº 95/2016 conter regra proibitiva da realização de créditos suplementares e especiais, porque ainda resta um espaço de conformação para gerir os recursos, podendo o Executivo diminuir despesas em um setor para alocar em outro, sem prejuízo de utilização de créditos extraordinários.

[1363] Sobre o tema, conferir ALMEIDA, Luiz Antônio Freitas de. Direito à saúde no Brasil: parâmetros normativos para a densificação de um conteúdo mínimo. *Espaço Jurídico Journal of Law*, v. 21, n. 1, p. 149-168, jan./jun. 2020.

[1364] Em relação aos direitos humanos e, em especial, ao direito à educação e à instrução, remete-se a ALMEIDA, Luiz Antônio Freitas de. O núcleo mínimo dos direitos à educação e à instrução e o papel das Cortes africana e europeia de direitos do homem na sua garantia. *In*: ALEXANDRINO, José de Melo (Coord.). *Os direitos humanos em África*. Coimbra: Coimbra Editora, 2011. p. 225 e seguintes. Quanto aos direitos fundamentais, ALMEIDA, Luiz Antônio Freitas de. *Direitos fundamentais sociais e ponderação* – Ativismo irrefletido e controle jurídico racional. Porto Alegre: Sergio Antonio Fabris, 2014. p. 245 e seguintes.

padrões e regras que orientarão ponderações futuras, com a manutenção do corpo de jurisprudência, salvo se houver a superação de um limiar epistêmico que joga a favor da sua preservação.

Percebe-se, pois, que o conteúdo mínimo desempenha uma função racionalizadora das ponderações futuras e interfere com a própria intensidade do escrutínio judicial. Destarte, ele atua especialmente no plano analítico de definição da intensidade de controle de proporcionalidade e não integra propriamente a estrutura da proporcionalidade em si.

Como o pensamento que aqui será reproduzido não inova substancialmente naquilo já proposto para o conteúdo mínimo naqueles trabalhos acadêmicos, a pretensão aqui é de resumir a concepção de conteúdo mínimo e, principalmente, adaptá-lo dentro da ótica específica do direito à saúde, com base nos argumentos escandidos nos tópicos anteriores.

Embora o conteúdo mínimo derive da garantia do conteúdo essencial dos direitos fundamentais, não é ele, obviamente, tomado na acepção absoluta, a intuir um espaço material irrestringível desse direito pelos poderes públicos.[1365] Na forma pensada para o conteúdo mínimo, ele é resultado do esforço hermenêutico e ponderativo dos tribunais, que passariam a enumerar, na jurisprudência, um conjunto de posições e situações jurídicas e deveres correlatos que estão contidos no perímetro nuclear ou mínimo do conteúdo do direito. Logo, parte-se de uma teoria relativa e caminha mais no sentido pensado no Comentário-Geral nº 3 do Comitê de Direitos Econômicos, Sociais e Culturais, estratégia que palmilhou na senda dos princípios de Limburg,[1366] para evitar que o caráter progressivo dos deveres relacionados a direitos econômicos, sociais e culturais fosse usado como subterfúgio para que os países não evoluíssem na satisfação desses direitos. No Comentário-Geral nº 3, o Comitê salientou que é viável descortinar um *minimum core* dos direitos sociais, os quais necessitam de proteção em remédios judiciais

---

[1365] A existência desse espaço de não restrição é normalmente atrelada ao conceito de núcleo essencial, como parece sustentar PINTO, Ilenia Massa. Contenuto minimo essenziale dei diritti costituzionali e concezione espansiva della costituzione. *Diritto Pubblico*, ano VII, n. 3, p. 1.095-1.117, 2001.p. 1.095. Uma síntese histórica na perspectiva absoluta é trazida por COURTIS, Christian. Critérios de justiciabilidade dos direitos econômicos, sociais e culturais: uma breve exploração. Tradução de Roberta Arantes Lopes. *In*: SOUZA NETO, Cláudio Pereira; SARMENTO, Daniel (Org.). *Direitos sociais* – Fundamentos, judicialização e direitos sociais em espécie. 2. tir. Rio de Janeiro: Lumen Juris, 2010. p. 503 e seguintes. Em relação às teorias absoluta e relativa, objetiva e subjetiva do núcleo essencial, remete-se a NOVAIS, Jorge Reis. *As restrições aos direitos fundamentais não expressamente autorizadas pela constituição*. Coimbra: Coimbra, 2003. p. 782-799; SILVA, Virgílio Afonso da. *Direitos fundamentais* – Conteúdo essencial, restrições e eficácia. São Paulo: Malheiros, 2009. p. 185-200. No sentido de o conteúdo essencial ser uma garantia complementar à proporcionalidade e à ponderação de bens, a qual estaria esvaziada sempre que o direito resultasse dificultado além do razoável ou estivesse impraticável ou desprotegido, LOPES, Ana Maria D'Ávila. A garantia do conteúdo essencial dos direitos fundamentais. *Revista de Informação Legislativa*, n. 164, p. 7-15, out./dez. 2004. p. 7-8.

[1366] Sobre o contexto da formulação dos princípios de Limburg, fruto de debate de especialistas convocados pela Comissão Internacional de Juristas em reunião ocorrida em Limburg em 1986, remete-se a PIOVESAN, Flávia. *Direitos sociais*: proteção no sistema internacional e regional interamericano. Disponível em: http://www.iedc.org. br/REID/?CONT=00000122. Acesso em: 14 jun. 2010. Esses princípios, divulgados em texto das Nações Unidas (UN doc. E/CN.4/1987/17), apresentam várias teses. A conclusão 16 menciona que há obrigações imediatas a serem implantadas pelos Estados, a despeito da natureza progressiva desses direitos; outras conclusões referem-se à existência de remédios judiciais efetivos no direito interno para combater a violação dos direitos econômicos, sociais e culturais (conclusão 19), à insuficiência do cumprimento dessas obrigações na realização somente de atos legislativos (conclusão 18), à existência de exigibilidade imediata de algumas obrigações, como a de não discriminação (conclusões 21 e 22), ao dever dos Estados de assegurar a todos os direitos de subsistência mínima (conclusão 25). Os princípios de Limburg retornaram à pauta nas diretrizes de Maastricht sobre violações de direitos econômicos, sociais e culturais, promovido novamente pela Comissão Internacional de Juristas.

internalizados no arcabouço doméstico dos países. Um recrudescimento na prestação desses direitos de modo geral depende de justificação aceitável, ao passo que, no piso básico ou nuclear desses direitos, a motivação defensável para a omissão dependeria da absoluta incapacidade financeira do Estado, que é seu ônus de prova. No seu texto, o Comentário-Geral nº 3 exemplifica, entre os integrantes do conteúdo mínimo, os cuidados essenciais de saúde.

Sem embargo, no âmbito do direito humano à saúde o Comitê traçou o Comentário-Geral nº 14, que também define algumas obrigações nucleares dos países nesse tema (parágrafo 43): a) assegurar o direito de acesso às instalações, bens e serviços de modo não discriminatório, especialmente para os grupos marginalizados e vulneráveis; b) garantir o acesso à alimentação essencial mínima, que seja nutricionalmente adequada e segura e que traga a todos a libertação da fome; c) assegurar o acesso a abrigo, moradia e saneamento básicos e ao suprimento adequado de água potável e saudável; d) fornecer medicamentos essenciais, conforme definidos, de tempo em tempo, pelo programa de drogas essenciais da Organização Mundial da Saúde; e) assegurar distribuição equitativa de todos os bens, serviços e instalações de saúde; f) adotar e implementar uma estratégia de saúde pública nacional e um plano de ação, com base em evidência epidemiológica, enfrentando as preocupações de saúde de toda a população; a estratégia e o plano devem ser esboçados e periodicamente revistos com base num processo de participação transparente; esse processo de desenho do plano e da estratégia de ação, bem como de seu conteúdo, deve dar atenção particular a todos os grupos vulneráveis e marginalizados.[1367]

Nesse compasso, nota-se que o Comitê, além de tentar minudenciar um conjunto de obrigações nucleares, termina por alterar parcialmente sua concepção de conteúdo mínimo proposta no Comentário nº 3, ao aportar a consideração de que os deveres enumerados entre as obrigações nucleares não admitem justificativa para o seu não atendimento (parágrafos 47 e 48). Assim, o Comitê termina por propor para esse direito humano um conteúdo nuclear de natureza absoluta.

A estratégia seguida pelo Comitê no Comentário-Geral nº 14, no entanto, foi expressamente recusada pela Corte Constitucional da África do Sul, cujas decisões despertaram o interesse de muitos juristas, pois apresentaram um modelo de adjudicação de direitos sociais baseado no controle de razoabilidade, que respondia, em alguma medida, a várias críticas tecidas contra a judicialização desses direitos. O motivo para a rejeição, como mencionado em *Grootboom*, *TAC* e *Mazibuko*, é evitar eventual hidrólise da política pública pela incapacidade institucional da Corte. Há quem aplauda a rejeição da teoria do núcleo mínimo e mesmo alicerce o pensamento num controle de

---

[1367] No parágrafo 44 do Comentário Geral, o Comitê enumera obrigações que, apesar de não serem classificadas como básicas, são de especial prioridade, a saber: a) assegurar cuidados à saúde reprodutiva, maternal (pré e pós-natal) e da criança; b) providenciar imunização contra as doenças mais infecciosas que ocorram na comunidade; c) adotar medidas para prevenir, tratar e controlar doenças epidêmicas e endêmicas; d) fornecer educação e acesso a informações concernentes aos problemas de saúde principais da comunidade, incluindo métodos de preveni-los e controlá-los; e) fornecer treinamento para os funcionários da saúde, incluindo educação em saúde e direitos humanos. Resta margem para discussão se essas obrigações prioritárias devem ou não se integrar ao conteúdo básico do direito e, em caso negativo, qual a consequência de não as incluir. Como somente as obrigações previstas no parágrafo 43 seriam não suscetíveis de restrição (parágrafo 47), poder-se-ia ter um quadro de obrigações básicas não restringíveis e obrigações básicas excepcionalmente restringíveis.

razoabilidade,[1368] como faz a referida Corte Constitucional. Deveras, tal como ocorre com as teorias do conteúdo essencial de matiz absoluto, elas podem funcionar bem em casos de evidência, mas normalmente esse modelo força uma definição baseada no critério pragmático de definir um conteúdo mínimo tão reduzido que pouco traz de proteção.[1369] Isso ajuda a explicar a relutância da Corte Constitucional sul-africana.

No Brasil, o conteúdo mínimo, na forma preconizada, aliado a uma teoria relativa e a funcionar como um padrão complementar à norma da proporcionalidade, pode ser derivado da norma da aplicabilidade imediata de todos os direitos fundamentais, a exigir ao menos um conjunto de situações e posições básicas com um mínimo de eficácia e preceptividade.[1370]

Na doutrina brasileira, Ana Paula de Barcellos apresenta uma definição de mínimo existencial do direito à saúde, baseada numa abordagem consensualista, em que há sedimentado acordo sobre as situações que efetivamente violam o direito à saúde.[1371] A tese da autora é que as posições fora do mínimo existencial só são justiciáveis se houver legislação que lhes dê suporte, quando então o *enforcement* representaria a execução da lei, ao passo que as prestações incluídas nesse mínimo são exigíveis e justiciáveis mesmo sem sua definição legal, sob pena de violação ao núcleo da dignidade humana. O critério para definir o mínimo existencial é incluir as prestações de saúde de que todos já necessitaram (a exemplo de cuidados no parto e pós-natal), necessitam (como ilustra a necessidade de saneamento básico e atendimento preventivo em clínicas gerais e especializadas) ou provavelmente irão necessitar (caso de acompanhamento e controle

---

[1368] JHEELAN, Navish. The enforceability of socio-economic rights. *European Human Rights Law Review*, n. 2, p. 146-157, 2007.

[1369] NOVAIS, Jorge Reis. *Direitos sociais* – Teoria jurídica dos direitos sociais enquanto direitos fundamentais. Coimbra: Coimbra/Wolters Kluwer, 2010. p. 189-209. O jurista relaciona várias críticas a uma teoria do mínimo social ora versado no mínimo existencial ou como garantia do conteúdo essencial desse direito.

[1370] Sobre um mínimo social associado à dignidade humana e acoplado com um teste de razoabilidade, conferir NOVAIS, Jorge Reis. *Direitos sociais* – Teoria jurídica dos direitos sociais enquanto direitos fundamentais. Coimbra: Coimbra/Wolters Kluwer, 2010. p. 308-318; a defender a possibilidade de o juiz, caso omisso o legislador e se houver uma situação de ofensa intolerável da dignidade humana, usar a equidade e adjudicar proteções relativas a um conteúdo mínimo, CORREIA, J. M. Sérvulo. Interrelação entre os regimes constitucionais dos direitos, liberdades e garantias e dos direitos económicos, sociais e culturais e o sistema constitucional de autonomia do legislador e de separação e interdependência de poderes: teses. *In*: MIRANDA, Jorge (Coord.). *Estudos em homenagem ao Prof. Doutor Armando M. Marques Guedes*. Lisboa/Coimbra: Faculdade de Direito da Universidade de Lisboa/Editora Coimbra, 2004. p. 969-970; a sustentar um nível mínimo de preceptividade dos direitos económicos, sociais e culturais nos aspectos objetivo e subjetivo, a saber, na vertente objetiva a preceptividade mínima radica-se na dimensão negativa e na vertente subjetiva ela se radica no mínimo existencial, construído dentro do conteúdo essencial desses direitos, MATOS, André Salgado de. O direito ao ensino – Contributo para uma dogmática unitária de direitos fundamentais. *In*: MIRANDA, Jorge; CORDEIRO, António Menezes; FERREIRA, Eduardo Paz; NOGUEIRA, José Duarte (Org.). *Estudos em homenagem ao Professor Doutor Paulo de Pitta e Cunha*. Coimbra: Almedina, 2010. v. III. p. 406-417; a sugerir que o conteúdo mínimo dos direitos sociais possui a mesma preceptividade e determinabilidade dos direitos de liberdade, MOREIRA, Isabel. *A solução dos direitos, liberdades e garantias e direitos económicos, sociais e culturais na Constituição portuguesa*. Coimbra: Almedina, 2007. p. 148. Com a negativa da teoria do núcleo mínimo no âmbito do arcabouço jurídico-positivo português, ALEXANDRINO, José de Melo. *Direitos fundamentais* – Introdução geral. 2. ed. Estoril: Princípia, 2011. p. 156; MEDEIROS, Rui. Direitos, liberdades e garantias e direitos sociais: entre a unidade e a diversidade. *In*: MIRANDA, Jorge (Coord.). *Estudos em homenagem ao Prof. Doutor Sérvulo Correia*. Lisboa/Coimbra: Faculdade de Direito da Universidade de Lisboa/Coimbra Editora, 2010. v. I. p. 665-667.

[1371] BARCELLOS, Ana Paula de. O direito a prestações de saúde: complexidades, mínimo existencial e o valor das abordagens coletiva e abstrata. *In*: SOUZA NETO, Cláudio Pereira; SARMENTO, Daniel (Org.). *Direitos sociais* – Fundamentos, judicialização e direitos sociais em espécie. 2. tir. Rio de Janeiro: Lumen Juris, 2010. p. 807 e seguintes.

de moléstias características da terceira idade).[1372] Outro parâmetro utilizado pela autora decorre das condições mínimas previstas para planos ou seguros de saúde de natureza particular, consoante Lei nº 9.656/98; no plano privado mais básico, fornece-se apenas atendimento ambulatorial, a cobrir consultas médicas em clínicas básicas e especializadas, serviços de apoio de diagnóstico, tratamentos e procedimentos ambulatoriais. Por serem prestações que se caracterizam como medicina preventiva, na visão da autora, sem prejuízo de outras, devem ser fornecidas obrigatoriamente pelo Estado.[1373]

Com efeito, outrora se afastou a tese de mínimo existencial, com preferência da teoria do núcleo mínimo pelos motivos já esclarecidos. No entanto, não há prejuízo substancial em denominar de mínimo existencial uma concepção de núcleo mínimo.[1374] O problema nas propostas tanto do Comitê como de Ana Paula de Barcellos é a feição absoluta que outorgam às prestações incluídas no conteúdo mínimo. A opção desta tese é partir da construção de um núcleo mínimo com base numa teoria relativa, acoplado ao princípio da proporcionalidade, porém com a função adicional de servir de bitola argumentativa, a conferir uma diferença na intensidade de controle e no ônus de argumentação a cargo do Estado. Ainda que se possa eventualmente partir das linhas sugeridas ou pelo Comitê ou pela jurista brasileira, tem-se que é possível que o Estado não cumpra as obrigações nucleares se, num exame intenso de proporcionalidade e com maior ônus de argumentação, consiga demonstrar que sua inação é justificável naquele contexto.

Evidentemente, poder-se-ia meditar e sugerir posições e situações que devam integrar o conteúdo mínimo ou até tentar enumerar aquilo que hoje estaria sedimentado como integrante desse núcleo, isto é, poder-se-ia apresentar uma proposição, em viés normativo ou descritivo, do conjunto de situações e posições integrantes do conteúdo mínimo. No entanto, a despeito da utilidade dessa abordagem,[1375] pensa-se que a maior preocupação esteja em delimitar os critérios e parâmetros para que o Judiciário delineie o âmbito nuclear do direito à saúde. Afinal, na proposta seguida nesta tese, o

---

[1372] BARCELLOS, Ana Paula de. O direito a prestações de saúde: complexidades, mínimo existencial e o valor das abordagens coletiva e abstrata. *In*: SOUZA NETO, Cláudio Pereira; SARMENTO, Daniel (Org.). *Direitos sociais* – Fundamentos, judicialização e direitos sociais em espécie. 2. tir. Rio de Janeiro: Lumen Juris, 2010. p. 807-815.

[1373] BARCELLOS, Ana Paula de. O direito a prestações de saúde: complexidades, mínimo existencial e o valor das abordagens coletiva e abstrata. *In*: SOUZA NETO, Cláudio Pereira; SARMENTO, Daniel (Org.). *Direitos sociais* – Fundamentos, judicialização e direitos sociais em espécie. 2. tir. Rio de Janeiro: Lumen Juris, 2010. p. 807-815.

[1374] Veja-se que Ricardo Perlingeiro (PERLINGEIRO, Ricardo. Los cuidados de salud para los ancianos. Entre las limitaciones presupuestarias y el derecho a un mínimo existencial. *Boletín Mejicano de Derecho Comparado, nueva serie*, ano XLVII, n. 140, p. 547-584, maio/ago. 2014. p. 551 e seguintes) refere-se ao conteúdo essencial dos direitos fundamentais como o mínimo existencial. No entanto, a proposta do autor parece aliar-se a uma definição desse mínimo após um exame de proporcionalidade, o que implica uma teoria relativa, o que é defendido por esta tese. Porém, a proposta do autor não é a mesma da preconizada aqui, já que se dá ao conteúdo mínimo uma função autônoma ao teste de proporcionalidade. Anota Perlingeiro que, em relação ao conteúdo essencial ou mínimo existencial, não há espaço para discricionariedade do Legislativo e a exigibilidade é imediata, podendo e devendo o Legislativo atualizá-lo apenas, conforme as alterações das necessidades mínimas. De outro lado, a defender uma posição de mínimo existencial como um princípio jurídico, ao qual pode ser contraposto a reserva do possível, o que representa a necessidade de um alto ônus argumentativo para não conceder prestações consideradas como integrantes de mínimo, com alguma proximidade ao exposto aqui, menciona-se BERNARDI, Renato; LAZARI, Rafael José Nadim de. Tem fundamento a crítica à incorporação da reserva do possível no sistema jurídico brasileiro? *In*: SIQUEIRA, Dirceu Pereira; LEÃO JÚNIOR, Teófilo Marcelo de Arêa (Org.). *Direitos sociais* – Uma abordagem quanto à (in)efetividade desses direitos – A Constituição de 1988 e duas previsões sociais. Birigui: Boreal, 2011. p. 251-267.

[1375] Pode-se mesmo acompanhar a proposta de Ana Paula de Barcellos como um ponto de partida.

conteúdo mínimo adviria de resultados de sucessivas ponderações que resolvessem conflitos normativos, o que criaria uma rede de decisões e uma força a impulsionar a manutenção da jurisprudência, com o acréscimo de que serviria como um mecanismo de categorização da *case-law*, a refletir a intensidade de controle e o ônus de argumentação a que está submisso o Estado. Como mencionado anteriormente, o modo apresentado até então pelo Supremo Tribunal Federal não vinha contribuindo para a sedimentação de um conteúdo mínimo, uma vez que dava uma feição de absolutismo ao mínimo existencial, ausente a preocupação de definir parâmetros e critérios para precisar o conjunto de posições e situações jurídicas entalhadas nele, o que frustra as virtualidades da proposta.

Nesse compasso, é de saudarem-se os votos dos Ministros Marco Aurélio, Luís Roberto Barroso e Edson Fachin nos casos ainda em julgamento, bem como de Gilmar Mendes, em relação ao caso que tratou do pedido de suspensão de tutela antecipada, todos comentados no subitem 3.6.2.2. Isso porque eles apresentam critérios e parâmetros que podem auxiliar a definir um conteúdo mínimo – ou mínimo existencial, embora se entenda equivocada essa terminologia –, independentemente de concordar-se ou não com os parâmetros propostos.

Nesse diapasão, cabe rememorar os parâmetros já sugeridos em outra sede[1376] e contextualizá-los com o direito à saúde, com exame das propostas feitas pelos ministros, apontando as concordâncias e divergências.

O primeiro parâmetro material indubitavelmente é o princípio da dignidade humana (art. 1º, III, da Constituição Federal), o qual, independentemente da vagueza semântica, deve ser compreendido num prisma individual, comunitário e de autonomia da vontade. Se a prestação demandada for indispensável para o exercício da vida digna, fatalmente influenciará a ponderação judicial.[1377] No campo da saúde, considerando que

---

[1376] ALMEIDA, Luiz Antônio Freitas de. *Direitos fundamentais sociais e ponderação* – Ativismo irrefletido e controle jurídico racional. Porto Alegre: Sergio Antonio Fabris, 2014. p. 292-298. Os critérios a seguir enumerados foram ali trabalhados com um pouco mais de vagar.

[1377] Sobre a dignidade humana, conferir ALEXANDRINO, José de Melo. Perfil constitucional da dignidade da pessoa humana: um esboço traçado a partir da variedade de concepções. *In*: ALEXANDRINO, José de Melo. *O discurso dos direitos*. Coimbra: Coimbra Editora, 2011. p. 15-41, em que o Professor de Lisboa apresenta uma reconstrução das teorias da dádiva, da prestação e do reconhecimento. A primeira, de matriz kantiana, fornece uma concepção ontológica da dignidade, a preexistir ao ser humano por força da sua natureza; a segunda, de Luhmann, advoga uma feição funcional da dignidade, um dado a ser construído pelo indivíduo conforme se desenvolve responsavelmente em sua autonomia. A terceira, de Hofmann, concede à dignidade o sentido de solidariedade, consoante aquilo a que cada um reconhece no outro. Alexandrino compromete-se com concepções relativizadoras, de sorte que se afasta de um viés absoluto e negador. De outro lado, MARQUES, Mário Reis. A dignidade humana como prius axiomático. *In*: ANDRADE, Manuel da Costa; ANTUNES, Maria João; SOUZA, Susana Aires de (Org.). *Stvdia Ivridica n. 101*. Estudos em homenagem ao Prof. Doutor Jorge de Figueiredo Dias. Coimbra: Coimbra Editora, 2010. v. IV. p. 541-566, afirma possuir a dignidade humana uma perspectiva relacional, com o reconhecimento em cada um de sua dignidade; na visão do jurista, a dignidade é um *"prius* axiomático", um valor síntese da civilização humana, indemonstrável e inatingível, a funcionar como limite e fator de ordenação global. Sobre a vertente individual, comunitária e de autonomia da vontade, remete-se a BARROSO, Luís Roberto. *A dignidade humana no direito constitucional contemporâneo*: natureza jurídica, conteúdos mínimos e critérios de aplicação. 2010. Versão provisória para debate público. p. 1-30. A defender uma concepção inspirada em Kant de que atenta contra a dignidade qualquer coisa que desumanize o homem, PAVIA, Marie-Luce. La dignité de la personne humaine. *In*: CABRILLAC, Rémy; FRISON-ROCHE, Marie-Anne; REVET, Thierry (Dir.). *Libertés et droits fondamentaux*. 16. ed. Paris: Dalloz, 2010. p. 153-176, a qual argumenta que a dignidade funciona como limite a outros direitos fundamentais, evitando uma aproximação absolutista dos demais direitos; em tom similar, a argumentar que a dignidade é um componente intrínseco no conteúdo de cada direito fundamental, de forma que viabiliza a imposição de limites e restrições aos demais direitos

as necessidades sanitárias são variáveis ao longo do espaço-tempo, está intrincado no primeiro elemento desse binômio o aspecto cultural, num tom crescente de expansão; nota-se aí também o potencial crescente e dinâmico da dignidade humana,[1378] que pode perfeitamente funcionar como um critério de atualização do conteúdo mínimo desse direito. De outro lado, como se conforma o conteúdo do princípio na sua dimensão positiva com a integração de um aspecto de necessidades básicas e de funcionamento normal do corpo humano, invariavelmente as posições que reflitam essas necessidades entalham uma feição de dignidade inafastável, algo conatural para quem se filia à defesa de uma noção filosófica de justiça distributiva.[1379] Com efeito, todos os votos dos julgamentos em suspenso até agora salientaram inequivocamente a necessidade sanitária do cidadão, o que implica que reconhecem a dignidade como um componente do próprio direito à saúde; porém, deve-se ter a noção de que, na formatação daquele conteúdo mínimo, exigível mesmo sem interposição legal, não pode toda e qualquer dificuldade sanitária ser traduzida em violação à dignidade.[1380] Nessa perspectiva, tem-se, por preferencial, em primeiro plano, tratamentos e medicamentos preventivos e, depois, os que evitem a morte, desde que seja possível o restaurar desse funcionamento normal do organismo, isto é, promover a cura ou reabilitar o indivíduo ao desempenho de suas atividades corriqueiras. Cuidados paliativos ou que prolonguem a vida, sem que se possa contar com alguma perspectiva de cura ou reabilitação, a princípio, tem

---

fundamentais, a cunhar um dever de exigir justificação para esses limites, ENDERS, Christoph. The right to have rights: the concept of human dignity in German Basic Law. *Revista de Estudos Constitucionais, Hermenêutica e Teoria do Direito (RECHTD)*, v. 2, n. 1, p. 1-8, 2010; em vereda parecida, para propugnar o não absolutismo da dignidade humana como princípio jurídico, RIBEIRO, Ney Rodrigo Lima. Princípio da dignidade da pessoa humana: (im)possibilidade de sua ponderação? Enfoque luso-brasileiro. *In*: DUARTE, David; SARLET, Ingo Wolfgang; BRANDÃO, Paulo de Tarso (Coord.). *Ponderação e proporcionalidade no Estado constitucional*. Rio de Janeiro: Lumen Juris, 2013. p. 177-182. No sentido de que a dignidade pudesse funcionar de modo autônomo em relação ao conteúdo dos direitos sociais, no intuito de compor um mínimo vital de dimensão positiva, NOVAIS, Jorge Reis. *Os princípios constitucionais estruturantes da república portuguesa*. reimpr. Coimbra: Coimbra Editora, 2011. p. 51-64, o qual, sem embargo, insculpe em trabalho posterior um refinamento, para sustentar um mínimo social como proibição do déficit (NOVAIS, Jorge Reis. *Direitos sociais* – Teoria jurídica dos direitos sociais enquanto direitos fundamentais. Coimbra: Coimbra/Wolters Kluwer, 2010. p. 318-318).

[1378] MARQUES, Mário Reis. A dignidade humana como prius axiomático. *In*: ANDRADE, Manuel da Costa; ANTUNES, Maria João; SOUZA, Susana Aires de (Org.). *Stvdia Ivridica n. 101*. Estudos em homenagem ao Prof. Doutor Jorge de Figueiredo Dias. Coimbra: Coimbra Editora, 2010. v. IV. p. 541-566. O jurista mostra como a ausência de um conteúdo preciso funciona a seu favor, no sentido de dinamizá-lo e atualizá-lo a cada momento.

[1379] Oscar Schachter (SCHACHTER, Oscar. Dignity as a normative concept. *American Journal of International Law*, v. 77, n. 4, p. 848-854, out. 1983. p. 848-852) mostra como uma concepção de justiça distributiva derivada de uma ideologia igualitária termina por apontar que a privação de meios essenciais de subsistência atenta contra a dignidade.

[1380] A propósito, a respeito de algumas prestações que se excluem, por critério hermenêutico, do conteúdo do direito à saúde, conferir itens 3.3 e 3.6.2.2. Veja-se que, como parâmetro, o Ministro Barroso sugeriu em texto doutrinário (BARROSO, Luís Roberto. Da falta de efetividade à judicialização excessiva: direito à saúde, fornecimento gratuito de medicamentos e parâmetros para a atuação judicial. *In*: SOUZA NETO, Cláudio Pereira; SARMENTO, Daniel (Org.). *Direitos sociais* – Fundamentos, judicialização e direitos sociais em espécie. 2. tir. Rio de Janeiro: Lumen Juris, 2010. p. 890-903) que só cuidados sanitários (o texto falava de medicamentos na verdade) indispensáveis para a preservação da vida poderiam, numa ação coletiva, ser determinados judicialmente, ainda que sem a presença de lei, afastando *prima facie* a possibilidade desse mesmo resultado para medicamentos que somente possam permitir o gozo da vida com mais qualidade. Não se vai a tanto, como é perceptível no texto desta tese. *Na III Jornada de Direito da Saúde, aprovou-se o Enunciado nº 89, que orienta a "evitar a obstinação terapêutica com tratamentos sem evidências médicas e benefícios, sem custo-utilidade, caracterizados como a relação entre a intervenção e seu respectivo efeito – e que não tragam benefícios e qualidade de vida ao paciente, especialmente nos casos de doenças raras e irreversíveis, recomendando-se a consulta ao gestor de saúde sobre a possibilidade de oferecimento de cuidados paliativos de acordo com a política pública".

uma força argumentativa menor, salvo se a omissão estatal na hipótese for completa, isto é, se não existir o desenvolvimento de nenhuma política pública para aquele tipo de padecimento e, cumulativamente, a limitação trazida com a enfermidade for muito severa.

O segundo parâmetro material radica-se na solidariedade. À República brasileira impõem-se como objetivos fundamentais a construção de uma sociedade livre, justa e solidária (art. 3º, I) e a erradicação da pobreza e redução das desigualdades (art. 3º, III). A mola propulsora da democracia brasileira é a fraternidade. Logo, no desenho do conteúdo mínimo, consideradas as crescentes demandas em saúde e a necessidade de racionalizar e racionar os recursos, obviamente a prioridade é que eles sejam distribuídos de forma equitativa e, por conseguinte, que se atendam aos hipossuficientes economicamente caso não se possa satisfazer os reclamos de todos.[1381] Mormente no caso de demandas individuais, esse parâmetro é importante para permitir que se investigue a renda e a situação financeira do demandante, pois, caso a pessoa possa adquirir aquela prestação no mercado, não deverá onerar o Estado. Nesse diapasão, todos os votos dos ministros do Supremo Tribunal Federal no Recurso Extraordinário nº 566.471/RN trouxeram notável contributo, ao salientar a imperiosidade de comprovação dessa insuficiência de renda para comprar o bem por suas próprias forças. No entanto, abriu-se um flanco com a proposta do Ministro Marco Aurélio, parcialmente divergente daquela dos ministros Barroso e Fachin, no sentido de que poderia influir aí um dever alimentar de parentes disposto na lei civil e, desse modo, restar o dever estatal patente apenas se os parentes não puderem prover esses cuidados ou, numa falta de espontaneidade, permitir a ação de regresso contra os familiares. Ora, com efeito, o dever alimentar pode bem embasar essa situação e pode servir como um mote para preservar o erário apenas para aqueles mais desvalidos, de modo que é um contorno novo e importante para definir o presente parâmetro. Afinal, claro está que se trata do conteúdo mínimo do direito à saúde, o que não impede os demais poderes políticos de, caso queiram densificar mais o conteúdo protegido do direito, reconhecer prestações a todos e sem qualquer lastro na capacidade econômica.

O terceiro critério dirigente da formação do conteúdo mínimo é a igualdade (art. 5º, *caput*). Não é cabível que o Judiciário decida as questões, mesmo em ações individuais,

---

[1381] PERLINGEIRO, Ricardo. Los cuidados de salud para los ancianos. Entre las limitaciones presupuestarias y el derecho a un mínimo existencial. *Boletín Mejicano de Derecho Comparado, nueva serie*, ano XLVII, n. 140, p. 547-584, maio/ago. 2014. p. 580-583, o qual menciona que a situação financeira do indivíduo deve ser ponderada para formar o mínimo existencial; SOUZA NETO, Cláudio Pereira. A justiciabilidade dos direitos sociais: críticas e parâmetros. *In*: SOUZA NETO, Cláudio Pereira; SARMENTO, Daniel (Org.). *Direitos sociais* – Fundamentos, judicialização e direitos sociais em espécie. 2. tir. Rio de Janeiro: Lumen Juris, 2010. p. 539-540, o qual comenta que a hipossuficiência econômica é um critério a ser observado na judicialização de direitos sociais. No específico caso do direito à saúde, a incapacidade financeira como critério essencial é referida por HENRIQUES, Fátima Vieira. Direito prestacional à saúde e atuação jurisdicional. *In*: SOUZA NETO, Cláudio Pereira; SARMENTO, Daniel (Org.). *Direitos sociais* – Fundamentos, judicialização e direitos sociais em espécie. 2. tir. Rio de Janeiro: Lumen Juris, 2010. p. 827-840; FRANCISCO, José Carlos. Dignidade humana, custos estatais e acesso à saúde. *In*: SOUZA NETO, Cláudio Pereira; SARMENTO, Daniel (Org.). *Direitos sociais* – Fundamentos, judicialização e direitos sociais em espécie. 2. tir. Rio de Janeiro: Lumen Juris, 2010. p. 859-873; e LIMA, Ricardo Seibel de Freitas. Direito à saúde e critérios de aplicação. *In*: SARLET, Ingo Wolfgang; TIMM, Luciano Benetti (Org.). *Direitos fundamentais* – Orçamento e reserva do possível. 2. ed. Porto Alegre: Livraria do Advogado, 2010. p. 246-252. *Na III Jornada do Direito da Saúde, aprovou-se o Enunciado nº 85, que realça que o juiz, para mensurar a capacidade financeira do enfermo, poderá consultar sistemas (RenaJud, BacenJud etc.) e bancos de dados à disposição do Judiciário, observado o sigilo e oportunizado o contraditório.

desconsiderando o impacto global sobre o orçamento potencialmente produzido por eventual efeito multiplicador de demandas aforadas por pessoas em análogas situações. A diretriz que norteia o SUS é o acesso universal das prestações, sob pena de ofensa à isonomia.[1382] Esse critério é fundamental para evitar o fenômeno do *queue-jumping*, em que pessoas mais privilegiadas pelo acesso à informação e pelo acesso mais facilitado ao Judiciário recebem cuidados na frente de outros que aguardaram sua vez na fila de espera e que, eventualmente, poderiam ter necessidades sanitárias até mais urgentes. Cabe ao Estado demonstrar o potencial multiplicador, eis que normalmente disporá de dados que sugiram esse impacto. Esse critério não apareceu em nenhum dos votos dados no Recurso Extraordinário nº 566.471/RN.

Outro critério material é a prioridade da solução mais econômica.[1383] Se os recursos são escassos, é natural que sejam cogitados meios e alternativas que, a par de protegerem satisfatoriamente o direito fundamental, diminuam o gravame financeiro imposto ao erário. De outro lado, esse raciocínio caminha no cumprimento do princípio da eficiência, o qual rege a Administração Pública (art. 37, *caput*) e, finalmente, é uma decorrência da própria norma da proporcionalidade, em que ele é levado em conta em dois momentos: o primeiro é no teste de necessidade, em que se examina uma opção alternativa que proteja satisfatoriamente o direito fundamental e permita o fomento do fim em similares potencialidades. A segunda ocasião ocorre justamente na etapa da proporcionalidade em sentido estrito, em que se sopesam os argumentos pró e contra a

---

[1382] SOUZA NETO, Cláudio Pereira. A justiciabilidade dos direitos sociais: críticas e parâmetros. *In*: SOUZA NETO, Cláudio Pereira; SARMENTO, Daniel (Org.). *Direitos sociais* – Fundamentos, judicialização e direitos sociais em espécie. 2. tir. Rio de Janeiro: Lumen Juris, 2010. p. 539-540; SARMENTO, Daniel. A proteção judicial dos direitos sociais: alguns parâmetros ético-jurídicos. *In*: SOUZA NETO, Cláudio Pereira; SARMENTO, Daniel (Org.). *Direitos sociais* – Fundamentos, judicialização e direitos sociais em espécie. 2. tir. Rio de Janeiro: Lumen Juris, 2010. p. 569-572. Especificamente no caso do direito à saúde, HENRIQUES, Fátima Vieira. Direito prestacional à saúde e atuação jurisdicional. *In*: SOUZA NETO, Cláudio Pereira; SARMENTO, Daniel (Org.). *Direitos sociais* – Fundamentos, judicialização e direitos sociais em espécie. 2. tir. Rio de Janeiro: Lumen Juris, 2010. p. 827-840. Ainda com a preocupação de universalizar a prestação, o Ministro Luís Roberto Barroso chegara a sugerir a proibição de fornecimento de fármacos não dispostos na lista do SUS em ações individuais (BARROSO, Luís Roberto. Da falta de efetividade à judicialização excessiva: direito à saúde, fornecimento gratuito de medicamentos e parâmetros para a atuação judicial. *In*: SOUZA NETO, Cláudio Pereira; SARMENTO, Daniel (Org.). *Direitos sociais* – Fundamentos, judicialização e direitos sociais em espécie. 2. tir. Rio de Janeiro: Lumen Juris, 2010. p. 890-903), porém seu voto, referido no subitem 3.6.2.2, mostra claramente que alterou parcialmente seu posicionamento. A defender seja também judicializado o procedimento, de modo prévio ou concomitante à ação individual, para possibilitar a universalização da prestação, PERLINGEIRO, Ricardo. Los cuidados de salud para los ancianos. Entre las limitaciones presupuestarias y el derecho a un mínimo existencial. *Boletín Mejicano de Derecho Comparado, nueva serie*, ano XLVII, n. 140, p. 547-584, maio/ago. 2014. p. 564 e seguintes; PERLINGEIRO, Ricardo. Novas perspectivas para a judicialização da saúde no Brasil. *Scientia Ivridica*, t. LXII, n. 333, p. 519-539, set./dez. 2013. p. 528-533. Embora seja referente à impossibilidade de rejeição de ações individuais pelo argumento da desigualdade, isto é, não apreciando a questão de construir um conteúdo mínimo com a diretriz de universalização, a opinião de SARLET, Ingo Wolfgang. A titularidade simultaneamente individual e transindividual dos direitos sociais analisada à luz do exemplo do direito à proteção e promoção da saúde. *In*: OTERO, Paulo; ARAÚJO, Fernando; GAMA, João Taborda da (Org.). *Estudos em memória do Prof. Doutor J. L. Saldanha Sanches*. Coimbra: Coimbra Editora, 2011. v. 1. p. 245-276, é de aceitar a eventual colocação de limites nos litígios individuais e dar preferência às ações coletivas.

[1383] SOUZA NETO, Cláudio Pereira. A justiciabilidade dos direitos sociais: críticas e parâmetros. *In*: SOUZA NETO, Cláudio Pereira; SARMENTO, Daniel (Org.). *Direitos sociais* – Fundamentos, judicialização e direitos sociais em espécie. 2. tir. Rio de Janeiro: Lumen Juris, 2010. p. 542. O autor sugere esse critério com base apenas no argumento da escassez de recursos. Num sentido contrário, a salientar que a reserva do possível não pode ser considerada quase nunca em ações individuais diante do reduzido impacto financeiro, isto é, a afastar por completo qualquer consideração do efeito multiplicador, DANTAS, Eduardo Vasconcelos dos Santos. *Droit médical au Brésil* – Essais et réflexions sous la perspective du droit comparé. Rio de Janeiro: GZ, 2013. p. 108-125.

preservação do meio estatal, momento em que pode entrar em cena a comparação com meios alternativos para vislumbrar qual norma colidente tem mais peso.

No subitem 3.6.2.2, quando se examinou a proporcionalidade na vertente da proibição de déficit de tutela, foi colocada a questão da previsão de fármaco e procedimentos nos protocolos clínicos e diretrizes terapêuticas, o que representa uma aplicação prática desse critério da solução mais econômica. Ora, se há opções já padronizadas e oferecidas no SUS e que protejam de igual modo o direito fundamental, não se tem déficit de tutela. De outro lado, ainda que haja comprovação de maior eficácia e segurança na promoção de melhora na saúde gerada pela prestação pretendida e não disponibilizada no SUS, caso se demonstre que o custo-efetividade, usado na avaliação da incorporação ou não de determinado medicamento ou procedimento, é baixo ou pouco significativo, cresce a força dos argumentos em prol da constitucionalidade e proporcionalidade da opção do gestor do SUS. Já havia vozes na doutrina que salientavam a necessidade de seguir os protocolos e diretrizes terapêuticas do SUS[1384] e esse imperativo foi um dos critérios sugeridos nos votos dos ministros Luís Roberto Barroso e Edson Fachin – para o primeiro, seria um critério incontornável, já o segundo defendeu a necessidade de comparação do medicamento demandado com aquele disponível no sistema –, embora não tenha sido esquadrinhado dentro de uma aplicação metódica da proporcionalidade esboçada nesta tese tanto nas menções doutrinárias como nos votos desses juízes.

No entanto, mesmo que se conclua pela desproporcionalidade da omissão do gestor do SUS e entenda-se que se deve fornecer a prestação demandada judicialmente, esse parâmetro de eficiência permite que sejam determinadas cautelas na ordem judicial para diminuir os impactos financeiros da decisão.[1385] Ainda existe o costume dos médicos

---

[1384] HENRIQUES, Fátima Vieira. Direito prestacional à saúde e atuação jurisdicional. *In*: SOUZA NETO, Cláudio Pereira; SARMENTO, Daniel (Org.). *Direitos sociais* – Fundamentos, judicialização e direitos sociais em espécie. 2. tir. Rio de Janeiro: Lumen Juris, 2010. p. 827-840. A autora defende que a decisão judicial que determinar a entrega de prestação não incorporada dependerá de um juízo de razoabilidade que mostre que a decisão do gestor, espelhada nos protocolos e diretrizes terapêuticas, foi desarrazoada, no sentido de existir medicamentos com custos idênticos, mas com eficácia flagrantemente superior. A salientar uma preferência pelas alternativas do SUS, BARROSO, Luís Roberto. Da falta de efetividade à judicialização excessiva: direito à saúde, fornecimento gratuito de medicamentos e parâmetros para a atuação judicial. *In*: SOUZA NETO, Cláudio Pereira; SARMENTO, Daniel (Org.). *Direitos sociais* – Fundamentos, judicialização e direitos sociais em espécie. 2. tir. Rio de Janeiro: Lumen Juris, 2010. p. 890-903. Ver, ainda, LIMA, Ricardo Seibel de Freitas. Direito à saúde e critérios de aplicação. *In*: SARLET, Ingo Wolfgang; TIMM, Luciano Benetti (Org.). *Direitos fundamentais* – Orçamento e reserva do possível. 2. ed. Porto Alegre: Livraria do Advogado, 2010. p. 250-252, o qual advoga a necessidade de priorização de fornecimento de medicamentos genéricos ou de custo mais baixo, além de seguimento ordinário dos protocolos clínicos e diretrizes terapêuticas, concebidos como meios de racionalização do direito à saúde, mesmo que não vinculantes ao Judiciário. O Enunciado nº 4, reconfigurado pelo Enunciado nº 61 – ambos aprovados nas jornadas de direito da saúde promovidas pelo fórum nacional, criado pelo Conselho Nacional de Justiça –, no entanto, procura apresentar os protocolos e diretrizes terapêuticas como elementos de organização e não de limitação da assistência sanitária ofertada no SUS, a permitir a determinação judicial de procedimentos, medicamentos e tratamentos não incorporados no SUS ou não constante de algum protocolo. Nesta tese, deixou-se evidente que tal poderá ocorrer desde que haja uma proteção insuficiente ao direito à saúde, sindicável pelo exame de proporcionalidade, complementado pela formatação de um conteúdo mínimo desse direito. *Os enunciados nºs 4 e 61 foram revogados na III Jornada de Direito da Saúde.

[1385] A par da questão da indicação da nomenclatura do princípio ativo, vejam-se as cautelas sugeridas nos enunciados nº 2 e nº 56, aprovados nas jornadas de direito à saúde, promovidas pelo fórum nacional criado pelo Conselho Nacional de Justiça. O primeiro orienta que, na hipótese de prestações continuadas deferidas liminar ou definitivamente, deve-se estabelecer uma periodicidade de renovação de avaliação médica, sob pena de perda da eficácia da medida; o segundo sugere que, na impossibilidade de compra por processo licitatório, antes da liberação do numerário, deva o Judiciário exigir do autor a apresentação prévia de três orçamentos. *A redação dos enunciados nºs 2 e 56 foi alterada na III Jornada de Direito da Saúde. Em relação ao Enunciado nº 2, a par

em prescrever o nome comercial do medicamento, sem discriminar o princípio ativo e a denominação comum brasileira (DCB)[1386] ou denominação comum internacional (DCI), razão pela qual o parâmetro proposto pelo Ministro Edson Fachin é muito útil e deveria ser obrigatório e não, como sugerido pelo julgador, meramente preferencial.

Além desses critérios materiais, há parâmetros procedimentais a serem adotados. O primeiro já foi referido várias vezes e decorre do ônus probatório que recai sobre o Estado, o qual deve demonstrar a escassez de recursos e o alto impacto financeiro provocado pelo potencial concreto de efeito multiplicador.[1387] Não basta apenas alegar, deve apresentar estudos, estatísticas e dados, que mostrem o possível universo de beneficiários da prestação demandada individual ou coletivamente e o custo econômico, o impacto orçamentário e o prejuízo dado aos interesses estatais e demais direitos fundamentais. O Comitê já tinha salientado o ônus estatal no Comentário-Geral nº 3 e o novo Código de Processo Civil brasileiro mantém a regra geral do *codex* revogado – embora admita que o juiz possa mudar a distribuição desse ônus em decisão fundamentada –, que impõe ao réu ou arguido a prova dos fatos modificativos, extintivos ou impeditivos do direito do autor (art. 373), de sorte que é dele esse ônus, até porque, em tempo de normalidade, a escassez alocativa não pode ser alçada à condição de fato notório, pois depende de exame argumentativo das finanças e orçamento estatais.

O segundo parâmetro procedimental é o realce da prioridade das ações coletivas em detrimento das ações individuais.[1388] Esse parâmetro foi realçado pelo Ministro

---

de substituir "liminar" por "tutela provisória", para casar com a semântica do novo Código de Processo Civil, comenta-se que o relatório médico renovado deve ser apresentado preferencialmente ao executor da ordem judicial. Em relação ao Enunciado nº 56, inclui-se no texto o BacenJud e impõe-se a apresentação ao Juízo, antes da decisão, de três orçamentos, salvo se a definição dos custos for complexa (cirurgias, internações e fornecimento de insumos de uso hospitalar). Aprovou-se, ainda, o Enunciado nº 94, que menciona que, até a conclusão do processo licitatório para a compra do produto sanitário, a autoridade judiciária poderá determinar ao réu o depósito judicial dos valores suficientes para a aquisição do produto pela parte autora, sob pena de sequestro de verbas.

[1386] DANTAS, Eduardo Vasconcelos dos Santos. *Droit médical au Brésil* – Essais et réflexions sous la perspective du droit comparé. Rio de Janeiro: GZ, 2013. p. 108-125. O jurista, ao notar os maiores impactos financeiros em razão de decisões que ordenam a entrega de fármacos pelo nome comercial, sem que o Judiciário sequer se atente se há alternativas incorporadas ao SUS, inclusive medicamentos genéricos com a mesma eficácia, defende que os juízes passem a determinar o fornecimento de medicamentos com o mesmo princípio ativo, nomeados nos termos da DCB e preferencialmente registrados na Anvisa. No correto sentido de ser obrigatório que o medicamento prescrito faça referência à DCB ou, na falta, à DCI, com indicação do princípio ativo, nome de referência da substância, posologia, modo de administração e período de tempo de tratamento, aponta o Enunciado nº 15, aprovado na I Jornada de Direito da Saúde, promovida pelo fórum nacional criado pelo Conselho Nacional de Justiça, com o que está, neste ponto, inteiramente de acordo.

[1387] A propósito, também Alicia Ruiz (RUIZ, Alicia C. La realización de los derechos sociales en un Estado de Derecho. *In:* OLIVEIRA NETO, Francisco José Rodrigues et alli (Org.). *Constituição e Estado Social* – Os obstáculos à concretização da Constituição. Coimbra: Coimbra Editora, 2008. p. 44-48) sustentava o dever de justificação e ônus da prova estatal sobre a incapacidade econômico-financeira em satisfazer as pretensões relativas a direitos sociais, porém com motivação no princípio da proibição de retrocesso social, ficando patente a discordância parcial desse pensamento com as razões dadas na tese, em que se assevera que esse dever de justificação decorre de uma concepção de democracia deliberativa e de um novo papel imposto ao Judiciário como contrapeso dos demais poderes políticos.

[1388] BARCELLOS, Ana Paula de. O direito a prestações de saúde: complexidades, mínimo existencial e o valor das abordagens coletiva e abstrata. *In:* SOUZA NETO, Cláudio Pereira; SARMENTO, Daniel (Org.). *Direitos sociais* – Fundamentos, judicialização e direitos sociais em espécie. 2. tir. Rio de Janeiro: Lumen Juris, 2010. p. 807-825; HENRIQUES, Fátima Vieira. Direito prestacional à saúde e atuação jurisdicional. *In:* SOUZA NETO, Cláudio Pereira; SARMENTO, Daniel (Org.). *Direitos sociais* – Fundamentos, judicialização e direitos sociais em espécie. 2. tir. Rio de Janeiro: Lumen Juris, 2010. p. 827-840; BARROSO, Luís Roberto. Da falta de efetividade à judicialização excessiva: direito à saúde, fornecimento gratuito de medicamentos e parâmetros para a atuação

Edson Fachin em seu voto. No quadro atual, ainda seria preciso realizar alguns ajustes legislativos para que isso ocorra, inclusive com o entendimento de que seria possível sobrestar ações individuais até o julgamento da ação coletiva com mesmo pedido e causa de pedir,[1389] embora já pudessem os juízes adotar essa estratégia em função da percepção conjuntural dos benefícios. De outro lado, o Conselho Nacional de Justiça poderia contribuir nesse sentido, ao impor metas e recomendações afinadas com essa prioridade. Ademais, não é debalde frisar que o Ministério Público, caso se mostre alinhado no desempenho institucional com a priorização do enfoque coletivo, facilitará a missão judicial na medida em que celebrar termos de ajustamento de conduta que sanem omissões estruturais do Estado, o que certamente diminuirá o número de ações individuais, bem como tenha por critério, ao demandar uma prestação não definida na política pública existente no SUS, de judicializar de modo coletivo o próprio procedimento administrativo para a inclusão dessa prestação.[1390]

Nesse compasso, em relação ao registro de medicamentos na Anvisa, foi salientado pelos ministros Barroso e Fachin a possibilidade de controle pautado no exame do procedimento registral, inclusive no quesito da mora em efetuar o registro. No entanto, as mesmas considerações são aplicáveis ao procedimento administrativo de incorporação de novas tecnologias no SUS, de sorte que, além da desproporcionalidade da omissão, pode o controle judicial versar sobre os aspectos de legalidade e não razoabilidade da mora administrativa. Um senão, apenas, em relação ao ponto propugnado pelo Ministro Barroso e até constante no voto do Ministro Fachin, que tratou de uma "reserva de administração": discorda-se que a formal recusa de incorporação de novel tecnologia possa inviabilizar a reforma da decisão pelo controle judicial. Evidentemente, não se trata de defender um controle total do mérito do ato administrativo, mas sim avaliar a existência ou não de desproporcionalidade na proteção estatal oferecida. É claro que a recusa expressa do gestor em incorporar uma nova tecnologia pode influir na

---

judicial. *In*: SOUZA NETO, Cláudio Pereira; SARMENTO, Daniel (Org.). *Direitos sociais* – Fundamentos, judicialização e direitos sociais em espécie. 2. tir. Rio de Janeiro: Lumen Juris, 2010. p. 890-903; SOUZA NETO, Cláudio Pereira. A justiciabilidade dos direitos sociais: críticas e parâmetros. *In*: SOUZA NETO, Cláudio Pereira; SARMENTO, Daniel (Org.). *Direitos sociais* – Fundamentos, judicialização e direitos sociais em espécie. 2. tir. Rio de Janeiro: Lumen Juris, 2010. p. 543-545; SARMENTO, Daniel. A proteção judicial dos direitos sociais: alguns parâmetros ético-jurídicos. *In*: SOUZA NETO, Cláudio Pereira; SARMENTO, Daniel (Org.). *Direitos sociais* – Fundamentos, judicialização e direitos sociais em espécie. 2. tir. Rio de Janeiro: Lumen Juris, 2010. p. 583-585; RAMIRES, Maurício. *Um contributo sobre o modelo brasileiro de acesso judicial ao direito fundamental à saúde, a partir da academia e doutrina portuguesas*. Relatório (Doutorado em Ciências Jurídico-Políticas) – Faculdade de Direito, Universidade de Lisboa, 2010. p. 5-22; LUPION, Ricardo. O direito fundamental à saúde e o princípio da impessoalidade. *In*: SARLET, Ingo Wolfgang; TIMM, Luciano Benetti (Org.). *Direitos fundamentais* – Orçamento e "reserva do possível". 2. ed. Porto Alegre: Livraria do Advogado, 2010. p. 316-318, o qual reforça o problema de ações individuais para receber medicamentos, com inobservância do caráter universal e impessoal da ação estatal e prejuízo da coletividade.

[1389] Remete-se a ALMEIDA, Luiz Antônio Freitas de. *Direitos fundamentais sociais e ponderação* – Ativismo irrefletido e controle jurídico racional. Porto Alegre: Sergio Antonio Fabris, 2014. p. 297, para os argumentos que embasam esse posicionamento.

[1390] A necessidade de judicializar o procedimento administrativo é defendida por PERLINGEIRO, Ricardo. Los cuidados de salud para los ancianos. Entre las limitaciones presupuestarias y el derecho a un mínimo existencial. *Boletín Mejicano de Derecho Comparado, nueva serie*, ano XLVII, n. 140, p. 547-584, maio/ago. 2014. p. 564 e seguintes; PERLINGEIRO, Ricardo. Novas perspectivas para a judicialização da saúde no Brasil. *Scientia Ivridica*, t. LXII, n. 333, p. 519-539, set./dez. 2013. p. 528-533.

intensidade de controle judicial a ser observada,[1391] porque trabalha com a ideia de discricionariedade epistêmica do tipo normativo, a justificar um controle mais autocontido e mais enfraquecido de proporcionalidade, isto é, atua num plano analítico diverso da estrutura da proporcionalidade, como visto anteriormente.

O critério final para formatação do conteúdo mínimo proposto nesta tese e também de índole procedimental, sem prejuízo de outros que possam ser aventados, trata do aumento do diálogo institucional entre os poderes e da interlocução com a sociedade,[1392] algo expressamente sugerido como critério pelo Ministro Barroso em seu voto. Deveras, a realização de audiências e consultas públicas permite a oitiva de vozes especializadas que auxiliarão nas questões técnicas e diminuirão a possibilidade de hidrólise das políticas sanitárias; um exemplo marcante ocorreu com a audiência pública da judicialização da saúde, cujas apreciações foram referidas nos votos dos ministros Barroso e Fachin, especialmente na ênfase que deram na medicina baseada em evidências,[1393] para evitar o deferimento de toda e qualquer pretensão de assistência, mormente os cuidados e produtos em fase de experimentação, na comparação da prestação reclamada judicialmente com as alternativas disponibilizadas no SUS, na necessidade de prévio requerimento administrativo.[1394] Outros pontos salientados na

---

[1391] A propósito, conferir o Enunciado nº 57, aprovado na II Jornada de Direito da Saúde, promovida pelo fórum nacional criado pelo Conselho Nacional de Justiça, o qual aconselha que seja examinado pelo magistrado em demandas de medicamentos, produtos ou procedimentos não incorporados ao SUS se a questão foi apreciada pela Comissão Nacional de Incorporação de Novas Tecnologias – Conitec. *Na III Jornada de Direito da Saúde, aprovou-se o Enunciado nº 103, que aduz que a recomendação da Conitec contrária à incorporação de tecnologia não vincula o Judiciário, devendo o magistrado apontar o fundamento e a evidência científica que embase a conclusão contrária ao entendimento do órgão técnico.

[1392] SOUZA NETO, Cláudio Pereira. A justiciabilidade dos direitos sociais: críticas e parâmetros. In: SOUZA NETO, Cláudio Pereira; SARMENTO, Daniel (Org.). Direitos sociais – Fundamentos, judicialização e direitos sociais em espécie. 2. tir. Rio de Janeiro: Lumen Juris, 2010. p. 506.

[1393] Para um conceito de medicina baseada em evidências, remete-se a MAINGUÉ NETO, Wilson. O mandado de segurança e o direito à assistência à saúde. Curitiba: JM Editora, 2011. p. 109-118. A medicina baseada em evidências integra as disciplinas da epidemiologia clínica, bioestatística e informática médica e é usada para definir a melhor terapêutica para um paciente ou para uma população. Na sua base, reconhecem-se incertezas variadas nas decisões clínicas, de modo que ela deve ser minorada mediante evidências científicas que delineiem o impacto potencial das condutas clínicas por intermédio de um exame científico, amparado em estudos randômicos e revisado sistematicamente (meta-análise), com cotejo com estudos similares de mesmo rigor científico. A definição de listas de medicamentos, sejam essenciais ou não, é baseada em comparação de drogas com finalidades semelhantes quanto à eficácia e ao custo comparativo, sendo que a decisão é tomada por força de exame de evidências científicas disponíveis. O Enunciado nº 59, aprovado na II Jornada do Direito à Saúde, promovida pelo fórum criado pelo Conselho Nacional de Justiça, expressamente enfatiza a necessidade de prova confiada em medicina baseada em evidências para viabilizar demandas de órteses, próteses, medicamentos, procedimentos e materiais especiais que estejam fora das listas oficiais.

[1394] Esse critério, a rigor, nada mais é que a prova da omissão estatal, sem a qual não faria sentido ou seria útil a intervenção judicial. Aliás, embora possa até soar como anedota, far-se-á o registro de uma experiência pessoal: quando na função de membro do Ministério Público em exercício na comarca de Coxim, fui procurado por uma senhora que reclamava um determinado medicamento, na finalidade de tratar de seu problema de saúde. Após quase uma hora de entrevista com a mulher, detalhando no termo de declarações sua necessidade médica e o risco que traria para seu tratamento o não prosseguimento com a medicação, perguntou-se a ela há quanto tempo o município estava sem fornecer-lhe o medicamento e se havia alguma justificativa para a recusa, ao que a senhora simplesmente respondeu que não o pedira no posto de saúde, porque supunha que poderia estar em falta. Aconselhada a verificar no posto se havia ou não o medicamento e retornasse ao Ministério Público na segunda hipótese, a senhora não mais retornou. De volta ao critério de prévio requerimento administrativo e no que tange à sua corroboração, caso haja recusa em fornecer resposta expressa ou haja protelação em recusar a oferta, obviamente que a prova poderá ser suprida por outros meios, como testemunhas, receita prescrita por profissional do SUS etc. Sobre o prévio requerimento, conferir Enunciado nº 13, aprovado na I Jornada de Direito da Saúde, promovida pelo fórum criado pelo Conselho Nacional de Justiça.

audiência e referenciados nos votos de um ou de outro como critérios na judicialização são a necessidade de oitiva do gestor,[1395] a indicação da nomenclatura do fármaco nos termos da DCB ou, na sua ausência, da DCI, a preferência por ações coletivas, a necessidade de indicação da prestação por receita prescrita por médico integrante do SUS[1396] e até a apreciação da mora da Anvisa. Novamente entra em cena a importância de uma atuação satisfatória do Ministério Público, o qual dispõe do instrumento legal da audiência pública e deve aproximar-se do gestor para o contínuo colóquio interinstitucional, o que facilitará a missão jurisdicional.

Em arremate, esses parâmetros permitem construir um conteúdo mínimo apto a desempenhar satisfatoriamente sua função e, assim, acoplá-lo à proporcionalidade para aumentar a segurança jurídica e a racionalidade do exercício ponderativo, o que contribui para a legitimidade do Judiciário em efetuar o controle do cumprimento das normas de direitos fundamentais e diminuir significativamente o risco de uma hidrólise judicial nas políticas públicas de saúde.

[1395] Tese sufragada no Enunciado nº 13, aprovado na I Jornada de Direito da Saúde, promovida pelo fórum nacional criado pelo Conselho Nacional de Justiça, com a qual se está de acordo. *Houve alteração da redação do Enunciado nº 13, porém sem alteração significativa do conteúdo.

[1396] A respeito da necessidade de triagem médica pelo próprio SUS, remete-se para o item 3.6.2, na parte em que se tratou da chamada diferença de classe. Não obstante, o Enunciado nº 7, aprovado na I Jornada do Direito à Saúde, promovida pelo fórum criado pelo Conselho Nacional de Justiça, sufraga a tese que permite a judicialização com base em receita prescrita por médico fora dos quadros da rede pública.

CONCLUSÕES DA TESE

Conclusões do Capítulo 1

1. A consagração do constitucionalismo e a importância capital dada aos princípios jurídicos pelos tribunais constitucionais e pela doutrina hodierna, longe de ser um capítulo fechado da história, é uma tendência que põe alguns desafios à concepção positivista do direito e renova o fôlego jusnaturalista ou mesmo pós-positivista.

2. O positivismo ideológico e o formalista são rejeitados; o positivismo metodológico é redimensionado, com adesão, nesse ponto, à posição de Ferrajoli de que é possível uma construção que permita uma "foz" teórica comum entre os cursos (e discursos) de direito positivo, filosófico-crítico e sociológico, observado o postulado de transparência; a tarefa de descrição do direito é enquadrada como a adotar, pelo descritor, a posição "destacada" de Raz.

3. Dentro do positivismo inclusivo, assumido nesta tese, várias relações entre direito e moral são possíveis; o positivismo inclusivo compromete-se com a tese da separabilidade apenas no campo da identificação das fontes do direito. A aplicação de normas jurídicas pode trazer à tona considerações morais que adentram na argumentação, de forma que se pode perceber regras de reconhecimento com diferentes instâncias, uma existente na identificação das fontes e normas do sistema e outra incidente no ofício de aplicação das normas do sistema (regra de reconhecimento epistêmica e adjudicatória).

4. A historicidade dos direitos fundamentais e o dinamismo do direito enquanto produto cultural, mais precisamente como realidade convencional, a gerar expectativas contrafáticas dos participantes da comunidade de que os demais agirão com base na crença delas, a par do reconhecimento de uma ordem plural de valores, são bases consistentes para rejeitar o jusnaturalismo.

5. O realismo é rejeitado, porque não é viável uma completa indeterminação do direito, sendo possível a construção de proposições objetivamente verdadeiras.

6. De outro lado, a concepção pós-positivista de Müller é rejeitada, especialmente por seu criticável conceito de norma jurídica. No que tange a Alexy, em que pese sua oposição ao positivismo, tem-se que a teoria da argumentação jurídica que ele propõe é passível de compatibilizar-se também dentro de uma estrutura de pensamento positivista, com a equalização da pretensão de correção alexyana

limitada ao ambiente cultural das modernas democracias ocidentais, com direitos fundamentais positivados em seus textos constitucionais.

7. As normas de direitos fundamentais são compostas, em geral, por enunciados linguísticos carregados de potencial simbólico, mas, como normas jurídicas que são, não divergem na essência das demais normas integrantes do ordenamento jurídico.

8. Os enunciados normativos podem ser expressos por meio de textos linguísticos, gráficos ou mesmo comportamentos. As normas são as unidades ideais de sentido deontológico e estão contidas nos enunciados linguísticos, gráficos ou comportamentais; estes são a roupagem ou o revestimento simbólico, mormente linguístico, por meio dos quais aquelas, as quais são sentidos de dever-ser, são declaradas.

9. As normas de direitos fundamentais são compostas em sua estrutura por previsão (condições de aplicação), estatuição (consequência jurídica prevista) e um operador deôntico (proibição, imposição ou permissão): esses elementos existem em todas as normas, ainda que eventualmente camuflados no enunciado normativo.

10. A percepção de que as normas de direitos fundamentais eram simplesmente normas, não tendo nenhum atributo que as singularizasse nesse particular, não desconsidera outras particularidades inerentes que motivam sua classificação como uma categoria jurídica: i) são normas formal ou materialmente constitucionais, de sorte a ostentar posição ápice na hierarquia normativa, conquanto as normas não integrantes formalmente do catálogo constitucional possam estar submetidas a um regime menos reforçado, inclusive no tocante à revisão constitucional; ii) são normas de conduta ou normas primárias, pois regulam comportamentos e não têm por objeto outras normas; iii) são normas que conferem posições jurídicas basilares das pessoas garantidas em face do e pelo Estado.

11. Há dois grandes gêneros de normas jurídicas: regras e princípios. A diferença aceita nesta tese é a distinção quantitativa, pois os princípios possuem condições de aplicação mais indeterminadas que as regras, embora seja correto afirmar que todas as normas sofrem de algum grau de indeterminação e vagueza.

12. Princípios e regras desempenham funções diversas nos planos de explicação, justificação e controle de poder.

13. O modo típico de aplicação de princípios materiais é a ponderação, ao passo que é a subsunção o das regras. Sem embargo, há casos em que as regras podem não ser aplicadas por força de um raciocínio ponderativo (derrotabilidade), bem como há hipóteses logicamente possíveis de aplicação subsuntiva de um princípio.

14. No entanto, há também há metanormas ou princípios formais, os quais não possuem um "peso material", insuscetíveis de entrar em conflitos normativos com outras normas de conduta. Sua aplicação é subsuntiva.

15. Cindem-se em momentos distintos, mas cronologicamente ligados, as fases de interpretação e aplicação. Naquela etapa, compete ao aplicador/cientista do direito efetuar uma descodificação linguística dos termos e expressões constantes dos enunciados jurídicos selecionados para reger a hipótese examinada, mesmo que tenha, em caso de incerteza linguística, que estipular um sentido de dever-ser entre várias alternativas conferidas na moldura normativa ou estabelecer uma fronteira decisiva de cabimento do termo vago ou de textura aberta. Na segunda fase, o jurista/aplicador deter-se-á sobre a indeterminação pragmática da norma, a qual

pode contrapor-se a outras normas no nível deôntico ou apenas no plano concreto de aplicação, em função de uma determinada conjugação de dados da realidade que motivou o acionamento das condições de aplicabilidade de normas que, à partida, não estavam em concorrência normativa.

16. A interpretação é considerada apenas atividade, algo justificável dentro de um contexto da incorporação de direitos fundamentais, a dar mais transparência e aumentar o espectro de controle, evitando a adição ou a subtração de sentidos como se fossem simples resultado interpretativo. A interpretação é sempre necessária.

17. O uso particular da linguagem na enunciação de normas gerais e abstratas, ao permitir um hiato despersonalizador entre legislador e aplicador, faz com que a dependência do contexto nesse uso particular da linguagem seja diminuta se comparada a um ato ordinário de comunicação, limitada essencialmente à compreensão da realidade e sua relação com o significado dos termos e frases dos enunciados normativos: a formulação de normas tem por azo a criação de sentidos genéricos e abstratos de dever-ser, o que retira a maior parte de celeuma que o contexto poderia trazer dentro de uma esfera comunicacional.

18. As maiores indeterminações semânticas são a polissemia, a vagueza e a textura aberta. Vagueza e textura aberta possuem uma solução estrutural similar, com zonas de certeza positiva e negativa e uma zona de incerteza. Na hipótese de existir uma imprecisão linguística, o jurista/aplicador elaborará uma proposição normativa/decisão de jaez interpretativo que terá nítido valor estipulativo-criativo, com potencial de receber um valor de objetividade ou verdade somente se angariar um consenso na comunidade jurídica relevante (no caso das instâncias de aplicação, se obtiver respaldo das instituições competentes para ter a última decisão). As regras para resolver essas imprecisões linguísticas são a teleológica, a sistemática, a hierárquica e a de unidade de conjunto, rejeitados os critérios de vontade do legislador, histórico e genético ou originalista.

19. Define-se a ponderação em seu gênero como a técnica empregada para solucionar impasses normativos sem resposta ditada pelo sistema jurídico, sejam eles ocorridos no âmbito da interpretação (ponderação interpretativa), sejam no contexto pragmático de conflitos normativos, abstratos ou concretos, caso não existam metanormas de superação dessas colisões deônticas (ponderação de colisão normativa ou ponderação aplicativa).

20. Existem dois tipos de conflitos normativos: conflitos abstratos e concretos. Nos primeiros, a incompatibilidade é gerada na própria configuração abstrata da norma, sem depender de verificação de situações fáticas no momento de sua aplicação. Nos segundos, a incompatibilidade é eventual, ela opera no momento da sua aplicação, isto é, as colisões normativas concretas são verificáveis apenas na situação particular da vida que gerou a ativação do sentido deôntico das normas em confronto.

21. Ocorrem conflitos normativos toda a vez que os efeitos jurídicos de duas ou mais normas não puderem simultaneamente ser aplicados por força de sua incongruência.

22. Os conflitos abstratos, cujo choque opera na dimensão abstrata da norma, a prescindir de verificação de dados fáticos para seu aperfeiçoamento, podem ser resolvidos com a previsão de metanormas de prevalência. Normalmente as normas de prevalência pautam-se pelo critério hierárquico, cronológico e de especialidade: *lex superior, lex*

posterior e *lex specialis*. Conflitos concretos dependem de um recorte da realidade para sua ativação e, diante da inviabilidade de solução por metanormas do sistema, o próprio ordenamento apela à ponderação caso o sistema não admita o *non liquet*.

23. As regras são derrotadas em excepcionais circunstâncias, desde que existam razões mais fortes que as vençam no balanceamento e haja um conflito normativo caracterizado. Os conflitos podem ser intrassistêmicos, ativados por normas jurídicas antagônicas, e intersistêmicos, engatilhados por uma norma jurídica e outra não jurídica com aquela incompatível. A vitória da norma moral ou não jurídica no conflito intersistêmico não a "juridiciza" imediatamente, pois depende de uma consolidação de decisões que apliquem a mesma norma moral, a consubstanciar um costume judiciário e a incorporação dessa norma no sistema jurídico. Contudo, não serve uma mera discordância moral do aplicador, esse resultado só é possível em casos extremos, sob pena de inconsistência normativa. Ante a incorporação de normas morais como princípios jurídicos nos textos constitucionais, os conflitos intersistêmicos são virtualmente inexistentes.

24. A par da força intrínseca de toda regra aplicada por força do princípio formal-institucional, sua estabilização via precedentes, mormente de tribunais superiores, que geram razões epistêmicas para a não alteração da jurisprudência sedimentada, diminui, a níveis toleráveis, o risco de indeterminação normativa do sistema jurídico que a aceitação da derrotabilidade provoca.

25. É possível agrupar as principais críticas à ponderação em: i) "inflação" ponderativa acrítica e ametódica, a configurar um "álibi performático" justificador do decisionismo; ii) ilusão de objetividade do discurso ponderativo e distorção do discurso político dos direitos; iii) necessidade de pré-ordenação ou categorização dos direitos fundamentais em vez de confiar no sopesamento; iv) diminuição da força normativa dos direitos fundamentais; v) irrelevância da ponderação em relação aos cânones de interpretação; vi) irracionalidade da técnica ponderativa; vii) usurpação da competência política pelo Judiciário, ilegítimo democraticamente, com o apequenar da margem discricionária dos demais poderes estatais.

26. Os contrapontos centrais a essas críticas podem ser enumerados a seguir, os quais permitem a defesa da ponderação: a) inexistência de método blindado de qualquer carga de subjetivismo e, logo, passível de um controle racional absoluto, razão pela qual se examina qual é o método mais racional; b) com base na premissa anterior, alcança-se um grau mais alto de racionalidade se o aplicador, em vez de esconder a valoração feita na decisão, situe-se em posição dialógica com os demais poderes políticos, comunidade jurídica e sociedade em geral, com a explicação das etapas percorridas, de seu juízo subjetivo e das escolhas feitas nesse contexto, o que permite um controle político-social amplificado de suas decisões; c) a ponderação e o juízo comparativo que ela pressupõe são formais a princípio, porque não lhes são ínsitos critérios materiais que possam direcionar a escolha do aplicador/intérprete para resolver o impasse normativo, mesmo que seja possível atrelar-lhe uma ideia diretiva de correção do resultado ou de obtenção do resultado mais racional possível. No entanto, esse aspecto formal não desaloja a importância e a necessidade de preencher a ponderação com critérios materiais que possam guiar o intérprete/aplicador no juízo de sopesamento e está muito além de significar que se pretenda com a metáfora a tal

neutralidade inexistente ou uma precisão matemática; d) essa fluidez da ponderação, cuja comparação é incondicionada à partida, pode ser diminuída pela sua estruturação operativa pelo princípio da proporcionalidade, que é a melhor ferramenta heurística disponível a guiar o intérprete. Ainda será uma estrutura formal e dependerá de argumentação baseada em critérios materiais, mas já trará inúmeras vantagens para a obtenção de maior racionalidade, uma vez que auxiliará o utilizador a destrinchar e a quebrar em várias etapas as questões complexas envolvidas no impasse normativo, com organização analítica da fundamentação decisória que facilita a obtenção de resultados mais corretos. Se há mais racionalidade, ganha-se em proteção aos direitos fundamentais, afastando-se a tese da perda normativa; e) a partir de um pluralismo sedimentado no ordenamento jurídico e no espectro de uma cultura de justificação, não se afigura viável almejar uma escala absoluta de prevalência entre normas constitucionais, justamente porque refoge à natureza humana a figura mítica de um legislador-oráculo, capaz de detalhar tão especificadamente as normas e suas exceções, a ponto de tornar o sistema plenamente coerente e sem contradições, e de impedir que na aplicação dessas normas possam existir conflitos eventuais entre elas; f) a alternativa ao sopesamento apresentada pelos críticos é a prévia categorização dos direitos, a estabelecer um modelo de trunfos ou de ordem serial, a configurar o papel das cortes a replicar esses posicionamentos por juízos subsuntivos do caso à categorização previamente estabelecida, o que, em suma, fixaria uma hierarquia entre os diferentes direitos fundamentais. Contudo, a própria formação dessas categorias pressupõe um sopesamento, mesmo que disfarçado ou não admitido; g) é curial que se adote um modelo fraco de trunfos, que permite a colocação de diferentes pesos abstratos aos direitos fundamentais e num patamar acima dos interesses constitucionais, algo que permite a ponderação e desprotege menos os direitos, a par de não sofrer com as críticas de déficit de racionalidade pela oblíqua ponderação existente nos modelos forte e intermediário de trunfos; h) mesmo que se admita sejam os direitos fundamentais incomensuráveis, isso não elide a ponderação porque eles permanecem sendo comparáveis, mediante a adoção de um "valor de cobertura", a exemplo da dignidade humana, tolerância e multiculturalismo ou exigências de uma sociedade democrática, aliado à definição de um nível de intensidade da afetação ou promoção do princípio constitucional ou direito fundamental, que propicia um ponto de referência fixo; i) em relação às objeções da hermenêutica filosófica, ainda que se adotem seus postulados, não se entrevê crível que o intérprete não chegue à conclusão de que haja situações de conflitos normativos. Porém, mesmo que essa assertiva seja negada pelos seus adeptos, a hermenêutica filosófica, por relegar uma metodologia ao segundo plano e num nível distinto de racionalidade, aparentemente sem comunicação entre esses níveis, termina por não apresentar alternativa mais transparente e, portanto, mais racional; j) em vez de renegar a ponderação, é mais útil e consistente, diante das vantagens metodológicas que podem amainar as dificuldades e receios argumentados pelos críticos, que sejam buscados e construídos parâmetros e critérios que aumentem a racionalidade do sopesamento, encargo precípuo da dogmática e ciência jurídica. Com o aprofundamento dos estudos, com a colocação em prática da teoria pelos tribunais, com as objeções e críticas ao crescente corpo da jurisprudência a respeito dos mais variados conflitos normativos ocorridos no âmbito de regência do arcabouço normativo, cristaliza-se paulatinamente uma base mais sólida e estável que permite retorquir assaques ou acicates à ponderação como perpetrador de meros casuísmos; k) é útil decrescer o particularismo de novas ponderações dos tribunais por meio de categorização dos precedentes, desenvolvendo *standards* e níveis de intensidade de revisão da ponderação legislativa previamente determinados pelo corpo de jurisprudência do tribunal, com a pretensão de universalização da regra de decisão que resultou do sopesamento a casos futuros; l) maior racionalidade ainda é conferida se as razões que justificarem a alteração da jurisprudência tiverem o condão de superar um limiar epistêmico, em que não é suficiente um simples desacordo sobre o melhor sopesamento das normas em conflito, e sim uma arraigada e genuína convicção de que a manutenção da regra construída pelas ponderações judiciais pretéritas dará aos casos posteriores resultados muito insatisfatórios do ponto de vista jurídico (ou moral), de sorte a ultrapassar a razão de isonomia e de segurança jurídica que jogam a favor dessa jurisprudência; m) o paradigma de reconhecimento da jurisdição constitucional em várias ordens constitucionais representa a afirmação desse papel ao Judiciário, de forma que o debate deve evoluir para esclarecer como exercitar esse controle do modo mais racional possível, pois maior legitimidade ostentará um tribunal quanto mais racional for um método de controle; n) a visão de que a reinterpretação das normas em concurso seja bastante para evitar o recurso à ponderação padece das mesmas deficiências das teorias internas de direitos fundamentais. Ademais, ela não explica a ponderação interpretativa e é censurável dentro da separação analítica entre interpretação e aplicação, seguida nesta tese, a qual não admite a reabertura da etapa interpretativa para aditar ou amputar sentidos à norma, uma vez que esse retorno permite camuflar as valorações e ponderações efetuadas e, assim, carece de maior racionalidade; o) o uso abusivo e ametódico da ponderação, que tem mesmo ocorrido no Brasil, não depõe contra o sopesamento, mas sim contra a sua errada utilização. Sem embargo, a crítica é importante para reforçar o papel da doutrina de detonar os erros e trazer novos contributos que permitam acréscimo de racionalidade.

Conclusões do Capítulo 2

27. A alusão à proporcionalidade como critério de equilíbrio, razoabilidade ou equidade é antiga. Deve diferenciar-se um controle de proporcionalidade em amplo sentido, que examina se há essa ideia incrustada nas próprias normas jurídicas objeto de revisão por outra autoridade ou instituição, de um controle de proporcionalidade em sentido mais estrito, qual seja, o que emprega o princípio da proporcionalidade. A tese ocupa-se do princípio da proporcionalidade.

28. Como padrão jurídico de controle, o princípio da proporcionalidade foi desenvolvido em doutrina e jurisprudência alemãs de direito administrativo, mais propriamente no contexto do direito de polícia, como critério aplicado pelas cortes administrativas para verificar se as restrições aos direitos individuais por atos administrativos autorizados legalmente não foram excessivos para alcançar os propósitos governamentais.

Seu traslado ao direito constitucional deve-se sobretudo pela obra do Tribunal Constitucional Federal alemão, com o seu espalhar a outras ordens jurídicas constitucionais e de direito internacional, a exemplo da Corte Europeia de Direitos do Homem e Tribunal de Justiça da União Europeia.

29. O exame da constitucionalidade da restrição compõe-se de dois estágios. No primeiro estágio, investiga-se se existe alguma afetação jurídica no espectro de posições e situações jurídicas conferidas pelo âmbito de proteção do direito fundamental. Esse estágio é bifurcado em duas fases. Numa primeira fase, é marcado por uma atividade exegética, pois é preciso interpretar o texto da lei e da norma de direito fundamental, em primeiro plano, para descortinar o significado linguístico desses enunciados, vencidas eventuais indeterminações semânticas e sintáticas atreladas ao texto. Na fase subsequente do primeiro estágio, deve o intérprete/aplicador verificar eventual incerteza pragmática de aplicação normativa, a descortinar outras normas que, num plano abstrato ou concreto, acionem um conflito normativo que deva ser dirimido. No segundo estágio do escrutínio, almeja-se examinar a justificação. Cabe, pois, perquirir a respeito da proporcionalidade da interferência adotada pelo Legislativo. É aqui que entra o princípio da proporcionalidade como uma ferramenta heurística para estruturar o juízo ponderativo do intérprete/aplicador. No entanto, antes de ingressar diretamente na fase ponderativa mais pujante, a jurisprudência e a doutrina alemãs estruturaram o arsenal metódico da proporcionalidade em três subetapas, que, a rigor, podem ser subestruturadas em quatro: i) a legitimidade constitucional do propósito legislativo; ii) a adequação da medida; iii) sua necessidade; iv) a proporcionalidade em sentido estrito. Elas são dispostas ordinalmente, de forma a permitir que se ingresse na subetapa subsequente apenas se houver aprovação na antecedente. A rejeição em qualquer uma das etapas pelo intérprete e aplicador resulta na consideração de que a medida restritiva é desproporcional.

30. A estrutura analítica da proporcionalidade permite diferenciá-la de outros testes de controle, como os testes de razoabilidade de Wednesbury, de razoabilidade para direitos sociais da Corte Constitucional da África do Sul e o do *balancing* da Suprema Corte dos Estados Unidos, mesmo que similares ou com alguns pontos de contato com o princípio da proporcionalidade.

31. No direito britânico, o teste de Wednesbury, na sua origem, preocupava-se com a não tomada de uma decisão irracional pela autoridade administrativa; não se usava o princípio da proporcionalidade. Paulatinamente, por força da jurisprudência da Corte Europeia de Direitos Humanos e do Tribunal de Justiça da União Europeia, o princípio da proporcionalidade começou a ser reconhecido especialmente em casos que examinavam questões de direito internacional. De outra banda, o teste de Wednesbury, também por esse fator, foi enriquecido para incluir uma etapa ponderativa e uma diferenciação conforme o tipo de direito e o grau de afetação promovida pela ação estatal. Embora ainda seja possível notar diferenças na estrutura – não há a etapa da necessidade no teste de não razoabilidade –, a tendência de uma aproximação ou equiparação no futuro é plausível.

32. Conquanto o enunciado normativo do art. 36 da Constituição sul-africana permita descodificar o princípio da proporcionalidade, é fato que a Corte Constitucional, mormente em relação aos direitos sociais, contentou-se com o padrão de controle da

razoabilidade, com recusa da abordagem do conteúdo mínimo dos direitos sociais. Menos deferente que o de mera racionalidade, o controle de razoabilidade implica avaliar se existe alguma política estatal em curso e, caso não haja ação estatal em desenvolvimento, se a medida estatal atende ao exame ponderativo efetuado no bojo do teste. O sopesamento leva em consideração a disponibilidade de recursos materiais e financeiros, o contexto das políticas adotadas e a necessidade mais urgente das pessoas em situação de maior vulnerabilidade; quanto a este último fator o Tribunal dá peso considerável ao princípio da dignidade da pessoa humana, justamente para valorar se a necessidade mais premente dessas pessoas é de algum modo contemplada na política governamental. O teste de razoabilidade empregado pela Corte, ainda que contenha um raciocínio ponderativo e tal como afirmado em relação ao teste de Wednesbury, pode ser diferenciado da proporcionalidade pela estrutura.

33. Diferentemente do panorama da proporcionalidade na Alemanha na sua gênese no direito administrativo, que buscava controlar atos de polícia num contexto de inexistência de direitos fundamentais e num quadro de formalismo jurídico, o *balancing*, por sua vez, foi engendrado numa ordem jurídica em que havia esse catálogo de direitos fundamentais; nos Estados Unidos, a influência da escola realista preconizava o *balancing* para evitar uma leitura absolutista das normas de direitos fundamentais, em que havia base textual constitucional limitada para autorizar o Parlamento a editar restrições. No entanto, tal qual ocorre com o teste de Wednesbury, parece existir mesmo uma tendência de convergência e aproximação entre o teste de proporcionalidade e *balancing*, a superar as distinções histórico-cultural-finalísticas, fruto da expansão do movimento global do constitucionalismo no qual os direitos fundamentais recebem uma importância cimeira na ordem jurídica, o que permite um maior apoderamento das instâncias judiciárias, com uma gama maior de competências acrescidas, inclusive a adentrar em zonas antes consideradas de competência exclusiva dos outros poderes. Ora, a proporcionalidade foi transplantada do direito administrativo ao direito constitucional, o que trouxe um efeito indiscutível de ser utilizada para restringir ou limitar direitos fundamentais, ao passo que o *balancing*, ligado na gênese a uma posição de maior autocontenção na arena político-estatal, foi aos poucos recebendo um contorno de ativismo judicial. No entanto, ainda é possível apontar como diferenciação uma ausência maior de estruturação analítica no teste de *balancing* se comparado ao princípio da proporcionalidade.

34. Pode-se apresentar uma fundamentação jurídico-positiva e uma teórico-normativa para o princípio da proporcionalidade. Enquanto a justificação jurídico-positiva depara-se com as normas jurídicas que autorizam o uso da proporcionalidade, de origem legislativa ou judiciária, a justificação teórico-normativa consiste na apresentação de argumentos racionais para o emprego do princípio da proporcionalidade na atividade judicante, o que motiva um exame das vantagens do princípio em comento, bem como das próprias justificativas jurídico-positivas lançadas para a defesa da aplicação da proporcionalidade.

35. Sobre a justificação jurídico-positiva da proporcionalidade no sistema da Convenção Europeia de Direitos Humanos, nota-se a ausência de normas expressas que consagrem o postulado. Sem embargo, o estudo da jurisprudência da Corte mostra

como ela utiliza o teste de proporcionalidade, por reconhecer que os direitos previstos no documento fatalmente colidem em casos concretos entre si ou com outros interesses estatais, a reclamar um justo balanço entre eles, ao menos como regra geral. Uma diferença do padrão alemão de proporcionalidade é que a Corte Europeia normalmente não engendra uma etapa específica da necessidade, até porque se furta em geral a verificar se outros meios disponíveis menos lesivos ao direito humano estavam ao alcance do ente estatal.

36. Em relação à justificação jurídico-positiva da proporcionalidade no direito constitucional canadense, nota-se a ausência de norma expressa que consagre o princípio da proporcionalidade. No entanto, é visível que a Suprema Corte canadense funda na cláusula de restrição do art. 1º a aplicação do princípio da proporcionalidade, sobretudo nos termos "limites razoáveis" e "demonstravelmente justificados em uma sociedade livre e democrática", a par de também conectar a limitação ao poder do Legislativo de restringir ou limitar os direitos à regra da legalidade (as restrições devem ser impostas por lei). Conforme o teste desenvolvido, a justificação da restrição deve passar por duas etapas: a primeira é que o objetivo da medida legislativa deva ser suficientemente importante para que possa servir de justificativa idônea para a medida legal restritiva (interesses substanciais e reais), o que engloba um padrão elevado para evitar que objetivos menores e até contrários aos escopos de uma sociedade livre e democrática possam servir de escusa para a violação de direitos. No segundo estágio, questiona-se se os meios são razoáveis e demonstravelmente justificáveis, o que implica um teste de proporcionalidade com três elementos: i) os meios devem ser equitativos e não arbitrários, cuidadosamente desenhados para alcançar o fim e a ele racionalmente conectados; não podem ser baseados em considerações irracionais; ii) os meios devem afetar negativamente os direitos fundamentais no mínimo possível; iii) uma ponderação que verifique a proporcionalidade dos efeitos causados pela medida e a importância do fim almejado – quanto mais deletéria for a consequência causada pela medida, maior deve ser a importância do objetivo perseguido. Esse modelo inicial do teste foi abrandado pela Corte, por aperceber-se que as restrições aos direitos não são excepcionais, mas fluem da necessidade constante de harmonizá-los; com isso, afetações diminutas não atraem o exame de proporcionalidade. Por fim, a Corte também reconheceu que o teste não se aplica a controle de decisões administrativas, sindicáveis pela razoabilidade.

37. Quanto à fundamentação jurídico-positiva em Portugal, a Constituição portuguesa de 1976 atualmente prevê um princípio da proporcionalidade textualmente em duas situações, relativas ao estado de sítio e de emergência e controle de atos administrativos: art. 19º, 4; art. 266º, 2, conforme redação dada pela Revisão Constitucional de 1989. Embora não possua uma norma expressa de proporcionalidade no que tange ao controle de restrições aos direitos fundamentais, o Tribunal Constitucional português tem aplicado o teste em sua jurisprudência, derivando-o do princípio do Estado de Direito e da impossibilidade de restrições desnecessárias aos direitos fundamentais, nos termos do art. 18º. Porém, embora haja precedentes em que se tenha a preocupação de estruturar o teste de modo analítico similar ao que ocorre na Alemanha, em outras situações o princípio da proporcionalidade foi

invocado como argumento de reforço e sem uma preocupação com a coerência na estruturação do teste. Por fim, reconhece-se uma maior intensidade de controle de atos administrativos em relação a atos legislativos, a quem se outorga maior margem política de conformação.

38. O Supremo Tribunal Federal não tem tido a preocupação de derivar a norma da proporcionalidade de alguma norma constitucional, isto é, não apresenta um fundamento jurídico-positivo, talvez por achar desnecessária essa empreitada, conquanto se infira que o princípio entra em cena pela percepção do Tribunal de que se deve evitar um caráter absolutista dos direitos. Seja como for, era muito criticável a confusão metódica da Corte, que equiparava proporcionalidade e razoabilidade. Nada obstante, há alguns precedentes em que se nota que as críticas surtiram efeito e houve clara preocupação de diferenciar proporcionalidade de razoabilidade e, mais que isso, destrinchar os subestágios da proporcionalidade analiticamente, com uso de uma estrutura argumentativa similar ao padrão alemão de proporcionalidade.

39. No que toca à fundamentação teórico-normativa da proporcionalidade, normalmente se apresentam as normas do Estado de Direito e da democracia e o regime jurídico contemporâneo dos direitos fundamentais ou mesmo uma conexão necessária entre direitos fundamentais e princípio da proporcionalidade, consoante os adeptos da teoria dos princípios de Alexy. Conquanto todas essas fundamentações teórico-normativas possam dar arrimo à norma da proporcionalidade, rejeitam-se as tentativas, como a alexyana, de pensar na norma de proporcionalidade como uma necessidade lógica ou uma decorrência inequívoca de qualquer um dos fundamentos apresentados. O que ocorre é que o aumento de competências do Judiciário no controle dos demais poderes durante a aplicação das normas de direitos fundamentais reclama uma maior legitimidade, a qual dependerá da capacidade argumentativa e analítica dos tribunais, os quais deverão cuidar para que as decisões sejam as mais transparentes possíveis, capazes de, se não convencer a todos, dar argumentos reconhecidos como satisfatórios por pessoas dotadas de racionalidade. O princípio da proporcionalidade é a ferramenta com maior capacidade de aumentar a legitimidade argumentativa ao permitir uma fundamentação mais rigorosa e clara, uma dialética mais intensa entre razões e contrarrazões.

40. Conforme a distinção quantitativa entre regras e princípios adotada na tese, conclui-se que a natureza jurídica da norma da proporcionalidade é de princípio jurídico. Mas é preciso esclarecer que o princípio da proporcionalidade não é uma norma de conduta; é uma metanorma que norteia a criação e a aplicação de normas jurídicas. Seus destinatários são as instituições estatais. É um princípio de natureza formal, que tem como ideal regulativo o equilíbrio no exercício do poder. Deveras, a subjacência de uma ideia de equilíbrio e harmonização entre diferentes interesses e bens jurídicos pode ser vista como uma postura imparcial, porque não toma, em si, lado de como acomodar melhor os interesses e bens jurídicos objetos das razões normativas. Assim, a estrutura procedimental da proporcionalidade é formal e permite diferentes composições, conforme disposição axiológica das normas e princípios que norteiam o sistema, o que não significa assumir uma neutralidade quanto à argumentação moral implícita na sua utilização.

CONCLUSÕES DA TESE | 547

41. A definição da intensidade de controle pelo tribunal e da distribuição do ônus e da carga de argumentação é, ou deveria ser, etapa distinta da aplicação da estrutura da proporcionalidade, em momento analítico separado. Diferentes fatores histórico-culturais, políticos e jurídicos são decisivos nesse ponto (cultura imperante no sistema, o papel confiado ao Judiciário e demais poderes, contexto de crise financeira, apoio da opinião pública, ausência de maior ou menor determinabilidade do conteúdo do direito e de malha de proteção infraconstitucional, finalidade mais configurativa ou restritiva da norma, entre outros). Essas definições prévias serão reproduzidas na estrutura da proporcionalidade por meio de uma infiltração, a divisar, nos casos de dúvida, o ônus probatório e argumentativo de cada polo processual da demanda que está sob a avaliação da corte. Como se parte de um conceito de democracia deliberativa, com incentivo ao diálogo entre os poderes, nota-se que essa inter-relação pode influenciar a adoção pelo tribunal constitucional de diversas posturas: deferência, conversacional, experimentalista, gerencial e peremptória.

42. Nos exames de idoneidade e necessidade, efetivamente o que está em causa é a verificação da relação meio-fim no aspecto causal; na proporcionalidade em sentido estrito, há uma relação meio-fim em sentido amplo, uma relação de correspondência.

43. A subetapa da legitimidade do fim volta-se a, em primeiro lugar, perquirir qual a finalidade buscada pela medida restritiva e, em segundo, se essa finalidade é legítima ou não. Verifica-se, também, se o meio não é proscrito pelas normas constitucionais. Caso a conclusão seja pela legitimidade de ambos, avança-se para a etapa analítica seguinte e estuda-se se o meio adotado pelo ente estatal é idôneo.

44. Meios e fins proscritos pelas normas constitucionais são ilegítimos. Fins impostos, permitidos ou não proibidos pelas normas constitucionais são legítimos. Há possibilidade de múltiplos fins e todos devem ser legítimos. É possível diferenciar um fim imediato (estado de coisas a alcançar) de um fim mediato (as normas que ordenam ou permitem o alcance desse estado de coisas). A depender da versão da proporcionalidade, conforme contexto cultural-político-jurídico, pode-se adiantar um raciocínio ponderativo para essa fase do estágio, a demandar que os fins sejam importantes para sua legitimidade, como previsto no modelo canadense, enquanto o modelo alemão não usa nesse estágio nenhum sopesamento. Há vantagens e desvantagens em cada um desses arquétipos: o alemão preserva maior clareza analítica, ao passo que o padrão canadense outorga maior proteção aos direitos fundamentais. A tese tem preferência pelo padrão alemão.

45. Na etapa da idoneidade, é o fim imediato que é examinado. Se o meio não promove minimamente o fim, há desproporcionalidade. Porém, hipóteses de inidoneidade flagrante do meio são raras, porque uma medida pode contribuir para um fim em diferenciados aspectos ou perspectivas de avaliação (quantitativa, qualitativa, probabilística). A depender do contexto social-político-jurídico-cultural, pode-se adotar uma versão forte ou fraca de idoneidade. A versão mais fraca só reprova a medida caso ela não promova minimamente o fim, num controle *ex ante*. A versão forte pode reprovar medidas que não promovam o fim em um nível considerado satisfatório pelo órgão controlador, sendo possível uma versão forte que também avalie a medida no momento do controle. Uma versão fortíssima da adequação,

que exija o alcance do grau máximo de promoção do fim em todos os aspectos de avaliação, deve ser rejeitada, sob pena de engessamento do Legislativo.

46. Se houver razoável consenso científico sobre a questão, pode-se defender um controle *ex post* da idoneidade, compatível com a figura da inconstitucionalidade progressiva ou da "lei ainda constitucional". Como regra geral, para não representar um fortalecimento desmedido do Judiciário ante o Parlamento, pode-se advogar uma versão mais enfraquecida desse estágio, que se contente com a promoção do fim em ao menos algum dos aspectos de avaliação (quantitativo, qualitativo, probabilístico). No entanto, se a afetação do direito fundamental for muito severa e perceptível *ictu oculi*, é viável a adoção de uma versão mais fortalecida do teste. É possível, também, utilizar a estratégia de categorização para maior previsibilidade jurídica: direitos de primeiro nível exigem um padrão mais forte de promoção do fim para a superação desse estágio da adequação, enquanto que direitos de segundo nível se contentam com uma promoção mínima do fim pelo meio estatal. Caso haja polifinalidades, basta que o meio seja adequado ao menos em relação a um dos fins. Incumbe ao Estado argumentar e provar a idoneidade da medida.

47. Enquanto a idoneidade tinha por função analisar a relação meio-fim com foco apenas na escolha adotada pelo poder controlado, o subteste de necessidade cobra a comparação entre meio escolhido e diversas opções que poderiam ser adotadas, mas que não foram, desde que essas opções tenham o condão de: i) promover igualmente o fim como o faz o meio escolhido; ii) agredir ou afetar desfavoravelmente em menor intensidade o direito fundamental atingido pela medida oficialmente adotada. Os casos claros de reprovação nesse teste são muito raros.

48. A versão mais débil do teste de necessidade é a que reprova medidas oficiais na hipótese de que haja meios alternativos tão idôneos, em todas as perspectivas aventadas, quanto a medida oficial em relação a todos os fins perseguidos pelo ente público, ao passo que esses meios alternativos devam ser mais benignos ao direito fundamental em todas as perspectivas possíveis de avaliação, sem que eles afetem outros direitos ou interesses não agravados pela medida oficial, sendo o momento decisivo do controle confinado à época da edição do ato controlado (controle *ex ante*). No entanto, aplicar uma versão mais fraca ou mais forte depende do contexto político-jurídico-cultural daquele sistema.

49. Uma versão mais fortalecida do teste dos meios alternativos menos agressivos ao direito fundamental implica a adoção de regras complementares, decorrentes de, entre outras coisas, infiltração de princípios ou regras formais, mas que também podem sacramentar uma rede de regras construídas para resolver conflitos normativos que, por coerência, acabem se repetindo no curso da prática constitucional ou contar com elevado consenso da dogmática jurídica, inclusive no que se refere à adesão a uma teoria material de direitos fundamentais que consiga orientar os aplicadores quanto aos bens jurídicos coletivos e direitos fundamentais mais importantes. Qualquer versão mais fortalecida desse teste, quando cotejada com a versão mais débil dele, representa um aumento da sua força decisória e, por consequência, um maior grau de proteção ao direito fundamental, além de conferir maior previsibilidade ao teste e evitar ao tribunal um maior ônus político de contender-se abertamente com o poder controlado na etapa do sopesamento, em que pese a perda de maior racionalidade

analítica pela introdução de uma ponderação nesta etapa. Uma versão mais forte do teste é empregada pelo modelo canadense, em que a maioria das decisões de desproporcionalidade ampara-se na falha nessa subetapa, enquanto que o paradigma alemão utiliza uma versão mais fraca.

50. Na hipótese de a medida impugnada ser uma norma geral e abstrata, a vertente objetiva do teste de necessidade é mais recomendável e permite, inclusive, o traçar de um campo distinto de aplicação entre proporcionalidade e igualdade. Atos administrativos individuais e concretos, por sua vez, podem justificar o exame da perspectiva concreta da pessoa ou grupos afetados. Concorda-se com a perspectiva de um controle *ex post*, compatível com uma apreciação de inconstitucionalidade progressiva, na condição de que haja pouca insegurança epistêmica empírica tanto no que atine à contribuição dos meios alternativos ao fim imediato como no que se refere à menor agressividade desses meios alternativos ao direito fundamental atingido.

51. Se terceiros direitos ou interesses forem afetados com a medida alternativa, inclusive no que toca aos custos, a versão mais débil sugere a aprovação no teste de necessidade. Porém, não se é contra a construção de uma regra complementar, que dependerá de justificação adicional da instância controladora: se houver um direito fundamental muito afetado por um meio oficial e se a adoção de algum meio alternativo trouxer uma adição pequena de custos em comparação com o meio oficial e se as vantagens trazidas com esse meio opcional forem consideráveis, o meio oficial é desnecessário.

52. O ônus de argumentação e de prova para afastar os meios alternativos, caso esses meios constem dos debates no âmbito do parlamento ou sejam de relativo consenso na comunidade científica, pertence ao Estado. Fora dessa condição, pode-se imputar à parte que invoca determinada medida alternativa esse ônus.

53. Consideradas as vantagens e desvantagens de afastar a versão débil da necessidade, no que toca às polifinalidades e à possibilidade de concentração da comparação em um fim principal, pode-se enumerar outra regra complementar: quanto mais intensa for a afetação negativa do direito fundamental e quanto mais próximos, similares ou homogêneos forem os fins estatais promovidos pela medida oficial, maior a possibilidade de eleger um dos propósitos como o principal para o escopo de redução heurística do teste de necessidade.

54. Quanto ao estágio da proporcionalidade em sentido estrito, ele depende de três passos: i) a valoração do "peso" (abstrato e concreto) de direitos e/ou interesses em colisão; ii) a ponderação ou o sopesamento para verificar qual terá a prioridade; iii) a construção de uma regra de precedência que resolverá o conflito, com a pretensão de ser replicada sempre que as circunstâncias do conflito se mostrarem presentes. Em ambientes de prática constitucional estável, com sedimentação da jurisdição constitucional e sua avaliação de seguidos conflitos normativos, um passo preliminar, a evitar, inclusive, a ponderação, é a verificação de "regras-resultado" de ponderações anteriores, que demandam a reiteração da jurisprudência, com a permissão de mudança caso haja ultrapassagem de um limiar epistêmico e intenso ônus de justificação por parte do órgão aplicador.

55. É possível que a constituição permita algumas limitações/restrições para a persecução de determinadas metas, enquanto que outras metas são impostas claramente no

texto constitucional. Metas cogentes, por suposto, podem ter um peso abstrato mais elevado que fins autorizadores, isto é, fins previstos como permissivos a justificar uma restrição, mas não previstos como obrigatórios ao Estado.

56. Fatores jurídico-culturais como a tradição jurídico-dogmática, a prevalência de determinada teoria material de direitos fundamentais, entre outros, esclarecem o porquê da possibilidade de mudança de determinadas valorações a determinado direito fundamental ou interesse público conforme o sistema constitucional que se analisa. A par desses fatores culturais, políticos e jurídicos, variáveis de sistema para sistema, pode-se advogar um critério interno ou lógico: direitos ou interesses que são pré-condição para o gozo de outro possuem, geralmente, maior peso abstrato em relação a eles.

57. A importância social ou peso abstrato "mede-se" conforme a posição ou situação jurídica em confronto, a depender, pois, de uma especificação dessa posição na etapa da interpretação da norma jurídica. Isso é uma consequência, também, de não estar em análise nesta etapa uma ponderação puramente abstrata, em que se coloca na balança todo o plexo potencial de situações derivadas da interpretação do princípio em colisão. O peso concreto é a intensidade de afetação do princípio constitucional promovida na realidade em exame.

58. Pensa-se adequado estipular que: i) na colisão entre direitos fundamentais de primeiro nível e interesses públicos constitucionais ou infraconstitucionais, o direito fundamental tem maior peso abstrato, o empate na ponderação favorece o direito fundamental e, em havendo intensa restrição deste, exige-se a sobreproporção de força na argumentação a favor do interesse público, não bastando a mera preponderância das razões que o apoiam; ii) na colisão entre direitos fundamentais de mesmo nível, há igualdade do peso abstrato, razão pela qual pode ser suprimido do raciocínio ponderativo; o empate pende a favor da discricionariedade do poder controlado; a intensidade severa de afetação em um dos direitos fará com que este ganhe um elevado peso concreto, de sorte que o peso concreto do direito contraposto, para prevalecer, deverá ser meramente preponderante, não sendo exigida uma força sobreproporcional; iii) na colisão entre direitos fundamentais de diferentes níveis materiais, o direito de primeiro nível terá maior peso abstrato, já iniciando em vantagem; o empate favorece a discricionariedade do poder controlado; no entanto, se houver uma afetação muito intensa do direito de primeiro nível, exigir-se-á uma sobreproporção nas razões que apoiam o direito fundamental de segundo nível, sendo insuficiente a mera preponderância dessas razões.

59. Quanto mais contínuas ao longo do tempo forem as restrições em determinado direito fundamental, mais influenciam a apreciação do peso concreto e menor será a força do argumento geral de que o peso concreto deva ser dimensionado conforme o estado de coisas anterior e posterior ao advento da última medida restritiva.

60. Posições correlatas a deveres negativos do Estado tendem a clamar por um controle mais gerencial ou peremptório, enquanto que posições ou situações jurídicas correlatas a deveres ativos espoletam controles mais deferentes ou, a depender da omissão, controles mais experimentalistas ou conversacionais.

61. O princípio da proporcionalidade é norma adequada também para sindicar a omissão total ou parcial do Estado, no intuito de conferir a satisfação de deveres de tutela

e promoção dos direitos fundamentais. Contudo, em razão da assimetria entre os deveres negativos e positivos correlativos aos direitos fundamentais, considerando que há variadas intensidades e formas de realização dos deveres ativos, são necessárias algumas adaptações na estrutura da proporcionalidade.

62. Nesta espécie de proporcionalidade (proibição de defeito), há uma relação meio-fim de natureza normativa – e não naturalística ou causal. Os fins, para serem legítimos, devem ser a satisfação de outros direitos fundamentais ou interesses públicos constitucionalmente previstos. Os meios serão idôneos se promoverem minimamente os outros interesses ou direitos privilegiados pelo Estado em vez daquele direito que se questiona; havendo polifinalidades, basta que o meio seja adequado ao menos a um dos fins, sendo possível fortalecer o teste de idoneidade mediante justificação adicional.

63. Quanto ao teste de necessidade da proibição de defeito, verifica-se se existem ações alternativas que, preservando o grau de fomento atingido com a conduta empregada na satisfação de outros direitos fundamentais ou objetivos constitucionais, protegem o direito fundamental desguarnecido de modo suficiente ou eficaz. No que toca aos meios alternativos, a comparação não olha se há opções mais protetoras do direito, e sim se há medidas protetivas no montante determinado constitucionalmente, ao menos num grau mínimo. O exame argumentativo do orçamento pode ser uma ferramenta útil nessa etapa. Tal qual ocorre com a proibição de excesso, é possível fortalecer esse estágio mediante justificação adicional por regras complementares, com a readaptação daquelas já formuladas para a proibição de excesso: i) quanto mais intensa for a desproteção de determinado direito fundamental, quanto mais promovidos já estiverem os objetivos constitucionais ou direitos fundamentais efetivamente privilegiados pelas ações estatais e quanto menos intensa a for a afetação a outro direito ou objetivo por força da adoção da medida alternativa que tutela de modo suficiente o direito fundamental desprotegido, mais força terá o meio alternativo; ii) quanto mais intensa for a desproteção ou o desamparo do direito fundamental e quanto mais próximos, similares ou homogêneos forem os fins estatais privilegiados pelo Estado, maior a possibilidade de eleger um dos propósitos como o principal para o escopo de redução heurística do teste do meio alternativo mais idôneo.

64. Quanto ao teste de proporcionalidade em sentido estrito da proibição de defeito, adiciona-se uma segunda linha de valoração, para avaliar também o impacto da omissão da medida protetiva, examinada em escala decrescente de proteção ao direito fundamental. Decisões ponderativas anteriores podem ajudar a formar o conteúdo mínimo do direito fundamental. Valem as ilações tecidas a respeito da categorização da jurisprudência e da adoção de diferentes teorias materiais de direitos fundamentais.

65. A proporcionalidade por proibição de defeito ou déficit tem como objeto a dimensão positiva dos direitos fundamentais e inclui a dimensão negativa caso haja retrocessão quantitativa e qualitativa das prestações já fornecidas, com a oferta de alternativa de promoção desse direito.

66. Proporcionalidade por proibição de excesso e proporcionalidade por proibição de defeito não conflitam entre si, porque são duas perspectivas diversas de controle,

usadas para problemas distintos. É possível usar as duas perspectivas para resolver diferentes problemas e não há possibilidade, sob pena de contradição lógica, que a mesma instituição de controle chegue a resultados incompatíveis.

67. Sobre a proporcionalidade e igualdade, infere-se que são normas distintas, que propiciam controles diferentes, com diversos pressupostos, estrutura e metódica de aplicação, sem prejuízo de que haja alguma similaridade ou possibilidade de adaptação de algumas subetapas da proporcionalidade no escrutínio realizado pela igualdade. Contudo, isso não representa a construção de um padrão híbrido. A idoneidade pode ser adaptada na estrutura da igualdade em ambas as versões (fraca/proibição de arbítrio e forte/"nova fórmula"); a necessidade, em nenhuma delas. Uma ponderação pode ser incorporada na versão forte de igualdade, porém na igualdade o que se sopesa são as razões a favor e contra do tratamento diferenciado dado pelo legislador.

Conclusões do Capítulo 3

68. O percurso da história da saúde mostra como ela passou a ser pensada de um bem essencialmente individual, cuja promoção incumbia ao particular conforme a sua disponibilidade de recursos, a também um bem coletivo, o que levou finalmente a sua previsão como um direito. Isso levanta questões de como esses aspectos relacionam-se ou convivem e do próprio significado de possuir um direito, de seu conteúdo, âmbito de proteção e deveres estatais, possibilidade de restrições e conflitos normativos nessa matéria.

69. O conceito de saúde é fundamentalmente filosófico, objeto de um construto histórico-social, o que lhe dá uma complexidade e heterogeneidade, a revesti-lo de uma polimorfia. Sua extensão tem variado ao longo do vetor espaço-tempo, modificada conforme as necessidades humanas vão sendo induzidas ou impactadas em função do progresso das ciências biológicas, das inovações técnicas e culturais provenientes de formas de produção e consumo, que propiciam uma sociedade de risco, e do contexto social da época.

70. Rejeita-se o conceito de saúde como ausência de doença (conceito negativo). Ele é reducionista, porque aparenta desconhecer os impactos na saúde de fatores e condições sociais, centrando a atenção num modelo curativo de saúde, sem ocupar-se, ou ocupar-se muito lateralmente, dos aspectos de prevenção e promoção. Em razão disso, a própria distribuição de recursos na área da saúde em nível macro tende a privilegiar a vertente mais cara e mais individualista da saúde, qual seja, a da dispersão de cuidados de saúde e, em termos econômico-utilitários, a que menos traz resultados de amplo alcance.

71. O conceito positivo de saúde da OMS (saúde como o mais completo bem-estar físico, mental e social), em que pese a vantagem de embutir-lhe algumas condicionantes sociais, é muito amplo e juridicamente pouco operativo, quase a equiparar saúde com felicidade. Em função dessa amplitude, do largo espectro de subjetividade que ele agasalha e da potencialidade ilimitada das necessidades de saúde, referido conceito termina por acentuar, paradoxalmente, um aspecto de "medicalização" ao aumentar

o poder dos médicos nas políticas sociais e pode servir de esteio para as mesmas pressões político-sociais para o aumento de gastos na adoção de novos tratamentos e tecnologias de saúde, justamente pela mobilização politicamente organizada para maior atenção na assistência e oferta de cuidados de saúde, particularmente na distribuição de drogas medicamentosas e serviços de saúde enquadráveis na atenção secundária e terciária ou de alta complexidade.

72. Propõe-se um conceito positivo de saúde mais limitado que o da OMS, adotando-se o de Norman Daniels, que prevê algumas condicionantes sociais e relaciona a saúde ao funcionamento normal do indivíduo. Ainda que se possa debater o que significa funcionar normalmente, a vantagem está na maior objetivação das necessidades de saúde, com o desgrude da carga de subjetividade inerente ao conceito da OMS.

73. O conceito de saúde reveste-se de uma nota de interdependência, justamente por sofrer consequências ou efeitos de ações ou omissões em relação a outros bens da vida, o que se reflete nas chamadas pré-condições sociais da saúde; por esse motivo, é nítido que um direito à saúde fatalmente lidará com zonas de sobreposição com outros direitos que salvaguardem aqueles bens respectivos.

74. A saúde não é um bem como outro qualquer, razão pela qual se rejeita filosoficamente que ela possa ficar a cargo do livre mercado. Há um sentido ético-filosófico a justificar a assunção pelo Estado de encargos de sua proteção e conservação, com observância de princípios de justiça geral, comutativa, social e distributiva, o que levanta disquisições a respeito de financiamento, alocações, distribuição e fornecimento, de forma a interpelar o direito constitucional a respeito dos critérios de justiça social perfilhados, como articular solidariedade e responsabilidade individual, os paradigmas normativos de organização da produção e provisão de bens e serviços consagrados nessa seara, bem como, fundamentalmente, a própria relação entre ser e dever-ser.

75. Infere-se que tratar seriamente o direito à saúde resulta na necessidade de considerar a limitação fática da ausência de recursos bastantes para a satisfação de todas as necessidades de saúde, as quais são crescentes e muito caras. A reserva do possível é um limite fático, e não normativo, à realização dos direitos.

76. A escassez de recursos levanta problemas de justiça, mormente de justiça distributiva, de como alocar os escassos recursos. Logo, descortina-se a ilusão de que haja alternativa a medidas de racionamento de alguma ordem.

77. Em geral, rejeita-se uma ótica puramente utilitária na definição de critérios de distribuição de recursos. Também não se comunga da estratégia de uma distribuição igualitária baseada no gasto mínimo. Em vez disso, ante a concepção ampla de saúde que se adota, é mais coerente apoiar uma estratégia de saúde mínima, a qual favorece sistemas universais de atenção à saúde, embora não seja de todo incompatível com sistemas de seguro de saúde.

78. O direito à saúde é universal, seja porque possui conteúdo complexo e heterogêneo, seja porque é viável a mobilidade socioeconômica ascendente ou descendente. Porém, isso não representa que ele imponha a gratuidade a tudo e não exclui que, dentro da conformação política reconhecida a um parlamento, possa haver condicionamentos ao exercício do direito e ao gozo de prestações concretizadas.

79. É papel do direito, no contexto de um Estado Social, conformar a realidade social, com a institucionalização de regras e princípios jurídicos que permitam guiar e regular condutas individuais e coletivo-institucionais e invalidar opções que não observem sua racionalidade e os limites advindos do arcabouço jurídico, conforme princípios estruturais e basilares do sistema.

80. Reconhece-se que o direito à saúde não deve ser interpretado numa acepção de obrigação de resultado, mas sim como uma obrigação de meio. De qualquer sorte, prefere-se essa expressão pela sedimentação em tratados de direito internacional. Sem prejuízo, toma-se a expressão "direito à proteção da saúde" como uma expressão sinônima, mas evita-se "direito à assistência sanitária" ou "direito a cuidados de saúde", porque são expressões redutoras, com o foco numa parcela do conteúdo do direito e sem apresentarem um contraponto que as justifique.

81. No âmbito dos direitos humanos, o direito à saúde encontra positivação em muitos tratados e convenções internacionais. No prisma internacional, além da previsão no preâmbulo da OMS, o principal tratado é o Pacto Internacional de Direitos Econômicos, Sociais e Culturais, com o destaque para o notável trabalho exegético do Comitê de Direitos Econômicos, Sociais e Culturais, que dedicou o Comentário-Geral nº 14 a esse direito, com a preocupação de delinear obrigações gerais, específicas, nucleares e internacionais, com reconhecimento de que não é uma obrigação de resultado, mas de meio e, em geral, encontra-se sujeita à realização progressiva, com o padrão mais rápido possível. Porém, a falta de controle jurídico é um fator que deixa o direito com um menor grau de *enforcement* caso os Estados não assumam seus deveres.

82. No prisma regional de direitos humanos (europeu, interamericano e africano), o direito à saúde conta com mecanismos judiciais no sistema interamericano e africano, o que lhe confere teoricamente maior grau de proteção, sem embargo do menor desenvolvimento em geral dos países desses continentes, o que aumenta o desafio das cortes em dar-lhe guarida. O sistema europeu possui um mecanismo de *enforcement* mais enfraquecido juridicamente, que não conta com a mesma autoridade de um organismo judiciário, mesmo que possua um padrão mais elevado de desenvolvimento socioeconômico em geral. É possível vislumbrar alguns traços peculiares de cada sistema regional, a exemplo da ênfase na responsabilidade individual no caso europeu, algo que pode encontrar algum ponto de contato no sistema africano. No âmbito europeu, destaca-se a grande interpenetração normativa de normas de direito comunitário e interno, com uma tendência de alargamento das competências da União Europeia em matéria de saúde, o que pode pôr dificuldades na harmonização da legislação interna e comunitária no que toca à organização e ao financiamento dos sistemas de saúde dos países, tarefa de responsabilidade estatal que sofre os reflexos de globalização e integração econômica e política na definição das estratégias, com a consequente perda ou transformação da soberania estatal. O mesmo fenômeno de globalização também alcança os países dos continentes americano e africano, porém em menor grau, de sorte que mesmo que alguns sigam receitas econômicas de organismos internacionais quanto à definição de políticas de saúde (a exemplo do Banco Mundial ou Fundo Monetário Internacional), o influxo de redes internormativas é consideravelmente mais diluído.

83. É notável que, no continente europeu e especialmente em função da legislação comunitária, acentuam-se direitos do paciente numa ótica de relação de consumo, o que produz impactos e desafios consideráveis na forma de organização dos sistemas de saúde, no seu financiamento, mormente pela previsão de crescimento das despesas de saúde em razão das liberdades de escolha dos serviços, profissionais ou local de tratamento, inclusive em outros países. Ao revés, o sistema africano de proteção é muito lacônico a respeito, ao passo que no sistema interamericano esse consumerismo não se coaduna inteiramente, ao menos em termos jurídico-normativos, com as obrigações positivadas nos textos regionais de direitos humanos, que se alinham à estratégia da OMS de concentrar esforços na atenção primária, algo em geral já oferecido há muito pelos países que integram o Conselho da Europa, sobretudo os mais ricos. Não obstante, pode-se concluir que todos eles são impactados com a crescente medicalização da vida e a pressão e movimentação de "biocidadãos" nesse sentido, o que coloca em cena a constante transformação do conceito de saúde e a expectativa certa de contínuo crescimento nas despesas para fazer jus às responsabilidades estatais quanto a esse direito.

84. Finalmente, conquanto não se possa extrair um tipo específico de sistema de saúde como obrigação decorrente dos Estados signatários desses instrumentos jurídicos de direito internacional em relação a todas as dimensões da saúde (sistema de saúde baseado em securitização ou no modelo de *Beveridge*), infere-se que os Estados são obrigados a fornecer um pacote de serviços a cargo de seu orçamento e financiado com base em tributos, ao menos no aspecto da dimensão coletiva da saúde pública, de sorte que se afasta a possibilidade de que o Estado sujeito a essas ordens jurídicas demita-se da responsabilidade nessa seara ao confiar exclusivamente no mercado para o fornecimento de cuidados de saúde, sem assumir uma função de financiador, regulador e, eventualmente, até de prestador, consoante escolha do sistema a cargo do Estado.

85. Na dimensão negativa do direito à saúde, é forte a imbricação com os direitos à vida, à integridade física e psíquica, à liberdade e à informação. A dimensão negativa lida com a proibição de ações que prejudiquem a saúde da pessoa ou que a impeça de prover por si os cuidados de saúde de que precisa. Outra face dessa dimensão está na abstenção *prima facie* de não retroceder nos níveis de proteção ofertados pela saúde. Na dimensão positiva, há interconexão desse direito com o direito à educação, à moradia, ao meio ambiente, à água e à comida (e com o próprio direito à vida). Na dimensão positiva do direito à saúde, incumbem ao Estado os deveres de proteger a saúde das pessoas de ações de outrem ou causadas pela natureza, a par de eliminar as barreiras construídas por terceiros para que as pessoas acedam a serviços de saúde por suas próprias forças. Ainda no aspecto dessa dimensão positiva, há o dever de realizar ações de promoção da saúde e prevenção de danos a essa saúde, o que inclui o atuar em algumas condicionantes sociais que estejam diretamente ligadas com a melhora do estado sanitário da população. Deve-se ofertar acesso a um sistema de saúde que propicie medidas sanitárias preventivas, curativas e reabilitadoras do estado de saúde individual e coletivo, o que demanda legislação e criação de instituições e procedimentos.

86. A Constituição portuguesa salientou um aspecto de responsabilidade individual pela própria saúde e um dever de cuidar da própria saúde, obrigação que merece ser ajustada numa ótica de evitar um paternalismo excessivo, de sorte a circunscrevê-la limitada a zelar pela saúde pública e outras causas sociais excepcionalmente eleitas pelo Legislativo, com o controle das opções legislativas pelos "limites dos limites", em especial o princípio da proporcionalidade. Sem adotar o extenso conceito de saúde da OMS, inegavelmente o poder constituinte sedimentou um conceito positivo de saúde.

87. Conquanto a norma constitucional do art. 64º, 1, possa autorizar uma inflexão de um princípio constitucional que comporta dimensões negativa e positiva, a Constituição portuguesa cuidou de, no restante do artigo, firmar a posição por um direito à proteção da saúde que garanta, no seu aspecto positivo, a existência de um Serviço Nacional de Saúde de caráter universal, geral, tendencialmente gratuito, descentralizado e com gestão participativa da comunidade, o qual não é o único sistema público existente, em que pese o prejuízo a uma visão de solidariedade que os sistemas universalistas procuram sedimentar.

88. Como modelo geral de interpretação, o Tribunal Constitucional garante alguma eficácia mínima aos direitos econômicos, sociais e culturais, porque nesse aspecto mínimo entende que o Legislativo está vinculado, contando, porém, na parte aureolar do conteúdo do direito, com amplo espectro discricionário para conformação de suas fronteiras. Posto isso, o Tribunal não impediu as reformas engendradas nas políticas de saúde em Portugal que introduziram conceitos de mercado na gestão do sistema de saúde e que resultaram na possibilidade de cisão entre a obrigação de prestar e a obrigação de financiar, com o Estado português caminhando progressivamente para uma função de garantidor. No que tange ao direito à proteção da saúde, o Tribunal atualmente tem adotado essa linha de percepção, porque tem suavizado a vertente de interpretação trazida com o Acórdão nº 39/84 e se afastado paulatinamente de qualquer compromisso com a tese da vedação do retrocesso social. O aspecto mais analisado pela Corte diz respeito à tendencial gratuidade, norma com natureza de princípio que não impede a cobrança de taxas moderadoras nem de comparticipações, observado o cânone da proporcionalidade. Contudo, o Tribunal, mesmo quando usa o princípio para o controle, não faz um apuramento na metodologia, porque não busca escrutinar melhor as subetapas do teste, além de que o emprega na mesma estrutura da proporcionalidade como proibição de excesso, o que merece reparo.

89. Positivado na Constituição Federal como direito de todos, o direito à saúde é, na dimensão positiva, realizado especialmente pelo Sistema Único de Saúde, o qual se apresenta organizado em rede regionalizada e hierarquizada, em conformidade com as diretrizes da i) descentralização; ii) integralidade no atendimento, com prioridade para ações preventivas, ainda que sem prejuízo da assistência sanitária; iii) participação da comunidade. Definindo os serviços e ações de saúde como de relevância pública, obriga-se o Estado a regulamentá-los, fiscalizá-los e controlá-los, admitindo sejam prestados diretamente pelo ente estatal ou pela iniciativa privada. Conquanto o direito à saúde seja cláusula pétrea, o SUS não o é, de sorte que o Estado pode alternar de política pública, a depender da satisfação do princípio da proporcionalidade. Os estrangeiros e apátridas são titulares desse direito, embora

aí se note uma omissão da União e dos Estados em estipular critérios que possam financiar adequadamente o sistema. O texto constitucional e legal ampara um conceito positivo de saúde, mas não um tão indeterminado como o da OMS.

90. O acesso ao SUS deve ser universal e igualitário, mas é permitida, com a devida justificação, a priorização de grupos mais vulneráveis. Do acesso universal não decorre a gratuidade das prestações, imposta somente pela lei, sendo possível o regresso nessa política caso haja a superação do exame de proporcionalidade na vertente da proibição do déficit de tutela. A chamada "diferença de classe", rechaçada pelo Supremo Tribunal Federal por vários fundamentos, sob o exame exclusivo da proporcionalidade por desproteção suficiente, está – em relação a doenças consideradas graves e sem atendimento em prazo razoável, observadas as condições clínicas – coberta pela discricionariedade, de modo que a opção administrativa é válida.

91. Um problema de relevo em relação ao SUS é o seu financiamento, em função de que a inclusão de novas terapias e medicamentos passa a ser competência da União, a qual define a tabela de preços pela qual cofinancia a nova tecnologia, o que, sem a devida atualização, termina por onerar proporcionalmente com muito mais intensidade os municípios. A responsabilidade pelo SUS é solidária entre as três esferas da federação, ainda que se possa admitir um padrão procedimental para exigir primeiro do ente a quem incumbe aquela prestação conforme organização interna. Na definição da intensidade de controle, um elemento que pode influir é a visualização de uma gestão participativa de qualidade da comunidade, por intermédio dos respectivos Conselhos de Saúde.

92. A integralidade do SUS, definida em lei e prevista na Constituição, é um princípio jurídico. A norma ampliada do direito à saúde e da integralidade, resultado da interpretação dos respectivos enunciados normativos, é que em todas as situações de qualquer gênero relativas às necessidades básicas de saúde (u, primeira condição da previsão) que promovam o funcionamento normal do indivíduo (v, segundo elemento da previsão), deve-se (I, operador deôntico) fornecer acesso a sistema de saúde (w, primeiro elemento da estatuição) que satisfaça essas necessidades (x, segundo elemento da estatuição). Essa interpretação do direito à saúde e do consequente acesso integral ao SUS tem a vantagem de objetivar as necessidades de saúde, em função do segundo elemento da previsão, além de conferir coerência com o papel dos direitos sociais de propiciar uma justa igualdade de oportunidades, sem prejuízo de permitir que a delimitação de cuidados e prestações no SUS seja fruto de um sopesamento das instâncias competentes entre as diferentes necessidades de saúde e os objetivos de promover a saúde e prevenir-lhe agravos de modo universal, igualitário e com equidade na distribuição de recursos escassos.

93. Tratamentos e medicamentos experimentais não podem ser oferecidos pelo SUS, uma vez que isso viola o direito à saúde ante a desproporcionalidade dessa medida, por reprovação no subestágio da idoneidade.

94. Estudos sociológicos feitos sobre a judicialização de direitos sociais e, especialmente, do direito à saúde, têm percepções que variam de: i) uma convicção totalmente contrária à judicialização por prejudicar a equidade, ii) passando por um ceticismo de que possa haver algum contributo relevante, com o causar de um prejuízo por

desviar os esforços dos canais realmente importantes para conquistar progressos sociais, iii) até aos que apontam que, a despeito da impossibilidade de produzir grandes revoluções sociais e de realmente ela ser apenas mais uma opção entre outras formas de mobilização política, a judicialização de direitos sociais, quando bem conduzida, tem produzido uma alavanca capaz de conquistar ganhos que não podem ser desconsiderados, com aumento do diálogo interinstitucional e obrigando os demais poderes a dar razões para a omissão, ao mesmo tempo em que permite que os processos de tomada de decisão alinhem-se com os princípios fundamentais e que se internalize a lente de equidade nesses processos. A tese segue a última posição.

95. Sem pretensão de ser um estudo empírico nem descartando a utilidade de tal empreitada, a tese moveu-se no plano dogmático preponderantemente, em que pese alguma incursão na filosofia e teoria do direito. Contudo, o que os estudos empíricos têm salientado encontra eco na conhecida objeção à justiciabilidade dos direitos sociais da incapacidade institucional do Judiciário para apreciar essas demandas, com o potencial de "hidrolisar" políticas públicas, em função de três problemas derivados da policentricidade: i) visão seccionada da política pública, porque levada ao conhecimento do Judiciário por ações individuais, que não permitem um olhar conglobado do programa estatal, motivo pelo qual haveria o deferimento de prestações de modo não universal a poucos privilegiados; ii) ausência de conhecimento técnico especializado e de dados empíricos para avaliar o desenvolvimento da política estatal; iii) debilidade em mensurar a quantidade ou qualidade de prestações do ponto de vista dos titulares dos direitos e de supervisionar o cumprimento das suas ordens. Esses problemas podem ser resolvidos ou diminuídos a patamares toleráveis mediante uma ação séria e responsável do Ministério Público, o qual pode fornecer o suporte institucional indispensável para uma tutela judicial eficiente.

96. Conquanto se note um avanço no Supremo Tribunal Federal de indicar parâmetros que balizem os magistrados no exame das ações judiciais, com o fomento de padrões que podem guiar os gestores de saúde para eventuais decisões nas políticas sanitárias, uma vez que fornecem critérios que podem ser utilizados para antecipar alguns resultados nos litígios, ainda é censurável a lacuna metodológica na adjudicação. O Supremo Tribunal Federal necessita definir um padrão de controle para escrutinar a (in)suficiência de tutela e é o princípio da proporcionalidade a norma que mais bem se ajusta a esse propósito.

97. Estão em julgamento no Supremo Tribunal Federal dois recursos extraordinários de capital importância para a judicialização da saúde no Brasil: a obrigação ou não de fornecer medicamentos não incorporados nas políticas do SUS e a obrigação ou não de fornecer medicamentos não registrados na Anvisa. Mediante o escrutínio pela norma da proporcionalidade, na vertente da proibição do déficit, com a definição no primeiro plano analítico de um controle mais enfraquecido, conclui-se que os fins são legítimos e os meios são adequados e necessários. Na etapa da proporcionalidade em sentido estrito, há múltiplas variáveis a considerar. No caso de medicamentos não incorporados ao SUS, a primeira linha de valoração permite conjeturar que moléstias de baixa ou média gravidade, com alternativa providenciada pelo SUS, sem grande diferença no custo-efetividade, resultam na proporcionalidade da medida

estatal; moléstias de aguda seriedade e descobertas de qualquer política estatal indiciam uma desproporcionalidade por proteção insuficiente. O cotejo de uma alternativa (fornecer medicamentos ou tratamentos não incorporados, necessários para a saúde, apenas para doenças graves, mediante prova dessa necessidade feita por profissionais da rede pública ou por perícia) com a medida oficial permite afirmar a desproporcionalidade da omissão sempre que não houver nenhuma margem de proteção prevista nas políticas sanitárias existentes ou, se existente, caso o custo-efetividade do tratamento ou medicamento pretendido seja gritantemente superior àquele disponibilizado na rede pública, a ponto de o seu não oferecimento trazer sérios riscos para a saúde. Na hipótese do segundo recurso, fornecimento de medicamentos sem prévio registro na Anvisa, entende-se que ela depende da definição de uma questão prejudicial, isto é, inferir que os fármacos oferecidos pelo SUS não são aptos a proteger suficientemente o direito fundamental à saúde. Comparando-se a proporcionalidade do meio oficial com alternativas esboçadas, conclui-se que é possível eventualmente fornecer medicamentos genéricos ou similares não registrados na Anvisa, com primazia daqueles, caso haja o registro em agências de regulação sanitária respeitáveis, preferencialmente mais de uma.

98. Sob o filtro único do direito fundamental à saúde, a Emenda Constitucional nº 95/2016 não é inconstitucional, embora seja razoável supor que, por instituir um limite global das despesas por vinte anos, vá impactar muito seriamente as políticas e programas de saúde. Mesmo considerado como cláusula pétrea, só haveria inconstitucionalidade se houvesse uma tendência de abolir o direito à saúde, o que não se acredita. De outro lado, os limites de despesas não provocam situação de conflito normativo com o direito à saúde, haja vista que eventuais conflitos concretos ocorrerão entre esse direito social e eventuais direitos ou interesses de fato privilegiados pela política estatal.

99. O conteúdo mínimo serve de bitola argumentativa, pois em posições ou situações jurídicas definidas como integrantes desse núcleo básico, acentua-se ônus argumentativo e aumenta-se o nível de controle jurisdicional; no conteúdo aureolar do direito, ou seja, não contido no âmbito nuclear do direito fundamental, impera a maior autocontenção na apreciação jurisdicional. Com isso, há a possibilidade de eleger padrões e regras que orientarão ponderações futuras, a serem repetidas, com a manutenção do corpo de jurisprudência, salvo se houver a superação de um limiar epistêmico que joga a favor da sua preservação, o que permite que, funcionando ao lado da proporcionalidade, sirva como um padrão a mais para racionalizar a ponderação. Os critérios sugeridos para delinear o conteúdo mínimo são: a) dignidade humana – não é toda a necessidade de saúde que ofende a dignidade humana; tem-se, por preferencial, tratamentos e medicamentos preventivos e os que evitem a morte, desde que seja possível o restaurar desse funcionamento normal do organismo. Cuidados paliativos ou que prolonguem a vida, sem que se possa contar com alguma perspectiva de cura ou reabilitação, a princípio, têm uma força argumentativa menor, salvo se a omissão estatal na hipótese for completa e, cumulativamente, a limitação trazida com a enfermidade for muito severa; b) solidariedade – as prestações do conteúdo mínimo deverão atender aos hipossuficientes economicamente, isto é, aqueles que não podem por si ou pela ajuda familiar, observado o dever alimentar

do direito de família, arcar com os custos da prestação; c) igualdade, para evitar burla nas filas de espera, observando a necessidade de universalizar as prestações, cabendo ao Estado demonstrar potencial efeito multiplicador; d) prioridade da solução mais econômica, o que também observa o princípio da eficiência. Esse parâmetro de eficiência permite que sejam determinadas cautelas na ordem judicial para diminuir os impactos financeiros da decisão. Ainda existe o costume dos médicos em prescrever o nome comercial do medicamento, sem discriminar o princípio ativo e a denominação comum brasileira, de modo que a determinação judicial, para prestações dessa natureza, deverá determinar a entrega de fármacos conforme o princípio ativo e a denominação comum brasileira ou internacional (DCB e DCI); e) ônus da prova incumbido ao Estado; f) prioridade das ações coletivas; g) aumento do diálogo interinstitucional entre os poderes e da interlocução com a sociedade.

REFERÊNCIAS

AARNIO, Aulis. *Reason and authority*: a treatise on the dynamic paradigm of legal dogmatics. Cambridge: Ashgate, 1997.

ABBING, Henriette D. C. Roscom. Social justice and health care systems in Europe. *European Journal of Health Law*, v. 17, p. 217-222, 2010.

ABRAMOVICH, Víctor; COURTIS, Christian. *Los derechos sociales como derechos exigibles*. 1. reimpr. Madrid: Trotta, 2014.

ACHEAMPONG, Kenneth Asamoa. Reforming the substance of the African Charter on Human and Peoples' rights: civil and political rights and socio-economic rights. *African Human Rights Law Journal*, v. 1, n. 2, p. 185-204, 2001.

ACKERMAN, Bruce. *La justicia social en el Estado liberal*. Tradução de Carlos Rosenkrantz. Madrid: Centro de Estudios Constitucionales, 1993.

ACKERMAN, Bruce. The rise of world constitutionalism. *Virginia Law Review*, v. 83, p. 771-797, 1997.

ALCHOURRÓN, Carlos E. Logic of norms and logic of normative propositions. *In*: AARNIO, Aulis; MACCORMICK, Neil (Org.). *Legal reasoning*. Aldershot; Hong Kong; Singapore; Sydney: Dartmouth, 1992. v. 1.

ALEINIKOFF, T. Alexander. Constitutional law in the age of balancing. *Yale Law Journal*, v. 96, n. 5, p. 943-1.005, 1986-1987.

ALEXANDER, Larry; KRESS, Ken. Against legal principles. *Iowa Law Review*, v. 82, p. 739-786, 1996-1997.

ALEXANDRINO, José de Melo. *A estruturação do sistema de direitos, liberdades e garantias na Constituição portuguesa* – A construção dogmática. Coimbra: Almedina, 2006. v. II.

ALEXANDRINO, José de Melo. *A estruturação do sistema de direitos, liberdades e garantias na Constituição portuguesa* – Raízes e contexto. Coimbra: Almedina, 2006. v. I.

ALEXANDRINO, José de Melo. A indivisibilidade dos direitos do homem à luz da dogmática constitucional. *In*: ALEXANDRINO, José de Melo. *O discurso dos direitos*. Coimbra: Coimbra Editora, 2011.

ALEXANDRINO, José de Melo. Controlo jurisdicional das políticas públicas: regra ou excepção? *Separata da Revista da Faculdade de Direito da Universidade do Porto*, ano VII, p. 147-169, 2010. Especial.

ALEXANDRINO, José de Melo. *Direitos fundamentais* – Introdução geral. 2. ed. Estoril: Princípia, 2011.

ALEXANDRINO, José de Melo. Jurisprudência da crise. Das questões prévias às perplexidades. *In*: RIBEIRO, Gonçalo de Almeida; COUTINHO, Luís Pereira (Org.). *O Tribunal Constitucional e a crise* – Ensaios críticos. Coimbra: Almedina, 2014.

ALEXANDRINO, José de Melo. Perfil constitucional da dignidade da pessoa humana: um esboço traçado a partir da variedade de concepções. *In*: ALEXANDRINO, José de Melo. *O discurso dos direitos*. Coimbra: Coimbra Editora, 2011.

ALEXY, Robert. Balancing, constitutional review, and representation. *International Journal of Constitutional Law*, v. 3, n. 4, p. 572-581, 2005.

ALEXY, Robert. Colisão de direitos fundamentais e realização de direitos fundamentais no Estado Democrático de Direito. *Revista de Direito Administrativo*, v. 217, p. 67-79, jul./set. 1999.

ALEXY, Robert. Constitutional rights and proportionality. *REVUS*, v. 22, p. 51-65, 2014.

ALEXY, Robert. Epílogo a la teoría de los derechos fundamentales. Tradução de Carlos Bernal Pulido. *Revista Española de Derecho Constitucional*, v. 66, p. 13-64, 2002.

ALEXY, Robert. Individual rights and collective goods. *In*: SANTIAGO NINO, Carlos. *Rights*. Aldershot; Hong Kong; Singapore; Sidney: Dartmouth, 1992.

ALEXY, Robert. Law, morality, and the existence of human rights. *Ratio Juris*, v. 25, n. 1, p. 2-14, mar. 2012.

ALEXY, Robert. Los derechos fundamentales y el principio de la proporcionalidad. Tradução de Jorge Alexander Portocarrero Quispe. *Revista Española de Derecho Constitucional*, v. 91, p. 11-29, ene./abr. 2011.

ALEXY, Robert. On balancing and subsumption. A structural comparison. *Ratio Juris*, v. 16, n. 4, p. 433-449, 2003.

ALEXY, Robert. On the structure of legal principles. *Ratio Juris*, v. 13, n. 3, p. 294-304, 2000.

ALEXY, Robert. On the thesis of a necessary connection between law and morality: Bulygin's critique. *Ratio Juris*, v. 13, n. 2, p. 138-147, jun. 2000.

ALEXY, Robert. Posfácio. *In*: ALEXY, Robert. *Teoria da argumentação jurídica*: a teoria do discurso racional como teoria da fundamentação jurídica. Tradução de Zilda Hutchinson Schilde Silva. 2. ed. São Paulo: Landy, 2005.

ALEXY, Robert. Rights, legal reasoning and rational discourse. *Ratio Juris*, v. 5, n. 2, p. 143-152, 1992.

ALEXY, Robert. Sobre los derechos constitucionales a protección. *In*: MANRIQUE, Ricardo García (Ed.). *Derechos sociales y ponderación*. 2. ed. Madrid: Fundación Coloquio Jurídico Europeo, 2009.

ALEXY, Robert. *Teoria da argumentação jurídica*: a teoria do discurso racional como teoria da fundamentação jurídica. Tradução de Zilda Hutchinson Schilde Silva. 2. ed. São Paulo: Landy, 2005.

ALEXY, Robert. *Teoria dos direitos fundamentais*. Tradução de Virgílio Afonso da Silva. São Paulo: Malheiros, 2008.

ALEXY, Robert. The construction of constitutional rights. *Law & Ethics of Human Rights*, v. 4, n. 1, p. 20-32, 2010.

ALEXY, Robert; PECZENIK, Aleksander. The concept of coherence and its significance for discursive rationality. *Ratio Juris*, v. 3, n. 1, p. 130-147, 1990.

ALMEIDA, Kellyne Laís Laburú Alencar de. A igualdade e a proporcionalidade – Reflexões sobre a ponderação do legislador e a ponderação do juiz nas ações afirmativas. *In*: DUARTE, David; SARLET, Ingo Wolfgang; BRANDÃO, Paulo de Tarso (Coord.). *Ponderação e proporcionalidade no Estado constitucional*. Rio de Janeiro: Lumen Juris, 2013.

ALMEIDA, Kellyne Laís Laburú Alencar de. *O paradoxo dos direitos fundamentais*. Porto Alegre: Sergio Antonio Fabris, 2014.

ALMEIDA, Luiz Antônio Freitas de. A judicialização do direito à saúde e a norma de proporcionalidade: o problema dos medicamentos e serviços não incorporados ao Sistema Único de Saúde e dos medicamentos sem registro na Agência Nacional de Vigilância Sanitária. *Direito, Estado e sociedade*, n. 55, p. 197-230, jul./dez. 2019.

ALMEIDA, Luiz Antônio Freitas de. A ponderação judicial na solução de conflitos normativos entre direitos fundamentais sociais densificados em leis e regras orçamentárias. *In*: DUARTE, David; SARLET, Ingo Wolfgang; BRANDÃO, Paulo de Tarso (Coord.). *Ponderação e proporcionalidade no Estado constitucional*. Rio de Janeiro: Lumen Juris, 2013.

ALMEIDA, Luiz Antônio Freitas de. Direito à saúde no Brasil: parâmetros normativos para a densificação de um conteúdo mínimo. *Espaço Jurídico Journal of Law*, v. 21, n. 1, p. 149-168, jan./jun. 2020.

ALMEIDA, Luiz Antônio Freitas de. *Direitos fundamentais sociais e ponderação* – Ativismo irrefletido e controle jurídico racional. Porto Alegre: Sergio Antonio Fabris, 2014.

ALMEIDA, Luiz Antônio Freitas de. Direitos fundamentais sociais e sua aplicação pelo Judiciário: hidrólise judicial de políticas públicas ou tutela efetiva? *Revista Brasileira de Direitos Fundamentais & Justiça*, v. 5, n. 14, p. 88-123, jan./mar. 2011.

ALMEIDA, Luiz Antônio Freitas de. O núcleo mínimo dos direitos à educação e à instrução e o papel das Cortes africana e europeia de direitos do homem na sua garantia. *In*: ALEXANDRINO, José de Melo (Coord.). *Os direitos humanos em África*. Coimbra: Coimbra Editora, 2011.

ALMEIDA, Luiz Antônio Freitas de. O princípio da boa-fé objetiva e sua aplicação nos termos de ajustamento de conduta ambientais. *In*: RASLAN, Alexandre Lima (Org.). *Direito ambiental*. Campo Grande: UFMS, 2010.

ALMEIDA, Luiz Antônio Freitas de. O princípio da separação de poderes e direitos fundamentais sociais. A necessidade de releitura sob a ótica de um Estado Social de Direito. *Revista de Direito Constitucional e Internacional*, v. 77, p. 185-206, 2011.

ALMEIDA, Luiz Antônio Freitas de. *Princípio do promotor natural*: reconhecimento pelo Supremo Tribunal Federal. São Paulo: Pillares, 2009.

ALSTON, Philip. The Committee on Economic, Social, and Cultural Rights – A critical appraisal. *In*: ALSTON, Philip. *The United Nations and the Human Rights* – A critical appraisal. New York: Oxford, 1992.

ÁLVAREZ, Silvina. Pluralismo moral y conflicto de derechos fundamentales. *Doxa – Cuadernos de Filosofía del Derecho*, v. 31, p. 21-54, 2008.

ALVIM, Eduardo Arruda. Apontamentos sobre o processo das ações coletivas. *In*: MAZZEI, Rodrigo; NOLASCO, Rita Dias (Coord.). *Processo civil coletivo*. São Paulo: Quartier Latin, 2005.

AMADOR, Olívio Mota. Desafios da regulação em Portugal em tempos de crise. *Revista de Concorrência e Regulação*, ano III, n. 10, p. 143-157, abr./jun. 2012.

AMARAL, Gustavo; MELO, Daniele. Há direitos acima dos orçamentos? *In*: SARLET, Ingo Wolfgang; TIMM, Luciano Benetti (Org.). *Direitos fundamentais* – Orçamento e reserva do possível. 2. ed. Porto Alegre: Livraria do Advogado, 2010.

AMARAL, Sérgio Tibiriçá; TEBAR, Wellington Boigues Corbalan. Efetivação judicial das normas constitucionais não regulamentadas. *In*: SIQUEIRA, Dirceu Pereira; LEÃO JÚNIOR, Teófilo Marcelo de Arêa (Org.). *Direitos sociais* – Uma abordagem quanto à (in)efetividade desses direitos – A Constituição de 1988 e duas previsões sociais. Birigui: Boreal, 2011.

ANDRADE, Gustavo Piva de. Propriedade industrial e importação paralela no ordenamento jurídico brasileiro. *Dossiê Anual do Centro Brasileiro de Relações Internacionais*, 2012. Disponível em: http://www.dannemann.com. br/dsbim/Biblioteca_Detalhe.aspx?&ID=777&pp=1&pi=2. Acesso em: 28 dez. 2016.

ANDRADE, José Carlos Vieira de. O internamento compulsivo de portadores de anomalia psíquica na perspectiva dos direitos fundamentais. *In*: ANDRADE, José Carlos Vieira de *et al*. *A lei de saúde mental e o internamento compulsivo*. Coimbra: Coimbra Editora, 2000.

ANDRADE, José Carlos Vieira de. *Os direitos fundamentais na Constituição portuguesa de 1976*. 4. ed. Coimbra: Almedina, 2009.

ANTÓNIO, Isa Filipa. Os cuidados de saúde transfronteiriços: problemática em torno do "erro médico". *Consinter – Revista Internacional de Direito*, ano I, v. I, 2015. Disponível em: http://editorialjurua.com/ revistaconsinter/revistas/ano-i-volume-i/parte-3-direito-privado/os-cuidados-de-saude-transfronteiricos-problematica-em-torno-do-erro-medico/. Acesso em: 14 nov. 2016.

ANTUNES, Roberta Pacheco; CANDIL, Thatiana de Arêa Leão. O princípio do não retrocesso social. *In*: SIQUEIRA, Dirceu Pereira; LEÃO JÚNIOR, Teófilo Marcelo de Arêa (Org.). *Direitos sociais* – Uma abordagem quanto à (in)efetividade desses direitos – A Constituição de 1988 e suas previsões sociais. Birigui: Boreal, 2011.

ARENHART, Sérgio Cruz. As ações coletivas e o controle das políticas públicas pelo Judiciário. *In*: MAZZEI, Rodrigo; NOLASCO, Rita Dias (Coord.). *Processo civil coletivo*. São Paulo: Quartier Latin, 2005.

ARISTÓTELES. Ética a *Nicómaco*. Tradução de António de Castro Caeiro. 3. ed. Lisboa: Quetzal, 2009.

ARISTÓTELES. *Politica*. Tradução de Vincenzo Costanzi. Bari: Laterza & Figli, 1948.

ARISTÓTELES. *Tópicos*. Disponível em: http://www.dominiopublico.gov.br/download/texto/cv000069.pdf. Acesso em: 29 out. 2016.

ASCENSÃO, José de Oliveira. *Direito e bioética. In:* ASCENSÃO, José de Oliveira. *Direito da saúde e bioética.* Lisboa: Lex, 1991.

ATIENZA, Manuel. *Derecho y argumentación.* reimpr. Bogotá: Universidad Externado de Colombia, 2005.

ATIENZA, Manuel. *El derecho como argumentación.* 4. reimpr. Barcelona: Ariel, 2009.

ATIENZA, Manuel. Sobre lo razonable en el derecho. *Revista Española de Derecho Constitucional,* año 9, n. 7, p. 93-110, 1989.

ATIENZA, Manuel; RUIZ MANERO, Juan. *Las piezas del derecho.* Teoría de los enunciados jurídicos. 4. ed. Barcelona: Ariel, 2007.

AUBY, Jean-Marie. Le corps humain et le droit: les droits de l'homme sur son corps. *In:* ASCENSÃO, José de Oliveira. *Direito da saúde e bioética.* Lisboa: Lex, 1991.

AUBY, Jean-Marie. *Le droit de la santé.* Paris: Presses Universitaires de France, 1981.

ÁVILA, Humberto. *Teoria dos princípios –* Da definição à aplicação dos princípios jurídicos. 8. ed. São Paulo: Malheiros, 2008.

AZAR, Moshe. Transforming ambiguity into vagueness in legal interpretation. *In:* WAGNER, Anne; WERNER, Wouter; CAO, Deborah (Ed.). *Interpretation, law and the construction of meaning –* Collected papers on legal interpretation in theory, adjudication and political pratice. Dordrecht: Springer, 2007.

BACHOF, Otto. *Jueces y constitución.* Tradução de Rodrigo Bercovitz Rodrígues-Cano. Madrid: Civitas, 1985.

BALANDI, Gian Guido. Informe italiano. *In:* MARZAL FUENTES, Antonio (Ed.). *Protección de la salud y derecho social.* Barcelona: Esade, 1999.

BALDASSARE, Antonio. *Los derechos sociales.* Tradução de Santiago Perea Latorre. Bogotá: Universidad Externado de Colombia, 2004.

BANDEIRA DE MELLO, Celso Antônio. *Eficácia das normas constitucionais e direitos sociais.* 2. tir. São Paulo: Malheiros, 2010.

BARAK, Aharon. *Proportionality –* Constitutional rights and their limitations. Tradução de Doron Kalir. Cambridge; New York: Cambridge University Press, 2012.

BARAK, Aharon. Proportionality. *In:* ROSENFELD, Michel; SAJÓ, András. *The Oxford handbook of comparative constitutional law.* Oxford: Oxford University Press, 2012.

BARBERIS, Mauro. Dispute razionalmente interminabili. Ancora su giuspositivismo e giusnaturalismo. *In:* COMANDUCCI, Paolo; GUASTINI, Riccardo (Org.). *Analisi i diritto.* Ricerche di giurisprudenza analitica. [s.l.]: [s.n.], 2006.

BARBERIS, Mauro. I conflitti fra diritti tra monismo e pluralismo etico. *In:* COMANDUCCI, Paolo; GUASTINI, Riccardo (Org.). *Analisi i diritto.* Ricerche di giurisprudenza analitica. [s.l.]: [s.n.], 2005.

BARCELLOS, Ana Paula de. O direito a prestações de saúde: complexidades, mínimo existencial e o valor das abordagens coletiva e abstrata. *In:* SOUZA NETO, Cláudio Pereira; SARMENTO, Daniel (Org.). *Direitos sociais –* Fundamentos, judicialização e direitos sociais em espécie. 2. tir. Rio de Janeiro: Lumen Juris, 2010.

BARCELLOS, Ana Paula de. *Ponderação, racionalidade e atividade jurisdicional.* Rio de Janeiro: Renovar, 2005.

BARCELLOS, Ana Paula de. Sanitation rights, public law litigation, and inequality: a case study from Brazil. *Health and Human Rights Journal,* v. 16, n. 2, p. 35-46, dez. 2014.

BARON, Charles H. *Droit constitutionnel et bioéthique –* L'expérience americaine. Tradução de Joseph Pini. Paris; Aix-en-Provence: Economica/Presses Universitaires d'Aix-Marseille, 1997.

BARRA, Tiago Viana. Breves considerações sobre o direito à protecção da saúde. *O Direito,* ano 144, v. 2, p. 411-445, 2012.

BARROS, Pedro Pita. As parcerias público-privadas na saúde em Portugal. *In:* SIMÕES, Jorge (Coord.). *30 anos do Serviço Nacional de Saúde –* Um percurso comentado. Coimbra: Almedina, 2010.

BARROSO, Luís Roberto. *A dignidade humana no direito constitucional contemporâneo*: natureza jurídica, conteúdos mínimos e critérios de aplicação. 2010. Versão provisória para debate público.

BARROSO, Luís Roberto. Da falta de efetividade à judicialização excessiva: direito à saúde, fornecimento gratuito de medicamentos e parâmetros para a atuação judicial. *In*: SOUZA NETO, Cláudio Pereira; SARMENTO, Daniel (Org.). *Direitos sociais* – Fundamentos, judicialização e direitos sociais em espécie. 2. tir. Rio de Janeiro: Lumen Juris, 2010.

BARROSO, Luís Roberto. Neoconstitucionalismo e constitucionalização do direito (O triunfo tardio do direito constitucional no Brasil). *Revista de direito Administrativo*, v. 240, p. 1-42, abr./jun. 2005.

BARROSO, Luís Roberto. *O controle de constitucionalidade no direito brasileiro* – Exposição sistemática da doutrina e análise crítica da jurisprudência. 4. ed. São Paulo: Saraiva, 2009.

BARROSO, Luís Roberto. Post-scriptum – Judicialização, ativismo judicial e legitimidade democrática. *In*: BARROSO, Luís Roberto. *O controle de constitucionalidade no direito brasileiro* – Exposição sistemática da doutrina e análise crítica da jurisprudência. 4. ed. São Paulo: Saraiva, 2009.

BASTIDA, Francisco J. ¿Son los derechos sociales derechos fundamentales? Por una concepción normativa de la fundamentalidad de los derechos. *In*: MANRIQUE, Ricardo García (Ed.). *Derechos sociales y ponderación*. 2. ed. Madrid: Fundación Coloquio Jurídico Europeo, 2009.

BASTOS, Celso Ribeiro. *Curso de direito constitucional*. 20. ed. São Paulo: Saraiva, 1999.

BAUDOUIN, Jean-Louis. Quelques réflexions sur la reconnaissance du droit à la santé dans les systèmes internationaux et regionaux des droits de la personne. *Journal International de Bioéthique*, v. 9, p. 69-76, set. 1998.

BAYÓN, Juan Carlos. ¿Por qué es derrotable el razonamiento jurídico? *In*: GAIDO, Paula *et alli* (Ed.). *Relevancia normativa en la justificación de las decisiones judiciales* – El debate Bayón-Rodríguez sobre la derrotabilidad de las normas jurídicas. reimpr. Bogotá: Universidad Externado de Colombia, 2005.

BAYÓN, Juan Carlos. Derrotabilidad, indeterminación del derecho y positivismo jurídico. *In*: GAIDO, Paula *et alli* (Ed.). *Relevancia normativa en la justificación de las decisiones judiciales* – El debate Bayón-Rodríguez sobre la derrotabilidad de las normas jurídicas. reimpr. Bogotá: Universidad Externado de Colombia, 2005.

BAYÓN, Juan Carlos. Proposiciones normativas e indeterminación del derecho. *In*: GAIDO, Paula *et alli* (Ed.). *Relevancia normativa en la justificación de las decisiones judiciales* – El debate Bayón-Rodríguez sobre la derrotabilidad de las normas jurídicas. reimpr. Bogotá: Universidad Externado de Colombia, 2005.

BEATTY, David M. *The ultimate rule of law*. reprint. Oxford: Oxford University Press, 2010.

BECCARIA, Cesare. *Dos delitos e das penas*. Disponível em: http://www.dominiopublico.gov.br/download/texto/eb000015.pdf. Acesso em: 27 jan. 2017.

BEDJAOUI, Mohammed. Le droit à la santé, espoirs, réalités, illusions. *Journal International de Bioéthique*, v. 9, p. 33-38, set. 1998.

BÉLANGER, Michel. Origine et histoire du concept de santé en tant que droit de la personne. *Journal International de Bioéthique*, v. 9, p. 57-61, set. 1998.

BELÉM, Bruno Moraes Faria Monteiro. A reserva do financeiramente possível no conteúdo normativo dos direitos sociais e o constitucionalismo de cooperação. *Revista de Direito Administrativo e Constitucional – A&C*, n. 45, ano 11, p. 229-245, jul./set. 2011.

BERGALLO, Paola. Los tribunales y el derecho a la salud – ¿Se logra justicia a pesar de la "rutinización" de los reclamos individuales de cobertura. *In*: YAMIN, Alicia Ely; GLOPPEN, Siri (Coord.). *La lucha por los derechos de la salud* – ¿Puede la justicia ser una herramienta de cambio? Buenos Aires: Siglo Ventiuno, 2013.

BERNAL PULIDO, Carlos. *El principio de proporcionalidad y los derechos fundamentales*. 3. ed. Madrid: Centro de Estudios Políticos y Constitucionales, 2007.

BERNAL PULIDO, Carlos. La racionalidad de la ponderación. *Revista Española de Derecho Constitucional*, n. 77, p. 51-75, maio/ago. 2006.

BERNARDI, Renato; LAZARI, Rafael José Nadim de. Tem fundamento a crítica à incorporação da reserva do possível no sistema jurídico brasileiro? *In*: SIQUEIRA, Dirceu Pereira; LEÃO JÚNIOR, Teófilo Marcelo de Arêa (Org.). *Direitos sociais* – Uma abordagem quanto à (in)efetividade desses direitos – A Constituição de 1988 e duas previsões sociais. Birigui: Boreal, 2011.

BICKEL, Alexander M. *The least dangerous branch* – The Supreme Court at the bar of politics. 2. ed. New Haven/London: Yale University Press, 1982.

BIEHL, João; AMON, Joseph J.; SOCAL, Mariana P.; PETRYNA, Adriana. Between the court and the clinic: lawsuits for medicines and the right to health in Brazil. *Health and Human Rights Journal*, v. 14, n. 1, p. 36-52, jun. 2012.

BILCHITZ, David. Towards a reasonable approach to the minimum core: Laying the foundations for future socio-economic rights jurisprudence. *South African Journal on Human Rights*, n. 19, p. 1-26, 2003.

BOBBIO, Norberto. *A era dos direitos*. Tradução de Carlos Nelson Coutinho. 7. reimpr. Rio de Janeiro: Elsevier/ Campus, 2004.

BOBBIO, Norberto. *Teoria do ordenamento jurídico*. Tradução de Ari Marcelo Solon. 2. ed. São Paulo: Edipro, 2014.

BÖCKENFÖRDE, Ernest-Wolfgang. Aseguramiento de la libertad frente al poder social. Esbozo de un problema. *In*: BÖCKENFÖRDE, Ernest-Wolfgang. *Escritos sobre derechos fundamentales*. Tradução de Juan Luís Requeijo Pagés e Ignácio Villaverde Menéndez. Baden-Baden: Nomos Verlagsgesellschaft, 1993.

BÖCKENFÖRDE, Ernest-Wolfgang. Los derechos fundamentales sociales en la estructura de la constitución. *In*: BÖCKENFÖRDE, Ernest-Wolfgang. *Escritos sobre derechos fundamentales*. Tradução de Juan Luís Requeijo Pagés e Ignácio Villaverde Menéndez. Baden-Baden: Nomos Verlagsgesellschaft, 1993.

BÖCKENFÖRDE, Ernest-Wolfgang. Sobre la situación de la dogmática de los derechos fundamentales tras 40 años de Ley Fundamental. *In*: BÖCKENFÖRDE, Ernest-Wolfgang. *Escritos sobre derechos fundamentales*. Tradução de Juan Luís Requeijo Pagés e Ignácio Villaverde Menéndez. Baden-Baden: Nomos Verlagsgesellschaft, 1993.

BÖCKENFÖRDE, Ernest-Wolfgang. Teoría e interpretación de los derechos fundamentales. *In*: BÖCKENFÖRDE, Ernest-Wolfgang. *Escritos sobre derechos fundamentales*. Tradução de Juan Luís Requeijo Pagés e Ignácio Villaverde Menéndez. Baden-Baden: Nomos Verlagsgesellschaft, 1993.

BONAVIDES, Paulo. *Curso de direito constitucional*. 31. ed. São Paulo: Malheiros, 2016.

BONAVIDES, Paulo. O estado social e sua evolução rumo à democracia participativa. *In*: SOUZA NETO, Cláudio Pereira; SARMENTO, Daniel (Org.). *Direitos sociais* – Fundamentos, judicialização e direitos sociais em espécie. 2. tir. Rio de Janeiro: Lumen Juris, 2010.

BOROWSKI, Martin. La restricción de los derechos fundamentales. Tradução de Rodolfo Arango. *Revista Española de Derecho Constitucional*, n. 59, p. 29-56, 2000.

BOTELHO, Catarina Santos. Quem deve ser o guardião da constituição? Animosidade ou cooperação entre o tribunal constitucional e os demais tribunais. *In*: OTERO, Paulo; ARAÚJO, Fernando; GAMA, João Taborda da (Org.). *Estudos em memória do Prof. Doutor J. L. Saldanha Sanches*. Coimbra: Coimbra Editora, 2011. v. 1.

BOTHE, Michael. Les concepts fondamentaux du droit à la santé: le point de vue juridique. *In*: ACADÉMIE DE DROIT INTERNATIONAL DE LA HAYE (Ed.). *The right to health as a human right*. Netherlands: Sijthoff & Noordhoff, 1979.

BOUSTA, Rhita. La "spécifité" du contrôle constitutionnel français de proportionnalité. *Revue Internationale de Droit Comparé*, v. 4, p. 859-877, 2007.

BOYRON, Sophie. Proportionality in English administrative law: a faulty translation? *Oxford Journal of Legal Studies*, v. 12, p. 237-264, 1992.

BRAGA, Ludmila Arruda. Importações paralelas e exaustão de direitos: uma visão crítica. *Revista Brasileira de Direito Internacional*, v. 4, n. 4, p. 100-117, jul./dez. 2006.

BRANCO, Marisa Lucena. Saúde nas fronteiras: o direito do estrangeiro ao SUS. *Caderno Ibero-Americano de Direito Sanitário*, v. 2, n. 1, jan./jul. 2013. Disponível em: file:///C:/Users/LENOVO/Downloads/29-115-1-SM%20(1). pdf. Acesso em: 14 dez. 2016.

BRASIL. Supremo Tribunal Federal. *Audiência pública*: saúde. Brasília: Secretaria de Documentação, 2009.

BRINK, David O. Semantics and legal interpretation (further thoughts). *Canadian Journal of Law and Jurisprudence*, v. II, n. 2, p. 181-191, jul. 1989.

BRITO, Miguel Nogueira de. Comentário ao Acórdão n. 353/2012 do Tribunal Constitucional. *Direito & Política*, v. 1, p. 108-123, out./dez. 2012.

BRITO, Miguel Nogueira de. Direitos e deveres dos utentes do serviço nacional de saúde. *Separata da Revista da Faculdade de Direito da Universidade de Lisboa*, v. XLIX, n. 1-2, p. 101-114, 2008.

BRITO, Miguel Nogueira de. Medida e intensidade do controle da igualdade na jurisprudência de crise do Tribunal Constitucional. *In*: RIBEIRO, Gonçalo de Almeida; COUTINHO, Luís Pereira (Org.). *O Tribunal Constitucional e a crise* – Ensaios críticos. Coimbra: Almedina, 2013.

BROWNLIE, Ian. *Princípios de direito internacional público*. Tradução de Maria Manuela Farrajota *et alli*. Lisboa: Fundação Calouste Gulbenkian, 1997.

BRUNET, Pierre. Bobbio et le positivisme. *In*: COMANDUCCI, Paolo; GUASTINI, Riccardo (Org.). *Analisi i diritto*. Ricerche di giurisprudenza analitica. [s.l.]: [s.n.], 2005.

BULOS, Uadi Lammêgo. *Curso de direito constitucional*. 9. ed. 2. tir. São Paulo: Saraiva, 2015.

BULYGIN, Eugenio. Alexy's thesis of the necessary connection between law and morality. *Ratio Juris*, v. 13, n. 2, p. 133-137, jun. 2000.

BULYGIN, Eugenio. An antimony in Kelsen's pure theory of law. *Ratio Juris*, v. 3, n. 1, p. 29-45, 1990.

BULYGIN, Eugenio. Norms and logic – Kelsen and Weinberger on the ontology of norms. *In*: AARNIO, Aulis; MACCORMICK, Neil. *Legal reasoning*. Aldershot; Hong Kong; Singapore; Sydney: Dartmouth, 1992. v. 1.

BULYGIN, Eugenio. Objectivity of law in the view of legal positivism. *In*: COMANDUCCI, Paolo; GUASTINI, Riccardo (Org.). *Analisi i diritto*. Ricerche di giurisprudenza analitica. [s.l.]: [s.n.], 2004.

BÚRCA, Gráinne de. Proportionality and Wednesbury unreasonableness: the influence of European legal concepts on UK law. *European Public Law*, v. 3, n. 4, p. 561-586, 1997.

BYK, Christian. Le rôle des comités nationaux d'éthique dans la mise en oeuvre du droit à la santé. *Journal International de Bioéthique*, v. 6, n. 1, p. 46-48, 1995.

BYK, Christian. The history of the right to health as a human right. *Journal International de Bioéthique*, v. 9, p. 15-31, set. 1998.

CABRAL, Ana Paula. Reforma do sector de saúde – O serviço nacional de saúde e novo paradigma na protecção à saúde. *In*: CABRAL, Nazaré da Costa; AMADOR, Olívio Mota; MARTINS, Guilherme Waldemar d'Oliveira (Org.). *A reforma do sector de saúde*: uma realidade iminente? Coimbra: Almedina, 2010.

CABRAL, Ana Paula. Regulação independente em saúde. *In*: TRIBUNAL CONSTITUCIONAL. *Estudos em memória do Conselheiro Luís Nunes de Almeida*. Coimbra: Coimbra Editora, 2007.

CABRAL, Marcelo Malizia. *O núcleo essencial do direito humano à saúde nos sistemas de proteção africano e europeu*. Relatório (Mestrado em Direitos Fundamentais) – Faculdade de Direito da Universidade de Lisboa, Lisboa, 2010.

CAETANO, Marcello. *Manual de ciência política e direito constitucional*. 6. ed. 3. reimpr. Coimbra: Almedina, 2009. t. I.

CALABRESI, Guido; BOBBIT, Philip. *Tragic choices*. New York; London: WW Norton & Company, 1978.

CALLAHAN, Daniel. Symbols, rationality, and justice: rationing health care. *American Journal of Law & Medicine*, v. XVIII, n. 1-2, p. 1-13, 1992.

CAMPOS, António Correia. Despesa e défice na saúde: o percurso financeiro de uma política pública. *Análise Social*, v. XXXVI, n. 161, p. 1.079-1.104, 2002.

CANALE, Damiano. Legal interpretation and the objectivity of values. *In*: COMANDUCCI, Paolo; GUASTINI, Riccardo (Org.). *Analisi i diritto*. Ricerche di giurisprudenza analitica. [s.l.]: [s.n.], 2007.

CANARIS, Claus-Wilhelm. *Direitos fundamentais e direito privado*. Tradução de Paulo Mota Pinto e Ingo Wolfgang Sarlet. 2. reimpr. Coimbra: Almedina, 2009.

CANARIS, Claus-Wilhelm. *Pensamento sistemático e conceito de sistema na ciência do direito*. Tradução de A. Menezes Cordeiro. 4. ed. Lisboa: Fundação Calouste Gulbenkian, 2008.

CANAS, Vitalino. A proibição de excesso como instrumento mediador de ponderação e optimização (com incursão na teoria das regras e dos princípios). *In*: SOUSA, Marcelo Rebelo de; QUADROS, Fausto de; OTERO, Paulo (Coord.). *Estudos em homenagem ao Prof. Doutor Jorge Miranda*. Lisboa/Coimbra: Faculdade de Direito da Universidade de Lisboa/Coimbra Editora, 2012. v. III.

CANAS, Vitalino. Constituição prima facie: igualdade, proporcionalidade, confiança (aplicados ao "corte" de pensões). *E-pública – Revista Electrônica de Direito Público*, n. 1, p. 1-41, 2014.

CANOTILHO, J. J. Gomes; MOREIRA, Vital. *Constituição da República portuguesa anotada*. 4. ed. Coimbra: Coimbra Editora, 2007. v. I.

CANOTILHO, José Joaquim Gomes. "Bypass" social e o núcleo essencial de prestações sociais. *In*: CANOTILHO, José Joaquim Gomes. *Estudos sobre direitos fundamentais*. 2. ed. Coimbra: Coimbra Editora, 2008.

CANOTILHO, José Joaquim Gomes. "Metodologia fuzzy" e "camaleões normativos" na problemática actual dos direitos económicos, sociais e culturais. *In*: CANOTILHO, José Joaquim Gomes. *Estudos sobre direitos fundamentais*. 2. ed. Coimbra: Coimbra Editora, 2008.

CANOTILHO, José Joaquim Gomes. *Constituição dirigente e vinculação do legislador* – Contributo para a compreensão das normas constitucionais programáticas. Coimbra: Coimbra Editora, 1982.

CANOTILHO, José Joaquim Gomes. *Direito constitucional e teoria da Constituição*. 7. ed. Coimbra: Almedina, 2003.

CANOTILHO, José Joaquim Gomes. O círculo e a linha. *In*: CANOTILHO, José Joaquim Gomes. *Estudos sobre direitos fundamentais*. 2. ed. Coimbra: Coimbra Editora, 2008.

CANOTILHO, José Joaquim Gomes. O tom e o dom na teoria jurídico-constitucional dos direitos fundamentais. *In*: CANOTILHO, José Joaquim Gomes. *Estudos sobre direitos fundamentais*. 2. ed. Coimbra: Coimbra Editora, 2008.

CANOTILHO, José Joaquim Gomes. Rever a constituição dirigente ou romper com a constituição dirigente? Defesa de um constitucionalismo moralmente reflexivo. *In*: CANOTILHO, José Joaquim Gomes. *"Brancosos" e interconstitucionalidade* – Itinerários dos discursos sobre a historicidade constitucional. 2. ed. Coimbra: Almedina, 2008.

CANOTILHO, José Joaquim Gomes. Tomemos a sério os direitos económicos, sociais e culturais. *In*: CANOTILHO, José Joaquim Gomes. *Estudos sobre direitos fundamentais*. 2. ed. Coimbra: Coimbra Editora, 2008.

CAO, Deborah. Legal speech acts as intersubjective communicative action. *In*: WAGNER, Anne; WERNER, Wouter; CAO, Deborah (Ed.). *Interpretation, law and the construction of meaning* – Collected papers on legal interpretation in theory, adjudication and political pratice. Dordrecht: Springer, 2007.

CAPPELLETTI, Mauro. *Juízes legisladores?* Tradução de Carlos Alberto Álvaro Oliveira. reimpr. Porto Alegre: Sergio Antonio Fabris, 1999.

CARACCIOLO, Ricardo. Realismo moral vs. positivismo jurídico. *In*: COMANDUCCI, Paolo; GUASTINI, Riccardo (Org.). *Analisi i diritto*. Ricerche di giurisprudenza analitica. [s.l.]: [s.n.], 2000.

CARNEIRO JÚNIOR, Amilcar Araújo. *A contribuição dos precedentes judiciais para a efetividade dos direitos fundamentais*. Brasília: Gazeta Jurídica, 2012.

CARRASCO PERERA, Angel. El "juicio de razonabilidad" en la justicia constitucional. *Revista Española de Derecho Constitucional*, ano 4, n. 11, p. 39-106, maio/ago. 1984.

REFERÊNCIAS | 569

CARRIÓ, Genaro R. *Sobre los límites del lenguaje normativo*. 2. reimpr. Buenos Aires: Astrea, 2008.

CARUSI, Donato. Tutela della salute, consenso alle cure, diretive anticipate: l'evoluzione del pensiero privatistico. *Rivista Critica del Diritto Privato*, ano XXVII, n. 1, p. 7-20, 2009.

CARVALHO FILHO, José dos Santos. *Ação civil pública* – Comentários por artigo. 7. ed. Rio de Janeiro: Lumen Juris, 2009.

CARVALHO, Cristiano; MACHADO, Rafael Bicca; TIMM, Luciano Benetti. *Direito sanitário brasileiro*. São Paulo: Quartier Latin, 2004.

CASAUX-LABRUNÉE, Lise. Le droit à la santé. *In*: CABRILLAC, Rémy; FRISON-ROCHE, Marie-Anne; REVET, Thierry (Dir.). *Libertés et droits fondamentaux*. 16. ed. Paris: Dalloz, 2010.

CASSESE, Sabino. The new paths of administrative law: A manifesto. *International Journal of Constitutional Law*, v. 10, n. 3, p. 603-613, 2012.

CASSESE, Sabino; NAPOLITANO, Giulio; CASINI, Lorenzo. Towards a multipolar administrative law: a theoretical perspective. *International Journal of Constitutional Law*, v. 12, n. 2, p. 354-356, 2014.

CASTRO CID, Benito de. *Los derechos económicos, sociales y culturales*. Análisis a la luz de la teoría general de los derechos humanos. Leon: Universidad de Leon, 1993.

CATARINO, Isabel Ermelindo Pinto. *Co-pagamentos*: da teoria à prática. Dissertação (Mestrado integrado) – Faculdade de Medicina da Universidade do Porto, Porto, 2012. Disponível em: file:///C:/Users/LENOVO/Downloads/Co-pagamentos.pdf. Acesso em: 26 nov. 2016.

CAUPERS, João. Sobre o estado do Estado. *In*: VARELA, Antunes; AMARAL, Diogo Freitas do; MIRANDA, Jorge; CANOTILHO, J. J. Gomes (Org.). *Ab Vno Ad Omnes*: 74 anos da Editora Coimbra 1920-1995. Coimbra: Coimbra Editora, 1998.

CHAMPEIL-DESPLATS, Véronique. Raisonnement juridique et pluralité des valeurs: les conflits axio-téléologique de normes. *In*: COMANDUCCI, Paolo; GUASTINI, Riccardo (Org.). *Analisi i diritto*. Ricerche di giurisprudenza analitica. [s.l.]: [s.n.], 2001.

CHARNOCK, Ross. Lexical indeterminacy: contextualism and rule-following in common law adjudication. *In*: WAGNER, Anne; WERNER, Wouter; CAO, Deborah (Ed.). *Interpretation, law and the construction of meaning* – Collected papers on legal interpretation in theory, adjudication and political pratice. Dordrecht: Springer, 2007.

CHASKALSON, Arthur. From wickedness to equality: The moral transformation of South African law. *International Journal of Constitutional Law*, v. 1, n. 4, p. 590-609, 2003.

CHEVALLIER, Jacques. *L'État de droit*. 5. ed. Paris: Montchrestien, 2010.

CHIASSONI, Pierluigi. A nice derangement of literal-meaning freaks: linguistic contextualism and the theory of legal interpretation. *In*: COMANDUCCI, Paolo; GUASTINI, Riccardo (Org.). *Analisi i diritto*. Ricerche di giurisprudenza analitica. [s.l.]: [s.n.], 2005.

CIANCIARDO, Juan. The paradox of the moral irrelevance of the governement and the law: a critique of Carlos Nino's approach. *Ratio Juris*, v. 25, n. 3, p. 368-380, set. 2012.

CINTRA, Antonio Carlos de Araújo; GRINOVER, Ada Pellegrini, DINAMARCO, Cândido R. *Teoria geral do processo*. 14. ed. São Paulo: Malheiros, 1998.

CLARK, Tom S. *The limits of judicial independence*. Cambridge/New York: Cambridge University Press, 2011.

CLÉRICO, Laura. *El examen de proporcionalidad en el derecho constitucional*. Buenos Aires: Facultad de Derecho de Buenos Aires/Eudeba, 2009. Serie Tesis.

COCCONI, Monica. *Il diritto alla tutela della salute*. Padova: Cedam, 1998.

COHEN-ELIYA, Moshe; PORAT, Iddo. American balancing and German proportionality: the historical origins. *International Journal of Constitutional Law*, v. 8, n. 2, p. 263-286, 2010.

COHEN-ELIYA, Moshe; PORAT, Iddo. *Proportionality and constitutional culture*. Cambridge/New York: Cambridge University Press, 2013.

COHN, Amélia; CARNEIRO JÚNIOR, Nivaldo; PINTO, Rosa Maria Ferreira. Entidades filantrópicas e a relação público-privado no SUS. *In*: ALVES, Sandra Maria; DELDUQUE, Maria Célia; DINO NETO, Nicolao (Org.). *Direito sanitário em perspectiva*. Brasília: ESMPU/Fiocruz, 2013. v. 2.

COLEMAN, Jules L. Beyond inclusive legal positivism. *Ratio Juris*, v. 22, n. 3, p. 359-364, set. 2009.

COLEMAN, Jules L. Negative and positive positivism. *Journal of Legal Studies*, v. XI, p. 139-164, jan. 1982.

COMANDUCCI, Paolo. Problemi di compatibilità tra diritti fondamentali. *In*: COMANDUCCI, Paolo; GUASTINI, Riccardo (Org.). *Analisi i diritto*. Ricerche di giurisprudenza analitica. [s.l.]: [s.n.], 2002-2003.

COMIN, Fernando da Silva. A objeção da reserva do possível na ponderação de direitos fundamentais. *In*: DUARTE, David; SARLET, Ingo Wolfgang; BRANDÃO, Paulo de Tarso (Coord.). *Ponderação e proporcionalidade no Estado constitucional*. Rio de Janeiro: Lumen Juris, 2013.

CONTIADES, Xenophon; FOTIADOU, Alkmene. Social rights in the age of proportionality: global economic crisis and constitutional litigation. *International Journal of Constitutional Law*, v. 10, n. 3, p. 660-686, 2012.

COOPER, Carole. Sudáfrica: litigación en derechos de la salud – Constitucionalismo cauto. *In*: YAMIN, Alicia Ely; GLOPPEN, Siri (Coord.). *La lucha por los derechos de la salud* – ¿Puede la justicia ser una herramienta de cambio? Buenos Aires: Siglo Ventiuno, 2013.

CORREIA, J. M. Sérvulo. Interrelação entre os regimes constitucionais dos direitos, liberdades e garantias e dos direitos económicos, sociais e culturais e o sistema constitucional de autonomia do legislador e de separação e interdependência de poderes: teses. *In*: MIRANDA, Jorge (Coord.). *Estudos em homenagem ao Prof. Doutor Armando M. Marques Guedes*. Lisboa/Coimbra: Faculdade de Direito da Universidade de Lisboa/ Editora Coimbra, 2004.

CORREIA, J. M. Sérvulo. Margem de livre decisão, equidade e preenchimento de lacunas: as afinidades e os seus limites. *In*: MIRANDA, Jorge *et alli* (Org.). *Estudos em homenagem a Miguel Galvão Teles*. Coimbra: Almedina, 2012. v. 1.

CORREIA, José Manuel Sérvulo. *As relações jurídicas administrativas de prestação de cuidados de saúde*. 2009. Disponível em: http://www.icjp.pt/sites/default/files/media/616-923.pdf. Acesso em: 30 nov. 2016.

CORREIA, Sérvulo. Introdução ao direito da saúde. *In*: ASCENSÃO, José de Oliveira. *Direito da saúde e bioética*. Lisboa: Lex, 1991.

COSSIO, Carlos. *El derecho en el derecho judicial* – Las lagunas del derecho – La valoración judicial. Buenos Aires: Librería "El Foro", 2002.

COURTIS, Christian. Critérios de justiciabilidade dos direitos econômicos, sociais e culturais: uma breve exploração. Tradução de Roberta Arantes Lopes. *In*: SOUZA NETO, Cláudio Pereira; SARMENTO, Daniel (Org.). *Direitos sociais* – Fundamentos, judicialização e direitos sociais em espécie. 2. tir. Rio de Janeiro: Lumen Juris, 2010.

COURTIS, Christian. Los derechos sociales en perspectiva: la cara jurídica de la política social. *In*: CARBONELL, Miguel (Ed.). *Teoría del neoconstitucionalismo* – Ensayos escogidos. Madrid: Trotta, 2007.

COUTINHO, Luís Pedro Pereira. *A autoridade moral da Constituição* – Da fundamentação da validade do direito constitucional. Coimbra: Coimbra, 2009.

COUTINHO, Luís Pereira. Os direitos sociais e a crise: algumas notas. *Direito & Política*, v. 1, p. 75-79, out./ dez. 2012.

CUNHA JÚNIOR, Dirley da. Argüição de descumprimento de preceito fundamental. *In*: DIDIER JR., Fredie (Org.). *Ações constitucionais*. Salvador: JusPodivm, 2007.

CUNHA, Paulo Ferreira da. Constituição e utopia. E o exemplo da Constituição brasileira de 1988. *In*: CUNHA, Paulo Ferreira da *et al*. *Direito e justiça* – Estudos dedicados ao Professor Doutor Luís Alberto Carvalho Fernandes. Lisboa: Universidade Católica Editora, 2011. v. III.

DAHLMAN, Christian. Adjudicative and epistemic recognition. *In*: COMANDUCCI, Paolo; GUASTINI, Riccardo (Org.). *Analisi i diritto*. Ricerche di giurisprudenza analitica. [s.l.]: [s.n.], 2004.

DALLARI, Sueli Gandolfi. Direito sanitário. *In*: BRASIL. Ministério da Saúde. *Direito sanitário e saúde pública*. Brasília: Ministério da Saúde, 2003.

DALLARI, Sueli Gandolfi. Poderes republicanos e a defesa do direito à saúde – Evolução da proteção do direito à saúde nas constituições do Brasil. *In*: ALVES, Sandra Maria; DELDUQUE, Maria Célia; DINO NETO, Nicolao (Org.). *Direito sanitário em perspectiva*. Brasília: ESMPU/Fiocruz, 2013. v. 2.

DANIELS, Norman. A progressively realizable right to health and global governance. *Health Care Anal.*, v. 23, p. 330-340, 2015.

DANIELS, Norman. Justice, health, and healthcare. *The American Journal of Bioethics*, v. 1, n. 2, p. 2-16, 2001.

DANIELS, Norman. L'extension de la justice comme équité à la santé et aux soins de santé. Tradução de Émmanuelle Glon. *Raisons Politiques*, n. 34, p. 9-29, 2009.

DANIELS, Norman; SABIN, James. Limits to health care: Fair procedures, democratic deliberation, and the legitimacy problem for insurers. *Philosophy & Public Affairs*, v. 26, n. 4, p. 303-350, Autumn 1997.

DANTAS, Eduardo Vasconcelos dos Santos. *Droit médical au Brésil* – Essais et réflexions sous la perspective du droit comparé. Rio de Janeiro: GZ, 2013.

DELDUQUE, Maria Célia; MARQUES, Silvia Badim; CIARLINI, Álvaro. Judicialização das políticas de saúde no Brasil. *In*: ALVES, Sandra Maria; DELDUQUE, Maria Célia; DINO NETO, Nicolao (Org.). *Direito sanitário em perspectiva*. Brasília: ESMPU/Fiocruz, 2013. v. 2.

DERBLI, Felipe. A aplicabilidade do princípio da proibição de retrocesso social no direito brasileiro. *In*: SOUZA NETO, Cláudio Pereira; SARMENTO, Daniel (Org.). *Direitos sociais* – Fundamentos, judicialização e direitos sociais em espécie. 2. tir. Rio de Janeiro: Lumen Juris, 2010.

DESCARTES, René. *Discours de la méthode*. Disponível em: http://www.dominiopublico.gov.br/download/texto/aa000016.pdf. Acesso em: 29 out. 2016.

DÍEZ-PICAZO, Luis María. *Sistema de derechos fundamentales*. 3. ed. Madrid: Thomson/Civitas, 2008.

DIMOULIS, Dimitri; MARTINS, Leonardo. *Teoria geral dos direitos fundamentais*. 4. ed. São Paulo: Atlas, 2012.

DIPPEL, Horst. *História do constitucionalismo moderno* – Novas perspectivas. Tradução de António Manuel Hespanha e Cristina Nogueira da Silva. Lisboa: Fundação Calouste Gulbenkian, 2007.

DIXON, Rosalind. Creating dialogue about socioeconomic rights: strong-form versus weak-form judicial review revisited. *International Journal of Constitutional Law*, v. 5, n. 3, p. 391-408, jul. 2007.

DJIK, P. van; HOOF, G. J. H. van. *Theory and pratice of the European Convention on Human Rights*. 3. ed. The Hague: Kluwer Law International, 1998.

DOMINGUES, Renato Valladares. Globalização e acesso a medicamentos. *Revista Eletrônica de Direito Internacional*, v. 15, n. 1, 2015. Disponível em: http://www.cedin.com.br/wp-content/uploads/2014/05/Ficha-Catalografica5.pdf. Acesso em: 28 dez. 2016.

DONNELLY-LAZAROV, Bebhinn. The figuring of morality in adjudication: not so special? *Ratio Juris*, v. 24, n. 3, p. 284-303, set. 2011.

DORON, Israel. Courts, Ombudsman, and health-care policy: an exploratory study of Israel's National Health Care Insurance Act. *European Journal of Health Law*, v. 11, p. 391-405, 2004.

DUARTE, David. *A norma da legalidade procedimental administrativa* – A teoria da norma e a criação de normas de decisão na discricionariedade instrutória. Coimbra: Almedina, 2006.

DUARTE, David. A norma da universalidade de direitos e deveres fundamentais: esboço de uma anotação. *Boletim da Faculdade de Direito da Universidade de Coimbra*, v. LXXVI, p. 413-431, 2000.

DUARTE, David. An experimental essay on the antecedent and its formulation. *Scienze Giuridiche, Scienze Cognitive e Intelligenza artificiale*, v. 7, n. 16, p. 37-60, 2012. Disponível em: http://www.i-lex.it/articles/volume7/issue16/duarte.pdf.

DUARTE, David. Drawing up the boundaries of normative conflicts that lead to balances. *In*: SIECKMANN, Jan-Reinard (Ed.). *Legal reasoning*: the methods of balancing. Proceedings of the special workshop "Legal Reasoning. The Methods of Balancing" held at the 24th World Congress of the International Association for Philosophy of Law and Social Philosophy (IVR), Beijing, 2009. Stuttgart: Franz Steiner Verlag/Nomos, 2010.

DUARTE, David. Linguistic objectivity in norm sentences: alternatives on literal meaning. *Ratio Juris*, v. 24, n. 2, p. 112-139, jun. 2011.

DUARTE, David. On the a contrario argument: much ado about nothing. *Revista da Faculdade de Direito da Universidade de Lisboa*, v. LIV, n. 1-2, p. 41-49, 2013. Separata.

DUARTE, David. Rebutting defeasibility as operative normative defeasibility. *In*: D'ALMEIDA, Luís Duarte et alli. *Liber Amicorum de José de Souza Brito em comemoração do 70º aniversário*. Lisboa: Almedina, 2009.

DUARTE, Maria Luísa. A Carta dos Direitos Fundamentais da União Europeia – natureza e meios de tutela. *In*: DUARTE, Maria Luísa. *Estudos de direito da União e das comunidades europeias*. Coimbra: Coimbra Editora, 2006. v. II.

DUARTE, Maria Luísa. A Convenção Europeia dos Direitos do Homem – A matriz europeia de garantia dos direitos fundamentais. *In*: DUARTE, Maria Luísa. *Estudos de direito da União e das comunidades europeias* – Natureza e meios de tutela. Coimbra: Coimbra Editora, 2006.

DUARTE, Maria Luísa. A União Europeia e os direitos fundamentais – métodos de proteção. *Boletim da Faculdade de Direito da Universidade de Coimbra Portugal-Brasil*, ano 2000, p. 27-49, 1999.

DUARTE, Maria Luísa. O Conselho da Europa. *In*: DUARTE, Maria Luísa. *Estudos de direito da União e das comunidades europeias*. Coimbra: Coimbra Editora, 2006. v. II.

DUARTE, Maria Luísa. O direito da União Europeia e o direito europeu dos direitos do homem – Uma defesa do 'triângulo judicial europeu'. *In*: DUARTE, Maria Luísa. *Estudos de direito da União e das comunidades europeias*. Coimbra: Coimbra Editora, 2006. v. II.

DWORKIN, Ronald. *Controvérsia constitucional*. Tradução de Antônio de Araújo. *Sub Judice – Justiça e Sociedade*, v. 12, p. 27-31, jan./jun. 1998.

DWORKIN, Ronald. Hard cases. *Harvard Law Review*, v. 88, n. 6, p. 1.057-1.079, 1975.

DWORKIN, Ronald. *Justice for hedgehogs*. Cambridge-London: The Belknap Press of Harvard University Press, 2011.

DWORKIN, Ronald. Justice in the distribution of health care. *MacGill Law Journal*, v. 38, n. 4, p. 883-898, 1993.

DWORKIN, Ronald. *Levando os direitos a sério*. Tradução de Nelson Boeira. 2. ed. São Paulo: Martins Fontes, 2007.

DWORKIN, Ronald. *Uma questão de princípio*. Tradução de Luís Carlos Borges. 2. ed. São Paulo: Martins Fontes, 2005.

EEKELAAR, John. Positivism and plural legal systems. *Ratio Juris*, v. 25, n. 4, p. 513-526, dez. 2012.

ELY, John Hart. *Democracy and distrust* – A theory of judicial review. Cambridge/London: Harvard University Press, 1980.

ENDERS, Christoph. The right to have rights: the concept of human dignity in German Basic Law. *Revista de Estudos Constitucionais, Hermenêutica e Teoria do Direito (RECHTD)*, v. 2, n. 1, p. 1-8, 2010.

ENDICOTT, Timothy. Proportionality and incommensurability. *In*: HUSCROFT, Grant; MILLER, Bradley W.; WEBBER, Grégoire. *Proportionality and the rule of law* – Rights, justification, reasoning. New York: Cambridge University Press, 2014.

ENGELHARDT JR., H. Tristam. *Right to health*. Disponível em: http://www.pucrs.br/bioetica/cont/joao/tristram.pdf. Acesso em: 1º jan. 2016.

ENGISCH, Karl. *Introdução ao pensamento jurídico*. Tradução de J. Batista Machado. 10. ed. Lisboa: Fundação Calouste Gulbenkian, 2008.

ENO, Robert Wundeh. The jurisdiction of the African Court on Human and Peoples' Rights. *African Human Rights Law Journal*, v. 2, n. 2, p. 223-233, 2002.

ESTORNINHO, Maria João; MACIEIRINHA, Tiago. *Direito da saúde*: lições. Lisboa: Universidade Católica Editora, 2014.

EXTER, Andrp; HERMANS, Bert. Constitutional rights to health care: The consequences of placing limits on the right to health care in several western and eastern European countries. *European Journal of Health Law*, v. 5, p. 261-289, 1998.

FABRE, Cécile. *Social rights under the constitution* – Government and the decent life. reprint. Oxford: Oxford University Press, 2004.

FARIA, Paula Lobato de. *Medical law in Portugal*. The Netherlands: Kluwer Law International, 2010.

FERNÁNDEZ NIETO, Josefa. *Principio de proporcionalidad y derechos fundamentales*: una perspectiva desde el derecho público común europeo. Madrid: Dykinson, 2008.

FERRAJOLI, Luigi. Diritti fondamentali e democrazia costituzionale. *In*: COMANDUCCI, Paolo; GUASTINI, Riccardo (Org.). *Analisi i diritto*. Ricerche di giurisprudenza analitica. [s.l.]: [s.n.], 2002-2003.

FERRAJOLI, Luigi. El constitucionalismo entre principios y reglas. *Doxa – Cuadernos de Filosofía del Derecho*, n. 35, 2012.

FERRAJOLI, Luigi. *Principia iuris* – Teoria del diritto e della democrazia. Roma-Bari: Laterza, 2007. v. 1.

FERRAJOLI, Luigi. *Principia iuris* – Teoria del diritto e della democrazia. 2. ed. Bari-Roma: Laterza, 2009. v. 2.

FERRAJOLI, Luigi. Sobre los derechos fundamentales. Tradução de Miguel Carbonell). *In*: CARBONELL, Miguel (Ed.). *Teoría del neoconstitucionalismo* – Ensayos escogidos. Madrid: Trotta, 2007.

FERRAJOLI, Luigi. Teoria dos direitos fundamentais. Tradução de Hermes Zaneti Júnior e de Alexandre Salim. *In*: FERRAJOLI, Luigi. *Por uma teoria dos direitos e dos bens fundamentais*. Porto Alegre: Livraria do Advogado, 2011.

FERRAUD-CIANDET, Nathalie. *Protection de la santé et sécurité alimentaire en droit international*. Bruxelles: Larcier, 2009.

FERRAZ, Antonio Augusto Mello de Camargo. Considerações sobre interesse social e interesse difuso. *In*: MILARÉ, Édis (Coord.). *A ação civil pública após 20 anos*: efetividade e desafios. São Paulo: Revista dos Tribunais, 2005.

FERRAZ, Octavio L. Motta. Brasil: desigualdades en salud, derechos y tribunales. *In*: YAMIN, Alicia Ely; GLOPPEN, Siri (Coord.). *La lucha por los derechos de la salud – ¿Puede la justicia ser una herramienta de cambio?* Buenos Aires: Siglo Ventiuno, 2013.

FERRAZ, Octavio Luiz Motta. The right to health in the courts of Brazil: worsening health inequities? *Health and Human Rights Journal*, v. 11, n. 2, p. 33-45, 2009.

FERREIRA FILHO, Manoel Gonçalves. *Direitos humanos fundamentais*. 10. ed. São Paulo: Saraiva, 2008.

FERREIRA, Lara de Noronha e. Utilidades, QALYs e medição da qualidade de vida. *Revista Portuguesa de Saúde Pública*, v. 3, 2003. Disponível em: https://www.ensp.unl.pt/dispositivos-de-apoio/cdi/cdi/sector-de-publicacoes/revista/2000-2008/pdfs/E-05-2003.pdf. Acesso em: 24 nov. 2016.

FETERIS, Eveline T. The rational reconstruction of weighing and balancing on the basis of teleological-evaluative considerations in the justification of judicial decisions. *Ratio Juris*, v. 21, n. 4, p. 481-495, dez. 2008.

FISS, Owen. Objectivity and interpretation. *Stanford Law Review*, v. 34, p. 739-763, 1981-1982.

FISS, Owen. The forms of justice. *Harvard Law Review*, v. 93, n. 1, p. 1-58, nov. 1979.

FLICK, Giovanni Maria. La salute nella costituzione italiana: un diritto fondamentale, un interesse di tutti. *In*: CENTRO NAZIONALE DI PREVIVENZIONE E DIFESA SOCIALE. *La responsabilità medica*. Milano: Giuffrè, 2013.

FLOOD, Colleen M.; GROSS, Aeyal. Litigating the right to health: what can whe learn from a comparative law and health care systems approach. *Health and Human Rights Journal*, v. 16, n. 2, p. 62-72, dez. 2014.

FLUSS, Sev S. 25 years of health law: a retrospective from WHO. *Journal International de Bioéthique*, v. 3, n. 1, p. 15-23, mar. 1992.

FONSECA, Coaracy José de Oliveira. *A judicialização do direito fundamental à saúde no Brasil*: limites constitucionais. Tese (Mestrado em Ciências Jurídico-Políticas) – Faculdade de Direito, Universidade de Lisboa, 2013.

FORGES, Jean-Michel de. *Le droit de la santé*. 2. ed. Paris: Presses Universitaires de France, 1995.

FORSTHOFF, Ernst. Concepto y esencia del Estado Social de Derecho. Tradução de José Puente Egido. *In*: ABENDROTH, Wolfgang; FORSTHOFF, Ernst; DOEHRING, Karl. *El Estado Social*. Madrid: Centro de Estudios Constitucionales, 1986.

FORSTHOFF, Ernst. Problemas constitucionales del Estado Social. Tradução de José Puente Egido. *In*: ABENDROTH, Wolfgang; FORSTHOFF, Ernst; DOEHRING, Karl. *El Estado Social*. Madrid: Centro de Estudios Constitucionales, 1986.

FOXLEY, Felipe; RODRÍGUEZ, Jorge. Los derechos económico-sociales, la pobreza y las necesidades básicas en América Latina. *Anuario Juridico*, v. XII, p. 25-113, 1985.

FRANCISCO, José Carlos. Dignidade humana, custos estatais e acesso à saúde. *In*: SOUZA NETO, Cláudio Pereira; SARMENTO, Daniel (Org.). *Direitos sociais* – Fundamentos, judicialização e direitos sociais em espécie. 2. tir. Rio de Janeiro: Lumen Juris, 2010.

FRIED, Charles. Two concepts of interests: some reflections on Supreme Court's balancing test. *Harvard Law Review*, v. 76, p. 755-778, 1962-1963.

FROMONT, Michel. Le principe de proportionnalité. *L'Actualité juridique – Droit Administrative*, v. 20, jun. 1995. Spécial.

FULLER, Lon L. Positivism and fidelity to law – A reply to Professor Hart. *Harvard Law Review*, v. 71, n. 4, p. 630-672, 1958.

FULLER, Lon. The forms and limits of adjudication. *Harvard Law Review*, v. 92, p. 353-409, 1978-1979.

GADAMER, Hans-Georg. *Verdade e método* – Traços fundamentais de uma hermenêutica filosófica. Tradução de Flávio Paulo Meurer. 6. ed. Petrópolis/Bragança Paulista: Vozes/Editora Universitária São Francisco, 2004.

GARCÍA AMADO, Juan Antonio. El juicio de ponderación y sus partes. Una crítica. *In*: MANRIQUE, Ricardo García (Ed.). *Derechos sociales y ponderación*. 2. ed. Madrid: Fundación Coloquio Europeo, 2009.

GARCÍA DE ENTERRÍA, Eduardo. *La constituición como norma y el tribunal constitucional*. 4. ed. Madrid: Civitas/Thomson Reuters, 2006.

GARCÍA FIGUEROA, Alfonso. ¿Existen diferencias entre reglas y principios en el Estado constitucional? Algunas notas sobre la teoría de los principios de Robert Alexy. *In*: MANRIQUE, Ricardo García (Ed.). *Derechos sociales y ponderación*. 2. ed. Madrid: Fundación Coloquio Jurídico Europeo, 2009.

GARCIA, Emerson. *Conflito entre normas constitucionais* – Esboço de uma teoria geral. Rio de Janeiro: Lumen Juris, 2008.

GARCIA, Emerson. Princípio da separação dos poderes: os órgãos jurisdicionais e a concreção dos direitos sociais. *Revista da Faculdade de Direito da Universidade de Lisboa*, v. XLVI, n. 2, p. 955-1.003, 2005.

GARCIA, Emerson. *Proteção internacional dos direitos humanos*: breves reflexões sobre os sistemas convencional e não-convencional. 2. ed. Rio de Janeiro: Lumen Juris, 2009.

GARCIA, Maria da Glória F. P. D. *Direito das políticas públicas*. Coimbra: Almedina, 2009.

GARGARELLA, Roberto. Democracia deliberativa e o papel dos juízes diante dos direitos sociais. Tradução de Thiago Magalhães Pires. *In*: SOUZA NETO, Cláudio Pereira; SARMENTO, Daniel (Org.). *Direitos sociais* – Fundamentos, judicialização e direitos sociais em espécie. 2. tir. Rio de Janeiro: Lumen Juris, 2010.

GARGARELLA, Roberto. Justicia dialógica en la ejecución de los derechos sociales – Algunos argumentos de partida. *In*: YAMIN, Alicia Ely; GLOPPEN, Siri (Coord.). *La lucha por los derechos de la salud* – ¿Puede la justicia ser una herramienta de cambio? Buenos Aires: Siglo Ventiuno, 2013.

GARGARELLA, Roberto; BERGALLO, Paola. Presentación. *In*: YAMIN, Alicia Ely; GLOPPEN, Siri (Coord.). *La lucha por los derechos de la salud* – ¿Puede la justicia ser una herramienta de cambio? Buenos Aires: Siglo Ventiuno, 2013.

GARREAU, Olivier. *Droit de la santé, droit à la santé*. Sarrebruck: Éditions Universitaires Européenes, 2010.

GASPAR, António Henriques. Proteção internacional dos direitos humanos – Sistema da convenção europeia. *Sub Judice*, n. 28, p. 44-46, abr./set. 2004.

GAUDU, François. Les droits sociaux. *In*: CABRILLAC, Rémy; FRISON-ROCHE, Marie-Anne; REVET, Thierry (Dir.). *Libertés et droits fondamentaux*. 16. ed. Paris: Dalloz, 2010.

GAURI, Varun; BRINKS, Daniel M. A new policy landscape: legalizing social and economic rights in the developing world. *In*: GAURI, Varun; BRINKS, Daniel M. (Ed.). *Courting social justice* – Judicial enforcement of social and economic rights in the developing world. Cambridge: Cambridge University Press, 2008.

GAURI, Varun; BRINKS, Daniel M. Introduction: the elements of legalization and the triangular shape of social and economic rights. *In*: GAURI, Varun; BRINKS, Daniel M. (Ed.). *Courting social justice* – Judicial enforcement of social and economic rights in the developing world. Cambridge: Cambridge University Press, 2008.

GEVERS, Sjef. The right to health care. *European Journal of Health Law*, v. 11, p. 29-34, 2004.

GIOVANELLA, Lígia; MENDONÇA, Maria Helena Magalhães de. Atenção primária à saúde no Brasil. *In*: ALVES, Sandra Maria; DELDUQUE, Maria Célia; DINO NETO, Nicolao (Org.). *Direito sanitário em perspectiva*. Brasília: ESMPU/Fiocruz, 2013. v. 2.

GLOPPEN, Siri. Marco de análisis. *In*: YAMIN, Alicia Ely; GLOPPEN, Siri (Coord.). *La lucha por los derechos de la salud* – ¿Puede la justicia ser una herramienta de cambio? Buenos Aires: Siglo Ventiuno, 2013.

GLOPPEN, Siri; ROSEMAN, Mindy Jane. Introducción – ¿Pueden los litigios judiciales volver más justa la salud? *In*: YAMIN, Alicia Ely; GLOPPEN, Siri (Coord.). *La lucha por los derechos de la salud* – ¿Puede la justicia ser una herramienta de cambio? Buenos Aires: Siglo Ventiuno, 2013.

GOLDWORTH, Amnon. Human rights and the right to health care. *In*: WEISSTUB, David N.; PINTOS, Guillermo Díaz (Ed.). *Autonomy and human rights in health care* – An internetional perspective. Dordrecht: Universidad de Castilla-La Mancha/Springer, 2008.

GOMES, Carla Amado. *Defesa da saúde pública vs. liberdade individual* – Casos da vida de um médico da saúde pública. Lisboa: Associação Académica da Faculdade de Direito da Universidade de Lisboa, 1999.

GOMES, Carla Amado; FREITAS, Dinamene de. Le juge constitutionnel et la proportionnalité: rapport du Portugal. *In*: FACULDADE DE DIREITO DA UNIVERSIDADE DE COIMBRA. *Separata de Estudos em Homenagem ao Prof. Sérvulo Correia*. Coimbra: Almedina, 2010. v. I.

GONZÁLEZ OROPEZA, Manuel. La naturaleza de los derechos económicos, sociales y culturales. *Anuario Jurídico*, v. XII, p. 115-137, 1985.

GOUVEIA, Jorge Bacelar. *Manual de direito constitucional*. Coimbra: Almedina, 2005. v. II.

GRAU, Eros Roberto. *Ensaio e discurso sobre a interpretação/aplicação do direito*. 5. ed. São Paulo: Malheiros, 2009.

GRIMM, Dieter. Proportionality in Canadian and German constitutional jurisprudence. *University of Toronto Law Journal*, v. 57, p. 383-397, 2007.

GROS ESPIELL, Héctor. Los derechos económicos, sociales y culturales en los instrumentos internacionales: posibilidades y limitaciones para lograr su vigencia. *Anuario Jurídico*, v. XII, p. 139-188, 1985.

GROSSI, Paolo. *Prima lezione di diritto*. 14. ed. Roma/Bari: Laterza, 2009.

GUASTINI, Riccardo. A sceptical view on legal interpretation. *In*: COMANDUCCI, Paolo; GUASTINI, Riccardo (Org.). *Analisi i diritto*. Ricerche di giurisprudenza analitica. [s.l.]: [s.n.], 2005.

GUASTINI, Riccardo. *Distinguiendo* – Estudios de teoría y metateoría del derecho. Tradução de Jordi Ferrer i Beltrán. Barcelona: Gedisa, 1999.

GUASTINI, Riccardo. Les principes de droit en tant que source de perplexité théorique. *In*: COMANDUCCI, Paolo; GUASTINI, Riccardo (Org.). *Analisi i diritto*. Ricerche di giurisprudenza analitica. [s.l.]: [s.n.], 2007.

GUASTINI, Riccardo. Rigidità costituzionale e normatività della scienza giuridica. *In*: COMANDUCCI, Paolo; GUASTINI, Riccardo (Org.). *Analisi i diritto*. Ricerche di giurisprudenza analitica. [s.l.]: [s.n.], 2002-2003.

GUASTINI, Riccardo. Variaciones sobre temas de Carlos Alchourrón y Eugenio Bulygin. Derrotabilidad, lagunas axiológicas e interpretación. *Doxa – Cuadernos de Filosofía del Derecho*, v. 31, p. 143-155, 2008.

HÄBERLE, Peter. La ética en el estado constitucional – La relación de reciprocidad y tensión entre la moral y el derecho. Tradução de Carlos Ruiz Miguel. *Dereito*, v. 5, n. 2, p. 159-165, 1996.

HÄBERLE, Peter. *La garantía del contenido esencial de los derechos fundamentales en la ley fundamental de Bonn*. Tradução de Joaquín Brage Camazano. Madrid: Dykinson, 2003.

HÄBERLE, Peter. *Pluralismo y constitución* – Estudios de teoría constitucional de la sociedad abierta. Tradução de Emilio Mikunda-Franco. Madrid: Tecnos, 2002.

HABERMAS, Jürgen. Derecho y moral. *In*: HABERMAS, Jürgen. *Facticidad y validez*. Tradução de Manuel Jiménez Redondo. 4. ed. Madrid: Trotta, 2005.

HABERMAS, Jürgen. *Facticidad y validez*. Tradução de Manuel Jiménez Redondo. 4. ed. Madrid: Trotta, 2005.

HABERMAS, Jürgen. Paradigms of law. *In*: CAMPBELL, Tom; STONE, Adrienne (Ed.). *Law and democracy*. Aldershot; Burlington: Dartmouth; Ashgate, 2003.

HAGE, Jaap; PECZENIK, Alecsander. Law, morals and defeasibility. *Ratio Juris*, v. 13, n. 3, p. 305-325, 2000.

HAMILTON, Alexander; MADISON, James; JAY, John. *O federalista*. Tradução de Heitor de Almeida Herrera. Brasília: Universidade de Brasília, 1984.

HART, Dieter. Medical guidelines – Reception and application by the Law: the German example. *European Journal of Health Law*, v. 7, p. 5-13, 2000.

HART, Herbert L. A. *O conceito de direito*. Tradução de A. Ribeiro Mendes. 5. ed. Lisboa: Fundação Calouste Gulbenkian, 2007.

HART, Herbert L. A. Pós-escrito. Tradução de A. Ribeiro Mendes. *In*: HART, Herbert L. A. *O conceito de direito*. 5. ed. Lisboa: Fundação Calouste Gulbenkian, 2007.

HART, Herbert L. A. Positivism and the separation of law and morals. *Harvard Law Review*, v. 71, n. 4, p. 593-629, 1958.

HENDRIKS, Aart. The right to health. *European Journal of Health Law*, v. 1, p. 187-196, 1994.

HENKIN, Louis. Infallibility under law: constitutional balancing. *Columbia Law Review*, v. 78, p. 1.022-1.049, 1978.

HENRIQUES, Fátima Vieira. Direito prestacional à saúde e atuação jurisdicional. *In*: SOUZA NETO, Cláudio Pereira; SARMENTO, Daniel (Org.). *Direitos sociais* – Fundamentos, judicialização e direitos sociais em espécie. 2. tir. Rio de Janeiro: Lumen Juris, 2010.

HERDEGEN, Matthias. The relation between the principles of equality and proportionality. *Common Market Law Review*, v. 22, p. 683-696, 1985.

HERSHKOFF, Helen. Public law litigation. *Human Rights Review*, v. 10, p. 157-181, 2009.

HERSHKOFF, Helen. Transforming legal theory in the light of pratice: the judicial application of social and economic rights to private orderings. *In*: GAURI, Varun; BRINKS, Daniel M. (Ed.). *Courting social justice* – Judicial enforcement of social and economic rights in the developing world. Cambridge: Cambridge University Press, 2008.

HESSE, Konrad. *A força normativa da Constituição*. Tradução de Gilmar Ferreira Mendes. Porto Alegre: Sergio Antonio Fabris, 1991.

HESSE, Konrad. *Elementos de direito constitucional da República Federal da Alemanha*. Tradução de Luís Afonso Heck. Porto Alegre: Sergio Antonio Fabris, 1998.

HEYNING, Catherine J. van de. "Is it still a sin to kill a mockingbird?" Remedying factual inequalities through positive action – What can be learned from the US Supreme Court and the European of Human Rights case law. *European Human Rights Law Review*, n. 3, p. 376-390, 2008.

HIERRO, Libório L. Los derechos económico-sociales y el principio de igualdad en la teoría de Robert Alexy. *In*: MANRIQUE, Ricardo García (Ed.). *Derechos sociales y ponderación*. 2. ed. Madrid: Fundación Coloquio Jurídico Europeo, 2009.

HIRSCHL, Ran. *Towards juristocracy* – The origins and consequences of the new constitutionalism. Cambridge; London: Harvard University Press, 2004.

HOBCRAFT, Gemma. Roma children and education in Czech Republic: opening the door to indirect discrimination findings in Strasbourg? *European Human Rights Law Review*, n. 2, p. 245-260, 2008.

HOECKE, Mark van. Judicial review and deliberative democracy: a circular model of law creation and legitimation. *Ratio Juris*, v. 14, n. 4, p. 415-423, 2001.

HOFFMANN, Floriano F.; BENTES, Fernando R. N. M. Accountability for social and economic rights in Brazil. *In*: GAURI, Varun; BRINKS, Daniel M. (Ed.). *Courting social justice* – Judicial enforcement of social and economic rights in the developing world. Cambridge: Cambridge University Press, 2008.

HOHFELD, Wesley Newcomb. *Os conceitos jurídicos fundamentais aplicados na argumentação judicial*. Tradução de Margarida Lima Rego. Lisboa: Fundação Calouste Gulbenkian, 2008.

HOLMES JR., Oliver Wendell. The path of the law. *Harvard Law Review*, v. 10, n. 8, p. 457-478, 1897.

HOLMES, Stephen; SUNSTEIN, Cass R. *The cost of rights* – Why liberty depends on taxes. London; New York: Norton, 1999.

ISMAIL FILHO, Salomão Abdo Azis. *Ministério Público e atendimento à população* – Instrumento de acesso à justiça social. Curitiba: Juruá, 2011.

ISOLA-MIETTINEN, Hannele. Balancing and legitimacy. Reflections on the balancing of legal principles. *In*: SIECKMANN, Jan-Reinard (Ed.). *Legal reasoning*: the methods of balancing. Proceedings of the special workshop "Legal Reasoning. The Methods of Balancing" held at the 24th World Congress of the International Association for Philosophy of Law and Social Philosophy (IVR), Beijing, 2009. Stuttgart: Franz Steiner Verlag/ Nomos, 2010.

ITZCOVICH, Giulio. Law, social change and legal positivism. Some remarks to Marmor on constitutional legitimacy and interpretation. *In*: COMANDUCCI, Paolo; GUASTINI, Riccardo (Org.). *Analisi i diritto*. Ricerche di giurisprudenza analitica. [s.l.]: [s.n.], 2007.

JARDIM, Sara Vera. A Europa dos consumidores de cuidados de saúde. *In*: SIMÕES, Jorge (Coord.). *30 anos do Serviço Nacional de Saúde* – Um percurso comentado. Coimbra: Almedina, 2010.

JELLINEK, Georg. *Teoría general del Estado*. Tradução de Fernando de los Ríos. 1. reimpr. México: Fondo de Cultura Económica, 2002.

JHEELAN, Navish. The enforceability of socio-economic rights. *European Human Rights Law Review*, n. 2, p. 146-157, 2007.

JOST, Timothy Stoltzfus. The role of courts in health care rationing: the german model. *Journal of Contemporary Health Law and Policy*, v. 18, p. 613-617, 2001-2002.

JUAN, Stéphanie. L'objectif à valeur constitutionnelle du droit à la protection de la santé: droit individual ou collectif? *Revue du Droit Public et de la Science Politique en France et à l'Étranger*, t. 122, n. 2, p. 439-457, 2006.

KATROUGALOS, Georges; AKOUMIANAKI, Daphne. *L'application du principe de proportionnalité dans le champ des droits sociaux*. Disponível em: www.juridicas.unam.mx/wccl/ponencias/9/155.pdf. Acesso em: 12 jan. 2011.

KELSEN, Hans. Quem deve ser o guardião da Constituição? *In*: KELSEN, Hans. *Jurisdição constitucional*. Tradução de Alexandre Krug. 2. ed. São Paulo: Martins Fontes, 2007.

KELSEN, Hans. *Teoría general de las normas jurídicas*. Tradução de Hugo Carlos Delory Jacobs. 1. reimpr. Cidade do México: Trillas, 2007. Col. Pedro María Anaya.

KELSEN, Hans. *Teoria pura do direito*. Tradução de João Baptista Machado. 7. ed. Coimbra: Almedina, 2008.

KHOSA, Sibonile. Promoting economic, social and cultural rights in Africa: The African Commission holds a seminar in Pretoria. *African Human Rights Law Journal*, v. 4, p. 334-343, 2004.

KHOSLA, Madhav. Proportionality: an assault on human rights? A reply. *International Journal of Constitutional Law*, v. 8, n. 2, p. 298-306, 2010.

KING, Jeff. *Judging social rights*. Cambridge; New York: Cambridge University Press, 2012.

KLATT, Mathias. An egalitarian defense of proportionality-based balancing: A reply to Luc B. Tremblay. *International Journal of Constitutional Law*, v. 12, n. 4, p. 891-899, 2014.

KLATT, Mathias. Taking rights less seriosuly. A structural analysis of judicial discretion. *Ratio Juris*, v. 20, n. 4, p. 506-529, 2007.

KLATT, Mathias; MEISTER, Moritz. Proportionality – a benefit to human rights? Remarks on the I-CON controversy. *International Journal of Constitutional Law*, v. 10, n. 3, p. 687-708, 2012.

KLATT, Mathias; MEISTER, Moritz. *The constitutional structure of proportionality*. Oxford: Oxford University Press, 2014.

KOLLER, Peter. A conception of moral rights and its application to property and welfare rights. *Ratio Juris*, v. 5, n. 2, p. 153-171.

LARENZ, Karl. *Derecho justo*: fundamentos de etica jurídica. Tradução de Luis Díez-Picazo. Madrid: Civitas, 1985.

LARENZ, Karl. *Metodologia da ciência do direito*. Tradução de José Lamego. 5. ed. Lisboa: Fundação Calouste Gulbenkian, 2009.

LASSALE, Ferdinand. A essência da Constituição. Tradução de Walter Stönner. Adaptação da tradução de Aurélio Wander Bastos. 9. ed. Rio de Janeiro: Lumen Juris, 2009.

LAUDIJOIS, Marie. Le droit à la santé n'est pas une liberté fondamentale. *AJDA – L'Actualité juridique – Droit Administratif*, n. 7, p. 376-380, 2006.

LEARY, Virginia A. Justiciabilité du droit à la santé et au-delá du concept: les procédures de plaintes. *La Revue de la Commission Internationale de Juristes*, n. 55, p. 119-138, dez. 1995. Édition Spéciale: Droits Économiques, sociaux et le rôle des juristes.

LEMA AÑÓN, Carlos. *Salud, justicia, derechos*. El derecho a la salud como derecho social. Madrid: Dykinson, 2010.

LENZA, Pedro. *Teoria geral da ação civil pública*. 3. ed. São Paulo: Revista dos Tribunais, 2008.

LERAT, Richard. Le système de santé et le droit aux soins: aspects organisationnels. *Journal International de Bioéthique*, v. 6, n. 1, p. 17-21, 1995.

LESSONA, Silvio. *Trattato di diritto sanitario*. Milano; Torino; Roma: Fratelli Bocca Editori, 1914. v. 1.

LEVINET, Michel. *Droits et libertés fondamentaux*. Paris: Presses Universitaires de France, 2010.

LIMA, Ricardo Seibel de Freitas. Direito à saúde e critérios de aplicação. *In*: SARLET, Ingo Wolfgang; TIMM, Luciano Benetti (Org.). *Direitos fundamentais* – Orçamento e reserva do possível. 2. ed. Porto Alegre: Livraria do Advogado, 2010.

LIN, Cai. The limits of balancing. *In*: SIECKMANN, Jan-Reinard (Ed.). *Legal reasoning*: the methods of balancing. Proceedings of the special workshop "Legal Reasoning. The Methods of Balancing" held at the 24th World Congress of the International Association for Philosophy of Law and Social Philosophy (IVR), Beijing, 2009. Stuttgart: Franz Steiner Verlag/Nomos, 2010.

LLOYD, Amanda; MURRAY, Rachel. Institutions with responsability for human rights protection under the African Union. *Journal of African Law*, v. 48, n. 2, 2004.

LOCKE, John. *Segundo tratado de governo* – Ensaio sobre a verdadeira origem, alcance e finalidade do governo civil. Tradução de Carlos Pacheco do Amaral. Lisboa: Fundação Calouste Gulbenkian, 2007.

LOEWESTEIN, Karl. *Teoría de la Constitución*. Tradução de Alfredo Gallego Anabitarte. 2. ed. 1. reimpr. Barcelona: Ariel, 1982.

LOPERA MESA, Gloria-Patrícia. El principio de proporcionalidad y los dilemas del constitucionalismo. *Revista Española de Derecho Constitucional*, n. 73, p. 381-410, jan./abr. 2005.

LOPES, Ana Maria D'Ávila. A carta canadense de direitos e liberdades. *Pensar – Revista de Ciências Jurídicas*, p. 7-16, abr. 2007. Edição Especial.

LOPES, Ana Maria D'Ávila. A garantia do conteúdo essencial dos direitos fundamentais. *Revista de Informação Legislativa*, n. 164, p. 7-15, out./dez. 2004.

LOPES, Licínio. Direito administrativo da saúde. *In*: OTERO, Paulo; GONÇALVES, Pedro. *Tratado de direito administrativo especial*. Coimbra: Almedina, 2010. v. III.

LOUBET, Luciano Furtado. *Licenciamento ambiental* – A obrigatoriedade da adoção das melhores técnicas disponíveis (MTD). Belo Horizonte: Del Rey, 2014.

LOUREIRO, João Carlos. Bios, tempo(s) e mundo(s): algumas reflexões sobre valores, interesses e riscos no campo biomédico. *In*: ANDRADE, Manuel da Costa; ANTUNES, Maria João; SOUZA, Susana Aires de (Org.). *Stvdia Ivridica n. 101*. Estudos em homenagem ao Prof. Doutor Jorge de Figueiredo Dias. Coimbra: Coimbra Editora, 2010. v. IV.

LOUREIRO, João Carlos. Direito à (protecção da) saúde. *In*: MIRANDA, Jorge. *Estudos em homenagem ao Professor Doutor Marcello Caetano no centenário de seu nascimento*. Lisboa; Coimbra: Faculdade de Direito da Universidade de Lisboa/Editora Coimbra, 2006. v. 1.

LUPION, Ricardo. O direito fundamental à saúde e o princípio da impessoalidade. *In*: SARLET, Ingo Wolfgang; TIMM, Luciano Benetti (Org.). *Direitos fundamentais* – Orçamento e "reserva do possível". 2. ed. Porto Alegre: Livraria do Advogado, 2010.

LYON-CAEN, Gérard. Informe de síntesis. *In*: MARZAL FUENTES, Antonio (Ed.). *Protección de la salud y derecho social*. Barcelona: Esade, 1999.

MACCORMICK, Neil. *Institutions of law* – An essay in legal theory. reprint. Oxford/New York: Oxford University Press, 2009.

MACCORMICK, Neil. *Rhetoric and the rule of law*. reprint. Oxford/New York: Oxford University Press, 2010.

MACEDO JÚNIOR, Ronaldo Porto. Ação civil pública, o direito social e os princípios. *In*: MILARÉ, Édis (Coord.). *A ação civil pública após 20 anos*: desafios e efetividade. São Paulo: Revista dos Tribunais, 2005.

MACHETE, Pedro; VIOLANTE, Teresa. O princípio da proporcionalidade e da razoabilidade na jurisprudência constitucional, também em relação com a jurisprudência dos tribunais europeus. *In*: PORTUGAL. Tribunal Constitucional. *Relatório apresentado na XV Conferência trilateral dos Tribunais Constitucionais de Espanha, Itália e Portugal*. 2013. Disponível em: http://www.tribunalconstitucional.pt/tc/content/files/conferencias/ctri20131024/ctri20131024_relatorio_pt_vf.pdf. Acesso em: 27 jan. 2017.

MACHETE, Rui Chancerelle. Algumas reflexões sobre as relações jurídicas poligonais, a regulação e o objecto do processo administrativo. *In*: MIRANDA, Jorge *et alli* (Org.). *Estudos em homenagem a Miguel Galvão Teles*. Coimbra: Almedina, 2012. v. 1.

MAESTAD, Ottar; RAKNER, Lise; FERRAZ, Octávio L. Motta. Evaluación del impacto de la litigación en terreno de los derechos a la salud – Análisis comparativo de Argentina, Brasil, Colombia, Costa Rica, India y Sudáfrica. *In*: YAMIN, Alicia Ely; GLOPPEN, Siri (Coord.). *La lucha por los derechos de la salud* – ¿Puede la justicia ser una herramienta de cambio?* Buenos Aires: Siglo Ventiuno, 2013.

MAINGUÉ NETO, Wilson. *O mandado de segurança e o direito à assistência à saúde*. Curitiba: JM Editora, 2011.

MANCUSO, Rodolfo de Camargo. *Ação civil pública* – Em defesa do meio ambiente, do patrimônio cultural e dos consumidores. 13. ed. São Paulo: Revista dos Tribunais, 2014.

MANGIA, Alessandro. 'Attuazione' legislativa ed 'applicazione' giudiziaria del diritto alla salute. *Diritto Pubblico*, ano 4, n. 3, p. 751-776, set./dez. 1998.

MARINONI, Luiz Guilherme. O precedente na dimensão da segurança jurídica. *In*: MARINONI, Luiz Guilherme (Coord.). *A força dos precedentes* – Estudos em cursos de mestrado e doutorado em direito processual civil da UFPR. Salvador: JusPodivm, 2010.

MARINONI, Luiz Guilherme. *Teoria geral do processo*. 5. ed. São Paulo: Revista dos Tribunais, 2010. v. 1.

MARMOR, Andrei. *Positive law and objective values*. Oxford; New York: Oxford University Press, 2001.

MARMOR, Andrei. What does the law say? Semantics and pragmatics in statutory language. *In*: COMANDUCCI, Paolo; GUASTINI, Riccardo (Org.). *Analisi i diritto*. Ricerche di giurisprudenza analitica. [s.l.]: [s.n.], 2007.

MARQUES, Mário Reis. A dignidade humana como prius axiomático. *In*: ANDRADE, Manuel da Costa; ANTUNES, Maria João; SOUZA, Susana Aires de (Org.). *Stvdia Ivridica n. 101*. Estudos em homenagem ao Prof. Doutor Jorge de Figueiredo Dias. Coimbra: Coimbra Editora, 2010. v. IV.

MARTÍNEZ, Soares. Políticas econômicas de saúde. *In*: ASCENSÃO, José de Oliveira. *Direito da saúde e bioética*. Lisboa: Lex, 1991.

MARTINS JÚNIOR, Wallace Paiva. *Controle da Administração Pública pelo Ministério Público (Ministério Público defensor do povo)*. São Paulo: Juarez de Oliveira, 2002.

MARTINS, Leonardo. Introdução à jurisprudência do Tribunal Constitucional Federal alemão. *In*: SCHWABE, Jürgen. *Cinqüenta anos do Tribunal Constitucional Federal alemão*. Montevideo: Konrad-Adenauer-Stiftung E. V., 2005.

MARTINS, Leonardo. Proporcionalidade como critério de controle de constitucionalidade: problemas de sua recepção pelo direito e jurisdição constitucional brasileiros. *Cadernos de Direito*, v. 3, n. 5, p. 15-45, jul./dez. 2003.

MATHIEU, Bertrand. La protection du droit à la santé par le juge constitutionnel – A propos et à partir de la décision de la Cour constitutionnelle italienne nº185 du 20 mai 1998. *Cahiers du Conseil Constitutionnel*, n. 6, jan. 1999. Disponível em: http://www.conseil-constitutionnel.fr/conseil-constitutionnel/root/bank/pdf/conseil-constitutionnel-52765.pdf. Acesso em: 9 nov. 2016.

MATOS, André Salgado de. O direito ao ensino – Contributo para uma dogmática unitária de direitos fundamentais. *In*: MIRANDA, Jorge; CORDEIRO, António Menezes; FERREIRA, Eduardo Paz; NOGUEIRA, José Duarte (Org.). *Estudos em homenagem ao Professor Doutor Paulo de Pitta e Cunha*. Coimbra: Almedina, 2010. v. III.

MAXIMILIANO, Carlos. *Hermenêutica e aplicação do direito*. 19. ed. 15. reimpr. Rio de Janeiro: Forense, 2010.

MAZUR, Maurício. A dicotomia entre os direitos da personalidade e os direitos fundamentais. *In*: MIRANDA, Jorge; RODRIGUES JÚNIOR, Otávio Luiz; FRUET, Gustavo Ronato (Org.). *Direitos da personalidade*. São Paulo: Atlas, 2012.

MAZZILLI, Hugro Nigro. *A defesa dos interesses difusos em juízo*. 25. ed. São Paulo: Saraiva, 2012.

MCILROY, David H. When is a regime not a legal system? Alexy on moral correctness and social efficacy. *Ratio Juris*, v. 26, n. 1, p. 65-84, mar. 2013.

MEDEIROS, Rui. Direitos, liberdades e garantias e direitos sociais: entre a unidade e a diversidade. *In*: MIRANDA, Jorge (Coord.). *Estudos em homenagem ao Prof. Doutor Sérvulo Correia*. Lisboa/Coimbra: Faculdade de Direito da Universidade de Lisboa/Coimbra Editora, 2010. v. I.

MEDINA, José Miguel Garcia. *Novo Código de Processo Civil comentado*. 4. ed. São Paulo: Revista dos Tribunais, 2016.

MELO, Helena Pereira de; BELEZA, Teresa Pizarro. Uma vida digna até a morte: cuidados paliativos no direito português. *In*: ANDRADE, Manuel da Costa; ANTUNES, Maria João; SOUZA, Susana Aires de (Org.). *Stvdia Ivridica n. 101*. Estudos em homenagem ao Prof. Doutor Jorge de Figueiredo Dias. Coimbra: Coimbra Editora, 2010. v. IV.

MENDES, Conrado Hübner. *Direitos fundamentais, separação de poderes e deliberação*. São Paulo: Saraiva, 2011.

MENDES, Francisco Miller. A nova lei de saúde mental. *In*: ANDRADE, José Carlos Vieira de *et al*. *A lei de saúde mental e o internamento compulsivo*. Coimbra: Coimbra Editora, 2000.

MENDES, Gilmar Ferreira. *Jurisdição constitucional* – O controle abstrato de normas no Brasil e na Alemanha. 5. ed. 3. tir. São Paulo: Saraiva, 2007.

MENDES, Gilmar; BRANCO, Paulo Gustavo Gonet. *Curso de direito constitucional*. 12. ed. São Paulo: Saraiva, 2017.

MICHELMAN, Frank. On protecting the poor through the fourteenth amendment. *Harvard Law Review*, v. 83, p. 7-59, 1969-1970.

MICHELMAN, Frank. Socioeconomic rights in constitutional law: explaining America away. *International Journal of Constitutional Law*, v. 6, n. 3-4, p. 663-686, 2008.

MICHELMAN, Frank. The constitution, social rights, and liberal political justification. *International Journal of Constitutional Law*, v. 1, n. 1, p. 13-34, 2003.

MIRANDA, Jorge. A fiscalização da inconstitucionalidade por omissão. *In*: MIRANDA, Jorge *et alli* (Org.). *Estudos em homenagem a Miguel Galvão Teles*. Coimbra: Almedina, 2012. v. 1.

MIRANDA, Jorge. *Ciência política* – Formas de governo. Lisboa: Pedro Ferreira, 1996.

MIRANDA, Jorge. Direitos fundamentais e polícia. *In*: MIRANDA, Jorge. *Escritos vários sobre direitos fundamentais*. Estoril: Principia, 2006.

MIRANDA, Jorge. *Manual de direito constitucional*. Coimbra: Coimbra, 2009. t. IV.

MIRANDA, Jorge. O regime e a efetividade dos direitos sociais nas constituições de Portugal e do Brasil. *In*: OTERO, Paulo; ARAÚJO, Fernando; GAMA, João Taborda da (Org.). *Estudos em memória do Prof. Doutor J. L. Saldanha Sanches*. Coimbra: Coimbra Editora, 2011. v. 1.

MIRANDA, Jorge. Os problemas políticos fundamentais e as formas de governo modernas. *In*: MIRANDA, Jorge (Coord.). *Estudos em homenagem ao Prof. Doutor Armando M. Marques Guedes*. Lisboa/Coimbra: Faculdade de Direito da Universidade de Lisboa/Editora Coimbra, 2004.

MIRANDA, Jorge. *Teoria do Estado e da Constituição*. Coimbra: Coimbra Editora, 2002.

MIRANDA, Jorge; ALEXANDRINO, José de Melo. *As grandes decisões dos tribunais constitucionais europeus* – Portugal. Disponível em: http://www.fd.ulisboa.pt/wp-content/uploads/2014/12/Miranda-Jorge-Alexandrino-Jose-de-Melo-Grandes-decisoes-dos-Tribunais-Constitucionais-Europeus.pdf. Acesso em: 5 dez. 2016.

MOCO, Marcolino. *Direitos humanos e seus mecanismos de protecção* – As particularidades do sistema africano. Coimbra: Almedina, 2010.

MOLFESSIS, Nicolas. La dimension constitutionnelle des libertés et droits fondamentaux. *In*: CABRILLAC, Rémy; FRISON-ROCHE, Marie-Anne; REVET, Thierry (Dir.). *Libertés et droits fondamentaux*. 16. ed. Paris: Dalloz, 2010.

MÖLLER, Kai. "Balancing as reasoning" and the problems of a legally unaided adjudication: a rejoinder to Francisco Urbina. *International Journal of Constitutional Law*, v. 12, n. 1, p. 222-225, 2014.

MÖLLER, Kai. Proportionality: challenging the critics. *International Journal of Constitutional Law*, v. 10, n. 3, p. 709-731, 2012.

MONCRIEFF, Abigail R. The freedom of health. *University of Pennsylvania Law Review*, v. 159, p. 2.209-2.252, 2010-2011.

MONGE, Cláudia Sofia Oliveira Dias. *O direito à proteção da saúde e o conteúdo da prestação de cuidados médicos.* Tese (Doutorado em Ciências Jurídico-Políticas) – Faculdade de Direito, Universidade de Lisboa, 2014.

MONTEIRO, Arthur Maximus. *Controle de constitucionalidade das omissões legislativas.* Curitiba: Juruá, 2015.

MONTEIRO, Arthur Maximus. Lugar e natureza jurídica dos direitos econômicos, sociais e culturais na Carta Africana de Direitos do Homem e dos Povos. *In*: ALEXANDRINO, José de Melo (Coord.). *Direitos humanos em África.* Coimbra: Coimbra Editora, 2011.

MONTESQUIEU, Charles de Secondat. *O espírito das leis.* Tradução de Cristina Murachco. São Paulo: Martins Fontes, 1996.

MOORE, Michael S. The various relations between law and morality in contemporary legal philosophy. *Ratio Juris*, v. 25, n. 4, p. 435-471, dez. 2012.

MORAES, Alexandre de. *Direito constitucional.* 23. ed. São Paulo: Atlas, 2008.

MORAIS, Carlos Blanco de. *Justiça constitucional* – Garantia da Constituição e controlo da constitucionalidade. 2. ed. Coimbra: Coimbra Editora, 2006. t. I.

MORAIS, Carlos Blanco de. *Justiça constitucional* – O contencioso constitucional português entre o modelo misto e a tentação do sistema de reenvio. Coimbra: Coimbra Editora, 2005. t. II.

MORAIS, Carlos Blanco de. O controlo de constitucionalidade por omissão no ordenamento brasileiro e a tutela dos direitos sociais: um mero ciclo activista ou uma evolução para o paradigma neoconstitucionalista? *Revista de Direito Constitucional e Internacional*, v. 78, p. 153-227, jan./mar. 2012.

MOREAU, Jacques. Le droit à la santé: *AJDA – L'Actualité juridique – Droit Administratif*, p. 185-190, Juillet-Aôut 1998. Numéro spécial.

MOREIRA, Egon Bockmann; KANAYAMA, Rodrigo Luís. A solvência absoluta do Estado vs. a reserva do possível. *In*: OTERO, Paulo; ARAÚJO, Fernando; GAMA, João Taborda da (Org.). *Estudos em memória do Prof. Doutor J. L. Saldanha Sanches.* Coimbra: Coimbra Editora, 2011.

MOREIRA, Isabel. *A solução dos direitos, liberdades e garantias e direitos econômicos, sociais e culturais na Constituição portuguesa.* Coimbra: Almedina, 2007.

MORESO, José Juan. Alexy y la aritmética de la ponderación. *In*: MANRIQUE, Ricardo García (Ed.). *Derechos sociales y ponderación.* 2. ed. Madrid: Fundación Coloquio Jurídico Europeo, 2009.

MORESO, José Juan. Teoría del derecho y neutralidad valorativa. *Doxa – Cuadernos de Filosofía del Derecho*, v. 31, p. 177-200, 2008.

MORGAN, Derek. Health rights, ethics & justice: the opportunity costs of rethoric. *Journal International de Bioéthique*, v. 6, n. 1, p. 9-15, 1995.

MÜLLER, Friedrich. Democracia e exclusão social em face da globalização Tradução de Sérgio Krieger Barreira. *Opinião Jurídica*, ano III, n. 6, p. 393-406, 2005.

MÜLLER, Friedrich. *Teoria estruturante do Direito.* Tradução de Peter Naumann e Eurides Avance de Souza. 3. ed. São Paulo: Revista dos Tribunais, 2011.

MÜLLER, Friedrich. Tesis acerca de la estructura de las normas jurídicas. Tradução de Luis Villacorta Mancebo. *Revista Española de Derecho Constitucional*, n. 27, p. 111-126, set./dez. 1989.

MUREINIK, Etienne. A bridge to where? Introducing the interim bill of rights. *South African Journal on Human Rights*, v. 10, p. 31-48, 1994.

MURPHY, Thérèse. *Health and human rights.* Oxfortd/Portland: Hart Publishing, 2013.

MURRAY, Rachel. The African Charter on Human and Peoples' Rights 1987-2000: an overview of its progress and problems. *African Human Rights Law Journal*, v. 1, n. 1, p. 1-17, 2001.

REFERÊNCIAS | 583

NABAIS, José Casalta. Algumas reflexões críticas sobre os direitos fundamentais. *In*: VARELA, Antunes; AMARAL, Diogo Freitas do; MIRANDA, Jorge; CANOTILHO, J. J. Gomes (Org.). *Ab Vno Ad Omnes*: 74 anos da Editora Coimbra 1920-1995. Coimbra: Coimbra Editora, 1998.

NABAIS, José Casalta. O financiamento da segurança social em Portugal. *In*: TRIBUNAL CONSTITUCIONAL. *Estudos em memória do Conselheiro Luís Nunes de Almeida*. Coimbra: Coimbra Editora, 2007.

NASCIMENTO, Rogério José Bento Soares do. Concretizando a utopia: problemas na efetivação do direito a uma vida saudável. *In*: SOUZA NETO, Cláudio Pereira; SARMENTO, Daniel (Org.). *Direitos sociais* – Fundamentos, judicialização e direitos sociais em espécie. 2. tir. Rio de Janeiro: Lumen Juris, 2010.

NAVARRO, Pablo E. La aplicación neutral de conceptos valorativos. *In*: COMANDUCCI, Paolo; GUASTINI, Riccardo (Org.). *Analisi i diritto*. Ricerche di giurisprudenza analitica. [s.l.]: [s.n.], 2007.

NEVES, A. Castanheira. Da "jurisdição" no actual Estado-de-Direito. *In*: VARELA, Antunes; AMARAL, Diogo Freitas do; MIRANDA, Jorge; CANOTILHO, J. J. Gomes (Org.). *Ab Vno Ad Omnes*: 74 anos da Editora Coimbra 1920-1995. Coimbra: Coimbra Editora, 1998.

NEVES, A. Castanheira. *O actual problema metodológico da interpretação jurídica*. reimpr. Coimbra: Coimbra Editora, 2010. t. I.

NEVES, A. Castanheira. O sentido actual da metodologia jurídica. *In*: NEVES, A. Castanheira. *Digesta* – Escritos acerca do Direito, do pensamento jurídico, da sua metodologia e outros. Coimbra: Coimbra, 2008. v. 3.

NEVES, Ana Fernanda. Direito à saúde da pessoa que cumpre pena de prisão na jurisprudência do Tribunal Europeu dos Direitos do Homem. *In*: SOUSA, Marcelo Rebelo de; QUADROS, Fausto de; OTERO, Paulo (Coord.). *Estudos em homenagem ao Prof. Doutor Jorge Miranda*. Lisboa/Coimbra: Faculdade de Direito da Universidade de Lisboa/Coimbra Editora, 2012. v. V.

NEVES, Marcelo. *A constitucionalização simbólica*. 3. ed. São Paulo: Martins Fontes, 2011.

NEVES, Marcelo. *Entre Hidra e Hércules* – Princípios e regras constitucionais como diferença paradoxal do sistema jurídico. São Paulo: Martins Fontes, 2013.

NEVES, Marcelo. *Transconstitucionalismo*. São Paulo: Martins Fontes, 2009.

NORHEIM, Ole Frithjof; GLOPPEN, Siri. La litigación en reclamo de medicamentos – ¿De qué modo es possible evaluar el impacto de salud? *In*: YAMIN, Alicia Ely; GLOPPEN, Siri (Coord.). *La lucha por los derechos de la salud* – ¿Puede la justicia ser una herramienta de cambio? Buenos Aires: Siglo Ventiuno, 2013.

NOVAIS, Jorge Reis. *As restrições aos direitos fundamentais não expressamente autorizadas pela constituição*. Coimbra: Coimbra, 2003.

NOVAIS, Jorge Reis. Constituição e serviço nacional de saúde. *In*: SIMÕES, Jorge (Coord.). *30 anos do Serviço Nacional de Saúde* – Um percurso comentado. Coimbra: Almedina, 2010.

NOVAIS, Jorge Reis. *Contributo para uma teoria do Estado de Direito*. reed. Coimbra: Almedina, 2006.

NOVAIS, Jorge Reis. Direitos como trunfos contra a maioria. *In*: NOVAIS, Jorge Reis. *Direitos fundamentais*: trunfos contra a maioria. Coimbra: Coimbra Editora, 2006.

NOVAIS, Jorge Reis. *Direitos sociais* – Teoria jurídica dos direitos sociais enquanto direitos fundamentais. Coimbra: Coimbra/Wolters Kluwer, 2010.

NOVAIS, Jorge Reis. *Os princípios constitucionais estruturantes da república portuguesa*. reimpr. Coimbra: Coimbra Editora, 2011.

NOVAK, Marko. Three models of balancing (in constitutional review). *Ratio Juris*, v. 23, n. 1, p. 101-112, mar. 2010.

NOZICK, Robert. *Anarquia, Estado e utopia*. Tradução de Ruy Jungmann. Rio de Janeiro: Jorge Zahar Editor, 1991.

NUNES, João Arriscado. Saúde, direito à saúde e justiça sanitária. *Revista Crítica de Ciências Sociais*, n. 87, p. 143-169, out./dez. 2009.

OLIVEIRA, Mariana Siqueira de Carvalho; ALVES, Sandra Mara Campos. Democracia e saúde: o papel do Ministério Público nas instâncias participativas sanitárias. *In*: ALVES, Sandra Maria; DELDUQUE, Maria Célia; DINO NETO, Nicolao (Org.). *Direito sanitário em perspectiva*. Brasília: ESMPU/Fiocruz, 2013. v. 2.

OLIVEIRA, Rafael Arruda. O constrangimento orçamental e a vontade da Constituição – A realização de políticas públicas na área da saúde. *Revista dos Tribunais*, v. 100, n. 908, p. 23-109, jun. 2011.

OLSEN, Ana Carolina Lopes. *A eficácia dos direitos sociais frente à reserva do possível*. Dissertação (Mestrado) – Universidade Federal do Paraná, 2006.

ORGANIZAÇÃO MUNDIAL DA SAÚDE. *Relatório Mundial da Saúde 2010*: Financiamento dos sistemas de saúde – O caminho para cobertura universal. Disponível em: http://www.who.int/eportuguese/publications/WHR2010.pdf. Acesso em: 29 abr. 2017.

ORGANIZAÇÃO MUNDIAL DA SAÚDE. *Relatório Mundial de Saúde 2008*: Cuidados de saúde primários agora mais que nunca. Disponível em: http://www.who.int/whr/2008/whr08_pr.pdf. Acesso em: 29 abr. 2017.

ORGANIZAÇÃO MUNDIAL DA SAÚDE. *The selection and use of essential medicines* – Repport of the WHO Expert Committee. 2002. Disponivel em: http://apps.who.int/medicinedocs/pdf/s4875e/s4875e.pdf. Acesso em: 29 abr. 2017.

OTERO, Paulo. *Direito constitucional português*. Coimbra: Almedina, 2010. v. I.

OTERO, Paulo. *Direito constitucional português*. Coimbra: Almedina, 2010. v. II.

OTERO, Paulo. *Instituições políticas e constitucionais*. reimpr. Coimbra: Almedina, 2009. v. I.

PARDO, Celestino. Reivindicación del concepto de derecho subjetivo. *In*: MANRIQUE, Ricardo García (Ed.). *Derechos sociales y ponderación*. 2. ed. Madrid: Fundación Coloquio Jurídico Europeo, 2009.

PARMAR, Sharanjeet; WAHI, Namita. India: ciudadanos, tribunales y el derecho a la salud. *In*: YAMIN, Alicia Ely; GLOPPEN, Siri (Coord.). *La lucha por los derechos de la salud* – ¿Puede la justicia ser una herramienta de cambio? Buenos Aires: Siglo Ventiuno, 2013.

PATTERSON, Dennis. Alexy on necessity in law and morals. *Ratio Juris*, v. 25, n. 1, p. 47-58, mar. 2012.

PAVCNIK, Marijan; LACHMAYER, Friedrich. The principle of proportionality (theses for discussion). *In*: SIECKMANN, Jan-Reinard (Ed.). *Legal reasoning*: the methods of balancing. Proceedings of the special workshop "Legal Reasoning. The Methods of Balancing" held at the 24th World Congress of the International Association for Philosophy of Law and Social Philosophy (IVR), Beijing, 2009. Stuttgart: Franz Steiner Verlag/Nomos, 2010.

PAVIA, Marie-Luce. La dignité de la personne humaine. *In*: CABRILLAC, Rémy; FRISON-ROCHE, Marie-Anne; REVET, Thierry (Dir.). *Libertés et droits fondamentaux*. 16. ed. Paris: Dalloz, 2010.

PECES-BARBA MARTÍNEZ, Gregorio. Fundamental rights: between morals and politics. *Ratio Juris*, 14, n. 1, p. 64-74, 2001.

PECES-BARBA MARTÍNEZ, Gregorio. Los derechos sociales: apuntes políticos y jurídicos. *In*: ZAPATERO, Virgilio; GÓMES, Maria Isabel Garrido (Ed.). *Los derechos sociales como una exigencia de la justicia*. Madrid: Universidad de Alcalá, 2009.

PECES-BARBA MARTÍNEZ, Gregorio; ASÍS ROIG, Rafael de; BARRANCO AVILÉS, María del Carmen (Colab.). *Lecciones de derechos fundamentales*. Madrid: Dykinson, 2004.

PECES-BARBA MARTÍNEZ, Gregorio; ASÍS ROIG, Rafael de; FERNÁNDEZ LIESA, Carlos R.; LLAMAS CASCÓN, Ángel (Colab.). *Curso de derechos fundamentales* – Teoría general. 1. reimpr. Madrid: Universidad Carlos III/Boletín Oficial del Estado, 1999.

PECES-BARBA, Gregorio. Reflexiones sobre los derechos fundamentales. *In*: MANRIQUE, Ricardo García (Ed.). *Derechos sociales y ponderación*. 2. ed. Madrid: Fundación Coloquio Jurídico Europeo, 2009.

PEREIRA, André Gonçalo Dias. Declarações antecipadas de vontade: vinculativas ou apenas indicativas? *In*: ANDRADE, Manuel da Costa; ANTUNES, Maria João; SOUZA, Susana Aires de (Org.). *Stvdia Ivridica n. 101*. Estudos em homenagem ao Prof. Doutor Jorge de Figueiredo Dias. Coimbra: Coimbra Editora, 2010. v. IV.

PEREIRA, Ravi Afonso. Igualdade e proporcionalidade: um comentário às decisões do Tribunal Constitucional de Portugal sobre cortes salariais no sector público. *Revista Española de Derecho Constitucional*, n. 98, p. 317-370, maio/ago. 2013.

PERELMAN, Chaïm; OLBRECHTS-TYTECA, Lucie. *Tratado da argumentação* – A nova retórica. Tradução de Maria Ermentina Galvão. 1. ed. 5. tir. São Paulo: Martins Fontes, 2002.

PÉREZ LUÑO, Antonio Enrique. *Los derechos fundamentales*. 9. ed. Madrid: Tecnos, 2007.

PÉREZ LUÑO, Antonio Enrique. Los derechos sociales y su significación actual. *In*: ZAPATERO, Virgilio; GÓMES, Maria Isabel Garrido (Ed.). *Los derechos sociales como una exigencia de la justicia*. Cuadernos de la cátedra de democracia y derechos humanos. Madrid: Universidad de Alcalá, 2009.

PÉREZ LUÑO, Antonio Enrique; ALARCÓN CABRERA, Carlos; GONZÁLEZ-TABLAS, Rafael; RUIZ DE LA CUESTA, Antonio. *Teoría del derecho* – Una concepción de la experiencia jurídica. 9. ed. Madrid: Tecnos, 2010.

PEREZ ROYO, Javier. *Tribunal constitucional y división de poderes*. Madrid: Tecnos, 1988.

PERLINGEIRO, Ricardo. Los cuidados de salud para los ancianos. Entre las limitaciones presupuestarias y el derecho a un mínimo existencial. *Boletín Mejicano de Derecho Comparado, nueva serie*, ano XLVII, n. 140, p. 547-584, maio/ago. 2014.

PERLINGEIRO, Ricardo. Novas perspectivas para a judicialização da saúde no Brasil. *Scientia Ivridica*, t. LXII, n. 333, p. 519-539, set./dez. 2013.

PERRY, Donna J.; FERNÁNDEZ, Christian Guillermet; PUYANA, David Fernández. The right to life in peace: An essential condition for realizing the right to health. *Health and Human Rights Journal*, v. 17, n. 1, p. 148-158, jun. 2015.

PERRY, Stephen R. Two models of legal principles. *Iowa Law Review*, n. 82, p. 787-819, 1996-1997.

PESSINI, Leo; BARCHINFONTAINE, Christian de Paul de. History of bioethics in Brazil: Pioneering voices, educational programs and future perspectives. *Journal International de Bioéthique*, v. 19, n. 1-2, p. 21-38, mar./jun. 2008.

PFERSMANN, Otto. Esquisse d'une théorie des droits fondamentaux. *In*: FAVOREAU, Louis (Coord.). *Droit des libertés fondamentales*. 3. ed. Paris: Dalloz, 2005.

PHILIPPE, Xavier. *Le contrôle de proportionnalité dans le jurisprudence constitutionnelle et administrative françaises*. Paris: Economica/Presses Universitaires d'Aix-Marseille, 1990.

PIÇARRA, Nuno. *A separação de poderes como doutrina e princípio constitucional* – Um contributo para o estudo das suas origens e evolução. Coimbra: Coimbra Editora, 1989.

PIEROTH, Bodo; SCHLINK, Bernhard. *Direitos fundamentais* – Direito estadual II. Tradução de António C. Franco e António Francisco Souza. Lisboa: Universidade Lusíada, 2008.

PILAU SOBRINHO, Liton Lanes. A relação (não) comunicacional do direito à saúde. *In*: REIS, Jorge Renato dos; LEAL, Rogério Gesta (Org.). *Direitos sociais e políticas públicas*: desafios contemporâneos. Santa Cruz do Sul: Edunisc, 2009. t. 9.

PINO, Giorgio. Positivism, legal validity, and the separation of law and morals. *Ratio Juris*, v. 27, n. 2, p. 190-217, jun. 2014.

PINTO, Ilenia Massa. Contenuto minimo essenziale dei diritti costituzionali e concezione espansiva della costituzione. *Diritto Pubblico*, ano VII, n. 3, p. 1.095-1.117, 2001.

PINTO, Ricardo Leito. O papel do Supremo Tribunal no sistema político constitucional norte-americano e a questão da "politicidade" da justiça constitucional: a decisão sobre a lei da reforma dos cuidados de saúde. *In*: MIRANDA, Jorge *et alli* (Org.). *Estudos em homenagem a Miguel Galvão Teles*. Coimbra: Almedina, 2012. v. 1.

PIOVESAN, Flávia. *Direitos humanos e justiça internacional* – Um estudo comparativo dos sistemas regionais europeu, interamericano e africano. São Paulo: Saraiva, 2007.

PIOVESAN, Flávia. *Direitos humanos e o direito constitucional internacional*. 7. ed. São Paulo: Saraiva, 2006.

PIOVESAN, Flávia. *Direitos sociais, econômicos e culturais e direitos civis e políticos*. Disponível em: http://bdjur.stj. gov.br/xmlui/bitstream/handle/2011/18872/Direitos_Sociais_Econ%c3%b4micos_e_Culturais.pdf?sequence=4. Acesso em: 20 mar. 2010.

PIOVESAN, Flávia. *Direitos sociais*: proteção no sistema internacional e regional interamericano. Disponível em: http://www.iedc.org.br/REID/?CONT=00000122. Acesso em: 14 jun. 2010.

PIRKER, Benedikt. *Proportionality analysis and models of judicial review* – A theoretical and comparative study. Groningen: Europa Law Review, 2013.

POLÔNIO, Carlos Alberto. Patentes farmacêuticas e acesso a medicamentos: regras comerciais, direito à saúde e direitos humanos. *Revista de Direito Sanitário*, v. 7, n. 1-2-3, p. 163-182, 2006.

POPPER, Karl. *Conjecturas e refutações* – O desenvolvimento do conhecimento científico. Tradução de Benedita Bettencourt. Coimbra: Almedina, 2006.

PRADO, Luiz Regis. *Curso de direito penal brasileiro*. 8. ed. São Paulo: Revista dos Tribunais, 2008. v. I.

PRATO, Enrico Del. Ragionevolezza e bilanciamento. *Rivista di Diritto Civile*, n. 1, p. 23-39, jan./fev. 2010.

PRIETO SANCHÍS, Luis. Los derechos sociales y el principio de igualdad sustancial. *Revista del Centro de Estudios Constitucionales*, n. 22, p. 9-57, 1995.

PUIGARNAU, Jaime M. Mans. *Logica para juristas*. Barcelona: Bosch, 1978.

QUEIROZ, Cristina M. M. *Os actos políticos no Estado de Direito*. O problema do controle jurídico do poder. Coimbra: Almedina, 1990.

QUEIROZ, Cristina. *Direitos fundamentais sociais* – Funções, âmbito, conteúdo, questões interpretativas e problemas de justiciabilidade. Coimbra: Coimbra Editora, 2006.

RADBRUCH, Gustavo. *Filosofia del derecho*. Tradução de José Medina Echavarría. Madrid: Editorial Revista de Derecho Privado, 1933.

RAMIRES, Maurício. *Um contributo sobre o modelo brasileiro de acesso judicial ao direito fundamental à saúde, a partir da academia e doutrina portuguesas*. Relatório (Doutorado em Ciências Jurídico-Políticas) – Faculdade de Direito, Universidade de Lisboa, 2010.

RAMOS, Elival da Silva. *Ativismo judicial* – Parâmetros dogmáticos. São Paulo: Saraiva, 2010.

RAPOSO, Vera Lúcia. *O direito à imortalidade* – O exercício de direitos reprodutivos mediante técnicas de reprodução assistida e o estatuto jurídico do embrião in vitro. Coimbra: Almedina, 2014.

RASLAN, Alexandre Lima. *Responsabilidade civil ambiental do financiador*. Porto Alegre: Livraria do Advogado, 2012.

RATTI, Giovanni Battista. The consequences of defeasibility. *In*: COMANDUCCI, Paolo; GUASTINI, Riccardo (Org.). *Analisi i diritto*. Ricerche di giurisprudenza analitica. [s.l.]: [s.n.], 2007.

RAUTENBACH, I. M. Proportionality and the limitation clauses of the South African Bill of Rights. *Potchefstroom Eletronic Law Journal*, v. 17, n. 6, p. 2.229-2.267, 2014.

RAWLS, John. *El liberalismo político*. Tradução de Antoni Domènech. 1. reimpr. Barcelona: Crítica, 2006.

RAWLS, John. *Uma teoria da justiça*. Tradução de Jussara Simões. 3. ed. São Paulo: Martins Fontes, 2008.

RAZ, Joseph. About morality and the nature of law. *In*: RAZ, Joseph. *Between authority and interpretation* – On the theory of law and pratical reason. Oxford/New York: Oxford University Press, 2009.

RAZ, Joseph. Incorporation by law. *In*: RAZ, Joseph. *Between authority and interpretation* – On the theory of law and pratical reason. Oxford/New York: Oxford University Press, 2009.

RAZ, Joseph. Legal principles and the limits of law. *Yale Law Journal*, v. 81, p. 823-854, 1971-1972.

RAZ, Joseph. On the nature of law. *In*: RAZ, Joseph. *Between authority and interpretation* – On the theory of law and pratical reason. Oxford/New York: Oxford University Press, 2009.

RAZ, Joseph. Postscript to second edition: rethinking exclusionary reasons. *In*: RAZ, Joseph. *Pratical reason and norms*. reprint. Oxford/New York: Oxford University Press, 2002.

RAZ, Joseph. Postscript. *In*: RAZ, Joseph. *The concept of a legal system* – An introduction to the theory of legal system. 2. ed. reprint. Oxford/New York: Clarendon Press/Oxford University Press, 2003.

RAZ, Joseph. *Pratical reason and norms*. reprint. Oxford/New York: Oxford University Press, 2002.

RAZ, Joseph. *The concept of a legal system* – An introduction to the theory of legal system. 2. ed. reprint. Oxford/ New York: Clarendon Press/Oxford University Press, 2003.

RAZ, Joseph. Two views of the nature of the theory of law: a partial comparison. *In*: RAZ, Joseph. *Between authority and interpretation* – On the theory of law and pratical reason. Oxford/New York: Oxford University Press, 2009.

RIBEIRO, Ney Rodrigo Lima. Princípio da dignidade da pessoa humana: (im)possibilidade de sua ponderação? Enfoque luso-brasileiro. *In*: DUARTE, David; SARLET, Ingo Wolfgang; BRANDÃO, Paulo de Tarso (Coord.). *Ponderação e proporcionalidade no Estado constitucional*. Rio de Janeiro: Lumen Juris, 2013.

RIVERS, Julian. Proportionality and variable intensity of review. *Cambridge Law Journal*, v. 65, n. 1, p. 174-207, mar. 2006.

ROCHA, Joaquim Freitas da. *Constituição, ordenamento e conflitos normativos* – Esboço de uma teoria analítica da ordenação normativa. Coimbra: Coimbra, 2008.

RODRIGUES JÚNIOR, Otávio Luiz. Estatuto epistemológico do direito civil contemporâneo na tradição de civil law em face do neoconstitucionalismo e dos princípios. *O Direito*, ano 143, n. II, p. 267-290, 2011.

RODRÍGUEZ, Jorge L. Derrotabilidad e indeterminación del derecho. Respuesta a Juan Carlos Bayón. *In*: GAIDO, Paula *et alli* (Ed.). *Relevancia normativa en la justificación de las decisiones judiciales* – El debate Bayón-Rodríguez sobre la derrotabilidad de las normas jurídicas. reimpr. Bogotá: Universidad Externado de Colombia, 2005.

RODRÍGUEZ, Jorge L. La derrotabilidad de las normas jurídicas. *In*: GAIDO, Paula *et alli* (Ed.). *Relevancia normativa en la justificación de las decisiones judiciales* – El debate Bayón-Rodríguez sobre la derrotabilidad de las normas jurídicas. reimpr. Bogotá: Universidad Externado de Colombia, 2005.

RODRÍGUEZ, Jorge L.; SUCAR, Germán. Las trampas de la derrotabilidad. Niveles de análisis de la indeterminación del derecho. *In*: GAIDO, Paula *et alli* (Ed.). *Relevancia normativa en la justificación de las decisiones judiciales* – El debate Bayón-Rodríguez sobre la derrotabilidad de las normas jurídicas. reimpr. Bogotá: Universidad Externado de Colombia, 2005.

RODRÍGUEZ-PIÑERO, Miguel; DEL REY, Salvador. Informe español. *In*: MARZAL FUENTES, Antonio (Ed.). *Protección de la salud y derecho social*. Barcelona: Esade, 1999.

ROIG, Fco. Javier Ansuátegui. Argumentos para una teoría de los derechos sociales. *In*: ZAPATERO, Virgilio; GÓMES, Maria Isabel Garrido (Ed.). *Los derechos sociales como una exigencia de la justicia*. Madrid: Universidad de Alcalá, 2009.

ROQUE, Helder. Uma reflexão sobre a nova lei de saúde mental. *In*: ANDRADE, José Carlos Vieira de *et al*. *A lei de saúde mental e o internamento compulsivo*. Coimbra: Coimbra Editora, 2000.

ROSEMAN, Mindy Jane; GLOPPEN, Siri. Litigación del derecho a la salud – ¿Son actores transnacionales los que mueven los hilos? *In*: YAMIN, Alicia Ely; GLOPPEN, Siri (Coord.). *La lucha por los derechos de la salud* – ¿Puede la justicia ser una herramienta de cambio? Buenos Aires: Siglo Ventiuno, 2013.

ROSS, Alf. *Sobre el derecho y la justicia*. Tradução de Genaro R. Carrió. 2. ed. Buenos Aires: Editorial Universitaria de Buenos Aires, 1997.

ROSS, Alf. *Teoría de las fuentes del derecho* – Una contribuición a la teoría del derecho positivo sobre la base de investigaciones histórico-dogmáticas. Tradução de José Luis Muñoz de Baena Simón, Aurelioi de Prada García e Pablo López Pietsch. 1. reimpr. Madrid: Centro de Estudios Políticos y Constitucionales, 2007.

ROUSSEAU, Jean-Jacques. *O contrato social*: manuscrito de Genebra. Tradução de Manuel João Pires. Lisboa: Círculo de Leitores, 2008.

ROXIN, Claus. Violação do dever e resultado nos crimes negligentes. *In*: ROXIN, Claus. *Problemas fundamentais de direito penal*. Tradução de Ana Paula dos Santos Luís Natscheradetz. 3. ed. Lisboa: Vega, 2004.

RUIZ MANERO, Juan. A propósito de un último texto de Luigi Ferrajoli. Una nota sobre reglas, principios, "soluciones en abstracto" y "ponderaciones equitativas". *Doxa – Cuadernos de Filosofía del Derecho*, n. 35, p. 819-832, 2012.

RUIZ MASSIEU, Francisco. El derecho a la salud. *Anuario Jurídico*, XII, p. 257-266, 1985.

RUIZ, Alicia C. La realización de los derechos sociales en un Estado de Derecho. *In*: OLIVEIRA NETO, Francisco José Rodrigues et alli (Org.). *Constituição e Estado Social* – Os obstáculos à concretização da Constituição. Coimbra: Coimbra Editora, 2008.

RUIZ, Ramón; LA TORRE MARTÍNEZ, Lourdes de. Algunas aplicaciones e implicaciones del principio de proporcionalidad. *Revista Telemática de Filosofía del Derecho*, n. 14, p. 27-44, 2011.

SAINT-JAMES, Virginie. Le droit à la santé dans la jurisprudence du Conseil constitutionnel. *Revue du Droit Public – et de la science politique en France et à L'Étranger*, n. 2, p. 457-485, mar./abr. 1997.

SAMPAIO, Jorge Silva. *O controlo jurisdicional das políticas públicas de direitos sociais*. Coimbra: Coimbra Editora, 2014.

SAMPAIO, José Adércio Leite. *A constituição reinventada pela jurisdição constitucional*. Belo Horizonte: Del Rey, 2002.

SAMPAIO, Nícia Regina. *Ministério Público como defensor do direito à saúde*. Relatório (Mestrado em Ciência Jurídico-Política) – Faculdade de Direito, Universidade de Lisboa, 2003.

SÁNCHEZ GONZÁLEZ, Santiago. De la imponderable ponderación y otras artes del Tribunal Constitucional. *Uned – Teoría y Realidad Constitucional*, n. 12-13, p. 351-382, 2º sem. 2003-1º sem. 2004.

SANDU, Gabriel; KUOKKANEN, Martti. On social rights. *Ratio Juris*, v. 3, n. 1, p. 89-94, 1990.

SANTIAGO NINO, Carlos. *Introdução à análise do direito*. Tradução de Elza Maria Gasparoto. São Paulo: Martins Fontes, 2010.

SARLET, Ingo Wolfgang. A eficácia do direito fundamental à segurança jurídica: dignidade da pessoa humana, direitos fundamentais e proibição do retrocesso social. *Revista Brasileira de Direito Comparado*, n. 28, p. 89-148, 2005.

SARLET, Ingo Wolfgang. *A eficácia dos direitos fundamentais*. 8. ed. Porto Alegre: Livraria do Advogado, 2007.

SARLET, Ingo Wolfgang. A titularidade simultaneamente individual e transindividual dos direitos sociais analisada à luz do exemplo do direito à proteção e promoção da saúde. *In*: OTERO, Paulo; ARAÚJO, Fernando; GAMA, João Taborda da (Org.). *Estudos em memória do Prof. Doutor J. L. Saldanha Sanches*. Coimbra: Coimbra Editora, 2011. v. 1.

SARLET, Ingo Wolfgang. Algumas considerações em torno do conteúdo, eficácia e efetividade do direito à saúde na Constituição de 1988. *Revista Eletrônica sobre a Reforma do Estado*, n. 11, set./nov. 2007. Disponível em: http:www.direitodoestado.com.br/rere.asp. Acesso em: 20 out. 2016.

SARLET, Ingo Wolfgang. Eficácia e efetividade do direito à moradia na sua dimensão negativa (defensiva): análise crítica à luz de alguns exemplos. *In*: SOUZA NETO, Cláudio Pereira; SARMENTO, Daniel (Org.). *Direitos sociais* – Fundamentos, judicialização e direitos sociais em espécie. 2. tir. Rio de Janeiro: Lumen Juris, 2010.

SARLET, Ingo Wolfgang; FIGUEIREDO, Mariana Filchtiner. O direito fundamental à proteção e promoção da saúde no Brasil: principais aspectos e problemas. *In*: RÉ, Aluísio Iunes Monti Ruggeri (Org.). *Temas aprofundados da Defensoria Pública*. Salvador: Juspodivm, 2013.

SARLET, Ingo Wolfgang; FIGUEIREDO, Mariana Filchtiner. Reserva do possível, mínimo existencial e direito à saúde: algumas aproximações. *In*: SARLET, Ingo Wolfgang; TIMM, Luciano Benetti (Org.). *Direitos fundamentais, orçamento e reserva do possível*. 2. ed. Porto Alegre: Livraria do Advogado, 2010.

SARLET, Ingo Wolfgang; MARINONI, Luiz Guilherme; MITIDIERO, Daniel. *Curso de direito constitucional.* 5. ed. São Paulo: Saraiva, 2016.

SARMENTO, Daniel. *A ponderação de interesses na Constituição Federal.* 1. ed. 3. tir. Rio de Janeiro: Lumen Juris, 2003.

SARMENTO, Daniel. A proteção judicial dos direitos sociais: alguns parâmetros ético-jurídicos. *In:* SOUZA NETO, Cláudio Pereira; SARMENTO, Daniel (Org.). *Direitos sociais* – Fundamentos, judicialização e direitos sociais em espécie. 2. tir. Rio de Janeiro: Lumen Juris, 2010.

SARTOR, Giovanni. Doing justice to rights and values: teleological reasoning and proportionality. *Artificial Intelligence and Law,* v. 18, p. 175-215, 2010.

SARTORIUS, Rolf E. The enforcement of morality. *Yale Law Journal,* v. 81, p. 891-910, 1971-1972.

SAUTER, Wolf. Proportionality in EU Law: A balancing act? *In:* BARNARD, Catherine; LLORENS, Albertina Albors; GEHRING, Marcus; SCHÜTZE, Robert. *The Cambridge Yearbook of European Legal Studies.* Oxford; Portland: Hart Publishing, 2012-2013. v. 15.

SCALIA, Antonin. The rule of law as a law of rules. *In:* CAMPBELL, Tom; STONE, Adrienne (Ed.). *Law and democracy.* Aldershot: Ashgate/Dartmouth, 2003.

SCHACHTER, Oscar. Dignity as a normative concept. *American Journal of International Law,* v. 77, n. 4, p. 848-854, out. 1983.

SCHACHTER, Oscar. *Law in theory and pratice.* Dordrecht: Martinus Nijhoff, 1991.

SCHAUER, Frederick. Proportionality and the question of weight. *In:* HUSCROFT, Grant; MILLER, Bradley W.; WEBBER, Grégoire. *Proportionality and the rule of law* – Rights, justification, reasoning. New York: Cambridge University Press, 2014.

SCHIAVELLO, Aldo. Accettazione del diritto e positivismo giuridico. *In:* COMANDUCCI, Paolo; GUASTINI, Riccardo (Org.). *Analisi i diritto.* Ricerche di giurisprudenza analitica. [s.l.]: [s.n.], 2001.

SCHLINK, Bernhard. Proportionality (1). *In:* ROSENFELD, Michel; SAJÓ, András. *The Oxford book of comparative constitutional law.* Oxford: Oxford University Press, 2012.

SCHMITT, Carl. *O guardião da Constituição.* Tradução de Gerado de Carvalho. Belo Horizonte: Del Rey, 2007.

SCHMITT, Carl. *Teoría de la Constitución.* 6. reimpr. Madrid: Alianza Universidad Textos, 2009.

SCHWABE, Jürgen. *Cinqüenta anos de jurisprudência do Tribunal Constitucional Federal alemão.* Tradução de Beatriz Hennig, Leonardo Martins, Mariana Bigelli de Carvalho, Tereza Maria de Castro e Vivianne Geraldes Ferreira. Montevideo: Konrad-Adenauer-Stiftung E. V., 2005.

SCHWARTZ, Germano. *Direito à saúde:* efetivação em uma perspectiva sistêmica. Porto Alegre: Livraria do Advogado, 2001.

SCOTT, Craig; MACKLEM, Patrick. Constitutional ropes of sand or justiciable guarantees? Social rights in a new South African Constitution. *University of Pennsylvania Law Review,* v. 141, n. 1, p. 1-148, 1992-1993.

SERBENA, Cesar Antonio. The theoretical relevance of paraconsistent deontic logic. *In:* SIECKMANN, Jan-Reinard (Ed.). *Legal reasoning:* the methods of balancing. Proceedings of the special workshop "Legal Reasoning. The Methods of Balancing" held at the 24th World Congress of the International Association for Philosophy of Law and Social Philosophy (IVR), Beijing, 2009. Stuttgart: Franz Steiner Verlag/Nomos, 2010.

SERRA CRISTÓBAL, Rosario. *La libertad ideológica del juez.* Valencia: Universitat de València/Tirant Lo Blanch, 2004.

SÈVE, René. Les libertés et droits fondamentaux et la philosophie. *In:* CABRILLAC, Rémy; FRISON-ROCHE, Marie-Anne; REVET, Thierry (Dir.). *Libertés et droits fondamentaux.* 16. ed. Paris: Dalloz, 2010.

SHAPIRO, Ian. *El estado de la teoria democrática.* Tradução de Julià de Jódar. Barcelona: Bellaterra, 2005.

SILVA, Jorge Pereira da. *Dever de legislar e protecção jurisdicional contra omissões legislativas* – Contributo para uma teoria da inconstitucionalidade por omissão. Lisboa: Universidade Católica, 2003.

SILVA, Jorge Pereira da. Interdição de protecção insuficiente, proporcionalidade e conteúdo essencial. *In*: SOUZA, Marcelo Rebelo; QUADROS, Fausto de; OTERO, Paulo; PINTO, Eduardo Vera-Cruz (Coord.). *Estudos de Homenagem ao Prof. Doutor Jorge Miranda* – Direito Constitucional e Justiça Constitucional. Lisboa/ Coimbra: Faculdade de Direito da Universidade de Lisboa/Coimbra Editora, 2012. v. II.

SILVA, José Afonso da. *Aplicabilidade das normas constitucionais*. 7. ed. 3. tir. São Paulo: Malheiros, 2009.

SILVA, José Afonso da. *Comentário contextual à Constituição*. 6. ed. São Paulo: Malheiros, 2008.

SILVA, José Afonso da. *Curso de direito constitucional positivo*. 22. ed. São Paulo: Malheiros, 2003.

SILVA, Ludmila de Paula Castro. *Argüição de descumprimento de preceito fundamental*: Instrumento de garantia dos direitos sociais fundamentais na Constituição Federal de 1988. Dissertação (Mestrado) – Universidade Federal de Uberlândia, Uberlândia, 2013.

SILVA, Vasco Pereira da. "Todos diferentes, todos iguais" – Breves considerações acerca da natureza jurídica dos direitos fundamentais. *In*: CUNHA, Paulo Ferreira da *et al. Direito e justiça* – Estudos dedicados ao Professor Doutor Luís Alberto Carvalho Fernandes. Lisboa: Universidade Católica Editora, 2011. v. III.

SILVA, Virgílio Afonso da. Comparing the incommensurable: constitutional principles, balancing and rational decision. *Oxford Journal of Legal Studies*, v. 31, n. 2, p. 273-301, 2011.

SILVA, Virgílio Afonso da. *Direitos fundamentais* – Conteúdo essencial, restrições e eficácia. São Paulo: Malheiros, 2009.

SILVA, Virgílio Afonso da. O Judiciário e as políticas públicas: entre a transformação social e obstáculo à realização dos direitos sociais. *In*: SOUZA NETO, Cláudio Pereira; SARMENTO, Daniel (Org.). *Direitos sociais* – Fundamentos, judicialização e direitos sociais em espécie. 2. tir. Rio de Janeiro: Lumen Juris, 2010.

SILVA, Virgílio Afonso da. O proporcional e o razoável. *Revista dos Tribunais*, v. 798, p. 23-50, 2002.

SILVA, Virgílio Afonso da. Princípios e regras: mitos e equívocos acerca de uma distinção. *Revista Latino-Americana de Estudos Constitucionais*, v. 1, p. 607-630, 2003.

SILVA, Virgílio Afonso da. *Taking from the poor to give to the rich*: the individualistic enforcement of social rights. Disponível em: http://citeseerx.ist.psu.edu/viewdoc/download?doi=10.1.1.624.9890&rep=rep1&type=pdf. Acesso em: 29 dez. 2016.

SILVA, Virgílio Afonso da; TERRAZAS, Fernanda Vargas. Claiming the right to health in Brazilian courts: the exclusion of the already excluded. *Law and Social Inquiry*, v. 34, n. 4, set. 2011. Disponível em: file:///C:/Users/LENOVO/Downloads/SSRN-id1133620%20(1).pdf. Acesso em: 5 ago. 2014.

SMITH, II, George P. Acessing health care resources: economic, medical, ethical, and socio-legal challenges. *In*: WEISSTUB, David N.; PINTOS, Guillermo Díaz (Ed.). *Autonomy and human rights in health care* – An internetional perspective. Dordrecht: Universidad de Castilla-La Mancha/Springer, 2008.

SOUZA NETO, Cláudio Pereira. A justiciabilidade dos direitos sociais: críticas e parâmetros. *In*: SOUZA NETO, Cláudio Pereira; SARMENTO, Daniel (Org.). *Direitos sociais* – Fundamentos, judicialização e direitos sociais em espécie. 2. tir. Rio de Janeiro: Lumen Juris, 2010.

SOUZA NETO, Cláudio Pereira; SARMENTO, Daniel. *Direito constitucional* – Teoria, história e métodos de trabalho. 1. reimpr. Belo Horizonte: Fórum, 2013.

SOUZA, Marcelo Rebelo de; ALEXANDRINO, José de Melo. *Constituição da República portuguesa comentada*. Lisboa: Lex, 2000.

SPAAK, Torben. Legal positivism and objectivity of law. *In*: COMANDUCCI, Paolo; GUASTINI, Riccardo (Org.). *Analisi i diritto*. Ricerche di giurisprudenza analitica. [s.l.]: [s.n.], 2004.

STARCK, Christian. Droits fondamentaux et démocratie: les deux faces de l'idée de liberté. *In*: STARCK, Christian. *La constitution cadre et mesure du droit*. Paris; Aix-en-Provence: Econômica; Presses Universitaires d'Aix-Marseille, 1994.

STARCK, Christian. Droits fondamentaux, état de droit et principe démocratique en tant que fondements de la procédure administrative non contentieuse. *In*: STARCK, Christian. *La constitution cadre et mesure du droit*. Paris; Aix-en-Provence: Econômica; Presses Universitaires d'Aix-Marseille, 1994.

STARCK, Christian. L'égalité en tant que mesure du droit. *In*: STARCK, Christian. *La constitution cadre et mesure du droit*. Paris; Aix-en-Provence: Econômica; Presses Universitaires d'Aix-Marseille, 1994.

STARCK, Christian. La jurisprudence de la Cour Constitutionnelle Féderale concernant les droits fondamentaux. *In*: STARCK, Christian. *La constitution cadre et mesure du droit*. Paris; Aix-en-Provence: Econômica; Presses Universitaires d'Aix-Marseille, 1994.

STARCK, Christian. La suprématie de la constitution et la justiceconstitutionnelle. *In*: STARCK, Christian. *La constitution cadre et mesure du droit*. Paris; Aix-en-Provence: Econômica; Presses Universitaires d'Aix-Marseille, 1994.

STEINMETZ, Wilson. *Colisão de direitos fundamentais e princípio da proporcionalidade*. Porto Alegre: Livraria do Advogado, 2001.

STERN, Klaus. Jurisdicción constitucional y legislador. *In*: STERN, Klaus. *Jurisdicción constitucional y legislador*. Tradução de Alberto Oehling de los Reyes. Madrid: Dykinson, 2009.

STRECK, Lenio Luiz. Constituição e hermenêutica em países periféricos. *In*: OLIVEIRA NETO, Francisco José Rodrigues *et alli* (Org.). *Constituição e Estado Social* – Os obstáculos à concretização da constituição. Coimbra: Coimbra, 2008.

STRECK, Lenio Luiz. *Jurisdição constitucional e decisão jurídica*. 3. ed. São Paulo: Revista dos Tribunais, 2013.

SUNSTEIN, Cass R. *A constitution of many minds* – Why the founding document doesn't mean what it meant before. Princeton: Princeton University Press, 2009.

SUNSTEIN, Cass R. Against positive rights – Why social and economic rights "don't" belong in the new constitutions of post-Communist *Europe. East European Constitution Review*, v. 2, p. 35-38, 1993.

SUORDEM, Fernando Paulo da Silva. *O princípio da separação de poderes e os novos movimentos sociais* – A administração pública no Estado moderno: entre as exigências de liberdade e organização. Coimbra: Almedina, 1995.

SWEET, Alec Stone; MATHEWS, Jud. Proportionality balancing and global constitutionalism. *Columbia Journal of Transnational Law*, v. 47, p. 73-165, 2008.

TARDU, Maxime. Droits de l'homme, santé, sciences de la vie: le message de la déclaration universelle des droits de l'homme. *Journal International de Bioéthique*, v. 9, p. 63-67, set. 1998.

TARELLO, Giovanni. Philosophical analysis and the theory of legal interpretation. *In*: PINTORE, Ana; JORI, Mario (Ed.). *Law and language*: the Italian analytical school. Liverpool: Deborah Charles Publications, 1997.

TAVARES, André Ramos. *Curso de direito constitucional*. 14. ed. São Paulo: Saraiva, 2016.

TAVARES, Sandra. Os novos normativos que reestruturam os serviços de saúde pública que alteram o regime das autoridades de saúde: breves notas. *In*: CUNHA, Paulo Ferreira da *et al. Direito e justiça* – Estudos dedicados ao Professor Doutor Luís Alberto Carvalho Fernandes. Lisboa: Universidade Católica Editora, 2011. v. III.

TEJEDA DE RIVERO, David. El derecho a la salud. *Anuario Jurídico*, n. XII, p. 267-275, 1985.

TERRÉ, François. Sur la notion de libertés et droits fondamentaux. *In*: CABRILLAC, Rémy; FRISON-ROCHE, Marie-Anne; REVET, Thierry (Dir.). *Libertés et droits fondamentaux*. 16. ed. Paris: Dalloz, 2010.

THAYER, Christine. The European Social Charter and European health policies. *Journal International de Bioéthique*, v. 6, n. 1, 1995.

THAYER, Christine. The health care system and the patient's right to health: economic aspects. *Journal International de Bioéthique*, v. 6, n. 1, p. 23-28, 1995.

TOCQUEVILLE, Alexis de. *Da democracia na América*. Tradução de Carlos Correia Monteiro de Oliveira. São João do Estoril: Princípia, 2007.

TOEBES, Brigit C. A. *The right to health as a human right in international law*. Antwerpen; Groningen; Oxford: Intersentia; Hart, 1999.

TORRES, Ricardo Lobo. O mínimo existencial como conteúdo essencial dos direitos fundamentais. *In*: SOUZA NETO, Cláudio Pereira; SARMENTO, Daniel (Org.). *Direitos sociais* – Fundamentos, judicialização e direitos sociais em espécie. 2. tir. Rio de Janeiro: Lumen Juris, 2010.

TREMBLAY, Luc B. An egalitarian defense of proportionality-based balancing. *International Journal of Constitutional Law*, v. 12, n. 4, p. 864-890, 2014.

TRIBE, Laurence H. *American constitutional law*. 3. ed. New York: Foundation Press, 2000. v. 1.

TRIBE, Laurence H. Taking text and structure seriously: reflections on free-form method in constitutional interpretation. *Harvard Law Review*, v. 108, n. 6, p. 1.221-1.303, 1994-1995.

TRINDADE, Antônio Agusto Cançado. *A justiciabilidade dos direitos econômicos, sociais e culturais no plano internacional*. Disponível em: http://www.bibliojuridica.org/libros/4/1980/10.pdf. Acesso em: 25 nov. 2009.

TSAKYRAKIS, Stavros. Proportionality: an assault on human rights? *International Journal of Constitutional Law*, v. 7, n. 3, p. 468-493, 2009.

TSAKYRAKIS, Stavros. Proportionality: an assault on human rights?: A rejoinder to Madhav Khosla. *International Journal of Constitutional Law*, v. 8, n. 2, p. 307-310, 2010.

TUSHNET, Mark. Social welfare rights and the forms of judicial review. *Texas Law Review*, v. 82, p. 1.895-1.919, 2004.

TUSHNET, Mark. *Weak courts, strong rights*. Judicial review and social welfare rights in comparative constitutional law. Princeton; Oxford: Princeton University Press, 2008.

URBANO, Maria Benedita. A jurisprudência da crise no divã. Diagnóstico: bipolaridade? *In*: RIBEIRO, Gonçalo de Almeida; COUTINHO, Luís Pereira (Org.). *O Tribunal Constitucional e a crise* – Ensaios críticos. Coimbra: Almedina, 2014.

URBANO, Maria Benedita. Globalização: os direitos fundamentais sob stress. *In*: ANDRADE, Manuel da Costa; ANTUNES, Maria João; SOUZA, Susana Aires de (Org.). *Stvdia Ivridica n. 101*. Estudos em homenagem ao Prof. Doutor Jorge de Figueiredo Dias. Coimbra: Coimbra Editora, 2010. v. IV.

URBINA, Francisco J. Is it really that easy? A critique of proportionality and 'balancing as reasoning'. *Canadian Journal of Law and Jurisprudence*, v. XXVII, n. 1, p. 167-192, jan. 2014.

URBINA, Francisco. "Balancing as reasoning" and the problems of legally unaided adjudication: a reply to Kai Möller. *International Journal of Constitutional Law*, v. 12, n. 1, p. 214-221, 2014.

UTZ, Stephen. Rules, principles, algorithms and the description of legal systems. *Ratio Juris*, v. 5, n. 1, p. 23-45, 1992.

VALE, Luís A. M. Meneses do. Access to health care between rationing and responsiveness: problem(s) and meaning(s). *Boletim da Faculdade de Direito da Universidade de Coimbra*, v. LXXXVIII, t. I, p. 105-187, 2012.

VALE, Luís António Malheiro Meneses do. As taxas moderadoras e o financiamento do Serviço Nacional de Saúde: Elementos para uma perspectiva constitucional. *In*: CABRAL, Nazaré da Costa; AMADOR, Olívio Mota; MARTINS, Guilherme Waldemar d'Oliveira (Org.). *A reforma do sector de saúde*: uma realidade iminente? Coimbra: Almedina, 2010.

VALE, Luís António Malheiro Meneses do. Responsividade nos sistemas públicos de saúde: o exemplo da OMS. *In*: ANDRADE, Manuel da Costa; ANTUNES, Maria João; SOUZA, Susana Aires de (Org.). *Stvdia Ivridica n. 101*. Estudos em homenagem ao Prof. Doutor Jorge de Figueiredo Dias. Coimbra: Coimbra Editora, 2010. v. IV.

VALE, Luís Meneses do. A jurisprudência do Tribunal Constitucional sobre o acesso às prestações concretizadoras do direito à protecção da saúde: alguns momentos fundamentais. *Jurisprudência Constitucional*, n. 12, p. 12-47, out./dez. 2006.

VASAK, Karel. Pour une troisième génération des droits de l'homme. *In*: SWINARSKI, Christophe. Études et essays sur le droit international humanitaire et sur les principles de la Croix Rouge en l'honneur de Jean Pictet. Genève; Dordrecht: Martinus Nijhoff, 1984.

VENDRAME, Alan; MORENO, Jamile Coelho. Saúde como garantia fundamental: uma perspectiva da evolução constitucional e histórica das políticas públicas. *In*: SIQUEIRA, Dirceu Pereira; LEÃO JÚNIOR, Teófilo Marcelo de Arêa (Org.). *Direitos sociais* – Uma abordagem quanto à (in)efetividade desses direitos – A Constituição de 1988 e suas previsões sociais. Birigui: Boreal, 2011.

VENTURA, Marco. Normes pour la thérapie génique. La laïcité de l'État face au défi bioéthique. *Journal International de Bioéthique*, v. 6, n. 1, p. 49-54, 1995.

VERGER, Aurelio. Aggressione all'ambiente, danno biologico e soggetti legittimati al risarcimento. *In*: BONACCETTI, Vittoria; SCHIESARO, Giampaolo (Cur.). *Diritto alla salute e tutela dell'ambiente* – Profili dell'intervento giudiziario con particulare riferimento alle condizione ambientali del Veneto: atti/Giornata di studio tenuta a Padova il 25 magio 1985. Padova: Cedam, 1985.

VIDAL, Andrea de Barroso Silva Fragoso. A norma da proporcionalidade: algumas controvérsias doutrinárias. *In*: DUARTE, David; SARLET, Ingo Wolfgang; BRANDÃO, Paulo de Tarso (Coord.). *Ponderação e proporcionalidade no Estado constitucional*. Rio de Janeiro: Lumen Juris, 2013.

VIDAL-MARTINEZ, Jaime. Choix de sexe: commentaire d'une decision judiciaire appliquant la loi espagnole sur les techiniques de reproduction assistée. *Journal International de Bioéthique*, v. 3, n. 1, p. 5-12, mar. 1992.

VIEHWEG, Theodor. Apêndice sobre o desenvolvimento da tópica. *In*: VIEHWEG, Theodor. *Tópica e jurisprudência* – Uma contribuição à investigação dos fundamentos jurídico-científicos. Tradução de Kelly Susane Alflen da Silva. Porto Alegre: Sergio Antonio Fabris, 2008.

VIEHWEG, Theodor. *Tópica e jurisprudência* – Uma contribuição à investigação dos fundamentos jurídico-científicos. Tradução de Kelly Susane Alflen da Silva. Porto Alegre: Sergio Antonio Fabris, 2008.

VIEIRA, Ana Orgette de Souza Fernandes. *O direito à vida privada e a sua limitação voluntária nas relações particulares*. Análise do ordenamento jurídico brasileiro. Tese (Mestrado em Direitos Fundamentais) – Faculdade de Direito, Universidade de Lisboa, Lisboa, 2012.

VILAJOSANA, Josep M. Una defensa del convencionalismo jurídico. *Doxa – Cuadernos de Filosofía del Derecho*, v. 33, p. 471-501, 2010.

VILJOEN, Frans. Africa's contribution to the development of international human rights and humanitarian law. *African Human Rights Law Journal*, v. 1, n. 1, p. 18-39, 2001.

VILLA, Vittorio. Alcune chiarificazioni concettuali sulla nozione di inclusive positivism. *In*: COMANDUCCI, Paolo; GUASTINI, Riccardo (Org.). *Analisi i diritto*. Ricerche di giurisprudenza analitica. [s.l.]: [s.n.], 2000.

VILLACORTA MANCEBO, Luis. Principio de igualdad y legislador: arbitrariedad y proporcionalidad como límites (probablemente insuficientes). *Revista de Estudios Políticos (nueva época)*, n. 130, p. 35-75, out./dez. 2005.

VILLANUEVA FLORES, Rocío. *Derecho a la salud, perspectiva de género y multiculturalismo*. Lima: Palestra, 2009.

WALDRON, Jeremy. Fake incommensurability: a response to Professor Schauer. *Hastings Law Journal*, v. 45, p. 813-824, 1993-1994.

WALDRON, Jeremy. Judges as moral reasoners. *International Journal of Constitutional Law*, v. 7, n. 1, p. 2-24, 2009.

WALDRON, Jeremy. The need of legal principles. *Iowa Law Review*, n. 82, 1996-1997.

WALLACE, Rebbeca M. M. *International law*. 2. ed. London: Sweet & Maxwuell, 1992.

WANG, Daniel Wei Liang. Resenha – Reserva do possível, mínimo existencial e direito à saúde: algumas aproximações. *Revista de Direito Sanitário*, v. 10, n. 1, p. 308-318, mar./jul. 2009.

WEBBER, Grégoire C. N. Proportionality, balancing, and the cult of constitutional rights scholarship. *Canadian Journal of Law and Jurisprudence*, v. XXIII, n. 1, p. 179-202, jan. 2010.

WEBBER, Grégoire. Rights and the rule of law in the balance. *Law Quarterly Review*, v. 129, p. 399-419, jul. 2013.

WEINBERGER, Ota. Prima facie ought. A logical and methodological enquiry. *Ratio Juris*, v. 12, n. 3, 1999, p. 239-251.

WEINBERGER, Ota. The expressive conception of norms – An impasse for the logic of norms. *In*: AARNIO, Aulis; MACCORMICK, Neil (Org.). *Legal reasoning*. Aldershot; Hong Kong; Singapore; Sydney: Dartmouth, 1992. v. 1.

WERLAUFF, Erik. Restrictions and proportionality – On recognising (exit) restrictions and testing proportionality. *European Business Law Review*, v. 20, p. 689-702, 2009.

WEST, Robin. *Normative jurisprudence* – An introduction. New York: Cambridge University Press, 2011.

WILLIAMS, Bernard. The idea of equality. *In*: LASLETT, Peter (Ed). *Philosophy, politics and society*. Oxford: Basil Blackwell, [s.d.]. Disponível em: http://files.meetup.com/16424982/Bernard_Williams_-_The_Idea_of_Equality. pdf. Acesso em: 22 nov. 2016.

WILSON, Bruce M. Costa Rica: litigación en derechos vinculados con la salud – Causas y consecuencias. *In*: YAMIN, Alicia Ely; GLOPPEN, Siri (Coord.). *La lucha por los derechos de la salud – ¿Puede la justicia ser una herramienta de cambio?* Buenos Aires: Siglo Ventiuno, 2013.

WOLFF, Hans J.; BACHOF, Otto; STOBER, Rolf. *Direito administrativo*. Tradução de António F. de Souza. Lisboa: Fundação Calouste Gulbenkian, 2006.

WRIGHT, Georg Henrik von. Is there a logic of norms? *In*: AARNIO, Aulis; MACCORMICK, Neil (Org.). *Legal reasoning*. Aldershot; Hong Kong; Singapore; Sydney: Dartmouth, 1992. v. 1.

WRÓBLEWSKI, Jerzy. *Constitución y teoría general de la interpretación jurídica*. Tradução de Arantxa Azurza. Madrid: Civitas, 1985.

YAMIN, Alicia Ely. Poder, sufrimiento y los tribunales – Reflexiones acerca de la promoción de los derechos de la salud por la vía de la judicialización. *In*: YAMIN, Alicia Ely; GLOPPEN, Siri (Coord.). *La lucha por los derechos de la salud – ¿Puede la justicia ser una herramienta de cambio?* Buenos Aires: Siglo Ventiuno, 2013.

YAMIN, Alicia Ely; PARRA-VERA, Oscar; GIANELLA, Camila. Colombia: la protección judicial del derecho a la salud – ¿Una promesa difícil de cumplir? *In*: YAMIN, Alicia Ely; GLOPPEN, Siri (Coord.). *La lucha por los derechos de la salud – ¿Puede la justicia ser una herramienta de cambio?* Buenos Aires: Siglo Ventiuno, 2013.

YOUNG, Katherine G. A typology of economic and social rights adjudication: Exploring the catalytic function of judicial review. *International Journal of Constitutional Law*, v. 8, n. 3, p. 385-420, 2010.

YOUNG, Katherine G. *Constituting economic and social rights*. Oxford: Oxford University Press, 2012.

YOUNG, Katherine G. The minimum core of economic and social rights: a concept in search of content. *Yale Journal of International Law*, v. 33, p. 113-175, 2008.

ZAGREBELSKY, Gustavo. *El derecho dúctil* – Ley, derechos, justicia. Tradução de Marina Gascón. 9. ed. Madrid: Trotta, 2009.

ZAGREBELSKY, Gustavo. Jueces constitucionales. *In*: CARBONELL, Miguel (Ed.). *Teoría del neoconstitucionalismo* – Ensayos escogidos. Madrid: Trotta, 2007.

ZARDO FILHO, Ricardo Leão de Souza. Precedentes reguladores: uma afronta à separação de poderes e à independência judicial? *In*: MARINONI, Luiz Guilherme (Coord.). *A força dos precedentes* – Estudos em cursos de mestrado e doutorado em direito processual civil da UFPR. Salvador: JusPodivm, 2010.

ZIPPELIUS, Reinhold. *Teoria geral do Estado*. 3. ed. Lisboa: Fundação Calouste Gulbenkian, 1997.

ZOBOLI, Elma; FORTES, Paulo Antonio de Carvalho. La bioéthique et les politiques brésiliennes de santé. *Journal International de Bioéthique*, v. 19, n. 1-2, p. 121-138, mar./jun. 2008.

ZOLLER, Élisabeth. Esplendores e misérias do constitucionalismo. Tradução de Cristina Velha. *Sub Judice – Justiça e Sociedade*, v. 12, p. 3-14, jan./jun. 1998.

DECISÕES E VOTOS CONSULTADOS

ÁFRICA DO SUL – Corte Constitucional

1 – CCT/5/94, Zuma and two others versus State, decidido em 1995;

2 – CCT/3/94, State versus T Makwanyane and M Mchunu, de 1995;

3 – CCT nº 32/97, Soobramoney v. Minister of Health (KwaZulu-Natal), de 1997;

4 – CCT nº 11/00, Government of Republic of South Africa and others v. Irene Grootboom and others, de 2000;

5 – CCT nº 08/02, Minister of Health and others v. Treatment Action Campaign and others, de 2002;

6 – CCT 12/03 e 13/03, Khosa and others v. Minister of Social Development and others, de 2004;

7 – CCT 39/09, Mazibuko and others v. City of Johannesburg and others, de 2009;

8 – CCT 337/11, City of Johannesburg Metropolitan Municipality v. Blue Moonlight Properties 39 (PTY) LTD and others, de 2011.

ALEMANHA – Tribunal Constitucional Federal

1 – Apothekenurteil, BVerfGE 7, 377, de 1958;

2 – Lüth, BVerfGe 7, 198, de 1958;

3 – Numerus clausus, BVerfGE 33,303, de 1972;

4 – Schwangerschaftsabbruch I, BVerfGE 39,1, de 1975;

5 – Schwangerschaftsabbruch II, BVerfGE 2/90, de 1993.

AMÉRICA – Comissão Interamericana de Direitos e Deveres do Homem

Caso nº 7.615, Resolução nº 12/85, de 1985.

BRASIL – Supremo Tribunal Federal (STF) e Superior Tribunal de Justiça (STJ)

1 – Ação Direta de Inconstitucionalidade nº 939-7, de 1993, STF;

2 – Arguição de Descumprimento de Preceito Fundamental nº 45/DF, de 2004, STF;

3 – Ação Direta de Inconstitucionalidade nº 1969-4/DF, de 2007, STF;

4 – Ação Direta de Inconstitucionalidade nº 3.682/MT, de 2007, STF;

5 – Agravo Regimental em Suspensão de Tutela Antecipada nº 175/CE, de 2010, STF;

6 – Recurso Extraordinário nº 573.540/MG, de 2010, STF;

7 – Recurso Extraordinário nº 368.564/DF, de 2011, STF;

8 – Ação Declaratória de Constitucionalidade nº 29 (julgada em conjunto com a Ação Declaratória de Constitucionalidade nº 30 e Ação Direta de Inconstitucionalidade nº 4.578), de 2012, STF;

9 – Embargos de Declaração em Recurso Extraordinário com Agravo nº 825.641 ED/RS, de 2014, STF;

10 – Habeas Corpus nº 122.694/SP, de 2015, STF;

11 – Agravo Regimental em Reclamação nº 4.454/RS, de 2015, STF;

12 – Ação Direta de Inconstitucionalidade nº 1.923-DF, de 2015, STF;

13 – Recurso Extraordinário nº 581.488/RS, de 2015, STF;

14 – Medida cautelar na Ação Direta de Inconstitucionalidade nº 5.501/DF, de 2016, acórdão ainda não publicado, mas com acesso ao voto do relator, STF;

15 – Recurso Extraordinário nº 566.471/RN, ainda em julgamento, mas com leitura dos votos dos Ministros Marco Aurélio e Luís Roberto Barroso, STF;

16 – Recurso Extraordinário nº 655.718/M, ainda em julgamento, mas com leitura dos votos dos Ministros Marco Aurélio, Luís Roberto Barroso e Edson Fachin, STF;

17 – Questão de Ordem no Recurso Especial nº 1.657.156/RJ, de 2017, STJ.

CANADÁ – Suprema Corte

1 – R. v. Oakes, File nº 17550, de 1986;

2 – R. v. Edwards Books and Art Ltd., de 1986;

3 – Doré v. Barreau du Québec, de 2012, [2012] 1 SCR 395;

4 – Loyola High School v. Quebec (Attorney General), SSC 12, [2015] 1 S.C.R. 613, de 2015.

ESTADOS UNIDOS DA AMÉRICA – Suprema Corte

1 – Marbury v. Madison, 5 U.S. 137 (1803);

2 – Lochner v. People of State of New York, 198 U.S. 45 (1905);

3 – United States v. Carolene Products Co., 304 U.S. 144 (1938);

4 – Dennis v. United States, 341 U.S. 494 (1951);

5 – District of Columbia et al. v. Heller, 554 U.S. 570 (2008).

EUROPA – Corte Europeia dos Direitos do Homem

1 – Applications nº 1.474/62, 1.677/62, 1.769/63, 1.994/63, 2.126/64, caso formulado contra a Bélgica, de 1968;

2 – Application nº 13.470/87, Otto-Preminger-Institut contra Áustria, de 1994;

3 – Application nº 44.647/98, Peck versus United Kingdom, de 2003;

4 – Application nº 44.774/98, Leyla Sahin contra Turquia, de 2005;

5 – Application nº 57.325/00, D.H. and others versus República Tcheca, de 2007;

6 – Application nº 15.766/03, Orsus and others versus Croácia, de 2010.

INGLATERRA – Suprema Corte, Câmara dos Lordes e Corte de Apelação

1 – Associated Provincial Picture Houses LTD versus Wednesbury Corporation, de 1947, decidido pela Corte de Apelação;

2 – Council of Civil Service Unions and others v Minister for the Civil Service, de 1984, decidido pela Câmara dos Lordes;

3 – Kennedy v. Charity Comission, de 2014, decidido pela Suprema Corte;

4 – Pham v. Secretary of State for the Home Department, de 2015.

PORTUGAL

1 – Acórdão nº 24/1983 – Tribunal Constitucional;

2 – Acórdão nº 39/1984 – Tribunal Constitucional;

3 – Acórdão nº 330/1989 – Tribunal Constitucional;

4 – Acórdão nº 364/1991 – Tribunal Constitucional;

5 – Acórdão nº 148/1994 – Tribunal Constitucional;

6 – Acórdão nº 731/1995 – Tribunal Constitucional;

7 – Acórdão nº 187/2001 – Tribunal Constitucional;

8 – Acórdão nº 368/2002 – Tribunal Constitucional;

9 – Acórdão nº 509/2002 – Tribunal Constitucional;

10 – Acórdão nº 590/2004 – Tribunal Constitucional;

11 – Acórdão nº 67/2007 – Tribunal Constitucional;

12 – Acórdão nº 512/2008 – Tribunal Constitucional;

13 – Acórdão 221/2009 – Tribunal Constitucional;

14 – Acórdão nº 3/2010 – Tribunal Constitucional;

15 – Acórdão nº 396/2011 – Tribunal Constitucional;

16 – Acórdão nº 353/2012 – Tribunal Constitucional;

17 – Acórdão nº 183/2013 – Tribunal Constitucional;

18 – Acórdão nº 3/2016 – Tribunal Constitucional;

19 – Acórdão dado no processo nº 01295/14, Tribunal Supremo Administrativo.

Esta obra foi composta em fonte Palatino Linotype, corpo 10
e impressa em papel Offset 75g (miolo) e Supremo 250g (capa)
pela Gráfica Laser Plus.